2026 최신판

에듀윌 사회조사분석사 2급 필기 한권끝장

2025~2023년 기출복원 5회분 포함

+무료특강

❶권 | 핵심이론

김형표, 박경은 편저

합격자 수가 선택의 기준!

YES24 수험서 자격증
국가자격/전문사무 사회조사분석사
베스트셀러 1위

특별혜택
통계기초특강

실제 시험에 나온 기출문제+이론으로 비전공자도 단 한 권으로 빠르게 합격!

- 수험생이 직접 복원한 2025~2023년 기출복원문제 5회분
- 통계기초특강(20강)+기출 CBT 모의고사 11회분
- 핵심키워드 OX문제&과목별 핵심요약노트(PDF)+3과목 무료특강(24강)

WHY? 왜, 에듀윌을 선택해야 할까요?

Wow

#놀라운 혜택

2025~2023년 〈기출복원문제 5회분〉을 통해 실전 감각을 키울 수 있으며, 기초 학습자를 위한 〈통계기초 핵심빈출 20선〉으로 자신의 부족한 부분을 보완할 수 있습니다.

Fast

#한권으로 빠르게 #단기 합격

시험에 나오는 핵심 이론과 기출동형문제를 선별하여 단기간에 효율적인 학습이 가능합니다.

Simple

#올인원 #한권끝장

〈통계기초특강 20강〉, 〈3과목 무료특강 24강〉, 〈기출 해설 특강 14강〉 무료 강의를 제공하여 기초이론부터 실전기출까지 완벽히 대비할 수 있습니다.

에듀윌과 함께 시작하면,
당신도 합격할 수 있습니다!

비전공자여도 괜찮습니다.
통계가 낯설어도, 지금부터 함께하면 충분합니다.

데이터 시대에 실무형 전문가로 나아가기 위한
소중한 한 걸음,
가산점을 위한 가장 실속 있는 선택,
바로 '에듀윌'입니다.

학점, 승진, 커리어 전환까지.
당신의 가능성을 넓히는 열쇠가 되어줄 자격.

시작에 필요한 건 단 하나,
포기하지 않는 '열정'뿐입니다.

마지막 페이지를 덮을 즈음,
당신은 어느새
'합격'이란 두 글자에 가까워져 있을 것입니다.

에듀윌과 함께
사회조사분석사 2급 합격, 지금 시작하세요.

에듀윌 사회조사분석사

실전 감각을 키우는
CBT 기출 모의고사

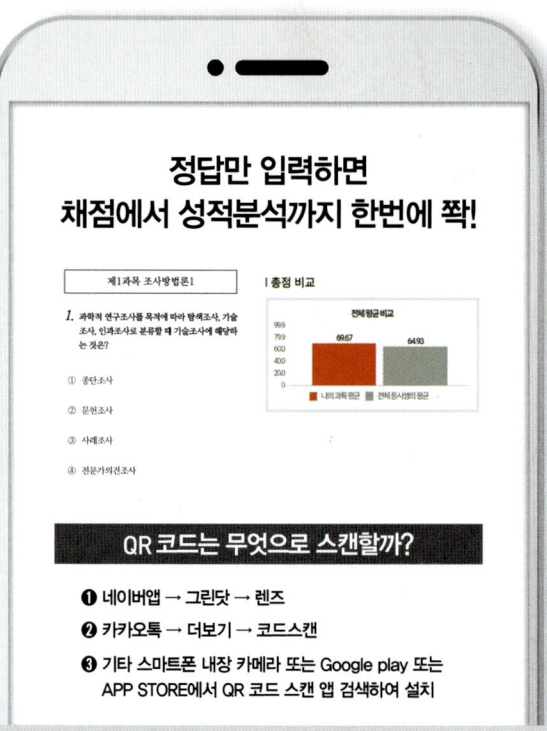

STEP 1	QR 코드 스캔
STEP 2	로그인 & 회원가입
STEP 3	문제풀이 & 채점 & 분석

※ QR하단 링크를 통해 PC버전으로도 응시가 가능합니다.

2025~2023년 기출복원 CBT 모의고사 5회분 (교재 수록)

1회	2회	3회	4회	5회

eduwill.kr/7Ezp	eduwill.kr/XEzp	eduwill.kr/nL3p	eduwill.kr/BEzp	eduwill.kr/EEzp

※ 에듀윌 회원 가입 후 사용 가능한 서비스입니다.
※ 2025년 9월 서비스 오픈 예정입니다. 해당 서비스는 2026년 8월 31일까지 이용하실 수 있습니다. 단, 서비스 종료일은 예고 없이 변경될 수 있습니다.
※ 스마트폰에 최적화된 서비스이며, 일부 단말기에서는 서비스가 지원되지 않을 수 있습니다.

4개년 기출 CBT 11회분

2022년

1회

eduwill.kr/BGQf

2회

eduwill.kr/WGQf

2021년

1회

eduwill.kr/EGQf

2회

eduwill.kr/oGQf

3회

eduwill.kr/CGQf

2020년

1회

eduwill.kr/uGQf

2회

eduwill.kr/OGQf

3회

eduwill.kr/UGQf

2019년

1회

eduwill.kr/rGQf

2회

eduwill.kr/QGQf

3회

eduwill.kr/yGQf

에듀윌 사회조사분석사

베스트셀러 1위
에듀윌 사회조사분석사 시리즈

에듀윌에서 시작하면,
합격의 주인공은 여러분입니다.

사회조사분석사 2급 필기

사회조사분석사 2급 2차 실기

* [에듀윌 사회조사분석사 2급 필기 한권끝장] YES24 수험서 자격증 사회조사분석사 베스트셀러 1위 (2024년 11월 1주 주별 베스트)
* YES24 국내도서 해당 분야 도서 주별 베스트 기준

기본부터 차근차근 다지는

4주 합격 플래너

DAY	학습 내용	학습 Check		공부한 날
		핵심이론(1권)	실전문제(2권)	
1~2일	1과목 CHAPTER 01	☐	☐	
3~4일	1과목 CHAPTER 02	☐	☐	
	1과목 CHAPTER 01~02 복습	☐	☐	
5일	1과목 CHAPTER 03	☐	☐	
6일	1과목 CHAPTER 04	☐	☐	
7일	1과목 CHAPTER 05	☐	☐	
8일	1과목 CHAPTER 03~05 복습	☐	☐	
9일	**1과목 전체 복습**	☐	☐	
10~11일	2과목 CHAPTER 01	☐	☐	
12일	2과목 CHAPTER 02	☐	☐	
13~14일	2과목 CHAPTER 03	☐	☐	
	2과목 CHAPTER 01~03 복습	☐	☐	
15~16일	2과목 CHAPTER 04	☐	☐	
17일	2과목 CHAPTER 05	☐	☐	
18일	**2과목 전체 복습**	☐	☐	
19일	3과목 통계기초 핵심빈출 20선	☐	☐	
	3과목 CHAPTER 01	☐	☐	
20일	3과목 CHAPTER 02	☐	☐	
21일	3과목 CHAPTER 01~02 복습	☐	☐	
22일	3과목 CHAPTER 03	☐	☐	
23일	3과목 CHAPTER 04	☐	☐	
24일	3과목 CHAPTER 05	☐	☐	
25일	3과목 CHPATER 03~05 복습	☐	☐	
26일	**3과목 전체 복습**	☐	☐	
27~28일	2025~2023 기출복원문제 3회분	☐	☐	
29~30일	2025~2023 기출복원문제 2회분	☐	☐	

전공자를 위한 초단기 학습법
2주 합격 플래너

DAY	학습 내용	학습 Check		공부한 날
		핵심이론(1권)	실전문제(2권)	
1일	1과목 CHAPTER 01	☐	☐	
2일	1과목 CHAPTER 02	☐	☐	
3일	1과목 CHAPTER 03, 04	☐	☐	
4일	1과목 CHAPTER 05, 2과목 CHAPTER 01	☐	☐	
5일	2과목 CHAPTER 02, 03	☐	☐	
6일	2과목 CHAPTER 04	☐	☐	
7일	2과목 CHAPTER 05, 3과목 통계기초 핵심빈출 20선	☐	☐	
8일	3과목 CHAPTER 01	☐	☐	
9일	3과목 CHAPTER 02	☐	☐	
10일	3과목 CHAPTER 03	☐	☐	
11일	3과목 CHAPTER 04	☐	☐	
12일	3과목 CHAPTER 05	☐	☐	
13일	2025~2023 기출복원문제 3회분	☐	☐	
14일	2025~2023 기출복원문제 2회분	☐	☐	

2026 최신판

에듀윌 사회조사분석사 2급
필기 한권끝장 2025~2023년 기출복원 5회분 포함
+무료특강

실제 수험생이 직접 복원한 2025~2023년

기출복원 모의고사 5회분

eduwill

2026 최신판

에듀윌 사회조사분석사 2급
필기 한권끝장 | 2025~2023년 기출복원 5회분 포함
+무료특강

국가기술자격 필기 시험문제지
2026년 정기 기사 제1회 모의고사

 시험시간: 150분   문제수: 100문항

수험자 정보 확인

신분확인이 끝나면 시험이 곧 시작됩니다. 잠시만 기다려 주세요.

수험번호	
성명	
주민등록번호	XX0101-X000000
응시종목	사회조사분석사 2급
좌석번호	01번

좌석번호

에듀윌만의 특별제공 서비스

eduwill.kr/7Ezp

CBT시험에 적응할 수 있도록 모바일 CBT를 제공합니다. QR코드를 통해 CBT시험에 응시할 수 있습니다.
시험이 완료된 후, 정답을 채점하고 해설을 확인할 수 있습니다.

STEP 1 시험지 QR코드 스캔 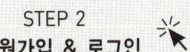   **STEP 2** 회원가입 & 로그인   **STEP 3** 응시 & 채점

제1과목: 조사방법과 설계

01 다음은 과학적 방법의 특징 중 무엇에 관한 설명인가?

> 대통령 후보 지지율에 대한 여론조사를 여당과 야당이 동시에 실시하였다. 서로 다른 동기에 의해서 조사를 하였지만 양쪽의 조사설계와 자료수집과정이 객관적이라면 서로 독립적으로 조사했더라도 양쪽 당의 조사결과는 동일해야 한다.

① 검증 가능성 ② 상호주관성
③ 재생 가능성 ④ 논리적 일관성

02 사회과학적 연구의 일반적인 연구목적과 가장 거리가 먼 것은?

① 사건이나 상황을 예측(Prediction)하는 것이다.
② 사건이나 현상을 설명(Explanation)하는 것이다.
③ 사건이나 상황을 기술 또는 서술(Description)하는 것이다.
④ 새로운 이론(Theory)이나 가설(Hypothesis)을 만드는 것이다.

03 개인의 특성에서 집단이나 사회의 성격을 규명하거나 추론하고자 할 때 발생할 수 있는 오류는?

① 생태학적 오류(Ecological Fallacy)
② 종단적 오류(Longitudinal Fallacy)
③ 환원주의적 오류(Reductionism Fallacy)
④ 개인주의적 오류(Individualistic Fallacy)

04 다음의 조사유형으로 옳은 것은?

> 베이비부머(Baby-boomers)의 정치 성향의 변화를 파악하기 위해 이들이 성년이 된 후 10년마다 50명씩 새로운 표집을 대상으로 조사하여 그 결과를 비교하여 보았다.

① 횡단(Cross-sectional)조사
② 추세(Trend)조사
③ 코호트(Cohort)조사
④ 패널(Panel)조사

05 할당표집(Quota Sampling)의 문제점과 가장 거리가 먼 것은?

① 확률표집에 비해서 시간과 경비가 많이 드는 편이다.
② 조사과정에서 조사자의 편견이 개입될 여지가 충분히 있다.
③ 조사자들이 조사하기 쉬운 사례들을 선택하는 경향이 있다.
④ 확률표집이 아니므로 특정 할당표집의 정확성을 평가하는 것이 어렵다.

06 일반적인 표본추출과정의 순서를 바르게 나열한 것은?

> ㉠ 표본추출   ㉡ 표본추출방법의 결정
> ㉢ 모집단의 확정 ㉣ 표본프레임의 선정
> ㉤ 표본크기의 결정

① ㉡ → ㉣ → ㉢ → ㉤ → ㉠
② ㉢ → ㉣ → ㉡ → ㉤ → ㉠
③ ㉢ → ㉡ → ㉣ → ㉠ → ㉤
④ ㉣ → ㉢ → ㉡ → ㉤ → ㉠

07 연역법과 귀납법에 관한 설명으로 옳은 것은?

① 연역법은 선(先)조사 후(後)이론의 방법을 택한다.
② 연역법과 귀납법은 상호 보완적으로 사용할 수 없다.
③ 연역법과 귀납법의 선택은 조사의 용이성에 달려 있다.
④ 기존 이론의 확인을 위해서 연역법을 주로 사용한다.

08 모집단을 구성하고 있는 요소들이 자연적인 순서 또는 일정한 질서에 따라 배열된 목록에서 매 k번째의 구성요소를 추출하여 표본을 형성하는 표집방법은?

① 체계적표집 ② 무작위표집
③ 층화표집   ④ 판단표집

09 A항공사에서 자사의 마일리지 사용자 중 최근 1년 동안 10만 마일 이상 사용자들을 모집단으로 설정하고, 자사 마일리지 카드 소지자 명단을 표본프레임으로 사용하여 표본을 추출할 경우 발생할 수 있는 표본프레임 오류는?

① 모집단이 표본프레임 내에 포함되는 경우
② 표본프레임이 모집단 내에 포함되는 경우
③ 모집단과 표본프레임이 전혀 일치하지 않는 경우
④ 모집단과 표본프레임의 일부분만이 일치하는 경우

10 다음 중 질문지의 구성요소로 볼 수 없는 것은?

① 식별자료
② 지시사항
③ 필요정보 수집을 위한 문항
④ 응답에 대한 강제적 참여 조항

11 초점집단(Focus Group)조사에 대한 설명으로 옳은 것은?

① 조사결과가 체계적이기 때문에 결과의 분석과 해석이 용이하다.
② 초점집단조사는 내용타당도를 높이는 목적으로 사용될 수 있다.
③ 초점집단조사의 자료수집과정에서는 연구자의 주관적 개입이 불가능하다.
④ 초점집단조사에서는 익명 집단의 상호작용을 통해 도출된 자료를 분석한다.

12 다음에서 설명하고 있는 조사방법은?

> 대학 졸업생을 대상으로 체계적 표집을 통해 응답 집단을 구성한 후 매년 이들을 대상으로 졸업 후의 진로와 경제활동 및 노동시장 이동 상황을 조사하였다.

① 집단면접조사
② 파일럿조사
③ 델파이조사
④ 패널조사

13 질문지 작성방법에 관한 설명으로 가장 적합한 것은?

① 질문지는 한 번 실시되면 돌이킬 수 없으므로 가능한 한 많은 양의 정보가 실릴 수 있도록 작성한다.
② 필요한 정보의 종류, 측정방법, 분석할 내용, 분석의 기법까지 모두 미리 고려된 상황에서 질문지를 작성한다.
③ 질문지 작성에는 일정한 원리와 이론이 적용되는 것이므로 이에 대한 내용을 숙지한 후 상당한 시간과 노력을 들여 신중하게 작성한다.
④ 동일한 양의 정보를 담고 있어도 설문지의 분량은 가급적 적어야 하기 때문에, 필요한 정보의 획득을 위한 질문 문항 외에 다른 요소들은 설문지에 포함시키지 않아야 한다.

14 실험설계를 위하여 충족되어야 하는 조건과 가장 거리가 먼 것은?

① 독립변수의 조작
② 인과관계의 일반화
③ 외생변수의 통제
④ 실험대상의 무작위화

15 변수 간의 인과성 검증에 대한 설명으로 옳은 것은?

① 실험설계는 인과성 규명을 목적으로 하지 않는다.
② 인과성은 두 변수의 공변성 여부에 따라 확정된다.
③ '가난한 사람들은 무계획한 소비를 한다'는 설명은 시간적 우선성 원칙에 부합한다.
④ 독립변수와 종속변수 사이의 인과관계에 제3의 변수가 통제되지 않으면 허위적일 수 있다.

16 순수실험설계(True Experimental Design)의 특징이 아닌 것은?

① 독립변수의 조작
② 외생변수의 통제
③ 비동일 통제집단의 설정
④ 실험집단과 통제집단에 대한 무작위할당

17 사례조사(Case Study)에 대한 설명으로 틀린 것은?
① 본조사의 예비조사로 활용가능하다.
② 연구대상의 동태적 분석이 가능하다.
③ 조사 변수의 폭과 깊이 파악이 용이하다.
④ 조사대상의 특성을 포괄적으로 연구할 수 있다.

18 서베이조사의 일반적인 특성에 관한 설명으로 틀린 것은?
① 인과관계 분석보다는 예측과 기술을 주목적으로 한다.
② 대인조사, 전화조사, 우편조사, 온라인조사 등이 있다.
③ 센서스(Census)는 대표적인 서베이조사 방법 중 하나이다.
④ 모집단으로부터 추출된 표본을 대상으로 조사하는 방법이다.

19 표본추출오차와 비표본추출오차에 관한 설명으로 틀린 것은?
① 표본추출오차의 크기는 표본크기의 제곱근에 반비례한다.
② 표본추출오차의 크기는 표본의 크기가 증가함에 따라 감소한다.
③ 비표본추출오차는 표본조사와 전수조사에서 모두 발생할 수 있다.
④ 전수조사의 경우 비표본추출오차는 없으나 표본추출오차는 상당히 클 수 있다.

20 표적집단면접법(Focus Group Interview)에 관한 설명으로 가장 적합한 것은?
① 응답자가 조사의 목적을 모르는 상태에서 다양한 심리적 의사소통법을 이용하여 자료를 수집하는 방법이다.
② 조사자가 한 단어를 제시하고 응답자가 그 단어로부터 연상되는 단어들을 순서대로 나열하도록 하여 조사하는 방법이다.
③ 응답자에게 이해하기 난해한 그림을 제시한 다음, 그 그림이 무엇을 묘사하는지 물어 응답자의 심리 상태를 파악하는 방법이다.
④ 전문적인 지식을 가진 집단으로 하여금 특정한 주제에 대하여 자유롭게 토론하도록 한 다음, 이 과정에서 필요한 정보를 추출하는 방법이다.

21 측정이 반복됨으로써 얻어지는 학습효과로 인해 실험대상자의 반응에 영향을 미치는 것은?
① 성숙효과 ② 통계적 회귀
③ 시험효과 ④ 실험대상의 소멸

22 질문지에 포함시키는 질문에는 구조화된 질문(Structured Question)도 있고, 비구조화된 질문(Unstructured Question)도 있다. 비구조화된 질문으로 구성하는 것이 적합한 경우는?
① 표본으로 추출된 지역들에서 응답자의 거주지를 알고 싶을 때
② 월수입을 99만 원 이하, 100~199만 원 등 몇 가지 축약적 범주로 분석하고 싶을 때
③ 한국의 미래에 대해 국민들이 가지고 있는 전망을 있는 그대로 모두 파악하고 싶을 때
④ 공산주의를 싫어하는 이유를 알고 있으면서 상대적으로 더욱 중요하게 생각하고 있는 이유를 파악하고 싶을 때

23 모든 요소의 총체로서 조사자가 표본을 통해 발견한 사실을 토대로 하여 일반화하고자 하는 궁극적인 대상을 지칭하는 것은?
① 표본추출단위(Sampling Unit)
② 표본추출분포(Sampling Distribution)
③ 표본추출프레임(Sampling Frame)
④ 모집단(Population)

24 질문지 초안 완성 후 실시하는 사전검사에 관한 설명으로 맞는 것은?
① 사전검사 표본수는 본조사와 비슷해야 한다.
② 사전검사는 본조사의 조사방법과 같아야 한다.
③ 사전검사는 가설을 보다 명확히 하기 위한 조사이다.
④ 사전검사 결과는 본조사에 포함시켜 분석하여야 한다.

25 설문조사로 얻고자 하는 정보의 종류가 결정된 이후의 질문지 작성과정을 바르게 나열한 것은?

| ㉠ 자료수집방법의 결정 | ㉡ 질문 내용의 결정 |
| ㉢ 질문형태의 결정 | ㉣ 질문순서의 결정 |

① ㉠ → ㉡ → ㉢ → ㉣
② ㉡ → ㉢ → ㉣ → ㉠
③ ㉡ → ㉣ → ㉢ → ㉠
④ ㉢ → ㉠ → ㉡ → ㉣

26 질적연구의 조사도구에 관한 설명으로 옳은 것을 모두 고른 것은?

㉠ 서비스 평가에서 정성적 차원을 분석할 수 있다.
㉡ 양적도구가 아니므로 신뢰도를 따질 수 없다.
㉢ 연구자 자신이 도구가 된다.
㉣ 구조화와 조작화의 과정을 거친다.

① ㉠, ㉡
② ㉠, ㉢
③ ㉡, ㉣
④ ㉠, ㉡, ㉢

27 다음 ( ) 안에 들어갈 말로 알맞은 것은?

( )는 집단구성원 간의 활발한 토의와 상호작용을 강조하며 그 과정에서 어떤 논의가 드러나고 진전되는지 파악하는 것이 중요한 자료가 된다. 조사자가 제공한 주제에 근거하여 참가자 간 의사표현 활동이 수행되고 연구자는 대부분의 과정에서 질문자라기보다는 조정자 또는 관찰자에 가깝다. ( )는 일반적으로 자료수집시간을 단축시키고 현장에서 수행하기 용이하나, 참여자 수가 제한적인 것으로 인한 일반화의 제한성 또는 집단소집의 어려움 등이 단점으로 지적되기도 한다.

① 델파이조사
② 초점집단조사
③ 사례연구조사
④ 집단실험설계

28 근거이론에서 다음 설명에 해당하는 것은?

- 이론을 통합시키고 정교화하는 과정으로 이론적 포화(Theoretical Saturation)와 변화범위(Range of Variability)에 대한 작업을 진행한다.
- 주로 근거이론 코딩의 마지막 단계로서 모형 내 범주들의 관계를 진술하는 명제를 구체화하거나 범주들을 통합하는 이야기를 서술한다.

① 축(axial)코딩
② 자료(data)코딩
③ 개방(open)코딩
④ 선택(selective)코딩

29 FGI 가이드라인 설계 시 고려사항이 아닌 것은?

① 조사분석방법
② 조사목적 및 배경
③ 조사문제의 가설 및 핵심 요점
④ 조사대상자의 속성과 그룹의 수

30 FGI 정성조사 시 모더레이터의 역할로 옳지 않은 것은?

① 다양한 응답자의 의견을 조율하고, 조화로운 합의를 이루도록 진행한다.
② 인터뷰 가이드라인에 있는 모든 질문에 응답하도록 유도한다.
③ 응답자의 응답이 완전하지 않거나 불명확할 때에는 지시적으로 질문하여 정확한 답을 얻는다.
④ 응답자가 모호하게 답을 했다면 자세한 설명을 요구하거나 다른 각도로 질문함으로써 내용을 정확하게 파악한다.

제2과목: 조사관리와 자료처리

31 다음 설명에 해당하는 기계를 통한 관찰도구는?

> 어떠한 자극을 보여주고 피관찰자의 눈동자 크기를 측정하는 것으로, 동공의 크기변화를 통해 응답자의 반응을 측정한다.

① 오디미터(Audimeter)
② 퓨필로미터(Pupilometer)
③ 사이코갈바노미터(Psychogalvanometer)
④ 모션픽처카메라(Motion Picture Camera)

32 다음에 해당하는 문헌연구의 목적은?

> 문헌연구를 통해 선행연구의 제한점 또는 제언 부분에서 해당 연구의 한계를 미리 파악함으로써, 연구과정에서 발생할 수 있는 문제를 사전에 방지할 수 있다.

① 잘못된 조사설계를 피하기 위해
② 연구방법에 대한 통찰력을 얻기 위해
③ 연구문제의 해결을 위한 새로운 접근방법을 모색하기 위해
④ 연구를 시행하는 과정에서 발생할 수 있는 시행착오를 피하기 위해

33 오스굿(Charles Osgood)에 의하여 개발되기 시작한 의미분화척도(Semantic Differential Scale) 작성 시 고려해야 할 사항이 아닌 것은?

① 응답자의 평가
② 평가도구의 작성
③ 매개변수의 도입
④ 차원과 대극점(對極點)의 용어 선정

34 참여관찰의 장점을 모두 고른 것은?

> ㉠ 반복연구가 가능하기 때문에 일반화의 가능성이 높은 편이다.
> ㉡ 자연스러운 상태에서의 관찰이기 때문에 연구대상의 심층적인 차원을 이해할 수 있다.
> ㉢ 연구설계의 과정에서 융통성이 높다.

① ㉠
② ㉠, ㉢
③ ㉠, ㉡
④ ㉡, ㉢

35 조사보고서의 일반적인 작성지침과 가장 거리가 먼 것은?

① 조사연구의 목적과 방법을 분명히 기술한다.
② 자료의 수집과 처리방법 등을 정확하고 분명하게 제시한다.
③ 조사연구에 관련된 참고문헌과 선행연구들을 빠짐없이 분명하게 제시한다.
④ 조사결과를 해석하고 제시할 때 기존 조사의 한계와 문제점 등을 논의해서는 안 된다.

36 관찰법(Observation Method)의 분류기준에 관한 설명과 가장 거리가 먼 것은?

① 관찰이 일어나는 상황이 인공적인지 여부에 따라 '자연적·인위적 관찰'로 나누어진다.
② 피관찰자가 관찰사실을 알고 있는지 여부에 따라 '공개적·비공개적 관찰'로 나누어진다.
③ 관찰시기가 행동발생과 일치하는지 여부에 따라 '체계적·비체계적 관찰'로 나누어진다.
④ 관찰 주체 또는 도구가 무엇인지에 따라 '인간의 직접적·기계를 이용한 관찰'로 나누어진다.

37 참여관찰에서 윤리적인 문제를 겪을 가능성이 가장 높은 관찰자 유형은?

① 완전관찰자(Complete Observer)
② 완전참여자(Complete Participant)
③ 관찰자로서의 참여자(Participant as Observer)
④ 참여자로서의 관찰자(Observer as Participant)

38 면접 중에 피면접자가 너무 짧은 응답만을 하였다. 이 상황에서 면접자가 이용할 수 있는 프로빙(Probing)의 기법이 아닌 것은?

① 간단한 찬성적 반응을 보인다.
② 상대방을 말없이 응시한다.
③ 응답자의 말을 반복하여 되묻는다.
④ 다른 사람의 사례를 들어 질문한다.

39 조사원의 유형별 직무 범위의 역할 중 조사 전 단계에 해당하는 것은?

① 응답에 대한 검수를 하고, 관찰한 내용을 기록한다.
② 대상자가 조사에 성실히 응하도록 동기를 부여한다.
③ 조사대상자와 연락하고, 조사 참여 협조에 대해 설득한다.
④ 조사원이 조사교육 훈련에 참가하고, 조사지역 내 명부를 작성한다.

40 측정오차(Error of Measurement)에 관한 설명으로 틀린 것은?

① 측정오차에는 무작위 오차와 체계적 오차가 있다.
② 체계적 오차란 편견이 개입된 경우로서 타당도와 관련된 오차이다.
③ 무작위 오차란 우연히 발생하는 오차이며 신뢰도와 관련된 오차이다.
④ 행동과 연결되지 않는 바람직한 응답만 하려는 경우는 무작위 오차에 해당된다.

41 조사원 관리에 관한 설명으로 가장 거리가 먼 것은?

① 조사원은 하루 일과를 마치면 보고하는 체제를 유지한다.
② 조사원의 이름, 성별, 연령, 휴대전화번호, 자택전화번호, 이메일, 주소, 통장번호 등을 받아둔다.
③ 조사기간 동안 조사원은 긴급한 상황이 아닌 한 연락이 가능하지 않아도 된다.
④ 조사원으로부터 목표조사량과 실제조사량, 조사현장의 문제점 및 애로사항, 출퇴근 상황 등을 보고받는다.

42 개념(Concept)에 관한 설명으로 틀린 것은?

① 개념의 경험적 준거가 정확해야 바람직하다.
② 개념의 이론적 중요성이 높을수록 바람직하다.
③ 경험적 정밀성과 이론적 중요성은 교환관계에 있다.
④ 중범위이론(Middlle Range Theory)은 개념의 추상화 정도가 비교적 높다.

43 조사원 교육의 필요성에 관한 설명으로 틀린 것은?

① 조사위조에 대한 통계조사의 품질저하를 막기 위해
② 조사원으로서의 역할과 중요성을 깊이 인식하여 정체성을 확립하기 위해
③ 응답대상자의 응답거부에 부담스러워하지 않고 가볍게 인지하도록 돕기 위해
④ 조사원의 현장조사에 대한 이해력을 높이고 커뮤니케이션 능력을 향상시키기 위해

44 다음과 같은 특성을 가진 자료수집방법은?

- 응답률이 비교적 높다.
- 질문의 내용에 대한 면접자와 응답자의 상호작용이 가능하여 보다 신뢰성 있는 대답을 얻을 수 있다.
- 면접원이 응답자와 그 주변상황을 관찰할 수 있는 이점이 있다.

① 우편조사   ② 전화조사
③ 면접조사   ④ 집단조사

45 조사원이 갖추어야 하는 자세에 대한 설명으로 옳지 않은 것은?

① 자신의 신분을 밝히는 조사원 명찰을 착용한 상태로 개인적인 업무를 보는 모습
② 조사를 마치고 인사하기 전에 빠진 항목이 없는지 처음부터 차분하게 검토하는 모습
③ 질문할 때 각 질문에 대한 충분한 설명으로 응답자가 응답하는 데 어려움이 없도록 배려하는 모습
④ 조사 자체에 관한 설명, 통계법에 대한 안내 등 응답자가 궁금해할 만한 정보를 막힘없이 조리 있게 전달하는 모습

46 두 변수 간의 관계를 보다 정확하고 명료하게 이해할 수 있도록 밝혀주는 역할을 하는 검정요인으로만 짝지어진 것은?

① 매개변수, 왜곡변수
② 선행변수, 억제변수
③ 구성변수, 매개변수
④ 외적변수, 구성변수

47 측정에 대한 설명으로 틀린 것은?
① 질적속성을 양적속성으로 전환하는 작업이다.
② 경험의 세계와 개념적·추상적 세계를 연결하는 수단이다.
③ 조사대상의 속성을 추상적 개념으로 전환시키는 과정이다.
④ 이론을 구성하는 개념들을 현실세계에서 관찰이 가능한 자료와 연결해주는 과정이다.

48 야구경기에서 아웃(Out)의 수는 어떤 척도로 측정되는가?
① 명목척도
② 서열척도
③ 비율척도
④ 등간척도

49 내용분석에 관한 설명과 가장 거리가 먼 것은?
① 필요한 경우 재분석이 가능하다.
② 양적내용을 질적자료로 전환한다.
③ 분석대상에 영향을 미치지 않는다.
④ 다양한 기록자료 유형을 분석할 수 있다.

50 각 문항이 척도상 어디에 위치할 것인가를 평가자들이 판단한 다음 조사자가 이를 바탕으로 대표적인 문항들을 선정하여 척도를 구성하는 방법은?
① 서스톤척도
② 리커트척도
③ 거트만척도
④ 의미분화척도

51 거트만 척도에서 응답자의 응답이 이상적인 패턴과 얼마나 가까운지를 측정하는 것은?
① 스캘로그램
② 재생가능계수
③ 단일차원계수
④ 최소오차계수

52 측정을 위해 개발한 도구가 측정하고자 하는 대상의 정확한 속성값을 얼마나 포괄적으로 포함하고 있는지를 나타내는 타당도는?
① 내용타당성(Content Validity)
② 기준관련타당성(Criterion-related Validity)
③ 집중타당성(Convergent Validity)
④ 예측타당성(Predictive Validity)

53 다음 사례의 측정에 대한 설명으로 옳은 것은?

> A중학교 학생들의 발달상태를 조사하기 위해 체중계를 이용하여 몸무게를 측정했는데, 항상 2.5kg이 더 무겁게 측정되었다.

① 신뢰도는 낮지만 타당도는 높다.
② 신뢰도는 높지만 타당도는 낮다.
③ 신뢰도도 높고 타당도도 높다.
④ 신뢰도도 낮고 타당도도 낮다.

54 크론바하 알파(Cronbach's Alpha)에 관한 설명으로 틀린 것은?
① 표준화된 알파라고도 한다.
② 값의 범위는 -1에서 $+1$까지이다.
③ 문항의 수가 증가할수록 값이 커진다.
④ 문항 간 평균 상관관계가 증가할수록 값이 커진다.

55 횡적 연구(Cross-sectional Study)에 대한 설명으로 틀린 것은?
① 한 번의 조사로 끝나는 표본 조사가 대표적이다.
② 이미 존재하는 각 집단의 차이를 주로 분석한다.
③ 시간적 선후가 없으므로 어떤 경우의 인과관계 방향도 설정할 수 없다.
④ 변수에 대한 통제는 자료수집 단계에서 뿐만 아니라 자료수집 후 분석단계에서도 가능하다.

56 2차 자료(Secondary Date) 사용에 관한 설명으로 틀린 것은?

① 자료수집에 걸리는 시간과 노력을 줄일 수 있다.
② 2차 자료는 가설의 검증을 위해서는 사용할 수 없다.
③ 다른 방법에 의해 수집된 자료를 보충하고 타당성을 검토하기 위해 사용한다.
④ 연구자가 원하는 개념을 마음대로 측정할 수 없으므로 척도의 타당도가 문제될 수 있다.

57 부호화(Coding)에 대한 설명으로 틀린 것은?

① 코딩은 질문지 작성 전에 해야 한다.
② 일정한 지침에 따라 분석 가능한 숫자나 기호로 표현해야 한다.
③ 미취득 자료를 처리할 경우에는 일괄된 하나의 번호를 이용해야 한다.
④ 숫자로 응답된 자료를 처리할 때는 가장 큰 수치를 고려하여 칸을 배정해야 한다.

58 서스톤 척도(Thurston Scale)에 대한 설명으로 틀린 것은?

① 처음 문장을 분류하는 평가자들의 성격에 따라 분포가 달라질 수 있다.
② 절차가 다른 척도보다 단순하고 문장이나 평가자의 수가 적어도 된다.
③ 척도용으로 선정된 문장들이 평균값은 같으나 분산도가 다를 수 있다.
④ 응답자의 점수가 같더라도 그가 선택하는 문항의 종류와 내용이 다를 수 있다.

59 다음 두 질문에 관한 설명으로 틀린 것은?

(가)	귀댁의 지난해 월평균 총 가구소득은 얼마입니까? (만 원)
(나)	귀댁의 지난해 월평균 총 가구소득은 얼마입니까? ❶ 100만 원 미만 ❷ 100~200만 원 미만 ❸ 200~300만 원 미만 ❹ 300~400만 원 미만 ❺ 400~500만 원 미만 ❻ 500~600만 원 미만 ❼ 600~700만 원 미만 ❽ 700만 원 이상

① (가)는 개방형 질문이고 (나)는 폐쇄형 질문이다.
② (가)에서 가장 큰 금액의 응답이 '1,000만 원'이라면, 해당 응답의 칼럼 수는 4로 설정할 수 있다.
③ (나)에서 '❾ 기타(   )'가 포함된다면 칼럼 수는 명백하게 1이다.
④ (나)의 자료값이 가질 수 있는 범위가 1부터 8까지이므로 칼럼 수는 명확하게 1로 설정할 수 있다.

60 다음은 무엇에 관한 설명인가?

> 조사된 각 변수의 위치와 각 변수가 가질 수 있는 일련의 속성을 하나하나마다 어떤 숫자나 기호를 부여할 것인지를 정리해 놓은 문서

① 설문지(Questionnaire)
② 이전용지(Transfer Sheet)
③ 코드용지(Code Sheet)
④ 코드북(Code Book)

제3과목: 통계분석과 활용

61 다음의 대표치 중 산술평균보다 이상점 자료에 덜 민감한 대표치들로 짝지은 것은?

㉮ 기하평균	㉯ 중위수
㉰ 조화평균	㉱ 절사평균

① ㉮, ㉯
② ㉮, ㉰
③ ㉯, ㉰
④ ㉯, ㉱

62 어느 대학에서 2026학년도 1학기에 개설된 통계학 강좌에 A반 20명, B반 30명이 수강하고 있다. 중간고사에서 A반, B반의 평균은 각각 70점, 80점이었다. 이번 학기에 통계학을 수강하고 있는 학생 50명의 중간고사 평균은?

① 70점
② 74점
③ 75점
④ 76점

63 다음의 자료로 줄기-잎 그림을 그리고 중앙값을 찾아보려 한다. 빈칸에 들어갈 잎과 중앙값을 순서대로 바르게 나열한 것은?

25	45	54
44	42	34
81	73	66
78	61	46
86	50	43
53	38	

줄기	잎
2	5
3	4 8
4	2 3 4 5 6
5	
6	1 6
7	3 8
8	1 6

① 0 3, 중앙값=46
② 0 3 4, 중앙값=50
③ 0 0 3, 중앙값=50
④ 3 4 4, 중앙값=53

64 상자그림에 대한 설명으로 틀린 것은?

① 이상값에 대한 정보를 알 수 있다.
② 두 집단의 분포 모양에 대한 비교가 가능하다.
③ 상자그림을 보면 자료의 분포를 개략적으로 파악할 수 있다.
④ 상자그림의 상자 길이와 분산과는 아무런 관련이 없다.

65 표본으로 추출된 6명의 학생이 지원했던 여름방학 아르바이트의 수가 다음과 같이 정리되었다. 피어슨의 비대칭계수(p)에 근거한 자료의 분포에 관한 설명으로 옳은 것은?

10	3	3	6	4	7

① 비대칭계수의 값이 0에 근사하여 좌우대칭형 분포를 나타낸다.
② 비대칭계수의 값이 양의 값을 나타내어 왼쪽으로 꼬리를 늘어뜨린 비대칭분포를 나타낸다.
③ 비대칭계수의 값이 음의 값을 나타내어 왼쪽으로 꼬리를 늘어뜨린 비대칭분포를 나타낸다.
④ 비대칭계수의 값이 양의 값을 나타내어 오른쪽으로 꼬리를 늘어뜨린 비대칭분포를 나타낸다.

66 똑같은 크기의 사과 10개를 5명의 어린이에게 나누어주는 방법의 수는? (단, $\binom{n}{r}$은 n개 중에서 r개를 선택하는 조합의 수이다)

① $\binom{14}{5}$
② $\binom{15}{5}$
③ $\binom{14}{10}$
④ $\binom{15}{10}$

67 어떤 상품에 대한 시장조사 결과 다음과 같은 자료를 얻었다. 한 사람을 임의로 선택했을 때 그 사람이 유튜브 광고를 시청한 경우, 상품을 구입했을 조건부 확률은 얼마인가?

	유튜브 광고 시청했음(S)	유튜브 광고 시청 안 했음(T)
상품 구입함(W)	40	60
상품 구입하지 않음(Q)	60	40

① 0.4 ② 0.5
③ 0.6 ④ 0.7

68 어떤 비행기가 추락하였고 3개의 추락 가능지역이 있다고 한다. 이 때 $1-\alpha_i(i=1, 2, 3)$를 비행기가 사실상 i지역에 있을 때 i지역에서 발견할 확률이라고 한다면, 지역 1에서 찾지 못했다는 조건에서 비행기가 1번째 지역에 있었을 확률은?

① $\dfrac{1}{\alpha_1+2}$ ② $\dfrac{\alpha_1}{\alpha_1+2}$
③ $\dfrac{2}{\alpha_1+2}$ ④ $\dfrac{1}{6}$

69 양의 확률을 갖는 사건 A, B, C의 독립성에 대한 설명으로 틀린 것은?

① A와 B가 독립이면, A와 B^C 또한 독립이다.
② A와 B가 독립이면, A^C와 B^C 또한 독립이다.
③ A와 B가 배반사건이면, A와 B는 독립이 아니다.
④ A와 B가 독립이고 A와 C가 독립이면, A와 $B \cap C$ 또한 독립이다.

70 퀴즈게임에서 우승한 철수는 주사위를 던져서 나온 숫자에 100,000원을 곱한 상금을 받게 되었다. 그런데 그 주사위에 홀수는 없고 짝수만 있다. 즉 2가 2면, 4가 2면, 6이 2면인 것이다. 그 주사위를 던졌을 때 받게 될 상금의 기댓값은?

① 300,000원 ② 400,000원
③ 350,000원 ④ 450,000원

71 연속확률변수 X의 확률밀도함수가 다음과 같을 때 X의 기댓값은?

$$f(x) = \begin{cases} kx(1-x), & 0 \leq x \leq 1 \\ 0, & x<0 \text{ 또는 } x>1 \end{cases}$$

① 0.25 ② 0.5
③ 0.75 ④ 1

72 어떤 회사에서 생산되는 제품이 부적합품일 확률은 서로 독립적으로 0.01이라 한다. 이 회사는 한 상자에 10개씩 포장해서 판매를 하는데, 만일 한 상자에 부적합품이 2개 이상이면 돈을 환불해준다. 판매된 한 상자가 반품될 확률은 약 얼마인가?

① 0.1% ② 0.4%
③ 9.1% ④ 9.6%

73. 국내 어느 항공회사에서는 A노선의 항공편을 예약한 사람 중 20%가 예정시간에 공항에 도착하지 못하여 탑승하지 못하거나 사전에 예약을 취소 또는 변경한다는 사실을 알았다. 따라서 여석 발생으로 인한 손실을 줄이기 위해 300석의 좌석이 마련되어 있는 이 노선의 특정 항공편에 360건의 예약을 접수받았다. 이 항공편을 예약하고 예정시간에 공항에 나온 사람들 모두가 탑승하여 좌석에 앉을 수 있는 확률을 아래 확률분포표를 이용하여 구한 값은? (단, 연속성 수정을 이용하고, 소수의 계산은 소수점 이하 셋째 자리에서 반올림한다)

〈표준정규분포표〉
$P(Z \leq z), \ Z \sim N(0, 1)$

z	...	0.05	0.06	0.07	0.08
⋮		⋮	⋮	⋮	⋮
1.4	...	0.9279	0.9292	0.9306	0.9319
1.5	...	0.9406	0.9418	0.9429	0.9441
1.6	...	0.9515	0.9525	0.9535	0.9545
⋮		⋮	⋮	⋮	⋮

① 0.9515 ② 0.9406
③ 0.9418 ④ 0.9429

74. 확률변수 X와 Y는 서로 독립이며, $X \sim N(1, 1^2)$이고, $Y \sim N(2, 2^2)$이다. $P(X+Y \geq 5)$를 표준정규분포의 누적분포함수 $\phi(x)$를 이용하여 나타내면?

① $\phi\left(-\dfrac{2}{3}\right)$ ② $\phi\left(-\dfrac{2}{\sqrt{5}}\right)$
③ $\phi\left(\dfrac{2}{3}\right)$ ④ $\phi\left(\dfrac{3}{\sqrt{5}}\right)$

75. t-분포와 F-분포의 성질에 대한 설명으로 옳은 것은?
① 자유도가 k인 t-분포의 제곱은 $F(k, 1)$ 분포와 동일하다.
② $F_{1-\alpha}(k_1, k_2) = 1/F_\alpha(k_2, k_1)$이 성립한다.
③ t-분포와 F-분포는 통상적으로 오른쪽으로 꼬리가 긴 분포이다.
④ $Z \sim N(0, 1)$, $V \sim \chi^2(r)$이고, Z와 V가 독립일 때, $Z/\sqrt{V}$는 자유도가 r인 t-분포를 따른다.

76. 점추정치(Point Estimate)에 관한 설명 중 틀린 것은?
① 표본에 의한 추정치 중에서 중위수는 평균보다 중앙에 위치하기 때문에 더욱 효율성이 있는 추정치가 될 수 있다.
② 좋은 추정량의 성질 중 하나는 추정량의 기대값이 모수값이 되는 것인데, 이를 불편성(Unbiasedness)이라 한다.
③ 표본의 크기가 커질수록, 표본으로부터 구한 추정치가 모수와 다를 확률이 0에 가깝다는 것을 일치성(Consistency)이 있다고 한다.
④ 좋은 추정량의 성질 중 하나는 추정량의 값이 주어질 때 조건부 분포가 모수에 의존하지 않는다는 것이며, 이를 충분성(Sufficiency)이라 한다.

77. 모집단에서 무작위로 표본 3개 X_1, X_2, X_3를 추출했다. 모평균을 추정하기 위한 가장 바람직한 추정량은?
① X_2
② $\dfrac{X_1 + X_3}{2}$
③ $\max(X_1, X_2, X_3) - \min(X_1, X_2, X_3)$
④ $\dfrac{X_1 + 2X_2 + X_3}{4}$

78. 전체 재학생 수가 20,000명(남학생 14,000명, 여학생 6,000명)인 어느 대학교 학생들을 대상으로 새로운 졸업자격제도 도입에 대한 찬반 의견을 수렴하고자 한다. 이 학교 남학생 중 600명, 여학생 중 400명을 각각 랜덤하게 추출하여 조사한 결과, 남학생과 여학생 찬성률은 각각 40%, 60%로 나타났다. 이 경우 전체 재학생의 찬성률에 대한 가장 적절한 추정값은?

① 46%   ② 48%
③ 50%   ④ 52%

79 사업시행에 대한 찬반 여론을 수렴하기 위해 400명의 주민을 대상으로 표본조사를 실시하였다. 그러나 표본 수가 너무 적어 신뢰성에 문제가 있다는 지적이 있어 4배인 1,600명의 주민을 재조사하였다. 신뢰수준 95%하에서 추정오차는 얼마나 감소하는가? (단, $Z_{0.05} = 1.645$, $Z_{0.025} = 1.96$이고, 표본비율 $\hat{p}$는 0.5로 추측한다)

① 1.23% ② 1.03%
③ 2.45% ④ 2.06%

80 대학생들의 정당 지지도를 조사하기 위해 100명을 뽑은 결과 45명이 지지하는 것으로 나타났다. 지지도에 대한 95% 신뢰구간은? (단, $Z_{0.025} = 1.96$, $Z_{0.05} = 1.645$)

① 0.45 ± 0.0823 ② 0.45 ± 0.0860
③ 0.45 ± 0.0920 ④ 0.45 ± 0.0975

81 서로 다른 두 종류의 제품 A, B를 비교하여 아래와 같은 실험결과를 얻었다. 제품 A, B에 대한 평균 차이에 대한 95% 신뢰구간의 설명으로 옳은 것은?

구분	표본수	표본평균	표본분산
제품 A	50	2,800	450
제품 B	100	2,500	1,600

① $\bar{x}_A - \bar{x}_B$의 95% 신뢰구간은 $(300 - 1.96 \times 5, 300 + 1.96 \times 5)$이다.
② $\bar{x}_A - \bar{x}_B$의 95% 신뢰구간은 $(300 - 1.96 \times 7, 300 + 1.96 \times 7)$이다.
③ $\mu_A - \mu_B$의 95% 신뢰구간은 $(300 - 1.96 \times 5, 300 + 1.96 \times 5)$이다.
④ $\mu_A - \mu_B$의 95% 신뢰구간은 $(300 - 1.96 \times 7, 300 + 1.96 \times 7)$이다.

82 어느 여행사에서 앞으로 1년 이내에 어학연수를 원하는 대학생들의 비율을 조사하기를 원한다. 95% 신뢰수준에서 참비율과의 오차가 3% 이내가 되도록 하기 위하여 최소한 몇 명의 대학생을 조사해야 하는가? (단, $Z_{0.05} = 1.645$, $Z_{0.025} = 1.96$이고, 표본비율 $\hat{p}$는 0.5로 추측한다)

① 250 ② 435
③ 752 ④ 1,068

83 어떤 가설검정에서 유의확률(p-값)이 0.044일 때, 검정 결과로 맞는 것은?

① 귀무가설을 유의수준 1%와 5%에서 모두 기각할 수 없다.
② 귀무가설을 유의수준 1%와 5%에서 모두 기각할 수 있다.
③ 귀무가설을 유의수준 1%에서 기각할 수 있으나 5%에서는 기각할 수 없다.
④ 귀무가설을 유의수준 1%에서 기각할 수 없으나 5%에서는 기각할 수 있다.

84 다음의 상황에 알맞은 검정방법은?

> 휘발유를 제조하는 A정유회사에서는 새로운 휘발유를 생산하고, 1리터당 주행거리가 길어졌는지를 알아보기 위해 동일한 차와 동일한 운전자에게 동일한 거리를 휘발유만 서로 달리한 채 운영하게 하였다.

① 독립표본 t-검정 ② 대응표본 t-검정
③ χ^2-검정 ④ F-검정

85. 어느 회사는 노조와 협의하여 오후 중간 휴식시간을 20분으로 정하였다. 그런데 총무과장은 대부분의 종업원이 규정된 시간보다 더 오래 쉬고 있다고 생각하고 있다. 이를 확인하기 위하여 전체 종업원 1,000명 중에서 25명을 조사한 결과, 표본으로 추출된 종업원의 평균 휴식시간은 22분이고 표준편차는 3분으로 나타났다. 유의수준 5%에서 총무과장의 의견을 가설검정한 결과로 맞는 것은? (단, $t_{0.05}(24) = 1.711$)

① 검정통계량 $t < 1.711$이므로 귀무가설을 기각한다.
② 검정통계량 $t > 1.711$이므로 귀무가설을 채택한다.
③ 종업원의 실제 휴식시간은 규정시간 20분보다 더 짧다고 할 수 있다.
④ 종업원의 실제 휴식시간은 규정시간 20분보다 더 길다고 할 수 있다.

86. 다음 각 빈 칸에 들어갈 분석방법으로 옳은 것은?

독립변수(X) 종속변수(Y)	범주형 변수	연속형 변수
범주형 변수	㉠	×
연속형 변수	㉡	㉢

① ㉠ 교차분석, ㉡ 분산분석, ㉢ 회귀분석
② ㉠ 교차분석, ㉡ 회귀분석, ㉢ 분산분석
③ ㉠ 분산분석, ㉡ 분산분석, ㉢ 회귀분석
④ ㉠ 회귀분석, ㉡ 회귀분석, ㉢ 분산분석

87. 세 그룹의 평균을 비교하기 위해 각 수준에서 5번씩 반복 실험한 일원분산분석 모형 $X_{ij} = \mu + \alpha_i + \epsilon_{ij}$ ($i=1, 2, 3$, $j=1, 2, \cdots, 5$)에 대한 분산분석표가 아래와 같을 때, ㉠, ㉡에 들어갈 값은?

요인	제곱합	자유도	F-통계량
처리	52.0	2	㉡
오차	60.0	㉠	

① ㉠ 12, ㉡ 4.8
② ㉠ 12, ㉡ 5.2
③ ㉠ 13, ㉡ 4.8
④ ㉠ 13, ㉡ 5.2

88. 어느 회사는 4개의 철강 공급업체로부터 철판을 공급받는다. 각 공급업체들이 납품하는 철판의 품질을 평가하기 위해 인장강도(kg/psi)를 각 3회씩 측정하여 다음의 중간 결과를 얻었다. 4개의 공급업체들이 납품하는 철강의 품질에 차이가 없다는 가설을 검정하기 위한 F-값은? (단, $\overline{X}._j = \frac{1}{3}\sum_{i=1}^{3} X_{ij}$, $\overline{\overline{X}} = \frac{1}{4}\frac{1}{3}\sum_{j=1}^{4}\sum_{i=1}^{3} X_{ij}$이다)

$$\sum_{j=1}^{4}(\overline{X}._j - \overline{\overline{X}})^2 = 15.5, \quad \sum_{j=1}^{4}\sum_{i=1}^{3}(X_{ij} - \overline{X}._j)^2 = 19$$

① 0.816
② 2.175
③ 4.895
④ 6.526

89. 작년도 자료에 의하면 어느 대학교의 도서관에서 도서를 대출한 학부 학생들의 학년별 구성비는 1학년 12%, 2학년 20%, 3학년 33%, 4학년 35%였다. 올해 이 도서관에서 도서를 대출한 학부 학생들의 학년별 구성비가 작년도와 차이가 있는지 분석하기 위해 학부생 도서대출자 400명을 랜덤하게 추출하여 학생들의 학년별 도수를 조사하였다. 이 자료를 갖고 통계적인 분석을 하는 경우 사용되는 검정통계량은?

① 자유도가 4인 카이제곱 검정통계량
② 자유도가 3인 카이제곱 검정통계량
③ 자유도가 (3, 396)인 F-검정통계량
④ 자유도가 (1, 398)인 F-검정통계량

90 새로운 복지정책에 대한 찬반여부가 성별에 따라 차이가 있는지를 알아보기 위해 남녀 100명씩을 랜덤하게 추출하여 조사한 결과이다. 가설 'H_0: 새로운 복지정책에 대한 찬반여부는 남녀 성별에 따라 차이가 없다'의 검정에 대한 설명으로 틀린 것은?

구분	찬성	반대
남자	40	60
여자	60	40

① 가설검정에 이용되는 카이제곱 통계량의 값은 8이다.
② 가설검정에 이용되는 카이제곱 통계량의 자유도는 1이다.
③ 유의수준 0.05에서 기각역의 임계값이 3.84이면, 카이제곱 검정의 유의확률(p-값)은 0.05보다 크다.
④ 남자와 여자의 찬성률에 대한 오즈비(Odds Ratio)는
$$\frac{P(찬성|남자)/P(반대|남자)}{P(찬성|여자)/P(반대|여자)} = \frac{(0.4/0.6)}{(0.6/0.4)} = 0.4444$$
로 구해진다.

91 상관계수(피어슨 상관계수)에 대한 설명으로 가장 거리가 먼 것은?
① 선형관계에 대한 설명에 사용된다.
② 상관계수의 값은 변수의 단위가 달라지면 영향을 받는다.
③ 상관계수의 부호는 회귀계수의 기울기(b)의 부호와 항상 같다.
④ 상관계수의 절대치가 클수록 두 변수의 선형관계가 강하다고 할 수 있다.

92 교육수준과 정치적 성향의 관계를 알아보기 위하여 조사를 실시하였다. 조사한 자료를 분석한 결과 교육년수로 측정한 교육수준의 분산이 70, 정치적 성향의 분산이 50, 그리고 두 변수의 공분산으로 $\sqrt{560}$ 이 나타났다. 이 때 두 변수 간의 Pearson 상관계수의 값은 얼마인가?
① 0.1
② 0.2
③ 0.3
④ 0.4

93 이산형 확률변수 (X, Y)의 결합확률분포표가 다음과 같이 주어진 경우, X와 Y의 상관계수에 대한 설명으로 옳은 것은?

Y\X	1	2	3	4	5
1	0.15	0.10	0.00	0.00	0.00
2	0.00	0.15	0.05	0.00	0.00
3	0.00	0.05	0.10	0.10	0.00
4	0.00	0.00	0.00	0.15	0.05
5	0.00	0.00	0.00	0.00	0.10

① 상관계수는 양의 값을 갖는다.
② 상관계수는 음의 값을 갖는다.
③ 상관계수는 0이다.
④ 상관계수를 구할 수 없다.

94 두 확률변수 X와 Y의 상관계수는 0.92이다. $U = \frac{1}{2}X + 5$, $V = \frac{3}{2}Y + 1$이라 할 때 두 확률변수 U와 V의 상관계수는?
① 0.69
② -0.69
③ 0.92
④ -0.92

95 회귀분석에 있어서 잔차분석은 모형의 적절성 여부에 중요한 역할을 담당한다. 잔차분석 방법 중 Q-Q 그림을 통해 검정할 수 있는 모형의 가정은 무엇인가?
① 선형성
② 등분산
③ 정규성
④ 독립성

96 어떤 제품의 수명은 특정 부품의 수명과 밀접한 관계가 있다고 한다. 제품수명(Y)의 평균과 표준편차는 각각 13과 4이고, 부품수명(X)의 평균과 표준편차는 각각 12와 3이다. X와 Y의 상관계수가 0.6일 때, 추정회귀직선 $\hat{Y}=\hat{\alpha}+\hat{\beta}X$에서 기울기 $\hat{\beta}$의 값은?

① 0.6 ② 0.7
③ 0.8 ④ 0.9

97 독립변수가 k개인 중회귀모형 $y=\beta X+\epsilon$에서 회귀계수벡터 β의 추정량 b의 분산-공분산 행렬 $Var(b)$는? (단, $Var(\epsilon)=\sigma^2 I$이다)

① $Var(b)=(X'X)^{-1}\sigma^2$
② $Var(b)=X'X\sigma^2$
③ $Var(b)=k(X'X)^{-1}\sigma^2$
④ $Var(b)=k(X'X)\sigma^2$

98 단순회귀모형 $y_i=\beta_0+\beta_1 x_i+\epsilon_i (i=1, 2, \cdots, n)$의 가정 하에 최소제곱법에 의해 회귀직선을 추정하는 경우 잔차 $e_i=y_i-\hat{y}_i$의 성질로 틀린 것은?

① $\sum e_i=0$ ② $\sum e_i=\sum x_i e_i$
③ $\sum e_i^2=\sum \hat{x}_i e_i$ ④ $\sum x_i e_i=\sum \hat{y}_i e_i$

99 단순회귀모형 $Y_i=\beta_0+\beta_1 x_i+\epsilon_i (i=1, 2, \cdots, n)$에서 최소제곱법에 의한 추정회귀직선 $\hat{y}=b_0+b_1 x$의 설명력을 나타내는 결정계수 R^2에 대한 설명으로 틀린 것은?

① 결정계수 R^2은 총변동 $SST=\sum_{i=1}^{n}(y_i-\bar{y})^2$ 중 추정회귀직선에 의해 설명되는 변동 $SSR=\sum_{i=1}^{n}(\hat{y}_i-\bar{y})^2$의 비율, 즉 SSR/SST로 정의된다.
② x와 y 사이에 회귀관계가 전혀 존재하지 않아 추정회귀직선의 기울기 b_1이 0인 경우에는 결정계수 R^2은 0이 된다.
③ 단순회귀의 경우 결정계수 R^2은 x와 y의 상관계수 r_{xy}와는 직접적인 관계가 없다.
④ x와 y의 상관계수 r_{xy}는 추정회귀계수 b_1이 음수이면 결정계수의 음의 제곱근 $-\sqrt{R^2}$과 같다.

100 아파트의 평수 및 가족 수가 난방비에 미치는 영향을 알아보기 위해 중회귀분석을 실시하여 다음의 결과를 얻었다. 분석결과에 대한 설명으로 틀린 것은? (단, Y는 아파트 난방비(단위: 천 원))

모형	비표준화계수		표준화계수	t	p-값
	B	표준오차	Beta		
상수	39.69	32.74		1.21	0.265
평수(X_1)	3.37	0.94	0.85	3.59	0.009
가족 수(X_2)	0.53	0.25	0.42	1.72	0.090

① 추정된 회귀식은 $\hat{Y}=39.69+3.37X_1+0.53X_2$이다.
② 가족 수가 주어지면, 아파트가 1평 커질 때 난방비가 평균 3.37(천 원) 증가한다.
③ 유의수준 5%에서 종속변수 난방비에 유의한 영향을 주는 독립변수는 평수이다.
④ 아파트 평수가 30평이고, 가족이 5명인 가구의 난방비는 122.44(천 원)으로 예측된다.

국가기술자격 필기 시험문제지
2026년 정기 기사 제2회 모의고사

 시험시간: 150분   문제수: 100문항

수험자 정보 확인

신분확인이 끝나면 시험이 곧 시작됩니다. 잠시만 기다려 주세요.

수험번호	
성명	
주민등록번호	XX0101-X000000
응시종목	사회조사분석사 2급
좌석번호	01번

01 좌석번호

에듀윌만의 특별제공 서비스

CBT시험에 적응할 수 있도록 모바일 CBT를 제공합니다. QR코드를 통해 CBT시험에 응시할 수 있습니다.
시험이 완료된 후, 정답을 채점하고 해설을 확인할 수 있습니다.

eduwill.kr/XEzp

STEP 1
시험지 QR코드 스캔

STEP 2
회원가입 & 로그인

STEP 3
응시 & 채점

제1과목: 조사방법과 설계

01 사회조사의 유형에 대한 설명으로 옳은 것을 모두 고른 것은?

> ㉠ 탐색, 기술, 설명적 조사는 조사의 목적에 따른 구분이다.
> ㉡ 패널조사와 동년배집단(Cohort)조사는 동일 대상인에 대한 반복 측정을 원칙으로 한다.
> ㉢ 2차 자료 분석 연구는 비관여적 연구방법에 해당한다.
> ㉣ 탐색적 조사의 경우에도 명확한 연구가설과 구체적 조사계획이 사전에 수립되어야 한다.

① ㉣
② ㉠, ㉢
③ ㉡, ㉣
④ ㉠, ㉡, ㉢

02 가급적 적은 수의 변수로 보다 많은 현상을 설명하고자 하는 것은 무엇에 대한 설명인가?

① 간결성의 원칙
② 관료제의 철칙
③ 배제성의 원칙
④ 포괄성의 원칙

03 분석단위와 연구내용이 잘못 짝지어진 것은?

① 도시 - 흑인이 많은 도시에서 범죄율이 높은 것으로 나타났다.
② 도시 - 인구가 10만 명 이상인 도시 중 89%는 적어도 종합병원이 2개 이상이었다.
③ 개인 - 전체 농부 중에서 32%가 여성임에도 불구하고 여성은 전통적으로 농부라기보다 농부의 아내로 인식되었다.
④ 개인 - 1970년부터 현재까지 고용주가 게재한 구인광고의 내용과 강조점이 어떻게 변화하였는지 파악하였다.

04 귀납법에 대한 설명으로 옳지 않은 것은?

① 귀납적 논리의 마지막 단계에서는 가설과 관찰 결과를 비교하게 된다.
② 관찰된 사실 중에서 공통적인 유형을 객관적으로 증명하기 위하여 통계적 분석이 요구된다.
③ 특수한(Specific) 사실을 전제로 하여 일반적(General) 진리 또는 원리로서 결론을 내리는 방법이다.
④ 경험의 세계에서 관찰된 많은 사실들이 공통적인 유형으로 전개되는 것을 발견하고 이들의 유형을 객관적인 수준에서 증명하는 것이다.

05 다음 중 사례조사의 장점이 아닌 것은?

① 탐색적 연구방법으로 사용이 가능하다.
② 사회현상의 가치적 측면의 파악이 가능하다.
③ 반복적 연구가 가능하여 비교하는 것이 가능하다.
④ 개별적 상황의 특수성을 명확히 파악하는 것이 가능하다.

06 질문지 작성의 일반적인 과정을 올바르게 나열한 것은?

> ㉠ 필요한 정보의 결정   ㉡ 자료수집방법 결정
> ㉢ 개별항목 결정   ㉣ 질문형태 결정
> ㉤ 질문순서 결정   ㉥ 초안 완성
> ㉦ 사전조사(Pretest)   ㉧ 질문지 완성

① ㉠ → ㉡ → ㉢ → ㉣ → ㉤ → ㉥ → ㉦ → ㉧
② ㉠ → ㉤ → ㉡ → ㉣ → ㉢ → ㉥ → ㉦ → ㉧
③ ㉠ → ㉣ → ㉢ → ㉡ → ㉤ → ㉥ → ㉦ → ㉧
④ ㉠ → ㉡ → ㉣ → ㉢ → ㉤ → ㉥ → ㉦ → ㉧

07 질문지 작성의 일반적 원칙으로 옳지 않은 것은?

① 이중적으로 해석될 수 있는 질문은 피해야 한다.
② 질문 문항은 명료하고 적절한 언어를 사용해야 한다.
③ 질문 문장은 완전한 문장을 사용하는 것이 바람직하다.
④ 사회적으로 바람직한 응답이 도출될 수 있도록 해야 한다.

08 표적집단면접법(Focus Group Interview)에 대한 설명으로 옳지 않은 것은?

① 표본이 특정 집단이기 때문에 조사결과의 일반화가 어려운 단점이 있다.
② 조사자의 개입이 미비하므로 조사자의 주관이나 편견이 개입되지 않는다.
③ 응답자는 응답을 강요당하지 않기 때문에 솔직하고 정확하게 자신의 의견을 표명할 수 있다.
④ 심층면접법을 응용한 방법으로 조사자가 소수의 응답자를 한 장소에 모이게 한 후 관련된 주제에 대하여 대화와 토론을 통해 정보를 수집하는 방법이다.

09 심층면접법(In-depth Interview)에 대한 설명으로 틀린 것은?

① 대체로 대규모 조사연구에 적합하다.
② 면접자는 응답자와 친숙한 분위기를 형성하도록 해야 한다.
③ 같은 표본규모의 전화조사에 비해 대체로 비용이 많이 든다.
④ 면접자 개인별 차이에서 오는 영향이나 오류를 통제하기 어렵다.

10 초점집단(Focus Group)조사와 델파이조사에 대한 설명으로 옳은 것은?

① 델파이조사는 비구조화 방식으로 정보의 흐름을 제어한다.
② 초점집단조사는 내용타당도를 높이는 목적으로 사용될 수 있다.
③ 초점집단조사에서는 익명 집단의 상호작용을 통해 도출된 자료를 분석한다.
④ 델파이조사는 대면(Face to Face) 집단의 상호작용을 통해 도출된 자료를 분석한다.

11 다음과 같은 목적에 적합한 조사의 종류는?

- 연구문제의 도출 및 연구 가치 추정
- 보다 정교한 문제와 기회의 파악
- 연구주제와 관련된 변수들 사이의 관계에 대한 통찰력 제고
- 여러 가지 문제와 사회 사이의 중요도에 따른 우선순위 파악
- 조사를 시행하기 위한 절차 또는 행위의 구체화

① 탐색조사
② 기술조사
③ 종단조사
④ 인과조사

12 우편조사 시 취지문이나 질문지 표지에 반드시 포함되지 않아도 되는 사항은?

① 조사기관
② 조사목적
③ 자료분석방법
④ 비밀유지 보장

13 다음 각 빈칸에 들어갈 조사방법으로 옳은 것은?

- (㉠)는 특정 조사대상을 사전에 선정하고 이들을 대상으로 반복조사를 하는 방식이다.
- (㉡)는 다른 시점에서 반복조사를 통해 얻은 시계열 자료를 이용하는 방식이다.

① ㉠ 패널조사, ㉡ 횡단조사
② ㉠ 패널조사, ㉡ 추세조사
③ ㉠ 횡단조사, ㉡ 추세조사
④ ㉠ 전문가조사, ㉡ 횡단조사

14 전화조사의 장점과 가장 거리가 먼 것은?

① 신속한 조사가 가능하다.
② 표본의 대표성을 확보하기 쉽다.
③ 면접자에 대한 감독이 용이하다.
④ 광범한 지역에 대한 조사가 용이하다.

15 사전-사후측정에서 나타나는 사전측정의 영향을 제거하기 위해 사전측정을 한 집단과 그렇지 않은 집단으로 나눈 후 동일한 처치를 가하여 모든 외생변수의 통제가 가능한 실험설계방법은?

① 요인설계
② 솔로몬 4집단설계
③ 통제집단 사후측정설계
④ 통제집단 사전-사후측정설계

16 학교에서 실시하는 금연교육이 학생들의 호흡에 미치는 효과를 알아보기 위해 중학교 두 곳을 선정하였으며, 두 학교 모두 금연 관련 설문조사 및 호흡 관련 검사를 수락하였다. 이때 실험집단은 해당 지역의 교육청에서 금연교육 대상으로 추천해 준 중학교이며, 통제집단은 실험집단 학교와 인접해 있으면서 인구학적으로 유사한 특성을 가진 학교이다. 이때, 연구자가 취한 실험설계는 무엇인가?

① 솔로몬 설계
② 비동일 통제집단설계
③ 플라시보 통제집단설계
④ 통제집단 사전-사후검사설계

17 표집과 관련된 용어에 대한 설명으로 틀린 것은?

① 관찰단위(Observation Unit)는 직접적인 조사대상을 의미한다.
② 표집률(Sampling Ratio)은 모집단에서 개별요소가 선택될 비율이다.
③ 모수(Parameter)는 표본에서 어떤 변수가 가지고 있는 특성을 요약한 통계치이다.
④ 표집간격(Sampling Interval)은 모집단으로부터 표본을 추출할 때 추출되는 요소와 요소 간의 간격을 의미한다.

18 전수조사 대신 표본조사를 하는 이유와 가장 거리가 먼 것은?

① 경비를 절감하기 위해서이다.
② 표본오류를 줄이기 위해서이다.
③ 광범위한 주제에 걸쳐서 연구하기 위해서이다.
④ 전수조사에 비해 조사과정을 보다 잘 통제할 수 있기 때문이다.

19 경험적 연구의 조사설계에서 고려해야 할 핵심적인 구성요소를 모두 고른 것은?

㉠ 조사대상(누구를 대상으로 하는가)
㉡ 조사항목(무엇을 조사할 것인가)
㉢ 조사방법(어떤 방법으로 조사할 것인가)

① ㉠, ㉡
② ㉡, ㉢
③ ㉠, ㉢
④ ㉠, ㉡, ㉢

20 순수실험설계에 대한 설명으로 옳은 것은?

① 통제집단 사후실험설계는 결과변수 값을 두 번 측정한다.
② 순수실험설계는 학문적 연구보다 상업적 연구에서 주로 활용된다.
③ 통제집단 사전-사후설계의 경우 주시험 효과를 제거하기 어렵다.
④ 솔로몬 4집단설계는 통제집단 사전-사후설계와 통제집단 사후실험설계의 결합 형태이다.

21 타당도에 대한 설명으로 옳은 것을 모두 고른 것은?

> ㉠ 타당도는 측정하고자 하는 바를 얼마나 정확하게 측정하였는지에 대한 개념이다.
> ㉡ 내적타당도는 측정된 결과가 실험변수의 변화 때문에 일어난 것인지에 관한 문제이다.
> ㉢ 외적타당도는 연구결과의 일반화 가능성에 대한 것이다.
> ㉣ 일반적으로 내적타당도를 높이고자 하면 외적타당도가 낮아지고, 외적타당도를 높이고자 하면 내적타당도가 낮아진다.

① ㉠
② ㉠, ㉡
③ ㉠, ㉡, ㉢
④ ㉠, ㉡, ㉢, ㉣

22 실험연구의 내적타당도를 저해하는 원인 가운데 실험기간 중 독립변수의 변화가 아닌 피실험자의 심리적·연구통계적 특성의 변화가 종속변수에 영향을 미치는 경우에 해당하는 것은?

① 우발적 사건
② 성숙효과
③ 표본의 편중
④ 통계적 회귀

23 양적-질적연구방법의 비교에서 질적연구방법에 대한 설명으로 옳은 것을 모두 고른 것은?

> ㉠ 심층규명(Probing)을 한다.
> ㉡ 연구자의 주관성을 활용한다.
> ㉢ 연구도구로 연구자의 자질이 중요하다.
> ㉣ 선(先)이론, 후(後)조사의 방법을 활용한다.

① ㉡, ㉣
② ㉠, ㉡, ㉢
③ ㉠, ㉢, ㉣
④ ㉠, ㉡, ㉢, ㉣

24 설문조사에서 사전조사(Pretest)에 대한 설명으로 옳은 것은?

① 검증해야 할 가설을 찾아내기 위해 실시하는 조사이다.
② 사전조사에 참여한 응답자들이 실제 연구에 참여해도 된다.
③ 기초적인 자료가 확보되지 않은 상태에서 이루어지는 조사이다.
④ 응답자들이 조사내용을 분명히 이해할 수 있는지의 여부를 확인하기 위해 실시되는 조사이다.

25 연구문제의 해결가능성을 평가하기 위한 기준과 거리가 먼 것은?

① 연구문제가 명료하고 구조화되어야 한다.
② 실증적으로 검증이 가능한 주제이어야 한다.
③ 학문적 공헌도와 실질적 효용성이 있어야 한다.
④ 자료획득, 시간과 비용 및 연구대상자 확보 등과 같은 문제들을 해결할 수 있어야 한다.

26 연구의 목적과 사례의 연결이 잘못된 것은?

① 기술(Description) - 유권자들의 대선후보 지지율 조사
② 설명(Explanation) - 시민들이 담뱃값 인상에 반대하는 이유를 파악하고자 하는 연구
③ 평가(Evaluation) - 현재의 공공의료정책이 1인당 국민 의료비를 증가시켰는지에 대한 연구
④ 탐색(Exploration) - 단일사례설계를 통해 운동이 체중 감소에 미치는 효과를 검증하는 연구

27 횡단연구와 종단연구에 대한 설명으로 틀린 것은?

① 횡단연구는 동태적이며, 종단연구는 정태적인 성격이다.
② 종단연구에는 코호트연구, 패널연구, 추세연구 등이 있다.
③ 종단연구는 일정 기간에 여러 번의 관찰을 통해 얻은 자료를 이용하는 연구이다.
④ 횡단연구는 한 시점에서 이루어진 관찰을 통해 얻은 자료를 바탕으로 하는 연구이다.

28 다음 중 질적연구와 가장 거리가 먼 것은?

① 문화기술지연구
② 심층사례연구
③ 근거이론연구
④ 사회지표연구

29 질적연구에 대한 설명으로 틀린 것은?

① 소규모 분석에 유리하고 자료분석 시간이 많이 소요된다.
② 주관적 동기의 이해와 의미해석을 하는 현상학적 · 해석학적 입장이다.
③ 수집된 자료는 타당성이 있고 실질적이나, 신뢰성이 낮고 일반화는 곤란하다.
④ 연구참여자와 연구자 간에 상호작용을 통해 연구가 진행되므로 가치 지향적이지 않고 편견이 개입되지 않는다.

30 전수조사(Population Survey)와 비교한 표본조사(Sample Survey)의 장점으로 틀린 것은?

① 표본오류가 줄어든다.
② 시간과 비용을 절약할 수 있다.
③ 단시간 내에 많은 정보를 얻을 수 있다.
④ 조사과정을 보다 잘 통제할 수 있어 정확한 자료를 얻을 수 있다.

제2과목: 조사관리와 자료처리

31 2차 자료에 대한 설명으로 옳은 것은?

① 1차 자료에 비해 비용과 시간을 절약할 수 있다.
② 현재 연구 중인 조사목적에 따라 정확도, 신뢰도, 타당도를 평가할 수 있다.
③ 1차 자료에 비해 조사목적에 적합한 정보를 의사결정이 필요한 시기에 적절히 이용하기 쉽다.
④ 조사자가 현재 수행 중인 연구의 목적을 달성하기 위해 적절한 조사설계를 통해 직접 수집한 자료이다.

32 자료수집방법에 대한 비교 및 설명으로 옳은 것은?

① 전화조사는 면접조사에 비해 시간이 많이 소요된다.
② 인터넷조사는 우편조사에 비해 비용이 많이 소요된다.
③ 인터넷조사는 다른 조사에 비해 시각보조자료의 활용이 곤란하다.
④ 면접조사는 다른 조사에 비해 라포(Rapport) 형성이 용이하다.

33 개방형 질문에 대한 설명으로 틀린 것은?

① 강제성이 없으며, 다양한 응답을 얻을 수 있다.
② 특정 견해에 대한 탐색적 질문방법으로 적합하다.
③ 표현상의 차이는 있으나 응답에 대한 동일한 해석이 가능하므로 응답의 일관성을 유지할 수 있다.
④ 자유응답형 질문으로 응답자가 할 수 있는 응답의 형태에 제약을 가하지 않고 자유롭게 표현하는 방식이다.

34 질문지법에 대한 내용으로 옳지 않은 것은?

① 1차 자료 수집 방법에 해당한다.
② 간결하고 명료한 문장을 사용해야 한다.
③ 추상적인 개념에 대해 조작적 정의가 필요하다.
④ 응답자가 조사의 목적을 모르는 상태일 때 사용해야 결과에 신뢰성이 높다.

35 독립변수와 종속변수에 대한 설명으로 옳지 않은 것은? (단, 일반적인 경우로 가정함)

① 독립변수가 변하면 종속변수에 영향을 미친다.
② 독립변수는 종속변수보다 이론적으로 선행한다.
③ 종속변수는 독립변수보다 시간적으로 선행한다.
④ 독립변수는 원인변수, 종속변수는 결과변수라고 할 수 있다.

36 척도 구성방법을 비교척도 구성(Comparative Scaling)과 비비교척도 구성(Non-comparative Scaling)으로 구분할 때 비교척도 구성에 해당하는 것은?

㉠ 쌍대비교법	㉡ 순위법
㉢ 고정총합척도법	㉣ 연속평정법
㉤ 항목평정법	

① ㉣, ㉤
② ㉠, ㉡, ㉢
③ ㉠, ㉢, ㉤
④ ㉠, ㉡, ㉢, ㉣, ㉤

37 명목척도(Nominal Scale)에 대한 설명으로 옳지 않은 것은?

① 절대영점이 존재한다.
② 측정의 각 응답범주들이 상호배타적이어야 한다.
③ 하나의 측정대상이 두 개의 값을 가질 수는 없다.
④ 측정대상의 특성을 분류하거나 확인할 목적으로 숫자를 부여하는 것이다.

38 측정항목이 가질 수 있는 모든 조합의 상관관계의 평균값을 산출하여 신뢰도를 측정하는 방법은?

① 반분법(Split-half Method)
② 재검사법(Test-retest Method)
③ 복수양식법(Parallel form Method)
④ 내적일관성법(Internal Consistency Method)

39 사회조사에서 어떤 태도를 측정하기 위해 단일지표보다 여러 개의 지표를 사용하는 이유가 아닌 것은?

① 신뢰도를 높이기 위해
② 타당도를 높이기 위해
③ 내적일관성을 높이기 위해
④ 측정도구의 안정성을 높이기 위해

40 면접조사에서 응답내용의 신빙성을 저해하는 최근효과(Recent Effect)에 대한 설명으로 옳은 것은?

① 질문지(Questionnaire)를 사용하는 사회조사보다는 조사표(Interview Schedule)를 사용하는 면접조사에서 자주 발생한다.
② 무학이나 저학력 응답자들은 제일 먼저 들었던 응답내용을 그 다음에 들은 응답내용에 비해 훨씬 정확하게 기억하게 된다.
③ 무학이나 저학력 응답자들은 면접 직전에 면접자로부터 접하게 된 면접자의 생각이나 조언을 거의 무비판적으로 따라서 응답하는 경향이 있다.
④ 무학이나 저학력 응답자들은 아무리 최근에 입수한 정보나 직결된 내용일지라도 어려운 질문내용은 잘 이해할 수 없어 조사의 실효성을 감소시킨다.

41 가설구성 시 고려사항이 아닌 것은?

① 가설은 동의반복적이어야 한다.
② 경험적 검증이 가능해야 한다.
③ 연구문제에 대한 해답을 제공해 줄 수 있어야 한다.
④ 동일분야의 다른 가설 및 이론과의 연관성을 가져야 한다.

42 질문지의 형식 중 간접질문의 종류가 아닌 것은?

① 투사법(Projective Method)
② 오류선택법(Error-choice Method)
③ 컨틴전시법(Contingency Method)
④ 토의완성법(Argument Completion)

43 매개변수(Intervening Variable)에 대한 설명으로 옳은 것은?

① 원인변수 혹은 가설변수라고 하는 것으로 사전에 조작되지 않은 변수를 의미한다.
② 결과변수라고 하며, 독립변수의 원인을 받아 일정하게 변화된 결과를 나타내는 기능을 하는 변수를 의미한다.
③ 결과변수에 영향을 미치면서도 그 이유를 제대로 설명하지 못하는 변수를 의미한다.
④ 개입변수라고도 불리며 종속변수에 일정한 영향을 주는 변수로, 독립변수에 의해 설명되지 못하는 부분을 설명해주는 변수를 말한다.

44 중앙값, 순위상관관계, 비모수통계검증 등의 통계방법에 주로 활용되는 척도유형은?

① 명목측정
② 서열측정
③ 등간측정
④ 비율측정

45 교육수준은 소득수준에 영향을 미치지 않지만, 연령을 통제하면 두 변수 사이의 상관관계가 매우 유의미하게 나타난다. 이때, 연령과 같은 검정요인을 무엇이라고 부르는가?

① 억제변수(Suppressor Validity)
② 왜곡변수(Distorter Validity)
③ 구성변수(Component Validity)
④ 외재적변수(Extraneous Validity)

46 크론바하 알파(Cronbach's α)값에 대한 설명으로 옳지 않은 것은?

① 문항의 수가 적을수록 크론바하의 알파값은 커진다.
② 크론바하의 알파값이 클수록 신뢰도가 높다고 인정된다.
③ 표준화된 크론바하 알파값은 0에서 1에 이르는 값으로 존재한다.
④ 문항 간의 평균 상관계수가 높을수록 크론바하 알파값도 커진다.

47 어떤 선생님이 학생들의 지능지수(IQ)를 측정하기 위해 정확하기로 소문난 전자저울(체중계)을 사용했을 때, 측정의 신뢰도와 타당도에 대한 설명으로 옳은 것은?

① 신뢰도와 타당도 모두 낮다.
② 신뢰도와 타당도 모두 높다.
③ 신뢰도는 낮지만 타당도는 높다.
④ 신뢰도는 높지만 타당도는 낮다.

48 프로빙(Probing)에 대한 설명으로 틀린 것은?

① 정확한 답을 얻기 위해 방향을 지시하는 기법이다.
② 답변의 정확도를 판단하는 방법으로 활용되기도 한다.
③ 개방형 질문에 대한 답을 비교하는 절차로서 활용된다.
④ 일종의 폐쇄식 질문에 답을 하고 이에 관련된 의문을 탐색하는 보조방법이다.

49 어떤 대상이나 사람에 대한 일반적인 견해가 그 대상이나 사람의 구체적인 특성을 평가하는 데 영향을 미치는 현상이 발생하는 이유는 어떤 효과에 기인한 것인가?

① 후광효과(Halo Effect)
② 동조효과(Conformity Effect)
③ 위신향상효과(Self-lifting Effect)
④ 체면치레효과(Ego-threat Effect)

50 신뢰도를 향상시키는 방법에 대한 설명으로 옳지 않은 것은?

① 측정항목의 모호성을 제거하기 위해 내용을 명확히 한다.
② 중요한 질문의 경우 동일하거나 유사한 질문을 2회 이상 한다.
③ 이전의 조사에서 이미 신뢰성이 있다고 인정된 측정도구를 이용한다.
④ 조사대상자가 잘 모르거나 전혀 관심이 없는 내용일수록 더 많이 질문한다.

51 다음의 특성을 가진 연구방법은?

> - 자연스러운 상태에서 현상을 파악할 수 있기 때문에 미묘한 어감 차이, 시간상의 변화 등 심층의 차원을 이해할 수 있다.
> - 때때로 객관적인 판단을 그르칠 수 있으며 대규모 모집단에 대한 기술이 어렵다.

① 우편조사(Mail Survey)
② 내용분석(Contexts Analysis)
③ 유사실험(Quasi-experiment)
④ 참여관찰(Participant Observation)

52 소시오메트리에 대한 설명으로 옳은 것은?

① 사회적 거리척도로서 집단 간 거리를 측정하는 척도이다.
② 리더십 연구와 집단 내의 갈등, 응집에 관한 연구에서 사용된다.
③ 모레노(Moreno)를 중심으로 발전한 인간과 친환경 관계의 측정에 관한 방법이다.
④ 소시오메트리의 분석방법에는 소시오메트릭 행렬, 지니지수, 집단확장지수가 있다.

53 조사원의 역할과 가장 거리가 먼 것은?

① 조사 중에 응답자가 조사에 성실히 응하도록 동기를 부여한다.
② 조사 전에 조사대상 가구에서 응답표본을 선정하는 작업을 한다.
③ 조사 중에 응답자가 응답하기 곤란해하면 라포(Rapport)를 추가로 형성한다.
④ 조사 후 응답에 참여한 개인, 가구, 지역 등을 관찰한 결과를 성실히 기록한다.

54 측정도구의 타당도와 신뢰도에 대한 설명으로 옳은 것은?

① 측정값은 참값, 확률오차, 체계오차의 합과 같다.
② 측정오차는 체계오차의 부분도 포함하는데, 이는 신뢰도와 관계가 있다.
③ 확률오차=0, 체계오차≠0인 경우, 측정도구는 타당하지만 신뢰할 수 없다.
④ 체계오차=0, 확률오차≠0인 경우, 측정도구는 신뢰할 수 있지만 타당하지 않다.

55 비표준화면접과 비교한 표준면접의 장점이 아닌 것은?

① 신뢰도가 높다.
② 반복적 연구가 가능하다.
③ 면접결과의 계량화가 용이하다.
④ 새로운 사실, 아이디어의 발견 가능성이 높다.

56 코딩(Coding)에 대한 설명과 가장 거리가 먼 것은?

① 코딩 때에는 숫자나 문자를 사용할 수 있다.
② 코드범주들은 관련된 사항을 모두 포괄해야 한다.
③ 코드범주는 상호배제적(Mutually Exclusive)이어야 한다.
④ 코딩할 때 코드범주의 수는 가능한 작게 해두는 것이 나중에 분석할 때 도움이 된다.

57 관찰법(Observation Method)의 분류기준에 대한 설명으로 틀린 것은?

① 관찰이 일어나는 상황이 인공적인지 여부에 따라 자연적·인위적 관찰로 나누어진다.
② 관찰시기가 행동발생과 일치하는지 여부에 따라 체계적·비체계적 관찰로 나누어진다.
③ 피관찰자가 관찰사실을 알고 있는지 여부에 따라 공개적·비공개적 관찰로 나누어진다.
④ 관찰주체 또는 도구가 무엇인지에 따라 인간의 직접적·기계적 관찰로 나누어진다.

58 수집된 자료의 편집 과정에서 주의해야 할 사항과 가장 거리가 먼 것은?

① 코드북의 내용에는 문자로 입력된 변수들은 포함되어서는 안 된다.
② 자료의 편집과정은 전체자료에 대해 일관성을 유지하면서 수행되어야 한다.
③ 개방형 응답항목은 코딩과정에서 다양한 응답이 분류될 수 있도록 사전에 처리해야 한다.
④ 완결되지 않은 응답은 응답자와 다시 접촉하여 완결하거나 결측값(Missing Value)으로 처리한다.

59 사회조사에서 내용분석을 실시하기에 적합한 경우를 모두 고른 것은?

㉠ 자료 원천에 대한 접근이 어렵고, 자료가 문헌인 경우
㉡ 실증적 자료에 대한 보완적 연구가 필요할 경우에 무엇을 자료로 삼을 것인지 검토하는 경우
㉢ 연구대상자의 언어, 문체 등을 분석할 경우
㉣ 분석자료가 방대하여 실제 분석자료를 일일이 수집하기 어려운 경우
㉤ 정책, 매스미디어 내용의 경향이나 변천 등이 필요한 경우

① ㉠, ㉢, ㉣
② ㉠, ㉡, ㉤
③ ㉡, ㉢, ㉣, ㉤
④ ㉠, ㉡, ㉢, ㉣, ㉤

60 어느 검사의 신뢰도가 1로 나왔다면 측정의 표준오차는?

① 0이다.
② 1이다.
③ 표준편차의 제곱근과 같다.
④ 검사점수의 표준편차와 같다.

제3과목: 통계분석과 활용

61 서울지역 고등학생 500명의 키를 측정한 자료에서 중앙값과 평균값이 같을 경우, 이에 대한 설명으로 가장 적절한 것은 무엇인가?

① 자료는 정규분포에 따른다.
② 자료의 분포는 좌우 대칭이다.
③ 자료에는 극단적인 이상값이 많지 않다.
④ 자료의 대푯값으로 중앙값이 더 바람직하다.

62 통계학 과목의 기말고사 성적은 평균(Mean)이 40점, 중앙값(Median)이 38점이었다. 점수가 너무 낮아 담당교수는 12점의 기본점수를 더해 주었다. 새로 산정한 점수의 중앙값은?

① 40점
② 42점
③ 50점
④ 52점

63 다음 자료에 대한 설명으로 옳지 않은 것은?

| 58 | 54 | 54 | 81 | 56 | 81 | 75 | 55 | 41 | 40 | 20 |

① 중앙값은 55이다.
② 자료의 범위는 61이다.
③ 최빈값은 54와 81이다.
④ 표본평균은 중앙값보다 작다.

64 크기가 5인 확률표본에 대해 $\sum_{i=1}^{5} x_i = 10$과 $\sum_{i=1}^{5} x_i^2 = 30$을 얻었다면, 표본변이계수(Coefficient of Variation)는?

① 0.5
② 0.79
③ 1.0
④ 1.26

65. 다음 주어진 자료의 통계량에 대한 설명으로 옳지 않은 것은?

| 2 | 2 | 2 | 3 | 4 | 5 |

① 평균은 3이다.　② 최빈값은 2이다.
③ 중앙값은 2.5이다.　④ 왜도는 0보다 작다.

66. 8개의 붉은 구슬과 2개의 푸른 구슬이 들어 있는 주머니가 있다. 10명이 차례로 주머니에서 구슬을 하나씩 꺼내 가질 때, 2번째 사람이 푸른 구슬을 꺼내 가지게 될 확률은 얼마인가?

① $\dfrac{1}{4}$　　② $\dfrac{1}{5}$
③ $\dfrac{2}{5}$　　④ $\dfrac{3}{5}$

67. 다음 설명 중 옳지 않은 것은?

① 사건 A와 B가 배반사건이면 $P(A \cup B) = P(A) + P(B)$이다.
② 사건 A와 B가 독립사건이면 $P(A \cap B) = P(A) \times P(B)$이다.
③ 5개의 서로 다른 종류의 물건에서 3개를 복원추출하는 경우의 가짓수는 60가지이다.
④ 붉은색 구슬이 2개, 흰색 구슬이 3개, 모두 5개의 구슬이 들어 있는 항아리에서 임의로 2개의 구슬을 동시에 꺼낼 때, 꺼낸 구슬이 모두 붉은색일 확률은 $\dfrac{1}{10}$이다.

68. 주사위 두 개를 던져 두 주사위 중 작지 않은 수를 확률변수 X라 할 때 다음 설명 중 옳지 않은 것은?

① $X=2$일 확률은 $P(X=2)=2/36$이다.
② $X<6$일 확률은 $P(X<6)=25/36$이다.
③ 확률변수 X는 이산형 확률변수로 1, 2, 3, 4, 5, 6의 값을 갖는다.
④ 표본공간은 $S = \{(1,1), (1,2), (1,3), \cdots, (6,6)\}$로 총 36개의 쌍으로 이루어져 있다.

69. 다음 설명 중 옳지 않은 것은? (단, S_X, S_Y는 각각 X와 Y의 표준편차)

① $Y=-2X+3$일 때 $S_Y = 4S_X$이다.
② 상자그림(Box Plot)은 여러 집단의 분포를 비교하는 데 많이 사용한다.
③ 상관계수가 0이라 하더라도 두 변수의 관련성이 있는 경우도 있다.
④ 변이계수(Coefficient of Variation)는 여러 집단의 분산을 상대적으로 비교할 때 사용된다.

70. 연속형 확률변수 X의 확률밀도함수가 다음과 같을 때 상수 k값과 $P(|X|>1)$를 순서대로 구하면?

$$f(x) = \begin{cases} -\dfrac{1}{4}|x| + k & (|x| \leq 2 \text{인 경우}) \\ 0 & (\text{그 외}) \end{cases}$$

① $\dfrac{1}{4}$, $\dfrac{1}{4}$　　② $\dfrac{1}{2}$, $\dfrac{1}{4}$
③ $\dfrac{1}{2}$, $\dfrac{1}{2}$　　④ $\dfrac{1}{4}$, $\dfrac{1}{2}$

71. 어느 대형마트 고객관리팀에서는 다음과 같은 기준에 따라 매일 고객을 분류하여 관리한다. 어느 특정한 날 마트를 방문한 고객들의 자료를 분류한 결과 A그룹이 30%, B그룹이 50%, C그룹이 20%인 것으로 나타났다. 이날 마트를 방문한 고객 중 임의로 4명을 택할 때, 이들 중 3명만이 B그룹에 속할 확률은?

구분	구매 금액
A그룹	20만 원 이상
B그룹	10만 원 이상~20만 원 미만
C그룹	10만 원 미만

① 0.25　　② 0.27
③ 0.37　　④ 0.39

72 표준정규분포에서 오른쪽 꼬리부분의 면적이 α가 되는 점을 z_α라 하고, 자유도가 ν인 t-분포에서 오른쪽 꼬리부분의 면적이 α가 되는 점은 $t_\alpha(\nu)$라 한다. Z는 표준정규분포, T는 자유도가 ν인 t-분포를 따른다고 할 때, 다음 설명 중 틀린 것은? (단, $P(Z>z_\alpha)=\alpha$, $P(T>t_\alpha(\nu))=\alpha$)

① $t_{0.05}(5)$ 값은 $t_{0.05}(10)$ 값보다 작다.
② ν에 관계없이, $z_{0.05} < t_{0.05}(\nu)$이다.
③ $t_{0.05}(5)$ 값과 $-t_{0.05}(5)$ 값의 절댓값은 같다.
④ ν가 아주 커지면, $t_\alpha(\nu)$값은 z_α값과 거의 같아진다.

73 확률표본 $X_1, X_2, \cdots, X_n$은 모평균을 $\overline{X} = \sum_{i=1}^{n} X_i/n$으로 추정량을 제시할 수 있다. $\overline{X}$의 표준오차($\overline{X}$의 표준편차)를 추정하고자 할 때 적절한 추정량은?

① $\sqrt{\sum_{i=1}^{n}(X_i-\overline{X})^2/n-1}$
② $\sqrt{\sum_{i=1}^{n}(X_i-\overline{X})^2/n}$
③ $\sqrt{\sum_{i=1}^{n}(X_i-\overline{X})^2/(n-1)^2}$
④ $\sqrt{\sum_{i=1}^{n}(X_i-\overline{X})^2/(n-1)n}$

74 일반적으로 사회조사분석가들은 대규모 모집단으로부터 1000 정도의 표본을 무작위로 단 한 번 선정하여 구한 표본평균도 그 표본이 추출된 모집단의 평균을 정확히 추정해 줄 수 있다고 확신하고 있다. 이들은 어떤 원리에 근거하여 이러한 확신을 하고 있는 것인가?

① 추론(Inference)
② 신뢰구간(Confidence Interval)
③ 중심극한정리(Central Limit Theorem)
④ Chebycheff 부등식(Chebycheff's Inequality)

75 평균이 μ, 분산이 σ^2인 모집단에서 크기 n의 임의표본을 반복추출하는 경우, n이 크면 중심극한정리에 의해 표본합의 분포는 정규분포로 수렴한다. 이때 정규분포의 형태는?

① $N\left(\mu, \dfrac{\sigma^2}{n}\right)$
② $N(\mu, n\sigma^2)$
③ $N(n\mu, n\sigma^2)$
④ $N\left(n\mu, \dfrac{\sigma^2}{n}\right)$

76 모분산의 추정량으로써 편차제곱합 $\sum(X_i-\overline{X})^2$을 n으로 나눈 것보다는 $(n-1)$로 나눈 것을 사용한다. 그 이유는 좋은 추정량이 만족해야 할 바람직한 성질 중 어느 것과 관계 있는가?

① 불편성
② 유효성
③ 충분성
④ 일치성

77 정규모집단으로부터 뽑은 확률표본 X_1, X_2, X_3가 주어졌고, 모집단의 평균에 대한 추정량으로 다음을 고려할 때 옳은 설명은? (단, X_1, X_2, X_3의 관측값은 2, 3, 4이다)

$$A = \frac{X_1+X_2+X_3}{3}, \quad B = \frac{X_1+2X_2+X_3}{4},$$
$$C = \frac{2X_1+X_2+2X_3}{4}$$

① B는 편향(bias)이 존재하는 추정량이다.
② A, B, C 중에 유일한 불편추정량은 A이다.
③ A, B, C 중에 분산이 가장 작은 추정량은 A이다.
④ 불편성과 최소분산성의 관점에서 가장 선호되는 추정량은 B이다.

78 A씨는 100번 던져서 60번 앞면이 나왔기 때문에 앞면이 나올 확률을 0.6이라고 추정하였고, B씨는 200번 던져서 90번 앞면이 나왔기 때문에 앞면이 나올 확률을 0.45라고 추정하였다. 다음 중 이 동전의 앞면이 나올 확률의 추정치로 옳은 것은?

① 0.525
② 0.45
③ 0.6
④ 0.5

79 모평균 μ에 대한 구간추정에서 95% 신뢰수준(Confidence Level)을 갖는 신뢰구간이 100 ± 5라고 할 때, 신뢰수준 95%의 의미는?

① 구간추정치가 맞을 확률이다.
② 모평균의 구간추정치가 95%로 같다.
③ 모평균의 추정치가 100 ± 5 내에 있을 확률이다.
④ 동일한 추정방법을 사용하여 신뢰구간을 100회 반복하여 추정한다면, 95회 정도는 추정신뢰구간이 모평균을 포함한다.

80 한 콜택시회사는 고객이 전화를 한 뒤 요청한 곳에 택시가 도착하기까지의 소요시간을 알아보기 위해 100번의 전화요청에 대해 소요시간을 조사했다. 그 결과 표본평균은 13.3분이었고, 표준편차는 4.2분이었다. 소요시간이 정규분포를 따른다고 가정하고 모평균에 대한 95% 양측신뢰구간을 구하면? (단, $P(Z>2.58)=0.005$, $P(Z>1.96)=0.025$, $P(Z>1.645)=0.05$)

① 13.3 ± 0.08 ② 13.3 ± 0.42
③ 13.3 ± 0.69 ④ 13.3 ± 0.82

81 어느 지역의 청년취업률을 알아보기 위해 조사한 500명 중 400명이 취업을 한 것으로 나타났다. 이 지역의 청년취업률에 대한 95%의 신뢰구간은? (단, Z가 표준정규분포를 따르는 확률변수일 때, $P(Z>1.96)=0.025$이다.)

① $0.8\pm 1.96\times \dfrac{0.8}{\sqrt{500}}$ ② $0.8\pm 1.96\times \dfrac{0.16}{\sqrt{500}}$
③ $0.8\pm 1.96\times \sqrt{\dfrac{0.8}{500}}$ ④ $0.8\pm 1.96\times \sqrt{\dfrac{0.16}{500}}$

82 성인 남자 20명을 랜덤 추출하여, 소변 중 요산량(mg/dl)을 조사 하니 평균 $\overline{X}=5.31$, 표준편차 $s=0.7$이었다. 성인 남자의 요산량이 정규분포를 따른다고 할 때, 모분산 σ에 대한 95% 신뢰구간은? (단, $V\sim \chi^2(19)$일 때 $P(V\geq 32.85)=0.025$, $P(V\geq 8.91)=0.975$)

① $\dfrac{8.91}{19\times 0.7^2}\leq \sigma^2 \leq \dfrac{32.85}{19\times 0.7^2}$
② $\dfrac{19\times 0.7^2}{32.85}\leq \sigma^2 \leq \dfrac{19\times 0.7^2}{8.91}$
③ $\dfrac{8.91}{20\times 0.7^2}\leq \sigma^2 \leq \dfrac{32.85}{20\times 0.7^2}$
④ $\dfrac{20\times 0.7^2}{32.85}\leq \sigma^2 \leq \dfrac{20\times 0.7^2}{8.91}$

83 다음은 보험가입자 30명에 대한 보험가입액을 조사한 자료 (단위: 천만 원)의 일부로, 보험 가입액의 모평균이 1억 원이라고 볼 수 있는지를 검정하고자 한다. 이에 대한 t-검정통계량이 1.201이고, 유의확률이 0.239이었다. 유의수준 5%에서 올바르게 검정한 결과는?

15.0	10.0	8.0	12.0	10.0
10.5	3.5	9.7	12.5	30.0
7.0	33.0	15.0	20.0	4.0
2.5	9.0	7.5	5.5	25.0
11.0	8.8	4.5	7.8	6.7
5.0	15.0	30.0	5.0	10.0

① 유의확률 > 유의수준이므로 모평균이 1억 원이라는 가설을 기각한다.
② 유의확률 > 유의수준이므로 모평균이 1억 원이라는 가설을 기각하지 못한다.
③ 검정통계량 1.201 > 유의수준이므로 모평균이 1억 원이라는 가설을 기각하지 못한다.
④ 검정통계량 1.201 > 유의수준이므로 모평균이 1억 원이라는 가설을 기각한다.

84 집단 A에서 크기 n_A의 임의표본(평균 m_A, 표준편차 S_A)을 추출하고, 집단 B에서는 크기 n_B의 임의표본(평균 m_B, 표준편차 S_B)을 추출하였다. 두 집단의 산포를 비교하는 데 가장 적합한 통계치는?

① $m_A - m_B$ ② $\dfrac{m_A}{m_B}$
③ $S_A - S_B$ ④ $\dfrac{S_A}{S_B}$

85 기존의 금연교육을 받은 흡연자들 중 30%가 금연을 하는 것으로 알려져 있다. 어느 금연 운동단체에서는 새로 구성한 금연교육 프로그램이 기존의 금연교육보다 훨씬 효과가 높다고 주장한다. 이 주장을 검정하기 위해 임의로 택한 20명의 흡연자에게 새 프로그램으로 교육을 실시하였다. 검정해야 할 가설은 $H_0: p=0.3$ 대 $H_1: p>0.3$(단, p는 새 금연교육을 받은 후 금연율)이며, X를 20명 중 금연한 사람의 수라 할 때 기각역을 '$X \geq 8$'로 정하였다. 이때 유의수준은? (단, $P(X \geq c | 금연교육 후 금연율 = p)$)

c \ p	0.2	0.3	0.4	0.5
⋮	⋮	⋮	⋮	⋮
5	0.370	0.762	0.949	0.994
6	0.196	0.584	0.874	0.979
7	0.087	0.392	0.750	0.942
8	0.032	0.228	0.584	0.868
⋮	⋮	⋮	⋮	⋮

① 0.032 ② 0.228
③ 0.584 ④ 0.868

86 두 가지 방법 A, B의 효과를 비교하기 위해 150명을 대상으로 조사하였다. 80명에게는 A 방법을, 나머지 70명은 B 방법을 적용하여 얼마의 시간이 흐른 후 A와 B 방법 각각에 대해 효과를 상, 중, 하로 나누어 표본을 조사하였다. 다음 중 가장 타당성 있는 검정방법은?

① 카이제곱 검정
② 시계열 검정
③ 쌍 비교 혹은 대응비교 검정
④ A, B의 모평균 차이에 대한 검정

87 다음은 특정한 4개의 처리수준에서 각각 6번의 반복을 통해 측정된 반응값을 이용하여 계산한 값들이다. 이를 이용하여 계산된 평균제곱오차(MS_E)는?

> 총제곱합(SST) = 1,200, 총자유도 = 23,
> 처리제곱합(SS_T) = 640

① 28.0 ② 5.29
③ 31.1 ④ 213.3

88 다음은 일원분산분석을 실시한 결과이다. 결과에 대한 해석으로 옳지 않은 것은?

Source	df	SS	MS	F	p
Month	7	127049	18150	1.52	0.164
Error	135	1608204	11913		
Total	142	1735253			

① 총 관측자료수는 142개이다.
② 오차항의 분산 추정값은 11913이다.
③ 요인은 Month로서 수준 수는 8개이다.
④ 유의수준 0.05에서 요인의 효과는 유의하지 않다.

89 다음은 어느 손해보험회사에서 운전자의 연령과 교통법규 위반횟수 사이의 관계를 알아보기 위해 무작위로 추출한 18세 이상, 60세 이하인 500명의 운전자 중에서 지난 1년 동안 교통법규 위반횟수를 조사한 자료이다. 두 변수 사이의 독립성 검정을 하려고 할 때 검정통계량의 자유도는?

위반횟수	연령			합계
	18~25	26~50	51~60	
없음	60	110	120	290
1회	60	50	40	150
2회 이상	30	20	10	60
합계	150	180	170	500

① 1 ② 3
③ 4 ④ 9

90. 발표된 의학통계에 의하면 질병으로 인한 사망 중 네 가지 주요 질병 A, B, C, D에 의한 사망률은 각각 15%, 21%, 18%, 14%라고 한다. 어떤 병원에서 질병으로 인한 사망자 308명을 분류해 보니 다음 표와 같았다. 이 병원에서의 사망 비율은 발표된 사망 비율과 다르다고 주장할 수 있는지 $\alpha=0.05$에서 검정하고자 한다. 이 문제에 대한 적합한 검정통계량 값은?

질병	A	B	C	D	기타	합계
사망자 수	43	76	85	21	83	308

① 29.87 ② 31.77
③ 38.59 ④ 42.12

91. 회귀분석에 대한 설명 중 옳은 것은?
① 독립변수는 양적인 관찰값만 허용된다.
② 회귀분석에서 분산분석표는 사용되지 않는다.
③ 회귀분석에서 $t-$검정과 $F-$검정이 모두 사용된다.
④ 회귀분석은 독립변수 간에 상관관계가 0인 경우만 분석 가능하다.

92. 다음 표는 5명의 학생에 대한 국어와 수학 시험의 등수를 조사한 것이다. 이 자료를 보고 국어와 수학의 Spearman의 순위상관계수에 대한 설명으로 옳은 것은?

국어	1	2	3	4	5
수학	1	2	3	4	5

① 매우 높은 음(-)의 상관관계
② 매우 낮은 음(-)의 상관관계
③ 매우 높은 양(+)의 상관관계
④ 매우 낮은 양(+)의 상관관계

93. 두 변수 X, Y의 상관계수가 0.5일 때 $(2X+3, -3Y-4)$와 $(-3X+4, -2Y-2)$의 상관계수는?
① 0.5, 0.5 ② 0.5, -0.5
③ -0.5, 0.5 ④ -0.5, -0.5

94. 모상관계수가 ρ인 이변량 정규분포를 따르는 두 변수에 대한 자료 $(x_i, y_i)(i=1, 2, \cdots, n)$에 대해 표본상관계수

$$r = \frac{\sum_{i=1}^{n}(x_i-\overline{x})(y_i-\overline{y})}{\sqrt{\sum_{i=1}^{n}(x_i-\overline{x})^2}\sqrt{\sum_{i=1}^{n}(y_i-\overline{y})^2}}$$

을 이용하여 귀무가설 $H_0 : \rho=0$을 검정하고자 한다. 이때 사용되는 검정통계량과 그 자유도는?

① $\sqrt{n-1}\dfrac{r}{\sqrt{1-r}}$, $n-1$

② $\sqrt{n-2}\dfrac{r}{\sqrt{1-r}}$, $n-2$

③ $\sqrt{n-1}\dfrac{r}{\sqrt{1-r^2}}$, $n-1$

④ $\sqrt{n-2}\dfrac{r}{\sqrt{1-r^2}}$, $n-2$

95. 두 변수 X와 Y에 대해 9개의 관찰값으로부터 계산한 통계량들이 다음과 같을 때, 단순회귀모형의 가정하에 추정한 회귀직선은?

$$\overline{x}=5.9,\ \overline{y}=15.1,\ S_{xx}=\sum_{i=1}^{9}(x_i-\overline{x})^2=40.9$$
$$S_{yy}=\sum_{i=1}^{9}(y_i-\overline{y})^2=370.9,$$
$$S_{xy}=\sum_{i=1}^{9}(x_i-\overline{x})(y_i-\overline{y})=112.1$$

① $\hat{y} = -1.07 - 2.74x$
② $\hat{y} = -1.07 + 2.74x$
③ $\hat{y} = 1.07 - 2.74x$
④ $\hat{y} = 1.07 + 2.74x$

96 다음 그림은 모회귀선과 표본회귀선을 나타낸 것이다. 잔차에 해당하는 부분은?

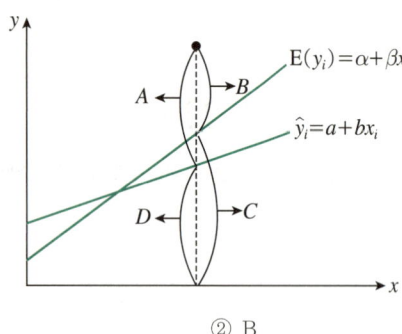

① A
② B
③ C
④ D

97 단순선형회귀모형 $y_i = \alpha + \beta x_i + \epsilon_i (i=1, 2, \cdots, n)$에서 최소제곱추정량 $\hat{\alpha}, \hat{\beta}$을 이용한 최소제곱회귀추정량 $\hat{y} = \hat{\alpha} + \hat{\beta}x$로부터 잔차 $e_i = y_i - \hat{y}_i$가 서로 독립이고 등분산인 오차들의 분산 $Var(e_i) = \sigma^2 (i=1, 2, \cdots, n)$의 불편추정량을 구하면?

① $\hat{\sigma}^2 = \dfrac{\sum_{i=1}^{n}(y_i - \hat{y}_i)^2}{n-3}$

② $\hat{\sigma}^2 = \dfrac{\sum_{i=1}^{n}(y_i - \hat{y}_i)^2}{n-2}$

③ $\hat{\sigma}^2 = \dfrac{\sum_{i=1}^{n}(y_i - \hat{y}_i)^2}{n-1}$

④ $\hat{\sigma}^2 = \dfrac{\sum_{i=1}^{n}(y_i - \hat{y}_i)^2}{n}$

98 통계학 과목을 수강한 학생 가운데 학생 10명을 추출하여 그들이 강의에 결석한 시간(X)과 통계학 점수(Y)를 조사하여 다음 표를 얻었다.

X	5	4	5	7	3	5	4	3	7	5
Y	9	4	5	11	5	8	9	7	7	6

단순선형회귀분석을 수행한 다음 결과의 ㉠~㉴에 들어갈 값으로 옳지 않은 것은?

요인	자유도	제곱합	평균제곱	F-값
회귀	㉠	9.9	㉡	㉢
오차	㉣	33.0	㉤	
전체	㉥	42.9		

$R^2 = $ ㉴

① ㉠: 1, ㉡: 9.9
② ㉣: 8, ㉤: 4.125
③ ㉢: 2.4
④ ㉴: 0.7

99 자신의 교육년수(x_1)와 아버지의 교육년수(x_2), 나이(x_3)가 소득에 얼마나 영향을 미치는지 알아보기 위해 회귀분석을 하였다. 회귀모형은 $\hat{y} = 8.14 + 3.48x_1 + 12.77x_2 + 5.49x_3$로 구해졌고, 회귀계수를 표준화시켜 구한 회귀모형은 $\hat{y} = 2.88x_1 + 1.69x_2 + 1.89x_3$이었다. 세 변수 중 소득에 가장 많은 영향을 미치는 변수는?

① 나이
② 자신의 교육년수
③ 아버지의 교육년수
④ 비교할 수 없다.

100 교육수준에 따른 생활만족도의 차이를 다양한 배경변수를 통제한 상태에서 비교하기 위해서 다중회귀분석을 실시하고자 한다. 교육수준을 5개의 범주(무학, 초졸, 중졸, 고졸, 대졸 이상)로 측정하였다. 이때 대졸 이상을 기준으로 할 때, 교육수준별 차이를 나타내는 가변수(Dummy Variable)를 몇 개 만들어야 하는가?

① 1개
② 2개
③ 3개
④ 4개

국가기술자격 필기 시험문제지
2026년 정기 기사 제3회 모의고사

 시험시간: 150분   문제수: 100문항

수험자 정보 확인

신분확인이 끝나면 시험이 곧 시작됩니다. 잠시만 기다려 주세요.

수험번호	
성명	
주민등록번호	XX0101-X000000
응시종목	사회조사분석사 2급
좌석번호	01번

좌석번호

에듀윌만의 특별제공 서비스

eduwill.kr/nL3p

CBT시험에 적응할 수 있도록 모바일 CBT를 제공합니다. QR코드를 통해 CBT시험에 응시할 수 있습니다. 시험이 완료된 후, 정답을 채점하고 해설을 확인할 수 있습니다.

STEP 1 시험지 QR코드 스캔   **STEP 2** 회원가입 & 로그인   **STEP 3** 응시 & 채점

제1과목: 조사방법과 설계

01 과학적 조사방법의 일반적인 과정을 올바르게 나열한 것은?

> ㉠ 조사설계   ㉡ 자료수집
> ㉢ 연구주제의 선정   ㉣ 연구보고서 작성
> ㉤ 자료분석 및 해석   ㉥ 가설의 구성 및 조작화

① ㉠ → ㉡ → ㉢ → ㉤ → ㉥ → ㉣
② ㉠ → ㉤ → ㉢ → ㉡ → ㉥ → ㉣
③ ㉢ → ㉥ → ㉠ → ㉡ → ㉤ → ㉣
④ ㉢ → ㉠ → ㉥ → ㉡ → ㉤ → ㉣

02 과학적 연구방법의 특징에 대한 설명으로 틀린 것은?

① 과학적 연구는 논리적 사고에 의존한다.
② 과학적 진실의 현실 적합성을 높이기 위하여 가급적 많은 자료와 변수를 포함하는 것이 좋다.
③ 과학적 현상은 스스로 발생하는 것이 아니라 어떤 원인이 있는 것이며, 그 원인은 논리적으로 확인될 수 있는 것이다.
④ 사회과학 분야 연구에서의 과학성은 연구자들이 공통적으로 가지는 주관성(Inter-Subjectivity)에 근거하는 경우가 많다.

03 의약분업이 시행되면 국민들의 약 오남용이 줄어들고, 이로 인해 국가 전체의 의료비 지출도 감소할 수 있다. 이 사실을 바탕으로 의약분업을 실시하면 환자 개개인이 적은 비용으로 치료받을 수 있다고 주장한다면, 이 주장은 어떤 오류를 범할 가능성이 있는가?

① 환원주의 오류(Reductionism Fallacy)를 범할 가능성이 있다.
② 생태학적 오류(Ecological Fallacy)를 범할 가능성이 있다.
③ 개인주의적 오류(Individualistic Fallacy)를 범할 가능성이 있다.
④ 오류가 없는 올바른 주장이다.

04 횡단연구(Cross-sectional Study)에 관한 설명으로 틀린 것은?

① 추세연구는 횡단연구의 일종이다.
② 인구 센서스조사는 횡단연구의 대표적인 예이다.
③ 어느 한 시점에서 어떤 현상을 주의 깊게 연구하는 방법이다.
④ 횡단연구로 인과적 관계를 규명하려는 가설검증이 가능하다.

05 시간의 변화에 따른 특정 하위 모집단의 변화를 관찰하는 연구는?

① 횡단연구   ② 추이연구
③ 패널연구   ④ 코호트연구

06 논리적 연관성 도출 방법 중 연역적 방법과 귀납적 방법에 관한 설명으로 틀린 것은?

① 귀납적 방법은 구체적인 사실로부터 일반 원리를 도출해낸다.
② 귀납적 방법이나 연역적 방법을 조화시키면 상호 배타적이기 쉽다.
③ 연역적 방법은 일정한 이론적 전제를 수립해 놓고, 그에 따라 구체적인 사실을 수집하여 검증함으로써 다시 이론적 결론을 유도한다.
④ 연역적 방법은 이론적 전제인 공리로부터 논리적 분석을 통해 가설을 정립하고, 이를 경험의 세계에 투사하여 검증하는 방법이다.

07 사회과학 연구방법을 연구목적에 따라 구분할 때, 탐색적 연구의 목적에 해당하는 것을 모두 고른 것은?

> ㉠ 개념을 보다 분명하게 하기 위해
> ㉡ 다음 연구의 우선순위를 정하기 위해
> ㉢ 많은 아이디어를 생성하고 임시적 가설 개발을 위해
> ㉣ 사건의 범주를 구성하고 유형을 분류하기 위해
> ㉤ 이론의 정확성을 판단하기 위해

① ㉠, ㉡, ㉢   ② ㉠, ㉢, ㉣
③ ㉡, ㉣, ㉤   ④ ㉡, ㉢, ㉣, ㉤

08 기술적조사(Descriptive Research)와 설명적 조사(Explanatory Research)에 대한 설명으로 틀린 것은?

① 설명적 조사는 두 변수 간의 시간적 선행성과는 무관하게 진행되는 경우가 많다.
② 설명적 조사연구를 수행하기 위해서는 변수의 수가 둘 또는 그 이상이 되는 경우가 많다.
③ 기술적 조사는 물가조사와 국세조사 등 어떤 현상에 대한 탐구와 명백화가 주 목적이다.
④ 기술적 조사는 관련 상황의 특성 파악, 변수 간에 상관관계 파악 및 상황 변화에 대한 각 변수 간의 반응을 예측할 수 있다.

09 표본추출(Sampling)에 대한 설명으로 틀린 것은?

① 표본추출이란 모집단에서 표본을 선택하는 행위를 말한다.
② 표본을 추출할 때에는 모집단(Population)을 분명하게 정의하는 것이 중요하다.
③ 확률표본추출을 할 경우 표본오차는 없으나 비표본오차는 발생할 수 있다.
④ 일반적으로 표본이 모집단을 잘 대표하기 위해서는 가능한 한 확률표본추출을 하는 것이 바람직하다.

10 사례조사연구의 목적으로 가장 적합한 것은?

① 분석단위의 파악
② 명제나 가설의 검증
③ 연구결과에 대한 일반화
④ 연구대상에 대한 기술과 탐구

11 문헌고찰에 대한 설명으로 옳지 않은 것은?

① 문헌고찰은 가능한 한 연구 초기에 해야 한다.
② 문헌고찰은 연구의 과정에서 매우 중요한 위치를 차지한다.
③ 문헌고찰을 통해 기존 연구문제와 관련된 새로운 아이디어를 얻기는 어렵다.
④ 문헌고찰을 통해 해당 연구주제에 대한 과거 관련 연구들의 결과를 학습할 수 있다.

12 양적연구와 질적연구에 대한 설명으로 옳지 않은 것은?

① 질적연구는 현실 인식의 주관성을 강조한다.
② 양적연구는 가치중립성과 편견의 배제를 강조한다.
③ 질적연구는 연역적 과정에 기초한 설명과 예측을 목적으로 한다.
④ 양적연구는 연구자와 연구대상이 독립적이라는 인식론에 기초한다.

13 비확률표본추출방법에 대한 설명으로 틀린 것은?

① 표집오류를 확인하기 어렵다.
② 조사결과를 일반화하기 어렵다.
③ 표본의 대표성을 확보하기 어렵다.
④ 확률표본추출방법에 비해 시간과 비용이 많이 소요된다.

14 표집과 관련된 용어에 대한 설명으로 틀린 것은?

① 관찰단위란 직접적인 조사대상을 의미한다.
② 모집단이란 우리가 규명하고자 하는 집단의 총체이다.
③ 표집단위란 표집과정의 각 단계에서의 표집대상을 지칭한다.
④ 표집간격이란 표본을 추출할 때 추출되는 표집단위와 단위 간의 간격을 의미한다.

15 조사자가 소수의 응답자 집단에게 특정 주제에 대하여 토론하게 한 다음 필요한 정보를 알아내는 자료수집방법은?

① 현지조사법(Field Survey)
② 비지시적 면접(Nondirective Interview)
③ 표적집단면접(Focus Group Interview)
④ 델파이서베이(Delphi Survey)

16 다음 중 질문지 문항 작성 원칙에 부합하는 질문을 모두 고른 것은?

> ㉠ 정장과 캐주얼 의상을 파는 상점들은 경쟁이 치열합니까?
> ㉡ 무상의료 제도를 시행한다면, 그 비용은 시민들이 추가적으로 부담하여야 한다고 생각하십니까, 아니면 다른 분야의 예산을 줄여 충당해야 한다고 생각하십니까?
> ㉢ 귀하는 작년 여름에 해운대 해수욕장에 가보신 적이 있으십니까?
> ㉣ 귀하는 귀하의 직장에서 받는 임금 수준에 대해 만족하십니까?

① ㉠, ㉡　　　　② ㉡, ㉢
③ ㉢, ㉣　　　　④ ㉠, ㉣

17 군집표집(Cluster Sampling)에 대한 설명으로 틀린 것은?

① 군집이 동질적이면 오차의 가능성이 낮다.
② 전체 모집단의 목록표를 작성하지 않아도 된다.
③ 단순무작위표집에 비해 시간과 비용을 절약할 수 있다.
④ 특정 집단의 특성을 과대 혹은 과소하게 나타낼 위험이 있다.

18 표본크기에 대한 설명으로 옳은 것은?

① 변수의 수가 증가할수록 표본크기는 커야 한다.
② 모집단의 이질성이 클수록 표본크기는 작아야 한다.
③ 소요되는 비용과 시간은 표본크기에 영향을 미치지 않는다.
④ 분석변수의 범주의 수는 표본크기를 결정하는 요인이 아니다.

19 표본크기와 표집오차에 대한 설명으로 옳은 것을 모두 고른 것은?

> ㉠ 자료수집방법은 표본크기와 관련이 있다.
> ㉡ 표본크기가 커질수록 모수와 통계치의 유사성이 커진다.
> ㉢ 표집오차가 커질수록 표본이 모집단을 대표하는 정확성이 낮아진다.
> ㉣ 동일한 표집오차를 가정한다면, 분석변수가 적어질수록 표본크기는 커져야 한다.

① ㉠, ㉡　　　　② ㉡, ㉣
③ ㉠, ㉡, ㉢　　④ ㉠, ㉡, ㉢, ㉣

20 양적연구와 비교한 질적연구의 특징이 아닌 것은?

① 비공식적인 언어를 사용한다.
② 비통제적 관찰, 심층적·비구조적 면접을 실시한다.
③ 자료분석에 소요되는 시간이 짧아 소규모 분석에 유리하다.
④ 주관적 동기의 이해와 의미해석을 하는 현상학적·해석학적 입장이다.

21 다음 사례에서 사용한 표집방법은?

> 향후 10년간 우리나라의 경제상황을 예측하기 위하여 경제학 전공교수 100명에게 설문조사를 실시하였다.

① 할당표집　　　② 판단표집
③ 편의표집　　　④ 눈덩이표집

22 질문지 작성 원칙과 가장 거리가 먼 것은?

① 연구자의 가치관이나 의견이 반영된 문장을 사용한다.
② 질문은 짧을수록 좋고 부연 설명이나 단어의 중복 사용은 피해야 한다.
③ 복합적인 질문을 피하고, 두 개 이상의 질문을 하나로 묶지 말아야 한다.
④ 질문은 그 자체로서 의미가 명확히 전달될 수 있도록 구성하고 모호한 질문은 피해야 한다.

23 설문지의 질문으로 가장 적합한 것은?

① 당신의 국적은 어디입니까?
② 당신 아버지의 수입은 얼마입니까?
③ 미친 사람에 대한 당신의 반응은 어떻습니까?
④ 어묵과 붕어빵을 파는 노점상들 간에는 경쟁이 치열합니까?

24 질문지 문항배열에 대한 고려사항으로 적합하지 않은 것은?

① 응답자의 인적사항에 대한 질문은 가능한 한 나중에 한다.
② 시작하는 질문은 쉽게 응답할 수 있고 흥미를 유발할 수 있어야 한다.
③ 질문이 담고 있는 내용의 범위가 좁은 것에서부터 점차 넓어지도록 배열한다.
④ 앞의 질문이 다음 질문에 연상작용을 일으켜 응답에 영향을 미칠 수 있다면 질문들 사이의 간격을 멀리 떨어뜨린다.

25 심층면접법(Depth Interview)에 대한 설명으로 틀린 것은?

① 초점집단면접과 비교하여 자유롭게 개인적인 의견을 교환할 수 없다.
② 조사자의 면접 능력과 분석 능력에 따라 조사결과의 신뢰도가 달라진다.
③ 조사자가 필요하다고 생각되면 반복질문을 통해 타당도가 높은 자료를 수집한다.
④ 질문의 순서와 내용은 조사자가 조정할 수 있어 좀 더 자유롭고 심도 깊은 질문을 할 수 있다.

26 면접원을 활용하는 조사 방법 중 상이한 특성의 면접원에 의해 발생하는 편향(Bias)이 가장 클 것으로 추정되는 조사는?

① 집단면접조사
② 전화인터뷰조사
③ 심층인터뷰조사
④ 구조화된 질문지를 사용하는 인터뷰조사

27 인구통계학적, 경제적, 사회·문화·자연 요인 등의 분류기준에 따라 전체 표본을 여러 집단으로 구분하고 집단별로 필요한 대상을 사전에 정해진 크기만큼 추출하는 표본추출방법은?

① 할당표본추출법(Quota Sampling)
② 편의표본추출법(Convenience Sampling)
③ 층화표본추출법(Stratified Random Sampling)
④ 단순무작위표본추출법(Simple Random Sampling)

28 다음 중 조사연구결과의 일반화와 가장 관련이 깊은 것은?

① 내적타당성
② 외적타당성
③ 신뢰성
④ 자료수집방법

29 실험연구설계의 원리에 해당하지 않는 것은?

① 측정과정에서 발생하는 오차를 최소화해야 한다.
② 실험설계는 조사 질문에 대한 해답을 구할 수 있도록 설계되어야 한다.
③ 실험설계의 중요한 목적 중 하나인 분석결과의 타당성 확보를 위해 통제과정이 중요하다.
④ 변수 간 인과관계를 도출한 실험결과가 일반화되기 위해 실험대상들이 무작위 또는 작위적으로 추출되어야 한다.

30 다음 솔로몬 연구설계에 대한 설명으로 옳은 것을 모두 고른 것은?

㉠ 4개의 집단으로 구성한다.
㉡ 사전측정을 하지 않는 집단은 2개이다.
㉢ 사후측정에서의 차이점이 독립변수에 의한 것인지 사전측정에 의한 것인지 알 수 있다.
㉣ 통제집단 사전-사후검사설계와 비동일 비교집단설계를 결합한 형태이다.

① ㉠
② ㉡, ㉣
③ ㉠, ㉡, ㉢
④ ㉠, ㉡, ㉢, ㉣

제2과목: 조사관리와 자료처리

31 2차 자료 분석의 특징과 가장 거리가 먼 것은?
① 자료의 결측값을 추적할 수 있다.
② 자료를 직접 수집하지 않아도 된다.
③ 기존 데이터를 수정·편집해 분석할 수 있다.
④ 비교적 적은 비용으로 대규모 사례 분석이 가능하다.

32 다음 중 개방형 질문의 특징이 아닌 것은?
① 자료처리를 위한 코딩이 쉽다.
② 예기치 않은 응답을 발견할 수 있다.
③ 자세하고 풍부한 응답내용을 얻을 수 있다.
④ 탐색조사에서 특히 유용한 질문의 형태이다.

33 설문지 회수율을 높이는 방안과 가장 거리가 먼 것은?
① 폐쇄형 질문의 수를 가능한 줄인다.
② 독촉 편지를 보내거나 독촉 전화를 한다.
③ 개인신상에 민감한 질문들을 가능한 줄인다.
④ 겉표지에 설문내용의 중요성을 부각시켜 응답자가 인식하게 한다.

34 서베이조사의 일반적인 특성에 대한 설명으로 틀린 것은?
① 인과관계 분석보다는 예측과 기술을 주 목적으로 한다.
② 대인조사, 전화조사, 우편조사, 온라인조사 등이 있다.
③ 센서스(Census)는 대표적인 서베이 방법 중 하나이다.
④ 모집단으로부터 추출된 표본을 대상으로 조사하는 방법이다.

35 질문지 설계 시 폐쇄형 질문으로 할 때의 장점은?
① 심층적인 정보를 얻기가 용이하다.
② 수집된 자료의 수량적 분석이 용이하다.
③ 연구를 시작할 때 기초정보 수집에 적절하다.
④ 응답자로부터 포괄적인 응답을 얻을 수 있다.

36 서베이(Survey)에서 우편설문법과 비교한 대인면접법의 특성으로 적절하지 않은 것은?
① 대리응답의 가능성이 낮다.
② 설문과정에서의 유연성이 높다.
③ 응답환경을 구조화하기 어렵다.
④ 비언어적 행위의 관찰이 가능하다.

37 관찰대상자가 관찰 사실을 아는지에 대한 여부를 기준으로 분류한 관찰법의 유형은?
① 직접·간접 관찰
② 자연적·인위적 관찰
③ 공개적·비공개적 관찰
④ 체계적·비체계적 관찰

38 비표준화(비구조화)면접의 장점으로 짝지어진 것은?

㉠ 융통성이 있다.
㉡ 면접결과의 신뢰도가 높다.
㉢ 면접결과 자료의 수량화 및 통계처리가 용이하다.
㉣ 표준화면접에서 필요한 변수를 찾아내는 데 유용한 자료를 제공한다.

① ㉠, ㉡
② ㉠, ㉣
③ ㉡, ㉢
④ ㉢, ㉣

39 응답기입 시 조사자가 확인해야 하는 사항이 아닌 것은?
① 항목기입 누락과 착오 사례가 없는지를 확인한다.
② 응답자의 반응에 대한 녹음은 조사자가 선택적으로 할 수 있다.
③ 응답자의 표현을 최대한 살리되, 질문에 대한 타당한 응답을 기입한다.
④ 조사지침서에 첨부된 단위 환산표를 참고하여 환산하고 단위에 맞게 표기한다.

40 면접법의 장점으로 옳지 않은 것은?
① 관찰을 병행할 수 있다.
② 자료를 유연하게 확보할 수 있다.
③ 질문의 순서와 정보의 흐름을 통제할 수 있다.
④ 익명성이 높아 솔직한 의견을 들을 수 있다.

41 특정한 구성개념이나 잠재변수의 값을 측정하기 위해 측정할 내용이나 측정방법을 구체적으로 정확하게 표현하고 의미를 부여하는 것은?
① 패러다임(Paradigm)
② 개념화(Conceptualization)
③ 조작적 정의(Operational Definition)
④ 구성적 정의(Constitutive Definition)

42 다음에 열거한 속성을 모두 충족하는 자료수집방법은?

- 비용이 저렴하다.
- 조사기간이 짧다.
- 모집단이 편향되어 있다.
- 그림, 음성, 동영상 등을 이용할 수 있어 응답자의 이해도를 높일 수 있다.

① 면접조사　　② 우편조사
③ 전화조사　　④ 온라인조사

43 집단조사(Group Questionnaire Survey)의 특징과 거리가 가장 먼 것은?
① 집단조사는 집단이 속한 조직을 연구하는 데에만 사용할 수 있다.
② 집단으로 조사되므로 주변 사람이 응답자에 영향을 미칠 가능성이 높다.
③ 일반적으로 집단조사를 승인한 조직체나 단체에 유리한 쪽으로 응답할 가능성이 높다.
④ 집단이 속한 조직으로부터 적절한 협조가 있으면 비용과 시간을 절약할 수 있는 조사기법이다.

44 두 변수 간의 관계를 보다 정확하고 명료하게 이해할 수 있도록 밝혀주는 역할을 하는 검정변수가 아닌 것은?
① 예측변수　　② 구성변수
③ 선행변수　　④ 매개변수

45 개념(Concepts)의 정의와 가장 거리가 먼 것은?
① 일정한 관계 사실에 대한 추상적인 표현
② 사실과 사실 간의 관계에 논리의 연관성을 부여하는 것
③ 특정한 여러 현상들을 일반화함으로써 나타내는 추상적인 용어
④ 현상을 예측 설명하고자 하는 명제, 이론의 전개에서 그 바탕을 이루는 역할

46 가설에 대한 설명으로 옳지 않은 것은?
① 가설은 서로 다른 두 개념이나 변수의 관계를 표시한다.
② '모든 사람은 죽는다.'는 좋은 가설의 예라고 할 수 있다.
③ 가설은 방향성을 가질 수도 있고 그렇지 않을 수도 있다.
④ 가설은 아직까지 진실 여부가 확인되지 않은 사실에 대한 진술문이라고 할 수 있다.

47 연구가설(Research Hypothesis)에 대한 설명으로 틀린 것은?
① 가치중립적이어야 한다.
② 모든 연구에는 명백히 연구가설을 설정해야 한다.
③ 연구가설은 일반적으로 독립변수와 종속변수로 구성된다.
④ 연구가설은 예상된 해답으로, 경험적으로 검증되지 않은 이론이라 할 수 있다.

48 면접조사에서 면접자에게 일반적으로 허용되는 사항은?

① 피면접자가 아닌 다른 사람의 조언을 받아 면접내용을 수정한다.
② 선정된 피면접자가 부재중일 때 다른 사람으로 대체하여 면접한다.
③ 피면접자가 질문내용을 이해하지 못할 때 간단한 부연설명을 추가한다.
④ 2회 이상 방문하여 대상자를 만나지 못할 경우, 전화조사로 대체하여 조사한다.

49 경험적 연구를 위한 작업가설의 요건으로 옳지 않은 것은?

① 명료해야 한다.
② 특정화되어 있어야 한다.
③ 검정 가능한 것이어야 한다.
④ 연구자의 주관이 분명해야 한다.

50 다음은 어떤 변수에 대한 설명인가?

> 어떤 변수가 검정요인으로 통제되면 원래 관계가 없는 것으로 나타났던 두 변수가 유관하게 나타난다.

① 예측변수　　② 억제변수
③ 왜곡변수　　④ 종속변수

51 사회조사에서 개념의 재정의(Reconceptualization)가 필요한 이유로 가장 거리가 먼 것은?

① 개념과 개념 간의 상관관계가 아닌 인과관계를 밝혀야 하기 때문이다.
② 동일한 개념이라도 사회가 변함에 따라 원래의 뜻이 변할 수 있기 때문이다.
③ 사회조사에서 사용되는 개념은 일상생활에서 통상적으로 사용되는 상투어와는 그 의미가 다를 수 있기 때문이다.
④ 한 가지 개념이라도 두 가지 또는 그 이상의 다양한 의미를 가지고 있을 가능성이 많으므로, 이들 각기 다른 의미 중에서 어떤 특성의 의미를 조사연구 대상으로 삼을 것인가를 밝혀야 하기 때문이다.

52 이론적 개념을 측정가능한 수준의 변수로 전환시키는 작업과정은?

① 서열화　　② 수량화
③ 척도화　　④ 조작화

53 다음 중 범주형 변수(Categorical Variable)인 것은?

① 자녀수
② 지능지수(IQ)
③ 원화로 나타낸 연간소득
④ 3단계(상/중/하)로 나눈 계층적 지위

54 속성이 전혀 존재하지 않는 상태인 영점(0)이 존재하는 척도는?

① 서열척도　　② 명목척도
③ 비율척도　　④ 등간척도

55 측정(Measurement)에 대한 설명과 가장 거리가 먼 것은?

① 이론과 현실을 연결시켜주는 매개체이다.
② 변수에 대한 조작적 정의에 입각하여 이루어진다.
③ 하나의 변수에 대한 관찰값은 동시에 두 가지 속성을 지닐 수 없다.
④ 경험적으로 관찰 가능한 것을 추상적 개념으로 바꾸어 놓는 과정이다.

56 측정 시 발생하는 오차에 대한 설명으로 틀린 것은?

① 체계적 오차는 오차가 일정하거나 치우쳐 있다.
② 신뢰도는 체계적 오차(Systematic Error)와 관련된 개념이다.
③ 비체계적 오차(Random Error)는 오차의 값이 다양하게 분산되며 상호상쇄되는 경향도 있다.
④ 비체계적 오차는 측정대상, 측정과정, 측정수단, 측정자 등에 일시적으로 영향을 미쳐 발생하는 오차이다.

57 질적조사 자료의 코딩(Coding)에 대한 설명으로 틀린 것은?

① 코드의 범주는 항상 상호배타적이고 포괄적이어야 한다.
② 최초의 코딩단계에서 상실된 데이터는 쉽게 복구될 수 있다.
③ 입력 단계에서의 오류는 응답의 분포를 검사함으로써 간단하게 확인할 수 있다.
④ 최초의 코딩은 분석수준보다 훨씬 높은 수준에서 상세하게 구성하는 것이 바람직하다.

58 다음 예시와 같이 응답자에게 한 속성의 보유 정도를 기준으로 다른 속성의 보유 정도를 판단하도록 하는 척도법은?

> 자동차 선택 시 고려하는 요인 중 자동차 가격의 중요성을 100점이라고 한다면, 다음의 요인은 몇 점에 해당한다고 생각하십니까?
> • 가격   100점
> • 디자인   (   )점
> • 성능   (   )점

① 항목평정법(Itemized Rating)
② 연속평정법(Continuous Rating)
③ 비율분할법(Fractionation Method)
④ 고정총합척도법(Constant Sum Method)

59 척도에 대한 설명으로 틀린 것은?

① 척도는 계량화를 위한 도구이다.
② 불연속은 척도의 중요한 속성이다.
③ 척도의 구성 항목은 단일한 차원을 반영해야 한다.
④ 척도를 구성하는 방법은 측정하려는 변수의 구조적 성격에 따라 결정된다.

60 데이터 처리 후 여러 가지 에러가 발생하는 경우에 코딩에러를 찾아내서 수정하는 과정은?

① 데이터 보완
② 데이터 입력
③ 데이터 리코딩
④ 데이터 크리닝

제3과목: 통계분석과 활용

61 갑작스러운 홍수로 큰 피해를 입은 지역에서 제방을 새로 건설하려 한다. 이때 제방의 높이를 통계적으로 추정할 경우, 어떤 통계량을 기준으로 삼는 것이 가장 타당한가?

① 평균
② 최빈값
③ 중위수
④ 최댓값

62 변량 $x_1, x_2, \ldots, x_n$에 대하여 $|x_1-\alpha|+|x_2-\alpha|+\cdots+|x_n-\alpha|$를 최소로 하는 중심경향값 α는?

① 산술평균
② 중위수(중앙값)
③ 최빈수
④ 기하평균

63 다음은 A병원과 B병원에서 각각 6명의 환자를 상대로 환자가 병원에 도착하여 진료서비스를 받기까지의 대기시간(단위: 분)을 조사한 것이다. 두 병원의 진료서비스 대기시간에 대한 비교로 옳은 것은?

A병원	17	32	5	19	20	9
B병원	10	15	17	17	23	20

① A병원의 평균=B병원의 평균, A병원의 분산 < B병원의 분산
② A병원의 평균=B병원의 평균, A병원의 분산 > B병원의 분산
③ A병원의 평균 > B병원의 평균, A병원의 분산 < B병원의 분산
④ A병원의 평균 < B병원의 평균, A병원의 분산 > B병원의 분산

64 초등학생과 대학생의 용돈의 평균과 표준편차가 다음과 같을 때 변동계수를 비교한 결과로 옳은 것은?

구분	평균	표준편차
초등학생	130,000	2,000
대학생	200,000	3,000

① 평균이 다르므로 비교할 수 없다.
② 초등학생 용돈과 대학생 용돈의 변동계수는 같다.
③ 초등학생 용돈이 대학생 용돈보다 상대적으로 더 평균에 밀집되어 있다.
④ 대학생 용돈이 초등학생 용돈보다 상대적으로 더 평균에 밀집되어 있다.

65 피어슨의 비대칭도를 대표치들 간의 관계식으로 바르게 나타낸 것은? (단, $\overline{X}$: 산술평균, Me: 중위수, Mo: 최빈수)

① $\overline{X} - Mo \fallingdotseq 3(Me - \overline{X})$
② $Mo - \overline{X} \fallingdotseq 3(Mo - Me)$
③ $\overline{X} - Mo \fallingdotseq 3(\overline{X} - Me)$
④ $Mo - \overline{X} \fallingdotseq 3(Me - Mo)$

66 구분되지 않는 n개의 공을 서로 다른 r개의 항아리에 넣는 방법의 수는? (단, $r \leq n$이고, 모든 항아리에는 최소한 1개 이상의 공이 들어가야 한다)

① $\binom{n-1}{r-1}$
② r^n
③ $\binom{n-1}{r}$
④ $\binom{n}{r}$

67 사상 A와 B는 서로 배반사상이다. P(A)>0이고 P(B)>0일 때, 사상 A와 B에 대한 설명으로 옳은 것은?

① A와 B는 독립이다.
② A와 B는 종속이다.
③ A와 B는 독립도 종속도 아니다.
④ A와 B는 독립일 수도 종속일 수도 있다.

68 동전을 3회 던지는 실험에서 앞면이 나오는 횟수를 X라고 할 때, 확률변수 $Y = (X-1)^2$의 기댓값은?

① 1/2
② 1
③ 3/2
④ 2

69 어느 학급 30명의 학생 중 개인 노트필기 앱을 자주 사용하는 학생이 10명, 사용하지 않는 학생이 20명이라고 한다. 전체 학생 중 5명을 비복원 랜덤추출하여 노트필기 앱을 사용하는 학생의 수를 확률변수 X라고 정의할 때, 확률변수 X의 분포는 무엇인가?

① 이항분포
② 초기하분포
③ 포아송분포
④ 정규분포

70 어느 버스 정류장에서 매시 0분, 20분에 각 1회씩 버스가 출발한다. 한 사람이 우연히 이 정거장에 와서 버스가 출발할 때까지 기다릴 시간의 기댓값은?

① 15분 20초
② 16분 40초
③ 18분 00초
④ 19분 20초

71 확률변수 X의 분포의 자유도가 각각 a와 b인 $F(a, b)$를 따른다면 확률변수 $Y = \frac{1}{X}$의 분포는?

① $F(a, b)$
② $F(b, a)$
③ $F\left(\frac{1}{a}, \frac{1}{b}\right)$
④ $F\left(\frac{1}{b}, \frac{1}{a}\right)$

72 $N(\mu, \sigma^2)$인 모집단에서 표본을 임의추출할 때 표본평균이 모평균으로부터 0.5σ 이상 떨어져 있을 확률이 0.3174이다. 표본의 크기를 4배로 할 때, 표본평균이 모평균으로부터 0.5σ 이상 떨어져 있을 확률은? (단, Z가 표준정규분포를 따르는 확률변수일 때, 확률 $P(Z>z)$은 다음과 같다)

z	P(Z>z)
0.5	0.3085
1.0	0.1587
1.5	0.0668
2.0	0.0228

① 0.0456
② 0.1336
③ 0.6170
④ 0.6348

73 어느 기업의 신입 직원 월 급여는 평균이 300(만 원), 표준편차는 50(만 원)인 정규분포를 따른다고 한다. 신입 직원들 중 100명의 표본을 추출할 때, 표본평균의 분포는?

① $N(300, 50)$
② $N(300, 250)$
③ $N(300, 25)$
④ $N(300, 500)$

74 어느 고등학교 1학년생 280명에 대한 국어성적의 평균이 82점, 표준편차가 8점이었다. 66점부터 98점 사이에 포함된 학생들은 몇 명 이상인가?

① 211명
② 230명
③ 240명
④ 220명

75 독립인 정규 모집단 $N(\mu_1, \sigma_1)$, $N(\mu_2, \sigma_2)$으로부터 추출한 크기 n_1, n_2인 표본의 평균을 $\overline{X}$, $\overline{Y}$라 할 때, $\overline{X} - 2\overline{Y}$의 평균은?

① $\mu_1 - 2\mu_2$
② $\dfrac{\mu_1}{n_1} - \dfrac{2\mu_2}{n_2}$
③ $\dfrac{\sigma_1}{n_1} - \dfrac{2\sigma_2}{n_2}$
④ $\dfrac{\sigma_1}{n_1} - \dfrac{4\sigma_2}{n_2}$

76 모평균이 μ이고 모분산이 σ^2인 모집단에서 크기 n인 확률표본을 추출하였다. 모분산 σ^2의 추정량으로 아래 주어진 두 추정량에 대한 설명으로 옳은 것은?

$$S^2 = \frac{1}{n-1}\sum_{i=1}^{n}(X_i - \overline{X})^2, \quad T^2 = \frac{1}{n}\sum_{i=1}^{n}(X_i - \overline{X})^2$$

① S^2은 일치추정량이고, T^2은 불편추정량이다.
② S^2은 불편추정량이고, T^2은 편향추정량이다.
③ S^2은 불편추정량이고, T^2은 불편추정량이다.
④ S^2은 편향추정량이고, T^2은 일치추정량이다.

77 어느 도시의 금연운동단체에서는 청소년들의 흡연율 p를 조사하기 위해 이 도시에 거주하는 청소년들 중 1,200명을 임의로 추출하여 조사한 결과 96명이 흡연을 하고 있었다. 이 도시 청소년들의 흡연율 p의 추정값 $\hat{p}$과 $\hat{p}$의 95% 오차한계는? (단, $P(Z>1.645)=0.05$, $P(Z>1.96)=0.025$, $P(Z>2.58)=0.005$)

① $\hat{p}=0.06$, 오차한계 = 0.013
② $\hat{p}=0.08$, 오차한계 = 0.013
③ $\hat{p}=0.08$, 오차한계 = 0.015
④ $\hat{p}=0.08$, 오차한계 = 0.020

78 다음은 경영학과와 컴퓨터정보학과에서 실시한 15점 만점인 중간고사 결과이다. 두 학과 평균의 차이에 대한 95% 신뢰구간은? (단, $P(Z \geq 1.96) = 0.025$)

구분	경영학과	컴퓨터정보학과
표본크기	36	49
표본평균	9.26	9.41
표준편차	0.75	0.86

① $-0.15 \pm 1.96\sqrt{\dfrac{0.75^2}{36} + \dfrac{0.86^2}{49}}$
② $-0.15 \pm 1.645\sqrt{\dfrac{0.75^2}{36} + \dfrac{0.86^2}{49}}$
③ $-0.15 \pm 1.96\sqrt{\dfrac{0.75^2}{35} + \dfrac{0.86^2}{48}}$
④ $-0.15 \pm 1.645\sqrt{\dfrac{0.75^2}{35} + \dfrac{0.86^2}{48}}$

79 어느 은행의 관리자는 그 은행에서 대출을 받은 사람들의 평균나이를 양측 구간추정하려고 한다. 만약 모표준편차가 5.2살이고, 추정치의 허용오차가 6개월(0.5년)을 넘지 않게 추정하고 싶다면 신뢰수준 90%에서 표본크기를 얼마로 해야 하는가? (단, $P(Z>2.58)=0.005$, $P(Z>1.96)=0.025$, $P(Z>1.645)=0.05$)

① 718
② 416
③ 293
④ 178

80 연구자들은 자신의 연구결과가 기존의 가설을 기각하기를 원하기 때문에 통계적 검정력(Statistical Power)을 높이고자 한다. 다음 중, 통계적 검정력을 높이는 방법이라 할 수 없는 것은 무엇인가?

① 표본의 수를 늘인다.
② 유의수준을 높인다.
③ 연구조건을 통제하여 모집단의 분산이 작아지게 한다
④ 충분한 사전 조사를 바탕으로 양측검정보다는 단측검정을 한다.

81 우리나라 대학생들의 1주일 간의 독서시간은 평균 20시간, 표준편차가 3시간인 정규분포를 따른다고 알려져 있다. 이를 확인하기 위해 36명의 학생을 조사하였더니 평균 19시간으로 나타났다. 위 결과를 이용하여 우리나라 대학생들의 평균 독서시간이 20시간보다 작다고 말할 수 있는지를 검정한다고 할 때, 다음 설명 중 옳은 것은? (단, $P(|Z|<1.645)=0.9$, $P(|Z|<1.96)=0.95$)

① 검정통계량의 값은 -2이다.
② 가설검정에는 χ^2분포가 이용된다.
③ 표본분산이 알려져 있지 않아 가설검정을 수행할 수 없다.
④ 유의수준 0.05에서 검정할 때, 우리나라 대학생들의 평균 독서시간이 20시간보다 작다고 말할 수 없다.

82 평균이 μ이고 분산이 16인 정규모집단으로부터 크기가 100인 확률분포의 평균을 $\overline{X}$라 하자. $H_0: \mu=8$ vs $H_1: \mu=6.416$의 검정을 위해 기각역을 $\overline{X}<7.2$로 할 때, 제1종 오류와 제2종 오류를 범할 확률은? (단, $P(Z<2)=0.977$, $P(Z<1.96)=0.975$, $P(Z<1.645)=0.95$, $P(Z<1)=0.842$)

① 제1종 오류를 범할 확률 0.05, 제2종 오류를 범할 확률 0.025
② 제1종 오류를 범할 확률 0.023, 제2종 오류를 범할 확률 0.025
③ 제1종 오류를 범할 확률 0.023, 제2종 오류를 범할 확률 0.05
④ 제1종 오류를 범할 확률 0.05, 제2종 오류를 범할 확률 0.023

83 어느 다이어트 프로그램이 효과가 있는지를 연구하려고 9명을 대상으로 프로그램 시행 전과 시행 후의 체중의 차이 $d_i=$(시행 후의 체중)$-$(시행 전의 체중), $i=1, 2, \cdots, 9$를 조사하여 $\overline{d}=-0.61\text{kg}$과 $s_d=0.54\text{kg}$를 얻었다. 유의수준 5%에서 귀무가설 $H_0: \mu_d=0$에 대하여 대립가설 $H_1: \mu_d<0$을 검정하고자 할 때, 다음 중 옳지 않은 것은? (단, $t_\alpha(\nu)$은 자유도가 ν인 t-분포에서 오른쪽 꼬리 부분의 면적이 α가 되는 점이다)

① t통계량은 $\dfrac{-0.61-0}{0.54/\sqrt{9}}=-3.389$이다.
② 자유도는 8이다.
③ $t<-t_{0.05}(8)=-1.86$이므로 귀무가설은 채택된다.
④ 표본의 크기가 커지면 정규분포를 이용할 수 있다.

84 다음은 왼손으로 글자를 쓰는 사람 8명에 대하여 왼손의 악력 X와 오른손의 악력 Y를 측정하여 정리한 결과이다. 왼손으로 글자를 쓰는 사람들의 왼손 악력이 오른손 악력보다 강하다고 할 수 있는지에 대해 유의수준 5%에서 검정하고자 한다. 검정통계량 T의 값과 기각역을 구하면?

구분	관측값	평균	표준편차
X	90, …, 110	107.25	18.13
Y	87, …, 100	103.75	18.26
$D=X-Y$	3, …, 10	3.5	4.93

$P[T \le t_{(n, \alpha)}],\ T \sim t(n)$

d.f		α		
	…	0.05	0.025	…
⋮	⋮	⋮	⋮	⋮
6	…	1.943	2.447	…
7	…	1.895	2.365	…
8	…	1.860	2.306	…
⋮	⋮	⋮	⋮	⋮

① $T_0 = 0.71,\ T \ge 1.860$
② $T_0 = 2.01,\ T \ge 1.895$
③ $T_0 = 0.71,\ |T| \ge 2.365$
④ $T_0 = 2.01,\ |T| \ge 2.365$

85 정규분포를 따르는 모집단으로부터 얻은 표본의 크기 n인 자료를 이용하여 모평균 μ에 대한 가설 $H_0: \mu = \mu_0$ 대 $H_1: \mu > \mu_0$을 검정하기 위한 검정통계량의 값이 $T = \dfrac{\sqrt{n}(\bar{x} - \mu_0)}{s} = 2$일 때, p-값은? (단, 모집단의 분산은 알지 못하며, T는 자유도가 $n-1$인 t-분포를 따르는 확률변수를 나타낸다)

① $P(|T| < 2)$
② $P(|T| > 2)$
③ $P(T > 2)$
④ $P(T < 2)$

86 요인 A에 대한 일원배치법 모수모형(Fixed Model)의 통계적 모형은 $Y_{ij} = \mu + \alpha_i + \epsilon_{ij}\ (i = 1, 2, \cdots, k;\ j = 1, 2, \cdots, n)$이다. 분산분석을 위한 조건에 대한 설명으로 옳지 않은 것은?

① Y_{ij}는 정규분포 $N(\mu, \sigma^2)$을 따른다.
② 오차항 ϵ_{ij}는 정규분포 $N(0, \sigma^2)$을 따른다.
③ 각 처리의 반복수가 같지 않아도 분산분석을 할 수 있다.
④ 총 실험 횟수로 kn 회를 한다면 랜덤으로 실시되어야 한다.

87 서로 다른 4가지 교수방법 A, B, C, D의 학습효과를 알아보기 위하여 같은 수준에 있는 학생 중에서 99명을 임의추출하여 A교수방법에 19명, B교수방법에 31명, C교수방법에 27명, D교수방법에 22명을 할당하였다. 일정 기간 수업 후 성취도를 100점 만점으로 측정, 정리하여 다음의 평방합(제곱합)을 얻었다. 교수방법 A, B, C, D의 학습효과 사이에 차이가 있는지를 검정하기 위한 F-통계량 값은?

그룹 간 평방합	63.21
그룹 내 평방합	350.55

① 0.175
② 0.180
③ 5.71
④ 8.11

88 어느 공장에서는 세 종류의 기계를 사용하여 제품을 생산하고 있다. 생산량의 균일성을 검토하기 위해 기계별 하루 평균 생산량 데이터를 수집하여 일원분산분석(ANOVA)을 실시하였다. 실험 결과, 기계 간 생산량 차이를 검정한 F값은 1.5953이었고, 임계값 $F(2, 7; 0.05) = 4.74$로 주어졌다. 이때 적절한 검정 결론은 무엇인가?

① 귀무가설 채택
② 귀무가설 기각
③ 대립가설 채택
④ 판정보류

89 '성과 정당지지도 사이에 관계가 있는가?'를 살펴보기 위하여 설문조사를 실시, 분석한 결과 Pearson 카이제곱 값이 32.29, 자유도가 1, 유의확률이 0.000이었다. 이 분석에 근거할 때, 유의수준 0.05에서 '성과 정당지지도 사이의 관계'에 대한 결론은?

① 성냥의 종류는 2가지이다.
② 성과 정당지지도 사이에 유의한 관계가 있다.
③ 성과 정당지지도 사이에 유의한 관계가 없다.
④ 위에 제시한 통계량으로는 성과 정당지지도 사이의 관계를 알 수 없다.

90 유권자 전체를 대상으로 사형제도 폐지에 대한 여론조사를 한 결과 다음의 결과를 얻었다. 또한 인천지역의 경찰관들 중 100명을 임의로 추출하여 의견을 조사한 결과는 다음과 같았다. 귀무가설 'H_0: 사형제도 폐지에 대한 인천지역 경찰관들의 의견은 유권자 전체의 의견과 다르지 않다'를 검정하고자 한다. 검정결과로 옳은 것은? (단, $\chi^2(2, 0.05) = 5.99$, $\chi^2(2, 0.025) = 7.38$)

여론조사	찬성	의견 없음	반대
	35	25	40

경찰관 조사	찬성	의견 없음	반대
	23	29	48

① 유의수준 5%에서 귀무가설을 채택한다.
② 유의수준 5%에서 귀무가설을 기각한다.
③ 유의수준 1%에서 귀무가설을 기각한다.
④ 유의확률을 알 수 없어 판단할 수 없다.

91 단순회귀모형에 대한 설명으로 옳지 않은 것은?

① 표본상관계수는 확률변수이다.
② 추정된 회귀직선은 좌표 $(\overline{x}, \overline{y})$를 지난다.
③ 최소자승법에 의해 구해진 회귀직선은 관측값과 추정값 간의 차의 제곱을 최소화한다.
④ $y = a + bx^2$와 같은 2차의 완벽한 관계가 있는 자료의 상관계수의 절댓값은 1이 된다.

92 확률변수 X와 Y의 결합확률질량함수가 다음과 같을 때, X와 Y의 상관계수는?

Y \ X	-1	0	1
0	0	0.2	0
1	0.4	0	0.4

① -1
② 0
③ 0.5
④ 1

93 IQ와 수학 성적과의 관계를 검정하기 위하여 1000명의 학생을 무작위로 뽑아 적률상관계수를 구했더니 0.78이었다. 극단적인 값들의 영향력을 줄이기 위하여 IQ 변수의 1사분위값과 3사분위값 사이에 있는 표본들만으로 IQ와 수학 성적의 적률상관계수를 다시 구한다면 어떤 결과가 예측되는가?

① 적률상관계수가 높아진다.
② 적률상관계수가 낮아진다.
③ 적률상관계수는 변화가 없다.
④ 적률상관계수가 1이 된다.

94 n개의 관측치에 대하여 단순회귀모형 $Y_i = \beta_0 + \beta_1 x_i + \epsilon_i$을 이용하여 분석하려 한다. $\sum_{i=1}^{n}(x_i - \bar{x})^2 = 20$, $\sum_{i=1}^{n}(y_i - \bar{y})^2 = 30$, $\sum_{i=1}^{n}(x_i - \bar{x})(y_i - \bar{y}) = -10$일 때, 회귀계수의 추정치 $\hat{\beta}_1$의 값은?

① $-\dfrac{1}{3}$ ② $-\dfrac{1}{2}$
③ $\dfrac{2}{3}$ ④ $\dfrac{3}{2}$

95 광고가 판매량에 미치는 영향을 분석하기 위해 특수한 종류의 상품을 판매하는 10개의 상점을 표본으로 추출하였다. 이 상점들로부터 조사한 연간 광고료와 총판매량은 다음과 같다.

광고료 x (단위: 10만 원)	4	8	9	8	8	12	6	10	6	9
총판매액 y (단위: 100만 원)	9	20	22	15	17	30	18	25	10	20

위 자료를 정리한 다음의 결과를 이용하여 회귀식 $\hat{y}_i = b_0 + b_1 x_i$의 회귀계수를 구하면?

$$\sum_{i=1}^{10} x_i = 80, \ \sum_{i=1}^{10} y_i = 186, \ \sum_{i=1}^{10} x_i^2 = 686, \ \sum_{i=1}^{10} x_i y_i = 1,608$$

① $b_0 = -2.272$, $b_1 = 2.609$
② $b_0 = 2.272$, $b_1 = 2.030$
③ $b_0 = 2.272$, $b_1 = 2.609$
④ $b_0 = -2.272$, $b_1 = 1.233$

96 다음은 독립변수가 k개인 중회귀모형이다. 최소제곱법에 의한 회귀계수 벡터 β의 추정식 b는? (단, X'은 X의 전치행렬이다)

$$y = X\beta + \epsilon$$

$$y = \begin{bmatrix} y_1 \\ y_2 \\ \vdots \\ y_n \end{bmatrix}, \ X = \begin{bmatrix} 1 & x_{11} & x_{12} & \cdots & x_{1k} \\ 1 & x_{21} & x_{22} & \cdots & x_{2k} \\ \vdots & \vdots & \vdots & \vdots & \vdots \\ 1 & x_{n1} & x_{n2} & \cdots & x_{nk} \end{bmatrix}, \ \beta = \begin{bmatrix} \beta_0 \\ \beta_1 \\ \beta_2 \\ \vdots \\ \beta_k \end{bmatrix}, \ \epsilon = \begin{bmatrix} \epsilon_1 \\ \epsilon_2 \\ \vdots \\ \epsilon_n \end{bmatrix}$$

① $b = X'y$ ② $b = (X'X)^{-1}y$
③ $b = X^{-1}y$ ④ $b = (X'X)^{-1}X'y$

97 추정된 회귀선이 주어진 자료에 얼마나 적합한지 알아보는 데 사용하는 결정계수를 나타낸 식이 아닌 것은? (단, Y_i는 주어진 자료의 값이고, $\hat{Y}_i$은 추정값이며, $\overline{Y}$는 자료의 평균이다)

① $\dfrac{\text{회귀제곱합}}{\text{총제곱합}}$
② $\dfrac{\sum(\hat{Y}_i - \overline{Y})^2}{\sum(Y_i - \overline{Y})^2}$
③ $1 - \dfrac{\text{잔차제곱합}}{\text{회귀제곱합}}$
④ $1 - \dfrac{\sum(Y_i - \hat{Y})^2}{\sum(Y_i - \overline{Y})^2}$

98 독립변수가 $2(=k)$개인 중회귀모형 $y_i = \beta_0 + \beta_1 x_{1i} + \beta_2 x_{2i} + \epsilon_i (i = 1, \cdots, n)$의 유의성 검정에 대한 내용으로 틀린 것은?

① $H_0 : \beta_1 = \beta_2 = 0$
② $H_1 :$ 회귀계수 β_1, β_2 중 적어도 하나는 0이 아니다.
③ $\dfrac{MSE}{MSR} > F(k, n-k-1, \alpha)$이면 H_0를 기각한다.
④ 유의확률 p가 유의수준 α보다 작으면 H_0를 기각한다.

99 다중회귀분석에 관한 설명으로 틀린 것은?

① 표준화잔차의 절대값이 2 이상인 값은 이상값이다.
② DW(Durbin-Watson) 통계량이 0에 가까우면 독립이다.
③ 분산팽창계수(VIF)가 10 이상이면 다중공선성을 의심해야 한다.
④ 표준화잔차와 예측값의 산점도를 통해 등분산성을 검토해야 한다.

100 소득은 보통 교육과 비례한다고 보지만 남녀의 직업불평등이 있는 사회에서는 소득은 성별에 따라 크게 차이가 난다. 이것을 검정하기 위해 '소득=$\alpha+\beta_1 \cdot$ 교육$+\beta_2 \cdot$ 성별 $+\beta_3 \cdot$ (교육×성별)$+\epsilon$'의 회귀식을 설정하고 분석한 결과 도출된 통계량은 모두 유의하며, 그 값은 $\alpha=6.0$, $\beta_1=2.5$, $\beta_2=1.5$, $\beta_3=0.5$이었다. 남자의 회귀식을 구하면? (단, 소득의 단위는 100만 원, 교육의 단위는 1년, 성별은 여자 = 0, 남자 = 1)

① 소득 = 7.5 + 3.0교육
② 소득 = 6.0 + 3.0교육
③ 소득 = 7.5 + 2.5교육
④ 소득 = 6.0 + 2.5교육

국가기술자격 필기 시험문제지
2026년 정기 기사 제4회 모의고사

 시험시간: 150분   문제수: 100문항

수험자 정보 확인

신분확인이 끝나면 시험이 곧 시작됩니다. 잠시만 기다려 주세요.

수험번호	
성명	
주민등록번호	XX0101-X000000
응시종목	사회조사분석사 2급
좌석번호	01번

01
좌석번호

에듀윌만의 특별제공 서비스

CBT시험에 적응할 수 있도록 모바일 CBT를 제공합니다. QR코드를 통해 CBT시험에 응시할 수 있습니다. 시험이 완료된 후, 정답을 채점하고 해설을 확인할 수 있습니다.

eduwill.kr/BEzp

STEP 1 시험지 QR코드 스캔   **STEP 2** 회원가입 & 로그인   **STEP 3** 응시 & 채점

제1과목: 조사방법과 설계

01 다음 사례에 해당하는 과학적 조사의 특징으로 가장 적절한 것은?

> A연구원은 유권자의 투표행위가 아무런 이유 없이 일어난 행동이 아니라 후보자의 공약, 지연, 학연 등 다양한 원인으로 인해 발생한 행동으로 결론을 내렸다.

① 간결성 ② 상호주관성
③ 인과성 ④ 수정 가능성

02 탐색적 연구(Exploratory Research)의 연구목적을 반영하고 있는 것만을 고른 것은?

> ㉠ 보다 정교한 문제와 기회의 파악
> ㉡ 연도별 광고비 지출에 따른 매출액의 변화 조사
> ㉢ 연구주제 관련 변수에 대한 통찰력 제고
> ㉣ 특정 시점에서 집단 간 차이의 조사

① ㉠, ㉢ ② ㉡, ㉢
③ ㉡, ㉣ ④ ㉢, ㉣

03 사회과학 연구에서 분석단위에 해당하지 않는 것은?

① 개인 ② 성별
③ 집단 ④ 사회가공물

04 연구문제가 설정된 후, 연구문제를 정의하는 과정을 올바르게 나열한 것은?

> ㉠ 문제를 프로그램 미션과 목적에 관련시킨다.
> ㉡ 문제의 배경을 검토한다.
> ㉢ 무엇을 측정할 것인지를 결정한다.
> ㉣ 문제의 하위영역, 구성요소, 요인들을 확립한다.
> ㉤ 관련 변수들을 결정한다.
> ㉥ 연구목적과 관련 하위목적을 설명한다.
> ㉦ 한정된 변수, 목적, 하위목적들에 대한 예비조사를 수행한다.

① ㉠ → ㉡ → ㉣ → ㉢ → ㉤ → ㉥ → ㉦
② ㉠ → ㉡ → ㉢ → ㉣ → ㉤ → ㉥ → ㉦
③ ㉠ → ㉡ → ㉤ → ㉣ → ㉥ → ㉢ → ㉦
④ ㉠ → ㉡ → ㉥ → ㉡ → ㉣ → ㉢ → ㉦

05 실증주의에 대한 설명으로 옳지 않은 것은?

① 관찰결과의 일반화 가능성을 강조한다.
② 과학과 비과학을 철저히 구분하려 한다.
③ 인간 행위를 예측할 수 있는 확률적 법칙을 강조한다.
④ 인간 행위의 사회적 의미를 행위자의 입장에서 이해한다.

06 연구방법으로서의 연역적 접근법과 귀납적 접근법에 대한 설명으로 옳지 않은 것은?

① 연역적 접근법을 취하려면 기존 이론에 대한 분석이 필요하다.
② 귀납적 접근법은 현실 세계에 대한 관찰을 통해 경험적 일반화를 추구한다.
③ 사회조사에서 연역적 접근법과 귀납적 접근법은 상호보완적으로 사용된다.
④ 연역적 접근법은 탐색적 연구에, 귀납적 접근법은 가설 검증에 주로 사용된다.

07 다음 설명에 해당하는 연구방법은 무엇인가?

> 소위 386세대라고 일컬어지는 사회집단이 가진 정치의식이 1990년 이후 5년 단위로 어떠한 변화를 보이고 있는지에 대해 종단분석을 실시했다.

① 추세연구　　② 패널연구
③ 현장연구　　④ 코호트연구

08 기술적 조사의 특성으로 옳지 않은 것은?

① 연구의 반복이 어렵다.
② 설명적 조사의 기초 자료를 제공한다.
③ 패널조사도 기술적 조사의 한 유형이다.
④ 표준화된 문항을 사용하여 측정의 일관성을 유지할 수 있다.

09 종단연구(Longitudinal Study)에 대한 설명으로 옳지 않은 것은?

① 추세분석은 종단연구에 속한다.
② 조사내용의 시간에 따른 변화를 분석한다.
③ 변화분석은 조사내용의 시간에 따른 변화의 원인에 대한 분석도 포함한다.
④ 패널조사란 특정 조사대상자들을 선정하여 단 한차례만 조사를 실시하는 방법이다.

10 사례연구의 단계를 순서대로 올바르게 나열한 것은?

> ㉠ 사실의 설명
> ㉡ 사실 또는 자료수집
> ㉢ 연구문제 선정
> ㉣ 사실 또는 자료의 요약
> ㉤ 보고를 위한 기술

① ㉠ → ㉢ → ㉡ → ㉣ → ㉤
② ㉢ → ㉠ → ㉣ → ㉡ → ㉤
③ ㉢ → ㉡ → ㉠ → ㉤ → ㉣
④ ㉢ → ㉡ → ㉣ → ㉠ → ㉤

11 질적연구에 대한 옳은 설명을 모두 고른 것은?

> ㉠ 자료수집 단계와 자료분석 단계가 명확히 구별되어 있다.
> ㉡ 사회현상에 대해 폭넓고 다양한 정보를 얻는다.
> ㉢ 표준화(구조화) 면접, 비참여관찰이 많이 활용된다.
> ㉣ 조사자가 조사과정에 깊이 관여한다.

① ㉠, ㉡　　② ㉠, ㉢
③ ㉡, ㉢　　④ ㉡, ㉣

12 다음 중 참여관찰법에 비해 조사연구(Survey Research)가 가지는 장점으로 가장 적절한 것은?

① 연구의 융통성이 크다.
② 시간과 비용을 절약할 수 있다.
③ 연구대상을 심층적으로 관찰할 수 있다.
④ 대규모 모집단의 특성을 기술할 수 있다.

13 표본추출에 대한 설명으로 올바른 것은?

① 분석단위와 관찰단위는 항상 일치한다.
② 표본추출요소는 자료가 수집되는 대상의 단위이다.
③ 표본추출단위는 표본이 실제 추출되는 연구대상 목록이다.
④ 통계치는 모집단위의 특정변수가 갖고 있는 특성을 요약한 값이다.

14 다음 중 표집틀(Sampling Frame)을 평가하는 주요 요소와 가장 거리가 먼 것은?

① 포괄성　　② 효율성
③ 안정성　　④ 추출확률

15 특정 시점에 다른 특성을 지닌 집단들 사이의 차이를 측정하는 조사방법은 무엇인가?

① 패널(Panel)조사　　② 추세(Trend)조사
③ 코호트(Cohort)조사　　④ 서베이(Survey)조사

16 모집단에 대한 대표성과 표본오차의 수준을 동일하게 하고 싶을 때, 표본추출방법 중 상대적인 표본의 크기의 순서를 올바르게 나열한 것은?

① 층화표본추출 > 군집표본추출 > 단순무작위표본추출
② 층화표본추출 > 단순무작위표본추출 > 군집표본추출
③ 단순무작위표본추출 > 군집표본추출 > 층화표본추출
④ 군집표본추출 > 단순무작위표본추출 > 층화표본추출

17 비표본오차의 원인으로 가장 거리가 먼 것은?

① 조사자의 오류 ② 표본선정의 오류
③ 조사설계상의 오류 ④ 조사표 작성의 오류

18 표본추출과정에서 표본크기의 결정에 영향을 미치지 않는 것은?

① 신뢰구간의 크기
② 비용 및 시간의 제약
③ 조사대상 지역의 지리적 여건
④ 유의수준으로 대변되는 정확도

19 확률표본추출(Probability Sampling)에서 가장 중요하게 고려해야 할 사항은?

① 가능한 표본수를 최대로 증가시킨다.
② 표집오차를 완전히 제거해야 한다.
③ 모든 표집단위는 동등한 표집확률이 보장되어야 한다.
④ 최종표본수의 규모는 모집단의 크기에 비례해서 결정한다.

20 층화표집의 단점이 아닌 것은?

① 집락이 모집단을 대표하지 못할 수 있다.
② 표본추출과정에 비용이나 시간이 많이 든다.
③ 표본추출 이전에 모집단에 대한 지식이 필요하다.
④ 발생률이 낮은 경우 표본을 찾아내기가 어려울 수 있다.

21 질문지의 개별항목을 완성할 때의 주의사항으로 옳은 것은?

① 다양한 정보의 획득을 위해 하나의 질문에 2가지 이상의 요소가 포함되는 것이 바람직하다.
② 질문의 용어는 응답자 모두가 이해할 수 있도록 이해력이 낮은 사람의 수준에 맞춰야 한다.
③ 질문 내용에 응답자에 대한 가정을 제시하여 응답편의를 제공하는 것이 바람직하다.
④ 질문지의 용이한 작성을 위해 일정한 방향을 유도하는 문항을 가지는 것이 필요하다.

22 심층면접 시 고려해야 할 사항이 아닌 것은?

① 피면접자와 친밀한 관계(Rapport)를 형성해야 한다.
② 비밀보장, 안전성 등 피면접자가 편안한 분위기를 느낄 수 있도록 해야 한다.
③ 피면접자의 대답을 주의 깊게 경청해야 하며, 이전의 응답과 연결시켜 생각하는 습관을 가져야 한다.
④ 피면접자가 대답을 하는 도중에 응답 내용에 대한 평가적인 코멘트를 자주 해주는 것이 좋다.

23 다음 상황에 가장 적합한 표집방법은?

> 국내에 거주하는 탈북자가 약 900명에 이른다고 가정할 때, 이들 탈북자와 일반 시민을 각각 200명씩 확률표집하여 통일에 대한 태도를 비교하려고 한다.

① 가중표집 ② 층화표집
③ 집락표집 ④ 단순무작위표집

24 다음 보기 중 확률표본추출방법만으로 짝지어진 것은?

> ㉠ 군집표집(Cluster Sampling)
> ㉡ 체계적표집(Systematic Sampling)
> ㉢ 편의표집(Convenience Sampling)
> ㉣ 할당표집(Quota Sampling)
> ㉤ 층화표집(Stratified Sampling)
> ㉥ 눈덩이표집(Snowball Sampling)
> ㉦ 단순무작위표집(Simple Random Sampling)

① ㉠, ㉡, ㉢, ㉣
② ㉠, ㉣, ㉤, ㉥
③ ㉡, ㉣, ㉥, ㉦
④ ㉠, ㉡, ㉤, ㉦

25 단순무작위표본추출법에 대한 설명으로 올바른 것은?

① 비확률표집방법이다.
② 표본이 모집단의 전체에서 추출된다.
③ 난수표 또는 할당표를 이용할 수 있다.
④ 모집단의 평균에 가까운 요소가 평균에 멀리 떨어진 요소보다 표본으로 추출될 확률이 더 크다.

26 아래의 설문 문항은 질문지의 작성요령에 있어 다음 중 어떤 문제점이 있는가?

> 정부가 국방비를 축소하고, 대신에 교육예산을 확대하는 것에 대한 귀하의 생각은?
> (1) 매우 반대
> (2) 대체로 반대
> (3) 그저 그렇다
> (4) 대체로 찬성
> (5) 매우 찬성

① 질문의 모호성   ② 복합적 질문
③ 유도성 질문   ④ 질문의 민감성

27 다음 설명은 외생변수를 통제하는 방법 중 무엇에 해당하는가?

> 하나의 실험집단에 2개 이상의 실험변수가 가해지는 경우 사용하는 방법이다. 예를 들면, 두 가지 광고 A와 B에 대한 사람들의 선호도를 알아보고자 할 때, 광고의 제시 순서가 그 광고에 대한 사람들의 선호도에 영향을 미칠 수 있다. 이 때 실험집단 참여자의 반에게는 A → B의 순으로 제시하고, 나머지 반에게는 B → A의 순으로 제시하여 각 광고에 대한 그들의 선호도를 측정한다.

① 매칭(Matching)
② 제거(Elimination)
③ 상쇄(Counter Balancing)
④ 무작위화(Randomization)

28 두 변수들 사이에 인과관계가 존재하기 위해 필요한 조건과 가장 거리가 먼 것은?

① 원인은 시간적으로 결과를 선행한다.
② 두 변수는 경험적으로 서로 상호 관련되어 있다.
③ 두 변수의 값은 각각 다른 변수의 값에 의해 결정된다.
④ 두 변수의 상관관계는 제3의 변수에 의해 만들어진 것이 아니다.

29 어떤 연구자가 한 도시의 성인 500명을 무작위로 추출하여 인터넷 이용이 흡연에 미치는 영향을 조사한 결과, 인터넷 이용량이 많은 사람일수록 흡연량도 유의미하게 많은 것으로 나타났다. 이를 토대로 인터넷 이용이 흡연을 야기시킨다는 인과적인 설명을 하는 경우 가장 문제가 되는 인과성의 요건은?

① 경험적 상관   ② 허위적 상관
③ 통계적 통제   ④ 시간적 순서

30 다음 사례에 내재된 연구설계의 타당성 저해요인이 아닌 것은?

> 한 집단에 대하여 자아존중감 검사를 하였다. 그 결과 정상치보다 지나치게 낮은 점수가 나온 사람들이 발견되었고, 이들을 대상으로 자아존중감 향상 프로그램을 실시하였다. 프로그램 종료 후에 다시 같은 검사를 실시하여 자아존중감을 측정한 결과 사람들의 점수 평균이 이전보다 높아진 것으로 나타났다.

① 시험효과(Testing Effect)
② 도구효과(Instrumentation Effect)
③ 성숙효과(Maturation Effect)
④ 통계적 회귀(Statistical Regression)

제2과목: 조사관리와 자료처리

31 자신의 신분을 밝히지 않은 채 집단의 완전한 구성원이 되어, 자연스럽게 일어나는 사회적 과정에 참여하는 관찰자의 역할은?

① 완전참여자
② 완전관찰자
③ 참여자로서의 관찰자
④ 관찰자로서의 참여자

32 다음 자료수집 방법에 대한 설명 중 옳지 않은 것은?

① 비반응성 자료수집: 연구대상의 반응성 오류를 피할 수 있다.
② 대인면접설문: 방문조사원에 의해 보충적인 자료가 수집될 수 있다.
③ 우편설문: 원래 표본으로 추출된 응답자가 응답하지 않을 수 있다.
④ 실험자료수집: 개입을 제공하기 전에는 종속변수의 측정이 사실상 불가능하다.

33 일반적으로 가장 높은 응답률을 확보할 수 있는 조사방법은?

① 우편설문법
② 전화설문법
③ 직접면접법
④ 전자서베이

34 폐쇄형 질문의 응답범주 작성 원칙으로 옳은 것은?

① 범주의 수는 많을수록 좋다.
② 관련된 현상 중 가장 중요한 것만 범주로 제시된다.
③ 제시된 범주들 사이에 약간의 중복은 있어도 무방하다.
④ 제시된 응답범주는 가능한 응답내용을 모두 포함해야 한다.

35 자기기입식 설문조사에 비해 면접설문조사가 갖는 장점이 아닌 것은?

① 개방형 질문에 유리하다.
② 무응답 항목을 최소화한다.
③ 답변의 맥락을 이해할 수 있다.
④ 조사대상 1인당 비용이 저렴하다.

36 다음 중 전화조사가 가장 적합한 경우는?

① 심층적이고 구체적인 정보를 수집하려는 조사
② 특정 시점에 순간적으로 무엇을 하고 있으며, 어떤 생각을 하는지를 알아보는 조사
③ 조사 대상 지역이 넓을 때, 복잡한 정보를 수집하면서도 비용을 절감할 수 있는 조사
④ 비교적 저렴한 비용으로 면접자 편향을 줄이면서, 응답자의 요청에 따라 필요한 설명을 제공할 수 있는 조사

37 이메일을 활용한 온라인조사의 장점과 가장 거리가 먼 것은?

① 신속성
② 저렴한 비용
③ 면접원 편향 통제
④ 조사 모집단 규정의 명확성

38 참여관찰(Participant Observation)에 대한 설명으로 옳지 않은 것은?

① 연구자는 상황에 대한 통제를 할 수 없다.
② 양적자료이기 때문에 대규모 모집단에 대한 기술이 쉽다.
③ 연구자가 관심을 가지고 있는 변수들 간의 관계를 현실 상황에서 체계적으로 관찰하는 연구조사방법이다.
④ 독립변수를 조작하는 현장실험과는 다르며, 자연 상태에서 연구대상을 관찰해 그들의 관계를 규명하는 것이다.

39 우편조사에 대한 설명으로 옳지 않은 것은?

① 응답자의 익명성을 보장하기 어렵다.
② 접근하기 편리하고 광범위한 지역에 걸쳐 조사가 가능하다.
③ 응답대상자 자신이 직접 응답했는지에 대한 통제가 어렵다.
④ 회수율이 낮으므로 서면 또는 전화로 협조를 구하는 것이 좋다.

40 다음 중 직접 관찰과 간접 관찰을 분류하는 기준으로 적절한 것은?

① 상황이 인공적인지 여부
② 의사결정 문제의 확정 여부
③ 관찰시기와 행동발생의 일치 여부
④ 응답자가 관찰사실을 아는지 여부

41 관찰기법의 분류에 대한 설명으로 옳지 않은 것은?

① 응답자에게 자신이 관찰된다는 사실을 알려주고 관찰하는 것은 공개된 관찰이다.
② 관찰할 내용이 미리 명확히 결정되어, 준비된 표준양식에 관찰사실을 기록하는 것은 체계적 관찰이다.
③ 청소년의 인터넷 이용실태를 조사하기 위해, PC방을 방문하여 이용 상황을 옆에서 직접 지켜본다면 이는 직접 관찰이다.
④ 컴퓨터 브랜드 선호도 조사를 위해, 판매매장과 비슷한 상황을 만들어 표본으로 선발된 소비자로 하여금 제품을 선택하게 하여 행동을 관찰한다면 이는 자연적 관찰이다.

42 집중면접(Focused Interview)에 대한 설명으로 가장 적합한 것은?

① 면접자의 통제하에 제한된 주제에 대해 토론한다.
② 개인의 의견보다는 주로 집단적 경험을 이야기한다.
③ 사전에 준비한 구조화된 질문지를 이용하여 면접한다.
④ 특정한 가설을 개발하기 위해 효율적으로 이용할 수 있다.

43 면접조사에서 조사자가 준수해야 할 일반적인 원칙으로 틀린 것은?

① 질문지를 숙지하고 있어야 한다.
② 응답자와 친숙한 분위기를 형성해야 한다.
③ 개방형 질문의 경우에는 응답내용을 해석하고 요약하여 기록해야 한다.
④ 면접자는 응답자가 이질감을 느끼지 않도록 복장이나 언어사용에 유의해야 한다.

44 의사소통을 통한 자료수집방법에서 비체계적-비공개적 의사소통방법에 해당하는 것은?

① 우편조사 ② 표적집단면접법
③ 대인면접법 ④ 역할행동법

45 다음 중 연구대상에 영향을 미칠 가능성이 가장 적은 것은?

① 완전관찰자
② 완전참여자
③ 관찰자로서의 참여자
④ 참여자로서의 관찰자

46 다음 중 2차 자료(Secondary Data)가 아닌 것은?

① 표본조사에서 수집된 자료
② 신문에서 나온 것을 수집한 자료
③ 정부가 발행한 통계연보에서 수집한 자료
④ 은행 등의 기관에서 발행한 것을 수집한 자료

47 수집된 자료의 적합성을 점검하는 실사품질 관리 단계는?

① 현장검증 → 에디팅 → 전화검증
② 현장검증 → 전화검증 → 에디팅
③ 에디팅 → 전화검증 → 현장검증
④ 전화검증 → 현장검증 → 에디팅

48 다음 중 내용분석법에 대한 설명으로 옳지 않은 것은?
① 수량화 작업이 불가능하다.
② 연구 중간에 연구 수정이 용이하다.
③ 이미 사망한 사람의 연구가 가능하다.
④ 코딩하는 사람에 따라 내용에 대한 분석이 다를 수 있기 때문에 분석의 신뢰성에 문제가 발생할 수 있다.

49 변수에 대한 설명으로 옳지 않은 것은?
① 경험적으로 측정 가능한 연구대상의 속성을 나타낸다.
② 독립변수는 결과변수를, 종속변수는 원인변수를 말한다.
③ 변수의 속성은 경험적 현실의 전제, 계량화, 속성의 연속성 등이 있다.
④ 변수의 기능에 따른 분류에 따라 독립변수, 종속변수, 매개변수로 나눈다.

50 자료에 대한 설명으로 옳은 것은?
① 1차 자료는 도서관 자료, 연구문헌자료 등을 통해 수집된다.
② 의사소통방법과 관찰법은 대표적인 2차 자료 수집방법에 해당된다.
③ 1차 자료는 2차 자료에 비해 인력과 시간, 비용이 절감된다는 장점이 있다.
④ 2차 자료는 당면한 조사문제 해결에 적합한 정보를 충분히 제공하지 못할 수 있다.

51 오차의 총점수가 5, 문항수가 10, 응답자수가 100명일 때, 거트만의 재생계수는?
① 0.65　　② 0.78
③ 0.85　　④ 0.98

52 연속변수(Continuous Variable)로 구성하기 어려운 것은?
① 인종　　② 소득
③ 범죄율　　④ 거주기간

53 질적변수(Qualitative Variable)와 양적변수(Quantitative Variable)에 대한 설명으로 옳지 않은 것은?
① 질적변수에서 양적변수로의 변환은 거의 불가능하다.
② 성별, 종교, 직업, 학력 등을 나타내는 변수는 질적변수이다.
③ 계량적 변수 혹은 메트릭(Metric) 변수라고 불리는 것은 양적변수이다.
④ 양적변수는 몸무게나 키와 같은 이산변수(Discrete Variable)와 자동차의 판매대수와 같은 연속변수(Continuous Variable)로 나누어진다.

54 개념의 조작화에 대한 설명으로 거리가 가장 먼 것은?
① 실증주의 패러다임에서 강조된다.
② 개념을 수량화하여 측정 가능하도록 해준다.
③ 사회현상을 보편적 언어로 정의하는 과정이다.
④ 추상적 세계와 경험적 세계를 연결하는 역할을 한다.

55 대학수학능력시험은 대학에서 공부할 수 있는 능력을 측정하기 위해 치러진다. 따라서 이론적으로 볼 때 대학수학능력시험의 점수가 높은 사람은 대학에서도 높은 학점을 받을 것으로 예측할 수 있다. 대학수학능력시험의 타당도를 평가하기 위한 방법으로써 수년간에 걸쳐 학생 개개인의 입학 시 대학수학능력시험점수와 입학 후 첫 학년도 평균학점 간의 상관계수를 살펴보았다면 이는 다음 중 어느 것과 가장 밀접한 연관이 있는가?
① 표면타당도(Face Validity)
② 내용타당도(Content Validity)
③ 동시적타당도(Concurrent Validity)
④ 구성타당도(Construct Validity)

56 개념을 경험적 수준으로 구체화하는 과정을 올바르게 나열한 것은?

㉠ 조작적 정의	㉡ 개념적 정의
㉢ 변수의 측정	

① ㉠ → ㉡ → ㉢　　② ㉢ → ㉠ → ㉡
③ ㉡ → ㉠ → ㉢　　④ ㉢ → ㉡ → ㉠

57 다음 설명에 해당하는 개념은 무엇인가?

> 하나의 사실과 다른 사실과의 관계를 잠정적으로 나타내는 것으로 이것에 대한 검증을 통해 연구자가 제기한 문제의 해답을 내리게 되는 것이다.

① 가설 ② 관찰
③ 연구문제 ④ 인과관계

58 다음 중 측정 수준이 다른 것은?

① 교통사고 횟수 ② 몸무게
③ 온도 ④ 저축금액

59 신뢰성을 높일 수 있는 방법으로 거리가 가장 먼 것은?

① 측정항목의 수를 줄인다.
② 측정항목의 모호성을 제거한다.
③ 중요한 질문의 경우 동일하거나 유사한 질문을 2회 이상 한다.
④ 조사대상자가 잘 모르거나 관심이 없는 내용은 측정하지 않는다.

60 자료처리과정에서 제작하는 부호책(Code Book)에 필요하지 않은 요소는?

① 변수이름
② 변수의 유형
③ 변수 설명
④ 통계적 유의수준

제3과목: 통계분석과 활용

61 어느 대학교에서 학생들을 대상으로 4개의 변수(키, 몸무게, 혈액형, 월평균 용돈)에 대한 관측값을 얻었다. 4개의 변수 중에서 최빈값을 대푯값으로 사용할 때 가장 적절한 변수는?

① 키 ② 혈액형
③ 몸무게 ④ 월평균 용돈

62 20개로 이루어진 자료를 순서대로 나열하면 다음과 같을 때, 중위수와 사분위 범위(Interquartile Range)의 값을 순서대로 나열한 것은?

| 29 | 32 | 33 | 34 | 37 | 39 | 39 | 39 | 40 | 40 |
| 42 | 43 | 44 | 44 | 45 | 45 | 46 | 47 | 49 | 55 |

① 40, 7 ② 40, 8
③ 41, 7 ④ 41, 8

63 어떤 기업체의 인문사회계열 출신 종업원 평균급여는 140만 원, 표준편차는 42만 원이고, 공학계열 출신 종업원 평균급여는 160만 원, 표준편차는 44만 원일 때의 설명으로 옳지 않은 것은?

① 공학계열 종업원의 평균급여 수준이 인문사회계열 종업원의 평균급여 수준보다 높다.
② 인문사회계열 종업원 중 공학계열 종업원보다 급여가 더 높은 사람도 있을 수 있다.
③ 공학계열 종업원들 급여에 대한 중앙값이 인문사회계열 종업원들 급여에 대한 중앙값보다 크다고 할 수는 없다.
④ 인문사회계열 종업원들의 급여가 공학계열 종업원들의 급여에 비해 상대적으로 산포도를 나타내는 변동계수가 더 작다.

64 다음은 가전제품 서비스센터에서 어느 특정한 날 하루 동안 신청받은 애프터서비스의 건수이다. 해당 자료에 대한 설명으로 옳지 않은 것은?

| 9　10　4　16　6　13　12 |

① 왜도는 0이다.
② 범위는 12이다.
③ 편차들의 총합은 0이다.
④ 평균과 중앙값은 10으로 동일하다.

65 다음 중 변수의 측정 수준에 따른 집중경향치(중심방향)와 산포도에 대한 설명으로 옳지 않은 것은?

① 명목변수는 집중경향치인 최빈값만 존재하고 그 밖의 기술통계치는 정의되지 않는다.
② 서열변수는 집중경향치 가운데 최빈값과 중앙값이 존재하지만, 산포도는 범위만 존재한다.
③ 등간척도는 최빈값, 중앙값, 평균이 모두 존재하며, 산포도 역시 범위, 사분편차, 분산, 표준편차가 존재한다.
④ 비율척도는 최빈값, 중앙값, 평균이 모두 존재하며, 산포도 역시 범위, 사분편차, 분산, 표준편차가 존재한다.

66 혈액검사의 결과 Rh-형일 확률은 0.05라고 한다. 임의로 두 사람의 혈액을 검사했을 때 확률값이 0.1에 가까운 것은?

① 두 사람 모두 Rh-일 확률
② 두 사람 모두 Rh+일 확률
③ 두 사람 중 적어도 한 사람은 Rh-일 확률
④ 한 사람은 Rh- 그리고 나머지 한 사람은 Rh+일 확률

67 비가 오는 날은 임의의 한 여객기가 연착할 확률이 $\frac{1}{10}$이고, 비가 안 오는 날은 여객기가 연착할 확률이 $\frac{1}{50}$이다. 내일 비가 올 확률이 $\frac{2}{5}$일 때, 비행기가 연착할 확률은?

① 0.06　　② 0.056
③ 0.052　　④ 0.048

68 A 아파트에 설치된 승강기는 적재중량 한계가 1,120kg, 승차정원은 성인 16명이라고 되어 있다. 우리나라 성인의 몸무게는 평균 69kg, 표준편차가 4kg인 정규분포를 따른다고 한다. 이때 무작위로 승강기에 탄 성인 16명의 몸무게가 적재중량 한계를 초과할 확률은 얼마인가? (단, $P(Z>0.5)=0.309$, $P(Z>1.0)=0.159$, $P(Z>2.0)=0.023$, $P(Z>4.0)=0.000$)

① 0.309　　② 0.159
③ 0.023　　④ 0.000

69 초기하분포와 이항분포에 대한 설명으로 옳지 않은 것은?

① 이항분포는 베르누이 시행을 전제로 한다.
② 초기하분포는 유한모집단으로부터의 복원추출을 전제로 한다.
③ 초기하분포는 모집단의 크기가 충분히 큰 경우 이항분포로 근사될 수 있다.
④ 이항분포는 적절한 조건하에서 정규분포로 근사될 수 있다.

70 홈쇼핑 콜센터에서 30분마다 전화를 통해 주문이 성사되는 건수는 $\lambda=6.7$인 포아송분포를 따른다고 할 때의 설명으로 옳지 않은 것은?

① 분산은 6.7^2이다.
② X의 확률함수는 $\frac{e^{-6.7}(6.7)^x}{x!}$이다.
③ 1시간 동안의 주문 건수 평균은 13.4이다.
④ 확률변수 X는 주문이 성사되는 주문 건수를 말한다.

71 한국도시연감에 따르면, 2026년 1월 1일 기준 한국 도시들의 재정자립도 평균은 26.4%이고, 서울의 재정자립도는 76.39%로 나타났다. 한국 도시들의 재정자립도의 표준편차를 약 9.3%로 가정할 때, 서울 재정자립도의 표준점수(Z값)는 얼마인가?

① 4.5　　② 5.3
③ 6.2　　④ 7.1

72 카이제곱분포에 대한 설명으로 옳지 않은 것은?

① 자유도가 k인 카이제곱분포의 평균은 k이고, 분산은 $2k$이다.
② 카이제곱분포의 확률밀도함수는 오른쪽으로 치우쳐져 있고 왼쪽으로 긴 꼬리를 갖는다.
③ V_1, V_2가 서로 독립이며 각각 자유도가 k_1, k_2인 카이제곱분포를 따를 때 $V_1 + V_2$는 자유도가 $k_1 + k_2$인 카이제곱분포를 따른다.
④ $Z_1, \cdots, Z_k$가 서로 독립이며 각각 표준정규분포를 따르는 확률변수일 때 $Z_1^2 + Z_2^2 + \cdots + Z_k^2$은 자유도가 k인 카이제곱분포를 따른다.

73 정규모집단 $N(\mu, \sigma^2)$으로부터 추출한 크기 n의 임의표본 $X_1, X_2, \cdots, X_n$에 근거한 표본분포에 대한 설명으로 옳지 않은 것은? (단, $\overline{X}$는 표본평균, S^2은 불편분산이다)

① $\overline{X}$와 S^2은 확률적으로 독립이다.
② $\overline{X}$는 정규분포를 따르며 평균은 μ이고, 분산은 $\dfrac{\sigma^2}{n}$이다.
③ $(n-1)S^2$은 자유도가 $n-1$인 카이제곱분포를 따른다.
④ 스튜던트화된 확률변수 $\dfrac{\overline{X} - \mu}{S/\sqrt{n}}$는 자유도가 $n-1$인 t-분포를 따른다.

74 표본크기가 25인 자료에서 표본평균과 표본분산이 각각 75와 100이었다. 평균을 중심으로 전체 자료의 최소 75%를 포함하는 구간은?

① (55, 95) ② (30, 65)
③ (75, 98) ④ (50, 105)

75 세 개의 글로벌 기업 A사, B사, C사는 각각 다른 국가에 본사를 두고 있으며, 각 사의 대졸 신입사원 월급은 평균 250만 원, 3,500달러, 25만 엔이고, 표준편차는 각각 50만 원, 350달러, 2만 7천 엔인 정규분포를 따른다고 한다. 각 회사에서 임의로 한 명씩 뽑힌 대졸 신입사원 A, B, C의 월급이 300만 원, 3,750달러, 27만 엔이라 할 때, 각 기업 내에서 상대적으로 월급을 많이 받는 사람의 순서대로 나열한 것은?

① A > B > C ② A > C > B
③ B > C > A ④ B > A > C

76 평균이 μ이고 분산은 σ^2인 정규모집단에서 모평균 μ를 추정하기 위해 크기 3인 확률표본 X_1, X_2, X_3를 추출하였다. 두 추정량 $\widehat{\theta}_1 = \dfrac{X_1 + X_2 + X_3}{3}$과 $\widehat{\theta}_2 = \dfrac{2X_1 + 5X_2 + 3X_3}{10}$에 대한 설명으로 옳은 것은?

① $\widehat{\theta}_1$은 불편추정량이고, $\widehat{\theta}_2$는 편향추정량이다.
② $\widehat{\theta}_1$은 일치추정량이고, $\widehat{\theta}_2$는 유효추정량이다.
③ $\widehat{\theta}_1$은 유효추정량이고, $\widehat{\theta}_2$는 불편추정량이다.
④ $\widehat{\theta}_2$는 유효추정량이고, $\widehat{\theta}_1$은 편향추정량이다.

77 곤충학자가 70마리의 모기에게 A 회사의 살충제를 뿌리고 생존시간을 관찰하여 $\overline{X} = 18.3$, $S = 5.2$를 얻었다. 생존시간의 모평균 μ에 대한 99% 신뢰구간은? (단, $P(Z > 2.58) = 0.005$, $P(Z > 1.96) = 0.025$, $P(Z > 1.645) = 0.05$)

① $8.6 \leq \mu \leq 28.0$ ② $16.7 \leq \mu \leq 19.9$
③ $17.1 \leq \mu \leq 19.5$ ④ $18.1 \leq \mu \leq 18.5$

78 대표본에서 변동계수(Coefficient Variation) c를 이용하여 모평균 μ에 대한 95% 신뢰구간을 구하고자 한다. 표본평균을 $\overline{Y}$, 표본크기를 n이라 할 때 신뢰구간으로 옳은 것은?

① $\overline{Y} \pm \dfrac{1.96c}{\sqrt{n}}$
② $\overline{Y}\left(1 \pm \dfrac{1.96c}{\sqrt{n}}\right)$
③ $\overline{Y} \pm 1.96c$
④ $\left(\dfrac{\overline{Y}}{c}\right) \pm \dfrac{1.96S}{\sqrt{n}}$

79 표본크기를 선택하는 데 고려해야 하는 2가지 상호 관련된 요인으로 신뢰수준과 신뢰구간이 있다. 만약 표본의 크기를 100에서 400으로 4배를 증가시켰다면 신뢰수준 95%, 99%에 대한 각각의 길이는 어느 정도 좁힐 수 있는가?

① 각각 50%
② 각각 25%
③ 95%의 경우 50%, 99%의 경우 25%
④ 95%의 경우 25%, 99%의 경우 50%

80 총선을 앞두고 한 지역구의 유권자 400명을 대상으로 조사한 결과 A후보의 지지율 30.5%, B후보의 지지율은 34.8%로 나왔다. 자료에 따르면 이번 조사는 95% 신뢰수준에서 오차한계가 ±5%라고 하였다. 이때 결과의 해석으로 옳은 것은?

① 실제 선거에서는 A후보자가 앞설수도 있다.
② A후보는 지지율이 낮으므로 포기하는 편이 낫다.
③ B후보가 지지율이 높으므로 당선 가능성이 높다.
④ 500명을 대상으로 조사한다면 오차한계는 ±5%보다 크게 된다.

81 국회의원 후보 A에 대한 청년층 지지율 p_1과 노년층 지지율 p_2의 차이 $p_1 - p_2$는 6.6%로 알려져 있다. 청년층과 노년층 각각 500명씩 랜덤추출하여 조사하였더니, 위 지지율 차이는 3.3%로 나타났다. 지지율 차이가 줄어들었다고 할 수 있는지를 검정하기 위한 귀무가설(H_0)과 대립가설(H_1)은?

① $H_0: p_1 - p_2 = 0.033$, $H_1: p_1 - p_2 > 0.033$
② $H_0: p_1 - p_2 > 0.033$, $H_1: p_1 - p_2 \leq 0.033$
③ $H_0: p_1 - p_2 < 0.066$, $H_1: p_1 - p_2 \geq 0.066$
④ $H_0: p_1 - p_2 = 0.066$, $H_1: p_1 - p_2 < 0.066$

82 평균이 μ이고 분산이 $\sigma^2 = 9$인 정규모집단에서 크기가 100인 확률표본에서 얻은 표본평균 $\overline{X}$를 이용하여 가설 $H_0: \mu = 0$, $H_1: \mu \geq 0$을 유의수준 0.05로 검정하는 경우 기각역은 $Z \geq 1.645$이다. 여기서 검정통계량 Z에 해당하는 것은?

① $\dfrac{100\overline{X}}{9}$
② $\dfrac{100\overline{X}}{3}$
③ $\dfrac{10\overline{X}}{9}$
④ $\dfrac{10\overline{X}}{3}$

83 금연교육을 받은 흡연자들 중 많아야 30%가 금연을 하는 것으로 알려져 있다. 어느 금연운동단체에서는 새로 구성한 금연교육 프로그램이 기존의 금연교육보다 훨씬 효과가 높다고 주장한다. 이 주장을 검정하기 위해 임의로 택한 20명의 흡연자에게 새 프로그램으로 교육을 실시하였다. 검정해야 할 가설은 $H_0: p \leq 0.3$ 대 $H_1: p > 0.3$ (p: 새 금연교육을 받은 후 금연율)이다. 20명 중 금연에 성공한 사람이 많을수록 H_1에 대한 강한 증거로 볼 수 있으므로, X를 20명 중 금연한 사람의 수라 하면 기각역은 '$X \geq c$'의 형태이다. 유의수준 5%에서 귀무가설 H_0을 기각하기 위해서는 새 금연교육을 받은 20명 중 최소한 몇 명이 금연에 성공해야 하겠는가?

$P(X \geq c \mid 금연교육\ 후\ 금연율 = p)$

c \ p	0.2	0.3	0.4	0.5
⋮	⋮	⋮	⋮	⋮
5	0.370	0.762	0.949	0.994
6	0.196	0.584	0.874	0.979
7	0.087	0.392	0.750	0.942
8	0.032	0.228	0.584	0.868
⋮	⋮	⋮	⋮	⋮

① 5명 ② 6명
③ 7명 ④ 8명

84 검정통계량의 분포가 나머지 셋과 다른 것은?

① 모분산이 미지인 정규모집단의 모평균에 대한 검정
② 독립인 두 정규모집단의 모분산의 비에 대한 검정
③ 모분산이 미지이고 동일한 두 정규모집단의 모평균의 차에 대한 검정
④ 단순회귀모형 $y = \beta_0 + \beta_1 x + \epsilon$에서 모회귀직선 $E(y) = \beta_0 + \beta_1 x$의 기울기 β_1에 관한 검정

85 어느 자동차회사의 영업담당자는 영업전략의 효과를 검정하고자 한다. 영업사원 10명을 무작위로 추출하여 새로운 영업전략을 실시하기 전과 실시한 후의 영업성과(월 판매량)를 조사하였다. 영업사원의 자동차 판매량의 차이는 정규분포를 따른다고 할 때, 유의수준 5%에서 새로운 영업전략이 효과가 있는지 검정한 결과로 타당한 것은? (단, 유의수준 5%에 해당하는 자유도 9인 t분포값은 -1.833)

실시 이전	5	8	7	6	9	7	10	10	12	5
실시 이후	8	10	7	11	9	12	14	9	10	6

① 주어진 정보만으로는 알 수 없다.
② 새로운 영업전략 실시 전후 판매량은 같다고 할 수 있다.
③ 새로운 영업전략의 판매량 증가 효과가 없다고 할 수 있다.
④ 새로운 영업전략의 판매량 증가 효과가 있다고 할 수 있다.

86 분산분석에 대한 설명으로 올바른 것은?

① 비교하려는 처리집단이 k개 있으면 처리에 의한 자유도는 $k-2$가 된다.
② 분산분석이란 각 처리집단의 분산이 서로 같은지를 검정하기 위한 방법이다.
③ 일원배치 분산분석에서 일원배치의 의미는 반응변수에 영향을 주는 요인이 하나인 것을 의미한다.
④ 두 개의 요인이 있을 때 각 요인의 주효과를 알아보기 위해서는 요인 간 교호작용이 있어야 한다.

87 어떤 직물의 가공 시 처리액의 농도가 직물의 인장강도에 영향을 미치는지의 여부를 조사하기 위해 세 가지 농도 A_1, A_2, A_3에서 각각 반복 5회, 총 15회를 랜덤하게 처리한 후 인장강도를 측정한 결과가 다음과 같다. 농도에 따른 인장강도에 차이가 있는지를 알아보기 위한 F비의 값은?

$$\sum_{j=1}^{5} y_{1j} = 5, \quad \sum_{j=1}^{5} y_{2j} = 10, \quad \sum_{j=1}^{5} y_{3j} = 15, \quad \sum_{l=1}^{3}\sum_{j=1}^{5} y_{ij} = 30,$$
$$\sum_{i=1}^{3}\sum_{j=1}^{5} y_{ij}^{2} = 74$$

① 12 ② 15
③ 17 ④ 20

88 어떤 대학의 취업정보센터에서 취업률(%)를 높이기 위한 실험을 실시하였다. 대학 내 취업교육을 이수한 횟수(열 : 없음, 1회, 2회 이상)에 대해 각각 8명씩 무작위로 뽑아 검정을 실시한 결과이다. 분석에 대한 설명으로 옳지 않은 것은?

구분	제곱합	자유도	평균제곱	F값	유의확률
요인	2.4				0.14
잔차	10.5				
계	12.9				

① F값은 2.4이다.
② 요인에 대한 평균제곱은 0.8이다.
③ 일원분산분석을 실시한 결과이다.
④ 잔차 제곱합에 대한 자유도는 21이다.

89 10대 청소년 480명을 대상으로 인터넷 사용 시 가장 많은 시간을 할애하는 서비스가 무엇인지 조사한 결과 이메일 90명, 뉴스 등 정보 검색 120명, 게임(또는 영상 포함) 270명으로 나타났다. 이 결과를 이용하여 세 서비스 간 시간 할애에 차이가 없다는 귀무가설을 검정할 때, 카이제곱 통계량과 자유도는 얼마인가?

① 카이제곱 통계량 = 136.1235, 자유도 = 2
② 카이제곱 통계량 = 136.1235, 자유도 = 3
③ 카이제곱 통계량 = 116.25, 자유도 = 2
④ 카이제곱 통계량 = 116.25, 자유도 = 3

90 어느 지역의 유권자 중 940명을 임의로 추출하여 가장 선호하는 정당에 대해 조사한 결과를 연령대별로 정리하여 다음의 이차원 분할표를 얻었고, 분할표 분석결과는 다음과 같다. 유의수준 0.05에서 연령대와 선호하는 정당과의 관련성을 검정하기 위한 검정결과에 대한 해석으로 옳은 것은?

〈연령별 정당의 선호도 분할표〉

연령 \ 정당	A정당	B정당	C정당	계
30 미만	158	53	62	273
30 ~ 49	172	128	83	383
50 이상	95	162	27	284
계	425	343	172	940

〈카이제곱 검정〉

구분	값	자유도	점근유의확률 (양쪽검정)
피어슨 카이제곱	91.3412	4	0.000
우도비	93.347	4	0.000
선형대 선형결합	3.056	1	0.080
유효케이스	940		

① 카이제곱 통계량이 유의수준보다 크므로 귀무가설을 기각한다.
② 우도비 통계량이 유의수준보다 크므로 귀무가설을 기각할 수 없다.
③ 카이제곱 통계량에 대한 유의확률이 유의수준보다 작으므로 귀무가설을 기각한다.
④ 우도비 통계량에 대한 유의확률이 유의수준보다 작으므로 귀무가설을 기각할 수 없다.

91 다음은 3개의 자료 A, B, C에 대한 산점도이다. 이 자료에 대한 상관계수가 −0.93, 0.20, 0.70 중 하나일 때, 산점도와 해당하는 상관계수의 값을 올바르게 짝지은 것은?

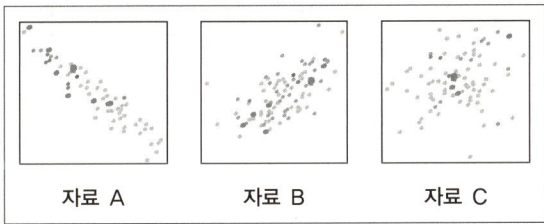

① 자료 A: −0.93, 자료 B: 0.20, 자료 C: 0.70
② 자료 A: −0.93, 자료 B: 0.70, 자료 C: 0.20
③ 자료 A: 0.20, 자료 B: −0.93, 자료 C: 0.70
④ 자료 A: 0.20, 자료 B: 0.70, 자료 C: −0.93

92 표본상관계수가 0.32일 때, 유의수준 10%하에서 모집단 상관계수가 0이 아니라고 결론을 내리고자 한다. 다음 결과를 이용하여 표본의 수가 최소한 몇 개가 필요한지 구하면? (단, $t_{0.05}(23)=1.714$, $t_{0.05}(24)=1.711$, $t_{0.05}(25)=1.708$, $t_{0.05}(26)=1.706$)

$$t=\frac{r\sqrt{n-2}}{\sqrt{1-r^2}}=\frac{0.32\sqrt{n-2}}{\sqrt{1-(0.32)^2}}=0.3378\sqrt{n-2}$$

① 25 ② 26
③ 27 ④ 28

93 크기가 10인 표본으로부터 얻은 회귀방정식은 $y=2+0.3x$이고, x의 표본평균이 2이고, 표본분산은 4, y의 표본평균은 2.6이고 표본분산은 9이다. 이 요약치로부터 x와 y의 상관계수는?

① 0.1 ② 0.2
③ 0.3 ④ 0.4

94 x를 독립변수로, y를 종속변수로 하여 선형회귀분석을 하고자 한다. 다음의 요약자료를 이용하여 추정회귀직선의 기울기와 절편을 구하면?

$$\bar{x}=4,\ \sum_{i=1}^{5}(x_i-\bar{x})^2=10,\ \bar{y}=7,\ \sum_{i=1}^{5}(x_i-\bar{x})(y_i-\bar{y})=13$$

① 기울기=0.77, 절편=1.80
② 기울기=0.77, 절편=3.92
③ 기울기=1.30, 절편=1.80
④ 기울기=1.30, 절편=3.92

95 다음 분산분석표에 대응하는 통계적 모형으로 적절한 것은?

요인	제곱합	자유도	제곱평균	F_0	$F(0.05)$
회귀	550.8	4	137.7	18.36	4.12
잔차	112.5	15	7.5		
계	663.3	19			

① 수준수가 4인 일원배치모형
② 독립변수가 4개인 중회귀모형
③ 종속변수가 3개인 중회귀모형
④ 종속변수가 1개인 단순회귀모형

96 다음은 PC에 대한 월간 유지비용(원)을 종속변수로 하고 주간 사용기간(시간)을 독립변수로 하여 회귀분석을 한 결과이다.

구분	계수	표준오차	t-통계량
Y절편	6.1092	0.9361	
사용시간	0.8951	0.149	

월간 유지비용이 사용시간과 관련이 있는지 여부를 검정하기 위한 t-통계량의 값은?

① 4.513 ② 5.513
③ 6.007 ④ 6.526

97 다음은 중회귀식 $\hat{Y}=39.689+3.372X_1+0.532X_2$의 회귀계수표이다. ㉠~㉢에 들어갈 알맞은 값은?

〈Coefficients〉

Model	Unstandardized Coefficients		Standardized Coefficients	t	Sig
	B	Std. Error	Beta		
(Constants)	39.689	32.74		㉠	0.265
평수(X_1)	3.372	0.94	0.85	㉡	0.009
가족 수(X_2)	0.532	6.9	0.02	㉢	0.941

① ㉠ 1.21, ㉡ 3.59, ㉢ 0.08
② ㉠ 2.65, ㉡ 0.09, ㉢ 9.41
③ ㉠ 10.21, ㉡ 36, ㉢ 0.8
④ ㉠ 39.69, ㉡ 3.96, ㉢ 26.5

98 인구수가 생산량에 미치는 영향을 분석하기 위하여 인구수(단위, 100명)를 독립변수, 생산량(단위, 1만 원)을 종속변수로 설정하여 회귀분석을 실시하였다. 분석결과 다음과 같은 회귀방정식을 구하였을 때, 회귀방정식에 대한 정확한 설명은?

> 회귀방정식 $Y=273.50+1.47X$, $R^2=0.25$

① 회귀선은 곡선형이다.
② 인구수가 0이면, 평균생산량도 0이다.
③ 인구수가 100명 증가할 경우에, 평균생산량은 약 1만 4천 7백 원 증가한다.
④ 회귀방정식에 의하여 인구수가 생산량을 설명하는 정도는 75%이다.

99 봉급생활자의 근속연수, 학력, 성별이 연봉에 미치는 관계를 알아보고자 연봉을 반응변수로 하여 다중회귀분석을 실시하기로 하였다. 연봉과 근속연수는 양적변수이며, 학력(고졸 이하, 대졸, 대학원 이상)과 성별(남, 여)은 질적변수일 때, 중회귀모형에 포함되어야 할 가변수(Dummy Variable)의 수는?

① 1 ② 2
③ 3 ④ 4

100 다음과 같이 4가지의 회귀분석의 모델이 있다고 할 때, 이에 관한 설명으로 옳은 것은?

> 모델 1: 소득=성, 연령, 교육($R^2=0.6$)
> 모델 2: 소득=성, 성장 지역, 교육, 직업($R^2=0.73$)
> 모델 3: 소득=성, 연령, 직업, 근속연수($R^2=0.75$)
> 모델 4: 소득=성, 성장 지역, 직업($R^2=0.5$)

① 모델 3의 R^2가 가장 높으므로 네 모델 중 가장 좋은 모델이다.
② 네 모델 중 서로 비교할 수 있는 모델은 모델 2와 모델 4뿐이다.
③ 모델 3은 모델 4보다 R^2가 높으므로 더 좋은 모델이라고 할 수 있다.
④ 모델 2를 모델 3과 비교하여 어느 모델이 더 좋은지 판별할 수 있다.

국가기술자격 필기 시험문제지
2026년 정기 기사 제5회 모의고사

 시험시간: 150분　　　 문제수: 100문항

 수험자 정보 확인

신분확인이 끝나면 시험이 곧 시작됩니다. 잠시만 기다려 주세요.

수험번호	
성명	
주민등록번호	XX0101-X000000
응시종목	사회조사분석사 2급
좌석번호	01번

좌석번호

에듀윌만의 특별제공 서비스

CBT시험에 적응할 수 있도록 모바일 CBT를 제공합니다. QR코드를 통해 CBT시험에 응시할 수 있습니다. 시험이 완료된 후, 정답을 채점하고 해설을 확인할 수 있습니다.

eduwill.kr/EEzp

STEP 1
시험지 QR코드 스캔

STEP 2
회원가입 & 로그인

STEP 3
응시 & 채점

제1과목: 조사방법과 설계

01 다음 중 과학적 연구의 특징으로 옳은 것을 모두 고른 것은?

┌─────────────────────────────┐
│ ㉠ 간결성   ㉡ 수정 가능성 │
│ ㉢ 경험적 검증 가능성 ㉣ 인과성   │
│ ㉤ 일반성   │
└─────────────────────────────┘

① ㉠, ㉡, ㉣
② ㉡, ㉣, ㉤
③ ㉠, ㉡, ㉢, ㉣
④ ㉠, ㉡, ㉢, ㉣, ㉤

02 사회조사연구 과정의 순서를 올바르게 배열한 것은?

① 가설형성 → 자료수집 → 표본선정 → 보고서 작성
② 표본선정 → 연구문제 정립 → 가설형성 → 자료수집
③ 연구문제 정립 → 가설형성 → 표본선정 → 자료수집
④ 자료수집 → 연구문제 정립 → 가설형성 → 보고서 작성

03 일반적으로 자료수집 현장에서 수행하는 일이 아닌 것은?

① 기본적인 정보의 상호일치성 점검
② 슈퍼바이저가 완성된 조사표 심사
③ 조사원에 대한 슈퍼바이저의 면접 지도
④ 이전의 통계표를 이용한 조사내용의 확인

04 과학적 연구방법의 특징에 대한 설명으로 옳지 않은 것은?

① 인과성: 모든 현상은 자연발생적인 것이어야 한다.
② 일반성: 경험을 통해 얻은 구체적 사실로 보편적인 원리를 추구한다.
③ 간결성: 최소한의 설명변수만을 사용하여 가능한 최대의 설명력을 얻는다.
④ 경험적 검증가능성: 이론은 현실 세계에서 경험을 통해 검증이 될 수 있어야 한다.

05 기술조사(Descriptive Research)의 특성이 아닌 것은?

① 인과관계의 규명
② 서베이를 통한 자료수집
③ 변수의 분포와 특성조사
④ 변수들 간의 관련성 파악

06 다음 사례의 분석단위로 가장 적합한 것은?

┌─────────────────────────────────┐
│ K교수는 인구센서스의 가구조사 자료를 이용하여 가족 구성 │
│ 원 간 종교의 동질성을 분석해보기로 하였다.   │
└─────────────────────────────────┘

① 가구원   ② 가구
③ 종교   ④ 국가

07 분석단위에 대한 설명으로 틀린 것은?

① 공식적인 사회조직도 분석단위가 된다.
② 사회적 가공물은 분석단위가 될 수 없다.
③ 분석단위는 조사문제의 선정에 영향을 미친다.
④ 지역주민들의 욕구조사를 실시할 경우 분석단위는 개인이다.

08 양적연구방법의 특징에 대한 설명으로 적절한 것은?

① 개별사례연구
② 깊이 있는 이해를 위한 목적
③ 새로운 현상을 연구하기 위한 목적
④ 원인과 결과 간 인과관계를 밝히기 위한 연구

09 질적연구의 내용과 가장 거리가 먼 것은?

① 면접녹취록을 분석하여 근거이론을 형성하는 것
② 연구자의 관찰기록에서 주요한 맥락을 파악하는 것
③ 단일사례연구에서 조사대상자의 행동빈도를 측정하는 것
④ 설문조사의 자유응답에 대한 응답자의 주관적인 생각을 해석하는 것

10 근거이론의 분석방법에서 축코딩(Axial Coding)에 대한 설명으로 옳은 것은?

① 개념으로 도출된 내용을 가지고 하위범주를 만든다.
② 발견된 범주의 속성과 차원을 고려하여 유형화를 시도한다.
③ 발견된 범주를 가지고 중심현상을 중심으로 인과적 조건을 만든다.
④ 이론개발을 위해 핵심범주를 중심으로 다른 범주와의 통합과 정교화를 만드는 과정을 진행한다.

11 양적연구와 질적연구를 통합한 혼합연구방법(Mixed Method)에 대한 내용으로 틀린 것은?

① 다양한 패러다임을 수용할 수 있어야 한다.
② 질적연구 결과에서 양적연구가 시작될 수 없다.
③ 질적연구 결과와 양적연구 결과는 상반될 수 있다.
④ 주제에 따라 두 가지 연구방법의 비중은 상이할 수 있다.

12 다음 사례에서 활용된 연구방법은?

> 폭력적 비디오 시청이 아동의 폭력성에 미치는 영향을 알아보기 위하여 아동들을 무작위로 두 집단으로 나누어 한 집단에게는 폭력적인 장면이 주로 포함된 비디오를 보여주고 다른 집단에게는 서정적인 장면이 주로 포함된 비디오를 보여 준 후, 일주일 동안 두 집단의 아동들이 폭력적인 행동을 얼마나 많이 하는지를 관찰하였다.

① 실험법　　② 설문조사법
③ 사례연구법　④ 내용연구법

13 실험설계에 대한 설명으로 옳지 않은 것은?

① 독립변수의 조작이 가능해야 한다.
② 비교를 위한 통제집단이 확보되어야 한다.
③ 외부변수의 영향력을 배제할 수 있어야 한다.
④ 인과적 추론을 위해 통계학적 분석방법을 사용한다.

14 다음 사례에 해당하는 표본프레임의 오류는?

> A보험사에 가입한 고객을 대상으로 만족도 조사를 실시하였다. 조사대상 표본은 A보험사에 최근 1년 동안 가입한 고객 명단으로부터 추출하였다.

① 모집단과 표본프레임이 동일한 경우
② 모집단이 표본프레임에 포함되는 경우
③ 표본프레임이 모집단 내에 포함되는 경우
④ 모집단과 표본틀이 전혀 일치하지 않는 경우

15 단순무작위표집에 대한 설명으로 틀린 것은?

① 표본이 모집단으로부터 추출된다.
② 모든 요소가 동등한 확률을 가지고 추출된다.
③ 구성요소가 바로 표집단위가 되는 것은 아니다.
④ 표집 시 보편적인 방법은 난수표를 사용하는 것이다.

16 비확률표본추출법과 비교했을 때 확률표본추출방법의 특징으로 옳은 것을 모두 고른 것은?

> ㉠ 연구대상이 표본으로 추출될 확률이 알려져 있음
> ㉡ 표본오차 추정 불가능
> ㉢ 무작위적 표본추출
> ㉣ 시간과 비용이 적게 듦

① ㉠　　　　② ㉠, ㉢
③ ㉡, ㉣　　④ ㉡, ㉢, ㉣

17 다음 중 비확률표본추출방법과 비교했을 때 확률표본추출방법에 대한 설명으로 틀린 것은?

① 비용과 시간이 많이 든다.
② 표본오차 추정이 가능하다.
③ 무작위적 표본추출을 한다.
④ 표본분석결과의 일반화에 제약이 있다.

18 체계적표집(Systematic Sampling)에 대한 옳은 설명을 모두 고른 것은?

> ㉠ 체계적 오차의 개입 가능성이 있다.
> ㉡ 모집단에서 무작위표집 이후 k번째마다 표본을 추출한다.
> ㉢ 추출간격이 되는 k는 모집단의 크기를 표본의 크기로 나눈 값이다.
> ㉣ 모집단의 배열이 주기성을 보일 때에는 중대한 오류를 범할 수 있다.

① ㉠, ㉡
② ㉢, ㉣
③ ㉠, ㉡, ㉢
④ ㉠, ㉡, ㉢, ㉣

19 다음 각 빈 칸에 들어갈 말로 올바른 것은?

> 군집표집(Cluster Sampling)에서 표집된 군집들은 가능한 군집 간에는 (㉠)이고, 군집 속에 포함한 표본요소 간에는 (㉡)이어야 한다.

① ㉠ 동질적, ㉡ 동질적
② ㉠ 동질적, ㉡ 이질적
③ ㉠ 이질적, ㉡ 동질적
④ ㉠ 이질적, ㉡ 이질적

20 편의표본추출(Convenience Sampling)에 대한 설명으로 옳지 않은 것은?

① 모집단에 대한 정보가 전혀 없는 경우에 사용된다.
② 표본의 크기를 확대하여 모집단의 대표성 문제를 해결할 수 있다.
③ 편의표본추출로 수집된 자료라 할지라도 유용한 정보를 제공할 수 있다.
④ 편의표본추출에 의해 얻어진 표본에 대해서는 표준오차 추정치를 부여할 수 없다.

21 표본오차(Sampling Error)에 대한 설명으로 옳은 것은?

① 표본의 크기가 커지면 늘어난다.
② 조사연구의 모든 과정에서 확산되어 발생한다.
③ 모집단과 표본의 차이에 의해 발생하는 오류를 말한다.
④ 조사원의 훈련부족으로 인해 각기 다른 성격의 자료가 수집되는 경우에 발생한다.

22 표본크기를 결정할 때 고려하는 사항과 가장 거리가 먼 것은?

① 신뢰도
② 척도의 유형
③ 모집단의 크기
④ 모집단의 동질성

23 외적타당도를 저해하는 요소에 대한 설명이 아닌 것은?

① 측정도구나 관찰자에 따라 측정이 달라질 수 있다.
② 측정 자체가 실험대상자들의 행동을 변화시킬 수 있다.
③ 실험대상자 선정에서 오는 편향과 독립변수 간에 상호작용이 있을 수 있다.
④ 연구의 결과가 일반화될 수 있는지의 여부는 표집뿐만 아니라 생태학적 상황에 의해서도 결정될 수 있다.

24 다음 내용에 해당하는 연구 방법론은?

> 자료를 기반으로 새로운 이론을 생성하는 질적 연구 방법 중 하나이다. 기존의 이론을 검증하거나 적용하는 것이 아니라, 연구자가 현장에서 수집한 자료를 체계적으로 분석하여 현상에 대한 새로운 이론을 도출하는 데 초점을 맞춘다.

① 실험연구
② 종단연구
③ 근거이론연구
④ 서베이 연구

25 질문지 개별항목의 내용 결정 시 고려해야 할 사항으로 옳지 않은 것은?

① 응답항목들 간의 내용이 중복되어서는 안 된다.
② 연구자가 임의로 응답자에 대한 가정을 해서는 안 된다.
③ 가능한 한 쉽고 의미가 명확하게 구분되는 단어를 사용해야 한다.
④ 하나의 항목으로 두 가지 이상의 질문을 하여 최대한 문항수를 줄여야 한다.

26 다음 질문항목이 가진 문제점은?

> 환경오염에 대한 1차적 책임은 개인, 기업, 정부 중 어디에 있다고 생각하십니까?
> ㉮ 개인　　㉯ 기업　　㉰ 정부

① 응답항목 간의 내용이 중복되어 있다.
② 대답 가능한 응답을 모두 제시해주지 않았다.
③ 조사가 임의로 응답자들에 대한 가정을 하고 있다.
④ 의미가 명확하게 구분되는 단어를 사용하지 않았다.

27 질적연구 중 초점집단연구의 특성과 가장 거리가 먼 것은?

① 빠른 결과를 보여준다.
② 높은 타당도를 가진다.
③ 개인면접에 비해 연구대상을 통제하기 수월하다.
④ 사회환경에서 일어나는 실제의 생활을 포착하는 사회지향적 연구방법이다.

28 FGI 정성조사를 위한 가이드라인 설계에서 고려해야 할 사항으로 옳지 않은 것은?

① 토의주제의 우선순위를 정해서 주요주제를 앞에 배치한다.
② 최대한의 정보를 얻어낼 수 있도록 충분한 주제를 포함한다.
③ 모더레이터가 자유롭게 진행하도록 가이드라인을 최대한 간결하게 작성한다.
④ 모더레이터와 조사의뢰자 측이 공동으로 조사에서 다루어야 할 주제, 자세한 토의 내용 등을 결정한다.

29 인과관계의 성립조건에 대한 설명으로 옳은 것을 모두 고른 것은?

> ㉠ 원인변수와 결과변수는 함께 변화해야 한다.
> ㉡ 원인변수와 결과변수는 순차적으로 발생되어야 한다.
> ㉢ 가설이 검증되어야 한다.
> ㉣ 표본조사를 이용할 수 있어야 한다.
> ㉤ 외생변수의 영향을 통제하여야 한다.

① ㉠, ㉡, ㉤　　② ㉠, ㉢, ㉣
③ ㉡, ㉢, ㉣　　④ ㉢, ㉣, ㉤

30 다음 사례에 영향을 미칠 수 있는 대표적인 타당성 저해요인은?

> 노인들이 요양원에서 사회복지서비스를 받은 후에 육체적으로 약해졌다. 이 결과를 통해 사회복지서비스가 노인들의 신체적 능력을 키우는 데 전혀 효과가 없다고 추론하였다.

① 우연적 사건(History)
② 시험효과(Testing Effect)
③ 성숙효과(Maturation Effect)
④ 도구효과(Instrumentation Effect)

제2과목: 조사관리와 자료처리

31 2차 문헌자료를 활용할 때 주의해야 할 사항이 아닌 것은?

① 샘플링의 편향성(Bias)
② 자료 간 일관성 부재
③ 불완전한 정보의 한계
④ 반응성(Reactivity) 문제

32 다음 중 폐쇄형 질문과 비교했을 때, 개방형 질문에 대한 설명으로 옳지 않은 것은?

① 자료처리에 많은 시간과 노력이 든다.
② 개인 사생활과 관련되거나 민감한 질문일수록 적합하다.
③ 연구자가 알지 못했던 정보나 문제점을 발견하는 데 유용하다.
④ 응답자에게 자기표현의 기회를 줌으로써 응답자의 의견을 존중하는 느낌을 준다.

33 설문조사에 대한 설명으로 옳지 않은 것은?
① 자기기입식 설문조사는 면접설문조사보다 복잡한 쟁점을 다루는 데 더 효과적이다.
② 면접설문조사에서는 면접원이 질문에 대한 대답 외에도 중요한 관찰을 할 수 있다.
③ 일반적으로 자기기입식 설문조사는 면접설문조사보다 비용이 적게 들고 시간이 덜 소요된다.
④ 자기기입식 설문조사는 익명성이 보장되기 때문에 면접설문조사보다 민감한 쟁점을 다루는 데 유리하다.

34 우편조사의 응답률에 영향을 미치는 요인과 가장 거리가 먼 것은?
① 응답집단의 동질성
② 응답자의 지역적 범위
③ 질문지의 양식 및 우송방법
④ 연구주관기관 및 지원단체의 성격

35 전화조사의 장점과 가장 거리가 먼 것은?
① 비용을 줄일 수 있다.
② 높은 응답률을 보장할 수 있다.
③ 복잡한 문제들에 대한 의견을 파악하기 용이하다.
④ 응답자 추출, 질문, 응답 등이 자동 처리될 수 있다.

36 어떤 대학의 학생생활지도연구소에서는 매년 신입생에 대한 인성검사를 실시하고 있다. 이 경우 시간과 비용 면에서 가장 효율적인 조사 양식은?
① 우편조사
② 대면적인 면접조사
③ 자기기입식 집단설문조사
④ 개별적으로 접근하는 질문지 조사

37 관찰자의 유형에 대한 설명으로 옳지 않은 것은?
① 완전관찰자의 관찰은 피상적이고 일시적일 수 있다.
② 완전참여자는 연구과정에서 윤리적 문제를 발생시킬 수 있다.
③ 연구자가 완전참여자일 때는 연구대상에 영향을 미치지 않는다.
④ 완전관찰자는 완전참여자보다 연구대상을 충분히 이해할 수 있는 가능성이 낮다.

38 면접조사 시 질문의 일반적인 원칙과 가장 거리가 먼 것은?
① 문항은 하나도 빠짐없이 물어야 한다.
② 질문지에 있는 말 그대로 질문해야 한다.
③ 조사대상자가 대답을 잘 하지 못할 경우 필요한 대답을 유도할 수 있다.
④ 조사대상자가 가능한 한 비공식적인 분위기에서 편안한 자세로 대답할 수 있어야 한다.

39 다음 중 심층규명(Probing)을 하고자 할 때의 가장 적합한 조사방법은?
① 우편 설문조사
② 온라인 설문조사
③ 간접 관찰조사
④ 비구조화 면접조사

40 조사원의 역할이나 책임에 대한 내용이 아닌 것은?
① 조사원 스스로 조사내용에 흥미를 가지고 헌신해야 한다.
② 조사 시 수집된 개인, 법인 또는 단체의 정보를 보호해야 한다.
③ 현장조사를 하지 않고 기존 조사표 등 기타 자료를 이용하여 탁상조사를 해서는 안 된다.
④ 조사 진행상황을 조사관리자에게 매일 보고하고, 완성된 조사표는 매일 조사관리자에게 내용을 확인받는다.

41 실사품질 관리방법에서 신뢰성 점검에 대한 설명으로 틀린 것은?

① 설문응답내용의 논리적 오류를 점검한다.
② 실사품질 관리 단계 중 3차 검증에 해당한다.
③ 실사가 적합한 방법으로 진행되었는지를 점검한다.
④ 실사 관리자가 설문을 작성한 응답자에게 연락하여 응답자의 진위 여부 및 적격한 대상자 여부를 확인한다.

42 내용분석(Content Analysis)의 장점이 아닌 것은?

① 서베이조사에 비해 시간과 비용 측면에서 경제적이다.
② 이미 기록된 내용을 분석하므로 높은 타당도를 확보할 수 있다.
③ 분석대상에 어떠한 영향도 가하지 않는 비개입적 조사방법이다.
④ 다른 조사방법에 비해 연구계획을 부분적으로 수정하고 반복하는 것이 용이하다.

43 자료수집을 위한 조사원 및 실사관리의 내용으로 옳은 것은?

① 어린이를 대상으로 하는 조사는 가능한 젊은 조사원이 수행하는 것이 바람직하다.
② 설문조사의 신뢰성 검증을 위한 설문의 비율은 조사원 능력에 따라 다르게 한다.
③ 상업적 조사의 경우, 설문 시작 전에 응답자에게 조사 의뢰 기업을 반드시 알려야 한다.
④ 확률표본조사를 실시하는 경우 조사원에게 응답자의 주소 또는 연락처를 제공해 주어야 한다.

44 어느 제조업 공장에 근무하는 현장사원들과 관리자들 간의 사회적 관계 특성을 규명하기 위해 참여관찰 방식의 현장조사를 실시할 경우, 이 조사방법의 장점이 아닌 것은?

① 조사과정의 유연성
② 가설도출의 가능한 인과적 연구
③ 조사결과의 높은 일반화 가능성
④ 현장상황에 따라 조사내용 변경 가능

45 우편조사와 비교하여 면접조사가 가지는 장점이 아닌 것은?

① 응답률이 높다.
② 응답자에게 익명성에 대한 확신을 부여할 수 있다.
③ 응답자와 그 주변의 상황들을 직접 관찰할 수 있다.
④ 민감하지 않은 질문에 대해 신뢰성 있는 대답을 얻을 수 있다.

46 비구조화(비표준화)면접에 대한 옳은 설명을 모두 고른 것은?

> ㉠ 부호화가 어렵다.
> ㉡ 심층적인 질문이 가능하다.
> ㉢ 미개척 분야의 개발에 적합하다.
> ㉣ 면접자의 편의(Bias)가 개입될 가능성이 적다.

① ㉠, ㉡
② ㉢, ㉣
③ ㉠, ㉡, ㉢
④ ㉡, ㉢, ㉣

47 면접조사에서 조사의 수준을 높이기 위한 방법이 아닌 것은?

① 지도원의 면접지도
② 지도원의 완성된 질문지 심사
③ 조사항목별 부호화 작업 및 검토
④ 조사원의 질문지 내 응답의 일관성 검정

48 다음 설명에 해당하는 자료수집방법은?

> 응답자가 직접 말할 수 없거나 말하고 싶지 않은 대상이나 행동을 보다 잘 이해하기 위해, 직접적인 질문을 하는 대신 가상의 상황으로 응답자를 자극하여 진실한 응답을 이끌어 내는 방법이다.

① 투사법(Projective Method)
② 정보검사법(Information Test)
③ 오진선택법(Error-choice Method)
④ 표적집단면접법(Focus Group Interview)

49 여성근로자를 대상으로 하는 사회조사에서 변수가 될 수 없는 것은?

① 성별
② 직업종류
③ 연령
④ 근무시간

50 다음 각 빈 칸에 들어갈 변수를 순서대로 나열한 것은?

> (Ⓐ)는 독립변수의 결과인 동시에 종속변수의 원인이 되는 변수로 두 변수의 관계를 중간에서 설명해주는 것이고, (Ⓑ)는 독립변수가 종속변수에 미치는 영향을 강화시키거나 약화시키는 변수를 의미한다.

① Ⓐ 조절변수, Ⓑ 억제변수
② Ⓐ 매개변수, Ⓑ 구성변수
③ Ⓐ 매개변수, Ⓑ 조절변수
④ Ⓐ 조절변수, Ⓑ 매개변수

51 변수의 종류에 대한 설명으로 옳은 것을 모두 고른 것은?

> ㉠ 매개변수는 독립변수와 종속변수 사이에서 독립변수의 결과인 동시에 종속변수의 원인이 되는 변수이다.
> ㉡ 억제변수는 두 변수 X, Y의 사실상의 관계를 정반대의 관계로 나타나게 하는 제3의 변수이다.
> ㉢ 왜곡변수는 두 변수 X, Y가 서로 관계가 있는 데도 관계가 없는 것으로 나타나게 하는 제3의 변수이다.
> ㉣ 통제변수는 외재적변수의 일종으로 그 영향을 검토하지 않기로 한 변수이다.

① ㉠, ㉡
② ㉡, ㉢
③ ㉢, ㉣
④ ㉠, ㉣

52 조작적 정의가 필요한 이유로 가장 적합한 것은?

① 연구결과를 조작하기 위해
② 이론의 구체성을 줄이기 위해
③ 개념의 의미를 풍부하게 하기 위해
④ 개념을 가시적이고 경험적으로 표현하기 위해

53 가설의 특성에 대한 설명으로 틀린 것은?

① 가설은 검증될 수 있어야 한다.
② 가설검정은 연구자가 제기한 문제의 해결과 관련이 있어야 한다.
③ 가설이 기각되었다면 반대되는 가설이 참임을 의미하는 것이다.
④ 가설은 변수로 구성되며, 그들 간의 관계를 나타내고 있어야 한다.

54 측정의 개념에 대한 설명으로 옳은 것만을 모두 고른 것은?

> ㉠ 추상적·이론적 세계와 경험적 세계를 연결시키는 수단이다.
> ㉡ 개념 또는 변수를 현실세계에서 관찰가능한 자료와 연결시키는 과정이다.
> ㉢ 질적속성을 양적속성으로 전환하는 작업이다.
> ㉣ 측정대상이 지닌 속성에 수치를 부여하는 것이다.

① ㉢, ㉣
② ㉠, ㉡, ㉢
③ ㉠, ㉡, ㉣
④ ㉠, ㉡, ㉢, ㉣

55 다음 각 측정의 수준이 올바르게 짝지어진 것은?

> ㉠ 교육수준 - 중졸 이하, 고졸, 대졸 이상
> ㉡ 교육연구 - 정규교육을 받은 기간(년)
> ㉢ 출신 고등학교 지역

① ㉠ 명목측정, ㉡ 서열측정, ㉢ 등간측정
② ㉠ 등간측정, ㉡ 서열측정, ㉢ 비율측정
③ ㉠ 서열측정, ㉡ 등간측정, ㉢ 명목측정
④ ㉠ 서열측정, ㉡ 비율측정, ㉢ 명목측정

56 어떤 제품의 선호도를 조사하기 위하여 '아주 좋아한다, 좋아한다, 싫어한다, 아주 싫어한다'와 같은 선택지를 사용하였다. 이는 어떤 척도로 측정된 것인가?

① 서열척도
② 명목척도
③ 등간척도
④ 비율척도

57 평정척도(Rating Scale)의 구성에 대한 옳은 설명을 모두 고른 것은?

> ㉠ 응답범주들이 상호배타적이어야 한다.
> ㉡ 찬반의 응답범주 수가 균형을 이루어야 한다.
> ㉢ 응답범주들이 논리적 연관성을 가지고 있어야 한다.
> ㉣ 응답범주의 수를 가능한 한 많도록 한다.

① ㉠, ㉡
② ㉢, ㉣
③ ㉠, ㉡, ㉢
④ ㉠, ㉢, ㉣

58 측정오차(Error of Measurement)에 대한 설명으로 옳은 것은?

① 신뢰성은 체계적 오차(Systematic Error)와 관련된 개념이다.
② 타당성은 비체계적 오차(Random Error)와 관련된 개념이다.
③ 체계적 오차(Systematic Error)의 값은 상호상쇄되는 경향이 있다.
④ 비체계적 오차(Random Error)는 인위적이지 않아 오차의 값이 다양하게 분산되어 있다.

59 암기력을 측정하기 위해 암기한 내용을 모두 종이 위에 쓰도록 하는 방법과 암기한 내용을 말하도록 하는 서로 다른 두 가지 측정 방법을 사용했을 때, 측정 결과 간의 상관관계의 정도를 통해 확인할 수 있는 타당성은?

① 내용타당성(Content Validity)
② 예측타당성(Predictive Validity)
③ 집중타당성(Convergent Validity)
④ 기준에 의한 타당성(Criterion-related Validity)

60 코딩(Coding) 시의 주의사항으로 옳지 않은 것은?

① 자유형식보다 고정형식으로 코딩하는 것이 좋다.
② 모든 항목은 숫자로만 입력해야 분석이 용이하다.
③ 무응답과 '모르겠다'의 구분을 명확히 해야 한다.
④ 칸을 입력할 때 응답을 고려하여 넉넉하게 칸을 배정하는 것이 좋다.

제3과목: 통계분석과 활용

61 어느 회사에서는 직원들의 승진심사에서 평가 항목별 성적의 가중평균을 승진평가 성적으로 적용하기로 하였다. 직원 A씨의 항목별 성적이 다음과 같을 때, 승진평가 성적(점)은?

구분	성적(100점 만점)	가중치
근무평가	80	30%
성과평가	70	30%
승진시험	90	40%

① 80
② 81
③ 82
④ 83

62 A, B 두 도시에서 각각 100명씩의 근로자 표본을 추출하여 남녀별로 하루 평균 수입을 조사한 결과 다음 표로 정리되었다. 두 도시 근로자의 하루 평균 수입은 얼마인가?

구분	남성 근로자 하루 평균 수입	표본수
A	82,000원	40명
B	85,000원	80명
구분	여성 근로자 하루 평균 수입	표본수
A	84,000원	60명
B	80,000원	20명

① 82,000원
② 83,600원
③ 85,000원
④ 87,000원

63 어느 학교에서 A반과 B반의 영어점수는 평균과 범위가 모두 동일하고, 표준편차는 A반이 15점, B반이 5점이다. 이 자료를 기반으로 내릴 수 있는 결론으로 옳은 것은?

① A반 학생의 점수가 B반 학생보다 평균점수 근처에 더 많이 몰려 있다.
② B반 학생의 점수가 A반 학생보다 평균점수 근처에 더 많이 몰려 있다.
③ (평균점수±1×표준편차)의 범위 안에 들어있는 학생들의 수는 A반이 B반보다 3배가 더 많다.
④ (평균점수±1×표준편차)의 범위 안에 들어있는 학생들의 수는 A반이 B반에 비해 1/3밖에 되지 않는다.

64 다음 나열된 자료의 값 중 표준편차가 가장 큰 것은?

① 3 4 5 6 7   ② 3 3 5 7 7
③ 3 5 5 5 7   ④ 5 6 7 8 9

65 남자직원과 여자직원의 임금을 조사하여 다음과 같은 결과를 얻었다. 변동(변이)계수에 근거한 남녀 직원 임금의 산포에 대한 설명으로 맞는 것은?

성별	임금평균 (단위: 천 원)	표준편차 (단위: 천 원)
남자	2,000	40
여자	1,500	30

① 남자직원 임금의 산포가 더 크다.
② 여자직원 임금의 산포가 더 크다.
③ 이 정보로는 산포를 설명할 수 없다.
④ 남자직원과 여자직원의 임금의 산포가 같다.

66 골동품 시장에서 거래되는 그림의 20%가 위조품이라고 가정한다. 오래된 그림의 진위를 감정하는 감정사들이 진품 그림을 진품으로 평가할 확률은 85%이고, 위조 그림을 진품으로 감정할 확률은 15%이다. 한 고객이 감정사가 진품이라고 감정한 그림을 샀을 때, 구입한 그림이 진품일 확률은?

① 0.85   ② 0.90
③ 0.95   ④ 0.96

67 X, Y의 결합분포함수는 $f(x,y) = \dfrac{xy^2}{13}$, $(x,y) = (1,1)$, $(1,2)$, $(2,2)$이고 U, V의 결합분포함수는 $g(u,v) = \dfrac{uv^2}{30}$, $u=1, 2, 3$, $v=1, 2$이다. X, Y와 U, V의 관계에 대한 옳은 설명은?

① X, Y는 서로 독립이며 U, V도 서로 독립이다.
② X, Y는 서로 독립이며 U, V는 서로 독립이 아니다.
③ X, Y는 서로 독립이 아니며 U, V는 서로 독립이다.
④ X, Y는 서로 독립이 아니며 U, V도 서로 독립이 아니다.

68 자료 $X_1, X_2, \cdots, X_n$을 $Z_i = aX_i + b$, $i=1, 2, \cdots, n$ (a, b는 상수)으로 변환할 때, 평균과 분산에 있어 변환한 자료와 원자료 사이에 성립하는 관계식은? (단, 원자료의 평균과 분산은 각각 $\overline{X}$, S_X^2이고 변환한 자료의 평균과 분산은 각각 $\overline{Z}$와 S_Z^2이다)

① $\overline{Z} = a\overline{X}$, $S_Z^2 = a^2 S_X^2$
② $\overline{Z} = a\overline{X} + b$, $S_Z^2 = a^2 S_X^2$
③ $\overline{Z} = a\overline{X} + b$, $S_Z^2 = a^2 S_X^2 + b$
④ $\overline{Z} = a\overline{X} + b$, $S_Z^2 = a^2 S_X + b$

69 주머니 안에 6개의 공이 들어 있다. 그 중 1개에는 1, 2개에는 2, 3개에는 3이라고 쓰여 있다. 주머니에서 공 하나를 무작위로 꺼내 나타난 숫자를 확률변수 X라 하고, 다른 확률변수 $Y = 3X + 5$라 할 때, 다음 중 틀린 것은?

① $E(X) = 7/3$ ② $Var(X) = 5/9$
③ $E(Y) = 12$ ④ $Var(Y) = 15/9$

70 A도시에 새벽 1시부터 3시 사이에 일어나는 범죄 건수는 시간당 평균 0.2건이다. 범죄발생 건수의 분포가 포아송분포를 따른다면, 오늘 새벽 1시와 2시 사이에 범죄발생이 전혀 없을 확률은?

① 약 62%   ② 약 72%
③ 약 82%   ④ 약 92%

71 공정한 주사위 1개를 20번 던지는 실험에서 1의 눈을 관찰한 횟수를 확률변수 X라 하고 정규근사를 이용하여 $P(X \geq 4)$의 근사값을 구하려 할 때, 연속성 수정을 고려한 근사식으로 옳은 것은? (단, Z는 표준정규분포를 따르는 확률변수이다)

① $P(Z \geq 0.1)$ ② $P(Z \geq 0.4)$
③ $P(Z \geq 0.7)$ ④ $P(Z \geq 1)$

72 두 확률변수 X, Y는 서로 독립이며 표준정규분포를 갖는다. 이때 $U = X+Y$, $V = X-Y$로 정의하면 두 확률변수 U, V는 각각 어떤 분포를 따르게 되는가?

① U, V 두 변수 모두 $N(0, 2)$를 따른다.
② $U \sim N(0, 2)$를 $V \sim N(0, 1)$를 따른다.
③ $U \sim N(0, 1)$를 $V \sim N(0, 2)$를 따른다.
④ U, V 두 변수 모두 $N(0, 1)$를 따른다.

73 사회조사분석사 시험응시생 500명의 통계학 성적의 평균점수는 70점이고, 표준편차는 10점이라고 한다. 통계학 성적이 정규분포를 따른다고 할 때, 성적이 50점에서 90점 사이인 응시자는 약 몇 명인가? (단, $P(Z<2) = 0.9772$)

① 498명 ② 477명
③ 378명 ④ 250명

74 $X \sim N(0, 1)$이고 $U = \chi^2(r_1)$, $V = \chi^2(r_2)$일 때 t-분포와 F-분포를 옳게 표시한 것은?

① $T = \dfrac{X}{\sqrt{U/r_1}}$, $F = \dfrac{U/r_1}{V/r_2}$

② $T = \dfrac{X}{\sqrt{U/r_1}}$, $F = \dfrac{U/r_1}{V/r_2}$

③ $T = \dfrac{X}{\sqrt{U/r_1}}$, $F = \dfrac{\sqrt{U/r_1}}{\sqrt{V/r_2}}$

④ $T = \dfrac{X}{U/r_1}$, $F = \dfrac{U/r_1}{V/r_2}$

75 평균이 μ, 표준편차가 σ인 분포에서 짝수 크기 $n(=2m)$의 임의표본(확률표본)을 추출하였을 때, 처음 m개의 평균 $\overline{X_m}$은 대략 어떤 분포를 따르게 되는가?

① 평균이 μ이고 표준편차가 $\dfrac{\sigma}{\sqrt{m}}$인 정규분포
② 평균이 μ이고 표준편차가 $\dfrac{\sigma}{m}$인 정규분포
③ 평균이 μ이고 표준편차가 $\dfrac{\sigma}{\sqrt{n}}$인 정규분포
④ 평균이 μ이고 표준편차가 $\dfrac{\sigma}{n}$인 정규분포

76 평균이 μ이고 표준편차가 σ인 모집단에서 임의추출한 100개의 표본평균 $\overline{X}$와 1,000개의 표본평균 $\overline{Y}$를 이용하여 μ를 측정하고자 한다. 두 추정량 $\overline{X}$와 $\overline{Y}$ 중 어느 추정량이 더 좋은 추정량인지를 올바르게 설명한 것은?

① $\overline{X}$의 표준오차가 더 크므로 $\overline{X}$가 더 좋은 추정량이다.
② $\overline{X}$의 표준오차가 더 작으므로 $\overline{X}$가 더 좋은 추정량이다.
③ $\overline{Y}$의 표준오차가 더 크므로 $\overline{Y}$가 더 좋은 추정량이다.
④ $\overline{Y}$의 표준오차가 더 작으므로 $\overline{Y}$가 더 좋은 추정량이다.

77 형광등을 대량 생산하고 있는 공장이 있다. 제품의 평균수명시간을 추정하기 위하여 100개의 형광등을 임의로 추출하여 조사한 결과, 표본으로 추출한 형광등 수명의 평균은 500시간, 그리고 표준편차는 40시간이었다. 모집단의 평균수명에 대한 95% 신뢰구간을 추정하면? (단, $Z_{0.025} = 1.96$, $Z_{0.005} = 2.58$)

① (492.16, 510.32) ② (492.16, 507.84)
③ (489.68, 507.84) ④ (489.68, 510.32)

78 모집단의 표준편차 σ를 알고 있는 경우 μ에 대한 신뢰구간은 $\dfrac{\sqrt{n}(\overline{X}-\mu)}{\sigma}$가 정규분포를 따른다는 사실에 의해 구해진다. 또한 모집단의 표준편차 σ를 모르는 경우는 $\dfrac{\sqrt{n}(\overline{X}-\mu)}{s}$ (s: 표본표준편차)가 자유도가 $(n-1)$인 t분포임을 이용한다. 이때 표본크기가 5인 경우 $E(s)=0.94\sigma$가 된다면 σ를 모르는 경우, 아는 경우에 비해 95% 신뢰구간의 크기가 어느 정도로 증가하는가? (단, $z_{0.025}=1.96$, $t_{0.025}(4)=2.78$)

① 약 13%   ② 약 33%
③ 약 25%   ④ 약 11%

79 흡연자 200명과 비흡연자 600명을 대상으로 한 흡연장소에 관한 여론조사 결과가 다음과 같다. 비흡연자 중 흡연금지를 선택한 사람의 비율과 흡연자 중 흡연금지를 선택한 사람의 비율 간의 차이에 대한 95% 신뢰구간은? (단, $P(Z \geq 1.96)=0.025$)

구분	비흡연자	흡연자
흡연금지	44%	8%
흡연장소 지정	52%	80%
제재 없음	4%	12%

① 0.24 ± 0.08 ② 0.36 ± 0.05
③ 0.24 ± 0.18 ④ 0.36 ± 0.16

80 정규모집단에서 임의로 15개의 표본을 추출하여 표본평균 $\overline{x}=72$, 표본표준편차 $s=3.2$를 얻었다. $H_0: \mu=70$, $H_1: \mu>70$을 유의수준 $\alpha=0.05$로 검정하고자 할 때 p-값(유의확률)의 범위로 옳은 것은? (단, $df=14$일 때, $P(t>1.761)=0.05$, $P(t>2.145)=0.025$, $P(t>2.624)=0.01$이다.)

① p-값 >0.25
② $0.05<p$-값<0.10
③ $0.025<p$-값<0.05
④ $0.01<p$-값<0.025

81 다음 사례에 적합한 검정방법은?

> 도시지역의 가족과 시골지역의 가족 간에 가족의 수에 있어서 평균적으로 차이가 있는지를 알아보고자 도시지역과 시골지역 중 각각 몇 개의 지역을 골라 가족의 수를 조사하였다.

① F-검정   ② 더빈-왓슨 검정
③ χ^2-검정   ④ 독립표본 t-검정

82 어느 조사기관에서 대한민국에 거주하는 10세 아동의 평균 키는 112cm이고 표준편차가 6cm인 정규분포를 따르는 것으로 보고하였다. 이 결과를 확인하기 위하여 36명을 무작위로 추출하여 측정한 결과 표본평균이 109cm이었다. 가설 $H_0: \mu=112$cm vs $H_1: \mu \neq 112$cm에 대한 유의수준 5%의 검정결과로 옳은 것은? (단, $Z_{0.025}=1.96$, $Z_{0.05}=1.645$)

① 검정통계량은 2이다.
② 귀무가설을 기각한다.
③ 귀무가설을 기각할 수 없다.
④ 위 사실로는 판단할 수 없다.

83 모평균 θ에 대한 95% 신뢰구간이 $(-0.042, 0.522)$일 때, 귀무가설 $H_0: \theta=0$과 대립가설 $H_1: \theta \neq 0$을 유의수준 0.05에서 검정한 결과에 대한 설명으로 옳은 것은?

① 신뢰구간이 0을 포함하고 있으므로 귀무가설을 기각할 수 없다.
② 신뢰구간의 상한이 0.522로 0보다 크므로 귀무가설을 기각한다.
③ 신뢰구간과 가설검정은 무관하기 때문에 신뢰구간을 기초로 검증에 대한 어떠한 결론도 내릴 수 없다.
④ 신뢰구간을 계산할 때 표준정규분포의 임계값을 사용했는지 또는 t-분포의 임계값을 사용했는지에 따라 해석이 다르다.

84 대통령선거에서 A후보자는 50%의 득표를 할 것으로 예상된다. 이러한 예상을 확인하기 위해 유권자 200명을 무작위추출하여 조사하였더니 그중 81명이 A후보자를 지지한다고 하였다. 이때 검정통계량의 값은?

① -2.69 ② -1.90
③ 0.045 ④ 1.645

85 어느 정당에서는 새로운 정책에 대한 찬성과 반대를 남녀별로 조사하여 다음의 결과를 얻었다.

구분	남자	여자	합계
표본 수	250	200	450
찬성자 수	110	104	214

남녀별 찬성률에 차이가 있다고 볼 수 있는지에 대하여 검정할 때 검정통계량의 값을 구하는 식은?

① $Z_0 = \dfrac{\dfrac{110}{250} - \dfrac{104}{200}}{\sqrt{\dfrac{214}{450}\left(1-\dfrac{214}{450}\right)\left(\dfrac{1}{250}-\dfrac{1}{200}\right)}}$

② $Z_0 = \dfrac{\dfrac{110}{250} - \dfrac{104}{200}}{\sqrt{\dfrac{214}{450}\left(1-\dfrac{214}{450}\right)\left(\dfrac{1}{250}+\dfrac{1}{200}\right)}}$

③ $Z_0 = \dfrac{\dfrac{110}{250} + \dfrac{104}{200}}{\sqrt{\dfrac{214}{450}\left(1-\dfrac{214}{450}\right)\left(\dfrac{1}{250}+\dfrac{1}{200}\right)}}$

④ $Z_0 = \dfrac{\dfrac{110}{250} + \dfrac{104}{200}}{\sqrt{\dfrac{214}{450}\left(1-\dfrac{214}{450}\right)\left(\dfrac{1}{250}-\dfrac{1}{200}\right)}}$

86 A, B, C 세 가지 공법에 의해 생산된 철선의 인장강도에 차이가 있는지를 알아보기 위해 공법 A에서 5회, 공법 B에서 6회, 공법 C에서 7회, 총 18회를 랜덤하게 실험하여 인장강도를 측정하였다. 측정한 자료를 정리한 결과 총제곱합 $SST=100$이고 잔차제곱합 $SSE=65$이었다. 처리제곱합 SS_T와 처리제곱합의 자유도 ν_T를 바르게 나열한 것은?

① $SS_T=35$, $\nu_T=2$ ② $SS_T=165$, $\nu_T=17$
③ $SS_T=35$, $\nu_T=3$ ④ $SS_T=165$, $\nu_T=18$

87 결혼시기가 계절(봄, 여름, 가을, 겨울)별로 동일한 비율인지를 검정하려고 신혼부부 200쌍을 조사하였다. 가장 적합한 가설검정 방법은?

① 카이제곱 적합도 검정
② 카이제곱 독립성 검정
③ 카이제곱 동질성 검정
④ 피어슨 상관계수 검정

88 카이제곱 검정에 의해 성별과 지지하는 정당 사이에 관계가 있는지를 알아보기 위해 자료를 조사한 결과, 남자 200명 중 A정당 지지자가 140명, B정당 지지자가 60명, 여자 200명 중 A정당 지지자가 80명, B정당 지지자는 120명이다. 성별과 정당 사이에 관계가 없을 경우 남자와 여자 각각 몇 명이 B정당을 지지한다고 기대할 수 있는가?

① 남자: 50명, 여자: 50명
② 남자: 60명, 여자: 60명
③ 남자: 80명, 여자: 80명
④ 남자: 90명, 여자: 90명

89 화장터 건립의 후보지로 거론되는 세 지역의 여론을 비교하기 위해 각 지역에서 500명, 450명, 400명을 임의추출하여 건립에 대한 찬성여부를 조사하고 분할표를 작성하여 계산한 결과 검정통계량의 값이 7.55이었다. 유의수준 5%에서 임계값과 검정결과가 올바르게 짝지어진 것은? (단, $\chi^2_{0.025}(2) = 7.38$, $\chi^2_{0.05}(2) = 5.99$, $\chi^2_{0.025}(3) = 9.35$, $\chi^2_{0.05}(3) = 7.81$이다)

① 7.38, 지역에 따라 건립에 대한 찬성률에 차이가 있다.
② 5.99, 지역에 따라 건립에 대한 찬성률에 차이가 있다.
③ 9.35, 지역에 따라 건립에 대한 찬성률에 차이가 없다.
④ 7.81, 지역에 따라 건립에 대한 찬성률에 차이가 없다.

90 〈표 A〉와 〈표 B〉에서 행과 열의 독립성 가설을 검증(검정)하고자 한다. 〈표 A〉에서의 카이제곱 통계량을 χ^2_A, p-값(유의확률)을 p_A이라고 하고 〈표 B〉에서의 카이제곱 통계량을 χ^2_B, p-값(유의확률)을 p_B라고 할 때 옳은 설명은?

〈표 A〉

	열 1	열 2
행 1	12	32
행 2	24	62
행 3	6	12

〈표 B〉

	열 1	열 2
행 1	120	320
행 2	240	620
행 3	60	120

① $\chi^2_A = \chi^2_B$, $p_A = p_B$
② $\chi^2_A = \chi^2_B$, $p_A > p_B$
③ $\chi^2_A < \chi^2_B$, $p_A = p_B$
④ $\chi^2_A < \chi^2_B$, $p_A > p_B$

91 두 변수 간의 상관계수값으로 옳은 것은?

x	2	4	6	8	10
y	5	4	3	2	1

① -1
② -0.5
③ 0.5
④ 1

92 X와 Y의 평균과 분산은 각각 $E(X) = 4$, $V(X) = 8$, $E(Y) = 10$, $V(Y) = 32$이고, $E(XY) = 28$이다. $2X+1$와 $-3Y+5$의 상관계수는?

① 0.75
② -0.75
③ 0.67
④ -0.67

93 Y의 X에 대한 회귀직선식이 $\hat{Y} = 3 + X$라 한다. Y의 표준편차가 5, X의 표준편차가 3일 때 X와 Y의 상관계수는?

① 0.6
② 1
③ 0.8
④ 0.5

94 단순회귀분석을 적용하여 자료를 분석하기 위해서 10쌍의 독립변수와 종속변수의 값들을 측정하여 정리한 결과 다음과 같은 값을 얻었다. 회귀모형 $y_i = \alpha + \beta x_i + \epsilon_i (i=1, 2, \cdots, n)$의 β의 최소제곱추정량을 구하면?

$$\sum_{i=1}^{10} x_i = 39, \quad \sum_{i=1}^{10} x_i^2 = 193, \quad \sum_{i=1}^{10} y_i = 35.1, \quad \sum_{i=1}^{10} y_i^2 = 130.05,$$
$$\sum_{i=1}^{10} x_i y_i = 152.7$$

① 0.287
② 0.357
③ 0.387
④ 0.487

95 독립변수가 3개인 중회귀분석결과가 다음과 같을 때 오차분산의 추정값은?

$$\sum_{i=1}^{n}(y_i - \hat{y}_i)^2 = 1100, \quad \sum_{i=1}^{n}(\hat{y}_i - \overline{y})^2 = 110, \quad n = 100$$

① 11.20
② 11.32
③ 11.46
④ 11.58

96 중회귀모형 $y_i = \beta_0 + \beta_1 x_{1i} + \beta_2 x_{2i} + \epsilon_i (i = 1, 2, \cdots, n)$에서 오차분산 σ^2의 추정량은? (단, e_i는 잔차를 나타낸다)

① $\frac{1}{n-1} \sum e_i^2$
② $\frac{1}{n-2} \sum (y_i - \hat{\beta}_0 - \hat{\beta}_1 x_{1i} - \hat{\beta}_2 x_{2i})^2$
③ $\frac{1}{n-3} \sum e_i^2$
④ $\frac{1}{n-4} \sum (y_i - \hat{\beta}_0 - \hat{\beta}_1 x_{1i} - \hat{\beta}_2 x_{2i})^2$

97 설명변수(X)와 반응변수(Y) 사이에 단순회귀모형을 가정할 때 결정계수는?

X	0	1	2	3	4	5
Y	4	3	2	0	-3	-6

① 0.205
② 0.555
③ 0.745
④ 0.946

98 중회귀모형 $y_i = \beta_0 + \beta_1 x_{1i} + \beta_2 x_{2i} + \epsilon_i$에 대한 분산분석표가 다음과 같다.

요인	제곱합	자유도	평균제곱	F	유의확률
회귀	66.12	2	33.06	33.96	0.000258
잔차	6.87	7	0.98		

위의 분산분석표를 이용하여 유의수준 0.05에서 모형에 대한 유의성 검정을 할 때, 추론결과로 가장 적합한 것은?

① 두 설명변수 x_1과 x_2 모두 반응변수에 영향을 준다.
② 두 설명변수 x_1과 x_2 중 하나는 반응변수에 영향을 준다.
③ 두 설명변수 x_1과 x_2 모두 반응변수에 영향을 주지 않는다.
④ 두 설명변수 x_1과 x_2 중 적어도 하나는 반응변수에 영향을 준다.

99 두 설명변수 x_1과 x_2를 사용한 회귀 추정식이 $\hat{y} = 3.2 + 1.7x_1 + 2.5x_2$일 때, 가장 적절한 설명은?

① 설명변수 x_1만을 이용하여 회귀모형을 적합하였을 때 회귀추정식의 기울기는 1.7일 것이다.
② 설명변수 x_2만을 이용하여 회귀모형을 적합하였을 때 회귀추정식은 $\hat{y} = 3.2 + 1.7x_1 + 2.5x_2$일 것이다.
③ 회귀계수의 값 1.7의 의미는 설명변수 x_2의 값을 1단위 증가시킬 때 반응변수 y의 값은 1.7단위 증가할 것임을 나타낸다.
④ 회귀계수의 값 2.5의 의미는 설명변수 x_1을 고정시킨 상태에서 x_2의 값을 1단위 증가시키면 반응변수 y의 값은 2.5단위 증가할 것임을 나타낸다.

100 중회귀분석에서 회귀계수에 대한 검정결과가 아래와 같을 때의 설명으로 틀린 것은? (단, 결정계수는 0.891)

요인 (Predictor)	회귀계수 (Coef)	표준오차 (StDev)	통계량 (T)	p-값 (p)
절편	-275.26	24.38	-11.29	0.000
Head	4.458	3.167	1.41	0.161
Neck	19.112	1.200	15.92	0.000

① 설명변수는 Head와 Neck이다.
② 회귀변수 중 통계적 유의성이 없는 변수는 절편과 Neck이다.
③ 위 중회귀모형은 자료 전체의 산포 중에서 약 89.1%를 설명하고 있다.
④ 회귀방정식에서 다른 요인을 고정시키고 Neck이 한 단위 증가하면 반응값은 19.112가 증가한다.

**에듀윌이
너를
지지할게**
ENERGY

당신이 상상할 수 있다면 그것을 이룰 수 있고,
당신이 꿈꿀 수 있다면 그 꿈대로 될 수 있다.

– 윌리엄 아서 워드(William Arthur Ward)

제1회 | 정답 및 해설

제1과목: 조사방법과 설계

01	②	02	④	03	④	04	③	05	①
06	②	07	④	08	①	09	①	10	④
11	②	12	④	13	③	14	②	15	④
16	③	17	③	18	③	19	④	20	④
21	③	22	③	23	④	24	②	25	①
26	②	27	②	28	④	29	①	30	③

01 정답 ②
과학적 연구는 연구자들이 서로 다른 목적이나 주관을 가지더라도 동일한 방법과 절차를 거치면 동일한 결과와 해석에 도달할 수 있어야 하는데, 이를 상호주관성이라고 한다.
① 검증 가능성: 경험적이고 실제적으로 검증이 가능해야 한다.
③ 재생 가능성: 동일한 절차와 방법을 되풀이했을 때 누구나 같은 결론에 도달할 수 있어야 한다.
④ 논리적 일관성: 기본 이론(법칙)에 근거하여, 개념과 판단이 상호 모순되지 않고 오류나 비약 없이 논리적으로 일관성 있게 전개되어야 한다.

02 정답 ④
사회과학적 연구의 일반적인 목적에는 새로운 사건이나 상황의 예측과 사건이나 현상에 대한 기술 혹은 묘사, 발생한 사실에 대한 원인 설명 등이 있다.

03 정답 ④
개인주의적 오류는 개인 수준의 분석단위에서 도출된 결과를 집단 수준으로 확대 해석할 때 나타날 수 있는 오류이다.

04 정답 ③
코호트조사는 특정한 시기에 태어났거나 동일 시점에 특정 사건을 경험한 사람들을 대상으로 시간이 지남에 따라 이들의 특성이 어떻게 변화하는지를 조사한다.

05 정답 ①
할당표집은 모집단을 일정한 범주에 따라 하위집단으로 구분하고, 각 집단에서 사전에 정해진 비율에 따라 표본을 임의로 추출하는 비확률표본추출방법이다. 이 방법은 같은 크기의 무작위표본추출보다 적은 비용으로 표본을 추출할 수 있으며, 신속한 결과를 원할 때 유용하다.

06 정답 ②
일반적인 표본추출과정은 '모집단의 확정(ⓒ) → 표본프레임의 선정(ⓔ) → 표본추출방법의 결정(ⓑ) → 표본크기의 결정(ⓓ) → 표본추출(ⓐ)' 순으로 이루어진다.

07 정답 ④
연역법은 일반적인 사실로부터 특수한 사실을 이끌어내는 논리 체계로, 기존 이론을 확인하기 위해 주로 사용된다.
① 연역법은 선(先)이론 후(後)조사의 방법을 택한다.
② 연역법과 귀납법은 상호 보완적으로 사용할 수 있다.
③ 연역법과 귀납법의 선택은 조사의 목적에 달려 있다.

08 정답 ①
체계적표집(계통표집)은 모집단 구성요소들이 자연적인 순서 또는 일정한 질서에 따라 배열된 목록에서, 매 k번째의 요소를 추출하여 표본을 구성하는 확률표집방법이다. 모집단 크기를 요구되는 표본 수로 나누어 표집간격(k)을 구하고, 첫 번째 요소는 무작위로 선정하여 최초의 표본으로 삼은 후 일정한 간격으로 표본을 추출하는 확률표집방법이다.

09 정답 ①
표본프레임 오류는 모집단과 표본프레임이 일치하지 않을 때 발생하는 오류를 의미한다. 모집단(최근 1년 동안 10만 마일 이상 사용자)이 표본프레임(자사 마일리지 카드 소지자 명단) 내에 포함되어 있으므로, 모집단이 표본프레임 내에 포함되는 오류에 해당한다.

10 정답 ④
질문지는 협조요청, 식별자료, 지시사항, 질문문항, 필요정보 수집을 위한 문항 등으로 구성된다. 응답에 대한 강제적 참여 조항은 질문지에 명시되어서는 안 된다.

11 정답 ②
① 집단구성원의 자유로운 토론으로부터 다양한 조사결과가 도출되기 때문에 결과의 분석과 해석이 용이하지 않다.
③ 진행자가 면접 과정을 조절·심화하면서 전문적인 정보를 얻을 수 있으므로 주관적 개입이 가능하다.
④ 익명 집단의 상호작용을 통해 도출된 자료를 분석하는 방법은 델파이조사이다.

12 정답 ④
패널조사는 특정 연구대상을 사전에 선정하고 이들을 패널로 구성한 후 동일한 현상에 대해 일정한 시간 간격을 두고 지속적으로 반복 측정하여 조사하는 방법이다.

13 정답 ③
질문지는 정보획득과정에서 연구자의 의도를 최대한 반영하는 방향으로 작성되어야 하므로 질문지 작성에 대한 내용을 숙지한 후 질문지 설계과정부터 세심하고 신중하게 작성해야 한다. 특히, 질문지 작성 이전에 문제를 명백히 규정하고, 관련 문헌 및 자료조사, 연구문제에 대한 기본전제 및 가설설정, 실태조사를 위한 표본 결정이 완료되어 있어야 한다.

14 정답 ②
독립변수의 조작, 외생변수의 통제, 실험대상의 무작위화는 실험설계를 위한 전제조건이다.

15 정답 ④
① 실험설계는 독립변수가 종속변수에 영향을 미치는 인과관계에 대한 가설검증을 목적으로 한다.
② 인과성은 두 변수의 공변성뿐만 아니라 시간적 선행성과 비허위적 관계를 모두 만족해야 한다.
③ '무계획한 소비를 하면 가난해진다'라고 하는 것이 시간적 우선성에 부합하다.

16 정답 ③
실험설계는 독립변수 조작, 외생변수의 통제, 실험집단과 통제집단에 대한 무작위할당 등이 어느 정도 충족되느냐에 따라 순수실험설계, 유사실험설계, 사전실험설계, 사후실험설계로 분류된다. 순수실험설계는 이 조건들이 충실하게 갖추어진 설계유형이다.

17 정답 ③
사례조사는 특정 사례에 대해 심층적으로 조사하므로 질적 측면인 변수의 깊이 파악에는 용이하지만, 양적 측면인 폭 파악에는 한계가 있다. 사례 수가 적고 일반화가 어렵기 때문에 변수의 폭까지 포괄적으로 다루기가 어렵다.

18 정답 ③
센서스(Census, 인구조사)는 국가 등에서 일정 간격을 두고 전체 인구 또는 전체가구 수를 전수조사하는 방법으로, 특정 시점에 다른 특성을 지닌 집단들 사이의 차이를 측정하는 서베이조사와는 거리가 멀다.

19 정답 ④
전수조사의 경우 표본추출과정이 없으므로 표본추출오차는 없으나 조사준비과정, 실제 조사, 자료 집계, 자료처리과정 등이 복잡해지면서 비표본추출오차의 크기가 증가할 수 있다.

20 정답 ④
①③ 투사법에 관한 설명이다.
② 단어연상법에 관한 설명이다.

21 정답 ③
시험효과는 측정이 반복되면서 얻어지는 학습효과로 인해 실험대상자의 반응에 영향을 미치는 것으로, 주시험효과, 검사효과라고도 한다.

22   정답 ③

한국의 미래에 대해 국민들이 가지고 있는 전망을 있는 그대로 모두 파악하고 싶은 경우에는, 응답자들이 자유롭게 전망을 말할 수 있도록 해야 하므로 비구조화된 질문이 적합하다.
① 표본으로 추출된 지역들에서 응답자의 거주지를 알고 싶을 때 응답자의 거주지는 명확히 지역명을 선택하게 하면 되므로 구조화된 질문(지역 선택)이 적합하다.
② 월수입을 99만 원 이하, 100~199만 원 등 몇 가지 축약적 범주로 분석하고 싶을 때 정해진 수입 범주 중 하나를 선택하도록 하면 되므로 구조화된 질문이 적합하다.
④ 공산주의를 싫어하는 이유를 알고 있으면서 상대적으로 더욱 중요하게 생각하고 있는 이유를 파악하고 싶을 때 이유가 미리 제시되어 있고 그 중 중요도를 파악하는 것이므로, 구조화된 질문이 적합하다.

23   정답 ④

모집단은 정보를 얻고자 하는 관심 대상의 집단 전체이며, 연구하고자 하는 이론상의 집단이다.

24   정답 ②

사전검사는 본조사에 앞서 설문지와 현지조사방법에 관한 제반 문제를 연구하고 개선하기 위해 작은 표본을 대상으로 실시되는 조사이다. 따라서 본조사의 축소판이라 할 수 있으며, 본조사의 조사방법과 같아야 한다.

25   정답 ①

설문조사로 얻고자 하는 정보의 종류가 결정되면 '자료수집방법의 결정(㉠) → 질문 내용의 결정(㉡) → 질문형태의 결정(㉢) → 개별 항목의 결정 → 질문순서의 결정(㉣) → 질문지 초안 완성 → 질문지 사전검사(Pretest) → 질문지 확정 및 인쇄'의 순서에 따라 질문지를 작성한다.

26   정답 ②

질적연구는 관찰 대상의 언어, 태도, 몸짓이나 현상 자체에 대한 의미를 밝히는 정성적 연구이다. 연구자가 자신의 주관성을 활용하여 연구를 진행하므로 중요한 도구가 된다.
㉡㉣ 질적연구는 연구자의 연구설계와 그에 따른 연구진행이 구조화와 조작화의 과정을 거치지는 않지만, 질적연구의 신뢰성을 높이기 위해 참여자 검토, 동료 검토, 감사추적 등의 검증법을 이용할 수 있다.

27   정답 ②

초점집단조사(Focus Group Interview, 표적집단면접)에 대한 설명이다.

28   정답 ④

① 축코딩은 이미 식별된 카테고리 사이의 관계를 파악하고 연결시키는 과정이다. 데이터 구조화 및 이해를 돕는 단계이며, 발견된 범주를 가지고 중심현상을 중심으로 인과적 조건을 만든다.
② 자료코딩은 자료를 숫자나 기호로 변환하여 분석이 용이하도록 만드는 과정이다. (예: 남자=1, 여자=2)
③ 개방코딩은 데이터를 세분화하고 개별적인 의미 단위로 식별하는 과정이다. 연구자가 수집한 자료를 추상화하여 개념과 범주를 도출하고, 연구 주제와 관련된 데이터를 탐색하고 분석하는 초기단계이다.

29   정답 ①

FGI 가이드라인은 FGI 진행을 위한 질문을 정리한 것으로 조사 목적을 알기 위해 필요한 질문들을 적절하게 배열해 놓은 것이다. 조사분석방법은 FGI 가이드라인 설계 시 고려사항과 거리가 멀다.

30   정답 ③

FGI 정성조사 시 응답자의 응답이 완전하지 않거나 불명확할 경우 모더레이터는 지시적인 태도를 지양하고, 응답자의 체면을 손상시키지 않는 선에서 다시 질문하여 정확한 답을 얻어야 한다.

제2과목: 조사관리와 자료처리

31	②	32	④	33	③	34	④	35	④
36	③	37	②	38	④	39	④	40	④
41	③	42	④	43	③	44	③	45	①
46	③	47	③	48	③	49	②	50	①
51	②	52	①	53	②	54	②	55	③
56	②	57	①	58	②	59	③	60	④

31 정답 ②

퓨필로미터는 어떠한 자극을 보여주고 관찰대상자의 동공(Pupil)의 크기변화에 따라 응답자의 반응을 측정하는 것으로, 적외선 동공 검사기라고도 한다.
① 오디미터는 TV시청률을 조사하기 위한 자동장치이며, 조사대상가구를 선정하고 기계식 장치를 설치하여 자동으로 특정 TV 채널의 시청여부를 측정한다.
③ 사이코갈바노미터는 심리적 변화에 의해 관찰대상자의 땀 분비 증가나 피부의 전기적 반응 정도 등의 생체적 변화를 측정한다.
④ 모션픽처카메라는 영상촬영을 통한 태도 관찰도구이다.

32 정답 ④

문헌연구의 목적 중 연구를 시행하는 과정에서 발생할 수 있는 시행착오를 피하기 위한 내용이다.

33 정답 ③

의미분화척도 작성 시 고려해야 할 사항은 다음과 같다.
• 응답자를 평가한다.
• 평가도구를 작성한다.
• 대립되는 양극의 형용사나 표현을 위한 용어를 선정한다.
• 응답자의 의견이나 태도에 대한 차원을 선정한다.

34 정답 ④

㉠ 참여관찰은 일반화 가능성이 낮다.

35 정답 ④

조사보고서에서는 기존 연구의 한계 및 문제점을 비판적으로 논의하고, 현재 연구의 결과와 연계하여 해석을 제시해야 한다. 이 과정을 통해 연구의 신뢰성과 깊이를 더할 수 있다.

36 정답 ③

관찰시기가 행동발생과 일치하는지 여부에 따라 '직접 · 간접 관찰'로 나누어진다.

37 정답 ②

연구자가 완전참여자일 경우, 관찰자의 신분을 밝히지 않은 채 집단의 성원이 되어 자연스럽게 사회적 과정에 참여한다. 이때 동조현상으로 인해 객관적인 판단을 그르칠 수 있고, 주관적인 가치가 개입되어 관찰 결과가 왜곡될 수 있는 등 윤리적 문제를 겪을 가능성이 가장 높다.

38 정답 ④

프로빙(Probing) 기법에는 간단한 찬성적 응답, 무언의 암시에 의한 자극, 응답자의 대답 반복, 비지시적 질문 등이 있다. 이때 응답을 원하는 태도나 표정을 드러내거나, 예시를 들어 물어보는 등의 지나친 질문을 해서는 안 된다.

39 정답 ④

① 조사 후 단계이다.
② 조사 수행 단계이다.
③ 조사대상자 접촉 단계이다.

40 정답 ④

바람직한 응답을 하려는 경향은 체계적 오차의 대표적인 예로, 측정값을 일정한 방향으로 왜곡시켜 타당도에 영향을 미친다.

41 정답 ③

조사기간 동안 조사원은 언제 어디서든 항상 연락이 가능해야 한다.

42 정답 ④

중범위이론(Middle Range Theory)은 거시적이고 추상적인 이론과 구체적인 경험적 관찰을 바탕으로 한 미시적 설명 사이의 중간 수준에서 사회 현상을 설명하는 이론으로, 실증적 연구와의 연결 가능성이 높은 것이 특징이다. 따라서 개념의 추상화 정도가 비교적 낮고, 구체적이며 경험적으로 검증 가능한 이론을 지향한다.

43 정답 ③

조사원 교육은 조사원이 수행해야 할 조사에서 요구하는 목표를 달성할 능력과 자세를 갖추도록 교육하는 것이다. 조사원은 응답대상자의 응답거부를 절대 가볍게 받아들여서는 안 된다.

44 정답 ③

제시된 특성은 면접조사에 관한 설명이다.

45 정답 ①

조사원은 조사원 명찰을 착용한 상태로 개인적인 업무를 보거나 업무 외의 전화를 하지 않아야 한다.

46 정답 ③

연구자는 검정변수(제3의 변수)를 통해 두 변수 간의 인과적 관계를 밝혀야 한다. 그 중 두 변수 간의 관계를 보다 정확하고 명확하게 밝혀주는 검정요인에는 매개변수, 선행변수, 구성변수 등이 있다.

47 정답 ③

측정(Measurement)이란 어떤 사건이나 대상이 지닌 경험적 속성을 미리 정해진 일정한 규칙에 따라 수량화하는 작업이다. 즉 이론을 구성하는 개념들의 개념적·추상적 세계와 경험의 세계를 연결함으로써 조사대상의 속성을 조작적 개념으로 전환시킨다.

48 정답 ③

야구경기에서 아웃(Out)의 수는 '3아웃'처럼 수를 세는 개념이므로 비율척도에 해당한다. 비율척도는 등간척도의 특성을 가지면서 절대 영점이 존재하고 배수 개념(예: 두 배)이 적용 가능한 척도이다.

49 정답 ②

내용분석은 기록물에 담긴 메시지를 객관적이고 체계적으로 분석하여 그 의미나 원인, 결과 등을 파악하는 조사 방법이다. 양적 정보와 질적 정보 모두 분석의 대상이 되며, 특히 질적 정보를 양적인 정보로 전환하여 분석하는 것이 특징이다.

50 정답 ①

서스톤척도는 등간척도의 일종으로, 유사등간척도라고도 한다. 이 척도는 어떤 사실에 대하여 가장 비우호적인 태도와 가장 우호적인 태도까지의 양극단을 구분하고, 등간적으로 수치를 부여한다. 각 문항에 대한 전문 평가자들의 의견 일치도가 높은 항목들을 선별하여 척도를 구성한다.

51 정답 ②

① 스캘로그램은 거트만 척도 자체를 일컫는 것으로, 항목들을 계층적으로 배열하는 방식이다.
③ 단일차원계수는 척도가 한 가지 차원(단일 차원)만 측정하는 정도를 나타내는 계수이다.
④ 최소오차계수는 오류를 최소화하기 위한 척도의 특성을 나타내는 계수이다.

52 정답 ①

내용타당성은 조사자가 설계한 측정도구가 측정하려는 속성이나 개념을 제대로 대표하고 있는지를 확인하는 것이다. 관련 분야 전문가들의 자문, 패널 토의, 워크숍 등을 통해 타당성에 관한 의견을 수렴할 수 있다.

53 정답 ②

체중계가 실제보다 항상 2.5kg 더 무겁게 측정되므로 측정값은 일관되게 반복되어 신뢰도는 높다. 그러나 실제 몸무게보다 오차가 발생하므로 정확하게 측정하지 못해 타당도는 낮다.

54 정답 ②

크론바하 알파는 내적일관성 신뢰도를 나타내는 값으로, 값의 범위는 0에서 +1이다. 0.8~0.9 정도면 신뢰도가 높은 것으로 보고 0.6 이상이면 만족할 만한 수준이라고 본다.

55 정답 ③

횡적 연구는 경우에 따라 연구자의 가설이나 이론적 배경을 통해 인과관계 방향을 추정할 수 있다. 예를 들어, 성별이 학업성취에 미치는 영향을 연구할 때 성별이 원인이 되는 변수임을 가정할 수 있다.

56 정답 ②

2차 자료는 경우에 따라 가설 검증이나 조사문제 분석에도 활용될 수 있다.

57 정답 ①

코딩은 질문지 작성 후에 해야 한다.

58 정답 ②

서스톤 척도는 절차가 복잡하고, 시간과 노력이 많이 드는 편이다.

59 정답 ③

'❾ 기타( )'와 같이 개방형 질문이 폐쇄형 질문에 함께 포함되어 있는 경우, 응답자는 다양한 값을 자유롭게 기입할 수 있으므로 자료값의 범위가 고정되지 않으며 칼럼 수를 명확하게 1로 설정할 수 없다.

60 정답 ④

코드북은 조사나 연구에서 수집된 자료를 정리하고 분석하기 위해 작성되는 문서로 변수명, 변수의 위치, 변수 설명, 각 변수 값의 범주 및 부여된 코드가 포함된다.

제3과목: 통계분석과 활용

61	④	62	④	63	②	64	④	65	④
66	③	67	①	68	②	69	④	70	②
71	②	72	②	73	①	74	②	75	②
76	①	77	④	78	①	79	③	80	④
81	③	82	④	83	④	84	②	85	④
86	①	87	②	88	④	89	②	90	③
91	②	92	④	93	①	94	③	95	③
96	③	97	①	98	①	99	③	100	④

61 정답 ④

이상점(Outlier) 자료에 덜 민감한 대표치란 극단적인 값의 영향을 덜 받는 통계량을 의미한다.
㉮ 기하평균: 곱셈 기반이므로 0이나 매우 작은 값, 매우 큰 값에 민감하다.
㉯ 중위수(Median): 중앙값으로, 데이터의 크기 순서에만 영향을 받기 때문에 이상치에 둔감하다.
㉰ 조화평균: 분수 기반이므로, 작은 값이나 0 근처 값에 민감하다.
㉱ 절사평균(Trimmed Mean): 일부 극단값을 제거한 후 평균을 내기 때문에 이상치에 둔감하다.

62 정답 ④

A반 20명의 평균은 70점이고, B반 30명의 평균은 80점이다. 50명의 중간고사 총점은 $(20 \times 70) + (30 \times 80) = 3{,}800$점이다. 따라서 이번 학기에 통계학을 수강하고 있는 학생 50명의 중간고사 평균은 $\dfrac{(20 \times 70) + (30 \times 80)}{20 + 30} = \dfrac{3{,}800}{50} = 76$점이다.

63 정답 ②

줄기-잎 그림에서 줄기는 자료의 십의 자리 수이고, 잎은 일의 자리 수이다. 주어진 자료에서 십의 자리 수가 5인 자료는 50, 53, 54이므로, 빈 칸에 들어갈 잎은 0, 3, 4이다. 또한, 자료의 개수 n이 17로 홀수이므로 중앙값은 $\dfrac{n+1}{2} = \dfrac{17+1}{2} = 9$번째 값이다. 따라서 중앙값은 크기 순으로 정리된 줄기-잎 그림에서 9번째의 값인 50이다.

64 정답 ④

상자그림의 상자 길이($Q_3 - Q_1$)와 분산은 모두 산포를 나타내지만, 서로 다른 지표이다.

65 정답 ④

표본평균 $\overline{X}$, 최빈값 Mo, 중앙값 Me 사이에 피어슨의 비대칭계수 관계식 $p \cong \dfrac{\overline{X} - Mo}{S} \cong \dfrac{3(\overline{X} - Me)}{S}$이 성립한다. 이때 $\overline{X} = Mo$이면 $p = 0$, $\overline{X} > Mo$이면 $p > 0$, $\overline{X} < Mo$이면 $p < 0$이다. 자료의 평균 $\overline{X} = 5.5$, 최빈값 $Mo = 3$에서 $\overline{X} > Mo$이므로 $p > 0$이며, 평균이 최빈값보다 크므로 오른쪽으로 꼬리를 늘어뜨린 비대칭분포를 나타낸다.

66 정답 ③

똑같은 크기의 사과 10개를 5명의 어린이에게 나누어주는 방법의 수는 '5개의 그룹(어린이)에 중복을 허용하여 10개(사과)를 나누는 경우의 수'인 문제로, $_5H_{10} = {}_{14}C_{10} = \dbinom{14}{10}$이다.

67 정답 ①

유튜브 광고를 시청한 사람(S) 중 상품을 구입(W)한 사람의 조건부 확률 P(W|S)은
$P(W|S) = \dfrac{P(W \cap S)}{P(S)} = \dfrac{40}{100} = 0.4$, 즉 0.4 또는 40%이다.

68 정답 ②

조건부 확률을 이용해 풀 수 있는 베이즈 정리유형으로 1 지역에서 찾지 못했다는 정보(=조건)가 주어졌을 때, 실제로 그 지역에 비행기가 있었을 확률을 구해야 한다. 비행기가 세 지역 중 하나에 있을 확률이 동일하다고 가정한다.
$1 - \alpha_i$는 i지역에 실제로 있을 때 그 지역에서 발견할 확률이므로 α_i는 i지역에 실제로 있었는데도 못 찾을 확률이다. 1번 지역에서 수색했지만 못 찾았을 때, 실제로 1번 지역에 있었을 확률을 묻고 있으므로 P(비행기가 1지역에 있음 | 1지역에서 못 찾음)을 계산해야 한다.
P(비행기가 1지역에 있음 | 1지역에서 못 찾음)
$= \dfrac{P(1\text{지역에서 못 찾음} | 1\text{지역에 있음}) \times P(1\text{지역에 있음})}{\sum_{i=1}^{3} P(1\text{지역에서 못 찾음} | i\text{지역에 있음}) \times P(i\text{지역에 있음})}$
이며
P(1지역에서 못 찾음 | 1지역에 있음) $= \alpha_1$
P(1지역에서 못 찾음 | 2지역에 있음) $= 1$
P(1지역에서 못 찾음 | 3지역에 있음) $= 1$
모든 지역에 있을 확률
P(1지역) = P(2지역) = P(3지역) $= 1/3$이므로
P(비행기가 1지역에 있음 | 1지역에서 못 찾음)
$= \dfrac{\alpha_1 \times \dfrac{1}{3}}{\alpha_1 \times \dfrac{1}{3} + 1 \times \dfrac{1}{3} + 1 \times \dfrac{1}{3}} = \dfrac{\alpha_1}{\alpha_1 + 2}$이다.

69 정답 ④

'A와 B가 독립이고 A와 C가 독립이면 A와 $B \cap C$가 독립이 아닌 경우가 있으며, 세 사건 A, B, C가 상호독립이면 A와 $B \cap C$ 뿐만 아니라 어떤 사건도 독립이다.
①② 두 사건 A와 B가 독립이면, A와 B^C, B와 A^C, A^C과 B^C 등 어떤 사건도 독립이다.
③ 양의 확률을 갖는 사건 A와 B가 배반사건이면, $P(A \cap B) = 0$이므로 $P(A \cap B) \neq P(A)P(B)$, 즉 A와 B는 독립이 아니다.

70 정답 ②

주사위를 던져 나온 숫자에 100,000원을 곱한 상금을 X라고 하면, 이 확률변수 X의 확률분포는 다음과 같다.

상금	200,000원	400,000원	600,000원
$P(X=x)$	$\frac{1}{3}$	$\frac{1}{3}$	$\frac{1}{3}$

기댓값 $E(X) = \frac{1}{3} \times (200{,}000원 + 400{,}000원 + 600{,}000원)$
$= 400{,}000$원이다.

71 정답 ②

연속확률변수 X에 대한 확률은 적분을 이용하여 구한다. 전체 확률이 1임을 이용하여 상수 k값을 구한다. 주어진 범위에서 전체 확률은 $1 = \int_0^1 (kx - kx^2)dx = \left[\frac{kx^2}{2} - \frac{kx^3}{3}\right]_0^1 = \frac{k}{6}$ 이고, $\frac{k}{6} = 1$ 이므로 $k = 6$이다.

연속확률변수 X의 기댓값은 $E(X) = \int_{-\infty}^{\infty} x \times f(x)dx$ 이므로

$E(X) = \int_0^1 x \times 6x(1-x)dx = \int_0^1 (6x^2 - 6x^3)dx$

$= \left[\frac{6x^3}{3} - \frac{6x^4}{4}\right]_0^1 = \frac{1}{2}$ 이다.

$f(x)$는 x축과 0, 1에서 만나는 포물선이므로 $x = \frac{1}{2}$에서 좌우 대칭이다. 따라서 기댓값은 $\frac{1}{2}$이다.

72 정답 ②

적합품과 부적합품 두 가지뿐인 베르누이 시행에서 10개의 제품 중 부적합품 수를 확률변수 X라 하면, 확률변수 X는 $n = 10$, $p = 0.01$인 이항분포 $B(10, 0.01)$를 따르며, 확률질량함수는 $P(X = x) = {}_{10}C_x (0.01)^x (1 - 0.01)^{10-x}$ $(x = 0, 1, \cdots, 10)$이다. 따라서 판매된 한 상자가 반품되려면 10개 중에 부적합품이 2개 이상이어야 하므로 판매된 한 상자가 반품될 확률은

$P(X \geq 2) = 1 - P(X < 2) = 1 - P(X = 0) - P(X = 1)$
$= 1 - {}_{10}C_0 (0.01)^0 (1-0.01)^{10-0} - {}_{10}C_1 (0.01)^1 (1-0.01)^{10-1}$
$= 1 - 1 \times (0.01)^0 (0.99)^{10} - 10 \times (0.01)^1 (0.99)^9 \fallingdotseq 0.004$

따라서 약 0.4%이다.

73 정답 ①

'탑승한다'와 '탑승하지 않는다' 두 가지뿐인 베르누이 시행에서 360건의 예약 중 예정시간에 공항에 도착해 탑승하는 사람들의 수를 확률변수 X라 하면, 확률변수 X는 $n = 360$, $p = 0.8$인 이항분포 $B(360, 0.8)$을 따른다.

X의 기댓값과 분산이 각각 $E(X) = np = 360 \times 0.8 = 288$, $V(X) = np(1-p) = 360 \times 0.8 \times (1 - 0.8) = 57.6$이므로 확률변수 X는 근사적으로 정규분포 $N(288, 57.6)$을 따른다.

따라서 이 항공편을 예약하고 예정시간에 공항에 나온 사람들 모두가 탑승하여 좌석에 앉을 수 있을 확률 $P(X \leq 300)$의 근삿값을 구하기 위해 연속성 수정을 고려한 근사식은

$P(X \leq 300) \fallingdotseq P(X \leq 300 + 0.5)$
$\fallingdotseq P\left(\frac{X - 288}{\sqrt{57.6}} \leq \frac{(300 + 0.5) - 288}{\sqrt{57.6}}\right)$
$\fallingdotseq P(Z \leq 1.65) = 0.9515$ 이다.

74 정답 ②

정규분포의 성질에 의하여 두 확률변수 X와 Y가 서로 독립이고
$X \sim N(1, 1^2)$, $Y \sim N(2, 2^2)$이면,
$X + Y \sim N(1+2, 1^2 + 2^2) = N(3, 5)$이다.
따라서 $P(X + Y \geq 5)$를 표준정규분포 $N(0, 1)$로 표준화하면,

$P(X + Y \geq 5) = P\left(\frac{X+Y-3}{\sqrt{5}} \geq \frac{5-3}{\sqrt{5}}\right) = P\left(Z \geq \frac{2}{\sqrt{5}}\right)$

$= P\left(Z \leq -\frac{2}{\sqrt{5}}\right) = \phi\left(-\frac{2}{\sqrt{5}}\right)$ 이다.

75 정답 ②

자유도 3, 2인 F-분포에서 확률 0.95에 대한 F값 $F_{0.95}(3, 2) = F_{1-0.5}(3, 2)$는 $1/F_{0.5}(2, 3)$과 같다.

① 자유도가 k인 t-분포의 제곱은 $\chi^2(k, 1)$분포와 동일하다.
③ t-분포는 좌우대칭형 분포이고, χ^2-분포와 F-분포는 통상적으로 오른쪽으로 꼬리가 긴 분포이다.
④ $Z \sim N(0, 1)$, $V \sim \chi^2(r)$이고, Z와 V가 독립일 때, $Z/\sqrt{V/r}$는 자유도가 r인 t-분포를 따른다.

76 정답 ①

효율성(또는 유효성)은 여러 가지 불편추정량 중에서 분산이 적은 추정량이 더 좋은 추정량이 된다는 성질이다. 불편추정량 $\hat{\theta}_1$, $\hat{\theta}_2$에 대하여 $V(\hat{\theta}_1) < V(\hat{\theta}_2)$이면 $\hat{\theta}_1$이 $\hat{\theta}_2$보다 더 효율적이라고 본다. 따라서 중위수가 평균보다 중앙에 위치히기 때문에 더욱 효율성이 있다고 판단하지 않는다.

77 정답 ④

모평균을 추정할 때는 불편성, 효율성, 일치성 등의 특성을 고려해야 한다.

- 불편성 만족: X_2, $\dfrac{X_1+X_3}{2}$, $\dfrac{X_1+2X_2+X_3}{4}$
- 효율성 만족: 분산이 가장 작은 $\dfrac{X_1+2X_2+X_3}{4}$가 가장 바람직한 추정량이다.

78 정답 ①

전체 고등학생 중에서 랜덤하게 추출한 남학생 600명, 여학생 400명으로부터 확인된 찬성률 40%, 60%는 전체 남학생 14,000명과 여학생 6,000명에 적용된다. 따라서 전체 고등학생 중 남학생은 $14{,}000$명$\times 0.4 = 5{,}600$명, 여학생은 $6{,}000$명$\times 0.6 = 3{,}600$명이 찬성하므로 그 찬성률은 $\dfrac{(5{,}600\text{명}+3{,}600\text{명})}{20{,}000\text{명}}\times 100 = 46\%$이다.

79 정답 ③

오차한계(추정오차) d는 '$z_{\alpha/2}\times$표준오차'이다. 모비율에 대한 95% 신뢰수준에서 $\alpha = 0.05$, $z_{\alpha/2} = z_{0.025}$이고, 모비율 p의 표준오차는 $SE(\hat{p}) = \dfrac{\sqrt{\hat{p}(1-\hat{p})}}{n}$이므로 $d = z_{0.025}\sqrt{\dfrac{\hat{p}(1-\hat{p})}{n}}$이다. 표본비율 $\hat{p}$이 알려지지 않은 경우에는 $\hat{p}$을 0.5로 정하여 계산하므로 오차한계 $d = z_{0.025}\sqrt{\dfrac{1}{2}\times\dfrac{1}{2}\times\dfrac{1}{n}}$을 이용한다.

- $n=400$일 때, $d = 1.96\sqrt{\dfrac{1}{2}\times\dfrac{1}{2}\times\dfrac{1}{400}} = 0.049$
- $n=1{,}600$일 때, $d = 1.96\sqrt{\dfrac{1}{2}\times\dfrac{1}{2}\times\dfrac{1}{1{,}600}} = 0.0245$

따라서 재조사 결과 추정오차는 $0.049 - 0.0245 = 0.0245$로 2.45% 감소하였다.

80 정답 ④

정당 지지도에 대한 95% 신뢰구간은 표본의 크기 $n = 100$, 표본비율 $\hat{p} = \dfrac{X}{n} = \dfrac{45}{100} = 0.45$, $\alpha = 0.05$이므로 $z_{\alpha/2} = z_{0.025} = 1.96$에 대하여

$\left(\hat{p} - z_{0.025}\sqrt{\dfrac{\hat{p}(1-\hat{p})}{n}},\ \hat{p} + z_{0.025}\sqrt{\dfrac{\hat{p}(1-\hat{p})}{n}}\right)$

$= \left(0.45 - 1.96\times\sqrt{\dfrac{0.45\times 0.55}{100}},\ 0.45 + 1.96\times\sqrt{\dfrac{0.45\times 0.55}{100}}\right)$

$= (0.45 - 0.0975,\ 0.45 + 0.0975)$이다.

따라서 0.45 ± 0.0975이다.

81 정답 ③

두 모분산 σ_A^2, σ_B^2이 알려지지 않은 경우, 제품 A를 x_A, 제품 B를 x_B라 하면 x_A, x_B의 모평균 차 $\mu_A - \mu_B$에 대한 $100(1-\alpha)\%$ 신뢰구간을 구한다(단, n_A, $n_B \geq 30$인 대표본).

$\alpha = 0.05$이므로 $z_{\alpha/2} = z_{0.025} = 1.96$에 대하여 $\mu_A - \mu_B$의 95% 신뢰구간은

$\left((2{,}800 - 2{,}500) - 1.96\sqrt{\dfrac{450}{50} + \dfrac{1{,}600}{100}},\ (2{,}800 - 2{,}500) + 1.96\sqrt{\dfrac{450}{50} + \dfrac{1{,}600}{100}}\right)$이다.

따라서 $(300 - 1.96\times 5,\ 300 + 1.96\times 5)$이다.

82 정답 ④

신뢰수준 95%에서 추정되는 표본비율의 오차한계 $z_{\alpha/2}\sqrt{\dfrac{\hat{p}(1-\hat{p})}{n}}$가 연구자가 원하는 오차한계 $d = 0.03$보다 작기 위해 필요한 표본의 크기 n을 구해야 한다. 단, 표본비율 $\hat{p}$는 0.5로 추측한다는 조건을 이용한다.

표본비율 $\hat{p} = 0.5$, $\alpha = 0.05$이므로 $z_{\alpha/2} = z_{0.025} = 1.96$에 대하여 $1.96\sqrt{\dfrac{1}{2}\times\dfrac{1}{2}\times\dfrac{1}{n}} \leq 0.03$, $n \geq \dfrac{1}{4}\times\left(\dfrac{1.96}{0.03}\right)^2 \fallingdotseq 1{,}067$이므로 최소한 1,068명의 대학생을 조사해야 한다.

83 정답 ④

'유의확률(p-값) < 유의수준(α)'이면 귀무가설을 기각한다. 유의확률(p-값)이 0.044이면, '0.01 < 0.044 < 0.05'이므로 귀무가설을 유의수준 1%에서 기각할 수 없으나 5%에서는 기각할 수 있다.

84 정답 ②

두 조건(휘발유 종류)에서의 주행거리를 비교하기 위해 같은 차량과 운전자를 사용하여 조건을 통제한 상황에서 실험이 이루어졌다. 즉, 같은 실험 단위(차량과 운전자)에 대해 기존 휘발유와 새로운 휘발유를 각각 적용해 두 번 측정한 결과를 비교하는 것이므로, 각 측정값이 쌍을 이루는 대응표본에 해당한다. 따라서 대응표본 t-검정이 적합하다.

85 정답 ④

모평균에 대한 가설검정 절차에 따라 가설을 세우면, $H_0: \mu = 20$(분), $H_1: \mu > 20$(분)이다. 모분산이 알려지지 않은 소표본 ($n < 30$)인 경우의 가설검정에서 $\mu_0 = 20$, $\overline{X} = 22$, $\sigma = 3$, $n = 25$이므로 검정통계량의 값은 $t_0 = \dfrac{22-20}{3/\sqrt{25}} \fallingdotseq 3.33$이다. 단측검정이므로 유의수준 5%에서 기각역은 $t > t_{0.05}(24)$이고, $3.33 > 1.711$이므로 귀무가설을 기각한다. 즉, 유의수준 0.05하에서 종업원의 실제 휴식시간은 규정시간 20분보다 더 길다고 할 수 있다.

86 정답 ①

독립변수(X)와 종속변수(Y)가 범주형 변수 또는 연속형 변수인지에 따라 다음과 같이 교차분석, 분산분석, 상관분석, 회귀분석으로 구분할 수 있다.

종속변수(Y) \ 독립변수(X)	범주형 변수	연속형 변수
범주형 변수	교차분석	
연속형 변수	분산분석	상관분석, 회귀분석

87 정답 ②

세 그룹의 평균을 비교하기 위해 각 수준에서 5번씩 반복실험하므로 전체 자료의 개수는 $3 \times 5 = 15$이며, 따라서 총합의 자유도는 $15 - 1 = 14$이다. 분산분석표를 완성하면 다음과 같다.

요인	제곱합	자유도	평균제곱합	F-통계량
처리	52.0	2	52/2 = 26	26/5 = 5.2
오차	60.0	14 − 2 = 12	60/12 = 5	
총합	112.0	14		

88 정답 ④

요인의 수준이 4, 총 측정횟수 12, 처리의 제곱합 $3 \times \sum_{j=1}^{4} (\overline{X}_{\cdot j} - \overline{\overline{X}})^2 = 46.5$, 오차의 제곱합 $\sum_{j=1}^{4} \sum_{i=1}^{3} (X_{ij} - \overline{X}_{\cdot j})^2 = 19$로부터 분산분석표를 완성하면 다음과 같다.

요인	제곱합	자유도	평균제곱	F-값
공급업체	46.5	4 − 1 = 3	46.5/3 = 15.5	15.5/2.375 ≒ 6.526
오차	19	12 − 4 = 8	19/8 = 2.375	
총합	65.5	12 − 1 = 11		

89 정답 ②

질적자료(또는 범주형 자료)인 명목척도나 서열척도의 성격을 가진 변수를 분석하는 통계분석방법은 교차분석(카이제곱 검정)이다. 도서를 대출한 학부학년(1학년, 2학년, 3학년, 4학년)은 명목척도이고, 올해 도서를 대출한 학부 학생들의 학년별 구성비가 12%, 20%, 33%, 35%인지 분석하는 것은 카이제곱 적합도 검정이다. 카이제곱 적합도 검정에서 자유도는 N개의 범주에 대해 $N - 1$이며, 학년이 4개의 범주이므로 자유도는 $(4 - 1) = 3$이다.

90 정답 ③

새로운 복지정책에 대하여 성별에 따라 찬반여부에 차이가 있는지를 검정하기 위해서는 카이제곱 동질성 검정을 실시한다.
H_0: 새로운 복지정책에 대한 찬반여부는 남녀성별에 따라 차이가 없다.
H_1: 새로운 복지정책에 대한 찬반여부는 남녀성별에 따라 차이가 있다.
동질성 검정에서의 기대도수는
$\hat{E}_{ij} = \dfrac{(각\ 행의\ 주변\ 합) \times (각\ 열의\ 주변\ 합)}{총합}$ 이므로 교차표는 다음과 같다.

구분		찬성	반대	합계
남자	O_{ij}	40	60	100
	$\hat{E}_{ij}$	$\dfrac{100 \times 100}{200} = 50$	$\dfrac{100 \times 100}{200} = 50$	
여자	O_{ij}	60	40	100
	$\hat{E}_{ij}$	$\dfrac{100 \times 100}{200} = 50$	$\dfrac{100 \times 100}{200} = 50$	
합계		100	100	200

따라서 검정통계량의 값을 구하면
$\chi^2 = \dfrac{(40-50)^2}{50} + \dfrac{(60-50)^2}{50} + \dfrac{(60-50)^2}{50} + \dfrac{(40-50)^2}{50} = 8$
이다.
유의수준 $\alpha = 0.05$와 자유도 $(2-1)(2-1) = 1$에 대한 카이제곱 값은 $\chi^2_{0.05}(1) = 3.84$이고, 검정통계량의 값 $\chi^2 = 8 > \chi^2_{0.05}(1) = 3.84$, 검정통계량의 값 $\chi^2 = 8$에 대한 유의확률 < 유의수준 0.05이므로 귀무가설(H_0)을 기각한다. 즉, 유의수준 0.05하에서 새로운 복지정책에 대한 찬반여부는 남녀성별에 따라 차이가 있다고 할 수 있다.

91 정답 ②

두 변수에 대한 공분산은 변수들의 측정단위가 달라지면 값이 변할 수 있지만, 상관계수는 공분산을 두 확률변수의 표준편차로 나눈 값이므로 변수들의 측정단위가 달라져도 영향을 받지 않는다.

92 정답 ④

두 변수 간의 적률상관계수(Pearson 상관계수) $\dfrac{COV(X,Y)}{\sqrt{Var(X)} \times \sqrt{Var(Y)}}$ 를 구하면, 공분산 $Cov(X,Y) = \sqrt{560}$, X의 표준편차 $\sqrt{Var(X)} = \sqrt{70}$, Y의 표준편차 $\sqrt{Var(Y)} = \sqrt{50}$ 이므로, $\dfrac{\sqrt{560}}{\sqrt{70}\sqrt{50}} = 0.4$ 이다.

93 정답 ①

상관계수는 두 변수의 직선(선형)관계의 밀접성 정도를 나타내는 측도로, 두 변수의 상관계수를 직접 계산하여 구할 수 있다. 그러나 두 변수 사이의 관계를 확인하기 위해 먼저 산점도를 그려볼 수 있다. 산점도를 그려보면 위 표의 (X, Y)가 $(1, 1), (2, 1), (2, 2), (2, 3), (3, 2), (3, 3), (4, 3), (4, 4), (5, 4), (5, 5)$에 분포되어 있으며, X와 Y가 함께 커지는 관계임이 확인된다. 따라서 두 변수 X와 Y는 양의 상관관계이므로 상관계수가 양의 값을 갖는다.

94 정답 ③

두 확률변수 $U = \dfrac{1}{2}X + 5$와 $V = \dfrac{3}{2}Y + 1$의 상관계수는 $\left(\dfrac{1}{2}\right) \times \left(\dfrac{3}{2}\right) > 0$이므로 X와 Y의 상관계수 0.92와 같다.

95 정답 ③

Q-Q 그림(Quantile-Quantile Plot)은 잔차가 정규분포를 따르는지 시각적으로 검정하는 도구이다. Q-Q 플롯에서 점들이 대각선에 가깝게 일렬로 늘어서 있으면 정규성 만족, 그렇지 않으면 정규성 위배로 본다.
① 선형성: 산점도나 잔차 vs 적합값 플롯으로 검정
② 등분산(등분산성): 잔차 vs 적합값 플롯으로 검정
④ 독립성: 자기상관 그래프나 Durbin-Watson 검정 사용

96 정답 ③

단순회귀모형에 대한 추정회귀직선 $\hat{Y}=\hat{\alpha}+\hat{\beta}X$의 기울기는 $\hat{\beta}=r_{XY}\times\dfrac{S_Y}{S_X}$이다. 따라서 X의 표준편차 $S_X=3$, Y의 표준편차 $S_Y=4$, X와 Y의 상관계수 $r_{XY}=0.6$에 대하여 기울기는 $\hat{\beta}=0.6\times\dfrac{4}{3}=0.8$이다.

97 정답 ①

주어진 모형에서 추정량 b의 분산-공분산 행렬 $Var(b)$는 $Var(b)=(X'X)^{-1}\sigma^2$이다.

98 정답 ③

단순회귀모형에서 잔차 $e_i=y_i-\hat{y}_i(i=1,\ 2,\ \cdots,\ n)$는 다음 4가지 특성을 만족해야 한다.

- $E(e_i)=0$: 잔차들의 평균은 0이다.
- $\sum_{i=1}^{n}e_i=0$: 잔차들의 합은 0이다. 또한 잔차제곱의 합은 최소가 된다.
- $\sum_{i=1}^{n}x_ie_i=0$: 잔차들의 독립변수에 대한 가중합은 0이다.
- $\sum_{i=1}^{n}\hat{y}_ie_i=0$: 잔차들의 예측값에 대한 가중합은 0이다.

따라서 $\sum e_i=0=\sum x_ie_i=\sum \hat{y}_ie_i$이다.

99 정답 ③

단순회귀모형에서 결정계수 R^2은 종속변수와 독립변수의 상관계수 r의 제곱과 동일하다.

100 정답 ④

추정된 회귀식 $\hat{Y}=39.69+3.37X_1+0.53X_2$에서 평수가 30평, 가족이 5명일 때 $X_1=30$, $X_2=5$를 대입하면 가구의 난방비는 $\hat{Y}=39.69+3.37\times30+0.53\times5=143.44$(천 원)로 예측된다. 그리고 유의수준 5%에서 '$0.009(p\text{-값})<0.05$'이므로 평수가 난방비에 유의한 영향을 준다고 볼 수 있다.

# 제2회 | 정답 및 해설

제1과목: 조사방법과 설계

01	②	02	①	03	④	04	①	05	③
06	④	07	④	08	②	09	①	10	②
11	①	12	③	13	②	14	②	15	②
16	②	17	③	18	②	19	④	20	④
21	④	22	②	23	②	24	④	25	③
26	④	27	①	28	④	29	④	30	①

01 정답 ②

ⓒ 동년배 조사는 동일 대상이 아니다.
ⓔ 탐색적 조사는 문제를 규명하고 가설을 생성하는 데 초점이 있으며, 이 과정에서 더 정밀하고 체계적인 조사는 이후의 단계(예: 기술적 조사, 인과적 조사)에서 이루어진다.

02 정답 ①

연구자가 하나의 변수 또는 원리로 모든 현상을 설명할 수 있다면 가장 이상적이며, 이처럼 가급적 적은 수의 변수로 보다 많은 현상을 설명하는 것은 간결성의 원칙이다.

03 정답 ④

분석단위란 자료수집 시 표본의 크기를 결정하는 데 사용되는 기본 단위로 개인, 집단, 지역사회, 국가, 사회적 가공물(생성물) 등이 있다. 고용주가 게재한 구인광고의 내용과 강조점이 어떻게 변화하였는지 파악하는 연구에서 분석단위는 구인광고이다.

04 정답 ①

귀납법이 아닌 연역적 논리에 대한 설명이다.
연역적 논리는 '가설형성 → 관찰 → 가설검증 → 이론형성'에 따라 연구가 진행되며, 마지막 단계에서는 가설과 관찰 결과를 비교하면서 가설의 채택 여부를 결정짓는다.

05 정답 ③

사례조사는 변수에 대한 관찰이 이루어지지 않아 반복적 연구가 불가능하며 비교 또한 불가능하다.

06 정답 ④

질문지 작성의 일반적인 과정은 '예비조사(Pilot Study)및 필요한 정보의 결정(㉠) → 자료수집방법 결정(ⓒ) → 개별항목 내용 결정 → 질문형태 결정(㉣) → 개별항목 결정(ⓒ) → 질문순서 결정(㉤) → 질문지 초안 완성(㉥) → 질문지 사전검사(㉦) → 질문지 확정 및 인쇄(㉧)' 순으로 이루어진다.

07 정답 ④

질문지 작성 시 도덕적 규범이나 사회적 규범에 맞는 응답을 요구하는 질문이나 응답 항목을 작성하지 않도록 주의해야 한다.
①~③ 질문지 작성 원칙 중 명확성에 해당한다.

08 정답 ②

표적집단면접(초점집단면접)은 진행자의 주도하에 특정한 경험을 공유한 소수 응답자 집단이 특정한 주제에 대하여 자유롭게 토론하도록 하여 필요한 정보를 추출하는 면접방법이다. 따라서 표적집단면접은 자료수집과정에서 면접원의 주관이나 편견이 개입될 수 있다.

09 정답 ①

심층면접은 한 명의 응답자와 일대일 면접을 진행하여 응답자의 생각, 느낌, 욕구, 태도 등을 심도 있게 조사하는 면접방법이므로 대체로 개인 또는 소규모 조사연구에 적합하다.

10   정답 ②

① 델파이조사는 전문가들로부터 우편으로 의견이나 정보를 수집한 것을 분석한 다음, 다시 응답자에게 보내어 만족할 때까지 반복하므로 조사내용이 구조화(표준화)된 방식이다.
③ 델파이조사에 대한 설명이다.
④ 초점집단조사에 대한 설명이다.

11   정답 ①

② 기술조사는 어떤 사건이나 현상에 대한 정보가 필요할 때 이를 정확하게 기술하기 위해 실시하는 조사이다.
③ 종단조사는 시간의 흐름에 따라 일반적인 대상 집단의 변화를 관찰하는 조사이다.
④ 인과조사는 2개 이상의 변수 간의 원인과 결과 관계를 밝히는 조사이다.

12   정답 ③

우편조사 시 질문지 표지에 반드시 포함해야 하는 사항으로는 조사자의 연락처, 조사기관, 지원기관, 조사목적, 조사의 중요성(필요성), 비밀유지 보장 등이 있다.

13   정답 ②

㉠ 패널조사는 특정 연구대상을 사전에 선정하고 이들을 패널로 구성한 후 동일한 현상에 대해 일정한 시간 간격을 두고 지속적으로 반복 측정하여 조사하는 방식이다.
㉡ 추세조사는 어느 한 시점에서 연구대상 집단의 경향을 분석하고 시간의 경과 후에 그 경향을 다시 분석하여 비교하는 과정을 반복하면서 연구대상 집단의 변화를 조사하는 방식이다.

14   정답 ②

전화조사는 응답자가 선정된 표본인지를 확인하기 어렵기 때문에 표본의 대표성을 확보하기 쉽지 않다.

15   정답 ②

솔로몬 4집단설계는 무작위할당으로 4개의 집단을 구성하여 2개의 집단은 사전검사를 실시하고, 2개의 집단은 사전검사를 실시하지 않는다.
사전검사를 실시한 집단 중 하나와 사전검사를 실시하지 않은 집단 중 하나에 처치를 하고, 모두 사후측정을 한 뒤 사후측정에서의 차이점이 독립변수에 의한 것인지 사전측정에 의한 것인지 비교한다. 따라서 사전-사후검사에서 나타나는 사전검사의 영향을 제거하기 위해 사전검사를 한 집단과 그렇지 않은 집단으로 나누고 동일한 처치를 가하여 모든 외생변수를 통제할 수 있다.

16   정답 ②

유사실험설계의 유형 중 하나인 비동일 통제집단설계를 취한 것으로 볼 수 있다.
연구자가 임의로 중학교 두 곳을 선정하였으므로 순수실험설계의 유형인 솔로몬 설계, 플라시보 통제집단설계, 통제집단 사전-사후 검사설계는 해당되지 않는다.

17   정답 ③

표본의 수치적 특성으로 표본에서 얻은 변수의 값을 요약하고 묘사한 표본들의 함수를 의미하는 것은 통계량이다.
모수란 모집단에서 어떤 변수가 가지고 있는 특성을 요약한 수치로, 모집단 전체의 특성을 요약한 값이며 표본으로부터 확인한 통계치를 근거로 추정한다.

18   정답 ②

표본추출 시 표본추출오차는 반드시 발생한다.

19   정답 ④

㉠ 조사대상: 연구의 대상이 되는 사람이나 집단을 정의해야 한다.
㉡ 조사항목: 연구에서 무엇을 조사할지, 즉 변수나 질문지를 설계해야 한다.
㉢ 조사방법: 데이터 수집 방법(설문, 면접, 관찰 등)을 선정해야 한다.

20 정답 ④

① 통제집단 사후실험설계(Posttest-only Control Group Design)는 사전검사 없이 실험 후에만 결과변수(종속변수)를 한 번 측정한다.
② 순수실험설계는 사회과학이나 심리학 등 학문적 연구에서 가장 이상적인 설계로 간주된다.
③ 통제집단 사전-사후설계(Pretest-posttest Control Group Design)는 실험집단과 통제집단 모두에 대해 사전검사(Pretest)와 사후검사(Posttest)를 실시하므로 주시험(Pretest)의 효과를 통제할 수 있는 장점이 있다.

21 정답 ④

㉠~㉣ 모두 타당도에 대한 옳은 설명이다.

22 정답 ②

① 우발적 사건은 연구기간 동안 천재지변이나 예상치 않았던 사건이 일어나는 경우로, 연구가 진행되는 중에 환경이 바뀜에 따라 연구결과가 다르게 나타나는 것이다.
③ 표본의 편중은 실험의 대상이 되는 집단 간의 차이가 결과변수에 영향을 미치는 경우이다.
④ 통계적 회귀는 최초의 측정에서 양 극단적인 측정값을 보인 사례들을 이후에 재측정하면 평균값으로 회귀하여 처음과 같은 극단적 측정값을 나타낼 확률이 줄어드는 경우이다.

23 정답 ②

㉣ 질적연구방법은 선(先)조사 후(後)이론의 방법을 활용하는 귀납적 과정에 기초하여 개별 사례 과정과 결과의 의미, 사회적 맥락을 규명한다.

24 정답 ④

① 검증할 가설을 찾아내기 위한 것은 탐색적 조사(Exploratory Study)의 목적이다. 사전조사는 가설을 찾는 것이 아니라, 설문 도구의 적합성을 확인하는 과정이다.
② 사전조사에 참여한 응답자들은 실제 조사에 참여하면 안 된다. 이미 설문을 경험했기 때문에 연구의 타당성을 해칠 수 있다.
③ 기초적인 자료를 확보하기 위해 이루어지는 조사는 탐색적 조사이다.

25 정답 ③

학문적 공헌도와 실질적 효용성은 연구문제의 중요성이나 연구의 가치를 평가하는 기준에 해당한다.

26 정답 ④

탐색이란 감추어진 사실이나 새로운 정보를 알아내기 위해 살펴 찾는 것으로 사건이나 현상 속에 존재하는 논리적이고 지속적인 패턴을 탐색하는 것이다. 단일사례설계를 통하여 운동이 체중 감소에 미치는 효과를 검증하는 연구는 과학적 연구의 목적 중 설명에 대한 사례이다.

27 정답 ①

횡단연구는 정태적이며, 종단연구는 동태적인 성격이다.

28 정답 ④

사회지표연구는 양적연구이다.
질적연구는 근거이론연구, 문화기술지연구, 내러티브연구, 현상학적연구, 심층사례연구 등이 해당된다.

29 정답 ④

질적연구는 연구참여자와 연구자 간에 상호작용을 통해 연구가 진행되므로, 가치 지향적이고 편견이 개입될 수 있다.

30 정답 ①

표본조사는 비표본추출오류를 줄일 수 있다는 장점이 있으나, 표본추출오류가 반드시 발생한다는 단점이 있다.

제2과목: 조사관리와 자료처리

31	①	32	④	33	③	34	④	35	③
36	②	37	①	38	④	39	②	40	①
41	①	42	③	43	④	44	②	45	①
46	①	47	④	48	③	49	①	50	④
51	④	52	②	53	③	54	①	55	④
56	④	57	②	58	①	59	④	60	①

31 정답 ①

② 2차 자료는 기존에 다른 목적으로 수집된 자료이므로 현재 연구 목적에 맞게 정확도, 신뢰도, 타당도를 평가하는 데 한계가 있다.
③ 2차 자료는 조사자가 현재 조사목적에 맞게 직접 설계하고 수집한 것이 아니므로 조사목적에 맞는 정보가 필요할 때 적시에 제공되기 어렵다.
④ 1차 자료에 대한 설명이다.

32 정답 ④

① 전화조사는 면접조사에 비해 시간이 적게 소요된다.
② 인터넷조사는 우편조사에 비하여 비용이 적게 소요된다.
③ 인터넷조사는 다른 조사에 비해 시각보조자료의 활용이 용이하다.

33 정답 ③

개방형 질문은 응답자가 자유롭게 기술하기 때문에 표현상의 차이뿐만 아니라 해석의 차이도 발생할 수 있으며, 일관성 있는 해석이 어렵다.

34 정답 ④

응답자가 조사의 목적을 알고 있어야 질문에 성실하고 정확한 응답을 할 가능성이 높다.

35 정답 ③

독립변수가 종속변수보다 시간적으로 선행한다.

36 정답 ②

- 비교척도 구성법(Comparative Scaling): 응답자가 한 쌍의 항목을 비교하거나 여러 항목을 동시에 비교하여 측정하는 방법으로 쌍대비교법, 순위법, 고정총합척도 등이 해당된다.
- 비비교척도 구성법(Non-comparative Scaling): 응답자가 각 항목을 독립적으로 평가하는 방법으로 단일평정법, 연속평정법, 항목평정법 등이 해당된다.

37 정답 ①

절대영점은 비율척도에 존재한다.

38 정답 ④

① 복수양식법의 변형으로, 하나의 측정도구를 문항 수와 내용이 비슷하도록 나누고 각각을 독립된 두 개의 측정도구로 사용하여 동일한 대상을 측정하고 그 결과값을 비교하는 방법이다.
② 동일한 상황에서 동일한 측정도구를 사용하여 동일한 대상을 일정한 시간 간격을 두고 두 번 이상 반복적으로 측정하고 그 결과값을 비교하는 방법이다.
③ 재검사법의 변형으로, 대등한 두 가지 형태의 측정도구를 이용하여 동일한 측정대상을 동시에 측정한 뒤 두 측정값의 상관관계를 비교하는 방법이다.

39 정답 ②

타당도(validity)는 지표가 측정하고자 하는 개념을 얼마나 정확히 반영하느냐에 대한 것으로, 지표의 개수와 직접적인 관련이 없다. 지표는 측정하고자 하는 개념을 구체화하여 여러 문항(속성)으로 구성된 척도를 말한다. 단일지표보다 여러 개의 지표(복합지표)를 사용하는 이유는 측정도구의 안정성, 내적일관성, 신뢰도를 높이기 위함이다.

40 정답 ①

② 초두효과에 대한 설명으로, 무학이나 저학력 응답자는 최근효과가 더 강하게 나타난다.
③ 면접자의 권위나 태도에 따른 영향(면접자 효과)에 대한 설명이며, 최근효과에 대한 설명은 아니다.
④ 질문 이해도의 문제에 대한 설명이다.

41 정답 ①

가설은 동의반복적이지 않아야 한다.

42 정답 ③

컨틴전시법은 이전 문항의 응답에 따라 이후 질문을 달리 제시하는 조건부 직접질문법이다.
간접질문은 응답자가 조사자의 직접적인 의도를 파악하지 못하도록 응답자에게 의견을 간접적으로 묻는 것이다. 간접질문으로는 투사법, 정보검사법, 단어연상법, 오류선택법, 토의완성법 등이 있다.

43 정답 ④

매개변수는 독립변수와 종속변수 사이의 매개자 역할을 하는 변수로, 독립변수의 결과인 동시에 종속변수의 원인이 되는 변수이다. 매개변수는 종속변수에 일정한 영향을 주며 독립변수에 의하여 설명되지 못하는 부분을 설명해준다.
① 원인변수는 독립변수의 다른 명칭으로 사전에 조작된 변수이다.
② 종속변수에 대한 설명이다.
③ 외생변수에 대한 설명이다.

44 정답 ②

사용 가능한 통계기법에 최빈값, 백분율(%), 중앙값 등이 있고, 비모수통계검증, 순위상관관계 등이 주로 활용된다면 서열수준의 측정이다.

45 정답 ①

'교육수준' 변수가 '소득수준' 변수에 영향을 미치는 관계인데도 불구하고 '연령' 변수 때문에 두 변수 사이에 관계가 없는 것으로 나타났다면, '연령' 변수는 '교육수준' 변수와 '소득수준' 변수 간에 서로 관계가 없는 것으로 나타나게 하는 억제변수이다. 따라서 연구자는 '연령' 변수를 통제하여 두 변수가 서로 관계가 있음을 밝혀야 한다.

46 정답 ①

문항의 수가 많을수록 크론바하 알파값은 커진다.

47 정답 ④

정확한 전자저울은 측정의 정밀성이 높으므로 신뢰도가 높다고 볼 수 있다. 하지만 전자저울은 지능지수를 측정하는 도구가 아니므로 지능지수를 정확하게 측정할 수 없기 때문에 타당도는 낮다.

48 정답 ③

프로빙(Probing)은 개방형 질문의 답을 비교하는 절차가 아니라, 응답을 보완하거나 명확하게 하기 위한 보조적 질문 기법이다. 비교는 분석 단계에서 통계적 처리로 이루어지며, 프로빙 자체의 목적과 다르다.

49 정답 ①

후광효과는 어떤 대상이나 사람에 대한 특정 견해나 성질이 두드러져 다른 특성을 평가하는 데 영향을 미치는 경우이다. 대기업에 입사했던 경력이나 명문대를 졸업한 응답자를 보면서 '일처리를 잘하는 사람일 것'이라고 생각하는 것이 그 예이다.

50 정답 ④

측정의 신뢰도를 향상시키기 위해 응답자가 잘 모르거나 관심이 없는 내용은 측정하지 않도록 한다.

51 정답 ④

① 우편조사(Mail Survey): 대규모 표본에 설문지를 우편으로 보내 수집하는 방식으로, 구조화된 데이터 수집에 적합하다.
② 내용분석(Contexts Analysis): 텍스트, 이미지, 음성 등 자료를 객관적으로 분석하는 방법으로, 대규모 데이터 분석에는 좋지만 심층적 이해에는 한계가 있다.
③ 유사실험(Quasi-experiment): 통제된 환경에서 독립변수를 조작하지 않고 자연적으로 발생하는 변화를 관찰하는 것으로, 심층 이해보다는 인과관계 탐색에 적합하다.

52 정답 ②

소시오메트리는 사회성 측정법이라고도 하며, 집단 구성원 간의 친화와 반발을 조사하여 그 빈도와 강도에 따라 집단구조를 이해하는 척도이다.

53 정답 ③

조사원은 조사 중에 응답자가 응답하기 곤란하거나 애매한 질문에 답하도록 추가적인 질문을 통하여 자세히 캐어묻기(프로빙)를 해야 하며, 솔직한 답변을 이끌어낼 수 있도록 응답자를 설득하기도 한다.

54 정답 ①

측정오차에는 체계적 오차와 비체계적 오차(확률오차)가 동시에 확인되며 측정값은 참값, 확률오차, 체계오차의 합과 같다.
② 체계적 오차는 타당도와 관련있으며, 비체계적 오차(확률오차)는 신뢰도와 관련있다.
③ 확률오차 = 0, 체계오차 ≠ 0인 경우, 측정도구는 신뢰할 수 있으나 타당성은 낮을 수 있다.
④ 체계오차 = 0, 확률오차 ≠ 0인 경우, 측정도구는 타당할 수 있으나 신뢰도는 낮을 수 있다.

55 정답 ④

표준화면접은 표준화된 질문(조사표)을 만들어 면접 상황에 영향을 받지 않고 모든 응답자에게 동일한 질문과 순서 등에 따라 수행하는 방법이다. 이는 반복적 연구가 가능하고, 신뢰도가 높으며, 면접결과의 계량화가 용이하다. 반면, 비표준화 면접은 질문의 내용과 순서가 미리 정해져 있지 않으며 면접상황에 따라 질문이 적절히 변경될 수 있는 비교적 자유로운 면접방법으로, 새로운 사실과 아이디어의 발견 가능성이 높다.

56 정답 ④

코드범주 수를 무조건 작게 하면 정보의 손실과 분석의 의미 감소를 초래할 수 있다. 적절한 분석을 위해서는 코드범주 수를 충분하게 설정해야 한다.

57 정답 ②

관찰시기가 행동발생과 일치하는지 여부에 따라 직접·간접 관찰로 나누어진다.

58 정답 ①

코드북은 모든 변수(숫자, 문자 포함)의 부호화 및 분류 체계를 설명해야 하므로 문자 변수도 포함된다.

59 정답 ④

㉠~㉤ 모두 사회조사에서 내용분석을 실시하기에 적합하다.

60 정답 ①

측정의 표준오차는 $SEM = \sigma\sqrt{1-r}$ (σ = 검사점수 표준편차, r = 신뢰도)에서 $r=1$이므로, $SEM = \sigma\sqrt{1-1} = 0$이다.

제3과목: 통계분석과 활용									
61	③	62	③	63	④	64	②	65	④
66	②	67	③	68	①	69	①	70	②
71	①	72	①	73	④	74	③	75	③
76	①	77	③	78	④	79	④	80	④
81	④	82	②	83	②	84	④	85	②
86	①	87	①	88	②	89	①	90	②
91	③	92	③	93	③	94	④	95	②
96	①	97	②	98	④	99	②	100	④

61
정답 ③

평균과 중앙값이 같다는 것은 자료가 대체로 대칭적이며, 자료에 극단적인 이상값이 거의 없음을 의미한다.
① 정규분포는 평균과 중앙값이 일치하지만, 평균과 중앙값이 일치한다고 해서 반드시 정규분포를 따른다고 할 수 없다.
② 평균과 중앙값이 같다고 해서 반드시 분포가 좌우 대칭이라고 단정할 수 없으며, 다른 형태의 분포에서도 평균과 중앙값이 일치할 수 있다.
④ 평균과 중앙값이 같다면, 평균도 적절한 대푯값이 될 수 있으므로 중앙값이 더 바람직하다고 단정지을 수 없다.

62
정답 ③

성적에 12점의 기본점수를 더해 주면, 성적의 각 자료가 모두 12점씩 평행이동하게 되므로 평균과 중앙값 모두 12점씩 평행이동한다. 따라서 새로 산정한 점수의 평균은 $40+12=52$점이고, 중앙값은 $38+12=50$점이다.

63
정답 ④

제시된 자료에 대한 중앙값, (표본)평균, 최빈값, 범위를 구하면 다음과 같다.
① 자료를 오름차순으로 정리하면 가장 가운데 있는 값 55가 중앙값이다. 또는 자료의 개수 $n=11$이 홀수이므로 $\frac{n+1}{2}=\frac{11+1}{2}=6$번째 값인 55가 중앙값이다.
② 범위는 최댓값과 최솟값의 차이이므로 $81-20=61$이다.
③ 54와 81이 두 번 확인되므로 최빈값은 54와 81이다.
④ (표본)평균은 $\frac{58+54+\cdots+20}{11}=\frac{615}{11}≒56$이다.

64
정답 ②

(표본)변이계수는 (표본)표준편차를 (표본)평균으로 나눈 값이다.

표본의 평균은 $\frac{\sum_{i=1}^{5}x_i}{5}=\frac{10}{5}=2$이고,

표본의 분산은 $S^2=\frac{\sum_{i=1}^{5}x_i^2-n\bar{x}^2}{n-1}=\frac{30-5\times 2^2}{5-1}=2.5$이므로

표준편차는 $\sqrt{2.5}$이다. 따라서 표본변이계수는 $\frac{\sqrt{2.5}}{2}≒0.79$이다.

65
정답 ④

제시된 자료에 대한 평균, 최빈값, 중앙값, 왜도를 구하면 다음과 같다.
- 평균은 $\frac{2+2+2+3+4+5}{6}=\frac{18}{6}=3$이다.
- 2가 세 번 확인되므로 최빈값은 2이다.
- 자료를 오름차순으로 정리한 뒤(2, 2, 2, 3, 4, 5), 자료의 개수 $n=6$이 짝수이므로 3번째 값 2와 4번째 값 3의 평균 $\frac{2+3}{2}=2.5$가 중앙값이다.
- 최빈값(2) < 중앙값(2.5) < 평균(3)이므로, 왜도는 0보다 크다.

66
정답 ②

총 10개(붉은색 8, 푸른색 2)의 구슬을 중복 없이 10명이 순서대로 하나씩 꺼낼 때, 2번째 사람이 푸른 구슬을 가지게 되는 경우는 두 가지이다.
1) 첫 번째 붉은 구슬, 두 번째 푸른 구슬을 뽑을 확률
$\frac{8}{10}\times\frac{2}{9}=\frac{16}{90}$
2) 첫 번째 푸른 구슬, 두 번째 푸른 구슬을 뽑을 확률
$\frac{2}{10}\times\frac{1}{9}=\frac{2}{90}$

따라서 전체 확률은 $\frac{16}{90}+\frac{2}{90}=\frac{18}{90}=\frac{1}{5}$이다.

67 정답 ③

5개의 서로 다른 종류의 물건에서 3개를 복원추출하는 경우, 첫 번째, 두 번째, 세 번째 시행 모두 다섯 개 중 하나를 선택하게 된다. 따라서 경우의 가짓수는 $5^3 = 125$가지이다.

④ 2개의 구슬을 동시에 꺼낸 결과, 꺼낸 구슬이 모두 붉은색일 확률은 $\dfrac{_2C_2 \times _3C_0}{_5C_2} = \dfrac{1}{\dfrac{5\times 4}{2\times 1}} = \dfrac{1}{10}$이다.

68 정답 ①

'두 주사위 중 작지 않은 수'라는 표현은 두 주사위 중에서 더 크거나 같은 수와 같은 의미이다. $X=2$가 되려면 가능한 경우가 $(1, 2)$, $(2, 1)$, $(2, 2)$이므로 $P(X=2) = 3/36$이다.

② $P(X<6) = 1 - P(X=6)$이며, $X=6$인 경우는 $(1, 6)$, $(2, 6)$, $(3, 6)$, $(4, 6)$, $(5, 6)$, $(6, 1)$, ⋯, $(6, 5)$, $(6, 6)$으로 총 11개이므로 $P(X=6) = 11/36$이고 따라서 $P(X<6) = 1 - 11/36 = 25/36$이다.

③ $\max(1, 1) = 1$, $\max(1, 2) = 2$, ⋯, $\max(6, 6) = 6$이므로 X는 이산형이며 값은 1~6이다.

④ 주사위 두 개를 던지면 표본공간은 $S = \{(1, 1), (1, 2), (1, 3), \cdots, (6, 6)\}$로, 총 36개의 쌍이다.

69 정답 ①

확률변수 X에 대한 새로운 변수 $Y = aX \pm b$의 표준편차 $\sigma(Y) = \sigma(aX \pm b) = |a|\sigma(X)$이다.
따라서 $S_Y = \sigma(Y) = \sigma(-2X+3) = |-2|\sigma(X) = 2S_X$이다.

③ 두 변수 X와 Y가 포물선의 관계이면 상관계수가 0이 될 수 있다.

70 정답 ②

연속확률변수 X에 대한 확률은 적분을 이용하여 구한다. 먼저 전체 확률이 1임을 이용하여 상수 k값을 구한다. $x \geq 0$일 때, $|x| = x$이고 $x < 0$일 때, $|x| = -x$이므로 주어진 범위에서 전체 확률은 $1 = \int_{-2}^{0}\left(\dfrac{1}{4}x + k\right)dx + \int_{0}^{2}\left(-\dfrac{1}{4}x + k\right)dx$

$= \left[\dfrac{1}{8}x^2 + kx\right]_{-2}^{0} + \left[-\dfrac{1}{8}x^2 + kx\right]_{0}^{2} = 4k - 1$이므로 $k = \dfrac{1}{2}$이다.

따라서 $f(x) = -\dfrac{1}{4}|x| + \dfrac{1}{2}$에 대해

$P(|X| > 1) = \int_{-2}^{-1}\left(\dfrac{1}{4}x + \dfrac{1}{2}\right)dx + \int_{1}^{2}\left(-\dfrac{1}{4}x + \dfrac{1}{2}\right)dx$

$= \left[\dfrac{1}{8}x^2 + \dfrac{1}{2}x\right]_{-2}^{-1} + \left[-\dfrac{1}{8}x^2 + \dfrac{1}{2}x\right]_{1}^{2} = \dfrac{1}{4}$이다.

71 정답 ①

B그룹과 그 외 그룹 두 가지뿐인 베르누이 시행에서 4명의 고객 중 B그룹에 속하는 고객의 수를 확률변수 X라 하면, 확률변수 X는 $n=4$, $p=0.5$인 이항분포 $B(4, 0.5)$를 따른다. $B(4, 0.5)$에 대한 확률질량함수는
$P(X=x) = _4C_x (0.5)^x (1-0.5)^{4-x} (x=0, 1, \cdots, 4)$
따라서 3명만이 B그룹에 속할 확률은
$P(X=3) = _4C_3 (0.5)^3 (1-0.5)^{4-3} = 4 \times (0.5)^3 \times (0.5)^1$
$= 0.25$이다.

72 정답 ①

t-분포는 표준정규분포처럼 0을 중심으로 좌우대칭인 종모양의 분포이지만 정규분포보다 두꺼운 꼬리를 갖고 있다. 그러나 자유도가 증가할수록 표준정규분포에 가까워져 자유도가 무한대이면 t값은 Z값과 일치한다. 따라서 $t_{0.05}(5)$값은 $t_{0.05}(10)$값보다 크고, 자유도 ν에 관계없이 $Z_{0.05} < t_{0.05}(\nu)$이며, 자유도 ν가 아주 커지면 $t_\alpha(\nu) \fallingdotseq Z_\alpha$이다.

73   정답 ④

표본평균 $\overline{X}$ 의 표준오차(SE)는 $SE(\overline{X}) = \dfrac{\sigma}{\sqrt{n}}$ 이고,

$\sigma = \sqrt{\sum_{i=1}^{n}(X_i - \overline{X})^2/n-1}$ 이므로

$SE(\overline{X}) = \sqrt{\sum_{i=1}^{n}(X_i - \overline{X})^2/(n-1)n}$ 이다.

74   정답 ③

중심극한정리(Central Limit Theorem, CLT)는 통계학의 핵심 이론으로, 모집단의 분포가 어떤 모양이든 상관없이 표본의 크기가 충분히 크면(보통 n이 30개 이상), 그 표본평균의 분포는 정규분포에 근사한다. 즉, 표본이 크기만 하면 정규분포를 따르므로 표본평균이 모집단 평균의 좋은 추정치가 된다는 확신을 줄 수 있다.

75   정답 ③

모집단으로부터 n개의 표본 $X_1, X_2, \cdots, X_n$을 뽑아 표본합 $X_1 + X_2 + \cdots + X_n$의 분포를 구하면, $E(X_1 + X_2 + \cdots + X_n)$
$= E(X_1) + \cdots + E(X_n) = n\mu$, $V(X_1 + X_2 + \cdots + X_n)$
$= V(X_1) + \cdots + V(X_n) = n\sigma^2$인 $N(n\mu, n\sigma^2)$으로 수렴한다.

76   정답 ①

표본분산 $S^2 = \dfrac{1}{n-1}\sum_{i=1}^{n}(X_i - \overline{X})^2$에 대해

$E(S^2) = E\left(\dfrac{1}{n-1}\sum_{i=1}^{n}(X_i - \overline{X})^2\right) = \sigma^2$이므로 불편성과 관계 있다.

불편성은 모수에 대한 추정량 $\hat{\theta}$의 평균이 모수 θ가 되는 추정량이 좋은 추정량이 된다는 성질로, $E(\hat{\theta}) = \theta$이다.

77   정답 ③

정규모집단으로부터 뽑은 확률표본 X_1, X_2, X_3로부터 모집단의 평균에 대한 바람직한 추정량을 판단하면 다음과 같다.

• $E(A) = E\left(\dfrac{X_1 + X_2 + X_3}{3}\right) = \dfrac{1}{3} \times 3\mu = \mu$,

$E(B) = E\left(\dfrac{X_1 + 2X_2 + X_3}{4}\right) = \dfrac{1}{4} \times 4\mu = \mu$,

$E(C) = E\left(\dfrac{2X_1 + X_2 + 2X_3}{4}\right) = \dfrac{1}{4} \times 5\mu = \dfrac{5}{4}\mu \neq \mu$이므로

A와 B가 불편추정량이며, C는 편향(Bias)이 존재하는 편의추정량이다.

• $Var(A) = Var\left(\dfrac{X_1 + X_2 + X_3}{3}\right) = \dfrac{1}{3^2}Var(X_1 + X_2 + X_3)$

$= \dfrac{1}{9}(\sigma^2 + \sigma^2 + \sigma^2) = \dfrac{1}{3}\sigma^2$

$Var(B) = Var\left(\dfrac{X_1 + 2X_2 + X_3}{4}\right)$

$= \dfrac{1}{4^2} \times Var(X_1 + 2X_2 + X_3)$

$= \dfrac{1}{4^2}\{Var(X_1) + 2^2 Var(X_2) + Var(X_3)\}$

$= \dfrac{1}{16}(\sigma^2 + 4\sigma^2 + \sigma^2) = \dfrac{6}{16}\sigma^2 = \dfrac{3}{8}\sigma^2$

$Var(C) = Var\left(\dfrac{2X_1 + X_2 + 2X_3}{4}\right)$

$= \dfrac{1}{4^2} \times Var(2X_1 + X_2 + 2X_3)$

$= \dfrac{1}{4^2}\{2^2 Var(X_1) + Var(X_2) + 2^2 Var(X_3)\}$

$= \dfrac{1}{16}(4\sigma^2 + \sigma^2 + 4\sigma^2) = \dfrac{9}{16}\sigma^2$

$Var(A) < Var(B) < Var(C)$이므로 A, B, C 중에 분산이 작은 추정량은 A이다.

따라서 불편성과 최소분산성의 관점에서 가장 선호되는 추정량은 A이다.

78   정답 ④

전체적인 표본을 기준으로 동전의 앞면이 나올 확률을 추정할 때 가장 합리적인 방법은 총 실험 횟수를 고려하는 것으로 가중평균을 활용하여 전체 추정치를 구해야 한다.

• A씨: 100번 던져서 앞면 60번

따라서 추정치: $\hat{p}_A = 60/100 = 0.6$

• B씨: 200번 던져서 앞면 90번

따라서 추정치: $\hat{p}_B = 90/200 = 0.45$

두 표본을 더하여 전체에서 추정해야 가장 정확하다.

$\hat{p}_{A,B} = (60 + 90)/(100 + 200) = 150/300 = 0.5$

79 정답 ④

신뢰수준 $100(1-\alpha)\%$란 모수가 추정한 구간 안에 들어갈 확신의 정도가 $100(1-\alpha)\%$라는 의미이다. '모평균의 95% 신뢰구간이 100 ± 5이다.'의 의미는 동일한 추정방법으로 신뢰구간을 반복하여 추정할 경우 평균적으로 100회 중에서 95회는 실제 모수가 신뢰구간에 포함되어 있을 것으로 기대할 수 있으며, 그러한 추정 신뢰구간 중 하나가 100 ± 5일 수 있다는 의미이다.

80 정답 ④

소요시간이 정규분포를 따른다고 가정하였고 표본의 크기가 100으로 충분히 크므로, 모표준편차를 모르더라도 근사적으로 z분포를 사용하여 모평균에 대한 95% 신뢰구간을 구한다.
표본평균 $\bar{x}=13.3$분, 표본표준편차 $s=4.2$분, 표본크기 $n=100$, 신뢰수준 95%로 $z=1.96$이고 신뢰구간= $\bar{x}\pm Z\times\dfrac{s}{\sqrt{n}}$ 이므로
$13.3\pm1.96\times\dfrac{4.2}{\sqrt{100}}=13.3\pm1.96\times0.42=13.3\pm0.8232$
이다.

81 정답 ④

청년취업률에 대한 95% 신뢰구간은 표본의 크기 $n=500$, 표본비율 $\hat{p}=\dfrac{X}{n}=\dfrac{400}{500}=0.8$, $\alpha=0.05$이므로 $z_{\alpha/2}=z_{0.025}=1.96$에 대하여
$\left(\hat{p}\pm z_{0.025}\sqrt{\dfrac{\hat{p}(1-\hat{p})}{n}}\right)=\left(0.8\pm1.96\times\sqrt{\dfrac{0.8\times0.2}{500}}\right)$
$=\left(0.8\pm1.96\times\sqrt{\dfrac{0.16}{500}}\right)$ 이다.

82 정답 ②

모분산 σ에 대한 95% 신뢰구간은 $\left(\dfrac{(n-1)s^2}{\chi^2_{\alpha/2}},\dfrac{(n-1)s^2}{\chi^2_{(1-\alpha)/2}}\right)$이고, 표본의 크기 $n=20$, 표본표준편차 $s=0.7$, 신뢰수준 95%에서 유의수준 $\alpha=0.05$이므로 $\chi^2_{0.025}=32.85$, $\chi^2_{0.975}=8.91$이다. 따라서 신뢰구간은 $\dfrac{19\times0.7^2}{32.85}\leq\sigma^2\leq\dfrac{19\times0.7^2}{8.91}$ 이다.

83 정답 ②

t-검정통계량과 p-value(유의확률), 그리고 α(유의수준)의 관계를 정확히 알고 각 보기를 해석해야 한다.
검정통계량 $t=1.201$ 유의확률 p-value$=0.239$, 유의수준 $\alpha=0.05$이다.
'귀무가설: 보험 가입액의 모평균 $=1$억원', '대립가설: 보험 가입액의 모평균 $\neq1$억 원'에 대하여 유의확률<유의수준이면 귀무가설을 기각하게 된다. 그런데 $0.239>0.05$로 유의확률이 유의수준보다 크므로 귀무가설을 기각하지 못한다. 즉, 모평균이 1억원이라는 주장을 통계적으로 반박할 수 없다.

84 정답 ④

집단의 산포란 자료가 얼마나, 어떻게 퍼져 있는지를 나타내는 측도로 표준편차가 대표적이다. 따라서 두 집단의 산포를 비교하기 위해 표준편차를 선택할 수 있으며, 집단의 크기가 같지 않으므로 표준편차의 차로 산포를 비교하기보다 나눗셈으로 비교하는 것이 적합하다.

85 정답 ②

유의수준은 귀무가설이 참인데도 불구하고 귀무가설을 기각하는 확률이다. $p=0.3$으로 참일 때 기각역인 $X\geq8$에 속할 확률을 구하면, $P(X\geq8|$금연교육 후 금연율 $p=0.3)=0.228$이다.

86 정답 ①

독립변수인 두 가지 방법(A, B)과 종속변수인 효과(상, 중, 하)는 모두 범주형 변수이다. 제시된 상황을 다음과 같이 교차표로 정리할 수 있다.

	상	중	하	합
A	-	-	-	80
B	-	-	-	70

따라서 가장 타당성 있는 검정방법은 카이제곱 검정이다.

87 정답 ①

처리수준 4, 측정값 24, 총제곱합 $SST=1,200$, 총자유도 $=23$, 처리제곱합 $SS_T=640$으로부터 분산분석표를 완성하면 다음과 같다.

요인	제곱합	자유도	평균제곱	F-값
처리	$SS_T=640$	3	$MS_T=640/3 ≒ 213.3$	$213.3/28.0 ≒ 7.6$
오차	$SS_E=560$	20	$MS_E=560/20 ≒ 28.0$	
계	$SST=1,200$	23		

따라서 평균제곱오차(MS_E)는 28.0이다.

88 정답 ①

총 관측자료 N에 대해 $N-1=142$이므로 $N=143$이다.
② 오차항의 분산 추정값은 잔차의 평균제곱이므로 11913이다.
③ 요인은 Month로서 자유도가 7이므로 수준 수는 $7+1=8$이다.
④ '유의확률 $p-$값($=0.164$) > 유의수준 $\alpha(=0.05)$'이므로 귀무가설을 기각하지 못한다. 따라서 유의수준 0.05에서 요인의 효과가 유의하다고 할 수 없다.

89 정답 ③

교차분석을 위해 작성한 교차표에서 행변수의 범주가 M개, 열변수의 범주가 N개인 M행 N열($M\times N$)이면 카이제곱 통계량의 자유도는 $(M-1)(N-1)$이다. 따라서 행변수인 위반횟수의 범주 3개(없음, 1회, 2회 이상), 열변수인 연령의 범주가 3개 ($18\sim25$, $26\sim50$, $51\sim60$)이므로, 두 변수 사이의 독립성 검정을 위한 검정통계량의 자유도는 $(3-1)\times(3-1)=4$이다.

90 정답 ②

카이제곱 적합도 검정(Chi-Square Goodness-of-Fit Test)을 이용하여 실제 병원의 사망 분포가 알려진(기대된) 분포와 다른지를 검정한다. 총 사망자 수 308명과 발표된 비율 A: 15%, B: 21%, C: 18%, D: 14%, 기타: 32%로부터 기대도수를 계산하고 교차표를 완성하면 다음과 같다.

질병	비율	기대도수 E_i	관측도수 O_i
A	0.15	46.2	43
B	0.21	64.68	76
C	0.18	55.44	85
D	0.14	43.12	21
기타	0.32	98.56	83

따라서 카이제곱 검정통계량 $\chi^2=\sum\dfrac{(O_i-E_i)^2}{E_i}$에 대하여 하나씩 계산하면 A: 약 0.222, B: 약 2.008, C: 약 15.71, D: 약 11.34, 기타: 약 2.48이므로 χ^2은 약 $0.22+2.01+15.71+11.34+2.48 ≒ 31.77$이다.

91 정답 ③

회귀분석에서 회귀모형의 유의성 검정은 $F-$검정이 사용되고, 회귀계수의 유의성 검정은 $t-$검정이 사용된다.
① 독립변수가 범주형 척도이면 이를 가변수(Dummy Variable)로 만들어 회귀분석을 한다.

92 정답 ③

주어진 데이터는 국어와 수학의 등수(rank)가 완전히 일치하는 경우로 완벽한 정(+)의 관계이므로 상관계수를 계산하지 않아도 $+1$이다. Spearman의 순위상관계수(ρ, rho)는 두 변수 간의 순위(등수) 관계가 얼마나 일관되게 증가 또는 감소하는지를 측정하는 비모수적 상관계수로, 값의 범위는 -1에서 $+1$ 사이이다.
$+1$: 순위가 완전히 같은 경우(완전한 정적 상관)
-1: 순위가 완전히 반대인 경우(완전한 부적 상관)
0: 순위 간 관계 없음
즉, 값이 클수록 두 변수의 순서 관계가 비슷하다는 의미이다. 위 문제에서 국어 등수와 수학 등수가 모든 학생에 대해 동일하므로, 순위 차이 $d_i=0$(for all i)이다. 따라서 $\rho=1-\dfrac{6\sum d_i^2}{n(n^2-1)}=1-0=1$이므로 Spearman의 순위상관계수는 $+1$이다.

93
정답 ③

두 확률변수 $aX+b$, $cY+d$에 대한 상관계수 $Corr(aX+b, cY+d)$는 $ac>0$이면 $Corr(aX+b, cY+d)=Corr(X, Y)$, $ac<0$이면 $Corr(aX+b, cY+d)=-Corr(X, Y)$이다. 두 변수 X와 Y의 상관계수가 0.5일 때 $(2X+3, -3Y-4)$에서 $2\times(-3)=-6<0$이므로 상관계수는 -0.5이고, $(-3X+4, -2Y-2)$에서 $(-3)\times(-2)=6>0$이므로 상관계수는 0.5이다.

94
정답 ④

표본상관계수 r를 이용하여 $H_0: \rho=0$을 검정하고자 할 때 사용되는 검정통계량은
$$t=\frac{r-0}{SE(r)}=\frac{r-0}{\sqrt{\frac{1-r^2}{n-2}}}=\sqrt{n-2}\frac{r}{\sqrt{1-r^2}}$$이며,
자유도가 $n-2$인 t-분포를 따른다.

95
정답 ②

추정회귀직선 $\hat{Y}=b_0+b_1X$의 기울기 b_1과 절편 b_0를 구하면 다음과 같다.
β_1의 추정값은
$$b_1=\frac{S_{xy}}{S_{xx}}=\frac{\sum_{i=1}^{9}(x_i-\bar{x})(y_i-\bar{y})}{\sum_{i=1}^{9}(x_i-\bar{x})^2}=\frac{112.1}{40.9}≒2.74$$이고,
β_0의 추정값은
$$b_0=\bar{y}-b_1\times\bar{x}=15.1-\left(\frac{112.1}{40.9}\right)\times(5.9)≒-1.07$$이다.
따라서 추정회귀직선은 $\hat{y}=-1.07+2.74x$이다.

96
정답 ①

잔차(Residual)는 표본(Sample)으로부터 추정한 회귀식 $\hat{y_i}=a+bx_i$로부터 얻은 예측값과 실제 관측값 y_i의 차 $e_i=y_i-\hat{y_i}$이다. 반면, 오차(Error)는 모집단(Population)으로부터 추정한 회귀식 $E(y_i)=\alpha+\beta x_i$로부터 얻은 예측값과 실제 관측값의 차이 $\epsilon_i=y_i-E(y_i)$이다. 따라서 잔차는 A이고, 오차는 B이다.

97
정답 ②

단순회귀모형에서 오차분산 $Var(e_i)=\sigma^2(i=1, 2, \cdots, n)$의 불편추정량은 $\hat{\sigma^2}=MSE=\frac{SSE}{n-2}=\frac{\sum_{i=1}^{n}(y_i-\hat{y_i})^2}{n-2}$이다.

98
정답 ④

10개의 자료에 대해 1개의 독립변수 x와 종속변수 y에 대한 단순회귀모형 $y_i=\beta_0+\beta_1x_i+\epsilon_i$을 고려하여 회귀분석을 실시하고자 할 때, 분산분석표는 다음과 같다.

요인	자유도	제곱합	평균제곱	F-값
회귀	1	9.9	$\frac{9.9}{1}=9.9$	$\frac{9.9}{4.125}=2.4$
오차	8	33.0	$\frac{33}{8}=4.125$	
전체	9	42.9		

$$R^2=\boxed{\frac{9.9}{42.9}≒0.23}$$

99
정답 ②

비표준화된 회귀모형에 대해 회귀계수를 표준화시킨 회귀모형을 사용하여 소득에 가장 큰 영향을 미치는 변수를 파악해야 한다. 표준된 회귀계수는 단위에 관계없이 변수들 간의 상대적인 영향을 비교할 수 있으며, 표준화 회귀계수가 큰 변수일수록 종속변수에 미치는 영향력이 더 크다고 해석할 수 있다. 따라서 표준화된 회귀모형에서 자신의 교육년수 x_1: 2.88, 아버지의 교육년수 x_2: 1.69, 나이 x_3: 1.89 중에서 가장 큰 표준화 회귀계수는 2.88로, 소득에 가장 많은 영향을 미치는 변수는 자신의 교육년수라 할 수 있다.

100
정답 ④

다중회귀모형 설정 시 범주형 자료인 독립변수를 가변수로 변환하여 다중회귀분석을 시행한다. 이때, 범주가 k개인 변수에 대해 $k-1$개의 가변수를 사용한다. 교육수준은 무학, 초졸, 중졸, 고졸, 대졸 이상으로 범주가 5개이고, $5-1=4$개의 가변수를 선택하므로 교육수준별 차이를 나타내는 가변수를 4개 만들어야 한다.

제3회 | 정답 및 해설

제1과목: 조사방법과 설계

01	③	02	②	03	②	04	①	05	④
06	②	07	①	08	①	09	③	10	④
11	③	12	③	13	④	14	④	15	③
16	③	17	①	18	①	19	③	20	③
21	②	22	①	23	①	24	④	25	①
26	③	27	①	28	②	29	④	30	③

01   정답 ③

과학적 조사방법의 일반적인 절차는 연구문제 인식 → 연구주제 선정(ⓒ) → 기존정보 수집 및 문헌고찰 → 가설설정(ⓗ) → 연구방법 설계(⑤) → 자료수집(ⓛ) → 자료분석(⑩) → 보고서 작성(⑨) 순으로 이어진다.

02   정답 ②

과학적 연구는 최소한의 변수를 이용하여 최대한의 설명을 이끌 수 있어야 하며, 이를 간결성이라고 한다.
① 논리성에 대한 설명이다.
③ 인과성에 대한 설명이다.
④ 상호주관성에 대한 설명이다.

03   정답 ②

생태학적 오류는 집단이나 사회의 특성을 분석한 결과를 바탕으로 집단 속 개인에 관한 결론을 도출할 때 발생하는 오류이다.

04   정답 ①

추세연구는 종단연구의 일종이다.

05   정답 ④

코호트연구는 특정한 시기에 태어났거나 동일 시점에 특정 사건을 경험한 사람들을 대상으로, 이들이 시간이 지남에 따라 어떻게 변화하는지를 조사하는 연구이다. 동년배 집단연구라고도 한다.

06   정답 ②

과학적 지식이 축적되는 전반적인 과정에서 경험적 지식을 이용하는 귀납적 방법과 분석적 지식을 이용하는 연역적 방법은 상호 보완적인 관계이다.

07   정답 ①

②⑩ 기술적 연구의 목적에 해당한다.
탐색적 연구의 주요 목적은 다음과 같다.
• 사건이나 현상의 이해
• 연구주제 관련 변수 간 관계에 대한 통찰력 확보
• 여러 가지 문제와 사회 사이의 중요도에 따른 우선순위 파악
• 조사를 시행하기 위한 절차 또는 행위의 구체화
• 아이디어 생성 및 임시적 가설 도출

08   정답 ①

설명적 조사는 어떤 사실과의 관계를 파악하여 인과관계를 규명하거나 미래를 예측하기 위해 실시하므로 변수 간의 시간적 선행성이 중요한 조건이다.

09   정답 ③

표본추출 시 표본추출오차는 불가피하다.

10 정답 ④

사례조사연구는 탐색적 연구의 하나로, 특정한 사례에 대해 기술하고 탐구하면서 집중적으로 연구하는 방법이다. 즉, 사례조사연구는 소수의 사례를 심층적으로 조사하여 그들의 특징적 변화나 영향, 요인들 간의 관계 등을 파악하고 종합적으로 분석할 수 있다.

11 정답 ③

문헌고찰은 선행연구를 고찰하면서 연구문제를 발견하고 새로운 아이디어를 얻을 수 있으며, 최신 연구경향도 확인할 수 있다.

12 정답 ③

연역적 과정에 기초한 설명과 예측을 목적으로 하는 것은 양적연구이다.

13 정답 ④

비확률표본추출(Non-probability Sampling)은 표본을 임의로 선택하거나 연구자의 판단에 따라 선택하는 방식으로, 확률표본추출에 비해 시간과 비용이 절약된다.

14 정답 ④

표집간격(Sampling Interval)은 모집단으로부터 표본을 추출할 때 추출되는 요소 간의 간격으로, 모집단의 전체 항목 수를 표본의 크기로 나눈 값이다.

15 정답 ③

표적집단면접(Focus Group Interview, 포커스 그룹 인터뷰)은 조사자가 소수의 응답자 집단(약 6~10명)을 대상으로 특정 주제에 관하여 자유롭게 토론하도록 유도하고, 그 과정에서 필요한 정보를 수집하는 방법이다.

16 정답 ③

㉠ 정장을 파는 상점과 캐주얼을 파는 상점들 간 경쟁이 치열한지, 정장과 캐주얼을 모두 파는 상점들 간의 경쟁이 치열한지 불분명하다.
㉡ 답변을 둘 중에 하나로만 선택하도록 제한하여 유도하고 있으므로 좋은 질문이라고 할 수 없다.

17 정답 ①

군집표집에서 군집이 동질적이면 오차의 개입가능성이 높고 표집오차를 측정하기 어렵다.

18 정답 ①

사용하고자 하는 변수의 수가 많을수록 표본크기는 커야 한다.
② 모집단의 이질성이 클수록 표본크기는 커야 한다.
③ 소요되는 비용과 시간은 표본크기에 영향을 미친다.
④ 분석변수의 범주의 수는 표본크기를 결정하는 요인이다.

19 정답 ③

㉣ 동일한 표집오차를 가정한다면, 분석변수가 많을수록 표본크기는 커져야 한다.

20 정답 ③

질적연구는 자료분석에 소요되는 시간이 길어 소규모 분석에 유리하다.

21 정답 ②

우리나라의 경제상황 예측이라는 특정한 연구목적의 달성에 도움이 되는 경제학 전공교수 100명을 의도적으로 추출하여 설문조사를 실시해야 하므로 판단표집을 활용해야 한다.

22 정답 ①

질문지 작성 시 가치중립성 원칙에 따라 연구자의 가치관이나 의견이 반영된 문장을 사용해서는 안 된다.
② 질문지 작성 원칙 중 간결성에 해당한다.
③ 질문지 작성 원칙 중 이중적 질문 배제에 해당한다.
④ 질문지 작성은 명확해야 한다.

23 정답 ①

② 수입에 대한 기준(연 수입, 월 수입 등)에 대한 명확한 설명이 없다.
③ 미친 사람에 대한 정의는 사람마다 다르기 때문에 명확성이 떨어진다.
④ 어묵과 붕어빵을 모두 파는 노점상 간의 경쟁이 치열한지, 어묵을 파는 노점상과 붕어빵을 파는 노점상 간의 경쟁이 치열한지 불분명하다.

24 정답 ③

일반적으로 질문지 문항은 담고 있는 내용의 범위가 넓은 것에서부터 점차 좁아지도록 배열한다.

25 정답 ①

심층면접은 한 명의 응답자와 일대일 면접을 진행하여 개인의 생각, 느낌, 욕구, 태도 등을 심도 있게 조사하는 방법이다.
초점집단면접은 여러 명의 응답자가 토론을 통해 특정 주제에 대해 의견을 나누는 방식이다. 초점집단면접보다 심층면접이 더 자유롭게 개인적인 의견을 교환할 수 있다.

26 정답 ③

심층인터뷰조사는 면접지침서에 따라 면접을 진행하기도 하지만 면접원이 질문의 순서와 내용을 조정할 수 있어 좀 더 자유롭고 심도 깊은 질문이 가능하다. 하지만 심층인터뷰조사는 면접원의 면접·분석 능력에 따라 조사결과의 신뢰성이 달라지며, 면접자 개인별 차이에서 오는 영향이나 편향(Bias)을 통제하기 어렵다.

27 정답 ①

할당표본추출법은 표본의 하위집단 분포를 의도적으로 정하여 표본을 임의로 추출하는 비확률표본추출법으로, 일정한 특성을 지니는 모집단의 구성비율에 일치하도록 표본을 추출한다.

28 정답 ②

외적타당성(External Validity)은 조사연구 결과가 특정 표본이나 상황에만 국한되지 않고 다른 사람들, 다른 시간, 다른 상황에서도 일반화될 수 있는지를 평가하는 개념이다.

29 정답 ④

실험연구 설계의 전제조건 중 실험대상의 무작위화는 변수 간 인과관계를 도출한 실험결과가 일반화되기 위해 실험대상을 무작위로 추출해야 한다는 것이며, 작위적으로 추출해서는 안 된다.

30 정답 ③

ㄹ 솔로몬 연구설계는 통제집단 사전-사후검사설계와 통제집단 사후검사설계를 결합한 형태이다.

제2과목: 조사관리와 자료처리

31	32	33	34	35
①	①	①	③	②
36	37	38	39	40
③	③	②	②	④
41	42	43	44	45
③	④	①	①	②
46	47	48	49	50
②	②	③	④	②
51	52	53	54	55
①	④	④	③	④
56	57	58	59	60
②	②	③	②	④

31 정답 ①

1차 자료는 연구자가 직접 수집했으므로 자료의 결측값, 이상값 등을 추적할 수 있다. 2차 자료는 이미 연구된 기존 자료이므로 자료의 결측값이나 이상값을 추적할 수 없다.

32 정답 ①

개방형 질문은 응답자가 할 수 있는 응답의 형태에 제약을 가하지 않고 자유롭게 표현하는 방법으로, 응답이 끝난 후 자료처리를 위한 코딩이나 편집 과정이 복잡하고 번거롭다.

33 정답 ①

폐쇄형 질문의 수를 늘려야 회수율이 높아진다.

34 정답 ③

센서스(Census, 인구조사)는 국가 등에서 일정 간격을 두고 전체인구 또는 전체가구 수를 전수조사하는 방법으로, 모집단에서 표본을 추출하여 조사하며 표본조사가 중심인 서베이조사와 거리가 멀다.

35 정답 ②

폐쇄형 질문은 사전에 응답 선택 항목을 연구자가 제시하고 그 중 어느 하나를 선택하는 방법으로, 응답이 끝난 후 코딩이나 편집 등이 간편하고 수량적 분석이 용이하다.
①③④ 개방형 질문의 장점이다.

36 정답 ③

대인면접법은 조사자가 응답자를 직접 대면하여 질문하고, 응답자의 반응을 기록하므로 응답환경을 구조화할 수 있다. 반면, 우편설문법은 조사자가 현장에 없으므로 무자격자의 응답에 대한 통제와 응답 시기, 장소, 주변 환경 등에 대한 통제가 어렵다.

37 정답 ③

① 관찰시기가 행동발생과 일치하는지 여부에 따라 나누어진다.
② 관찰이 일어나는 상황이 인공적인지 여부에 따라 나누어진다.
④ 표준관찰기록양식이 사전에 결정되었는지 등의 체계화 정도에 따라 나누어진다.

38 정답 ②

비표준화(비구조화)면접은 질문의 내용 및 순서가 미리 정해져 있지 않으며, 면접상황에 따라 질문이 적절하게 변경될 수 있는 비교적 자유로운 면접방법이다. 따라서 융통성 있는 면접 분위기가 가능하고, 표준화면접에서 필요한 변수를 찾아내는 데 유용한 자료를 제공할 수 있다. 그러나 면접결과의 신뢰도가 낮고 면접결과 자료의 수량화 및 통계처리가 어렵다.

39 정답 ②

응답자의 반응을 녹음해야 한다면 응답자에게 반드시 사전에 양해를 구해야 한다.

40 정답 ④

면접조사는 조사자가 응답자와 직접 대면하여 질문하고 응답을 받는 방식이므로, 익명성이 보장되지 않아 응답자가 솔직한 의견을 표현하지 않을 가능성이 있다.

41 정답 ③

① 패러다임: 특정 시대나 분야에서 받아들여지는 이론적 틀, 연구의 전반적인 관점을 의미한다.
② 개념화: 연구하고자 하는 개념을 명확히 정의하고 속성과 차원을 식별하는 과정이다.
④ 구성적 정의: 사전·이론적인 개념의 의미를 설명하는 정의이다.

42 정답 ④

온라인조사는 단기간에 많은 응답자를 조사할 수 있고 오프라인 조사에 비해 비교적 저렴하며 멀티미디어 활용이 가능하다. 그러나 컴퓨터 사용가능자, 특정 웹사이트를 우연히 찾은 사람 등에 한해서만 조사되므로 모집단이 편향될 수 있다.

43 정답 ①

집단조사는 연구대상자를 집단적으로 한곳에 모아 조사하는 것으로, 집단이 속한 조직을 연구하는 데에만 사용하는 것은 아니다.

44   정답 ①

연구자는 검정변수(검정요인, 제3의 변수)를 통해 두 변수 간의 인과적 관계를 밝혀야 한다. 두 변수 간의 관계를 보다 정확하고 명확하게 밝혀주는 검정변수에는 구성변수, 매개변수, 선행변수 등이 있다.

45   정답 ②

사실과 사실 간의 관계에 논리의 연관성을 부여하는 것은 이론(Theory)이다.

46   정답 ②

가설은 진위 여부가 아직 확인되지 않은 진술문으로, 참일 수도 있고 거짓일 수도 있는 문장이다. 따라서 항상 참이거나 거짓인 문장은 가설이 될 수 없다.

47   정답 ②

모든 연구가 연구가설을 설정해야 하는 것은 아니다. 질적연구에서는 가설을 설정하지 않고 참여자의 관점을 파악하기 위해 열린 형태의 연구질문으로부터 연구를 시작한다.

48   정답 ③

면접자는 응답자(피면접자)들이 질문을 이해하지 못하였다면 부연설명을 추가하여 이해를 도와야 한다. 그러나 응답자가 대답을 잘 하지 못한다고 하여 필요한 대답을 유도하는 행동은 하지 않는다.

49   정답 ④

작업가설(Working Hypothesis)은 경험적으로 검증할 수 있는 가설로, 실험이나 관찰 따위로 검증하기 위해 세운 가설이다. 이는 주관적이기보다 가치중립적이어야 한다.

50   정답 ②

억제변수는 실제로 독립변수와 종속변수 간에 관계가 있음에도 관계가 없는 것으로 나타나게 하는 제3의 변수이다. 억제변수를 통제하면 원래 관계가 없는 것으로 나타났던 두 변수가 서로 관계가 있는 것으로 나타난다.

51   정답 ①

②~④ 이유와 더불어 사회조사에서 개념의 재정의는 개념의 한정성을 높여 관찰 및 측정을 가능하게 하고, 주된 개념적 요소를 분명히 파악할 수 있기 때문에 필요하다.

52   정답 ④

조작화(Operationalization)를 통해 사회과학에서 측정의 대상이 되는 개념이나 구성을 계량 가능한 형태로 가공한다.

53   정답 ④

범주형 변수(또는 질적변수)는 변수가 갖는 성격의 종류에 따라 별개의 범주로 구별되는 변수로, 측정해야 하는 대상이 구별된 몇 개의 범주 중 하나에 속하게 된다. 예를 들어 성별 변수는 남/여, 계층적 지위 변수는 상/중/하 등으로 구별된다.

54   정답 ③

비율척도(Ratio Scale)는 측정대상을 분류하고 각 측정대상의 순서나 서열을 결정, 서열 간에 일정한 간격을 제시할 뿐만 아니라 절대영점을 가짐으로써 비율을 결정할 수 있다.

55   정답 ④

측정은 추상적 개념을 경험적으로 관찰 가능한 것으로 바꾸어 놓는 과정이다.

56 정답 ②

체계적 오차는 측정하고자 하는 변수 또는 측정대상에 어떤 요소가 일정하고 체계적으로 영향을 미침으로써 측정결과가 항상 일정한 방향으로 작용하는 편향(Bias)을 보이는 오차로, 신뢰도가 아닌 측정의 타당성과 관련이 있다.

57 정답 ②

초기 코딩 과정에서 중요한 데이터가 누락되면 나중에 이를 복구하기는 매우 어렵다. 특히, 질적 자료는 맥락과 의미가 중요하므로 한 번 상실되면 원래의 의미를 되살리기 쉽지 않다.

58 정답 ③

비율분할법은 응답자에게 한 속성의 보유 정도를 기준으로 다른 속성의 보유 정도를 판단하도록 하는 척도구성방법이다. 주로 응답자들이 자극에 대해 명확한 판단을 할 수 있는 경우에 사용한다.

59 정답 ②

척도(Scale)는 일정한 규칙에 따라 질적인 측정대상에 표시하는 기호나 숫자의 배열이다. 따라서 척도는 일종의 측정도구이며 계량화를 위한 도구이다. 척도의 구성 항목은 '아주 만족, 만족, 보통, 불만족, 아주 불만족'과 같이 단일한 차원을 반영하면서 연속적이어야 한다.

60 정답 ④

① 데이터 보완: 누락된 데이터를 추정하거나 외부 자료 등을 이용하여 보충하는 과정이다.
② 데이터 입력: 수집된 자료를 컴퓨터에 입력하는 과정이다.
③ 데이터 리코딩: 기존의 코딩 값을 다른 값으로 변환하거나 재범주화하는 과정이다.

제3과목: 통계분석과 활용

61	④	62	②	63	②	64	④	65	③
66	①	67	②	68	②	69	②	70	②
71	②	72	①	73	③	74	①	75	①
76	②	77	③	78	①	79	③	80	②
81	①	82	②	83	③	84	②	85	③
86	①	87	③	88	①	89	②	90	②
91	④	92	②	93	②	94	①	95	②
96	②	97	④	98	③	99	③	100	①

61 정답 ④

통계적으로 극단적인 수위, 즉 가장 높은 홍수 수위를 기준으로 제방 높이를 정해야 할 때에는 최댓값을 사용하는 것이 타당하다. 평균, 최빈값, 중위수는 모두 일반적인 경향성만 보여줄 뿐, 최악의 상황(극단값)에 대비하는 데에는 적절하지 않다.

62 정답 ②

중위수에 대한 편차의 절댓값의 합은 다른 어떤 수에 대한 편차의 절댓값의 합보다 작다. 따라서 변량 x_1, x_2, …, x_n에 대하여 $|x_1-\alpha|+|x_2-\alpha|+\cdots+|x_n-\alpha|$를 최소로 하는 중심경향값 α는 중위수(중앙값)이다.

63 정답 ②

A병원과 B병원의 (표본)평균을 구하면 다음과 같다.
- A병원의 평균 $\dfrac{17+32+5+19+20+9}{6}=17$(분)
- B병원의 평균 $\dfrac{10+15+17+17+23+20}{6}=17$(분)

A병원과 B병원의 (표본)분산을 구하면 다음과 같다.
- A병원의 분산
$\dfrac{(17-17)^2+(32-17)^2+\cdots+(9-17)^2}{6-1}=89.2$
- B병원의 분산
$\dfrac{(10-17)^2+(15-17)^2+\cdots+(20-17)^2}{6-1}=19.6$

따라서 평균은 A병원과 B병원이 같고, 분산은 B병원이 A병원보다 작다.

64 정답 ④

초등학생의 용돈에 대한 변동계수는 $\frac{2,000}{130,000} \fallingdotseq 0.0154$, 대학생 용돈에 대한 변동계수는 $\frac{3,000}{200,000} = 0.0150$이므로 대학생 용돈에 대한 변동계수가 더 작다. 따라서 대학생 용돈이 초등학생 용돈보다 상대적으로 더 평균에 밀집되어 있다.

65 정답 ③

피어슨의 비대칭도는 $\frac{\overline{X} - Mo}{S} \cong \frac{3(\overline{X} - Me)}{S}$이다. 따라서 대푯값들 간에 $\overline{X} - Mo \fallingdotseq 3(\overline{X} - Me)$라는 관계식이 성립한다.

66 정답 ①

서로 다른 r개의 항아리 중에서 중복을 허락하여 $(n-r)$개를 택하는 것과 같으므로 중복조합으로 그 수를 구한다.
따라서 $_r H_{n-r} = _{r+n-r-1}C_{n-r} = _{n-1}C_{n-r} = _{n-1}C_{n-1-(n-r)} = _{n-1}C_{r-1}$, 즉 $\binom{n-1}{r-1}$이다.

67 정답 ②

사상 A와 B가 배반사상이라는 것은 A∩B=∅, 즉 두 사건이 동시에 일어날 수 없음을 의미한다. 한편, 두 사건이 독립이라면 P(A∩B)=P(A)·P(B)가 성립해야 한다.
하지만 A와 B는 배반사상이므로 P(A∩B)=0이고, P(A)>0, P(B)>0이므로 P(A)·P(B)>0이다. 따라서 P(A∩B)≠P(A)·P(B)이므로 A와 B는 서로 영향을 주는 종속(Dependent)관계라고 볼 수 있다.

68 정답 ②

동전을 3회 던지는 실험에서 앞면이 나오는 횟수를 X라 하면, 이 확률변수 X의 확률분포는 다음과 같다.

X	0	1	2	3
$P(X=x)$	$\frac{1}{8}$	$\frac{3}{8}$	$\frac{3}{8}$	$\frac{1}{8}$

기댓값의 성질을 이용하면, $E(Y) = E(X^2) - 2E(X) + 1$이다.
$E(X) = \left(0 \times \frac{1}{8}\right) + \left(1 \times \frac{3}{8}\right) + \left(2 \times \frac{3}{8}\right) + \left(3 \times \frac{1}{8}\right) = \frac{3}{2}$,
$E(X^2) = \left(0^2 \times \frac{1}{8}\right) + \left(1^2 \times \frac{3}{8}\right) + \left(2^2 \times \frac{3}{8}\right) + \left(3^2 \times \frac{1}{8}\right) = 3$
이므로, 구하려는 기댓값은 $E(Y) = 3 - 2 \times \frac{3}{2} + 1 = 1$이다.

69 정답 ②

학급 학생 30명 중 노트필기 앱 사용자 10명이 포함되어 있고 이 중에서 5명을 비복원추출하면 추출된 학생 중 앱 사용자 수 X는 초기하분포를 따른다. 만약 동일한 조건에서 복원추출을 했다면 확률변수 X는 이항분포를 따른다.

70 정답 ②

균등분포를 이용한 기댓값 계산 문제이다. 매시 0분에서 20분 사이에 도착하면 대기 시간도 0분~20분이므로 기댓값은 10분이고, 20분에서 60분 사이에 도착하면 대기 시간은 0분~40분이므로 기댓값은 20분이다. 따라서 전체 평균 대기 시간(혼합 평균)은 두 구간의 평균을 가중합으로 계산한다.
$E[\text{대기 시간}] = \frac{20}{60} \times 10 + \frac{40}{60} \times 20 = \frac{50}{3}$, 약 16분 40초이다.

71 정답 ②

확률변수 X가 자유도 (a, b)인 $F(a, b)$를 따른다면 확률변수 $Y = \frac{1}{X}$는 $F(b, a)$를 따른다.

72 정답 ①

$N(\mu, \sigma^2)$인 모집단에서 표본 n개를 임의추출할 때 표본평균이 모평균으로부터 0.5σ 이상 떨어져 있을 확률이 $P(\overline{X} < \mu - 0.5\sigma) + P(\overline{X} > \mu + 0.5\sigma) = 2 \times P(\overline{X} > \mu + 0.5\sigma) = 0.3174$ 이다. $P(\overline{X} > \mu + 0.5\sigma) = 0.1587$을 표준화하면
$P\left(\dfrac{\overline{X} - \mu}{\sigma/\sqrt{n}} > \dfrac{\mu + 0.5\sigma - \mu}{\sigma/\sqrt{n}}\right) = P\left(Z > \dfrac{\sqrt{n}}{2}\right) = 0.1587$이고,
$z = \dfrac{\sqrt{n}}{2} = 1$이므로 $n = 4$이다. 따라서 표본의 크기를 4배인 16으로 할 때, 표본평균이 모평균으로부터 0.5σ 이상 떨어져 있을 확률은 $P\left(Z > \left|\dfrac{0.5\sigma}{\sigma/\sqrt{16}}\right|\right) = P(Z > |2|) = 2 \times 0.0228 = 0.0456$ 이다.

73 정답 ③

중심극한정리에 의해 모집단이 정규분포 $N(\mu, \sigma^2)$을 따르면 표본평균 $\overline{X}$는 정규분포 $N\left(\mu, \dfrac{\sigma^2}{n}\right)$을 따른다. $\mu = 300$, $\sigma^2 = 50^2$, $n = 100$이므로, 표본평균의 분포는 $N(300, 25)$이다.

74 정답 ①

평균이 82점, 표준편차가 8점인 조건 외에 확률분포에 대한 어떠한 정보도 주어지지 않을 때, 체비셰프 부등식을 이용한다. 66점부터 98점 사이에 포함된 학생의 수를 X라고 할 때 체비셰프 부등식에 $\mu = 82$, $\sigma = 8$을 대입하면
$P(66 \leq X \leq 98) = P(-16 \leq X - 82 \leq 16)$
$= P(|X - 82| \leq 16)$
따라서 $P(|X - 82| \leq 2 \times 8) > 1 - \dfrac{1}{2^2}$이므로
66점부터 98점 사이에 포함된 학생들은 전체 학생수의 $\dfrac{3}{4}$인 210명 즉, 211명 이상이다.

75 정답 ①

독립인 정규 모집단에서 추출한 두 표본의 평균의 차이와 관련된 문제로, 두 표본 평균의 차이에 대한 기댓값을 구해야 한다.
첫 번째 표본 평균 $\overline{X}$의 기댓값 $E(\overline{X}) = \mu_1$
두 번째 표본 평균 $\overline{Y}$의 기댓값 $E(\overline{Y}) = \mu_2$
$E(\overline{X} - 2\overline{Y}) = E(\overline{X}) - 2E(\overline{Y}) = \mu_1 - 2\mu_2$이다.
따라서 $\overline{X} - 2\overline{Y}$의 평균은 $\mu_1 - 2\mu_2$이다.

76 정답 ②

표본분산 $S^2 = \dfrac{1}{n-1}\sum_{i=1}^{n}(X_i - \overline{X})^2$에 대해
$E(S^2) = E\left(\dfrac{1}{n-1}\sum_{i=1}^{n}(X_i - \overline{X})^2\right) = \sigma^2$이다.
따라서 S^2은 불편추정량이고, T^2은 편향추정량이다.

77 정답 ③

모비율에 대한 95% 신뢰수준에서 $\alpha = 0.05$, $z_{\alpha/2} = z_{0.025}$이고, 모비율 p의 표준오차는 $d = z_{0.025}\sqrt{\dfrac{\hat{p}(1-\hat{p})}{n}}$이다. 모비율 p에 대한 점추정량은 표본비율 $\hat{p} = \dfrac{X}{n}$이고, 이 도시에 거주하는 청소년들 중에서 1,200명을 임의로 추출하여 조사한 결과 96명이 흡연을 하므로 흡연율 p의 추정값 $\hat{p}$은 $\hat{p} = \dfrac{X}{n} = \dfrac{96}{1,200} = 0.08$이다. 표본의 크기 $n = 1200$, 표본비율 $\hat{p} = 0.08$, $z_{0.025} = 1.96$이므로
$d = z_{0.025}\sqrt{\dfrac{\hat{p}(1-\hat{p})}{n}} = 1.96\sqrt{\dfrac{0.08(1-0.08)}{1,200}} \fallingdotseq 0.015$이다.
따라서 $\hat{p} = 0.08$, 오차한계 $= 0.015$이다.

78 정답 ①

두 모분산 σ_1^2, σ_2^2이 알려지지 않았고 n_1, $n_2 \geq 30$인 대표본인 경우이므로 두 집단 X_1와 X_2의 모평균 차 $\mu_1 - \mu_2$에 대한 $100(1-\alpha)\%$ 신뢰구간은
$\left((\overline{X}_1 - \overline{X}_2) - z_{\alpha/2}\sqrt{\dfrac{S_1^2}{n_1} + \dfrac{S_2^2}{n_2}},\right.$
$\left.(\overline{X}_1 - \overline{X}_2) + z_{\alpha/2}\sqrt{\dfrac{S_1^2}{n_1} + \dfrac{S_2^2}{n_2}}\right)$이다.
따라서 95% 신뢰구간은 $z_{\alpha/2} = z_{0.025} = 1.96$에 대해
$\left((9.26 - 9.41) - 1.96\sqrt{\dfrac{0.75^2}{36} + \dfrac{0.86^2}{49}},\right.$
$\left.(9.26 - 9.41) + 1.96\sqrt{\dfrac{0.75^2}{36} + \dfrac{0.86^2}{49}}\right) =$

$-0.15 \pm 1.96 \sqrt{\dfrac{0.75^2}{36} + \dfrac{0.86^2}{49}}$ 이다.

79 정답 ③

모표준편차 $\sigma = 5.2$(살), 허용오차 $E = 0.5$(년), 신뢰수준 $= 90\%$, 신뢰수준에 따른 z값 $= 1.645$, 구간 추정 공식: $n = \left(\dfrac{z \times \sigma}{E}\right)^2$이므로 표본 크기 $n = \left(\dfrac{1.645 \times 5.2}{0.5}\right)^2 = (17.108)^2 = 292.7$이다.
따라서 표본 크기는 약 293명이 필요하다.

80 정답 ②

유의수준(α)을 높이면 제1종 오류(α)를 더 많이 범하게 되므로 검정력을 높이는 적절한 방법이 아니다.
① 표본 수가 많아지면 통계량의 정밀도가 증가하므로 검정력이 커진다.
③ 분산이 작아지면 표본평균의 변동이 줄어들어 검정통계량의 값이 커지므로 검정력이 커진다.
④ 단측검정은 효과 방향이 명확할 때 사용되며, 동일한 효과 크기에서 더 높은 검정력을 가진다.

81 정답 ①

가설은 다음과 같다.
$H_0 : \mu = 20$(시간), $H_1 : \mu < 20$(시간)
모분산 σ^2이 알려진 경우의 가설검정에서 검정통계량의 값은 $Z = \dfrac{19-20}{3/\sqrt{36}} = -2$이다. 단측검정이므로 유의수준 0.05에서 기각역은 $Z < -1.645$이다. 계산된 통계량 $Z = -2$는 기각역에 포함되므로 귀무가설을 기각한다. 즉, 유의수준 0.05하에서 우리나라 대학생들의 평균 독서시간이 20시간보다 작다고 할 수 있다.

82 정답 ②

모표준편차 $\sigma = 4$이므로 제1종 오류와 제2종 오류를 범할 확률을 구할 수 있다.
ⅰ) 제1종 오류를 범할 확률은 귀무가설인 $\mu = 8$을 기준으로 검정통계량의 값이 $\overline{X} < 7.2$가 됨으로써 기각역에 포함될 확률을 구하면 된다.

$P(\overline{X} \leq 7.2) = P\left(\dfrac{\overline{X}-8}{4/\sqrt{100}} \leq \dfrac{7.2-8}{4/\sqrt{100}}\right) = P(Z \leq -2)$
$= P(Z \geq 2) = 1 - P(Z < 2) = 1 - 0.977 = 0.023$

ⅱ) 제2종 오류를 범할 확률은 대립가설인 $\mu = 6.416$을 기준으로 $\overline{X} \geq 7.2$가 됨으로써 기각역에 속할 확률을 구하면 된다.

$P(\overline{X} \geq 7.2) = P\left(\dfrac{\overline{X}-6.416}{4/\sqrt{100}} \geq \dfrac{7.2-6.416}{4/\sqrt{100}}\right)$
$= P(Z \geq 1.96) = 1 - P(Z < 1.96) = 1 - 0.975 = 0.025$

따라서 제1종 오류를 범할 확률은 0.023이고, 제2종 오류를 범할 확률은 0.025이다.

83 정답 ③

t통계량은 $t = \dfrac{-0.61 - 0}{0.54/\sqrt{9}} \fallingdotseq -3.389$이고 임계값은 -1.86이며, $t = -3.389 < -t_{0.05}(8) = -1.86$이므로 귀무가설을 기각한다.
① t통계량은 -3.389이다.
② 자유도 $df = n - 1 = 8$이다.
④ 표본 수가 충분히 크면 중심극한정리에 따라 정규근사가 가능하다.

84 정답 ②

두 대응표본에 대한 가설검정 절차에 따라 먼저 가설을 세운다.
H_0: 왼손악력과 오른손악력이 같다($\mu_D = 0$).
H_1: 왼손악력이 오른손악력보다 강하다($\mu_D > 0$).
대응표본($n < 30$)에 대한 가설검정에서 $\overline{D} = 3.5$, $S_D = 4.93$, $n = 8$이므로, 검정통계량의 값은 $T_0 = \dfrac{3.5}{4.93/\sqrt{8}} \fallingdotseq 2.01$이다.
자유도는 $8 - 1 = 7$이고, 단측검정이므로 유의수준 5%에서 기각역은 $T \geq 1.895$이다.

85 정답 ③

검정통계량의 값이 $T = 2$이고, 대립가설이 $H_1 : \mu > \mu_0$인 단측검정이므로 유의확률은 $P(T > 2)$이다.

86 정답 ①

분산분석은 각 집단 내에서의 분포가 정규분포라는 가정하에서 진행하지만, 관측값이 정규분포 $N(\mu, \sigma^2)$을 따른다고 가정하지는 않는다.

87 정답 ③

그룹 간 평방합 $SSB = 63.21$, 그룹 내 평방합 $SSW = 350.55$로부터 분산분석표를 정리하면 다음과 같다.

변동	제곱합	자유도	평균제곱	F-값
그룹 간	63.21	3	63.21/3 = 21.07	21.07/3.69 ≒ 5.71
그룹 내	350.55	95	350.55/95 = 3.69	
총계	413.76	98		

따라서 F-통계량 값은 5.71이다.

88 정답 ①

일원분산분석에서 기계 간 평균 생산량 차이가 통계적으로 유의한지 검정한다.
- 귀무가설: 세 기계의 평균 생산량은 서로 같다.
- 대립가설: 적어도 하나의 기계는 평균이 다르다.

'F통계량 > F임계값'이면 귀무가설을 기각한다. 그러나 $F = 1.5953 < 4.74$이므로 기각 기준을 넘지 못하므로 귀무가설을 기각하지 않는다. 따라서 세 기계 간 평균 생산량 차이는 통계적으로 유의하지 않다.

89 정답 ②

유의확률 p-값 0.000은 유의수준 0.05보다 작으므로 귀무가설(H_0: 성과 정당지지도 사이에 관계가 없다)을 기각한다. 즉, 유의수준 0.05하에서 성과 정당지지도 사이에 통계적으로 유의한 관계가 있다고 할 수 있다.

90 정답 ②

- H_0: 사형제도 폐지에 대한 인천지역 경찰관들의 의견은 유권자 전체의 의견과 다르지 않다.
- H_1: 사형제도 폐지에 대한 인천지역 경찰관들의 의견은 유권자 전체의 의견과 다르다.

유권자 전체의 의견인 찬성 35%, 의견 없음 25%, 반대 40%를 기대도수로 하면 교차표는 다음과 같다.

의견	찬성	의견 없음	반대	합계
O_i	23	29	48	100
E_i	35	25	40	

검정통계량의 값은 $\chi^2 = \sum_{i=1}^{3} \frac{(O_i - E_i)^2}{E_i} ≒ 6.35$이고 유의수준 $\alpha = 0.05$, 자유도 $3 - 1 = 2$에 대한 카이제곱 값은 $\chi^2_{0.05}(2) = 5.99$이다. 따라서 검정통계량의 값 6.35가 5.99보다 크므로 귀무가설(H_0)을 기각한다. 또한, $\chi^2_{0.025}(2) = 7.38$에 대하여 6.35가 더 작으므로 유의수준 1%에서 귀무가설을 기각할 수 없다. 따라서 유의수준 0.05하에서 사형제도 폐지에 대한 인천지역 경찰관들의 의견은 유권자 전체의 의견과 다르다고 할 수 있다.

91 정답 ④

단순회귀분석은 두 확률변수 x와 y 간에 일차직선의 관계를 확인한다. 단순회귀모형 $y = a + bx$와 같은 1차의 완벽한 관계가 있는 자료는 두 확률변수 x, y 간의 상관계수가 1($b > 0$인 경우) 또는 -1($b < 0$)에 가깝다. $y = a + bx^2$와 같은 2차의 완벽한 관계가 있는 자료의 상관계수는 0이 된다.

92 정답 ②

확률변수 X와 Y의 결합확률질량함수는 다음과 같다.

X	-1	0	1
$P(X=x)$	0.4	0.2	0.4

Y	0	1
$P(Y=y)$	0.2	0.8

$E(X) = 0$, $E(Y) = 0.8$, $V(X) = 0.8$, $V(Y) = 0.016$, $E(XY) = 0$이다. 공분산은 $Cov(X, Y) = E(XY) - E(X)E(Y) = 0 - 0 \times 0.8 = 0$이므로, 상관계수는 $\rho_{XY} = \frac{Cov(X, Y)}{\sqrt{V(X)}\sqrt{V(Y)}} = 0$이다.

두 변수에 대한 산점도를 그리면 음의 상관과 양의 상관이 동시에 확인되므로 상관계수가 거의 0에 가까울 것으로 예측할 수 있다.

93 정답 ②

적률상관계수(Pearson 상관계수)는 두 변수 간의 선형적인 관계를 측정하는 통계량으로, 각 변수의 분산과 공분산에 기반하므로 극단값(이상치)에 민감하여 극단값이 포함되면 상관계수가 과대 또는 과소 추정될 수 있다. 따라서 극단적인 값들의 영향을 줄이기 위해 IQ 변수의 사분위값(Q1, Q3) 사이에 위치한 중간값들만 선택해 상관계수를 다시 계산하면, 전체 자료의 범위가 좁아지고 분산이 감소한다. 이로 인해 변수 간의 선형적 관계가 덜 뚜렷하게 나타날 수 있으므로, 적률상관계수는 일반적으로 낮아지는 경향을 보인다.

94 정답 ②

단순회귀모형 $Y_i = \beta_0 + \beta_1 x_i + \epsilon_i$의 경우 β_1의 추정값은 $\dfrac{S_{XY}}{S_{XX}}$

$$= \dfrac{\sum_{i=1}^{n}(x_i - \bar{x})(y_i - \bar{y})}{\sum_{i=1}^{n}(x_i - \bar{x})^2} = \dfrac{-10}{20} = -\dfrac{1}{2} \text{이다.}$$

95 정답 ①

회귀식 $\hat{y} = b_0 + b_1 x$의 기울기 $b_1 = \dfrac{\sum_{i=1}^{10} x_i y_i - 10 \bar{x}\bar{y}}{\sum_{i=1}^{10} x_i^2 - 10 \bar{x}^2} =$

$\dfrac{1{,}608 - 10 \times 8 \times 18.6}{686 - 10 \times 8^2} ≒ 2.609$이고,

절편 $b_0 = \bar{y} - b_1 \times \bar{x} = 18.6 - 2.609 \times 8 = -2.272$이다.

96 정답 ④

주어진 모형에서 최소제곱법에 의한 회귀계수 벡터 β의 추정식 b는 $b = (X'X)^{-1}X'y$이다.

97 정답 ③

회귀분석에서 결정계수 R^2은 총제곱합 $SST = \sum_{i=1}^{n}(y_i - \bar{y})^2$ 중 추정회귀직선에 의해 설명되는 회귀제곱합 $SSR = \sum_{i=1}^{n}(\hat{y}_i - \bar{y})^2$의 비율로, $R^2 = \dfrac{SSR}{SST}$이다.

즉, $\dfrac{\text{회귀제곱합}}{\text{총제곱합}} = \dfrac{\sum(\hat{Y}_i - \bar{Y})^2}{\sum(Y_i - \bar{Y})^2}$

$= 1 - \dfrac{\text{잔차제곱합}}{\text{총제곱합}} = 1 - \dfrac{\sum(Y_i - \hat{Y})^2}{\sum(Y_i - \bar{Y})^2}$ 이다.

98 정답 ③

독립변수가 2개인 중회귀모형의 유의성 검정에 대한 F-검정 결과가 $F = \dfrac{MSR}{MSE} > F(k, n-k-1, \alpha)$이면 귀무가설($H_0$)을 기각할 수 있다.

99 정답 ②

다중회귀분석에서 오차항의 자기상관을 검정하기 위해 더빈-왓슨(Durbin-Watson) 통계량을 이용한다. 더빈-왓슨 통계량이 0에 가까우면 양의 자기상관이 가능하며, 4에 가까우면 음의 자기상관이 가능하다고 본다.

100 정답 ①

남성에 대한 소득 회귀식을 구하면 주어진 회귀식 '소득 $= \alpha + \beta_1 \cdot$ 교육 $+ \beta_2 \cdot$ 성별 $+ \beta_3 \cdot$ (교육 × 성별) $+ \epsilon$'과 성별 변수 남자 $= 1$, 회귀계수 $\alpha = 6.0$, $\beta_1 = 2.5$, $\beta_2 = 1.5$, $\beta_3 = 0.5$로부터 소득 $= 6.0 + 2.5 \cdot$ 교육 $+ 1.5 \cdot 1 + 0.5 \cdot$ (교육 × 1)이고 정리하면 "소득$_남 = 7.5 + 3.0 \cdot$ 교육"이다. 남자는 교육이 1년 증가할 때 소득은 100만 원 × 3.0 = 300만 원 증가하며 교육이 0년일 때 기본 소득은 7.5(= 750만 원)이다.

여자 회귀식은 '소득$_여 = 6.0 + 2.5 \cdot$ 교육'이다.

제4회 | 정답 및 해설

제1과목: 조사방법과 설계

01	③	02	①	03	②	04	①	05	④
06	④	07	④	08	①	09	④	10	④
11	④	12	④	13	②	14	③	15	④
16	④	17	①	18	③	19	③	20	①
21	②	22	②	23	①	24	④	25	②
26	②	27	③	28	③	29	②	30	②

01 정답 ③
모든 현상은 자연발생적인 것이 아니라 어떤 원인에 의해 나타난 결과여야 한다는 것은 인과성에 대한 설명이다.
① 최소한의 설명변수만을 사용하여 가능한 최대의 설명력을 얻을 수 있어야 한다.
② 연구자들이 주관을 달리하더라도 같은 방법과 절차를 거친다면 같은 해석과 설명에 도달할 수 있어야 한다.
④ 과학적 연구를 통해 얻어진 지식은 수정 가능해야 한다.

02 정답 ①
ⓒ, ⓔ 기술적 연구의 연구목적을 반영한 것이다.

03 정답 ②
사회과학 연구의 분석단위에는 개인, 집단, 조직 또는 제도, 사회적 가공물, 지역사회, 국가 등이 있다.

04 정답 ①
연구문제가 설정된 후, 연구문제를 정의하는 과정은 문제를 프로그램 미션과 목적에 관련시키고(㉠) 문제의 배경을 검토한 뒤(ⓒ) 문제의 하위영역, 구성요소, 요인들을 확립한다(㉣). 그리고 무엇을 측정할 것인지를 결정하고(ⓒ), 관련 변수들을 결정한다(㉤). 이후 연구목적과 관련 하위목적을 설명하고(㉥), 한정된 변수, 목적, 하위목적들에 대한 예비조사를 수행한다(㉦).

05 정답 ④
인간 행위의 사회적 의미를 행위자 입장에서 이해하는 것은 해석주의 입장이다.

06 정답 ④
귀납적 접근법은 탐색적 연구에, 연역적 접근법은 가설 검증에 주로 사용된다.

07 정답 ④
코호트연구는 특정한 시기에 태어났거나 동일 시점에 특정 사건을 경험한 사람들을 대상으로 이들이 시간이 지남에 따라 어떻게 변화하는지를 조사하는 연구이다.

08 정답 ①
기술적 조사는 어떤 사건이나 현상에 대한 정보가 필요할 때 이를 정확하게 기술하기 위해 실시한다. 이는 사건이나 현상의 빈도, 비율, 수준, 관계 등에 대한 단순 통계적인 자료를 수집하여 연구문제에 대한 답을 구하기 때문에 연구의 반복이 가능하다.

09 정답 ④
패널조사는 동일한 대상에게 동일한 현상에 대해 일정한 시간 간격을 두고 지속적으로 반복 측정하여 조사하는 연구이다.

10 정답 ④
사례연구의 단계는 '연구문제 선정(ⓒ) → 사실 또는 자료수집(ⓒ) → 사실 또는 자료의 요약(㉣) → 사실의 설명(㉠) → 보고를 위한 기술(㉤)'의 순서에 따른다.

11 정답 ④

질적연구는 관찰대상의 몸짓, 언어, 태도나 현상 자체에 대한 자료를 관찰이나 면접 등의 방법을 활용하여 밝히는 연구이다. 조사자가 비표준화 면접이나 참여관찰을 활용하여 조사과정에 깊숙이 관여하며 사회현상에 대해 폭넓고 다양한 정보를 얻어낼 수 있다. 그러나 질적연구는 조사에 필요한 절차나 단계를 엄격하게 결정하시 않으므로 자료수집 단계와 자료분석 단계가 분명히 구별되지 않는다.

12 정답 ④

조사연구(서베이연구)는 모집단으로부터 추출된 표본을 대상으로 설문지나 면접을 통하여 사회현상에 관한 자료를 수집하고 분석하는 연구이다. 이는 대규모 모집단의 특성을 기술할 수 있다는 장점이 있으나 다음과 같은 단점이 있다.
- 시간과 비용이 많이 들 수 있다.
- 조사대상자를 충분히 확보하기 어렵다.
- 연구의 융통성이 작다.
- 연구대상을 심층적으로 관찰할 수 없다.

13 정답 ②

표본추출요소는 자료가 수집되는 대상의 단위로, 조사에서 분석의 기본이 되는 개인, 가족, 기업 등이 될 수 있다.
① 일반적으로 분석단위와 관찰단위는 일치하지만 항상 그런 것은 아니다. 예를 들어, 치매노인에 대한 조사를 위해 치매노인을 돌보는 요양보호사를 대상으로 면접조사를 하는 경우에 분석단위는 치매노인이지만 관찰단위는 요양보호사가 된다.
③ 표본추출단위는 표집과정의 각 단계에서의 표집대상이며, 표본이 실제 추출되는 연구대상 목록은 표집틀이다.
④ 통계치는 통계량에 표본의 구체적인 값을 대입하여 얻은 수치이며, 표본의 특정변수가 가진 특성을 요약한 값이다.

14 정답 ③

표집틀(표본프레임, 표본틀)은 표본추출을 위한 모집단의 구성요소나 표본추출단위가 수록된 목록이다. 표집틀을 평가할 때에는 포괄성, 효율성, 추출확률을 확인한다.

15 정답 ④

서베이조사는 모집단으로부터 추출된 표본을 대상으로 설문지나 면접을 통하여 사회현상에 관한 자료를 수집하고 분석하는 연구로, 특정 시점에 다른 특성을 지닌 집단들 사이의 차이를 측정한다.
①~③ 연구대상의 특정 변수값을 여러 시점에 걸쳐 연구하며, 시간의 흐름에 따른 조사내용의 변화를 분석하는 조사방법이다.

16 정답 ④

표본의 크기가 같을 때 표집오차는 '군집표본추출 > 단순무작위표본추출 > 층화표본추출' 순이다. 따라서 모집단에 대한 대표성과 표본오차의 수준을 동일하게 하고 싶다면, '군집표본추출 > 단순무작위표본추출 > 층화표본추출' 순으로 표본의 크기가 상대적으로 작아야 한다.

17 정답 ②

비표본오차(비표집오차)는 표본추출(선정)과 관계없이 발생하는 오차로 조사준비과정, 실제 조사, 자료 집계, 자료처리과정 등에서 발생한다. 표본선정의 오류는 표본오차의 원인이다.

18 정답 ③

조사대상 지역의 지리적 여건은 표본크기의 결정에 영향을 미치지 않는다.

19 정답 ③

확률표본추출방법은 연구대상이 표본으로 추출될 확률이 알려져 있을 때 무작위로 표본을 추출하는 방법으로, 모든 표집단위가 뽑힐 확률이 '0'이 아닌 확률을 동등하게 가진다는 것을 전제한다.

20 정답 ①

집락이 모집단을 대표하지 못할 가능성이 있는 표집방법은 집락표집(군집표집)이다.

21   정답 ②

① 하나의 질문에 2가지 이상의 요소가 포함되는 것은 바람직하지 않다(이중적 질문 배제).
③ 질문 내용에 임의로 응답자들에 대하여 가정해서는 안 된다(응답자에 대한 가정 배제).
④ 특정한 대답을 암시하거나 일정한 방향으로 응답을 유도하는 질문은 바람직하지 않다(가치중립성).

22   정답 ④

심층면접에서 응답자(피면접자)가 대답을 하는 도중에 면접원이 응답 내용에 대해 평가적인 코멘트를 하는 것은 면접원의 의도가 응답에 영향을 줄 수 있기 때문에 적합하지 못하다.

23   정답 ①

각 층의 크기와 상관없이 탈북자와 일반시민으로부터 각기 200명씩 표본을 추출하는 것이므로 층화표집 중에서 불비례층화표집(가중표집)을 적용한 것이다.

24   정답 ④

확률표본추출방법으로는 군집표집(집락표집), 체계적표집(계통표집), 층화표집, 단순무작위표집 등이 있으며, 비확률표본추출방법으로는 편의표집, 할당표집, 판단표집(유의표집), 눈덩이표집 등이 있다.

25   정답 ②

단순무작위표본추출법은 모집단 각각의 요소 또는 사례들이 표본으로 선택될 가능성이 같은 확률표집방법으로, 모집단의 전체에서 표본이 추출된다.

26   정답 ②

'국방비 축소'와 '교육예산'에 대한 질문을 복합적으로 하고 있다.

27   정답 ③

① 예상되는 외생변수의 영향을 동일하게 받을 수 있도록 실험집단과 통제집단을 설계한다.
② 외생변수가 될 가능성이 있는 변수를 제거하여 실험상황에 개입하지 못하도록 한다.
④ 조사대상을 모집단에서 무작위로 추출함으로써 연구자가 조작하는 독립변수 이외의 모든 변수들에 대한 영향력을 동일하게 만들어준다.

28   정답 ③

가설에서 설정한 변수들 사이에서 인과관계의 일반적인 성립조건으로는 공변관계, 시간적 선행성, 비허위적 관계(외생변수 통제)가 있다.
① 시간적 선행성에 대한 설명이다.
② 공변관계에 대한 설명이다.
④ 비허위적 관계에 대한 설명이다.

29   정답 ②

허위적 상관이란 독립변수와 종속변수 사이의 상관관계 또는 인과관계가 제3의 변수에 의해 만들어진 것일 수 있다는 것이다.

30   정답 ②

정상치보다 지나치게 낮은 사람을 대상으로 검사하였으므로 통계적 회귀가 문제될 수 있다. 또한 같은 검사를 다시 실시하였으므로 시험효과가 영향을 미칠 수 있으며, 자아존중감 향상 프로그램을 실시하는 동안 실험대상자의 심리적·연구통계적 특성의 변화가 일어났을 수 있으므로 성숙효과 또한 타당성의 저해요인이 될 수 있다.

제2과목: 조사관리와 자료처리

31	①	32	④	33	③	34	④	35	④
36	②	37	④	38	②	39	①	40	③
41	④	42	④	43	③	44	④	45	①
46	①	47	①	48	①	49	②	50	④
51	④	52	①	53	④	54	③	55	④
56	③	57	①	58	③	59	①	60	④

31   정답 ①

완전참여자(Complete Participant)는 연구자가 자신의 신분을 밝히지 않고 연구 대상 집단에 완전히 참여하여 관찰하는 방식으로, 집단의 일원이 되어 자연스러운 상황에서 정보를 수집한다.

32   정답 ④

실험자료수집(실험법)은 가설을 세우고 실험집단과 통제집단으로 구분하여 개입 전후를 비교하는 것으로, 개입을 제공하기 전 사전검사를 통해 종속변수를 측정할 수 있다.

33   정답 ③

일반적으로 가장 높은 응답률을 확보할 수 있는 조사방법은 면접법이다. 면접법은 어린이나 노인에게 적절하고, 추가 질문을 통해 보충적인 자료를 수집할 수 있으며 복잡한 질문을 다루는 데 가장 적합하다.

34   정답 ④

패쇄형 질문의 응답범주는 '가능한 모든 응답내용을 다 포함해야 한다'는 응답범주의 포괄성을 만족해야 한다.

35   정답 ④

일반적으로 면접설문조사는 자기기입식 설문조사보다 조사대상 1인당 비용이 많이 들고 시간이 더 걸린다는 단점이 있다.

36   정답 ②

전화조사는 조사자가 추출된 대상자에게 전화를 걸어 질문문항을 읽어준 후, 응답자가 전화상으로 답변한 것을 조사자가 기록하여 자료를 수집하는 조사방법이다. 빠른 시간 안에 개략적인 여론과 신속한 정보를 확인하는 데 가장 적합하다.

37   정답 ④

온라인조사 방법에 참여하는 응답자는 컴퓨터나 인터넷 사용가능자, 특정 웹사이트를 접속한 사람, 온라인상에 가입한 응답자 등이므로 응답자의 목록을 확보하거나 조사 모집단을 명확하게 규정하는 것이 어렵다.

38   정답 ②

참여관찰은 관찰자가 연구대상 집단 내부에 직접 참여하여 그들과 함께 생활하거나 활동하면서 연구대상자들을 관찰하므로 대규모 모집단을 기술하기가 어렵다.

39   정답 ①

우편조사는 설문지를 조사대상자에게 우편으로 보내 스스로 응답하게 한 후 동봉한 반송용 봉투를 회수하는 조사방법이므로, 응답자의 익명성이 보장될 수 있다.

40   정답 ③

관찰시기가 행동발생과 일치하는지의 여부에 따라 직접(Direct)·간접(Indirect) 관찰로 나누어진다.

41   정답 ④

판매매장과 비슷한 상황을 만들어 관찰하는 것은 인위적 관찰이다. 관찰이 일어나는 상황이 인공적인지의 여부에 따라 자연적/인위적 관찰로 나누어진다.

42　정답 ④

집중면접은 특정한 경험이 어떤 결과를 초래했는지에 대해 관심을 갖고, 면접자 주도하에 그 경험에 대해 집중적으로 질문함으로써 응답자의 경험에 대한 내면적인 상황과 행위성향을 파악한다. 집중면접은 특정한 경험이 어떤 태도변화를 일으키는지에 대한 특정한 가설을 개발하기 위해 효율적으로 이용할 수 있다.

43　정답 ③

면접원은 가능한 한 자신의 주관을 배제하고 응답자의 응답 내용을 그대로 기록해야 한다. 특히, 개방형 질문의 경우라도 면접원이 응답내용을 해석하고 요약하여 기록하는 것은 바람직하지 않다.

44　정답 ④

역할행동(Role Playing)검사는 응답자에게 어떤 상황을 제시하고 만약 사람들이 이런 상황에 직면했을 때 어떤 느낌을 받을 것인지, 어떤 행동을 취할 것인지를 표현하게 함으로써 응답자 개인의 생각과 느낌을 투사하게 하는 방법이다.

45　정답 ①

완전관찰자는 관찰자의 신분을 공개하지 않으며 연구대상자들의 활동에는 전혀 참여하지 않고 관찰만 하므로, 여러 관찰자의 유형 중에서 연구대상자에게 영향을 미칠 가능성이 가장 적다.

46　정답 ①

표본조사에서 수집된 자료는 1차 자료이다.

47　정답 ①

실제 실사과정에서 수집된 정보의 논리적 모순이 없는지, 적합한 방법으로 실사가 진행되었는지 등을 확인하는 실사품질 관리는 정확한 조사결과 도출에 있어 중요한 과정이며, 실사품질 관리는 '현장검증 → 에디팅 → 전화검증' 3단계를 따른다.

48　정답 ①

내용분석법은 수량화 작업이 가능하다.

49　정답 ②

독립변수는 종속변수에 영향을 미치는 원인이므로 원인변수, 종속변수는 독립변수로부터 영향을 받는 결과이므로 결과변수이다.

50　정답 ④

① 2차 자료에 대한 설명이다.
② 의사소통방법과 관찰법은 1차 자료 수집방법이다.
③ 1차 자료는 2차 자료에 비해 인력과 시간, 비용이 더 드는 단점이 있다.

51　정답 ④

재생계수 $= 1 - \dfrac{\text{오차의 총점수}}{\text{문항수} \times \text{응답자수}}$ 이므로

재생계수 $= 1 - \dfrac{5}{1,000} = 0.995 ≒ 0.98$이다.

52　정답 ①

연속변수는 어떤 구간 내에서 취할 수 있는 값이 무한히 많은 양적변수로 실수값(R)으로 구성된다. 신장, 체중, 소득, 범죄율, 거주기간 등이 이에 해당된다.

53　정답 ④

양적변수는 자동차의 판매대수와 같은 이산변수와 몸무게나 키와 같은 연속변수로 나누어진다.

54　정답 ③

사회현상을 보편적 언어로 정의하는 과정은 개념화이다.

55
정답 ④

구성타당도는 측정하고자 하는 이론적인 개념이 측정도구에 의해서 실제로 적절하게 측정되었는지를 확인하는 것으로, 이해타당성, 집중타당성, 판별타당성이 있다.

56
정답 ③

개념의 구체화 과정은 '개념 선정 → ⓒ 개념적 정의(개념화) → ㉠ 조작적 정의(조작화) → ⓒ 변수의 측정'의 단계를 거친다.

57
정답 ①

가설은 서로 다른 두 변수 이상의 구성개념이나 변수 간의 관련성 및 영향 관계에 관해 진술한 문장으로, 연구자가 세운 연구문제에 대한 구체적이고 검증 가능한 기대이다.

58
정답 ③

온도는 등간수준의 측정이다.
교통사고 횟수, 몸무게, 저축금액은 모두 절대영점을 갖는 비율수준의 측정이다.

59
정답 ①

측정에 있어 신뢰성을 높이기 위해서는 측정항목의 수를 늘려 실제 측정값이 진실된 값에 보다 근접할 가능성을 높인다.

60
정답 ④

부호책은 자료처리 및 분석을 위해 변수에 대한 정보를 체계적으로 정리한 문서로, 설문조사나 양적 연구에서 수집된 자료를 코딩하고 분석하기 위한 기준을 제공한다.
일반적으로 부호책에 포함되는 요소는 다음과 같다.
- 변수이름: 변수의 축약 이름(예: gender, age)
- 변수의 유형: 정수형, 문자형, 명목형, 서열형 등
- 변수 설명: 해당 변수가 의미하는 바나 질문 내용
- 변수 위치: 변수 위치와 각각의 변수가 가질 수 있는 속성 코드 부여한다.
- 변수 속성: 수치값을 가지고 있어야 한다.

제3과목: 통계분석과 활용

61	②	62	③	63	④	64	①	65	②
66	③	67	③	68	②	69	②	70	①
71	②	72	②	73	③	74	①	75	②
76	③	77	②	78	①	79	①	80	①
81	④	82	④	83	④	84	②	85	④
86	③	87	②	88	②	89	③	90	③
91	②	92	④	93	②	94	③	95	②
96	③	97	①	98	③	99	③	100	②

61
정답 ②

최빈값은 질적(범주형)자료의 대푯값으로 적절하다. 주어진 변수 중 질적변수는 혈액형이므로 최빈값을 대푯값으로 사용할 때 가장 적절한 변수는 혈액형이다.

62
정답 ③

사분위수는 크기 순서에 따라 늘어 놓은 자료를 사등분할 때, 25%, 50%, 75% 위치의 값이다. 이때 중위수는 50% 위치의 값이고, 사분위수 범위는 75% 위치의 값(제3사분위수)과 25% 위치의 값(제1사분위수)의 차이다.

- 자료의 개수 $n = 20$으로 짝수 개이므로 중위수는 10번째 값 40과 11번째 값 42의 평균이다. 따라서 중위수는 $\frac{40+42}{2} = 41$이다.

- 25% 위치의 값(제1사분위수)은 첫 번째 자료부터 열 번째 자료까지의 중위수와 같다. 이때 $n = 10$이므로 5번째 값 37과 6번째 값 39의 평균 $\frac{37+39}{2} = 38$이 중위수가 되며 전체 자료의 25% 위치의 값이 된다.

- 75% 위치의 값(제3사분위수)은 11번째 자료부터 20번째 자료까지의 중위수와 같다. 같은 방법으로 5번째 값 45와 6번째 값 45의 평균 $\frac{45+45}{2} = 45$가 중위수가 되며, 전체 자료의 75% 위치의 값이 된다.

따라서 사분위수 범위는 $45 - 38 = 7$이다.

63
정답 ④

인문사회계열 출신 종업원 평균급여에 대한 변동계수는 $\frac{42}{140}=0.3$,

공학계열 출신 종업원 평균급여에 대한 변동계수는 $\frac{44}{160}=0.275$

이므로 인문사회계열 종업원들의 급여가 공학계열 종업원들의 급여에 비해 상대적으로 산포도를 나타내는 변동계수가 더 크다.

64
정답 ①

이 자료에 대한 평균, 중앙값, 범위, 왜도를 구하면 다음과 같다.

- 평균은 $\frac{9+10+4+16+6+13+12}{7}=\frac{70}{7}=10$이다.
- 자료를 오름차순으로 정리하면 (4, 6, 9, 10, 12, 13, 16)가 장 가운데 있는 값 10이 중앙값이다. 또는 자료의 개수 $n=7$이 홀수이므로 $\frac{n+1}{2}=\frac{7+1}{2}=4$번째 값 10이 중앙값이다.
- 범위는 최댓값과 최솟값의 차이므로 $16-4=12$이다.
- 일반적으로 좌우대칭인 분포의 왜도는 0인데, 대체로 평균(또는 중앙값)인 10을 중심으로 고르게 퍼져있어 분포가 대칭적인 형태에 가깝다. 그러나 완전히 좌우대칭을 이루지는 않기 때문에 왜도가 정확히 0이라고 단정할 수는 없다.
- 모든 편차들의 총합은 항상 0이다.

65
정답 ②

변수의 측정 수준(명목, 서열, 등간, 비율)에 따라 사용 가능한 대표값(집중경향치)과 산포도(산포 측도)를 정리하면 다음 표와 같다.

척도	정의	대표값	산포도
명목 척도	단순 분류 (성별, 혈액형 등)	최빈값만 가능	정의 불가
서열 척도	순위는 있지만 간격 없음 (성적순위, 만족도 등)	최빈값, 중앙값 가능	범위, 사분위 범위 등 (간격 불확실)
등간 척도	간격은 동일하나 절대 0 없음(온도 등)	평균, 중앙값, 최빈값 모두 가능	분산, 표준편차 등 모두 가능
비율 척도	등간척도+절대 0 (무게, 길이, 나이 등)	평균, 중앙값, 최빈값 모두 가능	분산, 표준편차 등 모두 가능

서열척도는 범위뿐만 아니라 사분위수 범위(IQR) 또는 사분편차 (사분위수 범위의 절반) 역시 사용 가능하다.

66
정답 ③

주어진 확률 $P(Rh-)=0.05$, 즉 개인이 Rh-형일 확률이 5%일 때 각 보기의 확률을 계산하면 다음과 같다.

① 두 사람 모두 Rh-일 확률은 $P(Rh- \text{ and } Rh-)=0.05 \times 0.05 = 0.0025$
② 두 사람 모두 Rh+일 확률은 $P(Rh+ \text{ and } Rh+)=0.95 \times 0.95 = 0.9025$
③ 두 사람 중 적어도 한 사람은 Rh-일 확률은 $1-P(\text{둘 다 } Rh+)=1-0.9025=0.0975$이다.
④ 한 사람은 Rh-, 나머지 한 사람은 Rh+일 확률은 다음 두 가지 상황을 포함한다.
  - 첫 번째 Rh-, 두 번째 Rh+ → 0.05×0.95
  - 첫 번째 Rh+, 두 번째 Rh- → 0.95×0.05
  두 확률을 합치면 $0.05 \times 0.95 + 0.95 \times 0.05 = 2 \times 0.0475 = 0.095$이다.

따라서 0.1에 가장 가까운 값은 '두 사람 중 적어도 한 사람은 Rh-일 확률'이다.

67
정답 ③

내일 비가 오는 사건을 A, 비가 오지 않는 사건을 A^C, 비행기가 연착하는 사건을 X라고 하면, $P(A)=2/5$, $P(A^C)=3/5$, $P(X|A)=1/10$, $P(X|A^C)=1/50$이다. 두 사건 A와 A^C가 서로 배반이므로 합의 법칙을 이용한다.

따라서 비행기가 연착할 확률은 $P(X)=P(A \cap X)+P(A^C \cap X)$
$=P(A)P(X|A)+P(A^C)P(X|A^C)$
$=(2/5 \times 1/10)+(3/5 \times 1/50)=13/250=0.052$이다.

68
정답 ②

성인 1인의 몸무게 $N(69, 4^2)$에 대해 16명 각 몸무게 $X_1, X_2, \cdots, X_{16}$의 합 $S=X_1+X_2+\cdots+X_{16}$의 분포는
$E(S)=E(X_1)+E(X_2)+\cdots+E(X_{16})=16E(X)=16 \times 69$,
$Var(S)=Var(X_1)+Var(X_2)+\cdots+Var(X_{16})$
$=16 Var(X)=16 \times 16$이므로 $S \sim N(16 \times 69, 16 \times 16)$이다.
16명의 몸무게 총합이 1,120kg을 초과할 확률은
$P(S>1,120)=P\left(Z>\frac{1,120-1,104}{16}\right)=P(Z>1)$이다.

따라서 무작위로 승강기에 탄 성인 16명의 몸무게가 적재중량 한계를 초과할 확률은 0.159이다.

69 정답 ②

같은 조건하에서 유한모집단으로부터의 복원추출은 이항분포를 따르고, 비복원추출은 초기하분포를 따른다.
① 이항분포뿐만 아니라 초기하분포, 기하분포, 음이항분포 등은 모두 베르누이 시행을 전제로 한다.
③ 이항분포는 시행횟수가 충분히 크고, 성공확률 p가 0.5에 가까우면서 $np \geq 5$ 그리고 $n(1-p) \geq 5$인 경우 정규분포 $N(np, np(1-p))$에 근사한다.

70 정답 ①

주문이 성사되는 주문 건수 X가 포아송분포를 따르므로 확률질량함수는 $\dfrac{e^{-6.7}(6.7)^x}{x!}$이며, 평균과 분산이 모두 6.7로 동일하다. 따라서 30분 동안의 주문 건수 평균이 6.7이므로 1시간(30분+30분) 동안의 주문 건수 평균은 13.4이다.

71 정답 ②

서울의 재정자립도에 대한 표준점수(Z값)를 계산하기 위해 표준점수(Z) 공식 $Z = \dfrac{X-\mu}{\sigma}$에 대입한다.

X: 서울의 재정자립도 76.39%
μ: 한국 도시들의 재정자립도 평균 26.4%
σ: 표준편차 9.3%

$Z = \dfrac{76.39-26.4}{9.3} = \dfrac{49.99}{9.3}$으로 약 5.38이다.

따라서 서울 재정자립도의 표준점수(Z값)는 약 5.3이다.

72 정답 ②

카이제곱분포는 왼쪽으로 치우쳐져 있고 오른쪽으로 꼬리가 긴 모양의 분포이다.

73 정답 ③

정규모집단 $N(\mu, \sigma^2)$으로부터 추출한 크기 n의 임의표본에 근거한 $\dfrac{(n-1)S^2}{\sigma^2}$은 자유도가 $n-1$인 카이제곱분포를 따른다.

74 정답 ①

체비셰프(Chebyshev)의 부등식을 이용해 평균을 중심으로 전체 자료의 최소 75%가 포함되는 구간을 구한다. 이때 체비셰프 부등식은 모든 분포에 대해 적용 가능하며, $P(|X-\mu| \leq k\sigma) \geq 1 - \dfrac{1}{k^2}$이 성립한다. 표본평균 $\overline{x} = 75$, 표본분산 $s^2 = 100$, 표본표준편차 $s = 10$, 최소한 75%를 포함하는 구간에 대해 체비셰프 부등식을 적용하여 $1 - \dfrac{1}{k^2} \geq 0.75$를 만족하는 k를 찾는다.

$1 - \dfrac{1}{k^2} \geq 0.75$, $\dfrac{1}{k^2} \leq 0.25$, $k^2 \geq 4 \Rightarrow k \geq 2$

즉, 평균으로부터 2표준편차 이내의 구간이면 75% 이상의 값이 포함된다. 따라서 구간을 계산하면
구간 = $\overline{x} \pm 2s = 75 \pm 2 \times 10 = 75 \pm 20 = (55, 95)$이다.

75 정답 ②

표준점수(Z점수)를 이용해 각 개인의 월급이 기업 내에서 얼마나 높은지를 비교하는 문제이므로 각 기업의 Z점수를 계산한다.

구분	평균	표준편차	월급	z값
A사	250	50	300	$\dfrac{300-250}{50} = 1.0$
B사	3,500	350	3,750	$\dfrac{3,750-3,500}{350}$, 약 0.714
C사	25	2.7	27	$\dfrac{27-25}{2.7}$, 약 0.741

Z값은 A사 > C사 > B사 순으로 높다. 따라서 상대적으로 월급을 많이 받는 순서는 A > C > B이다.

76 정답 ③

모평균을 추정하기 위해서는 불편성, 효율성, 일치성 등의 특성을 고려해야 한다.
1) $\widehat{\theta}_1$과 $\widehat{\theta}_2$ 모두 불편성 만족
2) $\widehat{\theta}_1$만이 효율성 만족: $\widehat{\theta}_1$과 $\widehat{\theta}_2$ 중에서 분산이 작은 추정량은

$\hat{\theta}_1$이다.
따라서 $\hat{\theta}_1$은 유효추정량이고, $\hat{\theta}_2$는 불편추정량이다.

77 정답 ②

모집단의 모표준편차 σ가 알려지지 않았지만 표본의 크기가 $n=70 (\geq 30)$으로 충분히 크므로, 표본표준편차 S를 이용한 $Z-$분포에 따른 99% 신뢰구간을 구한다. 표본평균 $\overline{X}=18.3$, 표본표준편차 $S=5.2$, 표본의 크기 $n=70$, $\alpha=0.01$이므로 $z_{\alpha/2}=z_{0.005}=2.58$에 대하여 모평균에 대한 99% 신뢰구간은
$$\left(\overline{X}-z_{0.005}\frac{S}{\sqrt{n}},\ \overline{X}+z_{0.005}\frac{S}{\sqrt{n}}\right)=$$
$$\left(18.3-2.58\times\frac{5.2}{\sqrt{70}},\ 18.3+2.58\times\frac{5.2}{\sqrt{70}}\right)\fallingdotseq(16.7,\ 19.9)$$
이다. 따라서 $16.7\leq\mu\leq19.9$이다.

78 정답 ②

표본의 변동계수 c는 표본표준편차 S를 표본평균 $\overline{Y}$로 나눈 값 $c=\dfrac{S}{\overline{Y}}$이므로 표본표준편차는 $S=c\times\overline{Y}$이다. 모집단의 모표준편차 σ가 알려지지 않았지만 대표본이므로, 표본표준편차 S를 이용한 $Z-$분포에 따른 95% 신뢰구간을 구한다. 표본평균은 $\overline{Y}$, 표본표준편차는 $S=c\times\overline{Y}$, 표본의 크기는 n, $\alpha=0.05$이므로 $z_{\alpha/2}=z_{0.025}=1.96$에 대하여 모평균에 대한 95%의 신뢰구간은
$$\left(\overline{Y}-z_{0.025}\frac{S}{\sqrt{n}},\ \overline{Y}+z_{0.025}\frac{S}{\sqrt{n}}\right)$$
$$=\left(\overline{Y}-1.96\frac{c\times\overline{Y}}{\sqrt{n}},\ \overline{Y}+1.96\frac{c\times\overline{Y}}{\sqrt{n}}\right)\text{이다.}$$
따라서 $\overline{Y}\left(1\pm\dfrac{1.96c}{\sqrt{n}}\right)$이다.

79 정답 ①

신뢰구간의 길이(폭)는 표본크기 n의 제곱에 반비례한다. 표본크기가 100에서 400으로 4배 증가하면 $\sqrt{100}=10$, $\sqrt{400}=20$으로 분모가 2배 증가하므로 신뢰구간의 길이는 절반으로 줄어든다. 그리고 신뢰수준과 무관하게 표본 크기만 늘렸을 때 생기는 변화이다. 따라서 표본크기만 4배로 늘렸고 신뢰수준은 그대로 유지했으므로, 양쪽 모두 신뢰구간 길이가 절반으로 줄어든다.

80 정답 ①

A 후보 지지율 30.5%, B 후보 지지율 34.8%, 표본 크기 400명, 오차한계(Margin of Error) ±5%, 신뢰수준 95%으로부터 신뢰구간을 구하면
A후보 신뢰구간: 30.5%±5%=[25.5%, 35.5%]
B후보 신뢰구간: 34.8%±5%=[29.8%, 39.8%]이므로,
두 후보의 신뢰구간이 겹친다. 즉, 통계적으로 유의미한 차이라고 볼 수 없으므로 실제 선거에서는 A후보가 B후보를 앞설 수도 있다.

81 정답 ④

국회의원 후보 A에 대한 청년층 지지율 p_1과 노년층 지지율 p_2의 차이 $p_1-p_2=0.066$이라는 의견에 대해 '지지율 차이가 줄어들었다.'고 주장하려고 한다. 따라서 귀무가설(H_0)과 대립가설(H_1)은 다음과 같다.
H_0: $p_1-p_2=0.066$
H_1: $p_1-p_2<0.066$

82 정답 ④

정규모집단에서 표본평균을 이용한 $Z-$검정으로 검정통계량 Z를 구한다. 정규분포에서 평균에 대한 $Z-$검정 통계량 공식은
$$Z=\frac{\overline{X}-\mu_0}{\sigma/\sqrt{n}}$$
이고 모표준편차 $\sigma=3$, 표본 크기 $n=100$, 임계값 $Z_{0.05}=1.645$이므로 $X=\dfrac{\overline{X}-0}{3/\sqrt{100}}=\dfrac{\overline{X}}{3/10}=\dfrac{10\overline{X}}{3}$이다.

83 정답 ④

귀무가설이 기각되려면 유의확률이 유의수준보다 작아야 하는데, 유의수준이 0.05이고, 주어진 표에서 0.05보다 작은 경우는 $p=0.2$, $c=8$ 경우 뿐이다. 따라서 금연교육 후 금연율이 $p=0.2$일 때, 적어도 8명 이상이 금연에 성공해야 귀무가설을 기각할 수 있다.

84
정답 ②

두 개의 정규모집단으로부터 추출한 독립된 확률표본에 기초하여 두 모집단의 분산의 비율 $\dfrac{\sigma_1^2}{\sigma_2^2}$에 대한 가설 $H_0: \dfrac{\sigma_1^2}{\sigma_2^2}=1$과 $H_1: \dfrac{\sigma_1^2}{\sigma_2^2}>0$을 검정해야 할 때, F-분포를 이용한 F-검정을 활용한다.
①, ③, ④는 t-분포를 이용한 t-검정을 활용한다.

85
정답 ④

두 대응표본에 대한 가설검정 절차에 따라 먼저 가설을 세운다.
H_0: 새로운 전략 실시 전후의 판매량에 차이는 없다.
H_1: 새로운 전략 실시 전후의 판매량이 증가하였다.
대응표본($n<30$)에 대한 가설검정에서 검정통계량은 각 표본요소의 값들의 차이 D, D의 평균 $\overline{D}$, D의 표준편차 S_D에 대하여 $t=\dfrac{\overline{D}}{S_D/\sqrt{n}}$이고, 자유도 $n-1$인 t-분포를 따른다. 실시 전후의 자동차 판매량의 차를 D라고 하면, 다음과 같이 정리할 수 있다.

실시 이전 X	5	8	7	6	9	7	10	10	12	5
실시 이후 Y	8	10	7	11	9	12	14	9	10	6
차이 D	-3	-2	0	-5	0	-5	-4	1	2	-1

따라서 $n=10$,
$\overline{D}=\dfrac{(-3)+(-2)+(-5)+(-5)+(-4)+1+2+(-1)}{10}$
$=-1.7$
$S_D=\sqrt{\dfrac{(-3+1.7)^2+(-2+1.7)^2+\cdots+(2+1.7)^2+(-1+1.7)^2}{9}}$
$\fallingdotseq 2.497$이므로 검정통계량의 값은 $t_0=\dfrac{-1.7}{2.497/\sqrt{10}}\fallingdotseq -2.153$이다. 자유도는 $10-1=9$이고, 단측검정이므로 유의수준 5%에서 기각역은 $t\geq t_{0.05}(9)$이다. 따라서 $-2.153<-1.833$이므로 귀무가설을 기각할 수 있다.
즉, 새로운 영업전략의 판매량 증가 효과가 있다고 할 수 있다.

86
정답 ③

① 비교하려는 처리집단이 k개 있으면 처리에 의한 자유도는 $k-1$이 된다.
② 분산분석은 분산값들을 이용해서 세 개 이상의 모집단의 모평균 차이를 검정하는 통계분석방법이다.
④ 두 개의 요인이 있을 때 각 요인의 주효과를 알아보기 위해서는 요인 간 교호작용이 없어야 한다. 즉, 서로 다른 집단 간에 독립을 가정한다.

87
정답 ②

요인의 수준이 3, 총 측정횟수 15, 위의 측정한 결과로부터 농도의 제곱합으로 $\sum\limits_{i=1}^{5}(y_i-\overline{y})^2=5\{(1-2)^2+(2-2)^2+(3-2)^2\}=10$, 오차의 제곱합으로 $\sum\limits_{i=1}^{3}\sum\limits_{j=1}^{5}(y_{ij}-\overline{y_i})^2=74-2(1\cdot 5+2\cdot 10+3\cdot 15)+5(1^2+2^2+3^2)=4$를 얻었다.
따라서 분산분석표를 완성하면 다음과 같다.

요인	제곱합	자유도	평균제곱	F-값
농도	10	2	5	$5\div(1/3)$ $=15$
오차	4	12	$4/12=1/3$	
총합	14	14		

88
정답 ②

일원분산분석 결과표 일부를 바탕으로 표를 채우면 다음과 같다.

구분	제곱합	자유도	평균제곱	F값	유의확률
요인	2.4	2	1.2	2.4	0.14
잔차	10.5	21	0.5		
계	12.9	23			

따라서 요인에 대한 평균제곱은 1.2이다.

89 정답 ③

카이제곱 검정(Chi-square Test)을 사용하여 세 서비스 간의 시간 할애에 차이가 없다는 귀무가설을 검정하기 위해 주어진 데이터에 대해 카이제곱 통계량을 계산한다.
- 귀무가설(H_0): 세 서비스 간에 시간 할애에 차이가 없다.
- 대립가설(H_1): 세 서비스 간에 시간 할애에 차이가 있다.

주어진 데이터에 대한 관측도수와 기대도수를 계산한 분할표는 다음과 같다.

	이메일 사용	뉴스 등 정보 검색	게임(또는 영상포함)	총합
관측도수	90	120	270	480
기대도수	160	160	160	480

카이제곱 통계량을 계산하면
$$\chi^2 = \frac{(90-160)^2}{160} + \frac{(120-160)^2}{160} + \frac{(270-160)^2}{160} = 30.625 + 10 + 75.625 = 116.25$$
이다. 그리고 세 가지 서비스가 있으므로 자유도는 2이다. 따라서 카이제곱 통계량 = 116.25, 자유도 = 2이다.

90 정답 ③

분할표를 만들어 두 변수 간의 독립성 여부를 유의수준 0.05에서 검정한 결과, Pearson 카이제곱 값이 91.3412에 대한 유의확률이 0.000으로 '유의확률 0.000 < 유의수준 0.05'이므로 귀무가설(H_0)을 기각할 수 있다. 결론적으로 유의수준 0.05하에서 연령대와 선호하는 정당은 서로 아무런 관계가 없다고 보아야 한다.

91 정답 ②

산점도에서 자료 A는 강한 음의 상관관계가 확인되며, 자료 B는 양의 상관관계, 자료 C는 약한 양의 상관관계가 확인된다. 따라서 각 자료의 상관계수는 자료 A가 -0.93, 자료 B가 0.70, 자료 C가 0.20이라 할 수 있다.

92 정답 ④

검정통계량이 주어진 유의수준에서의 임계값보다 커야 하므로 $t = 0.3378\sqrt{n-2} > t_{0.05}(n-2)$이어야 한다. $n=28$에서 자유도 26의 임계값 $t_{0.05}(26) = 1.706$에 대해 $0.3378\sqrt{28-2} > t_{0.05}(28-2) = 1.706$으로 표본의 수가 최소한 28개가 필요하다.

93 정답 ②

단순회귀분석에서 회귀방정식 $y = 2 + 0.3x$의 기울기는 $b = r_{xy}\frac{S_y}{S_x} = 0.3$이고, x의 표본표준편차 $S_x = \sqrt{4} = 2$, y의 표본표준편차 $S_y = \sqrt{9} = 3$이므로 $r_{xy} = 0.3 \times \frac{S_x}{S_y} = 0.3 \times \frac{2}{3} = 0.2$이다.

94 정답 ③

추정회귀직선 $\hat{y} = b_0 + b_1 x$의 기울기 b_1과 절편 b_0를 구하면 β_1의 추정값은 $b_1 = \frac{S_{XY}}{S_{XX}} = \frac{\sum_{i=1}^{5}(x_i - \bar{x})(y_i - \bar{y})}{\sum_{i=1}^{5}(x_i - \bar{x})^2} = \frac{13}{10} = 1.3$이고, β_0의 추정값은 $b_0 = \bar{y} - b_1 \times \bar{x} = 7 - (1.3) \times (4) = 1.8$이다. 따라서 추정회귀직선은 $\hat{y} = 1.8 + 1.3x$이다.

95 정답 ②

분산분석표의 요인에 '회귀'와 '잔차'가 확인되므로 회귀분석을 위한 분산분석표이며 회귀제곱합의 자유도 4는 중회귀모형에서 독립변수의 수를 의미한다. 따라서 주어진 분산분석표는 독립변수가 4개인 중회귀모형의 분산분석표임을 알 수 있다.

96 정답 ③

회귀계수의 유의성 검정에서 'H_0: 회귀계수 β는 유의하지 않다$(\beta = 0)$.'를 검정하기 위한 검정통계량은 $t = \frac{b - \beta}{\sqrt{Var(b)}} \sim t(n-2)$이다. $b = 0.8951$, $\beta = 0$, $\sqrt{Var(b)} = 0.149$이므로 검정통계량의 t값은 $t = \frac{b - \beta}{\sqrt{Var(b)}} = \frac{0.8951 - 0}{0.149} ≒ 6.007$이다.

97 정답 ①

회귀계수의 유의성 검정에서 'H_0: 회귀계수 β_i는 유의하지 않다 ($\beta_i = 0$, $i = 1, 2, \cdots, k$).'를 검정하기 위한 검정통계량은 $t = \dfrac{b_i - \beta_i}{\sqrt{Var(b_i)}} \sim t(n-k-1)$ 이다. 따라서 ㉠, ㉡, ㉢ 각각에 들어갈 검정통계량의 t값은 ㉠ $t = \dfrac{39.689 - 0}{32.74} ≒ 1.21$, ㉡ $t = \dfrac{3.372 - 0}{0.94} ≒ 3.59$, ㉢ $t = \dfrac{0.532 - 0}{6.9} ≒ 0.08$ 이다.

98 정답 ③

X가 1 증가할 때, Y는 1.47 증가하며, X는 100명 단위이고 Y는 만 원 단위이므로 100명 증가할 때 14,700원 증가하게 된다.
① 회귀방정식은 $Y = a + bX$ 형태의 직선(1차식)이므로 직선형회귀이다.
② $X = 0$일 때 $Y = 273.50$이므로 평균 생산량은 0이 아니다.
④ 결정계수가 0.25이므로 회귀방정식에 의하여 인구수가 생산량을 설명하는 정도는 25%이다.

99 정답 ③

다중회귀모형 설정 시 범주형 자료인 독립변수를 가변수로 변환하여 다중회귀분석을 시행한다. 이때, 수준(범주)이 k개인 변수에 대해 $k-1$개의 가변수를 사용한다. 연봉에 미치는 질적변수인 학력(고졸 이하, 대졸, 대학원 이상)과 성별(남, 여)에 대한 가변수는 각각 $3-1=2$, $2-1=1$, 총 3개다.

100 정답 ②

회귀모델 비교는 동일한 종속변수와 동일한 표본 그리고 포함 관계가 있는 모델들 간에만 유효하다. 따라서 모델 4는 모델 2의 일부(Nested Model)이므로 비교 가능하다. 모델 2는 모델 4보다 추가변수(교육)를 포함하고 있고, 이 변수 하나로 설명력이 0.23만큼 향상되므로 모델 2기 모델 4보다 더 좋은 모델로 평가된다. 또한, R^2값이 높다고 반드시 더 좋은 모델은 아니며, 더 많은 변수를 넣으면 R^2는 무조건 증가한다.

제5회 | 정답 및 해설

제1과목: 조사방법과 설계									
01	④	02	③	03	④	04	①	05	①
06	②	07	②	08	④	09	③	10	③
11	②	12	①	13	④	14	③	15	③
16	②	17	④	18	④	19	②	20	②
21	③	22	②	23	①	24	③	25	④
26	②	27	③	28	③	29	①	30	③

01 정답 ④
과학적 연구의 특징에는 간결성, 변화 가능성(수정 가능성), 경험적 검증 가능성, 인과성, 일반성, 구체성, 논리성, 상호주관성, 재생 가능성, 체계성 등이 있다.

02 정답 ③
사회조사연구 과정은 '연구문제의 인식 → 연구주제의 선정 → 문헌고찰 → 가설의 구성 및 조작화 → 연구방법 설계 → 자료수집 → 자료분석 및 해석 → 연구보고서 작성' 순으로 이어진다.

03 정답 ④
자료를 수집하고 수집된 자료가 정리·보완되면, 미리 정한 분석방법에 따라 자료를 분석하고 그 결과를 해석하는 '자료 분석 및 해석 단계'가 뒤따른다. 이때 이전에 분석한 통계표를 이용해 분석된 내용을 확인하고 비교한다.

04 정답 ①
인과성(Causality)은 모든 현상은 자연발생적인 것이 아니라 어떤 원인에 의해 나타난 결과여야 한다는 것이다.

05 정답 ①
인과관계의 규명은 설명적 조사의 특성이다.

06 정답 ②
분석단위는 자료를 수집할 때 표본의 크기를 결정하는 기본 단위로 개인, 집단, 지역사회, 국가, 사회적 가공물(생성물) 등이 있다. 가구조사 자료를 이용하는 연구에서 분석단위는 가구이다.

07 정답 ②
사회적 가공물은 분석단위가 될 수 있다.

08 정답 ④
①②③ 질적연구방법의 특징에 해당한다.

09 정답 ③
조사대상자의 행동빈도를 측정한 경우 양적 연구에 해당한다.

10 정답 ③
①② 개방코딩에 대한 설명이다.
④ 선택코딩에 대한 설명이다.

11 정답 ②
혼합연구방법은 다양한 패러다임을 수용할 수 있어야 하므로 질적연구 결과에서 양적연구가 시작될 수도 있다.

12 정답 ①
실험법(실험연구)은 독립변수의 효과를 측정하거나 독립변수가 종속변수에 영향을 미치는 인과관계에 대한 가설을 검증하는 연구이다.

13 정답 ④
실험설계의 조건에는 독립변수의 조작, 실험대상의 무작위화, 외생변수의 통제(제거, 균형화, 상쇄) 등이 있다.

14 정답 ③
표본프레임(A보험사에 최근 1년 동안 가입한 고객 명단)이 모집단(A보험사에 가입한 고객들)보다 작아 표본프레임이 모집단 내에 포함되는 오류에 해당한다.

15 정답 ③
단순무작위표집은 모집단의 모든 개체가 표본으로 추출될 확률이 같으므로 구성요소가 표집단위가 된다.

16 정답 ②
확률표본추출방법은 연구대상이 표본으로 추출될 확률이 알려져 있을 때 무작위로 표본을 추출하는 방법이다.
ⓒⓔ 확률표본추출방법은 표본오차를 추정할 수 있으나, 비확률표본추출방법에 비해 일반적으로 시간과 비용이 많이 든다.

17 정답 ④
비확률표본추출방법은 조사자가 주관적으로 표본을 선정하기 때문에 표본분석결과의 일반화에 제약이 있다. 확률표본추출방법은 표본분석결과의 일반화가 가능하다.

18 정답 ④
모두 체계적표집에 대한 설명에 해당한다.

19 정답 ②
군집표집(집락표집)은 모집단을 여러 가지 이질적인 구성요소를 포함하는 여러 개의 군집(집락)으로 구분한 후 군집을 표집단위로 하여 무작위로 추출한 다음, 표본으로 추출된 군집의 구성요소를 전수조사 또는 표본조사한다. 따라서 군집 간 동질적, 군집 내 이질적인 특성을 보인다.

20 정답 ②
편의표본추출은 조사자가 손쉽게 이용 가능한 대상만을 선택하여 표본으로 추출하는 비확률표본추출방법이다. 따라서 표본을 많이 추출한다고 해도 표본이 모집단을 대표한다고 할 수 없다.

21 정답 ③
① 표본의 크기가 커지면 표본오차는 줄어든다.
② 표본오차는 조사연구의 표집과정에서 발생한다. 조사연구의 모든 과정에서 확산되어 발생하는 오차는 비표본오차이다.
④ 조사원의 훈련부족으로 인해 각기 다른 성격의 자료가 수집되는 경우 발생하는 오차는 비표본오차이다.

22 정답 ②
척도의 유형은 표본크기를 결정할 때 고려하는 사항과 거리가 멀다.

23 정답 ①
측정도구나 관찰자에 따라 측정이 달라질 수 있는 것은 내적타당도를 저해하는 요소 중 하나인 도구효과에 대한 설명이다.

24 정답 ③
제시된 내용은 근거이론연구에 대한 설명이다.

25 정답 ④
하나의 항목에 두 가지 이상 질문하는 것은 바람직하지 않다(이중적 질문 배제).

26 정답 ②

질문에 대한 응답항목으로 시민단체나 언론기관 등 대답 가능한 다른 응답을 제시하지 않았다. 따라서 응답범주의 포괄성을 만족하지 않는다.

27 정답 ③

초점집단연구(Focus Group Interview)는 특정한 경험을 공유한 소수의 응답자 집단으로 하여금 특정 주제에 대하여 자유로운 대화와 토론을 통해 필요한 정보를 수집하는 방법이다. 따라서 개인면접에 비해 연구대상을 통제하기가 수월하지 않다.

28 정답 ③

FGI 가이드라인은 진행자(Moderator)가 진행하기 편하도록 상세하게 작성해야 한다.

29 정답 ①

가설에서 설정한 변수들 사이에서 인과관계의 일반적인 성립조건으로는 공변관계(㉠), 시간적 선행성(㉡), 외생변수 통제(㉢) 3가지이다.

30 정답 ③

노인들이 사회복지서비스를 받는 동안 시간의 경과에 따라 자연적으로 약해질 수 있다. 이는 실험기간 중에 성숙 또는 시간의 경과에 따라 실험집단의 육체적·심리적 특성이 자연적으로 변화해 종속변수에 영향을 미치는 성숙효과에 해당한다.

제2과목: 조사관리와 자료처리

31	④	32	②	33	①	34	②	35	③
36	③	37	③	38	③	39	④	40	①
41	①	42	②	43	④	44	③	45	②
46	③	47	③	48	①	49	①	50	③
51	④	52	④	53	③	54	④	55	④
56	①	57	③	58	④	59	③	60	④

31 정답 ④

반응성(Reactivity)은 실험대상자가 스스로 실험의 대상이 되고 있음을 인식할 때 나타나는 의식적 반응이 연구의 결과에 영향을 미치는 것이다. 2차 자료는 과거에 만들어진 자료이므로 반응성의 문제가 발생하지 않는다.

32 정답 ②

사생활과 관련되거나 민감한 질문일수록 개방형 질문보다 폐쇄형 질문이 적합하다.

33 정답 ①

면접설문조사는 조사자가 질문을 말로 하고 응답자의 반응을 기록하므로, 자기기입식 설문조사보다 더 복잡한 쟁점을 다루는 데 효과적이다. 반면에 자기기입식 설문조사는 익명성이 보장되기 때문에 면접설문조사보다 민감한 쟁점을 다루는 데 유리하다.

34 정답 ②

우편조사는 조사대상자의 주소만 알면 어느 지역이든 조사할 수 있으므로 응답자의 지역적 범위가 응답률에 영향을 미치는 주요 요인으로 볼 수 없다.

35 정답 ③

전화조사는 복잡한 문제들에 대한 의견을 파악하기에 적합하지 않다. 따라서 질문은 복잡하지 않고 가급적 '예/아니오' 식으로 간단히 대답할 수 있어야 한다.

36 정답 ③

집단조사(Group Questionnaire Survey)는 연구대상자를 집단적으로 모아 놓고 질문지를 교부해서 응답자가 직접 기재하는 방식이다. 학교, 기업체, 군대 등의 조직체 구성원을 조사할 때 유용하다.

37 정답 ③

연구자가 완전참여자일 때에는 관찰자의 신분을 밝히지 않은 채 집단의 구성원이 되어 자연스럽게 사회적 과정에 참여한다. 따라서 연구대상에 영향을 미칠 수 있다.

38 정답 ③

조사내용이 왜곡될 수 있으므로 응답자가 대답을 잘 하지 못하더라도 필요한 대답을 유도하는 행동은 옳지 않다.

39 정답 ④

심층규명(Probing)은 정확한 답을 얻기 위해 추가 질문을 하여 정확한 대답을 이끌어내는 면접조사기술이므로 비구조화 면접조사에 적합하다.

40 정답 ①

조사원 스스로 조사내용에 흥미를 가지고 헌신해야 하는 것은 조사원의 역할이나 책임에 해당하지 않는다.

41 정답 ①

설문응답내용의 논리적 오류를 점검하는 것은 정합성 점검에 해당한다. 신뢰성 점검은 실사가 적합한 방법으로 진행되었는지를 점검한다.

42 정답 ②

내용분석은 이미 기록된 내용을 분석하므로 높은 타당도를 확보하기 어렵다.

43 정답 ④

① 어린이를 대상으로 하는 조사에서는 조사원이 반드시 젊을 필요는 없으며, 어린이와 신뢰를 잘 형성하고 부모와 원활한 소통이 가능한 조사원이 적합하다.
② 신뢰성 검증을 위한 설문(예: 재조사, 품질관리 등)은 조사 설계 단계에서 일관된 기준으로 정해야 하며, 조사원 능력에 따라 다르게 적용하면 조사 결과의 일관성이 저해된다.
③ 상업적 조사의 경우, 응답자의 편향을 방지하고 중립성을 유지하기 위해 조사 의뢰 기관을 알리지 않는 것이 일반적이다.

44 정답 ③

참여관찰은 관찰자가 연구대상 집단 내부에 직접 참여하여, 구성원의 일원으로 함께 생활하거나 활동하면서 관찰하는 질적연구방법이다. 따라서 동조현상으로 인해 주관적인 가치가 개입됨으로써 객관적인 판단을 그르치거나 관찰결과를 변질시킬 수 있어 조사결과를 일반화(표준화)할 수 없다는 단점이 있다.

45 정답 ②

① 면접조사는 같은 조건에서 다른 자료수집방법(우편설문, 전화설문 등)에 비해 높은 응답률을 얻을 수 있다.
③ 면접조사는 응답자의 비언어적 행동과 주변의 상황들을 직접 관찰할 수 있다.
④ 면접조사는 다른 자료수집방법과 비교했을 때 민감하지 않은 질문에 대해 보다 신뢰성 있는 대답을 얻을 수 있다.

46 정답 ③

㉣ 면접자의 편의가 개입될 가능성이 적은 것은 구조화(표준화)면접이다.

47 정답 ③

부호화 작업은 면접조사가 끝난 뒤 수집된 자료를 분석에 적합하도록 데이터를 코딩하거나 처리하기 위한 과정으로, 이는 면접조사 중 조사의 질을 높이는 방법에는 해당하지 않는다.

48 정답 ①

투사법은 인간의 무의식에 내재되어 있는 동기, 가치, 태도 등을 알아내기 위하여 모호한 자극을 응답자에게 제시하여 반응을 알아보는 방법이다. 대표적인 예로는 주제통각검사(TAT), 로르샤흐 잉크반점검사(RIBT), 역할행동검사, 만화완성검사, 단어연상검사, 문장완성검사 등이 있다.

49 정답 ①

변수(Variable)는 측정할 관측 대상의 속성이나 특성이 변하는 자료로, 연구대상의 경험적 속성을 나타낸다. 성별은 이미 여성으로 정해져 있으므로 변수로 선택할 필요가 없다. 여성근로자를 대상으로 사회조사를 실시할 경우 변수는 여성근로자의 연령, 직업의 종류, 근무시간, 월급여, 연봉, 생활비 등이다.

50 정답 ③

독립변수와 종속변수의 관계를 중간에서 설명해주는 변수는 매개변수이고, 독립변수가 종속변수에 미치는 영향을 강화시키거나 약화시키는 변수는 조절변수이다.

51 정답 ④

ⓒ 억제변수는 두 변수 X, Y가 서로 관계가 있는데도 불구하고 관계가 없는 것으로 나타나게 하는 제3의 변수이다.
ⓒ 왜곡변수는 두 변수 X, Y의 실제관계를 정반대의 관계로 나타나게 하는 제3의 변수이다.

52 정답 ④

조작적 정의(Operational Definition)는 '종교에 대한 믿음'인 신앙심을 측정이나 관찰이 가능하도록 '종교행사 참여 횟수'로 정의할 수 있다. 이처럼 개념을 가시적이고 경험적으로 표현하기 위해서 조작적 정의가 필요하다.

53 정답 ③

가설이 기각되었다고 해서 반대되는 가설이 참임을 의미하는 것은 아니다.

54 정답 ④

모두 측정에 대한 옳은 설명이다. 측정이란 사람, 사건, 상태 또는 대상 등 어떤 사건이나 대상이 지닌 경험적 속성에 대해 미리 정해 놓은 일정한 규칙에 따라 수량화한 것이다.

55 정답 ④

㉠ 교육수준은 '중졸 이하, 고졸, 대졸 이상'으로 상대적인 서열상의 관계를 부여하고 있으므로 서열수준의 측정이다.
㉡ 정규교육을 받은 기간(년)은 시간(Year)이므로 등간측정이거나 비율측정으로 볼 수 있으며, 정규교육을 받은 기간이 없음을 절대영점으로 둔다고 가정할 수 있으므로 비율수준의 측정이다.
㉢ 출신 고등학교 지역은 지역별 분류가 가능하므로 명목수준의 측정이다.

56 정답 ①

서열척도(Ordinal Scale)는 측정대상을 분류할 뿐만 아니라 대상의 특수성이나 속성에 따라 각 측정대상에 상대적인 순서나 서열을 부여한다.

57 정답 ③

평정척도는 학생들의 성적 'A, B, C, D, F' 등과 같은 연속성이 있는 어떤 행동의 차원 또는 영역에 대해서 일정한 등급방식에 의해 평가하는 척도이다. 응답범주의 수를 가능한 한 많이 하는 것은 좋지 않다.

58 정답 ④

측정오차는 체계적 오차와 비체계적 오차(무작위적 오차)로 구분된다. 체계적 오차는 오차가 항상 일정한 방향으로 편향(Bias)되어 있으며, 비체계적 오차는 인위적이지 않아 오차의 값이 다양하게 분산되어 있다.

59 정답 ③

집중타당성(수렴타당성)은 동일한 개념을 서로 다른 측정도구를 사용해서 측정한 결과값들 간의 상관관계를 확인하는 방법이다. 암기력을 측정하기 위해 암기한 것을 모두 종이 위에 쓰도록 하는 방법과 암기한 것을 모두 말하도록 하는 방법으로 측정한 결과값들 간에 상관이 높다면, 집중타당성이 높다고 할 수 있다

60 정답 ④

코딩 시점에서는 변수의 위치, 폭, 코드값이 정해져야 하므로 칸을 넉넉하게 배정하는 것은 적절하지 않다.

제3과목: 통계분석과 활용

61	②	62	②	63	②	64	②	65	④
66	④	67	③	68	②	69	④	70	③
71	①	72	①	73	②	74	①	75	①
76	④	77	②	78	②	79	②	80	④
81	④	82	②	83	①	84	①	85	②
86	①	87	①	88	④	89	①	90	④
91	①	92	①	93	①	94	③	95	③
96	③	97	④	98	④	99	④	100	②

61 정답 ②

가중평균 $\dfrac{w_1 x_1 + w_2 x_2 + \cdots + w_n x_n}{w_1 + w_2 + \cdots + w_n}$ (w_i 는 x_i의 가중치)을 이용한다.

따라서 $\dfrac{(80 \times 0.3) + (70 \times 0.3) + (90 \times 0.4)}{0.3 + 0.3 + 0.4} = 81$ 점이다.

62 정답 ②

전체 하루 평균 수입을 가중평균으로 계산하면

전체 하루 평균 수입

$= \sum \dfrac{\text{각 그룹 인원} \times \text{그룹 하루 평균 수입}}{\text{전체 인원 수}}$

$= \dfrac{(40 \times 82{,}000) + (60 \times 84{,}000) + (80 \times 85{,}000) + (20 \times 80{,}000)}{200}$

$= \dfrac{16{,}720{,}000}{200} = 83{,}600$ (원)이다.

63 정답 ②

표준편차가 크다는 것은 각 측정치가 평균으로부터 멀리 흩어져 있다는 것을 의미한다. A반이 B반보다 표준편차가 크므로 A반 학생의 점수가 평균점수로부터 멀리 흩어져 있으며, B반 학생의 점수가 평균점수 근처에 더 많이 몰려 있을 것으로 결론내릴 수 있다.

64 정답 ②

표준편차를 비교하기 위해 평균과 분산을 구해야 한다.
① 3, 4, 5, 6, 7의 평균 5, 분산 2
② 3, 3, 5, 7, 7의 평균 5, 분산 3.2
③ 3, 5, 5, 5, 7의 평균 5, 분산 1.6
④ 5, 6, 7, 8, 9의 평균 7, 분산 2
따라서 표준편차가 가장 큰 자료는 분산이 가장 큰 ②번 자료이다.

65 정답 ④

변동(변이)계수는 표준편차를 평균으로 나눈 값이므로 남자직원 임금의 변동계수는 $\dfrac{40}{2{,}000} = 0.02$, 여자직원 임금의 변동계수는 $\dfrac{30}{1{,}500} = 0.02$이다. 남녀직원 임금의 변동계수가 0.02로 동일하므로 남자직원과 여자직원의 임금의 산포는 같다.

66 정답 ④

골동품 시장에서 거래되는 그림 중 1개를 선택할 때, 진품 그림일 사건을 A, 위조품 그림일 사건을 B, 진품이라고 감정한 그림일 사건을 X라고 하면 $P(A) = 0.8$, $P(B) = 0.2$, $P(X|A) = 0.85$, $P(X|B) = 0.15$이다. 두 사건 A와 B가 서로 배반이므로 합의 법칙을 이용하면, 진품이라고 감정한 그림일 확률 $P(X)$는 $P(X) = P(A \cap X) + P(B \cap X) = P(A)P(X|A) + P(B)P(X|B) = (0.8 \times 0.85) + (0.2 \times 0.15) = 0.68 + 0.03 = 0.71$이다. 따라서 한 고객이 감정사가 진품이라고 감정한 그림을 샀을 때, 구입한 그림이 진품일 확률 $P(A|X)$는 $\dfrac{P(A \cap X)}{P(X)} = \dfrac{0.68}{0.71} \fallingdotseq 0.96$이다.

67 정답 ③

두 확률변수 X와 Y, U와 V에 대한 확률분포를 구하면 다음과 같다.

X \ Y	1	2	f_X
1	1/13	4/13	5/13
2	0	8/13	8/13
f_Y	1/13	12/13	1

V \ U	1	2	3	g_V
1	1/30	2/30	3/30	6/30
2	4/30	8/30	12/30	24/30
g_U	5/30	10/30	15/30	1

독립성을 확인하면, $f_{X,Y}(1,2) = \frac{4}{13} \fallingdotseq 0.308$, $f_X(1) \times f_Y(2) = \frac{5}{13} \times \frac{12}{13} = \frac{60}{169} \fallingdotseq 0.355$로 두 값은 같지 않다. 따라서 X, Y는 독립이 아니다.

그러나 $g_{U,V}(2,1) = \frac{2}{30}$, $g_U(2) \times g_V(1) = \frac{10}{30} \times \frac{6}{30}$ 등 모든 U, V에 대하여 $g_{U,V}(u,v) = g_U(u) \times g_V(v)$를 만족하므로 U, V는 독립이다. 따라서 X, Y는 서로 독립이 아니며 U, V는 서로 독립이다.

68 정답 ②

$\overline{X} = \frac{X_1 + X_2 + ... + X_n}{n}$ 으로부터 $\overline{Z} = \frac{aX_1 + b + ... + aX_n + b}{n}$
$= a\left(\frac{X_1 + ... + X_n}{n}\right) + b = a\overline{X} + b$이다.

또한, $S_X^2 = \frac{(X_1 - \overline{X})^2 + ... + (X_n - \overline{X})^2}{n-1}$ 으로부터

$S_Z^2 = \frac{(aX_1 + b - (a\overline{X} + b))^2 + ... + (aX_n + b - (a\overline{X} + b))^2}{n-1}$

$= \frac{(aX_1 - a\overline{X})^2 + ... + (aX_n - a\overline{X})^2}{n-1}$

$= a^2 \left(\frac{(X_1 - \overline{X})^2 + ... + (X_n - \overline{X})^2}{n-1}\right) = a^2 S_X^2$ 이다.

$E(X) = \overline{X}$, $E(Z) = \overline{Z}$, $V(X) = S_X^2$, $V(Z) = S_Z^2$ 에 대해
$\overline{Z} = E(Z) = E(aX + b) = aE(X) + b = a\overline{X} + b$
$S_Z^2 = V(Z) = V(aX + b) = a^2 V(X) = a^2 S_X^2$ 이므로
$\overline{Z} = a\overline{X} + b$, $S_Z^2 = a^2 S_X^2$ 이다.

69 정답 ④

주머니에서 공 하나를 무작위로 꺼내 나타난 숫자를 확률변수 X라고 하면, 이 확률변수 X의 확률분포는 다음과 같다.

X	1	2	3
$P(X=x)$	1/6	2/6	3/6

확률변수 X에 대하여 $E(X) = \frac{7}{3}$, $E(X^2) = \left(1^2 \times \frac{1}{6}\right) + \left(2^2 \times \frac{2}{6}\right) + \left(3^2 \times \frac{3}{6}\right) = 6$이므로, 분산은 $Var(X) = E(X^2) - [E(X)]^2 = \frac{5}{9}$이다. 따라서 새로운 변수 $Y = 3X + 5$의 기댓값 $E(Y)$와 분산 $Var(Y)$는 $E(3X + 5) = 3E(X) + 5 = 12$, $Var(3X + 5) = (3)^2 Var(X) = 5$이다.

70 정답 ③

단위시간, 단위면적 또는 단위공간 내에서 발생하는 어떤 사건의 횟수를 확률변수 X라 하면, 확률변수 X는 λ를 모수로 갖는 포아송분포를 따르며 확률밀도함수는 $f(x) = \frac{e^{-\lambda}\lambda^x}{x!}$이다. 이때, λ는 사건의 평균 발생 횟수이므로 $\lambda = 0.2$이고 범죄발생이 전혀 없을 확률은 $f(0) = \frac{e^{-0.2} 0.2^0}{0!} = e^{-0.2} \fallingdotseq 0.82$, 즉 82%이다.

71 정답 ①

공정한 주사위를 던질 때 1의 눈이 나오거나 그 외가 나오는 두 가지뿐인 베르누이 시행에서 1의 눈을 관찰한 횟수를 확률변수 X라 하면, 확률변수 X는 $n = 20$, $p = \frac{1}{6}$인 이항분포 $B\left(20, \frac{1}{6}\right)$을 따른다. X의 기댓값과 분산이 각각 $E(X) = np = \frac{10}{3}$, $V(X) = np(1-p) = \left(\frac{5}{3}\right)^2$이므로 확률변수 X는 근사적으로 정규분포 $N\left(\frac{10}{3}, \left(\frac{5}{3}\right)^2\right)$을 따른다. 따라서 $P(X \geq 4)$의 근삿값을 구하기 위해 연속성 수정을 고려한 근사식은 $P(X \geq 4) \fallingdotseq P(X \geq 4 - 0.5) = P\left(\frac{X - 10/3}{5/3} \geq \frac{(4 - 0.5) - 10/3}{5/3}\right) = P(Z \geq 0.1)$이다.

72 정답 ①

두 확률변수 X, Y가 독립이고 각각 $N(0, 1)$일 때
$X+Y \sim N(0+0, 1+1) = N(0, 2)$
$X-Y \sim N(0-0, 1+1) = N(0, 2)$
즉, U, V 두 변수 모두 $N(0, 2)$를 따른다.

73 정답 ②

사회조사분석사 시험응시생의 통계학 성적을 확률변수 X라 하면, $X \sim N(70, 10^2)$이다.
$P(50 < X < 90)$를 표준정규분포 $N(0, 1)$로 표준화하면,
$P(50 < X < 90) = P\left(\dfrac{50-70}{10} < Z < \dfrac{90-70}{10}\right) =$
$P(-2 < Z < 2) = 2 \times P(0 < Z < 2) = 0.9544$이다.
따라서 성적이 50점에서 90점 사이인 응시자는 $500 \times 0.9544 = 477.2$, 약 477명이다.

74 정답 ①

표준정규분포 X와 자유도 r_1, r_2를 갖는 카이제곱분포 U, V를 이용하여 T분포와 F분포를 정의할 수 있다.

- T-분포(Student's t-distribution): 만약 $X \sim N(0, 1)$ (표준정규분포), $U = X^2(r_1)$ (자유도 r_1인 카이제곱분포)이고, X와 U가 독립일 때, $T = \dfrac{X}{\sqrt{U/r_1}} \sim t(r_1)$
  즉, 표준정규분포와 카이제곱분포의 비율로 구성된 분포가 t-분포이다.
- F-분포(Fisher-Snedecor distribution): 만약 $U = X^2(r_1)$, $V = X^2(r_2)$, U와 V는 서로 독립이라면, $F = \dfrac{U/r_1}{V/r_2} \sim F(r_1, r_2)$
  즉, 두 카이제곱 분포의 자유도로 나눈 비율이 F-분포를 이룬다.

75 정답 ①

중심극한정리에 의해 크기 $n = 2m$인 표본에서 처음 m개의 평균이 따르는 분포는 '평균이 μ이고 표준편차가 $\dfrac{\sigma}{\sqrt{m}}$인 정규분포'이다.
단, 표본 수가 충분히 크다는 조건이 없어 선택의 여부에 의문을 가질 수 있다. 그러나 보기 모두가 '정규분포를 따른다'고 제시되어 있으므로 정규분포 모집단에서 표본을 추출했다는 암묵적인 가정을 둔다고 본다.

76 정답 ④

유효성(또는 효율성)은 여러 가지 불편추정량 중에서 자료의 흩어짐인 분산이 적은 추정량이 더 좋은 추정량이 된다는 성질로, 표본분포의 표준오차가 더 작은 추정량이 더 유효하다는 것이다. 평균이 μ이고 표준편차가 σ인 모집단에서 임의추출한 100개의 표본평균 $\overline{X}$와 1,000개의 표본평균 $\overline{Y}$에 대하여, 추정량 $\overline{X}$의 표준오차는 $SE(\overline{X}) = \dfrac{\sigma}{\sqrt{100}} = \dfrac{\sigma}{10}$, $\overline{Y}$의 표준오차는 $SE(\overline{Y}) = \dfrac{\sigma}{\sqrt{1000}} = \dfrac{\sigma}{10\sqrt{10}}$이다. 따라서 $\overline{Y}$의 표준오차가 더 작으므로 $\overline{Y}$가 더 좋은 추정량이다.

77 정답 ②

모집단의 모표준편차 σ가 알려지지 않았지만 표본의 크기가 $n = 100 (\geq 30)$이므로, 표본표준편차 S를 이용한 Z-분포에 따른 95% 신뢰구간을 구한다. 표본평균 $\overline{X} = 500$, 표본표준편차 $S = 40$, 표본의 크기 $n = 100$, $\alpha = 0.05$이므로 $z_{\alpha/2} = z_{0.025} = 1.96$에 대해 모평균에 대한 95% 신뢰구간은
$\left(\overline{X} - z_{0.025}\dfrac{S}{\sqrt{n}},\ \overline{X} + z_{0.025}\dfrac{S}{\sqrt{n}}\right)$
$= \left(500 - 1.96 \times \dfrac{40}{\sqrt{100}},\ 500 + 1.96 \times \dfrac{40}{\sqrt{100}}\right)$이다.
따라서 $(492.16, 507.84)$이다.

78

정답 ②

모집단의 표준편차 σ를 알고 있는 경우와 표본표준편차 s를 사용하는 경우, 95% 신뢰구간의 길이 차이(증가율)를 비교해 보면 다음과 같다.

- 모집단의 표준편차 σ를 알고 있는 경우:
$2 \times z_{\alpha/2} \times \dfrac{\sigma}{\sqrt{n}}$ 로부터 $2 \times 1.96 \times \dfrac{\sigma}{\sqrt{5}}$

- 모집단의 표준편차를 모를 경우(σ 대신 s사용):
$2 \times t_{\alpha/2}(n-1) \times \dfrac{s}{\sqrt{n}}$ 로부터 $2 \times 2.78 \times \dfrac{0.94\sigma}{\sqrt{5}}$

따라서 길이의 비율은
$\dfrac{2 \times 2.78 \times 0.94 \times \sigma/\sqrt{5}}{2 \times 1.96 \times \sigma/\sqrt{5}} = \dfrac{2.78 \times 0.94}{1.96} ≒ 1.333$ 이다. 따라서 신뢰구간 길이 증가율은 $(1.333-1) \times 100\% = 33\%$ 이므로 모집단의 표준편차를 모를 경우 신뢰구간의 크기가 약 33% 증가한다.

79

정답 ②

비흡연자 중 흡연금지를 선택한 집단을 X_1, 흡연자 중 흡연금지를 선택한 집단을 X_2라 하면, X_1과 X_2 각각의 표본비율 $\hat{p}_1 = 0.44$, $\hat{p}_2 = 0.08$, 표본의 크기 $n_1 = 600$, $n_2 = 200$이다. $\alpha = 0.05$이므로 $z_{\alpha/2} = z_{0.025} = 1.96$에 대하여 95% 신뢰구간은

$\left((0.44-0.08) - 1.96\sqrt{\dfrac{0.44 \times 0.56}{600} + \dfrac{0.08 \times 0.92}{200}},\right.$
$\left.(0.44-0.08) + 1.96\sqrt{\dfrac{0.44 \times 0.56}{600} + \dfrac{0.08 \times 0.92}{200}}\right)$
$≒ (0.36-0.05, \ 0.36+0.05)$ 이다.

80

정답 ④

단일 표본 t-검정을 이용해 가설을 검정하고, 계산된 t값으로부터 p-값의 범위를 추정해야 한다. 주어진 정보 $n=15$, $\bar{x}=72$, $s=3.2$, $\mu_0=70$, $\alpha=0.05$, 자유도 $df=14$와 가설 $H_0: \mu=70$, $H_1: \mu>70$ 검정통계량 t값

$t = \dfrac{\bar{x}-\mu_o}{s/\sqrt{n}} = \dfrac{72-70}{3.2/\sqrt{15}} = \dfrac{2}{0.826} ≒ 2.42$로부터 p-값을 추정하면 $P(t>2.145) = 0.025 > p\text{-값} > P(t>2.624) = 0.01$ 즉 $0.01 < p\text{-값} < 0.025$이다. 따라서 p-값의 범위는 $0.01 < p-< 0.025$이며, 실제 값은 약 0.015 수준이다.

81

정답 ④

도시지역의 가족과 시골지역의 가족은 두 독립표본이며, 두 지역의 가족의 수에 대한 평균의 차에 대하여 가설검정을 하므로 독립표본 t-검정을 이용한다.

82

정답 ②

모분산 σ^2이 알려진 경우의 가설검정에서 검정통계량은 $Z = \dfrac{\overline{X}-\mu_0}{\sigma/\sqrt{n}}$이다. $\mu_0 = 112$, $\overline{X} = 109$, $\sigma = 6$, $n=36$이므로, 검정통계량의 값은 $Z_0 = \dfrac{109-112}{6/\sqrt{36}} = -3$이다. 양측검정이므로 유의수준 5%에서 기각역은 $Z > z_{0.025} = 1.96$이고, $-3 < -1.96$이므로 귀무가설을 기각한다. 즉, 유의수준 0.05 하에서 대한민국에 거주하는 10세 아동의 평균 키는 112cm라고 할 수 없다.

83

정답 ①

모평균 θ에 대한 95% 신뢰구간 $(-0.042, 0.522)$은 모평균이 가질 수 있는 값들을 포함하고 있다. 이 구간에 0이 포함된다는 것은 모평균이 0이 될 수 있음을 의미한다. 즉, 신뢰구간이 0을 포함하고 있다면 귀무가설 $H_0: \theta=0$을 기각할 수 없다.

신뢰구간과 가설검정은 서로 밀접한 관계가 있다. 신뢰구간 내에 0이 포함되면 귀무가설을 기각할 수 없고, 신뢰구간 내에 0이 포함되지 않으면 귀무가설을 기각한다.

84

정답 ①

모비율에 대한 검정통계량은 $Z = \dfrac{\hat{p}-p_0}{\sqrt{\dfrac{p_0(1-p_0)}{n}}}$ 이다.

$\hat{p} = \dfrac{81}{200} = 0.405$, $p_0 = 0.5$, $n = 200$이므로

검정통계량의 값은 $Z_0 = \dfrac{0.405-0.5}{\sqrt{\dfrac{0.5(1-0.5)}{200}}} ≒ -2.69$이다.

85
정답 ②

두 모비율 차에 대한 검정통계량은 두 표본비율 $\hat{p}_1$, $\hat{p}_2$과 합동표본비율 $\hat{p}=\dfrac{X_1+X_2}{n_1+n_2}$에 대하여 $Z=\dfrac{\hat{p}_1-\hat{p}_2}{\sqrt{\hat{p}(1-\hat{p})\left(\dfrac{1}{n_1}+\dfrac{1}{n_2}\right)}}$이다.

남자의 찬성률 $\hat{p}_1=\dfrac{110}{250}$, 여자의 찬성률 $\hat{p}_2=\dfrac{104}{200}$, 합동표본비율 $\hat{p}=\dfrac{110+104}{250+200}=\dfrac{214}{450}$이므로, 검정통계량의 값은

$$Z_0=\dfrac{\dfrac{110}{250}-\dfrac{104}{200}}{\sqrt{\dfrac{214}{450}\left(1-\dfrac{214}{450}\right)\left(\dfrac{1}{250}+\dfrac{1}{200}\right)}}$$이다.

86
정답 ①

A, B, C 세 가지 공법을 알아보므로 처리수준은 3이며, 따라서 처리제곱합의 자유도는 $\nu_T=3-1=2$이다. 측정값은 $5+6+7=18$이므로, 총합의 자유도는 $18-1=17$이다. 또한, 총제곱합 $SST=100$이고 잔차제곱합 $SSE=65$이므로, 처리제곱합 $SS_T=SST-SSE=100-65=35$이다.

87
정답 ①

질적자료(또는 범주형 자료)인 명목척도와 서열척도의 성격을 가진 변수를 분석하는 통계분석방법은 카이제곱 검정이며, 특정 표본의 관측도수가 예상한 확률분포와 같은지를 가설검정하는 방법은 카이제곱 적합도 검정이다. 따라서 계절(봄, 여름, 가을, 겨울)은 명목척도이고 신혼부부 200쌍으로부터 조사한 관측도수가 예상한 분포인 계절별 50쌍과 같은 지를 가설검정하는 방법은 카이제곱 적합도 검정이다.

88
정답 ④

독립성 검정에서의 기대도수는

$$\hat{E}_{ij}=\dfrac{(각\ 행의\ 주변\ 합)\times(각\ 열의\ 주변\ 합)}{총합}$$으로 구한다. 성별에 따른 정당 지지자의 관측도수(O_{ij})와 기대도수($\hat{E}_{ij}$)를 정리한 이차원 분할표를 나타내면 다음과 같다.

구분		A정당	B정당	합계
남자	O_{ij}	140	60	200
	$\hat{E}_{ij}$	$\dfrac{200\times220}{400}=110$	$\dfrac{200\times180}{400}=90$	
여자	O_{ij}	80	120	200
	$\hat{E}_{ij}$	$\dfrac{200\times220}{400}=110$	$\dfrac{200\times180}{400}=90$	
전체 도수		220	180	400

따라서 성별과 정당 사이에 관계가 없을 경우 남자와 여자 각각 90명이 B정당을 지지한다고 기대할 수 있다.

89
정답 ②

귀무가설은 'H_0: 지역에 따라 화장터 건립에 대한 찬성률에 차이가 없다'이고, 카이제곱 동질성 검정결과 검정통계량의 값 $\chi^2=7.55$, 자유도 $df=(3-1)(2-1)=2$, 유의수준 0.05, 임계값 $\chi^2_{0.05}(2)=5.99$이다. 이 분석에 근거할 때 검정통계량의 값 7.55가 임계값 5.99보다 크므로 귀무가설(H_0)을 기각한다. 즉, 유의수준 0.05하에서 지역에 따라 건립에 대한 찬성률에 차이가 있다고 할 수 있다.

90
정답 ④

두 교차표 〈표 A〉, 〈표 B〉는 동일한 구조(3행×2열)를 가지며, 〈표 B〉는 〈표 A〉의 모든 셀의 값을 정확히 10배 확대한 형태이다. 이 경우 관측도수가 10배 증가하면 기대도수도 10배가 된다.

$$\chi^2_{new}=\sum\dfrac{(관측도수-기대도수)^2}{기대도수}=\sum\dfrac{(10O-10E)^2}{10E}$$
$$=10\sum\dfrac{(O-E)^2}{E}10\chi^2_{origin}$$

즉, 관측도수와 기대도수가 모두 10배가 되면 χ^2 값도 10배가 되며, $p-$값은 더 작아진다. 따라서 $\chi^{2_A}<\chi^{2_B}$이고, 유의확률은 $p_A>p_B$이다.

91 정답 ①

주어진 조건으로 $\sum X$, $\sum Y$, $\sum(X_i-\mu_X)(Y_i-\mu_Y)$, $\sum(X_i-\mu_X)^2$, $\sum(Y_i-\mu_Y)^2$을 구하면 다음과 같다.

구분	값					합
X_i	2	4	6	8	10	30
Y_i	5	4	3	2	1	15
$X_i-\mu_X$	−4	−2	0	2	4	0
$Y_i-\mu_Y$	2	1	0	−1	−2	0
$(X_i-\mu_X)\times(Y_i-\mu_Y)$	−8	−2	0	−2	−8	−20
$(X_i-\mu_X)^2$	16	4	0	4	16	40
$(Y_i-\mu_Y)^2$	4	1	0	1	4	10

공분산 $\sigma_{XY}=\dfrac{-20}{5}=-4$, X의 분산 $\sigma_X^2=\dfrac{40}{5}=8$, Y의 분산 $\sigma_Y^2=\dfrac{10}{5}=2$로부터 상관계수를 구하면, $\rho_{XY}=\dfrac{\sigma_{XY}}{\sqrt{\sigma_X^2}\sqrt{\sigma_Y^2}}=\dfrac{-4}{\sqrt{8}\sqrt{2}}=-1$이다. 단, 두 변수에 대한 산점도를 그리면 기울기가 음수인 직선 위에 모든 자료가 놓인다는 것을 확인할 수 있다. 따라서 상관계수는 −1이 된다.

92 정답 ①

두 확률변수 $2X+1$과 $-3Y+5$에서 $2\times(-3)=-6<0$이므로 X와 Y 사이의 상관계수와 $2X+1$과 $-3Y+5$ 사이의 상관계수는 부호가 반대이며 절댓값이 같은 값이다. 공분산이 $Cov(X,Y)=E(XY)-E(X)E(Y)=28-4\times 10=-12$이므로, 상관계수는 $\rho_{XY}=\dfrac{Cov(X,Y)}{\sqrt{V(X)}\sqrt{V(Y)}}=\dfrac{-12}{\sqrt{8}\sqrt{32}}=-0.75$이다. 따라서 $2X+1$과 $-3Y+5$의 상관계수는 0.75이다.

93 정답 ①

단순회귀분석에서 추정회귀직선식 $\hat{Y}=a+bX$의 기울기는 $b=r_{XY}\dfrac{S_Y}{S_X}$이다. $b=1$, X의 표준편차 $S_X=3$, Y의 표준편차 $S_Y=5$이므로 $1=r_{XY}\times\dfrac{5}{3}$이다. 따라서 X와 Y의 상관계수는 $r_{XY}=\dfrac{3}{5}=0.6$이다.

94 정답 ③

회귀모형 $y_i=\alpha+\beta x_i+\epsilon_i(i=1,2,\cdots,n)$의 경우 β의 최소제곱추정량은 $b=\dfrac{\sum x_iy_i-n\bar{x}\bar{y}}{\sum x_i^2-n\bar{x}^2}$이다. 따라서 $\bar{x}=\dfrac{\sum_{i=1}^{10}x_i}{10}=3.9$, $\bar{y}=\dfrac{\sum_{i=1}^{10}y_i}{10}=3.51$, $\sum_{i=1}^{10}x_iy_i=152.7$, $\sum_{i=1}^{10}x_i^2=193$에 대하여 회귀계수의 추정값 b는 $b=\dfrac{\sum_{i=1}^{10}x_iy_i-10\bar{x}\bar{y}}{\sum_{i=1}^{10}x_i^2-10\bar{x}^2}$

$=\dfrac{152.7-10\times 3.9\times 3.51}{193-10\times(3.9)^2}\fallingdotseq 0.387$이다.

95 정답 ③

$n=100$개의 자료에 대해 $k=3$개의 독립변수 $x_i(i=1,2,3)$와 종속변수 y에 대한 중회귀모형을 고려하여 중회귀분석을 실시한 결과, 분산분석표는 다음과 같다.

요인	제곱합	자유도	평균제곱
회귀	$\sum_{i=1}^{n}(\hat{y}_i-\bar{y})^2=110$	$k=3$	$\dfrac{110}{3}$
잔차 (오차)	$\sum_{i=1}^{n}(y_i-\hat{y}_i)^2=1{,}100$	$n-k-1=100-3-1$	$\dfrac{1{,}100}{100-3-1}$
계	$\sum_{i=1}^{n}(y_i-\bar{y})^2=1{,}210$	$n-1=100-1$	

따라서 오차분산의 추정값은 $\dfrac{1{,}100}{100-3-1}\fallingdotseq 11.46$이다.

96 정답 ③

n개의 자료에 대해 2개의 독립변수와 종속변수 y에 대한 중회귀모형 $y_i=\beta_0+\beta_1 x_{1i}+\beta_2 x_{2i}+\epsilon_i(i=1,2,\cdots,n)$에서 오차분산 $Var(e_i)=\sigma^2(i=1,2,\cdots,n)$의 불편추정량은 $\widehat{\sigma^2}=MSE=\dfrac{SSE}{n-3}=\dfrac{1}{n-3}\sum_{i=1}^{n}(y_i-\hat{y}_i)^2=\dfrac{1}{n-3}\sum e_i^2$이다.

97 정답 ④

단순회귀모형에서 두 변수 X, Y에 대한 상관계수 r_{XY}의 제곱과 결정계수 R^2은 같다. 두 변수 간의 상관계수 $r_{XY} = \dfrac{Cov(X, Y)}{\sqrt{V(X)}\sqrt{V(Y)}}$를 구한 뒤 결정계수를 구한다.

X_i	0	1	2	3	4	5
Y_i	4	3	2	0	−3	−6
$X_i - \overline{X}$	−2.5	−1.5	−0.5	0.5	1.5	2.5
$Y_i - \overline{Y}$	4	3	2	0	−3	−6
$(X_i - \overline{X}) \times (Y_i - \overline{Y})$	−10	−4.5	−1	0	−4.5	−15
$(X_i - \overline{X})^2$	6.25	2.25	0.25	0.25	2.25	6.25
$(Y_i - \overline{Y})^2$	16	9	4	0	9	36

$\overline{X} = 2.5$, $\overline{Y} = 0$, $V(X) = \dfrac{17.5}{5}$, $V(Y) = \dfrac{74}{5}$이므로 $Cov(X, Y) = -\dfrac{35}{5}$이고, 상관계수 $r_{XY} = \dfrac{Cov(X, Y)}{\sqrt{V(X)}\sqrt{V(Y)}}$

$= \dfrac{-35}{\sqrt{17.5 \times 74}}$이므로, 결정계수는 $R^2 = (r_{XY})^2$

$= \left(\dfrac{-35}{\sqrt{17.5 \times 74}}\right)^2 \fallingdotseq 0.946$이다.

98 정답 ④

독립변수가 2개인 중회귀모형 $y_i = \beta_0 + \beta_1 x_{1i} + \beta_2 x_{2i} + \epsilon_i$의 유의성 검정에서 귀무가설과 대립가설은 다음과 같다.

H_0: $\beta_1 = \beta_2 = 0$
H_1: 회귀계수 β_1, β_2 중 적어도 하나는 0이 아니다.

유의확률 p가 0.000258로 유의수준 $\alpha = 0.05$보다 작으므로 귀무가설(H_0)을 기각한다. 따라서 추론결과로 회귀계수가 적어도 하나는 0이 아니므로 두 설명변수 x_1과 x_2 중 적어도 하나는 반응변수에 영향을 준다고 할 수 있다.

99 정답 ④

③ 회귀계수의 값 1.7은 설명변수 x_2를 고정시킨 상태에서 x_1의 값을 1단위 증가시킬 때 반응변수 y의 값이 1.7단위 증가할 것임을 나타낸다.

100 정답 ②

회귀계수의 유의성 검정에 대한 검정결과, 절편과 Neck의 $p-$값이 모두 0.000으로 유의수준 0.01보다 작다. 따라서 통계적으로 유의하며, Head의 $p-$값은 0.161로 0.05보다 크므로 통계적 유의성이 없다. 따라서 회귀변수 중 통계적으로 유의성이 없는 변수는 Head이다.

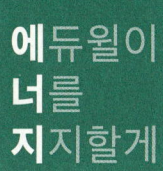

끝이 좋아야 시작이 빛난다.

– 마리아노 리베라(Mariano Rivera)

memo

memo

memo

실제 수험생이 직접 복원한 2025~2023년

기출복원 모의고사 5회분

2026 최신판

에듀윌 사회조사분석사 2급
필기 한권끝장 2025~2023년 기출복원 5회분 포함
+무료특강

고객의 꿈, 직원의 꿈, 지역사회의 꿈을 실현한다

에듀윌 도서몰
book.eduwill.net
- 부가학습자료 및 정오표: 에듀윌 도서몰 > 도서자료실
- 교재 문의: 에듀윌 도서몰 > 문의하기 > 교재(내용, 출간) / 주문 및 배송

에듀윌이
너를
지지할게

ENERGY

처음에는 당신이 원하는 곳으로
갈 수는 없겠지만,
당신이 지금 있는 곳에서
출발할 수는 있을 것이다.

– 작자 미상

저자의 말

"미래의 사회조사 통계분석 전문가를 모시며"

2000년도부터 한국산업인력공단에서 시행한 경영 직무분야 국가기술자격인 사회조사분석사. 시대의 변화에 따라 데이터와 통계에 대한 높은 관심으로 응시생 또한 점점 늘어나는 추세입니다. 앞으로도 사회복지학과, 통계학과, 사회학과 등에서도 이 자격증의 가치는 높아질 것입니다. 이제 사회조사분석사는 대세가 되어가고 있습니다. 공사·공단, 공무원 시험에서도 사회조사분석사 자격증에 가산점을 주는 등 혜택이 증가하고 있기 때문입니다.

본서는 사회조사분석사가 되기 위해 필요한 지식과 예시, 실전문제와 그에 대한 정확한 풀이를 모두 담았습니다. 이 한 권이면 충분히 사회조사분석사 필기시험에 합격할 수 있다고 확신합니다.

앞으로 사회에서 필요로 하는 유능한 사회조사분석사가 되시기를 바라면서 파이팅하길 기원합니다.

김형표 저자

"그 시절의 저에게, 그리고 지금의 여러분께"

본서를 집필하면서 통계와 사회조사분석사를 공부하는 수험생의 심정, 특히 수학에 근거한 조사나 통계에 대해 막연한 두려움을 가진 수험생들의 고민을 충분히 이해하여 이를 극복할 수 있도록 하였습니다. 제가 처음 통계를 공부할 때의 시간으로 거슬러 올라가, 사회조사분석사를 접했을 때를 기억하면서 이 책이 필요한 수험생에게 필요한 내용을 담고자 집필에 임했습니다.

본서는 사회조사분석사 2급 자격을 취득하는 데 가장 안전하면서 충실한 길잡이가 될 것입니다. 출제기준을 충실히 반영하고, 다년간의 기출문제를 분석하여 핵심이론과 기출 및 예상문제를 수록했습니다.

인간은 누구나 새로운 영역을 접하게 되면, 두려움이나 궁금함을 느끼게 됩니다. 만약 사회조사분석사 2급을 준비하면서 조사와 통계에 대한 두려움이 가득하다면, 두려움 대신 궁금함을 더 키우는 것이 어떨까요? 왜냐하면 본서를 선택한 여러분은 이미 사회조사분석사 2급에 합격했다고 믿으셔도 되기 때문입니다.

합격 후 세상의 데이터와 자료를 조사하고 통계 처리를 할 수 있는 훌륭한 사회조사분석사로 뵙기를 고대합니다.

박경은 저자

에듀윌 사회조사분석사 2급 필기 한권끝장 +무료특강

❶권 | 핵심이론

시험안내

시행처 바로가기

❶ 사회조사분석사란?

다양한 사회정보의 수집·분석·활용을 담당하는 직종으로 기업, 정당, 지방자치단체, 중앙정부 등 각종 단체의 시장조사 및 여론조사 등에 대한 계획을 수립하고 조사를 수행하며 그 결과를 분석, 보고서를 작성하는 전문가이다.

❷ 응시 정보

- 시행처: 한국산업인력공단
- 응시료: 필기시험 19,400원, 실기시험 33,900원
- 원서접수: Q-net 홈페이지(www.q-net.or.kr)에서 온라인으로만 접수 가능함
- 응시자격: 제한 없음

❸ 시험일정

구분	필기원서접수 (휴일제외)	필기시험	필기합격 (예정자)발표	실기원서접수 (휴일제외)	실기시험	최종합격자 발표
1회	1월 중순 (빈자리접수: 2월 초)	2~3월	3월	3월 말 (빈자리접수: 4월 중순)	4~5월	6월
2회	4월 중순 (빈자리접수: 5월 초)	5~6월	6월	6월 말 (빈자리접수: 7월 중순)	7~8월	9월
3회	7월 중순 (빈자리접수: 8월 초)	7~8월	9월	9월 말 (빈자리접수: 10월 중순)	10~11월	12월

※ 이 일정은 주최측의 사정상 변경될 수 있습니다. 시험 접수 전 Q-net 홈페이지를 반드시 확인하시기 바랍니다.

❹ 시험과목

구분	시험과목	시험형태	시험시간	합격기준
필기 (객관식)	1. 조사방법과 설계(30문항) 2. 조사관리와 자료처리(30문항) 3. 통계분석과 활용(40문항)	객관식 (CBT 시험)	2시간 30분	전과목 평균 60점 이상 (과목당 각 40점 이상)
실기	사회조사실무	필답형 (서술형)	2시간	60점 이상 (배점: 필답형 60점, 작업형 40점)
		작업형 (SPSS 활용)	2시간	

❺ CBT 시험 정보

CBT 시험	종이 문제지가 아닌 컴퓨터 화면으로 시험을 응시하는 방식
준비물	신분증, 필기구 준비, 계산기(활용 가능한 계산기 Q-net에서 확인 가능) *별도의 연습지는 시험장에서 제공
합격 여부 확인	[답안 제출] 버튼을 눌러 시험을 종료하면 과목별 점수와 합격 여부 바로 확인 가능 (단, 최종 합격 여부는 추후 Q-net에서 확인 가능)

❻ 취득 시 활용분야

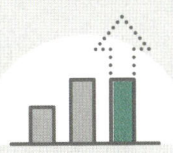

통계직 공무원
가산점 부여(7급 3% / 9급 5%)

학점은행제를 통한
학점 인정(18학점)

통계기관, 정부기관, 대기업 등
광범위한 취업

이 책의 구성

1권 ▶▶▶ 빈출되는 주요 개념만 담은
핵심이론

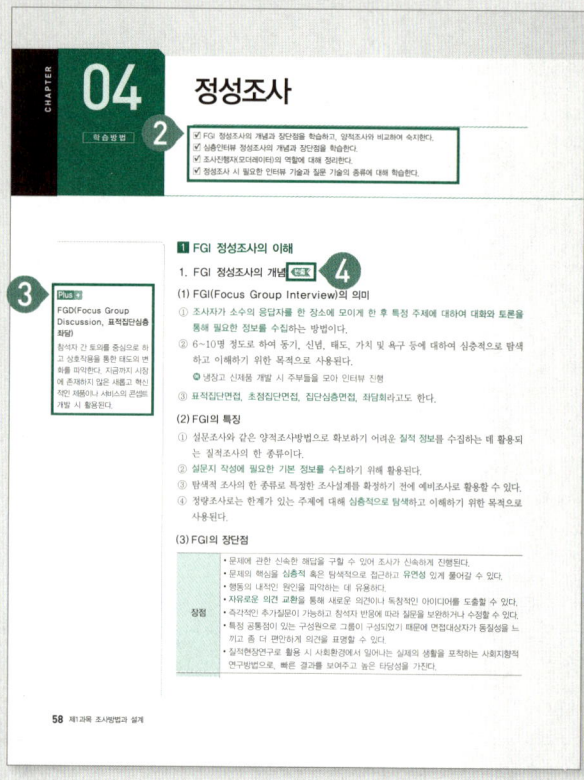
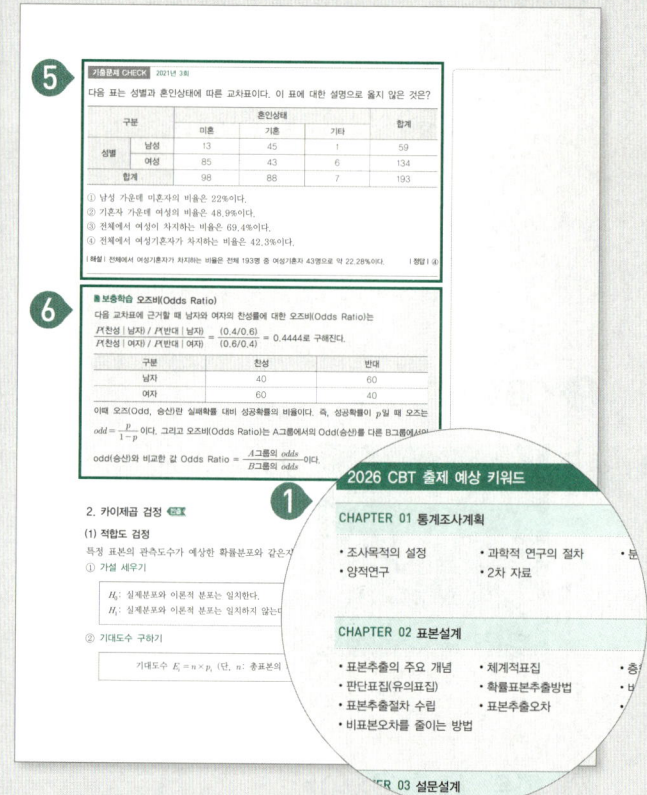

① 2026년 CBT 출제 예상 키워드를 분석하여, 중요 개념을 집중적으로 학습할 수 있도록 구성했습니다.
② 각 챕터별 학습 방법을 통해 학습 전 반드시 주목해야 할 핵심 포인트를 미리 파악할 수 있습니다.
③ [Plus+]를 통해 학습한 개념을 보다 쉽게 이해할 수 있도록 돕는 보충 설명을 제공합니다.
④ [빈출]을 통해 자주 출제되는 핵심 개념을 구분하여 보다 효율적으로 학습할 수 있습니다.
⑤ [기출문제 CHECK]를 통해 학습한 내용을 바로 기출문제에 적용해보며 실전 감각을 키울 수 있습니다.
⑥ [보충학습]을 통해 부족하거나 자주 틀리는 개념을 2% 더 채우고 실력을 끌어올릴 수 있습니다.

STRUCTURE

2권 ▶▶▶ 기출 유형을 확실하게 파악하는
실전문제(기출문제+기출동형문제)

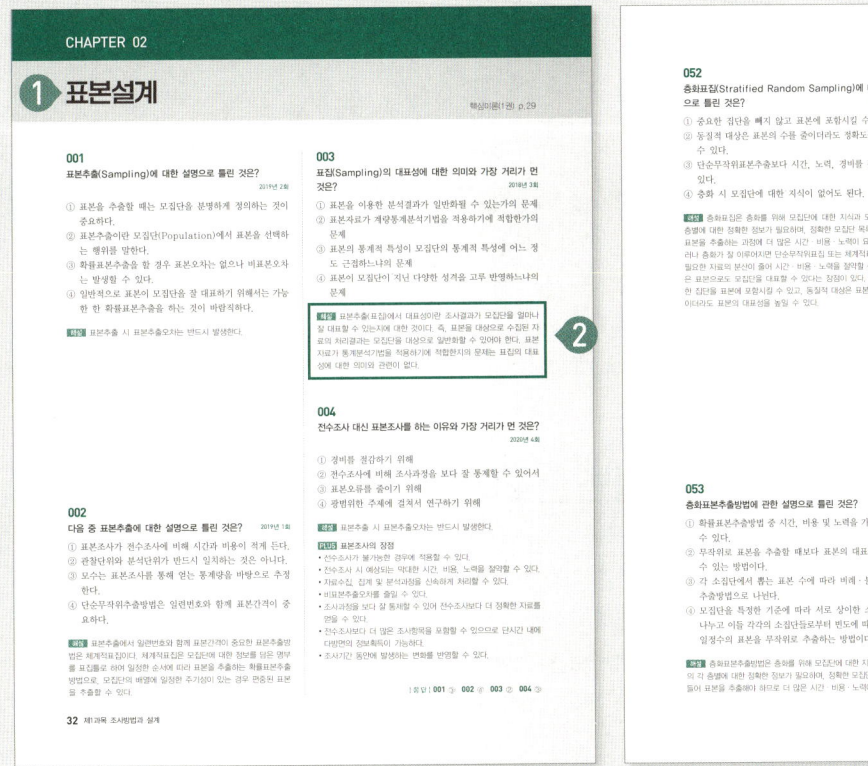
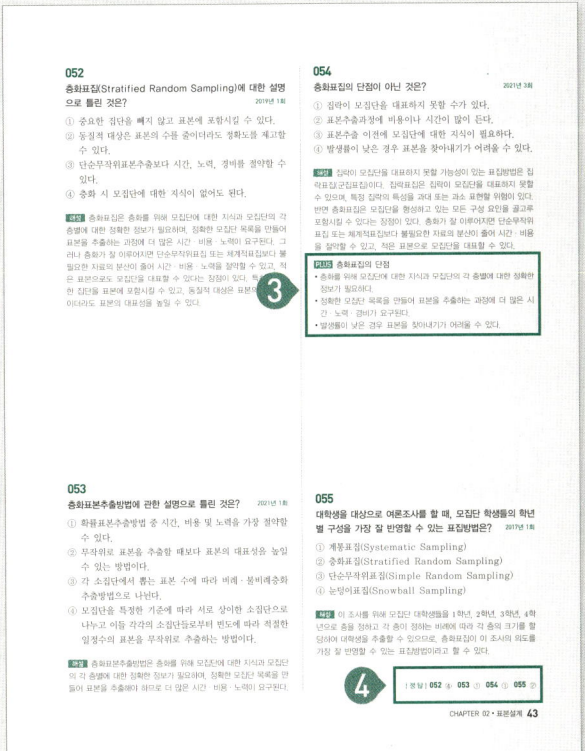

1. CHAPTER별 반드시 풀어야 할 기출문제와 기출동형문제를 함께 수록하여, 실전 대비에 효과적으로 활용할 수 있습니다.
2. 명확하고 자세한 해설을 통해 통계 비전공자도 쉽게 이해하며 개념을 확실히 익힐 수 있습니다.
3. 문제 풀이에 필요한 핵심 이론은 [PLUS] 코너를 통해 한 번 더 자세히 복습할 수 있도록 구성했습니다.
4. 각 페이지 하단에 정답을 배치하여, 문제 풀이 직후 빠르게 채점하고 오답을 확인할 수 있습니다.

부록

시험 전 실전 감각을 키우는
2025~2023년 기출복원 모의고사 5회분

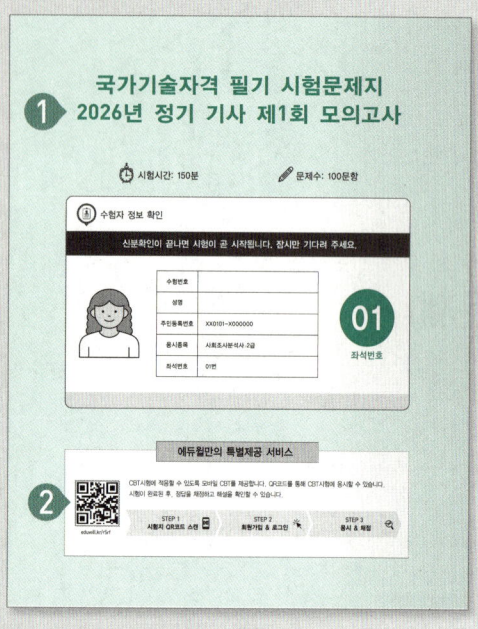

❶ 실제 수험생이 복원한 기출복원문제를 실전처럼 풀어보며, 시험 대비를 완벽하게 마무리할 수 있습니다.

❷ QR코드를 스캔하고 모바일 CBT 서비스를 이용해 보세요. 합격예측 서비스를 통해 최종점검이 가능합니다.

PLUS 1

비전공자도 이해하기 쉬운
통계기초 핵심빈출 20선+통계기초특강

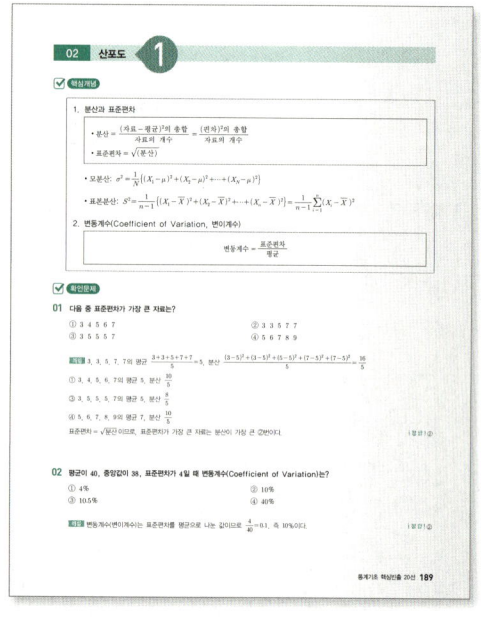

❶ 통계 기초 학습자를 위해 3과목 빈출 및 기초개념 20가지를 선별하여 수록하였습니다.

❷ 저자 무료강의를 통해 더욱 빠르고 쉬운 이해와 학습이 가능합니다.
(※ 강의 수강경로 ▶ 교재 내 QR코드 수록 및 도서몰 제공)

PLUS 2 ▶▶ 합격점수를 빠르게 달성하는
과목별 핵심요약노트(PDF)+3과목 무료 강의

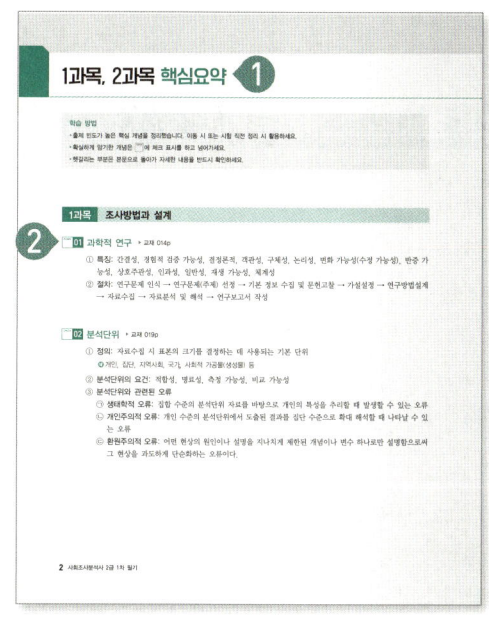

❶ 과목별 주요 핵심내용을 담은 초압축 이론 노트를 제공하여 시험 전 빠르게 전체 이론을 정리해볼 수 있습니다.

❷ [CHECK]란을 통하여 학습한 내용을 확인·표시할 수 있습니다.

❸ 3과목 중 주요 개념에 대한 무료 강의를 제공합니다. QR코드를 스캔하여 공식 활용법 관련한 학습 Tip을 확인하세요.

PLUS 3 ▶▶ 더 다양한 학습자료를 이용가능한
저자 유튜브 채널

유튜브 채널 '김&박'을 통해 상세하고 친절한 핵심이론 강의와 기출문제 풀이 특강으로 쉽고 빠르게 사회조사분석사 단기 합격이 가능합니다.

(※ 채널 이용경로 ▶ http://www.youtube.com/@사조사김박)

차 례 ❶권 | 핵심이론

1과목 조사방법과 설계

CHAPTER 01 통계조사계획
1 통계조사 목적 · 014
2 조사내용 결정 · 018
3 조사방법 결정 · 022

CHAPTER 02 표본설계
1 조사대상 선정 · 029
2 표본추출방법 결정 · 032
3 표본크기 결정 · 043

CHAPTER 03 설문설계
1 분석설계 · 045
2 개별 설문항목 작성과 응답항목의 작성 · 048
3 설문지 작성 · 053

CHAPTER 04 정성조사
1 FGI 정성조사의 이해 · 058
2 심층인터뷰 정성조사의 이해 · 064

CHAPTER 05 실험설계
1 조사설계 · 070
2 실험설계 · 071
3 인과관계의 성립조건 · 073
4 실험설계의 타당성 · 074
5 실험설계의 유형 · 077

2과목 조사관리와 자료처리

CHAPTER 01 자료수집방법
1 자료의 이해 및 자료수집방법의 분류 · 086
2 질문지법 · 088
3 관찰법 · 097
4 면접법 · 101
5 투사법 · 108

CHAPTER 02 실사관리
1 실사준비 · 109
2 실사진행 관리 · 116
3 실사품질 관리 · 119

CHAPTER 03 2차 자료 분석
1 2차 자료의 종류 및 유형 · 122
2 2차 자료의 수집방법 · 123
3 2차 자료의 특성 · 127

CHAPTER 04 측정의 타당성과 신뢰성
1 개념과 측정 · 129
2 변수의 측정 · 138
3 측정도구와 척도의 구성 · 142
4 측정오차의 의미 · 154
5 타당성의 의미 · 155
6 신뢰성의 의미 · 158
7 신뢰성과 타당성 간의 관계 · 161

CHAPTER 05 자료처리
1 부호화 · 163
2 자료입력 및 검토 · 178

| 특별코너 | 통계기초 핵심빈출 20선 | 188 |

3과목 통계분석과 활용

CHAPTER 01 기초통계량
1. 통계학 — 214
2. 중심위치의 척도 — 215
3. 산포의 척도 — 218
4. 비대칭도와 첨도 — 221

CHAPTER 02 확률분포
1. 확률이론 — 223
2. 확률변수와 확률분포 — 227
3. 이산확률분포 — 231
4. 연속확률분포 — 234
5. 표본분포와 중심극한정리 — 237
6. 체비셰프 부등식 — 239

CHAPTER 03 추정 · 가설검정
1. 통계적 추정의 이해 — 240
2. 점추정 — 242
3. 구간추정 — 244
4. 표본 크기의 결정 — 248
5. 가설검정 — 250

CHAPTER 04 통계분석 I (분산분석, 교차분석)
1. 통계분석 — 259
2. 분산분석 — 260
3. 교차분석 — 264

CHAPTER 05 통계분석 II (상관분석, 회귀분석)
1. 상관분석 — 272
2. 회귀분석 — 277

| 부록 | 2025~2023년 기출복원 모의고사 5회분 |

제1과목
조사방법과 설계

2026 CBT 출제 예상 키워드

CHAPTER 01 통계조사계획   p.14

- 조사목적의 설정
- 양적연구
- 과학적 연구의 절차
- 2차 자료
- 분석단위와 관련된 오류

CHAPTER 02 표본설계   p.29

- 표본추출의 주요 개념
- 판단표집(유의표집)
- 표본추출절차 수립
- 비표본오차를 줄이는 방법
- 체계적표집
- 확률표본추출방법
- 표본추출오차
- 층화표집
- 비확률표본추출방법
- 비표본추출오차

CHAPTER 03 설문설계   p.45

- 설문지의 구성요소
- 서문작성
- 개별 설문항목의 작성 원칙
- 예비조사

CHAPTER 04 정성조사   p.58

- FGI의 의미와 특징
- 투사법
- 심층인터뷰 결과 해석의 한계성
- FGI 가이드라인 설계
- 심층인터뷰 자료분석
- 모더레이터의 역할

CHAPTER 05 실험설계   p.70

- 외생변수 통제방법
- 비동일 통제집단설계 예시

CHAPTER 01 통계조사계획

학습방법

- ☑ 과학적 연구의 각각의 특징에 대해서 묻는 문제가 자주 출제되므로 숙지한다.
- ☑ 조사목적의 설정인 탐색, 기술, 설명에 대해서 학습한다.
- ☑ 과학적 연구의 분석단위와 그와 관련된 오류의 정의 및 예시를 이해한다.
- ☑ 귀납적 연구와 연역적 연구의 특징을 비교하여 정리한다.

1 통계조사 목적

1. 과학적 연구(Scientific Research)

(1) 과학적 연구의 의의

① 경험적, 실증적 그리고 객관적으로 수행하는 것이다.
② 현상을 체계적으로 조사하고 분석하여 문제를 해결하는 것을 목적으로 하며, 정량평가를 체계화할 때 활용한다.
③ '이론 → 가설 → 관찰 및 검증 → 경험적 일반화'의 순서에 따른다.
④ 개연성이 높고 잠정적이다.
⑤ 연구를 반복적으로 시행하므로 귀납법적 논리를 지지하며, 그 결론은 자료가 제공하는 범위 안에서 내려져야 한다.

> **Plus +**
> 과학적 연구는 이론에 근거하여 이루어진다.

(2) 과학적 연구의 특징

① 간결성(Parsimony)
   최소한의 변수를 이용하여 최대한의 설명을 할 수 있어야 한다.
② 경험적 검증가능성(Empirically Verifiableness, 경험적 실증성)
   경험적이고 실제적으로 검증이 가능해야 한다.
③ 결정론적(Deterministic)
   모든 현상과 결과에는 그것을 결정하는 원인이 반드시 존재해야 한다.
④ 객관성(Objectivity)
   표준화된 도구 · 절차 등을 통해 누구나 납득할 수 있는 결과를 이끌고 주관적인 편견 · 판단을 배제한다.
⑤ 구체성(Specification)
   연구자가 사용하고자 하는 개념이 무엇인지 정확히 정의해야 한다.
⑥ 논리성(Logicality)
   기본 이론(법칙)에 근거하여 개념과 판단이 상호 모순되지 않고, 전개과정에서 오류나 비약 없이 일관성 있게 근거에 맞춰 진행해야 한다.
⑦ 변화 가능성(Changeable, 수정 가능성)
   기존의 신념이나 이론의 연구결과는 언제든지 비판되고 수정될 수 있어야 한다.

⑧ 반증 가능성(Falsifiability)
검증하려는 가설이 실험이나 관찰에 의해서 반증될 가능성이 있어야 한다.
⑨ 상호주관성(Inter-Subjectivity, 간주관성)
다른 목적·시각·주관을 가지더라도 동일한 방식을 전개하면 동일한 해석 또는 설명에 도달할 수 있어야 한다.

> 예) 대통령 후보 지지율에 대한 여론조사를 여당과 야당이 동시에 실시하였다. 서로 다른 동기에 의해 독립적으로 조사를 했어도 양쪽의 조사설계와 자료수집과정이 객관적이라면 양쪽 당의 조사결과는 동일해야 한다.

⑩ 인과성(Causality)
모든 현상은 자연발생적인 것이 아니라 원인에 의해 나타난 결과여야 한다.
⑪ 일반성(Generality)
경험을 통해 얻은 구체적 사실로 보편적인 원리를 추구한다.
⑫ 재생 가능성(Reproducability)
일정한 절차와 방법을 되풀이했을 때 누구나 동일한 결론에 도달할 수 있어야 한다.
⑬ 체계성(Systematicity)
일정한 규칙, 원리 등 통일된 원칙에 입각하여 진행한다.

기출문제 CHECK 2021년 3회

과학적 연구방법의 특징이 아닌 것은?
① 논리성
② 인과성
③ 주관성
④ 경험적 검증가능성

| 해설 | 과학적 연구방법은 객관적이어야 한다. | 정답 | ③

---

2. 과학적 연구의 패러다임

(1) 패러다임(Paradigm)의 의미
패러다임은 토마스 쿤(Thomas Kuhn)이 제시한 개념으로, 어떤 한 시대 사람들의 견해나 사고를 지배하고 있는 이론적 틀이나 개념의 집합체를 의미한다.

(2) 패러다임의 종류
① 실증주의(Positivism) 패러다임
  ㉠ 과학적 지식은 객관적이고, 재생 가능하며, 반증 가능한 특징을 갖는다.
  ㉡ 과학과 비과학을 철저히 구분하며, 인간 행위를 예측할 수 있는 확률적 법칙을 강조한다.
  ㉢ 현상의 원인을 객관적으로 측정하고 일반화를 전개하면서 인과관계를 설명하는 것이 목적이다.
  ㉣ 객관적 실재는 독립적으로 존재하며, 경험적 관찰을 통해 이론을 재검증할 수 있다.
  ㉤ 양적연구방법을 선호하며, 양적자료를 통계적으로 분석한다.

Plus +
패러다임
현상을 보는 큰 틀에서의 관점이며, 우리의 관점을 조직하는 근본적인 도식이다.

> **Plus +**
> 포스트모더니즘에서는 진리에 대한 객관적 기준은 존재하지 않으며 모든 것이 주관적이라고 본다.

② 해석주의(Interpretivism) 패러다임
  ㉠ 과학적 지식은 주관적이고, 상대적이며, 감정이입적인 특징을 갖는다.
  ㉡ 개인의 다양한 경험과 사회적 행위의 주관적 의미를 통해 현상을 해석할 수 있다.
  ㉢ 개인의 일상 경험을 해석하고 이해하는 것이 목적이다.
  ㉣ 언어, 말, 행위 등을 분석하며 사회적 맥락을 고찰한다.
  ㉤ 인간 행위의 사회적 의미를 행위자의 입장에서 이해하려 한다.
  ㉥ 인간의 주관적 의식을 중요시하며, 상호주관적으로 인식된 사회적 실재의 특성에 대해 서술한다.
  ㉦ 질적연구방법을 선호하며, 타당성을 강조한다.

보충학습 실증주의 패러다임과 해석주의 패러다임의 비교

실증주의 패러다임	해석주의 패러다임
• 일반화를 강조한다.	• 타당성을 강조한다.
• 양적연구방법을 사용한다.	• 질적연구방법을 사용한다.
• 객관적 실재가 존재한다.	• 개인의 경험을 강조한다.
• 자연과학의 원리를 사용한다.	• 주관적 해석이 존재한다.
• 가치중립적인 양상을 보인다.	• 상대주의적인 양상을 보인다.
• 과학적 원리를 이용한 실험을 강조한다.	• 언어, 말, 행위 등을 분석한다.

3. 조사목적의 설정

> **Plus +**
> 과학적 조사연구는 새로운 분야를 탐색하기 위해, 사건이나 현상에 대해 기술하거나 묘사하기 위해, 발생한 사실에 대한 원인을 설명하기 위해, 새로운 사건이나 상황을 예측하기 위해 시행한다.

(1) 탐색(Exploration)
감추어진 사실이나 새로운 정보를 알아내기 위해 살펴 찾는 것이다.

(2) 기술(Description)
사건이나 현상의 속성을 정확하고 체계적으로 묘사하여 있는 그대로 보여주는 것이다.
  예 유권자들의 대선 후보 지지율 조사

(3) 설명(Explanation)
사건이나 현상이 발생하게 된 원인(요인)이나 이유, 즉 인과관계(Causality)를 밝히는 것이다.

(4) 예측(Prediction)
사건이나 현상의 발생 순서에 기반을 두고 이후에 진행될 미래의 결과를 예상할 수 있다.

(5) 통제(Control)
어떤 사건이나 현상의 원인 또는 선행조건을 조작해 바람직한 방향으로 이끌어가는 것이다.

(6) 평가(Evaluation)
어떤 대상의 가치를 규명하는 것이다.

기출문제 CHECK 2021년 2회

조사연구의 일반적인 목적과 가장 거리가 먼 것은?

① 현상의 설명 ② 현상의 탐색
③ 현상의 학습 ④ 현상의 기술

| 해설 | 조사연구의 일반적인 목적은 설명, 탐색, 기술, 예측, 평가 등이다. | 정답 | ③

---

4. 과학적 연구의 절차 빈출

과학적 연구의 일반적인 절차는 '연구문제 인식 → 연구문제(주제) 선정 → 기존 정보 수집 및 문헌고찰 → 가설 설정 → 연구방법 설계 → 자료수집 → 자료분석 및 해석 → 연구보고서 작성'을 따른다.

(1) 연구문제 인식(Identify a Research Problem)

연구 수행의 필요성과 개인적 또는 사회적 관심을 바탕으로 탐구할 가치가 있는 연구문제를 인식한다.

(2) 연구주제(Research Problem) 선정

① 인식한 연구문제를 바탕으로 관련성·타당성·연구 가능성을 고려하여 논리적으로 연구주제를 선정한다.
   - 예 '난민의 수용'이라는 사회적 이슈를 연구주제로 선정한다.
② 연구문제는 선정된 주제와 관련하여 연구대상의 문제를 구체적이고 체계적으로 표현하여 가설로 발전시킬 수 있도록 연구주제를 구체화한 것이며, 의문형으로 표현한다.
   - 예 난민의 수용은 사회분열을 유발할 것인가?

(3) 기존 정보 수집 및 문헌고찰

연구 진행에 실질적으로 필요한 문헌자료와 기존의 선행연구를 다양하게 수집하고 검토하여 충분히 고찰하고 분석한다.

(4) 가설(Hypothesis) 설정

연구목적을 효과적으로 수행하기 위해 연구문제를 가설로 전환시켜 검증하고, 경험적으로 측정할 수 있도록 조작화한다.

(5) 연구방법 설계(Research Design)

① 연구문제에 대한 해답을 얻기 위해 연구의 시작에서부터 종료까지의 전반적인 계획을 작성하고 수립하는 것이다.
   - 예 구조화된 설문지를 작성하는 등의 구체적인 연구방법을 설계한다.
② 연구의 분석단위, 연구범위 등을 정하고 자료수집방법, 자료측정, 자료분석방법 등에 대한 구체적인 계획을 세운다.

Plus +

연구주제의 선정 및 정립을 보다 명확하게 하기 위해, 관련된 문헌을 조사하고 해당 분야의 전문가들과 토의하여 그들의 의견을 참조하거나 예비조사를 실시할 수도 있다.

(6) 자료수집

본격적으로 자료를 수집하기 이전에 자료수집을 위해 고안된 자료수집방법에 따라 예비적으로 자료를 수집하는 **예비조사**를 시행한다. 예비조사는 자료수집방법의 타당성과 신뢰성을 검사하고 연구설계를 점검할 수 있다.

(7) 자료분석 및 해석

연구에 의해 수집된 자료로부터 연구결과를 산출한다.

(8) 연구보고서 작성

연구보고서는 연구에 대한 평가물이 되므로 명확성, 정확성, 간결성 등을 갖추어 연구내용 및 결과 등을 성실하게 작성한다.

기출문제 CHECK 2019년 제3회

과학적 조사방법의 일반적인 과정을 올바르게 나열한 것은?

㉠ 조사 설계	㉡ 자료수집
㉢ 연구주제의 선정	㉣ 연구보고서 작성
㉤ 자료분석 및 해석	㉥ 가설의 구성 및 조작화

① ㉠ → ㉡ → ㉢ → ㉤ → ㉥ → ㉣
② ㉠ → ㉤ → ㉢ → ㉡ → ㉥ → ㉣
③ ㉢ → ㉥ → ㉠ → ㉡ → ㉤ → ㉣
④ ㉢ → ㉠ → ㉥ → ㉡ → ㉤ → ㉣

| 해설 | 과학적 연구는 '문제 인식 → 연구주제 선정 → 기존 정보 수집 및 문헌고찰 → 가설 설정 → 연구방법 설계 → 자료수집 → 자료분석 및 해석 → 보고서 작성'의 순서로 이루어진다. | 정답 | ③

---

2 조사내용 결정

1. 지식 형성의 방법

(1) 비과학적 지식 형성 방법

① **전통(Tradition)에 의한 방법**: 사회적으로 이미 형성되어 있는 선례·관습·습성 등을 비판없이 그대로 수용한다.
② **권위(Authoritarian)에 의한 방법**: 인품이 뛰어나거나 전문 기술, 사회적 지위가 높은 사람의 지식을 인용한다.
③ **직관(Intuition)에 의한 방법**: 대상을 직접 인식하여 명제에 호소하는 방법으로 지식을 형성하며, 발생 가능한 오류는 다음과 같다.
  ㉠ 부정확한 관찰: 개인의 편견이 개입되거나 탐구과정 자체가 주관적인 것
  ㉡ 지나친 일반화: 예외적인 현상을 마치 전체 현상 속에서 규칙적 특성으로 일반화하는 것
  ㉢ 선택적 관찰: 규칙성을 벗어나는 경우에 대해서는 의도적으로 무시하는 것
  ㉣ 자기중심적 현상 이해: 현상을 이해하는 데 있어 자기중심적으로 해석하는 것

ⓜ 고정관념: 특정 현상에 관해 자신만의 고정 관념을 가지는 것
④ 신비(Myth)에 의한 방법
신, 예언자, 초자연적인 존재로부터 지식을 습득한다.

(2) 과학적 지식 형성 방법

과정이 논리적이고 경험적이며, 가능한 한 많은 의문을 제기하고 과학적으로 증명하여 지식을 형성해야 한다.
① 관찰법: 자연 현상이나 사회 현상을 직접 관찰하여 자료를 수집한다.
② 실험법: 실험집단과 통제집단을 설정하여 특정 처치의 효과를 비교하며, 변인을 통제하고 인과관계를 검증한다.
③ 조사법: 질문지나 면접 등을 통해 표본으로부터 자료를 수집하여 일반화한다. 양적조사(질문지), 질적조사(심층면접) 등이 포함된다.
④ 문헌연구법: 기존의 문헌, 자료, 통계 등을 분석하여 새로운 결론을 도출한다.
⑤ 사례연구법: 개인이나 집단, 사건 등을 심층적이고 총체적으로 분석한다.
⑥ 내용분석법: 신문, 방송, SNS 등 의미 있는 텍스트나 매체자료를 분석한다. 정량적 분석(빈도수 등)과 정성적 해석이 가능하다.

기출문제 CHECK 2021년 3회

다음 중 과학적 지식에 가장 가까운 것은?
① 절대적 진리
② 전통에 의한 지식
③ 개연성이 높은 지식
④ 전문가가 설명한 지식

| 해설 | 과학적 지식은 절대적 진리보다 검증을 통해 개연성이 높은 설명을 추구한다. | 정답 | ③

---

2. 과학적 연구의 분석단위 빈출

(1) 분석단위(Unit of Analysis)

① 자료수집 시 표본의 크기를 결정하는 데 사용되는 기본 단위이다.
  예 개인, 집단, 지역사회, 국가, 사회적 가공물(생성물) 등
② 보다 큰 집단을 기술하거나 추상적인 현상을 설명하기 위해 수집하는 자료의 단위, 또는 그 속성과 특성에 대해 자료를 수집하고 기술하고자 하는 대상이나 사물이다.

연구내용	분석단위
전체 농부 중에서 32%가 여성임에도 불구하고 여성은 전통적으로 농부보다는 농부의 아내로 인식되었다.	개인
인구센서스의 가구조사 자료를 이용하여 가족 구성원 간 종교의 동질성을 분석하였다.	가구
인구가 10만 명 이상인 도시 중 89%는 종합병원이 적어도 2개 이상이 있다.	도시

(2) 분석단위의 요건
① 적합성: 연구목적에 적합해야 한다.
② 명료성: 명확하고 객관적으로 정의되어야 한다.
③ 측정 가능성: 기술적인 분류를 위해 측정이 가능해야 한다.
④ 비교 가능성: 사실 관계의 규명을 위해 비교 가능해야 한다.

(3) 분석단위의 분류
① 개인
  개인적 속성이나 특성을 수집하며 성별, 연령, 출생지, 태도 등이 해당한다.
② 집단
  사회집단을 연구하거나 집단 간의 특성을 비교 연구할 때 수집하며 가족, 부부, 학과 등이 해당한다.
③ 조직 또는 제도
  개인이나 집단이 이루는 조직을 연구하거나 제도 자체의 특성을 연구할 때 수집한다.
④ 사회적 가공물 또는 생성물
  문화적 항목으로 구분되는 여러 형태의 사회적 대상물을 수집한다.
⑤ 지역사회 및 지방정부 또는 국가: 행정 및 정책을 연구할 때 수집한다.

(4) 분석단위와 관련된 오류
① 생태학적 오류(Ecological Fallacy)
  집합 수준의 분석단위 자료를 바탕으로 개인의 특성을 추정할 때 발생할 수 있는 오류이다.
② 개인주의적 오류(Individualistic Fallacy)
  개인 수준의 분석단위에서 도출된 결과를 집단 수준으로 확대 해석할 때 나타날 수 있는 오류이다.
③ 환원주의적 오류(Reduction Fallacy)
  어떤 현상의 원인이나 설명을 지나치게 제한된 개념이나 변수 하나로만 설명함으로써 그 현상을 과도하게 단순화하는 오류이다.

> **Plus +**
> 환원주의적 오류는 변수 선정에서 오는 오류이다.

기출문제 CHECK 2021년 2회

사회과학 연구에서 분석단위로 쓰이는 것과 가장 거리가 먼 것은?
① 개인 ② 성별
③ 집단 ④ 사회가공물

| 해설 | 분석단위에는 개인, 집단, 지역사회, 국가, 사회적 가공물 등이 있다.　　　　　　　　　　　　　　　　　| 정답 | ②

3. 과학적 연구의 논리 체계 빈출

(1) 귀납적 논리(Inductive Logic)
① 특수한 사실들로부터 일반적인 진리 또는 원리를 이끌어내는 논리 체계로, 개별적인 사례를 바탕으로 일반적인 원리를 도출해내기 위해 주로 사용된다.
  - 예 소크라테스는 죽었다. 공자도 죽었다. 석가도 죽었다. 이들은 모두 사람이다. 그러므로 모든 사람은 죽는다.
② 확률에 근거하며, 과학은 관찰과 경험으로부터 시작한다는 견해에서 출발한다.
③ '관찰 → 유형발전 → 임시결론 → 이론형성'에 따라 연구가 진행된다. 즉, 경험의 세계에서 관찰된 많은 사실이 공통적인 유형으로 전개되는 것을 발견하고 이들의 유형을 객관적인 수준에서 확인한다.
  - 예 소득수준과 출산력의 관계를 알아볼 때 개별 사례를 바탕으로 일반적인 유형을 찾아낸다.
④ 관찰을 통해 현상을 파악한다.
  ⊙ 반복적 관찰을 통해 반복적인 패턴을 발견한다.
  ⓒ 구체적인 관찰로부터 일반화로 나아간다.
  ⓒ 개발 사례를 바탕으로 일반적 유형을 찾아낸다.
⑤ 귀납적 논리에 따르는 조사방법은 질적연구(Qualitative Research)에서 강조된다.

Plus +
귀납적 논리는 선(先)조사, 후(後)이론을 따르는 미괄식 전개법이다.

(2) 연역적 논리(Deductive Logic)
① 일반적인 사실로부터 특수한 사실을 이끌어내는 논리 체계로, 기존 이론을 확인하기 위해서 주로 사용된다.
  - 예 모든 사람은 죽는다. 소크라테스는 사람이다. 따라서 소크라테스는 죽는다.
② '가설형성 → 관찰 → 가설검증 → 이론형성'에 따라 연구가 진행된다.
③ 연역적 논리에 따르는 조사방법은 양적조사(Quantitative Research)에서 강조한다.

Plus +
연역적 논리는 선(先)이론, 후(後)조사를 따르는 두괄식 전개법이다.

(3) 귀납적 논리와 연역적 논리의 관계
① 과학적 지식이 축적되는 전반적인 과정에서 경험적인 귀납법과 분석적인 연역법은 상호 보완적인 관계이다.
② 귀납법은 탐색적 연구에 주로 사용되고, 연역법은 가설을 검증하는 설명적 연구에 주로 사용된다.

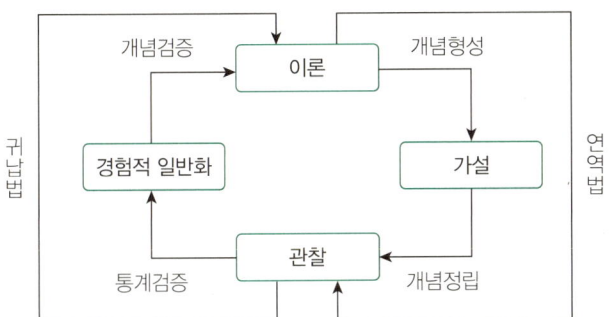

기출문제 CHECK 2019년 1회

과학적 연구의 논리 체계에 대한 설명으로 옳지 않은 것은?

① 귀납적 방법은 탐색적 연구에 주로 쓰인다.
② 귀납적 논리는 경험을 결합하여 이론을 형성하는 방법이다.
③ 연역적 논리는 반복적 관찰을 통해 반복적인 패턴을 발견한다.
④ 연역적 논리는 일반적인 사실로부터 특수한 사실을 이끌어내는 방법이다.

| 해설 | 반복적 관찰을 통해 반복적인 패턴을 발견하는 것은 귀납적 논리이다. | 정답 | ③

3 조사방법 결정

1. 연구목적에 따른 유형 빈출

(1) 탐색적 연구(Exploratory Research)

① 연구조사설계를 확정하기 이전에 연구문제를 발견하고 변수를 규명하여 가설을 도출하기 위해 예비적으로 실시하는 연구이다.
② 연구문제에 대한 사전지식이 부족하거나 개념을 보다 분명히 하기 위해, 또는 문제의 핵심적 요소가 무엇인지 분명하지 않을 때 실시한다.
③ 탐색적 연구는 사건이나 현상의 이해, 중요한 변수의 확인과 발견, 가설 도출, 우선순위 파악, 아이디어 생성 및 임시적 가설의 개발 목적에 적합하다.
④ 문헌연구, 전문가 의견연구(델파이기법), 사례연구 등이 있다.

문헌연구 (Literature Reviews)	• 해당 연구와 관련된 분야에 대한 각종 문헌을 조사하여 연구하는 것으로, 이는 대부분 연구 초기에 시행한다. • 각종 논문, 도서, 신문사설, 학술지, 학술자료 등의 2차 자료를 이용한다. • 과거에 행해진 연구로부터 이론이나 개념정의, 분석방법 등을 확인한다. • 해당 연구주제에 대한 과거 관련 연구의 결과를 학습하여 새로운 아이디어를 얻을 수 있으며, 최신 연구 경향도 확인할 수 있다. • 자신이 진행할 연구의 필요성을 포괄적으로 확인하고, 연구문제를 명료히 하여 적용 가능한 연구방법이나 방향을 계획할 수 있다.
전문가 의견연구 (Delphi Method)	• 기존 자료가 부족하여 참고할 수 있는 자료가 미비하거나 미래의 불확실한 상황을 예측하고자 할 경우, 통찰력이 있는 경험자 또는 전문가를 대상으로 견해와 의견을 조사한다. • 전문가로부터 의견이나 정보를 수집하여 분석한 후, 그 결과를 다시 전문가들에게 보내어 의견을 묻고 수집하여 분석하는 방법으로 만족스러운 결과를 얻을 때까지 계속 진행한다. • 익명성과 반복적 피드백을 통해 전문가 합의를 도출한다.
사례연구 (Case Study)	• 특정한 사례(개인, 프로그램, 의사결정, 조직, 사건 등)에 대해 기술하고 탐구하면서 집중적으로 연구하는 방법이다. • 조사의 범위를 한 지역 또는 특정 대상에 국한시켜 연구하고자 하는 현상의 대표성을 유지한 채 결과를 도출하는 방법이다. • 소수 대상의 여러 가지 요인을 복합적으로 관찰하므로 이에 대한 실증적인 분석이 진행된다.

Plus +
탐색적 연구를 위한 질문으로는 '여기서 무슨 일이 일어나고 있습니까?', '뚜렷한 주제, 패턴, 범주는 무엇입니까?' 등이 가능하다.

Plus +
사례연구는 조사대상을 구체적이고 상세하게 연구할 수 있고, 통계조사의 보완적 자료를 제공한다는 장점이 있다.

- 소수의 사례를 심층적으로 조사하여 그들의 특징적 변화나 영향, 요인들 간의 관계 등을 파악하고 종합적으로 분석할 수 있다. 즉, 연구대상의 내면적·동태적 양상을 수직적으로 파고드는 조사이다.
- '연구문제 선정 → 사실 또는 자료수집 → 사실 또는 자료의 요약 → 사실의 설명 → 보고를 위한 기술'에 따른다.
- 사례를 관찰하거나 면담하여 자료를 수집하기도 하지만, 기존 문서를 분석하는 방법으로도 자료를 수집한다.
- 연구대상을 질적으로 파악하고 기술하는 질적인 방법이지만, 양적인 방법을 사용하여 수집한 증거를 이용할 수도 있다.
- 소수 사례가 시간의 경과에 따라 어떠한 특징적 변화를 보이는지 집중적으로 연구하는 종단적 연구에 해당한다.
- 소수 사례에 대한 자연 발전이나 생활사 등을 연구하는 데 유용하며, 개별적 상황의 특수성, 인간의 욕구·관심·동기, 사회현상의 가치적 측면 등을 파악하는 것이 가능하다.

보충학습 단일사례연구(Single Case Study)

- 하나의 대상 또는 사례를 반복적으로 관찰하여 개입의 효과를 평가하는 반응성 연구의 한 유형이다.
- 하나의 사례를 반복적으로 측정하여 경향과 변화를 파악할 수 있다.
    - 예) 단일사례연구로 청소년들이 흡연 횟수를 3개월 동안 주기적으로 기록
- 새로운 개입 방법을 수립하거나 개입의 효과를 파악할 수 있으며, 개입 효과에 대한 즉각적인 피드백이 가능하여 조사연구과정과 실천과정이 통합될 수 있다.
    - 예) AB설계: 하나의 기초선 단계(A)와 하나의 개입 단계(B)로 구분하여 연구
- 성숙요인, 역사요인, 검사요인 등 내적타당도를 저해하는 요인이 발생할 수 있으나, 기초선으로 성숙효과를 통제할 수 있다.
- 반복적이고 연속적으로 자료를 수집하기 때문에 개입으로 인한 조사대상의 변화를 주기적으로 파악할 수 있고, 연구를 진행하는 도중에 도출되는 정보는 즉각적으로 환류(피드백)할 수 있다.
- 여러 명의 조사대상들에게 개입 시기를 다르게 하면 우연한 사건효과를 통제할 수 있다.
- 하나의 사례에 대한 실험의 과정과 결과를 일반적인 상황에 적용할 수 없으므로 외적타당도가 낮다.
- 개인과 집단뿐만 아니라 조직이나 지역사회도 연구대상이 될 수 있다.

(2) 기술적 연구(Descriptive Research)

① 어떤 사건이나 현상에 대한 정보가 필요할 때 이를 정확하게 기술하기 위해 실시하는 연구로, 현상에 대한 탐구와 명료화를 주목적으로 한다.
② 사건이나 현상의 빈도, 비율, 수준, 관계 등에 대한 단순 통계적인 자료를 수집한다.
③ 종단연구와 횡단연구가 대표적이다.

(3) 설명적 연구(Explanatory Study)

① 인과관계를 규명하거나 미래를 예측하기 위해 실시하는 연구로 인과조사, 가설검증조사, 진단조사, 예측조사라고도 한다.
② 현상에 대한 단순한 기술이 아닌 인과론적 설명을 전개한 실험설계가 필요하다.

Plus +

내적타당도 (Internal Validity)
독립변수와 종속변수 사이의 인과관계를 추론하여 그것이 실험에 의한 진정한 변화인지를 판단하는 인과조건의 충족 정도를 나타낸다.

외적타당도 (External Validity)
연구의 결과에 의해 기술된 인과관계가 실험대상 이외의 경우로 확대될 수 있는 정도를 나타낸다.

Plus +

설명적 연구는 반복적 연구 또는 비교 연구가 가능하다는 장점이 있다.

2. 시간적 차원에 따른 유형 빈출

(1) 종단적 연구(Longitudinal Study)

① 연구대상을 일정 기간에 여러 번 관찰하여 얻은 자료를 이용하는 연구이며, 동태적인 성격을 지닌다.
② 연구대상의 특정 변수값을 여러 시점에 걸쳐 연구하며, 시간의 흐름에 따른 조사 내용의 변화를 분석한다.
③ 추세연구, 패널연구, 코호트연구, 시계열연구 등이 포함된다.

추세연구 (Trend Study)	• 광범위한 연구대상의 특정 속성을 여러 시기에 관찰·비교하는 연구이며, 경향연구라고도 한다. • 어느 한 시점에서 연구대상 집단의 경향을 분석하고 시간의 경과 후에 그 경향을 다시 분석하여 비교하는 과정을 반복하면서 연구대상 집단의 변화를 조사한다. 예 A기관에서는 3년마다 범죄의 피해를 측정하기 위하여 규모비례집락표집을 이용하여 범죄 피해 조사를 시행하고 있다. • 추세연장 기법을 이용해 과거와 현재의 역사적 자료를 토대로 미래의 변화를 측정할 수 있다. • 다른 시점에서 반복 조사를 통해 얻은 시계열자료를 이용하는 방식이다.
패널연구 (Panel Study)	• 동일한 대상에게 동일한 현상에 대해 일정한 시간 간격을 두고 지속적으로 반복 측정하여 조사하는 연구이다. 예 공공기관의 행정서비스 만족도를 알아보기 위해 동일한 시민들을 표본으로 6개월 단위로 10년간 조사한다. • 특정 연구대상을 사전에 선정하고 이들을 패널로 구성한 후 반복적으로 조사한다. 예 대학 졸업생을 대상으로 체계적 표집을 통해 응답 집단을 패널로 구성한 후, 매년 11월에 이들을 대상으로 졸업 후의 진로와 경제활동 및 노동시장 이동 상황을 조사한다. • 시간이 지남에 따라 조사대상자의 의견이나 태도 및 행동의 변화를 조사한다. • 반복적인 조사 과정에서 성숙효과, 시험효과가 나타날 수 있다. • 패널 구성원이 추후 연구에 대한 기여를 거부하거나 자연 탈락하는 등 조사 결과에 크게 영향을 미칠 수 있다. • 최초 패널을 잘못 구성하면 장기간에 걸쳐 수정이 불가능하다.
코호트연구 (Cohort Study)	• 시간의 변화에 따른 특정 하위모집단의 변화를 관찰하는 연구이며, 동년배집단연구, 동질성집단연구라고도 한다. • 코호트는 유사한 특성을 공유하는 사람들로, 특정한 시기에 태어났거나 동일 시점에 특정 사건을 경험한 코호트 구성원들이 시간이 지남에 따라 어떻게 변화하는지를 조사한다. 예 베이비부머(Baby-boomers)의 정치 성향의 변화를 파악하기 위해 이들이 성년이 된 후 10년마다 50명씩 새로운 표집을 대상으로 조사하여 그 결과를 비교하였다. • 패널조사에 비하여 인과관계를 더 분명하게 밝힐 수 있다.
시계열연구 (Time Series Study)	• 일정한 시간 간격으로 표시된 자료의 특성을 파악하여 미래를 예측하는 연구이다. 예 내년도 판매량, 다음 달 항공기 이용 승객, 향후 4개월 동안의 변화, 다음 분기에 예상되는 변화 등을 예측한다. • 시계열 모형을 만들어 시계열자료를 관측하고 분석하여 미래를 예측한다.

Plus +
패널연구는 특정 조사대상을 사전에 선정하고 이들을 대상으로 반복조사를 하는 연구이고, 추세연구는 다른 시점에서 반복조사를 통해 얻은 시계열자료를 이용하는 연구이다.

- 시계열자료는 연도별(Annual), 분기별(Quarterly), 월별(Monthly), 일별(Daily), 시간별(Hourly) 등 시간의 경과에 따라 순서대로 관측된 자료이다.
  - 예 국내총생산(GDP), 물가지수, 판매량, 종합주가지수(KOSPI), 강우량 등
- 연구자가 만든 시계열 모형은 수리적 모형에 불과하므로 우연한 사건이 발생하여 오차가 생기면 정확한 분석이 어려울 수 있다.

(2) 횡단적 연구(Cross-sectional Study)

① 어느 한 시점에서 이루어진 관찰을 통해 얻은 자료를 바탕으로 하는 연구로 정태적인 성격을 지닌다.
  - 예 인구주택총조사, 2025년 OECD국가 사회보장 예산조사
② 연구대상이 지리적으로 넓게 분포하고, 대상의 수가 많으며, 다양한 변수에 대한 자료를 수집해야 하는 연구에 유효하다.

Plus +
여론조사나 인구주택총조사와 같이 특정 사건이나 상황을 정확히 파악하여 기술하는 현황조사(Status Survey)와 몇몇 변수들 사이의 인과적 관계를 규명하려는 상관적 연구(Relational Study) 등이 횡단적 연구에 해당한다.

3. 자료수집의 성격에 따른 유형

양적연구와 질적연구로 구분되며, 두 연구가 혼합된 혼합연구방법(Mixed Method)이 활용될 수 있다. 주제에 따라 양적연구와 질적연구의 비중이 상이하거나 두 연구의 결과가 상반될 수 있다. 질적연구의 결과로부터 양적연구가 시작될 수 있으므로 두 연구를 통합할 수 있는 시각이 필요하다.

(1) 양적연구(Quantitative Research, 정량적 연구)

① 연구하고자 하는 대상의 속성을 양적으로 표현하고 그 관계를 통계분석을 통해 밝히는 연구이다.
② 가치중립성과 편견의 배제를 강조하고, 관찰대상의 특성을 수치화한다.
③ 연구진행은 구조화와 조작화의 과정을 거친다.
④ 질문지, 표준화(구조화)면접, 비참여관찰 등을 이용한다.
⑤ 선(先)이론, 후(後)조사의 방법을 활용하는 연역적 과정에 기초한다.
⑥ 대규모 분석에 유리하다.

(2) 질적연구(Qualitative Research, 정성적 연구)

① 관찰대상의 몸짓, 언어, 태도나 현상 자체에 대한 자료를 관찰이나 면접 등의 방법을 활용하여 밝히는 연구이다.
② 주관적 동기의 이해와 의미 해석을 하는 현상학적·해석학적 입장에 기초하며, 현실 인식의 주관성을 강조한다.
③ 선(先)조사, 후(後)이론의 방법을 활용하는 귀납적 과정에 기초한다.
④ 비통제적 관찰, 참여관찰, 심층적·비구조적 면접 등이 많이 활용된다.
⑤ 편견이 개입되기 쉬우며 일반화 또는 표준화가 불리하다.
⑥ 다음과 같은 특징을 갖는다.
  ㉠ 비공식적인 언어의 사용
  ㉡ 정보의 심층적 의미 파악

> **Plus +**
> **심층규명(Probing)**
> 응답자들의 응답이 완전하지 않거나 불명확할 때 다시 질문하는 방법이다.

　　ⓒ 심층규명(Probing) 가능
　　ⓔ 현장중심의 사고(결과보다 절차에 관심을 둠)
　　ⓜ 유연하고 직관적인 연구 절차
⑦ 초점집단면접, 사례연구, 현상학적 연구, 근거이론연구, 민속지학적 연구, 참여행동연구, 내러티브, 생애사연구 등이 있다.

　　예 근거이론(Grounded Theory)은 사회일반 적용가능한 이론이 없거나, 새로운 이론이나 개념을 발전시키기 위해 현실세계의 데이터에서 패턴이나 관련성을 발견하는데 중점을 둔 질적연구방법론이다. 근거이론은 다음과 같은 단계로 구성된다.
　　　• 개방코딩(Open Coding): 데이터를 세분화하고 개별적인 의미 단위로 식별하는 과정이다. 연구자가 수집한 자료를 추상화시켜 개념과 범주를 이끌어내고 연구주제와 관련된 데이터를 탐구하고 분석하는 초기단계이다.
　　　• 축코딩(Axial Coding): 이미 식별된 카테고리 사이의 관계를 파악하고 연결시킨다. 데이터 구조화 및 이해를 돕는 단계이며, 발견된 범주를 가지고 중심현상을 중심으로 인과적 조건을 만든다.
　　　• 선택코딩(Selective Coding): 주요 주제와 패턴을 특정화하고 이를 바탕으로 이론을 발전시킨다. 연구자와 심층 인터뷰 자료 간에 이루어지는 상호작용의 결과로서 '핵심범주'의 설정을 귀납적으로 제시한다.

⑧ 질적조사의 엄격성을 높이는 방법
　　㉠ 연구대상자를 충분히 관찰한다.
　　㉡ 연구자의 해석에 적합하지 않은 예를 점검한다.
　　㉢ 다른 연구자들의 점검을 통해 자료수집과 해석에 있어 편견이나 문제점이 있는지를 점검한다.

4. 조사대상의 범위에 따른 유형

(1) 전수조사(Complete Enumeration Survey)
① 연구대상이라고 생각되는 전부를 조사하는 연구이다.
② 표본추출을 하지 않으므로 표본오차는 없으나, 비표본오차가 크므로 표본조사에 비해 정확성이 떨어질 수 있다.
③ 비용과 경비가 많이 들고 조사·분석을 위해 시간이 많이 필요하므로 경제성과 신속성이 떨어진다.

> **Plus +**
> **표본오차**
> 모집단의 특성값과 표본의 특성값의 차이이다.
>
> **비표본오차**
> 조사준비과정, 실제 조사, 집계, 처리 등에서 발생하는 차이로, 표본추출 이외의 과정에서 발생한다.

(2) 표본조사(Sample Survey)
① 조사대상 전체 중 일부분을 표본(Sample)으로 추출하여 조사하는 연구이다.
② 전수조사에 비해 시간과 비용이 적게 들어 경제적이고 신속하다.

5. 연구의 성격에 따른 유형

(1) 순수연구(Pure Research, 기초연구)
이론을 구성하거나 경험적 자료를 토대로 이론을 검증하는 연구이다.

> **Plus +**
> **순수연구**
> 순수하게 사회현상에 대한 이해와 지식 습득 자체에 목적을 두는 조사이다.

(2) 응용연구(Applied Research, 개발적 연구, 생산연구)

실제적인 문제해결을 목적으로 수행하는 연구이며, 특수한 사회문제를 이해한다.

(3) 평가연구(Evaluative Research)

응용연구의 특수한 형태이다.

Plus +
응용연구
조사 결과를 직·간접적으로 사회현상에 응용하는 조사이다.
예 욕구조사, 평가조사

6. 자료의 원천에 따른 분류

(1) 1차 자료(Primary Sources) 분석 연구

① 연구자가 선정한 연구문제와 직접적으로 연관된 자료를 수집하여 분석하고 그 결과를 직접 활용하는 연구이다.
② 설문지법, 면접법, 관찰법 등이 있으며, 자료를 얻기까지 시간과 비용이 많이 든다.

(2) 2차 자료(Secondary Sources) 분석 연구

① 기존 자료로부터 연구에 필요한 자료를 도출해내는 방법으로, 비관여적 연구방법에 해당한다.
② 이미 과거에 만들어진 다른 연구물이나 다른 조사기관에서 다른 연구를 목적으로 조사를 했던 자료로 기업 내부 자료, 상업용 자료, 연간 간행물 등이 있다.

Plus +
2차 자료의 평가 기준
- 부합성: 수집한 자료가 조사 목적에 부합하는지 확인한다.
- 정확성: 수집한 자료가 어느 정도 타당한지 확인한다.
- 신뢰성: 자료의 전문성과 일관성이 있는지 확인한다.
- 일치성: 두 개 이상의 수집 자료에서 자료가 일치하면 좋은 자료이다.
- 최신성: 수집한 자료가 최신 자료인지 확인한다.

기출문제 CHECK 2020년 2회

사회조사의 유형에 대한 설명으로 옳은 것을 모두 고른 것은?

> ㉠ 탐색, 기술, 설명적 조사는 조사의 목적에 따른 구분이다.
> ㉡ 패널조사와 동년배집단(Cohort)조사는 동일 대상인에 대한 반복 측정을 원칙으로 한다.
> ㉢ 2차 자료 분석 연구는 비관여적 연구방법에 해당한다.
> ㉣ 탐색적 조사의 경우에도 명확한 연구가설과 구체적 조사계획이 사전에 수립되어야 한다.

① ㉣
② ㉠, ㉢
③ ㉡, ㉣
④ ㉠, ㉡, ㉢

| 해설 | ㉡ 패널조사는 동일인을 대상으로 하지만, 동년배집단조사는 특정 시점이나 사건을 공유하는 동일 연령 집단을 대상으로 한다.
㉣ 탐색적 조사는 가설이나 명확한 조사계획이 없는 경우에 기초적 정보나 아이디어를 얻기 위해 실시된다.
| 정답 | ②

7. 기타 연구

(1) 서베이연구(Survey Study, 설문조사)

① 모집단으로부터 추출된 표본을 대상으로 설문지나 면접을 통하여 사회현상에 관한 자료를 수집하고 분석하는 연구이다.
② 구조화된 설문지나 면접을 통해 조사하는 기술적 연구의 일종이다.
③ 의사소통의 기준에 따라 면접조사, 전화조사, 우편조사, 집단설문조사, 온라인조사 등으로 분류된다.

④ 서베이연구의 장단점

장점	단점
• 대규모 모집단의 특성을 기술할 수 있다. • 광범위한 지역 주민의 의견과 욕구를 수렴할 수 있다. • 당사자의 욕구 정도의 유형을 파악하는 데 유리하다. • 지역 주민의 서베이는 수요자 중심의 욕구 사정에 적합하다.	• 시간·비용이 많이 들 수 있다. • 조사대상자를 충분히 확보하는 것이 어렵다. • 연구의 융통성이 작다. • 연구대상을 심층적으로 관찰할 수 없다. • 특정 주제에 대하여 단편적인 정보나 의견 등을 파악하는 데에는 유용하나, 전체적인 사회적 맥락을 파악하는 데에는 제한이 있다. • 응답자의 심리상태를 알 수 없으므로 피상적인 결과가 나올 수 있다.

(2) 현장연구(Field Research, 현지조사)

연구문제를 선정하거나 가설을 형성하기 위해 현장에 나가서 직접 자료를 수집하고 분석하는 연구이다.

(3) 실험연구(Experimental Study)

① 독립변수의 효과를 측정하거나 독립변수가 종속변수에 영향을 미치는 인과관계에 대한 가설을 검증하는 연구이다.
② 연구자는 실험 상황의 요인들을 통제하고 인위적으로 관찰 조건을 조성하여 연구한다.
③ 현지 실험방법과 실험실 내 실험방법 등으로 구분된다.

현지 실험방법	• 현실적인 상황에서 실험을 진행한다. • 현실적인 사회 상황 속에서 독립변수를 조작하거나 현실의 사회 상황이 허용하는 정도로 주의 깊게 통제된 조건하에서 독립변수를 조작하여 연구한다. • 연구결과에 대한 외적타당성이 높을 수 있다. • 실험 상황을 엄격하게 통제하기 어려우므로 독립변수의 효과가 흐려질 수 있으며, 실험실 내 실험방법에 비해 정밀도가 낮다.
실험실 내 실험방법	• 실험을 엄격하게 통제된 상태에서 진행한다. • 조사 상황을 엄격하게 통제한 상태에서 연구대상을 무작위로 추출하고, 하나 이상의 독립변수를 조작하여 연구한다. • 반복적 실험이 가능하며, 정밀하다. • 연구 상황이 인위적이며, 결과에 대한 부정확한 해석이 이루어질 수 있다. • 연구결과에 대한 내적타당성은 높을 수 있으나 외적타당성은 낮다.

(4) 사례조사(Case Study)

① 하나 또는 소수의 사례(개인, 집단, 조직, 사건 등)를 심층적이고 종합적으로 조사하여 그 사례의 특성과 관련 요인을 파악하려는 질적연구방법이다.
② 복잡한 사회 현상이나 행태를 구체적인 맥락 속에서 이해하고 설명하는 데 목적이 있다.
③ 탐색적 목적을 위해 유용하게 사용할 수 있다.
④ 특정 사례를 심층적으로 분석할 수 있다.
⑤ 사회·문화적 맥락을 중요하게 고려한다.
⑥ 연구 과정에서 자료 수집이나 분석 방향이 유동적으로 조정될 수 있다.
⑦ 사회 현상의 가치적 측면이나 개별 상황의 특수성을 파악할 수 있다.

CHAPTER 02 표본설계

학습방법

- ☑ 표본추출의 주요 개념을 확실하게 이해한다.
- ☑ 확률표본추출법과 비확률표본추출법을 서로 비교하여 장단점 및 종류를 반드시 숙지한다.
- ☑ 표본추출방법의 종류를 알고, 각각의 특징을 학습해야 한다. 특히 무작위추출방법, 층화추출방법, 군집추출방법은 자주 출제되므로 비교하여 정리한다.
- ☑ 표본추출오차와 비표본오차의 개념을 비교하여 학습하고, 표본오차의 크기 결정요인도 숙지한다.

1 조사대상 선정

1. 표본설계의 이해

(1) 표본설계의 의의
① 모집단의 특성을 가장 잘 설명할 수 있는 표본을 추출하는 방법을 설계하는 것이다.
② 조사대상이 대규모인 경우 전부를 조사하는 것(전수조사)보다 표본을 조사하여 최적의 의사결정 방법을 찾는 것이 시간·비용면에서 경제적이다.

(2) 표본추출의 주요 개념
① 모집단(Population)
  ㉠ 정보를 얻고자 하는 대상의 집단 전체이며, 연구하고자 하는 이론상의 집단이다.
  ㉡ 모든 요소의 총체로서 조사자가 표본을 통해 발견한 사실을 토대로 하여 일반화하고자 하는 궁극적인 대상이다.
  ㉢ 모집단 정의 시 표본단위, 조사의 내용, 조사의 범위, 시간 등에 대해 명확하고도 한정적으로 규정한다.
    예 2025년 1월 1일 이후 서울에 거주하는 20대 남성 전체

② 모수(Parameter)
  모집단에서 어떤 변수가 가지고 있는 특성을 요약한 수치이다.

③ 표본(Sample)
  모집단 중 연구대상으로 추출된 일부 집단이다.

④ 통계량(Statistic)
  ㉠ 표본의 수치적 특성으로, 표본에서 얻은 변수의 값을 요약하고 묘사한 표본들의 함수이다.
  ㉡ 통계량에 표본의 구체적인 값을 대입하여 얻은 수치를 통계값(통계치)이라고 한다.

⑤ 표본추출요소(Element)
  ㉠ 자료가 수집되는 대상의 단위이다.
  ㉡ 조사에서 분석의 기본이 되며 개인, 가족, 기업 등이 될 수 있다.

Plus +
통계 조사 과정은 '통계조사계획 → 표본설계 → 설문설계 → 자료수집 → 자료처리 → 자료분석 → 보고서작성 → 합리적인 의사결정'의 절차로 이루어진다.

Plus +
전수조사
(Population Survey)
관심의 대상이 되는 집단을 이루는 모든 개체들을 조사하여 모집단의 특성을 측정하는 방법이다.

Plus +
표본조사
(Sample Survey)
관심의 대상이 되는 전체 모집단 중 일부(표본)를 선택하고, 선택된 일부만을 대상으로 조사를 실시하여 이로부터 전체 모집단의 특성을 추정하는 방법이다.

⑥ 표집단위(Sampling Unit)와 관찰단위(Observation Unit)
  ㉠ 표집단위: 표집과정의 각 단계에서의 표집대상이다.
  ㉡ 관찰단위: 표본추출을 하는 직접적인 조사대상이다.
⑦ 표본추출틀(Sampling Frame)
  ㉠ 표본추출을 위한 모집단의 구성요소나 표본추출단위가 수록된 목록으로, 표본프레임, 표본틀, 표집틀이라고도 한다.
    예 A병원 환자를 조사할 때 A병원의 환자기록부
  ㉡ 표집틀과 모집단이 일치할 때 가장 이상적이다.
  ㉢ 모집단과 표집틀이 일치하지 않아 발생하는 오류를 표집틀 오류라고 한다.
    • 표집틀이 모집단보다 큰 경우
      예 A병원 환자를 무선적 전화걸기 방법으로 표본을 추출한 경우
    • 모집단이 표집틀에 포함되지 않는 경우
      예 A병원 환자를 병원 입구에서 임의로 표본을 추출한 경우
    • 표집틀과 모집단이 전혀 다른 집단인 경우
      예 A병원 환자를 서울 지역 휴대폰 가입자 명부를 이용해서 표본을 추출한 경우
  ㉣ 표집틀 평가 시 포괄성, 추출확률, 효율성을 확인한다.
    • 포괄성: 연구하고자 하는 전체 모집단 중 얼마나 많은 부분을 포함하고 있는가?
    • 추출확률: 모집단에서 개별요소가 추출될 수 있는 확률이 동일한가?
    • 효율성: 조사자가 원하는 대상만이 표집틀에 포함되는가?
⑧ 표집간격(Sampling Interval)
  ㉠ 모집단으로부터 표본을 추출할 때 추출되는 요소 간의 간격, 표본 간의 간격이다.
  ㉡ 모집단의 전체 항목 수(모집단 크기)를 표본의 크기로 나눈 값이다.

$$\frac{모집단의\ 크기}{표본의\ 크기} = \frac{N}{n}$$

⑨ 표집률(Sampling Ratio)
  ㉠ 모집단에서 개별 요소가 선택될 비율이다.
  ㉡ 모집단의 크기에 대한 표본의 크기이다.

$$\frac{표본의\ 크기}{모집단의\ 크기} = \frac{n}{N}$$

    예 총 학생 수가 2,000명인 학교에서 800명을 표본추출할 때 표집간격은 $\frac{2,000}{800} = 2.5$(명)이고, 표집률은 $\frac{800}{2,000} = 0.4$이다.

⑩ 표집분포(Sampling Distribution)
  통계적 추리와 관련된 분포 중에서 이론상으로만 존재하는 분포이다.

⑪ 표집오차(Sampling Error)
  ㉠ 표본의 통계량과 모집단의 모수의 차이로, 표본오차라고도 한다.
  ㉡ 표본을 추출함에 따라 발생하는 오차이다.

기출문제 CHECK 2022년 1회

표본추출과 관련된 용어 설명으로 옳지 않은 것은?
① 관찰단위: 직접적인 조사대상
② 모집단: 연구하고자 하는 이론상의 전체 집단
③ 표집률: 모집단에서 개별 요소가 선택될 비율
④ 통계량: 모집단에서 어떤 변수가 가지고 있는 특성을 요약한 통계치

| 해설 | 통계량은 표본의 수치적 특성으로, 표본에서 얻은 변수의 값을 요약하고 묘사한 표본들의 함수이다. | 정답 | ④

보충학습 표준오차(Standard Error)와 표집오차(Sampling Error)
- 표준오차: 표본 통계량의 표준편차이다.

  표본평균의 표준오차는 $SE(\overline{X}) = \dfrac{\sigma}{\sqrt{n}}$ 이고 표본비율의 표준오차는 $SE(\hat{p}) = \sqrt{\dfrac{p(1-p)}{n}}$ 이다.

- 표집오차: 실제 표본의 통계량과 모집단의 모수 간의 차이로 표본이 모집단을 완벽하게 대표하지 못함으로써 발생하는 오차이며, 표본추출 과정에서 통계적으로 불가피하게 발생하는 차이이다.

2. 모집단의 정의 및 분석

(1) 모집단의 정의
① 표본설계의 시작은 조사목적에 맞는 모집단을 정의하는 것이다.
② 표본조사 결과는 표본을 뽑기 위해 설정한 모집단의 정보만을 제공하므로 조사목적에 적합한 표본을 추출하려면 모집단을 조사목적에 맞도록 명확하게 정의해야 한다.

(2) 목표모집단과 조사모집단
대부분의 표본조사에서 개념상의 목표모집단과 실제 조사대상인 조사모집단은 차이가 존재하므로 목표모집단과 조사모집단을 명확히 제시해야 한다.
① **목표모집단**(Target Population): 이상적인 모집단으로, 모집단의 모든 조사 대상·조사단위의 전체 집합이다. 현실적으로 정보 혹은 자료수집이 어려운 모집단이지만, 표본조사를 통하여 추정해야 할 대상이다.
② **조사모집단**(Working Population): 목표모집단 중 현실적으로 자료수집이 가능한 조사단위의 집합이다.

(3) 모집단 분석
조사목적을 분석하여 어떤 대상을 모집단으로 선정할지를 정한다.

Plus +
모집단의 정의가 잘못된다면 아무리 조사를 잘 수행할지라도 표본조사의 결과는 조사목적에 부합되지 않는 결과를 가져오게 된다.

Plus +
조사모집단을 통해 얻은 결과를 목표모집단으로 해석하여도 타당해야 한다.

3. 표본추출틀과 조사대상 결정

(1) 표본추출틀 결정
① 모집단에 대한 정의가 끝나면 추출단위를 결정하고 추출단위가 나열된 목록인 표본추출틀을 작성해야 한다.
② 표본추출틀은 조사모집단에 포함된다. 즉, 목표모집단 ≥ 조사모집단 ≥ 표본추출틀의 관계를 갖는다.

(2) 표본추출틀 작성
많은 조사에서 주로 사용하는 표본추출틀이 어떤 것인지를 파악하고, 수행해야 할 조사의 모집단을 잘 반영할 수 있는 표본추출틀이 있는지 살펴본다.

(3) 조사대상 결정
① 표본추출틀 분석
  표본추출틀의 조사단위, 추출단위별로 어떻게 분포되었는지를 살펴본다.
② 조사대상 선정
  ㉠ 모집단의 특성과 표본추출틀의 자료를 충분히 이해하여야 적절한 표본을 선정할 수 있다.
  ㉡ 표본추출방법, 표본 수 결정, 층화변수 등을 고려한 후 추출한다.
  ㉢ 표본추출틀이 모집단을 제대로 반영하고 있는지를 살펴본다.

2 표본추출방법 결정

1. 표본추출의 이해 `빈출`

(1) 표본추출(Sampling)의 의미
모집단으로부터 조사대상을 선정하는 과정으로, 표집이라고도 한다.

(2) 표본추출의 특징
① 표본추출에서 가장 중요한 요인은 대표성과 적절성이다.
  ㉠ 대표성: 조사결과가 모집단을 얼마나 잘 대표할 수 있는지에 대한 것이다.
  ㉡ 적절성: 어느 정도 크기의 표본을 선정해야 적은 비용으로도 정확한 결과를 가져올 수 있는지에 대한 것이다.
② 표본을 추출할 때에는 모집단을 분명하게 정의하는 것이 중요하다.
③ 표본추출과정에서 표본추출오차는 반드시 발생하므로 정확한 자료를 추출한다는 것은 불가능하다.

> **보충학습** 표본추출(Sampling)의 대표성에 대한 의미
> - 표본을 이용한 분석 결과가 일반화될 수 있는지의 문제
> - 표본의 통계적 특성이 모집단의 통계적 특성에 어느 정도 근접하는지의 문제
> - 표본이 모집단이 지닌 다양한 성격을 고루 반영하는지의 문제

Plus +
분류체계는 유사한 특징을 가진 자료는 모으고, 다른 특징을 가진 자료는 구분하도록 하기 위한 기준을 제시한 체계나 표이다. 예를 들어, 통계청의 분류체계는 경제부문, 사회부문, 보건부문으로 구분되어 있다.

Plus +
인구주택총조사 자료는 가구조사 등에 많이 활용되고, 전국사업체조사 자료는 산업계 조사 등에 많이 활용된다.

Plus +
표본조사는 전수조사보다 시간이 적게 소요되며 더 많은 조사항목을 포함할 수 있으므로 다방면의 정보획득이 가능하다.

(3) 표본추출의 장단점

장점	단점
• 전수조사가 불가능한 경우 적용할 수 있다. • 전수조사 시 예상되는 막대한 시간·비용을 절약할 수 있다. • 자료수집, 집계 및 분석과정을 신속히 처리할 수 있다. • 비표본추출오차를 줄일 수 있다. • 조사과정을 보다 잘 통제할 수 있어 전수조사보다 더 정확한 자료를 얻을 수 있다. • 전수조사보다 더 많은 조사항목을 포함할 수 있어 단시간에 다방면의 정보획득이 가능하다. • 조사기간 동안에 발생하는 변화를 반영할 수 있다.	• 표본의 대표성 문제가 제기되는 경우 일반화의 가능성이 낮아진다. • 모집단의 크기가 작은 경우 표본추출 자체가 무의미해진다. • 표본추출오차가 반드시 발생한다. • 표본설계가 복잡한 경우 시간·비용의 낭비를 가져올 수 있다. • 표본에 대한 정확한 전문 지식이 필요하다. • 특정 성질을 갖는 조사대상을 표본으로 추출할 때에는 비효율적이다.

> **Plus +**
> 서베이조사는 모집단 전체를 조사대상으로 하는 전수조사가 아닌 표본조사이므로 표본추출방법을 적용하기에 용이하다.

기출문제 CHECK 2020년 3회

표집에서 가장 중요한 요인은?
① 대표성과 경제성
② 대표성과 신속성
③ 대표성과 적절성
④ 정확성과 경제성

| 해설 | 대표성은 모집단을 얼마나 잘 대표할 수 있는지를 나타내며, 적절성은 어느 정도 크기의 표본을 선정해야 적은 비용으로도 정확한 결과를 가져올 수 있는지를 나타낸다. | 정답 | ③

---

(4) 표본추출 설계

표본추출방법은 무작위표집 여부에 따라 크게 확률표본추출방법과 비확률표본추출방법으로 구분된다. 확률표본추출방법 결정 시 고려해야 하는 요인에는 연구목적, 비용 대 가치, 허용오차의 크기 등이 있다.

① **확률표본추출방법(Probability Sampling)**
   ㉠ 연구대상이 표본으로 추출될 확률이 알려져 있을 때 무작위로 표본을 추출하는 방법이다.
   ㉡ 모집단의 모든 요소가 뽑힐 확률이 '0'이 아닌 확률을 동등하게 가짐을 전제로 한다.
   ㉢ 대표적인 방법으로는 단순무작위표집, 체계적표집, 층화표집, 군집표집 등이 있다.
   ㉣ 확률표본추출방법의 장단점

장점	단점
• 조사자의 주관성을 배제할 수 있고, 표집오차를 추정할 수 있다. • 여러 가지 통계적인 기법을 적용해 모집단의 일반화가 가능하다. • 조사대상이 뽑힐 확률을 미리 알기 때문에 표본의 대표성을 산출할 수 있다.	일반적으로 시간·비용이 많이 든다.

② 비확률표본추출방법(Non-Probability Sampling)
　㉠ 연구대상이 표본으로 추출될 확률이 알려져 있지 않을 때 조사자가 주관적으로 표본을 선정하는 표본추출방법이다.
　㉡ 표본설계가 용이하고, 시간과 비용을 절약할 수 있어 사회조사에서 널리 사용된다.
　㉢ 대표적인 방법으로는 할당표집, 유의표집, 편의표집, 눈덩이표집 등이 있다.
　㉣ 비확률표본추출방법의 장단점

장점	단점
• 표본설계가 용이하고 시간·비용을 절약할 수 있다. • 모집단을 정확하게 규정지을 수 없는 경우에 유용하다. • 표본크기가 작은 경우에 유용하다.	• 조사자의 주관성을 배제할 수 없고, 표집오차를 추정할 수 없다. • 표본분석결과의 일반화가 어렵다. • 조사결과에 포함될 수 있는 오류에 대한 정확한 정보를 얻기 어렵다. • 조사대상이 뽑힐 확률을 모르기 때문에 표본의 대표성을 산출할 수 없다.

기출문제 CHECK 2017년 2회

표본추출방법에 대한 설명으로 틀린 것은?
① 비확률표본추출방법은 표본추출오차를 구하기 쉽다.
② 확률표본추출방법은 통계치로부터 모수치를 추정할 수 있다.
③ 확률표본추출방법은 모집단의 구성요소가 표본으로 추출될 확률을 알 수 있다.
④ 비확률표본추출방법은 모집단의 구성요소가 표본으로 선정될 확률이 동일하지 않다.

| 해설 | 비확률표본추출은 표집오차를 통계적으로 추정할 수 없으며, 확률표본추출은 무작위 선택으로 표집오차를 계산·통제할 수 있다.　　　　　　　　　　　　　　　　　　　　　　　　　　　　　　　　　　　　　　　| 정답 | ①

2. 확률표본추출방법 빈출

(1) 단순무작위표집(Simple Random Sampling)

① 모집단의 각각의 요소 또는 사례들이 표본으로 선택될 가능성이 같은 확률표본추출방법이다.
② 모집단의 모든 개체가 표본으로 추출될 확률이 같으므로 구성요소가 표집단위가 된다.
③ 모집단에서 하나의 개체가 추출되는 사건이 다른 개체가 추출되는 것에 영향을 미치지 않는다.
④ 모집단이 정확히 정의되어 있어야 하고, 모집단의 구성요소를 정확히 파악하여 표집틀을 작성해야 한다.
⑤ 난수표를 이용하고 표본추출방법 간의 표집 효과 계산 시 준거가 된다.

⑥ 단순무작위표집의 장단점

장점	단점
• 모집단의 모든 요소가 동일하고 독립적인 추출 기회를 가지므로 표본의 대표성이 높다. • 모집단에 대한 사전지식을 필요로 하지 않는다. • 외적타당성을 통계적으로 추론할 수 있다. • 다른 표본추출방법에 비해 표집오차의 계산이 용이하다.	• 표본의 규모가 비교적 커야 한다. • 모집단의 구성요소를 정확히 파악하여 완전한 표집틀을 작성하기 어렵다. • 모집단을 대표하는 표본이 항상 추출되는 것은 아니다. • 다른 표본추출방법에 비해 표집오차가 높아지는 경향이 있다.

> **Plus +**
> 단순무작위표집에서 모집단의 평균에 가까운 요소와 평균으로부터 멀리 떨어진 요소 모두 표본으로 추출될 확률이 같다.

(2) 체계적표집(Systematic Sampling)

① 모집단에 대한 정보를 담은 명부를 표집틀로 하여 일정한 순서에 따라 표본을 추출하는 확률표본추출방법으로, 계통표집이라고도 한다.
② 모집단을 구성하는 구성요소들이 자연적인 순서 또는 일정한 질서에 따라 배열된 목록에서 매 k번째의 구성요소를 추출하여 표본을 형성한다. 따라서 모집단의 총수에 대해 요구되는 표본수를 나누어 표집간격(k)을 구하고, 첫 번째 요소를 무작위로 선정하여 최초의 표본으로 삼은 후 일정한 표집간격에 의해 표본을 추출한다.
③ 인위적인 편견의 개입 가능성을 줄이기 위해 최초의 사례는 반드시 무작위로 선정한다.
④ 표집틀에 주기성이 없는 경우 모집단을 잘 반영할 수 있다.
⑤ 체계적표집의 장단점

장점	단점
• 단순무작위표집에 비해 시간이 덜 소요되어 단순무작위표집의 대용으로 사용될 수 있다. • 모집단 전체에 걸쳐 보다 공평하게 표본이 추출되므로 모집단을 보다 잘 대표할 가능성이 있다. • 비전문가라도 쉽게 이해할 수 있고, 수행이 용이하다.	• 모집단의 배열에 일정한 주기성이 있는 경우 편중된 표본을 추출할 위험이 있다. • 모집단을 구성하고 있는 구성단위들에 대한 지식이 필요하다. • 측정하고자 하는 변수 또는 측정대상에 어떤 요소가 체계적으로 영향을 미침으로써 측정결과가 일정하게 모두 높거나 낮아지는 경향이 발생할 수 있다(체계적 오차).

(3) 층화표집(Stratified Random Sampling)

① 모집단을 중복되지 않도록 몇 개의 층(Strata)으로 나눈 후, 각 층으로부터 단순무작위 표본추출을 하는 확률표본추출방법이다.
② 모집단을 일정 기준에 따라 서로 상이한 부분집단으로 나누고, 이들 각각의 부분집단들로부터 빈도에 따라 적절한 일정수의 표본을 무작위로 추출한다.
③ 동질적인 대상일수록 이질적인 대상보다 표집오차가 작다는 데 논리적인 근거를 둔다.
④ 집단 내 동질적, 집단 간 이질적인 특성을 보인다.

⑤ 층화표집의 장단점

장점	단점
• 모집단을 형성하고 있는 모든 구성 요인을 골고루 포함시킬 수 있다. • 층화가 잘 이루어지면 단순무작위표집, 체계적표집보다 불필요한 자료의 분산이 줄어 시간·비용을 절약할 수 있고, 적은 표본으로 모집단을 대표할 수 있다. • 집단 간에 이질성(Heterogeneity)이 존재하는 경우, 무작위표집보다 정확하게 모집단을 대표하는 표본을 추출할 수 있다. • 동질적 대상은 표본의 수를 줄이더라도 표본의 대표성을 높일 수 있다. • 각 층화된 부분집단의 특성을 알고 있으므로 이들을 비교할 수 있다.	• 층화를 위해 모집단에 대한 지식과 모집단의 각 층별에 대한 정확한 정보가 필요하다. • 정확한 모집단 목록을 만들어 표본을 추출하는 과정에 더 많은 시간·비용이 요구된다. • 발생률이 낮은 경우 표본을 찾아내기가 어려울 수 있다.

⑥ 비례층화표집과 불비례층화표집으로 구분할 수 있다.
  ㉠ 비례층화표집(Proportionate Stratified Sampling)
    • 각 층이 정하는 비례에 따라 각 층의 크기를 할당하여 표본을 추출하는 방법이다.
      예 A대학 경상학부의 학생들을 대상으로 학과만족도를 조사하고자 할 경우 남학생(800명)과 여학생(200명)을 층으로 정하면 남학생 80%, 여학생 20%가 되도록 표본을 추출한다.
    • 모집단을 정당하게 대표하는 표본을 선정할 수 있으며, 모집단의 특성을 용이하게 파악할 수 있다.
  ㉡ 불비례층화표집(Disproportionate Stratified Sampling)
    • 확률표본추출의 논리를 적용하면서 필요에 따라 표집률을 달리하여 표본을 추출하는 방법으로, 비비례층화표집, 가중표집이라고도 한다.
    • 모집단의 비율과 동일한 비율로 표본추출 시 그 수가 적어 유용한 분석이 이루어지기 어려운 경우 임의로 가중하여 표본을 추출한다.
      예 탈북자와 일반시민의 통일에 대한 태도를 비교하고자 할 경우 탈북자와 일반시민을 층으로 정하고 국내에 거주하는 탈북자가 약 900명에 이른다고 가정할 때, 각 층의 크기와 상관없이 탈북자와 일반시민으로부터 200명씩 표본을 추출한다.
  ㉢ 최적분할 불비례층화표집(Optimum Allocation Disproportional Stratified Sampling)
    층화표본의 크기를 각 층에 할당함에 있어 통계량의 표준오차가 최소가 되도록 하는 방법이다.

(4) 군집표집(Cluster Sampling, 집락표집)

① 모집단을 이질적인 여러 군집(또는 집단)으로 나눈 후 이 군집들을 표집 단위로 삼아 무작위로 몇 개를 추출하고, 선택된 군집의 구성요소 전부 또는 일부를 조사하는 방법이다.
② 군집 내 이질적, 군집 간 동질적인 특성을 보인다. 즉, 표본으로 추출된 군집들은 군집 간에는 동질적이고, 군집 속에 포함된 표본요소 간에는 이질적이어야 한다.

③ 각 군집이 모집단의 성격을 충분히 반영할수록 모집단을 잘 추정하므로 각 군집이 모집단의 축소판일 경우 추정 효율이 높아진다.
④ 비교적 비용이 적게 들기 때문에 전국 규모의 조사에 많이 사용된다.
⑤ 다단계군집표집은 전국 또는 광활한 지역을 대상으로 한 대규모 조사에서 주로 사용된다.
  ㉠ 2단계 이상의 군집표집을 거쳐 최종적인 조사단위를 선정할 수 있다.
  ㉡ 표본의 대표성을 높이기 위해 층화표집을 병행할 수 있다.
  ㉢ 표본의 대표성을 높이기 위해 최초의 군집 수를 크게 하는 것이 좋다.
  ㉣ 규모비례확률표집(PPS) 등이 있다.
⑥ 군집표집의 장단점

장점	단점
• 군집을 먼저 추출한 후 규모가 작아진 군집으로부터 표본을 추출하므로 시간·비용이 적게 든다. • 모집단에 대한 목록이 없는 경우에도 사용 가능하다. • 선정된 각 군집은 다른 조사의 표본으로도 사용할 수 있다. • 각 군집의 성격은 물론 모집단의 성격을 파악할 수 있다.	• 군집이 동질적이면 오차의 개입가능성이 높고, 표집오차를 측정하기 어렵다. • 군집이 모집단을 대표하지 못할 수 있으며, 특정 군집의 특성을 과대 또는 과소 표현할 위험이 있다. • 동일한 크기의 표본일 경우 단순무작위표집이나 층화표집보다 표집오차가 크다. • 군집단계의 수가 많으면 세분화 과정에서 표집오차가 발생할 가능성이 커진다.

> **Plus +**
> 표본의 크기가 같을 때 표집오차는 '층화표집<단순무작위표집<군집표집'이다.

보충학습 층화표집과 군집표집의 비교

구분		층화표집	군집표집
공통점		• 확률표본추출방법 • 모집단을 다수의 부분집단으로 나눔 • 표본추출의 단위가 부분집단임	
차이점	집단 내 구성	동질적	이질적
	집단 간 분류	이질적	동질적

• 모집단을 대표하는 표집틀을 가지고 있는지의 여부에 따라 층화표집과 군집표집을 선택하는데, 일반적으로 표집틀이 있다면 층화표집, 그렇지 못하면 군집표집을 선택한다.
• 모집단의 규모가 너무 방대하거나 표집틀이 제대로 작성되지 못하여 표집틀이 존재하지 않는 경우, 자연적으로 이미 형성되어 있는 집단화를 기준으로 군집을 정할 수 있다. 가장 많이 이용되는 방법은 지리적 조건을 이용하는 것이다. 지리적 조건에 따라 자연스럽게 형성된 군집은 모집단의 특성을 그대로 담고 있다고 볼 수 있어, 한 개나 두 개의 군집만으로도 가능하다.

기출문제 CHECK 2020년 1·2회

확률표집에 대한 설명으로 틀린 것은?

① 확률표집의 종류로 할당표집이 있다.
② 확률표집의 기본이 되는 것은 단순무작위표집이다.
③ 확률표집은 여러 가지 통계적인 기법을 적용해 모집단에 대한 일반화를 할 수 있다.
④ 확률표집에서는 모집단의 모든 요소가 0이 아닌 뽑힐 확률을 가진다는 것을 전제한다.

| 해설 | 비확률표본추출방법에는 할당표집, 판단표집, 편의표집, 눈덩이표집 등이 있다. | 정답 | ①

3. 비확률표본추출방법 빈출

(1) 할당표집(Quota Sampling)

① 표본의 하위집단 분포를 의도적으로 정하여 표본을 임의로 추출하는 비확률표본추출방법이다.
② 특정 변수를 중심으로 모집단을 일정한 범주로 나눈 다음 집단별로 필요한 대상을 사전에 정해진 비율로 추출한다.
③ 선거와 관련된 조사나 일반적인 여론조사에서 활용된다.
④ 비확률표본추출방법 중 가장 정교한 방법으로, 사회과학조사에 널리 사용된다.
⑤ 할당표집의 장단점

장점	단점
• 모집단에 대한 명확한 표집틀이 없어도 사용할 수 있다. • 같은 크기의 무작위표본추출보다 적은 비용으로 표본을 추출할 수 있다. • 모집단을 구성하고 있는 각 계층을 골고루 적절히 대표하도록 구성할 수 있어 표본의 대표성이 비교적 높다. • 신속한 결과를 원할 때 유용하다.	• 조사자가 조사하기 쉬운 사례들을 선택하는 경향이 있다. • 조사자의 편견이 개입될 가능성이 높다. • 무작위성을 보장하는 수단이 없으므로 결과의 일반화가 어렵다. • 확률표본추출이 아니므로 할당표집의 정확성을 평가하는 것이 어렵다. • 모집단에 대한 지식이 부족하여 이론적으로 의미가 있는 관련 변수를 통제하기 어렵다. • 각 범주에 할당된 응답자의 비율이 정확해야 하고 모집단의 구성비율은 최신 것이어야 한다.

(2) 판단표집(Judgemental Sampling)

① 조사문제를 잘 알고 있거나 모집단의 의견을 효과적으로 반영할 수 있을 것으로 판단되는 특정 집단을 표본으로 선정하여 조사하는 비확률표본추출방법이다.
② 조사자가 연구목적의 달성에 도움이 되는 구성요소를 의도적으로 추출한다는 점에서 의도적표집, 목적표집, 유의표집(Purposive Sampling)이라고도 한다.
③ 본조사보다는 예비조사, 시험조사 등 탐색적 조사에 주로 사용된다.

④ 판단표집의 장단점

장점	단점
• 비용이 적게 들고 편리하다. • 모집단에 대한 일정한 지식이 있는 경우 표본 추출의 정확도가 높다. • 할당표집보다 조사목적을 충족시키는 요소를 정밀하게 고려할 수 있다. • 조사와 관련 있는 요소는 확실하게 표본으로 선정할 수 있다. • 조사자가 자신의 연구능력과 사전지식을 활용하여 응답자를 고를 수 있다.	• 표본의 대표성을 확신할 방법이 없다. • 조사자의 주관이 개입되므로 결과의 일반화가 어렵다. • 모집단이 커질수록 조사자가 표본에 대한 정확한 정보를 얻기 어렵다. • 표집오차 계산이 어렵다.

(3) 편의표집(Convenience Sampling)

① 조사자가 손쉽게 이용 가능한 대상만을 선택하여 표본으로 추출하는 비확률표본추출 방법이다.
② 정해진 크기의 표본을 선정할 때까지 조사자가 모집단의 일정 단위 또는 사례를 표본으로 추출하고 일정한 크기까지 표본이 추출되면 중지하는 방법으로, 우연표집(Accidental Sampling) 또는 기회표집이라고도 한다.
③ 표본 선정의 편리성에 기준을 두고 표본을 추출하며, 설문지의 사전조사에 주로 활용한다.
④ 결과의 일반화나 오차 등에 대해 관심이 없으며, 단지 시간, 편의성, 경제성을 고려할 때 사용된다.
⑤ 아이디어나 가설을 추출하기 위한 탐색적 조사연구나 설문지의 사전조사에 주로 활용된다.
⑥ 편의표집의 장단점

장점	단점
• 조사자가 쉽게 이용 가능한 대상을 표본으로 선택할 수 있다. • 시간·비용을 절약할 수 있다.	• 조사자의 편견이 개입될 가능성이 크다. • 표본이 편중될 수 있어 표본의 대표성이 떨어지고, 일반화 가능성도 낮다. • 표본을 많이 추출한다고 해도 표본이 모집단을 대표한다고 할 수 없다.

(4) 눈덩이표집(Snowball Sampling)

① 소규모의 응답자를 조사하고 그 응답자를 통해 비슷한 속성을 가진 다른 응답자를 소개받는 방법으로 응답자를 확보하는 비확률표본추출방법이다.
② 탐색적 조사에서 사용할 수 있고, 서로 상호작용을 하는 연결망을 가진 사람들이나 조직들을 대상으로 연구할 때 많이 사용된다.
③ 일반화의 가능성이 낮고 계량화가 곤란하므로 양적조사에는 부적합하며 질적조사에 적합하다.

④ 눈덩이표집의 장단점

장점	단점
• 응답자의 신분이 비교적 노출되지 않은 상태로 조사가 가능하므로, 응답자의 사생활을 보호할 수 있다. • 응답자를 소개받게 되므로 시간·비용 절약을 기대할 수 있으며, 비교적 정확한 자료를 얻을 수 있다. • 연결망을 가진 대상들의 특성을 파악할 때 적절하다. • 모집단을 파악하기 어려운 대상의 표본추출에 적합하다.	• 최초의 표본을 추출하는 것이 쉽지 않다. • 표본의 대표성을 확보하기 어렵다. • 응답자를 정보원으로 활용하는 것은 쉽지 않다. • 확률표본추출방법이 아니므로 통계적 추론을 할 수 없다.

기출문제 CHECK 2021년 3회

비확률표본추출방법에 대한 설명으로 틀린 것은?
① 표집오류를 확인하기 어렵다.
② 조사결과를 일반화하기 어렵다.
③ 표본의 대표성을 확보하기 어렵다.
④ 확률표본추출방법에 비해 시간과 비용이 많이 소요된다.

| 해설 | 비확률표본추출은 확률표본추출에 비해 시간과 비용이 적게 드는 장점이 있다.　　　　　　　　　　　　　　　　| 정답 | ④

4. 표본추출절차 수립

(1) 모집단의 확정
① 명확하고 정밀한 모집단을 규정함으로써 연구목적에 부합하는 자료를 얻을 수 있다.
② 모집단을 정확하게 확정하기 위해 연구대상, 표본단위, 조사지역, 연구범위, 조사기간 등을 명확히 고려해야 한다.

(2) 표집틀의 선정
① 모집단 확정 후 표본을 추출하게 될 표집틀을 선정해야 한다.
② 모집단의 구성요소가 모두 포함되면서, 각각의 요소가 이중으로 포함되지 않아야 한다.

(3) 표본추출방법의 결정
① 표집틀이 선정되면 모집단을 대표할 수 있는 표본추출방법을 결정한다.
② 확률표본추출방법과 비확률표본추출방법으로 구분된다.

(4) 표본크기의 결정
① 표본추출방법이 결정되면 표본크기를 결정한다.
② 모집단의 성격 및 규모, 연구의 목적과 방법, 시간 및 비용, 조사원의 능력, 집단별 통계값의 필요성, 표본추출방법, 통계분석기법 등을 감안하여 표본크기를 결정한다.

> **Plus +**
> 일반적인 표본추출과정은 '모집단의 확정 → 표집틀의 선정 → 표본추출방법의 결정 → 표본크기의 결정 → 표본추출 실행'으로 이루어진다.

(5) 표본추출 실행
① 결정된 표본추출방법을 통해 표본을 추출한다.
② 표본추출 시 결과의 일반화 가능성을 항상 염두에 두어야 한다.

기출문제 CHECK 2018년 2회

일반적인 표본추출과정을 올바르게 나열한 것은?
① 표본크기 결정 → 모집단 확정 → 표본틀 결정 → 표본추출방법 결정 → 표본추출
② 모집단 확정 → 표본크기 결정 → 표본틀 결정 → 표본추출방법 결정 → 표본추출
③ 모집단 확정 → 표본틀 결정 → 표본추출방법 결정 → 표본크기 결정 → 표본추출
④ 표본틀 결정 → 모집단 확정 → 표본크기 결정 → 표본추출방법 결정 → 표본추출

| 해설 | 표본추출과정은 '모집단 확정 → 표집틀 선정 → 표본추출방법 결정 → 표본크기 결정 → 표본추출 실행'의 순서로 이루어진다. | 정답 | ③

5. 표본추출오차와 비표본추출오차의 개념 [빈출]

(1) 전체오차
① 전체오차가 크면 표본의 대표성에 문제가 생긴다.
② 표본추출오차와 비표본추출오차로 구분된다.
③ 표본추출오차나 비표본추출오차 중 어느 하나라도 지나치게 크면 전체오차는 커진다.
④ 전체오차를 극소화하기 위해서는 표본추출오차와 비표본추출오차를 동시에 극소화해야 한다.

> Plus +
> 표본추출오차와 비표본추출오차는 상호독립적이다.

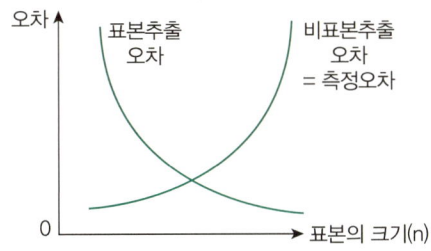

▲ 표본추출오차와 비표본추출오차의 관계

(2) 표본추출오차(Sampling Error)
① 표본추출과정에서 발생하는 오차로, 표집오차 또는 표본오차라고도 한다.
② 모집단의 모수와 표본조사의 통계량 간의 차이, 즉 통계량들이 모수 주위에 분산되어 있는 정도를 의미한다.
③ 표본추출과정에서 충분하지 않거나 대표성이 없는 표본을 잘못 추출함으로써 발생한다.
④ 표본의 크기가 클수록, 표본의 분산이 작을수록 작아진다.
⑤ 이질적인 모집단보다 동질적인 모집단일수록 감소한다.
⑥ 표본의 크기가 같을 경우 표본추출오차는 '층화표집< 단순무작위표집< 군집표집' 순으로 군집표집이 가장 크고, 층화표집이 가장 작다.
⑦ 표본추출오차가 커질수록 표본이 모집단을 대표하는 정확성이 낮아진다.

> Plus +
> 모집단에 대한 표본의 대표성과 표본추출오차의 수준을 동일하게 하고 싶다면, 표본의 크기가 '군집표집>단순무작위표집>층화표집' 순으로 상대적으로 작아야 한다.

(3) 비표본추출오차(Non-sampling Error, 비표집오차)

① 표본추출 이외의 과정에서 발생하는 오차로, 전체오차에서 표본추출오차를 제외한 나머지 오차이다.
② 표본추출로 인한 오차가 아니라, 표본조사 시 표본체계가 완전하게 설계되지 않아 발생한다.
③ 조사준비과정, 실제 조사, 자료 집계, 자료처리과정 등에서 발생한다.
④ 표본조사와 전수조사 모두에서 발생할 수 있다.
⑤ 무응답 오류, 조사현장에서의 오류, 자료기록 및 처리상의 오류, 불포함 오류 등에 의해 야기된다.
  ㉠ 무응답 오류: 표본추출과정에서 선정된 표본 중 일부가 연결이 되지 않거나 응답을 거부했을 때 발생한다.
  ㉡ 조사현장에서의 오류: 면접이나 관찰과정에서 응답자나 조사자 자체의 특성에서 생기는 오류와 양자 간의 상호관계에서 발생한다.
  ㉢ 자료기록 및 처리상의 오류: 정확한 응답이나 행동을 한 결과를 조사자가 잘못 기록하거나, 분석을 위해 기록된 설문지나 면접지가 처리되는 과정에서 발생한다.
  ㉣ 불포함 오류: 표본조사를 할 때 표본체계가 완전하지 않아 발생한다. 즉, 조사설계상의 오류이다.
    • 표본추출방법이 모호할 경우 발생한다.
    • 직접 발견하기 어려워 통제가 어렵고, 발견하더라도 확증을 얻기 어렵다.
⑥ 표본추출오차와 마찬가지로 완전히 극복할 수 없지만, 검토과정을 추가하거나 조사원을 훈련시키는 등의 방법으로 어느 정도 감소시킬 수 있다.
⑦ 비표본오차를 줄이는 방법
  ㉠ 무응답 시 재조사계획을 세워 응답을 받는다.
  ㉡ 응답자에게 보상과 특혜를 주어 응답자들이 더욱 적극적으로 참여하도록 한다.
  ㉢ 자료점검을 통해 자료입력 및 처리과정에서 생기는 오류를 막는다.
  ㉣ 설문지를 정확히 설계한다.
  ㉤ 조사원 교육을 철저히 시키고, 인센티브를 부여하여 조사에 적극적으로 임하도록 한다.

기출문제 CHECK 2020년 4회

표집오차에 대한 설명으로 옳지 않은 것은?
① 표본의 크기가 크면 표집오차는 감소한다.
② 비확률표집오차를 줄이면 표집오차도 줄어든다.
③ 표집오차는 통계량과 모집단의 모수 간 오차이다.
④ 표집오차는 표본추출 과정에서 발생하는 오차이다.

|해설| 비확률표집에서 편향을 줄인다고 해서 확률적 의미의 표집오차가 줄어드는 것은 아니다. |정답| ②

3 표본크기 결정

1. 표본크기의 이해

(1) 표본크기의 개념
① 조사연구에서 수집될 자료의 양은 표본크기에 의해 결정된다.
② 표본에 포함된 정보의 총량은 추론에 영향을 주기 때문에 실험 계획에 앞서 표본크기를 결정해야 한다.
③ 추출되는 표본은 단 하나의 표본추출단위로 구성될 수도 있고, 모집단에서 한 개의 표본추출단위만을 제외한 전 표본추출단위로 구성될 수도 있다.
④ 표본크기를 정하는 데 있어 중요한 것은 시간·비용을 적게 들이고도 모수를 정확히 알아내는 것이다.
⑤ 표본크기가 커질수록 모수와 통계값의 유사성이 커지므로 모집단에 대한 표본의 대표성이 높아진다.
⑥ 표본크기 결정 시 예산, 추정오차의 한계(목표오차), 표본추출방법 등을 고려해야 한다.

> **Plus +**
> 단, 표본크기가 커질수록 시간·비용이 많이 들며 비표본오차가 증가하기 때문에 표본크기가 크다고 반드시 좋은 것은 아니다.

(2) 표본크기의 계산
① 표본크기 n은 오차의 한계(통계량의 허용오차, d)를 정해 결정할 수 있다.
② 표본크기 n은 허용오차 d의 제곱에 반비례한다.
③ 표본크기 n은 집단별로 필요한 통계량과 조사결과의 분석방법에 따라 달라진다.

> **Plus +**
> 표본추출오차의 크기는 표본크기의 제곱근에 반비례한다.

(3) 표본크기 결정 시 고려사항
① 모집단이 이질적일수록 표본크기는 커야 한다.
② 모집단의 규모가 작을수록 표본크기는 커야 한다.
③ 사용하고자 하는 변수의 수가 많을수록 표본크기는 커야 한다.
④ 독립변수의 카테고리(범주)의 수가 세분화될수록 표본크기는 커져야 한다.
⑤ 허용오차가 작을수록 표본크기는 커야 한다.
⑥ 추정값에 대한 높은 신뢰수준이 요구될수록 표본크기는 커야 한다.
⑦ 조사하고자 하는 변수의 분산값이 클수록 표본크기는 커야 한다.
⑧ 외적요인과 내적요인을 고려해야 한다.
  ㉠ 외적요인: 모집단의 동질성, 모집단 크기, 가용할 자원(비용 및 시간), 조사목적, 조사자의 능력, 표본추출 형태, 카테고리(범주)의 수, 집단별 통계치의 필요성 등이 있다.
  ㉡ 내적요인: 신뢰성, 유의수준으로 대변되는 정확성 등이 있다.

기출문제 CHECK 2021년 3회

표본의 크기에 대한 설명으로 틀린 것은?
① 허용오차가 클수록 표본의 크기가 커야 한다.
② 조사하고자 하는 변수의 분산값이 클수록 표본의 크기는 커야 한다.
③ 추정치에 대한 높은 신뢰수준이 요구될수록 표본의 크기는 커야 한다.
④ 비확률표본추출의 경우 표본의 크기는 예산과 시간을 고려하여 조사자가 결정할 수 있다.

| 해설 | 허용오차가 클수록 추정의 정밀도가 낮아도 되므로 필요한 표본의 크기는 작아진다. | 정답 | ①

2. 표본오차의 크기 결정

(1) 표본오차의 개념
① 모집단 전체를 조사하지 않고 모집단의 일부분인 표본에서 얻은 자료를 통해 모집단의 특성을 추론함으로써 생기는 오차이다.
② 모집단의 특성값을 알지 못하기 때문에 실제 알 수 없는 값이며, 오차의 한계를 설정하여 계산한다.

(2) 표본오차의 계산
표본오차에 영향을 미치는 요인으로는 모집단의 특성, 표본추출방법, 관심 추정량, 표본크기, 모집단의 분산의 크기, 응답률 등이 있다.
① 모집단 분산이 크다면 표본의 분산도 클 가능성이 높기 때문에 표본오차가 커진다.
② 표본크기가 커지면 표본오차는 작아진다.
③ 어떤 표본추출방법을 사용하는지에 따라 표본오차가 달라진다.

> **Plus +**
> 전수조사 시 표본오차는 존재하지 않는다.

CHAPTER 03 설문설계

학습방법

- ☑ 설문지 작성 절차의 순서와 각 내용을 정리한다.
- ☑ 개별 설문항목에서 일반적인 질문을 먼저 하는지, 흥미 있는 질문을 먼저 하는지, 유사한 질문은 통합하여 질문하는지 등 질문의 배열에 대해 반드시 숙지한다.
- ☑ 개별 설문항목의 작성 원칙의 예시를 숙지하고 어느 원칙을 위배하고 있는지 파악한다.
- ☑ 설문지 서문에 포함되는 내용과 예비조사·사전조사 등 점검 및 보완에 필요한 내용을 학습한다.

1 분석설계

1. 설문지 설계의 개요 〈빈출〉

(1) 설문지의 의미

① 조사를 하거나 통계자료 등을 얻기 위해 어떤 주제에 대한 문제를 내어 묻는 질문지이다.
② 조사목적에 맞는 정보를 질문항목으로 바꾸어 필요한 정보를 얻어낼 수 있도록 구성한 도구이다.

> **Plus +**
> **질문지(Questionnaire)**
> 연구자가 조사하고자 하는 조사항목을 체계적으로 배열하여 인쇄한 서류이다.

(2) 설문지의 구성요소

① 응답에 대한 협조요청
  ㉠ 조사자와 조사기관에 대한 소개, 조사의 취지, 응답결과에 대한 비밀보장을 확신시켜 주는 내용 등을 기록한다.
  ㉡ 설문에 응할 시 혜택이 있다면 이때 언급하면 좋다.
  ㉢ 설문지를 보다 신뢰하고 조사의 응답률을 높이기 위한 협조요청을 기록한다.
  ㉣ 응답에 대한 강제적 참여조항의 항목 등은 명시되어서는 안 된다.
② 식별자료(Identification Data)
  ㉠ 설문지를 구분하기 위한 식별번호 및 후속조치(Follow-up)용 정보를 기록한다.
  ㉡ 조사를 실시한 면접원에 대한 정보와 조사 일시를 기록한다.
③ 지시사항
  ㉠ 응답요령, 주의사항, 행동 지시사항 등을 기록한다.
  ㉡ 응답자가 설문지의 각 항목을 어려움 없이 완성하고 설문지가 회수되기까지의 모든 과정에 대한 상세한 지시사항을 수록한다.
④ 질문문항: 조사목적에 필요한 질문을 수록한다.
⑤ 필요정보 수집을 위한 문항
  ㉠ 응답자의 인구·통계학적 특성을 파악하기 위한 질문을 수록한다.
  ㉡ 응답자의 사생활을 침해하지 않도록 이루어져야 한다. 설문지의 가장 뒷부분에서 조사하는 것이 일반적이지만, 할당표본추출과 같이 사전에 응답자의 특성을 파악해 응답자격을 선별하는 설문의 경우 조사의 첫 부분에서 질문하기도 한다.

> **Plus +**
> 설문지에는 응답에 대한 협조요청, 식별자료, 지시사항, 질문문항, 필요정보 수집을 위한 문항 등이 구성되어 있어야 한다.

(3) 설문지 작성방법

① 정보획득 과정에서 연구자의 의도를 최대한 반영하는 방향으로 작성되어야 한다.
② 설문지 작성 이전에 문제를 명백히 규정하고, 관련 문헌 및 자료조사, 연구문제에 대한 기본전제 및 가설설정, 실태조사를 위한 표본결정이 완료되어 있어야 한다.
③ 지시문의 내용, 자료수집방법, 질문의 유형, 질문의 내용 등이 고려되어야 한다.
④ 설문지 작성 시 질문항목의 배열, 질문어구 선택, 응답범주 등을 고려해야 한다.
⑤ 연구자는 설문지와 관련된 비표본오차를 줄이기 위해 설문지 설계과정부터 세심하게 주의를 기울여야 한다. 이에 따라 비용 대비 오차 감소의 효율성을 고려할 수 있다.

(4) 설문지 작성 절차

① **예비조사(Pilot Study) 및 필요한 정보 결정**: 연구문제의 핵심적 요소가 무엇인지 탐색하며, 설문지에 필요한 정보를 결정한다.
② **자료수집방법 결정**: 조사자를 활용할 것인지, 자기기입식으로 조사할 것인지 어떤 방법을 선택할지 결정한다.
③ **개별항목 내용 결정**: 연구주제와 관련된 질문내용을 세부적으로 결정한다.
④ **질문형태 결정**: 질문항목별로 질문유형 및 방법을 선정한다.
⑤ **개별항목 결정**: 앞서 결정된 개별항목 내용과 설문지에 추가할 개별항목을 결정한다.
⑥ **질문순서 결정(지면배치)**: 설문지가 전체적으로 통일성을 가지도록 질문문항들의 순서를 결정한다.
⑦ **설문지 초안 완성 및 사전검사(Pretest)**: 설문지 초안이 완성되면 본조사에서 실시하는 똑같은 방법과 절차에 따라 설문지를 시험한다.
⑧ **설문지 확정 및 인쇄**: 설문지를 최종적으로 확정하고 인쇄한다.

> **Plus+**
> 설문지 작성의 일반적인 과정은 '예비조사(Pilot Study) 및 필요한 정보 결정 → 자료수집방법 결정 → 개별항목 내용 결정 → 질문형태 결정 → 개별항목 결정 → 질문순서 결정 → 설문지 초안 완성 및 설문지 사전검사(Pretest) → 설문지 확정 및 인쇄'로 이루어진다.

> **Plus+**
> '자료수집방법 결정 → 질문내용의 결정 → 질문형태의 결정 → 질문순서의 결정'의 4단계로 출제되기도 한다.

기출문제 CHECK 2020년 4회

설문지 작성의 일반적인 과정으로 가장 적합한 것은?

① 필요한 정보의 결정 → 개별항목의 내용 결정 → 질문형태의 결정 → 질문순서의 결정 → 설문지의 완성
② 필요한 정보의 결정 → 질문형태의 결정 → 개별항목의 내용 결정 → 질문순서의 결정 → 설문지의 완성
③ 개별항목의 내용 결정 → 필요한 정보의 결정 → 질문형태의 결정 → 질문순서의 결정 → 설문지의 완성
④ 개별항목의 내용 결정 → 질문형태의 결정 → 질문순서의 결정 → 필요한 정보의 결정 → 설문지의 완성

| 해설 | 설문지 작성의 일반적인 과정에서는 수집하고자 하는 정보가 먼저 명확히 정의되어야 이에 맞는 문항을 구성할 수 있다.
| 정답 | ①

2. 조사목적에 따른 조사내용의 구체화

(1) 조사목적의 구체화

① 조사계획 작성 시 제시된 추상적인 조사목적을 명료하고 구체적으로 기술함으로써 설문지 작성에 대한 기본적인 방향을 세울 수 있다.
② 세부목적을 기술하여 조사목적을 더욱 명확하게 한다. 이때 제시된 세부목적을 모두 달성하면 전체적인 조사목적이 달성될 수 있어야 한다.

조사목적	신제품에 대한 광고효과 측정
구체적인 개념	A회사의 신제품 매출이 저조한 이유는 광고효과가 좋지 않아 사람들이 인지하지 못하고 있기 때문이다.
세부목적	• 고객들이 느끼는 A회사와 B회사의 신제품에 대한 품질은 차이가 없다. • A회사와 B회사의 광고노출(매체의 다양성, 횟수)에 차이가 있다. • 고객들은 A회사 신제품에 대한 광고를 잘 기억하지 못한다. • A회사의 신제품이 잘 팔리지 않는 주된 이유는 광고 때문이다. • A회사의 신제품이 잘 팔리기 위한 개선사항은 어떤 것이 있는가?

(2) 조사내용의 구체화

① 세부목적이 구체적으로 제시되면 세부목적별로 어떤 질문이 들어가야 할지 구체적으로 제시하고 검토한다.

> A회사와 B회사의 광고노출(매체의 다양성, 횟수)에 차이가 있다.
> • 어느 제품의 광고를 더 많이 보았는가?
> • 어떤 매체를 통해 각 제품의 광고를 주로 보았는가?
> • 응답자가 주로 접하는 광고 매체는 어느 것인가?
> • 어떤 매체를 통해 광고를 봤을 때 오래 기억이 남는가?

② 조사내용이 구체적으로 제시되면, 조사내용을 어떻게 측정하고 정량화시킬 것인지를 결정하여 이에 따른 분석방법을 정한다. 그리고 조사내용과 분석방법 등을 고려하여 설문지를 작성한다.

3. 분석모형 도출

(1) 개념적 모형 정립

① 조사목적과 같거나 과거에 수행했던 유사한 조사의 분석보고서 등을 검토하여 변수 간의 관계를 명확하게 구조화한다.
② 변수 간의 관계성을 규정하여 독립변수와 종속변수를 판단한다.
③ 일반적으로 개인을 대상으로 하는 조사에서는 사회인구적 특성(성별, 연령, 지역, 직업 등)이 독립변수가 되며, 사업체를 대상으로 하는 조사에서는 사업체 특성(업종, 규모, 지역 등)이 독립변수가 된다.

Plus +

설문지를 작성하기 전에 조사목적을 선정하고 조사목적에 따라 어떤 정보를 얻어야 하는지 파악되었다면, 변수들 간의 관계를 개념적으로 명확하게 하기 위해 개념적 모형을 정립하고 분석모형을 정립한 뒤 측정모형을 세워야 한다.

(2) 분석모형 정립
① 개념적 모형에서의 변수들이 실제 구할 수 있는 것인지를 판단한다.
② 자료를 구하는 방법을 결정한다.
③ 자료분석을 위해 어떠한 분석방법을 사용할 것인지에 대한 계획을 세운다.

(3) 측정모형 정립
① 변수들에 대해 조작적 정의를 내리고, 조사·분석방법을 고려하여 질문과 질문에 해당하는 응답항목들을 구체화한다.
② 구체화 과정에서 각 질문이 측정하고자 하는 변수를 제대로 측정할 수 있는지, 질문에 대한 측정이 안정적으로 이루어질 수 있는지 살펴본다.
③ 질문과 응답항목을 어떻게 분석할 것인지에 따라 질문과 응답의 형태가 달라진다.

구분	종속변수	독립변수	분석방법
인과관계 분석	명목	명목	교차분석
	등간/비율	명목	독립표본 $t-$검정, 분산분석
	등간/비율	등간/비율	상관분석, 회귀분석
	명목	등간/비율	로지스틱회귀분석
구조적인 분석	등간/비율	-	요인분석
	등간/비율	-	군집분석

2 개별 설문항목 작성과 응답항목의 작성

1. 개별 설문항목의 배열 빈출

(1) 조사항목 배열
① 조사항목들을 비슷한 내용 또는 같은 소주제별로 하나의 그룹으로 묶는다.
② 조사항목들을 그룹으로 묶으면 상위주제와 하위주제로 구분이 되며 중복질문, 유사질문의 통합, 하나의 질문을 분리 등의 의사결정을 할 수 있다.
③ 유사한 질문들을 하나의 질문으로 통합할 것인지, 소주제별로 하나의 질문으로 묶어 질문을 할지, 소주제별로 여러 그룹의 질문으로 구성할지 등을 결정한다.

(2) 질문의 배열
① 깔때기식 배열(Funnel Sequence)
   일반적이고 범위가 큰 질문을 먼저하고, 특정적이고 구체적인 질문을 뒤에 배열한다.
② 역깔때기식 배열(Inverted Funnel Sequence)
   ㉠ 세부적인 문항부터 질문하고, 일반적이고 광범위한 질문을 뒤로 배열한다.
   ㉡ 응답자가 질문하려는 주제에 대하여 별 관심이 없거나 경험이 없는 경우 우선 세부적인 질문을 하여 동기를 유발시켜 응답을 하도록 한다.
   ㉢ 역깔때기식 방법을 사용하는 것이 적당한 경우
      • 응답자에게 질문의 주제가 별 관심이 없는 경우
      • 응답자가 경험이 없어 구체적인 사항을 먼저 인지해야 답을 할 수 있는 경우

- 오래되어 기억이 잘 나지 않는 경우
- 전체적인 답이 구체적인 답에 영향을 미치는 경우

③ **쉽고 흥미 있는 질문**: 도입부 질문은 쉽고 흥미 있는 질문을 선정하는 것이 좋다.

④ **민감한 질문**: 민감한 질문은 가능한 신뢰가 쌓인 후에 응답할 수 있도록 설문지 후반부에 두는 것이 좋다.

⑤ **인구통계학적 배경의 질문**
  ㉠ 자료 분류를 위해 하는 질문인 인구통계학적 질문은 개인의 성별, 연령, 교육수준, 소득수준, 직업 등의 민감한 질문을 포함하는 경우가 많기 때문에 응답자들은 민감하게 반응하여 응답을 회피하는 경우가 발생한다.
  ㉡ 인구통계학적 배경을 묻는 질문을 중간에 배열할 경우 질문의 흐름이 끊기는 문제가 생기므로 설문지 후반부에 배열하는 것이 적절하다.

⑥ **질문항목 간의 관계를 고려하여 배열**
  ㉠ 상호관련이 있는 질문은 가능한 모아서 배열하는 것이 집중도 높은 응답을 받을 수 있다.
  ㉡ 단, 앞의 질문이 연상작용을 일으켜 다음 질문에 영향을 끼치는 경우에는 질문 간의 간격을 두어 배열해야 한다.

> **Plus +**
> 인구통계학적 특성을 묻는 문항은 끝에 배열하는 것이 일반적이지만, 설문의 특성상 맨 앞에 배열하는 경우도 있다.

보충학습 기타 질문의 종류
- **유도질문**: 은연 중에 대답을 이끌어내기 위해 던지는 질문
- **탐사질문**: 알려지지 않은 사물이나 사실을 조사하기 위한 질문
- **열린질문**: 닫힌질문과 반대되는 개념으로, 내담자 자신의 생각과 감정, 의미 등을 자신의 방식대로 자유롭게 말할 수 있도록 도와주는 질문

기출문제 CHECK 2021년 1회

설문조사의 질문항목 배치에 대한 설명으로 옳지 않은 것은?

① 민감한 질문이나 주관식 질문은 앞에 배치한다.
② 서로 연결되는 질문은 논리적 순서대로 배치한다.
③ 비슷한 형태로 질문을 계속하면 정형화된 불성실 응답이 발생할 수 있다.
④ 문항이 담고 있는 내용의 범위가 넓은 것에서부터 점차 좁아지도록 배열하는 것이 좋다.

| 해설 | 민감한 질문이나 주관식 질문은 뒤에 배치한다. | 정답 | ①

2. 개별 설문항목의 작성 원칙 〈빈출〉

(1) 명확성

① 단어가 애매한 질문에 대해 다양한 해석이 가능하므로, 모든 응답자에게 동일하게 전달될 수 있는 단어를 사용해야 한다.
② 가능한 한 쉽고 의미가 명확하게 구분되는 단어를 사용해야 한다.

> - 당신의 나라는 어디입니까?
>   → "당신의 국적은 어디입니까?"가 명확하다.
> - 정장과 캐주얼 의상을 파는 상점들은 경쟁이 치열합니까?
>   → 정장을 파는 상점과 캐주얼을 파는 상점들 간 경쟁이 치열한지, 정장과 캐주얼을 모두 파는 상점들 간의 경쟁이 치열한지 불분명하다.
> - 귀하의 고향은 어디입니까?
>   → '고향'에 대한 의미가 사람마다 다를 수 있으므로 명확성이 떨어진다.

> **Plus +**
> 질문지의 개별항목을 완성할 때, 질문의 용어는 응답자 모두가 이해할 수 있는 수준이어야 한다.

(2) 간결성

질문의 의미가 전달될 수 있는 최소한의 문장과 단어로 제시해야 한다.

(3) 자세한 질문 배제

응답자에게 지나치게 자세한 응답을 요구하지 않아야 한다.

> 지난 3년 동안 귀댁의 가계지출 중 식생활비와 문화생활비는 각각 얼마였습니까?
> 〈식생활비〉 주식비 (　) 원
> 　　　　　　부식비 (　) 원
> 　　　　　　외식비 (　) 원
> 　　　　　　기 타 (　) 원
> 〈문화생활비〉 신문·잡지 구독비 (　) 원
> 　　　　　　전문 서적비　　 (　) 원
> 　　　　　　영화·연극비　　 (　) 원
> 　　　　　　기 타　　　　　 (　) 원
> → 식생활비를 주식비, 부식비, 외식비로 나누고, 문화생활비 또한 지나치게 세부적으로 나누어 응답자에게 지나치게 자세한 응답을 요구하고 있다.

(4) 이중적 질문 배제

하나의 질문에 2가지 이상의 요소가 포함되는 것은 바람직하지 않다.

(5) 응답자에 대한 가정 배제

질문 내용에 임의로 응답자들에 대하여 가정해서는 안 된다.

> 여러 백화점 중 특정 백화점만을 고집하여 간다면 그 주된 이유는 무엇입니까?
> → 응답자가 특정 백화점만을 고집하여 간다고 가정하고 있다.

(6) 규범적 응답의 억제
도덕적 규범이나 사회적 규범이 내재되어 있는 문항은 응답자로 하여금 규범에 맞는 응답을 요구하게 되어 솔직한 응답을 얻기 어려울 수 있다.

(7) 가치중립성
질문항목과 응답범주에 질문자의 임의적인 가정이나 주관이 개입되어 응답자의 반응이 어느 한쪽으로 치우치거나 특정 응답을 유도하도록 제시해서는 안 된다.

- 귀하는 ○○○복지관의 시설이 어떻다고 생각하십니까?
  - ㉮ 매우 낙후되었다 ㉯ 낙후되었다 ㉰ 약간 낙후되었다 ㉱ 보통이다
  - → ○○○복지관의 시설이 낙후되었다고 가정하여 응답항목을 제시하였다.
- 무상의료 제도를 시행한다면 그 비용을 시민들이 추가적으로 부담해야 한다고 생각하십니까, 아니면 다른 분야의 예산을 줄여 충당해야 한다고 생각하십니까?
  - → 답변을 둘 중 하나로만 선택하도록 제한하여 유도하고 있다.

(8) 전문용어의 사용 자제
① 질문의 용어는 응답자의 수준에 맞는 단어를 사용하며, 응답자 모두가 이해할 수 있는 수준에 맞춰야 한다.
② 질문지에 사용된 단어는 학술적인 단어 또는 외래어가 되도록 포함되지 않아야 한다.

> 귀하는 지난 일 년 동안 불링을 당한 적이 있습니까?
> → 일반적인 단어인 '집단 따돌림'을 사용하지 않고 외래어인 '불링(Bullying)'을 사용한 것으로, 쉬운 단어 사용에 어긋난다고 할 수 있다.

(9) 응답범주의 포괄성
제시된 응답범주는 가능한 응답 내용을 모두 포함해야 한다.

- 귀사는 기업이윤의 몇 퍼센트를 재투자하십니까?
  - ㉮ 0%   ㉯ 1~10%   ㉰ 11~40%
  - ㉱ 41~50%   ㉲ 100% 이상
  - → 50~99%의 응답을 포함하고 있지 않기 때문에 포괄성에 어긋난다.
- 환경오염에 대한 1차적 책임은 개인, 기업, 정부 중 어디에 있다고 생각하십니까?
  - ㉮ 개인   ㉯ 기업   ㉰ 정부
  - → 제시된 응답항목 외에도 '시민단체'나 '언론기관' 등이 포함될 수 있다. 따라서 질문에 대답 가능한 응답을 모두 제시하지 않았다.

(10) 응답범주의 상호배타성

응답항목 간의 내용이 **중복되어서는 안 된다**.

- 귀하께서는 현금서비스 받으신 돈을 주로 어떤 용도로 사용하십니까? (　　)
  - ㉮ 생활비　　　　㉯ 교육비　　　　㉰ 의료비
  - ㉱ 신용카드 대금　㉲ 부채청산　　　㉳ 기타
  → 신용카드 대금은 부채로, 내용이 중복된 것으로 볼 수 있으므로 상호배타성에 어긋난다.

- 당신의 연령은 만으로 몇 세입니까?
  - ㉮ 30세 미만　　　　　　　㉯ 30세 이상~39세 미만
  - ㉰ 40세 이상~49세 미만　　㉱ 50세 이상
  → 각 응답범주가 상호배타적이다.

보충학습 질문의 수 및 설문지의 길이 조절

- 설문설계 시 설문지의 길이에 대한 규정은 없다. 그러나 설문지의 길이가 길면 응답자들이 응답 피로도가 높아져 응답을 받기 어렵고, 잘못된 응답을 받을 수 있다.
- 설문지의 길이는 조사 시간, 문항의 구조나 난이도, 응답자의 특성 등을 고려하여 정할 수 있다.
- 일반적으로 여론조사를 위한 질문지 내의 질문의 수는 대략 30문항 정도로 한다.
- 한 가지 변수에 관련된 질문의 수는 전체 질문의 수에 따라 결정되며 3~4문항 정도이다.

기출문제 CHECK　2020년 3회

다음 중 질문지 작성 시 요구되는 원칙이 아닌 것은?

① 규범성　　　　　② 간결성
③ 명확성　　　　　④ 가치중립성

| 해설 | 질문지 작성 시 규범적 응답을 억제해야 한다.　　　　　　　　　　| 정답 | ①

---

3. 응답항목의 작성

① 응답항목 작성 시 어떤 척도를 사용할 것인지를 고려한다.
  ㉠ 명목척도와 순서척도일 경우 폐쇄형으로 질문을 하게 되고, 등간척도와 비율척도의 경우 개방형으로 질문을 구성하게 된다.
  ㉡ 순서척도의 형태이지만 각 보기 항목들 간의 간격이 동일하다는 가정이 성립되는 경우 폐쇄형으로 항목을 구성할 수도 있다.
② 범주형 자료의 경우 응답항목 작성 시 다음과 같은 사항을 고려한다.
  ㉠ 응답항목의 보기들은 **서로 배타적이고 독립적이어야 한다**.
  ㉡ 응답항목들은 **모든 영역을 포함해야 한다**.
③ 척도의 형태로는 3점, 5점, 7점, 9점, 11점 척도 등의 홀수를 많이 이용하는데, 이는 기준을 정할 수 있는 가운데 값이 존재하기 때문이다.

㉠ 사회분석조사에서는 5점 척도를, 만족도 조사와 같은 유형의 조사에서는 7점 척도를 많이 사용한다.
㉡ 3점 척도의 경우 소비자동향지수와 같은 지수관련 통계에서 종종 활용되고 있다.
㉢ '좋다/나쁘다' 등의 명확한 구분을 하기 위해서 보통을 없애고 4점 척도와 같은 짝수의 척도도 많이 활용되고 있다.
④ 질문이 응답항목의 형태가 다양한 방식으로 구성되는 경우가 있다.
  ㉠ **양자택일형 질문**: '예/아니요' 처럼 두 가지 중 하나를 선택하는 방식이다. 최근에는 '모르겠음', '해당사항 없음' 등의 항목을 추가하기도 한다.
  ㉡ **복수응답 질문**: 하나의 질문에 다양한 항목을 제시한 후 몇 개의 항목을 선택하여 답하도록 하는 방식이다. 이는 다항선택질문과 서열식질문이 있다.
    • 다항선택질문(Multiple Choice Questions): 하나의 질문에 대해서 여러 개의 항목을 선택하여 응답하는 질문 방식이다.
    • 서열식질문(Ranking Questions): 다항질문과 비슷하지만 선택에 서열이 있어 모든 가능한 응답을 나열하고 응답자에게 중요도, 선호도 등으로 순서를 선택하도록 하는 질문 방식이다.

3 설문지 작성

1. 설문항목의 구조화

(1) 질문의 수정
① 설문지를 작성한 후 설문 문구가 응답자가 응답하기에 부적절한 것이 없는지, 응답자가 잘못 이해할 수 있는 표현이 있는지 등을 살펴본다.
② 흐름이 부자연스러운 곳이 있는지, 순서에 따라 잘못된 응답을 야기할 가능성이 있는지 등 질문의 순서나 내용에서 수정해야 할 부분을 살펴본다.

(2) 설문항목의 재배열
설문항목이나 응답항목이 설문설계 구상에 맞게 구성되었는지, 흐름이 부자연스럽거나 앞의 질문이 뒤의 질문에 영향을 미치는지 등을 살펴본다.

2. 설문지 작성

(1) 설문지에 지문 삽입
① 면접원이나 응답자가 설문지의 내용을 쉽게 이해하고 응답에 임할 수 있도록 설문지에 지문을 제시한다.
② 설문지는 행동지침을 포함하고, 설문문항은 간결한 지문을 사용한다.
③ 지문의 위치는 미리 사전에 보충 설명을 하거나 도움말이 필요한 경우라면 설문 앞에 배치하고, 용어 등에 대한 설명이 필요한 경우라면 설문 밑에 배치한다.
④ 설문 내에 지문을 넣지 않도록 한다.

Plus +
설문지는 '설문에 대한 소개와 응답자의 협조요청을 하는 서문, 지시문, 필요한 자료의 획득을 위한 설문문항, 응답자의 분류를 위한 인구통계학적 설문, 면접수행 기록과 조사표 검토 및 검증 관련 기록란'으로 구성되어 있다.

⑤ 다른 주제나 유형의 질문으로 전환되는 경우 응답자가 주제나 유형이 바뀜을 인지할 수 있도록 지문을 넣어 제시한다.
⑥ 복수응답과 같이 일반적인 응답과 다를 경우 지문을 넣어 명확하게 알려준다.

(2) 행동지침 작성
특정한 행동을 해야 응답을 할 수 있는 경우 행동지침을 넣어 조사가 원활하게 진행되도록 한다.

(3) 설문지 시안 작성
① 설문지의 내용과 순서가 결정되면 조사연구자는 설문지의 형태를 결정하여 설문지 시안을 작성한다.
② 설문지의 형태는 설문응답에 대한 몰입이나 성실성에 큰 영향을 줄 수 있다.
③ 설문지의 길이, 서체, 글자크기, 여백, 설문항목의 배열, 표지 등에 대한 디자인 등을 결정하고 작성한다.
　㉠ 설문지의 길이는 응답시간을 고려하여 조절한다.
　㉡ 설문지를 다단으로 구성할 경우, 설문지의 글자가 작아져 응답자의 가독성이 떨어지고 피로감이 증가하므로 가능한 피한다.
　㉢ 설문항목의 보기는 다단 편집의 느낌이 아닌 아래로 하나씩 나열하는 것이 좋다.
　㉣ 일반적으로 많이 사용하는 서체를 이용하는 것이 좋다.
　㉤ 글자크기는 일반적으로 10포인트를 기준으로 사용하지만, 응답자의 편의성을 고려하여 선택할 수 있다.
　㉥ 중요한 문구, 주의사항 등은 서체를 진하게 하거나 밑줄을 그어 이해하기 편하도록 편집한다.
　㉦ 서체, 글자크기, 문장의 어휘는 일관성 있게 사용하는 것이 좋다.
　㉧ 자료입력을 고려하여 설문항목 번호를 부여한다. 이때 숫자로 번호를 부여하는 것이 자료입력이나 분석과정에서 좋다.
　㉨ 설문지 디자인은 설문문항을 명확하게 구분하고, 시각적으로 보기 좋다는 느낌을 가지도록 전체적으로 깨끗하게 꾸민다.

(4) 서문 작성
① 조사와 조사기관에 대한 신뢰를 하게 되어 응답률을 높일 수 있다.
② 조사 참여의 동기를 부여하고 응답에 대한 협조를 구함으로써 응답률을 제고시키는 역할을 한다.
③ 1페이지를 넘지 않을 정도로 가능한 한 짧으면서 설득력 있게 '연구제목, 인사말, 조사대상 및 조사내용, 조사목적, 비밀보장과 익명성 보장, 협조요청, 작성 시 유의사항, 마무리 인사말, 조사기관 제시' 등의 사항을 포함하여 작성한다.

> **Plus +**
> 서문 작성 시 지나치게 세세한 연구목적을 제시하지 않는다.

3. 설문지 점검 및 보완

(1) 사전조사(Pretest)
① 예비조사 등을 통해 질문지나 조사표의 초안이 작성된 후 본조사에 들어가기에 앞서 실시한다.
② 본조사에서 실시하는 것과 똑같은 절차와 방법으로 작은 표본을 대상으로 질문지를 시험해보는 검사로, 본조사의 축소판이라고 한다.
③ 질문지 초안의 예상치 못했던 오류를 찾아 수정하여 질문지를 완성함으로써 질문지의 타당성과 신뢰성을 높일 수 있다.
④ 사전조사의 대상은 실제 조사대상과 유사한 집단으로 구성한다. 단, 대상의 표본추출 방법을 고려할 필요는 없다.
⑤ 응답자들이 조사내용을 분명히 이해할 수 있는지 여부를 확인하기 위해 실시한다.
⑥ 사전조사 시 점검사항
  ㉠ 설문조사에 걸리는 시간이 얼마나 되는지 파악한다.
  ㉡ 응답자들이 설문문항을 이해하는 데 있어 어려움은 없었는지 파악한다.
  ㉢ 응답에 일관성이 있는지, 한쪽으로 치우치는 응답이 나오는지, 무응답이나 기타 응답이 많은지의 여부를 확인한다.
  ㉣ 설문문항 중 응답자들이 응답을 꺼리는 항목이 있는지 점검한다(응답거부나 '모른다'라는 항목에 표시한 경우가 많은지의 여부).
  ㉤ 설문문항의 문구가 잘못 전달되도록 작성된 것이 있는지, 부자연스럽거나 오타가 있는지 확인한다.
  ㉥ 질문순서가 바뀌었을 때 응답에 실질적 변화가 일어나는지 파악한다.

(2) 설문지 개선
① 설문문항 및 구성에 대한 개선사항을 검토한다.
② 설문지의 디자인 등에 문제가 없는지 파악한다.
③ 설문시간이 과도하게 오래 걸렸다면, 설문문항을 줄이거나 응답자에게 인센티브를 제공한다.

(3) 예비조사(Pilot Test)
① 질문지 작성의 전 단계에서 실시하는 비지시적 방식의 조사이다.
② 기초적인 자료가 확보되지 않은 상태에서 이를 확보하기 위해 진행하므로 탐색적 조사에 속한다.
③ 예비조사에서 사용하기에 가장 적합한 질문유형은 개방형 질문이다.
④ 예비조사의 목적
  ㉠ 특정 연구에 대한 사전지식이 부족하여 연구주제에 대한 자료를 수집하기 위해
  ㉡ 연구문제와 관련된 핵심적인 요소를 규명하기 위해
  ㉢ 검증해야 할 가설을 찾아 명백히 하기 위해

Plus +
사전조사에 투입되는 조사원은 가능한 한 숙련된 조사원이나 설문지 작성자들로 구성하며, 응답자와 조사를 실제로 진행하면서 응답자가 이해하기 곤란한 점이나 명료하지 않은 부분들을 찾아낸다.

Plus +
사전조사와 예비조사
사전조사(Pretest)는 준비된 설문지의 개선점을 찾기 위해 소수의 응답자에게 준비된 설문지를 직접 조사하며, 본조사의 전 단계에서 실시한다. 예비조사(Pilot Test)는 조사하려는 문제의 핵심요소가 무엇인지 알지 못할 때, 설문지 작성의 전 단계에서 실시한다.

⑤ 예비조사의 종류

문헌조사	• 기존에 발간된 각종 문헌을 통하여 연구의 초점을 명백히 하고 연구에 대한 이론적인 준거틀, 연구경향, 자료수집, 분석방법에 이르기까지 포괄적인 지식을 얻는다. • 문제를 규명하고 가설을 정립하기 위한 가장 경제적이고 빠른 방법이다. • 문헌조사를 통해 얻어진 자료는 학술지와 통계자료집과 같은 2차 자료이다.
경험자조사	• 조사 분야에 대한 전문적인 지식이나 경험을 가진 전문가들로부터 정보를 얻는다. • 주로 문헌조사에 대한 보완적 수단으로 이용된다. • 전문가의견조사라고도 한다.
특례분석	• 연구문제의 설정이 빈약하거나 기존의 연구자료가 부족할 경우, 본조사의 상황과 유사한 상황을 찾아내어 분석함으로써 현 상황에 대해 논리적으로 유추하여 정보를 얻는다. • 문제의 규명과 관련된 변수들의 관계를 명확히 하는 데 효과적이다. • 소수사례분석이라고도 한다.

기출문제 CHECK 2020년 4회

설문조사에서 사전조사(Pretest)에 대한 설명으로 옳은 것은?
① 검증해야 할 가설을 찾아내기 위해 실시하는 조사이다.
② 사전조사에 참여한 응답자들이 실제 연구에 참여해도 된다.
③ 기초적인 자료가 확보되지 않은 상태에서 이루어지는 조사이다.
④ 응답자들이 조사내용을 분명히 이해할 수 있는지의 여부를 확인하기 위해 실시되는 조사이다.

| 해설 | 사전조사는 본조사 전에 설문지가 응답자에게 명확히 이해되고 적절히 작동하는지를 점검하기 위한 조사이므로, 응답자들이 조사내용을 분명히 이해할 수 있는지의 여부를 확인하는 과정이다. | 정답 | ④

4. 최종 설문지 완성

(1) 최종 설문지 확정

① 질문 범위의 결정
　㉠ 응답자의 사회·경제적 배경을 묻는 질문의 범위를 최종적으로 결정한다.
　㉡ 인구통계학적 배경에 대하여 자세히 질문할 경우 응답자들은 매우 강한 거부감을 느낄 수 있으므로 일반적으로 설문지 맨 뒤쪽에 배치하여 응답자들의 거부감을 줄이고 설문내용에 대한 응답에 충실할 수 있도록 구성한다.

② 식별자료(Identification Data) 추가
　㉠ 최종 설문지는 설문지를 식별하는 칸을 추가하여 인쇄한다.
　㉡ 식별 내용으로 조사연월일, 조사지역, 응답자의 성명, 연락처, 조사시기 등을 추가한다.

응답자 및 설문지 관리 정보			※ 마지막에 진행할 것			
응답자	성명:		주소: 시(도) 　 구(군) 　 동(읍·면)			
	연락처: 　) 　 -		Mail: 　 @			
면접원	성명:	Code	일시: 　 년 　 월 　 일 　 시 　 분			
Editing		결과	검증원	성명:		결과

ⓒ 조사명 및 연락처를 받기 때문에 개인정보보호에 대한 사항을 보장해야 한다.
ⓔ 조사표의 맨 끝이나 맨 위에 배치하고, 가능하면 눈에 띄지 않도록 작성한다.
ⓜ 응답자의 응답부담으로 기피한다면 성명은 받지 않을 수 있다.

(2) 설문지 인쇄
설문지 최종 확인 후 설문지를 유효표본 수의 120% 가량 인쇄한다.

(3) 자료처리 준비
설문지가 최종 확정되면 인쇄와 더불어 설문조사를 통한 자료수집을 위한 조사지침서와 조사결과에 대한 자료처리 방안을 마련한다.
① 조사지침서 작성
  ⓐ 면접용 설문지의 경우 면접자가 따라야 하는 질문요령 혹은 설문지침을 작성하여 배포한다.
  ⓑ 자기기입식 설문지의 경우 응답자가 스스로 읽고 대답하는 요령을 터득할 수 있도록 응답지침을 밝혀준다.
  ⓒ 조사지침서의 주요 내용
    • 조사목적 및 개요
    • 조사과정의 흐름도
    • 조사일정
    • 조사대상
    • 조사과정의 유의사항
    • 설문지의 용어 설명, 설문지 작성요령
    • 질문요령 및 질문할 경우 유의사항
    • 조사본부 및 비상연락처
② 자료처리 방안 준비
  ⓐ 자료수집에 들어가면 자료처리를 위한 코딩 틀을 준비해야 한다. 설문지 각 문항의 부호화 방안, 개방형 질문이 있을 경우 개별 응답에 대한 코딩 부호 등을 문서화해서 코딩 틀을 마련한다.
  ⓑ 전혀 응답되지 않았거나 문항의 반 이상이 응답되지 않은 설문지는 제외하고 각 설문지에 번호를 부여한다.
  ⓒ 일반적으로 하나의 문항은 하나의 변수명을 부여한다. 그러나 다중선택 문항이 있을 경우 최대 선택 수만큼 변수를 지정한다.
  ⓓ 주관식 질문은 보기가 없지만 사전에 분류표를 만들어 번호를 부여하여 분석할 수 있다.

CHAPTER 04 정성조사

학습방법

- ✓ FGI 정성조사의 개념과 장단점을 학습하고, 양적조사와 비교하여 숙지한다.
- ✓ 심층인터뷰 정성조사의 개념과 장단점을 학습한다.
- ✓ 조사진행자(모더레이터)의 역할에 대해 정리한다.
- ✓ 정성조사 시 필요한 인터뷰 기술과 질문 기술의 종류에 대해 학습한다.

> **Plus +**
>
> **FGD(Focus Group Discussion, 표적집단심층좌담)**
>
> 참가자 간 토의를 중심으로 하고 상호작용을 통한 태도의 변화를 파악한다. 지금까지 시장에 존재하지 않은 새롭고 혁신적인 제품이나 서비스의 콘셉트 개발 시 활용된다.

1 FGI 정성조사의 이해

1. FGI 정성조사의 개념 빈출

(1) FGI(Focus Group Interview)의 의미

① 조사자가 소수의 응답자를 한 장소에 모이게 한 후 특정 주제에 대하여 대화와 토론을 통해 필요한 정보를 수집하는 방법이다.
② 6~10명 정도로 하여 동기, 신념, 태도, 가치 및 욕구 등에 대하여 심층적으로 탐색하고 이해하기 위한 목적으로 사용된다.
   예 냉장고 신제품 개발 시 주부들을 모아 인터뷰 진행
③ 표적집단면접, 초점집단면접, 집단심층면접, 좌담회라고도 한다.

(2) FGI의 특징

① 설문조사와 같은 양적조사방법으로 확보하기 어려운 질적 정보를 수집하는 데 활용되는 질적조사의 한 종류이다.
② 설문지 작성에 필요한 기본 정보를 수집하기 위해 활용된다.
③ 탐색적 조사의 한 종류로 특정한 조사설계를 확정하기 전에 예비조사로 활용할 수 있다.
④ 정량조사로는 한계가 있는 주제에 대해 심층적으로 탐색하고 이해하기 위한 목적으로 사용된다.

(3) FGI의 장단점

장점	· 문제에 관한 신속한 해답을 구할 수 있어 조사가 신속하게 진행된다. · 문제의 핵심을 심층적 혹은 탐색적으로 접근하고 유연성 있게 풀어갈 수 있다. · 행동의 내적인 원인을 파악하는 데 유용하다. · 자유로운 의견 교환을 통해 새로운 의견이나 독창적인 아이디어를 도출할 수 있다. · 즉각적인 추가질문이 가능하고 참석자 반응에 따라 질문을 보완하거나 수정할 수 있다. · 특정 공통점이 있는 구성원으로 그룹이 구성되었기 때문에 면접대상자가 동질성을 느끼고 좀 더 편안하게 의견을 표명할 수 있다. · 질적현장연구로 활용 시 사회환경에서 일어나는 실제의 생활을 포착하는 사회지향적 연구방법으로, 빠른 결과를 보여주고 높은 타당성을 가진다.

단점	• 조사대상자가 소수이고 편의에 따라 선정하므로 조사결과를 일반화하기 어렵다. • 통계적 방법으로 신뢰성 검증 절차를 적용할 수 없다. • 조사진행자의 역량 부족 등에 의해 신뢰성 문제가 발생할 수 있다. • 집단 전체를 대상으로 하므로 개인의 특성에 맞는 질문을 묻거나 각 개인의 반응에 관해 집중해서 적절한 대응 및 추가질문을 하기 어렵다. • 의뢰자나 조사진행자들이 자신의 상황이나 기존에 가진 생각에 맞게 결과를 이해하고 받아들여 조사결과의 분석과 해석이 흐려질 수 있다. • 자유로운 토론으로부터 다양한 조사결과가 도출되므로 결과의 분석과 해석이 어렵다.

(4) 온라인 FGI 정성조사

① 특별하게 정해진 시간 동안 대화방(Chat Room)과 같은 별도로 마련된 인터넷 공간에서 사회자의 진행하에 4~6명 혹은 6~10명 정도의 참가자가 주어진 주제로 토론하도록 하여 자료를 수집하는 방법이다.

② 온라인 FGI 정성조사의 장단점

장점	• 장소의 제한이 없고, 비용이 절감된다. • 신속한 자료수집이 가능하다. • 익명성으로 인한 솔직한 의견 개진이 가능하다.
단점	• 컴퓨터 이용자만 조사할 수 있고 참가 적격자의 구분이 어렵다. • 표정이나 신체 언어(Body Language) 등의 관찰이 불가하다. • 제품을 만져보거나 하는 등의 경험이 불가하다. • 토론 몰입도가 떨어지고 시너지가 낮다.

(5) FGI 정성조사와 일반적인 양적조사의 비교

구분	FGI 정성조사	양적조사(정량조사)
용도	• 가설설정을 위한 정보를 탐색한다. • 아이디어를 발견하고 창조한다. • 동기와 욕구를 중시한다.	• 통제된 측정을 한다. • 가설을 검증한다. • 결과를 중시한다.
조사 대상	무작위 추출에 구애받지 않는다(표본이 아님).	전체 모집단을 대표할 수 있는 표본(가능한 무작위 추출)이다.
조사 수단	• 비구조화된 토의 가이드라인을 이용한다. • 얻을 수 있는 정보가 탄력적이다. • 임기응변적이다. • 새로운 질문을 추가한다.	• 구조화된 설문지를 이용한다. • 설문지에 포함된 내용만을 결과로 얻는다.
분석	• 토의 결과를 주제별로 정리·요약한다. • 숫자(%)로 분석되지 않는 조사이다. • 주관적 해석과 분석자의 통찰력이 중시된다.	• 데이터를 수집 및 분류하고 코딩하여 정리한다. • 통계방법을 사용하여 특정 결과에 대해 계산하는 수치 분석이다. • 객관적 해석 및 일반화가 중시된다.
조사 결과	• 전체 소비자를 대표하지 못하는 조사이다. • 탐색적이며 진단적인 조사이다.	• 전체 소비자를 대표하는 조사이다. • 결론 도출을 위한 조사이다.

기출문제 CHECK 2017년 3회

조사자가 소수의 응답자 집단에게 특정 주제에 대하여 토론하게 한 다음 필요한 정보를 알아내는 자료수집방법은?

① 현지조사법(Field Survey)
② 비지시적 면접(Nondirective Interview)
③ 표적집단면접(Focus Group Interview)
④ 델파이서베이(Delphi Survey)

| 해설 | 표적집단면접(FGI)은 보통 6~10명의 조사대상자를 모아 특정 주제에 대해 자유롭게 토론하고 그 과정에 의견, 태도, 반응 등을 조사자가 관찰 분석하는 질적 조사이다. | 정답 | ③

2. FGI 정성조사 설계 빈출

(1) FGI 정성조사 설계 준비

① 질문지: FGI에서 다루어야 할 주제를 빠짐없이 다루기 위하여 자세한 질문 형태로 작성한 문서이다.
② 진행 지침의 개요: FGI 진행자, 인터뷰 대상자, 시간 배분, 인터뷰 환경, FGI 진행자의 역할, FGI 진행과정 등을 기술한 문서이다.

(2) FGI 진행과정

① '조사대상자 구성 → 진행(FGI) → 결과물(자료) 도출' 순으로 이루어진다.
② 과정 이전에 그룹 인터뷰 조사의 참여대상자를 위한 설계지(질문지, 가이드라인) 작성, 인터뷰 진행지침 수립 등이 선행되어야 한다.

과정	내용
조사 기획	• 조사목적을 확인하고 문제의 파악 및 가설을 정립한다. • 조사방법 및 비용을 결정하고 조사대상자의 특성, 그룹 수를 결정하는 조사 디자인을 한다.
가이드라인 작성	담당연구원이 조사의뢰자 측과 협의하여 참석자 자격조건을 결정하고 참석자 선정 질문지를 작성한다.
리쿠르팅(채용) 실행	프로젝트 전담 팀장의 지휘하에 리쿠르팅(채용) 전문 Assistant Supervisor가 참석자 자격을 참석자 소개자(전문 Recruiter)들에게 알려 자격조건에 맞는 적합한 대상자를 추천받은 후 선정 질문지를 완성하여 FGI 참석자를 선정한다.
FGI 진행	담당연구원이 사전에 조사의뢰자 측과 협의하여 준비된 FGI 가이드라인에 따라 진행 토의 내용을 전문 모니터가 녹음하고 속기한다.
결과물 분석, 보고서 작성	• 전문 모니터가 녹음된 내용을 그룹별로 자세하게 분석한다. • 결과분석 보고서 및 제안을 도출한다.

(3) FGI 가이드라인 설계

① 가이드라인(Guide Line)의 의미
  ㉠ FGI 진행을 위한 질문을 정리한 것으로 조사목적을 알기 위해 필요한 질문들을 적절하게 배열해 놓은 것이다.
  ㉡ 질문이 문장으로 정형화되어 있지 않으며, 질문순서도 분위기나 이전에 나눈 대화의 맥락에 따라 바뀔 수 있다.

② FGI 가이드라인 설계 시 고려사항
  ㉠ 조사목적, 주제(테마)가 고려되어야 한다.
  ㉡ 조사대상자의 속성과 그룹의 수가 고려되어야 한다.
  ㉢ 조사문제의 가설설정, 조사의 핵심요점이 나열되어야 한다.

③ FGI 가이드라인 설계 세부사항
  ㉠ 진행자(Moderator)와 조사의뢰자 측이 공동으로 조사에서 다루어야 할 주제나 문제의 양, 자세한 토의 내용을 결정하는 것이 바람직하다.
  ㉡ 최대한의 정보를 얻어낼 수 있도록 충분한 주제를 포함한다.
  ㉢ 분위기는 최대한 자연스럽게 흘러가도록 진행 순서를 수립한다.
  ㉣ 진행자가 진행하기 편하도록 가이드라인을 상세히 작성해야 한다.
  ㉤ 토의 내용의 우선순위를 정해 우선적으로 탐색해야 할 내용을 정한다.

(4) FGI 조사대상자 선정

리쿠르팅(채용) 단계를 통해 조사목표에 부합되는 FGI 조사대상자 조건을 설정하고, 이를 통한 기존 보유 네트워크 및 DB, 신규 홍보 및 광고 등의 수단을 통해 적합 대상자를 모집하고 선정한다.

(5) FGI 설계 질문지 구성

조사의 목적 및 진행 내용, 대상 등에 따라 어떠한 질문지 문항을 사용할 것인가를 고려해야 한다. 특히 조사의 목적을 포괄적으로 이해하고 싶다면 자유응답형(개방형 질문)을 사용한다.

(6) 조사진행자(모더레이터, Moderator)의 역량

① FGI 모더레이터의 의미
  ㉠ 중재자 혹은 토론 프로그램의 사회자를 일컫는다.
  ㉡ 응답자들로부터 조사주제에 대한 의견을 수렴하도록 면접과정을 조절·심화하면서 전문적인 정보를 얻을 수 있도록 면접을 진행하는 전문가이다.

② FGI 모더레이터의 역할
  ㉠ 소수의 응답자 집단이 특정 주제에 대하여 자유롭게 토론하는 가운데 조사목적과 관련된 필요한 정보를 수집하거나 공식적인 설문조사에서 기대하지 못한 결과를 발견한다.
  ㉡ 조사대상자들의 의견 나눔이 적극적으로 진행될 수 있도록 독려하거나, 불필요한 대화가 오가는 것을 제어한다.

Plus +
때로는 조사를 2개로 분리시킬 수도 있다.

Plus +
설문조사로 이루어지는 정량적 조사와 달리 조사대상자와의 직접 대면으로 이루어지는 정성적 조사를 하게 되므로 FGI 모더레이터를 '정성조사 진행자'라고도 한다.

ⓒ 참여자의 내면 깊숙이 있는 생각을 끌어낼 수 있는 질문을 제기하고, 대화 내용이 특정 부분에서 장기간 머물지 않고 계속 진행할 수 있도록 유도한다.

③ FGI 모더레이터의 적성 및 능력
   ㉠ 커뮤니케이션 능력, 청취 능력, 탐사 질문 능력 등을 갖추어야 한다.
      > 예 질문을 이해하기 쉽도록 명확하게 설명하는 능력, 면접대상자를 정확하게 이해하는 능력, 조사대상자의 생각을 충분히 끌어낼 수 있는 능력 등
   ㉡ 주제와 관련된 배경지식을 갖추어야 한다.
   ㉢ 적합한 주제를 발견하고 전문 영역으로 구축하는 등의 경력이 있어야 한다.
   ㉣ 순발력, 통제상황을 조율해가는 능력, 조사방법, 통계분석에 관한 기본 지식을 갖추어야 한다.
   ㉤ 여러 인터뷰 대상자의 발언을 통합하여 토론을 조정해나갈 수 있도록 기억력이 좋아야 한다.

3. FGI 정성조사 실시 [빈출]

(1) FGI 실행 단계(진행 절차)
① 장소 결정: 인터뷰 장소를 결정하고 인터뷰를 할 수 있는 적합한 환경인지 점검한다.
② 소개 단계
   ㉠ 조사대상자를 편안하게 대해 주며, 친밀감(라포, Rapport)을 형성하도록 한다.
   ㉡ 시작부터 진행자 혹은 관련 조사자가 나서서 본조사에 관해 규정짓는 발언이나 전문적, 위협적인 질문은 피한다.
   ㉢ 진행자는 주의사항에 대해 간략하게 설명하도록 한다.
③ 분위기 조성 단계
   ㉠ 조사대상자의 불안을 덜어주는 질문과 인터뷰 주제에 대한 질문 등으로 구성한다.
   ㉡ 조사대상자 모두에게 동일하게 발언 기회를 주어 자신의 의견을 표현하게 한다.
④ 본주제 관련 토의 단계: 인터뷰 주제에 대하여 매우 구체적이고 서술적인 문제부터 시작한 다음, 다소 추상적이고 생각을 요하는 문제 순으로 진행하도록 유도한다.
⑤ 마무리 단계
   ㉠ 마지막까지 나온 인터뷰 내용들을 다시 한번 요약해서 조사대상자들의 반응과 태도를 살펴본다.
   ㉡ 서로 상반되는 의견이 도출되었다면 각자의 입장을 확실하게 밝히는 기회를 추가로 부여한다.

(2) FGI 진행 시 모더레이터의 역할
① 다양한 사람의 의견을 조율하고, 조화로운 합의를 이루도록 FGI를 진행한다.
② 인터뷰 가이드라인(진행지침)에 있는 모든 질문에 응답하도록 유도하는 것이 중요하다.
③ 순서 없이 진행되므로 먼저 생각나는 사람부터 얘기하되 잡담이나 끼어들기는 될 수 있으면 피해야 하며, 진행자와 얘기하는 것이 아니라 응답자들 간에 의견을 교환하는 분위기로 만들어야 한다.

④ 응답이 완전하지 않거나 불명확할 때에는 비지시적으로 응답자들의 체면을 손상시키지 않는 범위 안에서 다시 한번 질문하여 정확한 답을 얻는다.
⑤ '잘 모르겠다' 등과 같이 다소 소극적인 대답을 했거나 길게 응답하는 응답자가 있을 시 시간분배 등에 잘 대처하여 인터뷰를 진행한다.
⑥ 응답자가 모호하게 답을 했다면 자세한 설명을 요구하거나 다른 각도로 질문함으로써 내용을 정확하게 파악한다.
⑦ 말로 표현하는 것 외에도 표정, 반응강도, 주제에 빗나가는 대화 내용도 주의 깊게 관찰한다.

(3) FGI를 위한 인터뷰 기술

인터뷰 기술	질문 기술
• 경계심 허물기(라포 형성) • 맞장구치기 • 눈 마주치기 • 상대방 말 언급하기(다시 확인하기) • 구체적으로 파고들기	• 광범위한 질문에서 자세한 질문으로 진행하기 • 논의를 이끄는 방향으로 질문하기 • 자세한 질문은 되도록 피하기 • 구술자의 진술에 반박하지 않기 • 연계하여 질문하기

Plus +
조사대상자가 모이면 먼저 도입 인터뷰 및 테마 인터뷰를 실시하여 본격적인 인터뷰 실시 이전에 조사대상자와의 관계(Rapport), 즉 친밀한 관계를 형성하여 조사대상자의 긴장과 부담을 해소해주는 것이 중요하다. 약 10분 동안 참석자들이 서로 유대감을 가질 수 있도록 분위기를 만들도록 한다.

(4) FGI에서 사용하는 탐색기법

조사대상자들의 잠재된 동기나 무의식적인 반응에 대해 직접적인 질문을 하기보다는, 투사법 등을 사용하여 간접적인 질문으로 정보를 얻어낼 수 있다.

① 투사법(Projective Techniques)
  ㉠ 조사대상자들의 진정한 관심과 의견, 동기 등에 대해 직접적으로 질문했을 때 제대로 표현하지 못하거나 표현하기를 꺼리는 것을 극복하기 위해 고안된 방법이다.
  ㉡ 그림, 미완성된 문장, 미완성된 줄거리 등을 제시하여 이에 대한 참석자의 반응을 탐색해보는 것이다.

② 브레인스토밍(Brainstorming)
  ㉠ 최대한 많은 양의 아이디어를 제출하게 한다.
  ㉡ 자유롭게 이야기를 주고받는 분위기를 조성시킨다.
  ㉢ 각각 제시된 아이디어를 합성(Combination)시킨다.
  ㉣ 비판적인 평가는 제거하고, 각 아이디어들에 대해 칭찬하고 인정해준다.
  ㉤ 타인의 아이디어에 다른 의견을 덧붙이는 것(편승기법)을 활용한다.

③ 거꾸로 브레인스토밍(Reverse Brainstorming)
  ㉠ 어떤 아이디어에 대해 최대한 많은 비판을 한다.
  ㉡ 다른 아이디어에 대해서도 비판을 한다.
  ㉢ 드러난 취약점들을 해결할 수 있도록 아이디어를 재점검한다.

Plus +
FGI에서 사용하는 탐색기법에는 투사법, 브레인스토밍, 거꾸로 브레인스토밍 외에 분류기법, 모의 진열대, 길찾기, 꿈의 분석 등이 있다.

4. FGI 정성조사 자료분석

(1) FGI 자료분석의 의미
① 인터뷰 내용을 의미 있는 정보 단위로 구조화하고, 구조화된 정보를 분류하고 해석하는 과정을 거친다.
② 인터뷰가 끝난 직후에 면접 응답지, 녹음 파일, 동영상 녹화록을 반복하여 청취, 혹은 자료(결과)를 구체적으로 정리한다.

(2) FGI 자료 분석
① 자료를 편집과 기호화를 통해 요약표로 정리하고, 개략적으로 검토함으로써 자세한 분석방법을 결정한다.
② 결과 내용에 관해 범주화 기준을 설정하고 문제의 수준에 따라 분류하여 구조화된 결과를 도출한다.
③ 분석기준, 분석방법, 분석도구 등에 관한 적합성 여부를 철저히 사전에 검증한다.
④ 응답자의 인구통계적 특성이나 기타 배경(Background)을 먼저 이해하고 분석한다.
⑤ 응답자가 말한 것과 실제로 의미하는 것의 차이를 심층 분석하는 노력을 기울인다.
⑥ 조사결과를 조사자가 주관적 판단이나 입장 또는 형편에 맞추어 임의로 해석하거나, 응답 내용과 의도를 왜곡하거나, 논리적 비약이 발생하지 않도록 철저한 사후 검증이 이루어져야 한다.
⑦ 복수의 그룹을 통해 나오는 결과를 교차하여 분석하고 최종적으로 정리한다.
⑧ 조사결과를 양적으로 판단하지 않도록 유의하며 전체 모집단으로 일반화해서는 안 된다.
⑨ 소수의 극단적인 의견이라도 무시하지 않고 존중하는 자세를 갖고 인터뷰의 결과를 분석한다.
⑩ 분석결과로부터 적절한 시사점을 포착하여 전략적인 방안으로 통합하기 위해 기술통계적 분석방법을 활용한다.
⑪ FGI 설문 답변지, 녹취물, 녹화물 등과 같은 결과물이 망실되거나 훼손되지 않도록 FGI 실시 중이나 실시 이후에도 세심한 주의를 기울여야 한다.

> **Plus +**
> 분석은 FGI가 끝나고 시작하는 것이 아니라 조사의뢰자(고객)와 협의한 시점부터 시작하여 스크리닝(Screening), 인터뷰 진행 중, 정보 청취(Debriefing) 중에 실시한다.

2 심층인터뷰 정성조사의 이해

1. 심층인터뷰의 개념

(1) 심층인터뷰(In-depth Interview)의 의미
① 연구대상자의 인식, 의견, 믿음, 태도 등을 파악하기 위해 유연한 대화형식을 빌려 연구대상자의 구두진술을 수집하고 분석하는 정성조사이다.
② 1명 또는 소수의 서로 관련 있는 인터뷰 대상자들을 대상으로 사전에 짜인 순서를 기본으로 질의응답, 과업수행(Task Test), 보여주고 말하기(Show & Tell)의 방법을 통해 인터뷰한다.
③ 일반적으로 정량조사에서 파악하기 어려운 사항이나 정량조사의 결과에 관한 심층 분석이 필요한 경우 실시하는 방법이다.

④ 특정시간에 한자리에 모이기 어렵고, 사회적 신분 때문에 여러 사람과 함께 모여 대화하기를 기피할 수 있는 기업고객, 전문가층, 고소득층, 특수계층 등 다양한 인터뷰 대상자와 주로 1:1 방식으로 이루어진다.

(2) 심층인터뷰의 특징

① 1인당 1시간 내외의 시간 동안 의견 청취가 가능하기 때문에 조사대상자가 가진 다양한 정보와 지식을 깊이 있게 물어보고, 구체적이고 상세한 의견 수집이 가능하다. 과거 경험 등과 관련한 스토리 또는 특정 주제와 관련된 사례를 제공받을 수도 있다.
② 어떤 주제에 관해 조사대상자에게 내재된 동기, 신념, 태도 등을 발견하기 위하여 고도로 훈련받은 숙련된 면접진행자와 조사대상자가 1:1로 질문하고 응답하는 내용을 분석한다.
③ 커뮤니케이션 능력, 청취 능력, 탐사 능력 등을 갖춘 면접진행자의 고도의 전문성이 확보되어야 소기의 성과를 거둘 수 있다. 특히 면접진행자의 질문은 정형화되어 있지 않으며, 면접자의 응답에 따라 이후의 질문이 변경되고 정해진다.

(3) 심층인터뷰 절차

① **인터뷰 대상자 선정**: 조사문제에 전문적으로 답을 할 수 있는 대상자를 선정한다.
② **인터뷰 가이드라인 구성**: 관련 문헌조사 및 사전 인터뷰를 바탕으로 사후 인터뷰 가이드라인을 구성한다.
③ **방문날짜 선정**: 방문날짜, 시간, 장소를 선정하고 인터뷰 대상자가 편한 시간과 장소를 확정한다.
④ **심층인터뷰 실시**: 담당 조사자가 직접 방문하여 가이드라인을 바탕으로 한 심층인터뷰를 실시하며, 이때 녹취도 병행한다.
⑤ **자료수집 및 정리**: 녹취된 인터뷰 내용을 정리하여 스크립트(Script)를 작성하고 응답자 특성별, 내용별로 정리한다(Grouping).
⑥ **분석**: 조사내용을 바탕으로 조사문제에 대한 결과를 분석하고 제언한다.

(4) 심층인터뷰의 장단점

장점	• 조사대상자 개개인의 의견을 다양하고 풍부하게 수집할 수 있다. • 다른 조사방법으로 얻기 어려운 심층적인 의견과 전문 식견을 청취할 수 있다. • 본조사를 보완하는 보충 자료의 수집이 쉽다. • 조사내용의 융통성과 유연성이 있을 수 있다. • 일대일 면접을 통해 이루어지므로 응답자 한 명에 집중할 수 있고 응답에 관해 구체적 답변을 요구하거나 추가로 다양한 질문을 요청할 수 있다.
단점	• 표본이 선택적으로 이루어져 조사대상자 수가 적고, 각각의 조사대상자가 서로 다른 특성을 보이므로 조사결과에 대한 일반화가 불가능하다. • 조사자의 편견이 개입되어 자료의 객관성이 문제시될 수 있다.

(5) 심층인터뷰 정성조사와 FGI 정성조사의 공통점과 차이점

① 심층인터뷰 정성조사는 조사전문가가 질문 가이드라인을 참고하여 자유롭게 질문하고, 응답자의 의견을 녹음·해독해 자료를 수집한다. 조사대상자와의 대화를 통해 의견을 얻는다는 점에서, FGI 정성조사의 진행과 유사한 형태를 보인다.
② FGI 정성조사는 다수를 동시에 한 장소에 모아 면접을 하는 데 비해, 심층인터뷰 정성조사는 조사대상자 한 명을 대상으로 조사자가 직접 조사대상자가 있는 곳을 방문 혹은 특정 장소로 초대해 인터뷰가 이루어진다는 점에서 차이를 보인다.

2. 심층인터뷰 정성조사 설계

(1) 심층인터뷰 설계

① 조사대상자가 가진 다양한 정보와 지식을 깊이 있게 묻고 구체적이며 상세한 의견을 수집할 수 있다. 과거 경험 등과 관련한 스토리 또는 특정 주제와 관련된 사례를 제공받을 수 있도록 조사목적에 적합한 인터뷰 내용을 선정하고, 인터뷰의 구체적인 상황을 예상하면서 다뤄야 할 질문, 인터뷰 시간 배분, 대응 시나리오 등을 구체적으로 계획한다.
② 심층인터뷰 대상자, 설문방법, 시간, 기간, 장소 등 개략적인 사용자 리서치(User Research) 기획안(서)을 설계하고 작성한다.

(2) 심층인터뷰 대상자

① 일반적으로 사회저명인사, 특별한 전문지식을 가진 특수층, 각계각층의 지도급 인사, 기업의 경영층, 여론 선도층, 전문가, 전문사용자그룹 내에서 소수를 선별한다.
② 구성된 심층인터뷰 내용에 따라 적합한 개별 인터뷰 대상자를 선정한다.

(3) 전문면접원

① 모더레이터, 중재자, 면접진행자, 프로그램의 사회자라고도 한다.
② 심층인터뷰나 좌담회 등을 진행하는 일을 하며, 조사주제에 관한 전문적인 식견을 가지고 대면(Face to Face) 인터뷰를 통해 인터뷰 대상자로부터 전문적인 의견을 도출한다.
③ 대화 상대로서 전문 식견을 상당 수준 갖추고 답변에 대한 적절한 반응과 추가 질문을 할 수 있어야 한다.
④ 주제와 관련한 어떤 내용이 나오더라도 이를 이해하고 함께 대화를 나눌 수 있도록 사전연구를 충분히 해두어야 한다.
⑤ 인터뷰 상황을 다양하게 예측하여 계획할 수 있으며, 대상자의 적극적인 참여를 유도할 수 있어야 한다.
⑥ 조사대상자의 사회신분에 맞는 나이나 신분을 갖추는 것이 바람직하다.
  예 50~60대의 기업 최고경영자를 면접할 때, 20대 후반이나 30대 초반의 조사자가 응대하는 것은 원활한 대화나 깊이 있는 면담을 이끌어내기에 적절하지 않다.

(4) 면접 내용

조사주제, 조사목적, 조사개요, 조사대상자(개인), 조사시간, 조사가이드라인, 질문지의 구성방법 및 내용 등을 내부적으로 협의하여 결정한다.

(5) 설문 및 가이드라인 개발

① 문항설계 추진 방향을 설정한다.
② 질문지 구성을 파악하고 숙지한다.
③ 일부 전문가를 사전 인터뷰한 결과를 반영하여 추가로 보완하여 작성한다.
④ 직접적인 심층인터뷰가 진행되기 전에 그 상황을 예상하면서 다뤄야 할 주제와 질문, 주제별 시간배분 등을 구체적으로 계획한다.

(6) 심층인터뷰 진행 과정

'조사자 소개 → 주요질문 주제 및 주제별 질문문항과 응답에 따른 연결 질문(Probing) → 종료'의 순서로 진행된다.

3. 심층인터뷰 실시

① 조사목적에 맞는 조사대상자가 선정되면, 조사대상자와 전화 등을 통해 접촉해서 면접을 요청하고, 요청을 허락하면 조사대상자가 정해준 시간에 해당 장소로 가서(보통 2인 1조, 면접원과 보조원) 면접을 실시한다.
② 심층인터뷰 실시 전에 인터뷰 대상자에게 사전 안내사항을 통보하거나 공고한다.
③ 인터뷰 대상자로부터 심층인터뷰 동의를 받고, 개인정보 수집·이용 동의서와 보안 각서를 작성한다.
④ 질 높은 응답을 이끌어내기 위해서는 인터뷰 대상자와 공감대를 형성하는 과정이 필요하며 편안하게 자신의 욕구, 태도, 감정 등을 드러낼 수 있는 가벼운 대화로 시작한다.
⑤ 일정한 형식이나 규율에 얽매이지 않도록 한다.
⑥ 기본적으로 설계한 심층인터뷰 내용을 동일하게 진행하되 인터뷰 대상자의 응답 내용에 따라 후속질문, 추가질문 등은 달라질 수 있다. 특히, 응답 내용이 피상적이거나 불충분하다고 판단되면 추가질문을 통해 깊이 있고 충분한 응답 내용이 도출될 수 있도록 이끌어야 한다.
⑦ 자유롭게 깊이 있는 정보를 얻기 위해 주제와 관련된 다양한 질문을 할 수 있다. 응답자의 이야기 흐름을 가급적 중단하지 않고 자유롭게 이야기하도록 하면서 이야기가 주제와 너무 동떨어지면 다른 질문으로 유도하는 등 자연스럽게 진행하는 요령이 필요하다.
⑧ 심층인터뷰 진행 중 정보청취(Debriefing) 및 참관 시 메모하는 습관을 가진다.
⑨ 심층인터뷰 중 모호한 응답에 대해 구체적인 설명을 요구하거나 다른 각도로 질문함으로써 내용을 정확하게 파악한다.
⑩ 보조원은 옆에서 녹음기, 비디오 촬영기기 등으로 대화 내용을 녹음하는 등의 역할을 수행한다.

⑪ 면접은 보통 1시간 내외로 진행하며, 면접이 끝나면 감사의 말과 함께 선물 또는 면접수당을 전달한다.
⑫ 조사대상자와 심층인터뷰가 불가능할 경우 전화조사 및 e-mail 조사를 병행한다.

보충학습 심층인터뷰 정성조사 실시 비용

심층인터뷰는 일반 소비자가 아니라 전문가 등의 특수 집단을 대상으로 하기 때문에 조사대상자 수당이 표적집단면접(FGI)보다 많이 드는 편이다. 그러나 질적조사로 조사대상자 수를 적게 할 수 있으므로 전체 비용은 서베이조사보다 저렴해질 수 있다.

4. 심층인터뷰 자료분석

(1) 워크시트 정리

면접 응답지, 녹음 파일 혹은 동영상 녹화록을 반복하여 청취, 혹은 자료(결과)를 구체적으로 일정한 표본화된 틀에 의해 정리한다.

심층인터뷰(In-depth Interview) 워크시트

심층인터뷰	날짜:	장소:	조사대상자:	조사시간:

인터뷰 가이드	• 조사대상자가 말한 가장 기억에 남는 말(재미, 놀라움, 교훈 등)이나 부각되는 내용을 기록하세요.
	• 조사대상자가 가장 관심 있는 것 또는 중요하게 여기는 것들을 기록하세요.
	• 기타 주목할 만한 점을 기록하세요.

체크리스트
☐ 단답형 질문(예/아니오)보다는 경험을 이끌어내는 오픈형 질문하기
☐ 질문지의 우선순위에 따라 진행하기
☐ 원하는 답을 확인하는 질문 또는 유도질문 하지 않기
☐ 아이디어에 관한 의견을 묻는 질문을 가장 마지막에 하기
☐ 가능하면 당일 인터뷰 내용을 바로 정리하고 조사팀과 공유하기

예상 소요시간
☐ 팀별: ☐ 개인별:

준비물
☐ 질문지, 카메라, 비디오 촬영기, 녹음기 등

(2) 심층인터뷰 자료분석

① 수집된 자료의 신뢰도 검토, 응답 자료의 편집과 코딩(Editing and Coding) 수행, 자료분석을 위한 준비(Preparation for Analysis) 작업 수행, 자료의 통계적 처리, 연구결과에 관한 분석과 해석 등을 처리한다.
② 인터뷰가 끝난 직후에 중요한 내용을 해당 팀 혹은 그룹별로 메모하여 정리하고, 인터뷰 대상자별로 녹음·사진 파일을 정리한다. 그리고 설문 응답지, 녹음 파일, 동영상 녹화록을 반복하여 청취, 시청하여 그 결과를 분석한다.
③ 인터뷰 대상자의 인구통계적 특성이나 기타 배경(Background)을 이해·분석하며, 인터뷰 대상자가 말한 것과 실제로 의미하는 것의 차이를 심층 분석하려고 노력한다.
④ 조사대상자 개개인이 다른 의견을 갖는 경우가 많고, 같은 의견을 제시하더라도 서로 다른 입장과 관점에서 접근하는 경우가 대부분이므로 조사목적을 중심으로 분석한다.
⑤ 결과의 신뢰성 및 타당성을 확보하기 위해 다른 조사자와의 교차 비교, 전문가 검토 등을 추가적으로 수행한다.
⑥ 목적에 부합하는 정보를 분류하고 결과 분석을 면밀히 실시한다. 특히, 인터뷰 내용을 의미 있는 정보단위로 구조화하고, 구조화된 정보를 분류하고 해석하는 과정을 거친다.
⑦ 자료의 해석과정에서 인터뷰 참가자의 응답 내용과 의도를 왜곡하거나 논리적 비약이 발생하지 않도록 하여야 한다.
⑧ 개인의 극단적인 의견이라도 무시하지 않고 존중하는 자세를 갖고 인터뷰 결과를 분석한다.
⑨ 명시된 조사문제에 관한 답을 제공하기 위해 다양한 통계분석방법을 적용할 수 있다.

(3) 심층인터뷰 결과 해석의 한계성

① 심층인터뷰는 조사대상자 수가 한정되어 있고 편의로 조사대상자를 선정하기 때문에 동일한 결과가 나올 것이라고 일반화할 수 없다.
② 조사결과가 표준화된 설문지를 사용하지 않으므로 정확한 분석이 어렵다.

(4) 심층인터뷰 결과 해석의 오류 가능성

① 여러 가지 상반된 다양한 의견이 등장하기 때문에 조사결과를 해석하고 결론을 내리기 어렵다.
② 인터뷰 대상자의 의견이 잘못된 방향으로 나타날 수 있다.
③ 전문가들이 인터뷰를 진행하면서 강력한 의견을 제시할 때, 이러한 의견이 관련 집단의 대표성을 갖는 의견으로 왜곡될 수 있다는 문제점이 제기될 수 있다.

CHAPTER 05 실험설계

학습방법

☑ 실험설계의 전제조건 세 가지(실험대상의 무작위화, 독립변수의 조작, 외생변수의 통제)에 대해 숙지한다.
☑ 인과관계의 성립조건(공변관계, 시간적 선행성, 외생변수 통제)에 대해 정리한다.
☑ 내적타당성, 외적타당성의 의미와 타당성 저해요인을 학습해야 하며, 사례를 보고 저해요인 중 어느 것에 해당하는지 판별한다.
☑ 실험설계의 유형(순수실험, 유사실험, 사전실험, 사후실험)의 개념과 종류별 특징에 대해 학습한다.

1 조사설계

1. 조사설계(Research Design)의 이해

① 조사설계란 조사문제에 대한 가장 적합한 해답을 얻기 위해 어떤 논리적 구조로 관찰하고 분석할 것인지 전반적인 계획을 세우는 것이다.
② 조사를 정확하게 수행할 수 있도록 자료수집의 방법을 논리적으로 계획하는 것이다.

2. 조사설계의 구성요소

① 실험에 참여할 조사대상(누구를 대상으로 하는가)
② 실험에서 확인할 조사항목(무엇을 조사할 것인가)
③ 실험을 전개할 방법인 조사방법(어떤 방법으로 조사할 것인가)

> **[Plus +]**
> 조사설계 시 가설의 요건이나 기능, 종류, 평가 기준뿐만 아니라 시간적 여유, 공간, 비용 등도 고려해야 한다.

기출문제 CHECK 2020년 1 · 2회

경험적 연구의 조사설계에서 고려되어야 할 핵심적인 구성요소를 모두 고른 것은?

> ㉠ 조사대상(누구를 대상으로 하는가)
> ㉡ 조사항목(무엇을 조사할 것인가)
> ㉢ 조사방법(어떤 방법으로 조사할 것인가)

① ㉠, ㉡   ② ㉠, ㉢
③ ㉡, ㉢   ④ ㉠, ㉡, ㉢

| 해설 | 경험적 연구의 조사설계에 있어 모두 고려해야 할 핵심적인 구성요소이다. | 정답 | ④

2 실험설계

1. 실험설계(Experimental Design)의 이해

(1) 실험설계의 의미
① 설명적 조사연구에서 독립변수와 종속변수 간에 인과관계가 존재하는지의 여부를 검증하기 위해 연구가설을 세우고, 그 진위 여부를 확인하는 구조화된 절차를 계획해야 하는데, 이 과정을 실험설계 또는 실험적 조사설계라고 한다.
② 실험으로부터 기대되는 정확한 결과를 얻기 위해 관계되는 여러 변수를 통제하여 서로 일정하게 관련시키는 계획과 구조이다.
③ 연구가설의 진위 여부를 확인하는 구조화된 절차이며, 가설을 평가하기 위한 구조, 계획 및 전략이다.
④ 독립변수와 종속변수를 설정하여 엄격히 통제된 상황에서 두 변수 간의 인과관계를 규명한다.
⑤ 실험의 검증력을 극대화시키기 위한 시도이며, 그 결과로 실험의 내적타당성을 확보하게 된다.
⑥ 조사질문에 대한 해답을 구할 수 있도록 설계되어야 한다.
⑦ 실험설계는 조작적 상황을 활용한 실험집단과 아무런 조치도 취하지 않은 통제집단으로 나누어 비교하게 되므로 조작적(Manipulation) 상황을 최대한 활용한다.
⑧ 실험설계는 기본적으로 실험집단과 통제집단으로 구분하고, 독립변수와 종속변수를 설정하며, 사전검사와 사후검사를 실시하는 것을 기본적 요소로 한다.

(2) 실험설계의 기본절차
① 실험대상 선정 → ② 실험환경 선정 → ③ 무작위표집 → ④ 무작위할당 → ⑤ 사전검사(Pretest) → ⑥ 실험조치 → ⑦ 사후검사(Posttest) → ⑧ 비교 및 검증

2. 실험설계를 위한 전제조건 빈출

실험설계를 위해 충족되어야 하는 조건으로는 실험대상의 무작위화, 독립변수의 조작, 외생변수의 통제가 있다.

(1) 실험대상의 무작위화
① 변수 간 인과관계를 도출한 실험결과를 일반화하려면 실험대상이 무작위로 추출되어야 한다.
② 실험대상자들을 실험집단과 통제집단으로 무작위 배분하여 실험처치 전에 실험집단과 통제집단의 상태를 동일하게 설정한다.
③ 반드시 통제집단(또는 비교집단)을 함께 갖추어야 하는 것은 아니다.

(2) 독립변수의 조작
① 독립변수를 인위적으로 조작하여 독립변수의 변화에 따른 종속변수의 변화를 관찰한다.

Plus +
실험설계에서는 독립변수를 실험처치, 실험요인, 실험자극 등으로 부른다.

Plus +
실험설계에서의 사전검사(pretest)는 실험 대상의 초기 상태(기준선)를 측정하는 단계이며, 설문조사에서의 사전조사(pretest)는 설문지의 적절성과 이해 가능성을 점검하는 절차이다.

② 독립변수와 종속변수의 인과성과 독립변수의 시간적 선행성을 입증하기 위해 독립변수의 조작이 가능해야 한다.

(3) 외생변수의 통제
① 독립변수 이외의 종속변수에 영향을 미칠 수 있는 외생변수(제3의 변수)의 영향을 통제해야 한다.
② 외생변수를 통제하는 방법으로는 외생변수의 제거, 실험집단과 통제집단의 균형화, 반작용 효과를 주는 상쇄, 실험대상의 무작위화 등이 있다.

㉠ 제거(Elimination)
외생변수가 될 가능성이 있는 변수를 제거하여 실험상황에 개입하지 못하도록 한다.

㉡ 균형화(Matching)
예상되는 외생변수의 영향을 동일하게 받을 수 있도록 실험집단과 통제집단을 설계한다.

㉢ 상쇄(Counter Balancing)
- 하나의 실험집단에 두 개 이상의 외생변수가 영향을 줄 경우 사용하는 방법이다.
- 두 개 이상의 외생변수 작용 강도가 상황마다 달라 외생변수의 순서가 연구 결과에 영향을 미칠 수 있는 경우, 외생변수의 적용순서를 바꾸는 등의 방식으로 외생변수 간 상반되는 영향을 주어 효과나 효력이 없어지도록 한다.

㉣ 무작위화(Randomization)
- 조사대상을 모집단에서 무작위로 추출함으로써 연구자가 조작하는 독립변수 이외의 모든 변수들에 대한 영향력을 동일하게 만들어준다.
- 표본추출의 대표성을 높여 외생변수를 통제하는 것이 가장 강력한 방법이다.

기출문제 CHECK 2019년 3회

실험설계를 위해 충족되어야 하는 조건과 가장 거리가 먼 것은?
① 독립변수의 조작
② 인과관계의 일반화
③ 외생변수의 통제
④ 실험대상의 무작위화

| 해설 | 실험설계를 위한 전제조건으로는 실험대상의 무작위화, 독립변수의 조작, 외생변수 통제 등이 있다. | 정답 | ②

3 인과관계의 성립조건

1. 인과관계(Cause and Effect)
① X의 변화가 Y의 변화를 초래한다면, X와 Y 사이에는 인과관계가 있다고 할 수 있다.
② 실험설계는 인과성 규명을 목적으로 한다.

2. 인과관계의 성립조건 빈출

가설에서 설정한 변수들 간 인과관계가 존재하기 위해 필요한 조건은 공변관계, 시간적 선행성, 비허위적 관계(외생변수 통제)의 세 가지이다.

(1) 공변관계(Covariation)
① 가설에서 설정한 독립변수와 종속변수 간에 인과관계가 성립하려면 공변관계(상관관계)가 성립되어야 한다.
② 원인변수(독립변수)와 결과변수(종속변수)는 함께 변화해야 하며, 두 변수는 경험적으로 서로 상호 관련되어야 한다.
③ 원인변수와 결과변수 사이에서 원인변수를 제거하면 결과변수도 존재할 수 없다.
④ 독립변수와 종속변수 간의 공변성은 상관관계를 나타내주는 상관계수(Correlation Coefficient)를 통해 확인할 수 있다.
  ㉠ 상관계수는 -1에서 $+1$ 범위의 값을 갖는다.
  ㉡ 절댓값이 1에 가까울수록 상관관계가 크다.
  ㉢ 두 변수가 정적관계일 경우 상관계수는 양($+$)의 부호를 가지며, 부적관계일 경우 음($-$)의 부호를 갖는다.
⑤ 상관계수는 두 변수 간의 공변관계만 의미할 뿐 인과관계(A의 변화 때문에 B가 변하는 관계)를 의미하는 것은 아니다. 즉, 두 변수 간에 상관관계가 있다고 해서 인과관계가 성립하는 것은 아니다.

(2) 시간적 선행성(Temporal Precedence)
원인과 결과를 추정하기 위해서는 원인이 결과보다 시간적으로 우선되어야 한다. 이를 시간적 우선성(Time Ordering) 원칙이라고도 한다.

(3) 비허위적 관계(Lack of Spuriousness) / 외생변수의 통제
① 사회현상을 연구하는 것은 개방시스템을 전제하므로 인과관계에 대한 결과를 발생시키는 원인에는 여러 가지가 있을 수 있다. 따라서 조사자는 두 변수 간의 공변관계가 허위관계가 아님(비허위적 관계)을 증명할 수 있어야 한다.
② 독립변수와 종속변수 간의 상관관계 또는 인과관계는 제3의 변수에 의해 만들어진 것이 아니어야 한다.

> **Plus +**
> **상관관계(Correlation)**
> A가 증가하면 B도 증가(정적관계, $+$)하거나, A가 증가할 때 B가 감소(부적관계, $-$)하는 등과 같이 두 변수가 일정한 방식으로 같이 변하는 것을 A와 B 간의 상관관계라고 한다.

> **기출문제 CHECK** 2020년 3회
>
> 두 변수 X, Y 중 X의 변화가 Y의 변화를 생산해낼 경우 X와 Y의 관계로 옳은 것은?
> ① 상관관계　　　　　　　　　② 인과관계
> ③ 선후관계　　　　　　　　　④ 회귀관계
>
> | 해설 | 인과관계는 한 변수가 다른 변수에 영향을 미쳐 변화시키는 '원인 → 결과'의 관계이다.　　　　| 정답 | ②

4 실험설계의 타당성

1. 타당성

타당성이란 측정하고자 하는 바를 얼마나 정확하게 측정하였는지를 나타내는 개념이다. 내적 타당성은 측정 결과가 실험처치(독립변수)의 영향으로 발생한 것인지의 여부를 의미하며, 외적 타당성은 연구 결과를 다른 사람이나 상황에 일반화할 수 있는지의 여부를 의미한다.

2. 내적타당성(Internal Validity) 빈출

(1) 내적타당성의 의미

독립변수와 종속변수 간의 인과관계를 추론하여 이것이 실험에 의한 진정한 변화인지를 판단하는 인과조건의 충족 정도를 의미한다.

(2) 내적타당성을 저해하는 요인

① 성숙효과(Maturation Effect): 실험기간 중에 성숙 또는 시간의 경과에 따라 독립변수의 변화가 아닌 실험대상자의 육체적·심리적·연구통계적 특성의 변화가 종속변수에 영향을 미치는 경우이다.
   　예 체육활동 후에 대상 청소년들의 키가 부쩍 자라 체육활동이 청소년의 키 성장에 크게 효과가 있다고 추론하였을 때, 청소년들이 체육활동을 진행하는 동안 자연스럽게 성장한 결과로 키가 자랐다고 볼 수 있다.

② 통계적 회귀(Statistical Regression)
   최초의 측정에서 양 극단적인 측정값을 보인 사례들은 이후에 재측정하면 평균값으로 회귀하여 처음과 같은 극단적인 측정값을 나타낼 확률이 줄어드는 경우이다.

③ 시험효과(Testing Effect): 측정이 반복되면서 얻어지는 학습효과로 인해 실험대상자의 반응에 영향을 미치는 경우이며 주시험효과, 검사효과라고도 한다.

④ 외부사건(History)
   ㉠ 연구기간 동안 천재지변이나 예상치 않았던 사건과 같은 '우연적 사건'이 일어나는 경우로, 역사적 요인이라고도 한다.
   ㉡ 연구가 진행되는 중에 환경이 바뀜에 따라 연구결과가 다르게 나타나는 경우이다.

⑤ 도구효과(Instrumentation Effect): 측정자의 측정도구(수단)가 달라짐으로 인해 결과에 영향을 미치는 경우로, 측정수단의 변화라고도 한다.

⑥ 실험변수의 확산 또는 모방(Diffusion or Imitation of Treatments): 실험집단과 통제집단을 적절히 통제하지 않아 두 집단 간에 발생하는 모방심리가 결과에 영향을 미치는 경우이다.
⑦ 표본의 편중(Selection Bias)
전체 모집단을 대표하지 못하는 표본이 선택되어 조사 결과에 왜곡이 생기는 현상이다.
⑧ 실험대상의 탈락(Mortality): 조사기간 중 특정 실험대상의 이탈로 인해 결과에 영향을 미치는 경우이다.
⑨ 선별요인: 편견을 가지고 선발하여 결과에 영향을 미치는 경우이다.

(3) 내적타당성을 높이는 방법
① 무작위할당(Random Assignment)
  ㉠ 조사대상자들을 실험집단과 통제집단에 동일 비율로 무작위할당한다.
  ㉡ 내적타당성 저해요인들을 통제하는 데 가장 효과적인 방법이다.
② 짝짓기(Matching)
종속변수에 영향을 미칠 것이라고 생각되는 변수를 실험집단과 통제집단에 동일하게 맞춰 배치하는 것으로, 배합이라고도 한다.
③ 통계적 통제(Statistical Control)
  ㉠ 자료분석단계에서 통제변수의 영향력을 통계적으로 통제한다.
  ㉡ 일종의 사후적인 통제방법이다.

> **Plus +**
> **현지실험조사**
> 외부의 영향이나 다른 변수들의 영향을 의도적으로 통제하지 않은 실제의 자연적 상황 속에서 독립변수의 조작에 따른 종속변수의 변화를 측정함으로써 독립변수의 효과를 측정하거나 인과관계에 대한 가설을 검증하는 조사이다.

기출문제 CHECK 2019년 1회

실험설계의 내적타당도 저해요인이 아닌 것은?
① 검사효과   ② 사후검사
③ 실험대상의 탈락   ④ 성숙 또는 시간의 경과

| 해설 | 사후검사는 일반적으로 결과를 측정하는 도구일 뿐이며, 오히려 실험 결과를 평가하는 데 필수적이다. | 정답 | ②

---

3. 외적타당성(External Validity) 빈출

(1) 외적타당성의 의미
① 연구결과에 의해 기술된 인과관계가 실험대상 이외의 경우로 확대될 수 있는 정도를 나타낸다.
② 조사연구결과의 일반화와 관련 있다.

(2) 외적타당성을 저해하는 요인
① 표본의 대표성(Sample Representativeness)
  ㉠ 선정된 표본이 전체 모집단을 잘 대표한다는 것으로, 표본이 모집단을 잘 대표하지 못하면 외적타당성이 낮아진다.
  ㉡ 표본의 크기가 클수록, 모집단으로부터 확률표집방법에 의해 표본을 표집할수록 표본의 대표성을 증가시킬 수 있다.

> **Plus +**
> 조사대상자들이 모집단을 잘 대표할수록, 조사 상황이 일반적인 상황을 대표할수록, 조사대상자들의 조사 반응성이 낮을수록, 플라시보효과가 낮을수록 외적타당성이 높아진다.

② 생태적 대표성(Ecological Representativeness)
  ㉠ 실험이 이루어지는 해당 지역의 환경 및 상황이 실제 일반적인 상황을 대표한다는 것으로, 실험상 생태학적 상황이 연구결과의 일반화 여부에 영향을 미친다.
  ㉡ 실험의 조건과 과정이 일반적인 상황에 그대로 적용 가능할수록 외적타당성이 높아진다.
③ 실험에 대한 반응성
  ㉠ 실험대상자가 자신이 실험에 참여하고 있음을 의식하여 실험에 반응하는 것이다.
  ㉡ 실험대상자가 자신이 실험대상이 되고 있음을 인식하면 실험변수에 대한 반응을 변화시키게 되는데, 이를 호손효과(Hawthorne Effect)라고 한다.
④ 플라시보효과(Placebo Effect)
  ㉠ 가짜 약을 진짜 약이라고 믿고 먹으면 마치 진짜 약을 먹은 것처럼 환자의 병세가 실제로 호전되는 효과로, 위약효과라고도 한다.
  ㉡ 실험대상자에게 실험 처치나 개입이 주어지지 않았는데도 '실험처치를 받고 있다'고 느끼는 믿음으로 인해 마치 실험처치를 받은 것과 유사한 효과가 나타난다.
⑤ 실험적 처리의 일반성(Generality of Experimental Treatment): 실험을 처리하는 연구자가 실험에 대해 제대로 훈련을 받은 사람인지의 여부에 따라 결과가 다르며 외적타당성에 영향을 미친다.

(3) 외적타당성을 높이는 방법
① 표본의 대표성을 높인다. 즉, 실험대상을 일반화시키고자 하는 대상 모집단을 규정한 다음 무작위추출법을 활용하여 표본을 추출한다.
② 대표적 사례만을 표본으로 선정하여 조사한다.
③ 연구를 반복적으로 실시하고 현실적인 상황을 고려한 설계를 한다.
④ 호손효과나 플라시보효과를 통제하기 위해 통제집단을 추가한 실험설계를 실시한다.

> **기출문제 CHECK** 2018년 3회
>
> 다음 중 조사연구결과의 일반화와 가장 관련이 깊은 것은?
> ① 내적타당성   ② 외적타당성
> ③ 신뢰성   ④ 자료수집방법
>
> | 해설 | 외적타당성은 연구결과에 의해 기술된 인과관계가 실험대상 이외의 경우로 확대될 수 있는 정도를 나타내며, 일반화와 관련 있다.
> | 정답 | ②

4. 내적타당성과 외적타당성의 관계
① 내적타당성과 외적타당성 모두를 높이는 실험설계가 가장 이상적이다.
② 일반적으로 내적타당성을 높이고자 하면 외적타당성이 낮아지고, 외적타당성을 높이고자 하면 내적타당성이 낮아진다.
③ 내적타당성은 외적타당성을 위한 필요조건이지만 충분조건은 아니다.

Plus +

호손효과(Hawthorne Effect)
1920년대 호손 웍스(Hawthorne Works)라는 전구 제조 공장에서 실시된 '조명 밝기와 생산성 사이의 관계를 알아보는 실험'에서 유래된 표현이다.

Plus +

현실적으로 내적타당성과 외적타당성 모두를 높이는 것은 불가능하다.

기출문제 CHECK 2020년 3회

타당도에 대한 설명으로 옳은 것을 모두 고른 것은?

> ㉠ 타당도는 측정하고자 하는 바를 얼마나 정확하게 측정하였는가에 대한 개념이다.
> ㉡ 내적타당도는 측정된 결과가 실험변수의 변화 때문에 일어난 것인가에 관한 문제이다.
> ㉢ 외적타당도는 연구결과의 일반화 가능성에 대한 것이다.
> ㉣ 일반적으로 내적타당도를 높이고자 하면 외적타당도가 낮아지고, 외적타당도를 높이고자 하면 내적타당도가 낮아진다.

① ㉠
② ㉠, ㉡
③ ㉠, ㉡, ㉢
④ ㉠, ㉡, ㉢, ㉣

| 해설 | 모두 타당도에 대한 옳은 설명이다. | 정답 | ④

5 실험설계의 유형

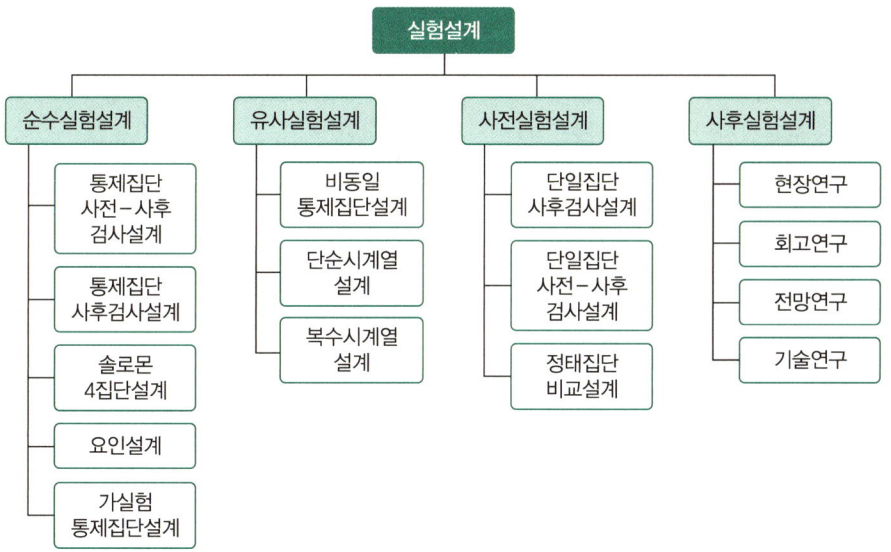

Plus +

실험설계는 실험집단과 통계집단에 대한 무작위할당, 독립변수의 조작, 외생변수의 통제 등이 어느 정도 충족되는지에 따라 순수실험설계, 유사실험설계, 사전실험설계, 사후실험설계로 분류된다.

1. 순수실험설계 빈출

(1) 순수실험설계(True-experimental Design)의 이해

① 실험설계를 위해 충족되어야 하는 조건을 충실하게 갖추고 있는 설계유형으로, 진실험설계라고도 한다.
② 내적타당성을 저해하는 요인들을 최대한 통제한 설계유형이다.
③ 상업적 연구보다 학문적 연구에서 주로 활용된다.
④ 통제집단 사전-사후검사설계, 통제집단 사후검사설계, 솔로몬 4집단설계, 요인설계 등이 있다.

(2) 통제집단 사전-사후검사설계(Pretest-posttest Control Group Design)

① 무작위할당으로 실험집단과 통제집단을 나누고 두 집단 모두 사전검사를 실시한 후 실험집단에만 개입한다. 이후 두 집단 모두 사후검사를 실시한다.

> 예 수학과외의 효과를 측정하기 위해 유사한 특징을 가진 두 집단을 구성하고 각각 수학시험을 보게 한 후, 한 집단에만 과외를 시키고 다시 각각 수학시험을 보게 하였다.

집단		사전검사	처치	사후검사
무작위할당	실험집단	Obs	Tx	Obs
	통제집단	Obs	-	Obs

Tx=처치(Treatment), Obs=관찰(Observation)

② 실험집단과 통제집단의 동질성을 확보할 수 있으며, 시험효과(Testing Effect)를 제거하기 쉽고 외생변수의 통제가 가장 용이하다.
③ 내적타당성을 저해하는 요인을 통제하여 내적타당성은 높으나 일반화 가능성인 외적타당성이 낮다.
④ 검사요인을 통제하기 어렵고, 외부변수의 작용이 개입될 여지가 많다.

(3) 통제집단 사후검사설계(Posttest-only Control Group Design)

① 무작위할당으로 실험집단과 통제집단을 나누고 실험집단에만 처치를 가하고 두 집단 모두 사후검사만을 실시하여 결과를 서로 비교한다.

> 예 저소득층의 중학생들을 대상으로 무작위로 실험집단과 통제집단에 각각 50명씩 할당하여 실험집단에는 한 달간 48시간의 학습프로그램 개입을 실시한 후 사후검사를 실시하였고, 통제집단은 아무런 개입 없이 사후검사만 실시하였다.

집단		처치	사후검사
무작위할당	실험집단	Tx	Obs
	통제집단	-	Obs

Tx=처치(Treatment), Obs=관찰(Observation)

② 통제집단 사전-사후검사설계의 단점을 보완한 설계유형이다.
③ 사전검사의 영향을 제거할 수 있으며, 통제집단 사전-사후검사설계에 비해 간단하고 비용이 적게 소요된다.
④ 사전검사를 실시하지 않으므로 실험집단과 통제집단의 동질성을 확보할 수 없다.

(4) 솔로몬 4집단설계(Solomon Four Group Design)

① 무작위할당으로 4개의 집단을 구성하며, 2개의 집단은 사전검사를 실시하고 2개의 집단은 사전검사를 실시하지 않는다. 사전검사를 실시한 두 집단 중 하나와 사전검사를 실시하지 않은 집단 중 하나에 처치를 하고, 모두 사후측정을 하여 사후측정에서의 차이점이 독립변수에 의한 것인지, 사전측정에 의한 것인지를 비교한다.

Plus +

시험효과(Testing Effect)
측정이 반복되면서 얻어지는 학습효과로 인해 실험대상자의 반응에 영향을 미치는 경우이다.

집단		사전검사	처치	사후검사
무작위할당	실험집단 1	Obs	Tx	Obs
	통제집단 1	Obs	–	Obs
	실험집단 2	–	Tx	Obs
	통제집단 2	–	–	Obs

Tx = 처치(Treatment), Obs = 관찰(Observation)

② 통제집단 사전-사후검사설계와 통제집단 사후검사설계를 결합한 형태로, 가장 이상적인 설계유형이다.
③ 모든 외생변수를 통제하고, 내적타당성을 높일 수 있는 동시에 외적타당성도 높일 수 있다.
④ 실험집단과 통제집단을 선정하고 관리하는 것이 어렵고 비경제적이다.

(5) 요인설계(Factorial Design)
① 실험집단에 둘 이상의 요인이 존재하는 경우 요인들의 가능한 모든 수준을 조합하여 실험하도록 설계하는 것이다.
② 실험집단과 통제집단을 설정한 후 개별 독립변수와 종속변수, 복수의 독립변수와 종속변수의 인과관계를 검증한다.
③ 여러 요인을 동시에 다루므로 실험횟수를 줄이면서도 많은 정보를 얻을 수 있어 시간·비용면에서 효율적이지만, 독립변수의 수가 너무 많으면 시간·비용이 많이 소요될 수 있다.
④ 요인준별로 집단을 구성하여 비교분석이 가능하므로 각 조합의 효과를 구체적으로 파악할 수 있다.

(6) 가실험 통제집단설계
통제집단 사전-사후검사설계나 통제집단 사후검사설계에 플라시보효과를 측정할 수 있는 통제집단을 하나 더 추가하여 세 집단을 비교한다. 이는 플라시보(위약) 통제집단설계라고도 한다.

기출문제 CHECK 2018년 2회

순수실험설계에 대한 설명으로 옳은 것은?
① 통제집단 사후실험설계는 결과변수 값을 두 번 측정한다.
② 통제집단 사전-사후설계의 경우 주시험 효과를 제거하기 어렵다.
③ 순수실험설계는 학문적 연구보다 상업적 연구에서 주로 활용된다.
④ 솔로몬 4집단설계는 통제집단 사전-사후설계와 통제집단 사후실험설계의 결합 형태이다.

| 해설 | 솔로몬 4집단 설계는 실험집단과 통제집단 각각에 대해 사전조사를 하는 집단과 하지 않는 집단을 모두 포함하여 구성되며, 이를 통해 사전조사의 영향(주시험 효과)을 통제할 수 있다. | 정답 | ④

Plus +

플라시보효과 (Placebo Effect)
가짜 약을 먹고서도 그것이 진짜인 것으로 인식하면 실제 약 복용과 유사한 효과가 나타날 수 있다는 것으로, 위약효과라고도 한다.

2. 유사실험설계(Quasi-experimental Design) 빈출

(1) 유사실험설계의 이해
① 실험설계를 위해 충족되어야 하는 조건 중 한두 가지가 결여된 경우에 사용하는 설계유형으로, 준실험설계 또는 의사실험설계라고도 한다.
　예 무작위할당에 의해 실험집단과 통제집단으로 나눌 수 없는 경우
② 순수실험설계에 비해 내적타당성이 낮다. 그러나 현실적으로 실험설계의 인위적인 통제가 어렵다는 점을 고려할 때 실제 연구에서 더 많이 적용되며, 외적타당성은 순수실험설계보다 높은 경우가 많다.
③ 비동일 통제집단설계, 단순시계열설계(단일집단 반복실험설계), 복수시계열설계, 동류집단설계 등이 있다.

(2) 비동일 통제집단설계(Nonequivalent Control Group Design, 집단 비교 설계)
① 연구자가 임의로 선정한 실험집단과 통제집단을 대상으로 사전-사후검사를 실시하여 종속변수의 변화를 비교한다.
② 실험집단과 통제집단이 무작위로 배치되지 않았기 때문에 두 집단의 초기상태가 동일하지 않을 가능성이 크다.
③ 사회과학에서 가장 빈번히 사용되는 유사실험설계의 유형이다.

(3) 단순시계열설계(Time Series Design, 단일집단 반복실험설계)
① 연구자가 임의로 선정한 단일집단을 대상으로 실험처치 전후에 일정 기간을 두고 몇 차례(최소 3번 이상) 사전-사후검사를 실시하여 종속변수의 변화를 비교한다.
② 통제집단을 별도로 두지 않기 때문에 내적타당성의 문제점을 보일 수 있다.
③ 실험처치 전후 기간 동안 관찰값에 영향을 미치는 사건의 유무를 확인해야 한다.
④ 연구결과가 실험조치에 의한 것인지 아니면 역사요인이나 회귀요인 및 시험효과에 의한 것인지를 확신할 수 없다.

(4) 복수시계열설계(Multiple Time Series Design, 통제시계열설계)
① 연구자가 임의로 선정한 실험집단과 통제집단을 대상으로 실험집단은 실험처치의 전과 후에 여러 번 사전-사후검사를 실시하고, 통제집단은 실험처치 없이 사전-사후검사를 실시하여 측정 시기에 따른 두 집단의 변화상태를 지속적으로 비교한다.
② 단순시계열설계에 통제집단을 추가하여 우연한 사건 등에 의한 내적타당성의 문제점을 개선한 것이다.
③ 단순시계열설계에 비해 내적타당성을 높일 수 있으나, 실험집단과 통제집단의 구분이 무작위할당에 의한 것이 아니므로 이질적일 수 있다.

3. 사전실험설계(Pre-experimental Design) 빈출

(1) 사전실험설계의 이해
① 순수실험설계를 하기 전에 문제를 도출하기 위하여 시험적으로 실시하는 탐색조사의 성격을 지닌 설계유형으로, 원시실험설계라고도 한다.
② 무작위할당으로 실험대상자를 선정할 수 없고, 통제집단(비교집단)이 선정되지 않거나 선정되더라도 동질성이 없으며, 독립변수의 조작에 의한 변화 관찰이 한두 번 정도로 제한되는 등 실험적 통제가 거의 불가능하기 때문에 내적타당성과 외적타당성을 저해하는 요인을 거의 통제하지 못한다.
③ 단일집단 사후검사설계, 단일집단 사전-사후검사설계, 정태집단 비교설계 등이 있다.

(2) 단일집단 사후검사설계(One Group Posttest-only Design)
① 연구자가 임의로 선정한 단일집단을 대상으로 실험처치를 한 후 종속변수의 특성을 검사하여 결과를 평가하는 것으로, 단일사례연구(One-shot Case Study) 혹은 1회 사례연구라고도 한다.
② 탐색적 목적으로 수행되는 경우에 유용하다.
③ 비교관찰 없이 단 한 번의 실험처치의 효과를 판단한다.
④ 가설검증을 위한 근거가 충분하지 않으며, 외생변수의 통제가 어렵다.

(3) 단일집단 사전-사후검사설계(One Group Pretest-posttest Design)
① 연구자가 임의로 선정한 단일집단을 대상으로 사전검사를 실시하고 실험처치를 한 후, 사후검사를 실시하여 처치 전후의 인과관계를 추정한다.
② 통제집단을 별도로 두지 않기 때문에 내적타당성의 문제점을 보일 수 있으며, 외적타당성을 저해하는 요인이 작용할 수 있기 때문에 실험결과를 일반화시키기 어렵다.
③ 실험처치 이전 또는 이후의 기간 동안 관찰값에 영향을 미치는 사건의 유무를 확인해야 한다.
④ 연구결과가 실험처치에 의한 것인지 아니면 역사요인이나 성숙요인에 의한 것인지 확신할 수 없다.

(4) 정태집단 비교설계(Static Group Comparison Design)
① 연구자가 임의로 실험집단과 통제집단을 선정한 후 처치를 가한 실험집단과 그렇지 않은 통제집단의 결과를 비교하는 것으로, 고정집단 비교설계라고도 한다.
② 통제집단 사후검사설계에서 무작위할당을 제외한 연구설계이다.
③ 외부요인 효과의 발생 가능성을 배제하기 어렵고, 집단 간 동질성 보장이 어렵다.
④ 무작위할당에 의한 동등화가 이루어지지 않으므로 선택의 편의가 발생하며, 두 집단 간의 교류를 통제하지 못하므로 모방 효과가 발생할 수 있다.
⑤ 실험집단과 통제집단이 무작위로 배치되지 않았기 때문에 두 집단의 초기상태가 동일하지 않을 가능성이 크다.

> **Plus +**
> **내적타당도 높은 순서**
> 순수실험설계>유사실험설계 >
> 사전실험설계(원시실험설계) >
> 사후실험설계>비실험설계

4. 사후실험설계(Ex Post Facto Design)

(1) 사후실험설계의 이해

① 독립변수를 조작할 수 없는 상태 또는 이미 노출된 상태에서 변수 간의 관계를 검증하기 위한 설계유형이다.
② 독립변수에 대한 조작이 불가능하고 외생변수의 개입 가능성이 크기 때문에 인과관계를 밝힐 수 없으며, 변수 간의 상관관계 검증만 가능하다.
③ 중요한 변수 발견, 변수 간의 관계를 밝히기 위한 가설검증, 탐색적 연구목적으로 사용된다.
④ 독립변수에 대한 통제가 윤리적으로 바람직하지 않을 때 사용될 수 있다.
⑤ 사후실험설계의 장점
  ㉠ 다양한 변수를 종합적으로 고려할 수 있고, 이로부터 분석 및 해석에 있어 편파적이거나 근시안적 관점에서 벗어날 수 있다.
  ㉡ 자연적 실제 상황에서 검증하므로 가설의 실제적 가치 및 현실성을 높일 수 있다.
  ㉢ 인위적이지 않은 변수를 검증하므로 조사의 과정 및 결과가 객관적이며, 조사를 위해 투입되는 시간과 비용을 절감할 수 있다.
  ㉣ 광범위한 대상으로부터 자료를 수집하므로 분석과 해석의 범위가 넓어진다.
⑥ 사후실험설계의 단점
  ㉠ 독립변수에 대한 직접적인 조작이 불가능하기 때문에 순수실험설계에 비해 변수 간의 인과관계를 명확히 밝히기 어렵다.
  ㉡ 외생변수를 통제하기 어렵다.
  ㉢ 원인을 추적할 때 원인과 결과가 바뀔 수 있다.

(2) 사후실험설계의 유형

① 현장연구(Field Study): 현실상황이나 자연상태에서 실험대상을 관찰하여 변수들 간의 관계를 규명하는 연구이며, 상황에 대한 통제가 불가능하다.
② 회고연구(Retrospective Study): 지금의 특정 현상이 과거의 어떤 요소의 영향으로 인해 발생하였는지를 찾아내는 연구이며, 현재 일어난 사건이나 현상에 대한 원인을 과거에서 찾아내기 위해 거꾸로 추적한다.
③ 전망연구(Prospective Study): 어떤 결과의 원인이라고 생각되어질 수 있는 변수들을 파악하고 일정시간이 경과한 후 결과가 발생하였는지를 조사하는 연구이다.
④ 기술연구(Descriptive Study): 확인된 현상을 있는 그대로 기술하는 연구이다.

작은 성공부터 시작하라.

성공에 익숙해지면 무슨 목표든지 이룰 수 있다는
자신감이 생긴다.

– 데일 카네기(Dale Carnegie)

제2과목

조사관리와 자료처리

2026 CBT 출제 예상 키워드

CHAPTER 01 자료수집방법 p.86

- 2차 자료의 종류
- 퓨필로미터
- 표적집단면접
- 간접질문의 종류
- 투사법
- 면접실시
- 개방형 질문
- 면접법의 장단점
- 최근정보효과

CHAPTER 02 실사관리 p.109

- 조사원의 자세교육
- 설문지상의 문제 발생 시 대응 방안

CHAPTER 03 2차 자료 분석 p.122

- 2차 자료의 종류
- 2차 자료의 유형

CHAPTER 04 측정의 타당성과 신뢰성 p.129

- 변수의 종류
- 조작적 정의
- 순위법
- 측정오차의 종류
- 개념의 의미
- 가설의 의미
- 의미분화척도
- 타당성의 종류
- 재정의(재개념화)
- 측정의 의미
- 측정오차의 개념
- 내적일관성법

CHAPTER 05 자료처리 p.163

- 자료처리의 의미
- 문항별 범위 설정
- 재조사 실시 및 대상
- 입력된 자료의 적합성 판단 및 오류 값 수정
- 자료값의 범위 설정
- 무응답의 유형 및 처리 방법
- 개방형 응답내용의 부호화
- 응답자 ID값의 범위 설정
- 결측값과 무응답

CHAPTER 01 자료수집방법

학습방법

- ☑ 1차 자료와 2차 자료의 특징과 장단점을 정리한다.
- ☑ 설문지법, 관찰법, 면접법의 개념을 학습하고, 장단점을 비교한다.
- ☑ 우편조사, 전화조사, 온라인 조사, 집단조사의 개념을 학습하고, 장단점을 비교한다.
- ☑ 관찰과 관찰법의 유형, 관찰자의 역할을 암기한다.
- ☑ 면접법의 유형, 특히 표준화면접과 비표준화면접의 특징과 장단점을 정리한다.

1 자료의 이해 및 자료수집방법의 분류

1. 자료의 이해

(1) 자료의 의미

① 자료란 보고서에 직접적 또는 간접적으로 이용되는 모든 정보를 의미한다.
② 연구자는 연구문제를 해결하고 조사목적을 달성하기 위해 분석에 필요한 자료를 수집해야 한다.

(2) 자료의 유형

① 1차 자료(Primary Sources)
  ㉠ 연구자가 현재 수행 중인 연구의 목적을 달성하기 위해 적절한 조사설계를 통하여 직접 수집한 자료이다.
  ㉡ 조사설계 단계에서 표본추출방법 선정, 자료수집 대상 선정, 측정해야 할 개념과 척도 구성, 자료수집방법 결정 등을 작성한다.
  ㉢ 자료수집방법으로는 질문지법, 관찰법, 면접법, 우편조사법, 전화조사법, 온라인조사법, 투사법 등이 있다.
  ㉣ 연구자가 직접 자료를 수집했으므로 자료의 결측값, 이상값 등을 추적할 수 있다.

② 2차 자료(Secondary Sources)
  ㉠ 연구목적을 위해 사용될 수 있는 이미 연구된 기존 자료이다.
  ㉡ 개인, 집단, 조직, 기관 등에 의해 이미 만들어진 각종 통계자료, 조사기관의 정기·비정기 간행물, 기업에서 수집한 자료, 상업용 자료 등이 있다.
  ㉢ 2차 자료를 이용하는 대표적인 조사방법은 문헌조사이다.
  ㉣ 경우에 따라 2차 자료만으로도 당면한 조사문제를 평가할 수 있고, 가설의 검증을 위해서도 사용할 수 있다.
  ㉤ 자료를 직접 수집하지 않아도 되며 기존 데이터를 수정, 편집해서 분석할 수 있다.
  ㉥ 다른 방법에 의해 수집된 자료를 보충하고 타당성을 검토하기 위해 사용한다.
  ㉦ 1차 자료의 수집과 비교하여 상대적으로 수집에 드는 시간과 비용이 적게 들며, 지속적인 자료수집이 가능하므로 적은 비용으로 대규모 사례 분석이 가능하다.

ⓞ 연구자가 원하는 개념을 측정할 수 없으므로 척도의 타당성이 문제될 수 있다.
ⓧ 2차 자료를 활용할 때 자료의 편향성(Bias), 자료 간 일관성 부재, 불완전한 정보의 한계 등과 같은 사항을 주의해야 한다.

> **Plus +**
> 2차 자료는 비반응성 자료수집이므로 연구대상의 반응성(Reactivity) 오류를 피할 수 있다.

기출문제 CHECK 2022년 2회

2차 자료에 대한 설명으로 맞는 것은?
① 1차 자료에 비해 비용과 시간을 절약할 수 있다.
② 현재 연구 중인 조사목적에 따라 정확도, 신뢰도, 타당도를 평가할 수 있다.
③ 1차 자료에 비해 조사목적에 적합한 정보를 의사결정이 필요한 시기에 적절히 이용하기 쉽다.
④ 조사자가 현재 수행 중인 연구의 목적을 달성하기 위해 적절한 조사설계를 통하여 직접 수집한 자료이다.

| 해설 | 2차 자료는 1차 자료에 비해 상대적으로 시간과 비용이 적게 들며 지속적인 자료수집이 가능하므로 적은 비용으로 대규모 사례 분석이 가능하다. | 정답 | ①

2. 자료수집방법의 분류

(1) 자료수집방법

① 1차 자료를 수집하는 방법으로는 질문지법, 관찰법, 면접법, 서베이조사, 투사법 등이 있고, 2차 자료를 수집하는 방법으로는 문헌조사 등이 있다.
② 면접법에는 심층면접법과 표적집단면접법 등이 있으며, 서베이조사에는 대인조사, 전화조사, 우편조사, 온라인조사 등이 있다.
③ 문헌조사는 연구분야와 관련된 각종 참고문헌들에 대해 조사하여 과거에 연구가 행해진 것 중 이론이나 개념정의, 분석방법 등을 검토하며 대표적인 문헌조사로 내용분석법(Content Analysis)이 있다.

(2) 자료수집방법 선택의 기준

① 연구목적, 자료의 성격과 질, 수집자와 대상자의 특성, 비용과 시간, 환경적 상황 등을 고려해야 한다.
② 조사에 필요한 자료가 다양한 경우에는 관찰에 의한 직접적 방법보다 면접법이나 설문지법과 같은 간접적인 방법이 적합하다.
③ 자료수집에 소요되는 시간과 비용은 대체로 직접 관찰이 가장 많이 든다.
④ 조사의 궁극적 대상이 되는 모집단의 크기가 클수록, 공간적 분포가 넓을수록 비용과 시간이 많이 필요하므로, 우편조사법을 활용하는 것이 가장 적합하다.
⑤ 수집대상의 참여 의욕이 높은 경우에는 설문지법이 적합하며, 수집대상이 정보 제공을 꺼리거나 조사되고 있다는 사실에 예민하게 반응하는 경우에는 관찰법이 적합하다.
⑥ 일반적으로 가장 높은 응답률을 확보할 수 있는 조사방법은 면접법으로 어린이나 노인에게 가장 적절하며, 추가 질문을 통해 보충적인 자료가 수집될 수 있어 복잡한 질문을 다루는 데 가장 적합하다.

> **Plus +**
> • 면접법: 심층면접법, 표적집단면접법 등
> • 서베이조사: 대인조사, 전화조사, 우편조사, 온라인조사 등
> • 투사법: 단어연상법, 그림묘사법, 문장완성법 등
> • 문헌조사: 내용분석법 등

> **Plus +**
>
> **라포(Rapport, 래포)**
> 면접조사의 원활한 자료수집을 위해 조사자가 응답자와 인간적인 친밀관계를 형성하는 것이다.

📖 **보충학습** 자료수집방법(면접조사, 전화조사, 우편조사, 인터넷조사)의 비교

- 4가지 방법 모두 개방형 질문을 활용할 수 있다.
- 조사자와 응답자가 직접 대면하는 면접조사가 가장 응답률이 높다.
- 면접조사는 다른 조사에 비해 라포(Rapport)의 형성이 용이하다.
- 면접조사는 추가 질문하기가 가장 쉽고, 우편조사가 가장 어렵다.
- 전화조사는 면접조사에 비해 시간이 적게 소요된다.
- 전화조사는 전화상으로 답변한 내용만 기록하기 때문에 자기기입식 자료수집방법이 아니다.
- 조사자의 영향을 가장 적게 받는 것은 우편조사이다.
- 익명성을 보장하려면 면접조사보다는 우편조사를 실시한다.
- 인터넷조사는 우편조사에 비하여 비용이 적게 소요된다.
- 인터넷조사는 다른 조사에 비해 시각보조자료의 활용이 용이하다.

기출문제 CHECK 2022년 1회

일반적으로 실행되는 면접조사, 전화조사, 우편조사를 비교한 설명으로 틀린 것은?

① 3가지 방법 모두 개방형 질문을 활용할 수 있다.
② 조사자의 영향을 가장 적게 받는 것은 전화조사이다.
③ 복잡한 질문을 다루는 데는 면접조사가 가장 적합하다.
④ 익명성을 보장하려면 면접조사보다는 우편조사를 실시한다.

| 해설 | 조사자의 영향을 가장 적게 받는 것은 우편조사이다. | 정답 | ②

2 질문지법

1. 질문지법의 이해

(1) 질문지법(Questionnaire)의 의미

① 작성된 질문지를 배부하고, 조사대상자에게 작성하도록 하는 자료수집방법이다.
② 구조화·표준화된 질문지를 활용하여 자료를 수집하는 방법이다.
③ 양적자료를 수집하기 위한 목적으로 활용된다.

(2) 질문지법의 특징

① 1차 자료수집방법에 해당한다.
② 일련의 상호 연관된 질문들로 구성되어 있으며, 질문들이 논리적으로 연결되어 있다.
③ 간결하고 명료한 문장을 사용해야 하며, 추상적인 개념에 대해 조작적 정의가 필요하다.
④ 사회과학 영역에서 설문조사 등에 많이 사용된다.
⑤ 응답자가 조사의 목적을 알고 있는 상태일 때 사용해야 신뢰성이 높은 결과를 얻을 수 있다.

(3) 질문지법의 장단점

장점	• 다른 조사도구보다 시간·비용이 절약된다. • 큰 표본에도 적용이 용이하다. • 보다 넓은 범위에서 쉽게 응답자에게 접근할 수 있다. • 현장 연구원이 필요 없으며, 조사자의 편견이 배제될 수 있다. • 응답자가 충분한 시간을 가지고 응답에 신중을 기할 수 있으며, 보다 솔직한 응답을 요구할 수도 있다. • 익명성이 보장되어 응답자가 안심하고 응답할 수 있으며, 응답자의 편의에 따라 대답을 완성할 수 있다. • 빠른 시간 안에 객관적이고 정확한 정보를 선별하여 입수할 수 있다. • 질문항목들이 명확하게 기술되어 있는 경우 반복 측정 시 다른 응답이 나올 가능성이 높지 않아 측정의 신뢰성을 보장할 수 있다. • 표준화된 질문지를 이용하여 연구결과의 비교가능성을 높일 수 있다.
단점	• 질문에 대한 무응답률이 높으며, 질문지의 회수율이 낮다. • 비언어적 행위나 특성을 기록할 수 없다. • 관심도가 낮은 질문의 내용에는 기록하지 않을 가능성이 있다. • 응답해야 할 사람이 응답했는지 의문시 될 수 있어 응답에 대한 신뢰성 문제가 제기될 수 있다. • 조사대상자의 삶에 대한 전체적인 맥락을 다루지 못한다.

기출문제 CHECK 2019년 3회

질문지법에 관한 내용으로 옳지 않은 것은?

① 1차 자료 수집 방법에 해당한다.
② 간결하고 명료한 문장을 사용해야 한다.
③ 추상적인 개념에 대해 조작적 정의가 필요하다.
④ 응답자가 조사의 목적을 모르는 상태일 때 사용해야 결과에 신뢰성이 높다.

| 해설 | 응답자가 조사의 목적을 알고 있어야 결과에 대한 신뢰성이 높다.　　　　　　　　　　　| 정답 | ④

2. 질문지법의 구성

(1) 질문형식에 따른 분류

① 직접질문
　㉠ 응답자에게 의견을 직접적으로 묻는 것이다.
　㉡ 간편하게 정보를 입수할 수 있다는 장점이 있다.

② 간접질문
　㉠ 응답자에게 의견을 간접적으로 묻는 것으로, 질문의 문맥상 응답자가 조사자의 직접적인 의도를 파악하지 못하도록 한다.
　㉡ 여러 가지 이유로 응답자가 진실한 답변을 회피하거나 거절할 경우, 또는 거짓말을 할 가능성이 있는 경우 등에서 보다 정확한 응답을 얻기 위해 사용한다.

> **Plus +**
> 질문지 작성에 사용되는 대표적인 질문의 유형에는 직접질문, 간접질문, 사실질문, 견해 및 태도질문, 개방형, 폐쇄형, 양자택일형, 다지선다형, 서열식, 평정식, 행렬식 질문 등이 있다.

ⓒ 투사법, 정보검사법, 단어연상법, 오류선택법, 토의완성법 등이 있다.

투사법 (Projective Method)	• 인간의 **무의식** 속에 내재되어 있는 **동기, 가치, 태도** 등을 알아내기 위해 **모호한 자극**을 응답자에게 제시하여 반응을 파악한다. 예 조사자가 미완성의 문장을 제시하면 응답자가 문장을 완성시킨다. • 응답자가 직접 말할 수 없거나 말하고 싶지 않은 대상과 행동을 보다 잘 이해하기 위해 직접적인 질문 대신 **가상의 상황**으로 응답자를 자극하여 진실한 응답을 이끌어내는 방법이다. • 유형으로는 구성(Construction), 연상(Association), 완성(Completion), 표현(Expression) 등이 있다.
정보검사법 (Information Test)	• 어떤 주제에 대해 응답자가 가지고 있는 **정보의 양과 종류**를 확인한다. • 어떤 주제에 관심이 많다는 것은 곧 호감의 신호라고 전제하여 개인이 갖고 있는 지식의 총량을 확인한다.
단어연상법 (Association Technique)	• 응답자에게 **일련의 단어나 문장 또는 그림 등을 제시**하고 순간 떠오르는 단어를 말하게 하는 것으로, 단어나열법이라고도 한다. • 응답자의 응답시간을 기록하여 반응속도를 분석하기도 하고, 연상되는 단어의 순서를 분석하기도 한다.
오류선택법 (Error-choice Method)	• 어떤 질문에 대해 **옳지 않은 보기를 여러 가지 제시**한 후 응답자가 질문에 대한 답을 선택하도록 한다. • 질문에 대한 어떤 보기에도 사실 관계가 맞는 '팩트'는 담지 않은 상태로 응답자의 응답경향을 확인한다.
토의완성법 (Argument Completion)	• **미완성 문장을 제시**한 후 응답자가 깊이 생각하지 않고 빠른 속도로 완성하도록 한다. • '특정 입장을 내세우는 문장(Argument)'을 완성할 수 있도록 응답자의 특정한 태도를 암시하는 형태의 단어를 비워 둔다. 예 '직장상사와 대화를 나눌 때 나는 _____를 느낀다.'라는 문장을 채워 직장상사에 대한 태도를 확인한다.

ⓔ 간접질문 활용 시 유의사항
- 응답자의 응답을 해석하기 위한 **객관적인 방법이 마련되어야 한다**.
- 언어 구성, 순서 결정, 조사표 작성 등에 대한 유의사항을 숙지하고 최대한 지켜야 한다.
- 직접질문이 가능한 경우라면 간접질문을 사용할 필요가 없다.
- 신뢰성이나 타당성의 불확실성을 고려해야 한다.

(2) 질문내용에 따른 분류

① **사실질문**: 객관적인 사실들에 관한 지식이나 정보를 얻어낼 수 있는 질문이다.
  예 응답자의 성별, 나이, 학력, 가족관계, 건강, 습관 등에 대하여 질문한다.

② **견해 및 태도질문**
  ㉠ 특정한 주제에 대하여 응답자가 가지고 있는 선입견, 아이디어, 두려움, 확신 등에 대한 태도나 이러한 태도에 대한 자신의 견해 등에 대한 질문이다.
  ㉡ 사실질문보다 구성이 어려우며, 용어의 사용, 강조, 문장 순서 등에 주의해야 한다.

(3) 질문문항의 구조에 따른 분류
① 개방형 질문(Open-ended Questions)
- ㉠ 자유응답형 질문으로 응답의 형태에 제약을 가하지 않고 자유롭게 표현할 수 있는 질문이다.

> 귀하가 이번 대통령 선거에서 특정 후보를 선택하는 이유를 자유롭게 작성해주시기 바랍니다.
> (   )

- ㉡ 개방형 질문을 이용하기에 적합한 경우
  - 조사자에게 표본에 대한 정보가 없는 경우
  - 예비조사·탐색적 조사 등 문제의 핵심을 알고자 하는 경우
  - 응답자들의 지식수준이 높아 면접원의 도움 없이 응답할 수 있는 경우
  - 응답자에 대한 사전지식의 부족으로 응답을 예측할 수 없는 경우
  - 특정 행동에 대한 동기 조성과 같은 깊이 있는 내용을 다루고자 하는 경우
  - 대규모 조사보다 조사단위의 수가 적은 경우

② 폐쇄형 질문(Closed-ended Questions)
- ㉠ 사전에 응답선택항목을 연구자가 제시하고 그중 어느 하나를 선택하는 질문이다.

> 귀하의 현재 나이는 어디에 해당합니까?
> ㉮ 10대 ㉯ 20대 ㉰ 30대 ㉱ 40대 ㉲ 50대 이상

- ㉡ 응답자가 질문의 주제에 대해 알고 있는 경우, 또는 어떤 응답을 할 것인지 예상할 수 있는 경우에 유용하다.
- ㉢ 응답범주 작성 원칙
  - 응답범주가 서로 배타적이어서 각 사례가 한 번만 분류되어야 한다(응답범주 간의 상호배타성).
  - 제시된 범주가 가능한 모든 응답범주를 포함하고 있어야 한다(응답범주의 포괄성).
  - 응답범주가 명료하고 간결해야 한다.
  - 같은 종류의 다른 조사결과를 비교할 수 있도록 동일한 단위를 사용해야 한다.
- ㉣ 양자택일형 질문, 다지선다형 질문, 체크리스트형 질문 등이 해당한다.

Plus +
개방형 질문은 특정 견해에 대해 탐색할 수 있는 숙련된 전문 면접자에 의해 진행되어야 한다.

■ 보충학습

개방형 질문의 장단점

장점	단점
• 다양한 의견을 자유롭게 수집할 수 있다. • 특정 주제에 대한 탐색조사에 유용하다. • 응답자의 특색 있는 표현을 생생하게 기록할 수 있다. • 자기표현 기회를 제공하여 응답자에게 존중받는 느낌을 준다. • 예상치 못한 정보나 문제점을 발견하는 데 도움이 된다.	• 무응답이나 불성실한 응답이 나올 가능성이 크다. • 민감한 신분이나 사생활 관련 질문에는 적절하지 않다. • 응답이 끝난 후 코딩이나 편집 등 자료 처리에 시간과 노력이 많이 든다. • 응답 내용의 분류가 어려워 일관된 해석과 분석이 어렵다. • 응답자의 어휘력·표현력에 따라 분석 활용이 제한될 수 있다.

폐쇄형 질문의 장단점

장점	단점
• 응답이 간편하고 시간이 적게 소요되며, 응답률이 상대적으로 높다. • 응답이 끝난 후 코딩이나 편집 등이 간편하고 수량적 분석이 용이하다. • 계측에 통일성을 기할 수 있으므로 신뢰성을 높일 수 있다.	• 조사자가 적절한 응답지를 제시하기 어렵다. • 응답자의 의도를 보다 구체적으로 도출해 낼 수 없다. • 개별 응답자들의 특색 있는 응답내용을 보다 생생하게 기록해 낼 수 없다. • 각각 다른 내용의 응답이라도 제시된 응답항목이 한 가지로 제한되어 있는 경우 동일한 응답으로 잘못 처리될 수 있다.

③ 양자택일형 질문(Dichotomy Questions)/찬부식 질문
  ㉠ 두 가지 선택지만을 제시하고, 그중 어느 하나를 선택하는 질문이다.

  > 귀하는 흡연을 해본 경험이 있습니까?
  > ㉮ 예   ㉯ 아니요

  ㉡ 상반되는 두 가지 선택과 함께 '모르겠다.'와 같은 중립적인 항목을 추가하여 응답자들에게 선택의 폭을 조금 넓혀주기도 한다.
  ㉢ 양자택일형 질문의 특징
    • 응답자가 신속하게 응답할 수 있고, 편집과 집계작업이 간단하다.
    • 두 개의 극단적인 선택만을 제시하므로 중도의 의견을 반영하기 어렵다.

④ 다지선다형 질문(Multiple Choice Questions)
  ㉠ 여러 개(3개 이상)의 응답범주를 나열해 놓고 그중에서 선택하는 질문이다.

  > 당신의 학력은 다음 중 어디에 해당합니까? (   )
  > ㉮ 무학 ㉯ 초졸 ㉰ 중졸 ㉱ 고졸 ㉲ 대졸 ㉳ 대학원 이상

ⓒ 응답범주가 너무 많으면 응답자에게 혼란을 줄 수 있으므로 보통 3~5개 정도가 적당하다.
　　ⓒ 응답범주는 상호배타적으로 중복되지 않아야 하고, 내용을 포괄할 수 있어야 한다.
⑤ 체크리스트형 질문
　　㉠ 여러 개의 응답범주 중 응답자가 원하는 사항에 체크하는 질문이다.

> 당신이 함께 거주하는 가족을 모두 ✔ 표시해 주십시오.
> ㉮ 아버지　㉯ 어머니　㉰ 형제(자매)　㉱ 남편(아내)
> ㉲ 자녀　㉳ 조부모　㉴ 사촌　㉵ 친구(선후배)　㉶ 그 외

　　ⓒ 응답자의 의견 및 태도를 묻거나 객관적인 사실의 존재를 기록하는 데 적합하다.
⑥ 서열식 질문
　　㉠ 여러 개의 응답범주를 나열해 놓고 그중에서 중요성 또는 선호도 등을 고려하여 우선순위에 따라 선택하는 질문이다.

> 귀하가 최근에 가장 많이 방문한 진료과를 순서대로 보기에서 3개만 고르시오.
> 첫 번째 (　　)　두 번째 (　　)　세 번째 (　　)
> ㉮ 내과　㉯ 정형외과　㉰ 피부과　㉱ 신경외과
> ㉲ 안과　㉳ 비뇨기과　㉴ 감염내과　㉵ 소화기내과
> ㉶ 성형외과　㉷ 재활의학과　㉸ 기타(　　)

　　ⓒ 응답내용의 상대적인 서열에 관한 정보를 알 수 있다.
　　ⓒ 응답범주는 10개 항목 이내로 한정하는 것이 바람직하다.
⑦ 평정식 질문
　　㉠ 질문에 대해 응답의 강도(Intensity)를 달리하여 서열화된 응답범주 중에서 하나를 선택하는 질문이다.

> 귀하의 직장에서 보수 관련 만족도는 어떻습니까?
> ㉮ 매우 불만족　㉯ 약간 불만족　㉰ 보통　㉱ 약간 만족　㉲ 매우 만족

　　ⓒ 척도는 보통 3~5개 정도가 적당하다.
　　　예 불만족, 보통, 만족 / 매우 불만족, 약간 불만족, 보통, 약간 만족, 매우 만족 / A, B, C, D, E 등
⑧ 행렬식 질문
　　㉠ 동일한 일련의 응답범주를 가지고 있는 여러 개의 질문문항들을 한데 묶어 하나의 질문 세트를 만든 질문으로, 평정식 질문의 응용 형태이다.

질문	매우 불만족	약간 불만족	보통	약간 만족	매우 만족
A복지관의 위생에 대해 만족하십니까?					
A복지관의 직원 친절도에 대해 만족하십니까?					
A복지관의 주차 편의시설에 대해 만족하십니까?					
A복지관의 매점 운영에 대해 만족하십니까?					
A복지관의 식당 음식에 대해 만족하십니까?					

ⓒ 질문지의 지면을 매우 경제적으로 활용할 수 있다.
ⓒ 상이한 질문문항들에 대한 응답의 비교가 용이하다.
ⓔ 응답자가 질문의 내용을 상세히 검토하지 않은 채 모든 질문문항에 유사하게 응답하려는 경향이 나타날 수 있다.

기출문제 CHECK 2022년 2회

개방형 질문에 대한 설명으로 틀린 것은?
① 강제성이 없으며, 다양한 응답을 얻을 수 있다.
② 특정 견해에 대한 탐색적 질문방법으로 적합하다.
③ 표현상의 차이는 있으나 응답에 대한 동일한 해석이 가능하므로 응답의 일관성을 유지할 수 있다.
④ 자유응답형 질문으로 응답자가 할 수 있는 응답의 형태에 제약을 가하지 않고 자유롭게 표현하는 방식이다.

| 해설 | 개방형 질문은 표현의 자유로 인해 해석이 다양해질 수 있고 응답자의 서술 방식, 단어 선택 등에 따라 의미가 달라질 수 있다.
| 정답 | ③

3. 질문지법의 적용방법

(1) 자기기입식 설문조사
① 응답자가 전달된 설문지를 보면서 제시된 설문에 스스로 응답하는 조사방법이다.
② 조사대상 1인당 비용이 저렴하다.
③ 폐쇄형 질문에 유리하며, 자료입력이 편리하다.
④ 면접 설문조사보다 시간과 비용이 적게 든다.

(2) 우편조사(Mail Survey)
① 설문지를 조사대상자에게 우편으로 보내 스스로 응답하게 한 후 동봉한 반송용 봉투에 담아 회수하는 조사방법이다.

Plus +

서베이조사
(Survey Research)

모집단으로부터 추출된 표본을 대상으로 질문지와 같은 표준화된 조사도구를 사용하여 필요한 자료를 수집하는 조사방법이다. 특히, 특정 시점에서 다른 특성을 지닌 집단들 사이의 차이를 측정하는 조사방법으로 대인조사, 전화조사, 우편조사, 온라인조사 등이 해당한다.

② 우편조사의 장단점

장점	단점
• 직접 만나기 어려운 대상을 조사할 수 있다. 　예 정치지도자나 대기업경영자 등 직접 대면이 매우 어려운 경우 • 조사대상자의 주소만 알면 어느 지역이든 조사할 수 있어 조사대상 지역이 제한적이지 않으며, 특히 지리적으로 멀리 떨어져 있을 경우 조사비용을 줄일 수 있다. • 응답자에게 익명성에 대한 확신을 줄 수 있다.	• 응답률 및 회수율이 낮다. • 면접원이나 질문자가 따로 없으므로 응답자가 질문 내용에 대해 이해하지 못하는 경우 정확한 조사결과를 얻기 어렵다. • 응답내용이 모호한 경우 응답자에 대한 해명의 기회가 없다. • 질문지 발송 후에 회수까지 시간과 노력이 요구된다. • 무자격자의 응답에 대한 통제와 주위환경·응답시기에 대한 통제가 어렵다.

> **Plus +**
> 우편조사 시 질문지 표지에 포함시켜야 하는 사항으로는 조사자의 연락처, 조사기관, 지원기관, 조사목적, 조사의 중요성(필요성), 비밀유지 보장 등이 있다.

■ 보충학습 우편조사 시 응답률 및 회수율을 높이는 방법

- 조사에 대해 사전예고를 한다.
- 연구목적과 응답의 중요성을 인식하도록 강조한다.
- 이타적 동기에 호소하는 등 응답에 대한 동기부여를 제공한다.
- 응답자의 익명성과 비밀보장을 강조한다.
- 질문지를 가급적 간단명료화한다.
- 질문지 종이의 질과 문항의 간격, 종이의 색, 표지 설명의 길이와 유형 등 질문지의 양식을 매력적으로 완성한다.
- 질문지를 반송하는 방법을 간단히 한다.
- 질문지를 보낸 후 서면, 전화 등을 통해 협조를 구한다.
- 상품권 등의 인센티브를 제공한다.
- 연구주관기관과 지원단체의 성격을 밝힌다.
- 응답집단의 동질성을 높인다.

(3) 전화조사(Telephone Survey)

① 추출된 대상자에게 전화를 걸어 질문문항을 읽어준 후 응답자가 전화상으로 답변한 것을 조사자가 기록하여 자료를 수집하는 조사방법이다.
② 빠른 시간 안에 개략적인 여론과 신속한 정보를 확인하는 데 가장 적합한 조사방법이다.
③ 어떤 시점에 순간적으로 무엇을 하며, 무슨 생각을 하는지를 알아내기 위한 조사에 적합하다.
④ 전화조사의 장단점

장점	단점
• 조사속도가 빠르고, 일반적으로 비용이 적게 든다. • 지역에 제한을 받지 않고 광범위한 표본을 추출할 수 있다. • 응답자의 외모나 차림새 등의 편견을 통제할 수 있다. • 응답자의 반응을 즉시 확인하면서 이에 대한 감독이 용이하다.	• 질문의 내용이 어렵고 길어질수록 응답률이 떨어질 수 있다. • 조사내용이 많을 경우 자료를 수집하기 어렵다. • 응답자가 선정된 표본인지를 확인하기 어려워 표본의 대표성 확보가 쉽지 않다. • 특정한 주제에 대한 응답 회피나 무성의한 대답 또는 응답 도중에 전화를 끊는 경우도 있다.

> 대통령 후보자 간 TV 토론에 대한 국민들의 반응이나 투표와 관련된 정치여론조사 등을 신속하게 실시해야 할 경우 전화조사를 실시한다.

> **Plus +**
> 전화조사는 과거에 낮은 전화보급률로 표본추출의 편견가능성 문제가 제기되기도 하였으나 요즘은 전화보급의 보편화, 핸드폰의 대중화, 전화조사의 편리성과 경제성 등의 이유로 적절한 자료수집방법의 하나로 인정받고 있다.

(4) 온라인조사

① 온라인 통신망을 통해 이루어지는 여러 형태의 조사방법이다.
② 전자우편조사(E-mail Survey), 웹조사(HTML Form Survey), 다운로드조사(Downloadable Survey) 등이 있다.

> 예 이메일·문자메시지 발송을 통한 자기기입식 웹조사

③ 온라인조사의 장단점

장점	단점
• 시간·공간상 제약이 상대적으로 적다. • 단기간에 많은 응답자를 조사할 수 있다. • 오프라인 조사에 비해 비교적 저렴하며, 조사대상자가 많은 경우에도 추가비용이 많이 들지 않는다. • 구조화된 설문지 작성이 용이하고 멀티미디어 활용 등 다양한 형태의 조사가 가능하다. • 응답이 늦어질 경우에는 독촉 메일 등 후속조치가 가능하며, 이메일 등을 통해 추가 질문이 가능하다. • 조사자의 편향통제가 가능하다. • 개인화된 질문과 자료 제공이 용이하다. • 실시간으로 조사결과를 확인할 수 있으며, 설문응답과 동시에 코딩이 가능하다.	• 컴퓨터 사용가능자에 한해서만 조사가 가능하므로 특정 연령층이나 성별에 따른 편중된 응답이 도출될 수 있으며, 표본의 대표성 확보가 어렵다. • 응답자의 신분을 확인할 방법이 제한되어 있어 응답자 적격성 문제가 발생할 수 있다. • 인터넷 표본의 모집단을 규정하기 어렵고, 응답자 확인이 불가능한 경우 한 사람이 여러 차례 응답할 수 있다.

(5) 집단조사(Group Questionnaire Survey)

① 연구대상자를 집단적으로 모아 질문지를 교부하여 응답자가 직접 기재하는 방식이다.
② 조사대상에 따라 면접방식과 자기기입방식을 조합하여 실시하기도 한다.
③ 집단조사의 장단점

장점	단점
• 조사가 간편하여 시간·비용을 절약할 수 있다. • 조사조건을 표본화하여 응답조건을 동등하게 설계할 수 있어 동일성을 확보할 수 있다. • 학교나 기업체, 군대 등의 조직체 구성원을 조사할 때 유용하다. • 조사자와 응답자들이 동시에 직접 대화할 기회가 있으므로 질문에 대한 오해를 줄일 수 있다.	• 집단으로 조사되므로 주변 사람이 응답에 영향을 미칠 가능성이 높다. • 응답자를 한 곳에 모으기 어려우며, 응답자 통제가 어렵다. • 집단이 속한 조직으로부터 적절한 협조를 얻어야 한다. • 주변 사람과 의논할 수 있어 왜곡된 응답을 할 가능성이 있다. • 집단에 유리하게 응답하거나, 집단조사를 승인해 준 당국에 의해 조사결과가 이용될 것이라고 인식될 가능성이 있어 왜곡된 응답이 나올 가능성이 있다.

기출문제 CHECK 2018년 1회

다음 중 집단조사에 대한 설명으로 틀린 것은?

① 비용과 시간을 절약하고 동일성을 확보할 수 있다.
② 주위의 응답자들과 의논할 수 있어 왜곡된 응답을 줄일 수 있다.
③ 학교나 기업체, 군대 등의 조직체 구성원을 조사할 때 유용하다.
④ 조사대상에 따라서는 집단을 대상으로 한 면접방식과 자기기입방식을 조합하여 실시하기도 한다.

| 해설 | 집단조사는 주위 응답자들과 의논 가능성이 있어 왜곡된 응답이 나올 수 있다. | 정답 | ②

3 관찰법

1. 관찰법의 이해 빈출

(1) 관찰법(Observation Method)의 의미

① 연구대상을 조작하거나 통제하지 않고 연구대상의 특성, 상태, 행위, 기능 등을 그대로 관찰하거나 측정하여 자료를 수집하고 기록하는 방법이다.
② 직접적이고 자연적이며, 비언어적인 자료수집방법이다.

(2) 관찰법의 특징

① 복잡한 사회적 맥락이나 상호작용을 연구하는 데 적절한 방법이다.
② 양적연구와 질적연구에 모두 활용할 수 있다.
③ 연구대상자의 철학이나 세계관 등이 반영될 수 있다.
④ 다른 연구와의 비교를 통해 규칙성을 확인할 수 있다.

(3) 관찰의 유형

① 참여관찰(Participant Observation)
 ㉠ 관찰자가 연구대상 집단 내부에 직접 참여하여 구성원의 하나가 되어 그들과 함께 생활하거나 활동하면서 연구대상자들을 관찰한다.
 ㉡ 관찰자가 관심을 가지고 있는 변수들 간의 관계를 현실 상황에서 체계적으로 관찰한다.
 ㉢ 자연스러운 상태에서 현상을 파악할 수 있기 때문에 미묘한 어감 차이, 시간상의 변화 등 심층적인 차원을 이해할 수 있다.
 ㉣ 조사 과정의 유연성, 가설도출이 가능한 인과적 연구 가능, 현장 상황에 따라 조사내용 변경 가능 등의 장점이 있다.
 ㉤ 동조현상으로 인해 객관적인 판단을 그르칠 수 있으며, 주관적인 가치가 개입됨으로써 관찰결과를 변질시킬 수 있다.
 ㉥ 대규모 모집단에 대한 기술이 어렵다.
 ㉦ 관찰자는 상황에 대한 통제를 할 수 없다.

② 비참여관찰(Non-participant Observation)
  ㉠ 관찰한다는 사실과 관찰내용을 연구대상자에게 밝히고 연구대상자들을 관찰한다.
  ㉡ 객관적인 입장에서 연구대상자를 정확하게 관찰할 수 있다.
  ㉢ 관찰되고 있다는 사실을 알고 있는 연구대상자들의 행위가 자연스럽지 못할 수 있다.
③ 준참여관찰(Quasi-participant Observation)
  ㉠ 연구대상 집단의 생활 전부에 참여하는 것이 아닌 부분적으로만 참여하여 연구대상자들을 관찰한다.
  ㉡ 연구대상자를 자연스럽게 관찰하면서도 특정 집단의 특정 활동에 직접 참여하는 등 관찰자의 윤리적 문제가 발생하지 않는다.

> 비만 아동들의 식습관을 파악하기 위해 활용할 수 있는 관찰방법의 유형이다.

(4) 관찰에서 발생하는 오류

① 지각과정상의 오류: 관찰자들이 관찰상황을 지각하는 데 차이가 있어 오류가 발생한다.

오류내용	감소방법
• 관찰자마다 소유하고 있는 감각이 다르다. • 관찰자의 의도하는 바가 지각에 영향을 미친다. • 관찰대상이 많은 경우 관찰자가 모두 관찰할 수 없다. • 이질적이고 다양한 대상을 관찰할 경우, 복잡한 현상 자체 때문에 관찰이 어려울 수 있다.	• 객관적인 관찰도구를 사용한다. • 보다 큰 단위를 관찰한다. • 관찰기간을 될 수 있는 한 짧게 잡는다. • 가능한 한 관찰단위를 명세화한다. • 혼란을 초래하는 요인들을 통제한다. • 훈련을 통해 관찰기술을 향상시킨다. • 여러 명의 관찰자가 관찰을 한다.

② 인식과정상의 오류: 관찰자들이 관찰상황을 인식하는 데 차이가 있어 오류가 발생한다.

오류내용	감소방법
• 관찰자마다 과거 경험이 달라 현상이 다르게 해석된다. • 관찰자마다 지적능력이 다르다. • 관찰자마다 인식과 추리가 다르다.	• 이론적 개념을 명확히 밝히고 연구에 필요한 개념을 경험적으로 정의한다. • 개념 간의 관계를 명확히 한정하여 사고의 규칙성을 부여한다. • 관찰과 더불어 면접법, 질문지법 등 다른 자료수집방법을 병행한다. • 자신의 고유한 사고방식을 인식하는 지적 자기인식 능력을 기른다.

기출문제 CHECK 2022년 2회

다음의 특성을 가진 연구방법은?

> • 자연스러운 상태에서 현상을 파악할 수 있기 때문에 미묘한 어감 차이, 시간상의 변화 등 심층의 차원을 이해할 수 있다.
> • 때때로 객관적인 판단을 그르칠 수 있으며 대규모 모집단에 대한 기술이 어렵다.

① 우편조사(Mail Survey)　　　　② 내용분석(Contexts Analysis)
③ 유사실험(Quasi-experiment)　　④ 참여관찰(Participant Observation)

| 해설 | 참여관찰은 관찰자가 연구대상 집단 내부에 직접 참여하여 구성원의 하나가 되어 그들과 함께 생활하거나 활동하면서 연구대상자들을 관찰한다.
| 정답 | ④

2. 관찰법의 유형 빈출

① **자연적(Natural Setting)/인위적(Contrived Setting) 관찰:** 관찰이 일어나는 상황이 인공적인지의 여부에 따라 나누어진다.
   - 예 컴퓨터 브랜드 선호도조사를 위해 판매 매장과 비슷한 상황을 만들어 표본으로 선발된 소비자로 하여금 제품을 선택하게 하여 행동을 관찰한다면 인위적 관찰이다.

② **직접(Direct)/간접(Indirect) 관찰:** 관찰시기가 행동발생과 일치하는지의 여부에 따라 나누어진다.
   - 예 청소년의 인터넷 이용실태를 조사하기 위해 PC방을 방문하여 이용상황을 지켜본다면 직접 관찰이다.

③ **공개적(Undisguised)/비공개적(Disguised) 관찰:** 관찰대상자가 관찰사실을 알고 있는지의 여부에 따라 나누어진다.
   - 예 관찰대상자에게 자신이 관찰된다는 사실을 알려주고 관찰하는 것은 공개적 관찰이다.

④ **체계적(Structured)/비체계적(Unstructured) 관찰:** 표준관찰기록양식이 사전에 결정되었는지의 체계화 정도에 따라 나누어진다.
   - 예 관찰할 내용이 미리 명확히 결정되어, 준비된 표준양식에 관찰사실을 기록하는 것은 체계적 관찰이다.

⑤ **인간의 직접적/기계적 관찰:** 관찰주체 또는 도구가 무엇인지에 따라 나누어진다. 기계적 관찰에는 퓨필로미터, 아이카메라, 사이코갈바노미터, 오디미터 등이 있다.
   - ㉠ **퓨필로미터(Pupilometer):** 어떠한 자극을 보여주고 관찰대상자의 동공(Pupil)의 크기 변화에 따라 응답자의 반응을 측정하는 것으로, 적외선 동공 검사기라고도 한다.
   - ㉡ **아이카메라(Eye Camera):** 관찰대상자의 눈동자가 어떤 순서로 대상을 보고 어떤 부분에서 오랫동안 머무는지를 추적하여 응답자의 반응을 측정한다.
   - ㉢ **사이코갈바노미터(Psychogalvanometer):** 심리적 변화에 의해 관찰대상자의 생체적 변화(Physiological changes), 예를 들어 땀 분비 증가나 피부의 전기적 반응 정도 등을 측정한다.
   - ㉣ **오디미터(Audimeter):** TV 시청률을 조사하기 위한 자동장치이며, 조사대상가구를 선정하고 기계식 장치를 설치하여 자동으로 특정 TV 채널의 시청여부를 측정한다.

기출문제 CHECK 2022년 2회

관찰법(Observation Method)의 분류기준에 대한 설명으로 틀린 것은?

① 관찰이 일어나는 상황이 인공적인지 여부에 따라 자연적/인위적 관찰로 나누어진다.
② 관찰시기가 행동발생과 일치하는지 여부에 따라 체계적/비체계적 관찰로 나누어진다.
③ 피관찰자가 관찰사실을 알고 있는지 여부에 따라 공개적/비공개적 관찰로 나누어진다.
④ 관찰주체 또는 도구가 무엇인지에 따라 인간의 직접적/기계적 관찰로 나누어진다.

| 해설 | 관찰시기가 행동발생과 일치하는지 여부에 따라 직접/간접 관찰로 나누어진다. | 정답 | ②

3. 관찰법의 장단점

장점	단점
• 현재의 상태를 현장에서 즉시 포착할 수 있다. • 행위나 감정을 언어로 표현하지 못하거나, 표현능력이 부족한 대상자에게 유용하다. • 언어와 문자의 제약때문에 측정하기 어려운 비언어적 자료를 수집하는 데 효과적이다. • 자연스러운 연구환경의 확보가 용이하다. • 조사에 비협조적이거나 면접을 거부할 경우에 효과적이다. • 관찰대상자의 무의식적인 행동이나 인식하지 못하는 문제를 관찰할 수 있다. • 자료를 종단적으로 분석하는 것이 가능하며, 장기저으로 연구조사를 할 수 있다.	• 관찰결과의 해석에 대한 객관성이 확보되지 않는다. • 선택적으로 관찰하게 되는 등 관찰자의 주관성 개입을 방지할 수 없다. • 관찰대상자가 관찰사실을 아는 경우 평소 행동과 다르게 행동하는 조사반응성으로 인한 왜곡이 있을 수 있다. • 관찰자의 제한적 감각 능력, 시공간의 한계 등으로 인해 관찰대상자의 모든 면을 관찰하는 것은 불가능하다. • 환경변수를 완벽하게 통제할 수 없다. • 관찰하고자 하는 행동이 현장에서 발생할 때까지 기다려야 하는 등 시간·비용·노력이 많이 필요하다. • 관찰대상자로부터 관찰된 언어, 행동, 사고방식 등을 정리하고 코딩하는 등의 자료처리가 어렵다.

4. 관찰자의 역할 빈출

(1) 완전참여자(Complete Participant)
① 관찰자의 신분을 밝히지 않은 채 집단의 완전한 구성원이 되어 자연스럽게 일어나는 사회적 과정에 참여한다.
② 객관성을 유지하기가 가장 어려우며, 윤리적·과학적 문제가 발생할 수 있다.

(2) 완전관찰자(Complete Observer)
① 관찰자의 신분을 밝히지 않은 채 연구대상자들의 활동에는 전혀 참여하지 않고 관찰만 한다.
② 연구대상자들에 대한 관찰이 피상적이고 일시적일 수 있다.
③ 여러 관찰자의 유형 중에서 연구대상자에게 영향을 미칠 가능성이 가장 적다.

(3) 참여자로서의 관찰자(Observer as Participant)
① 관찰자의 신분을 밝히고 연구대상자들의 활동 공간에 들어가 심층적으로 관찰한다.
② 참여보다 관찰이 주를 이룬다.

(4) 관찰자로서의 참여자(Participant as Observer)
① 관찰자의 신분을 밝히고 연구대상자들의 활동 공간에 자연스럽게 참여한다.
② 관찰보다 참여가 주를 이룬다.

기출문제 CHECK 2018년 2회

자신의 신분을 밝히지 않은 채 집단의 완전한 성원이 되어 자연스럽게 일어나는 사회적 과정에 참여하는 관찰자의 역할은?

① 완전참여자
② 완전관찰자
③ 참여자로서의 관찰자
④ 관찰자로서의 참여자

| 해설 | ② 관찰자의 신분을 밝히지 않은 채 연구대상자들의 활동에는 전혀 참여하지 않고 관찰만 한다.
③ 신분을 밝히며, 관찰이 주를 이룬다.
④ 신분을 밝히며, 참여가 주를 이룬다.

| 정답 | ①

4 면접법

1. 면접법의 이해 빈출

(1) 면접법(Interview)의 의미
① 면접원(조사자)이 연구문제에 대한 적절한 해답을 구하기 위해 마련한 질문을 응답자(피조사자)와 직접 대면한 상태에서 질문하여 자료를 얻는다.
② 응답자에게 질문지가 주어지는 것이 아니라, 면접원이 응답자에게 질문을 읽어주고 면접원이 응답자의 내용을 직접 기입한다.

Plus+
여러 명의 면접원을 고용하여 조사할 때에는 이들을 조정하고 통제하는 것이 요구된다.

(2) 면접법의 장단점

장점	단점
• 응답자의 비언어적 행동과 주변의 상황들을 직접 관찰할 수 있다. • 복잡한 질문지를 사용할 수 있다. • 질문 순서, 흐름을 통제할 수 있다(신축성). • 민감하지 않은 질문에 대해 보다 신뢰성 있는 대답을 얻을 수 있다. • 잘못된 표기를 방지할 수 있다. • 같은 조건하에서 다른 자료수집방법(우편설문, 전화설문 등)에 비해 높은 응답률을 얻을 수 있다.	• 시간 · 비용이 많이 든다. • 응답자에게 조사자가 필요로 하는 정보를 제공할 능력이 없을 때 자료수집이 어렵다. • 익명성이 낮고 민감한 사안 등 곤란한 질문에 솔직한 답을 기피할 수 있다. • 면접원과 응답자 간 상호이해가 부족할 때 오류가 개입될 수 있다. • 질문과정에서 면접원이 응답자의 응답에 영향을 미칠 수 있다(면접원의 주관 개입).

Plus+
면접법은 질문과정의 유연성이 상대적으로 높아 민감하지 않은 질문에 대해 보다 신뢰성 있는 대답을 얻을 수 있으며, 환경 차이에 의한 설문응답의 무작위적 오류를 감소시킨다.

기출문제 CHECK 2020년 1 · 2회

다음과 같은 특성을 가진 자료수집방법은?

• 응답률이 비교적 높다.
• 질문의 내용에 대한 면접자와 응답자의 상호작용이 가능하여 보다 신뢰성 있는 대답을 얻을 수 있다.
• 면접원이 응답자와 그 주변상황을 관찰할 수 있는 이점이 있다.

① 면접조사
② 전화조사
③ 우편조사
④ 집단조사

| 해설 | 면접조사는 비언어적 행동과 질문 순서, 흐름을 통제할 수 있으며, 다른 조사에 비해 높은 응답률을 얻을 수 있다.

| 정답 | ①

2. 면접법의 유형

(1) 표준화면접과 비표준화면접

표준화면접 (Standardized Interview, 구조화된 면접)	• 조사표를 만들어 면접상황에 영향을 받지 않고 모든 응답자에게 동일한 질문과 순서 등에 따라 면접을 수행한다. • 조사표에 담긴 질문내용에서 벗어나는 질문을 해서는 안 되며, 면접원의 가치와 생각 및 의견이 전달되어서는 안 된다. • 정확하고 체계적인 자료를 얻고자 할 때 적합하며, 정보의 비교가 용이하다. • 면접 결과의 계량화 및 수치화가 용이하고, 반복적 연구가 가능하다. • 비표준화면접에 비해 응답결과의 신뢰성은 높지만 타당성은 낮다. • 면접의 유연성이 낮으며, 깊이 있는 측정이 불가능하다. • 면접원의 자율성이 낮으며, 면접원의 편의(Bias)가 개입될 가능성이 적다. • 면접원이 표준된 조사표에 의해 조사해야 하기 때문에, 응답이 애매한 경우에 캐내는 질문(Probing)이나 융통성 있는 질문을 할 수 없어 응답자의 정확한 의견 또는 사식을 파악하기 어렵다.
비표준화면접 (Unstandardized Interview, 비구조화된 면접)	• 질문의 내용 및 순서가 미리 정해져 있지 않으며, 면접상황에 따라 질문을 적절히 변경할 수 있는 비교적 자유로운 면접법이다. 단, 연구목적이 설정되어 있다면 면접 지침 정도는 가질 수 있다. • 융통성 있는 면접 분위기가 가능하다. • 면접원이 하나의 질문을 하면 응답자는 자신의 의견뿐만 아니라 느낌이나 생각, 태도 등도 자유롭게 표현하고 면접원이 이를 기록한다. • 응답자의 협력을 쉽게 구할 수 있고 중요한 내용에 대해서는 여러 번 질문할 수도 있어 타당성이 높은 자료를 수집할 수 있다. • 표준화면접에서 필요한 변수를 찾아내는 데 유용한 자료를 제공한다. • 면접의 유연성이 높으며, 심층적인 질문이 가능하다. • 다른 대상에게 같은 면접이 불가능하며, 면접결과를 비교하기가 어렵다. • 시간 · 비용이 많이 필요하며, 조사자의 면접능력과 분석능력에 따라 면접결과의 신뢰성이 달라지고, 편견 등의 오류가 개입될 여지가 많다. • 면접결과의 계량화 · 수량화 · 부호화가 어렵다.

> **Plus +**
> **비표준화면접의 활용**
> • 새로운 사실 · 아이디어 발견
> • 미개척 분야 개발
> • 설문지 설계를 위한 탐색조사
> • 문제점 파악

> 📖 **보충학습** 반표준화면접(Semi-standardized Interview, 반구조화된 면접)
> • 표준화면접과 비표준화면접의 장단점을 보완한 면접방법이다.
> • 일정한 수의 중요한 질문은 표준화하고 그 외의 질문은 비표준화하여 면접을 수행한다.
> • 표준화면접처럼 정확하고 체계적인 자료를 얻을 수 있을 뿐만 아니라 비표준화면접처럼 새로운 사실이나 아이디어를 발견할 수 있다.
> • 표적집단면접이나 임상면접에서 주로 사용된다.

(2) 직접면접(Face to Face Interview)

① 조사자가 피조사자를 방문하여 조사표에 따라 질문하고, 조사자가 조사표에 회답을 기입하는 면접방법이다.
② 조사표의 회수율이 높다.
③ 시간 · 비용이 많이 들고, 피조사자 부재 시 재방문의 번거로움이 있다.
④ 조사자의 의견에 피조사자가 영향을 받을 수 있으며, 조사자의 부정행위 또는 유도질문의 가능성이 있다.

⑤ 무학력자나 저학력자 또는 신체장애자에게도 면접이 가능하다.
⑥ 특수한 계층(대통령이나 고위관료, 대기업의 장 등)의 면접이 어렵다.
⑦ 표본조사의 경우 표본추출에 의한 오차가 크다.

(3) 패널면접(Panel Interview)
① 일정한 시간을 두고 동일한 질문을 반복하거나, 면접조사 기간에 동일한 응답자를 대상으로 반복적으로 면접하는 방법으로, 반복적 면접이라고도 한다.
② 일정 기간 동안 응답자의 태도 및 의견의 변화상태를 연구하는 데 적합하다.
③ 반복면접에 따라 검사결과가 왜곡될 우려가 있으며, 응답자의 추적에 따른 추가비용이 발생한다.

(4) 임상면접(Clinical Interview)
① 면접원이 응답자의 감정이나 생활사 전반에 대해 광범위하게 면담하여 응답자 스스로가 자기 행동에 영향을 미친 요인이나 결과 등을 발견할 수 있도록 하는 면접방법이다.
② 정신건강 전문가가 면접을 통해서 응답자의 심리적 상태를 체계적으로 평가하기 위해 정신상태 검사를 시행할 수 있다.

(5) 심층면접(Depth Interview)
① 한 명의 응답자와 일대일 면접을 진행하여 응답자의 생각, 느낌, 욕구, 태도 등을 심도 있게 조사하는 면접방법이다.
② 면접 지침에 따라 면접을 진행하지만 면접원이 질문의 순서와 내용을 조정할 수 있어 자유롭고 심도 깊은 질문이 가능하다.
③ 필요시 반복 질문을 통해 타당성이 높은 자료를 수집할 수 있다.
④ 표적집단면접에 비해 응답자가 타인의 영향을 받지 않고 자신의 의견을 자유롭게 표현할 수 있다.
⑤ 같은 표본규모의 전화조사에 비해 일반적으로 비용이 많이 든다.
⑥ 면접원에 의해 발생하는 편향(Bias)이 크다.

(6) 집중면접(Focused Interview)
① 특정한 경험이 어떤 결과를 초래했는지에 대해 관심을 갖고, 면접자 주도하에 그 경험에 대해 집중적으로 질문함으로써 응답자의 경험에 대한 내면적인 상황과 행위성향을 파악한다.
② 응답자의 본래 상황을 충분히 이해하고 이에 따라 일정한 가설을 만든 후 응답자의 경험에 입각하여 그 가설에 대한 유의성을 검증한다.

(7) 집단면접(Group Interview)
① 집단을 하나의 조사대상으로 선정하여 자유로운 대화나 토론을 하게 한 다음 문제점과 해결방안을 찾아나가는 면접방법이다.
② 학교나 기업체, 군대 등의 조직체 구성원을 조사할 때 유용하며, 시간·비용을 절약하고 동일성을 확보할 수 있다.

Plus +
면접원의 면접능력과 분석능력에 따라 조사결과의 신뢰성이 달라지며, 면접자 개인별 차이에서 오는 영향이나 오류를 통제하기 어렵다. 그 결과 상이한 특성의 면접원에 의해 발생하는 편향(Bias, 편의)이 발생한다.

③ 응답자들의 충분한 의견을 반영할 수 있고, 토론 속에서 공통점을 찾을 수 있다.
④ 자발적인 의사표시로 타당성 있는 정보를 쉽게 얻을 수 있고, 손쉽게 넓은 영역의 정보와 통찰력을 얻을 수 있다.

(8) 표적집단면접(Focus Group Interview; FGI)

① 심층면접법을 응용한 방법으로 조사자가 소수의 응답자를 한 장소에 모이게 한 후 특정 주제에 대하여 대화와 토론을 통해 필요한 정보를 수집하는 면접방법으로, 초점집단면접 또는 좌담회라고도 한다.

　예) 냉장고 신제품 개발을 위해 실사용자 인터뷰 진행

② 소수의 응답자는 특정한 경험을 공유한 사람들이며, 진행자(Moderator)는 면접과정을 조절·심화하면서 전문적인 정보를 얻을 수 있도록 면접을 진행하는 전문가이다.
③ 응답자들 간의 활발한 토의와 상호작용을 강조하며 그 과정에서 어떤 논의가 드러나고 진전되는지 파악하는 것이 중요한 자료가 된다.
④ 응답자는 응답을 강요당하지 않기 때문에 솔직하고 정확히 자신의 의견을 표명할 수 있으며, 공식적인 설문조사에서 기대하지 못한 결과를 발견할 수 있다.
⑤ 자료수집과정에서 면접원의 주관적 개입이 가능하므로 주의해야 한다.
⑥ 내용타당도를 높이는 목적으로 사용될 수 있다.
⑦ 집단구성원의 자유로운 토론으로부터 다양한 조사결과가 도출되기 때문에 결과의 분석과 해석이 쉽지 않다.
⑧ 응답자가 특정 집단이기 때문에 조사결과를 일반화하기 어렵다.

> **Plus +**
> **초점집단토의(Focus Group Discussion; FGD)**
> 진행자의 개입 없이 면담자들끼리 주제에 대해서 토론과 논의를 하는 방법이다.

기출문제 CHECK　2017년 3회

조사자가 소수의 응답자 집단에게 특정 주제에 대하여 토론하게 한 다음 필요한 정보를 알아내는 자료수집방법은?

① 현지조사법(Field Survey)
② 비지시적 면접(Nondirective Interview)
③ 표적집단면접(Focus Group Interview)
④ 델파이서베이(Delphi Survey)

| 해설 | 표적집단면접은 소수의 응답자 집단을 한 장소에 모아 특정 주제에 대해 자유롭게 토론하게 함으로써 집단 상호작용 속에서 다양한 정보와 통찰을 수집하는 조사방법이다.　　　　　　　　　　　　　　　| 정답 | ③

> **보충학습 델파이조사(Delphi Survey)**
> 익명 집단의 상호작용을 통해 도출된 자료를 분석한다. 전문가 관리자들로부터 우편으로 의견이나 정보를 수집하여 그 결과를 분석한 후 이를 다시 응답자들에게 보내어 의견을 묻는다. 만족스러운 결과를 얻을 때까지 계속하는 방법으로, 기존 자료 부족으로 참고자료가 없거나 미래의 불확실한 상황을 예측하고자 할 경우에 도입하여 집단의 의견들을 조정 통합하거나 개선시킨다.

3. 면접과정

(1) 면접원에 대한 사전교육
① 면접법은 면접원의 자질에 큰 영향을 받으므로 면접원은 반드시 전문지식과 숙련성을 갖추어야 한다.
② 면접 지침을 작성하여 면접원에게 배포하고 이를 숙지하도록 해야 한다.
③ 사전교육을 통해 면접원에 의한 편향(Bias)을 줄이고 응답자의 협력을 얻는 기술과 응답자와 라포(Rapport)를 형성하고 유지하는 기술을 익히도록 해야 한다.
④ 이상 상황 발생 시 대처하는 방법이나 응답자가 면접내용을 이탈할 때 신속히 방향을 전환시키는 기술 등을 익히도록 해야 한다.
⑤ 면접기간 동안에도 면접원에 대한 철저한 통제가 이루어져야 한다.

(2) 면접을 위한 준비작업
① 면접원이 응답자와 인간적인 친밀감과 유대감을 가질 수 있도록 라포(Rapport)를 형성해야 한다.
② 면접에 임하기 전에 스스로 질문내용을 숙지한다.
③ 응답자가 면접에 대해 공포감이나 불안감을 가지지 않도록 돕는다.
④ 응답자에게 신분을 소개하고 면접의 목적을 밝히는 과정을 거친다.
⑤ 응답자에게 연구의 중요성을 강조하여 면접에 참여하고자 하는 동기를 부여한다.

(3) 면접실시
① 응답자가 이질감을 느끼지 않도록 복장이나 언어사용에 유의한다.
② 비밀보장, 안전성 등 응답자가 편안한 분위기에서 대답할 수 있도록 한다.
③ 문항을 질문할 때 질문지에 있는 말을 하나도 빠짐없이 그대로 질문한다.
④ 응답자에게 응답에 필요한 일정한 시간을 주는 것이 좋으며, 응답이 필요 이상으로 길어지거나 다른 방향으로 이탈한다면 적절히 조절한다.
⑤ 응답자가 질문을 이해하지 못했다면 부연설명을 통해 이해를 돕는다.
⑥ 필요한 대답을 유도하거나, 대답을 하는 도중 응답내용에 대해 평가적인 코멘트를 하는 것은 응답에 영향을 줄 수 있기 때문에 적절하지 않다.
⑦ 정확한 응답을 유도하거나 응답이 지엽적으로 흐르는 것을 막기 위해 추가 질문을 행하는 캐어묻기(Probing)를 활용한다.

> **보충학습** 프로빙(Probing, 심층규명, 캐어묻기)
> - 응답자의 대답이 불충분하거나 모호할 때 추가 질문을 통해 정확한 대답을 이끌어내는 면접조사 기술로, 비구조화 면접에 적합하다.
> - 응답자가 폐쇄식 질문에 답을 하였다면, 이 답에 관련된 의문을 탐색하는 보조방법이다.
> - 정확한 답을 얻기 위해 방향을 지시하는 등 답변의 정확성을 판단하는 방법으로 활용되기도 한다.
> - 대표적인 기술로는 간단한 찬성적 응답(그렇군요, 참 흥미있군요), 무언의 암시에 의한 자극(물끄러미 응시하기), 반복(응답자의 대답을 되풀이하기), 비지시적 질문 등이 있다.
> - 응답을 원하는 태도나 표정을 드러내서는 안 되며, '다른 대답은 어떻겠냐'며 예를 들어 물어보는 등 필요 이상으로 지나치게 질문해서는 안 된다.

Plus +
응답자가 면접조사에 참여하고 싶지 않은 요인으로는 면접에 대한 두려움, 면접원에 대한 적대감과 의심, 사생활 침해에 대한 오인과 자기방어 욕구, 긴 면접시간, 응답내용에서 느끼는 곤혹감 등이 있다.

(4) 면접의 기록

① 면접의 내용 및 결과 모두를 정확하게 기록한다.
② 응답자의 응답내용을 그대로 기록한다. 개방형 질문의 경우라도 면접원이 응답내용을 해석하고 요약하여 기록하는 것은 바람직하지 않다.
③ 응답자의 어휘를 그대로 기록하고, 같은 응답이 반복되더라도 가감 없이 있는 그대로 기록한다.
④ 면접의 내용을 정확하게 기록하기 위해 면접하는 도중에 바로 기입하며, 면접결과를 기록하기 위해 녹음기 등을 사용할 수 있다.

(5) 면접의 종결

① 면접이 끝나면 면접원은 응답자에게 그들의 응답이 조사에 크게 기여했음을 밝히며, 친절하고 정중하게 감사의 인사를 전한다.
② 면접원과 응답자가 서로 긍정적인 감정을 유지하도록 하며, 친밀감을 가지고 헤어져야 한다.
③ 면접 이후에라도 궁금한 사항 등에 대해 의견을 물어도 되는지 등을 확인한다.

기출문제 CHECK 2020년 4회

정확한 응답을 유도하거나 응답이 지엽적으로 흐르는 것을 막기 위해 추가 질문을 행하는 것은?

① 캐어묻기(Probing)
② 맞장구쳐주기(Reinforcement)
③ 라포(Rapport)
④ 단계적 이행(Transition)

| 해설 | 캐어묻기(Probing)는 응답자의 대답이 불충분하거나 모호할 때 추가 질문을 통해 정확한 대답을 이끌어내는 면접조사 기술로, 비구조화 면접에 적합하다. | 정답 | ①

---

4. 면접 시 왜곡응답

후광효과 (Halo Effect)	어떤 대상이나 사람에 대한 특정 견해나 성질이 너무나 두드러져 다른 특성을 평가하는 데 영향을 미치는 경우이다.
동조효과 (Conformity Effect)	• 자신의 생각이 아니라 다른 사람들이 일반적으로 어떻게 생각하는지에 따라 응답하게 되는 경우이다. • 비교적 인지수준이 낮은 응답자는 면접원의 생각이나 지시를 비판 없이 수용하여 응답하게 될 가능성이 높아진다.
최근효과 (Recency Effect)	• 최근에 듣거나 제공받은 정보에 더 큰 비중을 두고 응답하게 되는 경우로, 최후효과라고도 한다. • 질문지(Questionnaire)를 사용하는 사회조사보다 조사표(Interview Schedule)를 사용하는 면접조사에서 면접원이 응답항목을 구두로 제시할 경우 응답자가 먼저 불러준 응답항목을 잊게 되어 가장 최근에 제시한 응답항목을 선택할 가능성이 높아진다.
응답순서효과 (Response-order Effect)	응답으로 제시되는 순서에 따라서 응답자의 응답이 영향을 받게 되어 실제와 차이가 발생하는 경우이다.

1차정보효과 (Primacy Effect)	귀찮거나 질문내용을 잘 모를 때, 직접 기입하는 자기기입식 설문에서 맨 앞에 제시된 응답항목을 선택할 가능성이 높은 경우이다.
위신향상효과 (Self-lifting Effect)	응답자가 자신의 사회적 지위나 위신을 한층 더 높이기 위해 현재 수준이 아닌 그 이상으로 수준을 높여 사실과는 다른 내용을 응답하는 경우로, 체면치레효과와 비슷하다.
체면치레효과 (Ego-threat Effect)	유행이나 시대에 뒤처졌다는 인식을 피하기 위해 체면을 의식한 왜곡 응답을 하는 경우이다.
겸양효과 (Senor Effect)	면접원의 기분을 거스르지 않기 위해 면접원의 비위에 맞추어 응답하는 경우이다.
선전편승효과 (Bandwagon Effect)	실제로 응답할 의사가 없더라도 다수가 생각하고 행동하는 어떤 방향으로 따르게 되는 경우이다.
습관효과 (Habit Effect)	질문내용을 검토한 후 응답하는 것이 아니라 습관적으로 '예/아니요'로 응답하는 경우이다.
무관심효과 (Irrelevance Effect)	조사내용에 관심이 없어 아무렇게나 응답하는 경우, 혹은 조사내용을 알려고 하지 않는 경우이다.
사회적 바람직성 편향 (Social Desirability Bias)	응답자가 사회적으로 바람직한 응답을 하려고 하는 경향으로, 사회적규범 편향이라고도 한다.

기출문제 CHECK 2021년 3회

면접조사에서 응답내용의 신빙성을 저해하는 최근효과(Recent Effect)에 관한 설명으로 맞는 것은?

① 질문지(Questionnaire)를 사용하는 사회조사보다는 조사표(Interview Schedule)를 사용하는 면접조사에서 자주 발생한다.
② 무학이나 저학력 응답자들은 제일 먼저 들었던 응답내용을 그 다음에 들은 응답내용에 비해 훨씬 정확하게 기억하게 된다.
③ 무학이나 저학력 응답자들은 면접 직전에 면접자로부터 접하게 된 면접자의 생각이나 조언을 거의 무비판적으로 따라서 응답하는 경향이 있다.
④ 무학이나 저학력 응답자들은 아무리 최근에 입수한 정보나 직결된 내용일지라도 어려운 질문내용은 잘 이해할 수 없어 조사의 실효성을 감소시킨다.

| 해설 | 최근효과는 최근에 듣거나 제공받은 정보에 더 큰 비중을 두고 응답하게 되는 경우로, 최후효과라고도 한다.

| 정답 | ①

5 투사법

1. 투사법(Projective Technique)의 이해

① 인간의 무의식 속에 내재되어 있는 동기, 가치, 태도 등을 알아내기 위하여 모호한 자극을 응답자에게 제시하여 반응을 알아보는 방법으로, 비체계적-비공개적 면접법이다.
② 응답자가 조사의 목적을 모르는 상태에서 다양한 심리적 의사소통법을 이용하여 자료를 수집한다.
③ 조사자가 한 단어를 제시하고 응답자가 그 단어로부터 연상되는 단어들을 순서대로 나열하거나, 응답자에게 이해하기 난해한 그림을 제시한 다음 그 그림이 무엇을 묘사하는지 물어 응답자의 심리상태를 파악한다.

2. 투사법의 유형

주제통각검사(TAT), 로르샤흐잉크반점검사(RIBT), 역할행동검사(Role Playing), 만화완성검사, 단어연상검사, 문장완성검사 등이 있다.

> **Plus +**
> **역할행동(Role Playing)검사**
> 응답자에게 어떤 상황을 제시하고 사람들이 이런 상황에 직면했을 때 어떤 느낌을 받을 것인지, 어떤 행동을 취할 것인지를 표현하게 함으로써 응답자 개인의 생각과 느낌을 투사하게 하는 방법이다.

기출문제 CHECK 2020년 4회

인간의 무의식 속에 내재되어 있는 동기, 가치, 태도 등을 알아내기 위하여 모호한 자극을 응답자에게 제시하여 반응을 알아보는 자료수집방법은?

① 관찰법 ② 면접법
③ 투사법 ④ 내용분석법

| 해설 | 투사법은 모호한 자극을 통해 개인의 숨겨진 심리나 내면을 끌어내는 방법으로 주제통각검사, 로르샤흐잉크반점검사 등이 이에 해당한다.
| 정답 | ③

CHAPTER 02 실사관리

학습방법

☑ 조사원의 정의 및 역할, 관리, 교육에 대해 숙지한다.
☑ 실사 진행 시 점검 사항에 대해 학습하고, 점검 결과에 따른 필요 조치를 정리한다.
☑ 실사 품질 관리의 3단계(현장검증/에디팅/전화검증)의 내용을 학습한다.
☑ 실사 품질 관리 방법인 정합성 점검과 신뢰성 점검에 대해 학습하고, 응답기입오류의 유형과 오류 확인 시 표기 방법을 정리한다.

1 실사준비

1. 조사방법별 조사원 선발

(1) 조사원의 정의 및 역할

① 조사원의 정의: 실제 조사현장에서 응답자와 면담, 전화, 인터넷, 우편 등을 통해 조사를 담당하고 조사표 내용검토와 자료를 입력하는 일을 수행하는 사람이다.

② 조사원의 구분

공공기관 인력 (통계청)	• 현장조사 직원: 현장조사를 수행하는 통계청 소속 공무원 및 통계청에서 채용한 근로자 등을 말한다. • 통계조사원: 각종 현장조사, 조사내용 검토 및 자료입력 등을 상시적으로 수행하기 위하여 정해진 기간 동안 근로계약을 체결한 기간제 근로자를 말한다.
민간기관 인력 (민간 조사기관)	면접조사원과 전화조사원으로 구성되어 있으며, 정규사원이 아닌 임시직이 대부분이다.

③ 조사원의 역할

조사 전 단계	현장경험을 바탕으로 조사지역 내에서 명부를 작성하고, 조사대상 가구에서 응답표본을 선정하는 작업에 도움을 준다.
조사대상자 접촉 단계	조사대상이 되는 표본을 접촉하여 조사에 참여하도록 협조를 이끌어내는 작업을 수행한다.
조사 수행 단계	• 조사대상자가 조사에 성실히 응하도록 동기를 부여하기도 하며, 응답자에게 질문을 읽어주고 필요에 따라서는 질문을 명백하게 하거나 설명을 해주기도 한다. • 응답이 애매하거나 명확하지 않을 경우에는 추가적인 질문을 통하여 자세히 캐어묻기를 해야 하며, 어떤 경우에는 응답을 대신하여 응답자가 불러주는 내용을 설문지에 기입하기도 한다. • 응답하기 곤란한 질문에 대해서는 솔직한 답변을 이끌어낼 수 있도록 응답자를 설득하기도 한다.
조사 후 단계	응답에 대한 검수뿐만 아니라 응답자, 응답자의 가구, 지역 등을 관찰한 결과를 기록하기도 한다.

> 현장조사의 표본 틀 안에서 오래된 주소나 폐업 및 전업한 주소가 반영되어 있는 경우 현장 경험이 많은 조사원은 표본추출 틀을 갱신할 수 있는 정보를 제공한다.

(2) 조사방법별 조사원 선발

① 면접조사원
  ㉠ 유사조사 경력 3년 이상 되어야 한다.
  ㉡ 응답자가 조사표에 응답하는 데 방해되지 않을 정도의 모습과 성격이어야 한다.
  ㉢ 두발, 의복, 표정 등 너무 튀거나 거부감을 주는 요소가 없도록 한다.
  ㉣ 조사지역 인근 거주자를 우선적으로 고려한다.

② 전화조사원
  ㉠ 면접조사원보다 신체조건의 제약이 적으며, 전화를 받고 응답을 기입하는 데 특별한 어려움이 없어야 한다.
  ㉡ 명확한 발음, 상냥한 언어, 의사전달 능력을 보유한 사람이어야 한다.

③ 인터넷(전자)조사원
  ㉠ 인터넷을 잘 활용할 수 있는 사람이어야 한다.
  ㉡ 정확성, 집중력, 인내력 등의 능력을 보유한 사람이어야 한다.

④ 우편조사원: 유사조사 경력 1년 이상 되어야 한다.

> **보충학습** 조사원의 공통자격
> - 조사업무에 대해 협력의 열의가 있고, 조사원으로서 업무의 중요성을 인식하여 업무를 수행하여야 한다.
> - 조사방법 등 조사절차를 정확하고 바르게 이해하여 이를 충실히 실행할 수 있다.
> - 시간적으로 여유가 있고, 신뢰감과 친근감을 얻을 수 있어야 한다.
> - 우수한 업무수행결과와 보안사항 및 지침을 잘 준수한다.

(3) 조사원 관리

① 조사원의 이름, 성별, 연령, 휴대전화번호, 자택전화번호, 이메일, 자택번지, 통장번호 등을 받아두도록 한다.
② 조사기간 동안 조사원은 언제 어디서나 연락이 가능해야 한다. 사고 또는 조사인력에서 탈락하는 등의 상황이 발생했을 때를 대비하여 개인 연락처, 자택전화, 가까운 지인 등의 연락처를 알고 있는 것이 좋다.
③ 하루 일과 후 보고하는 체계를 유지한다.
  ㉠ 일과를 마치면 일일 보고받기
  ㉡ 조사지도원 등 중간단계 통해서 보고받기
④ 조사진행률을 파악하고 출퇴근을 관리한다.
⑤ 문제점 및 애로사항을 수집하고 처리한다.

2. 조사원의 유형별 직무교육

(1) 조사원 교육의 의미

조사원이 수행해야 할 조사에서 요구하는 목표를 달성할 능력과 자세를 갖추도록 교육시키는 것이다.

Plus +

조사 보고내용
- 목표조사량과 실제조사량
- 표본현황(완료, 부재, 거부, 예약사항 등)
- 조사현장의 문제점 및 애로사항
- 조사용품 현황
- 조사원의 출퇴근 상황

(2) 조사원 교육의 필요성
① 조사원 업무의 전문성을 잘 이해시키고 이를 더욱 발전시킴으로써 조사원으로서의 역할과 중요성을 깊이 인식하여 정체성을 확립하기 위한 것이다.
② 조사원들의 현장조사에 대한 이해력을 높이고 커뮤니케이션 능력을 향상시켜 응답대상자 설득에 대한 긍정적인 태도를 가지도록 하기 위한 것이다.
③ 응답대상자의 응답거부를 가볍게 받아들여서는 안 된다는 것을 인지하도록 돕기 위한 것이다.
④ 조사위조에 따른 통계조사의 품질저하를 막기 위해 조사원의 동기를 부여하고 사명감을 높이는 등 윤리적 자질 향상을 위한 것이다.

(3) 조사원 교육의 종류
① 조사의 개요 및 배경지식에 대한 일반 교육
② 응답자의 참여 동의를 효과적으로 얻기 위한 교육
③ 조사원칙에 따라 정확하고 타당한 응답을 얻는 방법에 대한 교육
④ 대답이 불분명하고 취지에 맞지 않을 때에는 캐어물어서 적절한 답을 얻는 교육
⑤ 조사표 및 기타 용지를 제대로 기록하는 교육
⑥ 조사관리자와 긴밀하게 연락하는 교육

> **Plus +**
> 조사원 교육 시간은 교육 내용의 성격에 따라 구분하여 충분히 갖도록 하고 각 구분에 따라 조사의 전반적인 과정을 모두 숙지하도록 해야 한다.

(4) 조사원 일반교육
① 조사와 조사과정에 대한 개괄교육
  ㉠ 조사의 목적, 용도, 주관자, 후원기관 등을 설명하여 대상자의 신뢰를 얻고 협조를 얻는다.
  ㉡ 조사원 스스로 조사의 중요성과 가치를 깨닫게 한다.
  ㉢ 지역, 시간, 근로조건 등 부정적인 영향을 미치는 요인들을 확인한다.
② 조사원의 역할 및 책임교육
  ㉠ 조사품질에 대한 조사원의 책임을 설명한다.
  ㉡ 조사관리자의 지시에 따를 것을 강조한다.
    - 조사진행상황을 조사관리자에게 매일 보고하고, 완성된 조사표는 매일 조사관리자에게 내용을 확인받는다.
    - 위기 상황이 발생했다면 상식적인 선에서 대처하되, 위급한 순간이 지나면 즉시 조사관리자에게 상황을 보고하여 다음 행동에 대한 지시를 기다린다.
  ㉢ 조사원들이 조사를 진행하는 데 긴장감을 늦추지 않도록 검증절차에 대해 설명해주고 검증원들과 한 자리에서 대면하여 교육을 받도록 한다.
  ㉣ 개인정보의 비밀보장을 강조한다.
  ㉤ 지침 등 서약서의 항목을 잊지 않도록 강조한다.

> 조사원의 정직과 신뢰를 강조하고 통계를 작성하는 것에 대한 책임감을 심어준다. 특히 현장조사를 하지 않고 기존 조사표 등 기타 자료를 이용하여 탁상조사를 해서는 안 됨을 강조한다.

ⓑ 불량응답, 거짓응답 등에 대한 처리과정을 인식시킨다.
- 조사원이 질문의 의도를 충분히 전달하지 못했거나 응답이 불명확한 경우 응답의 정확성과 타당성을 확보하기 위한 추가 질문 기술을 교육한다.
- 응답 조작이나 허위 기록 등 조사 윤리에 위배되는 사례가 발생한 경우 사안에 따라 경고 또는 조사배제 등의 조치를 취할 수 있음을 인식시키고, 관련 사례를 공유하여 조사원의 윤리의식과 책임감을 높인다.

③ 조사원의 자세교육
ⓐ 조사원은 전문가다운(Professional) 모습을 유지해야 한다.
- 단정한 복장과 조사에 필요한 도구 등이 잘 정돈된 모습
- 자신의 신분을 밝히는 조사원 명찰을 항상 착용한 모습
- 조사원 명찰을 착용한 상태로 개인적인 업무를 보거나 전화를 하지 않는 모습
- 조사 자체에 관한 설명, 통계법에 대한 안내 등 응답자가 궁금해할 만한 정보를 조리 있게 전달하는 모습
- 조사표의 질문을 모두 숙지하여 조사를 진행하는 모습
- 응답자가 보는 곳에서 응답을 기입할 때 깨끗한 글씨로 기입하고 필요에 따라 메모 등을 기록하는 모습
- 전자 보조기기를 능숙하게 다루는 모습
- 응답자의 말에 귀를 기울이고 이를 조사에 반영하기 위해 최선을 다하는 모습
- 조사를 마치고 인사하기 전에 빠진 항목이 없는지 차분하게 검토하는 모습

ⓑ 전문가다운 모습으로부터 다음의 효과를 볼 수 있다.
- 조사의 신뢰성에 대한 믿음을 심어주게 되어 응답자로부터 충실한 응답을 들을 수 있다.
- 단정한 외모와 조사원의 신분을 드러냄으로써 신변의 안전을 어느 정도 보장받을 수 있다.
- 공무를 수행하고 있다는 인상으로 표본대상을 찾아가거나 이웃에게 대상자에 대한 정보를 물어볼 때 주변인에게 협조를 얻기가 쉬워진다.

(5) 조사표 교육
① 조사표 내용교육
ⓐ 조사표의 모양, 짜임, 구성 등 각 항목에 대해 설명을 해준다. 질문부터 응답 보기까지 조사표에 사용된 단어들의 의미와 범위를 조사원들이 숙지할 수 있도록 자세하게 설명해야 한다.
ⓑ 조사관리자, 조사원, 응답자는 질문 및 용어를 같은 의미로 이해해야 한다. 조사원은 조사의 목적을 충분히 이해한 후, 응답자가 이를 잘 이해하도록 중간자 역할을 해야 한다.

② 조사표에 있는 그대로 조사하기
ⓐ 조사원 자의로 질문순서나 어구를 변경하는 것은 좋지 않다.
ⓑ 비표준화 조사의 경우에도 조사지침이 마련되어 있을 수 있다. 이런 경우에는 조사지침에 따라 조사하면서 상황에 따라 적절히 변경할 수 있다.

Plus +

조사원에게 필요한 전문가다운 자세 중 가장 중요한 것은 조사에 대한 책임감이다. 통계가 지닌 유용성을 진심으로 믿고 조사 활동이 응답자를 포함한 국민 전체를 위한 일임을 자각하며 임해야 한다. 또한 언제나 대화의 주도권을 갖고 조사를 능동적으로 이끌어야 한다.

③ 개별적으로 조사표 숙지할 시간 주기
   ㉠ 조사관리자의 일차적인 설명이 끝났다면 조사원들이 개별적으로 조사표를 숙지할 수 있는 시간을 준다.
   ㉡ 조사원은 현장에 나가기 전에 조사표의 내용을 외워야 하므로, 조사관리자와 함께 하는 교육시간 외에도 시간을 내어 내용을 충분히 익히도록 한다.
④ 조사원끼리 역할놀이로 익히기: 역할놀이를 할 때 응답자 역할을 하는 조사원은 교과서적인 응답만 할 것이 아니라, 자신의 경험에 비추어 응답을 해봄으로써 조사원들이 현장에서 일어날 수 있는 여러 가지 상황을 접할 수 있다.
⑤ 교육 평가하기: 조사표의 내용을 제대로 숙지했는지 평가를 통해 교육효과를 파악하고, 평가 결과가 좋지 않다면 재교육을 실시한다.

(6) 현장직무 요령교육

① 응답자 찾아가기 교육
   ㉠ 조사지역의 지도 찾기
   ㉡ 공공기관에서 지역정보 얻기
   ㉢ 지역단체 및 주민대표의 협조 구하기
   ㉣ 사전에 약속하거나 응답자의 시간을 고려하기
② 응답자의 협조 구하기 교육
   ㉠ 조사원 자신을 소개할 때

신분소개	조사원에 대한 응답자의 의심을 풀어주기 위해서 조사원은 자기가 어느 기관 소속인지를 공손히 말해야 한다.
조사의 목적	• 조사 시행 이유, 응답자의 의견이 왜 필요한지, 결과가 어떻게 활용되는지 등을 설명한다. • 일반적인 이야기보다 응답자에게 어떤 의미와 이익이 있는지 설명하는 것이 좋다. • 목적 설명 시 설문문항에 대한 어떤 암시를 주어서는 안 된다.
응답자의 선출방식	• 응답자가 어떻게 선출되었는지 쉬운 말로 설명한다. • 면접은 무기명으로 하며 개인적인 정보는 절대로 공개되지 않는다는 것을 강조한다.

   ㉡ 응답자가 조사를 거절할 때: 불쾌한 태도를 보여서는 안 되며, 침착하고 친절한 태도로 다시 한 번 조사의 목적, 방법, 결과처리 등에 대해 설명을 하는 것이 좋다. 그럼에도 거절할 때에는 조사를 강요하지 않는 것이 좋다.
   ㉢ 응답자는 조사 목적에 대한 불신, 질문에 제대로 답하지 못할 것 같은 불안감, 또는 '조사를 당한다.'는 느낌에서 심리적 저항을 가질 수 있다. 이럴 경우 조사원은 질문이 간단하고 정답이 없다는 점, 응답 내용은 철저히 비밀이 보장된다는 점을 강조하여 응답자가 심리적으로 편안하게 대답할 수 있도록 유도해야 한다.
   ㉣ 응답자가 바쁘다고 할 때: 조사를 피하기 위한 구실인지를 파악하고, 실제로 바쁘다고 판단되면 조사 가능한 시간을 약속해 놓는 것이 좋다.

> 농민들의 보건의료상태에 대해 조사할 경우 군청, 면사무소, 보건소, 보건지소, 보건진료소 등의 협조를 얻으면 보다 쉽게 목적을 달성할 수 있다.

③ 부재 시 대처교육
  ㉠ 조사마다 예산이나 조사일정 등에 따라 응답자 부재 시 대처요령이 달라진다.
  ㉡ 접촉될 때까지 재접촉을 시도하거나, 접촉이 불가한 경우 해당 응답자를 표기하고 전화 연락, 다른 시간대 방문, 방문사실 남기기, 가족이나 이웃에게 좋은 인상 남기기 등으로 대체할 수 있다.

④ 응답기입방법 교육
  ㉠ 조사지침서에 첨부된 단위 환산표를 참고하여 단위에 맞게 표기한다.
  ㉡ 메모사항과 최종응답이 구분 가능하도록 응답란에 정확하게 기재한다.
  ㉢ 응답자의 표현을 최대한 살리되, 질문에 대한 타당한 응답을 기입한다.
  ㉣ 응답자의 양해를 사전에 구하여 녹음할 수 있다.
  ㉤ 조사표 회수 시 항목기입 누락 및 착오 사례가 없는지 확인하고, 대리작성 사례는 없는지 확인한다.

⑤ 조사원의 안전교육
  ㉠ 담당 조사지역의 범위 및 지형, 가옥의 배치, 기르는 개의 유무, 교통량 등을 확인한다.
  ㉡ 방문 장소, 방문 예정일을 조사관리자 및 가족에게 알리도록 하며, 예정 변경 시 조사관리자에게 보고한다.
  ㉢ 조사활동에 편리하고 적절한 복장을 갖추고, 특정 정당의 배지 등은 불필요한 오해를 불러일으킬 우려가 있으므로 피한다.
  ㉣ 심야나 아침 일찍 조사하는 것은 가급적이면 피한다. 부득이할 경우 사람의 통행이 적은 어두운 길은 피하고 두 명이 동행하도록 한다.

> **Plus +**
> 응답이 충분하지 못하면, 캐어 묻기(Probing)를 통해 타당한 응답을 받아내도록 한다.

3. 조사원의 유형별 직무범위와 역할

(1) 조사원의 직무

① 조사 전 단계
  ㉠ 현장조사를 하기 위하여 조사교육 훈련에 참가한다.
  ㉡ 조사지역 내 명부를 작성한다(조사대상자 선정).
  ㉢ 조사대상 가구 응답표본을 선정(표본추출과정의 일환)한다.
  ㉣ 불명확한 주소지를 제거하고 정보를 갱신한다.

② 조사대상자 접촉 단계(면접)
  ㉠ 조사대상자와 연락하고 조사참여 협조에 대해 설득한다.
  ㉡ 조사 적격자를 선별한다.
  ㉢ 추가적인 탐색질문을 한다.

③ 조사 수행 단계
  ㉠ 대상자가 조사에 성실히 응하도록 동기를 부여한다.
  ㉡ 응답자에게 질문을 읽어주거나 질문을 명백하게 설명한다.
  ㉢ 응답이 애매하거나 불명확한 경우 추가적인 질문으로 자세히 묻는다.
  ㉣ 응답자를 대신해서 응답내용을 설문지에 기입한다.
  ㉤ 응답이 곤란한 질문은 솔직한 답변을 위해 응답자를 설득한다.

④ 조사 후 단계
  ㉠ 응답에 대한 검수를 한다.
  ㉡ 응답자, 응답자의 가구, 지역 등 직접 관찰한 내용을 기록한다.
  ㉢ 응답된 모든 내용을 객관적으로 기술한다.

(2) 조사원의 조직

구분	내용
프로젝트연구원	• 조사를 기획·설계하고 조사표를 만들며 수집된 자료를 분석하여 결과물을 만드는 데 핵심적인 역할을 담당하는 사람이다. • 전체 과정을 가장 잘 알고 있는 사람으로 조사원에게 조사의 목적과 내용을 교육시키고 적합한 자료가 수집될 수 있도록 모든 인력들을 통제·관리한다.
조사지도원	• 자료수집과정을 총괄하는 사람으로 실질적 현장조사의 조사원 및 자료를 책임지고 관리한다. • 조사원 선발·교육, 조사준비작업, 회수된 질문지검토 및 자료처리 등을 책임지고 수행한다. • 회수된 질문지는 현장에서 검토하여 일차적으로 검토기준에 맞지 않는 질문지는 추가 면접을 실시하게 하거나 응답내용이 충실하지 않은 경우 폐기한다.
검증원	• 조사원들이 표준적인 진행 절차에 따라 정확히 자료를 수집하였는지 검증한다. • 회수된 자료의 일부를 랜덤하게 뽑아 응답자 선정과정의 적합성 및 표준적인 진행 절차에 따른 면접 여부 등을 검증한다.
부호기입원	• 서술형 설문에 대한 응답을 적절한 범주에 따라 분류하고 부호화한다. • 일반적으로 연구원이 작업하나 전문조사기관에서는 전문적인 코더가 작업한다.
입력원	• 수집된 조사표의 내용을 전산처리가 가능하도록 숫자나 부호의 형태로 컴퓨터에 입력한다. • 입력된 자료를 여러 번 검토하여 중복, 누락, 오타 등으로 인한 오류를 수정한다.
조사원	• 조사과정에서 자료를 수집하는 역할을 담당하므로 전체 조사과정의 핵심이라고 할 수 있다. • 표준적인 조사진행 절차에 따라 응답대상자를 선정하고, 응답자에게 조사표 내용을 질문하여 이에 대한 응답을 기록한다. • 개별 방문면접의 경우 면접원은 방문지점, 응답자 선정 및 면접과정 등을 세밀히 기록한 조사표를 제출한다.

보충학습 조사원 역할의 중요성

조사과정의 목표는 정확한 자료수집이며 목표의 달성 여부는 조사원의 정확한 역할수행에 달려 있다. 조사관리자가 조사계획을 잘 세우고 모든 준비를 완벽히 했다 하더라도 조사원들이 표준적인 절차를 따르지 않고 응답자를 선정하거나 잘못된 설문방법을 이용하여 응답을 받아낸다면, 조사 자체가 의미 없는 국가예산의 낭비가 된다. 뿐만 아니라 잘못된 통계자료에 기반한 정부정책 및 시책은 국민과 국가에 손실을 입히게 된다는 점을 명심하고 조사원들은 정확한 자료수집을 위해 노력해야 한다.

(3) 조사원의 역할 배정

① 조사지도원
  ㉠ 조사원들이 조를 이룰 경우 각 조에는 지도원이 있어야 하며, 조사지도원은 본인도 조사를 하면서 조사관리자와 비슷한 역할을 한다.
  ㉡ 조사지도원은 조사원들이 조사를 원활하게 수행할 수 있도록 조사원의 숙련도에 따라서 적절하게 배치를 할 수 있다.

② 조사원의 배정
  ㉠ 능숙한 조사원을 조사지도원으로 배치한다.
   • 조사지도원은 조사관리자의 지시를 빠짐없이 숙지하고 예상치 못한 상황에서도 당황하지 않고 차분하게 대처할 수 있는 사람이어야 한다.
   • 조사지도원을 맡은 조사원은 현장에서 일어난 일을 조사관리자에게 보고할 책임이 있으며, 조사관리자의 지시를 조원들에게 전달해야 한다. 응급상황 등에서 미처 보고하지 못한 사항이라도 사후에 즉시 보고하도록 한다.
  ㉡ 사이가 좋지 않은 조사원을 같이 붙여 놓는 것보다 어느 정도 유대관계가 있는 조사원들이 같은 조가 되는 것이 바람직하지만, 너무 친밀한 관계의 조사원은 되도록 떼어 놓는 것이 좋다.

2 실사진행 관리

1. 실사진행 시 점검사항

(1) 조사원 관리 및 점검

① 보고체계
  ㉠ 날마다 현장의 현황을 보고받아 그날의 진행상황을 파악한다.
  ㉡ 대규모 조사의 경우 조사원 개개인에게 보고받는 것은 불가능하므로, 조사지도원이나 중간관리자로부터 보고를 받아 전반적인 상황을 파악하도록 한다.

▲ 보고체계

② 보고내용
  ㉠ 목표조사량, 실제조사량, 조사에서의 개선점 등을 보고한다.
  ㉡ 조사현장에서 예상하지 못한 상황에 직면한 경우나 관리자가 알아야 할 현장의 특이사항 등을 있는 그대로 보고한다.

> **Plus +**
> 보고내용을 바탕으로 업무량 등이 예상한 바와 같은지, 업무량이나 수당 등을 조정할 필요는 없는지 등을 파악할 수 있다.

③ 점검 및 검증
  ㉠ 조사진행 상황을 파악하고 조사를 마친 설문지에 누락된 항목은 없는지, 알아볼 수 없는 글씨는 없는지, 응답내용의 논리적 오류가 없는지 등을 살펴본다.
  ㉡ 조사원별로 상이한 응답패턴이 발생하는지 살펴본다.
  ㉢ 오류가 확인되었거나 문제가 있을 때는 조사원을 통해 응답자에게 재확인을 요청한다.
  ㉣ 설문지에 대한 오류점검이 모두 완료된 이후에는 적격 조사대상자 여부 및 조사내용의 신뢰성 확인 등의 품질관리를 실시한다.
④ 조사일정 관리
  ㉠ 조사원에게 보고받은 내용을 바탕으로 조사의 속도를 파악한다.
  ㉡ 조사가 예상보다 늦어지고 있다면 조사원들의 조사방법을 살펴보고, 필요에 따라 추가 조사원을 현장에 투입한다.

(2) 설문지 점검

① 지침서와 교육내용을 제대로 지키고 있는지 확인
  ㉠ 조사를 시작한 후 모든 조사원들을 불러들여 함께 조사과정을 짚어보며 점검하는 것이 반드시 필요하다. 이때 현장에서 조사하는 모습부터 수거해 온 설문지 결과까지 하나도 빠짐없이 확인한다.
  ㉡ 예기치 못한 문제나 설문지의 문제, 기타 기술적인 문제는 없는지 짚고 넘어간다.
② 누락 항목이나 글씨를 알아볼 수 없는 항목 확인: 확인된 실수들은 당일 혹은 다음날 바로 보충하도록 한다. 시간이 지날수록 설문지는 쌓여가고 특정 응답자에 대한 조사원의 기억이 희미해지기 때문에 빨리 처리한다.
③ 조사원별로 응답패턴이 발생하는지 살펴보기: 유독 한 조사원만 특정 응답이 자주 나온다거나, 다른 조사원과 다른 응답패턴이 관찰되면 조사원을 불러 조사하는 방법을 확인하고 재교육을 실시한다.
  예) 조사원 A는 특정 주제에 대한 만족도를 묻는 질문에서 유독 '모르겠다.'는 응답을 많이 받아왔다. 이는 조사원 A가 캐어묻기를 충분히 하고 있지 않기 때문이다. 조사원 A가 조사현장에서 질문을 어떤 식으로 수행하고 있는지 역할놀이를 통해 확인한 후 캐어묻기 재교육을 실시한다.
④ 점검과정에서 지적된 사항들 보충하기
  ㉠ 점검과정을 통해 지적된 사항들을 조사원이 보충하는 작업은 조사원의 기억력에 의존하지 않고, 응답자와 접촉한 후 재질문을 통해 보충하거나 결측 처리한다.
  ㉡ 조사 직후 발견된 오류라면 1~2일 이내에 재접촉을 시도하는 것도 좋은 방법이나, 시간이 많이 지난 후에 응답자와 재접촉을 하는 것은 응답자에게 부담이 될 뿐 아니라 해당 질문에 대한 기억이 잘 나지 않을 때가 많다. 질문의 성격과 비용 등을 고려하여 더 나은 방법을 선택한다.
  ㉢ 점검 후 자료보충의 원칙은 조사내용과 난이도에 따라 조사관리자가 정하도록 한다.
⑤ 현장에서 느끼는 조사원 고충을 수합하여 재교육: 조사항목, 특정 응답자, 특정 상황에서 부딪히는 고충 등을 수합하여 다른 조사원들이 참고할 수 있도록 재교육 자료로 배포하고 숙지하도록 하는 것이 좋다.

Plus +

조사기간 초기에 설문지 점검을 집중적으로 실시해야 각종 오류가 발생할 가능성이 낮아진다. 조사 시작 첫 날의 설문지를 모두 점검하여 점검결과를 다시 현장에 나가기 전 모두가 모인 자리에서 발표하거나, 현장에서 발생할 수 있는 오류 등에 대한 재교육을 실시하는 것도 좋은 방법이다.

2. 점검결과에 따른 필요조치

(1) 현장검증
① 자료수집이 완료된 설문지는 1차적으로 조사원이 현장에서 바로 검증을 실시한다.
② 현장검증은 주로 설문상의 기입오류 및 논리적 오류의 유무를 점검하는 것으로, 설문 완료 직후에 실시함으로써 오류 발견 시 응답자에게 현장에서 바로 재확인을 할 수 있다는 장점이 있다.

(2) 재조사(표본 대체)
① 설문 응답자가 부적격 조사대상자로 확인된 경우, 응답내용의 일관성·신뢰성이 현저히 훼손된 경우, 그 밖에 조사결과에 영향을 줄 수 있는 중대한 오류가 발생하였을 경우에 해당 설문을 폐기하고 재조사를 실시해야 한다.
② 재조사의 실시 여부는 실사 관리자가 전체적인 응답내용의 신뢰성을 판단하여 실시하며, 재조사를 실시할 경우에는 설문 폐기로 인해 부족하게 된 표본 집단과 동일한 특성을 지닌 조사대상자를 선정하여 진행해야 한다.

(3) 실사진행상의 문제 발생 시 대응 방안
① 조사용품 관련 문제 발생 시: 조사용품은 표본 수의 10~20% 정도 여분의 용품을 준비해두어 수량 부족 문제가 발생할 때 바로 대처할 수 있도록 한다.
② 조사원 관련 문제 발생 시: 조사원에 대한 재교육을 실시하고, 이후에도 동일한 문제가 발생할 경우에는 해당 조사원을 다른 조사원으로 대체하는 등의 조치를 취한다.
③ 현장검증 결과 오류 발견 시: 조사원 및 응답자 재확인을 통해 해당 오류사항에 대한 확인을 실시한다. 재확인이 불가능하거나 부적격 조사대상자 및 응답내용상의 신뢰성 문제가 발생하는 경우에는 해당 설문을 폐기하고 재조사를 실시할 수 있도록 한다.
④ 조사일정상의 문제 발생 시: 추가 조사원 투입 등 적절한 조치를 실시하였는데도 실사진행이 더딘 경우에는 조사대상자에게 접근이 어렵다는 것을 의미하기 때문에 전체적인 조사일정을 조사 의뢰처와 협의하여 조정할 수 있도록 한다.
⑤ 조사 관련 컴플레인 발생: 설문지에는 실사진행 주체 및 담당자 정보를 기재하여 문의사항이나 컴플레인이 발생하였을 경우 해당 담당자에게 연락을 취할 수 있도록 해야 한다.

(4) 설문지상의 문제 발생 시 대응 방안
① 기입오류 및 논리적 오류가 발생한 경우
  ㉠ 설문지상에 기입오류 및 응답내용의 논리적 오류가 발생한 경우, 해당 오류 내용에 대한 재확인을 실시한다.
  ㉡ 재확인 결과 오류내용이 확인되는 경우에는 해당 내용을 설문결과에 수정하여 반영한다.
  ㉢ 오류내용의 재확인이 불가능한 경우에는 무응답과 같이 단순 기입오류는 무응답 처리하고, 논리적 오류가 많이 발생한 경우에는 해당 설문 폐기 후 재조사를 실시한다.

② 부적격 조사대상자로 확인되거나 응답내용의 신뢰성이 의심되는 경우
  ㉠ 응답자가 부적격 조사대상자로 확인되거나 응답내용의 신뢰성이 현저하게 의심되는 경우에는 해당 설문을 폐기하고 재조사를 실시한다.
  ㉡ 재조사는 폐기된 설문의 표본 특성과 동일한 조건의 조사대상자를 선정해 진행해야 하며, 실사 관리자는 재조사 일정을 감안하여 전체적인 실사일정을 배분해야 한다.
③ 조사원별로 응답패턴이 발생하는 경우
  ㉠ 특정 조사원에게 특정 응답이 자주 나오거나, 다른 조사원과는 다른 응답패턴이 관찰된 경우 해당 조사원 및 응답자를 확인하여 응답패턴에 대한 신뢰성 검증을 실시한다.
  ㉡ 신뢰성에 문제가 있을 경우에는 해당 설문을 폐기하고 재조사를 실시한다.

3 실사품질 관리

1. 실사품질 관리의 의미 및 역할

① 잘 기획된 조사라 하더라도 실사과정에서 정확한 정보수집이 이루어지지 않는다면 수집한 결과의 신뢰성은 떨어질 수밖에 없다.
② 실사과정에서 수집된 정보의 논리적 모순이 없는지, 적합한 방법으로 진행되었는지 등을 확인하는 과정은 정확한 조사결과 도출에 있어서 중요하다.

2. 실사품질 관리의 단계 빈출

(1) 1차 검증(현장검증)

① 설문조사 완료 후 회수된 설문지는 1차적으로 조사를 진행한 조사원이 현장검증을 실시한다.
② 현장검증에서는 설문결과를 육안으로 확인하여 응답의 누락이 없는지, 조사원에게 할당된 설문 대상자의 쿼터(Quota)가 맞는지 등을 확인한 후 이상이 없을 경우 실사 관리자에게 설문지를 전달한다.
③ 오류가 발생하였을 경우에는 오류내용을 확인하여 수정 작업을 실시한다. 오류내용의 재확인이 불가능하거나 중대한 오류가 발생하였을 경우, 해당 설문지를 폐기하고 재조사를 실시한다.

(2) 2차 검증(Editing)

① 실사 관리자는 조사원으로부터 회수된 설문지에 대해 응답 충실성, 부적합 응답 여부, 논리적 오류 체크 등을 확인하는 에디팅(Editing) 작업을 실시한다.
② 오류가 확인되었을 경우에는 조사원 및 응답자에게 오류내용을 확인하여 설문결과를 수정한다. 수정이 불가능한 중대한 오류가 발생하였을 경우에는 해당 설문지를 폐기하고 재조사를 실시한다.

Plus +

실사품질 관리는 '설문조사 → 현장검증(1차 검증) → 에디팅(2차 검증) → 전화검증(3차 검증) → 재조사 → 부호화(자료처리)'의 단계를 따라 이루어진다. 재조사가 필요한 경우가 발생하면 '현장검증 → 에디팅 → 전화검증'이 다시 반복되고, 최종적으로 자료처리 단계에서 부호화(Coding)와 자료입력(Punching)이 진행된다.

(3) 3차 검증(전화검증)

① 2차 검증이 완료되면 실사 담당자는 응답자의 진위 및 적격 대상자 확인, 주요 문항의 진위 여부 확인, 오류내용에 대한 재확인 등을 위해 전화검증을 실시한다.
② 오류가 확인되었을 경우에는 확인 내용을 설문결과에 수정하여 반영한다.
③ 응답자의 진위가 불분명하거나 부적격 대상자로 확인된 경우, 응답내용의 신뢰성이 심각하게 훼손된 경우, 그밖에 조사결과에 중대한 영향을 줄 수 있는 오류가 발견된 경우에는 해당 설문을 폐기하고 재조사를 실시한다.

3. 실사품질 관리방법

(1) 정합성 점검

① 조사원이 설문 응답내용에 기입오류가 있는지, 논리적 모순이 없는지 등을 현장에서 1차적으로 확인하고, 2차적으로 실사 관리자가 내부에서 확인을 실시한다.
② 2차 검증을 실시하기 전에 다른 설문지와 구분할 수 있도록 순차적으로 ID를 부여한다. ID를 부여한 후 자료수집계획서를 참고하여 설문 응답내용에 기입오류가 있는지, 응답내용 간의 논리적 모순이 없는지 등을 점검한다.
③ 정합성 점검은 대부분 실사품질 관리 단계 중 1차 검증(현장검증) 및 2차 검증(Editing)에 해당된다. 오류가 확인되었을 경우 추후 3차 검증(전화검증) 시 확인을 위해 별도로 표기를 해둔다.

  ㉠ 응답기입오류 확인
  • 누락된 응답이 있는지 확인

  > 다음 중 귀하께서 가장 선호하시는 통신사를 하나만 선택해 주십시오.
  > ㉮ A통신사   ㉯ B통신사   ㉰ C통신사   ㉱ 기타(   )
  > → 응답내용이 누락된 경우로, 재확인을 위해 별도로 표기를 해둔다.

  • 불분명하거나 확인이 불가능한 응답이 있는지 확인

  > 다음 중 귀하께서 가장 선호하시는 통신사를 하나만 선택해 주십시오.
  > ㉮ A통신사   ㉯ B통신사 ✓ ㉰ C통신사   ㉱ 기타(   )
  > → ㉯와 ㉰ 사이에 기재하여 정확한 응답내용 확인이 불가능한 경우로, 재확인을 위해 별도로 표기를 해둔다.

  • 응답방법을 준수하여 응답하였는지 확인

  > 다음 중 귀하께서 가장 선호하시는 통신사를 하나만 선택해 주십시오.
  > ㉮ A통신사 ✓ ㉯ B통신사 ✓ ㉰ C통신사   ㉱ 기타(   )
  > → 1개의 보기를 선택해야 하는데 복수로 선택한 경우로, 재확인을 위해 별도로 표기를 해둔다.

Plus +

실사품질 관리는 설문응답내용의 논리적 오류를 점검하는 정합성 점검과 실사가 적합한 방법으로 진행되었는지를 점검하는 신뢰성 점검으로 구분된다.

- 응답내용이 불성실한지 확인

  > 다음 중 귀하께서 가장 선호하시는 통신사를 하나만 선택해 주십시오.
  > ㉮ A통신사　　㉯ B통신사　　㉰ C통신사　　☑ 기타(　　　)
  >
  > → 기타를 선택하고 세부내용을 기재하지 않은 경우로, 재확인을 위해 별도로 표기를 해둔다.

ⓒ 응답내용의 크로스 체크(Cross Check)
- 유사 설문문항 간의 응답 확인을 통한 논리성 확인

  > 귀하의 연령은 만 나이로 어떻게 되시나요? 만 <u>40</u>세
  >
  > 귀하의 직업은 어떻게 되시나요?
  > ☑ 고등학생　　㉯ 대학생　　㉰ 직장인　　㉱ 기타(　　　)
  >
  > → 연령이 만 40세이면서 직업이 고등학생인 경우는 일반적이거나 상식적인 응답이 아니므로 재확인을 위해 별도로 표기를 해둔다.

  > 귀하의 직업은 어떻게 되시나요?
  > ☑ 고등학생　　㉯ 대학생　　㉰ 직장인　　㉱ 기타(　　　)
  >
  > 귀하께서는 휴대폰을 어떤 용도로 가장 많이 사용하시나요?
  > ☑ 업무적 연락　　　　　㉯ 가족 간의 연락
  > ㉰ 친구/지인 간의 연락　　㉱ 기타(　　　)
  >
  > → 직업이 고등학생이기 때문에 휴대폰의 사용 용도가 업무적인 연락인 경우는 일반적이거나 상식적인 응답이 아니므로 재확인을 위해 별도로 표기를 해둔다.

- 유사 설문문항 간의 응답 확인을 통한 일관성·신뢰성 확인

  > 다음 중 귀하께서 가장 선호하시는 통신사를 하나만 선택해 주십시오.
  > ☑ A통신사　　㉯ B통신사　　㉰ C통신사　　㉱ 기타(　　　)
  >
  > 다음 중 귀하께서 가장 비선호하시는 통신사를 하나만 선택해 주십시오.
  > ☑ A통신사　　㉯ B통신사　　㉰ C통신사　　㉱ 기타(　　　)
  >
  > → 선호하는 통신사가 ㉮이면서, 비선호하는 통신사도 ㉮라고 응답하고 있어 응답의 신뢰성이 의심되므로 재확인을 위해 별도로 표기를 해둔다.

(2) 신뢰성 점검

① 실사 관리자가 설문을 작성한 응답자에게 연락을 하여, 응답자의 진위 여부 및 적격한 대상자 여부, 조사원이 적합한 방법으로 조사를 진행하였는지 여부, 응답내용의 진위 여부 등을 확인한다.
② 대부분 실사품질 관리 단계 중 3차 검증(전화검증)에 해당된다.
③ 검증 결과 수정 가능한 오류가 확인되었을 경우 응답자에게 해당 오류내용을 재확인하여 설문결과를 수정하며, 설문결과에 영향을 줄 수 있는 중대한 오류가 발생한 경우에는 해당 설문지를 폐기하고 재조사를 실시한다.

CHAPTER 03 2차 자료 분석

학습방법

- ☑ 2차 자료의 종류와 유형에 대해 정리한다.
- ☑ 문헌연구의 개념과 특징을 이해한다.
- ☑ 내용분석법의 개념과 특징을 이해한다. 특히, 내용분석법을 실시하기 적합한 경우에 대해 암기한다.
- ☑ 2차 자료의 장단점과 한계점을 정리한다.

> **Plus +**
> **3차 자료 (Tertiary Sources)**
> 동일한 연구문제에 대해 방대하게 축적된 연구물들을 대상으로 분석하는 연구로 종합 연구를 수행하기 위한 기초 자료이다.
>
> 내부 자료에는 업무를 통해 발생하는 여러 가지 보고서, 계획서, 분석서 등으로 영업 시장 조사 자료, 마케팅 소비자 조사 자료, 고객 만족도 조사 자료, 기술 분석 조사 자료, 경쟁사 제품 비교 조사 자료 등이 있다.

1 2차 자료의 종류 및 유형

1. 2차 자료의 종류

2차 자료는 조사자가 조사목적에 맞게 만들어낸 자료가 아닌 기존에 개인 또는 기업, 연구기관, 공공기관 등이 보유하고 있는 각종 통계자료와 간행물 등을 모두 포함하며, 내부 자료와 외부 자료로 구분된다.

(1) 내부 자료

① 조사하려는 자료가 기관이나 기업 또는 해당 조직의 내부에서 작성되거나 보유하고 있는 자료이다.
② 기업이나 기관에서 내부적으로 활용할 목적으로 작성한 자료로 일상적인 업무를 진행하면서 과정상의 자료나 결과물로 만들어진 여러 가지 보고나 기록 등의 자료를 말한다.
③ 비용이 거의 소요되지 않고 상대적으로 쉽게 수집할 수 있으며, 다른 외부의 자료에 비교하여 신뢰성이 높다.

(2) 외부 자료

① 조사하려는 자료가 기관, 기업, 해당 조직의 외부에서 작성되거나 보유하고 있는 자료로 공공기관의 각종 보고서, 전문기관의 연구 결과물 등이다.
② 기업이나 기관에서 외부적으로 활용할 목적으로 작성한 자료로 관련 업무를 수행하면서 법적이나 상업적인 목적, 의무나 책임에 따른 목적, 홍보나 정보 공유 등의 목적을 포함하는 여러 가지 자료를 말한다.
③ 정부기관이나 공공기관의 자료는 비용이 무료이거나 저렴한 편으로 공신력에 의한 자료의 신뢰성이 높다.
④ 개인이나 기업 등의 사적인 기관의 자료는 다양한 자료를 찾아볼 수 있으나 상황에 따라 비용이 많이 들 수 있으며, 자료수집의 목적과 범위가 다를 수 있다.

2. 2차 자료의 유형

(1) 내부 자료의 유형
① 재무제표: 재무상태, 손익계산, 현금흐름, 자본변동 등을 알 수 있다.
② 영업보고서: 일정 기간 동안 영업의 상황을 관련 부서나 이해 관계자에게 공유하기 위해 작성한 자료로 영업목표 대비 실적, 달성률, 세부 전략, 문제점 및 향후 전략 등을 파악할 수 있다.
③ 내부기술보고서: 기술 또는 제품, 서비스 등에 관한 기술상황, 분석내용, 프로젝트현황, 경쟁사비교, 기술분류 등을 파악할 수 있다.
④ 내부 마케팅전략자료: 시장과 소비자의 현황, 시장의 문제점, 경쟁사의 전략분석, 자사의 마케팅전략 등을 파악할 수 있다.
⑤ 내부고객자료: 내부적인 관련 부서 등의 현황이나 상황, 프로세스와 업무 절차, 단계별 세부업무 역할과 현황 등에 관해 작성된 자료로 부서별 역할과 책임, 협력체계와 방법, 문제 발생 시 대응방안, 요청사항 등을 파악할 수 있다.

(2) 외부 자료의 유형
① 간행물: 정부기관이나 일반기관에서 일정한 시점의 간격을 두고 지속해서 출판되거나 발행되는 자료로 관련 분야의 연속성을 파악하거나 이해하는 데 유용하다.
② 통계자료: 수집된 데이터와 자료를 통계적인 분석방법을 이용하여 도출하는 자료로 경영상의 다양한 수치, 기술적인 지표와 현황, 사회현상 분석 등을 이해하는 데 유용하다.
③ 전문서적: 관련 분야의 전문적인 지식이나 정보를 체계적으로 작성하여 만든 자료로 전문교재, 학술자료, 논문 등의 형태가 있으며 전문적인 정보를 이해하는 데 유용하다.
④ 보도자료: 관련 상황이나 현황 등의 정보를 알리거나 공유하려는 자료로 신문이나 방송, 잡지 등의 형태가 있으며 관련된 현황 등을 파악하는 데 유용하다.
⑤ 전문기관 보고서: 경영전문기관, 기술전문기관, 마케팅전문 조사기관, 학회나 협회 등에서 발행하는 자료이다.

> **Plus +**
> 자료를 조사할 때에는 지적재산권 등을 확인하여 사용가능 여부 등을 확인해야 한다.

2 2차 자료의 수집방법

1. 2차 자료수집에 관한 계획 수립
① 2차 자료를 수집하기 전 자료수집 목적, 자료수집 범위, 자료수집방법 등에 관해 검토한다.
② 2차 자료수집 계획은 육하원칙을 활용하여 세분화한다.
  ㉠ 누가(Who): 자료수집을 진행할 때 여러 명이 조사를 진행한다면 참여 인원별 책임과 역할을 명확하게 정한다.
  ㉡ 언제(When): 자료수집을 실행하는 일정을 정한다. 수집하고자 하는 자료의 내용을 세분화하고 일간, 주간, 월간 등의 세부적인 일정을 수립한다.

ⓒ 어디서(Where): 온라인, 오프라인에서 자료를 수집하는 위치나 장소 등을 검색하고 적합한 자료를 찾을 수 있는 곳을 정한다.
ⓔ 무엇(What): 자료를 수집하는 목적에 관해 명확히 하고 필요한 자료의 세부 사항을 정리하여 관련 키워드나 주요 내용을 요약하여 자료를 수집한다.
ⓜ 어떻게(How): 수집하고자 하는 자료를 찾는 방법에 관해 검토한다. 주변에서 쉽게 수집할 수도 있으나 자료에 따라 유료서비스나 특정 자격을 가진 사람만이 취급할 수 있는 자료가 있을 수 있으므로 이에 관한 방법을 수립한다.
ⓗ 왜(Why): 자료를 수집하려는 이유와 필요성 등을 정리한다. 이에 관한 배경과 상황을 이해해야 관련성과 정확성이 높은 자료를 찾을 수 있다.

③ 처음부터 계획을 명확하게 수립하지 않으면 자료수집과정상에서 문제가 발생하거나 적합하지 않은 결과물이 산출될 수 있으므로 체계적으로 자료수집을 계획해야 한다.

2. 문헌연구

(1) 문헌연구의 의미
① 문헌이란 논문, 신문기사, 일기, 서신 등 문자로 기록된 것뿐만 아니라 녹취록, 영상 녹화물 등도 포함된다.
② 문헌연구는 이미 발표된 연구의 결과나 역사적 문서를 수집하여 연구자가 연구하려고 하는 문제를 분석하는 것이다.

(2) 문헌연구의 중요성
① 해당 학문 분야의 최근 동향에 대해 파악하고, 그 분야의 선구자가 될 수 있다.
② 연구 가능한 주제를 선택할 수 있다.
③ 연구문제를 구체화할 수 있다. 즉, 연구자가 추상적으로 생각하고 있던 연구문제를 문헌연구를 통해 특정 분야로 한정하고 구체화할 수 있다.
④ 새로운 접근방법을 모색할 수 있다. 즉, 다양한 문헌들을 탐독하면서 연구자가 생각지 못한 연구방법 또는 분석방법 등을 모색할 수 있다.
⑤ 연구방법에 대한 통찰력을 얻을 수 있다. 즉, 선행연구들은 어떠한 방법을 사용했는지, 어떻게 결론에 도달했는지 통찰력을 얻을 수 있다.
⑥ 연구를 시행하는 과정에서 발생할 수 있는 시행착오를 피할 수 있다. 특히 선행연구의 제한점 또는 제언 부분에서 해당 연구의 한계를 미리 파악함으로써, 연구과정에서 발생할 수 있는 문제점을 사전에 방지할 수 있다.

(3) 문헌연구의 절차
① 관심주제를 명확하게 하여 구체적인 범위로 좁힌다.
② 연구주제와 관련된 중심단어를 찾아 핵심어 목록을 작성한다.
③ 자료를 탐색하고 수집한다.
④ 자료의 핵심내용을 읽고 요약한다.
⑤ 자료를 종합하고 정리한다.

Plus+ 오프라인 자료수집 시 기업, 기관, 도서관 등에서 다양하게 수집하고, 자료가 훼손되지 않도록 유의한다. 온라인 자료수집 시에는 실시간으로 홈페이지나 자료의 현황이 변경될 수 있으므로 방문시간과 URL 등의 정보를 함께 기록하여 보관한다.

Plus+ 문헌연구는 문헌의 정확성과 신뢰성을 확보하기 어렵고, 문헌해석 시 연구자의 편견이 개입될 수 있다는 단점이 있다.

학위논문을 포함한 학술지의 제언에서 언급된 후속 연구의 필요성에 대한 주제들을 통해 연구 가능한 주제를 탐색할 수 있다.

Plus+ 문헌해석 시 선행연구의 신뢰도는 현행연구의 신뢰도에 영향을 줄 수 있다.

3. 내용분석법의 이해 [빈출]

(1) 내용분석법(Content Analysis)의 의미
① 대표적인 문헌연구로, 의사소통의 내용이 적혀 있는 기록물을 연구대상으로 하는 비개입적 연구이다.
② 구체적으로 기록된 메시지의 특성을 객관적·체계적·계량적인 방법으로 측정하고 분석하여 동기나 원인, 결과나 파급효과 등을 파악한다.

(2) 내용분석법의 특징
① 인간의 모든 형태의 의사소통 기록물을 활용할 수 있다.
② 사례연구와 개방형 질문지 분석의 특성을 동시에 보인다.
③ 양적인 정보와 질적인 정보 모두 분석의 대상이 되며, 연구목적에 따라 변수를 측정할 수 있도록 질적내용을 객관적이면서 계량적인 양적자료로 전환하여 분석한다.
④ 질적인 내용의 코딩을 위해서는 개념화·조작화가 이루어져야 한다.
⑤ 역사적 연구에 유용하다.
⑥ 메시지의 표면적인 내용뿐만 아니라 잠재적인 내용도 분석 가능하다.
⑦ 자료가 방대한 경우 내용분석법에서도 모집단 내에서 표본을 추출하여 분석할 수 있다.
⑧ 범주를 설정하는데 있어 포괄성, 상호배타성을 확보해야 한다.

> **Plus +**
> **기록물**
> 신문, 잡지, 연설문, 일기, TV, 라디오, 영화, 홍보물, 상담일지, 녹취록 등 의사소통에 대한 모든 기록을 포괄한다.

(3) 내용분석법의 장단점

장점	단점
• 가치나 태도 같은 심리적 변수 등 다양한 변수를 효과적으로 측정할 수 있다. • 많은 조사자가 필요 없으며 특별한 장비가 요구되지 않는다. • 일정 기간 진행되는 과정에 대한 분석이 용이하다. • 시간과 비용 측면에서 경제성이 있다. • 조사의 일부나 전부를 다시 분석하는 것이 다른 조사방법보다 용이하다. • 비관여적이므로 조사자가 조사대상에 영향을 미치지 않는다. • 조사대상자가 반작용을 일으키지 않는다. • 다른 연구방법과의 병용이 가능하다. • 다른조사에 비해 위험부담이 적다.	• 기록에 남아있지 않은 것은 분석이 불가능하다. • 기록된 내용이 현실을 그대로 반영할 수 없기 때문에 타당도가 낮다. • 자료분석에 있어 신뢰도에 문제가 있을 수 있다. • 표본의 크기가 클 경우 시간과 노력이 많이 든다. • 분석하고 싶은 자료에 접근하거나 구하는 것 자체가 어려운 경우가 있다.

(4) 내용분석법을 실시하기에 적합한 경우
① 조사대상자의 언어나 문제 등을 분석할 경우
② 자료 원천에 대한 접근이 어렵고 자료가 문헌인 경우
③ 정책, 매스미디어 내용의 경향이나 변천 등이 필요한 경우
④ 분석자료가 방대하여 실제 분석자료를 일일이 수집하기 어려운 경우
⑤ 실증적 자료에 대한 보완적 조사가 필요할 때 무엇을 자료로 삼을 것인가 검토하는 경우

(5) 내용분석법의 절차
'연구문제 또는 가설 설정 → 내용분석 자료의 모집단 선정 → 내용분석 자료의 표본 추출 → 분석단위 결정 → 분석 카테고리 설정 → 수량화의 체계 규정 → 코딩 → 신뢰도 및 타당도 검증 → 자료의 분석 및 해석 → 연구보고서 작성'의 순서를 따른다.

(6) 내용분석법의 단위
① 분석단위는 단어, 주제, 인물, 항목, 공간 및 시간 등 다양하다.
   - 예 서적을 내용분석할 때 분석단위는 페이지, 문단, 단락, 줄, 단어 등이다.
② 단어는 내용분석법에서 사용하는 최소의 단위이다. 선택된 단어가 얼마나 많이 사용되었는지를 조사함으로써 내용을 분석할 수 있다.
   - 예 사회복지실천에 관한 연구물에서 1960년대, 1970년대, 1980년대, 1990년대, 2000년대별로 '진단, 치료'라는 용어와 '사정, 개입'이라는 용어가 얼마나 사용되는지를 비교·분석한다.
③ 주제는 어떤 내용의 중심이 되는 제목 또는 문제를 의미하며, 한 문장 또는 한 본문에 여러 개의 주제가 있을 수 있다.
   - 예 신문 경제면 톱기사들의 제목을 검토해 봄으로써 그 시대의 경제상황을 분석한다.
④ 소설, 전기, 연극, 영화 등의 역사적 인물이나 주인공을 중심으로 분석할 수 있다.
   - 예 1970년대, 1980년대, 1990년대, 2000년대별로 문학작품에 나오는 여자 주인공들의 인물적 특징을 남성에 대해 순종적인 여성과 저항적인 여성으로 분류하여 각 시대별로 여성들이 남성을 대하는 태도의 변화를 분석한다.
⑤ 항목(Item)은 어떤 의사소통 전체의 단위를 의미한다. 신문의 경우 사설, 사회문제, 국내뉴스, 해외뉴스 등으로 분류할 수 있다.
   - 예 1960년대부터 1980년대까지 일반 신문, 1990년대에는 스포츠 신문, 2000년대에는 모바일 신문이 성행했으며, 이를 통해 독자층의 증가 및 신문의 변화를 확인한다.
⑥ 인쇄물의 지면인 공간(Space)이나 방송의 시간(Time)도 분석의 단위가 된다. 신문 기사의 경우 해당 주제가 사회면인지 정치면인지 확인하고 뉴스의 경우 낮 시간대인지 저녁 시간대에 방송되었는지를 확인한다.

Plus +

내용연구가 생산적이기 위해서는 카테고리가 명확하게 구성되어야 하고 연구목적에 연계되어야 한다. 또한, 분석단위를 카테고리에 배열하는 것을 코딩(부호화)이라 하며, 코딩을 위해서는 개념화 및 조작화가 이루어져야 한다. 이때, 숨어있는 내용을 부호화시킬 수 있다.

기출문제 CHECK 2018년 2회

다음과 같은 특징을 지닌 연구방법은?

- 질적인 정보를 양적인 정보로 바꾼다.
- 예를 들어 최근 유행하는 드라마에서 주로 다루는 주제가 무엇인지 알아낸다.
- 메시지를 연구대상으로 할 수도 있다.

① 투사법 ② 내용분석법
③ 질적연구법 ④ 사회성측정법

| 해설 | 내용분석법은 인간의 모든 형태의 의사소통 기록물을 활용할 수 있으며 양적 정보와 질적 정보 모두 분석대상이 된다.
| 정답 | ②

3 2차 자료의 특성

1. 2차 자료의 필요성

① 조사문제를 명확히 규명할 수 있다.
② 조사문제에 대한 가설 제공이 가능하다.
③ 본조사에 사용될 적절한 조사설계방법을 제시할 수 있다.

2. 2차 자료의 장점

① 연구자가 문제해결에 필요한 기존 자료를 사용하므로 1차 자료 수집에 드는 시간·비용·노력을 절약할 수 있다.
② 정부나 공공기관에서 공개하는 2차 자료는 양질의 자료이므로 엄격하게 표집과정이 이루어져 자료를 신뢰할 만하며, 공신력 있는 기관에서 자료를 수집하였기 때문에 응답률이 상대적으로 높은 경우가 많다.
③ 조사대상자와 직접적인 상호작용이 없는 상태에서 자료를 수집하기 때문에 자료수집 과정에서 조사자가 조사대상자에게 미치는 영향과 조사대상자의 반응성, 조사대상자의 권익을 해칠 가능성(사생활 및 익명성 침해)에 대한 염려를 하지 않아도 된다.
④ 종단자료를 확보할 수 있다.
⑤ 국제 비교연구가 가능하다.
⑥ 전체 표본 중 하위집단의 표본을 선택하여 분석하는 것이 가능하다.
⑦ 다른 연구자가 하나의 자료에 접근하여 다양한 연구를 수행할 수 있기 때문에 연구결과가 풍부해질 수 있으며, 연구자 간의 토론을 촉발함으로써 학문 발전이 촉진된다.

Plus +

탐색적 조사의 성격을 지니고 있으므로 구체적 조사를 위한 사전조사적 성격으로 활용될 경우 조사문제에 대한 가설을 제공하고 가설의 개념을 명확히 해준다.

전 국민을 대상으로 하는 정신건강실태 조사자료가 존재한다면, 연구자는 특정 대상만을 선별하여 정신건강 상태를 파악할 수 있다.

3. 2차 자료의 한계

① 연구에 필요하며 적합한 2차 자료의 소재를 찾기가 어렵고 자료에 접근하기 어려운 경우가 많다.
② 연구자 본인이 직접 생성한 자료가 아니므로 자료의 규모나 구조에 익숙하지 않을 수 있다.
③ 신뢰성 및 타당성에 문제가 있거나 편견이나 실수 등과 관련된 문제가 발생할 수 있다.
④ 시간적·지역적으로 구체적인 비교연구를 수행할 때 관련 통계자료에서 사용되는 개념의 정의 및 계산방법 등이 일치하는지를 반드시 확인하여야 한다. *(실업률과 같이 잘 알려진 지표도 국가, 시대 등에 따라 계산하는 방법에 차이가 존재할 수 있으므로 반드시 확인해야 한다.)*
⑤ 연구자가 원하는 변수가 없거나, 또는 모집단, 표본 구성, 질문지의 내용과 자료수집방법 등에서 연구자가 사용할 수 없는 문제점이나 차이점이 있을 가능성이 있다.
⑥ 조사에 필요한 가장 최근의 자료를 구할 수 없는 경우가 있다.

4. 2차 자료의 적절성 판단 평가기준

① **조사목적 부합성**: 당면한 조사목적을 위해 직접 수집한 자료가 아니므로 조사목적에 부합하지 않을 수 있으므로 이를 확인한다.
② **자료의 정확성**: 자료가 얼마나 정확한지를 확인한다.
③ **신뢰성**: 자료를 공표한 기관의 능력, 평판, 전문성 등을 확인한다.
④ **조사방법**: 표본추출방법, 분석방법 등 조사방법이 얼마나 적절한지를 확인한다. *(모집단 구성원들은 전국 각지에 있으며 여러 연령대에 걸쳐 있는데, 한 지역에서 편의 표본에 의해 자료를 수집하고 분석하였다면 조사결과의 일반화 가능성은 매우 낮으며 자료의 가치는 매우 낮다.)*
⑤ **편견**: 어떠한 목적에서 편견적 자료를 공표할 수도 있으므로 자료가 편견화되어 있지 않은지 확인한다.
⑥ **자료의 일치성**: 동일한 자료수집을 위하여 가능하면 두 개 이상의 자료원을 이용하는 것이 바람직하다. 두 개 이상의 자료원에서 제시된 자료가 거의 일치한다면 보다 신뢰할 수 있다.
⑦ **시간의 문제(최신성)**: 법률 등과 같이 시간에 따라 변할 수 있는 자료의 경우 최신자료인지 확인한다.

CHAPTER 04 측정의 타당성과 신뢰성

학습방법

- ☑ 변수의 종류와 각각의 특징, 가설의 형태와 평가기준, 귀무가설 연구가설의 정의를 확실하게 숙지한다.
- ☑ 개념적 정의와 조작적 정의의 개념을 이해하고 구분한다.
- ☑ 측정의 4가지 수준의 개념과 예시를 학습하고, 척도의 의미, 구성방법, 종류에 대해 파악한다.
- ☑ 체계적 오차와 비체계적 오차를 구분한다.
- ☑ 타당성과 신뢰성의 개념과 관계를 파악하고, 타당성의 종류와 신뢰성의 추정·제고 방법을 학습한다.

1 개념과 측정

1. 변수의 개념 및 종류 빈출

(1) 변수의 의미

① 변수(Variable)란 측정할 관측 대상의 속성이나 특성이 변하는 자료이다.
  - 예 사람의 키, 체중 등
② 연구대상의 경험적 속성을 나타낸다.
  - 예 전문직에 종사하는 남성근로자를 대상으로 하는 사회조사에서 '연령, 직업종류, 근무시간'을 변수로 선택할 수 있다.
③ 한 연속선상에서 하나 이상의 값을 가지는 개념이다.

(2) 변수의 종류

① 기능적 관계에 의한 분류
  ㉠ 독립변수(Independent Variable)
    - 인과관계에서 다른 변수에 영향을 주는 변수로서 원인(Cause)을 나타낸다.
    - 실험설계에 있어서는 연구자에 의하여 사전에 조작되는 실험변수이다.
    - 원인변수, 예측변수, 설명변수라고도 한다.
  ㉡ 종속변수(Dependent Variable)
    - 인과관계에서 다른 변수로부터 영향을 받는 변수로서 결과(Effect)를 나타낸다.
    - 독립변수의 원인을 받아 일정하게 변화된 결과를 나타낸다.
    - 결과변수 또는 반응변수라고도 한다.
  ㉢ 매개변수(Intervening Variable)
    - 독립변수와 종속변수 사이의 매개자 역할을 하는 변수로, 두 변수 간에 간접적인 관계를 맺도록 하는 제3의 변수이다.
    - 독립변수의 결과인 동시에 종속변수의 원인이 되는 변수이며, 개입변수라고도 한다.
    - 종속변수에 일정한 영향을 주며 독립변수에 의하여 설명되지 않는 부분을 설명한다.

Plus +

변수
관심을 가지고 있는 대상의 경험적 속성(Empirical Property)을 나타내며, 그 속성에 계량적인 수치를 부여할 수 있는 개념 또는 경험적으로 측정 가능한 개념이라고 정의할 수 있다.

▶ 좌석 위치(독립변수)에 따라 대학생들의 성적(종속변수)에 차이가 있을 것이다.

▶ 노인의 사회참여(독립변수)가 높을수록 자아존중감(매개변수)이 향상되고, 그 결과 생활만족도(종속변수)가 높아질 것이다.

> **Plus +**
> 외생변수는 독립변수가 아니면서 종속변수에 영향을 미친다.

㉣ 외생변수(Exogenous Variable)
- 조사자의 의도에 상관없이 종속변수에 직접적인 영향을 미치는 독립변수 이외의 모든 변수이다.
- 통제하지 않으면 연구결과의 내적타당도에 문제가 되므로, 연구자는 최대한 외생변수를 제거하거나 상쇄해야 한다.

㉤ 조절변수(Moderating Variable)
- 독립변수와 종속변수 사이의 관계에 대한 강도나 방향에 영향을 미치는 제3의 변수이다.
- 독립변수가 종속변수에 미치는 영향을 강화시키거나 약화시키는 변수이다.

    예 학생들의 학업부진(독립변수)이 비행친구와의 교제(매개변수)를 매개로 하여 비행(종속변수)으로 이어질 것이다. 또한 학생의 어릴 적 가정환경(외생변수)이 비행으로 이어진다고도 본다. 단, 학교 선생님의 관심(조절변수)으로 학업이 부진한 학생이라도 비행가능성이 줄어들 수 있다.

㉥ 외재적변수(Extraneous Variable)
- 독립변수와 종속변수 간에 상관관계가 없으나, 상관관계가 있는 것처럼 보이게 하는 제3의 변수로 허위변수, 외적변수라고도 한다.
- 외재적변수로 인해 독립변수와 종속변수가 서로 관계가 있는 것처럼 보일 때, 두 변수는 가식적 관계, 허위관계, 의사관계(Spurious Relationship)에 있다고 한다.
- 외재적변수의 영향력을 통제해야만 변수들 사이의 진짜 인과관계를 밝힐 수 있으며, 두 변수 사이의 관계가 가식적 관계인지 아닌지를 밝힐 수 있다.

> **Plus +**
> **가식적 관계**
> 허위관계라고도 하며, 이러한 가식적 관계를 만드는 변수가 바로 외생변수이다. 따라서 외생변수의 영향력을 통제해야만 변수 사이의 진짜 인과관계를 밝힐 수 있다.

㉦ 억제변수(Suppressor Variable)
- 독립변수와 종속변수가 서로 관계가 있는데도 관계가 없는 것으로 나타나게 하는 제3의 변수로, 억압변수라고도 한다.
- 독립변수와 종속변수 중 하나의 변수와는 정적으로 상관되어 있고 다른 하나의 변수와는 부적으로 상관되어 있어 두 변수 간에 아무런 관계가 없는 것처럼 보이게 만든다.
- 억제변수가 통제되면 원래 관계가 없는 것으로 나타났던 두 변수가 서로 관계가 있는 것으로 나타난다.

보충학습 억제변수, 외재적변수, 외생변수의 비교

억제변수	외재적변수	외생변수
두 변수 간에 상관관계가 있으나, 서로 상관관계가 없는 것처럼 보이게 하는 제3의 변수	두 변수 간에 상관관계가 없으나, 관계가 있는 것처럼 보이게 하는 제3의 변수	조사자의 의도에 상관없이 종속변수에 직접적인 영향을 미치는 독립변수 이외의 모든 변수

㉧ 왜곡변수(Distorter Variable)
- 독립변수와 종속변수 간의 실제관계를 정반대 관계로 나타나게 하는 제3의 변수이다.
- 두 변수의 인과관계에 있어 음(-)과 양(+)의 방향을 정반대로 해석해야만 옳은 해석이 되도록 만드는 변수이다.

ⓩ 선행변수(Antecedent Variable)
- 인과관계에서 독립변수에 앞서면서 독립변수에 유효한 영향력을 행사하는 제3의 변수이다.
- 매개변수와 달리 독립변수와 종속변수 간의 관계를 설명하는 것이 아니라, 그 관계에 미치는 영향을 명확히 하고자 할 때 도입한다.
- 독립변수에 대한 보조적 역할을 수행하는 변수이므로 이 변수가 통제된다고 해도 독립변수와 종속변수 간의 관계는 사라지지 않는다.

ⓩ 통제변수(Control Variable)
- 독립변수와 종속변수 간의 인과관계에 영향을 미칠 수 있는 제3의 변수 중 조사설계에서 조사자가 통제하기로 선택한 변수이다.
- 제3의 변수 중 통제변수로 선택되면, 이 변수가 조사과정에 영향을 미치지 않도록 조치를 취하게 된다.

ⓩ 구성변수(Component Variable): 포괄적 개념을 구성하는 제3의 변수이다.

Plus +

연구자는 통제변수(검정요인, 제3의 변수)를 통해 두 변수 간의 인과적 관계를 보다 정확하고 명료하게 이해할 수 있도록 밝혀야 한다.

기출문제 CHECK 2019년 3회

독립변수와 종속변수에 대한 설명으로 옳지 않은 것은? (단, 일반적인 경우라 가정한다)
① 독립변수가 변하면 종속변수에 영향을 미친다.
② 독립변수는 종속변수보다 이론적으로 선행한다.
③ 독립변수는 원인변수, 종속변수를 결과변수라고 할 수 있다.
④ 종속변수는 독립변수보다 시간적으로 선행한다.

| 해설 | 독립변수는 종속변수보다 시간적으로 선행한다. | 정답 | ④

---

② 속성의 정도에 의한 분류
ⓘ 질적변수(Qualitative Variable)
- 변수가 갖는 성격의 종류에 따라 별개의 범주로 구별되는 변수로, 범주형 변수(Categorical Variable)라고도 한다.
  예 성별(남/여), 혈액형(A/B/AB/O), 인종(황인종/백인종/흑인종), 경제상태(상/중/하) 등
- 속성의 값을 나타내는 수치의 크기가 의미 없는 변수이다.
- 측정해야 하는 대상이 구별된 몇 개의 범주 중 하나에 속하게 된다.
- 명목척도, 서열척도로 측정되는 변수이다.
- 질적변수를 양적변수로 변환할 수 없다.

ⓛ 양적변수(Quantitative Variable)
- 측정한 속성값을 연산이 가능한 의미 있는 수치로 나타낼 수 있는 변수로, 계량적 변수 또는 메트릭(Metric)변수라고도 한다.
  예 소득, 거주기간, 범죄율 등
- 크기, 길이, 무게, 개수 등과 같은 양을 나타내기 위하여 수치로 나타낼 수 있다.
- 사람, 대상물 또는 사건을 그들 속성의 크기나 양에 따라 분류한다.
- 자동차의 판매대수와 같은 이산(불연속)변수와 몸무게 같은 연속변수로 구분된다.

Plus +

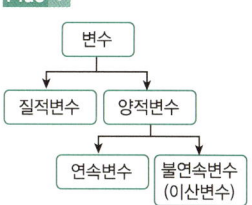

- 등간척도, 비율척도로 측정되는 변수이다.
- 양적변수를 질적변수로 변환할 수 있다.
    - 예 수입: 100만 원 미만(하), 100만 원 이상 300만 원 미만(중), 300만 원 이상(상)

ⓒ 이산변수(Discrete Variable)
- 양적변수 중 어떤 구간 내에서 취할 수 있는 값이 한정되어 있는 변수이다.
    - 예 가구당 자녀 수, 입원환자 수, 학생 수 등
- 값과 값 사이가 서로 분리되어 있고, 그 사이의 값이 아무런 의미를 가지지 않는다.
- 정수값(Z)으로 구성된다.

ⓔ 연속변수(Continuous Variable)
- 양적변수 중 어떤 구간 내에서 취할 수 있는 값이 무한히 많은 변수이다.
    - 예 신장, 체중, 소득, 범죄율, 거주기간, 거리, 수질오염도 등
- 값과 값 사이가 서로 연결되어 있어 그 사이의 값이 의미를 가진다.
- 측정한 값들이 척도상에서 연속성을 띠며, 거의 무한 개의 값을 가질 수 있다.
- 실수값(R)으로 구성된다.

ⓜ 더미변수(Dummy Variable)
- 질적변수를 0 또는 1 어느 한쪽 값을 취하여 수치로 변환한 변수이다.
    - 예 대학교육 유무에서 '받은 적이 있다'는 1, '받은 적이 없다'는 0으로 변환한다.
- 가변수 또는 지시변수라고도 한다.

ⓗ 이분변수(Dichotomous Variable)
- 변수의 특성이 두 개의 성질로 나누어지는 질적변수이다.
    - 예 성별(남자 대 여자), 주사위(짝수 대 홀수)
- 질적변수를 다변량 분석에 포함시키기 위해 변환할 때 사용한다.
- 사상(事象)의 극단적 특성을 강조할 때 사용한다.

ⓢ 잠재변수(Latent Variable)
- 변수를 구성하는 개념을 직접 관찰하거나 측정하는 것이 불가능한 변수이다.
    - 예 지능에 관한 변수를 구성하는 개념들은 직접 측정하는 것이 불가능하다.
- 사회과학적으로 직접 측정하기에 불가능하며, 일반적으로 관찰변수에 의해 간접적으로 측정을 수행한다.
- 요인이라고도 하며, 하나의 잠재변수를 측정하기 위해 최소한 2개 이상의 관찰변수를 사용하는 것이 바람직하다.

ⓞ 관찰변수(Observed Variable)
- 직접적으로 관찰되는 측정변수이다.
    - 예 학생의 지능에 관한 변수를 측정하기 위해 성적의 평점평균을 직접 측정한다.
- 잠재변수에 대한 조작적 정의이다.

2. 개념적 정의(Conceptual Definition)

(1) 개념(Concept)의 이해
① 개념의 의미
  ㉠ 관찰된 현상의 특정한 측면을 설명하는 추상적인 관념을 용어 또는 기호로 표현한 것이다.
  ㉡ 이론의 핵심적 구성요소이며, 특정 대상의 속성을 나타낸다.
② 개념의 역할
  ㉠ 감각에 의하여 감지될 수 있는 것은 물론 직접 감지될 수 없는 추상적인 현상, 예를 들어 정부, 주권, 국민 등에 대해서도 이해할 수 있는 방법을 제시해준다.
  ㉡ 언어나 기호로 표시될 수 있기 때문에 지식의 축적 및 팽창을 가능하게 한다.
  ㉢ 실제 연구에 있어 포함되는 주요 개념은 그 연구의 출발점과 앞으로의 연구방향을 제시해준다.
  ㉣ 어떤 이론을 구성하고 있는 여러 개념 간의 관계는 과거의 사실에 대한 체계적인 이해를 가능하게 할 뿐만 아니라 미래에 대한 예측도 가능하게 해준다.
  ㉤ 연역적 결과를 가져다준다.

(2) 개념적 정의의 의미
① 연구대상이 되는 사람, 사물의 형태 및 속성과 다양한 사회현상을 보편적 언어를 사용하여 이론적이고 추상적으로 정의한 것이다.
  예 소득: 어떤 일을 한 결과로 얻은 이익, 불안: 주관화된 공포, 무게: 물체의 중량
② 개념의 의미가 분명해야 개념에 대한 관찰이 가능하다. 따라서 측정과정의 첫 번째 단계에서 개념을 명확하게 하는 개념적 정의를 내린다.

> **Plus +**
> 개념 자체는 경험적으로 직접 측정할 수 없다. 따라서 개념을 경험적 수준으로 구체화하는 과정인 개념의 구체화가 필요하다.

(3) 개념적 정의의 특징
① 정의하려는 대상만의 특유한 요소나 성질을 분명하게 제시해야 한다.
② 뜻이 분명해서 누구나 알아들을 수 있도록 의미를 공유하는 용어를 써야 한다.
③ 어떤 개념을 보다 명확하고 정확하게 표현하기 위하여 다른 개념을 사용하여 정의하기도 한다. 따라서 주어진 단어가 이미 정립된 의미를 가진 다른 표현과 동의적인 경우도 있다.
④ 적극적 혹은 긍정적인 표현을 써야 한다.
⑤ 순환적인 정의(A는 B이다. 그리고 B는 A이다)는 지양해야 한다.
⑥ 개념에 대한 통일된 정의가 존재하지 않을 경우에는 조사자 자신이 새롭게 정의할 수 있으므로 개념의 정의는 조사자에 따라 달라질 수 있다.

(4) 재정의(Reconceptualization, 재개념화)

① 개념을 새로운 각도에서 재정립하는 것으로, 보다 명백히 재규정하는 것이다.
② 개념의 한정성을 높여 관찰 및 측정이 가능하며, 주된 개념적 요소를 확인할 수 있다.
③ 개념이 명확해짐으로써 조사의 객관적인 신뢰성을 높여준다.
④ 재정의가 필요한 이유
  ㉠ 사회조사에서 사용되는 개념은 일상생활에서 사용하는 언어적 표현과 의미가 다를 수 있다.
  ㉡ 동일한 개념이라도 사회가 변함에 따라 원래의 뜻이 변할 수 있다.
  ㉢ 한 가지 개념이라도 두 가지 또는 그 이상의 다양한 의미를 가지고 있을 수 있기 때문에, 각기 다른 의미들 중에서 어떤 특정한 의미를 조사연구대상으로 삼을 것인지를 밝혀야 한다.
  ㉣ 개념의 한정성을 높여 관찰 및 측정을 가능하게 하며, 주된 개념적 요소를 분명히 파악할 수 있다.

기출문제 CHECK 2021년 1회

개념(Concept)에 관한 설명으로 틀린 것은?
① 개념은 이론의 핵심적 구성요소이다.
② 개념은 특정 대상의 속성을 나타낸다.
③ 개념 자체를 직접 경험적으로 측정할 수 있다.
④ 개념의 역할은 실제 연구에서 연구방향을 제시해준다.

| 해설 | 개념은 추상적이기 때문에 직접 측정할 수 없다. | 정답 | ③

3. 조작적 정의(Operational Definition) 빈출

(1) 조작적 정의의 의미

① 특정한 구성개념이나 잠재변수의 값을 측정하기 위해 측정할 내용이나 측정방법을 구체적으로 정확하게 표현하고 의미를 부여한 것이다.
  예) 소득: 월 (　　)만 원, 신앙심: 종교행사 참여횟수, 서비스만족도: 재이용 의사 유무
② 연구에서 설정한 추상적인 개념을 실제 현상에서 측정이 가능하도록 관찰 가능한 형태로 표현한 것이다.
③ 분석의 단위를 카테고리별로 분류하는 과정이다.
④ 측정과정의 마지막 단계에서 추상적인 개념들을 경험적 지표로 구체화한 것이다.

(2) 조작적 정의의 필요성

① 개념을 가시적이고 경험적으로 표현해준다.
② 개념의 구체화를 위해서 필요하다.
③ 추상적인 개념을 구체적인 경험세계와 연결시킨다.
④ 연구문제에 대한 범위와 그 연구에 대한 주요변수를 제시해줌으로써 기본 연구대상을 가시적이고 측정 가능하게 해준다.

Plus +
개념의 구체화 과정
개념 선정 → 개념적 정의(개념화, Conceptualization) → 조작적 정의(조작화, Operationalization) → 변수의 측정

(3) 조작적 정의의 특징
① 추상적 개념을 수량화하여 측정 가능하도록 한다.
② 조사자는 측정을 위한 조작적 정의를 세울 때, 변수의 측정방법을 제시해야 하고 실험변수의 조작방법을 규정해야 한다.
③ 관찰과 측정의 단계가 분명히 밝혀져 있을 때 조작적으로 정의될 수 있다.
④ 적절한 조작적 정의는 정확한 측정의 전제조건이다.
⑤ 하나의 개념이 여러 가지의 조작적 정의를 가질 수 있다.
⑥ 개념적 정의와 반드시 일치해야 하는 것은 아니지만, 최대한 일치하도록 정의되어야 한다.
⑦ 감각 경험과 실증적 검증에 기반을 둔 것만이 확실한 지식이라고 보는 실증주의 패러다임에서 강조된다.

> 청소년의 비행에 관하여 연구를 한다면, 사전(Dictionary)을 참고하여 비행을 개념적으로 명확히 정의한 이후 비행 관련 척도를 탐색하여 비행에 대한 조작적 정의를 선정한다.

기출문제 CHECK 2021년 2회

특정한 구성개념이나 잠재변수의 값을 측정하기 위해 측정할 내용이나 측정방법을 구체적으로 정확하게 표현하고 의미를 부여하는 것은?
① 패러다임(Paradigm)
② 개념화(Conceptualization)
③ 조작적 정의(Operational Definition)
④ 구성적 정의(Constitutive Definition)

| 해설 | 조작적 정의는 추상적인 개념을 실제 현상에서 측정이 가능하도록 관찰 가능한 형태로 표현한 것이다. | 정답 | ③

4. 가설

(1) 가설(Hypothesis)의 의미
① 서로 다른 두 변수 이상의 구성개념이나 변수 간의 관련성 및 영향 관계에 관해 진술한 문장이다.
  예 여성의 경제활동참여율이 높을수록 출산율이 낮을 것이다.
② 연구자가 세운 연구문제에 관한 구체적이고 검증 가능한 기대이다.
③ 아직까지 진실 여부가 확인되지 않은 사실에 대한 진술문이다.
④ 하나의 사실과 다른 사실과의 관계를 잠정적으로 나타내는 문장이다.

(2) 가설의 특성
① 변수로 구성되며, 이들 간의 관계를 나타내고 있어야 한다.
② 반드시 검증 가능한 형태로 진술되어야 한다.
③ 내용과 방향이 명확하고 검증 절차에 따라 실행되어야 한다.
④ 연구자가 제기한 문제의 해결과 관련이 있어야 하며, 연구문제를 해결해줄 수 있어야 한다.
⑤ 과학적 검증방법에 의해 사실 혹은 거짓, 또는 옳고 그름 중의 하나로 판명될 수 있다.
⑥ 방향성을 가질 수도 있고 그렇지 않을 수도 있다.

Plus +
가설은 이론을 검증하고 검증된 이론을 제시하며 사회현상을 기술하고 현실을 개선하는 등의 역할을 한다.

(3) 가설의 형태

① 두 변수 A와 B에 대해 'A이면 B이다', '만약 A라면 B이다', 'A와 B는 관련이 있다', 'A가 ~할수록 B도 ~하다' 등의 형식이다.
   예 '부모의 학력이 높을수록 자녀의 학력도 높아진다', '부모 간의 불화가 자녀의 우울을 유발한다'

② 진실된 값이 참일 수도 있고 거짓일 수도 있는 문장이며, **항상 참이거나 항상 거짓인 문장은 가설이 될 수 없다.**
   ㉠ 철수는 지금 서울에 있다. → 참일 수도 있고 거짓일 수도 있으므로 적절
   ㉡ 철수는 지금 서울에 있으면서 부산에 있다. → 항상 거짓이므로 부적절
   ㉢ 철수는 지금 서울에 있거나 그렇지 않으면 서울에 있지 않다. → 항상 진실이므로 부적절

(4) 가설의 평가기준

① 경험적 검증가능성
   ㉠ 실증적인 조사를 통해 옳고 그름을 판정할 수 있어야 한다.
   ㉡ 가설을 경험적으로 검증하기 위해 가설에 포함된 변수들에 대한 조작적 정의가 이루어져야 하며, 관찰이나 측정이 가능해야 한다.

② 논리적 간결성
   ㉠ 표현이 **간단명료**하고, **논리적으로 간결**하여야 한다.
   ㉡ **누구나 쉽게 이용할 수 있도록 필요한 용어만 사용해야 한다.**
   ㉢ **동의어가 반복적(Tautological)이지 않아야 한다.**

③ 계량화 가능성
   ㉠ 수식이나 숫자로 바꾸어 **통계적으로 분석**이 가능하고 구체화되어야 한다.
   ㉡ 측정 가능한 변수들 간의 관계가 통계적인 방법에 의해 구체화될 수 있어야 한다.

④ 다른 가설이나 이론과의 높은 관련성
   ㉠ 동일 연구분야의 **다른 가설이나 이론과 연관**이 있어야 한다.
   ㉡ 검증결과는 가능한 한 **광범위하게 적용**될 수 있어야 한다.

⑤ 명백한 입증: 가설과 이에 포함되어 있는 개념이 **명백하게 입증 가능**해야 한다.

⑥ 개연성
   ㉠ 원인과 결과 사이의 인과적 관계를 논리적으로 추론할 수 있으며, 그 추론이 현실적으로 타당해야 한다.
   ㉡ 연구문제에 대한 가설은 정답이 아닌 잠정적인 추정이므로 현실적으로 개연성이 높을수록 적절하다.

⑦ 가치중립성: 연구자의 **가치, 편견, 주관적 견해** 등을 배제하거나 최소화해야 한다.

⑧ 일반화 가능성: 입증된 결과는 일반화가 가능해야 한다.

(5) 가설의 종류

① 귀무가설(Null Hypothesis)
   ㉠ 처음부터 버릴 것을 예상하는 가설로, 영가설이라고도 한다.
   ㉡ 대립가설과 논리적으로 반대의 입장을 취하며, **대립가설을 부정하거나 기각하기 위해 설정하는 가설이다.**

Plus +

계량화

어떤 현상의 특성이나 경향 따위를 수량으로 표시한다.

ⓒ 변수들 간에 '관계가 없다'거나 집단들 간에 '차이가 없다'는 형식으로 서술한다.
   예 '도시의 출산율과 농촌의 출산율은 차이가 없다', '교육수준은 소득과 관계가 없다'

② 연구가설(Research Hypothesis)
   ㉠ 이론으로부터 도출된 가설로서 검증될 때까지는 조사문제에 대한 잠정적인 해답으로 간주되는 가설이다.
   ㉡ 귀무가설과 논리적으로 반대의 입장을 취하는 가설로, 대립가설이라고도 한다.
   ㉢ 변수들 간에 관계가 있거나 집단들 간에 차이가 있다는 형식으로 서술한다. 즉, 'A와 B는 차이가 있다', 'A는 B와 관계가 있다', 'A가 ~할수록 B가 ~한다'는 형식을 취한다.
      예 '도시의 출산율과 농촌의 출산율에 차이가 있다(출산율은 도시보다 농촌이 더 높다, 또는 출산율은 도시보다 농촌이 더 낮다)', '교육수준과 소득은 관계가 있다'
   ㉣ 일반적으로 독립변수와 종속변수로 구성되고 경험적으로 검증되지 않은 이론이다.
   ㉤ 경험적으로 검증할 수 있는 가설, 즉 실험이나 관찰 따위로 검증하기 위해 세운 가설이므로 작업가설(Working Hypothesis)이라고도 한다.

기출문제 CHECK 2019년 2회

가설에 관한 설명으로 틀린 것은?
① 가설은 다른 가설이나 이론과 독립적이어야 한다.
② 두 변수 이상의 변수 간 관련성이나 영향관계에 관한 진술형 문장이다.
③ 연구문제에 관한 구체적이고 검증 가능한 기대이다.
④ 과학적 방법에 의해 사실 혹은 거짓 중의 하나로 판명될 수 있다.

| 해설 | 동일 연구분야의 다른 가설이나 이론과 연관이 있어야 한다. | 정답 | ①

5. 연구문제

(1) 연구문제의 의미
① 과학적인 연구는 의문이나 문제를 제시하는 것에서부터 시작한다. 이때 연구의 효과적인 수행을 위해 구체적인 질문의 형태로 진술한 것이 연구문제이다.
② 둘 또는 그 이상의 변수 간의 관계에 대한 의문형의 문장이다.
③ '변수 A와 변수 B는 관련이 있는가?', '변수 A는 변수 B에게 영향을 미치는가?' 등으로 명확하게 진술되어야 하며 적어도 두 가지 이상의 답이 나올 가능성이 있어야 한다.
   예 학교사회사업 프로그램의 참여가 청소년의 자아존중감을 향상시키는가?

(2) 연구문제 선정의 원천
① 기존 지식의 미비: 기존 지식이 불충분하거나 서로 모순이 있어 기존의 지식체계로는 문제를 해결할 수 없는 경우에 연구문제를 선정할 수 있다.
② 사회적 요청: 정부나 각종 단체에서 특정 문제에 대한 연구 및 조사를 요청한 경우에 연구문제를 선정할 수 있다.

③ **연구자의 개인적 경험**: 우연히 또는 개인적 필요에 의해 개인이 겪은 경험을 토대로 연구문제를 선정할 수 있다.
④ **문헌고찰**: 기존의 선행연구물이나 문헌을 고찰한 결과를 토대로 연구문제를 선정할 수 있다.

> **Plus +**
> **연구문제 선정의 원천**
> • 기존 지식의 미비
> • 사회적 요청
> • 연구자의 개인적 경험
> • 문헌고찰

(3) 연구문제 선정기준

① **학문적 기준**: 연구문제가 학문적으로 의미가 있는지를 검토해야 한다.
  ㉠ **독창성**: 축적된 지식체계와 비교하여 충분히 독창적이어야 한다.
  ㉡ **이론적 의의**: 사회현상을 이해하고 미래를 예측하는 데 도움이 되어야 한다.
  ㉢ **경험적 검증가능성**: 실제적으로 연구가 가능하고 해결이 가능해야 한다.
  ㉣ **명확성**: 구체적이고 명확해야 한다.
  ㉤ **중요성**: 연구문제는 학문적, 실천적, 사회적 가치를 지녀야 한다.
② **실천적 기준**: 연구문제의 결과기 현실세계에서 발생히는 문제해결에 도움이 되는지 검토해야 한다.
③ **도의적 기준**: 연구문제가 사회의 공헌도가 높은지, 또는 사회질서나 윤리를 해치지 않는지를 검토해야 한다.

기출문제 CHECK 2017년 3회

연구문제가 학문적으로 뜻이 있는 것이라고 할 때 학문적 기준과 가장 거리가 먼 것은?
① 독창성을 가져야 한다.
② 이론적인 의의를 지녀야 한다.
③ 경험적 검증가능성이 있어야 한다.
④ 실천적 유관적합성(有關適合性)을 지녀야 한다.

| 해설 | 실천적 유관적합성은 실천·정책적 활용 가능성이나 사회적 유용성을 말하며, 이는 학문적 기준이라기보다 실천적 기준에 해당한다. | 정답 | ④

---

2 변수의 측정

1. 측정의 개념

(1) 측정(Measurement)의 의미

① 사람, 사건, 상태 또는 대상 등 어떤 사건이나 대상이 지니고 있는 경험적 속성(Empirical Property)에 대해 미리 정해 놓은 일정한 규칙에 따라 수량화한다.
② 관찰된 현상의 경험적인 속성을 현실세계에서 관찰 가능한 자료와 연결시키는 과정이다.
③ 반복해서 측정하면 동일한 결과를 얻을 수 있다는 가정을 전제한다.
④ 사회과학에서는 대상이 갖는 속성 자체보다 속성의 지표(Indicator)를 측정하는 경향이 있다.
⑤ 변수에 대한 조작적 정의에 입각하여 이루어지며, 하나의 변수에 대한 관찰값은 동시에 두 가지 속성을 지닐 수 없다.

> 키는 cm, 몸무게는 kg으로 수치를 부여하여 측정하고 '행복'과 같은 추상적 개념도 0~10 사이의 점수로 수치화할 수 있다.

(2) 측정의 역할과 기능

① 추상적·이론적 개념을 경험적으로 관찰 가능한 것으로 바꾸어 놓는 과정이므로, 이론과 현실을 연결시켜주는 매개체의 역할을 한다. 즉, 이론을 경험적으로 검증해주는 수단이라고 할 수 있다.
② 이론을 구성하는 개념들을 현실세계에서 관찰이 가능한 자료와 연결해줌으로써 조사대상의 속성을 조작적 개념으로 전환시켜준다.
③ 관찰대상이나 현상에 대한 객관화·표준화를 통해 과학적인 관찰과 표준화된 측정이 가능하므로 과학적 연구에서 필수적이다.
④ 측정으로부터 얻은 정보를 통계적으로 분석하게 되며, 측정의 수준(명목수준, 서열수준, 등간수준, 비율수준)에 따라 통계기법을 선택하여 적용한다.
⑤ 질적속성을 양적속성으로 전환하는 작업이다.
⑥ 조사자의 주관적인 판단에서 야기되는 오류를 최소화할 수 있다.
⑦ 사회과학에서 태도나 동기 등 객관적으로 파악될 수 없는 변수도 측정이 가능하다.

(3) 측정의 종류

① **본질측정(Fundamental Measurement)**
   ㉠ 어떤 사물의 속성을 표현하는 본질적인 법칙에 따라 숫자를 부여하여 측정하는 것으로, A급측정(Measurement of A Measurement)이라고도 한다.
   ㉡ 다른 사물이나 다른 속성을 개입시키지 않고 해당 속성만을 고려하여 측정한다.
   ㉢ 키를 직접 재거나 매출액을 계산하는 등 가장 기본적인 측정법이다.

② **추론측정(Derived Measurement)**
   ㉠ 어떤 사물이나 사건의 속성을 측정하기 위해 관련된 다른 사물이나 사건의 속성을 측정하는 것으로, B급측정(Measurement of B Measurement)이라고도 한다.
   ㉡ 법칙에 따라 속성들 간의 관계가 결정된 후 이를 바탕으로 측정한다.
   예 밀도(Density)는 부피와 질량의 비율로 정의되므로 부피와 질량 사이의 비율을 통해 간접적으로 측정한다.
   ㉢ 자연과학에 널리 쓰이며 확고한 이론적 배경이 필요하다.

③ **임의측정(Measurement by Fiat)**
   ㉠ 속성과 측정값 간에 관계가 있다고 가정을 하고 측정하는 것이다.
   ㉡ 연구자가 생각하는 특정 개념이 조작적 정의에 의한 척도로 측정가능하다고 가정하고 측정한다.
   ㉢ 조작적인 개념만을 가지고 있으며 이러한 조작적 개념은 사실(Fact)에 근거하기보다 논리적 근거, 논리적 가정에 의존한다.
   ㉣ 사회과학의 다수는 임의측정에 의한다.
   ㉤ 하나의 개념에 대해 어떻게 조작적 정의를 내리는지에 따라 여러 가지 측정값이 발생하므로 측정오류의 가능성이 높다.

기출문제 CHECK 2020년 4회

사람, 사건, 상태, 또는 대상에게 미리 정해놓은 일정한 규칙에 따라서 숫자를 부여하는 것은 무엇인가?
① 측정
② 척도
③ 개념
④ 가설

| 해설 | 측정은 관찰된 현상의 경험적인 속성을 현실세계에서 관찰 가능한 자료와 연결시킨다. | 정답 | ①

2. 측정의 수준과 척도 빈출

(1) 측정의 4가지 수준
① 명목척도, 서열척도, 등간척도, 비율척도로 구분된다.
② '비율척도 > 등간척도 > 서열척도 > 명목척도' 순으로 제공되는 정보의 양이 많으며 정밀한 분석방법이 적용될 수 있다.

구분	측정의 수준			
	명목척도	서열척도	등간척도	비율척도
예시	성별, 인종, 직업 등	선호도, 등수, 사회계층 등	온도, 지능지수(IQ) 등	신장, 체중, 소득, 근무연수, 출산율, 시험 원점수, GNP 등
특징	사물이나 현상을 구분하여 일정한 범주로 분류하고 명칭을 부여			
		특정한 성격을 갖는 정도에 따라 순서나 서열을 부여		
			서열 간의 간격 일정, 가치 동일	
				절대영점
통계기법	최빈값, 백분율 등	최빈값, 백분율, 중앙값 등	최빈값, 백분율, 중앙값, 산술평균 등	최빈값, 백분율, 중앙값, 산술·기하·조화평균, 변동계수 등
통계분석 기법	빈도분석, 교차분석, 비모수통계 등	순위상관관계, 비모수통계 등	t-검증, 분산분석, 상관관계분석 등	t-검증, 분산분석, 상관관계분석 등을 포함한 모든 모수통계 기법

(2) 명목척도(Nominal Scale)
① 측정대상을 유사성과 상이성에 따라 분류하고, 구분된 각 집단 또는 카테고리에 숫자나 부호 또는 명칭을 부여하는 것이다.
   예 성별(남/여), 종교(기독교/불교/천주교/그 외), 혈액형(A/B/AB/O), 축구선수의 등번호 등
② 관찰대상의 속성에 따라 상호배타적이고 포괄적인 범주로 구분하여 수치를 부여한다. 따라서 명목수준의 측정범주들의 기본 원칙은 배타성, 포괄성, 논리적 연관성 등이다.
③ 측정대상에 수치가 부여된 경우, 조사자가 자료를 수집하고 분석하기 위한 명칭이나 부호로서의 의미만을 지닐 뿐 크기를 나타내거나 계산에 사용될 수 없다.
④ 판단응답을 사용하므로 응답 시 혼동할 가능성은 매우 적다.

Plus+
명목척도는 성별과 종교처럼 분류적인 개념만을 내포하며, 서열척도는 특정한 성격을 갖는 정도에 따라 범주를 서열화하고, 등간척도는 IQ처럼 서열 간의 간격이 일정하도록 크기의 정도를 제시하며, 비율척도는 소득과 성비처럼 0이라는 절대적 의미를 갖는 값이 존재한다.

성별(Sex) 변수로 '1)남성, 2)여성'을 구분하였다면, 남성에게 1점, 여성에게 2점을 부여한 다음 그 평균을 계산하여 남성비를 구하는 등의 수학적 계산을 할 수 없다.

(3) 서열척도(Ordinal Scale)

① 측정대상을 분류할 뿐 아니라 대상의 특수성이나 속성에 따라 각 측정대상에 상대적인 순서나 서열을 부여하는 것이다.
   - 예 선호도(아주 좋아한다/좋아한다/싫어한다/아주 싫어한다), 사회계층(상/중/하) 등
② 명목수준의 측정에 순서를 추가하여 서열수준의 측정으로 수정할 수 있다.
   - 예 색을 '검정, 흰색, 초록'으로 구분만 한 명목수준의 측정에 밝음의 순서에 따라 가장 밝은 색부터 가장 어두운 색의 순서를 추가하면 '흰색, 초록, 검정'의 서열수준의 측정이 된다.
③ 명목수준 측정범주들의 기본 원칙인 배타성, 포괄성, 논리적 연관성 이외에 이행성과 비대칭성이 추가로 요구된다.
④ 서열수준의 측정을 구성하는 방법에는 순위법과 쌍대비교법 등이 있다.
⑤ 서열수준의 측정을 이용한 척도는 평정척도, 리커트척도, 보가더스척도, 거트만척도 등이 있다.

(4) 등간척도(Interval Scale)

① 측정대상을 분류하고 각 측정대상에 순서나 서열을 결정할 뿐 아니라 서열 간의 간격이 일정하도록 크기의 정도를 제시한다.
   - 예 온도(섭씨/화씨), 지능지수 IQ나 감성지수 EQ 같은 심리척도, 시험점수(상대평가 기준), 날짜(연도, 월 등)
② 측정단위 간 등간성이 유지되므로 각 대상 간의 거리나 크기를 표준화된 척도로 표시할 수 있다.
③ 가감(덧셈과 뺄셈) 연산이 가능하지만, 승제(곱하기, 나누기) 연산은 불가능하다.
   - 예 온도에서 10℃와 20℃의 차이는 30℃와 40℃의 차이와 같다. 즉, 20℃는 10℃보다 더 덥다는 의미이면서 10℃만큼 더 덥다는 측정이 가능하다. 그러나 40℃가 20℃보다 '두 배 더 뜨겁다'라고 말하지 않는다.
④ '0'의 값은 자의적으로 부여된 임의적인 '0'이며 아무것도 없음을 나타내는 절대적인 '0'의 의미가 아니다.
   - 예 현직 대통령의 인기도를 측정하기 위해 0부터 100까지의 값 가운데 하나를 제시하도록 하였고, 가장 싫은 경우는 0, 가장 만족한 경우는 100으로 정하였다. 이때, '0'은 '없다'의 의미가 아니라 조사자가 '가장 싫은 경우'를 정하기 위해 자의적으로 부여한 것이다.
⑤ 등간수준의 측정에 부여된 수치는 대상 자체가 갖는 속성의 실제값을 나타내는 것이 아니다.
   - 예 지능지수 IQ가 0이라고 해서 지능이 없다는 의미는 아니다.
⑥ 명목수준 측정범주들의 기본 원칙인 배타성, 포괄성, 논리적 연관성과 서열수준 측정범주들의 기본 원칙인 이행성과 비대칭성 이외에 부가성이 추가로 요구된다.
⑦ 등간수준의 측정을 구성하는 방법에는 등급법, 연속평정법, 항목평정법, 고정총합척도법, 비율분할법 등이 있다.
⑧ 등간수준의 측정을 이용한 척도는 서스톤척도, 의미분화척도, 스타펠척도 등이 있다.

Plus +

이행성
A > B이고 B > C이면, A > C 이다.

비대칭성
A > B이고 B > C이면, A가 절대적으로 C보다 크다.

Plus +

부가성
실제로 덧셈이나 뺄셈을 할 수 있다는 것을 의미한다.

(5) 비율척도(Ratio Scale)

① 측정대상을 분류하고 각 측정대상에 순서나 서열을 결정하고 서열 간에 일정한 간격을 제시할 뿐 아니라 절대영점(0)을 가짐으로써 비율을 결정할 수 있다.

> 예) 신장, 체중, 소득, 회사근무연수, 졸업생 수, 시험 원점수, 연간 순수입, 교육연수(정규교육을 받은 기간), 빈곤율, 출산율, 청년실업지수, GNP 등

② 절대적인 기준을 가지고 속성의 상대적 크기 비교 및 절대적 크기까지 측정할 수 있도록 비율의 개념이 추가되어, 측정값 간의 유의미한 비율 계산이 가능하다.

> 예) A자동차가 시속 100km로 달리고, B자동차는 시속 150km로 달리고 있다면 B자동차가 A자동차보다 1.5배 빠르다.

③ 수치상 가감승제와 같은 모든 산술적인 사칙연산과 모든 통계값의 산출이 가능하여 가장 많은 정보를 제공해준다.
④ 명목수준, 서열수준, 등간수준 측정범주들의 기본 원칙인 배타성, 포괄성, 논리적 연관성, 이행성, 비대칭성, 부가성 이외에 절대영점이 추가로 요구된다.

기출문제 CHECK 2021년 3회

측정의 수준에 관한 설명으로 틀린 것은?
① 비율측정은 절대영점이 존재한다.
② 등간측정은 측정단위 간 등간성이 유지된다.
③ 서열측정과 등간측정은 등수, 서열관계를 알 수 있다.
④ 등간측정은 측정치 간의 유의미한 비율계산이 가능하다.

| 해설 | 등간척도는 간격(차이)은 의미가 있지만, 비율은 의미가 없다.　　　　　　　　　　　　　　　　| 정답 | ④

---

3 측정도구와 척도의 구성

1. 측정도구 및 척도의 의미

(1) 척도(Scale)의 의의
① 측정을 목적으로 일정한 규칙에 따라 질적인 측정대상에 표시하는 기호나 숫자의 배열이며, 일종의 측정도구 또는 계량화를 위한 도구이다.
② 변수에 대한 양적측정값을 제공함으로써 통계적 조작이 가능하고 통계적인 활용을 쉽게 할 수 있다.

(2) 척도의 특징
① 다양한 문항들이 동일한 차원을 다루는 하나의 척도를 구성하는지 보기 위해 척도법을 사용한다.
② 척도의 중요한 속성은 연속성이다. 특히 연속성은 실제로 측정대상의 속성과 1대1 대응의 관계를 맺으면서 대상의 속성을 양적표현으로 전환한다.
③ 척도의 구성항목은 단일한 차원을 반영해야 한다.
④ 하나의 연속체를 이루어야 하며, 이 연속체는 단 하나의 개념을 반영하여야 한다.

Plus +

절대영점 (Absolute Zero Score)

속성이 전혀 존재하지 않는 상태인 '0', 즉 자연적인 영점(Natural Zero Score)이다. 예를 들어, 자녀수에 대한 측정을 위해 부부에게 이들의 실제 자녀수를 적도록 하였다면, 자녀가 없는 부부의 경우 자녀수를 0으로 처리한다.

Plus +

지수(Index)

일종의 측정도구로서, 어떤 변인의 다차원적 특성을 고루 반영할 수 있도록 다수의 지표(Indicator)들을 묶어서 제시한 값이다. 지수는 두 개 이상의 항목이나 지표들을 측정한 후, 각각을 합산하거나 가중치를 주어 연산하는 과정을 거친 합성측정도구이다.

⑤ 척도는 단일 문항의 형태와 복수의 문항들로 구성되어 있는 합성측정(Composite Measures)의 형태가 있다.
⑥ 척도를 구성하는 방법은 측정하려는 변수의 구조적 성격에 따라 결정된다.

(3) 척도의 필요성
① 척도는 여러 개의 지표(또는 문항)를 하나의 점수로 나타냄으로써 자료의 복잡성을 덜어준다. 즉, 단순한 측정값으로 요약한다.
② 조사자가 척도를 구성하는 가장 중요한 이유는 하나의 문항에서 연유될 수 있는 왜곡된 측정을 막기 위해서이다.
③ 여러 개의 문항으로 이루어진 척도를 사용하는 이유
　㉠ 단일지표를 사용하는 경우보다 측정값 또는 측정수준의 오류를 줄일 수 있다.
　㉡ 단일지표로 제대로 측정하기 어려운 복합적인 개념들을 측정하는 데 유용하다.
　㉢ 측정의 신뢰성을 높일 수 있다.
　㉣ 여러 개의 지표를 하나의 점수로 나타내어 자료의 복잡성을 줄일 수 있다.

(4) 척도의 조건
① 신뢰성: 동일한 대상을 반복 측정했을 때 일관된 결과가 나와야 한다.
② 타당성: 측정대상을 적절하게 대표할 수 있어야 한다.
③ 유용성: 실제적인 활용이 가능하도록 유용해야 한다.
④ 단순성: 이해가 쉽고 계산이 용이하도록 단순해야 한다.

(5) 척도화(Scaling)
① 측정대상을 측정하기 위하여 척도를 수립하는 과정이다.
② 측정대상 또는 조사목적에 맞는 표준화된 척도가 없다면, 조사자는 그 대상 및 목적에 맞는 척도를 구성해야 한다.

> **Plus +**
> **합성측정 (Composite Measures)**
> 여러 측정을 하나로 묶어서 측정하는 것이다. 합성측정을 활용해야 신뢰성 분석이나 차원성 분석 등의 통계적 검토가 용이하다.

기출문제 CHECK 2021년 1회

사회조사에서 척도에 대한 설명으로 틀린 것은?
① 불연속성은 척도의 중요한 속성이다.
② 척도는 변수에 대한 양적인 측정치를 제공한다.
③ 척도는 여러 개의 지표를 하나의 점수로 나타낸다.
④ 척도를 통하여 하나의 지표로 제대로 측정하기 어려운 복합적인 개념을 측정할 수 있다.

| 해설 | 척도의 핵심 속성은 연속성(continuity)이다.　　　　　　　　　　　　　　　　　　　　| 정답 | ①

2. 척도 구성방법

(1) 비교척도 구성방법

① 순위법(Rank-order)
  ㉠ 응답자가 특정한 태도나 가치에 대해서 여러 대상의 상대적 순위를 정하도록 하는 척도 구성방법이다.

> 자동차 선택 시 고려하는 요인 중에서 중요하다고 생각하는 순서에 따라 번호를 매겨 주시기 바랍니다.
> 가격 (   )   성능 (   )   디자인 (   )   세금 (   )

  ㉡ 서열순위척도라고도 하며, 쌍대비교법으로 수정되어 사용된다.
  ㉢ 자료분석에 사용할 통계적 기법들이 제한되며, 1순위 항목의 선택 빈도가 가장 중요하게 해석되는 경우가 많다.

② 쌍대비교법(Paired Comparison)
  ㉠ 응답자에게 두 개의 항목을 짝지어 제시하고, 그중 더 선호하는 항목을 선택하게 하는 척도 구성방법이다.
  ㉡ 가능한 모든 항목쌍에 대해 반복적으로 질문하며, 그 결과를 분석하면 전체 항목 중 가장 선호도 높은 항목과 낮은 항목의 순위를 파악할 수 있다.

> 자동차 선택 시 고려하는 요인 중에서 두 가지를 동시에 비교하여 중요하다고 생각하는 순서에 따라 번호를 매겨 주시기 바랍니다.
> 가격&디자인 (   )   가격&세금 (   )   디자인&세금 (   )
> 가격&성능 (   )   디자인&성능 (   )   성능&세금 (   )

  ㉢ 여러 값들을 한꺼번에 제공하고 순위를 정하는 순위법의 확장판이다.

③ 고정총합척도법(Constant Sum Scale)
  ㉠ 여러 속성들로 이루어진 값(Value)들을 배치하고 각각의 값들에 대한 응답자의 선호도를 측정하되, 총점의 총량을 미리 설정하여 각 속성들의 상대적인 중요성을 파악하기 위한 척도 구성방법이다. 상수합계척도라고도 한다.

> 자동차 선택 시 고려하는 요인의 중요도를 총점 100점에서 할당하여 표현해 주시기 바랍니다.
> 가격   (   )점
> 디자인 (   )점
> 성능   (   )점
> 합계   100 점

  ㉡ 결과값은 일반적으로 등간수준에서 다루어진다.
  ㉢ 응답결과 사이의 변량이 충분히 크지 않아서 차후 분석에 곤란할 수 있다.

④ 비율분할법(Fractionation Method)
  ㉠ 응답자에게 한 속성의 보유 정도를 기준으로 다른 속성의 보유 정도를 판단하도록 하는 척도 구성방법이다.

  > 자동차 선택 시 고려하는 요인 중 자동차 가격의 중요성을 100점이라고 한다면, 다음의 요인은 몇 점에 해당하는지 표현해 주시기 바랍니다.
  > 가격　　　100점
  > 디자인　(　　)점
  > 성능　　(　　)점

  ㉡ 주로 응답자들이 자극에 대해 명확한 판단을 할 수 있는 경우에 사용한다.

(2) 비비교척도 구성방법

① 단일평정법(Rating Method)
  ㉠ 응답자로 하여금 현상이 보유한 속성의 정도를 글, 그림, 숫자 등을 이용하여 평가하도록 하는 척도 구성방법으로, 등급법이라고도 한다.
  ㉡ 표현방법에 따라 숫자를 이용하는 방법, 그래프를 이용하는 방법, 언어를 이용하는 방법 등이 있다.

숫자+설명을 이용하는 방법	언어로 표시하는 방법
(5) 매우 잘 닦임 (4) 잘 닦임 (3) 보통 수준임 (2) 잘 안 닦임 (1) 아주 안 닦임	• 전적으로 동의함 • 동의함 • 잘 모르겠음 • 동의 안 함 • 절대 동의 안 함
중간 항목을 설명하는 방법	모든 항목을 설명하는 방법
5 □ 꼭 투표함 4 □ 3 □ 투표할지 안 할지 모르겠음 2 □ 1 □ 절대 투표하지 않음	□ 보통 수준보다 상당히 좋음 □ 보통 수준보다 좋음 □ 보통 수준 □ 보통 수준보다 나쁨 □ 보통 수준보다 상당히 나쁨

  ㉢ 각 항목 간의 차이가 동일하다고 할 수 없으므로 서열측정이라 할 수 있으나, 항목 간에 거의 비슷한 정도의 차이가 있다고 가정한다면 등간측정으로 볼 수 있다.

② 연속평정법(Continuous Rating)
  ㉠ 현상이 가진 속성의 정도를 제시된 응답범주(Response Category)와 상관없이 정밀한 결과값으로 구하는 것이 의미가 있는 경우에 사용할 수 있는 척도 구성방법이다.
  ㉡ 응답값이 매우 자세하게 구분되는 장점이 있지만 응답자들이 응답값을 자세하게 구분할 능력이 없는 경우에는 오히려 혼동을 줄 수도 있다.

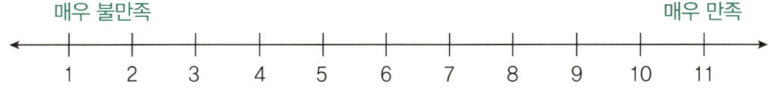

> **Plus +**
> 단일평정법(Rating Method)은 가장 흔히 사용되고 사용하기 쉬운 척도법 중 하나이며, 보통 숫자와 언어를 이용하는 방법이 많이 쓰인다.

③ 항목평정법(Itemized Rating)
  ㉠ 응답범위(1~5, 1~7 등)에 맞춘 응답값을 제시하고 이 응답값 중 하나만 선택하도록 하는 척도 구성방법이다.
  ㉡ 전체 문항의 총점 또는 평균을 가지고 만족도를 측정한다.
  ㉢ 구성이나 실행, 응답자의 이해 면에서 용이하다.
  ㉣ 리커트척도, 의미분화척도, 스타펠척도 등이 대표적이다.

기출문제 CHECK 2022년 1회

척도 구성방법을 비교척도 구성(Comparative Scaling)과 비비교척도 구성(Non-comparative Scaling)으로 구분할 때 비교척도 구성에 해당하는 것은?

㉠ 쌍대비교법(Paired Comparison) ㉡ 순위법(Rank-order)
㉢ 고정총합척도법(Constant Sum Scale) ㉣ 연속평정법(Continuous Rating)
㉤ 항목평정법(Itemized Rating)

① ㉣, ㉤
② ㉠, ㉡, ㉢
③ ㉠, ㉡, ㉢, ㉣, ㉤
④ ㉠, ㉢, ㉤

| 해설 | • 비교척도 구성방법(Comparative Scaling): 쌍대비교법, 순위법, 고정총합척도법, 비율분할법 등
• 비비교척도 구성방법(Non-comparative Scaling): 단일평정법, 연속평정법, 항목평정법 등 | 정답 | ②

3. 척도의 종류 빈출

(1) 평정척도(Rating Scale)

① 연속성이 있는 어떤 행동의 차원 또는 영역에 대해서 일정한 등급방식에 의해 평가하는 척도이다.
  예 학생들의 성적 'A, B, C, D, F' 또는 '수, 우, 미, 양, 가' 등
② 작성하기 쉽고 평가가 용이하여 다른 관찰법의 보조도구로 유용하게 사용된다.
③ 반복 사용함으로써 시간의 흐름에 따라 생기는 행동변화에 대한 정보를 얻을 수 있다.
④ 비교대상이 되는 개인의 행동이나 사건에 대해 동일한 응답범주에 따라 평가할 수 있다.
⑤ 평정척도의 3요소는 평가자(Judges), 평가대상(Subject), 연속성(Continuum)이다.
⑥ 구성 시 고려사항
  ㉠ 응답범주들이 상호배타적이어야 한다.
  ㉡ 응답범주들이 응답 가능한 상황을 모두 포함하고 있어야 한다.
  ㉢ 찬반의 응답범주 수가 균형을 이루어야 한다.
  ㉣ 응답범주들이 논리적 연관성을 가지고 있어야 한다.
  ㉤ 평정될 각 요인의 정도나 수준이 명백해야 하며, 모든 평정자에게 동일한 의미로 전달되어야 한다.
  ㉥ 모든 관찰자가 쉽게 관찰할 수 있는 특성으로 구성되어야 한다.
⑦ 관찰자가 확인하고자 하는 특성이 객관적으로 모두 포함된 항목을 개발하는 것이 쉽지 않다는 단점이 있다.

Plus +
척도는 평정 논리를 따르는 평정척도, 리커트척도, 서스톤척도, 누적 논리를 따르는 보가더스척도, 거트만척도, 형용사 기반의 의미분화척도, 스타펠척도, 네트워크에 기초하는 소시오메트리가 있다.

(2) 리커트척도(Likert Scale)

① 각 문항별 응답점수의 총합이 측정하고자 하는 개념을 대표한다는 가정에 근거하며, 전체 문항의 총점 또는 평균을 계산하는 척도로, 총화평정척도(Summated Rating Scale)라고도 한다.
② 척도의 신뢰성과 타당성을 높이기 위해 문항들을 하나의 척도로 사용하는 다문항척도이다.
③ 일반적으로 범주를 다섯 가지(전혀 그렇지 않다, 약간 그렇지 않다, 보통이다, 약간 그렇다, 매우 그렇다)로 나누지만, 경우에 따라 세 가지(그렇지 않다, 보통이다, 그렇다) 또는 일곱 가지로 나눌 수도 있다.

A복지관의 편의시설 만족도에 대한 리커트 5점척도					
질문	매우 불만족	약간 불만족	보통	약간 만족	매우 만족
1. A복지관의 주차 편의시설에 대해 만족하십니까?					
2. A복지관의 매점 편의시설에 대해 만족하십니까?					
3. A복지관의 식당 편의시설에 대해 만족하십니까?					
4. A복지관의 공용 편의시설에 대해 만족하십니까?					
5. A복지관의 셔틀버스 운영에 대해 만족하십니까?					

④ 서열측정을 위한 방법으로 단순합산법을 사용하는 대표적인 척도이다.
⑤ 사용이 쉽고, 직관적인 이해가 가능하기 때문에 사회조사에서 널리 사용된다.
⑥ 일반적으로 예비 문항 선정 단계를 거쳐 최종 척도를 구성하는 단계를 거친다.
⑦ 척도가 단일차원을 측정하고 있는지를 검토하기 위하여 요인분석(Factor Analysis, 인자분석)을 사용하기도 한다.
⑧ 척도검수에 대한 신뢰성을 검토하기 위해 반분법을 이용할 수 있다.
⑨ 리커트척도의 장단점

장점	단점
• 각 문항은 측정하고자 하는 개념의 속성에 대해 동일한 기여를 한다. • 적은 문항으로도 높은 타당도를 얻을 수 있어 매우 경제적이다. • 한 항목에 대한 응답의 범위에 따라 측정의 정밀성을 확보할 수 있다. • 응답 카테고리가 명백하게 서열화되어 응답자에게 혼란을 주지 않는다. • 각 문항의 가중치를 다르게 부여할 수 있다.	• 엄격한 의미에서의 등간척도가 될 수 없다. • 각 문항의 점수를 더한 총점으로는 각 문항에 대한 응답의 강도를 정확히 알 수 없다. • 내적일관성 검증을 통해 신뢰성이 낮은 항목은 삭제할 필요가 있다. • 항목의 우호성 또는 비우호성을 평가하기 위해 평가자를 활용하므로 주관적이다. • 척도가 측정하고자 하는 개념을 제대로 측정하고 있는지의 문제가 남는다.

Plus +
범주를 다섯 가지로 나눈 것을 리커트 5점척도라고 한다.

⑩ 리커트척도의 작성절차
  ㉠ 측정의 대상이 되는 변수와 관련된 척도문항을 선정한다. 이때 각 문항은 조사하고자 하는 대상 또는 사회현상과 관련한 여러 진술들로 구성되며, 각 문항설정이 타당하다면 모든 문항들은 상호 간에 높은 상관성이 존재하여야 한다.
  ㉡ 각 문항의 척도를 서열화한다. 이때 각 문항별 응답범주는 상호 대치되는 명백한 서열 형태의 3점, 4점, 5점척도로 적절하게 설정한다.
  ㉢ 각 문항의 응답범주에 대한 배점 또는 평점을 매긴다. 대체로 가장 비호의적인 것에서 시작하여 호의적인 것에 이르는 순서로 '1, 2, 3, 4, 5점' 또는 '1, 2, 3, 4, 5, 6, 7점'의 순서를 매긴다.
  ㉣ 각 응답자가 전체 문항에 대해 얻은 점수를 합계한 후 전체 응답자들을 총점순위에 의해 배열한다. 예를 들어 질문문항이 5개이고 각 문항이 '1~5점'인 경우 최저 5점에서 최고 25점 사이에 전체 응답자들을 배열할 수 있다.
  ㉤ 상위 응답자들과 하위 응답자들의 각 문항에 대한 판별력을 계산한다. 즉, 상위 1/4에 속하는 응답자들과 하위 1/4에 속하는 응답자들을 선발한 후, 이들 두 부류의 응답자들이 각 문항에 대해 응답하는 점수의 차를 계산한다.
  ㉥ 척도문항을 분석한 후 척도를 구성한다. 예를 들어 각 문항의 점수가 1에서 5의 범위를 가지면 그 평균값의 범위도 1에서 5가 되며, 최대 평균 차이 4.0의 절반인 2.0 이상인 경우에 판별력이 있는 것으로 판단하여 최종척도에 포함시킨다.
  ㉦ 동일한 개념을 여러 문항으로 질문하여 이러한 항목들이 유사한 값을 나타내는지 측정하기 위해 내적일관성을 검증해야 한다. 내적일관성을 검증하는 방법으로는 문항 간의 상관계수를 구하는 방법과 문항분석을 이용하는 방법이 있으며, 검증을 통해 신뢰성이 낮은 항목은 삭제한다.

기출문제 CHECK 2020년 4회

서열측정을 위한 방법으로 단순합산법을 사용하는 대표적인 척도는?
① 거트만(Guttman)척도
② 서스톤(Thurstone)척도
③ 리커트(Likert)척도
④ 보가더스(Bogardus)척도

| 해설 | 리커트척도는 각 문항별 응답점수의 총합이 측정하고자 하는 개념을 대표한다는 가정에 근거하며, 전체 문항의 총점 또는 평균을 계산하는 척도로, 총화평정척도라고도 한다. | 정답 | ③

(3) 서스톤척도(Thurstone Scale)

① 어떤 사실에 대하여 가장 비우호적인 태도와 가장 우호적인 태도를 나타내는 양극단을 구분하여 등간적으로 수치를 부여하는 척도로, 등현등간척도(Equal-appearing Interval Scale, 유사등간척도)라고도 한다.
② 각 문항이 척도상의 어디에 위치할 것인지를 평가자가 판단하게 한 다음 조사자가 이를 바탕으로 대표적인 문항들을 선정하여 척도를 구성한다. 즉, 각 문항에 대한 전문평가자들의 의견 일치도가 높은 항목들을 골라서 척도를 구성한다.

Plus +

서스톤척도는 어떤 질문에 대한 응답자의 매우 극단적인 반응에 대응하기 위한 척도로, 응답자의 태도가 연속선상에 위치한다면 응답자의 태도점수는 동일한 간격으로 구분된 어떤 범주에 속할 것이라고 가정한다.

찬성 여부	항목	척도값
( )	1. 모든 대중매체는 유해하다.	1
( )	2. 대중매체는 지식습득의 방해요인이다.	2
( )	3. 대중매체는 좋은 정보를 제공한다.	3
( )	4. 대중매체는 유익하다.	4
( )	5. 대중매체의 영향력은 긍정적이다.	5
( )	6. 대중매체는 활용도가 높다.	6
( )	7. 현대사회에서 대중매체는 반드시 필요하다.	7

대중매체에 대한 태도와 관련한 여러 개의 문항들을 준비하고 전문가들로 하여금 각 문항들에 등급을 매겨 문항들을 선택하여 점수의 범위를 나타내게 한다.

만약 응답자가 3, 4, 5에 찬성했다면 (3+4+5)/3=4가 응답자의 점수이다.

③ 서스톤척도는 리커트척도를 구성하는 문항들의 간격이 동일하지 않다는 문제점을 보완하기 위해서 주요한 항목들에 **가중치를 부여한 것으로 등간척도의 일종**이다.

④ 많은 문항들 중에서 측정변수와 관련된 문항이 선정되므로 문항의 선정이 정확하지만, 평가를 위한 문항 수와 평가자가 많아야 하기 때문에 척도개발을 위하여 시간·노력이 많이 든다.

⑤ 리커트척도에 비해 작성과정이 복잡하고, 동일한 수의 문항을 사용하는 경우에도 리커트척도가 서스톤척도보다 더 높은 신뢰성을 보이는 것으로 알려져 있다.

⑥ 서스톤척도 작성절차

　㉠ 관련 문항을 수집한다. 척도에 포함시킬 질문 문항들을 얻기 위해 측정대상이 된다고 생각하는 변수와 관련한 모든 진술과 의견을 광범위하게 수집한다.

　㉡ 평가자들에 의해 문항을 분류한다. 5개, 7개, 11개 등의 등간격을 나누고 양극단에 대립되는 단어들을 배치해주며 평가자가 자신들이 생각하는 위치를 표시하여 문항을 분류한다.

　㉢ 척도가치를 결정한다. 각 문항별로 평가자가 표시해놓은 위치들의 중앙값, 범위, 평균, 표준편차를 계산해서 해당 문항들의 척도상 가장 근접한 위치를 그 문항의 척도값으로 잡는다.

　㉣ 척도문항을 선정한다. 질문 문항들 중에서 평가자들이 배정한 점수분포가 지나치게 분산된 문항은 평가자들 간에 의견 불일치가 있는 것으로 보고 척도에 포함시키지 않거나, 측정하고자 하는 변수의 개념과 무관하다고 인정된 것들을 제외하는 등 척도에 포함될 문항들을 결정한다.

Plus +
평가에 참여하는 사람들의 경험이나 지식의 정도에 따라 평가에 차이가 날 수 있어 평가자의 편견이 개입될 가능성이 있다.

◎ 최종척도를 구성한다. 앞의 절차와 기준에 의해 선택된 질문 문항들에 대해 평가자들이 배정한 중앙값이나 평균을 척도값으로 삼아 조사자가 나눈 등간격 범주의 양극단에 골고루 분포시켜서 최종문항을 선정한다. 이때 사분위 범위나 표준편차 및 척도값을 비교하여 비슷한 순위의 문항이 중복되지 않도록 한다.

(4) 보가더스척도(Bogardus Scale)

① 인종, 사회계급과 같은 여러 가지 형태의 사회집단에 대한 사회적 거리를 측정하기 위한 척도로, 보가더스의 사회적 거리척도(Bogardus Social Distance Scale)라고도 한다.

> 한국인이 중국인을 어느 정도 받아들이는지에 대한 보가더스척도
> ㉮ 결혼해서 가족으로 받아들인다. – 1점
> ㉯ 개인적 친구로 받아들인다. – 2점
> ㉰ 이웃에서 같이 산다. – 3점
> ㉱ 같은 직장에서 일한다. – 4점
> ㉲ 우리나라 국민으로 받아들인다. – 5점
> ㉳ 방문객으로만 받아들인다. – 6점
>
> 100명 중 30명은 ㉲, 70명은 ㉳에 각각 응답하였다면 인종 간 거리계수는
> $\frac{(5 \times 30) + (6 \times 70)}{100} = 5.7$이다.

Plus +
사회적 거리 (Social Distance)
어떠한 집단 간의 친밀 정도를 의미한다.

② 각 척도를 하나의 사회적 거리라는 연속적인 순서에 따라 배열하며, 각 점수 간에 등간성을 가정하므로 서열척도의 일종이다.
③ 적용범위가 넓고 예비조사에 적합한 면이 있으며 집단 상호 간의 거리를 측정하는 데 유용하고, 집단뿐만 아니라 개인 또는 추상적인 가치에 관해서도 적용할 수 있다.

(5) 거트만척도(Guttman Scale)

① 태도의 강도에 대한 연속적 증가유형을 측정하고자 하는 척도로 누적척도화(Cumulative Scaling)의 대표적인 형태이다.
② 합성측정의 유형 중 하나이며, 척도도식법(Scalogram Method)이라고도 한다.

Plus +
강한 태도를 나타내는 문항에 긍정적인 견해를 표현한 응답자는 약한 태도를 나타내는 문항에 대해서도 긍정적일 것이라는 논리를 적용하여 문항을 배열한다.

지체장애인 재활센터 건립에 대한 거트만척도		
문항	찬성	반대
1. 우리나라에 지체장애인 재활센터를 건립하는 것은 괜찮다.	①	②
2. 우리 시에 지체장애인 재활센터를 건립하는 것은 괜찮다.	①	②
3. 우리 구에 지체장애인 재활센터를 건립하는 것은 괜찮다.	①	②
4. 우리 동에 지체장애인 재활센터를 건립하는 것은 괜찮다.	①	②
5. 우리 집 옆에 지체장애인 재활센터를 건립하는 것은 괜찮다.	①	②

응답자가 위 예시에서 4를 선택했다면 낮은 태도에 해당하는 1, 2, 3은 자동으로 동의한 것으로 가정하고 1에 반대, 5에 찬성을 선택했다면 이 응답자의 응답에 일관성이 없는 것으로 간주해야 한다.

③ 측정에 동원된 특정 문항이 다른 지표보다 더 극단적인 지표가 될 수 있다는 점에 근거한다.
④ 각 항목은 난이도에 의해 서열이 정해지며, 어려운 항목에 찬성한 응답자는 쉬운 항목에 대해 자동적으로 찬성한다고 가정하므로, 응답자의 응답내용을 역으로 유추할 수 있다.
⑤ 척도를 구성하는 과정에서 질문문항들이 단일차원을 이루는지 검증할 수 있는 척도이다.
⑥ 일단 자료가 수집된 이후에 구성될 수 있으며, 측정에 동원된 개별항목 자체에 서열성을 미리 부여한다.
⑦ 척도의 유용성을 검증하기 위해 재생계수(Coefficient of Reproducibility, CR)를 구한다. 즉, 재생가능성을 통해 척도의 질을 판단한다.
⑧ 두 개 이상의 변수를 동시에 측정하는 다차원적 척도로서 사용될 수 없다.

Plus +
각 문항별 응답범주가 상호 대칭되는 명백한 서열형태를 이루는 것은 리커트척도이며, 각 문항들 사이에 서열 순위를 설정하는 척도는 거트만척도이다.

📖 **보충학습 재생계수(Coefficient of Reproducibility)**
- 응답자의 응답이 이상적인 패턴에 얼마나 가까운지를 측정한 계수이다.
- 재생계수가 1일 때 완벽한 척도로 판단한다.
- 일반적으로 재생계수가 0.9 이상이면 적절한 척도로 판단한다. 즉, 10개의 응답 중 1개의 오차를 갖는 경우 허용오차수준이라고 본다.
- 각 항목에 대한 긍정적 반응이 50% 전후일 때를 이상적으로 본다.
- 재생계수가 허용오차수준보다 커야 척도로 인정된다.

(6) 의미분화척도(Semantic Differential Scale)

① 일직선으로 도표화된 척도의 양극단에 서로 상반되는 형용사를 배열하여 양극단 사이에서 해당 속성을 평가하는 척도로, 어의차이척도라고도 한다.

```
대학생들에 대한 두 가지 차원의 의미분화척도
                 1   2   3   4   5   6   7
   수동적이다. ├───┼───┼───┼───┼───┼───┤ 능동적이다.
   보수적이다. ├───┼───┼───┼───┼───┼───┤ 진보적이다.
```

Plus +
의미분화척도는 오스굿(C. Osgood) 등에 의하여 개발되기 시작하였으며, 의미적 공간에 어떤 대상을 위치시킬 수 있다는 이론적 가정에 기초한다.

② 마케팅조사에서 기업이나 브랜드, 광고에 대한 이미지, 태도 등의 방향과 정도를 알기 위해 널리 이용된다.
③ 양적판단법으로 다변량분석에 적용이 용이하도록 자료를 얻을 수 있게 해준다.
④ 조사대상에 대한 프로파일(Profile) 분석에 유용하게 사용된다.
⑤ 의미분화척도 작성절차
  ㉠ 응답자의 의견이나 태도에 대한 차원을 선정한다.
  ㉡ 대립되는 양극의 형용사나 표현을 위한 용어를 선정한다.
  ㉢ 평가도구를 작성한다.
  ㉣ 응답자를 평가한다.

> [Plus +]
> 등급법, 고정총합척도법, 어의차이척도법, 스타펠척도법 등은 모두 등간척도를 이용한 측정방법이다.

(7) 스타펠척도(Stapel Scale)

① 어의차이척도의 변형으로 특정 주제에 관련된 표현들에 양수값과 음수값으로 이루어진 값의 범위를 정하고 긍정적인 태도는 양수, 부정적인 태도는 음수로 응답하는 척도이다.

A백화점 고객만족도에 대한 스타펠척도		
5	5	5
4	4	4
3	3	3
2	2	2
1	1	1
고급이다.	서비스가 부족하다.	상품이 다양하다.
−1	−1	−1
−2	−2	−2
−3	−3	−3
−4	−4	−4
−5	−5	−5

② 양극단의 상반된 수식어 대신 하나의 수식어(Unipolar Adjective)만을 평가기준으로 제시하기 때문에 상반되는 두 개의 표현을 찾을 필요가 없다.
③ 태도의 방향과 그 강도를 측정하기 위해 사용된다.
④ 문항을 구성하기 쉽고 간결하며, 적당한 반의어를 찾기 힘든 표현이 있을 경우에 유용하지만, 다소 직관적인 느낌이 부족하여 자칫 혼란을 불러일으킬 수도 있다.

(8) 소시오메트리(Sociometry)

① 집단구성원 간의 친화와 반발을 조사하여 그 빈도와 강도에 따라 집단구조를 이해하는 척도이다.
② 집단 내의 구성원 사이에 맺어지는 사회성 또는 동료관계를 측정할 때 많이 이용되며, 집단의 성질, 구조, 역동성, 상호관계를 분석하는 데 사용된다. 또한 리더십 연구와 집단 내의 갈등, 응집에 관한 연구에서 사용된다.

> [예] 제일 많이 선택된 인기학생(Star)을 중심에 놓고 외톨박이(Isolates)를 주변에 놓으며, 그 외의 학생들은 선택된 정도에 따라 중앙과 주변 사이에 놓는다.

③ 소시오메트리의 분석방법
  ㉠ 소시오메트릭 행렬(Sociometric Matrix) : 응답결과를 행렬로 정리하여 분석하는 방법이다.
  ㉡ 소시오그램(Sociogram) : 집단구성원 간의 영향관계, 의사소통관계, 지배관계 또는 친구관계에 대해 기호를 사용하여 그림으로 표시하는 방법이다.

> [Plus +]
> 보가더스척도가 집단상호 간의 거리를 측정하는 데 비해, 소시오메트리는 소집단 내의 구성원들 사이에 가지는 호감과 반감을 측정하거나 이러한 감정에 의해 나타나는 집단구조에 관심을 가진다.

피선택자 선택자	A	B	C	D	E
A	-	0	1	1	0
B	1	-	0	1	0
C	1	0	-	1	0
D	0	1	1	-	0
E	0	0	0	1	-
총점	2	1	2	4	0

▲ 소시오메트릭 행렬

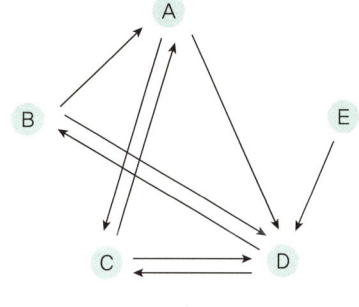

▲ 소시오그램

Plus +

선택자 A가 피선택자 C와 D를 선택하였다면, A에서 C와 D로 화살표를 그린다.

ⓒ 소시오메트릭 지수(Sociometric Indices): 구성원 간의 관계를 분석하기 위해 일정한 공식에 따라 계산하여 지수를 구하는 방법이며, 내용에 따라 선택지위지수, 집단확장지수, 집단응집지수 세 가지로 구분된다.

④ 시간적·공간적 제약이 있으며, 조사대상 인원이 다수일 때보다 소수일 때 적용할 수 있다.

4. 척도분석의 방법

(1) 요인분석(Factor Analysis)

① 다수의 상호 연관된 변수나 문항들을 보다 제한된 수의 차원이나 공통요인으로 분류하는 통계분석기법이다.
② 항목들 간의 상관관계를 산출해서 상관관계가 높은 것끼리 하나의 요인으로 묶고, 요인별로 상호독립성을 유지하도록 하는 것이다.
③ 하나의 요인으로 묶인 측정항목들은 하나의 개념을 측정하는 것으로 간주할 수 있고, 요인 간에는 서로 상관관계가 없으므로 각 요인들은 서로 상이한 개념이 된다.
④ 항목들은 요인 내 수렴타당성이 적용되며, 요인 간 판별타당성이 적용된다.

(2) 문항분석(Item Analysis)

① 척도를 구성하는 문항 간의 내적일관성 및 상관성을 알아보기 위해 식별능력이 있는 문항만을 산출하는 통계분석기법이다.
② 문항 간 내적일관성 또는 각 문항에 대한 응답과 모집단의 참값들 간의 상관관계가 크면 해당 문항표본은 좋은 표본이며 척도는 대표성을 가진다고 본다.
③ 척도를 구성하는 문항 간의 내적일관성 및 상관성을 평가하는 지표로는 크론바하 알파(Cronbach's Alpha)계수를 사용한다.
④ 크론바하 알파계수가 낮으면 일관성이 낮은 문항이므로 버리고, 높으면 응답자의 태도를 잘 차별화시키는 문항이므로 선택한다. 최종적으로 식별능력이 있는 문항만을 선택한다.

(3) 스캘로그램 분석(Scalogram Analysis)

① 거트만척도에 어느 정도 부합하는지를 검증하는 통계분석기법으로 척도에 포함된 여러 문항들에 대한 응답이 가설과 어느 정도 일치하는지를 분석한다.
② 거트만척도는 문항의 대표성과 순차적 배열을 전제로 응답자로 하여금 일관성 있게 답하도록 함으로써 행태의 경향을 예측하게 되는데, 얼마나 일관성 있게 정돈되어 있느냐의 문제가 제기됨에 따라 신뢰성을 확인하게 된다.

4 측정오차의 의미

1. 측정오차(Measurement Error)의 개념

① 질적인 특수성을 갖는 각각의 속성을 인위적으로 측정하는 양적인 현상으로 전환함으로써 이들 간의 관계에서 발생하는 오차이다.
② 체계적 오차와 비체계적 오차 두 가지로 발생할 수 있다.
  ㉠ 체계적 오차는 측정의 타당성과 관련이 있고 비체계적 오차는 측정의 신뢰성과 관련이 있다.
  ㉡ 타당성은 측정하고자 하는 내용을 제대로 측정하고 있는지에 관한 문제이고, 신뢰성은 반복적으로 측정했을 때 같은 결과를 얻을 수 있는지에 관한 문제이다.

2. 측정오차의 종류 빈출

(1) 체계적 오차(Systematic Error)

① 측정하고자 하는 변수 또는 측정대상에 어떤 요소가 일정하게 체계적으로 영향을 미침으로써 측정결과가 모두 높아지거나 낮아지는 등 항상 일정한 방향으로 작용하는 편향(Bias)을 보이는 오차이다.
② 사회경제적 특성, 개인적 성향, 편견 등에 의해 오차가 발생한다.
③ 체계적 오차는 자료수집방법이나 수집과정에서 발생할 수 있다.
④ 측정의 타당성과 관련이 있으며, 반비례 관계이다.
⑤ 표준화된 측정도구를 사용하면 체계적 오차를 줄일 수 있다.

(2) 비체계적 오차(Random Error)

① 측정대상(응답자), 측정과정, 측정수단, 측정자(조사자) 등에서 우연적이며 가변적인 일시적 형편에 의해 측정결과에 대한 영향을 미치는 오차이며, 무작위적 오차 또는 확률오차라고도 한다.
  ㉠ 측정대상에 의한 오차: 긴장, 피로, 불안 등과 같은 신체적, 정신적 요인 등
  ㉡ 측정과정에 의한 오차: 불편한 장소, 시간, 소음, 신경 쓰이는 주변인의 존재 등
  ㉢ 측정수단에 의한 오차: 측정수단이나 도구에 대한 사전 설명이 미흡하여 측정도구 사용이 어려운 경우 등
  ㉣ 측정자에 의한 오차: 측정자의 건강상태, 사명감, 기분, 관심사 등과 같은 신체적·정신적 요인 등

> **Plus +**
> 사회조사 분야의 경우 변수의 속성을 정확히 측정하고 규명하는 것이 사실상 불가능하며, 측정오차 발생이 불가피하다.

> **Plus +**
> 신뢰성과 타당성은 존재의 개념(있다/없다)이 아닌 정도의 개념(높다/낮다)으로 해석해야 한다.

② 통제하기 어려운 상황에서 주로 발생한다.
③ 오차가 인위적이지 않아 그 값이 다양하게 분산되는 경향이 있다.
④ 방향이 일정하지 않아 오차값들이 상호상쇄(Self-compensation)되는 경향이 있다.
⑤ 측정의 신뢰성과 관련이 있으며, 반비례 관계이다. 따라서 신뢰성을 높여 비체계적 오차를 줄일 수 있다.

기출문제 CHECK 2020년 3회

측정오차에 대한 설명으로 옳지 않은 것은?
① 체계적 오차는 사회적 바람직성에 의한 편견, 문화적 편견과 관련이 있다.
② 비체계적 오차는 일관적 영향 패턴을 가지지 않고 측정을 일관성 없게 만든다.
③ 측정의 신뢰도는 체계적 오차와 관련성이 크고, 측정의 타당도는 비체계적 오차와 관련성이 크다.
④ 측정의 오차를 피하기 위해 간과했을 수도 있는 편견이나 모호함을 찾아내기 위해 동료들의 피드백을 얻는다.

| 해설 | 측정의 신뢰도는 비체계적 오차와 관련이 있고, 측정의 타당도는 체계적 오차와 관련이 있다. | 정답 | ③

3. 측정오차를 줄이는 전략

① 측정항목의 수를 가능한 한 늘린다.
② 측정내용을 간단하고 명료하게 구성한다.
③ 측정방식에 일관성을 유지한다.
④ 조사자에 대한 사전훈련이 필요하다.
⑤ 신뢰할 수 있는 측정도구를 사용한다.
⑥ 응답자가 모르거나 관심이 없는 내용은 측정하지 않는다.
⑦ 중요한 질문은 2회 이상 동일하거나 유사한 질문을 제공한다.
⑧ 다각적 측정방법을 수행한다.

5 타당성의 의미

1. 타당성(Validity)의 개념 빈출

① 측정도구가 실제로 측정하고자 하는 바를 얼마나 정확하게 측정하고 있는지, 즉 측정한 값과 실제 값과의 일치 정도에 대한 개념으로, 타당도라고도 한다.
② 측정도구의 문항구성이 측정하고자 하는 개념을 얼마나 잘 반영하고 있는지를 의미한다.
③ 일반적으로 타당성을 경험적으로 검증하는 것은 신뢰성을 검증하는 것보다 어렵다.
④ 타당성을 높이기 위해서는 측정하고자 하는 개념에 대하여 적절한 조작적 정의를 갖는 것이 중요하다.
⑤ 타당성을 평가하는 방법으로는 내용타당성, 기준관련타당성, 개념타당성 등이 있다.

Plus +

다각적 측정방법 (Triangulation)

어떤 하나의 개념을 측정하기 위해 두 개 이상의 다른 관련 자료를 수집하거나 측정하는 방법으로, 삼각검증이라고도 한다.

실제 몸무게보다 항상 3kg이 더 나오는 불량체중계를 사용하여 아동 100명의 몸무게를 측정한다면, 이 체중계는 타당성이 없다고 본다.

2. 타당성의 종류 빈출

(1) 내용타당성(Content Validity)
① 측정항목이 조사자가 의도한 내용대로 실제로 측정하고 있는지를 확인한다.
② 조사자가 설계한 측정도구가 측정하려는 개념이나 속성을 제대로 대표하고 있는지의 여부를 확인한다.
③ 측정도구의 점수나 척도가 일반화하려는 개념을 어느 정도 잘 반영해 주는지를 확인한다.
④ 표면타당성(Face Validity, 액면타당성), 논리적 타당성(Logical Validity)이라고도 한다.
⑤ 측정대상과 관련된 이론들을 판단기준으로 사용한다.
⑥ 관련 분야 전문가들의 자문이나 패널토의, 워크숍 등을 통해 타당성에 관한 의견을 수렴할 수 있다.
⑦ 조사자의 주관적 해석과 판단에 의해 타당성이 결정되기 쉬워 오류나 착오가 개입될 수 있다.

> 대학수능시험 출제를 위해 대학 교수들이 출제를 하고, 현지 고등학교 교사들이 검토하여 부적절한 문제를 제외하는 절차를 거친다.

(2) 기준관련타당성(Criterion-related Validity)
① 이미 전문가가 만들어 놓은 신뢰성과 타당성이 검증된 측정도구에 의한 측정결과를 기준으로 확인한다.
② 사용하고 있는 측정도구의 측정값과 기준이 되는 측정도구의 측정값 간의 상관관계를 확인하여 타당성의 통계적 유의성을 평가한다.
③ 기준타당성, 실용적 타당성(Pragmatic Validity), 경험적 타당성이라고도 한다.
④ 내용타당성과 비교해 경험적 검증이 용이하다.
⑤ 동시타당성과 예측타당성으로 구분된다.

> 개인의 사회경제적 지위를 측정하기 위해 직업, 소득, 교육 등을 사용하여 각 측정값 간의 상관계수를 통해서 타당성을 평가한다.

동시타당성 (Concurrent Validity)	• 기존에 타당성을 보장받은 검사와의 유사성 혹은 연관성을 확인한다. • 새로운 측정도구를 이미 타당성이 확인된 신뢰할만한 측정도구와 비교한다. 예 새로 개발된 주관적인 피로감 측정도구를 사용하여 측정한 결과와 이미 검증되고 통용 중인 주관적인 피로감 측정도구의 결과를 비교하여 타당성을 확인한다.
예측타당성 (Predictive Validity)	• 어떤 행위가 일어날 것이라고 예측한 것과 실제 대상자 또는 집단이 나타낸 행위 간의 관계를 확인한다. 예 입사시험성적과 채용된 후 근무성적을 비교하여 공개채용시험의 타당성을 확인한다. • 특정 기준에 대한 측정도구의 예측이 얼마나 정확한지 평가한다. • 검사도구가 미래의 행위를 예언하므로 채용, 선발, 배치 등의 목적을 위해 사용할 수 있다.

(3) 개념타당성(Construct Validity)

① 측정하고자 하는 이론적인 개념이 측정도구에 의해서 실제로 적절하게 측정되었는지를 확인한다.
② 측정도구를 구성하는 개념이 이론적인 개념들에 부합하는지를 확인함으로써 이론적 틀 내에서 측정도구의 타당성을 경험적으로 평가한다.
③ 측정값 자체보다 측정의 기초를 이루는 이론적 구조나 측정하고자 하는 개념의 속성에 초점을 맞춘다.
④ 구성(구성체)타당성, 구조적 타당성이라고도 한다.
⑤ 인간의 심리적 특성이나 성질 등과 같은 심리적 개념을 제대로 측정되었는지를 확인하는 타당성이다. 특히 측정하고자 하는 개념이 추상적일수록 개념타당성을 확보하는 것이 더욱 어렵다.
⑥ 이해타당성, 집중타당성, 판별타당성으로 구분된다.

> 청소년을 대상으로 '나는 행복한가'라는 주제를 조사할 때, 행복이라는 의미를 어떻게 측정할 것인지에 대한 개념타당성이 필요하다.

이해타당성 (Nomological Validity)	측정도구가 서로 유사한 여러 개념들을 모두 측정할 수 있는지를 확인한다. 예 창의성 측정을 위해 새롭게 개발된 측정도구가 창의성과 유사한 확산적 사고, 독창성, 열린 해석능력 등을 모두 측정할 수 있다면 이해타당성이 높다고 할 수 있다.
집중타당성 (Convergent Validity)	동일한 개념을 서로 다른 측정도구를 사용해서 측정한 결과값 간의 상관관계를 확인하는 것으로, 수렴타당성이라고도 한다. 예 창의성 측정을 위해 새롭게 개발된 측정도구로 측정된 점수와 기존의 창의성 측정도구로 측정된 점수 간 상관이 높다면 집중타당성이 높다고 할 수 있다.
판별타당성 (Discriminant Validity)	서로 상이한 개념을 동일한 측정도구를 사용해서 측정한 결과값 간의 상관관계를 확인한다. 예 창의성 측정을 위해 새롭게 개발된 측정도구로 측정된 점수와 우울증 측정을 위해 개발된 측정도구로 측정된 점수 간 상관이 낮다면 판별타당성이 높다고 할 수 있다.

보충학습 요인분석과 다중속성-다중측정방법

- 요인분석: 항목들 간의 상관관계를 산출해서 상관관계가 높은 것끼리 같은 요인으로 묶고, 요인별로 상호독립적이 되도록 하며, 타당성이 낮은 변수는 상이한 개념으로 제외시킨다. 따라서 요인 내의 항목들은 수렴타당성이 적용되며, 요인 간은 판별타당성이 적용된다.
- 다중속성-다중측정방법: 이론적으로 서로 다른 두 가지 개념을 재는 두 가지 측정도구가 동등한 수준이라고 가정하고, 동일 응답자에게 측정을 실시하여 측정값 간의 관계를 확인한다.

Plus +
요인분석, 다중속성-다중측정방법 등은 타당성을 통계적으로 검증할 수 있는 과학적이고 객관적인 방법이다.

기출문제 CHECK   2021년 2회

연구자가 관찰하려고 하는 것을 어느 정도 제대로 관찰하였는가는 어떤 개념과 관계를 갖는가?
① 신뢰성
② 유의성
③ 인과성
④ 타당성

| 해설 | 타당도는 측정도구가 실제로 측정하고자 하는 바를 얼마나 정확하게 측정하였는지, 즉 측정한 값과 진정한 값과의 일치 정도에 대한 개념이다.
| 정답 | ④

> **Plus +**
> 신뢰성의 개념에는 신빙성, 안정성(Stability), 일관성(Consistency), 정확성(Accuracy), 예측가능성(Predictability), 반복가능성 등의 의미가 내포되어 있다.

6 신뢰성의 의미

1. 신뢰성(Reliability)의 개념 빈출

① 측정도구가 측정하고자 하는 현상을 일관성 있게 측정하였는지, 즉 반복측정결과의 일관성에 대한 개념으로, 신뢰도라고도 한다.
② 어떤 측정수단을 같은 연구자가 두 번 이상 사용하거나 둘 이상의 서로 다른 연구자들이 사용한다고 할 때, 측정결과가 동일하고 안정되게 나오면 신뢰성이 높다고 한다.
  > 예 실제 몸무게보다 항상 1kg이 더 나오는 불량체중계를 사용하여 아동 10명의 몸무게를 측정하였다면, 항상 1kg이 더 나와 신뢰성은 높다고 할 수 있으나, 측정하고자 하는 것을 정확히 측정하지 못하므로 타당성은 낮다고 본다.
③ 사회조사에서 어떤 태도를 측정하기 위해 단일지표보다 여러 개의 지표를 사용하는 이유는 신뢰성을 높이기 위해서이다.
④ 신뢰성 계수
  ㉠ 전체 변량 가운데 진점수에 의한 변량과 오차에 의한 변량이 어느 정도인지를 말하는 것이다.
  ㉡ 신뢰성 계수는 실제값의 분산에 대한 참값의 분산 비율로 나타낸다.
  ㉢ 0부터 1까지의 값을 가지며, 0에 가까울수록 신뢰성이 낮고 1에 가까울수록 신뢰성이 높음을 의미한다.
  ㉣ 일반적으로 신뢰성 계수가 0.6 미만인 경우에는 자료를 신뢰할 수 없어 분석을 실시할 수 없다.
⑤ 신뢰성은 과학적 연구의 요건 중 반복가능성과 관련이 있다.
⑥ 측정값들 간에 비체계적 오차가 작을수록, 오차분산이 작을수록 측정의 신뢰성이 높아진다고 판단한다.
⑦ 측정의 표준오차는 신뢰성을 추정하는 방법 중에 하나로, $SEM = S_X \sqrt{1-r_{XX}}$ (SEM: 측정의 표준오차, S_X: 관찰점수 분포의 표준편차, r_{XX}: 검사의 신뢰도)이다. 즉, 신뢰성과 서로 반비례하는 관계이다. 따라서 신뢰성이 높을수록 측정의 표준오차는 더 작아진다.
⑧ 신뢰성을 평가하는 방법에는 재검사법, 복수양식법, 반분법, 내적일관성법 등이 있다.

> **Plus +**
> 재검사법, 복수양식법, 반분법은 모두 상관분석을 통해 신뢰도를 검증하지만, 내적일관성법은 Cronbach's Alpha 계수를 이용하여 신뢰도를 분석한다.

기출문제 CHECK 2019년 3회

어떤 측정수단을 같은 연구자가 두 번 이상 사용하거나, 둘 이상의 서로 다른 연구자들이 사용한다고 할 때, 그 측정수단을 가지고 측정한 결과가 안정되고 일관성이 있는가를 확인하려고 한다면 어떤 것을 고려해야 하는가?

① 신뢰성 ② 타당성
③ 독립성 ④ 적합성

| 해설 | 신뢰성은 측정하고자 하는 현상을 일관성 있게 측정하였는지, 즉 반복측정결과의 일관성에 대한 개념이다. 측정결과가 일관성이 있으면 신뢰도가 높다.
| 정답 | ①

2. 신뢰성 추정 방법 빈출

(1) 재검사법(Test-retest Method)
① 동일한 상황에서 동일한 측정도구를 사용하여 동일한 대상을 일정한 시간 간격을 두고 두 번 이상 반복적으로 측정하여 그 결과값을 비교하는 방법이다.
② 재검사한 결과값에 대한 상관관계를 계산하여(칼 피어슨의 단순적률) 상관계수가 높으면 신뢰성이 높다는 의미로 해석한다. 이때, 상관계수를 안정성계수라고도 한다.
③ 안정성계수는 −1.00에서 +1.00의 값으로, 검사점수가 시간의 변화에 따라 일관성이 있으면 안정성계수가 +1에 가까우며, 신뢰성이 높다고 해석한다.
④ 측정도구 자체를 직접 비교할 수 있으며 실제 현상에 적용시키는 데 매우 간편하다.
⑤ 검사간격이 너무 짧으면 기억효과 때문에 신뢰성이 실제보다 높게 추정될 수 있다.
⑥ 성장, 우연한 사건 등 외생변수에 영향을 받을 수 있으며, 시간이 지남에 따라 실제값이 변화하는 것을 통제할 수 없다.

> 100명의 학생들이 한 달의 간격을 두고 동일한 검사를 받는데, 두 번의 검사에서 점수가 동일하게 나왔다면 안정성계수는 +1이다.

(2) 복수양식법(Parallel-forms Technique)
① 재검사법의 변형으로, 대등한 두 가지 형태의 측정도구를 이용하여 동일한 측정대상을 동시에 측정한 뒤 두 측정값의 상관관계를 비교하는 방법이다.
② 대안법 또는 평행양식법이라고도 한다.
③ 재검사법에서 나타나는 외생변수의 영향을 극복할 수 있다.
④ 두 가지 형태의 측정도구는 높은 유사성을 가져야 신뢰도 검증이 가능하지만, 이처럼 동등한 도구를 개발하는 것은 쉽지 않다.
⑤ 신뢰성이 낮게 나왔을 경우 측정도구의 신뢰성 문제인지 두 측정도구의 동등화에 실패하였기 때문인지 알 수 없다.

(3) 반분법(Split-half Method)
① 복수양식법의 변형으로, 하나의 측정도구를 문항 수와 내용이 비슷하도록 나누고 각각을 독립된 두 개의 측정도구로 사용하여 동일한 대상을 측정한 후 그 결과값을 비교하는 방법이다.
② 스피어만-브라운공식(Spearman-brown Method)
  ㉠ 반으로 나눈 측정도구로 원래 측정도구의 신뢰성을 추정하기 위해 반분신뢰성에 대한 교정이 필요하다.
  ㉡ 질문 수가 짝수 개인 측정도구가 홀수 개인 측정도구보다 신뢰성이 높고, 질문지 전체가 반쪽보다 신뢰성이 높다고 가정한다.
  ㉢ 반분한 두 개의 측정도구로부터 얻은 결과값의 상관계수로 전체 신뢰성을 추정하기 위해 스피어만-브라운공식을 적용할 수 있다.
③ 하나의 측정도구를 어떻게 반분하느냐에 따라 상관계수가 달라질 수 있으므로 측정도구의 동질성이 확보되어야 한다.
④ 측정도구의 문항이 적은 경우 사용할 수 없으며, 어떤 특정 항목의 신뢰성을 정확히 파악하는 데 한계가 있다.

(4) 내적일관성법(Internal Consistency)

① 측정도구를 구성하는 항목들이 서로 상관관계가 있다는 논리에 근거하여 이들 간에 나타난 상관관계 값을 평균처리하는 방법이다.
② 동일한 개념을 측정하는 항목인 경우 그 측정결과에 일관성이 있어야 한다는 논리에 따라 일관성이 없는 항목(신뢰성을 저해하는 항목)을 찾아낼 수 있다.
③ 신뢰성 측정값을 크론바하 알파(Cronbach's Alpha)값이라고 하며, 문항 간의 평균 상관계수가 높을수록, 또는 문항의 수가 많을수록 크론바하 알파값이 커진다.
④ 크론바하 알파값은 0.6 이상이 되어야 만족할 만한 수준이라고 하며, 0.8~0.9 정도면 신뢰성이 높은 것으로 본다.

> **Plus +**
> 내적일관성법은 크론바하 알파값, 크론바하 알파계수, 타우동등신뢰도(Tau-equivalent Reliability) 등으로 불린다.

기출문제 CHECK 2020년 3회

측정도구의 신뢰도 검사방법에 관한 설명으로 옳지 않은 것은?

① 검사-재검사법(Test-retest Method)은 측정대상이 동일하다.
② 복수양식법(Parallel-forms Method)은 측정도구가 동일하다.
③ 반분법(Split-half Method)은 측정도구의 문항을 양분한다.
④ 크론바하 알파(Cronbach's Alpha)계수는 0에서 1 사이의 값을 가지며, 값이 높을수록 신뢰도가 높다.

| 해설 | 복수양식법은 대등한 두 가지 형태의 측정도구를 이용하여 측정한 뒤, 두 측정값의 상관관계를 비교한다.

| 정답 | ②

3. 신뢰성 제고 방법

① 측정항목의 수를 늘려 실제 측정값이 진실된 값에 보다 근접할 가능성을 높인다.
② 측정도구를 구성하는 문항의 개념을 명확히 작성한다.
③ 하나의 개념을 측정하기 위한 측정도구에 다수의 문항을 포함시킨다.
④ 중요한 질문인 경우 동일하거나 유사한 질문을 2회 이상 한다.
⑤ 이전의 조사에서 신뢰성이 있다고 인정된 측정도구를 이용한다.
⑥ 사전검사 또는 예비검사를 실시한다.
⑦ 응답자가 잘 모르거나 관심이 없는 내용은 측정하지 않는다.
⑧ 표준화된 지시사항과 설명을 사용한다.
⑨ 조사자의 면접방식과 자료수집과정을 일관성있게 한다.

> **Plus +**
> 누구나 동일하게 이해할 수 있는 측정항목으로 구성함으로써 측정항목의 모호성을 제거한다.

기출문제 CHECK 2020년 3회

측정의 신뢰성을 향상시킬 수 있는 방법으로 가장 거리가 먼 것은?

① 측정도구에 포함된 내용이 측정하고자 하는 내용을 대표할 수 있도록 한다.
② 응답자가 모르는 내용은 측정하지 않는다.
③ 측정항목의 모호성을 제거한다.
④ 측정항목의 수를 늘린다.

| 해설 | 신뢰성 제고 방법이 아닌 타당성에 대한 설명이다.

| 정답 | ①

7 신뢰성과 타당성 간의 관계

1. 신뢰성과 타당성의 상호관계

① 측정의 신뢰성은 타당성의 필요조건이고 타당성은 신뢰성의 충분조건이다.

```
┌─────────────────── 관찰점수 ───────────────────┐
│  타당한 점수       │  타당하지 않은 점수   │ 오차 점수 │
│  └── 타당성 ──┘                                │
│  └────────── 신뢰성 ──────────┘                │
```

② 타당성이 있는 측정은 항상 신뢰성이 있다.
③ 타당성이 낮은 측정이라고 해서 반드시 신뢰성이 낮은 것은 아니다.
④ 타당성이 없는 측정이라도 신뢰성이 있을 수도 있고 없을 수도 있다.
⑤ 신뢰성이 낮은 측정은 항상 타당성이 낮다.
⑥ 신뢰성이 높은 측정이라고 해서 반드시 타당성이 높은 것은 아니다.
⑦ 신뢰성과 타당성은 비대칭적 관계이다.
⑧ 타당성이 신뢰성에 비해 확보하기 어렵다.

> **보충학습** 오차와 타당성 및 신뢰성 간의 관계
> - 측정값＝참값＋체계적 오차＋비체계적 오차(확률오차)
> - 체계적 오차는 타당성과 관련 있으며, 비체계적 오차는 신뢰성과 관련 있다.
> - 비체계적 오차＝0, 체계적 오차≠0인 경우, 측정도구는 신뢰할 수 있지만 타당하지 않다.
> - 체계적 오차＝0, 비체계적 오차≠0인 경우, 측정도구는 타당하지만 신뢰할 수 없다.

Plus +

측정에서 타당성은 정확성 혹은 측정하고자 하는 개념의 본질에 관한 것이고, 신뢰성은 일관성 혹은 안정성에 관한 것이다. 따라서 측정을 수행함에 있어서 신뢰성과 타당성을 동시에 확보해야 한다.

2. 신뢰성과 타당성의 관계 – 표적과 탄착 비유

① 표적에 표시된 탄착은 관찰값이며, 표적의 가장 가운데 원은 조사자가 측정하고자 하는 속성이다.
② 탄착이 표적 가운데를 맞힐수록 측정도구의 타당성이 높다는 의미이다.
③ 탄착이 특정 지점에 집중되어 있으면 신뢰성이 높다는 의미이다.

 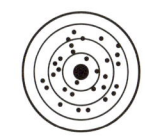  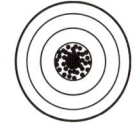

▲ ㉠ 낮은 타당성과 낮은 신뢰성　　▲ ㉡ 보통 타당성과 낮은 신뢰성　　▲ ㉢ 낮은 타당성과 높은 신뢰성　　▲ ㉣ 높은 타당성과 높은 신뢰성

㉠ 측정하고자 하는 것을 측정하지 못했고, 모두 다른 결과가 나왔다.
㉡ 측정하고자 하는 것을 측정한 것도 있으나, 모두 다른 결과가 나왔다.
㉢ 측정하고자 하는 것을 측정하지 못했지만, 항상 같은 결과가 나왔다.
㉣ 측정하고자 하는 것을 정확히 측정했고, 항상 같은 결과가 나왔다.

> 항상 3kg 더 측정되는 체중계가 있어서 체중을 잴 때마다 항상 실제와 다르게 측정되지만 체중이 일정하게 나타난다.

3. 신뢰성과 타당성에 영향을 미치는 요인

(1) 측정도구
① 길이가 긴 경우
② 폐쇄형 질문인 경우
③ 자주 사용하지 않거나 시대에 뒤떨어지는 단어나 문장이 포함된 경우
④ 오탈자, 읽기 어려운 단어, 페이지 누락 등이 포함된 경우
⑤ 필요한 절차가 명확하지 않은 경우

(2) 측정환경
① 측정이 이루어지는 환경이 다른 경우
② 측정자의 태도가 일관되지 못한 경우
③ 측정자가 주관적으로 결과를 해석하는 경우

(3) 측정대상
① 연령 및 성별이 맞지 않은 경우
② 직업, 교육수준, 소득, 윤리적 배경 등이 맞지 않은 경우
③ 이전 검사를 기억하고 있는 경우

기출문제 CHECK 2017년 3회

신뢰도와 타당도 간의 관계를 보여주는 다음 그림 중에서 신뢰도는 있으나 타당도가 떨어지는 것은?

① 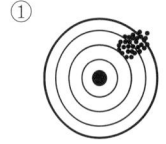 ② 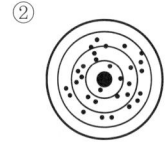 ③ 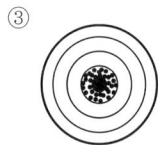 ④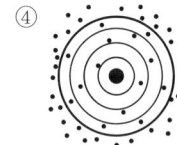

| 해설 | 한쪽으로 몰려 있어 신뢰성은 있지만, 정확도가 떨어져 타당성은 낮다. | 정답 | ①

CHAPTER 05 자료처리

학습방법

- ☑ 자료처리의 단계별 작업과 내용에 대해 정리한다.
- ☑ 자료값의 범위 설정 방법을 학습한다. 특히, 개방형 질문의 자료값 범위 설정을 숙지한다.
- ☑ 무응답의 의미와 처리 방법에 대해 예시별로 학습하고, 재조사의 필요성도 숙지한다.
- ☑ 개방형, 패쇄형 응답 내용의 부호화와 부호화 지침서 작성법에 대해 숙지한다.
- ☑ 입력된 자료의 정합성 판단과 오류 수정방법에 대해 학습한다.

1 부호화

1. 자료값 범위의 설정

(1) 자료처리의 의미

① 수집과정에서 얻은 조사결과를 도표와 자료분석에 적합한 형태로 변환하는 과정이다.
② 일반적으로 마케팅 리서치에서의 자료처리과정에는 개방형 응답내용을 부호화하는 코딩(Coding) 작업, 설문응답 자료를 텍스트(Text) 또는 엑셀과 같은 스프레드시트를 이용하여 입력하는 펀칭(Punching) 작업, 입력된 자료의 정합성 및 오류값을 점검하는 클리닝(Cleaning) 작업 등을 통해 최종 원시자료를 생성하게 된다.
③ 온라인 조사방식의 경우에는 응답내용이 자동으로 전산화되기 때문에 펀칭 작업을 생략한 코딩, 클리닝 작업만을 수행한다.

(2) 자료처리 단계

조사방법 및 설문의 구성 유형에 따라 차이가 있으나, 일반적으로 품질관리가 완료된 설문지에 대해 부호화 단계, 자료입력 단계, 정합성 점검 단계, 원시자료 생성 단계를 따른다.

단계	내용	작업
부호화	• 자료값 범위(칼럼) 설정 • 개방형 응답내용의 부호화	코딩(Coding)
자료입력	설문응답 자료를 텍스트나 스프레드시트에 입력하여 전산화	펀칭(Punching)
정합성 점검	입력된 자료의 정합성 및 논리적 오류값 점검, 자료수정	클리닝(Cleaning)
원시자료 생성	• 빈도표 작성 • 설문항목별 자료특성 분석	

Plus +

자료처리 순서

편집(Editing) → 코딩(Coding) → 입력(Key-in)

(3) 자료값의 범위 설정

① 설문응답의 부호화(Coding)에서 설문항목별로 자료값의 범위를 설정해야 하는데, 이를 칼럼(Column) 작업이라고 한다.
  ㉠ 칼럼 : 설문항목별로 부호화된 자료값이 가질 수 있는 자리 수를 의미하며, 부호화 작업과 함께 진행되어야 정확한 자료값의 범위를 지정할 수 있다.
  ㉡ 칼럼 수 : 일반적으로 문항별 자료값이 가질 수 있는 최대 자리 수이다.
  ㉢ 칼럼 번호 : 문항별로 칼럼 수를 순차적으로 부여한 것이다. 각 문항별 칼럼 번호를 지정한 지침서를 칼럼 가이드라고 한다.
② 칼럼 작업은 주로 개방형 응답의 부호화 수준을 어디까지 설정하느냐에 따라 범위가 달라질 수 있다.
③ 문항별 범위 설정 시에도 해당 문항이 가질 수 있는 최대 자리 수를 확인하여, 이에 맞는 칼럼 수와 칼럼 번호를 부여한다.

(4) 개방형 질문의 자료값 범위 설정

① 연구자가 설문의 주제에 대해 완결적인 응답범주를 만들지 않더라도 응답자의 자유로운 응답이 가능하므로, 탐색형 설문조사나 복잡한 내용의 설문 등에 적합하다.
② 개방형 응답은 부호화의 범위가 응답내용의 범위에 따라 달라질 수 있으므로, 칼럼 작업과 응답의 부호화 작업을 함께 하면 효율적이다.
③ 개방형 응답의 부호화 이전에 자리 수를 지정해야 할 경우에는 개방형 응답이 가질 수 있는 최대 응답을 기준으로 지정한다.
④ 개방형 응답의 부호화를 먼저 실시하여 자료값이 가질 수 있는 범위를 어느 정도 축소시킨 경우에는 칼럼 수를 이보다 작게 설정할 수도 있다.

(5) 폐쇄형 질문의 자료값 범위 설정

① 주어진 조건 안에서만 반응을 요구하기 때문에 개방형 질문보다 응답내용이 제한되지만, 처리가 용이하기 때문에 설문지의 많은 문항이 폐쇄형 질문의 형태로 작성된다.
② 폐쇄형 질문은 사전에 자료값의 범위를 미리 부호화하여 설정해 놓았기 때문에 개방형 질문에 비해 명확한 범위의 설정이 가능하다.

> 스마트폰을 통해 SNS(소셜 네트워크 서비스)를 이용하는 목적은 무엇입니까?
> ❶ 친교/교제를 위해서
> ❷ 일상생활에 대한 기록을 위해서
> ❸ 취미/여가활동을 위해서
> ❹ 개인적 관심사 공유를 위해서
> ❺ 전문 정보나 지식 공유를 위해서
> ❻ 기타(   )
> → 부호화의 범위는 1부터 6이다.

③ '기타(   )'와 같이 폐쇄형 질문 내에 개방형 질문이 함께 포함되어 있는 경우에는 기타 값이 가질 수 있는 최대 응답을 함께 고려하여 자료값의 범위를 설정한다.

Plus +

개방형 질문은 응답자가 질문에 대해 적절한 지식이나 정보를 가지지 않은 경우 조사자는 다소 실망스러운 결과를 얻게 될 수 있다.

표본 수가 300명인 조사의 개방형 질문은 최대 300가지의 응답이 나올 수 있기 때문에 최대 칼럼 수는 3(3자리)이 된다.

'기타(   )' 응답을 한 자리 수로 부호화하였다면 칼럼 수는 1, 두 자리 수로 부호화하였다면 2로 지정할 수 있다.

■ 보충학습

다음은 금액 관련 질문 예시이다(표본 수: 300명).

개방형 질문	귀댁의 지난해 월평균 총 가구소득은 얼마입니까? (만 원)
폐쇄형 질문	귀댁의 지난해 월평균 총 가구소득은 얼마입니까? ❶ 100만 원 미만 ❷ 100~200만 원 미만 ❸ 200~300만 원 미만 ❹ 300~400만 원 미만 ❺ 400~500만 원 미만 ❻ 500~600만 원 미만 ❼ 600~700만 원 미만 ❽ 700만 원 이상

- 개방형 질문: 금액에 관련된 문항이므로 300명의 응답 중 가장 큰 응답의 범위를 확인하여 칼럼을 설정해야 한다. 가장 큰 금액의 응답이 1,000만 원이라면 해당 응답의 칼럼 수는 4, 500만 원이라면 칼럼 수는 3으로 설정할 수 있다.
- 폐쇄형 질문: '기타'와 같은 개방형 보기가 포함되어 있지 않으므로 자료값이 가질 수 있는 범위는 1부터 8까지이고, 칼럼 수는 1로 설정할 수 있다.

(6) 자료값의 범위 설정 방법 예시(표본 수: 300명)

〈스마트폰 이용현황 조사〉

ID □□□

SQ1. 스마트폰을 이용하고 있습니까?
　　　① 이용하고 있음　　　　　② 이용하지 않음(→ 설문 중단)

※ 스마트폰: 컴퓨터와 같이 범용 운영체제(OS)를 탑재하여 다양한 애플리케이션(모바일앱)을 직접 설치·이용할 수 있는 고기능 이동전화

SQ2. 스마트폰 제조사는 어떻게 되십니까?
　　　① A사　　　　② B사　　　　③ C사
　　　④ D사　　　　⑤ 기타(   )

SQ3. 귀하의 성별은 어떻게 되십니까?
　　　① 남자　　　　　　② 여자

SQ4. 귀하의 만 연령은 어떻게 되십니까?
　　　① 20세 미만　　② 20~30세 미만　　③ 30~40세 미만
　　　④ 40~50세 미만　⑤ 50~60세 미만

SQ5. 귀하의 월평균 가구소득은 어떻게 되십니까?(최근 1년간 가구 구성원 전체의 월평균 소득 합계(세전)를 작성해 주십시오)
　　　① 100만 원 미만　　　② 100~200만 원 미만
　　　③ 200~300만 원 미만　④ 300~400만 원 미만
　　　⑤ 400~500만 원 미만
　　　⑥ 500만 원 이상

SQ6. 귀하의 최종 학력은 어떻게 되십니까?
　　　① 고졸 이하　　　　　② 전문대학 중퇴 및 졸업
　　　③ 대학교 중퇴 및 졸업　④ 대학원 중퇴 및 졸업

문1. 스마트폰을 처음 이용한 것은 언제입니까? (년)

문2. 하루 평균 스마트폰 이용시간은 얼마나 되십니까? (시간   분)
※ 음성·영상통화와 문자메시지를 비롯한 게임, 인터넷 접속 등 모든 스마트폰 이용시간을 응답해 주십시오.

문3. 현재 이용 중인 스마트폰 선택 시 고려한 사항을 3순위까지 선택해 주십시오.
(1순위   , 2순위   , 3순위   )
① 단말기 외형   ② 조작 방식 및 편리성
③ 운영체제(OS)   ④ 단말기 제조사
⑤ 이동통신사   ⑥ 단말기 가격
⑦ 주변인 권유 또는 입소문   ⑧ 기타(   )

문4. 스마트폰 사용의 주 이용 서비스는 무엇입니까? 가장 대표적인 것 3순위까지 선택해 주십시오.
(1순위   , 2순위   , 3순위   )
① 음성·영상통화   ② 문자메시지(SMS, MMS)
③ 게임   ④ 음악감상
⑤ 채팅, 메신저   ⑥ SNS(페이스북 등)
⑦ 정보 검색   ⑧ 인터넷 쇼핑
⑨ 업무용   ⑩ 클럽(카페 등)
⑪ 이메일   ⑫ 기타(   )

문5. (문항4 ⑥ SNS 응답자만) 스마트폰을 통해 SNS(소셜 네트워크 서비스)를 이용하는 목적은 무엇입니까?
(   )

문6. (문항4 ⑧ 인터넷 쇼핑 응답자만) 스마트폰을 통해 구매, 예약한 상품 또는 서비스는 무엇입니까?
(   )

문7. 스마트폰을 이용하면서 다음과 같은 사항에 얼마나 만족하셨습니까?

구분	① 매우 불만족	② 불만족	③ 보통	④ 만족	⑤ 매우 만족
(1) 단말기 가격					
(2) 단말기 기능 및 성능					
(3) 단말기 조작 편리성					
(4) 단말기 조작 반응 및 처리속도					
(5) 통화 품질					
(6) 인터넷 접속 및 전송 속도					
(7) 콘텐츠 및 서비스 이용					
(8) 전반적인 만족도					

〈스마트폰 이용현황 조사 설문지에 대한 자료값의 범위 설정〉

칼럼 번호	칼럼 수	문항 번호	문항내용	문항 보기
1~3	3	ID	응답자 ID	표본 규모 300명
4	1	SQ1	스마트폰 이용 경험	① 이용하고 있음 ② 이용하지 않음
5~6	2	SQ2	스마트폰 제조사	① A사 ② B사 ③ C사 ④ D사 ⑤ 기타( )
7	1	SQ3	성별	① 남자 ② 여자
8	1	SQ4	만 연령	① 20세 미만 ② 20~30세 미만 ③ 30~40세 미만 ④ 40~50세 미만 ⑤ 50~60세 미만
9	1	SQ5	월평균 가구소득	① 100만 원 미만 ② 100~200만 원 미만 ③ 200~300만 원 미만 ④ 300~400만 원 미만 ⑤ 400~500만 원 미만 ⑥ 500만 원 이상
10	1	SQ6	최종 학력	① 고졸 이하 ② 전문대학 중퇴 및 졸업 ③ 대학교 중퇴 및 졸업 ④ 대학원 중퇴 및 졸업
11~14	4	문1	스마트폰 첫 이용 연도	○○○○년
15~16	2	문2	하루 평균 이용시간(시간)	○○시간
17~18	2	문2	하루 평균 이용시간(분)	○○분
19~20	2	문3	스마트폰 선택 고려사항 1순위	① 단말기 외형 ② 조작 방식 및 편리성 ③ 운영체제(OS) ④ 단말기 제조사 ⑤ 이동통신사 ⑥ 단말기 가격 ⑦ 주변인 권유 또는 입소문 ⑧ 기타
21~22	2	문3	스마트폰 선택 고려사항 2순위	① 단말기 외형 ② 조작 방식 및 편리성 ③ 운영체제(OS) ④ 단말기 제조사 ⑤ 이동통신사 ⑥ 단말기 가격 ⑦ 주변인 권유 또는 입소문 ⑧ 기타

23~24	2	문3	스마트폰 선택 고려사항 3순위	① 단말기 외형 ② 조작 방식 및 편리성 ③ 운영체제(OS) ④ 단말기 제조사 ⑤ 이동통신사 ⑥ 단말기 가격 ⑦ 주변인 권유 또는 입소문 ⑧ 기타
25~26	2	문4	스마트폰 주이용 서비스 1순위	① 음성·영상통화 ② 문자메시지(SMS, MMS) ③ 게임 ④ 음악감상 ⑤ 채팅, 메신저 ⑥ SNS(페이스북 등) ⑦ 정보 검색 ⑧ 인터넷 쇼핑 ⑨ 업무용 ⑩ 클럽(카페 등) ⑪ 이메일 ⑫ 기타( )
27~28	2	문4	스마트폰 주이용 서비스 2순위	① 음성·영상통화 ② 문자메시지(SMS, MMS) ③ 게임 ④ 음악감상 ⑤ 채팅, 메신저 ⑥ SNS(페이스북 등) ⑦ 정보 검색 ⑧ 인터넷 쇼핑 ⑨ 업무용 ⑩ 클럽(카페 등) ⑪ 이메일 ⑫ 기타( )
29~30	2	문4	스마트폰 주이용 서비스 3순위	① 음성·영상통화 ② 문자메시지(SMS, MMS) ③ 게임 ④ 음악감상 ⑤ 채팅, 메신저 ⑥ SNS(페이스북 등) ⑦ 정보 검색 ⑧ 인터넷 쇼핑 ⑨ 업무용 ⑩ 클럽(카페 등) ⑪ 이메일 ⑫ 기타( )
31~33	3	문5	SNS 이용 목적	개방형 응답
34~36	3	문6	구매, 예약한 상품 또는 서비스	개방형 응답

				(1) 단말기 가격
37	1			
38	1			(2) 단말기 기능 및 성능
39	1			(3) 단말기 조작 편리성
40	1	문7	만족도	(4) 단말기 조작 반응 및 처리속도
41	1			(5) 통화 품질
42	1			(6) 인터넷 접속 및 전송속도
43	1			(7) 콘텐츠 및 서비스 이용
44	1			(8) 전반적인 만족도

① 응답자 ID값의 범위 설정
  ㉠ 표본 규모가 300명인 조사의 응답자 ID 칼럼 수는 3이 되며, 칼럼 번호는 1~3까지가 된다. 300명의 조사이기 때문에 ID에서 나올 수 있는 코드의 최대 자리 수는 3자리가 되기 때문이다.
  ㉡ ID를 1부터 100, 501부터 600, 1001부터 1100과 같이 3단계로 구분하여 부호화를 실시한다면 ID의 칼럼 수는 4, 칼럼 번호는 1~4까지로 설정한다.
  ㉢ 특별한 경우를 제외하고 ID는 연속되는 번호로 지정해야 한다.

② 문항별 범위 설정
  ㉠ 해당 문항이 가질 수 있는 최대 자리 수를 확인하여, 이에 맞는 칼럼 수와 칼럼 번호를 부여하며, 칼럼 번호는 앞 문항의 칼럼 번호에 이어서 순차적으로 부여하는 것에 유의한다.
  ㉡ SQ1번 문항의 경우 자료값이 가질 수 있는 범위가 ①~②이므로 칼럼 수는 1, 칼럼 번호는 4로 설정할 수 있다.
  ㉢ 문4와 같이 폐쇄형 응답(보기 1~11)과 개방형 응답(보기 12)이 동시에 있는 문항은 개방형 응답의 부호를 어디까지 설정하느냐에 따라 칼럼 수가 2가 되기도 하고 3이 되기도 한다. 여기서는 개방형 응답의 부호화 범위를 12부터 20까지로 가정할 경우 칼럼 수는 2, 칼럼 번호는 앞 번호에 이어 25~26으로 설정한다.
  ㉣ 문3과 문4는 1순위, 2순위, 3순위와 같이 복수의 응답을 가진 문항이기 때문에 이러한 경우에는 응답별로 각각 칼럼 수 및 번호를 지정해야 한다.
  ㉤ 문5, 문6과 같이 개방형 응답은 응답내용의 부호화 범위에 따라 칼럼 수가 달라질 수 있기 때문에 이러한 문항은 부호화 작업을 먼저 실시한 후 칼럼 번호를 부여할 수 있도록 한다. 개방형 응답의 부호화를 실시하지 않았고 해당 응답이 가질 수 있는 최대 범위가 1부터 300까지이므로 칼럼 수를 3으로 설정한다.

2. 무응답 처리 방법

(1) 무응답(Non-response)의 의미
① 자료를 수집하는 과정에서 일부 문항에 대한 응답이 누락되었다는 것을 말한다.
② 응답이 측정되지 않고 빠져 있다는 의미로 결측값(Missing Value)이라고도 한다.
③ 조사결과에 무응답이 많이 발생할 경우 설정한 표본크기보다 결과가 작아지게 되어 분석 시 추정량의 분산을 증가시키는 원인이 된다. 따라서 가능한 무응답이 발생하지 않도록 하여야 하며, 무응답이 발생했다면 이에 대한 적절한 대책을 마련해야 한다.

> **Plus +**
> 실사진행 시 무응답의 발생을 최대한 줄일 수 있도록 한다.

(2) 무응답의 유형
① 실수로 응답을 누락한 경우
② 문항에 응답할 수 있는 적합한 보기가 없거나 응답할 내용이 없어 응답을 누락한 경우
③ 응답을 거부하거나 응답내용을 잘 몰라 응답을 누락한 경우(또는 무응답 사유를 확인할 수 없는 경우)

(3) 무응답 처리 방법
① 실수로 응답을 누락한 경우: 추후 전화검증을 통한 응답 확인이 가능한 경우이기 때문에 응답내용을 재확인하여 설문결과에 반영한다.
② 문항에 응답할 수 있는 적합한 보기가 없거나 응답할 내용이 없어 누락한 경우: 일반적인 무응답과 구분하여 '없음'으로 별도 표기하여 관리한다.
③ 응답을 거부하거나 응답내용을 잘 몰라 누락한 경우(또는 무응답 사유를 확인할 수 없는 경우): '모름/무응답'으로 별도 표기하여 관리한다.

(4) 무응답 처리 예시
응답이 완료된 설문지는 1차적으로 조사원이 응답에 오류가 있는지를 점검하고, 2차적으로 실사 관리자가 오류 점검을 실시한다. 점검 결과 오류가 발견되었을 경우에는 오류의 유형별로 적절한 조치를 실시한다.

① 누락된 응답이 있는 경우: 응답내용이 누락된 경우로, 조사를 진행한 조사원 및 응답자에게 해당 문항에 대한 응답 누락 사유를 확인한다.

> 다음 중 귀하께서 가장 선호하시는 통신사를 하나만 선택해 주십시오.
> ① A통신사   ② B통신사   ③ C통신사   ④ 기타(   )

㉠ 조치 1: 조사를 진행한 조사원 및 응답자에게 누락 사유를 확인한 결과, 단순 기입 누락으로 확인된 경우 응답을 재확인하여 설문결과에 반영한다.
㉡ 조치 2: 조사를 진행한 조사원 및 응답자에게 확인이 불가능한 경우 해당 문항을 '모름/무응답' 처리한다. 무응답 처리 시에는 별도의 코드를 부여하여 표기한다.
　　예 한 자리 수 보기는 '9.모름/무응답', 두 자리 수 보기는 '99.모름/무응답'

ⓒ 조치 3: 조사를 진행한 조사원 및 응답자에게 누락 사유를 확인한 결과, 적합한 보기가 없어 선택을 하지 않았다고 확인된 경우 해당 문항을 '없음' 처리한다. '없음' 처리 시에는 별도의 코드를 부여하여 표기한다.
    예 한 자리 수 보기는 '8.없음', 두 자리 수 보기는 '98.없음'

② **불분명하거나 확인이 불가능한 응답이 있는 경우**: 2번과 3번 보기 사이에 기재하여 정확한 응답내용 확인이 불가능한 경우로, 조사를 진행한 조사원 및 응답자에게 해당 문항에 대한 정확한 응답내용을 확인한다.

> 다음 중 귀하께서 가장 선호하시는 통신사를 하나만 선택해 주십시오.
> ① A통신사   ② B통신사 ✓   ③ C통신사   ④ 기타(   )

ⓐ 조치 1: 조사를 진행한 조사원 및 응답자에게 오류내용을 재확인한 경우 재확인한 응답을 설문결과에 반영한다.
ⓑ 조치 2: 조사를 진행한 조사원 및 응답자에게 확인이 불가능한 경우 해당 문항을 '모름/무응답' 처리한다. 무응답 처리 시에는 별도의 코드를 부여하여 표기한다.
    예 한 자리 수 보기는 '9.모름/무응답', 두 자리 수 보기는 '99.모름/무응답'
ⓒ 조치 3: 조사를 진행한 조사원 및 응답자에게 확인이 불가능하며, 해당 문항이 설문결과에 중요한 문항이라고 확인된 경우 해당 설문을 폐기하고 재조사를 진행한다.

③ **응답방법을 준수하여 응답하지 않았을 경우**: 1개의 보기를 선택해야 하는데 복수로 선택한 경우로, 조사를 진행한 조사원 및 응답자에게 해당 문항에 대한 정확한 응답내용을 확인한다.

> 다음 중 귀하께서 가장 선호하시는 통신사를 하나만 선택해 주십시오.
> ✓ A통신사   ✓ B통신사   ③ C통신사   ④ 기타(   )

ⓐ 조치 1: 조사를 진행한 조사원 및 응답자에게 오류내용이 재확인된 경우 재확인된 응답을 설문결과에 반영한다.
ⓑ 조치 2: 조사를 진행한 조사원 및 응답자에게 확인이 불가능한 경우 두 개의 응답 중 정확한 응답내용을 확인할 수 없기 때문에 해당 문항을 '모름/무응답' 처리한다. 무응답 처리 시에는 별도의 코드를 부여하여 표기한다
    예 한 자리 수 보기는 '9.모름/무응답', 두 자리 수 보기는 '99.모름/무응답'
ⓒ 조치 3: 조사를 진행한 조사원 및 응답자에게 확인이 불가능하며, 해당 문항이 설문결과에 중요한 문항이라고 확인된 경우 또는 응답방법을 준수하지 않은 문항이 너무 많을 경우에는 해당 설문을 폐기하고 재조사를 진행한다.

④ **응답내용이 불성실한 경우**: 기타를 선택하고 세부내용을 기재하지 않은 경우로, 조사를 진행한 조사원 및 응답자에게 해당 문항에 대한 정확한 응답내용을 확인한다.

> 다음 중 귀하께서 가장 선호하시는 통신사를 하나만 선택해 주십시오.
> ① A통신사   ② B통신사   ③ C통신사   ✓ 기타(   )

㉠ **조치 1**: 조사를 진행한 조사원 및 응답자에게 세부적인 응답내용을 확인한 경우 재확인된 응답을 설문결과에 반영한다.
㉡ **조치 2**: 조사를 진행한 조사원 및 응답자에게 확인이 불가능한 경우에는 해당 문항을 '4. 기타'로 처리한다. 세부내용을 기재하지 않는 등 설문결과에 큰 영향을 주지 않는 사소한 오류에 대해서는 오류 유형별로 적합한 대응 조치를 실시한다.

⑤ 응답자가 부적합한 조사대상자로 확인된 경우: 조사대상자의 연령대가 만 29세~만 39세까지라고 한다면, 해당 대상자는 적합한 조사대상자가 아니므로 해당 설문을 폐기하고 재조사를 실시한다.

> 귀하의 연령은 만 나이로 어떻게 되시나요? 만 <u>40</u>세

⑥ 응답내용의 일관성·신뢰성이 의심되는 경우: 선호하는 통신사가 1번이면서, 비선호하는 통신사도 1번이라고 응답하고 있어, 응답이 신뢰성이 의심되므로, 조사를 진행한 조사원 및 응답자에게 해당 문항에 대한 응답내용을 재확인한다.

> 다음 중 귀하께서 가장 선호하시는 통신사를 하나만 선택해 주십시오.
> ✓ A통신사　　② B통신사　　③ C통신사　　④ 기타(　　)
> 다음 중 귀하께서 가장 비선호하시는 통신사를 하나만 선택해 주십시오.
> ✓ A통신사　　② B통신사　　③ C통신사　　④ 기타(　　)

㉠ **조치 1**: 조사를 진행한 조사원 및 응답자에게 오류내용이 재확인된 경우 재확인된 응답을 설문결과에 반영한다.
㉡ **조치 2**: 조사를 진행한 조사원 및 응답자에게 확인이 불가능한 경우에는 응답내용에 대한 신뢰성이 의심되기 때문에 해당 설문을 폐기하고 재조사를 진행한다.

(5) 재조사 실시

① **재조사의 필요성**
  ㉠ 다음과 같이 조사결과에 중대한 영향을 줄 수 있는 오류가 발견되었을 경우에는 해당 설문지를 폐기하고 재조사를 실시한다.
  - 응답자가 부적합한 조사대상자로 확인된 경우
  - 응답내용의 일관성·신뢰성이 심각하게 훼손된 경우
  - 응답방법을 준수하여 설문을 진행하지 않은 문항이 많은 경우 등

  ㉡ 재조사는 폐기된 설문지의 응답자와 동일한 표본의 조사대상자로 진행해야 하며, 동일한 조사대상자의 예비 표본(Over Sample)이 있을 경우, 해당 설문지로 폐기된 설문지를 대체한다.

② **재조사 시 유의사항**: 재조사를 진행해야 하는 표본이 많아질 경우에는 전체 조사 일정에 영향을 줄 수 있으므로, 실사진행 단계에서 수시로 설문지를 회수하여 품질 관리를 실시해야 한다.

③ 재조사의 대상: 재조사를 진행할 때는 폐기된 설문지의 응답자와 동일한 표본 특성을 지닌 조사대상자에게 연락을 취하여 진행되어야 한다. 특히, 부적격 대상자로 확인되어 설문이 폐기된 경우는 이로 인해 부족하게 된 표본군과 동일한 특성을 지닌 조사대상자에게 연락을 취하여 진행해야 한다.

3. 응답내용의 부호화

(1) 개방형 응답내용의 부호화

① 응답내용을 몇 개의 유형으로 재분류하여 코드화하는 작업이 필요하다.
② 개방형 질문의 수작업 처리 시 코드를 입력하는 사람(대체적으로 자료수집 이후)은 반드시 개방형 질문에 대한 응답을 읽고, 해석한 후 숫자 코드로 변환해야 한다.
③ 코드를 배정하기 위해서는 코드를 입력하는 사람이 내용에 특정한 항목에 대한 핵심어나 참조자료를 포함하고 있는지를 유념할 필요가 있다.

응답의 초기 에디팅	• 응답자나 조사원이 직접 기입한 개방형 질문에 대한 응답의 완벽성, 명료성을 확인한다. • 초기 에디팅이 데이터의 질을 좌우한다.
핵심어 목록 또는 참조자료 확보	여러 사람이 코딩하거나 한 사람이 코딩하는 경우에도 핵심어 목록 또는 참조자료가 확보되어야 한다.
코딩요원의 훈련	• 개방형 질문의 코딩은 가능한 답변의 수, 복합성(판단), 응답에서 나올 수 있는 모호함(응답의 품질) 등의 영향을 많이 받으므로 데이터의 품질을 관리하기 위해서는 코딩요원의 훈련이 중요하다. • 주어진 핵심어 목록 또는 참조자료를 설명하고, 이를 바탕으로 응답지를 몇 부 코딩한 후 결과를 비교하며 차이를 줄여간다.
초기 코딩내용의 점검	현장에서 처음 회수된 설문지는 상세히 검토하여 실수를 검색하고 향후 추가 훈련이 필요한지 여부를 판별하여야 하며 코딩의 질에 대해 주기적으로 검토해야 한다.

(2) 개방형 응답내용 부호화 예시

① 개방형 응답내용의 부호화 준비
  ㉠ 부호화(코딩, Coding) 인원을 확인한다.
    • 모든 코딩인원에게 설문지를 1부씩 작성해 보도록 한다. 작업이 끝날 때까지 구성원이 바뀌지 않아야 일관성이 있고 오류가 적어진다.
    • 개방형 질문의 응답내용을 분류하는 작업은 임의성이 개입되기 쉽다. 동일한 문항은 동일인이 전담하여 분류하여 오류를 줄여야 한다.
  ㉡ 응답내용 분류를 확인한다.
    • 응답내용은 내용별로 분류하여 한 가지 내용 범주에 하나의 부호를 부여한다.
    • 단어나 단순한 문장과 같이 응답내용이 한 가지일 경우에는 하나의 코딩부호를 부여한다.
    • 복합문장이나 몇 개의 낱말로 응답한 내용은 의미적으로 구분하여 하나씩 나누어 부호화한다.
      예 '예쁘고 참신하다'는 응답내용은 '예쁘다'와 '참신하다'로 구분하여 부호화한다.

> **Plus +**
>
> **코딩(Coding)**
> 개방형 질문에서 단어나 문장으로 표현된 응답내용을 부호화하는 과정이며, 부호화 지침에 따라 개방형 응답내용을 분류하여 명목기호(숫자)로 바꾸는 작업이다.
>
> **리코딩(Recoding)**
> 코딩 번호 몇 개를 합치거나 다른 번호를 새로 부여하는 작업이다. 리코딩은 코딩 번호를 모두 부여한 이후 실시한다.

- 일반적으로 개인의 응답내용은 최대 2개까지로 분류하여 코딩한다. 그러나 응답내용을 먼저 살펴본 다음에 분류 정도를 결정하는 것이 바람직하다.
- 개방형 질문내용은 일단 세밀하게 분류한 다음에, 분류된 내용을 검토하여 다시 분류하는 리코딩 절차를 취해야 한다.

ⓒ 코딩 번호 부여를 실시한다. 코딩 부호는 옮겨 적은 코딩용지 번호 그대로 해당 응답내용의 부호를 사용한다.

> **■ 보충학습** 코딩용지에 응답내용을 옮기는 방법
> - 응답비율이 높은 응답내용에 1, 2, 3과 같은 초기 번호를 주는 것이 좋다.
> - 부정적인 내용과 긍정적인 내용은 부호화 범위를 구분해서 긍정 응답군과 부정 응답군으로 나누어 부호화하는 것이 좋다.
> - 무응답도 번호를 부여한다. 일반적으로 무응답 번호는 마지막 숫자로 부여한다. 한 자리에는 9번, 두 자리 경우에는 99번으로 부호화한다. 무응답에는 해당 없음, 기억나지 않음, 대답 회피, 모름 등이 포함된다.
> - 점수평가 질문 다음에 평가이유를 코딩할 때 평가방향과 평가이유가 일치해야 한다. 일반적으로 긍정평가에도 부정이유가, 부정평가에도 긍정이유가 약간씩 포함되어 있다. 특히 중간수준의 평가에 대한 평가이유에는 긍정과 부정적인 이유가 모두 포함된다. 그러나 평가이유 내용을 코딩하는 방법은 좋은 점수에는 긍정적인 이유만을, 보통수준의 점수에는 긍정과 부정이유를 모두 코딩한다.
> - 코딩 작업이 일단 끝나면 동일한 내용이 몇 개의 코딩 번호로 중복되어 있는지, 분류된 내용이 서로 비슷하여 하나로 합쳐도 되는 것인지, 반대로 복합의미가 있어 다시 구분할 내용이 있는지를 검토해야 한다.

② 개방형 응답내용의 부호화
ⓐ 주관식으로 응답한 내용 혹은 객관식 문항의 '기타' 항목에 응답한 내용에 대해 각각 특정 숫자를 부여한다.
ⓑ 숫자를 부여하는 데 특별한 규칙은 없으며 응답순서대로 번호를 매긴다. 예를 들어, 이유를 묻는 주관식 항목에 '가격이 저렴해서', '이용하기 편리해서', '브랜드가 마음에 들어서', '주위사람이 좋아해서', '가격 저렴', '브랜드 이미지' 등으로 응답하였다면, 편의대로 '가격이 저렴해서'를 1, '이용하기 편리해서'를 2, '브랜드가 마음에 들어서'를 3, '주위사람이 좋아해서'를 4로 입력하고 '가격 저렴'은 1번과 동일하므로 1로, '브랜드 이미지'는 3번과 동일하므로 3으로 부여해주면 된다.
ⓒ 각 내용별로 부여한 숫자들을 표로 반드시 정리해야 이후 통계분석 시 숫자별 내용을 파악할 수 있다. 이를 부호화 지침서(코드북, Code Book)라고 한다.

부호	내용
1	가격이 저렴해서
2	이용하기 편리해서
3	브랜드가 마음에 들어서
4	주위사람이 좋아해서

㉣ 객관식 문항의 '기타' 항목에 응답된 내용은 객관식 마지막 문항에 이어 부호화한다. 예를 들어, 스마트폰 제조사에 대한 '⑤ 기타' 항목에 E사, F사, G사가 확인되면 'E사'를 '5', 'F사'를 '6' 'G사'를 '7'로 부호화한다.

질문항목	실제응답
SQ2. 스마트폰 제조사는 어떻게 되십니까? ① A사 ② B사 ③ C사 ④ D사 ⑤ 기타( )	① A사 ② B사 ③ C사 ④ D사 ⑤ 기타(E사) ⑤ 기타(F사) ⑤ 기타(G사)

부호	내용
1	A사
2	B사
…	…
5	E사
6	F사
7	G사

(3) 폐쇄형 응답내용의 부호화

① 응답내용의 범위를 사전에 부호화하여 설정하였으므로 별도의 부호화 작업이 필요없다.
② 질문항목 안에 '기타(   )'와 같이 개방형 응답보기가 포함되어 있는 경우에는 개방형 응답내용의 부호화 방식을 참고하여 별도의 부호화 작업을 실시해야 한다.
③ 폐쇄형 응답내용의 부호화 시 사전에 설정한 부호가 서로 중복된 기호를 사용하고 있는지 확인해야 한다.
④ 설문지 작성 시 실수로 같은 부호를 중복으로 사용했을 경우에는 일괄적으로 해당 보기의 부호를 변경하여 설문응답 자료입력 시 주의하여 작업을 실시해야 한다.

4. 부호화 지침서의 작성

(1) 부호의 이해

① 조사상의 질문에 대한 응답을 표시하기 위해서 이용되는 수치이다.
② 조사자료와 컴퓨터 사이를 연결시킨다. 따라서 부호화는 수집된 자료를 통계적으로 분석할 수 있도록 일정한 원칙에 따라 각 응답에 숫자를 부여하는 과정이다.
③ 응답이 숫자인 경우 그 자체가 숫자로 응답하도록 되어 있기 때문에 응답을 부호화할 필요가 없다.
    예 응답자의 연령, 생년월일
④ 개방형 질문에는 응답의 형태가 여러 가지로 나타나기 때문에 조사자는 모든 조사가 종료된 후 같은 부류의 응답을 정리해 부호화 작업을 실시한다.

(2) 부호화 지침서의 작성

조사자료가 방대할 경우에 여러 사람이 부호화 작업에 참여하게 되므로 부호화의 일관성이 유지될 수 있도록 부호화 지침서(코드북, Code Book)를 만들 필요가 있다.

① 부호화 지침서 작성 시 유의사항
　㉠ 어떤 응답이든 하나의 값으로 부호화될 수 있어야 한다. 가능한 한 변수의 실제 가치를 부호화하고, 일관된 부호체계를 사용하며, 범주가 포괄적이고 상호배제적이 되도록 한다.
　㉡ 응답이 없는 문항들도 내용에 따라 구분되도록 부호화한다.
　㉢ 개방형 질문에 대한 응답 부호화 시 범주를 너무 많이 나누지 않도록 한다.
　㉣ 작업 도중 새로운 응답범주를 추가하는 것은 매우 신중하게 결정해야 한다. 따라서 부호화 지침서를 만들 때 많은 사례를 검토하여 완벽히 만들어야 한다.

② 부호화 지침서 고려사항
　㉠ **결측값**: 결측값 처리 시 변수의 값이 가질 수 있는 대안 이외의 값을 부여한다.
　　예 응답대안이 1~5이면 9를, 01~15이면 99를 부여한다.
　㉡ **부여하는 값의 크기**: 응답이 정도 혹은 긍정/부정의 형태인 경우 많은 정도 혹은 보다 긍정적일수록 높은 값을 부여하면 분석결과의 해석이 용이하다. 그러나 다른 항목들의 값의 방향과 반대 방향으로 값이 주어진 역척도인 경우 그대로 코딩하고 분석을 위한 명령에서 Recode 명령을 사용하여 값을 변환시켜주면 된다.
　　예 1→5, 2→4, …, 5→1

③ 부호화 지침서에 포함될 사항
　㉠ 각 변수명, 칼럼 번호, 칼럼 수, 질문번호 및 항목내용, 부호화 범위 등을 포함하여 작성한다.
　㉡ 빈 칸(Blank)은 실질적인 부호로 사용하지 않는다. 무응답이나 미확인 또는 비해당인 경우도 비워두지 말고 '99', '00' 등 어떤 부호든지 부여해야 한다.

〈스마트폰 이용현황 조사에 대한 부호화 지침서〉

변수명	칼럼 번호	칼럼 수	질문번호	항목내용	비고
ID	1~3	3		응답자 ID	표본 규모 300명
SQ1	4	1	SQ1	스마트폰 이용경험	② 응답자 설문 중단
SQ2	5~6	2	SQ2	스마트폰 제조사	무응답99
SQ3	7	1	SQ3	성별	무응답9
SQ4	8	1	SQ4	만 연령	무응답99
SQ5	9	1	SQ5	월평균 가구소득	무응답9
SQ6	10	1	SQ6	최종 학력	무응답9
Q1	11~14	4	문1	스마트폰 첫 이용 연도	무응답9999
Q2_1	15~16	2	문2	하루 평균 이용시간(시간)	무응답99
Q2_2	17~18	2	문2	하루 평균 이용시간(분)	무응답99
Q3_1	19~20	2	문3	스마트폰 선택 고려사항(1순위)	무응답99
Q3_2	21~22	2	문3	스마트폰 선택 고려사항(2순위)	무응답99
Q3_3	23~24	2	문3	스마트폰 선택 고려사항(3순위)	무응답99
Q4_1	25~26	2	문4	스마트폰 주 이용 서비스(1순위)	무응답99
Q4_2	27~28	2	문4	스마트폰 주 이용 서비스(2순위)	무응답99
Q4_3	29~30	2	문4	스마트폰 주 이용 서비스(3순위)	무응답99
Q5	31~33	3	문5	SNS 이용 목적	무응답999
Q6	34~36	3	문6	인터넷쇼핑 상품 및 서비스	무응답999
Q7_1	37	1	문7	단말기 가격 만족도	무응답9
Q7_2	38	1	문7	단말기 기능 및 성능 만족도	무응답9
Q7_3	39	1	문7	단말기 조작 편리성 만족도	무응답9
Q7_4	40	1	문7	단말기 처리속도 등 만족도	무응답9
Q7_5	41	1	문7	통화 품질 만족도	무응답9
Q7_6	42	1	문7	인터넷 속도 등 만족도	무응답9
Q7_7	43	1	문7	콘텐츠 및 서비스 이용 만족도	무응답9
Q7_8	44	1	문7	전반적인 만족도	무응답9

2 자료입력 및 검토

1. 자료의 입력

(1) 설문응답 자료의 입력

조사주체, 조사대상, 조사규모, 조사항목 등 조사별 특성과 자료입력방법별 장단점을 고려하여 가장 적합한 입력방식을 채택한다.

구분	특징	장점	단점
C/S (Client/Server) 기반의 PC 입력	클라이언트가 되는 PC에 입력 및 일부 관리프로그램을 설치하여 서버에 입력하는 방식이다.	서버에 투자되는 비용이 저렴하고, 설계와 적용이 간단하다.	프로그램의 배포·유지, 보수가 필요하며, 사용자 교육이 필요하다.
휴대용 컴퓨터를 이용한 입력	조사현장에서 노트북PC 또는 PDA(휴대용정보단말기)로 입력하는 방식이다.	조사현장에서 오류를 바로 수정할 수 있으며 별도의 설문지가 필요 없다.	면접조사에만 이용가능하며, 컴퓨터 장비 구입 및 관리비용이 많이 들어간다.
ICR (Intelligent Character Recognition) 입력	스캐너 등 광학인식장치를 이용하여 자동으로 입력하는 방식이다.	자료처리 비용절감과 기간이 단축되고, 설문지 스캔이미지의 활용으로 설문지 입출고 작업을 최소화하며, 이미지 형태로 영구보존 가능하다.	숫자와 문자의 인식률이 필체 및 설문지 기입상태에 따라 좌우되므로 사전에 이들 필체에 대한 충분한 학습 및 테스트가 요구된다.
OMR (Optical Mark Recognition) 입력	조사내용을 OMR 설문지에 옮겨 적은 후 스캐너를 이용하여 입력하는 방식이다.	자료의 고속처리가 가능하다.	조사 후 OMR 설문지에 옮겨 적는 작업에 따른 고비용 문제가 발생한다.
인터넷 입력	이메일이나 웹을 통하여 자료를 서버에 직접 입력하는 방식이다.	기술적 지원 없이도 간단하게 입력 가능하며, 초기비용의 소모가 적다.	데이터 처리를 위한 코딩, 에디팅 등의 비용이 많이 들어간다.

(2) 개방형 질문응답의 입력

① 스캐너를 사용한 방법: 수작업으로 하는 자료입력에 비해 에러를 줄일 수 있다.
② 수작업 방법
  ㉠ 다음의 오류가 발생할 수 있어 신중함이 필요하다.
    • 다른 숫자를 입력한다.
    • 동시에 2개의 숫자를 누른다.
    • 같은 숫자를 여러 번 입력한다.
    • 변수를 건너뛴다.
    • 자리수를 잘못 알고 입력한다.
  ㉡ 각 변수의 자리수를 명확히 알려주는 표본 응답지를 준비한다.
    • 응답지에서 직접 입력하는 경우, 모든 변수의 자리수를 굵은 펜으로 네모 표시하여 입력요원(Keyer)이 항상 참고할 수 있게 준비한다.
    • 가능하면 응답지의 왼쪽 여백이나 오른쪽 여백에 입력할 값을 미리 적어 놓는다.
    • 답만 따로 코딩하는 것은 오류가능성을 높이므로 바람직하지 않다.

ⓒ 입력할 응답지에 적힌 내용을 확인한다.
- 조사원이 기입하거나 응답자가 직접 기입한 응답지에서 입력(Keypunch)하는 경우, 입력요원에 따라 다르게 읽을 가능성은 없는지 점검과정에서 미리 확인한다.
- 조금이라도 의심스러운 글자는 확실하게 수정한다.
- 체계적인 오류 역시 지도원·연구원이 설문지를 끝까지 살펴보고 오류를 체계적으로 수정한다.

ⓔ 입력요원(Keyer)을 훈련시킨다.
- 숙련된 입력요원일지라도 입력훈련을 하도록 한다.
- 수작업에서 흔히 일어나는 오류에 대한 교육을 병행한다.

ⓜ 입력장비를 점검한다. 자판(keyboard) 등 입력장비가 낡으면 아무리 숙련된 입력요원일지라도 입력에 오류가 생길 수 있으므로 반드시 장비를 점검한다.

ⓗ 입력 초기에 점검한다.
- 자료입력을 시작한 후 1시간 이내에 입력한 자료 중 일부를 다른 입력요원 또는 자료처리 감독관이 독립적으로 입력하여 비교하거나 입력한 값을 설문지와 직접 비교한다.
- 다른 숫자 입력하기, 동시에 2개 숫자 누르기, 같은 숫자 여러 번 입력하기, 변수 건너뛰기, 자리 수 잘못 알고 입력하기 등 많은 문제를 초기에 발견해서 수정할 수 있다.
- 같은 사람이 두 번 입력하는 것은 같은 오류를 반복할 가능성이 있으므로 바람직하지 않다.

ⓢ 입력 중기와 말기에 점검한다.
- 자료입력과정이 중간쯤 되었을 때와 끝날 무렵에 같은 과정을 반복한다.
- 어느 정도 익숙해지면 입력요원(Keyer)이 해이해지기 쉬우므로 반드시 중간점검이 필요하다.

2. 입력된 자료의 정합성 판단 및 오류 값 수정

(1) 오류의 개념

자료입력 전 수행한 점검과 에디팅과정을 통해 조사상, 표기상의 오류를 수정했지만, 미처 잡지 못한 오류나 입력과정에서 생긴 오류가 추가로 발생했을 가능성이 있으므로 자료입력 후에 자동화 방법으로 내용 검토를 재차 수행한다.

① 범위오류
  ⓐ 각 문항별로 빈도표를 출력하여 해당 질문의 응답범위를 벗어난 숫자(코드)가 있는지 확인한다.
  ⓑ 범위를 벗어난 오류를 발견하면 해당 설문지를 점검하여 응답오류인지 입력오류인지 확인하여 알맞게 수정한다.

② 논리오류
  ⓐ 특정 항목에 대하여 모든 응답에서 일관되게 나타나는 오류로 체계적 오류라고도 한다.
  ⓑ 집계나 추정에서 편향을 발생시키기 때문에 통계결과에 심각한 영향을 준다.

ⓒ 논리오류의 예
- 사전에 정해진 용어 정의나 분류에 기초하여 응답을 하여야 하는데 이를 충분히 이해하지 못하고 잘못 응답하는 경우
- 코딩과정에서 응답을 오역하여 잘못 입력하는 경우
- 여과 질문과 관련한 통과규칙을 잘못 이해하여 응답하는 경우
- 부호오류, 단위측정오류, 데이터입력과정에서 시스템에 의한 오류

ⓔ 논리오류의 탐색
- 예상되는 논리오류의 종류가 무엇인지, 내재되어 있는 오류생성 메커니즘이 무엇인지를 알고 있어야 한다.
- 질문항목에 대한 특별한 지식이 없는 경우, 대체로 논리오류를 찾아내기 어렵다. 예상되는 논리오류에 대한 사전 이해가 없을 때에는 범위점검(Range Test), 비율점검(Ratio Test) 방법을 사용하여 논리오류를 탐색한다.

단위측정오류와 같은 특별한 논리오류 메커니즘을 염두에 두면 범위점검이나 비율점검 등을 통하여 체계적 오류를 찾아낼 수 있다.

Plus +
범위점검 방법은 범주형 변수와 수치형 변수 모두에 적용할 수 있다.

(2) 자료처리 시 오류
통계조사 결과를 디지털 데이터로 만드는 자료처리과정에서도 여러 가지 비표본오차가 생길 수 있는 여지가 있다. 이에 따라 데이터편집(Data Editing)과 무응답 대책이 필요하다.

① 데이터편집(Data Editing)
㉠ 1차 수집된 원 자료 내에 포함된 오류를 찾아내고, 합리적인 절차에 의해 오류를 수정하는 과정이다.
㉡ 조사통계, 보고통계 등 모든 종류의 통계를 작성하기 이전에 먼저 원 자료의 품질을 높이기 위한 데이터편집 절차를 확립해야 한다.
㉢ 데이터편집은 크게 입력편집(Input Editing)과 출력편집(Output Editing)으로 구분된다.
- 입력편집: 자료입력 단계에서 오류가 포함된 데이터입력을 방지하는 것으로, 입력장치에 자동으로 입력오류를 체크하는 프로그램을 가동하는 경우, 또는 전통적인 방식으로 설문지를 수작업으로 직접 확인하는 경우이다.
- 출력편집: 이미 입력된 데이터를 가지고 논리적 규칙 및 통계적 규칙 등을 사용하여 오류를 찾아내는 작업이다.

㉣ 데이터편집을 위해서 효과적인 입력시스템의 구축, 여러 단계에 걸친 편집규칙 마련, 오류로 확인된 데이터처리 방침 등을 사전에 미리 마련해두어야 한다.
㉤ 마이크로데이터에 대한 요구가 점점 커져 가고 있는 상황을 고려할 때, 합리적인 데이터편집을 위한 고려가 보다 강조될 필요가 있다.

> 📖 **보충학습 마이크로데이터**
> 통계조사 원 자료(Raw Data)에서 조사오류, 입력오류 등을 수정한 개인, 가구, 사업체 등 특성에 관한 자료이다. 마이크로데이터를 통해 이미 공표된 통계표뿐만 아니라 다양한 관점의 새로운 분석 자료(종단, 횡단 시계열자료 등)를 만들어 활용할 수 있다. 예를 들면 한 나라의 소득 불평등도를 나타내는 지니계수의 경우 마이크로데이터를 활용해 소득분위별 지니계수를 작성하고, 시계열자료를 분석해 소득불평등 완화정책 수립에 활용할 수 있다.

② **결측값과 무응답**: 에디팅과정에서 결측값은 편집규칙에 의한 일치성 점검에서 발견된다. 결측값의 패턴은 복잡할지라도 결측값의 탐색은 보통 단순하다.

　㉠ **구조적 결측값(Structurally Missing Value)**
　　• 여과질문에 의하여 응답자에게 해당되지 않아 결측값이 생긴 경우이다.
　　• 일반 결측값과 구조적 결측값은 구별한다.

　㉡ **결측값 표기**
　　• 데이터에서 결측항목은 공란으로 남겨 놓거나 일반 응답값과 구분되는 값, 예를 들어 '9999' 등을 입력하고 '9999'가 결측값임을 기록한다.
　　• 여과질문에 의한 구조적 결측인지 단순한 항목무응답인지 구분하여 표기한다.
　　• 양적변수에서 '0'의 값과 무응답을 구분한다. 단, 양적변수의 무응답 항목에 '0'의 값을 표기하는 것은 바람직하지 않다. 무응답 '0'의 값을 응답으로 간주하여 추정치 계산을 하는 경우 추정치에 심각한 편향을 가져오기 때문이다. 양적변수의 무응답은 '0'이 아닌 다른 무응답 표기를 한다.

　㉢ **단위무응답과 항목무응답**
　　• **단위무응답(Unit Non-response)**: 설문지에 응답자가 전혀 응답을 하지 않은 것이다. 조사대상자를 접촉하지 못했을 경우, 조사대상자가 응답을 거부하였을 경우에 나타난다.
　　• **항목무응답(Item Non-response)**: 응답자가 몇 개의 항목에는 응답을 하고 나머지 항목에 응답을 하지 않은 것이다. 응답자가 답을 알지 못하거나 일부 항목에 응답하고 싶어 하지 않을 경우, 응답 도중 단순히 질문을 놓쳤을 경우에 나타난다.

　㉣ **무응답의 영향**
　　• 결측값은 잠재적으로 편향된 결과를 초래하여 데이터 품질을 떨어뜨린다.
　　• 편향은 응답자와 무응답자가 조사항목에 대하여 각기 다른 특성을 가질 때 발생한다. 이 경우 응답자의 결과는 무응답자를 대표하기 어렵다.

　㉤ **무응답 처리**
　　• 단위무응답은 응답자 가중치를 조정하는 가중치조정법으로 처리한다.
　　• 무응답 대체를 사용할 경우 분산추정에 주의를 기울여야 한다. 실제로는 무응답 대체를 했으면서 마치 무응답이 없었던 것처럼 간주해 추정을 하게 되면 분산의 과소추정이라는 이론적 문제가 발생한다.
　　• 응답률이 높은 조사일 때 상대적으로 무응답이 큰 영향을 미치지 않지만, 일반적으로 무응답 처리는 중요한 문제가 된다.

　㉥ **무응답 관련 정보의 관리**: 품질지표로서의 응답률 이외에도 무응답과 관련된 유용한 정보들을 관리하면, 무응답에 대한 효과적인 대책을 마련하는 데 도움이 된다.

> **Plus +**
> **결측값**
> 응답자가 응답을 하지 않거나, 데이터입력과정에서 입력 실수로 응답 데이터가 누락되어 파일에 저장되지 않을 때 발생한다. 즉, 값이 있어야 하는 항목에 값이 없으면 결측이 된다.

보충학습 항목무응답 처리 방법

무응답 가중치 조정 (Non-response Weighting Adjustment)	전체 표본을 몇 개의 대체 층으로 분류한 뒤 각 층에서 무응답으로 인한 효과를 고려하여 가중치를 조정해주는 방법
핫덱대체 (Hot-deck Imputation)	• 현행연구에서 비슷한 성향을 가진 응답자의 값으로 결측값을 대체하는 방법 • 다른 변수(나이, 성별, 소득 등)가 유사한 응답자의 값을 임의로 추출해 결측치를 대체
랜덤대체 (Random Imputation)	대체 층 내에서 임의로 한 응답값을 선택하여 결측값을 대체하는 방법
평균대체 (Mean Imputation)	전체 표본을 몇 개의 대체 층으로 분류한 뒤 각 층에서의 응답자 평균값을 그 층에 속한 모든 결측값을 대체하는 방법
이웃값대체 (Nearest Neighborhood Imputation)	각 대체 층 내에서 결측값에 대응하는 변수값이 가장 가까운 응답자의 자료로 결측값을 대체하는 방법
회귀대체 (Regression Imputation)	응답자료를 토대로 변수 y와 관련된 보조변수 $x_1, x_2, \cdots, x_k$에 대한 회귀모형을 적합시킨 후, 적합된 회귀모형의 예측값을 이용해 결측된 y값을 대체하는 방법
콜드덱대체 (Cold-deck Imputation)	• 기존에 실시된 표본조사의 유사항목 응답값으로 결측값을 대체하는 방법 • 외부 출처(과거 조사, 이전의 비슷한 조사)에서 가져온 값을 대체하는 방법

- 표본 이론을 모르는 담당자들이 가장 쉽게 사용하는 대체법은 평균대체(Mean Imputation)이다. 하지만 무응답에 대해 동일한 평균값을 대체함으로써 데이터의 분포를 왜곡시키고 분산을 과소추정하기 때문에 통계학적으로 가장 바람직하지 않은 대체법이라고 한다.
- 이론적인 연구가 잘 뒷받침되고, 실제 분산추정을 위한 통계프로그램의 지원이 되는 대체법으로 핫덱대체와 이웃값대체 등이 있다.

(3) 이상치(Outlier)의 개념

① 관측된 데이터의 범위에서 많이 벗어나 아주 작은 값이나 아주 큰 값으로, 잔여 자료 세트와 일치하지 않는 것으로 보이는 관측치나 관측치의 부분집합이다.
② 이상치의 확인은 의심스러운 레코드를 확인하는 에디팅(Editing)의 한 형태이다.
③ 극단 관측값과 영향 관측값의 구별과 단일변량 이상치와 다변량 이상치의 구별이 필요하다.
  ㉠ 단일변량 이상치는 한 변수에 관한 이상치이다.
  ㉡ 다변량 이상치는 둘 이상의 변수에 관한 이상치이다.
    ⓓ 2m이면서 45kg의 몸무게를 가진 사람

(4) 이상치의 존재와 식별

① 이상치 존재
  ㉠ 모든 조사에서 이상치는 대부분의 변수에 대하여 발견된다.
  ㉡ 이상치가 존재하는 이유는 다음과 같다.
   • 자료입력과정에서 오차가 발생할 수 있다.
   • 여타 모델이나 분포로부터 생겨난 것으로 간주될 수 있다.
   • 자료 자체의 변동성 때문일 수 있다. 의심스러운 값으로 나타난 것들은 자료의 고유한 변이성으로부터 기인한 것일 수 있다. 즉, 그것은 정당한 것이지만 분포에서 극단값일 수 있다.

② 이상치 식별
  ㉠ 대다수 관측치로부터 멀리 떨어진 관측치를 말한다.
   • 일변량 자료: 분포의 양 끝에서 극단적으로 멀리 떨어져 있는 값을 이상치로 간주한다.
   • 이변량 자료: 다수가 모여 있는 영역에서 크게 벗어난 값을 이상치로 간주한다.
  ㉡ 통계추정에 매우 큰 영향을 미치므로 이상치를 식별하여 문제가 있는 관측치인지 판별하여야 한다.
  ㉢ 이상치 판별은 자료 중심과의 상대적인 거리로 판단한다.
  ㉣ 진단에서는 조사자료가 이상치인지를 식별하는 기준이 있는지 여부와, 이상치 식별 후 처리방법 및 처리결과가 기술되어 있는지를 살펴본다. 또한 이상치 처리가 모수추정 및 분산추정에 미치는 영향을 분석한 결과가 있는지도 살펴본다.

> 회사 크기에 따라 판매의 분포는 소수의 거대한 기업들이 전체 판매량의 대부분을 차지하는 전형적인 비대칭 형태를 띤다.

3. 입력된 자료의 오류값 수정

(1) 오류 검사 방법

① OFF CODE 검사
  ㉠ 입력되어야 할 부호 이외의 것이 입력되어 있는 오류를 찾아내는 방법이다.
  ㉡ 성별 란에 '1. 남자', '2. 여자'라고 할 때 1과 2를 제외한다.

② 다른 숫자나 문자 또는 공란이 있을 때 관련 항목 검사
  ㉠ 서로 연관되는 항목 간의 관계를 검토하여 모순이 발생하는지를 확인하는 방법이다.
  ㉡ '연령'과 '학력' 항목의 관계를 검토할 경우 10세이면서 대학생으로 조사되는 경우이다.

③ 범위 검사
  ㉠ 각 항목이 적합한 상한과 하한의 범위를 넘어서는지 확인하는 방법이다.
  ㉡ '월'과 '일'의 항목에서 '월' 항목에 1과 12 사이에 속하지 않는 숫자가 들어온다거나 '일'의 경우 해당 월에 따라 1~28, 29, 30, 31 이외의 숫자가 나오는지 확인한다.

④ 합계 검사: 설문지 상의 수치 내용을 계산한 후 합계란의 수치와 동일한지 확인하는 방법이다.

⑤ 검사숫자에 의한 검사
  ㉠ 입력하고자 하는 데이터 숫자의 마지막 자리에 검사숫자를 추가하여 데이터가 입력되면 데이터와 검사숫자를 상호비교하여 입력착오를 찾아내는 방법이다.
  ㉡ 주민등록번호, 사업자등록번호, 계좌번호 등의 검증번호를 사용한다.
⑥ 순서 검사
  ㉠ 조사대상의 중복 및 누락을 확인할 때 사용하는 방법이다.
  ㉡ 고유의 일련번호를 순서대로 할당한 경우 적용한다.

(2) 오류 정정 방법

① 간단한 수정
  ㉠ 입력된 내용과 설문지(혹은 스캔이미지)를 대조하여 입력오류인지를 판단한다.
  ㉡ 단순 입력오류의 경우에는 설문지의 내용대로 수정한다.
  ㉢ 입력오류가 아닌 경우에는 조사된 내용을 전체적으로 살펴본 후 오류사항에 대한 판단이 설 때에만 수정한다.
② 전화확인 및 현지방문 질의
  ㉠ 설문지 내용만으로는 판단이 불가능할 경우에는 응답자에게 전화로 확인하여 설문지를 수정한다.
  ㉡ 다수 항목이 잘못 조사되었거나 부실조사인 경우에는 조사원이 다시 조사대상처를 방문하여 재조사한다.
③ **통계적 처리**: 수차례에 걸친 내용검토과정을 통해서도 정정되지 않는 오류나, 오류 수정비용이 큰 항목의 경우에는 무응답대체(Imputation) 기법을 사용한다.
④ **집계대상에서 제외**: 조사결과에 미치는 영향이 큰 항목이 누락되었거나 과학적인 방법을 사용할 수 없는 경우 해당 설문지를 집계대상에서 제외한다.

에듀윌이
너를
지지할게

ENERGY

우리는 모두 별이고, 반짝일 권리가 있다.

– 마릴린 먼로

특별코너

통계기초
핵심빈출 20선

통계기초 해설강의와 함께 학습하세요!

시험에 꼭! 나오는 통계 기호

기호	뜻/의미	활용 예시	읽는 법
$\sum$	합을 구하는 기호(총합)	$\sum_{i=1}^{n} x_i = x_1 + x_2 + \cdots + x_n$	시그마
$n!$	1부터 n까지 곱한 값	$5! = 5 \times 4 \times 3 \times 2 \times 1 = 120$	엔 팩토리얼
$_nP_r$	순열	$_5P_2 = 5 \times 4 = 20$	엔 피 알
$_nC_r$	조합	$_5C_2 = \frac{5 \times 4}{2} = 10$	엔 씨 알
$\binom{n}{r}$	조합	$\binom{5}{2} = \frac{5 \times 4}{2 \times 1} = 10$	엔 츄즈 알
$_n\Pi_r$	중복순열	$_5\Pi_2 = 5 \times 5 = 5^2$	엔 파이 알
$_nH_r$	중복조합	$_5H_2 = {}_{5+2-1}C_2 = {}_6C_2 = 15$	엔 에이치 알
$B(n, p)$	이항분포	$B(100, 2/3)$: 개수 100, 평균 $\frac{2}{3}$ 인 이항분포	바이노미얼 엔피
$E(X)$	기댓값(평균)	$B(n, p)$에서 $E(X) = np$, $V(X) = npq$	이 엑스
$V(X)$	분산		브이 엑스
$SE(\overline{X})$	표본평균 $\overline{X}$의 표준오차	$SE(\overline{X}) = \frac{\sigma}{\sqrt{n}}$	에스이 엑스 바
α	유의수준	$\alpha = 0.05$	알파
β	제2종 오류를 범할 확률	$1 - \beta$(검정력): 대립가설이 참일 때 올바르게 귀무가설을 기각할 확률	베타
ϵ	오차(Error)	모회귀모형의 오차 $Y = \beta_0 + \beta_1 X + \epsilon$	입실론
λ	$Poisson(\lambda)$	$Pois(2)$: 평균 발생 횟수 $\lambda = 2$인 포아송분포	람다
χ^2	표준정규분포 독립 변수들의 제곱합	자유도가 $n-1$인 카이제곱분포 $\chi^2(n-1)$	카이제곱
S_X	변수 X의 표본 표준편차	$S_X = \sqrt{\frac{1}{n-1} \sum_{i=1}^{n} (X_i - \overline{X})^2}$	에스 엑스
$Cov(X, Y)$	공분산	표본공분산 $S_{X,Y} = Cov(X, Y)$ $= \frac{1}{n-1} \sum_{i=1}^{n} (X_i - \overline{X})(Y_i - \overline{Y})$	코베리언스 엑스와이
$adj\,R^2$	수정된 결정계수	$adj\,R^2 = 1 - \left(\frac{(1-R^2)(n-1)}{n-p-1}\right)$	어저스티드 알 제곱

구분	모집단		표본집단	
	기호	읽는 법	기호	읽는 법
모수	θ	세타	$\hat{\theta}$	세타 햇
평균	μ	뮤	$\overline{X}$	엑스 바
분산	σ^2	시그마 제곱	S^2	에스 제곱
표준편차	σ	시그마	S	에스
비율	p	피	$\hat{p}$	피 햇
공분산	σ_{XY}	시그마 엑스와이	S_{XY}	에스 엑스와이
상관계수	ρ_{XY}	로우 엑스와이	r_{XY}	알 엑스와이

01 대푯값

핵심개념

1. **산술평균**: $x_1, x_2, \ldots, x_n$의 총합을 자료의 개수 n으로 나눈 값

$$\frac{1}{n}\sum_{i=1}^{n} x_i = \frac{x_1+x_2+\cdots+x_n}{n}$$

2. **가중평균**: 각 수치에 가중치를 곱한 값의 합을 가중치의 합으로 나눈 값

$$\frac{w_1 x_1 + w_2 x_2 + \cdots + w_n x_n}{w_1 + w_2 + \cdots + w_n} \quad (\text{단, } w_i \text{는 } x_i \text{의 가중치, } 1 \leq i \leq n)$$

3. **중앙값**(M_e, 중위수): 자료를 크기 순서로 나열하였을 때, 중앙의 위치에 해당하는 값
   - 자료의 개수가 홀수 개인 경우 $\frac{n+1}{2}$번째 값, 짝수 개인 경우 $\frac{n}{2}$번째와 $\frac{n}{2}+1$번째 값의 평균값

4. **최빈값**(최빈수): 주어진 값 중에서 가장 자주 나오는 값, 즉 빈도가 높은 값

확인문제

01 다음 주어진 자료에 대한 설명으로 옳지 <u>않은</u> 것은?

58 54 54 81 56 81 75 55 41 40 20

① 중앙값은 55이다.　　　　　　　　　　② 표본평균은 중앙값보다 작다.
③ 최빈값은 54와 81이다.　　　　　　　　④ 자료의 범위는 61이다.

해설 (표본)평균은 $\frac{58+54+\cdots+20}{11} = \frac{615}{11} = 56$으로, 중앙값보다 크다.
① 자료를 오름차순으로 정리하면 20, 40, 41, 54, 54, 55, 56, 58, 75, 81, 81 이므로, 가장 가운데 있는 값 55가 중앙값이다.
③ 54와 81이 두 번씩 확인되므로 최빈값은 54와 81이다.
④ 범위는 최댓값과 최솟값의 차이이므로 81 − 20 = 61이다.
| 정답 | ②

02 어느 회사에서는 직원들의 승진심사에서 평가 항목별 성적의 가중평균을 승진평가 성적으로 적용하기로 하였다. 직원 A의 항목별 성적이 다음과 같을 때, 승진평가 성적의 점수는?

구분	성적(100점 만점)	가중치
근무평가	80	30%
성과평가	70	30%
승진시험	90	40%

① 80　　　　　　② 81　　　　　　③ 82　　　　　　④ 83

해설 가중평균은 $\frac{(80 \times 0.3)+(70 \times 0.3)+(90 \times 0.4)}{0.3+0.3+0.4} = 81$점이다.
| 정답 | ②

02 산포도

핵심개념

1. 분산과 표준편차

   - 분산 = $\dfrac{(\text{자료} - \text{평균})^2 \text{의 총합}}{\text{자료의 개수}} = \dfrac{(\text{편차})^2 \text{의 총합}}{\text{자료의 개수}}$
   - 표준편차 = $\sqrt{(\text{분산})}$

   - 모분산: $\sigma^2 = \dfrac{1}{N}\{(X_1-\mu)^2+(X_2-\mu)^2+\cdots+(X_N-\mu)^2\}$
   - 표본분산: $S^2 = \dfrac{1}{n-1}\{(X_1-\overline{X})^2+(X_2-\overline{X})^2+\cdots+(X_n-\overline{X})^2\} = \dfrac{1}{n-1}\sum_{i=1}^{n}(X_i-\overline{X})^2$

2. 변동계수(Coefficient of Variation, 변이계수)

   $$\text{변동계수} = \dfrac{\text{표준편차}}{\text{평균}}$$

확인문제

01 다음 중 표준편차가 가장 큰 자료는?

① 3 4 5 6 7
② 3 3 5 7 7
③ 3 5 5 5 7
④ 5 6 7 8 9

[해설] 3, 3, 5, 7, 7의 평균 $\dfrac{3+3+5+7+7}{5}=5$, 분산 $\dfrac{(3-5)^2+(3-5)^2+(5-5)^2+(7-5)^2+(7-5)^2}{5}=\dfrac{16}{5}$

① 3, 4, 5, 6, 7의 평균 5, 분산 $\dfrac{10}{5}$

③ 3, 5, 5, 5, 7의 평균 5, 분산 $\dfrac{8}{5}$

④ 5, 6, 7, 8, 9의 평균 7, 분산 $\dfrac{10}{5}$

표준편차 = $\sqrt{\text{분산}}$ 이므로, 표준편차가 가장 큰 자료는 분산이 가장 큰 ②번이다.

| 정답 | ②

02 평균이 40, 중앙값이 38, 표준편차가 4일 때 변동계수(Coefficient of Variation)는?

① 4%
② 10%
③ 10.5%
④ 40%

[해설] 변동계수(변이계수)는 표준편차를 평균으로 나눈 값이므로 $\dfrac{4}{40}=0.1$, 즉 10%이다.

| 정답 | ②

03 왜도와 피어슨의 비대칭도

✓ **핵심개념**

1. 비대칭도

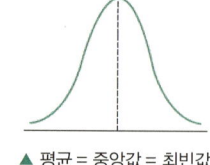
▲ 평균 = 중앙값 = 최빈값
왜도 = 0
좌우대칭

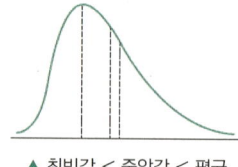
▲ 최빈값 < 중앙값 < 평균
왜도 > 0
오른쪽으로 긴 꼬리

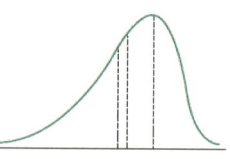
▲ 평균 < 중앙값 < 최빈값
왜도 < 0
왼쪽으로 긴 꼬리

2. 피어슨의 비대칭도(p)

$$p \cong \frac{\overline{X} - Mo}{S} \cong \frac{3(\overline{X} - Me)}{S}$$ (단, $\overline{X}$: 표본평균, Mo: 최빈값, Me: 중앙값, S: 표준편차)

✓ **확인문제**

01 다음 중 오른쪽으로 꼬리가 긴 분포를 갖는 것은?

① 평균 = 40, 중위수 = 45, 최빈수 = 50
② 평균 = 40, 중위수 = 50, 최빈수 = 55
③ 평균 = 50, 중위수 = 45, 최빈수 = 40
④ 평균 = 50, 중위수 = 50, 최빈수 = 50

해설 '평균(50) > 중위수(45) > 최빈수(40)'인 분포는 왜도 > 0으로, 오른쪽으로 긴 꼬리를 갖는 비대칭분포이다. | 정답 | ③

02 피어슨의 비대칭도를 대표치들 간의 관계식으로 바르게 나타낸 것은? (단, $\overline{X}$: 표본평균, Mo: 최빈값, Me: 중앙값)

① $\overline{X} - Mo \fallingdotseq 3(Me - \overline{X})$
② $Mo - \overline{X} \fallingdotseq 3(Mo - Me)$
③ $\overline{X} - Mo \fallingdotseq 3(\overline{X} - Me)$
④ $Mo - \overline{X} \fallingdotseq 3(Me - Mo)$

해설 피어슨의 비대칭도는 $\frac{\overline{X} - Mo}{S} \cong \frac{3(\overline{X} - Me)}{S}$ (단, S는 표준편차)이므로 대푯값들 간에 $\overline{X} - Mo \fallingdotseq 3(\overline{X} - Me)$라는 관계식이 성립한다. | 정답 | ③

04　순열, 조합

핵심개념

- **순열**: 서로 다른 n개에서 $r(0 \leq r \leq n)$개를 택하여 일렬로 나열하는 경우

  - $_nP_r = \underbrace{n(n-1)(n-2)\cdots(n-r+1)}_{r개} = \dfrac{n!}{(n-r)!}$
  - $_nP_n = n! = n(n-1)(n-2)\times\cdots\times 2 \times 1$
  - $0! = 1$, $_nP_0 = 1$

- **중복순열**: 서로 다른 n개에서 중복을 허락하여 r개를 선택하는 순열

  $$_n\Pi_r = \underbrace{n\times n\times n\times\cdots\times n}_{r개} = n^r$$

- **조합**: 서로 다른 n개에서 순서와 상관없이 $r(0 \leq r \leq n)$개를 택하는 경우

  - $_nC_r = \dfrac{_nP_r}{r!} = \dfrac{n(n-1)(n-2)\cdots(n-r+1)}{r!} = \dfrac{n!}{r!(n-r)!} = \dbinom{n}{r}$
  - $_nC_r = {_nC_{n-r}}$　　• $_nC_r = {_{n-1}C_r} + {_{n-1}C_{r-1}}$
  - $_nC_n = 1$, $_nC_0 = 1$

- **중복조합**: 서로 다른 n개에서 중복을 허락하여 r개를 택하는 조합

  $$_nH_r = {_{n+r-1}C_r}$$

확인문제

01 5명의 남자와 7명의 여자로 구성된 그룹으로부터 2명의 남자와 3명의 여자로 구성되는 위원회를 조직하고자 한다. 위원회를 구성하는 방법은 총 몇 가지인가?

① 300　　② 350　　③ 400　　④ 450

해설 5명의 남자 중에서 2명을 선택하고, 7명의 여자 중에서 3명을 선택하는 방법은 서로 다른 n개에서 순서를 생각하지 않고 $r(0 \leq r \leq n)$개를 택하는 경우이므로 조합으로 그 수를 구하면 $_5C_2$와 $_7C_3$이다. 그리고 두 사건이 동시에 일어나므로 곱의 법칙을 이용한다. 따라서 $_5C_2 \times {_7C_3} = \dfrac{5\times 4}{2\times 1} \times \dfrac{7\times 6\times 5}{3\times 2\times 1} = 350$(가지)이다.

| 정답 | ②

02 똑같은 크기의 사과 10개를 5명의 어린이에게 나누어주는 방법의 수를 나타내는 식은? (단, $\dbinom{n}{r}$은 n개 중에서 r개를 선택하는 조합의 수이다)

① $\dbinom{14}{5}$　　② $\dbinom{15}{5}$　　③ $\dbinom{14}{10}$　　④ $\dbinom{15}{10}$

해설 5명의 어린이에게 똑같은 사과 10개를 나누는 것은 중복조합 상황으로 $_5H_{10} = {_{14}C_{10}} = \dbinom{14}{10}$에 해당한다.

| 정답 | ③

05 조건부 확률과 베이즈정리

핵심개념

조건부확률과 사건의 독립성
- 조건부확률

$$P(B \mid A) = \frac{P(A \cap B)}{P(A)} \quad (단, \ P(A) > 0)$$

- 두 사건의 독립

$$P(A \mid B) = P(A), \ P(B \mid A) = P(B)$$
$$P(A \cap B) = P(A)P(B) \quad (단, \ P(A) > 0, \ P(B) > 0)$$

- 베이즈정리

$$P(A_j \mid B) = \frac{P(A_j \cap B)}{P(B)} = \frac{P(A_j)P(B \mid A_j)}{\sum_{i=1}^{n} P(A_i)P(B \mid A_i)}$$

확인문제

01 $P(A) = 0.4$, $P(B) = 0.2$, $P(B \mid A) = 0.4$일 때 $P(A \mid B)$는?

① 0.4　　② 0.5　　③ 0.6　　④ 0.8

해설 조건부 확률 $P(B \mid A) = \frac{P(A \cap B)}{P(A)}$를 이용하면, $P(A \cap B) = P(B \mid A)P(A) = 0.4 \times 0.4 = 0.16$이다.

따라서 $P(A \mid B) = \frac{P(A \cap B)}{P(B)} = \frac{0.16}{0.2} = 0.8$이다.

| 정답 | ④

02 전체 인구의 2%가 어느 질병을 앓고 있다고 한다. 이 질병을 검진하기 위해 사용되고 있는 어느 진단시약은 질병에 걸린 사람 중 80%, 질병에 걸리지 않은 사람 중 10%에 대해 양성반응을 보인다. 어떤 사람의 진단테스트 결과가 양성반응일 때, 이 사람이 질병에 걸렸을 확률은?

① $\frac{7}{57}$　　② $\frac{8}{57}$　　③ $\frac{10}{57}$　　④ $\frac{11}{57}$

해설 질병에 걸릴 사건을 A, 걸리지 않을 사건을 A^C, 양성반응을 보일 사건을 X라고 하면 $P(A) = 0.02$, $P(A^C) = 0.98$, $P(X \mid A) = 0.8$, $P(X \mid A^C) = 0.1$이다. 양성반응이 나올 확률은 $P(X) = P(A)P(X \mid A) + P(A^C)P(X \mid A^C) = (0.02 \times 0.8) + (0.98 \times 0.1) = 0.016 + 0.098 = 0.114$이므로, 베이즈 정리를 이용하면 $P(A \mid X) = \frac{P(A \cap X)}{P(X)} = \frac{0.016}{0.114} = \frac{8}{57}$이다.

| 정답 | ②

06 기댓값과 분산의 성질

핵심개념

1. 기댓값의 성질
   a, b는 상수이고 X, Y는 확률변수
   - $E(a) = a$
   - $E(aX) = aE(X)$
   - $E(aX \pm b) = aE(X) \pm b$
   - $E(X \pm Y) = E(X) \pm E(Y)$
   - $E(X \times Y) = E(X) \times E(Y)$ (단, X, Y는 독립)

2. 분산의 성질
   a, b는 상수이고 X, Y는 확률변수, $Cov(X, Y)$는 공분산
   - $V(X) = E(X^2) - [E(X)]^2$
   - $V(a) = 0$
   - $V(aX) = a^2 V(X)$
   - $V(aX \pm b) = a^2 V(X)$
   - $V(X \pm Y) = V(X) + V(Y) \pm 2Cov(X, Y)$
   - X, Y가 독립이면 $Cov(X, Y) = 0$이므로 $V(X \pm Y) = V(X) + V(Y)$
   - $\sigma(aX + b) = |a| \sigma(X)$

확인문제

01 확률변수 X는 평균이 2이고 표준편차가 2인 분포를 따를 때, $Y = -2X + 10$의 평균과 표준편차는?

① 평균: 6, 표준편차: 4
② 평균: 6, 표준편차: 6
③ 평균: 14, 표준편차: 4
④ 평균: 14, 표준편차: 6

해설 새로운 변수 $Y = -2X + 10$의 평균 $E(Y)$와 분산 $V(Y)$는 $E(aX \pm b) = aE(X) \pm b$, $V(aX \pm b) = a^2 V(X)$를 이용하여 구한다. 확률변수 X의 평균 2, 분산 2^2이므로 $E(-2X + 10) = -2E(X) + 10 = (-2) \times 2 + 10 = 6$, $V(-2X + 10) = (-2)^2 V(X) = 4 \times 4 = 16$이다. 따라서 평균은 6, 표준편차는 $\sqrt{V(-2X+10)} = \sqrt{16} = 4$이다. | 정답 | ①

02 어떤 변수에 5배를 한 변수의 표준편차는 원래 변수의 표준편차의 몇 배인가?

① 1/25배
② 1/5배
③ 5배
④ 25배

해설 확률변수 X에 대한 표준편차를 $\sigma(X)$라 하면, 새로운 변수 $Y = 5X$에 대한 표준편차는 $\sigma(Y) = \sigma(5X) = |5| \sigma(X)$이므로 어떤 변수에 5배를 한 변수의 표준편차는 원래 변수의 표준편차의 5배이다. | 정답 | ③

07 이항분포

> **핵심개념**

1. 베르누이 시행
   - 두 가지 결과(성공, 실패)만 나오는 독립 시행
   - 성공확률 p, 실패할 확률 $(1-p)$라고 할 때 확률질량함수는 $P(X=x) = p^x(1-p)^{1-x}$ $(x=0,1)$
   - 기댓값(평균): $E(X) = p$ 분산: $V(X) = p(1-p)$

2. 이항분포 $B(n, p)$
   - 성공확률 p인 베르누이 시행을 n번 독립적으로 반복했을 때 성공횟수 X의 분포
   - 확률변수 X의 확률질량함수

     $$P(X=x) = {}_nC_x\, p^x(1-p)^{n-x} \ (단, x=0, 1, 2, \cdots, n)$$

   - $E(X) = np,\ V(X) = np(1-p) = npq$ (단, $q = 1-p$)

> **확인문제**

01 4지 택일형 문제가 10개 있다. 각 문제에 임의로 답을 써넣을 때 정답을 맞힌 개수 X의 분포는?

① 이항분포
② t-분포
③ 정규분포
④ F-분포

해설 정답과 오답 두 가지뿐인 베르누이 시행에서 10개의 문제 중 정답을 맞힌 개수를 확률변수 X라 하면, 이 확률변수 X는 $n=10$이고 확률이 $p=0.25$인 이항분포 $B(10, 0.25)$를 따른다.

| 정답 | ①

02 앞면과 뒷면이 나올 확률이 동일한 동전을 10번 독립적으로 던질 때 앞면이 나오는 횟수를 X라고 하면 X의 기댓값과 분산은?

① $E(X) = 2.5,\ V(X) = 5$
② $E(X) = 5,\ V(X) = \sqrt{5}$
③ $E(X) = 5,\ V(X) = \sqrt{2.5}$
④ $E(X) = 5,\ V(X) = 2.5$

해설 앞면과 뒷면 두 가지뿐인 베르누이 시행에서 10번 중 앞면이 나오는 횟수를 확률변수 X라 하면, 확률변수 X는 $n=10$, $p=0.5$인 이항분포 $B(10, 0.5)$를 따른다. 따라서 확률변수 X의 기댓값과 분산은 각각 $E(X) = np = 10 \times 0.5 = 5$, $V(X) = np(1-p) = 10 \times 0.5 \times (1-0.5) = 2.5$이다.

| 정답 | ④

08 포아송분포

✓ **핵심개념**

포아송분포 $Pois(\lambda)$: 일정한 단위 내에서 발생하는 어떤 사건의 수에 대응한 확률변수 X에 대한 분포이며, 사건의 평균값인 λ를 모수로 갖는다.

- 확률변수 X의 확률질량함수

$$P(X=x) = \frac{e^{-\lambda}\lambda^x}{x!}$$

(단, $x = 0, 1, 2, \cdots$, λ=사건의 평균 발생 횟수, e=자연상수)

- 평균과 분산은 각각 $E(X) = \lambda$, $V(X) = \lambda$이다.

✓ **확인문제**

01 10m당 평균 1개의 흠집이 나타나는 전선이 있다. 이 전선 10m를 구입하였을 때 발견되는 흠집수의 확률분포는?

① 이항분포 ② 초기하분포
③ 기하분포 ④ 포아송분포

해설 포아송분포는 일정한 단위 내에서 발생하는 사건의 수에 대응한 확률변수 X에 대한 분포이므로 10m당 평균 1개의 흠집이 나타나는 전선에서 발생하는 흠집수의 확률분포는 $\lambda = 1$인 포아송분포이다.

| 정답 | ④

02 홈쇼핑 콜센터에서 30분마다 전화를 통해 주문이 성사되는 건수는 $\lambda = 6.7$인 포아송분포를 따른다고 할 때의 설명으로 틀린 것은?

① 분산은 6.7^2이다.
② X의 확률함수는 $\dfrac{e^{-6.7}(6.7)^x}{x!}$이다.
③ 1시간 동안의 주문 건수 평균은 13.4이다.
④ 확률변수 X는 주문이 성사되는 주문 건수를 말한다.

해설 포아송분포는 평균과 분산이 $E(X) = V(X) = \lambda$로 동일하다. 따라서 $\lambda = 6.7$이면 분산도 $V(X) = 6.7$이다.
③ 30분 동안의 주문 건수 평균이 6.7이므로 1시간(30분+30분) 동안의 주문 건수 평균은 13.4이다.

| 정답 | ①

09 정규분포와 표준정규분포

핵심개념

1. 정규분포 $N(\mu, \sigma^2)$
   - 직선 $x=\mu$에 대하여 대칭
   - 왜도(비대칭도) 0, 첨도 3
   - 표준화: $Z=\dfrac{X-\mu}{\sigma}$ 이면 $Z \sim N(0, 1)$이다.

2. 표준정규분포 $N(0, 1)$
   - $P(0 \leq Z) = P(Z \leq 0) = 0.5$
   - $P(0 \leq Z \leq a) = P(-a \leq Z \leq 0)$

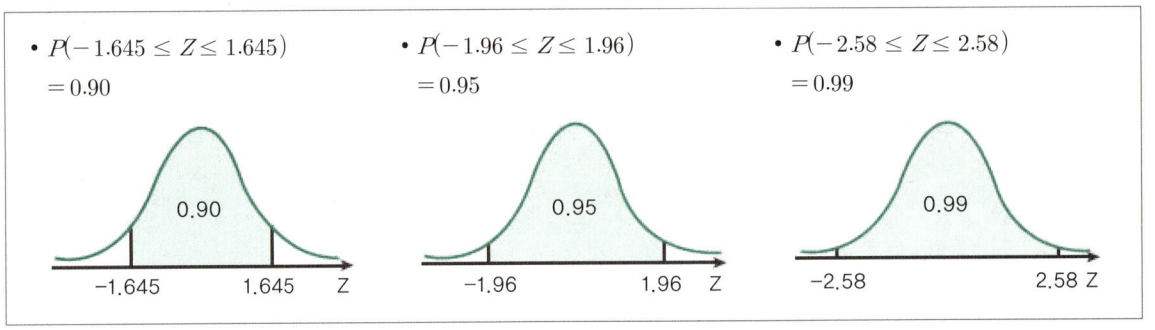

확인문제

01 IQ점수는 정규분포 $N(100, 15^2)$를 따른다고 한다. IQ점수가 100 이하인 경우는 전체의 몇 %인가?

① 0　　　　　　　　　　　　② 50
③ 75　　　　　　　　　　　　④ 100

해설 정규분포는 평균을 중심으로 좌우대칭인 종모양의 곡선이다. 따라서 IQ점수가 정규분포 $N(100, 15^2)$을 따를 때, 평균 100에 대하여 좌우대칭이므로 100 이하인 경우는 전체의 50%이다.
| 정답 | ②

02 평균이 100, 표준편차가 10인 정규분포에서 110 이상일 확률은 어느 것과 같은가? (단, Z는 표준정규분포를 따르는 확률변수이다)

① $P(Z \leq -1)$　　　　　　② $P(Z \leq 1)$
③ $P(Z \leq -10)$　　　　　　④ $P(Z \leq 10)$

해설 $X \sim N(100, 10^2)$에 대해 $P(X \geq 110)$를 표준정규분포 $N(0, 1)$로 표준화하면,
$P(X \geq 110) = P\left(\dfrac{X-100}{10} \geq \dfrac{110-100}{10}\right) = P(Z \geq 1)$이다.
표준정규분포는 평균 0을 기준으로 좌우대칭이므로 $P(Z \geq 1) = P(Z \leq -1)$
| 정답 | ①

10 t-분포, χ^2-분포, F-분포

핵심개념

1. t-분포

형태/특징	• 평균 0, 좌우대칭의 종모양, 정규분포보다 꼬리 두꺼움 • 자유도가 증가할수록 표준정규분포에 근접
확률변수	$\dfrac{\overline{X}-\mu}{S/\sqrt{n}}$ (자유도: $n-1$)
활용	표본평균의 검정, 신뢰구간

2. χ^2(카이제곱)-분포

형태/특징	• 정규분포의 제곱합, 오른쪽으로 치우친 분포 • 자유도 증가할수록 좌우대칭에 근접
확률변수	$Z_1^2 + Z_2^2 + \cdots + Z_k^2$ (자유도: k)
활용	분산검정, 적합도검정, 독립성검정

3. F-분포

형태/특징	• 두 표본분산의 비, 오른쪽으로 꼬리가 긴 분포 • 자유도 증가할수록 좌우대칭에 근접
확률변수	$\dfrac{S_1^2/\sigma_1^2}{S_2^2/\sigma_2^2}$
활용	두 집단의 분산 비교, 분산분석(ANOVA)

확인문제

01 확률변수 $\dfrac{\overline{X}-\mu}{S/\sqrt{n}}$ 는 어떤 분포를 따르는가?

① 정규분포　　② t-분포　　③ χ^2-분포　　④ F-분포

해설 자유도가 $n-1$인 t-분포를 따른다.　　|정답| ②

02 $Z_1, Z_2, \cdots, Z_k$가 서로 독립이며, 각각 표준정규분포를 따른다면, 이 확률변수들을 제곱해서 모두 더한 값은 어떤 분포를 따르는가?

① t-분포　　② 정규분포　　③ χ^2-분포　　④ F-분포

해설 자유도가 k인 카이제곱분포를 따른다.　　|정답| ③

11 표본평균의 분포와 중심극한정리

핵심개념

1. **표본평균의 분포**
   - 평균이 μ이고 분산이 σ^2인 임의의 모집단에서 추출한 확률표본 $X_1, X_2, \cdots, X_n$에 대한 표본평균 $\overline{X}$는 $E(\overline{X}) = \mu$, $V(\overline{X}) = \dfrac{\sigma^2}{n}$이다.
   - 표본평균 $\overline{X}$의 표준편차는 표준오차 $SE(\overline{X}) = \dfrac{\sigma}{\sqrt{n}}$이다.

2. **중심극한정리(CLT)**
   - 모집단의 분포에 관계없이 표본평균 $\overline{X}$는 표본의 크기가 커짐에 따라 근사적으로 평균이 μ, 분산이 $\dfrac{\sigma^2}{n}$인 정규분포를 따른다.
   - n이 충분히 클 때, $\overline{X}$의 근사분포는 $N\!\left(\mu,\, \dfrac{\sigma^2}{n}\right)$이므로 $\dfrac{\overline{X} - \mu}{\sigma/\sqrt{n}}$의 근사분포는 $N(0, 1)$이다.

확인문제

01 LCD 패널을 생산하는 공장에서 출하제품의 질적관리를 위하여 패널 100개를 임의추출하여 실제 몇 개의 결점이 있는지를 세어본 결과 평균은 5.88개, 표준편차는 2.03개이다. 모평균 추정량의 표준오차 추정치는?

① 0.203
② 0.103
③ 0.230
④ 0.320

해설 모평균 추정량 $\overline{X}$의 표준편차는 $SE(\overline{X}) = \dfrac{S}{\sqrt{n}}$이므로 $S = 2.03$, $n = 100$일 때 $SE(\overline{X}) = \dfrac{2.03}{\sqrt{100}} = 0.203$이다. |정답| ①

02 평균이 8이고 분산이 0.6인 정규모집단으로부터 10개의 표본을 임의로 추출하는 경우, 표본평균의 평균과 분산은?

① (0.8, 0.6)
② (0.8, 0.06)
③ (8, 0.06)
④ (8, 0.19)

해설 $\mu = 8$, $\sigma^2 = 0.6$, $n = 10$이므로 표본평균의 평균은 8, 분산은 $\dfrac{0.6}{10} = 0.06$이다. |정답| ③

12 모평균의 추정과 가설검정

✓ 핵심개념

1. 모평균의 μ에 대한 점추정
   - 모평균 μ의 불편추정량은 표본평균 $\overline{X}$이다.
   - 모평균 μ의 표준오차는 $SE(\overline{X}) = \dfrac{\sigma}{\sqrt{n}}$이다. (단, σ는 모표준편차)

2. 모평균 μ에 대한 $100(1-\alpha)\%$ 신뢰구간
   - 모분산 σ^2이 알려진 정규모집단 또는 대표본인 경우: Z-분포

$$\left[\overline{X} - z_{\alpha/2}\dfrac{\sigma}{\sqrt{n}},\ \overline{X} + z_{\alpha/2}\dfrac{\sigma}{\sqrt{n}}\right] \quad (\text{단, } \sigma: \text{모표준편차})$$

   - 모분산 σ^2이 알려지지 않은 경우 (단, S: 표본표준편차)

대표본($n \geq 30$): Z-분포	소표본($n < 30$): 자유도가 $n-1$인 t-분포
$\left[\overline{X} - z_{\alpha/2}\dfrac{S}{\sqrt{n}},\ \overline{X} + z_{\alpha/2}\dfrac{S}{\sqrt{n}}\right]$	$\left[\overline{X} - t_{\alpha/2}(n-1)\dfrac{S}{\sqrt{n}},\ \overline{X} + t_{\alpha/2}(n-1)\dfrac{S}{\sqrt{n}}\right]$

3. 모평균 μ에 대한 가설검정: 귀무가설 $H_0: \mu = \mu_0$
   - 모분산 σ^2이 알려진 정규모집단 또는 대표본인 경우

$$Z = \dfrac{\overline{X} - \mu_0}{\sigma/\sqrt{n}} \sim N(0, 1)$$

   - 모분산 σ^2이 알려지지 않은 경우 (단, S: 표본표준편차)

대표본($n \geq 30$): Z-분포	소표본($n < 30$): 자유도가 $n-1$인 t-분포
$Z = \dfrac{\overline{X} - \mu_0}{S/\sqrt{n}} \sim N(0, 1)$	$t = \dfrac{\overline{X} - \mu_0}{S/\sqrt{n}} \sim t(n-1)$

✓ 확인문제

01 모집단의 평균을 추정하기 위해 1,000개의 표본을 취하여 정리한 결과 표본평균은 100, 표준편차는 5로 계산되었다. 모평균에 대한 점추정치는?

① 5 ② 10
③ 25 ④ 100

> **해설** 모평균 μ에 대한 점추정량은 표본평균 $\overline{X}$이므로 100이다.

| 정답 | ④

02 모평균 μ에 대한 구간추정에서 95% 신뢰수준(Confidence Level)을 갖는 신뢰구간이 100 ± 5라고 할 때, 신뢰수준 95%의 의미는?

① 구간추정치가 맞을 확률이다.
② 모평균의 구간추정치가 95%로 같다.
③ 모평균의 추정치가 100 ± 5 내에 있을 확률이다.
④ 동일한 추정방법을 사용하여 신뢰구간을 100회 반복하여 추정한다면, 95회 정도는 추정신뢰구간이 모평균을 포함한다.

해설 신뢰수준 $100(1-\alpha)$%은 동일한 방법으로 여러 번 추정했을 때 그 중 약 $100(1-\alpha)$%의 신뢰구간이 모수를 포함할 확률을 의미한다. 즉, 모평균의 95% 신뢰구간이 100 ± 5라는 것은 동일한 방법으로 100번 신뢰구간을 추정하면 이 중 약 95번은 실제 모평균을 포함하게 된다는 의미이다.

| 정답 | ④

03 정규분포 $N(\mu, 2.25^2)$를 따르는 모집단으로부터 추출된 크기 100의 랜덤표본에서 구한 표본평균이 $\overline{X}=12.45$인 경우 μ의 95% 신뢰구간의 길이는? (단, Z는 표준정규분포를 따르는 확률변수일 때 $P(Z\leq 1.96)=0.975$이다)

① $2\times 1.96 \times \dfrac{\sqrt{2.25}}{100}$

② $2\times 1.96 \times \sqrt{\dfrac{2.25^2}{100}}$

③ $2\times 1.96 \times \sqrt{\dfrac{2.25}{10}}$

④ $2\times 1.96 \times \dfrac{2.25}{100}$

해설 모표준편차 σ가 알려져 있으므로 $Z-$분포에 따른 95% 신뢰구간의 길이를 구한다.
모표준편차 $\sigma=2.25$, 표본의 크기 $n=100$, $\alpha=0.05$이므로 $z_{\alpha/2}=z_{0.025}=1.96$에 대하여 모평균에 대한 95% 신뢰구간의 길이는
$2\times z_{0.025}\dfrac{\sigma}{\sqrt{n}}=2\times 1.96\times\sqrt{\dfrac{2.25^2}{100}}$ 이다.

| 정답 | ②

13 모비율의 추정과 가설검정

✓ 핵심개념

1. **모비율의 점추정**
   - 모비율(p): 모집단에서 특정 특성을 가진 개체의 비율
   - 모비율 p의 불편추정량은 표본비율 $\hat{p} = \dfrac{X}{n}$, 표준오차는 $SE(\hat{p}) = \sqrt{\dfrac{p(1-p)}{n}}$ 이다.

2. **모비율 p에 대한 $100(1-\alpha)\%$ 근사 신뢰구간: Z-분포**

$$\left[\hat{p} - z_{\alpha/2}\sqrt{\dfrac{\hat{p}(1-\hat{p})}{n}},\ \hat{p} + z_{\alpha/2}\sqrt{\dfrac{\hat{p}(1-\hat{p})}{n}}\right] \quad (\text{단},\ \hat{p}: \text{표본비율})$$

3. **두 모비율 차 $p_1 - p_2$에 대한 $100(1-\alpha)\%$ 근사 신뢰구간: Z-분포**

$$\left[(\hat{p}_1 - \hat{p}_2) - z_{\alpha/2}\sqrt{\dfrac{\hat{p}_1(1-\hat{p}_1)}{n_1} + \dfrac{\hat{p}_2(1-\hat{p}_2)}{n_2}},\ (\hat{p}_1 - \hat{p}_2) + z_{\alpha/2}\sqrt{\dfrac{\hat{p}_1(1-\hat{p}_1)}{n_1} + \dfrac{\hat{p}_2(1-\hat{p}_2)}{n_2}}\right]$$

$(\text{단},\ \hat{p}_1,\ \hat{p}_2: \text{두 표본비율})$

4. **모비율 p에 대한 가설검정: 표본비율 $\hat{p}$, 귀무가설 $H_0: p = p_0$**

$$Z = \dfrac{\hat{p} - p_0}{\sqrt{\dfrac{p_0(1-p_0)}{n}}} \sim N(0,1) \quad (\text{단},\ np_0 \geq 5,\ n(1-p_0) \geq 5)$$

✓ 확인문제

01 어느 공장에서 지난 한 달 동안 결함이 발생한 제품의 비율을 알아보기 위해 200개 제품을 검사한 결과, 그중 50개 제품에서 결함이 발견되었다고 한다. 이때, 결함이 발생한 제품의 비율 p의 점추정치는? (　　　)

해설 모비율 p에 대한 점추정치는 표본비율 $\hat{p} = \dfrac{X}{n}$이다. 200개 제품을 검사한 결과 50개 제품에서 결함이 발견되었으므로, $\hat{p} = \dfrac{X}{n} = \dfrac{50}{200} = 0.25$이다.

| 정답 | 0.25

02 어느 지역에서 A후보의 지지도를 알아보기 위하여 무작위로 추출한 100명 중 50명이 A후보를 지지한다고 응답하였다. A후보 지지율에 대한 95% 신뢰구간은? (단, $P(|Z|>1.64)=0.10$, $P(|Z|>1.96)=0.05$, $P(|Z|>2.58)=0.001$)

① $0.39 \leq p \leq 0.61$　　　　② $0.40 \leq p \leq 0.60$
③ $0.42 \leq p \leq 0.58$　　　　④ $0.45 \leq p \leq 0.55$

해설 표본크기 $n=100$, 표본비율 $\hat{p} = \dfrac{X}{n} = \dfrac{50}{100} = 0.5$, $\alpha = 0.05$이므로 $z_{\alpha/2} = z_{0.025} = 1.96$에 대하여

$\left(0.5 - 1.96 \times \sqrt{\dfrac{0.5 \times 0.5}{100}},\ 0.5 + 1.96 \times \sqrt{\dfrac{0.5 \times 0.5}{100}}\right) \fallingdotseq (0.40,\ 0.60)$이다.

| 정답 | ②

14. 두 독립표본 추정 및 검정

 핵심개념

1. 두 모평균 차 $\mu_1 - \mu_2$에 대한 $100(1-\alpha)\%$ 신뢰구간
   - 두 모분산 σ_1^2, σ_2^2이 알려진 정규모집단 또는 대표본($n_1, n_2 \geq 30$)인 경우: Z-분포

   $$\left[(\overline{X}_1 - \overline{X}_2) - z_{\alpha/2} \sqrt{\frac{\sigma_1^2}{n_1} + \frac{\sigma_2^2}{n_2}} , \ (\overline{X}_1 - \overline{X}_2) + z_{\alpha/2} \sqrt{\frac{\sigma_1^2}{n_1} + \frac{\sigma_2^2}{n_2}} \right]$$

   - 두 모분산 σ_1^2, σ_2^2이 알려지지 않은 경우(단, S_1^2, S_2^2: 두 표본분산)

대표본($n_1, n_2 \geq 30$) : Z-분포	$\left[(\overline{X}_1 - \overline{X}_2) - z_{\alpha/2} \sqrt{\frac{S_1^2}{n_1} + \frac{S_2^2}{n_2}} , \ (\overline{X}_1 - \overline{X}_2) + z_{\alpha/2} \sqrt{\frac{S_1^2}{n_1} + \frac{S_2^2}{n_2}} \right]$
소표본($n_1, n_2 < 30$), $\sigma_1^2 = \sigma_2^2$인 경우 : 자유도 $n_1 + n_2 - 2$인 t-분포	$\left[(\overline{X}_1 - \overline{X}_2) - t_{\alpha/2}(n_1+n_2-2) S_p \sqrt{\frac{1}{n_1} + \frac{1}{n_2}} , \right.$ $\left. (\overline{X}_1 - \overline{X}_2) + t_{\alpha/2}(n_1+n_2-2) S_p \sqrt{\frac{1}{n_1} + \frac{1}{n_2}} \right]$ 공통분산(합동분산): $S_p^2 = \dfrac{(n_1-1)S_1^2 + (n_2-1)S_2^2}{n_1+n_2-2}$

2. 두 모평균 차 $\mu_1 - \mu_2$에 대한 가설검정: 귀무가설 $H_0: \mu_1 = \mu_2$
   - 두 모분산 σ_1^2, σ_2^2이 알려진 경우

   $$Z = \frac{(\overline{X}_1 - \overline{X}_2) - (\mu_1 - \mu_2)}{\sqrt{\dfrac{\sigma_1^2}{n_1} + \dfrac{\sigma_2^2}{n_2}}} \sim N(0, 1)$$

   - 두 모분산 σ_1^2, σ_2^2이 알려지지 않은 경우 (단, S_1^2, S_2^2: 두 표본분산)

대표본($n_1, n_2 \geq 30$) : Z-분포	$Z = \dfrac{(\overline{X}_1 - \overline{X}_2) - (\mu_1 - \mu_2)}{\sqrt{\dfrac{S_1^2}{n_1} + \dfrac{S_2^2}{n_2}}} \sim N(0, 1)$
소표본($n_1, n_2 < 30$), $\sigma_1^2 = \sigma_2^2$인 경우 : 자유도 $n_1 + n_2 - 2$인 t-분포	$t = \dfrac{(\overline{X}_1 - \overline{X}_2) - (\mu_1 - \mu_2)}{S_p \sqrt{\dfrac{1}{n_1} + \dfrac{1}{n_2}}} \sim t(n_1+n_2-2)$ 공통분산(합동분산): $S_p^2 = \dfrac{(n_1-1)S_1^2 + (n_2-1)S_2^2}{n_1+n_2-2}$

01 다음은 경영학과와 컴퓨터정보학과에서 실시한 15점 만점인 중간고사 결과이다. 두 학과 평균의 차이에 대한 95% 신뢰구간은? (단, $P(Z \geq 1.96) = 0.025$)

구분	경영학과	컴퓨터정보학과
표본크기	36	49
표본평균	9.26	9.41
표준편차	0.75	0.86

① $-0.15 \pm 1.96 \sqrt{\dfrac{0.75^2}{36} + \dfrac{0.86^2}{49}}$
② $-0.15 \pm 1.645 \sqrt{\dfrac{0.75^2}{36} + \dfrac{0.86^2}{49}}$
③ $-0.15 \pm 1.96 \sqrt{\dfrac{0.75^2}{35} + \dfrac{0.86^2}{48}}$
④ $-0.15 \pm 1.645 \sqrt{\dfrac{0.75^2}{35} + \dfrac{0.86^2}{48}}$

해설 두 집단의 모분산이 알려지지 않은 경우 두 모평균의 차에 대한 신뢰구간은 다음과 같이 구한다.
경영학과 집단을 X_1, 컴퓨터정보학과 집단을 X_2라 하면, 표본평균 $\overline{X}_1 = 9.26$, $\overline{X}_2 = 9.41$, 표본표준편차 $S_1 = 0.75$, $S_2 = 0.86$, 표본크기 $n_1 = 36$, $n_2 = 49$이다.
$\alpha = 0.05$이므로 $z_{\alpha/2} = z_{0.025} = 1.96$에 대하여 95% 신뢰구간은
$\left((9.26 - 9.41) - 1.96 \sqrt{\dfrac{0.75^2}{36} + \dfrac{0.86^2}{49}},\ (9.26 - 9.41) + 1.96 \sqrt{\dfrac{0.75^2}{36} + \dfrac{0.86^2}{49}} \right)$ 이다.

|정답| ①

02 다음은 두 모집단 $N(\mu_1, \sigma_1^2)$, $N(\mu_2, \sigma_2^2)$으로부터 서로 독립된 표본을 추출하여 얻은 결과이다. 공통분산 S_p^2의 값은?

$$n_1 = 11,\ \overline{X}_1 = 23,\ S_1^2 = 10$$
$$n_2 = 16,\ \overline{X}_2 = 25,\ S_2^2 = 15$$

① 11
② 12
③ 13
④ 14

해설 두 표본분산에 대한 공통분산(합동분산)은 $S_p^2 = \dfrac{(n_1-1)S_1^2 + (n_2-1)S_2^2}{n_1 + n_2 - 2}$ 이다.
두 독립된 표본 각각의 표본분산과 표본의 수가 $S_1^2 = 10$, $S_2^2 = 15$, $n_1 = 11$, $n_2 = 16$이므로
공통분산은 $S_p^2 = \dfrac{(11-1) \times 10 + (16-1) \times 15}{11 + 16 - 2} = 13$이다.

|정답| ③

15 표본크기의 결정

핵심개념

1. 모평균 추정 시 표본크기
   - 모분산 σ^2이 알려진 경우

   $$z_{\alpha/2}\frac{\sigma}{\sqrt{n}} \leq d \text{이므로 } n \geq \left(\frac{z_{\alpha/2}\sigma}{d}\right)^2$$

   - 모분산 σ^2이 알려지지 않은 경우

대표본($n \geq 30$)	소표본($n < 30$)
$z_{\alpha/2}\frac{S}{\sqrt{n}} \leq d$이므로 $n \geq \left(\frac{z_{\alpha/2}S}{d}\right)^2$	$t_{\alpha/2}(n-1)\frac{S}{\sqrt{n}} \leq d$이므로 $n \geq \left(t_{\alpha/2}(n-1)\frac{S}{d}\right)^2$

2. 모비율 추정 시 표본크기
   - 표본비율 $\hat{p}$이 알려진 경우

   $$z_{\alpha/2}\sqrt{\frac{\hat{p}(1-\hat{p})}{n}} \leq d \text{이므로 } n \geq \hat{p}(1-\hat{p})\left(\frac{z_{\alpha/2}}{d}\right)^2$$

   - 표본비율 $\hat{p}$이 알려지지 않은 경우

   $$z_{\alpha/2}\sqrt{\frac{1}{2}\times\left(1-\frac{1}{2}\right)\times\frac{1}{n}} = z_{\alpha/2}\frac{1}{2\sqrt{n}} \leq d \text{이므로 } n \geq \left(\frac{1}{2}\right)^2\left(\frac{z_{\alpha/2}}{d}\right)^2$$

확인문제

01 어떤 모집단에 대하여 모평균을 추정할 때 90% 신뢰구간의 오차의 한계가 25 이내가 되도록 하기 위한 표본의 수를 구하면? (단, 모집단의 표준편차가 70으로 알려져 있으며, $z_{0.05} = 1.645$)

① 20   ② 22   ③ 24   ④ 26

해설 신뢰수준 90%에서 모평균을 추정할 때, 표본평균의 오차한계가 25를 넘지 않도록 하기 위한 표본의 크기 n은 다음과 같이 구한다.
$z_{0.05}\frac{\sigma}{\sqrt{n}} \leq 25$, $n \geq \left(\frac{z_{0.05}\sigma}{25}\right)^2 = \left(\frac{1.645\times70}{25}\right)^2 ≒ 21.22$이므로 표본의 크기는 최소한 22 이상이 되어야 한다. |정답| ②

02 모비율을 추정할 때 오차가 0.2를 넘지 않을 확률이 최소한 95%가 되도록 하려면 표본의 크기가 최소한 얼마가 되어야 하는가? (단, $z_{0.025} = 1.96$)

① 30   ② 25   ③ 45   ④ 35

해설 신뢰수준 95%에서 추정되는 표본비율의 오차한계가 0.2를 넘지 않도록 하기 위한 표본의 크기 n은 다음과 같이 구한다.
표본비율 $\hat{p} = 0.5$, $\alpha = 0.05$이므로 $z_{\alpha/2} = z_{0.025} = 1.96$에 대하여 $1.96\sqrt{\frac{0.5(1-0.5)}{n}} \leq 0.2$, $n \geq 0.5\times(1-0.5)\times\left(\frac{1.96}{0.2}\right)^2 = 24.01$이므로 표본의 최소 크기는 25개이다. |정답| ②

16 교차분석(카이제곱 검정)

✓ 핵심개념

1. 적합도 검정
   - 가설설정
     H_0: 실제분포와 이론적 분포는 일치한다.
     H_1: 실제분포와 이론적 분포는 일치하지 않는다.
   - 기대도수
     $E_i = n \times p_i$ (단, n: 총표본의 개수, p_i: 각 범주의 예상확률)
   - 검정통계량

   $$\chi^2 = \sum_{i=1}^{k} \frac{(O_i - E_i)^2}{E_i}$$ (단, O_i: 관측도수, E_i: 기대도수)

   - 자유도: $k-1$

2. 독립성 검정
   - 가설설정
     H_0, 두 변수는 서로 연관성이 없다(서로 독립이다).
     H_1: 두 변수는 서로 연관성이 있다(서로 독립이 아니다).
   - 기대도수
     $\hat{E}_{ij} = \dfrac{T_i. \times T._j}{n}$ (단, n: 전체 자료 수, $T_i.$: i번째 행의 합, $T._j$: j번째 열의 합)
   - 검정통계량 (O_{ij}: 관측도수, $\hat{E}_{ij}$: 기대도수)

   $$\chi^2 = \sum_{i=1}^{M} \sum_{j=1}^{N} \frac{(O_{ij} - \hat{E}_{ij})^2}{\hat{E}_{ij}}$$ (단, 행변수의 범주 M개, 열변수의 범주 N개)

   - 자유도: M행 N열 분할표에서 $df = (M-1)(N-1)$
   - 카이제곱분포 $\chi^2((M-1)(N-1))$

✓ 확인문제

01 행의 수가 2, 열의 수가 3인 이원교차표에 근거한 카이제곱 검정을 하려고 한다. 검정통계량의 자유도는 얼마인가?

① 1   ② 2   ③ 3   ④ 4

해설 교차분석을 위해 작성한 이원교차표에서 행변수의 범주가 2개, 열변수의 범주가 3개인 경우 카이제곱 통계량의 자유도는 $(M-1)(N-1) = (2-1) \times (3-1) = 2$이다.

| 정답 | ②

17 일원분산분석

핵심개념

1. 분산분석의 기본 가정
   - **정규성**: 각 모집단에서 반응변수(종속변수)는 정규분포를 따라야 한다.
   - **등분산성**: 반응변수(종속변수)의 분산은 모든 모집단에서 동일해야 한다.
   - **독립성**: 관측값들은 서로 독립적이어야 한다.

2. 일원분산분석
   종속변수(반응변수)에 영향을 주는 요인이 하나인 경우, 세 개 이상의 모집단 간 모평균의 차이를 비교하는 통계분석방법

   $$Y_{ij} = \mu + \alpha_i + \epsilon_{ij}$$
   $$(단,\ i=1,\ \cdots,\ k,\quad j=1,\ \cdots,\ n_i,\quad \sum_{i=1}^{k}\alpha_i=0,\quad \epsilon_{ij} \sim N(0,\ \sigma^2))$$

3. 가설설정

   H_0: 각 처리 간의 평균은 차이가 없다($\mu_1 = \mu_2 = \cdots = \mu_k$).
   H_1: 모든 μ_i가 같은 것은 아니다($i=1,\ 2,\ \cdots,\ k$). 즉, 적어도 한 쌍 이상의 평균이 다르다.

4. 분산분석표

요인	제곱합	자유도	평균제곱	F값
처리(인자)	SSB[*1]	$k-1$	$MSB = \dfrac{SSB}{k-1}$	$\dfrac{MSB}{MSW}$
잔차(오차)	SSW[*2]	$N-k$	$MSW = \dfrac{SSW}{N-k}$	
총합(계)	SST	$N-1$[*3]		

   [*1] 처리 제곱합(SSB): 집단 간 제곱합
   [*2] 잔차 제곱합(SSW): 집단 내 제곱합
   [*3] 자유도 $N-1 = (k-1) + (N-k)$

확인문제

01 분산분석에 대한 옳은 설명을 모두 고른 것은?

㉠ 집단 간 분산을 비교하는 분석이다.
㉡ 집단 간 평균을 비교하는 분석이다.
㉢ 검정통계량은 집단 내 평균제곱합과 집단 간 평균제곱합으로 구한다.
㉣ 검정통계량은 총제곱합과 집단 간 제곱합으로 구한다.

(   )

해설 분산분석은 세 개 이상의 모집단의 모평균 차이를 검정하는 통계분석방법으로, F-분포 통계량을 이용하여 가설검정을 한다. 검정통계량 F는 집단 간 평균제곱(집단 간 제곱합÷자유도)을 집단 내 평균제곱(집단 내 제곱합÷자유도)으로 나눈 것이다.

| 정답 | ㉡, ㉢

02 일원분산분석으로 4개의 평균의 차이를 동시에 검정하기 위하여 귀무가설을 $H_0: \mu_1 = \mu_2 = \mu_3 = \mu_4$라 정할 때 대립가설 H_1은?

① H_1: 모든 평균이 다르다.
② H_1: 적어도 세 쌍 이상의 평균이 다르다.
③ H_1: 적어도 두 쌍 이상의 평균이 다르다.
④ H_1: 적어도 한 쌍 이상의 평균이 다르다.

해설 일원분산분석에서 집단(k개) 사이의 평균 차를 동시에 검정하기 위하여 귀무가설(H_0)과 대립가설(H_1)을 다음과 같이 세울 수 있다.
H_0: 각 집단의 평균은 동일하다($\mu_1 = \mu_2 = \cdots = \mu_k$).
H_1: 모든 μ_i가 같은 것은 아니다($i=1, 2, \cdots, k$). 즉, 적어도 한 쌍 이상의 평균이 다르다.

| 정답 | ④

03 다음 분산분석표의 ㉠~㉢에 들어갈 값은?

요인	제곱합	자유도	평균제곱	F-값	유의확률
인자	199.34	1	199.34	㉢	0.099
잔차	315.54	6	㉡		
계	514.88	㉠			

① ㉠ 7, ㉡ 52.59, ㉢ 2.58
② ㉠ 7, ㉡ 52.59, ㉢ 3.79
③ ㉠ 7, ㉡ 1893.24, ㉢ 2.58
④ ㉠ 7, ㉡ 1893.24, ㉢ 9.50

해설 분산분석표를 완성하면 다음과 같다.

요인	제곱합	자유도	평균제곱	F-값	유의확률
인자	199.34	1	199.34	199.34/52.59 ≒ 3.79	0.099
잔차	315.54	6	315.54/6 = 52.59		
계	514.88	1+6 = 7			

| 정답 | ②

18   상관계수

✓ 핵심개념

1. 표본의 상관계수 r_{XY}

$$r_{XY} = \frac{S_{XY}}{S_X S_Y} = \frac{\sum_{i=1}^{n}(X_i - \overline{X})(Y_i - \overline{Y})}{\sqrt{\sum_{i=1}^{n}(X_i - \overline{X})^2}\sqrt{\sum_{i=1}^{n}(Y_i - \overline{Y})^2}}$$

(단, S_X: 표본 X의 표준편차, S_Y: 표본 Y의 표준편차, S_{XY}: 표본 X와 Y의 공분산)

2. 두 변수 $aX+b$, $cY+d$에 대한 상관계수
   - $ac > 0$이면 $Corr(aX+b, cY+d) = Corr(X, Y)$
   - $ac < 0$이면 $Corr(aX+b, cY+d) = -Corr(X, Y)$

3. 상관계수의 유의성 검정
   - 가설 설정
     H_0: 두 변수 간에 상관관계가 없다($\rho_{XY} = 0$).
     H_1: 두 변수 간에 상관관계가 있다($\rho_{XY} \neq 0$).
   - 검정통계량 & 자유도가 $n-2$인 t-분포에 따른 t-검정

$$t = r_{XY}\sqrt{\frac{n-2}{1-r_{XY}^2}} \sim t(n-2)$$

✓ 확인문제

01 두 변수 X, Y의 상관계수가 0.5일 때 $(2X+3, -3Y-4)$와 $(-3X+4, -2Y-2)$의 상관계수는?

① 0.5, 0.5   ② 0.5, -0.5   ③ -0.5, 0.5   ④ -0.5, -0.5

> **해설** 두 변수 X와 Y의 상관계수가 0.5일 때 $(2X+3, -3Y-4)$에서 $2 \times (-3) = -6 < 0$이므로 상관계수는 -0.5이고, $(-3X+4, -2Y-2)$에서 $(-3) \times (-2) = 6 > 0$이므로 상관계수는 0.5이다.
> | 정답 | ③

02 모상관계수가 ρ인 이변량 정규분포를 따르는 두 변수에 대한 자료 $(x_i, y_i)(i=1, 2, \cdots, n)$에 대하여 표본상관계수

$r = \dfrac{\sum_{i=1}^{n}(x_i - \overline{x})(y_i - \overline{y})}{\sqrt{\sum_{i=1}^{n}(x_i - \overline{x})^2}\sqrt{\sum_{i=1}^{n}(y_i - \overline{y})^2}}$ 를 이용하여 귀무가설 $H_0 : \rho = 0$을 검정하고자 한다. 이때 사용되는 검정통계량과 그 자유도는?

① $\sqrt{n-1}\dfrac{r}{\sqrt{1-r}}$, $n-1$ ② $\sqrt{n-2}\dfrac{r}{\sqrt{1-r}}$, $n-2$

③ $\sqrt{n-1}\dfrac{r}{\sqrt{1-r^2}}$, $n-1$ ④ $\sqrt{n-2}\dfrac{r}{\sqrt{1-r^2}}$, $n-2$

| 정답 | ④

19 단순회귀분석

> ✅ **핵심개념**

1. **단순회귀분석**: 독립변수가 1개일 때 독립변수와 종속변수 간의 선형관계를 분석한다.
   - 단순회귀모형

   $$y_i = \beta_0 + \beta_1 x_i + \epsilon_i \ (i=1, 2, \cdots, n)$$
   $$E(y_i) = \beta_0 + \beta_1 x_i, \ E(\epsilon_i) = 0, \ Var(\epsilon_i) = \sigma^2 \ (\text{단}, \ \beta_0, \ \beta_1, \ \sigma \text{는 미지의 모수})$$

2. 오차항 ϵ_i의 기본 가정
   - 정규성: 오차항 ϵ_i은 정규분포 $N(0, \sigma^2)$를 따른다.
   - 등분산성: 오차항 ϵ_i들의 분산은 같다.
   - 독립성: 오차항 ϵ_i들은 서로 독립이다.

3. 단순회귀분석의 분산분석표

요인	제곱합(SS)	자유도(df)	평균제곱합(MS)	F값
회귀	$SSR = \sum_{i=1}^{n}(\hat{y}_i - \bar{y})^2$	1	$MSR = SSR/1$	MSR/MSE
잔차(오차)	$SSE = \sum_{i=1}^{n}(y_i - \hat{y}_i)^2$	$n-2$	$MSE = SSE/(n-2)$	
전체	$SST = \sum_{i=1}^{n}(y_i - \bar{y})^2$	$n-1$		

4. **결정계수 R^2**: 회귀모형에서 독립변수가 종속변수의 변동을 얼마나 잘 설명하는지를 나타내는 지표이다. ($0 \le R^2 \le 1$)

   $$R^2 = \frac{SSR}{SST} = 1 - \frac{SSE}{SST} = \frac{\sum_{i=1}^{n}(\hat{y}_i - \bar{y})^2}{\sum_{i=1}^{n}(y_i - \bar{y})^2} = 1 - \frac{\sum_{i=1}^{n}(y_i - \hat{y}_i)^2}{\sum_{i=1}^{n}(y_i - \bar{y})^2}$$

> ✅ **확인문제**

01 관측값 12개를 갖고 수행한 단순회귀분석에서 회귀직선의 유의성 검정을 위해 작성된 분산분석표가 다음과 같다. ㉠~㉢에 해당하는 값은?

요인	제곱합	자유도	평균제곱	F-값
회귀	66	1	66	(㉢)
잔차	220	(㉠)	(㉡)	

해설 ㉠ $(12-1)-1 = 10$ ㉡ $\frac{220}{10} = 22$ ㉢ $\frac{66}{22} = 3$

| **정답** | 10, 22, 3

20. 다중선형회귀분석

핵심개념

1. 다중회귀모형 $E(y) = \beta_0 + \beta_1 x_1 + \beta_2 x_2 + \cdots + \beta_k x_k$의 추정량

$$\hat{y} = \hat{\beta}_0 + \hat{\beta}_1 x_1 + \hat{\beta}_2 x_2 + \cdots + \hat{\beta}_k x_k$$

2. 다중회귀분석의 분산분석표

요인	제곱합	자유도	평균제곱	F
회귀	$SSR = \sum_{i=1}^{n}(\hat{y}_i - \overline{y})^2$	k	$MSR = \dfrac{SSR}{k}$	$\dfrac{MSR}{MSE}$
잔차 (오차)	$SSE = \sum_{i=1}^{n}(y_i - \hat{y}_i)^2$	$n-k-1$	$MSE = \dfrac{SSE}{n-k-1}$	
계	$SST = \sum_{i=1}^{n}(y_i - \overline{y})^2$	$n-1$		

3. 다중회귀모형의 유의성 검정: F-검정 이용
   - 가설

   H_0: 다중회귀모형은 유의하지 않다($\beta_1 = \beta_2 = \cdots = \beta_k = 0$).
   H_1: 다중회귀모형은 유의하다(최소한 한 개의 β_i는 0이 아니다($i=1, 2, \cdots, k$)).

   - 검정통계량과 자유도가 $df=(k,\ n-k-1)$인 F-분포

   $$F = \frac{MSR}{MSE} \sim F_\alpha(k,\ n-k-1) \quad (단,\ n: 표본\ 수,\ k: 독립변수의\ 개수,\ \alpha: 유의수준)$$

4. 회귀계수의 유의성 검정: t-검정 이용
   - 가설

   H_0: 회귀계수가 유의하지 않다($\beta_i = 0,\ i=1, 2, \cdots, k$).
   H_1: 회귀계수가 유의하다($\beta_i \neq 0$).

   - 검정통계량과 자유도가 $df = n-k-1$인 t-분포

   $$t = \frac{b_i - \beta_i}{\sqrt{Var(b_i)}} = \frac{b_i - \beta_i}{\sqrt{MSE/S_{XX}}} \sim t(n-k-1)$$

   - 가변수(Dummy Variable, 더미변수): 수준이 k개인 변수에 대해 $k-1$개의 가변수를 사용

01 다음 분산분석표에 대응하는 통계적 모형으로 적절한 것은?

요인	제곱합	자유도	제곱평균	F_0	$F(0.05)$
회귀	550.8	4	137.7	18.36	4.12
잔차	112.5	15	7.5		
계	663.3	19			

① 수준수가 4인 일원배치모형
② 독립변수가 4개인 중회귀모형
③ 종속변수가 3개인 중회귀모형
④ 종속변수가 1개인 단순회귀모형

해설 분산분석표의 요인에 '회귀'와 '잔차'가 확인되므로 회귀분석을 위한 분산분석표이며, 회귀제곱합의 자유도 4는 중회귀모형에서 독립변수의 수를 의미한다. 따라서 주어진 분산분석표는 독립변수가 4개인 중회귀모형의 분산분석표임을 알 수 있다. | 정답 | ②

02 교육수준에 따른 생활만족도의 차이를 다양한 배경변수를 통제한 상태에서 비교하기 위해서 다중회귀분석을 실시하고자 한다. 교육수준을 5개의 범주로(무학, 초졸, 중졸, 고졸, 대졸 이상) 측정하였다. 이때, 대졸 이상을 기준으로 할 때, 교육수준별 차이를 나타내는 가변수(Dummy Variable)를 몇 개 만들어야 하는가?

① 1개
② 2개
③ 3개
④ 4개

해설 다중회귀모형 설정 시 범주형 자료인 독립변수를 가변수로 변환하여 다중회귀분석을 시행한다. 이때, 범주가 k개인 변수에 대해 $k-1$개의 가변수를 사용한다. 교육수준은 무학, 초졸, 중졸, 고졸, 대졸 이상으로 범주가 5개이므로 $5-1=4$개의 가변수를 만들어야 한다. | 정답 | ④

제3과목
통계분석과 활용

2026 CBT 출제 예상 키워드

CHAPTER 01 기초통계량　　　　　　　　　　　　　　　　　p.214

- 중심위치의 척도
- 산포의 척도
- 비대칭도

CHAPTER 02 확률분포　　　　　　　　　　　　　　　　　　p.223

- 조합
- 조건부 확률
- 연속확률변수
- 분산의 성질
- 이항분포(정규분포 근사)
- 정규분포
- 표준정규분포로 표준화
- 카이제곱분포
- 표본평균의 분포
- 표본비율의 분포

CHAPTER 03 추정·가설검정　　　　　　　　　　　　　　　p.240

- 신뢰구간
- 귀무가설과 대립가설
- 가설검정의 오류
- 검정력
- 단일모집단의 가설검정
- 두 모집단의 가설검정

CHAPTER 04 통계분석 Ⅰ(분산분석, 교차분석)　　　　　　p.259

- 분산분석
- 교차분석

CHAPTER 05 통계분석 Ⅱ(상관분석, 회귀분석)　　　　　　p.272

- 상관분석과 상관계수
- 상관계수의 특징
- 상관계수의 유의성 검정
- 회귀계수
- 결정계수
- 다중회귀모형 행렬

CHAPTER 01 기초통계량

학습방법

☑ 자료의 대푯값의 종류와 의미를 이해하고 주어진 자료를 이용해 각각을 구할 수 있도록 연습한다.
☑ 자료의 흩어짐을 나타내는 산포도의 의미를 이해하고 주어진 자료를 이용해 각각을 구할 수 있도록 연습한다.
☑ 상대적인 산포의 척도인 변동계수가 필요한 상황을 구분하고 주어진 자료를 이용해 계산한다.
☑ 주어진 분포를 대푯값, 산포도, 비대칭도를 이용해 분석한다.

1 통계학

1. 통계와 통계학

(1) 통계(Statistics)

통계는 어떤 현상이나 집단에 대해 수집된 수치적 자료, 또는 그 자료를 요약·정리한 결과를 의미한다. 예를 들어, '서울 시민의 평균 출퇴근 시간은 58분이다'와 같은 수치는 통계이며, 이는 우리가 관찰하거나 조사해서 얻은 수치적 정보 자체를 말한다.

(2) 통계학(Statistics)

통계학은 통계를 어떻게 수집하고, 분석하며, 해석하여 활용할 것인지를 연구하는 학문 분야로, 통계를 다루는 방법론을 체계적으로 연구하는 학문이다. 예를 들어, '표본을 어떻게 뽑아야 전체를 잘 대표할 수 있을까?', '두 변수 사이에 관계가 있는지 어떻게 검정할까?' 같은 질문에 답하는 것이 통계학의 역할이다.

2. 통계학의 종류

(1) 기술통계학(Descriptive Statistics)

① 수집된 자료의 특성을 쉽게 파악할 수 있도록 도표나 그림으로 시각화하며, 평균과 같은 대푯값이나 표준편차 등의 산포도를 활용하여 분포의 형태를 요약·설명하는 분야이다.
② 관심 있는 자료를 효율적으로 정리하고 요약하여 전체적인 경향이나 특성을 파악하는 것이 주된 목적이다.

(2) 추측통계학(Inferential Statistics)

① 모집단에서 추출한 표본을 분석하고, 그 결과를 바탕으로 모집단의 특성을 추정하며 설명하는 분야이다.
② 표본에서 얻은 통계량을 바탕으로 모집단의 현상이나 특징을 추정하고 예측하며, 그 결과를 일반화하는 것이 주된 목적이다.

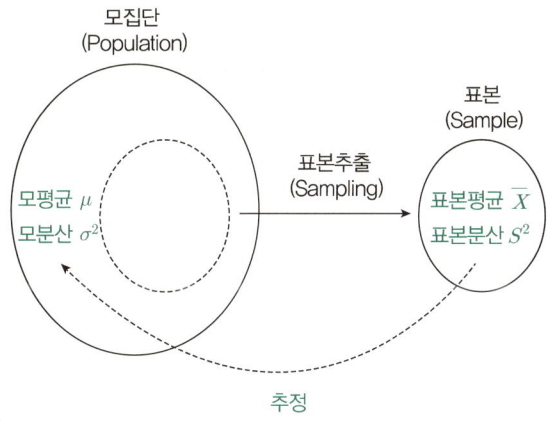

2 중심위치의 척도

1. 중심위치의 척도의 개념

① 중심위치의 척도(Measure of Center)는 자료에서 얻어진 값들을 대표하는 값으로, 대푯값이라고도 한다. 평균, 중앙값, 최빈값 등이 있다.
② 자료의 값들이 중심으로 몰리는 경향을 나타내는 값이라고 하여 중심 경향 측정치 (Measure of Central Tendency)라고도 한다.

2. 평균

(1) 산술평균(Arithmetic Mean)

① 관측된 n개의 자료 $x_1, x_2, \cdots, x_n$의 총합 $\sum_{i=1}^{n} x_i$를 자료의 개수 n으로 나눈 값으로, 일반적으로 평균이라고 한다.

$$\frac{1}{n}\sum_{i=1}^{n} x_i = \frac{x_1 + x_2 + \cdots + x_n}{n}$$

② 가장 보편적으로 사용하는 대푯값이지만, 자료들이 비대칭이거나 이상값(극단값)이 포함되어 있다면 이에 크게 영향을 받는다는 단점이 있다.
③ 모평균(Population Mean): 모집단 전체의 평균으로 그리스 문자 μ(뮤)로 표기한다.
④ 표본평균(Sample Mean): 모집단에서 추출된 표본의 평균으로 $\overline{X}$, $\overline{Y}$ 등으로 표기한다. 이때 $\overline{X}$를 '엑스 바'라고 읽는다.
⑤ 각 자료와 평균의 차($X_i - \overline{X}$)를 뜻하는 편차(Deviation)들의 합은 항상 0이다.

Plus +

이상값(Outlier, 극단값)

관측된 자료의 범위에서 크게 벗어난 아주 작은 값이나 큰 값을 말한다. 이상값은 의사결정에 큰 영향을 미칠 수 있기 때문에 적절한 처리가 필요하다.

표본자료가 10, 20, 30, 40, 1,000인 경우 1,000은 이상값이라고 할 수 있다. 이때 산술평균값 220은 대푯값으로 적합하지 않다.

Plus +
기하평균의 적용
3년 동안 연도별 투자수익률이 0.10, 0.22, 0.06일 때 연평균 수익률은
$\sqrt[3]{0.10 \times 0.22 \times 0.06} ≒ 0.11$
이다.

Plus +
조화평균의 적용
갈 때 80km/h, 올 때 100km/h로 운행하였다면 평균운행속도는
$\dfrac{1}{\dfrac{1}{2}\left(\dfrac{1}{80}+\dfrac{1}{100}\right)} = \dfrac{800}{9}$
≒88.89(km/h)이다.

Plus +
절사평균의 적용
크기가 20인 표본집단의 경우, 10% 절사평균은 순서상 상위 10%($20 \times 0.1 = 2$)와 하위 10% ($20 \times 0.1 = 2$) 총 4개를 제외한 16개 표본의 산술평균을 구한다.

(2) 기하평균(Geometric Mean)

① 관측된 n개의 자료 $x_1, x_2, \cdots, x_n$의 곱에 대한 n의 제곱근으로, 변화율이나 비율의 평균을 구할 때 사용한다.

$$\sqrt[n]{x_1 \times x_2 \times \cdots \times x_n}$$

② 극단적인 변수의 값에 영향을 받지만, 산술평균보다 적게 영향을 받는다.
③ 인구변동률, 물가변동률, 경제성장률, 수익률과 같은 비율의 대푯값으로 쓰인다.

(3) 조화평균(Harmonic Mean)

① 관측된 n개의 자료 $x_1, x_2, \cdots, x_n$의 역수의 산술평균에 대한 역수로 단위당 평균 산출에 쓰인다.

$$\dfrac{1}{\dfrac{1}{n}\left(\dfrac{1}{x_1}+\dfrac{1}{x_2}+\cdots+\dfrac{1}{x_n}\right)}$$

② 시간적으로 계속하여 변하는 변량, 상품시세, 속도 등의 대푯값으로 쓰인다.
③ 관측된 자료가 양수일 때, '산술평균 ≥ 기하평균 ≥ 조화평균'이 항상 성립한다(단, 등호는 자료가 모두 같을 때 성립).

(4) 절사평균(Trimmed Mean)

① 산술평균이 이상값에 민감하게 반응하는 것을 보정하여 평균을 내는 방법으로, 자료의 총개수에서 일정 비율만큼 가장 큰 부분과 작은 부분을 제거 후 평균을 산출한다.
② 자료에 극단값이 존재할 경우를 고려하여 산술평균 대신 절사평균을 사용하기도 한다.

(5) 가중평균(Weighted Average)

① 중요도에 따라 가중치(Weight)를 주어 평균을 산출하는 방법이다. 이때 산술평균은 모든 요소의 비중이 똑같다는 전제하에 산출한다.
② 상대적인 중요도를 감안하여 투자나 점수를 수학적으로 환산할 때 더 정확히 계산하는 방법이다.
③ 각 수치에 가중치를 부여한 값의 합을 가중치의 합으로 나누어 계산한다.

$$\dfrac{w_1 x_1 + w_2 x_2 + \cdots + w_n x_n}{w_1 + w_2 + \cdots + w_n} \quad (\text{단, } w_i \text{는 } x_i \text{의 가중치, } 1 \leq i \leq n)$$

3. 중앙값(Median, M_e)

① 자료를 크기 순서로 나열하였을 때 중앙의 위치에 해당하는 값으로, 중위수라고도 한다.
② 백분위수의 개념에 비추면 제50백분위수이고, 사분위수로는 제2사분위수(Q_2)이다.
③ 자료의 개수가 홀수 개이면 $\frac{n+1}{2}$번째 값이다.

> 예 5개의 수집된 자료 15, 5, 10, 20, 17에 대해 크기 순으로 배열하면 5, 10, 15, 17, 20이므로, $\frac{5+1}{2}=3$번째 값인 15가 중앙값이다.

④ 자료의 개수가 짝수 개이면 $\frac{n}{2}$번째와 $\frac{n}{2}+1$번째 값의 평균값이다.

> 예 6개의 수집된 자료 15, 5, 10, 20, 17, 7에 대해 크기 순으로 배열하면 5, 7, 10, 15, 17, 20이므로, $\frac{6}{2}=3$번째 값 10과 $\frac{6}{2}+1=4$번째 값 15의 평균 $\frac{10+15}{2}=12.5$가 중앙값이다.

⑤ 자료들이 비대칭이거나 극단값이 포함되어 있다면 극단값에 의한 영향을 줄이기 위해 중앙값이 대푯값으로 적합하다.
⑥ 자료의 분포가 좌우대칭이면 평균과 중앙값은 같다. 이때, 평균과 중앙값이 같다고 해서 자료의 분포가 반드시 좌우대칭인 것은 아니다.

4. 최빈값(Mode, M_o)

① 주어진 값 중에서 가장 자주 나오는 값, 즉 빈도가 높은 값이다.
② 모든 사례가 각기 다른 값을 가지면 최빈값은 존재하지 않으며, 도수가 많은 값이 여러 개인 경우 최빈값이 여러 개일 수 있다.
③ 극단값에 영향을 받지 않는다.
④ 질적(범주형)자료의 대푯값으로 적절하다.

> 1, 3, 6, 6, 6, 7, 7, 12, 12, 12, 17의 최빈값은 6과 12이다.

5. 사분위수(Quartile)

① 크기 순서에 따라 늘어놓은 자료를 사등분할 때 사등분되는 위치의 값이다.
  ㉠ 제1사분위수(First Quartile, Q_1): 전체 자료의 1/4 값보다 작거나 같게 되는 값
  ㉡ 제2사분위수(Second Quartile, Q_2): 자료의 중앙값(M_e)
  ㉢ 제3사분위수(Third Quartile, Q_3): 전체 자료의 3/4 값보다 작거나 같게 되는 값
  ㉣ 제4사분위수(Fourth Quartile, Q_4): 자료의 최댓값
② 상자그림: 최솟값, 제1사분위수(Q_1), 중앙값(Q_2), 제3사분위수(Q_3), 최댓값의 정보를 이용하여 자료를 도표로 나타내는 방법이다.
  ㉠ 자료의 분포를 대략적으로 파악할 수 있다.
  ㉡ 두 집단의 분포 모양에 대한 비교가 가능하다.
  ㉢ 극단값(이상값)에 대한 정보를 알 수 있다. 상자 양 끝(Q_1, Q_3)에서 $1.5 \times IQR$ 크기의 범위를 경계로 하여 이를 벗어난 관측값을 극단값(이상값)으로 표시한다.

Plus +

IQR
(Interquartile Range)
사분위수 범위이며, 제3사분위수 Q_3와 제1사분위수 Q_1의 차이이다($Q_3 - Q_1$).

Plus +

상자그림에서 상자의 길이($Q_3 - Q_1$)가 자료의 산포도에 해당한다.

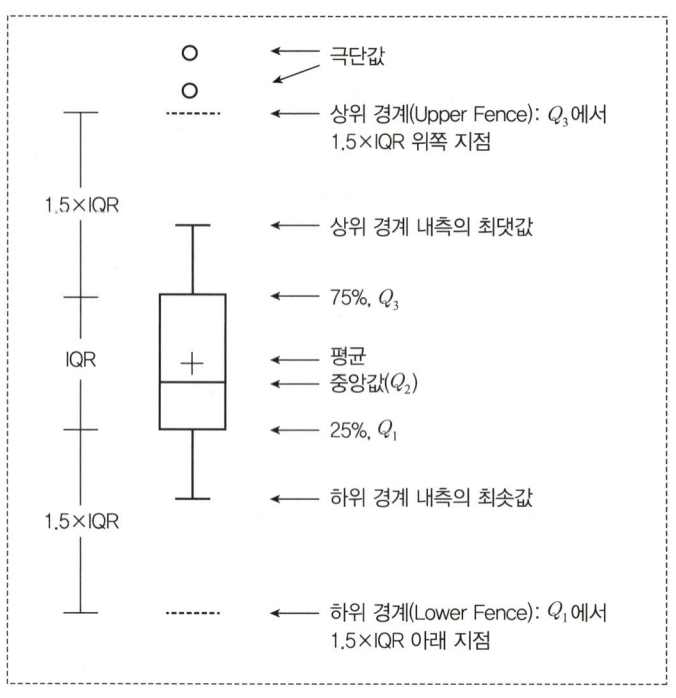

기출문제 CHECK 2021년 3회

다음 통계량 중 그 성격이 다른 것은?

① 분산
② 최빈값
③ 평균
④ 중앙값

| 해설 | 분산은 자료의 흩어짐(산포도)을 나타내는 척도이므로 중심위치의 대푯값을 나타내는 다른 통계량과 성격이 다르다.
| 정답 | ①

3 산포의 척도

1. 산포도(Measure of Dispersion) 빈출

① 자료들이 대푯값을 중심으로 흩어져 있는 정도를 수치로 나타낸 척도로, 분산도라고도 한다. 범위, 분산, 표준편차, 사분위범위, 변동계수 등이 있다.
② 대푯값이 같아도 자료들의 흩어진 분포를 고려해야 한다.
③ 자료 분포의 흩어진 폭은 산포도가 클수록 넓고, 작을수록 좁다.

2. 범위(Range)

① 변수값으로 측정된 관측값들 중에서 가장 큰 값과 가장 작은 값의 차이이다.
② 계산과 설명이 용이하고 적은 자료의 변동에 적당하다.
③ 최댓값과 최솟값 이외의 나머지 자료의 산포에 대해서는 정보를 알 수 없으며, 극단값이 있는 경우에 부적합하다.

3. 평균편차(Mean Deviation)

① 편차(Deviation)는 자료와 평균과의 차를 의미한다. 이때, 평균편차는 편차의 절댓값의 평균값이다.
② 수식에 절댓값이 포함된 이유는 편차의 합은 항상 0이 되기 때문이다. 그러나 절댓값 계산이 복잡하므로 평균편차는 거의 사용하지 않는다.
③ 분산에 비해 극단값의 영향을 상대적으로 적게 받는다.

4. 분산(Variance)과 표준편차(Standard Deviation) 빈출

① 분산은 관측한 자료의 값에서 그 값들의 평균값을 뺀 값(편차)의 제곱의 합을 자료의 개수로 나눈 값, 즉 편차 제곱의 평균이다. 표준편차는 분산의 음이 아닌 제곱근이다.

> • 분산 = $\dfrac{(자료-평균)^2의\ 총합}{자료의\ 개수} = \dfrac{(편차)^2의\ 총합}{자료의\ 개수}$
> • 표준편차 = $\sqrt{(분산)}$

Plus +
표준편차는 항상 0 이상이다.

② 모든 자료를 각각 고려하여 분포의 흩어진 정도를 나타낸 것이다.
③ 자료가 모두 동일한 값이면 분산은 0이다. 즉, 분산이 0이면 모든 변량이 평균값에 집중되어 있음을 의미한다.
④ 분산이 크다는 것은 각 관측값들이 평균으로부터 멀리 떨어져 있다는 것을 의미한다. 반면, 자료가 평균에 밀집할수록 분산의 값은 작아진다.
⑤ 표준편차의 단위는 관측값 단위와 같으나, 분산의 단위는 관측값 단위의 제곱이다.

Plus +
• 모분산: 편차 제곱의 총합을 '자료의 개수'로 나눈 값
• 표본분산: 편차 제곱의 총합을 '자료의 개수-1'로 나눈 값

연습문제 CHECK
다음 자료의 표준편차를 구하면?

5 6 7 8 9

표준편차를 구하기 위해서는 평균과 분산을 알아야 한다.
5, 6, 7, 8, 9의 평균 $\dfrac{5+6+7+8+9}{5}=7$, 분산 $\dfrac{(5-7)^2+\cdots+(9-7)^2}{5}=\dfrac{10}{5}=2$
따라서 표준편차는 $\sqrt{2}$ 이다.

5. 사분위수 범위(IQR)

① 제3사분위수(Q_3)와 제1사분위수(Q_1)의 차이이다.

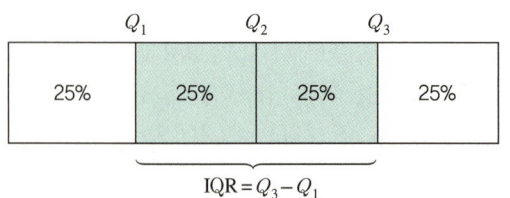

② 자료의 제1사분위수와 제3사분위수 간의 거리이므로 자료의 중간 50%(25%~75%)에 대한 범위라고 할 수 있다.
③ 자료의 상위 25%와 하위 25% 값을 포함하지 않기 때문에 극단값에 덜 민감하다.

6. 사분위편차(Quartile Deviation)

① 사분위수 범위(IQR)를 2로 나눈 값이다.
② 극단값에 영향을 받지 않으며, 중앙값이 대푯값일 때 사용한다.

7. 변동계수(Coefficient of Variation, 변이계수) 빈출

① 여러 집단의 분산을 평균을 고려하여 상대적으로 비교할 때 사용되는 상대적인 산포의 척도로, 상대 표준편차라고도 한다.
② 표준편차를 평균으로 나눈 값이며, 보통 %로 제시한다.

$$\text{변동계수} = \frac{\text{표준편차}}{\text{평균}}$$

③ 측정 단위가 서로 다르거나 집단 간에 평균의 차이가 큰 산포를 비교하는 데 유용하다.
④ 변동계수의 절댓값이 큰 분포보다 작은 분포가 상대적으로 평균에 더 밀집되어 있음을 의미한다. 즉, 변동계수의 절댓값이 큰 분포의 산포도가 더 크다.
⑤ 표준편차는 항상 0 이상이므로 평균의 값에 따라 변동계수가 0 이하의 값을 가질 수도 있다.

Plus +
변동계수
평균이 40, 표준편차가 4일 때
변동계수는 $\frac{4}{40} = 0.1$,
즉 10%이다.

기출문제 CHECK 2022년 1회

산포의 척도가 아닌 것은?

① 분산 ② 표준편차
③ 중위수 ④ 사분위수 범위

| 해설 | 중위수는 산포의 척도가 아닌 데이터의 중심 위치를 나타내는 대푯값의 척도이다. | 정답 | ③

4 비대칭도와 첨도

1. 비대칭도(Skewness)

(1) 비대칭도의 이해

① 자료 분포의 모양이 어느 쪽으로 얼마만큼 기울어져 있는지를 나타내는 척도로, 왜도라고도 한다.
② 비대칭도의 부호는 관측값 분포의 긴 쪽 꼬리 방향을 나타낸다.
  ㉠ 왜도＝0: 정규분포와 같이 좌우대칭형인 분포이다.
  ㉡ 왜도＞0: 왼쪽으로 치우치고 오른쪽으로 꼬리를 길게 늘어뜨린 분포이다.
  ㉢ 왜도＜0: 오른쪽으로 치우치고 왼쪽으로 꼬리를 길게 늘어뜨린 분포이다.

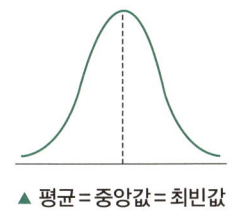
▲ 평균＝중앙값＝최빈값
왜도＝0

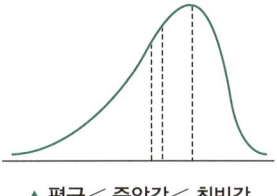
▲ 최빈값＜중앙값＜평균
왜도＞0

▲ 평균＜중앙값＜최빈값
왜도＜0

(2) 피어슨의 비대칭도(p)

① 평균 $\overline{X}$, 최빈값 Mo, 중앙값 Me 사이에 다음의 관계식이 성립한다.

$$p \cong \frac{\overline{X} - Mo}{S} \cong \frac{3(\overline{X} - Me)}{S} \quad (\text{단, } S\text{: 표준편차})$$

  ㉠ $p = 0$: $\overline{X} = Mo$이므로 대칭분포를 이룬다.
  ㉡ $p > 0$: $\overline{X} > Mo$이므로 오른쪽으로 꼬리를 길게 늘어뜨린 분포를 이룬다.
  ㉢ $p < 0$: $\overline{X} < Mo$이므로 왼쪽으로 꼬리를 길게 늘어뜨린 분포를 이룬다.
② 대푯값 간에 $\overline{X} - Mo \fallingdotseq 3(\overline{X} - Me)$라는 관계식이 성립한다.

2. 첨도(Kurtosis)

① 분포도가 얼마나 중심에 집중되어 있는지, 즉 분포의 중심이 얼마나 뾰족한지를 나타내는 척도이다.
② 표준정규분포의 첨도를 기준으로 한다.
  ㉠ 첨도＝3: 표준정규분포 정도의 뾰족한 모양으로, 중첨이라고 한다.
  ㉡ 첨도＞3: 표준정규분포보다 정점이 높고 뾰족한 모양으로, 급첨이라고 한다.
  ㉢ 첨도＜3: 표준정규분포보다 정점이 낮고 무딘 모양으로, 완첨이라고 한다.
③ 왜도가 0이고 첨도가 3인 분포는 정규분포이며 좌우대칭인 분포이다.
④ 정규분포와 비슷한 t-분포는 정규분포보다 중심이 뾰족하고 꼬리가 두꺼워 첨도가 3보다 크다. 그러나 자유도 $n-1$이 무한대로 접근할수록 정규분포로 접근하므로 첨도도 3으로 가까워진다.

Plus +

통계량의 구분
- 자료의 중심위치: 평균, 중앙값, 최빈값
- 자료의 산포 정도: 범위, 분산, 표준편차
- 자료의 분포 형태의 왜곡 정도: 왜도, 첨도

기출문제 CHECK 2022년 2회

A 분포와 B 분포의 특성에 대한 설명으로 옳지 않은 것은?

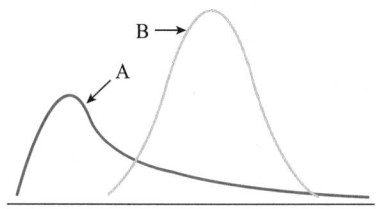

① A의 분산은 B의 분산보다 크다.
② A의 왜도는 양(+)의 값을 가진다.
③ B의 왜도는 음(-)의 값을 가진다.
④ A의 최빈값은 B의 최빈값보다 작다.

| 해설 | A 분포는 왼쪽으로 치우치고 오른쪽으로 꼬리를 길게 늘어뜨린 분포로 '왜도> 0'이며, B 분포는 좌우대칭형인 분포로 '왜도= 0'이다. 또한 A 분포는 오른쪽으로 꼬리가 길게 늘어나므로 B 분포보다 분산이 더 크며, 'A의 최빈값< B의 최빈값'이다. | 정답 | ③

CHAPTER 02 확률분포

학습방법

☑ 순열, 조합, 중복조합이 필요한 상황을 구분하고, 경우의 수를 계산에 적용한다.
☑ 조건부 확률의 의미를 알고 사건의 독립과 베이즈정리를 연결하여 적용한다.
☑ 이항분포의 평균과 분산 구하는 공식을 암기하고 직접 계산한다.
☑ 정규분포의 의미와 특징을 암기하고 표준정규분포로 변환하여 상황을 해석한다.
☑ 표본평균의 분포와 중심극한정리의 뜻을 정확히 암기하고 중심극한정리를 적용한다.

1 확률이론

1. 사건과 경우의 수 [빈출]

(1) 사건과 표본공간

① 사건이란 시행의 결과이며, 표본공간의 부분집합이다.
  ㉠ 시행: 주사위나 동전을 던지는 것처럼 같은 조건에서 여러 번 반복할 수 있으며 그 결과가 우연에 의하여 결정되는 실험이나 관찰이다.
  ㉡ 표본공간: 어떤 시행에서 일어날 수 있는 모든 결과들의 집합이다.
② 두 사건 A, B에 대하여 합사건, 곱사건, 배반사건, 여사건 등이 있다.
  ㉠ 합사건($A \cup B$): A 또는 B가 일어나는 사건이다.
  ㉡ 곱사건($A \cap B$): A와 B가 동시에 일어나는 사건이다.
  ㉢ 배반사건: 사건 A와 사건 B가 동시에 일어나지 않는 사건, 즉 $A \cap B = \phi$인 사건이다.
  ㉣ 여사건(A^C): 어떤 사건 A에 대하여 사건 A가 일어나지 않는 사건이다.

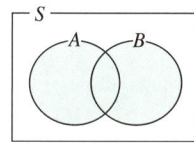
▲ 합사건

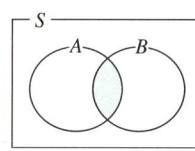
▲ 곱사건

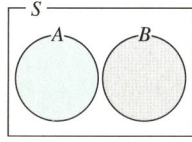
▲ 배반사건

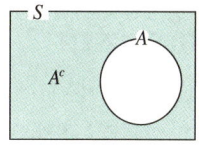
▲ 여사건

(2) 합의 법칙과 곱의 법칙

두 사건 A, B가 일어나는 경우의 수를 각각 m, n이라고 할 때,
① 합의 법칙: 동시에 일어나지 않는 두 사건 A, B에 대하여, 사건 A 또는 B가 일어나는 경우의 수는 $m+n$이다.
② 곱의 법칙: 두 사건 A, B가 동시에(잇달아, 연달아) 일어나는 경우의 수는 $m \times n$이다.

(3) 순열(Permutation)

① 서로 다른 n개에서 $r\,(0 \leq r \leq n)$개를 택하여 일렬로 나열하는 경우이다.
② $_n\mathrm{P}_r$로 표기하고, 다음과 같이 구한다.

- $_n\mathrm{P}_r = \underbrace{n(n-1)(n-2)\cdots(n-r+1)}_{r\text{개}} = \dfrac{n!}{(n-r)!}$
- $_n\mathrm{P}_n = n! = n(n-1)(n-2) \times \cdots \times 2 \times 1$
- $0! = 1,\ _n\mathrm{P}_0 = 1$

(4) 중복순열

① 서로 다른 n개에서 중복을 허락하여 r개를 택하는 순열이다.
② $_n\Pi_r$로 표기하고, 다음과 같이 구한다.

$$_n\Pi_r = \underbrace{n \times n \times n \times \cdots \times n}_{r\text{개}} = n^r$$

(5) 조합(Combination)

① 서로 다른 n개에서 순서를 생각하지 않고 $r\,(0 \leq r \leq n)$개를 택하는 경우이다.
② $_n\mathrm{C}_r$ 또는 $\binom{n}{r}$로 표기하고, 다음과 같이 구한다.

- $_n\mathrm{C}_r = \dfrac{_n\mathrm{P}_r}{r!} = \dfrac{n(n-1)(n-2)\cdots(n-r+1)}{r!} = \dfrac{n!}{r!(n-r)!}$
- $_n\mathrm{C}_r = {_n\mathrm{C}_{n-r}}$
- $_n\mathrm{C}_r = {_{n-1}\mathrm{C}_r} + {_{n-1}\mathrm{C}_{r-1}}$
- $_n\mathrm{C}_n = 1,\ _n\mathrm{C}_0 = 1$

(6) 중복조합

① 서로 다른 n개의 원소에서 중복을 허락하여 r개를 택하는 조합이다.
② $_n\mathrm{H}_r$로 표기하고, 다음과 같이 구한다.

$$_n\mathrm{H}_r = {_{n+r-1}\mathrm{C}_r}$$

기출문제 CHECK 2021년 1회

똑같은 크기의 사과 10개를 5명의 어린이에게 나누어주는 방법의 수는? (단, $\binom{n}{r}$은 n개 중에서 r개를 선택하는 조합의 수이다)

① $\binom{14}{5}$ ② $\binom{15}{5}$
③ $\binom{14}{10}$ ④ $\binom{15}{10}$

| 해설 | 서로 구별되지 않는 사과 10개를 서로 구별되는 5명의 어린이에게 나누는 방법의 수는 중복 조합으로 구할 수 있으며,
$_5H_{10} = {_{14}C_{10}} = {_{14}C_4} = \binom{14}{10} = 1{,}001$ (가지)이다. | 정답 | ③

---

2. 확률과 확률법칙 빈출

(1) 확률의 정의
확률은 시행에서 어떤 사건이 일어날 **가능성**을 수치로 나타낸 것이다.

① **수학적 확률**: 어떤 시행의 표본공간 S에 대해 각 원소가 일어날 가능성이 모두 같은 정도로 기대될 때, 일어나는 모든 경우의 수를 $n(S)$, 사건 A가 일어나는 경우의 수를 $n(A)$라고 하면 사건 A가 일어날 확률 $P(A)$는 다음과 같다.

$$P(A) = \frac{n(A)}{n(S)}$$

② **통계적 확률**: 어떤 시행을 n번 반복할 때 사건 A가 일어날 횟수를 r_n이라고 하면, n이 충분히 커짐에 따라 **상대도수** $\frac{r_n}{n}$이 일정한 값 p에 가까워질 때 이 값 p를 사건 A가 일어날 확률 $P(A)$라고 한다.

(2) 확률의 성질
① 임의의 사건 A에 대하여 $0 \leq P(A) \leq 1$이다.
② 일어날 수 있는 모든 경우의 집합 S에 대하여 $P(S) = 1$이다.
③ 절대로 일어날 수 없는 사건 ϕ에 대하여 $P(\phi) = 0$이다.
④ 사건 A의 여사건 A^C의 확률은 $P(A^C) = 1 - P(A)$이다.
⑤ 표본공간 S의 두 사건 A, B에 대하여 사건 A 또는 B가 일어날 확률은 다음과 같다.

- $P(A \cup B) = P(A) + P(B) - P(A \cap B)$
- 두 사건 A, B가 서로 배반사건일 때 $P(A \cup B) = P(A) + P(B)$

Plus +
수학적 확률은 표본공간의 원소의 개수가 유한개인 경우만 생각한다.

Plus +
시행횟수 n을 충분히 크게 하면 할수록 통계적 확률은 수학적 확률에 가까워지는 경향이 있다 (큰수의 법칙).

(3) 조건부 확률과 베이즈정리

① 조건부 확률 $P(B|A)$란 사건 A가 일어났을 때 사건 B가 일어날 확률이다.

$$P(B|A) = \frac{P(A \cap B)}{P(A)} \quad (단, \ P(A) > 0)$$

> **Plus+**
> 조건부 확률 $P(B|A)$
> 사건 A를 새로운 표본공간으로 생각하였을 때, 사건 $A \cap B$가 일어날 확률이다.

② 베이즈정리(Bayes' Theorem)
　㉠ 분할: 표본공간 S의 n개의 사건 $A_1, A_2, \cdots, A_n$이 $A_i \cap A_j = \phi$(단, $i \neq j$), $\bigcup_{i=1}^{n} A_i = S$의 조건을 만족한다.

　㉡ 전체 확률의 법칙: n개의 사건 $A_1, A_2, \cdots, A_n$으로 표본공간 S가 분할되었을 때, 사건 B의 확률은 다음과 같다.

$$P(B) = \bigcup_{i=1}^{n} P(A_i \cap B) = \sum_{i=1}^{n} P(A_i) \times P(B|A_i)$$

　㉢ 베이즈정리: 표본공간(S)이 서로 배반인 부분집합 $A_1, A_2, \cdots, A_n$에 의하여 분할되었을 때 B를 임의의 사건이라고 하면, 사건 B가 일어났다는 조건하에 A_j ($j = 1, 2, \cdots, n$)의 조건부 확률은 다음과 같다.

$$P(A_j|B) = \frac{P(A_j \cap B)}{P(B)} = \frac{P(A_j) P(B|A_j)}{\sum_{i=1}^{n} P(A_i) P(B|A_i)}$$

(4) 사건의 독립성

> **Plus+**
> 사건 A가 일어나는 것이 다른 사건 B가 일어날 확률에 영향을 미치지 않는 경우에 대해 두 사건 A, B는 서로 독립이라고 한다.

① 확률이 0이 아닌 두 사건 A, B에 대하여 다음과 같을 때, 두 사건 A, B는 서로 독립이라고 한다.

$$P(A|B) = P(A), \ P(B|A) = P(B)$$

② 두 사건 A, B가 서로 독립이면, 확률의 곱셈정리에 의하여 다음이 성립한다.

$$P(A \cap B) = P(A)P(B) \quad (단, \ P(A) > 0, \ P(B) > 0)$$

③ 사건 A, B가 서로 독립이면, 다음 합의 확률 공식이 성립한다.

$$P(A \cup B) = P(A) + P(B) - P(A \cap B) = P(A) + P(B) - P(A)P(B)$$

④ A와 B가 서로 독립이면 A와 B^C, B와 A^C, A^C과 B^C 등 어떤 사건도 서로 독립이다.

⑤ A와 B가 배반사건이면 A와 B는 서로 독립이 아니다. 단, A와 B가 $P(A) = 0$ 또는 $P(B) = 0$인 배반사건이면 A와 B는 서로 독립이다.

⑥ 세 사건 A, B, C가 상호독립이려면 다음 조건을 모두 만족해야 한다.
  ㉠ $P(A \cap B) = P(A)P(B)$
  ㉡ $P(A \cap C) = P(A)P(C)$
  ㉢ $P(B \cap C) = P(B)P(C)$
  ㉣ $P(A \cap B \cap C) = P(A)P(B)P(C)$

> **보충학습 확률나무 이용하기**
>
> 어느 질병 여부를 확인하기 위해 새롭게 고안된 혈액검사로부터 감염자 중 95%가 양성반응을 보인다고 한다. 그러나 비감염자도 1%의 양성반응을 보인다고 한다. 인구의 1%가 이 질병에 감염되어 있다는 것을 알고 있을 때, 어떤 사람이 혈액검사로부터 양성반응을 보일 확률을 구하기 위해 다음과 같은 확률나무를 그릴 수 있다.
>
>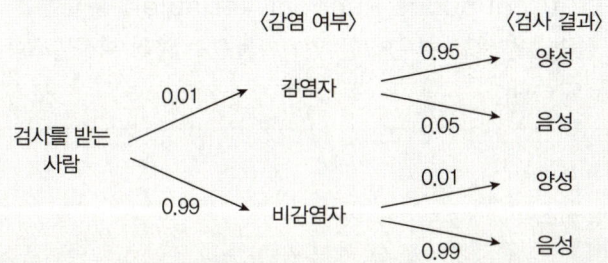
>
> 즉, 검사결과가 양성인 경우는 첫 번째 경로와 세 번째 경로이다. 따라서 어떤 사람이 검사를 받았을 때 양성반응이 나올 확률은 $(0.01 \times 0.95) + (0.99 \times 0.01) = 0.0194$이다.

2 확률변수와 확률분포

1. 확률변수

① 표본공간의 각 표본값에 하나의 실숫값을 대응시켜 주는 함수이다.

> 한 개의 동전을 세 번 던지는 시행(앞면 H, 뒷면 T)에서 동전의 앞면이 나온 횟수에 관심이 있다면 표본공간 S는 $S = \{HHH, HHT, HTH, THH, HTT, THT, TTH, TTT\}$이고, 동전의 앞면이 나온 횟수를 X라 하면
> $X(TTT) = 0$
> $X(HTT) = X(THT) = X(TTH) = 1$
> $X(HHT) = X(HTH) = X(THH) = 2$
> $X(HHH) = 3$
> 이와 같이 대응된다. 즉, 표본공간 S의 각 원소에 0, 1, 2, 3 중 하나의 수가 대응된다.
>
>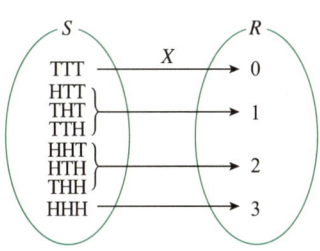

② 이산확률변수와 연속확률변수로 구분된다.
  ㉠ 이산확률변수(Discrete Random Variable): 확률변수 X가 취할 수 있는 값이 유한개이거나 셀 수 있는 무한개인 경우이다. 이산확률변수 X의 확률질량함수 $P(X=x_i)$는 다음의 성질을 갖는다.

> - $0 \leq P(x_i) \leq 1$ (단, $i=1, 2, \cdots, n$)
> - $\sum_{i=1}^{n} P(x_i) = 1$
> - $P(x_i \leq X \leq x_j) = \sum_{k=i}^{j} P(x_k)$

  ㉡ 연속확률변수(Continuous Random Variable): 확률변수 X가 셀 수 없는 무한개의 실숫값을 갖는 경우이다. 연속확률변수 X의 확률밀도함수 $f(x)$는 다음의 성질을 갖는다.

> - $0 \leq f(x) \leq 1$
> - $\int_{-\infty}^{\infty} f(x)dx = 1$
> - $P(a \leq X \leq b) = \int_{a}^{b} f(x)dx$

Plus +
연속확률변수 X의 확률누적분포함수 $F(x)$에 대한 미분은 확률밀도함수 $f(x)$이다.

2. 확률변수의 기댓값 〔빈출〕

(1) 기댓값(Expected Value)
실험을 지속적으로 반복했을 때 평균적으로 기대할 수 있는 값으로, 어떤 확률적 사건에 대한 평균의 의미로 볼 수 있다.

① 이산확률변수 X의 확률질량함수 $P(X=x_i)$에 대한 기댓값 $E(X)$

$$E(X) = \sum_{i=1}^{n} x_i P(x_i)$$

② 연속확률변수 X의 확률밀도함수 $f(x)$에 대한 기댓값 $E(X)$

$$E(X) = \int_{-\infty}^{\infty} x f(x) dx$$

Plus +
이산확률변수 X의 기댓값

X	$P(X=x)$
0	0.15
1	0.30
2	0.25
3	0.20
4	0.1

⇨ $E(X)$
$= \sum_{i=1}^{n} x_i P(X=x_i)$
$= (0 \times 0.15) + (1 \times 0.30)$
$\quad + (2 \times 0.25) + (3 \times 0.20)$
$\quad + (4 \times 0.1)$
$= 1.80$

(2) 기댓값의 성질
a, b는 상수이고 X, Y는 확률변수일 때, 기댓값은 다음과 같다.
① $E(a) = a$
② $E(aX) = aE(X)$
③ $E(aX+b) = aE(X) + b$

④ $E(X \pm Y) = E(X) \pm E(Y)$
⑤ $E(X \times Y) = E(X) \times E(Y)$ (단, X, Y는 독립)

3. 확률변수의 분산과 표준편차 빈출

(1) 분산(Variation)과 표준편차(Standard Deviation)

확률변수의 분산은 확률변수가 취하는 값들이 기댓값(또는 평균)으로부터 얼마나 흩어져 있는지를 나타내는 값이다. 표준편차는 확률변수의 분산의 음이 아닌 제곱근이다.

① 이산확률변수 X의 확률질량함수 $P(X = x_i)$에 대한 분산 $V(X)$

$$V(X) = \sum_{i=1}^{n}(x_i - E(X))^2 \times P(x_i) = \sum_{i=1}^{n}x_i^2 \times P(x_i) - \left[\sum_{i=1}^{n}x_i \times P(x_i)\right]^2$$
$$= E(X^2) - [E(X)]^2$$

② 연속확률변수 X의 확률밀도함수 $f(x)$에 대해 분산 $V(X)$

$$V(X) = \int_{-\infty}^{\infty}(x - E(X))^2 f(x)dx = \int_{-\infty}^{\infty}x^2 f(x)dx - \left(\int_{-\infty}^{\infty}xf(x)dx\right)^2$$
$$= E(X^2) - [E(X)]^2$$

(2) 분산의 성질

a, b는 상수이고 X, Y는 확률변수, $Cov(X, Y)$는 공분산, σ는 표준편차일 때, 분산은 다음과 같다.

① $V(X) = E(X^2) - [E(X)]^2$
② $V(a) = 0$
③ $V(aX) = a^2 V(X)$
④ $V(aX \pm b) = a^2 V(X)$
⑤ $V(X \pm Y) = V(X) + V(Y) \pm 2Cov(X, Y)$
⑥ X, Y가 독립이면 $Cov(X, Y) = 0$이므로 $V(X \pm Y) = V(X) + V(Y)$
⑦ $\sigma(aX + b) = |a|\sigma(X)$

> **Plus +**
> 공분산(Covariance)
> 확률변수 X, Y의 흩어진 정도를 나타내는 값으로, $Cov(X, Y)$라고 나타낸다.

연습문제 CHECK

확률변수 X에 대해 $E(X) = 3$, $V(X) = 2$일 때, 확률변수 $Y = -2X + 5$의 평균, 분산, 표준편차는?

- 평균: $E(-2X+5) = -2E(X) + 5 = -2 \times 3 + 5 = -1$
- 분산: $V(-2X+5) = (-2)^2 V(X) = 4 \times 2 = 8$
- 표준편차: $\sigma(-2X+5) = |-2|\sigma(X) = 2 \times \sqrt{2} = 2\sqrt{2}$

> **Plus +**
> 확률변수 X에 대한 표준편차 $\sigma(X)$는 분산 $V(X) = 2$의 양의 제곱근인 $\sqrt{2}$이다.

4. 확률분포(Probability Distribution)

① 불확실한 현상을 관찰하는 경우에 실현치와 확률 간의 함수관계로 표현되는 분포이다.

서로 다른 두 개의 동전을 던지는 시행(앞면 H, 뒷면 T)에서 앞면의 개수에 관심이 있어 앞면의 개수를 확률변수 X라 놓으면 확률변수 X는 0, 1, 2이고 각 확률변수 X의 확률값은
$P(X=0) = \frac{1}{4}$,
$P(X=1) = \frac{1}{2}$, $P(X=2) = \frac{1}{4}$ 이다. 이에 대한 확률분포표는 다음과 같다.

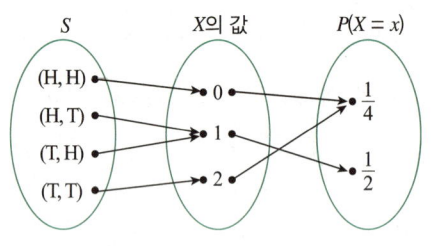

X	0	1	2	합계
$P(X=x)$	$\frac{1}{4}$	$\frac{1}{2}$	$\frac{1}{4}$	1

② 이산확률분포와 연속확률분포로 구분된다.
  ㉠ 이산확률분포(Discrete Probability Distribution): 이산확률변수 X의 각 값 $x_1, x_2, \cdots, x_n$과 X가 그 값을 취할 확률 $p_1, p_2, \cdots, p_n$ 사이의 대응관계
  ㉡ 연속확률분포(Continuous Probability Distribution): 연속확률변수 $X(\alpha < X < \beta)$와 X에 대한 확률 $f(x)$ 사이의 대응관계

③ 모든 확률변수는 나름대로 고유한 확률분포를 가지며, 통계분석은 이러한 확률분포를 근거로 진행한다.

Plus +

이산확률분포의 분류
이항분포, 포아송분포, 초기하분포, 기하분포, 음이항분포, 다항분포, 이산균등분포 등

연속확률분포의 분류
정규분포, 표준정규분포, 지수분포, t-분포, F-분포, 카이제곱분포, 감마분포, 연속균등분포 등

기출문제 CHECK 2022년 1회

어느 자동차 정비업소에서 최근 1년 동안의 기록을 근거로 하루 동안에 찾아오는 손님의 수에 대한 확률분포를 다음과 같이 얻었다. 이 확률분포에 근거할 때 하루에 몇 명 정도의 손님이 이 정비업소를 찾아올 것으로 기대되는가?

손님 수	0	1	2	3	4	5
확률	0.05	0.2	0.3	0.25	0.15	0.05

① 2.0 ② 2.4
③ 2.5 ④ 3.0

| 해설 | 하루에 정비업소를 찾아올 것으로 기대되는 손님의 수 X에 대한 기댓값, $E(X)$를 구하면
$E(X) = 0 + 1 \times 0.2 + 2 \times 0.3 + 3 \times 0.25 + 4 \times 0.15 + 5 \times 0.05 = 2.4$ 이다. | 정답 | ②

3 이산확률분포

1. 베르누이 시행(Bernoulli Trial)

① 시행의 결과가 오직 상호 배타적인 두 가지뿐인 시행이다.
   예 ○, × 택일형 문제의 정오결과는 성공과 실패 두 가지뿐이다.
② 베르누이 확률변수는 성공 시 1, 실패 시 0으로 정의한다.
③ 베르누이 시행은 이항분포, 음이항분포, 기하분포, 초기하분포, 포아송분포 등의 분포에 기초가 된다.
④ 확률변수 X의 확률질량함수

$$P(X=x) = p^x(1-p)^{1-x} \text{ (단, } x=0, 1\text{)}$$

Plus +

베르누이 시행에 대한 확률분포표

X	0	1	합
$P(X=x)$	$1-p$	p	1

2. 이항분포(Binomial Distribution) 빈출

① 사건 A가 일어날 확률 p, 일어나지 않을 확률 $1-p$ **두 가지뿐인** 베르누이 시행을 n번 **독립적으로** 시행할 때 사건 A가 일어나는 횟수 X에 대한 분포이며, 기호 $B(n, p)$로 표기한다.

② 확률변수 X의 확률질량함수

$$P(X=x) = {}_nC_x \, p^x(1-p)^{n-x} \text{ (단, } x=0, 1, 2, \cdots, n\text{)}$$

③ 평균과 분산은 각각 $E(X) = np$, $V(X) = np(1-p) = npq$ 이다(단, $q=1-p$).

X	0	1	2	$\cdots$	n	합계
$P(X=x)$	${}_nC_0(1-p)^n$	${}_nC_1 p^1(1-p)^{n-1}$	${}_nC_2 p^2(1-p)^{n-2}$	$\cdots$	${}_nC_n p^n$	1

5지 택일형 문제 10개에 임의로 답을 써 넣을 때 정답을 맞힌 개수 X에 대한 분포는 $n=10$, $p=0.2$인 이항분포 $B(10, 0.2)$이다.

연습문제 CHECK

한 개의 주사위를 세 번 던져 1의 눈이 나오는 횟수를 X라 할 때, X의 확률분포표와 기댓값 및 분산을 구하면?

- 세 번 던지므로 $n=3$, 주사위를 던졌을 때 1이 나올 확률 $p=\frac{1}{6}$이다.

  따라서 이항분포 $B\left(3, \frac{1}{6}\right)$을 따른다.

- X의 확률질량함수는 $P(X=x) = {}_3C_x \left(\frac{1}{6}\right)^x \left(1-\frac{1}{6}\right)^{3-x}$ $(x=0, 1, 2, 3)$이고, 확률분포표는 다음과 같다.

X	0	1	2	3	합계
$P(X=x)$	${}_3C_0\left(\frac{5}{6}\right)^3$	${}_3C_1\left(\frac{1}{6}\right)^1\left(\frac{5}{6}\right)^2$	${}_3C_2\left(\frac{1}{6}\right)^2\left(\frac{5}{6}\right)^1$	${}_3C_3\left(\frac{1}{6}\right)^3$	1

- 기댓값 및 분산은 $E(X) = np = 3 \times \frac{1}{6} = \frac{1}{2}$, $V(X) = np(1-p) = 3 \times \frac{1}{6} \times \frac{5}{6} = \frac{5}{12}$ 이다.

④ 이항분포 $B(n,\ p)$는 다음의 경우에 정규분포 $N(np,\ np(1-p))$에 근사한다.
  ㉠ 시행횟수 n이 충분히 클 경우
  ㉡ 성공확률 p가 0.5에 가까울 경우
  ㉢ $np \geq 5,\ n(1-p) \geq 5$인 경우
⑤ 연속성 수정: 이항분포가 정규분포로 근사할 때 연속성 수정을 고려하면 다음과 같다.

$$P(a \leq X) \fallingdotseq P(a-0.5 \leq X),\ P(X \leq b) \fallingdotseq P(X \leq b+0.5)$$
$$P(a \leq X \leq b) \fallingdotseq P(a-0.5 \leq X \leq b+0.5)$$

3. 초기하분포(Hypergeometric Distribution)

① 전체 N개 중에서 특정한 속성을 갖는 원소가 M개 포함되어 있고 그중에서 임의로 n개의 원소를 비복원추출할 때 n개에 포함된 특정한 속성을 갖는 원소의 개수 X에 대한 분포이며, 기호 $Hyp(N,\ M,\ n)$로 표기한다.
② 같은 조건에서 복원추출은 이항분포를 따르고, 비복원추출은 초기하분포를 따른다.
③ 모집단의 크기가 충분히 크면 이항분포로 근사될 수 있다.
④ 확률변수 X의 확률질량함수

$$P(X=x) = \frac{{}_M C_x \times {}_{N-M} C_{n-x}}{{}_N C_n} \ (\text{단},\ x = \max(0,\ n-N+M),\ \cdots,\ \min(n,\ M))$$

⑤ 평균과 분산은 각각 $E(X) = np,\ V(X) = npq\left(\dfrac{N-n}{N-1}\right)$이다(단, $p = \dfrac{M}{N},\ q = 1-p$).

4. 기하분포(Geometric Distribution)

① 성공확률이 p인 독립시행을 반복할 때 첫 번째 성공을 얻을 때까지의 시행횟수 X에 대한 분포로, 기호 $Geo(p)$로 표기한다.
② 확률변수 X의 확률질량함수

$$P(X=x) = {}_{x-1}C_{r-1}\,p^r(1-p)^{x-r}$$

③ 평균과 분산은 각각 $E(X) = \dfrac{1}{p},\ V(X) = \dfrac{1-p}{p^2}$이다.

5. 음이항분포(Negative Binomial Distribution)

① 성공확률을 p라고 할 때, r번의 실패가 나오기까지 발생한 성공횟수가 확률변수 X인 분포로, 기호 $NB(r, p)$로 표기한다.

② 확률변수 X의 확률질량함수

$$P(X=x) = {}_{x-1}C_{r-1}p^r(1-p)^{x-r} \quad (단,\ x=r,\ r+1,\ r+2,\ \cdots)$$

③ 평균과 분산은 각각 $E(X) = \dfrac{r}{p}$, $V(X) = \dfrac{r(1-p)}{p^2}$ 이다.

6. 포아송분포(Poisson Distribution) [빈출]

① 일정한 단위 내에서 발생하는 사건의 수에 대응한 확률변수 X에 대한 분포로, 기호 $Pois(\lambda)$로 표기한다.

② 확률변수 X의 확률질량함수

$$P(X=x) = \dfrac{e^{-\lambda}\lambda^x}{x!}$$

(단, $x = 0,\ 1,\ 2,\ \cdots$, λ=사건의 평균 발생 횟수, e=자연상수)

③ 평균과 분산은 각각 $E(X) = \lambda$, $V(X) = \lambda$ 이다.

기출문제 CHECK 2022년 2회

어떤 사람이 즉석복권을 5일 연속하여 구입한다고 하자. 어느 날 당첨될 확률은 $\dfrac{1}{5}$ 이고, 어느 날 구입한 복권의 당첨 여부가 그 다음날 구입한 복권의 당첨 여부에 영향을 미치지 않는다면, 2장이 당첨되고 3장이 당첨되지 않은 복권을 구매할 확률은?

① $10 \times \left(\dfrac{1}{5}\right)^2 \times \left(\dfrac{4}{5}\right)^3$
② $2 \times \left(\dfrac{1}{5}\right)^2 \times \left(\dfrac{4}{5}\right)^3$

③ $5 \times \left(\dfrac{1}{5}\right)^2 \times \left(\dfrac{4}{5}\right)^3$
④ $3 \times \left(\dfrac{1}{5}\right)^2 \times \left(\dfrac{4}{5}\right)^3$

| 해설 | 당첨 여부가 두 가지뿐인 베르누이 시행에서 5일 중 당첨 횟수를 확률변수 X라 하면 확률변수 X는 이항분포 $B(5, 0.2)$를 따른다. 2장이 당첨되고 3장이 당첨되지 않는 복권을 구매할 확률은 확률질량함수를 이용하여 $P(X=2) = {}_5C_2(0.2)^2(1-0.2)^{5-2} = 10 \times (0.2)^2 \times (0.8)^3$로 구할 수 있다. | 정답 | ①

Plus +
표준편차에 따른 정규분포

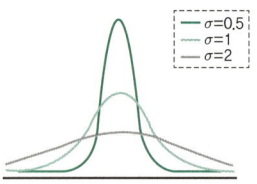

4 연속확률분포

1. 정규분포(Normal Distribution) 빈출

① 평균 μ를 중심으로 좌우대칭인 종모양의 분포로, 평균 μ와 표준편차 σ에 의해 모양이 결정되며, 기호 $N(\mu,\ \sigma^2)$로 표기한다.

② 정규분포의 특징

$$f(x) = \frac{1}{\sqrt{2\pi}\,\sigma} e^{-\frac{(x-\mu)^2}{2\sigma^2}} \quad (단,\ -\infty < x < \infty,\ e = 2.718281 \cdots)$$

㉠ 직선 $x = \mu$에 대해 대칭이다.
㉡ 점근선이 x축이다.
㉢ 곡선과 x축 사이의 넓이는 1이다.
㉣ 평균, 중앙값, 최빈값이 동일하다.
㉤ 왜도(비대칭도)는 0, 첨도는 3이다.
㉥ 분산(표준편차)이 클수록 꼬리부분이 두껍고 길어진다.
㉦ $Z = \dfrac{X-\mu}{\sigma}$라 두면 $Z \sim N(0,\ 1)$이다. 즉, 평균 0, 분산 1이다.

- $E\left(\dfrac{X-\mu}{\sigma}\right) = \dfrac{1}{\sigma}E(X-\mu) = \dfrac{1}{\sigma}\{E(X) - \mu\} = \dfrac{1}{\sigma}(\mu - \mu) = 0$
- $V\left(\dfrac{X-\mu}{\sigma}\right) = \dfrac{1}{\sigma^2}V(X-\mu) = \dfrac{1}{\sigma^2}V(X) = \dfrac{1}{\sigma^2}\sigma^2 = 1$

③ 정규분포는 평균을 중심으로 1σ, 2σ, 3σ 구간 내에 포함될 확률이 각각 0.6826, 0.9544, 0.9974이다.

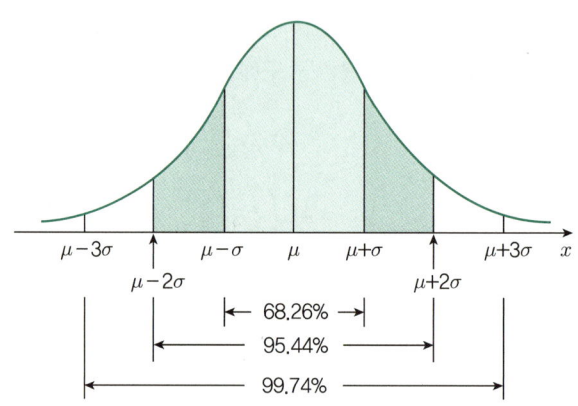

2. 표준정규분포(Standard Normal Distribution) 〈빈출〉

① 평균 0, 분산 1인 정규분포로, 기호 $N(0, 1)$로 표기한다.
② 확률변수 Z에 대한 확률밀도함수

$$f(z) = \frac{1}{\sqrt{2\pi}} e^{-\frac{z^2}{2}} \quad (단, -\infty < z < \infty, e = 2.718281\cdots)$$

③ Z가 닫힌 구간 $[0, a]$에 속할 확률 $P(0 \leq Z \leq a)$는 $Z = 0$부터 $Z = a$ 사이의 곡선 아래의 면적과 같다.
  ㉠ $Z = 0$에 대해 좌우대칭이다.
  ㉡ $P(0 \leq Z) = P(Z \leq 0) = 0.5$이다.
  ㉢ $P(0 \leq Z \leq a) = P(-a \leq Z \leq 0)$이다.
④ 표준정규분포표로 확률값을 구한다. 예를 들면, $P(0 \leq Z \leq 1.35) = 0.4115$이다.

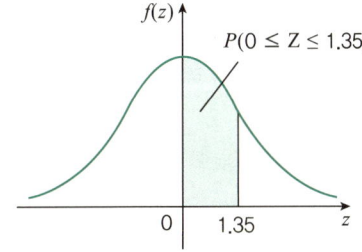
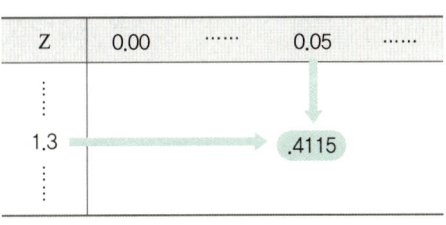

연습문제 CHECK

표준정규분포 $Z \sim N(0, 1)$에 대해 $P(Z \leq 1.32)$와 $P(-0.56 \leq Z \leq 1.95)$는? (단, $P(0 \leq Z \leq 1.32) = 0.4066, P(0 \leq Z \leq 0.56) = 0.2123, P(0 \leq Z \leq 1.95) = 0.4744$)

- $P(Z \leq 1.32) = P(Z \leq 0) + P(0 \leq Z \leq 1.32) = 0.5 + 0.4066 = 0.9066$
- $P(-0.56 \leq Z \leq 1.95)$
  $= P(-0.56 \leq Z \leq 0) + P(0 \leq Z \leq 1.95)$
  $= P(0 \leq Z \leq 0.56) + P(0 \leq Z \leq 1.95) = 0.2123 + 0.4744 = 0.6867$

⑤ 확률변수 X가 정규분포 $N(\mu, \sigma^2)$을 따를 때 표준정규분포 $N(0, 1)$로 표준화한 뒤 표준정규분포표를 이용하여 확률값을 구할 수 있다. 이처럼 정규분포를 표준정규분포로 만드는 것을 '표준화'라고 한다.

$$Z = \frac{X - \mu}{\sigma}, \quad Z \sim N(0, 1)$$
$$P(x_1 \leq X \leq x_2) = P\left(\frac{x_1 - \mu}{\sigma} \leq \frac{X - \mu}{\sigma} \leq \frac{x_2 - \mu}{\sigma}\right) = P\left(\frac{x_1 - \mu}{\sigma} \leq Z \leq \frac{x_2 - \mu}{\sigma}\right)$$

Plus +

주요 표준정규분포값

- $P(-1.645 \leq Z \leq 1.645)$
  $= 0.90$

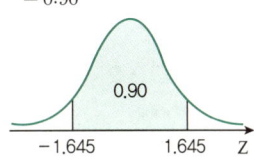

- $P(-1.96 \leq Z \leq 1.96)$
  $= 0.95$

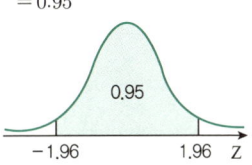

- $P(-2.58 \leq Z \leq 2.58)$
  $= 0.99$

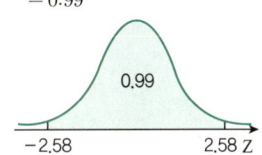

> **연습문제 CHECK**
>
> $X \sim N(30, 4^2)$일 때, $P(34 \leq X \leq 38)$은? (단, $P(0 \leq Z \leq 2) = 0.4772$, $P(0 \leq Z \leq 1) = 0.3413$)
>
> - 표준정규분포로 표준화를 한다.
>
> $X \sim N(30, 4^2)$이므로, $Z = \dfrac{X-30}{4}$
>
> - $P(34 \leq X \leq 38) = P\left(\dfrac{34-30}{4} \leq \dfrac{X-30}{4} \leq \dfrac{38-30}{4}\right) = P(1 \leq Z \leq 2)$
> $= P(0 \leq Z \leq 2) - P(0 \leq Z \leq 1) = 0.4772 - 0.3413 = 0.1359$

3. t-분포, χ^2-분포, F-분포

(1) t-분포

① 표준정규분포와 마찬가지로 0을 중심으로 좌우대칭인 종모양의 분포이다.
② 자유도 $n-1$에 따라 모양이 다르며, 자유도가 증가할수록 표준정규분포에 가까워져 자유도가 무한대이면 t값은 Z값과 일치한다.
③ 정규분포보다 중심이 더 뾰족하면서 꼬리가 두꺼워 정규분포의 첨도인 3보다 크다.
④ 확률변수 $\dfrac{\overline{X}-\mu}{S/\sqrt{n}}$는 자유도가 $n-1$인 t-분포를 따른다.

(2) χ^2(카이제곱)-분포

① $Z_1, Z_2, \cdots, Z_k$가 서로 독립이며 각각 표준정규분포를 따르는 확률변수일 때, $Z_1^2 + Z_2^2 + \cdots + Z_k^2$은 자유도가 k인 카이제곱분포를 따른다.
② V_1, V_2가 서로 독립이며 각각 자유도가 k_1, k_2인 카이제곱분포를 따를 때 $V_1 + V_2$는 자유도가 $k_1 + k_2$인 카이제곱분포를 따른다.
③ 확률밀도함수는 왼쪽으로 치우쳐 있고 오른쪽으로 꼬리가 긴 모양의 분포이다.
④ 자유도가 k인 카이제곱분포의 평균은 k, 분산은 $2k$이다.
⑤ 정규모집단 $N(\mu, \sigma^2)$으로부터 추출한 크기 n의 임의표본에 근거한 $\dfrac{(n-1)S^2}{\sigma^2}$은 자유도가 $n-1$인 카이제곱분포를 따른다. 따라서 카이제곱분포는 모분산 σ^2의 추론 시 사용된다.
⑥ 신뢰구간 추정과 가설검정을 할 때, $\chi^2_{1-\alpha}(k)$와 $\chi^2_\alpha(k)$ 모두 확인해야 한다.
   예) 자유도 5일 때 $\chi^2_{0.95}(5) = 1.15$, $\chi^2_{0.05}(5) = 11.07$

Plus +

자유도가 k인
χ^2(카이제곱)-분포

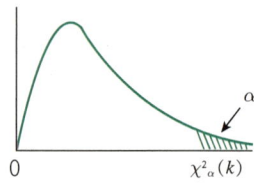

(3) F-분포

① 두 정규모집단에서의 표본분산의 비 $F = \dfrac{S_1^2/\sigma_1^2}{S_2^2/\sigma_2^2}$에 대한 분포이다.

② 확률밀도함수는 왼쪽으로 치우쳐져 있고 오른쪽으로 꼬리가 긴 모양의 분포이며, 자유도가 증가함에 따라 대칭이 된다.
③ 확률변수 X가 자유도 (a, b)인 $F(a, b)$를 따른다면 확률변수 $\frac{1}{X}$의 분포는 $\frac{1}{F(a, b)} = F(b, a)$를 따른다.
④ 두 정규모집단의 분산을 비교하는 추론 시 사용된다.

기출문제 CHECK 2022년 2회

다음 정규분포의 정규곡선에 대한 설명 중 옳은 것은 모두 몇 개인가?

- 정규곡선은 중앙값을 중심으로 좌우대칭을 이룬다.
- 정규곡선의 형태와 위치는 평균과 표준편차에 의해 결정된다.
- 정규곡선 아래의 면적은 1이다.
- 정규곡선이 그려지는 확률변수의 범위는 $-\infty$에서 $+\infty$까지이다.

① 1개　　　　　　　　② 2개
③ 3개　　　　　　　　④ 4개

| 해설 | 정규분포는 평균, 중앙값, 최빈값이 모두 같고, 이 값을 중심으로 좌우대칭인 종 모양 곡선을 이룬다. 평균은 곡선의 중심 위치를, 표준편차는 곡선의 퍼짐 정도(폭)를 결정하며 일반적으로 정규곡선 아래의 전체 면적은 1이다. 정규분포는 이론적으로 마이너스 무한대에서 플러스 무한대까지 정의된다. | 정답 | ④

5 표본분포와 중심극한정리

1. 표본분포(Sampling Distribution) 빈출

① 모집단에서 반복적으로 표본을 추출해 얻은 통계량들의 분포이다.
② 모집단에서 크기가 n인 표본 $X_1, X_2, \cdots, X_n$을 임의추출하였을 때 확인 가능한 대표적인 통계량은 표본평균, 표본분산, 표본표준편차, 표본비율 등이다.

㉠ 표본평균 $\overline{X}$

$$\overline{X} = \frac{1}{n}(X_1 + X_2 + \cdots + X_n) = \frac{1}{n}\sum_{i=1}^{n} X_i$$

㉡ 표본분산 S^2

$$S^2 = \frac{1}{n-1}\{(X_1 - \overline{X})^2 + (X_2 - \overline{X})^2 + \cdots + (X_n - \overline{X})^2\} = \frac{1}{n-1}\sum_{i=1}^{n}(X_i - \overline{X})^2$$

㉢ 표본표준편차 S

$$S = \sqrt{\frac{1}{n-1}\sum_{i=1}^{n}(X_i - \overline{X})^2}$$

Plus +

통계량(Statistic)

모집단에서 추출한 표본으로부터 계산된 수치적인 값으로 모집단의 특성을 추출하거나 검정하기 위해 사용된다.

ⓔ 표본비율 $\hat{p}$

$$\hat{p} = \frac{X}{n} \text{(단, } X \text{는 어떤 특성을 갖는 사건이 일어난 횟수)}$$

③ 추측통계의 의사결정을 위한 이론적 분포로서 가상의 분포이다.
④ 각 표본들의 통계량 값은 추정값과 어느 정도 오차(Error)를 가지고 존재하게 되는데, 이 오차의 크기를 표준오차(Standard Error, SE)라고 한다. 즉, 표준오차는 추정값으로부터 표본들의 통계량 값이 산포해 있는 정도이다.

2. 표본평균의 분포와 중심극한정리 빈출

(1) 표본평균의 분포

① 평균이 μ이고 분산이 σ^2인 임의의 모집단에서 추출한 확률표본 $X_1, X_2, \cdots, X_n$에 대한 표본평균 $\overline{X}$는 $E(\overline{X}) = \mu$, $V(\overline{X}) = \frac{\sigma^2}{n}$이다.

② 표본평균 $\overline{X}$의 기댓값은 표본의 크기 n에 관계없이 항상 모평균 μ와 같으나, 표본평균 $\overline{X}$의 표준편차는 표본의 크기 n이 커짐에 따라 점점 작아져 0에 가까워진다.

③ 표본평균 $\overline{X}$의 표준편차는 표준오차 $SE(\overline{X}) = \frac{\sigma}{\sqrt{n}}$이며, $\sqrt{n}$에 반비례하고 모집단의 분산과 표본의 크기에 영향을 받는다.

(2) 중심극한정리(Central Limit Theorem, CLT)

① 모집단의 분포에 관계없이 표본평균 $\overline{X}$는 표본의 크기가 커짐에 따라 근사적으로 평균이 μ이고 분산이 $\frac{\sigma^2}{n}$인 정규분포를 따른다. 이때 모집단의 분포는 연속형, 이산형 모두 가능하다.

② 모평균 μ, 모표준편차 σ인 모집단에서 크기가 n인 표본을 임의추출할 때 다음과 같다.

  ㉠ 모집단이 정규분포 $N(\mu, \sigma^2)$을 따르면 표본평균 $\overline{X}$는 정규분포 $N\left(\mu, \frac{\sigma^2}{n}\right)$을 따른다.

  ㉡ 표본의 크기 n이 충분히 크면 모집단의 분포가 정규분포가 아니더라도 표본평균 $\overline{X}$는 근사적으로 정규분포 $N\left(\mu, \frac{\sigma^2}{n}\right)$을 따른다.

③ n이 충분히 클 때 $\overline{X}$의 근사분포는 $N\left(\mu, \frac{\sigma^2}{n}\right)$이므로 $\frac{\overline{X} - \mu}{\sigma/\sqrt{n}}$의 근사분포는 $N(0, 1)$이다.

> **Plus +**
> 일반적으로 표본의 크기 n이 30 이상이면 충분히 큰 것으로 본다.

연습문제 CHECK

모평균이 10, 모분산이 4인 정규분포를 따르는 모집단에서 크기가 25인 표본을 임의추출했을 때, 표본평균($\overline{X}$)의 평균, 분산, 표준편차는?

- 모집단이 정규분포 $N(10, 4)$을 따르고, 표본의 크기 $n=25$이다.
- 모집단의 분포가 정규분포를 따르므로 표본평균 $\overline{X}$는 정규분포 $N\left(10, \dfrac{4}{25}\right)$를 따른다.
- 따라서 평균 10, 분산 $\dfrac{4}{25}$, 표준편차 $\sqrt{\dfrac{4}{25}} = \dfrac{2}{5}$ 이다.

Plus +

모집단 모수와 표본 통계량의 기호

구분	모집단 모수	표본 통계량
평균	μ	$\overline{X}$
분산	σ^2	S^2
표준편차	σ	S
공분산	σ_{XY}	S_{XY}
상관계수	ρ_{XY}	r_{XY}

3. 표본비율의 분포 [빈출]

① 모비율 p가 알려져 있는 경우 표본 n을 뽑아 구한 표본비율 $\hat{p} = \dfrac{X}{n}$의 분포이다.

② 표본비율 $\hat{p}$은 n이 충분히 크면 정규분포 $\hat{p} \sim N\left(p, \dfrac{p(1-p)}{n}\right)$를 따른다.

③ 표본비율 $\hat{p}$은 $np \geq 5$이고 $n(1-p) \geq 5$이면, 중심극한정리에 의해 근사적으로 정규분포 $N\left(p, \dfrac{p(1-p)}{n}\right)$를 따른다.

④ 표본비율 $\hat{p}$의 표준오차 $SE(\hat{p}) = \sqrt{\dfrac{p(1-p)}{n}}$이다. 그러나 p가 일반적으로 모르는 경우가 많기 때문에 p를 $\hat{p} = \dfrac{X}{n}$으로 대체하면 $SE(\hat{p}) = \sqrt{\dfrac{\hat{p}(1-\hat{p})}{n}}$ $= \dfrac{1}{n}\sqrt{\dfrac{X(n-X)}{n}}$ 이다. 따라서 표준오차 $SE(\hat{p})$은 $\sqrt{n}$에 반비례한다.

6 체비셰프 부등식(Chebyshev Inequality)

① 확률분포를 정확히 모를 때, 해당 확률분포의 평균과 표준편차의 값만으로 특정한 확률의 최솟값만큼은 알아낼 수 있는 부등식이다.

② 확률변수 X에 대한 평균 $E(X) = \mu$, 분산 $V(X) = \sigma^2$과 임의의 양수 k에 대해 다음이 성립한다.

$$P(|X-\mu| \leq k\sigma) \geq 1 - \dfrac{1}{k^2} \text{ 또는 } P(|X-\mu| \geq k\sigma) \leq \dfrac{1}{k^2}$$

Plus +

체비셰프 부등식은 확률분포의 평균 μ와 표준편차 σ만으로 확률을 예측할 수 있게 한다.

③ 확률변수의 값이 평균으로부터 표준편차의 일정 상수배 이상 떨어진 확률의 상한값 또는 하한값을 제시해준다.

예 $P(\mu-2\sigma \leq X \leq \mu+2\sigma) \geq 1 - \left(\dfrac{1}{2^2}\right) = 0.75$,

$P(\mu-3\sigma \leq X \leq \mu+3\sigma) \geq 1 - \left(\dfrac{1}{3^2}\right) ≒ 0.89$

CHAPTER 03 추정·가설검정

학습방법

- ☑ 좋은 추정량이 가져야 할 바람직한 성질을 이해하고 암기한다.
- ☑ 모평균과 모비율에 대한 점추정값을 구하고 표준오차를 계산한다.
- ☑ 신뢰수준의 의미를 이해하고 모평균, 모비율에 대하여 신뢰수준에 맞춘 신뢰구간을 구한다.
- ☑ 유의수준, 유의확률의 개념을 이해하고, 가설검정의 개념과 절차를 정확히 이해한다.
- ☑ 가설검정의 제1종 오류, 제2종 오류의 의미를 정확히 암기한다.

1 통계적 추정의 이해

1. 통계적 추정

① 통계적 추정이란 표본의 특성을 나타내는 통계량을 기초로 하여 모집단의 특성인 모수를 추측하는 통계적 분석방법으로, 보통 모평균, 모분산, 모비율 등을 추정한다.

② 통계적 추정은 크게 점추정과 구간추정으로 구분된다.
  ㉠ **점추정**: 모집단으로부터 추출된 표본으로부터 미지의 모수를 하나의 수치로 추정하는 방법이다.
  ㉡ **구간추정**: 미지의 모수를 포함한다고 추측되는 구간을 추정하는 방법이다.

③ 모수의 추정에 사용되는 통계량을 추정량이라 하고, 추정량의 관측값을 추정치(추정값)라고 한다.

2. 바람직한 추정량의 선정기준 〈빈출〉

모집단의 모수 θ에 대한 좋은 추정량(Estimator)이 가져야 할 바람직한 성질(선정기준)은 불편성, 효율성, 일치성, 충분성 4가지이다.

(1) 불편성(Unbiasedness)

① 모수에 대한 추정량 $\hat{\theta}$의 평균이 모수 θ가 되는 추정량이 좋은 추정량이 된다는 성질이다.

$$E(\hat{\theta}) = \theta \text{ (단, } \hat{\theta}\text{: 추정량, } \theta\text{: 모수)}$$

② 불편성을 갖는 추정량을 '불편추정량'이라고 하고, 불편추정량이 아닌 추정량을 '편의추정량'이라고 한다.

③ 표본평균 $\overline{X}$에 대해 $E(\overline{X}) = \mu$이므로 표본평균 $\overline{X}$는 모평균 μ의 불편추정량이다.

④ 표본분산 $S^2 = \dfrac{1}{n-1}\sum_{i=1}^{n}(X_i - \overline{X})^2$에 대해 $E(S^2) = E\left(\dfrac{1}{n-1}\sum_{i=1}^{n}(X_i - \overline{X})^2\right)$
$= \sigma^2$이므로 표본분산 S^2은 모분산 σ^2의 불편추정량이다.

㉠ 모분산의 추정량으로써 편차제곱합 $\sum(X_i - \overline{X})^2$을 n으로 나눈 것보다 $(n-1)$로 나눈 것을 사용하는 이유는 **불편성** 때문이다.

㉡ n으로 나누면 $E\left(\dfrac{1}{n}\sum_{i=1}^{n}(X_i - \overline{X})^2\right) = \dfrac{1}{n} \times (n-1)\sigma^2 \neq \sigma^2$으로 본래 모분산보다 더 작게 나온다.

⑤ 편향(Bias) $= E(\hat{\theta}) - \theta$: 추정량 $\hat{\theta}$이 모수 θ로부터 벗어난 정도를 의미하며, 편향이 0인 경우 불편추정량이 된다.

연습문제 CHECK

추정량 $\dfrac{X_1 + 2X_2 + X_3}{4}$은 모평균의 불편추정량이지만 $\dfrac{X_1 + X_2 + X_3}{2}$은 모평균의 불편추정량이 아니다. 그 이유는?

- $E\left(\dfrac{X_1 + 2X_2 + X_3}{4}\right) = \dfrac{1}{4}E(X_1 + 2X_2 + X_3) = \dfrac{1}{4} \times \{E(X_1) + 2E(X_2) + E(X_3)\}$
$= \dfrac{1}{4}(\mu + 2\mu + \mu) = \dfrac{1}{4} \times 4\mu = \mu$

- $E\left(\dfrac{X_1 + X_2 + X_3}{2}\right) = \dfrac{1}{2}E(X_1 + X_2 + X_3) = \dfrac{1}{2} \times \{E(X_1) + E(X_2) + E(X_3)\}$
$= \dfrac{1}{2}(\mu + \mu + \mu) = \dfrac{1}{2} \times 3\mu = \dfrac{3}{2}\mu$

즉, $E\left(\dfrac{X_1 + 2X_2 + X_3}{4}\right) = \mu$이지만 $E\left(\dfrac{X_1 + X_2 + X_3}{2}\right) \neq \mu$이기 때문이다.

(2) 효율성(Efficiency)

① 여러 가지 불편추정량 중에서 모수에 근접한 추정량, 즉 **자료의 흩어짐을 의미하는 분산이 적은 추정량**이 더 좋은 추정량이 된다는 성질이다.

> 불편추정량 $\hat{\theta}_1$, $\hat{\theta}_2$에 대해 $V(\hat{\theta}_1) < V(\hat{\theta}_2)$이면 $\hat{\theta}_1$이 $\hat{\theta}_2$보다 더 효율적

② 불편추정량 중에서 표본분포의 표준오차가 더 작은 추정량이 더 효율적이라고 한다.
③ 효율성을 가진 추정량을 '효율추정량' 또는 '유효추정량'이라고 한다.

Plus +
효율성을 유효성이라고도 한다.

(3) 일치성(Consistency)

① 표본의 크기 n이 커질수록 표본으로부터 구한 추정값이 확률적으로 모수에 수렴한다는 성질이다.

> $\lim\limits_{n \to \infty} P(|\hat{\theta} - \theta| < \epsilon) = 1$ (단, ϵ는 임의의 양수)

② 표본의 크기가 매우 크다면 참값에 매우 가까운 추정값을 거의 항상 얻게 된다는 의미이다.
③ 일치성을 가진 추정량을 '일치추정량'이라고 한다.

(4) 충분성(Sufficiency)

① 모집단으로부터 추출한 표본의 정보와 지식을 모두 사용하는 추정량이 더 좋은 추정량이 된다는 성질이다. 또는 추정량의 값이 주어질 때 조건부 분포가 모수에 의존하지 않는다는 성질이다.
② 충분성을 가진 추정량을 '충분추정량'이라고 한다.
③ 표본평균 $\overline{X}$는 미지의 모수 μ를 추정하는 데 있어 확률표본 $X_1, X_2, \cdots, X_n$의 모든 유용한 정보를 갖고 있기 때문에 모평균 μ에 대한 충분추정량이다.

기출문제 CHECK 2021년 1회

다음 중 바람직한 추정량(Estimator)의 선정기준이 아닌 것은?

① 할당성(Quota) ② 효율성(Efficiency)
③ 일치성(Consistency) ④ 불편성(Unbiasedness)

| 해설 | 바람직한 추정량 선정 기준으로 할당성은 관련이 없으며, 일반적으로 고려하는 기준은 불편성, 효율성, 일치성, 충분성이다.

| 정답 | ①

---

2 점추정

1. 점추정(Point Estimation)의 이해

① 모집단으로부터 추출된 표본으로부터 모수(θ)를 하나의 수치로 추정하는 방법이다.
② 모집단의 평균 μ, 분산 σ^2, 비율 p 등을 추정한다.
③ 추정량의 정확도를 측정하기 위해 표준오차를 구한다.
  ㉠ 표준오차(Standard Error, SE)란 추정량의 표준편차이다.
  ㉡ 미지의 모수에 대한 불편추정량 중에서 표준오차가 더 작은 추정량이 더 좋은 추정량이다(효율성).
  ㉢ 표준오차는 모집단의 표준편차보다 언제나 작으며, 모집단의 표준편차가 클수록 커진다.

2. 모평균의 점추정 빈출

① 모평균 μ의 불편추정량은 표본평균 $\overline{X}$이다.

$$E(\overline{X}) = E\left(\frac{1}{n}\sum_{i=1}^{n}X_i\right) = \frac{1}{n}E\left(\sum_{i=1}^{n}X_i\right) = \frac{1}{n} \times nE(X_1) = \mu$$

② 모평균 μ의 표준오차는 $SE(\overline{X}) = \dfrac{\sigma}{\sqrt{n}}$이다(단, σ는 모표준편차).

3. 모비율의 점추정 빈출

① 모비율 p의 불편추정량은 표본비율 $\hat{p}$이다.

$$E(\hat{p}) = E\left(\frac{X}{n}\right) = \frac{1}{n}E(X) = \frac{1}{n} \times np = p$$

② 모비율 p의 표준오차는 $SE(\hat{p}) = \sqrt{\dfrac{p(1-p)}{n}}$ 이다.

4. 모분산의 점추정

① 모분산 σ^2의 불편추정량은 표본분산 S^2이다.

$$S^2 = \frac{1}{n-1}\sum_{i=1}^{n}(X_i - \overline{X})^2, \ E(S^2) = \sigma^2$$

② 모표준편차 σ에 대한 점추정량은 표본표준편차이다.

$$S = \sqrt{\frac{1}{n-1}\sum_{i=1}^{n}(X_i - \overline{X})^2}$$

Plus +

모표준편차 σ의 불편추정량이 표본표준편차 S인 것은 아니다. 즉, $E(S) \neq \sigma$이다.

연습문제 CHECK

A대학교 「확률과 통계」 과목을 수강한 130명 중에서 10명을 임의로 추출한 점수가 다음과 같을 때, 전체 학생의 평균점수와 표준편차를 추정하고 표준오차 $SE(\overline{X})$를 구하면?

65	85	36	82	43	33	77	78	24	97

- 130명 전체의 평균, 즉 모평균 μ의 추정량은 $\overline{X} = \dfrac{1}{10}(X_1 + \cdots + X_{10})$이므로 모평균의 점추정값은 $\overline{X} = \dfrac{1}{10}(65 + \cdots + 97) = 62$이다.

- 모분산 σ^2의 추정량은 $S^2 = \dfrac{1}{10-1}\{(X_1 - \overline{X})^2 + \cdots + (X_{10} - \overline{X})^2\}$이므로 모분산의 점추정값은 $S^2 = \dfrac{1}{10-1}\{(65-62)^2 + \cdots + (97-62)^2\} \fallingdotseq 662.889$이다.

- 모표준편차 σ의 점추정값은 $\sqrt{S^2} = \sqrt{\dfrac{1}{10-1}\{(65-62)^2 + \cdots + (97-62)^2\}} \fallingdotseq \sqrt{662.889} \fallingdotseq 25.75$이다.

- 모평균 μ의 표준오차는 $SE(\overline{X}) = \dfrac{S}{\sqrt{n}}$이므로 $\dfrac{25.75}{\sqrt{10}} \fallingdotseq 8.14$이다.

기출문제 CHECK 2022년 1회

모집단의 평균을 추정하기 위해 1,000개의 표본을 취하여 정리한 결과 표본평균은 100, 표준편차는 5로 계산되었다. 모평균에 대한 점추정치는?

① 5
② 10
③ 25
④ 100

| 해설 | 모평균에 대한 점추정치로 가장 적절한 하나의 값이 표본평균이다. 표본평균이 100으로 주어졌으므로 모평균의 점추정치는 100이 된다.
| 정답 | ④

3 구간추정

1. 구간추정(Interval Estimation)의 이해

① 모수에 대한 점추정은 모수의 참값에 가까울 수 있지만, 모수의 참값과 완전히 일치하기는 매우 어렵다. 이러한 점추정의 단점을 보완할 수 있는 방법으로 정해진 확신의 정도를 가지고 미지의 모수가 속할 것으로 기대되는 구간, 즉 신뢰구간을 추정하는 구간추정을 사용한다.
② 미지의 모수가 추정한 구간 안에 들어갈 확신의 정도인 신뢰수준에 따른 신뢰구간을 구한다.

2. 신뢰수준과 신뢰구간 〔빈출〕

(1) 신뢰수준(Confidence Level)

① 어떤 값이 알맞은 추정값이라고 믿을 수 있는 정도를 의미하며, 백분율(%)로 나타낸다.
② 신뢰수준 $100(1-\alpha)\%$는 모수가 추정한 구간 안에 들어갈 확신의 정도가 $100(1-\alpha)\%$라는 의미이다.
③ $1-\alpha$는 신뢰구간이 모수를 포함할 확률로 신뢰계수(Confidence Coefficient)라고 하며, α가 0.1, 0.05, 0.01인 신뢰수준 90%, 95%, 99%를 많이 사용한다.
④ 표준정규분포 $N(0, 1)$에서 신뢰계수 $1-\alpha$는 $-z_{\alpha/2}$(신뢰하한)와 $z_{\alpha/2}$(신뢰상한) 사이의 면적을 의미한다.

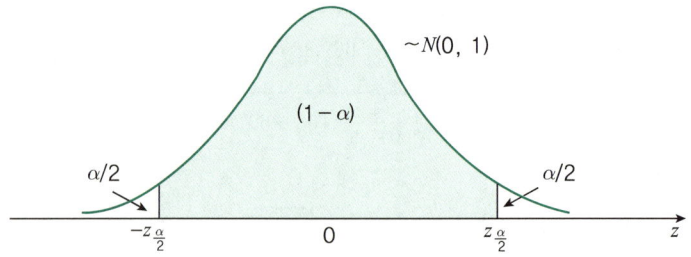

⑤ 신뢰수준을 90%, 95%, 98%, 99% 등으로 바꾸어 확신의 정도를 증가 또는 감소할 수 있다.

(2) 신뢰구간(Confidence Interval)

① 모수가 어느 구간 안에 있는지를 확률적으로 보여주는 방법으로, 모수를 포함한다고 확신하는 구간이다. 이때, '확신한다'는 뜻은 '높은 확률을 가진다'는 의미이다.
② 모수 θ에 대한 $100(1-\alpha)\%$ 신뢰구간이란 두 통계량 L(신뢰하한)과 U(신뢰상한)가 $P(L < \theta < U) = 1-\alpha$를 만족하는 구간 (L, U)이다.
③ 모든 다른 조건이 동일하다면 신뢰구간이 짧을수록 모수에 대한 추정의 정밀도가 높아지므로 신뢰구간은 짧을수록 바람직하다.
④ 신뢰수준 $100(1-\alpha)\%$인 신뢰구간은 동일한 모집단에서 동일한 추정방법으로 100회 반복하여 추정한 신뢰구간이 모수의 값을 $100(1-\alpha)$회 정도 포함하고 있을거라 기대된다는 의미이다.
⑤ '모평균의 95% 신뢰구간이 $\overline{X} \pm 5$이다'의 의미
  ㉠ 표본을 추출하여 신뢰구간을 계산해보기 전에, 동일한 추정방법으로 신뢰구간을 반복하여 추정할 경우 평균적으로 100회 중에서 95회는 추정구간 $(\overline{X}-5, \overline{X}+5)$가 모평균을 포함한다는 의미이다. 즉, 곧 측정될 신뢰구간 내에 모평균이 포함될 확률은 95%라는 의미이다.
  ㉡ 표본평균 $\overline{X}=100$에 대해 신뢰구간 $(95, 105)$은 '모평균이 95에서 105 사이에 있을 확률이 95%이다.'라는 의미로 해석하면 안 된다. 이미 수집된 표본에 의해 결정되어 있는 신뢰구간인 $(95, 105)$에 모평균이 속할 확률은 0.95가 아니다.
  - 모평균이 100이라면, 95와 105 사이의 값이므로 확률 $P(95 < \mu < 105) = 1$, 즉 100%이다.
  - 모평균이 110이라면, 95와 105 사이의 값이 아니므로 확률 $P(95 < \mu < 105) = 0$, 즉 0%이다.
⑥ 다른 조건이 동일하다면 표본의 크기가 클수록 신뢰구간의 폭은 좁아지며, 동일한 표본 하에서 신뢰수준을 높이면 신뢰구간의 폭은 넓어진다.

Plus +

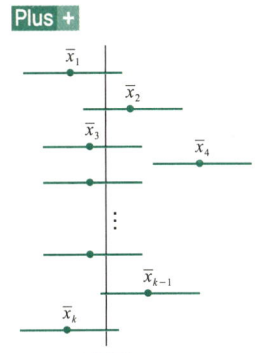

모평균 μ

📖 보충학습

표준정규분포 $N(0, 1)$에서 신뢰구간을 구할 때 자주 사용되는 Z값들은 다음과 같다.

신뢰계수$(1-\alpha)$	α	$\alpha/2$	$z_{\alpha/2}$
0.90	0.10	0.05	1.645
0.95	0.05	0.025	1.96
0.98	0.02	0.01	2.33
0.99	0.01	0.005	2.58

3. $100(1-\alpha)\%$ 신뢰구간 〔빈출〕

(1) 모평균 μ에 대한 $100(1-\alpha)\%$ 신뢰구간

① 모분산 σ^2이 알려진 정규모집단 또는 대표본인 경우: Z-분포

$$\left[\overline{X} - z_{\alpha/2}\frac{\sigma}{\sqrt{n}},\ \overline{X} + z_{\alpha/2}\frac{\sigma}{\sqrt{n}}\right] \quad (단,\ \sigma:\ 모표준편차)$$

② 모분산 σ^2이 알려지지 않은 경우

㉠ $n \geq 30$인 대표본: Z-분포

$$\left[\overline{X} - z_{\alpha/2}\frac{S}{\sqrt{n}},\ \overline{X} + z_{\alpha/2}\frac{S}{\sqrt{n}}\right] \quad (단,\ S:\ 표본표준편차)$$

㉡ $n < 30$인 소표본: 자유도가 $n-1$인 t-분포

$$\left[\overline{X} - t_{\alpha/2}(n-1)\frac{S}{\sqrt{n}},\ \overline{X} + t_{\alpha/2}(n-1)\frac{S}{\sqrt{n}}\right] \quad (단,\ S:\ 표본표준편차)$$

기출문제 CHECK 2021년 2회

$\sigma = 10$으로 알려진 정규모집단에서 $n = 25$개의 표본을 랜덤하게 추출한 결과 $\overline{X} = 40$이었다. 모평균의 추정값에 대해 95% 오차한계는? (단, $Z \sim N(0, 1)$일 때, $P(Z > 1.96) = 0.025$, $P(Z > 1.645) = 0.05$이다)

① 0.658
② 0.784
③ 3.29
④ 3.92

| 해설 | 모표준편차 σ가 알려져 있으므로 Z-분포에 따른 95% 오차한계를 구한다. 모표준편차 $\sigma = 10$, 표본의 크기 $n = 25$, $\alpha = 0.05$이므로 $z_{\alpha/2} = z_{0.025} = 1.96$에 대하여 모평균에 대한 95% 오차한계는 $z_{0.025}\frac{\sigma}{\sqrt{n}} = 1.96 \times \frac{10}{\sqrt{25}} = 1.96 \times 2 = 3.92$이다.

| 정답 | ④

(2) 모비율 p에 대한 $100(1-\alpha)\%$ 근사 신뢰구간: Z-분포

$$\left[\hat{p} - z_{\alpha/2}\sqrt{\frac{\hat{p}(1-\hat{p})}{n}},\ \hat{p} + z_{\alpha/2}\sqrt{\frac{\hat{p}(1-\hat{p})}{n}}\right] \quad (단,\ \hat{p}:\ 표본비율)$$

(3) 모분산 σ^2에 대한 $100(1-\alpha)\%$ 신뢰구간: 자유도 $n-1$인 χ^2-분포

$$\left[\frac{(n-1)S^2}{\chi^2_{\alpha/2}(n-1)},\ \frac{(n-1)S^2}{\chi^2_{1-\alpha/2}(n-1)}\right] \quad (단,\ S^2:\ 표본분산)$$

(4) 두 모평균 차 $\mu_1 - \mu_2$에 대한 $100(1-\alpha)\%$ 신뢰구간

① 두 모분산 σ_1^2, σ_2^2이 알려진 정규모집단 또는 대표본인 경우: Z-분포

$$\left[(\overline{X}_1 - \overline{X}_2) - z_{\alpha/2}\sqrt{\frac{\sigma_1^2}{n_1} + \frac{\sigma_2^2}{n_2}},\ (\overline{X}_1 - \overline{X}_2) + z_{\alpha/2}\sqrt{\frac{\sigma_1^2}{n_1} + \frac{\sigma_2^2}{n_2}} \right]$$

(단, σ_1^2, σ_2^2: 두 모분산)

② 두 모분산 σ_1^2, σ_2^2이 알려지지 않은 경우

㉠ $n_1, n_2 \geq 30$인 대표본: Z-분포

$$\left[(\overline{X}_1 - \overline{X}_2) - z_{\alpha/2}\sqrt{\frac{S_1^2}{n_1} + \frac{S_2^2}{n_2}},\ (\overline{X}_1 - \overline{X}_2) + z_{\alpha/2}\sqrt{\frac{S_1^2}{n_1} + \frac{S_2^2}{n_2}} \right]$$

(단, S_1^2, S_2^2: 두 표본분산)

㉡ $n_1, n_2 < 30$인 소표본, $\sigma_1^2 = \sigma_2^2$인 경우: 자유도 $n_1 + n_2 - 2$인 t-분포

$$\left[(\overline{X}_1 - \overline{X}_2) - t_{\alpha/2}(n_1 + n_2 - 2)\, S_p \sqrt{\frac{1}{n_1} + \frac{1}{n_2}}, \right.$$
$$\left. (\overline{X}_1 - \overline{X}_2) + t_{\alpha/2}(n_1 + n_2 - 2)\, S_p \sqrt{\frac{1}{n_1} + \frac{1}{n_2}} \right]$$

(단, S_1^2, S_2^2: 두 표본분산, $S_p^2 = \dfrac{(n_1 - 1)S_1^2 + (n_2 - 1)S_2^2}{n_1 + n_2 - 2}$: 합동분산)

📖 보충학습 합동분산(공통분산)

두 표본분산 S_1^2, S_2^2에 대한 합동분산은 $S_p^2 = \dfrac{(n_1 - 1)S_1^2 + (n_2 - 1)S_2^2}{n_1 + n_2 - 2}$이다. 예를 들어, 표본분산과 표본의 수가 $S_1^2 = 300$, $S_2^2 = 370$, $n_1 = 10$, $n_2 = 20$일 때, 합동분산은 $S_p^2 = \dfrac{(10-1) \times 300 + (20-1) \times 370}{10 + 20 - 2} = 347.5$이다.

(5) 대응모평균 차 $\mu_1 - \mu_2$에 대한 $100(1-\alpha)\%$ 신뢰구간

① 대응표본의 수 $n \geq 30$인 경우: Z-분포

$$\left[\overline{D} - z_{\alpha/2}\frac{S_D}{\sqrt{n}},\ \overline{D} + z_{\alpha/2}\frac{S_D}{\sqrt{n}} \right]$$

(단, D: 각 표본요소의 값들의 차이, $\overline{D}$: D의 평균, S_D: D의 표준편차)

Plus +

합동분산

- 합동분산 S_p^2은 모분산의 추정량으로 S_1^2과 S_2^2의 표본의 크기에 비례한 가중평균이다.
- 합동표준편차 S_p는 합동분산의 음이 아닌 제곱근이다.

② 대응표본의 수 $n < 30$인 경우: 자유도 $n-1$인 t-분포

$$\left[\overline{D} - t_{\alpha/2}(n-1)\frac{S_D}{\sqrt{n}},\ \overline{D} + t_{\alpha/2}(n-1)\frac{S_D}{\sqrt{n}}\right]$$

(단, D: 각 표본요소의 값들의 차이, $\overline{D}$: D의 평균, S_D: D의 표준편차)

(6) 두 모비율 차 $p_1 - p_2$에 대한 $100(1-\alpha)\%$ 근사 신뢰구간: Z-분포

$$\left[(\hat{p}_1 - \hat{p}_2) - z_{\alpha/2}\sqrt{\frac{\hat{p}_1(1-\hat{p}_1)}{n_1} + \frac{\hat{p}_2(1-\hat{p}_2)}{n_2}},\right.$$
$$\left.(\hat{p}_1 - \hat{p}_2) + z_{\alpha/2}\sqrt{\frac{\hat{p}_1(1-\hat{p}_1)}{n_1} + \frac{\hat{p}_2(1-\hat{p}_2)}{n_2}}\right]$$ (단, $\hat{p}_1,\ \hat{p}_2$: 두 표본비율)

(7) 독립인 두 정규모집단의 모분산 비 σ_1^2/σ_2^2에 대한 $100(1-\alpha)\%$ 신뢰구간:

자유도 $n_1 - 1$, $n_2 - 1$인 F-분포

$$\left[\frac{1}{F_{\alpha/2}(n_2-1,\ n_1-1)}\frac{S_1^2}{S_2^2},\ F_{\alpha/2}(n_1-1,\ n_2-1)\frac{S_1^2}{S_2^2}\right]$$ (단, $S_1^2,\ S_2^2$: 두 표본분산)

기출문제 CHECK 2022년 1회

모표준편차가 10인 정규모집단에서 $n = 25$인 표본을 추출하여 $\overline{X} = 40$을 얻었다. 90% 신뢰구간으로 맞는 것은? (단, $P(Z > 1.645) = 0.05$이다)

① (34.89, 46.65) ② (34.54, 45.78)
③ (35.67, 44.12) ④ (36.71, 43.29)

| 해설 | 표본평균 $\overline{X} = 40$, 모표준편차 $\sigma = 10$, 표본의 크기 $n = 25$, $\alpha = 0.1$이므로 $z_{\alpha/2} = z_{0.05} = 1.645$에 대하여 모평균에 대한 90% 신뢰구간은 $\left(\overline{X} - z_{0.05}\frac{\sigma}{\sqrt{n}},\ \overline{X} + z_{0.05}\frac{\sigma}{\sqrt{n}}\right) = \left(40 - 1.645 \times \frac{10}{5},\ 40 + 1.645 \times \frac{10}{5}\right) \fallingdotseq (36.71,\ 43.29)$이다. | 정답 | ④

---

4 표본 크기의 결정

1. 표본 크기의 이해

① 표본에 포함된 정보의 총 양은 추론이 믿을만한지, 얼마나 좋은지에 영향을 준다. 따라서 실험을 계획하기 위해서는 먼저 표본 크기를 결정해야 한다.
② 임의로 오차한계(신뢰구간 길이의 반) d를 정하여, '신뢰수준 $100(1-\alpha)\%$하에서 추정되는 오차한계 $\leq d$'를 만족하도록 표본 크기를 결정할 수 있다.

Plus +
오차한계는 최대 허용오차, 표본오차, 오차범위 등이라고도 한다.

2. 표본 크기 빈출

(1) 모분산 σ^2이 알려진 경우

$$z_{\alpha/2} \frac{\sigma}{\sqrt{n}} \le d \text{이므로},\ n \ge \left(\frac{z_{\alpha/2}\sigma}{d}\right)^2$$

(2) 모분산 σ^2이 알려지지 않은 경우(단, $n \ge 30$)

$$z_{\alpha/2} \frac{S}{\sqrt{n}} \le d \text{이므로},\ n \ge \left(\frac{z_{\alpha/2}S}{d}\right)^2$$

(3) 모분산 σ^2이 알려지지 않은 경우(단, $n < 30$)

$$t_{\alpha/2}(n-1) \frac{S}{\sqrt{n}} \le d \text{이므로},\ n \ge \left(t_{\alpha/2}(n-1)\frac{S}{d}\right)^2$$

(4) 표본비율 $\hat{p}$이 알려진 경우

$$z_{\alpha/2} \sqrt{\frac{\hat{p}(1-\hat{p})}{n}} \le d \text{이므로},\ n \ge \hat{p}(1-\hat{p})\left(\frac{z_{\alpha/2}}{d}\right)^2$$

(5) 표본비율 $\hat{p}$이 알려지지 않은 경우

$$z_{\alpha/2} \sqrt{\frac{1}{2} \times \left(1-\frac{1}{2}\right) \times \frac{1}{n}} = z_{\alpha/2}\frac{1}{2\sqrt{n}} \le d \text{이므로},\ n \ge \left(\frac{1}{2}\right)^2\left(\frac{z_{\alpha/2}}{d}\right)^2$$

Plus +
- d: 선택한 오차한계
- σ: 모표준편차
- S: 표본표준편차
- $z_{\alpha/2}$: 표준정규값
- $t_{\alpha/2}(n-1)$: 자유도 $n-1$인 t-분포값

Plus +
표본비율 $\hat{p}$이 알려지지 않은 경우에는 $\hat{p}$을 0.5로 정하여 계산한다.

기출문제 CHECK 2020.1·2회

A약국의 드링크제 판매량에 대한 표준편차(σ)는 10으로 정규분포를 이루는 것으로 알려져 있다. 이 약국의 드링크제 판매량에 대한 95% 신뢰구간을 오차한계 0.5보다 작게 하기 위해서는 표본의 크기를 최소한 얼마로 하여야 하는가? (단, $z_{0.025} = 1.96$)

① 77
② 768
③ 784
④ 1,537

| 해설 | 모분산 σ^2이 알려진 경우에 모평균 μ에 대한 $100(1-\alpha)$% 신뢰구간을 구한다면, 표본평균의 허용오차는 $z_{\alpha/2}\frac{\sigma}{\sqrt{n}}$ 이다. 따라서 원하는 오차한계 d와 비교하면, $z_{\alpha/2}\frac{\sigma}{\sqrt{n}} \le d$, $n \ge \left(\frac{z_{\alpha/2}\sigma}{d}\right)^2$ 이고, $n \ge \left(\frac{1.96 \times 10}{0.5}\right)^2 ≒ 1,537$ 이다.

| 정답 | ④

5 가설검정

1. 가설검정의 이해

(1) 가설(Hypothesis)
① 둘 이상의 변수 또는 현상 간의 관계를 설명하는 검정 가능한 형태로 진술된 잠정적인 진술이다.
② 독립변수와 종속변수와의 관계의 형태로 기술되어야 하며, 검정이 용이하도록 표현되어야 한다.
③ 귀무가설과 대립가설로 구분된다.

(2) 가설검정(Testing Hypothesis)
① 모집단의 실제값이 얼마가 된다는 주장과 관련하여 표본의 정보를 사용해서 가설의 합당성 여부를 판정하는 과정이다.
② 가설검정에서 모수에 대해 설정된 가설(귀무가설)이 옳다고 할 때, 표본을 선택해 통계량을 계산하여 얻은 관측값과 통계량의 분포에 이론적으로 얻어지는 어떤 특정값을 비교하여 그 가설을 기각할 것인지를 판정하는 과정이다.
  ㉠ 연구자는 항상 귀무가설이 참이라고 가정하고 표본을 이용하여 얻은 정보들이 귀무가설보다 대립가설에 더 유리한 증거인지를 결정한다.
  ㉡ 통계학에서 '가설을 기각(Reject)한다'는 것은 이론과의 차이가 확률적인 오차의 범위(유의수준 α)를 넘어 오류라고 판단된다는 의미이다.

> **Plus +**
> **통계적 가설검정**
> 사회현상 및 자연현상 등에 대하여 연구자는 '어떤 현상은 이러할 것이다'라는 잠정적 진술을 하거나 그 잠정적 진술에 대한 옳고 그름을 판단하는 의사결정을 내려야 하는데, 이와 같은 의사결정의 문제를 통계적으로 판정하는 과정이다.

2. 가설검정의 요소 [빈출]

(1) 귀무가설(Null Hypothesis)과 대립가설(Alternative Hypothesis)
① 귀무가설(H_0, 영가설)
  ㉠ 새로운 주장(대립가설)이 타당한 것으로 볼 수 없을 때 원상이나 현재 믿어지는 가설로 돌아가는 가설로, 기존의 주장을 대변하는 가설이다.
  ㉡ 조사자가 지지하지 않은 가설로, 주로 기존의 사실을 위주로 보수적으로 세운다.
② 대립가설(H_1, 연구가설)
  ㉠ 표본에 근거한 강력한 증거를 통해 입증하고자 하는 가설로, 조사자가 지지하거나 주장하고자 하는 가설이다.
  ㉡ 귀무가설이 부정되었을 때(귀무가설을 기각) 진리로 남는 잠정적 진술이다.

구분	귀무가설(H_0)	대립가설(H_1)
표현	• = • ~ 같다. • ~ 차이가 없다. • 모두 같다. • 유의하지 않다. • 독립이다. • 연관성이 없다.	• ≠, >, < • ~ 같지 않다. • ~ 차이가 있다. • 모두 같은 것은 아니다. • 유의하다. • 독립이 아니다. • 연관성이 있다.

(2) 검정통계량(Test Statistic)
① 검정의 기준을 결정하는 데 사용되는 표본통계량이다.
② 검정통계량의 관측값(Observed Value)이란 표본으로부터 계산된 값이다.

(3) 유의수준 α(Significant Level)
① 귀무가설이 참임에도 불구하고 귀무가설을 기각하는 오류(제1종 오류)를 범할 확률의 최대 허용한계이다.
② 일반적으로 $\alpha = 0.05(5\%)$ 또는 $\alpha = 0.01(1\%)$로 설정하며, 의사결정의 기준이 되기 때문에 연구가 시작되기 전에 설정한다.
③ 연구자가 이론적 배경이 강하면 유의수준을 낮출 수 있다. 또한 제1종 오류를 범할 확률이 보다 작은 검정을 수행하기 위해 유의수준 5%보다 1%를 선택할 수 있다.
④ 유의수준 α 검정법이란 제1종 오류를 범할 확률이 α 이하인 검정방법이다.
⑤ 유의수준 α에서 귀무가설이 기각되면 '유의수준 α(하)에서 통계적으로 유의하다'라고 서술한다.
⑥ 귀무가설을 기각했다는 것은 귀무가설이 거짓이라는 것을 증명한 것이 아니라 뽑은 표본이 귀무가설을 받아들일 만한 증거를 갖고 있지 않아 거짓이라고 결론을 내리는 것이다.

> 예 '모평균이 75점이라는 가설을 유의수준 0.05에서 기각한다'는 연구결과가 95%는 맞고 5%는 틀리다는 것이 아니다. 또한, 똑같은 연구를 100번 실시하였을 때 75점인 경우가 5번 나오고 75점이 아닌 경우가 95번 나온다고 해석해서는 안 된다.

Plus +
귀무가설이 기각되지 않았을 경우, '유의수준 α에서 귀무가설이 기각되지 않는다'고 서술하지 않는다. 왜냐하면 귀무가설이 참일 때 귀무가설을 기각하지 않은 것은 판단의 실수를 저지른 것이 아니기 때문이다.

(4) 기각역(Rejection Region)과 채택역(Acceptance Region)
① 기각역: 귀무가설을 기각하게 하는 검정통계량의 관측값의 영역이다. 유의수준이 커질수록 기각역은 넓어진다.
② 채택역: 귀무가설이 기각되지 않는 검정통계량의 관측값의 영역으로, 기각역의 여집합이다.

(5) 임계값(Critical Value)
① 채택역과 기각역을 나누는 기준이 되는 값이다.
② 임계값은 기각역에 포함되는 것으로 본다.

(6) 유의확률(Significance Probability)
① 검정통계량의 값을 관측하였을 때 이에 근거하여 귀무가설을 기각할 수 있는 최소의 유의수준으로, $p-$값($p-$value)이라고도 한다.
② 귀무가설(H_0)이 거짓이고 기각되어야 한다는 강한 증거이다.
③ 유의확률이 작을수록 귀무가설에 대한 반증이 강한 것을 의미하므로, 작은 유의확률을 얻는 연구가 진행되어야 한다.
④ 검정통계량이 실제 관측된 값보다 대립가설을 지지하는 방향으로 더욱 치우칠 확률로서 귀무가설하에서 계산된 값이다.

⑤ 검정통계량의 값에 대한 유의확률(p-값)이 주어졌을 때 **유의확률이 유의수준(α)보다 작으면 귀무가설을 기각한다.** 관측된 검정통계량의 값이 가정한 귀무가설에 주어진 값으로부터 멀리 떨어져 있으므로 귀무가설에 대한 반증이 강한 것을 의미하기 때문이다.

> **■ 보충학습 단측검정 기준**
>
> 유의확률이 0.0212라면 유의수준 $\alpha=0.05$에서는 유의하지만, $\alpha=0.01$에서는 유의하지 않다.
> • 유의수준 $\alpha=0.05$에서 0.0212<0.05이므로 귀무가설을 기각한다.
> • 유의수준 $\alpha=0.01$에서 0.0212>0.01이므로 귀무가설을 기각할 수 없다.
>
>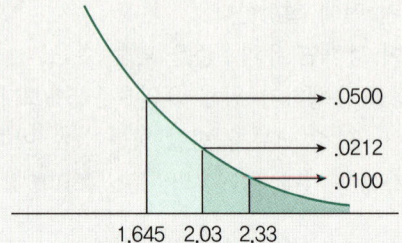
>
> 따라서 p-값=0.0212이면 귀무가설을 유의수준 1%에서 기각할 수 없으나 5%에서는 기각할 수 있다. 또한 유의수준 1%에서 귀무가설을 기각하면, 유의수준 5%에서도 귀무가설을 기각할 수 있다.

(7) 양측검정(Two-tailed Test)과 단측검정(One-tailed Test)

① **양측검정**: 귀무가설을 기각할 영역이 양쪽에 위치하는 것이다.

  ㉠ 귀무가설 $H_0: \theta = \theta_0$, 대립가설 $H_1: \theta \neq \theta_0$

  ㉡ 임계값은 유의수준 α가 양쪽으로 분할되어 $\dfrac{\alpha}{2}$에 해당하는 값이다.

  ㉢ 기각역은 임계값 c_1보다 작고 c_2보다 큰 영역을 합한 것이다.

  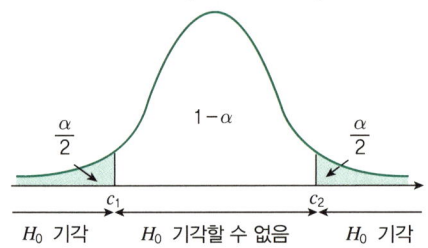

② **단측검정**: 귀무가설을 기각할 영역이 한쪽에 위치하는 것이다.

  ㉠ 귀무가설 $H_0: \theta = \theta_0$, 대립가설 $H_1: \theta > \theta_0$ 또는 $\theta < \theta_0$

  ㉡ 임계값은 한쪽의 유의수준 α에 해당하는 값이다.

• $H_1: \theta > \theta_0$인 경우, 기각역은 임계값 c보다 큰 영역이다.
• $H_1: \theta < \theta_0$인 경우, 기각역은 임계값 c보다 작은 영역이다.

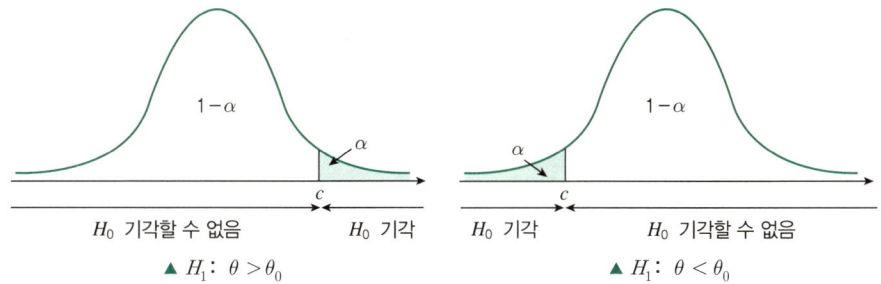

▲ $H_1: \theta > \theta_0$　　　　▲ $H_1: \theta < \theta_0$

③ 양측검정으로 유의하지 않은 자료라도 단측검정을 하면 유의할 수도 있다. 즉, 양측검정보다 단측검정이 귀무가설을 쉽게 기각할 수 있다. 따라서 단측검정이 양측검정보다 검정력($1-\beta$)이 강하다고 할 수 있다.

3. 가설검정의 오류 빈출

	진리(Truth)	
의사결정	귀무가설(H_0)	대립가설(H_1)
귀무가설 (H_0)	옳은 판단	제2종 오류 (β)
대립가설 (H_1)	제1종 오류 (유의수준 α)	옳은 판단 (검정력 $1-\beta$)

(1) 옳은 판단
① 귀무가설(H_0)이 참인데 그 귀무가설(H_0)을 채택하는 결론을 내린다.
② 대립가설(H_1)이 참인데 그 대립가설(H_1)을 채택하는 결론을 내린다.

(2) 오판
① **제1종 오류(Type 1 Error)**: 귀무가설(H_0)이 참임에도 불구하고 귀무가설(H_0)을 기각하는 결론을 내리는 오류이다.
② **제2종 오류(Type 2 Error)**: 대립가설(H_1)이 참임에도 불구하고 귀무가설(H_0)을 기각하지 못하는 결론을 내리는 오류이다.
③ 제1종 오류와 제2종 오류를 범할 확률을 각각 α와 β라 표기한다. α와 β는 반비례 관계이므로 동시에 줄일 수 없다.

Plus +
제1종 오류가 제2종 오류보다 더 심각한 오판이다.

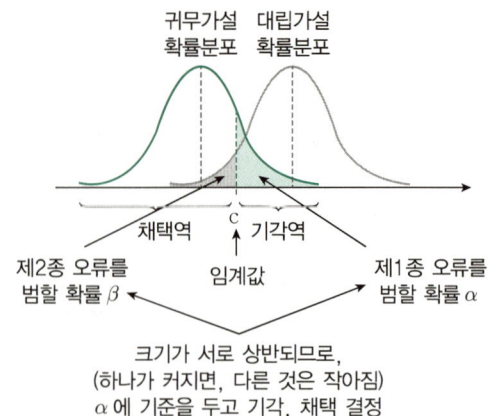

(3) 검정력(Statistical Power)

① 대립가설(H_1)이 참일 때 귀무가설(H_0)을 기각시킬 옳은 결정의 확률이다.
② 제2종 오류를 범할 확률 β에 대해 $1-\beta$로 표기한다.
③ 검정력의 특징
  ㉠ 표본의 크기가 클수록 검정력이 증가한다.
  ㉡ 두 모집단의 비교에서 두 집단 간의 차이가 클수록 검정력은 증가한다.
  ㉢ 표준편차가 커지면 검정력은 감소한다.
  ㉣ 유의수준이 클수록, 즉 신뢰도가 나빠질수록 검정력은 증가한다.
④ 검정력 함수(Power Function)는 귀무가설을 기각하는 확률을 모수의 함수로 나타낸 것이다.
⑤ 연구자는 제1종 오류를 극소화하면서 검정력을 높이는 자세를 가져야 한다.

기출문제 CHECK 2021년 2회

귀무가설 H_0가 참인데 대립가설 H_1이 옳다고 잘못 결론을 내리는 오류는?

① 제1종 오류 ② 제2종 오류
③ 제3종 오류 ④ β

| 해설 | 제1종 오류는 실제로는 귀무가설이 참인데, 이를 기각하고 대립가설을 채택하는 오류이다. 예를 들어 효과가 없다고 대중적으로 알려진 약을 효과 있다고 잘못 판단하는 경우가 해당한다. | 정답 | ①

4. 가설검정의 종류

모집단의 수		모평균	모분산
	1개	단일표본 t-검정	카이제곱(χ^2)-검정
	2개	독립표본 t-검정 대응표본 t-검정	F-검정
	3개 이상	분산분석	

5. 단일모집단의 가설검정 - 검정통계량과 분포 〈빈출〉

(1) 모평균 μ에 대한 가설검정

① 모분산 σ^2이 알려진 정규모집단 또는 대표본인 경우

모표준편차 σ, 귀무가설 $H_0: \mu = \mu_0$에 대하여 다음과 같다.

$$Z = \frac{\overline{X} - \mu_0}{\sigma/\sqrt{n}} \sim N(0, 1)$$

② 모분산 σ^2이 알려지지 않은 경우

㉠ $n \geq 30$인 대표본

표본표준편차 S, 귀무가설 $H_0: \mu = \mu_0$에 대하여 다음과 같다.

$$Z = \frac{\overline{X} - \mu_0}{S/\sqrt{n}} \sim N(0, 1)$$

㉡ $n < 30$인 소표본

표본표준편차 S, 귀무가설 $H_0: \mu = \mu_0$에 대하여 다음과 같다.

$$t = \frac{\overline{X} - \mu_0}{S/\sqrt{n}} \sim t(n-1)$$

(2) 모비율 p에 대한 가설검정

표본비율 $\hat{p}$, 귀무가설 $H_0: p = p_0$에 대하여 다음과 같다.

$$Z = \frac{\hat{p} - p_0}{\sqrt{\frac{p_0(1-p_0)}{n}}} \sim N(0, 1) \quad (단, np_0 \geq 5, n(1-p_0) \geq 5)$$

Plus +
- n: 표본의 개수
- $\overline{X}$: 표본평균
- S: 표본표준편차
- $\hat{p}$: 표본비율

(3) 모분산 σ^2에 대한 가설검정

표본분산 S^2, 귀무가설 $H_0: \sigma^2 = \sigma_0^2$에 대하여 다음과 같다.

$$\chi^2 = \frac{(n-1)S^2}{\sigma_0^2} \sim \chi^2(n-1)$$

6. 두 모집단의 가설검정 빈출

(1) 두 모평균 차 $\mu_1 - \mu_2$에 대한 가설검정

① 두 모분산 σ_1^2, σ_2^2이 알려진 경우

두 모분산 σ_1^2, σ_2^2과 귀무가설 $H_0: \mu_1 - \mu_2 = 0$에 대하여 다음과 같다.

$$Z = \frac{(\overline{X}_1 - \overline{X}_2)}{\sqrt{\frac{\sigma_1^2}{n_1} + \frac{\sigma_2^2}{n_2}}} \sim N(0, 1)$$

② 두 모분산 σ_1^2, σ_2^2이 알려지지 않은 경우

㉠ $n_1, n_2 \geq 30$인 대표본

두 표본분산 S_1^2, S_2^2, 귀무가설 $H_0: \mu_1 - \mu_2 = 0$에 대하여 다음과 같다.

$$Z = \frac{(\overline{X}_1 - \overline{X}_2)}{\sqrt{\frac{S_1^2}{n_1} + \frac{S_2^2}{n_2}}} \sim N(0, 1)$$

㉡ $n_1, n_2 < 30$인 소표본, $\sigma_1^2 = \sigma_2^2$인 경우

두 표본분산 S_1^2, S_2^2에 대한 합동분산 $S_p^2 = \dfrac{(n_1-1)S_1^2 + (n_2-1)S_2^2}{n_1 + n_2 - 2}$, 귀무가설 $H_0: \mu_1 - \mu_2 = 0$에 대하여 다음과 같다.

$$t = \frac{(\overline{X}_1 - \overline{X}_2)}{S_p\sqrt{\frac{1}{n_1} + \frac{1}{n_2}}} \sim t(n_1 + n_2 - 2)$$

(2) 대응모평균 차 $\mu_1 - \mu_2$에 대한 가설검정

① 대응표본의 수 $n \geq 30$인 경우

각 표본요소의 값들의 차이 D, D의 평균 $\overline{D}$, D의 표준편차 S_D, 귀무가설 H_0: $\mu_1 - \mu_2 = 0$에 대하여 다음과 같다.

$$Z = \frac{\overline{D}}{S_D/\sqrt{n}} \sim N(0, 1)$$

② 대응표본의 수 $n < 30$인 경우

각 표본요소의 값들의 차이 D, D의 평균 $\overline{D}$, D의 표준편차 S_D, 귀무가설 H_0: $\mu_1 - \mu_2 = 0$에 대하여 다음과 같다.

$$t = \frac{\overline{D}}{S_D/\sqrt{n}} \sim t(n-1)$$

(3) 두 모비율 차 $p_1 - p_2$에 대한 가설검정

두 표본비율의 차 $\hat{p}_1 - \hat{p}_2 = \frac{X_1}{n_1} - \frac{X_2}{n_2}$, 합동표본비율 $\hat{p} = \frac{X_1 + X_2}{n_1 + n_2}$, 귀무가설 H_0: $p_1 - p_2 = 0$에 대하여 다음과 같다.

$$Z = \frac{\hat{p}_1 - \hat{p}_2}{\sqrt{\hat{p}(1-\hat{p})\left(\frac{1}{n_1} + \frac{1}{n_2}\right)}} \sim N(0, 1)$$

Plus +

합동표본비율 $\hat{p}$

귀무가설 $p_1 = p_2$, 즉 두 집단의 모비율이 서로 같다는 가정에 따라 두 집단의 표본을 합쳐서 계산한 것이다.

(4) 두 모분산 비 σ_1^2/σ_2^2에 대한 가설검정

표본분산 S_1^2, S_2^2, 귀무가설 H_0: $\sigma_1^2 = \sigma_2^2$에 대하여 다음과 같다.

$$F = \frac{S_1^2}{S_2^2} \sim F(n_1 - 1, n_2 - 1)$$

7. 가설검정의 절차 빈출

(1) 가설 설정하기

귀무가설(H_0)과 대립가설(H_1)을 설정한다.

(2) 검정통계량과 분포 정하기

확률표본으로부터 적절한 검정통계량을 정의하고, 검정통계량의 분포를 결정한다.

(3) 기각역 구하기

유의수준 α에 대한 검정통계량의 기각역을 구한다.

Plus +

유의확률을 이용한 가설검정 절차

- 가설 설정
- 검정통계량과 분포 정하기
- 기각역 구하기
- 검정통계량의 관측값 구하기
- 결론 도출

(4) 검정통계량의 관측값 구하기
표본으로부터 검정통계량의 값을 구한다.

(5) 결론 도출
검정통계량의 관측값이 기각역에 있으면 귀무가설(H_0)을 기각한다.

연습문제 CHECK

모분산이 4인 정규모집단의 모평균 μ가 15보다 크다고 주장하기 위해 크기 9인 표본을 추출하여 조사한 결과 평균이 $\overline{X} = 16.4$이었다. 유의수준 $\alpha = 0.05$에서 검정하면?

ⅰ) 가설 설정하기
   $H_0 : \mu = 15, \ H_1 : \mu > 15$

ⅱ) 검정통계량과 분포 정하기
   모분산이 $\sigma^2 = 4$로 알려져 있으므로 모평균의 정규분포 검정을 한다.
   따라서 검정통계량은 $Z = \dfrac{\overline{X} - \mu}{\sigma/\sqrt{n}}$ 이고, 표준정규분포 $N(0, 1)$에 근사한다.

ⅲ) 기각역 구하기
   유의수준 $\alpha = 0.05$에 대한 오른쪽 단측검정으로 $z_\alpha = z_{0.05} = 1.645$ 이므로
   기각역은 $Z \geq z_{0.05}(=1.645)$ 이다.

ⅳ) 검정통계량의 관측값 구하기
   $Z_0 = \dfrac{\overline{X} - \mu}{\sigma/\sqrt{n}} = \dfrac{16.4 - 15}{2/\sqrt{9}} = \dfrac{3}{2} \times 1.4 = 2.1 \geq z_{0.05}(=1.645)$ 이다.

ⅴ) 결론 내리기
   검정통계량의 관측값이 기각역에 속하므로 유의수준 $\alpha = 0.05$하에서 귀무가설(H_0)을 기각한다.
   즉, 모평균이 15보다 크다고 할 수 있다.

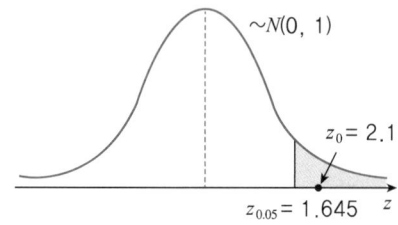

CHAPTER 04 통계분석 Ⅰ(분산분석, 교차분석)

학습방법

- ☑ 가설과 변수의 종류에 맞추어 통계분석방법을 숙지한다.
- ☑ 분산분석의 개념과 일원분산분석의 오차항의 가정을 이해한다.
- ☑ 분산분석표를 완성하고 검정통계량의 값을 구하여 가설검정을 한다.
- ☑ 교차분석의 개념을 암기하고 기대도수를 계산한다.
- ☑ 교차표를 작성하고 적합도 검정, 독립성 검정, 동질성 검정을 한다.

1 통계분석

1. 통계분석의 의미

① 어떤 연구문제에 대한 잠정적인 결론을 가설이라 하며, 연구자에 의해 검정되어야 한다. 가설을 검정하는 단계에서 연구자는 통계분석방법을 활용한다.
② 통계분석방법은 연구자가 세운 가설의 변수(요인)들이 어떠한 자료인지에 따라 평균분석, 분산분석, 상관분석, 회귀분석, 교차분석 등으로 구분된다.

독립변수(X) 종속변수(Y)	범주형 변수	연속형 변수
범주형 변수	교차분석	
연속형 변수	평균분석, 분산분석	상관분석, 회귀분석

Plus +
상관관계 분석 기법은 변수의 속성(연속형, 범주형)과 목적에 따라 종류가 다를 수 있다.

2. 통계분석방법의 종류

(1) 평균분석

한 집단 또는 두 집단 간의 연속형 자료에 대한 평균을 비교하는 가설을 검정한다.

- 예 '수면교육을 받은 집단과 받지 않은 집단의 수면의 질(점수로 나타낼 수 있을 때)은 차이가 있다.' 또는 'A병원과 B병원 환자들의 만족도는 차이가 있다.'라는 가설을 검정하기 위해 평균분석을 선택한다.

(2) 분산분석

세 집단 이상의 연속형 자료에 대한 평균을 비교하는 가설을 검정한다.

- 예 'A방식의 수면교육을 받은 집단, B방식의 수면교육을 받은 집단, C방식의 수면교육을 받은 집단 사이에 수면의 질은 차이가 있다.'라는 가설을 검정하기 위해서는 집단이 3개 이상이므로 분산분석을 선택한다.

Plus +
CHAPTER 03 추정·가설검정에서 학습한 단일모집단의 가설검정, 두 모집단의 가설검정 등이 평균분석에 해당한다.

(3) 상관분석

두 변수 사이의 상관계수를 구하여 두 변수 간의 선형성 유무를 판단하는 분석방법이다.

> 예) '청소년들의 성장과 관련하여 키와 몸무게는 강한 양의 상관관계가 있다'는 가설을 검정하기 위해 상관분석을 선택한다.

(4) 회귀분석

독립변수에 대한 종속변수의 인과성을 분석하기 위해 두 변수 간의 함수관계를 통계적으로 규명하는 분석방법이다.

> 예) 아파트 평수, 가족수, 평년기온, 물가변동이라는 4가지 독립변수가 난방비에 얼마나 영향을 미치는지 알고 싶을 때 난방비를 종속변수로 하는 회귀분석을 선택한다.

(5) 교차분석

범주형 자료의 집단 간 비율을 비교하는 가설을 검정한다.

> 예) '밤 10시부터 12시 사이에 치킨, 피자, 족발을 시켜먹는 사람 수의 비율에 차이가 있다', '남녀 대학생 간에 어학연수 지역으로 미국, 캐나다, 호주를 선호하는 비율에 차이가 있다'라는 가설을 검정하기 위해 교차분석을 선택한다.

보충학습 통계분석방법의 비교

평균분석	두 집단 간 (연속형 자료의) 평균값의 차이 분석
분산분석	세 집단 이상 간 (연속형 자료의) 평균값의 차이 분석
상관분석	두 변수 간 (선형)상관 정도 분석
회귀분석	독립변수(들)가 종속변수에 미치는 정도 분석
교차분석	(범주형 자료의) 집단 간 비율의 차이 분석

2 분산분석

1. 분산분석(Analysis of Variance; ANOVA)의 이해 빈출

(1) 분산분석의 개념

① 분산분석은 분산값들을 이용하여 세 개 이상의 모집단의 모평균 차이를 검정하는 통계분석방법이다.
② 특성값의 산포를 총제곱합으로 나타내고, 이 총제곱합을 실험과 관련된 요인마다 제곱합으로 분해하여 오차에 비해 특히 큰 영향을 주는 요인이 무엇인지를 찾아낸다.
③ F-분포 통계량을 이용하여 가설검정을 한다.

$$\text{검정통계량 } F = \frac{\text{집단 간 평균제곱}}{\text{집단 내 평균제곱}} = \frac{\text{집단 간 분산}}{\text{집단 내 분산}}$$

Plus +
다수집단을 비교할 때 두 집단끼리 짝을 지어 t-검정을 사용할 수 있지만, 제종 오류가 증가하게 되므로 분산분석을 사용한다.

④ 관측값에 영향을 주는 요인, 즉 설명변수(독립변수)는 범주형 자료인 명목척도나 서열척도이고, 반응변수(종속변수)는 연속형 자료인 등간척도나 비율척도이다.
⑤ 설명변수를 요인(인자)이라고 하며, 요인이 가지는 값을 요인수준(인자수준)이라고 한다.
⑥ 반응변수에 영향을 주는 요인이 하나이면 일원배치 분산분석(One-way ANOVA), 둘이면 이원배치 분산분석(Two-way ANOVA), 셋 이상이면 다원배치 분산분석(Multi-way ANOVA)이라고 한다.

> **Plus +**
> 요인(Factor, 인자)
> 실험계획에서 자료의 산포에 영향을 미치는 것으로 실험환경이나 실험조건을 나타내는 변수이다.

(2) 분산분석의 기본 가정
① 정규성: 각 모집단에서 반응변수(종속변수)는 정규분포를 따라야 한다.
② 등분산성: 반응변수(종속변수)의 분산은 모든 모집단에서 동일해야 한다.
③ 독립성: 관측값들은 서로 독립적이어야 한다.

(3) 분산분석의 특징
① 집단 간 평균차이가 커지면 $F-$값이 커진다.
② 각 집단별 자료의 수가 다를 수 있다.
③ 두 개의 요인이 있을 때 요인 간 교호작용이 없으면, 요인 간 독립을 의미하고 주효과만 존재한다.

기출문제 CHECK 2019년 2회

3개 이상의 모집단의 모평균을 비교하는 통계적 방법으로 가장 적합한 것은?
① $t-$검정　　　　　　　　　② 회귀분석
③ 분산분석　　　　　　　　　④ 상관분석

| 해설 | 분산분석(ANOVA)은 세 개 이상의 모집단 간에 모평균의 차이가 있는지를 검정할 때 사용하는 통계적 방법으로, 세 개의 다른 교육방법이 학생들의 성적에 미치는 영향을 비교하는 경우 등에 적합하다.　　| 정답 | ③

---

2. 일원분산분석(One-way ANOVA) 빈출

(1) 일원분산분석의 개념
① 일원분산분석은 반응변수에 영향을 주는 요인이 하나인 경우에 세 개 이상의 모집단 간 모평균의 차이를 비교하는 통계분석방법으로, 일원배치 분산분석 또는 일원배치법이라고도 한다.
② 분산분석 중에서 한 종류의 요인이 특성값에 미치는 영향을 조사하고자 할 때 사용하는 통계분석방법이다.
③ 예를 들어, 어느 화학회사가 3개의 제조업체에서 생산된 기계로 원료를 혼합하는 데 소요되는 평균시간이 동일한지를 검정하기 위해 소요시간(분) 자료를 수집하고 일원분산분석을 적용할 수 있다.

(2) 자료의 구조

일원분산분석에서 요인수준(처리)이 k개이고, 각 요인수준에서 반복측정된 값이 $n_1, n_2, \cdots, n_k$인 경우의 수를 가지는 자료구조는 다음과 같다.

요인	관측값				평균	제곱합
수준(처리) 1	y_{11}	y_{12}	$\cdots$	y_{1n_1}	$\rightarrow \quad \mu_1$	$\sum_{j=1}^{n_1}(y_{1j}-\mu_1)^2$
수준(처리) 2	y_{21}	y_{22}	$\cdots$	y_{2n_2}	$\rightarrow \quad \mu_2$	$\sum_{j=1}^{n_2}(y_{2j}-\mu_2)^2$
$\vdots$			$\vdots$		$\vdots$	$\vdots$
수준(처리) k	y_{k1}	y_{k2}	$\cdots$	y_{kn_k}	$\rightarrow \quad \mu_k$	$\sum_{j=1}^{n_k}(y_{kj}-\mu_k)^2$
					총평균 μ	$\sum_{i=1}^{k}\sum_{j=1}^{n_i}(y_{ij}-\mu)^2$

※ y_{ij}: 관측값 Y_{ij}의 실제값
예) y_{35}: 3번째 수준의 5번째 자료

> **Plus +**
> 각 요인수준에서 반복 측정된 값이 n으로 동일한 경우에는 $j=1, \cdots, n$ 조건이 붙는다.

(3) 일원분산분석의 모집단 모형

관측값 Y_{ij}, 총평균 μ, i번째 처리의 평균 μ_i, i번째 처리효과 $\alpha_i = \mu_i - \mu$, 오차항 ϵ_{ij}에 대하여 다음과 같다.

$$Y_{ij} = \mu + \alpha_i + \epsilon_{ij}$$
$$(\text{단, } i=1, \cdots, k, \quad j=1, \cdots, n_i, \quad \sum_{i=1}^{k} \alpha_i = 0, \quad \epsilon_{ij} \sim N(0, \sigma^2))$$

(4) 오차항 ϵ_{ij}의 가정

① ϵ_{ij}의 기댓값은 0이다.
② ϵ_{ij}의 분포는 정규분포 $N(0, \sigma^2)$를 따른다(정규성).
③ ϵ_{ij}의 분산은 어떤 i, j에 대해서도 일정하다(등분산성).
④ 임의의 ϵ_{ij}와 $\epsilon_{i'j'}(i \neq i'$ 또는 $j \neq j')$는 서로 독립이다(독립성).

(5) 분산분석표

k개의 각 처리에 대한 반복수를 n_k라고 할 때, 전체 자료의 개수는 $N = n_1 + \cdots + n_k$가 되며 분산분석표는 다음과 같다.

요인	제곱합	자유도	평균제곱	F값
처리(인자)	SSB	$k-1$	$MSB = \dfrac{SSB}{k-1}$	$\dfrac{MSB}{MSW}$
잔차(오차)	SSW	$N-k$	$MSW = \dfrac{SSW}{N-k}$	
총합(계)	SST	$N-1$		

① 제곱합
  ㉠ 처리(인자)제곱합(SSB 또는 SS_T): 집단 간(Between) 제곱합, 그룹 간 제곱합(평방합), 급간변동, 처리변동이라고도 한다.
  ㉡ 잔차(오차)제곱합(SSW 또는 SS_E): 집단 내(Within) 제곱합, 그룹 내 제곱합(평방합), 급내변동, 오차변동이라고도 한다.
  ㉢ 총제곱합(SST): 집단 간 제곱합(SSB)과 집단 내 제곱합(SSW)의 합으로 분해된다. 즉, $SST = SSB + SSW$이며, 총변동이라고도 한다.

  - 총제곱합 = 집단 간 제곱합 + 집단 내 제곱합
  - $\sum_{i=1}^{k}\sum_{j=1}^{n_i}(y_{ij}-\mu)^2 = \sum_{i=1}^{k}\sum_{j=1}^{n_i}(\mu_i-\mu)^2 + \sum_{i=1}^{k}\sum_{j=1}^{n_i}(y_{ij}-\mu_i)^2$
  * 편차 $y_{ij}-\mu$ = 처리 $\mu_i-\mu$ + 잔차 $y_{ij}-\mu_i$

② 자유도: 총합의 자유도($N-1$)는 잔차(오차)의 자유도($N-k$)와 처리(인자)의 자유도($k-1$)의 합으로 분해된다. 즉, $N-1 = (N-k) + (k-1)$이다.

③ 평균제곱
  ㉠ 집단 간 평균제곱(MSB 또는 MS_T): 집단 간 제곱합(SSB)을 처리의 자유도 $k-1$로 나눈 값으로, 계산식상 표본분산의 의미를 가지므로 집단 간 분산이라고도 한다.
  ㉡ 집단 내 평균제곱(MSW 또는 MS_E): 집단 내 제곱합(SSW)을 잔차의 자유도 $N-k$로 나눈 값으로, 계산식 상 표본분산의 의미를 가지므로 집단 내 분산이라고도 한다.

④ $F-$값
  ㉠ 집단 간 평균제곱(MSB)을 집단 내 평균제곱(MSW)으로 나눈 값이다.
  ㉡ 표본분산의 비의 의미를 가지며, $F-$분포를 따르는 검정통계량이다.
  ㉢ 집단 간 모평균 차이가 커지면 $F-$값도 커진다.

연습문제 CHECK

어떤 화학약품을 생산하는 공정에서 온도에 따라 수율(%)에 차이가 있는지를 알아보고자 4개의 온도수준에 다음과 같이 완전임의 배열법을 적용하여 실험하여 분산분석표를 작성하였다면 (가)~(라)에 해당하는 값은?

온도	90℃	100℃	110℃	120℃
반복수	3개	4개	3개	3개

요인	제곱합	자유도	평균제곱	$F-$값
처리	(가)	3	11.23	(라)
잔차	18.50	(나)	(다)	
계	52.19	12		

ⅰ) (가) + 18.50 = 52.19이므로 (가) = 52.19 − 18.50 = 33.69이다.

ii) 3+(나)=12이므로 (나)=12-3=9이다.
iii) (다)=18.5/(나)이므로 (다)=18.5/9≒2.06이다.
iv) (라)=11.23/(다)이므로 (라)=11.23/2.06≒5.45이다.

(6) 일원분산분석의 절차
(k개의 각 처리에 대한 반복수가 n으로 모두 동일하다고 가정한 경우)

① 가설 세우기

> H_0: 각 처리 간의 평균은 차이가 없다($\mu_1=\mu_2=\cdots=\mu_k$).
> H_1: 모든 μ_i가 같은 것은 아니다($i=1, 2, \cdots, k$). 즉, 적어도 한 쌍 이상의 평균이 다르다.

Plus +
귀무가설 $\mu_1=\mu_2=\cdots=\mu_k$에서 $\alpha_i=\mu_i-\mu$이므로 $\alpha_1=\alpha_2=\cdots=\alpha_k=0$이다.

② 자유도 $df=(k-1, k(n-1))$와 유의수준에 따른 $F-$분포에서 기각역 설정하기
③ 분산분석을 실시하여 분산분석표 작성하기
④ 검정통계량의 $F-$값 계산하기
⑤ 귀무가설의 기각 여부를 결정하고 결론 내리기
   ㉠ $F-$값 $> F_\alpha(k-1, k(n-1))$: 귀무가설을 기각하며, 적어도 한 쌍 이상의 평균이 다르다고 결론을 내릴 수 있다.
   ㉡ $F-$값 $< F_\alpha(k-1, k(n-1))$: 귀무가설을 기각하지 않으며, 각 수준 간의 평균에 차이가 없다고 결론을 내릴 수 있다.

기출문제 CHECK 2021년 3회

일원배치 분산분석에 대한 설명으로 옳지 않은 것은?
① 집단 간 평균을 비교하는 분석이다.
② 요인이 2개인 경우에 적용할 수 있다.
③ 유의확률이 유의수준보다 크면 귀무가설을 기각할 수 없다.
④ 검정통계량은 집단 내 제곱합과 집단 간 제곱합으로 구한다.

| 해설 | 요인이 두 개인 경우(예: 교육방법과 성별 등)에는 이원배치 분산분석(Two-Way ANOVA)을 적용해야 한다.
| 정답 | ②

3 교차분석

1. 교차분석(Chi-square Test)의 이해 `빈출`

(1) 교차분석의 개념
① 교차분석은 질적자료(또는 범주형 자료)를 분석할 때 주로 활용된다.
② 질적자료(또는 범주형 자료)인 명목척도와 서열척도의 성격을 가진 변수의 각 범주에 해당하는 관측도수와 기대도수를 정리하여 교차표(또는 분할표)를 작성한 뒤, 변수 간의 관련성을 분석하는 통계분석방법이다.

교차분석의 활용 예시로는 결혼 시기가 계절(봄, 여름, 가을, 겨울)별로 동일한 비율인지 분석, 두 정당에 대한 선호도가 성별에 따라 차이가 있는지 분석하는 경우 등이 있다.

(2) 교차분석의 기본 가정
① 명목척도나 서열척도에 의한 질적자료(또는 범주형 자료)를 대상으로 한다.
② 연속형 자료는 범주형 자료로 변환한다.
- ⓔ 수입: 고소득층, 중산층, 저소득층으로 범주화

③ 각 칸의 사례들은 서로 독립적인 관계이어야 한다.
- ⓔ 인종별로 분류하고 눈동자의 색으로 분류할 때 동일인이 중복되지 않아야 한다.

(3) 교차분석의 원리
① 변수의 각 범주에 해당하는 관측된 관측도수와 특정한 이론이나 가설하에서 나타날 것으로 기대되는 기대도수 간의 차를 이용하여 검정한다.
② 카이제곱(χ^2)분포에 근거하므로 카이제곱(χ^2) 검정이라고 하며, 카이제곱 검정통계량을 사용한다.
- ㉠ n이 클 때 카이제곱 검정통계량의 값은 반복표본에서 근사 카이제곱분포를 이룬다.
- ㉡ 우측꼬리 검정(Right-tailed Statistical Test)을 사용하여 카이제곱 검정통계량의 값이 임계값보다 큰 값을 갖는지 확인한다.
- ㉢ 두 질적변수의 유의성을 분석하는 카이제곱 검정에서 행변수가 M개의 범주이고 열변수가 N개의 범주인 교차표에서 (i, j)셀의 관측도수 O_{ij}와 귀무가설하에서의 기대도수의 추정값 $\hat{E}_{ij}$에 대한 검정통계량은 모든 셀에 대해 $\dfrac{(O_{ij} - \hat{E}_{ij})^2}{\hat{E}_{ij}}$를 각각 구하여 합산한다.

$$\sum_{i=1}^{M}\sum_{j=1}^{N}\frac{(O_{ij} - \hat{E}_{ij})^2}{\hat{E}_{ij}}$$

- ㉣ 카이제곱분포는 자유도에 따른 가족분포이므로 카이제곱 검정을 하기 위해 카이제곱 검정통계량의 자유도를 정해야 한다.
  - 열변수의 범주가 N개인 1행 N열($1 \times N$)의 교차표에서 카이제곱 통계량의 자유도는 $(N-1)$이다.
  - 행변수의 범주가 M개, 열변수의 범주가 N개인 M행 N열($M \times N$)의 이차원 교차표에서 카이제곱 통계량의 자유도는 $(M-1)(N-1)$이다.

$$\sum_{i=1}^{M}\sum_{j=1}^{N}\frac{(O_{ij} - \hat{E}_{ij})^2}{\hat{E}_{ij}} \sim \chi^2((M-1)(N-1))$$

(4) 교차표(Cross-tabulation Table)
① 질적자료인 변수의 각 범주를 교차하여 해당하는 관측도수와 기대도수를 표시한 표로, 분할표(Contingency Table)라고도 한다.

Plus +

자유도가 k인 χ^2(카이제곱)-분포

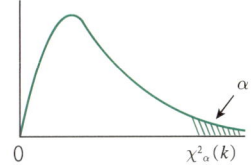

Plus +

행(Row)은 가로방향 집합을 의미하며, 열(Column)은 세로방향 집합을 의미한다.

> **Plus +**
> 가설에 따른 기대도수의 값이 정확하면 관측도수와 기대도수 간의 차가 작게 되어 카이제곱 검정통계량의 값이 0에 가깝게 되지만, 가설에 따른 기대도수의 값이 부정확하면 관측도수와 기대도수 간의 차가 크게 되어 카이제곱 검정통계량의 값이 큰 값을 갖게 된다.

② 예를 들어, 어느 대학 입학시험의 지역(A, B)별 합격자 수를 성별(남학생, 여학생)에 따라 관측도수와 기대도수로 정리한 이차원 교차표는 다음과 같다.

구분		지역		합계
		A	B	
성별	남학생 관측도수	140	60	200
	남학생 기대도수	$\frac{200 \times 220}{400} = 110$	$\frac{200 \times 180}{400} = 90$	
	여학생 관측도수	80	120	200
	여학생 기대도수	$\frac{200 \times 220}{400} = 110$	$\frac{200 \times 180}{400} = 90$	
전체도수		220	180	400

(5) 교차분석 절차

① 집단별로 차이가 있는지에 대해 귀무가설(H_0)과 대립가설(H_1)을 세운다.
② 기대도수를 구하고 교차표를 작성한다.
③ 관측도수와 기대도수 간의 차이를 계산하여 카이제곱 검정통계량의 값을 구한다.
④ 카이제곱 검정통계량의 값과 유의수준하에 설정한 임계값을 비교하여 귀무가설의 기각 여부를 결정하고 결론을 내린다.

(6) 교차분석의 유형

적합도 검정 (Goodness of Fit Test)	범주형 자료에 대해 얻어진 관측도수와 이론적으로 계산된 기대도수와의 차이를 검정한다. 예 완두콩을 관측하여 9:3:3:1을 따르는지 검정한다. H_0: 관측한 완두콩이 9:3:3:1을 따른다. H_1: 관측한 완두콩이 9:3:3:1을 따르지 않는다.
독립성 검정 (Test of Independence)	두 범주형 자료가 서로 연관성이 있는지를 검정한다. 예 연령(20대 이하, 30대, 40대, 50대, 60대 이상)과 자주 마시는 음료수(커피, 녹차, 탄산, 우유, 그 외)가 서로 독립적인지를 검정한다. H_0: 연령과 자주 마시는 음료수는 독립적이다. H_1: 연령과 자주 마시는 음료수는 독립적이지 않다.
동질성 검정 (Test of Homogeneity)	두 개 이상의 범주형 자료가 동일한 분포를 갖는 모집단에서 추출된 것인지 검정한다. 예 대학생(남학생, 여학생)의 생활환경(기숙사, 아파트, 부모님 집, 그 외)이 동일한 분포인지 검정한다. H_0: 남학생과 여학생의 생활환경이 동일하다. H_1: 남학생과 여학생의 생활환경이 동일하지 않다.

기출문제 CHECK 2021년 3회

다음 표는 성별과 혼인상태에 따른 교차표이다. 이 표에 대한 설명으로 옳지 않은 것은?

구분		혼인상태			합계
		미혼	기혼	기타	
성별	남성	13	45	1	59
	여성	85	43	6	134
합계		98	88	7	193

① 남성 가운데 미혼자의 비율은 22%이다.
② 기혼자 가운데 여성의 비율은 48.9%이다.
③ 전체에서 여성이 차지하는 비율은 69.4%이다.
④ 전체에서 여성기혼자가 차지하는 비율은 42.3%이다.

| 해설 | 전체에서 여성기혼자가 차지하는 비율은 전체 193명 중 여성기혼자 43명으로 약 22.28%이다. | 정답 | ④

보충학습 오즈비(Odds Ratio)

다음 교차표에 근거할 때 남자와 여자의 찬성률에 대한 오즈비(Odds Ratio)는

$$\frac{P(찬성|남자)/P(반대|남자)}{P(찬성|여자)/P(반대|여자)} = \frac{(0.4/0.6)}{(0.6/0.4)} = 0.4444$$로 구해진다.

구분	찬성	반대
남자	40	60
여자	60	40

이때 오즈(Odd, 승산)란 실패확률 대비 성공확률의 비율이다. 즉, 성공확률이 p일 때 오즈는 $odd = \frac{p}{1-p}$이다. 그리고 오즈비(Odds Ratio)는 A그룹에서의 Odd(승산)를 다른 B그룹에서의 odd(승산)와 비교한 값 Odds Ratio = $\frac{A그룹의\ odds}{B그룹의\ odds}$이다.

2. 카이제곱 검정 빈출

(1) 적합도 검정

특정 표본의 관측도수가 예상한 확률분포와 같은지를 검정한다.

① 가설 세우기

> H_0: 실제분포와 이론적 분포는 일치한다.
> H_1: 실제분포와 이론적 분포는 일치하지 않는다.

② 기대도수 구하기

> 기대도수 $E_i = n \times p_i$ (단, n: 총표본의 개수, p_i: 각 범주의 예상확률)

③ 교차표 작성하기

범주	1	2	...	k	합계
관측도수 O_i	O_1	O_2	...	O_k	n
기대도수 E_i	$E_1 = n \times p_1$	$E_2 = n \times p_2$	...	$E_k = n \times p_k$	

④ 검정통계량의 값을 구하고 확률분포 정하기

㉠ 검정통계량

$$\chi^2 = \sum_{i=1}^{k} \frac{(O_i - E_i)^2}{E_i} = \frac{(O_1 - E_1)^2}{E_1} + \cdots + \frac{(O_k - E_k)^2}{E_k}$$

㉡ 자유도 $df = k-1$인 카이제곱분포 $\chi^2(k-1)$

⑤ 기각역 구하기: 유의수준 α와 자유도 $k-1$에 대한 카이제곱값 $\chi_\alpha^2(k-1)$에 대해 기각역 $\chi^2 > \chi_\alpha^2(k-1)$을 구한다.

⑥ 결론 내리기: 검정통계량의 값 χ^2과 임계값 $\chi_\alpha^2(k-1)$을 비교하여 귀무가설의 기각 여부를 결정한다.

연습문제 CHECK

어떤 주사위가 공정한지를 검정하기 위해 실제로 60회를 굴려 다음과 같은 결과를 얻었다. 유의수준 5%에서의 검정결과는? (단, $\chi_{0.95}^2(5) = 1.145$, $\chi_{0.05}^2(5) = 11.07$이다)

눈의 수	1	2	3	4	5	6
도수	13	19	11	8	5	4

ⅰ) 가설 세우기

H_0: 각 눈이 나올 확률은 1/6이다.

H_1: 적어도 한 눈이 나올 확률은 1/6이 아니다.

ⅱ) 기대도수 구하기

$E_i = 60 \times \frac{1}{6} = 10$ ($n = 60$, $p_i = 1/6$)

ⅲ) 교차표 작성하기

범주	1	2	3	4	5	6	합계
관측도수 O_i	13	19	11	8	5	4	60
기대도수 E_i	10	10	10	10	10	10	

ⅳ) 검정통계량의 값을 구하고 확률분포 정하기

• 검정통계량의 값

$$\chi^2 = \sum_{i=1}^{6} \frac{(O_i - E_i)^2}{E_i} = \frac{(13-10)^2}{10} + \frac{(19-10)^2}{10} + \frac{(11-10)^2}{10} + \frac{(8-10)^2}{10} + \frac{(5-10)^2}{10} + \frac{(4-10)^2}{10} = 15.6$$

• 자유도 $df = 6-1 = 5$인 카이제곱분포 $\chi^2(5)$

ⅴ) 기각역 구하기

　유의수준 $\alpha = 0.05$와 자유도 5에 대한 카이제곱값 $\chi^2_{0.05}(5) = 11.07$에 대해 기각역은 $\chi^2 > \chi^2_{0.05}(5) = 11.07$이다.

ⅵ) 결론 내리기

　검정통계량의 값 $\chi^2 = 15.6 > \chi^2_{0.05}(5) = 11.07$이므로 귀무가설을 기각할 수 있다. 즉, 유의수준 0.05하에서 이 주사위의 각 눈이 나올 확률이 1/6이라고 할 수 없다.

---

(2) 독립성 검정

두 범주형 자료가 서로 연관성이 있는지 또는 서로 독립인지를 검정한다.

① 가설 세우기

> H_0: 두 변수는 서로 연관성이 없다(서로 독립이다).
> H_1: 두 변수는 서로 연관성이 있다(서로 독립이 아니다).

② 기대도수 구하기

> 기대도수 $\hat{E}_{ij} = \dfrac{(\text{각 행의 주변 합}) \times (\text{각 열의 주변 합})}{\text{총합}} = \dfrac{T_{i \cdot} \times T_{\cdot j}}{n}$
> (단, n: 전체 자료 수, $T_{i \cdot}$: i번째 행의 합, $T_{\cdot j}$: j번째 열의 합)

③ 교차표 작성하기: A 변수에 대한 속성이 M개, B변수에 대한 속성이 N개라 할 때 $M \times N$ 교차표를 작성한다.

A \ B		B_1	B_2	⋯	B_N	합계
A_1	관측도수	O_{11}	O_{12}	⋯	O_{1N}	$T_{1 \cdot}$
	기대도수	$\hat{E}_{11}$	$\hat{E}_{12}$	⋯	$\hat{E}_{1N}$	
A_2	관측도수	O_{21}	O_{22}	⋯	O_{2N}	$T_{2 \cdot}$
	기대도수	$\hat{E}_{21}$	$\hat{E}_{22}$	⋯	$\hat{E}_{2N}$	
⋮	관측도수	⋮	⋮	⋯	⋮	⋮
	기대도수	⋮	⋮	⋯	⋮	
A_M	관측도수	O_{M1}	O_{M2}	⋯	O_{MN}	$T_{M \cdot}$
	기대도수	$\hat{E}_{M1}$	$\hat{E}_{M2}$	⋯	$\hat{E}_{MN}$	
합계		$T_{\cdot 1}$	$T_{\cdot 2}$	⋯	$T_{\cdot N}$	n

④ 검정통계량의 값을 구하고 확률분포 정하기

　㉠ 검정통계량

> $$\chi^2 = \sum_{i=1}^{M} \sum_{j=1}^{N} \dfrac{(O_{ij} - \hat{E}_{ij})^2}{\hat{E}_{ij}}$$ (단, 행변수의 범주 M개, 열변수의 범주 N개)

　㉡ 자유도가 $df = (M-1)(N-1)$인 카이제곱분포 $\chi^2((M-1)(N-1))$

⑤ 기각역 구하기: 유의수준 α와 자유도 $(M-1)(N-1)$에 대한 카이제곱값 $\chi_\alpha^2((M-1)(N-1))$에 대해 기각역 $\chi^2 > \chi_\alpha^2((M-1)(N-1))$을 구한다.

⑥ 결론 내리기: 검정통계량의 값 χ^2과 임계값 $\chi_\alpha^2(M-1)(N-1)$을 비교하여 귀무가설의 기각 여부를 결정한다.

연습문제 CHECK

운전자의 연령과 교통법규 위반횟수 사이가 서로 연관성이 있는지 조사하여 다음과 같은 결과를 얻었다. 유의수준 5%에서의 검정결과는? (단, $\chi_{0.05}^2(4) = 9.49$이다)

위반횟수	연령			합계
	18~25	26~50	51~60	
없음	60	110	120	290
1회	60	50	40	150
2회 이상	30	20	10	60
합계	150	180	170	500

ⅰ) 가설 세우기

　H_0: 운전자의 연령과 위반횟수는 서로 연관성이 없다(서로 독립이다).
　H_1: 운전자의 연령과 위반횟수는 서로 연관성이 있다(서로 독립이 아니다).

ⅱ) 기대도수 구하기

$$\hat{E}_{11} = \frac{290 \times 150}{500} = 87, \quad \hat{E}_{12} = \frac{290 \times 180}{500} = 104.4, \quad \hat{E}_{13} = \frac{290 \times 170}{500} = 98.6$$

$$\hat{E}_{21} = \frac{150 \times 150}{500} = 45, \quad \hat{E}_{22} = \frac{150 \times 180}{500} = 54, \quad \hat{E}_{23} = \frac{150 \times 170}{500} = 51$$

$$\hat{E}_{31} = \frac{60 \times 150}{500} = 18, \quad \hat{E}_{32} = \frac{60 \times 180}{500} = 21.6, \quad \hat{E}_{33} = \frac{60 \times 170}{500} = 20.4$$

ⅲ) 교차표 작성하기

위반횟수		연령			합계
		18~25	26~50	51~60	
없음	O_{ij}	60	110	120	290
	$\hat{E}_{ij}$	87	104.4	98.6	
1회	O_{ij}	60	50	40	150
	$\hat{E}_{ij}$	45	54	51	
2회 이상	O_{ij}	30	20	10	60
	$\hat{E}_{ij}$	18	21.6	20.4	
합계		150	180	170	500

ⅳ) 검정통계량의 값을 구하고 확률분포 정하기

- 검정통계량

$$\chi^2 = \sum_{i=1}^{3}\sum_{j=1}^{3} \frac{(O_{ij} - \hat{E}_{ij})^2}{\hat{E}_{ij}} = \frac{(60-87)^2}{87} + \frac{(110-104.4)^2}{104.4} + \frac{(120-98.6)^2}{98.6} + \frac{(60-45)^2}{45} +$$

$$\frac{(50-54)^2}{54} + \frac{(40-51)^2}{51} + \frac{(30-18)^2}{18} + \frac{(20-21.6)^2}{21.6} + \frac{(10-20.4)^2}{20.4} \fallingdotseq 34.4136$$

- 자유도가 $df=(3-1)(3-1)=4$인 카이제곱분포 $\chi^2(4)$

v) 기각역 구하기

　유의수준 $\alpha=0.05$와 자유도 4에 대한 카이제곱값 $\chi^2_{0.05}(4)=9.49$에 대해 기각역은 $\chi^2 > \chi^2_{0.05}(4)=9.49$이다.

vi) 결론 내리기

　검정통계량의 값 $\chi^2=34.4136 > \chi^2_{0.05}(4)=9.49$이므로 귀무가설을 기각한다. 즉, 유의수준 0.05하에서 운전자의 연령과 위반횟수는 서로 연관성이 있다고 할 수 있다.

(3) 동질성 검정

① 두 개 이상의 범주형 자료가 동일한 분포를 갖는 모집단에서 추출된 것인지를 검정한다.
② 모집단을 A변수에 따라 M개의 집단으로 범주화하고, B변수가 N개의 속성으로 주어졌을 때 M개의 하위모집단으로부터 추출한 각 표본으로부터 이들 각 모집단의 분포가 동일한지의 여부를 판단한다.

> H_0: 각 속성에 대해 집단들의 분포가 동일하다.
> H_1: 각 속성에 대해 집단들의 분포가 동일하지 않다.

③ 동질성 검정에서 귀무가설은 각 집단의 모비율이 모두 동일함을 주장한다. 따라서 귀무가설이 기각되면 각 집단은 주어진 속성에 대해 모비율이 동일하지 않음을 의미한다.
④ 동질성 검정과정은 독립성 검정과정과 동일하다.

보충학습 카이제곱 독립성 검정과 동질성 검정의 비교

카이제곱 독립성 검정과 동질성 검정의 검정절차는 동일하지만 구분되는 차이점이 있다.
- 연구자의 관점과 표본추출방법에 의해 구분된다. 예를 들면, '성별'과 '흡연 여부'를 두 개의 변수로 취급하면 두 변수 사이의 독립성 검정이 되며, '흡연 여부'를 속성으로 보고 성별은 비교대상이 되는 '그룹'으로 취급하면 성별에 따른 동질성 검정이 된다.
- 동질성 검정은 하나의 범주형 변수를 기준으로 각 그룹이 특정 속성에 대해 서로 비슷한지를 알아보아야 하기 때문에 각 그룹의 표본 수를 고정한다. 예를 들면, 새로운 복지정책에 대한 찬반 여부가 남녀성별에 따라 차이가 없는지를 검정하기 위해 남자와 여자의 표본 수를 100명으로 고정한다.

기출문제 CHECK 2018년 2회

어느 지방선거에서 각 후보자의 지지도를 알아보기 위하여 120명을 표본으로 추출하여 다음과 같은 결과를 얻었다. 세 후보 간의 지지도가 같은지를 검정하기 위한 검정통계량의 값은?

후보자 명	지지자 수
갑	40
을	30
병	50

① 2　　　　② 4　　　　③ 5　　　　④ 8

| 해설 | 세 후보의 지지도가 같다는 가정하에 기대도수(E_i)는 각 40명이고, 관측값과의 차이를 바탕으로 카이제곱 검정통계량을 구하면 5이다.
| 정답 | ③

CHAPTER 05 통계분석 Ⅱ (상관분석, 회귀분석)

학습방법

☑ 공분산과 상관계수를 구하는 공식을 암기한다.
☑ 상관계수의 유의성 검정을 위한 검정통계량을 계산한다.
☑ 단순회귀분석의 단순회귀모형과 추정회귀식을 구분하고 주어진 조건으로 추정회귀식을 구한다.
☑ 단순회귀모형에서 잔차의 성질을 암기해야 하며, 결정계수를 계산한다.
☑ 회귀모형의 유의성 검정과 회귀계수의 유의성 검정을 구분하고 검정통계량 값을 구한다.

Plus +

CHAPTER 05에서 언급하는 '변수'라는 단어는 모두 '확률변수'를 의미한다.

Plus +

- $Cov(X, Y) > 0$
  → X가 증가할 때 Y도 증가
- $Cov(X, Y) < 0$
  → X가 증가할 때 Y는 감소
- $Cov(X, Y) = 0$
  → X, Y 간에 아무런 선형관계 없음

1 상관분석

1. 공분산의 이해 〈빈출〉

(1) 공분산(Covariance)의 개념
① 한 변수에 대한 분산 개념을 확장하여 두 변수의 흩어진 정도를 나타내는 척도이다.
② 두 변수 X, Y의 선형관계를 나타내는 값으로, X의 증감에 따른 Y의 증감의 정보를 알려준다.
③ $Cov(X, Y)$라고 표기한다.

(2) 공분산의 계산
① 모집단의 공분산은 σ_{XY}로 표기하고, 두 변수 X와 Y의 모평균 μ_X, μ_Y에 대해 $(X-\mu_X)(Y-\mu_Y)$의 기댓값으로 계산한다.

$$Cov(X, Y) = \sigma_{XY} = E[(X-\mu_X)(Y-\mu_Y)] = \frac{1}{N}\sum_{i=1}^{N}(X_i-\mu_X)(Y_i-\mu_Y)$$

연습문제 CHECK

다음 두 변수 X와 Y에 대한 공분산을 구하면?

X	2	4	6	8	10
Y	5	4	3	2	1

ⅰ) X의 평균 μ_X와 Y의 평균 μ_Y를 구한다.
$$\mu_X = \frac{2+4+6+8+10}{5} = 6, \quad \mu_Y = \frac{5+4+3+2+1}{5} = 3$$

ⅱ) 편차 $X_i - \mu_X$와 $Y_i - \mu_Y$를 구한다.

$X_i - \mu_X$	-4	-2	0	2	4
$Y_i - \mu_Y$	2	1	0	-1	-2

ⅲ) 공분산을 계산한다.

$$Cov(X, Y) = \frac{1}{n}\sum_{i=1}^{n}(X_i - \mu_X)(Y_i - \mu_Y)$$
$$= \frac{(-4 \times 2) + (-2 \times 1) + 0 + (2 \times (-1)) + (4 \times (-2))}{5} = -4$$

② 공분산은 다음의 성질을 갖는다.

- $Cov(X, Y) = E(XY) - E(X)E(Y)$
- $Cov(X, Y) = Cov(Y, X)$
- $Cov(aX+b, cY+d) = acCov(X, Y)$ (단, a, b, c, d는 상수)

③ 표본의 공분산은 S_{XY}로 표기하고, 표본분산의 계산처럼 $n-1$로 나누어 계산한다.

$$Cov(X, Y) = S_{XY} = \frac{1}{n-1}\sum_{i=1}^{n}(X_i - \overline{X})(Y_i - \overline{Y})$$

($\overline{X}$: X의 평균, $\overline{Y}$: Y의 평균)

④ 공분산은 양수, 0, 음수의 값을 가질 수 있다.
  ㉠ $Cov(X, Y) > 0$이면 두 변수 X, Y가 같은 방향으로 움직인다는 의미이다.
  ㉡ $Cov(X, Y) < 0$이면 두 변수 X, Y가 반대 방향으로 움직인다는 의미이다.
  ㉢ 한 변수의 분산이 0이면 공분산도 0이다.

2. 상관분석과 상관계수 빈출

(1) 상관분석의 이해

① 상관분석(Correlation Analysis)의 개념
  ㉠ 상관분석은 두 변수 간에 어떤 선형적 관계를 갖고 있는지를 알아보는 통계분석 방법이다.
  ㉡ 두 변수 간의 직선(선형)관계의 강도를 상관관계(Correlation)라고 하며, 상관계수를 구하여 상관관계의 정도를 수치적으로 나타낸다.
    • 모상관계수 ρ_{XY} : 모집단의 상관계수
    • 표본상관계수 r_{XY} : 표본의 상관계수

② 상관분석의 기본가정
  ㉠ 두 변수 간의 선형성을 충족시켜야 한다.
  ㉡ X값과 관계없이 Y값의 흩어진 정도가 같아야 한다. 그렇지 못한 경우를 이분산성이라고 한다.
  ㉢ 이상점 유무를 확인하여 제거해야 한다.

Plus +

공분산의 크기는 변수의 단위에 영향을 받아 두 변수 간의 선형 관계 정도를 제대로 반영하지 못한다. 공분산을 각 변량의 표준편차로 나누어 표준화한 것이 상관계수이다.

Plus +

상관분석을 할 때 산점도를 그려 변수들 간의 상호 연관성(선형 또는 비선형관계의 여부, 이상점의 존재 여부, 자료의 군집 형태 및 층화 여부 등)을 대략적으로 파악해볼 수 있다.

Plus +
직장인의 나이, 연봉, 혈압 간의 다중상관분석에서 연봉과 혈압 사이의 순수한 상관관계를 파악하기 위해 나이 변수를 통제하고 편상관분석을 시행할 수 있다.

③ 상관분석의 종류
　㉠ 단순상관분석(Simple Correlation Analysis): 두 변수 간 상관관계 정도를 분석한다.
　㉡ 다중상관분석(Multiple Correlation Analysis): 2개 이상의 변수 간 상관관계 정도를 분석한다.
　㉢ 편상관분석(Partial Correlation Analysis): 다중상관분석에서 다른 변수와의 관계를 고정하고 두 변수 간 상관관계 정도를 분석한다.

(2) 상관계수의 이해

① 상관계수(Correlation Coefficient)의 개념
　㉠ 두 변수의 직선(선형)관계의 밀접성 정도를 나타내는 척도이다.
　㉡ 하나의 변수의 변화에 따라 다른 변수가 변하는 정도를 나타낸다.
　㉢ 일반적으로 피어슨의 단순적률 상관계수(Pearson's Simple Product-moment Correlation Coefficient)를 간단히 지칭한 것이다.

② 상관계수의 계산
　㉠ 상관계수는 공분산을 표준화시킨 값으로 두 변수의 표준편차로 나누어 계산하며, $Corr(X,\ Y)$로 표기한다.
　㉡ 모집단의 상관계수는 ρ_{XY}로 표기한다.

$$\rho_{XY} = \frac{\sigma_{XY}}{\sigma_X \sigma_Y} = \frac{\frac{1}{N}\sum_{i=1}^{N}(X_i - \mu_X)(Y_i - \mu_Y)}{\sqrt{\frac{1}{N}\sum_{i=1}^{N}(X_i - \mu_X)^2}\sqrt{\frac{1}{N}\sum_{i=1}^{N}(Y_i - \mu_Y)^2}}$$

$$= \frac{\sum_{i=1}^{N}(X_i - \mu_X)(Y_i - \mu_Y)}{\sqrt{\sum_{i=1}^{N}(X_i - \mu_X)^2}\sqrt{\sum_{i=1}^{N}(Y_i - \mu_Y)^2}}$$

(σ_X: X의 표준편차, σ_Y: Y의 표준편차, σ_{XY}: X와 Y의 공분산)

　㉢ 표본의 상관계수는 r_{XY}로 표기한다.

$$r_{XY} = \frac{S_{XY}}{S_X S_Y} = \frac{\frac{1}{n-1}\sum_{i=1}^{n}(X_i - \overline{X})(Y_i - \overline{Y})}{\sqrt{\frac{1}{n-1}\sum_{i=1}^{n}(X_i - \overline{X})^2}\sqrt{\frac{1}{n-1}\sum_{i=1}^{n}(Y_i - \overline{Y})^2}}$$

$$= \frac{\sum_{i=1}^{n}(X_i - \overline{X})(Y_i - \overline{Y})}{\sqrt{\sum_{i=1}^{n}(X_i - \overline{X})^2}\sqrt{\sum_{i=1}^{n}(Y_i - \overline{Y})^2}}$$

(S_X: 표본 X의 표준편차, S_Y: 표본 Y의 표준편차, S_{XY}: 표본 X와 Y의 공분산)

ㄹ) 두 변수 $aX+b$, $cY+d$에 대한 상관계수는 다음과 같다.

- $ac > 0$이면 $Corr(aX+b,\ cY+d) = Corr(X,\ Y)$
- $ac < 0$이면 $Corr(aX+b,\ cY+d) = -Corr(X,\ Y)$

연습문제 CHECK

K고등학교 학생들의 휴대폰 사용시간(X)과 자습시간(Y)에 대한 상관계수를 추정하기 위해 5명의 학생들을 뽑아 조사한 결과가 다음과 같았다. 이들의 상관계수 r_{XY}를 구하면?

X	2	4	6	8	10
Y	5	4	3	2	1

i) 각 확률변수 X, Y의 평균, 분산, 공분산을 구하면

$$\overline{X} = \frac{2+4+6+8+10}{5} = 6,\quad \overline{Y} = \frac{5+4+3+2+1}{5} = 3$$

$$S_X^2 = \frac{(2-6)^2+(4-6)^2+(6-6)^2+(8-6)^2+(10-6)^2}{5-1} = \frac{40}{4}$$

$$S_Y^2 = \frac{(5-3)^2+(4-3)^2+(3-3)^2+(2-3)^2+(1-3)^2}{5-1} = \frac{10}{4}$$

$$S_{XY} = \frac{1}{n-1}\sum_{i=1}^{n}(X_i - \overline{X})(Y_i - \overline{Y})$$

$$= \frac{(-4 \times 2)+(-2 \times 1)+0+(2 \times (-1))+(4 \times (-2))}{5-1} = -\frac{20}{4}$$

ii) 따라서 상관계수는

$$r_{XY} = \frac{S_{XY}}{S_X \times S_Y} = \frac{-5}{\sqrt{10}\ \sqrt{2.5}} = -1$$

③ 상관계수의 특징

㉠ 상관계수의 범위는 -1에서 1이며, 상관계수의 절댓값이 1에 가까울수록 직선관계가 강하고, 0에 가까울수록 직선관계가 약함을 의미한다.

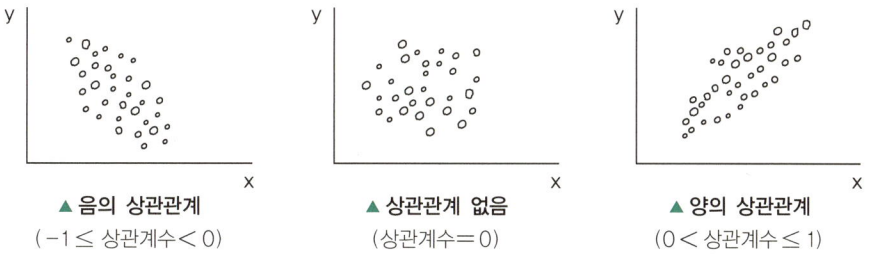

▲ 음의 상관관계
($-1 \leq$ 상관계수 < 0)

▲ 상관관계 없음
(상관계수 $= 0$)

▲ 양의 상관관계
($0 <$ 상관계수 ≤ 1)

㉡ 상관계수가 $1(-1)$이면 기울기가 양수(음수)인 직선 위에 모든 자료가 있다는 것을 의미하며, 완전한 상관관계에 있다고 할 수 있다.

> **Plus +**
> 자료들이 포물선의 모양을 나타내면서 양의 상관관계와 음의 상관관계가 섞여 있으면 상관계수가 0에 가까울 것으로 예측할 수 있다.

ⓒ 상관계수가 0이면 두 변수 사이에 선형관계가 아니라는 의미이며, 한 변수의 값이 일정하거나 곡선관계 등의 경우에도 상관계수는 0이 될 수 있다. 이때, 두 변수 사이에 어떠한 관계도 없다고 판단하지 말아야 한다.

ⓔ 임의의 상수 a, b에 대하여 $Y = a + bX$와 같이 Y와 X가 직선관계이면 $b > 0$일 때 상관계수는 1이고, $b < 0$일 때 상관계수는 −1이다.

ⓜ 두 확률변수에 대한 공분산은 변수들의 측정 단위가 달라지면 값이 변할 수 있지만, 상관계수는 공분산을 두 확률변수의 표준편차로 나눈 값이므로 변수들의 측정 단위가 달라져도 영향을 받지 않는다.

ⓑ 편상관계수란 다른 변수들의 상관관계를 통제하고 순수하게 두 변수 간의 상관관계만을 나타내는 척도이다.

ⓢ X와 Y가 서로 독립이면 상관계수는 0이지만, 상관계수가 0이라 하여 두 변수가 서로 독립인 것은 아니다.

ⓞ 두 확률변수 간에 상관관계가 확인된다고 해서 인과관계인 것은 아니다. 즉, 상관관계가 인과관계를 담보하지 않는다.

ⓩ 단순선형회귀분석에서 추정회귀직선 $\hat{Y} = a + bX$의 기울기는 $b = r_{XY} \times \dfrac{S_Y}{S_X}$이며 S_X, S_Y 모두 양수이므로 회귀계수의 기울기(b)의 부호는 상관계수의 부호와 같다.

ⓩ 단순선형회귀분석에서 결정계수 R^2은 두 변수의 상관계수를 제곱한 값과 같으므로 결정계수의 제곱근 $\pm\sqrt{R^2}$은 두 변수의 피어슨 상관계수와 같다.

기출문제 CHECK | 2021년 2회

상관계수에 대한 설명으로 옳지 않은 것은?
① 범위는 −1에서 1이다.
② 1차 직선의 함수관계가 어느 정도 강한가를 나타내는 척도이다.
③ 상관계수가 0이라는 것은 두 변수 사이에 어떠한 관계도 없다는 것을 의미한다.
④ −1의 상관계수는 기울기가 음수인 직선 위에 모든 자료가 있다는 것을 의미한다.

| 해설 | 상관계수가 0이라는 것은 변수 간에 선형 관계가 없다는 것을 의미할 뿐 비선형 관계는 존재할 수 있다.

| 정답 | ③

---

3. 상관계수의 유의성 검정

① 모상관계수가 ρ_{XY}인 이변량 정규분포를 따르는 두 변수에 대한 자료 (x_i, y_i) $(i = 1, 2, \cdots, n)$에 대해 표본상관계수 r_{XY}를 이용하여 두 변수 X, Y의 상관계수 ρ_{XY}에 대한 유의성을 검정할 수 있다.

② 가설 설정

> H_0: 두 변수 간에 상관관계가 없다($\rho_{XY} = 0$).
> H_1: 두 변수 간에 상관관계가 있다($\rho_{XY} \neq 0$).

③ 검정통계량

$$t = \frac{r_{XY}}{SE(r_{XY})} = \frac{r_{XY}}{\frac{\sqrt{1-r_{XY}^2}}{\sqrt{n-2}}} = r_{XY}\sqrt{\frac{n-2}{1-r_{XY}^2}}$$

④ 자유도가 $n-2$인 $t-$분포에 따른 $t-$검정

$$t = r_{XY}\sqrt{\frac{n-2}{1-r_{XY}^2}} \sim t(n-2)$$

기출문제 CHECK 2021년 2회

두 변수 X, Y의 상관계수에 대한 유의성 검정($H_0: \rho_{XY}=0$)을 $t-$검정으로 할 때 검정통계량은? (단, r_{XY}는 표본상관계수이다)

① $r_{XY}\sqrt{\dfrac{n-2}{1-r_{XY}^2}}$
② $r_{XY}\sqrt{\dfrac{n+2}{1-r_{XY}^2}}$
③ $r_{XY}\sqrt{\dfrac{n-2}{1+r_{XY}^2}}$
④ $r_{XY}\sqrt{\dfrac{n+2}{1+r_{XY}^2}}$

| 해설 | 두 변수 X, Y의 상관계수에 대한 유의성 검정을 $t-$검정으로 할 때의 검정통계량은 $r_{XY}\sqrt{\dfrac{n-2}{1-r_{XY}^2}}$ 이다.

| 정답 | ①

2 회귀분석

1. 회귀분석의 이해 빈출

(1) 회귀분석(Regression Analysis)의 개념

① 자료를 통하여 독립변수(또는 설명변수)와 종속변수(또는 반응변수) 간의 함수관계를 통계적으로 규명하는 분석방법이다.
② 일반적으로 회귀분석은 독립변수와 종속변수 간의 선형적 함수관계를 분석한다. 그러나 비선형적 함수관계를 분석하는 비선형회귀분석도 있다.
③ 종속변수와 독립변수들 사이에 존재하는 함수관계를 추정하여 독립변수들이 종속변수에 미치는 효과를 분석하거나, 추정된 회귀함수를 이용하여 종속변수의 미래의 값을 예측하는 것이 목적이다.

(2) 회귀분석의 특징

① 회귀분석을 실시할 때 설명변수와 반응변수의 산점도(Scatter Plot)를 그려 관계를 파악해야 한다. 두 변수 간의 관계가 직선으로 확인되면 상관계수를 계산하거나 회귀직선식(Regression Equation)을 구할 수 있다.

Plus +

유전학자 갈톤은 부모와 자식 간의 키를 조사하여 일반적으로 키가 큰 부모의 자녀는 키가 크지만, 그 평균신장은 부모만큼 크지 않다는 것을 밝혀냈다. 이를 평균의 회귀현상이라 한다.

② 독립변수가 하나이면 단순선형회귀분석(Simple Linear Regression)이라고 하고, 독립변수가 둘 이상이면 다중선형회귀분석(Multiple Linear Regression)이라고 한다.

> 예 연구자가 어떤 승용차의 가격이 출고연도가 지남에 따라 얼마나 떨어지는지를 알아보기 위하여 이 승용차에 대한 중고 판매가격에 대한 조사를 하였을 때, 사용연수와 중고차 가격과의 관계를 보기 위한 적합한 분석방법은 단순선형회귀분석이다.

③ 회귀모형(Regression Model)의 유의성 검정에서 검정통계량은 $F-$검정을 사용하고, 회귀계수(Regression Coefficient)의 유의성 검정에서 검정통계량은 $t-$검정을 사용한다.
④ 다중회귀분석에서 독립변수들은 서로 독립적이어야 한다. 즉, 비다중공선성을 만족해야 한다.

(3) 회귀분석의 절차
① 독립변수들과 종속변수의 선형관계를 확인하기 위해 산점도를 작성한다. 이때, 잔차(Residual)의 산점도를 작성하여 회귀직선의 선형성과 타당성 및 오차항의 정규성, 등분산성, 독립성 등을 살펴볼 수 있다.
② 최소제곱법(Method of Least Squares)을 이용한 최적의 직선식을 구한다.
③ 분산분석을 통해 귀무가설(독립변수들과 종속변수 사이에 선형관계가 없다)의 기각 여부를 결정한다.
④ 이상의 분석을 기초로 의사결정을 한다.

2. 단순회귀분석 빈출

(1) 단순회귀분석의 개념
① 독립변수가 1개일 때, 독립변수와 종속변수 간의 선형관계를 분석한다.
② 연속형 독립변수가 연속형 종속변수에 미치는 영향을 검정한다.
> 예 직장 내 역할 갈등이 팀 성과에 영향을 미치는지 검정

(2) 단순회귀모형

$$y_i = \beta_0 + \beta_1 x_i + \epsilon_i \ (i=1,\ 2,\ \cdots,\ n)$$
$$E(y_i) = \beta_0 + \beta_1 x_i,\ E(\epsilon_i) = 0,\ Var(\epsilon_i) = \sigma^2 \ (단,\ \beta_0,\ \beta_1,\ \sigma는\ 미지의\ 모수)$$

(3) $E(y_i) = \beta_0 + \beta_1 x_i$의 추정량

$$\hat{y}_i = b_0 + b_1 x_i$$

① β_0, β_1 : 회귀계수로 추정해야 할 모수
② b_0, b_1 : 모수 β_0, β_1의 추정값
③ 잔차 $e_i = y_i - \hat{y}_i$: 관측값과 회귀식의 예측값의 차

Plus +
다중공선성(Multicollinearity)
회귀분석에서 독립변수들 간에 강한 상관관계가 나타나는 문제이다. 독립변수들 간에 정확한 선형관계가 존재하면 완전공선성을 갖는다.

Plus +
최소제곱법은 회귀모형의 절편과 기울기를 구하는 방법으로, 잔차의 제곱합을 최소화시킨다.

Plus +
잔차와 오차의 차이
표본집단에서 회귀식을 얻었다면, 그 회귀식을 통해 얻은 예측값과 실제 관측값의 차이는 잔차(Residual)이다. 반면, 모집단에서 회귀식을 얻었다면, 그 회귀식을 통해 얻은 예측값과 실제 관측값의 차이는 오차(Error)이다.

(4) 오차항 ϵ_i의 기본 가정

① 정규성: 오차항 ϵ_i는 정규분포 $N(0, \sigma^2)$를 따른다.
② 등분산성: 오차항 ϵ_i들의 분산은 같다.
③ 독립성: 오차항 ϵ_i들은 서로 독립이다.
   ㉠ 오차항의 독립성을 확인하기 위해 더빈-왓슨(Durbin-Watson; DW) 통계량을 이용한다.
   ㉡ 더빈-왓슨 통계량이 2에 가까우면 오차항은 독립성을 만족하며, 0에 가까우면 양의 상관관계가 존재하고 4에 가까우면 음의 상관관계가 존재한다고 본다.

(5) 회귀식 추정: 최소제곱법(Method of Least Square, 최소자승법)

① 변수 x와 y에 대한 n개의 자료 $(x_1, y_1), \cdots, (x_n, y_n)$로부터 최적의 직선식을 구하는 방법 중에 하나이다.
② 단순선형회귀모형 $y_i = \beta_0 + \beta_1 x_i + \epsilon_i$에서 잔차($e_i = y_i - \hat{y_i}$)의 제곱합이 최소가 되도록 하는 β_0와 β_1을 추정하는 방법이다. 이때 얻어지는 추정량을 최소제곱추정량(Least Square Estimator, LSE)이라고 한다.

기출문제 CHECK 2020년 1·2회

회귀분석에 대한 설명으로 옳지 않은 것은?
① 회귀분석은 자료를 통하여 독립변수와 종속변수 간의 함수관계를 통계적으로 규명하는 분석방법이다.
② 회귀분석은 종속변수의 값 변화에 영향을 미치는 중요한 독립변수들이 무엇인지 알 수 있다.
③ 단순회귀선형모형의 오차(ϵ_i)에 대한 가정에서 $\epsilon_i \sim N(0, \sigma^2)$이며, 오차는 서로 독립이다.
④ 최소제곱법은 회귀모형의 절편과 기울기를 구하는 방법으로 잔차의 합을 최소화시킨다.

| 해설 | 최소제곱법은 잔차의 합이 아닌 잔차의 제곱합을 최소화하는 방법이며, 잔차의 합은 항상 0이 되도록 설계되어 있다.
| 정답 | ④

---

③ 최소제곱법을 이용하여 β_0와 β_1에 대한 최소제곱추정량 b_0, b_1을 구하고 회귀식 $\hat{y} = b_0 + b_1 x$를 추정한다. 이때, b_0, b_1을 회귀계수(Regression Coefficient)라고 한다.
   ㉠ b_0는 추정된 회귀선의 절편(Intercept Coefficient)이라 하고, $x_i = 0$에서 $\hat{y_i}$ 값이다.
   ㉡ b_1은 추정된 회귀선의 기울기(Slope Coefficient)라고 하고, x_i가 한 단위 증가할 때 $\hat{y_i}$의 증가량을 나타낸다.

④ 회귀계수 b_0, b_1 구하기

㉠ β_1의 추정값 b_1

$$b_1 = r_{XY}\frac{S_Y}{S_X} = \frac{S_{XY}}{S_X S_Y} \times \frac{S_Y}{S_X} = \frac{S_{XY}}{S_{XX}} = \frac{\sum_{i=1}^{n}(x_i-\overline{x})(y_i-\overline{y})}{\sum_{i=1}^{n}(x_i-\overline{x})^2} = \frac{\sum_{i=1}^{n}x_i y_i - n\overline{x}\,\overline{y}}{\sum_{i=1}^{n}x_i^2 - n\overline{x}^2}$$

㉡ β_0의 추정값 b_0

$$b_0 = \overline{y} - b_1 \times \overline{x}$$

연습문제 CHECK

다음 자료의 설명변수(x)와 반응변수(y) 사이에 단순회귀모형을 가정할 때 회귀식을 구하면?

x	0	1	2	3	4	5
y	4	3	2	0	-3	-6

i) $\overline{x}$, $\overline{y}$, $S_{XY} = \sum(x_i-\overline{x})(y_i-\overline{y})$, $S_{XX} = \sum(x_i-\overline{x})^2$을 구한다.

	x_i	y_i	$x_i-\overline{x}$	$y_i-\overline{y}$	$(x_i-\overline{x})(y_i-\overline{y})$	$(x_i-\overline{x})^2$
	0	4	-2.5	4	-10	6.25
	1	3	-1.5	3	-4.5	2.25
	2	2	-0.5	2	-1	0.25
	3	0	0.5	0	0	0.25
	4	-3	1.5	-3	-4.5	2.25
	5	-6	2.5	-6	-15	6.25
합계	15	0	0	0	-35	17.5
	$\overline{x}=2.5$	$\overline{y}=0$			$\sum(x_i-\overline{x})(y_i-\overline{y})=-35$	$\sum(x_i-\overline{x})^2=17.5$

ii) β_1의 추정값 $b_1 = \dfrac{S_{XY}}{S_{XX}} = \dfrac{\sum(x_i-\overline{x})(y_i-\overline{y})}{\sum(x_i-\overline{x})^2} = \dfrac{-35}{17.5} = -2$

iii) β_0의 추정값 $b_0 = \overline{y} - b_1 \times \overline{x} = 0 - (-2) \times (2.5) = 5$

iv) 추정회귀직선은 $y = 5 - 2x$이다.

⑤ 회귀계수 b_1의 부호와 상관계수 r_{XY}의 부호 사이의 관계는 다음과 같다.

㉠ $b_1 > 0$이면 $r_{XY} > 0$이므로 양의 상관관계를 갖는다.

㉡ $b_1 < 0$이면 $r_{XY} < 0$이므로 음의 상관관계를 갖는다.

㉢ $b_1 = 0$이면 $r_{XY} = 0$이므로 상관관계를 갖지 않는다.

⑥ 절편이 없는 회귀모형의 경우 최소제곱법에 의한 β_1의 추정값

$$b_1 = \frac{\sum x_i y_i}{\sum x_i^2}$$

> **보충학습** **최대우도법(Maximum Likelihood Estimation, MLE)**
> 우도함수가 최댓값을 갖도록 회귀계수 β를 추정하는 방법으로 이미 뽑은 표본이 발생할 확률을 최대로 만드는 값을 모수의 추정값으로 사용한다. 이때, 회귀계수 β를 최대우도법으로 추정한 값과 최소제곱법으로 추정한 값은 같다.

(6) 단순회귀분석의 분산분석표

단순회귀모형 $y_i = \beta_0 + \beta_1 x_i + \epsilon_i (i=1, 2, \cdots, n)$의 유의성을 분석하기 위해, 즉 회귀계수 $\beta_1 = 0$인지 아닌지를 검정하기 위해 변수 x와 y에 대한 n개의 자료 $(x_1, y_1), \cdots, (x_n, y_n)$에 대하여 분산분석표를 얻을 수 있다.

요인	제곱합(SS)	자유도(df)	평균제곱합(MS)	F값
회귀	$SSR = \sum_{i=1}^{n}(\hat{y}_i - \overline{y})^2$	1	$MSR = SSR/1$	MSR/MSE
잔차 (오차)	$SSE = \sum_{i=1}^{n}(y_i - \hat{y}_i)^2$	$n-2$	$MSE = SSE/(n-2)$	
전체	$SST = \sum_{i=1}^{n}(y_i - \overline{y})^2$	$n-1$		

① 제곱합
　㉠ 총제곱합(SST)은 잔차제곱합(SSE)과 회귀제곱합(SSR)의 합으로 분해된다.
　　• 편차 $y_i - \overline{y}$ = 잔차 $y_i - \hat{y}_i$ + 회귀 $\hat{y}_i - \overline{y}$
　　• 총제곱합 $\sum_{i=1}^{n}(y_i - \overline{y})^2$ = 잔차제곱합 $\sum_{i=1}^{n}(y_i - \hat{y}_i)^2$ + 회귀제곱합 $\sum_{i=1}^{n}(\hat{y}_i - \overline{y})^2$
　㉡ 총제곱합을 총변동이라고도 한다.
　㉢ 잔차제곱합을 잔차변동(또는 오차변동), 회귀제곱합을 회귀변동이라고도 한다.

② 자유도
　㉠ 총합의 자유도($n-1$)는 잔차의 자유도($n-2$)와 회귀의 자유도(1)의 합으로 분해된다.
　㉡ 회귀평균제곱합(MSR)은 회귀제곱합(SSR)을 회귀의 자유도(1)로 나눈 값이다.
　㉢ 잔차평균제곱합(MSE)은 잔차제곱합(SSE)을 잔차의 자유도($n-2$)로 나눈 값이다.
　㉣ 잔차평균제곱합(MSE)은 오차분산 $Var(e_i) = \sigma^2 (i=1, 2, \cdots, n)$의 불편추정량이다.

$$\widehat{\sigma^2} = MSE = \frac{SSE}{n-2} = \frac{1}{n-2}\sum_{i=1}^{n}(y_i - \hat{y}_i)^2$$

연습문제 CHECK

단순회귀모형의 분산분석표가 다음과 같을 때, 각 빈 칸에 들어갈 값은?

변인	제곱합	자유도	평균제곱합	F
회귀	㉠	1	541.69	㉣
잔차	186.56	㉡	㉢	
전체	728.25	11		

ⅰ) ㉠+186.56=728.25이므로 ㉠=728.25-186.56=541.69이다.
ⅱ) 1+㉡=11이므로 ㉡=11-1=10이다.
ⅲ) ㉢=186.56/㉡이므로 ㉢=186.56/10=18.656이다.
ⅳ) ㉣=541.69/㉢이므로 ㉣=541.69/18.656≒29.036이다.

(7) 단순회귀모형의 적합성: 결정계수 R^2

① 최소제곱법에 의해 두 변수 사이의 표본회귀식을 유도하더라도, 선형관계의 여부 또는 선형관계이더라도 회귀선이 자료를 얼마나 적합하게 나타내는지를 알아보아야 한다.

② 결정계수(Coefficient of Determination) R^2은 표본자료로부터 추정된 회귀선이 관찰값에 얼마나 적합한지를 측정할 수 있는 척도로, **독립변수가 종속변수를 얼마나 잘 설명하고 있는지**를 의미한다.

③ 결정계수 R^2은 총변동 $SST = \sum_{i=1}^{n}(y_i - \bar{y})^2$ 중에서 추정회귀직선에 의해서 설명되어지는 회귀변동 $SSR = \sum_{i=1}^{n}(\hat{y}_i - \bar{y})^2$의 비율이다.

$$R^2 = \frac{SSR}{SST} = 1 - \frac{SSE}{SST} = \frac{\sum_{i=1}^{n}(\hat{y}_i - \bar{y})^2}{\sum_{i=1}^{n}(y_i - \bar{y})^2} = 1 - \frac{\sum_{i=1}^{n}(y_i - \hat{y}_i)^2}{\sum_{i=1}^{n}(y_i - \bar{y})^2}$$

예) $R^2 = 0.3$이면 총변동 중 회귀직선에 의해 설명되는 회귀변동이 30%라고 볼 수 있다.

④ 결정계수가 취할 수 있는 범위는 $0 \leq R^2 \leq 1$이다. R^2값이 1에 가까울수록 회귀직선의 적합도(설명력)는 높아지고, 0에 가까울수록 회귀직선의 적합도(설명력)는 낮아진다.

⑤ $SSE = 0$이면 결정계수 $R^2 = 1$이다. 즉, 모든 측정값들이 추정회귀직선 상에 있는 경우에 결정계수가 $R^2 = 1$이며, 회귀선이 완벽하게 자료를 설명하고 있음을 의미한다.

Plus+

결정계수가 1에 가까우면 회귀식이 종속변수의 변동을 매우 잘 설명하는 것으로 적합도가 높다고 해석할 수 있으며, 결정계수가 0에 가까우면 회귀식이 종속변수의 변동을 거의 설명하지 못하므로 적합도가 낮다고 해석할 수 있다. 단, 결정계수가 높다고 해서 반드시 새로운 데이터에 대한 예측력이 높다고 할 수는 없다.

⑥ X와 Y 사이에 회귀관계가 전혀 존재하지 않아 추정회귀직선의 기울기가 $\beta_1 = 0$이면 $SSE = SST$이므로 결정계수도 $R^2 = 0$이다. 즉, 추정회귀직선이 자료를 전혀 설명하지 못하는 것으로 자료에 부적합한 회귀선이 된다는 의미이다.

⑦ 결정계수 R^2은 독립변수의 수가 늘어날수록 증가하는 경향이 있다. 특히, 종속변수에 미치는 영향이 적은 독립변수가 추가되어도 결정계수는 증가한다.

⑧ 단순회귀분석에서 결정계수 R^2은 상관계수 r_{XY}의 제곱과 같다.

> 예 두 변수 가족 수(독립변수)와 생활비(종속변수) 간의 상관계수가 0.6이라면 결정계수는 $r_{XY}^2 = (0.6)^2 = 0.36$, 즉 생활비 변동의 36%가 가족 수로 설명되어진다고 할 수 있다.

⑨ 상관계수 r_{XY}은 결정계수 R^2의 제곱근에 추정회귀계수 b_1의 부호를 따른다.

Plus +
다중회귀분석에서는 결정계수가 상관계수의 제곱과 동일하지 않다.

(8) 단순회귀모형의 유의성 검정: $F-$검정 이용

① 가설 세우기

> H_0: 회귀모형은 유의하지 않다($\beta_1 = 0$).
> H_1: 회귀모형은 유의하다($\beta_1 \neq 0$).

② 검정통계량과 $F-$분포 세우기

$$F = \frac{MSR}{MSE} \sim F(1, n-2) \quad (\text{단, } n\text{은 표본의 수})$$

③ 자유도 $df = (1, n-2)$와 유의수준 α에 따른 $F-$분포에서 기각역 설정하기

$$F \geq F_\alpha(1, n-2)$$

④ 분산분석표 작성하기
⑤ 검정통계량의 F값 구하기
⑥ 귀무가설의 기각 여부를 결정하고 결론 내리기

(9) 회귀계수의 유의성 검정: $t-$검정 이용

① 가설 세우기

> H_0: 회귀계수가 유의하지 않다($\beta_1 = 0$).
> H_1: 회귀계수가 유의하다($\beta_1 \neq 0$).

② 검정통계량과 $t-$분포 세우기

$$t = \frac{b_1 - \beta_1}{\sqrt{Var(b_1)}} = \frac{b_1 - \beta_1}{\sqrt{MSE/S_{XX}}} \sim t(n-2)$$

> **Plus +**
> 단순회귀검정에서의 회귀계수의 유의성 검정통계량의 t값의 제곱은 단순회귀모형의 유의성 검정통계량의 F값과 동일하다.

③ 자유도 $df = n-2$와 유의수준 α에 따른 t-분포에서 기각역 설정하기

$$|t| \geq t_{\alpha/2}(n-2)$$

④ 검정통계량의 t값 구하기
⑤ 귀무가설의 기각 여부를 결정하고 결론 내리기

(10) 잔차적합성

변수 X와 Y에 대한 n개의 자료 $(x_1, y_1), \cdots, (x_n, y_n)$에 대해 단순회귀모형 $y_i = \beta_0 + \beta_1 x_i + \epsilon_i (i=1, 2, \cdots, n)$의 가정하에 회귀직선 $\hat{y}_i = b_0 + b_1 x_i$를 추정하는 경우 잔차 $e_i = y_i - \hat{y}_i$의 성질은 다음과 같다.

① $E(e_i) = 0$: 잔차들의 평균은 0이다.

② $\sum_{i=1}^{n} e_i = 0$: 잔차들의 합은 0이다. 또한 잔차제곱의 합은 최소가 된다.

③ $\sum_{i=1}^{n} x_i e_i = 0$: 잔차들의 독립변수에 대한 가중합은 0이다.

④ $\sum_{i=1}^{n} \hat{y}_i e_i = 0$: 잔차들의 예측값에 대한 가중합은 0이다.

> **Plus +**
> **회귀분석에서의 잔차 (Residual)**
> 관측값 y_i과 예측값 $\hat{y}_i$의 차($e_i = y_i - \hat{y}_i$)이다. 현상을 분석할 때 모집단의 모든 자료를 측정하기보다 일부의 자료(표본집단)에서 회귀식을 얻기 때문에 잔차를 기준으로 회귀식의 최적의 회귀계수를 추정한다.

기출문제 CHECK 2020년 4회

단순회귀모형에 대한 추정회귀직선이 $\hat{y} = a + bx$일 때, b의 값은?

구분	평균	표준편차	상관계수
X	40	4	0.75
Y	30	3	

① 0.07 ② 0.56
③ 1.00 ④ 1.53

| 해설 | 단순회귀분석에서 추정회귀직선식 $\hat{Y} = a + bX$의 기울기 $b = r_{XY} \dfrac{S_Y}{S_X}$는 $b = 0.75 \times \dfrac{3}{4}$, 약 0.5625 이다. 따라서 b의 값은 0.56이다. | 정답 | ②

3. 다중선형회귀분석 빈출

(1) 다중선형회귀분석의 개념

종속변수와 두 개 이상의 독립변수들 사이의 선형관계를 밝히는 통계분석방법이다. 독립변수의 개수만 두 개 이상으로 다를 뿐 단순회귀분석의 가정과 분석방법은 그대로 적용된다.

(2) 다중회귀모형(Multiple Regression Model)

$$y_i = \beta_0 + \beta_1 x_{1i} + \beta_2 x_{2i} + \cdots + \beta_k x_{ki} + \epsilon_i \quad (i=1, 2, \cdots, n)$$
$$E(y) = \beta_0 + \beta_1 x_1 + \beta_2 x_2 + \cdots + \beta_k x_k, \quad E(\epsilon_i) = 0, \quad Var(\epsilon_i) = \sigma^2$$
(단, $\beta_0, \beta_1, \beta_2, \cdots, \beta_k, \sigma$는 미지의 모수)

① 종속변수 하나에 독립변수가 두 개 이상을 포함하는 모형이다.
② 단순회귀와 마찬가지로 최소제곱법을 이용해서 모수를 추정한다.

(3) $E(y) = \beta_0 + \beta_1 x_1 + \beta_2 x_2 + \cdots + \beta_k x_k$의 추정량

$$\hat{y} = \hat{\beta}_0 + \hat{\beta}_1 x_1 + \hat{\beta}_2 x_2 + \cdots + \hat{\beta}_k x_k$$

(4) 독립변수가 k개인 다중회귀모형 행렬

$$y = X\beta + \epsilon$$

$$y = \begin{bmatrix} y_1 \\ y_2 \\ \vdots \\ y_n \end{bmatrix}, \quad X = \begin{bmatrix} 1 & x_{11} & x_{12} & \cdots & x_{1k} \\ 1 & x_{21} & x_{22} & \cdots & x_{2k} \\ \vdots & \vdots & \vdots & \vdots & \vdots \\ 1 & x_{n1} & x_{n2} & \cdots & x_{nk} \end{bmatrix}, \quad \beta = \begin{bmatrix} \beta_0 \\ \beta_1 \\ \beta_2 \\ \vdots \\ \beta_k \end{bmatrix}, \quad \epsilon = \begin{bmatrix} \epsilon_1 \\ \epsilon_2 \\ \vdots \\ \epsilon_n \end{bmatrix}$$

① 최소제곱법에 의한 회귀계수 벡터 β의 추정식

$$b = (X'X)^{-1}X'y \quad (\text{단, } X'\text{은 } X\text{의 전치행렬이다})$$

② 추정량 b의 분산-공분산 행렬

$$Var(b) = (X'X)^{-1}\sigma^2 \quad (\text{단, } Var(\epsilon) = \sigma^2 I)$$

> **Plus +**
> 전치행렬
> (Transpose Matrix)
> 임의의 행렬이 주어졌을 때 그 행렬의 행과 열을 바꾸어 얻어낸 행렬이다.

(5) 다중회귀분석의 분산분석표

다중회귀모형의 유의성을 분석하기 위해 분산분석표를 활용한다.
n개의 자료에 대해 k개의 독립변수 $x_i(i=1, 2, \cdots, k)$와 종속변수 y에 대한 다중회귀모형 $y = \beta_0 + \beta_1 x_1 + \cdots + \beta_k x_k + \epsilon$을 고려하여 다중회귀분석을 실시하고자 할 때 분산분석표는 다음과 같다.

요인	제곱합	자유도	평균제곱	F
회귀	$SSR = \sum_{i=1}^{n}(\hat{y}_i - \bar{y})^2$	k	$MSR = \dfrac{SSR}{k}$	$\dfrac{MSR}{MSE}$
잔차 (오차)	$SSE = \sum_{i=1}^{n}(y_i - \hat{y}_i)^2$	$n-k-1$	$MSE = \dfrac{SSE}{n-k-1}$	
계	$SST = \sum_{i=1}^{n}(y_i - \bar{y})^2$	$n-1$		

① 제곱합
　㉠ 총제곱합(SST)은 잔차제곱합(SSE)과 회귀제곱합(SSR)의 합으로 분해된다.
　　• 편차 $y_i - \overline{y}$ = 잔차 $y_i - \hat{y}_i$ + 회귀 $\hat{y}_i - \overline{y}$
　　• 총제곱합 $\sum_{i=1}^{n}(y_i - \overline{y})^2$ = 잔차제곱합 $\sum_{i=1}^{n}(y_i - \hat{y}_i)^2$ + 회귀제곱합 $\sum_{i=1}^{n}(\hat{y}_i - \overline{y})^2$
　　• 총제곱합을 총변동이라고도 한다.
　㉡ 잔차제곱합을 잔차변동(또는 오차변동), 회귀제곱합을 회귀변동이라고도 한다.
② 자유도: 총합의 자유도($n-1$)는 잔차의 자유도($n-k-1$)와 회귀의 자유도(k)의 합으로 분해된다.
③ 평균제곱
　㉠ 회귀평균제곱(MSR)은 회귀제곱합(SSR)을 회귀의 자유도(k)로 나눈 값이다.
　㉡ 잔차평균제곱(MSE)은 잔차제곱합(SSE)을 잔차의 자유도($n-k-1$)로 나눈 값이다.
　㉢ 잔차평균제곱(MSE)은 오차분산 $Var(e_i) = \sigma^2$의 불편추정량이다.

$$\hat{\sigma}^2 = MSE = \frac{SSE}{n-k-1} = \frac{\sum_{i=1}^{n}(y_i - \hat{y}_i)^2}{n-k-1} = \frac{1}{n-k-1}\sum_{i=1}^{n}e_i^2$$

• 추정값의 표준오차 $\sqrt{\dfrac{\sum_{i=1}^{n}(y_i - \hat{y}_i)^2}{n-k-1}}$

(6) 다중회귀모형의 유의성 검정: $F-$검정 이용

① 가설 세우기

　H_0: 다중회귀모형은 유의하지 않다($\beta_1 = \beta_2 = \cdots = \beta_k = 0$).
　H_1: 다중회귀모형은 유의하다(최소한 한 개의 β_i는 0이 아니다($i=1, 2, \cdots, k$)).

② 검정통계량과 $F-$분포 세우기

　$F = \dfrac{MSR}{MSE} \sim F(k, n-k-1)$ (단, n: 표본 수, k: 독립변수의 개수, α: 유의수준)

③ 자유도 $df = (k, n-k-1)$와 유의수준 α에 따른 $F-$분포에서 기각역 설정하기

　F값 $\geq F_\alpha(k, n-k-1)$

④ 분산분석표 작성하기
⑤ 검정통계량의 F값 구하기
⑥ 귀무가설의 기각 여부를 결정하고 결론 내리기

(7) 회귀계수의 유의성 검정: $t-$검정 이용

① 가설 세우기

> H_0: 회귀계수가 유의하지 않다($\beta_i = 0$, $i = 1, 2, \cdots, k$).
> H_1: 회귀계수가 유의하다($\beta_i \neq 0$).

② 검정통계량과 $t-$분포 세우기

$$t = \frac{b_i - \beta_i}{\sqrt{Var(b_i)}} = \frac{b_i - \beta_i}{\sqrt{MSE/S_{XX}}} \sim t(n-k-1)$$

③ 자유도 $df = n-k-1$와 유의수준 α에 따른 $t-$분포에서 기각역 설정하기

$$|t| \geq t_{\alpha/2}(n-k-1)$$

④ 검정통계량의 t값 구하기
⑤ 귀무가설의 기각 여부를 결정하고 결론 내리기

(8) 수정결정계수(Adjusted Coefficient of Determination, $adj\ R^2$)

각 변수의 설명력에 상관없이 독립변수의 개수가 늘어날수록 결정계수(R^2)가 높아지는 위험이 따르므로 이러한 문제점을 보완하기 위하여 창안된 척도이다.

$$adj\ R^2 = 1 - \frac{SSE/(n-k-1)}{SST/(n-1)} = \frac{(n-1)R^2 - k}{n-k-1} \quad \text{(단, } n\text{: 표본 수, } k\text{: 독립변수의 개수)}$$

(9) 다중회귀분석 시 유의점

① 다중공선성(Multicollinearity)
  ㉠ 하나의 독립변수가 다른 독립변수와 상관의 정도가 높아 모델의 정확성에 부정적인 영향을 미치는 현상이다.
  ㉡ 설문조사자료(Survey Data)의 회귀분석에 많이 발생하며, 다중공선성이 존재하는 경우 회귀계수(β_i)가 무의미해지고 회귀분석의 결과를 신뢰하기 어렵다고 판단한다.
  ㉢ 다중공선성을 확인하는 방법으로 분산팽창지수(Variance Inflation Factor, VIF), 공차한계(Tolerance), 조건지수, 클라인의 약식검정 등이 있다. 분산팽창계수(VIF)가 10 이상이면 다중공선성을 의심해야 한다.

② 자기상관(Autocorrelation)
  ㉠ 오차항들이 양($+$)의 방향이나 음($-$)의 방향으로 서로 상관되는 현상으로 시계열자료(Time Series Data)의 회귀분석에서 많이 나타난다.
  ㉡ 오차의 자기상관이 존재하는 경우, MSE는 오차항의 분산 σ^2을 실제보다 작게 추정하여 추정량의 표준오차가 작아지며, 이로 인해 실제로는 유의하지 않은 회귀계수가 유의하다고 판정될 수 있다.

ⓒ 자기상관을 검정하기 위해 더빈-왓슨 통계량을 이용한다. 더빈-왓슨 통계량이 2에 가까우면 오차항은 독립성을 만족하며 자기상관을 무시할 수 있다고 본다.
- 0에 가까우면 양의 자기상관 가능
- 2에 가까우면 자기상관 무시 가능
- 4에 가까우면 음의 자기상관 가능

(10) 독립변수의 선택방법

① 전진선택법(Forward Selection) : 변수가 존재하지 않는 영(Null) 모형에서 설명력이 가장 큰 독립변수부터 차례로 추가한다.
② 후진소거법(Backward Elimination) : 독립변수가 모두 포함된 모형에서 설명력이 가장 작은 독립변수부터 차례로 제거한다.
③ 단계적선택법(Stepwise Selection) : 전진선택법에 의해 변수를 추가하면서 새롭게 추가된 변수에 기인해 기존 변수의 중요도가 약화되면 해당 변수를 제거하는 등 단계별로 추가 또는 제거한다.

(11) 가변수(Dummy Variable, 더미변수)

① 두 개의 값만을 취하는 변수로 관측대상이 해당 범주에 속하면 1, 그렇지 않으면 0의 값을 갖는 변수이다.
② 다중회귀모형 설정 시, 관심의 대상이 되는 종속변수가 양적인 독립변수들 이외에 질적인(범주형 자료인) 독립변수, 예를 들어 성별, 지역, 종교, 학력 등에 의해서도 영향을 받을 때, 이러한 질적효과를 고려할 수 있는 독립변수를 가변수로 변환하여 다중회귀분석을 시행한다.
③ 수준이 k개인 변수에 대해 $k-1$개의 가변수를 사용한다. 예를 들어 성별은 남성과 여성 2개의 수준이므로 $2-1=1$개의 가변수를 만든다.

> 예 봉급생활자의 근속연수, 학력, 성별이 연봉에 미치는 관계를 알아보고자 연봉을 반응변수로 하여 다중회귀분석을 실시하기로 하였다. 연봉과 근속연수는 양적변수이며, 학력(고졸 이하, 대졸, 대학원 이상)과 성별(남, 여)은 질적변수이므로, 질적변수에 대한 가변수는 각각 $3-1=2$, $2-1=1$, 총 3개이다.

기출문제 CHECK 2020년 3회

다중선형회귀분석에 대한 설명으로 옳지 않은 것은?
① 각 회귀계수의 유의성을 판단할 때는 정규분포를 이용한다.
② 결정계수는 회귀직선에 의해 종속변수가 설명되어지는 정도를 나타낸다.
③ 추정된 회귀식에서 절편은 독립변수들이 모두 0일 때 종속변수의 값을 나타낸다.
④ 회귀계수는 해당 독립변수가 1단위 증가하고 다른 독립변수는 변하지 않을 때 종속변수의 증가량을 뜻한다.

| 해설 | 회귀계수의 유의성 검정에는 일반적으로 t-분포를 사용한다. | 정답 | ①

에듀윌
사회조사분석사 2급 필기
한권끝장 +무료특강

❷권 | 실전문제(기출문제+기출동형문제)

에듀윌이
너를
지지할게
ENERGY

처음에는 당신이 원하는 곳으로
갈 수는 없겠지만,
당신이 지금 있는 곳에서
출발할 수는 있을 것이다.

– 작자 미상

차 례 ❷권 | 실전문제(기출문제+기출동형문제)

1과목 조사방법과 설계

CHAPTER 01 통계조사계획	006
CHAPTER 02 표본설계	032
CHAPTER 03 설문설계	055
CHAPTER 04 정성조사	065
CHAPTER 05 실험설계	074

3과목 통계분석과 활용

CHAPTER 01 기초통계량	194
CHAPTER 02 확률분포	206
CHAPTER 03 추정·가설검정	242
CHAPTER 04 통계분석 I (분산분석, 교차분석)	282
CHAPTER 05 통계분석 II (상관분석, 회귀분석)	300

2과목 조사관리와 자료처리

CHAPTER 01 자료수집방법	088
CHAPTER 02 실사관리	111
CHAPTER 03 2차 자료 분석	121
CHAPTER 04 측정의 타당성과 신뢰성	130
CHAPTER 05 자료처리	179

제1과목
조사방법과 설계

2026 CBT 출제 예상 키워드

CHAPTER 01 통계조사계획   p.6

- 조사목적의 설정
- 양적연구
- 과학적 연구의 절차
- 2차 자료
- 분석단위와 관련된 오류

CHAPTER 02 표본설계   p.32

- 표본추출의 주요 개념
- 판단표집(유의표집)
- 표본추출절차 수립
- 비표본오차를 줄이는 방법
- 체계적표집
- 확률표본추출방법
- 표본추출오차
- 층화표집
- 비확률표본추출방법
- 비표본추출오차

CHAPTER 03 설문설계   p.55

- 설문지의 구성요소
- 서문작성
- 개별 설문항목의 작성 원칙
- 예비조사

CHAPTER 04 정성조사   p.65

- FGI의 의미와 특징
- 투사법
- 심층인터뷰 결과 해석의 한계성
- FGI 가이드라인 설계
- 심층인터뷰 자료분석
- 모더레이터의 역할

CHAPTER 05 실험설계   p.74

- 외생변수 통제방법
- 비동일 통제집단설계 예시

CHAPTER 01

통계조사계획

핵심이론(1권) p.14

001
다음 중 과학적 연구에 관한 설명으로 틀린 것은? 2019년 1회
① 연구의 목적은 현상을 체계적으로 조사하고 분석하여 문제를 해결하는 것이다.
② 과학적 연구는 핵심적, 실증적 그리고 주관적으로 수행하는 것이다.
③ 예측을 위한 연구는 이론에 근거하여 주로 이루어진다.
④ 연구의 결론은 자료가 제공하는 범위 안에서 내려져야 한다.

해설 과학적 연구는 경험적, 실증적, 객관적으로 수행하는 것이다.

002
과학적 연구방법에 대한 설명으로 옳지 않은 것은?
① 귀납적 논리는 경험을 통해 이론에 도달하는 방법이다.
② 과학적 지식은 연역과 귀납적 논리의 순환과정을 통해 발전한다.
③ 연역적 논리는 일반적 사실에서 특수한 사실을 이끌어 내는 방법이다.
④ 엄격한 실증주의적 가설형성에는 연역적 방법보다 귀납적 방법이 적절하다.

해설 실증주의적 가설형성에는 연역적 방법을 사용한다.

003
다음 중 과학적 방법을 설명하고 있는 것은? 2020년 4회
① 전문가에게 위임하는 방법과 어떤 어려운 결정에 있어 외적 힘을 요구하는 방법이다.
② 주장의 근거를 습성이나 관습에서 찾는 방법이다.
③ 스스로 분명한 명제에 호소하는 방법이다.
④ 의문을 제기하고, 가설을 설정하고 과학적으로 증명하는 방법이다.

해설 과학적 방법은 가능한 한 많은 의문을 제기하고 과학적으로 증명하는 방법이므로, 논리적 탐구를 통해 유추된 현상에 대한 지식이 경험적으로 관찰된 사실과 일치할 때 과학적 지식으로 인정받을 수 있다.

004
과학적 연구의 과정을 바르게 나열한 것은? 2019년 2회
① 이론 → 관찰 → 가설 → 경험적 일반화
② 이론 → 가설 → 관찰 → 경험적 일반화
③ 이론 → 경험적 일반화 → 가설 → 관찰
④ 관찰 → 경험적 일반화 → 가설 → 이론

해설 과학적 연구의 과정은 '이론 → 가설 → 관찰 및 검증 → 경험적 일반화'의 순서에 따라 이론에 근거하여 가설을 세우고 규칙을 발견하며, 이를 일반화한다.

| 정답 | 001 ② 002 ④ 003 ④ 004 ②

005

다음 중 과학적 연구의 특징으로 옳은 것을 모두 고른 것은?

2020년 3회

㉠ 간결성	㉡ 수정 가능성
㉢ 경험적 검증 가능성	㉣ 인과성
㉤ 일반성	

① ㉠, ㉡, ㉣
② ㉡, ㉣, ㉤
③ ㉠, ㉡, ㉢, ㉣
④ ㉠, ㉡, ㉢, ㉣, ㉤

해설 과학적 연구의 특징에는 간결성, 경험적 검증 가능성, 결정론적, 객관성, 구체성, 논리성, 변화 가능성(수정 가능성), 반증 가능성, 상호주관성, 인과성, 일반성, 재생 가능성, 체계성 등이 있다.

006

과학적 연구의 특징에 해당하지 않는 것은?

2022년 1회

① 과학적 연구는 논리적(Logical)이다.
② 과학적 연구는 직관적(Intuitive)이다.
③ 과학적 연구는 결정론적(Deterministic)이다.
④ 과학적 연구는 일반화(Generalization)를 목적으로 한다.

해설 과학적 연구는 직관적이기보다 논리적이다.

007

과학적 연구방법의 특징에 관한 설명으로 옳지 않은 것은?

2019년 3회

① 간결성: 최소한의 설명변수만을 사용하여 가능한 최대의 설명력을 얻는다.
② 인과성: 모든 현상은 자연발생적인 것이어야 한다.
③ 일반성: 경험을 통해 얻은 구체적 사실로 보편적인 원리를 추구한다.
④ 경험적 검증 가능성: 이론은 현실 세계에서 경험을 통해 검증이 될 수 있어야 한다.

해설 인과성(Causality)이란 모든 현상은 자연발생적인 것이 아니라 어떤 원인에 의해 나타난 결과이어야 한다는 것이다.

008

과학적 연구(Scientific Research)의 특성에 대한 설명과 가장 거리가 먼 것은?

2021년 2회

① 과학적 연구는 경험적으로 검증 가능해야 한다.
② 과학적 연구를 통해 얻어진 지식은 바뀌지 않는다.
③ 연구방법과 과정이 같으면 같은 결론을 얻을 수 있어야 한다.
④ 과학적 연구는 최소한의 변수를 이용하여 최대한의 설명을 하려고 한다.

해설 과학적 연구를 통해 얻어진 지식은 수정이 가능하며, 이를 수정 가능성이라고 한다.
① 과학적 연구의 특성 중 경험적 검증 가능성에 대한 설명이다.
③ 과학적 연구의 특성 중 논리적 일관성에 대한 설명이다.
④ 과학적 연구의 특성 중 간결성에 대한 설명이다.

009

과학적 연구방법의 특징에 관한 설명으로 틀린 것은?

2019년 2회

① 과학적 연구는 논리적 사고에 의존한다.
② 과학적 진실의 현실 적합성을 높이기 위하여 가급적 많은 자료와 변수를 포함하는 것이 좋다.
③ 과학적 현상은 스스로 발생하는 것이 아니라 어떤 원인이 있는 것이며, 그 원인은 논리적으로 확인될 수 있는 것이다.
④ 사회과학 분야 연구에서의 과학성은 연구자들이 공통적으로 가지는 주관성(Inter-Subjectivity)에 근거하는 경우가 많다.

해설 과학적 연구는 최소한의 변수를 이용하여 최대한의 설명을 이끌어낼 수 있어야 하며, 이를 간결성이라고 한다.
① 과학적 연구의 특성 중 논리성에 대한 설명이다.
③ 과학적 연구의 특성 중 인과성에 대한 설명이다.
④ 과학적 연구의 특성 중 상호주관성에 대한 설명이다.

| 정답 | 005 ④   006 ②   007 ②   008 ②   009 ②

010

다음은 과학적 방법의 특징 중 무엇에 관한 설명인가?

2022년 1회

> 대통령 후보 지지율에 대한 여론조사를 여당과 야당이 동시에 실시하였다. 서로 다른 동기에 의해서 조사를 하였지만 양쪽의 조사 설계와 자료수집과정이 객관적이라면 서로 독립적으로 조사했더라도 양쪽 당의 조사결과는 동일해야 한다.

① 검증 가능성
② 상호주관성
③ 재생 가능성
④ 논리적 일관성

해설 과학적 연구는 연구자들이 주관을 달리 하더라도 같은 방법과 절차를 거친다면 같은 해석과 설명에 도달할 수 있어야 하며, 이를 상호주관성이라고 한다.
① 과학적 연구는 경험적이고 실제적으로 검증이 가능해야 한다.
③ 일정한 절차와 방법을 되풀이했을 때 누구나 동일한 결론에 도달할 수 있어야 한다.
④ 연구방법과 과정이 같으면 같은 결론을 얻을 수 있어야 한다.

011

조사연구에서 연구문제 서술 시 요구되는 특성이 아닌 것은?

① 연구문제는 단순 명료한 것이 좋다.
② 연구문제는 의문의 형태로 서술한다.
③ 연구문제는 변수들간의 관계에 대해 서술한다.
④ 연구문제가 꼭 경험적으로 검증되어야 하는 것은 아니다.

해설 연구문제는 반드시 경험적으로 가능한 것이어야 한다.

012

다음의 사례는 과학적 조사의 어떤 특징과 가장 관련이 있는가?

2021년 2회

> A연구원은 유권자의 투표행위가 아무런 이유 없이 일어난 행동이 아니라 후보자의 공약, 지연, 학연 등 다양한 원인으로 인해 행동이 일어났다고 결론을 내렸다.

① 간결성
② 상호주관성
③ 인과성
④ 수정 가능성

해설 모든 현상은 자연발생적인 것이 아니라 어떤 원인에 의해 나타난 결과이어야 한다는 것은 인과성에 대한 설명이다.
① 최소한의 설명변수만을 사용하여 가능한 최대의 설명력을 얻을 수 있어야 한다.
② 연구자들이 주관을 달리하더라도 같은 방법과 절차를 거친다면 같은 해석과 설명에 도달할 수 있어야 한다.
④ 과학적 연구를 통해 얻어진 지식은 수정 가능해야 한다.

013

다음 빈칸에 들어갈 말로 적절한 것은?

2019년 2회

> (   )(이)란 토마스 쿤(Thomas Kuhn)이 제시한 개념으로, 어떤 한 시대 사람들의 견해나 사고를 지배하고 있는 이론적 틀이나 개념의 집합체를 말한다. 조사연구에서 (   )의 의미는 특정 과학공동체의 구성원이 공유하는 세계관, 신념 및 연구과정의 체계로서 개념적, 이론적, 방법론적, 도구적 체계를 지칭한다.

① 패러다임(Paradigm)
② 명제(Proposition)
③ 법칙(Law)
④ 공리(Axioms)

해설 패러다임(Paradigm)이란 토마스 쿤(Thomas Kuhn)이 제시한 개념으로, 어떤 한 시대 사람들의 견해나 사고를 지배하고 있는 이론적 틀이나 개념의 집합체를 의미한다.

| 정답 | 010 ② 011 ④ 012 ③ 013 ①

014
실증주의에 관한 설명으로 틀린 것은? 2022년 2회

① 관찰결과의 일반화 가능성을 강조한다.
② 과학과 비과학을 철저히 구분하려 한다.
③ 인간 행위를 예측할 수 있는 확률적 법칙을 강조한다.
④ 인간 행위의 사회적 의미를 행위자의 입장에서 이해하려 한다.

해설 인간 행위의 사회적 의미를 행위자 입장에서 이해하는 것은 해석주의의 입장이다.

PLUS 실증주의의 특징
- 과학적 원리를 이용한 실험을 강조한다.
- 자연과학의 원리를 사용한다.
- 가치중립적인 양상을 보인다.
- 객관적 실재가 존재한다.
- 양적방법을 사용한다.
- 일반화를 강조한다.

015
실증주의적 과학관에서 주장하는 과학적 지식의 특징과 가장 거리가 먼 것은? 2019년 1회

① 객관성(Objectivity)
② 직관성(Intuition)
③ 재생 가능성(Reproducibility)
④ 반증 가능성(Falsifiability)

해설 실증주의(Positivism)적 과학관에 따르면 과학적 지식은 독립적으로 존재하는 객관적인 대상이다. 또한 경험적 관찰을 통해 재검증이 가능한 재생 가능성, 반증 가능성의 특징을 갖는다.

016
실증주의 특징과 가장 거리가 먼 것은?

① 이론의 재검증
② 객관적 조사
③ 사회현상의 주관적 의미에 대한 해석
④ 연구의 일반화

해설 실증주의는 실험과 같은 자연과학의 원리를 사용해 연구되어야 하며, 현상의 원인을 객관적으로 측정한다.

017
가급적 적은 수의 변수로 보다 많은 현상을 설명하고자 하는 것은? 2022년 2회

① 간결성의 원칙(Principle of Parsimony)
② 관료제의 철칙(Principle of Bureaucracy)
③ 배제성의 원칙(Principle of Exclusiveness)
④ 포괄성의 원칙(Principle of Exhaustiveness)

해설 연구자가 하나의 변수 또는 원리로 모든 현상을 설명할 수 있다면 가장 이상적이다. 이처럼 가급적 적은 수의 변수로 보다 많은 현상을 설명하는 것은 간결성의 원칙이다(최소의 변수로 설명력 있는 모형을 만들어야 한다).

018
과학적 조사연구의 목적과 가장 거리가 먼 것은? 2019년 1회

① 현상에 대한 기술이나 묘사
② 발생한 사실에 대한 설명
③ 새로운 분야에 대한 탐색
④ 인간 내면의 문제에 대한 가치 판단

해설 과학적 조사연구는 사건·현상에 대해 기술하거나 묘사하기 위해, 발생한 사실에 대한 원인을 설명하기 위해, 새로운 분야를 탐색하기 위해, 새로운 사건이나 상황을 예측하기 위해 시행한다.

019
사회과학적 연구의 일반적인 연구목적과 가장 거리가 먼 것은? 2018년 2회

① 사건이나 현상을 설명(Explanation)하는 것이다.
② 사건이나 상황을 기술 또는 서술(Description)하는 것이다.
③ 사건이나 상황을 예측(Prediction)하는 것이다.
④ 새로운 이론(Theory)이나 가설(Hypothesis)을 만드는 것이다.

해설 사회과학적 연구는 새로운 분야를 탐색하기 위해, 사건이나 현상에 대해 기술하거나 묘사하기 위해, 발생한 사실에 대한 원인을 설명하기 위해, 새로운 사건이나 상황을 예측하기 위해 시행된다.

| 정답 | 014 ④ 015 ② 016 ③ 017 ① 018 ④ 019 ④

020

과학의 기본적인 목적과 가장 거리가 먼 것은?   2017년 3회

① 과학적 이론은 자연 및 사회현상 속에서 존재하는 논리적이고 지속적인 패턴을 알아내는 데 있다.
② 과학의 연구대상은 존재하는 것과 가치관이 포함된 당위를 대상으로 한다.
③ 과학은 변수들 사이의 관계를 기술하고 설명하는 데 있다.
④ 과학은 이론을 바탕으로 현상을 예측하는 데 있다.

> 해설 과학의 기본적인 목적에 연구대상의 존재와 가치관은 포함되지 않는다.

021

연구의 목적과 사례의 연결이 잘못된 것은?   2021년 3회

① 기술(Description) – 유권자들의 대선후보 지지율 조사
② 설명(Explanation) – 시민들이 왜 담뱃값 인상에 반대하는지 파악하고자 하는 연구
③ 평가(Evaluation) – 현재의 공공의료정책이 1인당 국민 의료비를 증가시켰는지에 대한 연구
④ 탐색(Exploration) – 단일사례설계를 통하여 운동이 체중 감소에 미치는 효과를 검증하는 연구

> 해설 탐색이란 감추어진 사실이나 새로운 정보를 알아내기 위해 살펴 찾는 것으로, 사건이나 현상 속에 존재하는 논리적이고 지속적인 패턴을 탐색하는 것이다. 단일사례설계를 통하여 운동이 체중 감소에 미치는 효과를 검증하는 연구는 과학적 연구의 목적 중 설명에 대한 사례이다.

022

조사문제를 해결하기 위한 연구 절차를 바르게 나열한 것은?   2019년 1회

> ㉠ 자료수집
> ㉡ 연구설계의 기획
> ㉢ 문제의 인식과 정의
> ㉣ 보고서 작성
> ㉤ 결과분석 및 해석

① ㉡ → ㉢ → ㉠ → ㉤ → ㉣
② ㉡ → ㉠ → ㉢ → ㉣ → ㉤
③ ㉢ → ㉡ → ㉠ → ㉤ → ㉣
④ ㉢ → ㉠ → ㉡ → ㉣ → ㉤

> 해설 조사문제를 해결하기 위한 연구 절차는 '연구문제의 인식(㉢) → 연구주제의 선정 → 문헌고찰 → 가설의 구성 및 조작화 → 연구방법설계(㉡) → 자료수집(㉠) → 자료분석 및 해석(㉤) → 연구보고서 작성(㉣)' 순이다.

023

사회조사연구의 과정을 순서대로 잘 배열한 것은?   2022년 1회

① 가설형성 → 자료수집 → 표본선정 → 보고서 작성
② 표본선정 → 연구문제 정립 → 가설형성 → 자료수집
③ 연구문제 정립 → 가설형성 → 표본선정 → 자료수집
④ 자료수집 → 연구문제 정립 → 가설형성 → 보고서 작성

> 해설 사회조사연구의 과정은 '연구문제의 인식 → 연구주제의 선정 → 문헌고찰 → 가설의 구성 및 조작화 → 연구방법 설계 → 자료수집 → 자료분석 및 해석 → 연구보고서 작성' 순이다.

| 정답 | 020 ②   021 ④   022 ③   023 ③

024

사회과학연구의 일반적인 특징에 대한 설명으로 옳지 않은 것은?

① 사회문화적 영향을 많이 받지 않는다.
② 연구자의 가치관에 의해 영향을 많이 받는다.
③ 자연과학에 비해 연구결과를 객관화하기 어렵다.
④ 자연과학에 비해 연구대상에 대한 통제와 조작이 어렵다.

해설 사회과학연구는 사회문화적 영향을 많이 받는다.

025

일반적인 연구수행 절차로 가장 적합한 것은? 2021년 2회

① 문제설정 → 문헌고찰 → 가설설정 → 연구설계 → 자료수집 → 분석 및 논의
② 문제설정 → 가설설정 → 문헌고찰 → 연구설계 → 자료수집 → 분석 및 논의
③ 문제설정 → 문헌고찰 → 자료수집 → 가설설정 → 연구설계 → 분석 및 논의
④ 문제설정 → 가설설정 → 자료수집 → 문헌고찰 → 연구설계 → 분석 및 논의

해설 일반적인 연구수행 절차는 '연구문제의 인식 → 연구주제의 선정 → 문헌고찰 → 가설의 구성 및 조작화 → 연구방법 설계 → 자료수집 → 자료분석 및 해석 → 연구보고서 작성' 순이다.

026

연구문제가 설정된 후, 연구문제를 정의하는 과정을 바르게 나열한 것은? 2022년 2회

⊙ 문제를 프로그램 미션과 목적에 관련시킨다.
ⓒ 문제의 배경을 검토한다.
ⓒ 무엇을 측정할 것인가를 결정한다.
ⓔ 문제의 하위영역, 구성요소, 요인들을 확립한다.
ⓜ 관련 변수들을 결정한다.
ⓗ 연구목적과 관련 하위목적을 설명한다.
ⓢ 한정된 변수, 목적, 하위목적들에 대한 예비조사를 수행한다.

① ㉠ → ㉡ → ㉣ → ㉢ → ㉤ → ㉥ → ㉦
② ㉠ → ㉡ → ㉢ → ㉣ → ㉤ → ㉥ → ㉦
③ ㉠ → ㉡ → ㉤ → ㉣ → ㉥ → ㉢ → ㉦
④ ㉠ → ㉡ → ㉥ → ㉤ → ㉣ → ㉢ → ㉦

해설 연구문제가 설정된 후, 연구문제를 정의하는 과정은 문제를 프로그램 미션과 목적에 관련시키고(㉠), 문제의 배경을 검토한 뒤(㉡), 문제의 하위영역, 구성요소, 요인들을 확립한다(㉣). 그리고 무엇을 측정할 것인지를 결정하고(㉢), 관련 변수들을 결정한다(㉤). 이후 연구목적과 관련 하위목적을 설명하고(㉥), 한정된 변수, 목적, 하위목적들에 대한 예비조사를 수행한다(㉦).

027

다음은 조사연구과정의 일부이다. 이를 순서대로 나열한 것은? 2020년 4회

㉠ '난민의 수용은 사회분열을 유발할 것이다.'로 가설설정
㉡ 할당표집으로 대상자를 선정하여 자료수집
㉢ 난민의 수용으로 관심주제 선정
㉣ 구조화된 설문지 작성

① ㉠ → ㉡ → ㉢ → ㉣
② ㉠ → ㉢ → ㉣ → ㉡
③ ㉢ → ㉠ → ㉣ → ㉡
④ ㉢ → ㉣ → ㉠ → ㉡

해설 사회조사연구의 과정은 '연구문제의 인식 → 연구주제의 선정(㉢) → 문헌고찰 → 가설의 구성 및 조작화(㉠) → 연구방법 설계(㉣) → 자료수집(㉡) → 자료분석 및 해석 → 연구보고서 작성'으로 이루어진다. 이 중 '연구방법 설계' 단계에서 구조화된 설문지를 작성하게 된다.

| 정답 | 024 ① 025 ① 026 ① 027 ③

028
다음 중 연구주제의 선정 요령으로 거리가 먼 것은?
2020년 4회

① 연구자가 흥미를 느끼는 주제를 선정한다.
② 철저한 평가를 한 뒤에 선택 여부를 결정한다.
③ 경험이 있거나 사전지식이 있는 주제를 선정한다.
④ 새로운 학문적 기여를 위하여 가급적 연구를 뒷받침해줄 이론적 배경이 없는 주제를 선정한다.

해설 연구주제는 연구를 뒷받침해줄 이론적 배경이 충분히 확인되는 주제를 선정해야 한다.

029
사회과학에서 조사연구를 실시하기에 적합한 주제가 아닌 것은?
2018년 3회

① 지능지수와 학업성적은 상관성이 있는가?
② 기업복지의 수준과 노사분규의 빈도와의 관계는?
③ 여성들은 직장에서 차별대우를 받고 있는가?
④ 개기일식은 왜 일어나는가?

해설 사회과학에서 조사연구는 연구자가 풀고자 하는 문제에 대한 해답을 찾기 위해 자료를 수집하고 분석하여 결과를 얻는 과정이다.

030
일반적으로 자료수집 현장에서 수행하는 일이 아닌 것은?
2022년 2회

① 슈퍼바이저가 완성된 조사표 심사
② 기본적인 정보의 상호일치성 점검
③ 조사원에 대한 슈퍼바이저의 면접 지도
④ 이전의 통계표를 이용한 조사내용의 확인

해설 자료를 수집하고 수집된 자료가 정리·보완되면, 미리 정한 분석 방법에 따라 자료를 분석하고 그 결과를 해석하는 '자료 분석 및 해석 단계'가 뒤따른다. 이때 이전에 분석한 통계표를 이용하여 분석된 내용을 확인하고 비교한다.

031
사회조사 시 수집한 자료를 편집, 정정, 보완하거나 필요에 따라서 삭제하여야 할 필요성이 생겨나는 단계는?
2019년 2회

① 문제설정단계(Problem Statement Stage)
② 자료수집단계(Data Collection Stage)
③ 자료분석단계(Data Analysis Stage)
④ 예비검사단계(Pilot Test Stage)

해설 자료분석단계에서는 수집한 자료에서 빠진 것이 없는지, 잘못 기록된 것이 없는지 등을 검토하고 자료를 편집, 정정, 보완하거나 필요에 따라 삭제하기도 한다.

032
비과학적 지식 형성 방법 중 직관에 의한 지식 형성의 오류에 해당하지 않는 것은?
2020년 3회

① 부정확한 관찰   ② 지나친 일반화
③ 자기중심적 현상 이해   ④ 분명한 명제에서 출발

해설 비과학적 지식 형성 방법에는 전통, 권위, 직관, 신비에 의한 방법 등이 있으며, 직관에 의한 지식 형성에서 확인 가능한 오류는 부정확한 관찰, 지나친 일반화, 선택적 관찰, 자기중심적 현상 이해, 고정관념 등이 있다.

033
분석단위와 연구내용이 잘못 짝지어진 것은?
2022년 1회

① 도시 – 흑인이 많은 도시에서 범죄율이 높은 것으로 나타났다.
② 도시 – 인구가 10만 명 이상인 도시 중 89%는 적어도 종합병원이 2개 이상이었다.
③ 개인 – 전체 농부 중에서 32%가 여성임에도 불구하고 여성은 전통적으로 농부라기보다 농부의 아내로 인식되었다.
④ 개인 – 1970년부터 현재까지 고용주가 게재한 구인광고의 내용과 강조점이 어떻게 변화하였는지 파악하였다.

해설 분석단위란 자료수집 시 표본의 크기를 결정하는 데 사용되는 기본 단위로 개인, 집단, 지역사회, 국가, 사회적 가공물(생성물) 등이 있다. 고용주가 게재한 구인광고의 내용과 강조점이 어떻게 변화하였는지 파악하는 연구에서 분석단위는 구인광고이다.

| 정답 | 028 ④ 029 ④ 030 ④ 031 ③ 032 ④ 033 ④

034
다음 사례의 분석단위로 가장 적합한 것은? 2020년 4회

> K교수는 인구센서스의 가구조사 자료를 이용하여 가족 구성원 간 종교의 동질성을 분석해보기로 하였다.

① 가구원
② 가구
③ 종교
④ 국가

해설 분석단위란 자료를 수집할 때 표본의 크기를 결정하는 기본 단위로 개인, 집단, 지역사회, 국가, 사회적 가공물(생성물) 등이 있다. 가구조사 자료를 이용하는 연구에서 분석단위는 가구이다.

035
다음 중 분석단위가 나머지 셋과 다른 하나는? 2021년 1회

① 가구소득 조사
② 대학생의 연령 조사
③ 가구당 자동차 보유현황 조사
④ 전국 슈퍼마켓당 종업원 수 조사

해설 대학생의 연령 조사의 분석단위는 개인이다.
①③ 분석단위(가구)와 ④ 분석단위(슈퍼마켓)는 집단이다.

036
다음 중 분석단위가 다른 것은? 2020년 1·2회

① 65세 이상 노인층에서 외부활동시간은 남성보다 여성에게 높게 나타난다.
② X정당 후보에 대한 지지율은 A지역이 B지역보다 높다.
③ A기업의 회장은 B기업의 회장에 비하여 성격이 훨씬 더 이기적이다.
④ 선진국의 근로자들과 후진국의 근로자들의 생산성을 국가별로 비교한 결과 선진국의 생산성이 더 높았다.

해설 국가별로 생산성을 비교하는 연구에서 분석단위는 국가이다.
①②③ 분석단위는 개인이다.

037
투표행위에 대한 연구에서 각 선거구별로 유권자의 연령과 무소속 후보의 득표율을 조사한 결과, 젊은 유권자의 비율이 높은 선거구일수록 무소속 후보의 득표율이 높은 것으로 나타났다. 이 발견을 토대로 한 연구자는 젊은층이 노년층에 비해 무소속 후보에 투표할 가능성이 높다는 결론을 내렸을 때 이것은 어떤 잘못된 추론에 해당하는가?

① 과잉 일반화
② 생태학적 오류
③ 개인주의적 오류
④ 환원주의적 오류

해설 젊은 유권자의 비율이 높은 선거구일수록 득표율 높음(집단) → 젊은층이 무소속 후보에 투표할 가능성 높음(개인)

038
집단이나 사회의 특성을 분석한 결과를 바탕으로 집단 속 개인에 관한 결론을 도출할 때 발생하는 오류는? 2021년 1회

① 제1종 오류
② 생태학적 오류
③ 제3종 오류
④ 비체계적 오류

해설 생태학적 오류는 집합 수준의 분석단위의 자료를 바탕으로 개인의 특성을 추리할 때 발생한다.
① 귀무가설이 참임에도 불구하고 귀무가설을 기각하는 결론을 내리는 오류이다.
③ 잘못된 문제(가설)를 설정하고, 그 문제를 정확하게 해결하는 오류이다.
④ 측정대상, 측정과정, 측정수단, 측정자 등에서 우연적이며 가변적인 일시적 형편에 의해 측정 결과에 영향을 미치는 오류이다.

| 정답 | 034 ② 035 ② 036 ④ 037 ② 038 ②

039

사회조사에서 의미하는 생태학적 오류(Ecological Fallacy)는?　　　　　　　　　　　　　2018년 3회

① 주변 환경에 대한 주요 정보를 누락시키는 오류
② 연구에서 사회조직의 활동 결과인 사회적 산물들을 누락시키는 오류
③ 집단이나 집합체에 관한 성격을 바탕으로 개인들에 대한 성격을 규정하는 연구분석단위의 오류
④ 사회조사설계 과정에서 문제를 중심으로 관련된 여러 체계들 간의 상호작용 가능성에 대한 고려를 누락시키는 오류

해설 생태학적 오류는 집단이나 사회의 특성을 분석한 결과를 바탕으로 집단 속 개인에 관한 결론을 도출할 때 발생하는 오류이다.

040

다음 사례에 해당하는 오류는?　　　　　　　　　　　　　2019년 1회

> 전국의 시·도를 조사하여 대학 졸업 이상의 인구비율이 높은 지역이 낮은 지역에 비해 소득이 더 높음을 알게 되었고, 이를 통해 학력 수준이 높은 사람이 낮은 사람에 비해 소득수준이 높다는 결론에 도달했다.

① 무작위오류　　② 체계적 오류
③ 환원주의 오류　　④ 생태학적 오류

해설 지역에 대한 분석결과를 개인에 대한 결론으로 추리하고 있으므로, 이는 집단이나 사회의 특성에 대해 분석한 결과를 바탕으로 집단 속 개인에 관한 결론을 도출할 때 발생하는 생태학적 오류에 해당한다.

041

의약분업을 하게 되면 국민들이 약의 오남용을 줄일 수 있기 때문에 국가적으로 의료비의 지출이 줄게 된다. 이 사실을 기초로 의약분업을 실시하게 되면 환자들은 적은 비용으로 치료를 받을 수 있게 된다고 주장한다면 그 주장은?　　2022년 2회

① 올바른 주장이다.
② 환원주의 오류(Reductionism Fallacy)를 범할 가능성이 있다.
③ 생태학적 오류(Ecological Fallacy)를 범할 가능성이 있다.
④ 개인주의적 오류(Individualistic Fallacy)를 범할 가능성이 있다.

해설 생태학적 오류는 집단이나 사회의 특성을 분석한 결과를 바탕으로 집단 속 개인에 관한 결론을 도출할 때 발생하는 오류이다. '국가적으로 의료비의 지출이 줄어들게 된다'는 분석결과를 '환자(개인)들의 의료비 지출이 줄어들게 된다'고 추리하고 있으므로 생태학적 오류를 범할 가능성이 있다.

042

분석단위의 혼란에서 오는 오류 중 개인의 특성에 관한 자료로부터 집단의 특성을 도출할 경우 발생하기 쉬운 오류는?　　　　　　　　　　　　　2022년 2회

① 생태학적 오류　　② 비표본오차
③ 개인주의적 오류　　④ 체계적 오류

해설
① 집단이나 사회의 특성을 분석한 결과를 바탕으로 집단 속 개인에 관한 결론을 도출하는 오류이다.
② 전수조사과정에서 조사원의 실수, 통계 측정의 잘못, 기록의 오류 따위로 발생하는 오차이다.
④ 변수에 일정하게 체계적으로 영향을 주어 측정결과가 모두 높아지거나 모두 낮아지게 되는 편향된 경향을 보이는 오류이다.

| 정답 | 039 ③　040 ④　041 ③　042 ③

043

친복지적 가치에 동의하는 사람들의 비율을 복지체제의 발전 정도를 나타내는 지표로 사용할 때 발생하는 오류는?

① 생태학적 오류
② 통계학적 오류
③ 비체계적 오류
④ 환원주의적 오류

해설 친복지적 가치에 동의하는 사람들의 비율을 복지체제의 발전 정도를 나타내는 지표로 한정해서 적용하였으므로 환원주의적 오류이다.

044

과학적 연구의 논리 체계에 관한 설명으로 틀린 것은?

2019년 2회

① 사회과학 이론과 연구는 연역과 귀납의 방법을 통해 연결된다.
② 연역은 이론으로부터 기대 또는 가설을 이끌어내는 것이다.
③ 귀납은 구체적인 관찰로부터 일반화로 나아가는 것이다.
④ 귀납적 논리의 고전적인 예는 '모든 사람은 죽는다. 소크라테스는 사람이다. 따라서 소크라테스는 죽는다.'이다.

해설 일반적인 전제로부터 구체적인 결론을 도출하는 연역적 논리에 해당한다.

045

연구방법으로서의 연역적 접근법과 귀납적 접근법에 관한 설명으로 틀린 것은?

2020년 4회

① 연역적 접근법을 취하려면 기존 이론에 대한 분석이 필요하다.
② 귀납적 접근법은 현실 세계에 대한 관찰을 통해 경험적 일반화를 추구한다.
③ 사회조사에서 연역적 접근법과 귀납적 접근법은 상호보완적으로 사용된다.
④ 연역적 접근법은 탐색적 연구에, 귀납적 접근법은 가설 검증에 주로 사용된다.

해설 귀납적 접근법은 탐색적 연구에 주로 사용되고, 연역적 접근법은 가설 검증에 주로 사용된다.

046

연역적 연구방법과 귀납적 연구방법의 논리 체계를 바르게 나열한 것은?

2019년 3회

> ㉠ 연역적: 관찰 → 가설검증 → 유형발전 → 일반화
> 귀납적: 가설형성 → 유형발전 → 관찰 → 임시결론
> ㉡ 연역적: 관찰 → 유형발전 → 일반화 → 임시결론
> 귀납적: 관찰 → 가설검증 → 이론형성 → 일반화
> ㉢ 연역적: 가설형성 → 관찰 → 가설검증 → 임시결론
> 귀납적: 가설형성 → 유형발전 → 가설검증 → 일반화
> ㉣ 연역적: 가설형성 → 관찰 → 가설검증 → 이론형성
> 귀납적: 관찰 → 유형발전 → 임시결론 → 이론형성

① ㉠
② ㉡
③ ㉢
④ ㉣

해설 연역적 연구방법은 '가설형성 → 관찰 → 가설검증 → 이론형성'에 따라 진행되므로 이론으로부터 가설을 설정하고 가설의 내용을 현실 세계에서 관찰한 다음, 관찰에서 얻은 자료가 어느 정도 가설에 부합되는지를 판단하여 가설의 채택 여부를 결정짓는다. 반면, 귀납적 연구방법은 '관찰 → 유형발전 → 임시결론 → 이론형성'에 따라 진행되므로, 경험의 세계에서 관찰된 많은 사실이 공통적인 유형으로 전개되는 것을 발견하고 이들의 유형을 객관적인 수준에서 확인한다.

047

논리적 연관성 도출 방법 중 연역적 방법과 귀납적 방법에 관한 설명으로 틀린 것은?

2020년 1·2회

① 귀납적 방법은 구체적인 사실로부터 일반 원리를 도출해 낸다.
② 연역적 방법은 일정한 이론적 전제를 수립해 놓고 그에 따라 구체적인 사실을 수집하여 검증함으로써 다시 이론적 결론을 유도한다.
③ 연역적 방법은 이론적 전제인 공리로부터 논리적 분석을 통하여 가설을 정립하여 이를 경험의 세계에 투사하여 검증하는 방법이다.
④ 귀납적 방법이나 연역적 방법을 조화시키면 상호 배타적이기 쉽다.

해설 과학적 지식이 축적되는 전반적인 과정에서 경험적 지식을 이용하는 귀납적 방법과 분석적 지식을 이용하는 연역적 방법은 상호 보완적인 관계이다.

| 정답 | 043 ④ 044 ④ 045 ④ 046 ④ 047 ④

048
현장기반이론(Ground Theory)에 대한 설명으로 옳은 것은?

① 현장기반이론은 가설을 가진 상태에서 자료를 수집한다.
② 현장기반이론은 관찰을 통해 가설을 도출하여 이론을 사용하는 가설검증과 유사한 방식을 취한다.
③ 현장기반이론은 전개되는 관찰들을 지속적으로 비교함으로써 이론을 산출하는 연역적 접근을 가진다.
④ 현장기반이론은 약간의 실증주의적 견해를 가지고 있기 때문에, 현장기반이론가들은 질적인 연구에 양적인 방법론을 곁들인 혼합 방법을 사용하는 데 매우 개방적이다.

해설 ① 현장기반이론은 사전 가설없이 자료를 수집한다.
②③ 귀납적 접근방법에 대한 설명이다.

049
연역법과 귀납법에 관한 설명으로 옳은 것은? 2018년 3회

① 연역법은 선(先)조사 후(後)이론의 방법을 택한다.
② 연역법과 귀납법은 상호 보완적으로 사용할 수 없다.
③ 연역법과 귀납법의 선택은 조사의 용이성에 달려 있다.
④ 기존 이론의 확인을 위해서는 연역법을 주로 사용한다.

해설 연역법은 기존 이론에 대한 분석을 시작으로 새로운 이론 또는 모형을 설정한 후 연구를 시작하므로 기존 이론의 확인을 위해 주로 사용된다.
① 연역법은 선(先)이론 후(後)조사의 방법을 택한다.
② 연역법과 귀납법은 상호 보완적이다.
③ 연역법과 귀납법의 선택은 조사의 목적에 달려 있다.

050
사회과학적 연구방법 중 연역적 접근 방법에 대한 설명으로 옳은 것은? 2017년 1회

① 관찰을 통해 현상을 파악한다.
② 탐색적 방법에 주로 이용된다.
③ 개별 사례를 바탕으로 일반적 유형을 찾아낸다.
④ 이론 또는 모형 설정 후 연구를 시작한다.

해설 연역적 접근 방법은 이론으로부터 가설을 도출한 후 경험적 관찰을 통해 검증하는 탐구방식이므로 이론 또는 모형을 설정한 후 연구를 시작한다.
①②③ 귀납적 접근 방법에 대한 설명이다.

051
귀납법에 관한 설명으로 틀린 것은? 2021년 1회

① 귀납적 논리의 마지막 단계에서는 가설과 관찰 결과를 비교하게 된다.
② 특수한(Specific) 사실을 전제로 하여 일반적(General) 진리 또는 원리로서 결론을 내리는 방법이다.
③ 관찰된 사실 중에서 공통적인 유형을 객관적으로 증명하기 위하여 통계적 분석이 요구된다.
④ 경험의 세계에서 관찰된 많은 사실들이 공통적인 유형으로 전개되는 것을 발견하고 이들의 유형을 객관적인 수준에서 증명하는 것이다.

해설 연역적 논리는 '가설형성 → 관찰 → 가설검증 → 이론형성'에 따라 연구가 진행되므로 마지막 단계에서는 가설과 관찰 결과를 비교하면서 가설의 채택 여부를 결정짓는다.

052
소득 수준과 출산력의 관계를 알아볼 때, 개별 사례를 바탕으로 어떤 일반적 유형을 찾아내는 방법은? 2020년 3회

① 연역적 방법
② 귀납적 방법
③ 참여관찰법
④ 질문지법

해설 귀납적 방법은 특수한 사실들로부터 일반적인 진리 또는 원리를 이끌어내는 논리 체계로 개별적인 사례를 바탕으로 일반적인 원리를 도출해내기 위해 주로 사용된다.

| 정답 | 048 ④ 049 ④ 050 ④ 051 ① 052 ②

053

다음 내용에 해당하는 연구는?

> 특정문화, 집단 또는 사회적 환경을 깊이 탐구하는 질적연구방법이다. 이 방법은 연구자가 직접 현장에 참여하여 사람들의 행동, 상호작용, 삶의 방식 등을 관찰하고 기록하여 그 안에 담긴 의미를 이해하려는 데 초점을 맞춘다. 특히 특정 집단의 고유한 문화와 사회적 맥락을 분석하는 데 매우 효과적이다.

① 근거이론
② 문화기술지
③ 생애사 연구
④ 참여행동 연구

해설 문화기술지(Ethnography)는 질적 연구의 대표적 방법 중 하나로, 특정 문화 집단이나 사회의 일상적 삶 속 의미와 상징을 깊이 있게 기술·해석하기 위한 접근법이다.

054

연구 유형에 관한 설명으로 틀린 것은? 2020년 1·2회

① 순수연구: 이론을 구성하거나 경험적 자료를 토대로 이론을 검증한다.
② 평가연구: 응용연구의 특수형태로 진행 중인 프로그램이 의도한 효과를 가져왔는가를 평가한다.
③ 탐색적 연구: 선행연구가 빈약하여 조사연구를 통해 연구해야 할 속성을 개념화한다.
④ 기술적 연구: 축적된 자료를 토대로 특정된 사실관계를 파악하여 미래를 예측한다.

해설 축적된 자료를 토대로 특정된 사실관계를 파악하여 미래를 예측하는 것은 설명적 연구에 관한 내용이다. 기술적 연구는 어떤 사건이나 현상에 대한 정보가 필요할 때 이를 정확하게 기술하기 위해 실시하는 연구이다.

055

다음에 해당하는 연구 유형은? 2019년 1회

> [연구목적]
> • 현상에 대한 이해
> • 중요한 변수를 확인하고 발견
> • 미래 연구를 위한 가설 도출
>
> [연구질문]
> • 여기서 무슨 일이 일어나고 있습니까?
> • 뚜렷한 주제, 패턴, 범주는 무엇입니까?

① 탐색적 연구
② 기술적 연구
③ 종단적 연구
④ 설명적 연구

해설 탐색적 연구는 연구 설계를 확정하기 전에, 연구 문제를 발견하고 변수를 규명하며 가설을 도출하기 위해 예비적으로 수행하는 연구이다.

056

다음과 같은 목적에 적합한 조사의 종류는? 2019년 3회

> • 연구문제의 도출 및 연구 가치 추정
> • 보다 정교한 문제와 기회의 파악
> • 연구주제와 관련된 변수들 사이의 관계에 대한 통찰력 제고
> • 여러 가지 문제와 사회 사이의 중요도에 따른 우선순위 파악
> • 조사를 시행하기 위한 절차 또는 행위의 구체화

① 탐색조사
② 기술조사
③ 종단조사
④ 인과조사

해설 ② 어떤 사건이나 현상에 대한 정보가 필요할 때 이를 정확하게 기술하기 위해 실시하는 조사이다.
③ 시간의 흐름에 따라 일반적인 대상 집단의 변화를 관찰하는 조사이다.
④ 2개 이상의 변수 간의 원인과 결과 관계를 밝히는 조사이다.

| 정답 | 053 ② 054 ④ 055 ① 056 ①

057

다음 중 탐색적 조사(Exploratory Research)에 관한 설명으로 가장 적합한 것은? 2017년 2회

① 어떤 현상을 정확하게 기술하는 것을 주목적으로 하는 연구이다.
② 시간의 흐름에 따라 일반적인 대상 집단의 변화를 관찰하는 조사이다.
③ 동일한 표본을 대상으로 일정한 시간 간격을 두고 반복적으로 측정하는 조사이다.
④ 연구문제의 발견, 변수의 규명, 가설의 도출을 위해서 실시하는 조사로서 예비적 조사로 실시한다.

해설 ① 기술적 조사에 대한 설명이다.
② 종단조사에 대한 설명이다.
③ 패널조사에 대한 설명이다.

058

사회과학 연구방법을 연구목적에 따라 구분할 때, 탐색적 연구의 목적에 해당하는 것을 모두 고른 것은? 2020년 3회

> ㉠ 개념을 보다 분명하게 하기 위해
> ㉡ 다음 연구의 우선순위를 정하기 위해
> ㉢ 많은 아이디어를 생성하고 임시적 가설 개발을 위해
> ㉣ 사건의 범주를 구성하고 유형을 분류하기 위해
> ㉤ 이론의 정확성을 판단하기 위해

① ㉠, ㉡, ㉢
② ㉠, ㉢, ㉣
③ ㉡, ㉣, ㉤
④ ㉡, ㉢, ㉣, ㉤

해설 ㉣㉤ 기술적 연구의 목적에 해당한다.

PLUS 탐색적 연구의 목적
- 사건이나 현상을 이해하기 위해
- 중요한 변수를 확인하고 발견하기 위해
- 미래 연구를 위한 가설을 도출하기 위해
- 연구문제를 도출하거나 연구 가치를 추정하기 위해
- 보다 정교한 문제와 기회를 파악하기 위해
- 연구주제와 관련된 변수들 사이의 관계에 대한 통찰을 얻기 위해
- 여러 가지 문제와 사회 사이의 중요도에 따른 우선순위를 파악하기 위해
- 조사를 시행하기 위한 절차 또는 행위를 구체화하기 위해
- 많은 아이디어를 생성하고 임시적 가설을 개발하기 위해

059

탐색적 연구(Exploratory Research)의 연구목적을 반영하고 있는 것만을 고른 것은? 2021년 2회

> ㉠ 보다 정교한 문제와 기회의 파악
> ㉡ 연도별 광고비 지출에 따른 매출액의 변화 조사
> ㉢ 연구주제와 관련된 변수에 대한 통찰력 제고
> ㉣ 특정 시점에서 집단 간 차이의 조사

① ㉠, ㉢
② ㉡, ㉢
③ ㉡, ㉣
④ ㉢, ㉣

해설 ㉡㉣ 기술적 연구의 연구목적을 반영한 것이다.

060

다음 중 탐색적 연구를 하기 위한 방법으로 가장 적합한 것은? 2018년 2회

① 횡단연구
② 유사실험연구
③ 시계열연구
④ 사례연구

해설 탐색적 연구에는 문헌연구, 전문가의견연구(델파이기법), 사례연구 등이 있다.

061

탐색적 연구방법이 아닌 것은? 2021년 2회

① 패널연구
② 문헌연구
③ 사례연구
④ 전문가의견연구

해설 패널연구는 동일한 대상에게 동일한 현상에 대해 일정한 시간 간격을 두고 지속적으로 반복 측정하여 조사하는 연구로 기술적 연구의 성격이다.
탐색적 연구는 본격적인 연구 설계를 확정하기 전에 연구 문제를 발견하고 관련 변수를 파악하며 가설을 도출하기 위해 예비적으로 수행하는 연구로, 대표적으로 문헌연구, 전문가의견연구(델파이기법), 사례연구 등이 있다.

| 정답 | 057 ④ 058 ① 059 ① 060 ④ 061 ①

062
문헌고찰에 관한 설명으로 틀린 것은? 2020년 4회

① 문헌고찰은 연구의 과정에서 매우 중요한 위치를 차지한다.
② 문헌고찰은 가능한 한 연구 초기에 해야 한다.
③ 문헌고찰을 통해 해당 연구주제에 대한 과거 관련 연구들의 결과를 학습할 수 있다.
④ 문헌고찰을 통해 기존 연구문제와 관련된 새로운 아이디어를 얻기는 어렵다.

해설 문헌고찰은 선행연구를 고찰하면서 연구문제를 발견하고 새로운 아이디어를 얻을 수 있으며, 최신 연구경향을 확인할 수 있다.

063
전문가의 견해를 물어 종합적인 상황을 파악하거나 미래의 불확실한 상황을 예측할 때 주로 이용되는 조사기법은? 2020년 3회

① 이차적 연구(Secondary Research)
② 코호트(Cohort) 설계
③ 추세(Trend) 설계
④ 델파이(Delphi)기법

해설 ① 기존 자료로부터 연구에 필요한 자료를 도출해내는 방법으로, 비관여적 연구방법에 해당한다.
② 동일 시점에 특정 사건을 경험한 사람들을 대상으로 이들이 시간이 지남에 따라 어떻게 변화하는지를 조사하는 방법이다.
③ 연구대상 집단의 어느 한 시점에서의 경향을 분석하고 시간의 경과 후에 그 경향을 다시 분석하여 비교하는 과정을 반복하면서 연구대상 집단의 변화를 조사하는 방법이다.

064
사례조사연구의 목적으로 가장 적합한 것은? 2020년 3회

① 명제나 가설의 검증
② 연구대상에 대한 기술과 탐구
③ 분석단위의 파악
④ 연구결과에 대한 일반화

해설 사례조사연구는 탐색적 연구의 하나로, 특정한 사례에 대해 기술하고 탐구하면서 집중적으로 연구하는 방법이다. 즉, 소수의 사례를 심층적으로 조사하여 이들의 특징적 변화나 영향, 요인들 간의 관계 등을 파악하고 종합적으로 분석할 수 있다.

065
사례연구에 관한 설명으로 틀린 것은? 2017년 2회

① 사례연구는 질적조사방법으로, 양적인 방법을 사용하여 수집한 증거는 이용하지 않는다.
② 사례연구에서는 기존 문서의 분석이나 관찰 등과 같은 방법으로 자료를 수집한다.
③ 사례는 개인, 프로그램, 의사결정, 조직, 사건 등이 될 수 있다.
④ 사례연구는 한 특정한 사례에 대해 집중적으로 연구하는 것이다.

해설 사례연구는 사례를 관찰하거나 면담하여 자료를 수집하거나 기존 문서를 분석하는 방법으로, 연구대상을 질적으로 파악하고 기술하는 질적인 방법이지만 양적인 방법을 사용하여 수집한 증거를 이용할 수도 있다.

066
서베이조사와 비교한 사례연구에 대한 설명으로 틀린 것은? 2017년 1회

① 연구대상을 질적으로 파악하고 기술한다.
② 소수대상의 여러 가지 복합적 요인에 대한 복합적 관찰을 한다.
③ 연구대상 집단의 공통분모적 성질인 대표성을 추구한다.
④ 연구대상의 내면적·동태적 양상을 수직적으로 파고드는 조사이다.

해설 연구대상 집단의 공통분모적 성질인 대표성을 추구하는 연구는 서베이조사이다. 서베이조사는 모집단으로부터 추출된 표본을 대상으로 설문지나 면접을 통하여 사회현상에 관한 자료를 수집하고 분석한다.

| 정답 | 062 ④ 063 ④ 064 ② 065 ① 066 ③

067
사례연구의 단계를 순서대로 나열한 것은? 2021년 1회

> ㉠ 사실의 설명
> ㉡ 사실 또는 자료수집
> ㉢ 연구문제 선정
> ㉣ 사실 또는 자료의 요약
> ㉤ 보고를 위한 기술

① ㉠ → ㉢ → ㉡ → ㉣ → ㉤
② ㉢ → ㉠ → ㉣ → ㉡ → ㉤
③ ㉢ → ㉡ → ㉠ → ㉤ → ㉣
④ ㉢ → ㉡ → ㉣ → ㉠ → ㉤

해설 사례연구의 단계는 '연구문제 선정(㉢) → 사실 또는 자료수집(㉡) → 사실 또는 자료의 요약(㉣) → 사실의 설명(㉠) → 보고를 위한 기술(㉤)'의 순서에 따른다.

068
다음 중 사례조사의 장점이 아닌 것은? 2020년 1·2회

① 사회현상의 가치적 측면의 파악이 가능하다.
② 개별적 상황의 특수성을 명확히 파악하는 것이 가능하다.
③ 반복적 연구가 가능하여 비교하는 것이 가능하다.
④ 탐색적 연구방법으로 사용이 가능하다.

해설 사례조사는 변수에 대한 관찰이 이루어지지 않아 반복적 연구가 불가능하며, 비교 또한 불가능하다.

PLUS 사례조사의 장점
- 소수 사례에 대한 자연 발전이나 생활사 등을 연구하는 데 유용하다.
- 사회현상의 가치적 측면의 파악이 가능하다.
- 개별적 상황의 특수성을 명확히 파악하는 것이 가능하다.
- 탐색적 연구방법으로 사용이 가능하다.
- 인간의 욕구, 관심, 동기 등 가치적 측면의 파악이 가능하다.
- 조사대상을 구체적이고 상세하게 연구할 수 있다.
- 통계조사의 보완적 자료를 제공한다.

069
단일사례연구에 관한 설명으로 틀린 것은? 2021년 3회

① 비반응성 연구의 한 유형이다.
② 기초선으로 성숙효과를 통제할 수 있다.
③ 단일사례로서 개인, 가족, 단체 등이 분석대상이다.
④ 여러 명의 조사대상들에게 개입 시기를 다르게 하면 우연한 사건효과를 통제할 수 있다.

해설 단일사례연구는 하나의 대상 또는 사례를 반복적으로 관찰하여 개입의 효과를 평가하는 반응성 연구의 한 유형이다.

070
단일사례연구에 관한 설명으로 틀린 것은? 2018년 2회

① 외적타당도가 높다.
② 개입효과에 대한 즉각적인 피드백이 가능하다.
③ 조사연구과정과 실천과정이 통합될 수 있다.
④ 개인과 집단뿐만 아니라 조직이나 지역사회도 연구대상이 될 수 있다.

해설 단일사례연구는 하나의 사례에 대한 실험의 과정과 결과를 일반적인 상황에 적용할 수 없으므로 외적타당도가 낮다.

071
기술적 조사의 특성과 거리가 가장 먼 것은? 2022년 2회

① 연구의 반복이 어렵다.
② 설명적 조사의 기초 자료를 제공한다.
③ 패널조사(Panel Study)도 여기에 속한다.
④ 표준화된 문항을 사용하여 측정의 일관성을 유지할 수 있다.

해설 기술적 조사는 어떤 사건이나 현상에 대한 정보가 필요할 때 이를 정확하게 기술하기 위해 실시한다. 사건이나 현상의 빈도, 비율, 수준, 관계 등에 대한 단순 통계적인 자료를 수집하여 연구문제에 대한 답을 구하기 때문에 연구의 반복이 가능하다.

| 정답 | 067 ④ 068 ③ 069 ① 070 ① 071 ①

072

기술적(Descriptive) 조사에 대한 설명으로 틀린 것은?
2017년 3회

① 현상에 대한 탐구와 명료화를 주목적으로 한다.
② 계획의 모니터링, 평가에 필요한 자료를 산출하기 위하여 자주 사용된다.
③ 사회현상으로 야기된 원인과 결과를 밝혀 정확히 기술하는 것이다.
④ 행정실무자와 정책분석가들에게 가장 기본적인 조사도구이다.

해설 사회현상으로 야기된 원인과 결과를 밝혀 정확히 기술하는 조사는 설명적 조사이다.

073

기술적조사(Descriptive Research)와 설명적 조사(Explanatory Research)에 관한 설명으로 틀린 것은?
2021년 2회

① 설명적 조사는 두 변수 간의 시간적 선행성과는 무관하게 진행되는 경우가 많다.
② 설명적 조사연구를 수행하기 위해서는 변수의 수가 둘 또는 그 이상이 되는 경우가 많다.
③ 기술적 조사는 물가조사와 국세조사 등 어떤 현상에 대한 탐구와 명백화가 주 목적이다.
④ 기술적 조사는 관련 상황의 특성 파악, 변수 간에 상관관계 파악 및 상황 변화에 대한 각 변수 간의 반응을 예측할 수 있다.

해설 설명적 조사는 어떤 사실과의 관계를 파악하여 인과관계를 규명하거나 미래를 예측하기 위해 실시하므로 변수 간의 시간적 선행성이 중요한 조건이다.

074

기술조사에 적합한 조사주제를 모두 고른 것은?
2021년 3회

> ㉠ 신문의 구독률 조사
> ㉡ 신문 구독자의 연령대 조사
> ㉢ 신문 구독률과 구독자의 소득이나 직업 사이의 관련성 조사

① ㉠, ㉡
② ㉡, ㉢
③ ㉠, ㉢
④ ㉠, ㉡, ㉢

해설 기술조사는 어떤 사건이나 현상에 대한 정보가 필요할 때 이를 정확하게 기술하기 위해 실시하는 연구이다. 사건이나 현상의 빈도와 비율, 수준과 관계 등에 대한 자료를 수집하여 연구문제에 대한 답을 찾는 데 적합하다.

075

기술적 조사의 연구문제로 적합하지 않은 것은?
2021년 1회

① 대도시 인구의 연령별 분포는 어떠한가?
② 어느 도시의 도로 확충이 가장 시급한가?
③ 아동복지법 개정에 찬성하는 사람의 비율은 얼마인가?
④ 가족 내 영유아 수와 의료비 지출은 어떤 관계를 가지는가?

해설 가족 내 영유아 수와 의료비 지출의 관계 분석은 설명적 조사의 연구문제로 적합하다. 기술적 조사는 사건이나 현상의 빈도, 비율, 수준, 관계 등에 대한 단순 통계적인 자료를 수집하여 연구문제에 대한 답을 구하는 데 적합하다.

076

과학적 연구조사를 목적에 따라 탐색조사, 기술조사, 인과조사로 분류할 때 기술조사에 해당하는 것은?
2022년 1회

① 종단조사
② 문헌조사
③ 사례조사
④ 전문가의견조사

해설 기술조사에는 횡단조사와 종단조사가 있다.
②③④ 탐색조사에 해당한다.

| 정답 | 072 ③ 073 ① 074 ④ 075 ④ 076 ①

077
종단연구(Longitudinal Study)에 관한 설명으로 틀린 것은?   2022년 1회

① 추세분석은 종단연구에 속한다.
② 조사내용의 시간에 따른 변화를 분석한다.
③ 변화분석은 조사내용의 시간에 따른 변화의 원인에 대한 분석도 포함한다.
④ 패널조사란 특정 조사대상자들을 선정하여 단 한차례만 조사를 실시하는 방법이다.

해설 패널조사는 동일한 대상에게 동일한 현상에 대해 일정한 시간 간격을 두고 지속적으로 반복 측정하여 조사하는 연구이다.

078
다음 중 종단적 연구가 아닌 것은?   2021년 1회

① 패널연구(Panel Study)
② 코호트연구(Cohort Study)
③ 시계열연구(Time Series Study)
④ 단면연구(Cross-sectional Study)

해설 단면연구는 횡단적 연구이다.

079
다음은 어떤 형태의 조사에 해당하는가?   2019년 3회

> A기관에서는 3년마다 범죄의 피해를 측정하기 위하여 규모비례 집락표집을 이용하여 범죄 피해 조사를 시행하고 있다.

① 사례(Case)조사
② 패널(Panel)조사
③ 추세(Trend)조사
④ 코호트(Cohort)조사

해설 추세조사는 광범위한 연구대상의 특정 속성을 여러 시기에 관찰, 비교하는 연구로, 연구대상 집단의 어느 한 시점에서의 경향을 분석하고 시간의 경과 후에 그 경향을 다시 분석하여 비교하는 과정을 반복하면서 연구대상 집단의 변화를 조사한다.

080
특정 연구대상이 시간이 지남에 따라 의견이나 태도가 변하는 경우에 사용하는 조사기법으로, 연구대상을 구성하는 동일한 단위집단에 대하여 상이한 시점에서 반복하여 조사하는 방법은?   2019년 3회

① 패널조사
② 횡단조사
③ 인과조사
④ 집단조사

해설 패널조사는 특정 연구대상을 사전에 선정하고 이들을 패널로 구성한 후 동일한 현상에 대해 일정한 시간 간격을 두고 지속적으로 반복 측정하여 조사하는 방법이다.

081
패널조사에 관한 설명으로 틀린 것은?   2018년 1회

① 특정 조사대상자들을 선정해 놓고 반복적으로 실시하는 조사방법을 의미한다.
② 종단적 조사의 성격을 지닌다.
③ 반복적인 조사과정에서 성숙효과, 시험효과가 나타날 수 있다.
④ 패널 운영 시 자연 탈락된 패널 구성원은 조사결과에 크게 영향을 미치지 않는다.

해설 패널조사에서는 패널 운영 시 패널 구성원이 추후 연구에 대한 기여를 거부하거나 자연 탈락하는 등의 이유로 조사결과에 크게 영향을 미칠 수 있다.

| 정답 | 077 ④   078 ④   079 ③   080 ①   081 ④

082

패널(Panel)조사의 특징과 가장 거리가 먼 것은? 2019년 2회

① 패널조사는 측정기간 동안 패널이 이탈될 수 있는 단점이 있다.
② 패널조사는 조사대상자로부터 추가적인 자료를 얻기가 비교적 쉽다.
③ 패널조사는 조사대상자의 태도 및 행동 변화에 대한 분석이 가능하다.
④ 패널조사는 최초 패널을 다소 잘못 구성하더라도 장기간에 걸쳐 수정이 가능하다는 장점이 있다.

해설 패널조사는 동일한 대상에게 동일한 현상에 대해 일정한 시간 간격을 두고 지속적으로 반복 측정하여 조사하기 때문에 최초 패널을 잘못 구성하면 장기간에 걸쳐 수정이 불가능하다.

083

다음에서 설명하는 조사방법은? 2019년 1회

공공기관의 행정서비스 만족도를 알아보기 위해 동일한 시민들을 표본으로 6개월 단위로 10년간 조사한다.

① 추세조사
② 패널조사
③ 탐색적 조사
④ 횡단적 조사

해설 패널조사는 특정 연구대상을 사전에 선정하고 이들을 패널로 구성한 후 동일한 현상에 대해 일정한 시간 간격을 두고 지속적으로 반복 측정하여 조사한다.
① 광범위한 연구대상의 특정 속성을 여러 시기에 관찰, 비교한다.
③ 연구조사설계를 확정하기 이전에 연구문제를 발견하고, 변수를 규명, 가설을 도출하기 위해 예비적으로 실시한다.
④ 어느 한 시점에서 이루어진 관찰을 통해 얻은 자료를 바탕으로 하는 조사방법이다.

084

다음에서 설명하는 조사유형에 해당하는 것은?

• 둘 이상의 시점에서 조사가 이루어진다.
• 동일대상 반복측정을 원칙적으로 하지 않는다.

① 추세연구, 횡단연구
② 패널연구, 추세연구
③ 추세연구, 동년배연구
④ 횡단연구, 동년배연구

해설 종단적 연구에 대한 설명이다. 종단적 연구는 연구대상을 일정 기간에 여러 번 관찰하여 얻을 자료를 이용하는 연구로 동태적인 성격을 지니며, 대표적으로 추세연구, 패널연구, 코호트연구(동년배연구), 시계열연구 등이 있다.
② 패널연구는 동일한 대상에게 동일한 현상에 대해 일정한 시간 간격을 두고 지속적으로 반복 측정하여 조사하는 연구이다.

085

다음에서 설명하고 있는 조사방법은? 2020년 1·2회

대학 졸업생을 대상으로 체계적 표집을 통해 응답집단을 구성한 후 매년 이들을 대상으로 졸업 후의 진로와 경제활동 및 노동시장 이동 상황을 조사하였다.

① 집단면접조사
② 파일럿조사
③ 델파이조사
④ 패널조사

해설 패널조사는 특정 연구대상을 사전에 선정하고 이들을 패널로 구성한 후 동일한 현상에 대해 일정한 시간 간격을 두고 지속적으로 반복 측정하여 조사하는 방법이다.

| 정답 | 082 ④ 083 ② 084 ③ 085 ④

086
다음 ( )에 알맞은 조사방법으로 옳은 것은? 2019년 2회

- (㉠)는 특정 조사대상을 사전에 선정하고 이들을 대상으로 반복조사를 하는 방식이다.
- (㉡)는 다른 시점에서 반복조사를 통해 얻은 시계열 자료를 이용하는 방식이다.

① ㉠ 패널조사, ㉡ 횡단조사
② ㉠ 패널조사, ㉡ 추세조사
③ ㉠ 횡단조사, ㉡ 추세조사
④ ㉠ 전문가조사, ㉡ 횡단조사

해설 패널조사는 특정 연구대상을 사전에 선정하고 이들을 패널로 구성한 후 동일한 현상에 대해 일정한 시간 간격을 두고 지속적으로 반복 측정하여 조사하는 방식이다. 추세조사는 어느 한 시점에서 연구대상 집단의 경향을 분석하고 시간의 경과 후에 그 경향을 다시 분석하여 비교하는 과정을 반복하면서 연구대상 집단의 변화를 조사하는 방식이다.

087
특정한 시기에 태어났거나 동일 시점에 특정 사건을 경험한 사람들을 대상으로 이들이 시간이 지남에 따라 어떻게 변화하는지를 조사하는 방법은? 2022년 1회

① 사례조사   ② 패널조사
③ 코호트조사   ④ 전문가의견조사

해설 ① 특정한 사례에 대해 기술하고 탐구하면서 집중적으로 조사한다.
② 동일한 대상에게 동일한 현상에 대해 일정한 시간 간격을 두고 지속적으로 반복 측정하여 조사한다.
④ 델파이기법이라고도 하며, 기존 자료가 부족하여 참고할 수 있는 자료가 미비하거나 미래의 불확실한 상황을 예측하고자 할 경우 해당 연구에 대해 통찰력이 있는 경험자 또는 전문가를 대상으로 그들의 견해와 의견을 조사한다.

088
시간의 변화에 따른 특정 하위 모집단의 변화를 관찰하는 연구는? 2021년 3회

① 횡단연구   ② 추이연구
③ 패널연구   ④ 코호트연구

해설 코호트연구는 특정한 시기에 태어났거나 동일 시점에 특정 사건을 경험한 사람들을 대상으로 이들이 시간이 지남에 따라 어떻게 변화하는지를 조사하는 연구로, 동년배집단연구, 동질성집단연구라고도 한다.

089
다음에서 설명하고 있는 연구방법은? 2020년 4회

소위 386세대라고 일컬어지는 사회집단이 가진 정치의식이 1990년 이후 5년 단위로 어떠한 변화를 보이고 있는지에 대해 종단분석을 실시했다.

① 추세연구   ② 패널연구
③ 현장연구   ④ 코호트연구

해설 코호트연구는 특정한 시기에 태어났거나 동일 시점에 특정 사건을 경험한 사람들(386세대)을 대상으로 이들이 시간이 지남에 따라 어떻게 변화하는지(386세대의 정치의식)를 조사(1990년 이후부터 5년 단위)하는 연구이다.

| 정답 | 086 ② 087 ③ 088 ④ 089 ④

090

다음의 조사유형으로 옳은 것은? 2018년 2회

> 베이비부머(Baby-boomers)의 정치 성향의 변화를 파악하기 위해 이들이 성년이 된 후 10년마다 50명씩 새로운 표집을 대상으로 조사하여 그 결과를 비교하여 보았다.

① 횡단(Cross-sectional)조사
② 추세(Trend)조사
③ 코호트(Cohort)조사
④ 패널(Panel)조사

해설 코호트조사는 특정한 시기에 태어났거나 동일 시점에 특정 사건을 경험한 사람들(베이비부머)을 대상으로 이들이 시간이 지남에 따라 어떻게 변화하는지(베이비부머의 정치 성향)를 조사(성년이 된 후 10년마다 50명씩 새로 표집)한다.

091

다음에 해당하는 연구 형태는? 2021년 1회

> 특수목적 고등학교에 입학한 학생들을 대상으로 2016년에서 2020년까지의 자존감 변화를 연구하기 위해 모집단으로부터 매년 다른 표본을 추출하였다.

① 패널연구
② 횡단적 연구
③ 동질성집단연구
④ 경향성 연구

해설 동질성집단연구는 코호트연구라고도 하며, 특정한 시기에 태어났거나 동일 시점에 특정 사건을 경험한 사람들(특수목적 고등학교에 입학한 학생)을 대상으로 이들이 시간이 지남에 따라 어떻게 변화하는지(2016년에서 2020년까지의 자존감 변화)를 조사(매년 다른 표본을 추출)하는 연구이다.

092

2017년 특정한 3개 고등학교(A, B, C)의 졸업생들을 모집단으로 하여 향후 10년간 매년 일정 시점에 표본을 추출하여 조사를 한다면 어떤 조사에 해당하는가? 2018년 1회

① 횡단조사
② 서베이리서치
③ 코호트조사
④ 사례조사

해설 코호트조사는 특정한 시기에 태어났거나 동일 시점에 특정 사건을 경험한 사람들(2017년 특정한 3개 고등학교의 졸업생)을 대상으로 이들이 시간이 지남에 따라 어떻게 변화하는지(10년간 매년 일정시점에 표본추출)를 조사한다.

093

횡단연구(Cross-sectional Study)에 관한 설명으로 틀린 것은? 2021년 3회

① 추세연구는 횡단연구의 일종이다.
② 인구센서스조사는 횡단연구의 대표적인 예이다.
③ 어느 한 시점에서 어떤 현상을 주의 깊게 연구하는 방법이다.
④ 횡단연구로 인과적 관계를 규명하려는 가설검증이 가능하다.

해설 추세연구는 종단연구의 일종이다.

094

횡단조사(Cross-sectional Study)에 관한 설명으로 옳은 것은? 2019년 3회

① 정해진 연구대상의 특정 변수값을 여러 시점에 걸쳐 연구한다.
② 패널조사에 비하여 인과관계를 더 분명하게 밝힐 수 있다.
③ 여러 연구대상들을 정해진 한 시점에서 조사, 분석하는 방법이다.
④ 집단으로 구성된 패널에 대하여 여러 시점에 걸쳐 조사한다.

해설 횡단조사는 어느 한 시점에서 이루어진 관찰을 통해 얻은 자료를 바탕으로 분석하는 연구이다.
①②④ 종단조사에 대한 설명이다.

| 정답 | 090 ③ 091 ③ 092 ③ 093 ① 094 ③

095
통계청에서 실시하는 인구센서스에 해당하는 조사방법은?

2021년 1회

① 사례조사
② 패널조사
③ 횡단조사
④ 코호트(Cohort)조사

해설 횡단조사는 여러 연구대상을 특정 시점에 조사·분석하거나, 어떤 현상을 어느 한 시점에서 주의 깊게 연구하는 방법으로, 대표적으로 인구주택총조사, 2025년 OECD국가 사회보장 예산조사 등이 있다.

096
횡단연구와 종단연구에 관한 설명으로 틀린 것은?

2020년 1·2회

① 횡단연구는 한 시점에서 이루어진 관찰을 통해 얻은 자료를 바탕으로 하는 연구이다.
② 종단연구는 일정 기간에 여러 번의 관찰을 통해 얻은 자료를 이용하는 연구이다.
③ 횡단연구는 동태적이며, 종단연구는 정태적인 성격이다.
④ 종단연구에는 코호트연구, 패널연구, 추세연구 등이 있다.

해설 횡단연구는 정태적이며, 종단연구는 동태적인 성격이다.

097
종단연구와 비교한 횡단연구의 장점과 가장 거리가 먼 것은?

2017년 1회

① 일반적으로 비용이 적게 든다.
② 엄밀한 인과관계의 검증에 유리하다.
③ 검사효과로 인해 왜곡될 가능성이 낮다.
④ 조사대상자에 대한 사생활 침해의 우려가 낮다.

해설 엄밀한 인과관계의 검증에 유리한 연구는 종단연구이다.

098
양적연구와 질적연구에 관한 설명으로 옳지 않은 것은?

2020년 3회

① 양적연구는 연구자와 연구대상이 독립적이라는 인식론에 기초한다.
② 질적연구는 현실 인식의 주관성을 강조한다.
③ 질적연구는 연역적 과정에 기초한 설명과 예측을 목적으로 한다.
④ 양적연구는 가치중립성과 편견의 배제를 강조한다.

해설 연역적 과정에 기초한 설명과 예측을 목적으로 하는 것은 양적연구이다.

099
질적연구에 관한 설명과 가장 거리가 먼 것은?

2019년 2회

① 질적연구에서는 어떤 현상에 대해 깊은 이해를 하고 주관적인 의미를 찾고자 한다.
② 질적연구는 개별 사례 과정과 결과의 의미, 사회적 맥락을 규명하고자 한다.
③ 질적연구는 양적연구에 비해 대상자를 정확히 이해할 수 있는 더 나은 연구방법이다.
④ 연구주제에 따라서는 질적연구와 양적연구를 동시에 진행할 수 있다.

해설 상황에 따라 적절한 연구방법을 쓰기 때문에 질적연구와 양적연구 중 어떤 연구가 더 나은 연구방법이라고 할 수는 없다.

| 정답 | 095 ③　096 ③　097 ②　098 ③　099 ③

100
질적연구의 조사도구에 관한 설명으로 옳은 것을 모두 고른 것은?

> ㉠ 서비스평가에서 정성적 차원을 분석할 수 있다.
> ㉡ 양적도구가 아니므로 신뢰도를 따질 수 없다.
> ㉢ 연구자 자신이 도구가 된다.
> ㉣ 구조화와 조작화의 과정을 거친다.

① ㉠, ㉡, ㉢
② ㉠, ㉢
③ ㉡, ㉣
④ ㉠, ㉡, ㉢, ㉣

해설 ㉡ 수치자료를 산출하여 보다 신뢰성 있는 자료를 획득하기 위한 조사를 수행한다.
㉣ 연구자의 연구설계와 연구진행이 구조화와 조작화의 과정을 거치는 것은 양적연구이다.

101
양적연구와 비교한 질적연구의 특징이 아닌 것은? 2019년 3회

① 비공식적인 언어를 사용한다.
② 주관적 동기의 이해와 의미해석을 하는 현상학적·해석학적 입장이다.
③ 비통제적 관찰, 심층적·비구조적 면접을 실시한다.
④ 자료분석에 소요되는 시간이 짧아 소규모 분석에 유리하다.

해설 질적연구는 자료분석에 소요되는 시간이 길어 소규모 분석에 유리하다.

102
양적-질적연구방법의 비교에서 질적연구방법에 대한 설명으로 맞는 것을 모두 고른 것은? 2022년 2회

> ㉠ 심층규명(Probing)을 한다.
> ㉡ 연구자의 주관성을 활용한다.
> ㉢ 연구도구로 연구자의 자질이 중요하다.
> ㉣ 선(先)이론, 후(後)조사의 방법을 활용한다.

① ㉡, ㉣
② ㉠, ㉡, ㉢
③ ㉠, ㉢, ㉣
④ ㉠, ㉡, ㉢, ㉣

해설 ㉣ 질적연구방법은 선(先)조사 후(後)이론의 방법을 활용하는 귀납적 과정에 기초하여 개별 사례 과정과 결과의 의미, 사회적 맥락을 규명한다.

103
질적방법으로 수집된 자료에 관한 설명으로 틀린 것은? 2021년 3회

① 현장 중심의 사고를 할 수 있다.
② 자료의 표준화를 도모하기 쉽다.
③ 유용한 정보의 유실을 줄일 수 있다.
④ 정보의 심층적 의미를 파악할 수 있다.

해설 질적방법으로 수집된 자료는 주관적·해석적이므로 표준화(일반화)가 어렵다.

104
다음 중 질적연구와 가장 거리가 먼 것은?

① 문화기술지연구
② 심층사례연구
③ 근거이론연구
④ 사회지표연구

해설 사회지표조사는 양적연구이다.
질적연구에는 근거이론 연구, 문화기술지 연구, 내러티브 연구, 현상학적 연구, 심층사례연구 등이 있다.

105
질적연구에 관한 설명으로 틀린 것은? 2021년 1·2회

① 소규모 분석에 유리하고 자료분석 시간이 많이 소요된다.
② 주관적 동기의 이해와 의미해석을 하는 현상학적·해석학적 입장이다.
③ 수집된 자료는 타당성이 있고 실질적이나 신뢰성이 낮고 일반화는 곤란하다.
④ 연구참여자와 연구자 간에 상호작용을 통해 연구가 진행되므로 가치 지향적이지 않고 편견이 개입되지 않는다.

해설 질적연구는 연구참여자와 연구자 간에 상호작용을 통해 연구가 진행되므로 가치 지향적이고 편견이 개입될 수 있다.

| 정답 | 100 ② 101 ④ 102 ② 103 ② 104 ④ 105 ④

106
질적연구에 관한 설명과 가장 거리가 먼 것은? 2020년 4회

① 조사자와 조사대상자의 주관적인 인지나 해석 등을 모두 정당한 자료로 간주한다.
② 조사 결과를 폭넓은 상황에 일반화하기에 유리하다.
③ 연구 절차가 양적조사에 비해 유연하고 직관적이다.
④ 일반적으로 상호작용의 과정에 보다 많은 관심을 둔다.

해설 질적방법으로 수집된 자료는 주관적·해석적이므로 폭넓은 상황에 표준화(일반화)가 어렵다.

107
질적연구방법과 양적연구방법을 통합하는 혼합연구(Mixed Method)에 관한 옳은 설명을 모두 고른 것은?

ㄱ. 질적연구결과와 양적연구결과가 서로 보완적 관계를 갖는다.
ㄴ. 다각화(Triangulation)를 할 수 있다.
ㄷ. 양적연구결과의 심층적 의미를 파악할 수 있다.
ㄹ. 연구순서상 질적연구보다 양적연구를 먼저 시행해야 한다.

① ㄱ, ㄷ
② ㄷ, ㄹ
③ ㄱ, ㄴ, ㄷ
④ ㄱ, ㄴ, ㄷ, ㄹ

해설 혼합연구에서는 연구 목적에 따라 양적연구를 먼저 수행할 수도, 질적연구를 먼저 할 수도 있으며 두 방법을 병행할 수도 있다.

108
질적연구에 관한 옳은 설명을 모두 고른 것은? 2019년 1회

㉠ 자료수집 단계와 자료분석 단계가 분명히 구별되어 있다.
㉡ 사회현상에 대해 폭넓고 다양한 정보를 얻어낸다.
㉢ 표준화(구조화) 면접, 비참여관찰이 많이 활용된다.
㉣ 조사자가 조사과정에 깊숙이 관여한다.

① ㉠, ㉡
② ㉠, ㉢
③ ㉡, ㉢
④ ㉡, ㉣

해설 질적연구는 관찰대상의 몸짓, 언어, 태도나 현상 자체에 대한 자료를 관찰이나 면접 등의 방법을 활용하여 밝히는 연구로, 조사자가 비표준화 면접이나 참여관찰을 활용하여 조사과정에 깊숙이 관여하며 사회현상에 대해 폭넓고 다양한 정보를 얻어낼 수 있다. 그러나 조사에 필요한 절차나 단계를 엄격하게 결정하지 않으므로 자료수집 단계와 자료분석 단계가 분명히 구별되지 않는다.

109
양적조사와 질적조사의 사례로 틀린 것은? 2018년 2회

① 질적조사 – 사례연구의 기록을 분석하여 핵심적인 개념을 추출한다.
② 양적조사 – 단일사례조사로 청소년들의 흡연 횟수를 3개월 동안 주기적으로 기록한다.
③ 질적조사 – 노숙인과 함께 2주간 생활하면서 참여관찰한다.
④ 양적조사 – 초점집단면접을 통해 문제해결 방안을 도출한다.

해설 초점집단면접은 전문적인 지식을 가진 집단으로 하여금 특정한 주제에 대하여 자유롭게 토론하도록 한 다음, 이 과정에서 필요한 정보를 추출하는 방법으로 질적조사방법에 해당한다.

110
근거이론의 분석방법에서 축코딩(Axial Coding)에 설명으로 옳은 것은?

① 개념으로 도출된 내용을 가지고 하위범주를 만든다.
② 발견된 범주의 속성과 차원을 고려하여 유형화를 시도한다.
③ 이론개발을 위해 핵심범주를 중심으로 다른 범주와의 통합과 정교화를 만드는 과정을 진행한다.
④ 발견된 범주를 가지고 중심현상을 중심으로 인과적 조건을 만든다.

해설 ①② 개방코딩에 대한 설명이다.
③ 선택코딩에 대한 설명이다.

| 정답 | 106 ② 107 ③ 108 ④ 109 ④ 110 ④

111
근거이론에서 다음 설명에 해당하는 것은?

- 이론을 통합시키고 정교화하는 과정으로 이론적 포화(Theoretical Saturation)와 변화범위(Range of Variability)에 대한 작업을 진행한다.
- 주로 근거이론 코딩의 마지막 단계로서 모형 내 범주들의 관계를 진술하는 명제를 구체화하거나 범주들을 통합하는 이야기를 서술한다.

① 선택(Selective)코딩
② 자료(Data)코딩
③ 축(Axial)코딩
④ 개방(Open)코딩

해설 선택 코딩은 근거이론의 마지막 단계로, 핵심 범주를 중심으로 이론을 정리·통합하는 과정이다.

PLUS 근거이론의 코딩작업순서
개방코딩 → 축코딩 → 선택코딩

112
다음 설명에 가장 적합한 연구방법은? 2018년 3회

이 질적연구는 11명의 여성들이 아동기의 성학대 피해 경험을 극복하고 대처해 나가는 과정을 조사한 것이다. 포커스 그룹에 대한 10주간의 심층면접을 통하여 160개가 넘는 개인적인 전략들이 코딩되고 분석되어 1) 극복과 대처전략을 만들어내는 인과조건, 2) 그런 인과조건들로부터 발생한 현상, 3) 전략을 만들어내는 데 영향을 주는 맥락, 4) 중재조건들, 5) 그 전략의 결과들을 설명하기 위한 이론적 모델이 개발되었다.

① 현상학적 연구
② 근거이론연구
③ 민속지학적 연구
④ 내용분석연구

해설 근거이론(Ground Theory)연구는 특정 집단이나 특정한 사회현상에 대해 알려진 사실이 거의 없거나 기존 집단이나 현상에 대해 새로운 이해를 얻기 위해 실제 분야를 탐색하는 연구방법으로, 질적연구에 해당한다. 이는 자료에 근거해 이론을 도출하며, 다른 연구방법론을 통해 포착하기 어려운 개인 및 조직의 사회적·심리적·구조적 현상을 파악하는 데 유용하다.

113
양적연구와 질적연구를 통합한 혼합연구방법(Mixed Method)에 관한 내용으로 틀린 것은? 2019년 2회

① 다양한 패러다임을 수용할 수 있어야 한다.
② 질적연구 결과에서 양적연구가 시작될 수 없다.
③ 질적연구 결과와 양적연구 결과는 상반될 수 있다.
④ 주제에 따라 두 가지 연구방법의 비중은 상이할 수 있다.

해설 혼합연구방법은 다양한 패러다임을 수용할 수 있어야 하므로 질적연구 결과에서 양적연구가 시작될 수도 있다.

114
다음 중 대규모 모집단의 특성을 기술하기에 유용한 방법은? 2020년 3회

① 참여관찰(Participant Observation)
② 표본조사(Sample Survey)
③ 유사실험(Quasi-experiment)
④ 내용분석(Contents Analysis)

해설 표본조사는 조사대상 전체 중 일부분을 표본으로 추출하고 조사하므로 대규모 모집단의 특성을 추정·예측할 수 있다.

115
특정 시점에 다른 특성을 지닌 집단들 사이의 차이를 측정하는 조사방법은? 2019년 3회

① 패널(Panel)조사
② 추세(Trend)조사
③ 코호트(Cohort)조사
④ 서베이(Survey)조사

해설 서베이조사는 모집단으로부터 추출된 표본을 대상으로 설문지나 면접을 통하여 사회현상에 관한 자료를 수집하고 분석하는 연구로, 특정 시점에 다른 특성을 지닌 집단들 사이의 차이를 측정한다.
①②③ 연구대상의 특정 변수값을 여러 시점에 걸쳐 연구하며, 시간의 흐름에 따른 조사내용의 변화를 분석하는 조사방법이다.

| 정답 | 111 ① 112 ② 113 ② 114 ② 115 ④

116
서베이조사의 일반적인 특성에 관한 설명으로 틀린 것은?

2020년 4회

① 모집단으로부터 추출된 표본을 대상으로 조사하는 방법이다.
② 센서스(Census)는 대표적인 서베이방법 중 하나이다.
③ 인과관계 분석보다는 예측과 기술을 주목적으로 한다.
④ 대인조사, 전화조사, 우편조사, 온라인조사 등이 있다.

해설 센서스는 인구총조사로 모집단 전체에 대한 전수조사이다. 서베이조사는 어떤 모집단을 대표할 것이라고 추정되는 대규모 응답자들을 통하여 정보를 구하는 것이 목적인 표본조사에 해당한다.

117
참여관찰법에 비해 조사연구(Survey Research)가 가지는 장점으로 맞는 것은?

2022년 2회

① 연구의 융통성이 크다.
② 시간과 비용을 절약할 수 있다.
③ 연구대상을 심층적으로 관찰할 수 있다.
④ 대규모 모집단의 특성을 기술할 수 있다.

해설 조사연구(서베이연구)는 모집단으로부터 추출된 표본을 대상으로 설문지나 면접을 통하여 사회현상에 관한 자료를 수집하고 분석하는 연구로, 대규모 모집단의 특성을 기술할 수 있다는 장점이 있으나 시간과 비용이 많이 들 수 있고, 조사대상자를 충분히 확보하는 것이 어려우며, 연구의 융통성이 작고, 연구대상을 심층적으로 관찰할 수 없다는 단점이 있다.

118
다음 사례가 나타내는 연구방법은?

2022년 1회

> 폭력적 비디오 시청이 아동의 폭력성에 미치는 영향을 알아보기 위하여 아동들을 무선적으로 두 집단으로 나누어 한 집단에게는 폭력적인 장면이 주로 포함된 비디오를 보여주고 다른 집단에게는 서정적인 장면이 주로 포함된 비디오를 보여준 후, 일주일 동안 두 집단의 아동들이 폭력적인 행동을 얼마나 많이 하는지를 관찰하였다.

① 실험법
② 설문조사법
③ 사례연구법
④ 내용연구법

해설 실험법(실험연구)은 독립변수의 효과를 측정하거나 독립변수가 종속변수에 영향을 미치는 인과관계에 대한 가설을 검증하는 연구로, 연구자는 실험상황의 요인들을 통제하고 인위적으로 관찰조건을 조성한다.

119
정당 공천에 앞서 당선 가능성이 높은 후보를 알아보고자 할 때 가장 적합한 조사방법은?

2020년 3회

① 단일사례관찰조사
② 델파이조사
③ 표본집단설문조사
④ 초점집단면접조사

해설 설문조사(서베이조사)는 모집단으로부터 추출된 표본을 대상으로 설문지나 면접을 통하여 사회현상에 관한 자료를 수집하고 분석하는 연구방법으로, 사회조사뿐만 아니라 실생활과 관련된 많은 주제를 알아보기 위해서 사용되며, 일반 시민이나 특정 집단 등 다양한 응답자를 대상으로 이루어진다.

| 정답 | 116 ② 117 ④ 118 ① 119 ③

120
다음 중 사례조사에 해당하는 것은?

① 본 조사를 실행하기 앞서 먼저 시행한다.
② 조사의 타당도, 신뢰도를 측정해 보는 것이다.
③ 일정지역 또는 작은 샘플을 추출하여 대표성을 유지시킨 채 사전에 진행하는 것이다.
④ 조사의 범위를 한 지역 또는 한 번의 현상에 국한시켜 연구하고자 하는 현상의 대표성을 유지시킨 채 결과를 도출하는 방법이다.

해설 사례조사(Case Study)는 특정 사례(지역, 사건, 집단 등)에 대한 심층적, 구체적 분석을 통해 그 사례를 통해 보다 일반적인 현상을 이해하려는 조사방법이다.

121
사례조사연구의 특징은 무엇을 주요한 목적으로 생각하는가?

① 분석단위의 파악
② 명제나 가설의 검증
③ 연구결과에 대한 일반화
④ 연구대상에 대한 기술과 탐구

해설 사례조사연구는 하나 또는 소수의 사례(개인, 집단, 기관 등)를 심층적으로 분석하는 질적연구방법으로, 복잡한 현상을 있는 그대로 기술하고 이해하는 데 초점이 있다.

122
기업을 크게 성장시킨 기업가의 성공비결을 알아보기 위해 그 기업가에 대해 집중적인 연구를 하는 방법은?

① 실험법
② 사례연구법
③ 상관연구법
④ 내용분석법

해설 특정 기업가에 대해 집중적으로 연구하여 그 사람의 성공 비결을 탐구하는 것은 사례연구법에 해당한다.

| 정답 | 120 ④ 121 ④ 122 ②

CHAPTER 02

표본설계

001
표본추출(Sampling)에 대한 설명으로 틀린 것은? 2019년 2회

① 표본을 추출할 때는 모집단을 분명하게 정의하는 것이 중요하다.
② 표본추출이란 모집단(Population)에서 표본을 선택하는 행위를 말한다.
③ 확률표본추출을 할 경우 표본오차는 없으나 비표본오차는 발생할 수 있다.
④ 일반적으로 표본이 모집단을 잘 대표하기 위해서는 가능한 한 확률표본추출을 하는 것이 바람직하다.

해설 표본추출 시 표본추출오차는 반드시 발생한다.

002
다음 중 표본추출에 대한 설명으로 틀린 것은? 2019년 1회

① 표본조사가 전수조사에 비해 시간과 비용이 적게 든다.
② 관찰단위와 분석단위가 반드시 일치하는 것은 아니다.
③ 모수는 표본조사를 통해 얻는 통계량을 바탕으로 추정한다.
④ 단순무작위추출방법은 일련번호와 함께 표본간격이 중요하다.

해설 표본추출에서 일련번호와 함께 표본간격이 중요한 표본추출방법은 체계적표집이다. 체계적표집은 모집단에 대한 정보를 담은 명부를 표집틀로 하여 일정한 순서에 따라 표본을 추출하는 확률표본추출방법으로, 모집단의 배열에 일정한 주기성이 있는 경우 편중된 표본을 추출할 수 있다.

003
표집(Sampling)의 대표성에 대한 의미와 가장 거리가 먼 것은? 2018년 3회

① 표본을 이용한 분석결과가 일반화될 수 있는가의 문제
② 표본자료가 계량통계분석기법을 적용하기에 적합한가의 문제
③ 표본의 통계적 특성이 모집단의 통계적 특성에 어느 정도 근접하느냐의 문제
④ 표본이 모집단이 지닌 다양한 성격을 고루 반영하느냐의 문제

해설 표본추출(표집)에서 대표성이란 조사결과가 모집단을 얼마나 잘 대표할 수 있는지에 대한 것이다. 즉, 표본을 대상으로 수집된 자료의 처리결과는 모집단을 대상으로 일반화할 수 있어야 한다. 표본자료가 통계분석기법을 적용하기에 적합한지의 문제는 표집의 대표성에 대한 의미와 관련이 없다.

004
전수조사 대신 표본조사를 하는 이유와 가장 거리가 먼 것은? 2020년 4회

① 경비를 절감하기 위해
② 전수조사에 비해 조사과정을 보다 잘 통제할 수 있어서
③ 표본오류를 줄이기 위해
④ 광범위한 주제에 걸쳐서 연구하기 위해

해설 표본추출 시 표본추출오차는 반드시 발생한다.

PLUS 표본조사의 장점
- 전수조사가 불가능한 경우에 적용할 수 있다.
- 전수조사 시 예상되는 막대한 시간, 비용, 노력을 절약할 수 있다.
- 자료수집, 집계 및 분석과정을 신속하게 처리할 수 있다.
- 비표본추출오차를 줄일 수 있다.
- 조사과정을 보다 잘 통제할 수 있어 전수조사보다 더 정확한 자료를 얻을 수 있다.
- 전수조사보다 더 많은 조사항목을 포함할 수 있으므로 단시간 내에 다방면의 정보획득이 가능하다.
- 조사기간 동안에 발생하는 변화를 반영할 수 있다.

| 정답 | 001 ③ 002 ④ 003 ② 004 ③

005

전수조사(Population Survey)와 비교한 표본조사(Sample Survey)의 장점으로 틀린 것은? 2021년 1회

① 표본오류가 줄어든다.
② 시간과 비용을 절약할 수 있다.
③ 단시간 내에 많은 정보를 얻을 수 있다.
④ 조사과정을 보다 잘 통제할 수 있어서 정확한 자료를 얻을 수 있다.

해설 표본조사는 비표본추출오류를 줄일 수 있다는 장점이 있으나, 표본추출오류가 반드시 발생한다는 단점이 있다.

006

표집과 관련된 용어에 대한 설명으로 틀린 것은? 2021년 1회

① 관찰단위란 직접적인 조사대상을 의미한다.
② 모집단이란 우리가 규명하고자 하는 집단의 총체이다.
③ 표집단위란 표집과정의 각 단계에서의 표집대상을 지칭한다.
④ 표집간격이란 표본을 추출할 때 추출되는 표집단위와 단위 간의 간격을 의미한다.

해설 표집간격(Sampling Interval)은 모집단으로부터 표본을 추출할 때 추출되는 요소 간의 간격으로, 모집단의 전체 항목 수를 표본의 크기로 나눈 값이다.

007

표집과 관련된 용어에 대한 설명으로 틀린 것은? 2020년 3회

① 모수(Parameter)는 표본에서 어떤 변수가 가지고 있는 특성을 요약한 통계치이다.
② 표집률(Sampling Ratio)은 모집단에서 개별요소가 선택될 비율이다.
③ 표집간격(Sampling Interval)은 모집단으로부터 표본을 추출할 때 추출되는 요소와 요소 간의 간격을 의미한다.
④ 관찰단위(Observation Unit)는 직접적인 조사대상을 의미한다.

해설 모수란 모집단에서 어떤 변수가 가지고 있는 특성을 요약한 수치로, 모집단 전체의 특성을 요약한 값이며 표본으로부터 확인한 통계치를 근거로 추정한다. 표본의 수치적 특성으로 표본에서 얻은 변수의 값을 요약하고 묘사한 표본들의 함수를 의미하는 것은 통계량이다.

008

표본추출에 관한 설명으로 맞는 것은? 2021년 3회

① 분석단위와 관찰단위는 항상 일치한다.
② 표본추출요소는 자료가 수집되는 대상의 단위이다.
③ 표본추출단위는 표본이 실제 추출되는 연구대상 목록이다.
④ 통계치는 모집단위의 특정변수가 갖고 있는 특성을 요약한 값이다.

해설 표본추출요소란 자료가 수집되는 대상의 단위로, 조사에서 분석의 기본이 되는 개인, 가족, 기업 등이 될 수 있다.
① 일반적으로 분석단위와 관찰단위는 일치하지만, 항상 그런 것은 아니다. 예를 들어, 치매노인에 대한 조사를 위해 치매노인을 돌보는 요양보호사를 대상으로 면접조사를 하는 경우에 분석단위는 치매노인이지만, 관찰단위는 요양보호사가 된다.
③ 표본추출단위는 표집과정의 각 단계에서의 표집대상이며, 표본이 실제 추출되는 연구대상 목록은 표집틀이다.
④ 통계치는 통계량에 표본의 구체적인 값을 대입하여 얻은 수치이며, 표본의 특정변수가 가진 특성을 요약한 값이다.

009

모든 요소의 총체로서 조사자가 표본을 통해 발견한 사실을 토대로 하여 일반화하고자 하는 궁극적인 대상을 지칭하는 것은? 2018년 2회

① 표본추출단위(Sampling Unit)
② 표본추출분포(Sampling Distribution)
③ 표본추출프레임(Sampling Frame)
④ 모집단(Population)

해설 모집단은 정보를 얻고자 하는 관심 대상의 집단 전체이며, 연구하고자 하는 이론상의 집단이다.

| 정답 | 005 ① 006 ④ 007 ① 008 ② 009 ④

010
모집단 전체의 특성치를 요약한 수치를 뜻하는 용어는?
2019년 2회

① 평균(Mean)
② 모수(Parameter)
③ 통계치(Statistics)
④ 표집틀(Sampling Frame)

해설 모수란 모집단에서 어떤 변수가 가지고 있는 특성을 요약한 수치로, 표본으로부터 확인한 통계치를 근거로 추정한다.

011
표본추출을 위한 모집단의 구성요소나 표본추출단위가 수록된 목록은?
2018년 3회

① 요소(Element)
② 표집틀(Sampling Frame)
③ 분석단위(Unit of Analysis)
④ 표본추출분포(Sampling Distribution)

해설 표집틀이란 표본추출을 위한 모집단의 구성요소나 표본추출단위가 수록된 목록으로 표본프레임, 표본틀이라고도 한다.

012
다음 중 표집틀(Sampling Frame)을 평가하는 주요 요소와 가장 거리가 먼 것은?
2020년 4회

① 포괄성   ② 추출확률
③ 효율성   ④ 안정성

해설 표집틀(표본프레임, 표본틀)이란 표본추출을 위한 모집단의 구성요소나 표본추출단위가 수록된 목록이며, 표집틀을 평가할 때 포괄성, 추출확률, 효율성을 확인한다.

PLUS 표집틀을 평가하는 주요 요소
- 포괄성: 연구하고자 하는 전체 모집단 중 얼마나 많은 부분을 포함하고 있는가?
- 추출확률: 모집단에서 개별요소가 추출될 수 있는 확률이 동일한가?
- 효율성: 조사자가 원하는 대상만이 표집틀 속에 포함되는가?

013
표집틀(Sampling Frame)과 모집단과의 관계로 가장 이상적인 경우는?
2019년 1회

① 표집틀과 모집단이 일치할 때
② 표집틀이 모집단 내에 포함될 때
③ 모집단이 표집틀 내에 포함될 때
④ 모집단과 표집틀의 일부분만이 일치할 때

해설 표집틀은 표본추출을 위한 모집단의 구성요소나 표본추출단위가 수록된 목록으로, 표집틀과 모집단이 일치할 때 표집틀과 모집단과의 관계가 가장 이상적이다.

014
다음 중 표집틀(Sampling Frame)이 모집단(Population)보다 큰 경우는?
2019년 2회

① 한국대학교 학생을 한국대학교 학생등록부를 이용해서 표집하는 경우
② 한국대학교 학생을 교문 앞에서 임의로 표집하는 경우
③ 한국대학교 학생을 서울지역 휴대폰 가입자 명부를 이용해서 표집하는 경우
④ 한국대학교의 체육과 학생을 한국대학교 학생등록부를 이용해서 표집하는 경우

해설 한국대학교의 체육과 학생을 한국대학교 학생등록부를 이용해서 표집하는 경우는 표집틀(한국대학교 학생등록부)이 모집단(한국대학교 체육과 학생들)보다 큰 경우이다.

| 정답 | 010 ② 011 ② 012 ④ 013 ① 014 ④

015

A항공사에서 자사의 마일리지 사용자 중 최근 1년 동안 10만 마일 이상 사용자들을 모집단으로 하면서 자사 마일리지 카드 소지자 명단을 표본프레임으로 사용하여 전체에서 표본추출을 할 때의 표본프레임 오류는?　　2020년 1·2회

① 모집단이 표본프레임 내에 포함되는 경우
② 표본프레임이 모집단 내에 포함되는 경우
③ 모집단과 표본프레임의 일부분만이 일치하는 경우
④ 모집단과 표본프레임이 전혀 일치하지 않는 경우

해설 표본프레임은 표본추출을 위한 모집단의 구성요소나 표본추출단위가 수록된 목록으로, 모집단과 표본프레임이 일치하지 않아 발생하는 오류를 표본프레임 오류라고 한다. 표본프레임(자사 마일리지 카드 소지자 명단)이 모집단(최근 1년 동안 10만 마일 이상 사용자들)보다 크면 모집단이 표본프레임 내에 포함되는 오류에 해당한다.

016

다음 사례에 해당하는 표본프레임 오류는?　　2019년 3회

> A보험사에 가입한 고객을 대상으로 만족도 조사를 실시하였다. 조사대상 표본은 A보험사에 최근 1년 동안 가입한 고객 명단으로부터 추출하였다.

① 모집단과 표본프레임이 동일한 경우
② 모집단이 표본프레임에 포함되는 경우
③ 표본프레임이 모집단 내에 포함되는 경우
④ 모집단과 표본틀이 전혀 일치하지 않는 경우

해설 표본프레임(A보험사에 최근 1년 동안 가입한 고객 명단)이 모집단(A보험사에 가입한 고객들)보다 작아 표본프레임이 모집단 내에 포함되는 오류에 해당한다.

017

총 학생수가 2,000명인 학교에서 800명을 표집할 때의 표집률은?　　2018년 1회

① 25%　② 40%
③ 80%　④ 100%

해설 표집률(Sampling Ratio)은 모집단에서 개별 요소가 선택될 비율이며 모집단의 크기에 대한 표본집단의 크기의 비, 즉, '표본의 크기/모집단의 크기'이다. 모집단의 크기가 2,000이고 표본의 크기가 800이므로 표집률은 800/2,000=0.4, 즉 40%이다.

018

통계적 추리와 관련된 분포 중 이론상으로만 존재하는 것은?　　2021년 3회

① 표본분포　② 모집단분포
③ 표집분포　④ 표집틀분포

해설 표집분포(Sampling Distribution)는 통계적 추리와 관련된 분포 중에서 이론상으로만 존재하는 분포로, 동일한 크기의 표본을 반복해서 추출했을 때 각 표본의 통계량의 확률분포를 의미한다.

019

일반적인 표본추출과정의 순서를 바르게 나열한 것은?　　2021년 1회

㉠ 표본추출	㉡ 표본추출방법의 결정
㉢ 모집단의 확정	㉣ 표본프레임의 선정
㉤ 표본크기의 결정	

① ㉡ → ㉣ → ㉢ → ㉤ → ㉠
② ㉢ → ㉣ → ㉡ → ㉤ → ㉠
③ ㉢ → ㉡ → ㉣ → ㉠ → ㉤
④ ㉣ → ㉢ → ㉡ → ㉤ → ㉠

해설 일반적인 표본추출과정은 '모집단의 확정(㉢) → 표본프레임의 선정(㉣) → 표본추출방법의 결정(㉡) → 표본크기의 결정(㉤) → 표본추출(㉠)' 순이다.

020

다음 중 표본추출과정에 해당되지 않는 것은?　　2018년 1회

① 표본프레임 결정
② 조사연구 자금 확보
③ 표집방법 결정
④ 모집단의 결정

해설 표본추출과정은 '모집단의 결정 → 표본프레임 결정 → 표집방법의 결정 → 표본크기의 결정 → 표본추출 실행' 순이다.

| 정답 | 015 ①　016 ③　017 ②　018 ③　019 ②　020 ②

021
다음 중 표본추출과정에서 가장 먼저 해야 할 것은?
2019년 3회

① 모집단의 확정
② 표본크기의 결정
③ 표집프레임의 선정
④ 표본추출방법의 결정

해설 표본추출과정은 '모집단의 확정 → 표집프레임의 선정 → 표본추출방법의 결정 → 표본크기의 결정 → 표본추출 실행' 순이다. 따라서 표본추출과정에서 가장 먼저 해야 할 것은 모집단의 확정이다.

022
연구자가 확률표본을 사용할 것인지, 비확률표본을 사용할 것인지를 결정할 때 고려요인이 아닌 것은?
2020년 1·2회

① 연구목적
② 비용 대 가치
③ 모집단위 수
④ 허용되는 오차의 크기

해설 연구자가 확률표본을 사용할 것인지 비확률표본을 사용할 것인지를 결정할 때 고려해야 하는 요인은 연구목적, 비용 대 가치, 허용되는 오차의 크기 등이다.

023
다음 중 확률표본추출방법을 적용하기 가장 용이한 것은?
2017년 3회

① 실험(Experimentation)
② 현지조사(Field Research)
③ 참여관찰(Participant Observation)
④ 서베이조사(Survey Research)

해설 서베이조사란 모집단을 대상으로 추출된 표본에 대하여 설문지나 조사표와 같은 표준화된 조사도구를 사용해서 직접 질문함으로써 필요한 자료를 수집하는 방법이다. 이는 모집단 전체를 조사대상으로 하는 전수조사가 아닌 표본조사이므로 확률표본추출방법을 적용하기에 가장 용이하다.

024
확률표본추출(Probability Sampling)에서 가장 중요하게 고려해야 할 사항은?
2021년 2회

① 가능한 표본수를 최대로 증가시킨다.
② 표집오차를 완전히 제거하여야 한다.
③ 모든 표집단위는 동등한 표집확률이 보장되어야 한다.
④ 최종표본수의 규모는 모집단의 크기에 비례해서 결정한다.

해설 확률표본추출방법은 연구대상이 표본으로 추출될 확률이 알려져 있을 때 무작위로 표본을 추출하는 방법으로, 모든 표집단위가 뽑힐 확률이 '0'이 아닌 확률을 동등하게 가진다는 것을 전제한다.

025
확률표집(Probability Sampling)에 관한 설명으로 옳은 것은?
2019년 1회

① 표본이 모집단에 대해 갖는 대표성을 추정하기 어렵다.
② 모집단이 무한하게 클 경우에 적용할 수 있는 표집방법이다.
③ 표본의 추출확률을 알 수 있다.
④ 모집단 전체에 대한 구체적 자료가 없는 경우 사용된다.

해설 확률표집은 연구대상이 표본으로 추출될 확률이 알려져 있을 때 무작위로 표본을 추출하는 방법이므로 표본이 추출될 확률을 알 수 있다.
①④ 모집단 전체에 대한 구체적인 자료로부터 표본을 추출하므로 표본이 모집단에 대해 갖는 대표성을 쉽게 추정할 수 있다.

| 정답 | 021 ① 022 ③ 023 ④ 024 ③ 025 ③

026

다음은 비확률표본추출법과 비교한 확률표본추출방법의 특징이다. 맞는 것을 모두 고른 것은?
2021년 2회

┌─────────────────────────────────────┐
│ ㉠ 연구대상이 표본으로 추출될 확률이 알려져 있음
│ ㉡ 표본오차 추정 불가능
│ ㉢ 무작위적 표본추출
│ ㉣ 시간과 비용이 적게 듦
└─────────────────────────────────────┘

① ㉠
② ㉡, ㉣
③ ㉡, ㉢, ㉣
④ ㉠, ㉢

해설 확률표본추출방법은 연구대상이 표본으로 추출될 확률이 알려져 있을 때 무작위로 표본을 추출하는 방법이다.
㉡㉣ 확률표본추출방법은 표본오차를 추정할 수 있다는 장점이 있으나, 비확률표본추출방법에 비해 일반적으로 시간과 비용이 많이 든다.

027

비확률표집에 관한 설명으로 옳은 것을 모두 고른 것은?

┌─────────────────────────────────────┐
│ ㉠ 표집틀이 없는 경우 사용된다.
│ ㉡ 연구자의 편견이 개입될 수 있다.
│ ㉢ 질적 연구에 빈번히 활용되는 방법이다.
│ ㉣ 연구결과를 일반화할 수 있다.
└─────────────────────────────────────┘

① ㉠, ㉡, ㉢
② ㉠, ㉢
③ ㉠, ㉡, ㉢, ㉣
④ ㉣

해설 ㉣ 연구결과를 일반화할 수 있는 것은 확률표집이다.

028

비확률표본추출방법과 비교한 확률표본추출방법에 관한 설명으로 틀린 것은?
2022년 1회

① 비용과 시간이 많이 든다.
② 표본오차 추정이 가능하다.
③ 무작위적 표본추출을 한다.
④ 표본분석결과의 일반화에 제약이 있다.

해설 비확률표본추출방법은 조사자가 주관적으로 표본을 선정하기 때문에 표본분석결과의 일반화에 제약이 있다. 반면, 확률표본추출방법은 표본분석결과의 일반화가 가능하다.

029

확률표본추출법과 비확률표본추출법에 대한 설명으로 틀린 것은?
2018년 3회

① 확률표본추출법은 연구대상이 표본으로 추출될 확률이 알려져 있으며, 비확률표본추출법은 표본으로 추출될 확률이 알려져 있지 않은 경우의 추출법이다.
② 확률표본추출법은 표본분석결과의 일반화가 가능하고 비확률표본추출법은 일반화가 제약된다.
③ 확률표본추출법은 표본오차의 추정이 불가능하고, 비확률표본추출법은 표본오차의 추정이 가능하다.
④ 일반적으로 확률표본추출법은 시간과 비용이 많이 들고, 비확률표본추출법은 시간과 비용이 적게 든다.

해설 확률표본추출법은 표본오차의 추정이 가능하고, 비확률표본추출법은 표본오차의 추정이 불가능하다.

030

다음 중 사회조사에서 비확률표본추출이 많이 사용되는 이유로 가장 적합한 것은?
2018년 2회

① 표본추출오차가 적게 나타난다.
② 모집단에 대한 추정이 용이하다.
③ 표본설계가 용이하고 시간과 비용을 절약할 수 있다.
④ 모집단 본래의 특성과 차이가 나지 않는 결과를 얻을 수 있다.

해설 비확률표본추출방법은 확률표본추출방법에 비해 표본설계가 용이하고 시간·비용을 절약할 수 있어 사회조사에서 널리 사용된다.

| 정답 | 026 ④ 027 ① 028 ④ 029 ③ 030 ③

031
다음 중 표집방법에 관한 설명으로 틀린 것은? 2019년 2회

① 편의표집(Convenience Sampling)은 표본의 대표성을 확보하기 어렵다.
② 할당표집(Quota Sampling)에서는 조사결과의 오차 범위를 계산할 수 있다.
③ 확률표집과 비확률표집의 차이는 무작위표집 절차 사용여부에 의해 결정된다.
④ 층화표집(Stratified Sampling)에서는 모집단이 의미 있는 특징에 의하여 소집단으로 분할된다.

해설 할당표집, 판단표집(유의표집), 편의표집, 눈덩이표집 등은 비확률표집방법으로, 표본의 대표성을 확보하기가 어렵고, 조사결과의 오차 범위를 계산할 수 없다는 단점이 있다.

032
확률표본추출방법만으로 짝지어진 것은? 2018년 2회

㉠ 군집표집(Cluster Sampling)
㉡ 체계적표집(Systematic Sampling)
㉢ 편의표집(Convenience Sampling)
㉣ 할당표집(Quota Sampling)
㉤ 층화표집(Stratified Sampling)
㉥ 눈덩이표집(Snowball Sampling)
㉦ 단순무작위표집(Simple Random Sampling)

① ㉠, ㉡, ㉢, ㉣
② ㉠, ㉣, ㉤, ㉥
③ ㉡, ㉣, ㉥, ㉦
④ ㉠, ㉡, ㉤, ㉦

해설 대표적인 확률표본추출방법으로는 군집표집(집락표집), 체계적표집(계통표집), 층화표집, 단순무작위표집 등이 있으며, 비확률표본추출방법으로는 편의표집, 할당표집, 판단표집(유의표집), 눈덩이표집 등이 있다.

033
다음 중 표본의 대표성이 가장 큰 표본추출방법은? 2021년 1회

① 편의표집
② 판단표집
③ 군집표집
④ 할당표집

해설 표본의 대표성이 큰 표본추출방법은 확률표본추출법이며, 대표적인 확률표본추출방법으로는 군집표집(집락표집), 체계적표집(계통표집), 층화표집, 단순무작위표집 등이 있다. 비확률표본추출방법으로는 편의표집, 할당표집, 판단표집(유의표집), 눈덩이표집 등이 있다.

034
비확률표집방법이 아닌 것은? 2021년 1회

① 편의표집
② 유의표집
③ 집락표집
④ 눈덩이표집

해설 집락표집은 모집단을 여러 가지 이질적인 구성요소를 포함하는 여러 개의 군집(집락) 또는 집단으로 구분한 후 군집을 표집단위로 하여 무작위로 몇 개의 군집을 표본으로 추출한 다음 표본으로 추출된 군집에 대해 그 구성요소를 전수조사 또는 표본조사하는 확률표집방법이다.

035
다음 중 비확률표본추출방법(Non-Probability Sampling)에 해당하지 않는 것은? 2017년 3회

① 불비례층화표본추출법(Disproportionate Stratified Sampling)
② 편의표본추출법(Convenience Sampling)
③ 할당표본추출법(Quota Sampling)
④ 판단표본추출법(Judgmental Sampling)

해설 불비례층화표본추출법은 층화표본추출법의 한 종류로, 확률표본추출의 논리를 적용하면서 필요에 따라 표집률을 달리 하는 표본추출방법이다.

| 정답 | 031 ② 032 ④ 033 ③ 034 ③ 035 ①

036
단순무작위표본추출법에 대한 설명으로 맞는 것은? 2022년 1회

① 비확률표집방법이다.
② 표본이 모집단의 전체에서 추출된다.
③ 난수표 또는 할당표를 이용할 수 있다.
④ 모집단의 평균에 가까운 요소가 평균에 멀리 떨어진 요소보다 표본으로 추출될 확률이 더 크다.

해설 단순무작위표본추출법은 모집단의 각각의 요소 또는 사례들이 표본으로 선택될 가능성이 같은 확률표집방법으로, 표본이 모집단의 전체에서 추출된다.
① 단순무작위표본추출법은 확률표집방법이다.
③ 단순무작위표본추출법은 난수표, 추첨법, 컴퓨터를 이용한 난수의 추출방법 등을 이용하여 표본을 추출할 수 있다. 그러나 연구자가 임의로 만든 할당표집틀을 이용하여 표본을 선정하는 방법은 비확률표본추출방법 중 할당표집이다.
④ 모집단의 평균에 가까운 요소와 평균으로부터 멀리 떨어진 요소 모두 표본으로 추출될 확률이 같다.

037
단순무작위표본추출에 대한 설명으로 옳지 않은 것은? 2019년 3회

① 난수표를 이용하는 표본추출방법이다.
② 모집단을 가장 잘 대표하는 표본추출방법이다.
③ 모집단의 모든 조사단위에 표본으로 뽑힐 기회를 동등하게 부여한다.
④ 모집단의 구성요소를 정확히 파악하여 명부를 작성하여야 한다.

해설 층화표집 시 층화가 잘 이루어지면 단순무작위표집이나 체계적표집보다 불필요한 자료의 분산이 줄어 시간, 노력, 경비를 절약할 수 있고, 적은 표본으로도 모집단을 잘 대표할 수 있다.

038
단순무작위표집에 대한 설명으로 틀린 것은? 2020년 3회

① 표본이 모집단으로부터 추출된다.
② 모든 요소가 동등한 확률을 가지고 추출된다.
③ 구성요소가 바로 표집단위가 되는 것은 아니다.
④ 표집 시 보편적인 방법은 난수표를 사용하는 것이다.

해설 단순무작위표집은 모집단의 모든 개체가 표본으로 추출될 확률이 같으므로 구성요소가 표집단위가 된다.

039
다음 중 단순무작위표집을 통하여 자료를 수집하기 어려운 조사는? 2019년 2회

① 신용카드 이용자의 불편사항
② 조세제도 개혁에 대한 중산층의 찬반 태도
③ 새 입시제도에 대한 고등학생의 찬반 태도
④ 국가기술자격 시험문제에 대한 시험응시자의 만족도

해설 단순무작위표집은 모집단에 대한 정확한 정의와 완전한 표집틀을 구성할 수 있을 때 사용할 수 있다. 조세제도 개혁에 대한 중산층의 찬반 태도를 조사하기 위해 단순무작위표집으로 자료를 수집한다면, 중산층을 정확히 정의할 수 없어 모집단의 구성이 어려울 것이다. 따라서 조세제도 개혁에 대한 중산층의 찬반 태도는 단순무작위표집으로 자료를 수집하기 어려운 조사이다.

| 정답 | **036** ② **037** ② **038** ③ **039** ②

040

일반적으로 표집방법들 간의 표집 효과를 계산할 때 준거가 되는 표집방법은?　　2020년 3회

① 군집표집
② 체계적표집
③ 층화표집
④ 단순무작위표집

해설　단순무작위표집은 가장 기본적인 확률표집으로, 다른 표집방법들 간의 표집 효과를 계산할 때 준거가 된다.

041

다음 표본추출방법 중 표집오차의 추정이 확률적으로 가능한 것은?　　2020년 3회

① 할당표집
② 판단표집
③ 편의표집
④ 단순무작위표집

해설　확률표본추출방법은 표집오차의 추정이 확률적으로 가능하다. 따라서 확률표본추출방법인 단순무작위표집, 체계적표집(계통표집), 층화표집, 군집표집(집락표집) 등은 모두 표집오차의 추정이 확률적으로 가능하다.

042

단순무작위표본추출에 따른 표본평균의 분포가 갖는 특성이 아닌 것은?　　2021년 1회

① 표본평균의 분포는 모집단평균을 중심으로 대칭형이다.
② 표본평균 분포의 평균은 모집단의 평균과 같은 것은 아니다.
③ 큰 표본을 사용할수록 표본평균의 분포는 모집단평균 근처에 집중적으로 나타난다.
④ 표본평균의 분포는 모집단평균 근처가 가장 밀집되어 있고 평균에서 떨어질수록 적어진다.

해설　임의의 모집단으로부터 추출한 표본들의 평균인 표본평균의 분포는 표본의 수가 충분히 크면 근사적으로 표본평균의 평균은 모집단의 평균을 따르게 되며, 분산은 모집단의 분산을 표본의 수로 나눈 값을 따르게 된다. 따라서 표본평균 분포의 평균은 모집단의 평균과 같다.

PLUS　이와 같은 특성을 중심극한정리라고 하며, 3과목에서 중심극한정리에 대해 보다 자세히 학습할 수 있다.

043

모집단에 대한 정보를 담은 명부를 표집틀로 해서 일정한 순서에 따라 표본을 추출하는 표집방법은?　　2017년 2회

① 단순무작위표집(Simple Random Sampling)
② 체계적표집(Systematic Sampling)
③ 유의표집(Purposive Sampling)
④ 층화표집(Stratified Random Sampling)

해설　체계적표집(계통표집)은 모집단을 구성하고 있는 구성요소들이 자연적인 순서 또는 일정한 질서에 따라 배열된 목록에서 매 k번째의 구성요소를 추출하는 확률표집방법이다.

| 정답 | 040 ④　041 ④　042 ②　043 ②

044

모집단을 구성하고 있는 구성요소들이 자연적인 순서 또는 일정한 질서에 따라 배열된 목록에서 매 k번째의 구성요소를 추출하여 표본을 형성하는 표집방법은?

2020년 1·2회

① 체계적표집
② 무작위표집
③ 층화표집
④ 판단표집

해설 체계적표집(계통표집)은 모집단을 구성하고 있는 구성요소들이 자연적인 순서 또는 일정한 질서에 따라 배열된 목록에서 매 k번째의 구성요소를 추출하여 표본을 형성하는 확률표집방법이다. 모집단의 총 수에 대해 요구되는 표본수를 나누어 표집간격(k)을 구하고, 첫 번째 요소를 무작위로 선정하여 최초의 표본으로 삼은 후 일정한 표집간격에 의해 표본을 추출한다.

045

선거예측조사에서 출구조사를 할 경우, 주로 사용되는 표집방법은?

2018년 3회

① 할당표집(Quota Sampling)
② 체계적표집(Systematic Sampling)
③ 군집표집(Cluster Sampling)
④ 층화표집(Stratified Random Sampling)

해설 체계적표집(계통표집)은 선거예측조사를 위한 출구조사, 공장의 불량품 검사를 위해 일정 시간 간격마다 표본을 뽑는 것, 수입품 검사를 위해 운송 중에 일정 시간마다 표본을 뽑는 것 등에서 주로 사용되는 확률표집방법이다.

046

어떤 공정으로부터 제품이 생산되어 나오는 경우 일정 시간 간격마다 하나의 표본을 뽑는다거나, 수입품 검사에 있어서 선창이나 창고에서 표본을 뽑게 되면 내부나 밑에서 표본이 뽑혀지는 것이 어렵기 때문에 운송 중에 일정 시간마다 표본을 뽑는다고 하였을 때, 이에 해당되는 표본추출방법은?

2017년 3회

① 편의표본추출(Convenience Sampling)
② 계통표본추출(Systematic Sampling)
③ 층화표본추출(Stratified Sampling)
④ 눈덩이표본추출(Snowball Sampling)

해설 모집단의 총 수에 대해 요구되는 표본수를 나누어 표집간격(k)을 구하고, 첫 번째 요소를 무작위로 선정하여 최초의 표본으로 삼은 후 일정한 표집간격에 의해 표본을 추출하므로 계통표본추출(체계적표본추출)이다.

047

서울 지역의 전화번호부를 이용하여 최초의 101번째 사례를 임의로 결정한 후 계속 201, 301, 401번째의 순서로 뽑는 표집방법은?

2019년 1회

① 층화표집(Stratified Random Sampling)
② 단순무작위표집(Simple Random Sampling)
③ 계통표집(Systematic Sampling)
④ 편의표집(Convenience Sampling)

해설 계통표집(체계적표집)은 모집단을 구성하고 있는 구성요소들이 자연적인 순서 또는 일정한 질서에 따라 배열된 목록에서 매 k번째의 구성요소를 추출하여 표본을 형성하는 확률표집방법이다.

| 정답 | 044 ① 045 ② 046 ② 047 ③

048

체계적표집에서 집단의 크기가 100만 명이고 표본의 크기가 1,000명일 때, 다음 중 가장 적합한 표집방법은? 2018년 2회

① 먼저 단순무작위로 1,000명을 뽑아 그중에서 편중된 표본은 제거하고, 그것을 대체하는 표본을 다시 뽑는다.
② 최초의 사람을 무작위로 선정한 후 매 k번째 사람을 고른다.
③ 모집단이 너무 크기 때문에 100만 명을 1,000의 집단으로 나누어야 한다.
④ 모집단을 1,000개의 하위집단으로 나누고, 그 하위집단에서 1명씩 고르면 된다.

해설 체계적표집(계통표집)을 이용하여 100만 명으로부터 1,000명 표집 시 표집간격 100만/1,000=1,000을 구하고, 1과 1,000 사이에서 무작위로 한 명의 표본을 선정한 후, 첫 번째 선정된 표본으로부터 매번 1,000번째 사람을 표본으로 선정해야 한다.

049

다음 (　) 안에 들어갈 알맞은 것은? 2020년 3회

체계적표집(계통표집)을 이용하여 5,000명으로 구성된 모집단으로부터 100명의 표본을 구하기 위해서는 먼저 1과 (㉠) 사이에서 무작위로 한 명의 표본을 선정한 후 첫 번째 선정된 표본으로부터 모든 (㉡)번째 표본을 선정한다.

① ㉠ 50, ㉡ 50
② ㉠ 10, ㉡ 50
③ ㉠ 100, ㉡ 50
④ ㉠ 100, ㉡ 100

해설 체계적표집(계통표집)을 이용해 5,000명으로부터 100명 표집 시 표집간격 5,000/100=50을 구하고, 1과 50 사이에서 무작위로 한 명의 표본을 선정한 후, 첫 번째 선정된 표본으로부터 모든 50번째 표본을 선정해야 한다.

050

체계적표집(Systematic Sampling)에 대한 옳은 설명을 모두 고른 것은? 2017년 1회

㉠ 체계적 오차의 개입 가능성이 있다.
㉡ 모집단에서 무작위표집 이후 k번째마다 표본을 추출한다.
㉢ 추출간격이 되는 k는 모집단의 크기를 표본의 크기로 나눈 값이다.
㉣ 모집단의 배열이 주기성을 보일 때는 중대한 오류를 범할 수 있다.

① ㉠, ㉡
② ㉠, ㉡, ㉢
③ ㉢, ㉣
④ ㉠, ㉡, ㉢, ㉣

해설 모두 체계적표집에 대한 옳은 설명이다.

051

계통표집(Systematic Sampling)에 관한 설명으로 가장 거리가 먼 것은? 2021년 1회

① 각 층위별 정보를 얻을 수 있다.
② 단순무작위표집의 대용으로 사용될 수 있다.
③ 표집틀에 주기성이 없는 경우 모집단을 잘 반영할 수 있다.
④ 최초의 표본집단을 무작위로 선정한 다음에 k번째마다 표본을 추출하는 것을 의미한다.

해설 각 층위별 정보를 얻을 수 있는 표집방법은 층화표집이다. 층화표집은 모집단을 동질적인 몇 개의 층(Strata)으로 나눈 후 각 층으로부터 단순무작위표본추출을 하는 확률추출방법이다.

| 정답 | 048 ② 049 ① 050 ④ 051 ①

052
층화표집(Stratified Random Sampling)에 대한 설명으로 틀린 것은? 2019년 1회

① 중요한 집단을 빼지 않고 표본에 포함시킬 수 있다.
② 동질적 대상은 표본의 수를 줄이더라도 정확도를 제고할 수 있다.
③ 단순무작위표본추출보다 시간, 노력, 경비를 절약할 수 있다.
④ 층화 시 모집단에 대한 지식이 없어도 된다.

해설 층화표집은 층화를 위해 모집단에 대한 지식과 모집단의 각 층별에 대한 정확한 정보가 필요하며, 정확한 모집단 목록을 만들어 표본을 추출하는 과정에 더 많은 시간·비용·노력이 요구된다. 그러나 층화가 잘 이루어지면 단순무작위표집 또는 체계적표집보다 불필요한 자료의 분산이 줄어 시간·비용·노력을 절약할 수 있고, 적은 표본으로도 모집단을 대표할 수 있다는 장점이 있다. 특히, 중요한 집단을 표본에 포함시킬 수 있고, 동질적 대상은 표본의 수를 줄이더라도 표본의 대표성을 높일 수 있다.

053
층화표본추출방법에 관한 설명으로 틀린 것은? 2021년 1회

① 확률표본추출방법 중 시간, 비용 및 노력을 가장 절약할 수 있다.
② 무작위로 표본을 추출할 때보다 표본의 대표성을 높일 수 있는 방법이다.
③ 각 소집단에서 뽑는 표본 수에 따라 비례·불비례층화 추출방법으로 나뉜다.
④ 모집단을 특정한 기준에 따라 서로 상이한 소집단으로 나누고 이들 각각의 소집단들로부터 빈도에 따라 적절한 일정수의 표본을 무작위로 추출하는 방법이다.

해설 층화표본추출방법은 층화를 위해 모집단에 대한 지식과 모집단의 각 층별에 대한 정확한 정보가 필요하며, 정확한 모집단 목록을 만들어 표본을 추출해야 하므로 더 많은 시간·비용·노력이 요구된다.

054
층화표집의 단점이 아닌 것은? 2021년 3회

① 집락이 모집단을 대표하지 못할 수가 있다.
② 표본추출과정에 비용이나 시간이 많이 든다.
③ 표본추출 이전에 모집단에 대한 지식이 필요하다.
④ 발생률이 낮은 경우 표본을 찾아내기가 어려울 수 있다.

해설 집락이 모집단을 대표하지 못할 가능성이 있는 표집방법은 집락표집(군집표집)이다. 집락표집은 집락이 모집단을 대표하지 못할 수 있으며, 특정 집락의 특성을 과대 또는 과소 표현할 위험이 있다. 반면 층화표집은 모집단을 형성하고 있는 모든 구성 요인을 골고루 포함시킬 수 있다는 장점이 있다. 층화가 잘 이루어지면 단순무작위표집 또는 체계적표집보다 불필요한 자료의 분산이 줄어 시간·비용을 절약할 수 있고, 적은 표본으로 모집단을 대표할 수 있다.

PLUS 층화표집의 단점
- 층화를 위해 모집단에 대한 지식과 모집단의 각 층별에 대한 정확한 정보가 필요하다.
- 정확한 모집단 목록을 만들어 표본을 추출하는 과정에 더 많은 시간·노력·경비가 요구된다.
- 발생률이 낮은 경우 표본을 찾아내기가 어려울 수 있다.

055
대학생을 대상으로 여론조사를 할 때, 모집단 학생들의 학년별 구성을 가장 잘 반영할 수 있는 표집방법은? 2017년 1회

① 계통표집(Systematic Sampling)
② 층화표집(Stratified Random Sampling)
③ 단순무작위표집(Simple Random Sampling)
④ 눈덩이표집(Snowball Sampling)

해설 이 조사를 위해 모집단 대학생들을 1학년, 2학년, 3학년, 4학년으로 층을 정하고 각 층이 정하는 비례에 따라 각 층의 크기를 할당하여 대학생을 추출할 수 있으므로, 층화표집이 이 조사의 의도를 가장 잘 반영할 수 있는 표집방법이라고 할 수 있다.

| 정답 | 052 ④　053 ①　054 ①　055 ②

056

A대학에서 학생들을 대상으로 사회조사를 할 때, 전체 학생들의 전공별 분포와 표본에 추출된 학생들의 전공별 분포가 일치하도록 표본추출을 하고 싶을 때 가장 적합한 방법은?

2017년 2회

① 층화표집(Stratified Random Sampling)
② 체계적표집(Systematic Sampling)
③ 군집표집(Cluster Sampling)
④ 유의표집(Purposive Sampling)

해설 A대학 전체 학생들의 전공을 층으로 정하고 각 층이 정하는 비례에 따라 각 층의 크기를 할당하여 대학생을 추출할 수 있으므로, 층화표집이 이 조사의 의도를 가장 잘 반영하는 표집방법이라고 할 수 있다.

057

A대학 경상학부의 학생들을 대상으로 학과만족도를 조사하려고 한다. 남학생이 800명, 여학생 200명일 때 층화를 성별에 따라 남자 80%, 여자 20%가 되게 표집하는 방법은?

2020년 4회

① 비례층화표집
② 단순무작위표집
③ 할당표집
④ 집락표집

해설 비례층화표집은 층화표집의 한 종류로, 각 층이 정하는 비례에 따라 각 층의 크기를 할당하여 추출하는 방법이다. A대학 경상학부의 학생들을 대상으로 학과만족도를 조사하기 위해 남학생(800명)과 여학생(200명)을 층으로 정하면, 남학생 80%, 여학생 20%가 되도록 표본을 추출한다.

058

확률표집의 논리를 적용하면서, 필요에 따라 표집률을 달리 하는 표집방법은?

2021년 3회

① 층화표집
② 계통표집
③ 집락표집
④ 가중표집

해설 확률표본추출의 논리를 적용하면서 필요에 따라 표집률을 달리 하는 표집방법은 층화표집 중에서 비비례층화표집(불비례층화표집)으로, 가중표집이라고도 한다.

059

다음 상황에 가장 적절한 표집방법은?

2021년 2회

국내에 거주하는 탈북자가 약 900명에 이른다고 가정할 때 이들 탈북자와 일반 시민을 각각 200명씩 확률표집하여 통일에 대한 태도를 비교하려고 한다.

① 가중표집
② 층화표집
③ 집락표집
④ 단순무작위표집

해설 각 층의 크기와 상관없이 탈북자와 일반시민으로부터 각기 200명씩 표본을 추출하는 것이므로 층화표집 중에서 불비례층화표집(가중표집)을 적용한 것이다.

060

다음 중 비비례층화표집(Disproportionate Stratified Sampling)이 가장 적합한 경우는?

2020년 4회

① 미국시민권자의 민족적(Ethnic) 특성을 비교하고 싶을 때
② 유권자 지지율 조사 시 모집단의 주거형태별 구성비율을 정확히 반영하고 싶을 때
③ 연구자의 편의에 따라 표본을 추출하고 싶을 때
④ 대규모 조사에서 최종 표집단위와는 다른 군집별로 1차 표집하고 싶을 때

해설 확률표본추출의 논리를 적용하면서 필요에 따라 표집률을 달리 하는 표집방법은 층화표집 중에서 비비례층화표집(불비례층화표집)이다. 비비례층화표집은 모집단의 특성보다 각 층이 대표하는 부분집단의 특성을 보고자 할 때 많이 사용된다. 미국시민권자의 민족적 특성을 비교할 때, 미국은 다민족이므로 유럽계, 히스패닉계, 아시아계, 중동계, 미국원주민, 그 외 등으로 층을 구분할 수 있으며, 각 층의 비율이 모두 다르므로 비비례층화표집이 가장 적합하다.

| 정답 | 056 ① 057 ① 058 ④ 059 ① 060 ①

061

다음 ( )에 알맞은 것은?　　　　　　　　2022년 1회

> 군집표집(Cluster Sampling)에서 표집된 군집들은 가능한 군집 간에는 (㉠)이고 군집 속에 포함한 표본요소 간에는 (㉡)이 어야 한다.

① ㉠ 동질적, ㉡ 동질적
② ㉠ 동질적, ㉡ 이질적
③ ㉠ 이질적, ㉡ 동질적
④ ㉠ 이질적, ㉡ 이질적

해설 군집표집(집락표집)은 모집단을 여러 가지 이질적인 구성요소를 포함하는 여러 개의 군집(집락)으로 구분한 후 군집을 표집단위로 하여 무작위로 몇 개의 군집을 표본으로 추출한 다음, 표본으로 추출된 군집의 구성요소를 전수조사 또는 표본조사하는 확률추출방법이다. 따라서 군집 간 동질적, 군집 내 이질적인 특성을 보인다.

062

다음에서 사용한 표집방법은?　　　　　　　　2020년 3회

> 580개 초등학교 모집단에서 5개 학교를 임의표집하였다. 선택된 학교마다 2개씩의 학급을 임의선택하고, 또 선택된 학급마다 5명씩의 학생들을 임의선택하여 학생들이 학원에 다니는지 조사하였다.

① 단순무작위표집　　② 층화표집
③ 군집표집　　　　　④ 할당표집

해설 군집표집(집락표집)을 적용할 때 2단계 이상의 군집표집을 거쳐 최종적인 조사단위를 선정할 수 있다. 초등학교 학생들이 학원에 다니는지에 관한 조사에서 1단계로 전국의 초등학교 모집단에서 무작위로 학교를 추출하고, 2단계로 선택된 학교마다 학급을 추출한 다음, 선택된 학급 학생들의 명단을 표집틀로 활용하여 각 학급마다 학생들을 무작위로 선정할 수 있다.

063

군집표본추출법(Cluster Sampling)에 관한 설명으로 옳지 않은 것은?　　　　　　　　2019년 3회

① 소집단을 이용하여 표본을 추출하는 방식이다.
② 전체 모집단의 목록이 없는 경우에 매우 유용하다.
③ 단순무작위표본추출법에 비해서 시간과 비용 면에서 효율적이다.
④ 군집단계의 수가 많을수록 표본오차(Sampling Error)가 작아지게 된다.

해설 군집표본추출법(집락표본추출법)은 군집단계의 수가 많으면 세분화 과정에서 표본오차가 발생할 가능성이 커지는 단점이 있다.

064

군집표집(Cluster Sampling)의 특성으로 옳지 않은 것은?　　　　　　　　2020년 4회

① 대규모 조사에서 경제적으로 효율적이다.
② 일반적으로 다단계를 통하여 표집이 이루어진다.
③ 층화표집에 비하여 일반적으로 통계적 효율성이 높다.
④ 목표모집단의 구성요소들을 총망라한 목록을 수집하기가 현실적으로 어려울 경우에 사용될 수 있다.

해설 군집표집은 동일한 크기의 표본일 경우 단순무작위표집이나 층화표집보다 표집오차가 크므로 통계적 효율성이 높다고 할 수 없다.

| 정답 | 061 ② 062 ③ 063 ④ 064 ③

065
군집표집(Cluster Sampling)에 대한 설명으로 틀린 것은? 2021년 2회

① 군집이 동질적이면 오차의 가능성이 낮다.
② 전체 모집단의 목록표를 작성하지 않아도 된다.
③ 단순무작위표집에 비해 시간과 비용을 절약할 수 있다.
④ 특정 집단의 특성을 과대 혹은 과소하게 나타낼 위험이 있다.

해설 군집표집에서 군집이 동질적이면 오차의 개입가능성이 높고 표집오차를 측정하기 어렵다.

066
층화표집과 군집표집에 관한 설명으로 옳은 것은? 2020년 4회

① 층화표집은 모든 부분집단에서 표본을 선정한다.
② 군집표집은 모집단을 하나의 집단으로만 분류한다.
③ 군집표집은 부분집단 내에 동질적인 요소로 이루어진다고 전제한다.
④ 층화표집은 부분집단 간에 동질적인 요소로 이루어진다고 전제한다.

해설 ① 층화표집은 모집단을 중복되지 않도록 몇 개의 층으로 나눈 후 각 층으로부터 단순무작위표집을 하는 확률표집방법이므로 모든 부분집단에서 표본을 선정한다.
② 군집표집은 여러 단계의 군집표집을 거쳐 최종적인 조사단위를 선정할 수 있으므로 여러 개의 집단으로도 분류할 수 있다.
③ 군집표집은 부분집단 내에 이질적인 요소로 이루어진다고 전제한다.
④ 층화표집은 부분집단 간에 이질적인 요소로 이루어진다고 전제한다.

067
층화무작위표본추출법과 군집표본추출법에 대한 설명으로 틀린 것은? 2017년 3회

① 확률표본추출법이다.
② 모집단의 모든 요소가 추출될 확률이 동일하다.
③ 표본추출의 단위가 모집단의 요소이다.
④ 군집표본추출법은 층화무작위표본추출법과는 달리 가급적이면 군집을 이질적인 요소로 구성한다.

해설 층화표본추출법에서는 층화가 표본추출단위이고, 군집표본추출법에서는 군집이 표본추출단위이므로 두 표본추출법은 표본추출의 단위가 부분집단이다.
①② 층화무작위표본추출법과 군집표본추출법은 확률표본추출법이므로 모집단의 모든 요소가 추출될 확률이 동일하다.
④ 군집표본추출법은 군집 내 이질적, 군집 간 동질적인 특성을 보인다.

068
다음 중 군집표집의 추정 효율이 가장 높은 경우는? 2021년 1회

① 집락 간 평균이 서로 다른 경우
② 각 집락이 모집단의 축소판일 경우
③ 각 집락 내 관측값들이 비슷할 경우
④ 각 집락마다 집락들의 특성이 서로 다른 경우

해설 군집표집에서 각 집락(군집)이 모집단의 성격을 충분히 반영할수록 모집단을 잘 추정하게 되므로 각 집락이 모집단의 축소판일 경우 추정의 효율이 높아진다.

069
다음 중 일정한 특성을 지니는 모집단의 구성비율에 일치하도록 표본을 추출함으로써 모집단을 대표할 수 있는 표집방법은? 2018년 1회

① 할당표집(Quota Sampling)
② 눈덩이표집(Snowball Sampling)
③ 유의표집(Purposive Sampling)
④ 편의표집(Convenience Sampling)

해설 할당표집은 표본의 하위집단 분포를 의도적으로 정하여 표본을 임의로 추출하는 비확률표집방법으로, 일정한 특성을 지니는 모집단의 구성비율에 일치하도록 표본을 추출한다.

| 정답 | 065 ① 066 ① 067 ③ 068 ② 069 ①

070

다음 사례에 해당하는 표집방법은?

> 서울의 지역사회복지관에 근무하는 종사자의 직무 만족도를 조사하기 위하여 설문조사를 실시하였다. 표본은 서울시 각 구별 복지관 종사자 비율에 따라 결정된 인원수를 작위적으로 모집하였다.

① 군집표집
② 할당표집
③ 눈덩이표집
④ 비비례층화표집

해설 비율에 따라 결정된 인원수를 작위적으로 모집하였으므로 할당표집이다. 할당표집은 표본의 하위집단 분포를 의도적으로 정하여 표본을 임의로 추출하는 비확률표본추출방법으로, 특정 변수를 중심으로 모집단을 일정한 범주로 나눈 다음, 집단별로 필요한 대상을 사전에 정해진 비율로 추출한다.

071

인구통계학적, 경제적, 사회·문화·자연 요인 등의 분류 기준에 따라 전체 표본을 여러 집단으로 구분하고 집단별로 필요한 대상을 사전에 정해진 크기만큼 추출하는 표본추출 방법은?   2022년 1회

① 할당표본추출법(Quota Sampling)
② 편의표본추출법(Convenience Sampling)
③ 층화표본추출법(Stratified Random Sampling)
④ 단순무작위표본추출법(Simple Random Sampling)

해설 할당표본추출법은 표본의 하위집단 분포를 의도적으로 정하여 표본을 임의로 추출하는 비확률표본추출법으로, 일정한 특성을 지니는 모집단의 구성비율에 일치하도록 표본을 추출한다.

072

무작위표집과 비교할 때 할당표집(Quota Sampling)의 장점이 아닌 것은?   2021년 1회

① 비용이 적게 든다.
② 표본오차가 적을 가능성이 높다.
③ 신속한 결과를 원할 때 사용 가능하다.
④ 각 집단을 적절히 대표하게 하는 층화의 효과가 있다.

해설 할당표집은 비확률표집이므로 확률표집인 무작위표집과 비교했을 때 표본오차가 클 가능성이 높다.

PLUS 할당표집의 장점
• 모집단에 대한 명확한 표집틀이 없어도 사용할 수 있다.
• 같은 크기의 무작위표본추출보다 적은 비용으로 표본을 추출할 수 있다.
• 모집단을 구성하고 있는 각 계층을 골고루 대표하도록 구성할 수 있어 표본의 대표성이 비교적 높다.
• 신속한 결과를 원할 때 사용이 가능하다.

073

할당표집(Quota Sampling)의 문제점과 가장 거리가 먼 것은?   2017년 2회

① 조사자들이 조사하기 쉬운 사례들을 선택하는 경향이 있다.
② 조사과정에서 조사자의 편견이 개입될 여지가 충분히 있다.
③ 확률표집이 아니기 때문에 특정 할당표집의 정확성을 평가하는 것은 어렵다.
④ 확률표집에 비해서 시간과 경비가 많이 드는 편이다.

해설 할당표집은 같은 크기의 확률표집보다 적은 시간과 비용으로 표본을 추출할 수 있다는 장점이 있다.

PLUS 할당표집의 단점
• 조사과정에서 조사자의 편견이 개입될 가능성이 높다.
• 무작위성을 보장하는 수단이 없으므로 결과의 일반화가 어렵다.
• 조사자가 조사하기 쉬운 사례들을 선택하는 경향이 있다.
• 확률표본추출이 아니기 때문에 할당표집의 정확성을 평가하는 것이 어렵다.
• 모집단에 대한 지식이 부족하여 이론적으로 의미가 있는 관련 변수를 통제하기가 어렵다.
• 각 범주에 할당된 응답자의 비율이 정확해야 하고 모집단의 구성비율은 최신의 것이어야 한다.

| 정답 | 070 ② 071 ① 072 ② 073 ④

074

특정 지역 전체인구의 1/4은 A구역에, 3/4은 B구역에 분포되어 있고, A, B 두 구역의 인구 중 60%가 고졸자이고 40%가 대졸자라고 가정한다. 이들 A, B 두 구역의 할당표본 표집의 크기를 1,000명으로 제한한다면, A지역의 고졸자와 대졸자는 각각 몇 명씩 조사해야 하는가? 2018년 2회

① 고졸자 100명, 대졸자 150명
② 고졸자 150명, 대졸자 100명
③ 고졸자 450명, 대졸자 300명
④ 고졸자 300명, 대졸자 450명

해설 조건에 맞추어 할당표본표집의 크기를 정리하면 다음과 같다.

구분	A구역	B구역	합계
고졸	150	450	600
대졸	100	300	400
합계	250	750	1,000

따라서 고졸자 150명, 대졸자 100명을 조사해야 한다.

075

전국 단위 여론조사를 하기 위해 16개 시·도와 20대부터 60대 이상까지의 5개 연령층, 그리고 연령층에 따른 성별로 할당표집을 할 때 표본추출을 위한 할당범주는 몇 개인가? 2019년 3회

① 10개   ② 32개
③ 80개   ④ 160개

해설 할당범주는 '(16개 시·도)×(5개 연령층)×(성별 2)=160개'이다.

076

우리나라 고등학생 집단을 학년과 성별, 계열별(인문계, 자연계, 예체능계)로 구분하여 할당표본추출을 할 경우, 총 몇 개의 범주로 구분되는가? 2019년 2회

① 6개   ② 12개
③ 18개   ④ 24개

해설 할당범주는 '(3개 학년)×(성별 2)×(3개 계열)=18개'이다.

077

4년제 대학교 대학생 집단을 학년과 성별, 단과대학(인문사회, 자연, 예체능, 기타)으로 구분하여 할당표집할 경우, 할당표는 총 몇 개의 범주로 구분되는가? 2020년 1·2회

① 4   ② 24
③ 32   ④ 48

해설 할당범주는 '(4개 학년)×(성별 2)×(4개 계열)=32개'이다.

078

다음은 어떤 표집방법에 관한 설명인가? 2020년 1·2회

- 조사문제를 잘 알고 있거나 모집단의 의견을 효과적으로 반영할 수 있을 것으로 판단되는 특정 집단을 표본으로 선정하여 조사하는 방법
- 예를 들어, 휴대폰로밍서비스에 대한 전문 지식을 가진 표본을 임의로 선정하는 경우

① 편의표집   ② 판단표집
③ 할당표집   ④ 층화표집

해설 판단표집(유의표집)에 대한 설명이다. 판단표집은 조사자가 연구목적의 달성에 도움이 되는 구성요소를 의도적으로 추출하는 비확률표집방법이다.

| 정답 | 074 ② 075 ④ 076 ③ 077 ③ 078 ②

079
다음 사례에서 사용한 표집방법은? 2020년 3회

> 앞으로 10년간 우리나라의 경제상황을 예측하기 위하여, 경제학 전공교수 100명에게 설문조사를 실시하였다.

① 할당표집 ② 판단표집
③ 편의표집 ④ 눈덩이표집

해설 우리나라의 경제상황 예측이라는 특정한 연구목적의 달성에 도움이 되는 경제학 전공교수 100명을 의도적으로 추출하여 설문조사를 실시해야 하므로 판단표집을 활용해야 한다.

080
판단표집(Judgmental Sampling)에 대한 설명으로 가장 거리가 먼 것은? 2019년 2회

① 비확률표본추출법에 해당한다.
② 연구자의 주관적인 판단에 의한 표집이다.
③ 모집단이 크면 클수록 연구자가 표본에 대한 정확한 정보를 얻기 쉽다.
④ 연구자가 모집단과 그 구성요소에 대한 풍부한 사전지식을 갖고 있어야 한다.

해설 판단표집은 조사자가 연구목적의 달성에 도움이 되는 구성요소를 의도적으로 추출하는 비확률표본추출법으로, 연구자의 주관적인 판단에 의한 표집이다. 따라서 연구자가 모집단과 그 구성요소에 대한 풍부한 사전지식을 갖고 있어야 하며, 모집단이 커질수록 조사자가 표본에 대한 정확한 정보를 얻기 힘들어진다는 단점이 있다.

081
판단표본추출법(Judgemental Sampling)에 대한 설명으로 옳지 않은 것은? 2019년 3회

① 선정된 표본이 모집단을 적절히 대표하지 못할 경우에 효과적이다.
② 모집단에 대한 조사자의 사전지식을 바탕으로 표본을 추출하는 방법이다.
③ 모집단이 커질수록 조사자가 표본에 대한 정확한 정보를 얻기 힘들어진다.
④ 조사자의 개입의 한계가 있어 주관이 배제되며 결과의 일반화가 용이하다.

해설 판단표본추출법은 조사자의 주관이 개입되므로 결과의 일반화가 어렵다는 단점이 있다.

082
어느 커피 매장에서 그 매장에 오는 고객들을 대상으로 제품 선호도 설문조사를 실시하여 신상품을 개발한 경우, 설문조사 표본을 구성하는 과정에 해당하는 표집방법은? 2020년 1·2회

① 군집표집 ② 판단표집
③ 편의표집 ④ 할당표집

해설 특정 커피 매장에 오는 고객들을 대상으로 제품선호도를 설문조사하기 위해 의도적으로 고객들을 표집해야 하므로, 조사자가 연구목적의 달성에 도움이 되는 구성요소를 의도적으로 추출하는 편의표집을 활용해야 한다.

083
편의표본추출(Convenience Sampling)에 관한 설명과 가장 거리가 먼 것은? 2021년 2회

① 모집단에 대한 정보가 전혀 없는 경우에 사용된다.
② 표본의 크기를 확대하여 모집단의 대표성 문제를 해결할 수 있다.
③ 편의표본추출로 수집된 자료라 할지라도 유용한 정보를 제공할 수 있다.
④ 편의표본추출에 의해 얻어진 표본에 대해서는 표준오차 추정치를 부여할 수 없다.

해설 편의표본추출은 조사자가 손쉽게 이용 가능한 대상만을 선택하여 표본으로 추출하는 비확률표본추출방법이다. 따라서 표본을 많이 추출한다고 해도 표본이 모집단을 대표한다고 할 수 없다.

084
오후 2시부터 4시 사이 서울 강남역을 지나는 행인들 중 접근이 쉬운 사람을 대상으로 신제품에 대한 의견을 물어보는 경우 이에 해당하는 표집방법은? 2020년 4회

① 판단표집 ② 편의표집
③ 층화표집 ④ 군집표집

해설 편의표집은 조사자가 손쉽게 이용 가능한 대상만을 선택하여 표본으로 추출하는 비확률표집방법이다. 오후 2시부터 4시 사이 서울 강남역을 지나는 행인들 중 접근이 쉬운 사람을 대상으로 신제품에 대한 의견을 물어본다면 편의표집을 이용한 것이다.

| 정답 | 079 ② 080 ③ 081 ④ 082 ③ 083 ② 084 ②

085

표집대상이 되는 소수의 응답자들을 찾아내어 면접하고, 이들을 정보원으로 다른 응답자를 소개받는 절차를 반복하는 표집방법은?
2022년 1회

① 할당표집　　② 판단표집
③ 편의표집　　④ 눈덩이표집

해설 눈덩이표집은 소규모의 응답자를 조사하고, 그 응답자를 통해 비슷한 속성을 가진 다른 응답자를 소개받는 방법으로 응답자를 확보하는 비확률표집방법이다.

086

다음 중 불법 체류자처럼 일반적으로 쉽게 접근하기 힘든 집단을 대상으로 설문조사를 할 때 가장 적합한 표본추출방법은?
2018년 2회

① 눈덩이표본추출(Snowball Sampling)
② 편의표본추출(Convenience Sampling)
③ 판단표본추출(Judgment Sampling)
④ 할당표본추출(Quota Sampling)

해설 눈덩이표본추출은 표본이 되는 소수의 응답자를 찾아내어 면접하고, 이들을 정보원으로 다른 응답자를 소개받아 표본을 늘려가는 과정을 반복하면서 마치 눈덩이를 굴리듯이 표본을 누적한다. 따라서 불법 체류자처럼 일반적으로 쉽게 접근하기 힘든 집단을 대상으로 설문조사를 할 때 가장 적합하다.

087

다음 사례의 표본추출방법은?
2021년 3회

> 불법체류 이주노동자의 취업 실태를 조사하려는 경우, 모집단을 찾을 수 없어 일상적인 표집 절차로는 조사수행이 어려웠다. 그래서 첫 단계에서는 종교단체를 통해 소수의 응답자를 찾아 면접하고, 다음 단계에서는 첫 번째 응답자의 소개로 면접조사하였으며, 계속 다음 단계의 면접자를 소개받는 방식으로 표본수를 충족시켰다.

① 할당표집(Quota Sampling)
② 군집표집(Cluster Sampling)
③ 눈덩이표집(Snowball Sampling)
④ 편의표집(Convenience Sampling)

해설 제시된 사례는 눈덩이표집에 해당한다. 눈덩이표집은 소규모의 응답자를 조사하고, 그 응답자를 통해 비슷한 속성을 가진 다른 응답자를 소개받는 방법으로 응답자를 확보하는 비확률표집방법이다.

088

눈덩이표본추출(Snowball Sampling)에 관한 옳은 설명을 모두 고른 것은?
2021년 2회

> ㉠ 모집단을 파악하기 어려운 대상의 표본추출에 적합하다.
> ㉡ 표본의 대표성을 확보하기 어렵다.
> ㉢ 연결망을 가진 사람들의 특성을 파악할 때 적절한 방법이다.

① ㉠, ㉡　　② ㉡, ㉢
③ ㉠, ㉢　　④ ㉠, ㉡, ㉢

해설 눈덩이표본추출법은 소규모의 응답자를 조사하고 그 응답자를 통해 비슷한 속성을 가진 다른 응답자를 소개받는 방법(㉢)으로 응답자를 확보하므로 모집단을 파악하기 어려운 대상의 표본추출에 적합(㉠)하다. 하지만 눈덩이표본추출은 비확률표본추출법으로 표본의 대표성을 확보하기 어렵다(㉡)는 단점이 있다.

| 정답 | 085 ④　086 ①　087 ③　088 ④

089
표집오차(Sampling Error)에 대한 설명으로 틀린 것은?
2021년 1회

① 표본의 크기가 클수록 표집오차는 작아진다.
② 표본의 분산이 작을수록 표집오차는 작아진다.
③ 표집오차란 통계량들이 모수 주위에 분산되어 있는 정도를 의미한다.
④ 표본의 크기가 같을 때 단순무작위표집보다 집락표집에서 표집오차가 작다.

해설 표본의 크기가 같을 때 표집오차는 '집락표집>단순무작위표집>층화표집' 순으로 발생한다. 즉, 단순무작위표집의 표집오차보다 집락표집의 표집오차가 크다.

090
표집오차(Sampling Error)에 대한 일반적인 설명으로 틀린 것은?
2018년 1회

① 일반적으로 표본의 크기가 클수록 표집오차는 작아진다.
② 일반적으로 표본의 분산이 작을수록 표집오차는 작아진다.
③ 표본의 크기가 같을 경우 할당표집에서보다 층화표집의 경우 표집오차가 더 크다.
④ 표본의 크기가 같을 경우 단순무작위표집에서보다 집락표집의 경우 표집오차가 더 크다.

해설 층화표집은 확률표집방법이며, 할당표집은 비확률표집방법이다. 비확률표집방법은 표집오차를 추정할 수 없다.

091
모집단에 대한 대표성과 표본오차의 수준을 동일하게 하고 싶을 때, 표본추출방법 중 표본의 크기가 상대적으로 커야 하는 방법부터 작아도 되는 방법의 순서로 맞는 것은?
2021년 2회

① 층화표본추출 > 군집표본추출 > 단순무작위표본추출
② 층화표본추출 > 단순무작위표본추출 > 군집표본추출
③ 단순무작위표본추출 > 군집표본추출 > 층화표본추출
④ 군집표본추출 > 단순무작위표본추출 > 층화표본추출

해설 표본의 크기가 같을 때 표집오차는 '군집표본추출>단순무작위표본추출>층화표본추출' 순이다. 따라서 모집단에 대한 대표성과 표본오차의 수준을 동일하게 하고 싶다면, '군집표본추출>단순무작위표본추출>층화표본추출' 순으로 표본의 크기가 상대적으로 작아야 한다.

092
표본오차(Sampling Error)에 관한 설명으로 옳은 것은?
2018년 2회

① 표본의 크기가 커지면 늘어난다.
② 모집단과 표본의 차이에 의해 발생하는 오류를 말한다.
③ 조사연구의 모든 과정에서 확산되어 발생한다.
④ 조사원의 훈련부족으로 인해 각기 다른 성격의 자료가 수집되는 경우에 발생한다.

해설 ① 표본의 크기가 커지면 표본오차는 줄어든다.
③ 표본오차는 조사연구의 표집과정에서 발생한다. 조사연구의 모든 과정에서 확산되어 발생하는 오차는 비표본오차이다.
④ 조사원의 훈련부족으로 인해 각기 다른 성격의 자료가 수집되는 경우에 발생하는 오차는 비표본오차이다.

093
표집오차를 줄이기 위한 방법으로 가장 거리가 먼 것은?
2021년 2회

① 가능한 표본크기를 크게 한다.
② 조사자의 주관적 해석을 삼가한다.
③ 가능한 표본으로 추출될 동등한 기회를 부여한다.
④ 동질적인 모집단은 이질적 모집단보다 오차를 줄일 수 있다.

해설 조사자의 주관적 해석을 삼가하는 것은 비표집오차를 줄이는 방법이다.

| 정답 | 089 ④ 090 ③ 091 ④ 092 ② 093 ②

094

모집단이 충분히 큰 경우 표집오차에 가장 작게 영향을 주는 요인은? 2021년 2회

① 표본률
② 표본의 크기
③ 표집방법
④ 분산의 크기

해설 표본오차(표집오차)에 영향을 미치는 요인으로는 모집단의 특성, 표본추출방법, 관심 추정량, 표본크기, 모집단의 분산의 크기, 응답률 등이 있다.

PLUS 표본오차에 영향을 미치는 요인
- 모집단 분산이 크다면 표본의 분산도 클 가능성이 높기 때문에 표본오차가 커진다.
- 표본크기가 커지면 표본오차는 작아진다.
- 표본추출방법을 어떤 방법을 사용하는지에 따라 표본오차가 달라진다.

095

비표본오차의 원인으로 가장 거리가 먼 것은? 2022년 1회

① 조사자의 오류
② 표본선정의 오류
③ 조사설계상의 오류
④ 조사표 작성의 오류

해설 비표본오차(비표집오차)는 표본추출(선정)과 관계없이 발생하는 오차로, 조사준비과정, 실제 조사, 자료 집계, 자료처리과정 등에서 발생한다. 표본선정의 오류는 표본오차의 원인이다.

096

불포함 오류에 관한 설명으로 맞는 것은? 2021년 3회

① 표본조사를 할 때 표본체계가 완전하지 않아서 발생하는 오류이다.
② 표본추출과정에서 선정된 표본 중 일부가 연결이 되지 않거나 응답을 거부했을 때 생기는 오류이다.
③ 면접이나 관찰과정에서 응답자나 조사자 자체의 특성에서 생기는 오류와 양자 간의 상호관계에서 생기는 오류이다.
④ 정확한 응답이나 행동을 한 결과를 조사자가 잘못 기록하거나 기록된 설문지나 면접지가 분석을 위하여 처리되는 과정에서 틀려지는 오류이다.

해설 ② 무응답 오류이다.
③ 조사현장에서의 오류이다.
④ 자료기록 및 처리상의 오류이다.

097

표본추출오차와 비표본추출오차에 관한 설명으로 틀린 것은? 2021년 2회

① 표본추출오차의 크기는 표본크기의 제곱근에 반비례한다.
② 비표본추출오차는 표본조사와 전수조사에서 모두 발생할 수 있다.
③ 표본추출오차의 크기는 표본의 크기가 증가함에 따라 감소한다.
④ 전수조사의 경우 비표본추출오차는 없으나 표본추출오차는 상당히 클 수 있다.

해설 전수조사의 경우 표본추출과정이 없으므로 표본추출오차는 없으나, 조사준비과정, 실제 조사, 자료 집계, 자료처리과정 등이 복잡해지면서 비표본추출오차의 크기가 증가할 수 있다.

098

표본의 크기에 관한 설명으로 틀린 것은? 2018년 2회

① 허용오차가 클수록 표본의 크기가 커야 한다.
② 조사하고자 하는 변수의 분산값이 클수록 표본의 크기는 커야 한다.
③ 추정치에 대한 높은 신뢰수준이 요구될수록 표본의 크기는 커야 한다.
④ 비확률표본추출의 경우 표본의 크기는 예산과 시간을 고려하여 조사자가 결정할 수 있다.

해설 표본크기 n은 허용오차 d의 제곱에 반비례한다. 따라서 허용오차가 클수록 표본의 크기는 작아진다.

| 정답 | 094 ① 095 ② 096 ① 097 ④ 098 ①

099

표본의 크기에 관한 설명으로 틀린 것은?   2020년 3회

① 표본의 크기는 전체적인 조사목적, 비용 등을 감안하여 결정한다.
② 부분집단별 분석이 필요한 경우에는 표본의 수를 작게 하는 대신 무응답을 줄이려고 노력한다.
③ 일반적으로 표본의 크기가 증가할수록 표본오차의 크기는 감소한다.
④ 비확률표본추출법의 경우 표본의 크기와 표본오차와는 무관하다.

해설 부분집단별 분석이 필요한 경우에는 표본의 수를 늘려 표본오차의 크기를 감소시켜야 한다. 무응답을 줄이는 것은 비표본추출오차가 줄어들게 되는 것이므로 무응답의 여부는 표본의 크기와 관련이 없다.

100

표본크기에 관한 설명으로 옳은 것은?   2020년 1·2회

① 변수의 수가 증가할수록 표본크기는 커야 한다.
② 모집단의 이질성이 클수록 표본크기는 작아야 한다.
③ 소요되는 비용과 시간은 표본크기에 영향을 미치지 않는다.
④ 분석변수의 범주의 수는 표본크기를 결정하는 요인이 아니다.

해설 사용하고자 하는 변수의 수가 많을수록 표본크기는 커야 한다.
② 모집단의 이질성이 클수록 표본크기는 커야 한다.
③ 소요되는 비용과 시간은 표본크기에 영향을 미친다.
④ 분석변수의 범주의 수는 표본크기를 결정하는 요인이다.

101

표본크기의 결정에 관한 설명으로 틀린 것은?   2018년 3회

① 표본의 크기는 작을수록 좋다.
② 조사 결과의 분석방법에 따라 달라진다.
③ 조사연구에서 수집될 자료의 양은 표본의 크기에 의해 결정된다.
④ 조사연구에 포함된 변수가 많으면 표본의 크기는 늘어나야 한다.

해설 일반적으로 표본의 크기는 클수록 좋다. 특히, 모집단의 규모가 작을수록 표본의 수를 늘려야 하며, 사용하고자 하는 변수의 수가 많을수록, 또는 독립변수의 카테고리(범주)의 수가 세분화될수록 표본의 크기는 커져야 한다.

102

표본추출과정에서 표본크기의 결정에 영향을 미치지 않는 것은?   2022년 1회

① 신뢰구간의 크기
② 비용 및 시간의 제약
③ 조사대상 지역의 지리적 여건
④ 유의수준으로 대변되는 정확도

해설 조사대상 지역의 지리적 여건은 표본크기의 결정에 영향을 미치지 않는다.

PLUS 표본크기 결정 시 고려사항
- 외적요인: 모집단의 동질성, 모집단의 크기, 가용할 자원(비용 및 시간), 조사목적, 조사자의 능력, 표본추출 형태, 카테고리(범주)의 수, 집단별 통계치의 필요성 등
- 내적요인: 신뢰성, 유의수준으로 대변되는 정확성 등

| 정답 | 099 ②   100 ①   101 ①   102 ③

103
표본크기를 결정할 때 고려하는 사항과 가장 거리가 먼 것은?

2020년 3회

① 모집단의 동질성 ② 모집단의 크기
③ 척도의 유형   ④ 신뢰도

해설 척도의 유형은 표본크기를 결정할 때 고려하는 사항과 거리가 멀다.

104
표본의 크기를 결정할 때에 고려하여야 할 사항과 가장 거리가 먼 것은?

2019년 1회

① 모집단의 규모   ② 표본추출방법
③ 통계분석의 기법 ④ 연구자의 수

해설 연구자의 수는 표본크기를 결정할 때 고려하는 사항과 거리가 멀다.

105
표본의 크기 결정을 위한 고려사항과 가장 거리가 먼 것은?

2017년 2회

① 오차의 한계   ② 신뢰수준
③ 모집단의 표준편차 ④ 타당도

해설 표본의 크기 n은 오차의 한계 d를 정하여 결정할 수 있으며, 집단별로 필요한 통계량과 조사결과의 분석방법에 따라 달라진다. 예를 들어, 모평균의 추정에서 모표준편차 σ가 알려진 경우에 표본의 크기는 $n \geq \left(\dfrac{z_{\alpha/2}\sigma}{d}\right)^2$이다. 즉, 표본의 크기를 결정하기 위해 오차의 한계 d, 신뢰수준 α, 모표준편차 σ를 고려해야 한다.

106
표본크기와 표집오차에 관한 설명으로 옳은 것을 모두 고른 것은?

2020년 1·2회

> ㉠ 자료수집방법은 표본크기와 관련이 있다.
> ㉡ 표본크기가 커질수록 모수와 통계치의 유사성이 커진다.
> ㉢ 표집오차가 커질수록 표본이 모집단을 대표하는 정확성이 낮아진다.
> ㉣ 동일한 표집오차를 가정한다면, 분석변수가 적어질수록 표본크기는 커져야 한다.

① ㉠, ㉡, ㉢   ② ㉠, ㉡
③ ㉡, ㉣   ④ ㉠, ㉡, ㉢, ㉣

해설 동일한 표집오차를 가정한다면 분석변수가 많을수록 표본크기는 커져야 한다.

107
종교와 계급이라는 2개의 변수와 각 변수에는 4개의 범주를 두고(4종류의 종교 및 4종류의 계급) 표를 만들 때 칸들이 만들어진다. 각 칸마다 10가지 사례가 있다면 표본의 크기는?

2020년 4회

① 8   ② 16
③ 80   ④ 160

해설 종교 변수에 4종류의 종교(A, B, C, D)가 범주이고 계급 변수에 4종류의 계급(1, 2, 3, 4)이 범주이면 총 4×4=16개의 범주로 구분된다. 그리고 각 범주마다 10가지 사례가 있다고 한다. 이 상황을 표로 정리하면 다음과 같다.

계급＼종교	A	B	C	D
1	10	10	10	10
2	10	10	10	10
3	10	10	10	10
4	10	10	10	10

따라서 표본의 크기는 4×4×10=160(개)이다.

| 정답 | 103 ③ 104 ④ 105 ④ 106 ① 107 ④

CHAPTER 03

설문설계

핵심이론(1권) p.45

001
설문지에 대한 설명으로 틀린 것은?

① 설문지는 조사를 하거나 통계자료 따위를 얻기 위하여 어떤 주제에 대해 문제를 내어 묻는 질문지이다.
② 설문지는 응답자들을 서로 연결해주는 역할을 한다.
③ 조사목적에 맞는 정보를 질문항목으로 바꾸어 필요한 정보를 얻어낼 수 있도록 구성한 도구이다.
④ 응답자가 스스로 응답할 수 있도록 고안된 일정 수의 질문항목을 모은 도구이다.

해설 설문지는 조사자와 응답자를 연결해주는 역할을 한다.

002
설문지 수집 후 검토하는 과정에서 제외시켜야 할 설문지들이 있다. 다음 중 분석에서 제외되어야 할 설문지가 아닌 것은?

① 설문지의 일부가 분실된 경우
② 설문지의 대부분에 한 번호만을 응답한 경우
③ 설문지의 많은 부분에 대한 응답이 없는 경우
④ 설문지의 페이지가 뒤죽박죽으로 섞여 있는 경우

해설 물리적인 순서의 문제일 뿐 내용이 온전하게 있다면 정리 후 분석이 가능하다.

003
질문지 개별 항목의 내용을 결정할 때 필수적으로 고려하지 않아도 되는 것은?

① 한 문항으로 충분한가?
② 응답자가 필요한 정보를 알고 있는가?
③ 응답자가 정보를 제공해줄 수 있는가?
④ 장래 주요 관심사로 예상되는 내용인가?

해설 현재 조사 목적과 직접 관련되지 않는 미래의 가능성에 대한 고려로, 문항 설계 시 반드시 고려해야 하는 요소는 아니다.

004
다음 중 질문지의 구성요소로 볼 수 없는 것은? 2019년 2회

① 식별자료
② 지시사항
③ 필요정보 수집을 위한 문항
④ 응답에 대한 강제적 참여 조항

해설 질문지는 협조요청, 식별자료, 지시사항, 질문문항, 필요정보 수집을 위한 문항 등으로 구성된다. 응답에 대한 강제적 참여 조항이 질문지에 명시되어서는 안 된다.

| 정 답 | 001 ② 002 ④ 003 ④ 004 ④

005
다음 설명에 대한 설문지의 구성요소는?

> • 설문지를 구분하기 위한 번호 및 후속조치(Follow-up)용 정보가 기록된 부분이다.
> • 조사를 실시한 면접원에 대한 정보와 조사일시 등도 기록된다.

① 식별자료 ② 지시사항
③ 질문문항 ④ 협조요청

해설 설문지에서 식별자료 부분은 각 설문지를 구분하기 위한 일련번호와 추후 확인조사를 위한 응답자의 이름 및 면접자의 이름과 면접 일시를 기록하는 부분이다.

006
질문지 설계 시 고려할 사항과 가장 거리가 먼 것은?

2018년 1회

① 지시문의 내용 ② 자료수집방법
③ 질문의 유형   ④ 표본추출방법

해설 질문지 설계 시 지시문의 내용, 자료수집방법, 질문의 유형, 질문의 내용 등이 고려되어야 한다.

007
다음 중 질문 작성의 원칙으로 옳지 않은 것은?

① 특수용어의 사용을 피한다.
② 감정적인 용어의 사용을 피한다.
③ 이중구조의 질문을 하지 않는다.
④ 응답범주를 비대칭적으로 구성한다.

해설 응답범주는 긍정과 부정이 균형 있게 제시되도록 대칭적으로 구성해야 한다.

008
설문지를 작성하는 방법에 대한 설명으로 옳지 않은 것은?

① 설문지 작성 이전에 문헌조사, 가설설정, 표본결정이 완료되어 있어야 한다.
② 지시문의 내용, 자료수집방법, 질문의 유형, 질문의 내용 등을 고려하여 설문지를 설계한다.
③ 표본오차를 줄이기 위해 설문지 설계과정부터 세심하게 주의를 기울여야 한다.
④ 설문지 작성방법에 따라 상당한 시간과 노력을 들여 신중하게 작성한다.

해설 연구자는 설문지와 관련된 비표본오차를 줄이기 위해 설문지 설계과정부터 세심하게 주의를 기울여야 하며, 그 결과 비용대비 오차 감소의 효율성을 고려할 수 있게 된다.

009
질문지 작성방법에 관한 설명으로 가장 적합한 것은?

2021년 1회

① 질문지는 한 번 실시되면 돌이킬 수 없으므로 가능한 한 많은 양의 정보가 실릴 수 있도록 작성한다.
② 필요한 정보의 종류, 측정방법, 분석할 내용, 분석의 기법까지 모두 미리 고려된 상황에서 질문지를 작성한다.
③ 질문지 작성에는 일정한 원리와 이론이 적용되는 것이므로 이에 대한 내용을 숙지한 후 상당한 시간과 노력을 들여 신중하게 작성한다.
④ 동일한 양의 정보를 담고 있어도 설문지의 분량은 가급적 적어야 하기 때문에, 필요한 정보의 획득을 위한 질문 문항 외에 다른 요소들은 설문지에 포함시키지 않아야 한다.

해설 질문지는 정보획득과정에서 연구자의 의도를 최대한 반영하는 방향으로 작성되어야 하므로 질문지 작성에 대한 내용을 숙지한 후 질문지 설계과정부터 세심하고 신중하게 작성해야 한다. 특히 질문지 작성 이전에 문제를 명백히 규정하고, 관련 문헌 및 자료조사와 연구문제에 대한 기본전제 및 가설설정, 실태조사를 위한 표본결정이 완료되어 있어야 한다.

| 정답 | 005 ① 006 ④ 007 ④ 008 ③ 009 ③

010

질문지 작성의 일반적인 과정을 바르게 나열한 것은?

2021년 2회

㉠ 필요한 정보의 결정	㉡ 자료수집방법 결정
㉢ 개별항목 결정	㉣ 질문형태 결정
㉤ 질문순서 결정	㉥ 초안 완성
㉦ 사전조사(Pretest)	㉧ 질문지 완성

① ㉠ → ㉡ → ㉢ → ㉣ → ㉤ → ㉥ → ㉦ → ㉧
② ㉠ → ㉤ → ㉡ → ㉣ → ㉢ → ㉥ → ㉦ → ㉧
③ ㉠ → ㉣ → ㉢ → ㉡ → ㉤ → ㉥ → ㉦ → ㉧
④ ㉠ → ㉡ → ㉣ → ㉢ → ㉤ → ㉥ → ㉦ → ㉧

해설 질문지 작성의 일반적인 과정은 '예비조사(Pilot Study) 및 필요한 정보 결정(㉠) → 자료수집방법 결정(㉡) → 개별항목 내용 결정 → 질문형태 결정(㉣) → 개별항목 결정(㉢) → 질문순서 결정(㉤) → 질문지 초안 완성(㉥) → 질문지 사전검사(Pretest)(㉦) → 질문지 확정 및 인쇄(㉧)' 순이다.

011

설문조사로 얻고자 하는 정보의 종류가 결정된 이후의 질문지 작성과정을 바르게 나열한 것은?

2020년 1·2회

㉠ 자료수집방법의 결정	㉡ 질문 내용의 결정
㉢ 질문형태의 결정	㉣ 질문순서의 결정

① ㉠ → ㉡ → ㉢ → ㉣
② ㉡ → ㉢ → ㉣ → ㉠
③ ㉡ → ㉣ → ㉢ → ㉠
④ ㉢ → ㉠ → ㉡ → ㉣

해설 설문조사로 얻고자 하는 정보의 종류가 결정되면 '자료수집방법 결정(㉠) → 개별항목 내용 결정(㉡) → 질문형태 결정(㉢) → 개별항목 결정 → 질문순서 결정(㉣) → 질문지 초안 완성 → 질문지 사전검사(Pretest) → 질문지 확정 및 인쇄'의 순서에 따라 질문지를 작성한다.

012

설문지 작성을 위해 조사목적 선정 및 파악 이후 진행 과정을 바르게 나열한 것은?

① 개념적 모형 정립 → 분석모형 정립 → 측정모형 정립
② 측정모형 정립 → 분석모형 정립 → 개념적 모형 정립
③ 개념적 모형 정립 → 측정모형 정립 → 분석모형 정립
④ 분석모형 정립 → 개념적 모형 정립 → 측정모형 정립

해설 설문지를 작성하기 전에 조사목적을 선정하고 조사목적에 따라 어떤 정보를 얻어야 하는지 파악되었다면, 변수들 간의 관계를 개념적으로 명확하게 하기 위해 개념적 모형을 정립하고 분석모형을 정립한 뒤 측정모형을 세워야 한다.

013

설문지 작성과정에서 측정모형 정립에 대한 설명이 아닌 것은?

① 개념적 모형에서 설정한 목적에 맞도록 측정모형을 수립한다.
② 측정모형을 세우기 전에 우선 변수들에 대해 조작적 정의를 내린다.
③ 질문과 응답항목을 어떻게 분석할 것인지에 따라 질문과 응답 형태를 결정한다.
④ 개념적 모형에서의 변수들이 실제 구할 수 있는 것인지를 판단한다.

해설 개념적 모형에서의 변수들이 실제 구할 수 있는 것인지를 판단하는 것은 분석모형 정립에서 진행한다.

| 정답 | 010 ④ 011 ① 012 ① 013 ④

014

인과관계를 분석하기 위한 측정모형을 정리한 다음 표의 ㉠~㉣을 바르게 채운 것은?

종속변수	독립변수	측정모형
명목	명목	㉠
등간/비율	명목	㉡
등간/비율	등간/비율	㉢
명목	등간/비율	㉣

① ㉠ 분산분석
② ㉡ 교차분석
③ ㉢ 독립표본 t-검정
④ ㉣ 로지스틱회귀분석

해설 인과관계를 분석하는 측정모형은 종속변수와 독립변수가 어떤 측정의 수준이냐에 따라 다음과 같이 구분된다.

구분	종속변수	독립변수	분석방법
인과관계 분석	명목	명목	㉠ 교차분석
	등간/비율	명목	㉡ 분산분석/독립표본 t-검정
	등간/비율	등간/비율	㉢ 회귀분석
	명목	등간/비율	㉣ 로지스틱회귀분석

015

질문지 작성 시 개별질문 내용을 결정할 때 고려해야 할 사항과 가장 거리가 먼 것은?

2018년 3회

① 그 질문이 반드시 필요한가?
② 하나의 질문으로 충분한가?
③ 응답자가 응답할 수 있는 질문인가?
④ 조사자가 응답의 결과를 예측할 수 있는가?

해설 질문지의 개별질문 내용을 결정할 때 조사자가 응답의 결과를 예측할 수 있는지는 반드시 고려할 사항이 아니다.

PLUS 질문지 작성 시 고려사항
- 질문이 명료하고 구체적인가?
- 질문이 읽기 쉽고 간결한가?
- 질문이 반드시 필요한가?
- 하나의 질문으로 충분한가?
- 응답자의 수준에서 응답할 수 있는 질문인가?
- 이중적으로 응답을 요구하지 않는가?
- 질문이 특정 응답을 유도하지 않는가?
- 응답항목들 간의 내용이 중복되는가?

016

질문지의 개별항목을 완성할 때 주의사항으로 옳은 것은?

2019년 1회

① 다양한 정보의 획득을 위해 한 질문에 2가지 이상의 요소가 포함되는 것이 바람직하다.
② 질문의 용어는 응답자 모두가 이해할 수 있도록 이해력이 낮은 사람의 수준에 맞춰야 한다.
③ 질문 내용에 응답자에 대한 가정을 제시하여 응답편의를 제공하는 것이 바람직하다.
④ 질문지의 용이한 작성을 위해 일정한 방향을 유도하는 문항을 가지는 것이 필요하다.

해설 ① 하나의 질문에 2가지 이상의 요소가 포함되는 것은 바람직하시 않나(이중석 실문 배제).
③ 질문 내용에 임의로 응답자들에 대하여 가정해서는 안 된다(응답자에 대한 가정 배제).
④ 특정한 대답을 암시하거나 일정한 방향으로 응답을 유도하는 질문은 바람직하지 않다(가치중립성).

017

일반적인 질문지 작성 원칙과 가장 거리가 먼 것은?

2018년 3회

① 질문은 의미가 명확하고 간결해야 한다.
② 한 질문에 한 가지 내용만 포함되도록 한다.
③ 응답지의 각 항목은 상호배타적이어야 한다.
④ 과학적이며 학문적인 용어를 선택해서 사용해야 한다.

해설 질문지 작성 시 과학적이며 학문적인 용어를 선택해서 사용하는 것은 바람직하지 않다(전문용어의 사용 자제). 질문의 용어는 응답자의 수준에 맞는 단어를 사용하며, 응답자 모두가 이해할 수 있도록 이해력이 낮은 사람의 수준에 맞춰야 한다.

| 정답 | **014** ④　**015** ④　**016** ②　**017** ④

018
질문지 작성 원칙과 가장 거리가 먼 것은? 2022년 1회
① 연구자의 가치관이나 의견이 반영된 문장을 사용한다.
② 질문은 짧을수록 좋고 부연 설명이나 단어의 중복 사용은 피해야 한다.
③ 복합적인 질문을 피하고, 두 개 이상의 질문을 하나로 묶지 말아야 한다.
④ 질문은 그 자체로서 의미가 명확히 전달될 수 있도록 구성하고 모호한 질문은 피해야 한다.

해설 질문지 작성 시 연구자의 가치관이나 의견이 반영된 문장을 사용해서는 안 된다(가치중립성).
② 질문지 작성 원칙 중 간결성에 해당한다.
③ 질문지 작성 원칙 중 이중적 질문 배제에 해당한다.
④ 질문지 작성 원칙 중 명확성에 해당한다.

019
질문지 작성의 일반적 원칙으로 틀린 것은? 2021년 2회
① 질문 문장은 완전한 문장을 사용하는 것이 바람직하다.
② 이중적으로 해석될 수 있는 질문은 피하도록 한다.
③ 질문문항은 명료하고 적절한 언어를 사용하여야 한다.
④ 사회적으로 바람직한 응답이 도출될 수 있도록 하여야 한다.

해설 질문지 작성 시 도덕적 규범이나 사회적 규범에 맞는 응답을 요구하는 질문이나 응답항목을 작성하지 않도록 주의해야 한다(규범적 응답의 억제).
①②③ 질문지 작성 원칙 중 명확성에 해당한다.

020
질문지에 사용되는 질문이나 진술을 작성하는 원칙과 가장 거리가 먼 것은? 2021년 3회
① 항목들이 명확해야 한다.
② 질문항목들은 되도록 짧아야 한다.
③ 편견에 치우친 항목과 용어를 지양한다.
④ 부정어가 포함된 질문을 반드시 포함한다.

해설 부정어가 포함된 질문은 사용하지 않는 것이 좋다.
① 질문지 작성 원칙 중 명확성에 해당한다.
② 질문지 작성 원칙 중 간결성에 해당한다.
③ 질문지 작성 원칙 중 가치중립성에 해당한다.

021
질문지 개별항목의 내용 결정 시 고려해야 할 사항으로 옳지 않은 것은? 2019년 2회
① 응답항목들 간의 내용이 중복되어서는 안 된다.
② 가능한 한 쉽고 의미가 명확하게 구분되는 단어를 사용해야 한다.
③ 연구자가 임의로 응답자에 대한 가정을 해서는 안 된다.
④ 하나의 항목으로 두 가지 이상의 질문을 하여 최대한 문항수를 줄여야 한다.

해설 하나의 항목에 두 가지 이상의 질문을 하는 것은 바람직하지 않다(이중적 질문 배제).
① 질문지 작성 원칙 중 응답범주의 상호배타성에 해당한다.
② 질문지 작성 원칙 중 명확성에 해당한다.
③ 질문지 작성 원칙 중 응답자에 대한 가정 배제에 해당한다.

| 정답 | 018 ① 019 ④ 020 ④ 021 ④

022
질문지 문항 작성 원칙에 부합하는 질문을 모두 고른 것은?

2018년 3회

> ㉠ 정장과 캐주얼 의상을 파는 상점들은 경쟁이 치열합니까?
> ㉡ 무상의료 제도를 시행한다면, 그 비용은 시민들이 추가적으로 부담하여야 한다고 생각하십니까, 아니면 다른 분야의 예산을 줄여 충당해야 한다고 생각하십니까?
> ㉢ 귀하는 작년 여름에 해운대 해수욕장에 가보신 적이 있으십니까?
> ㉣ 귀하는 귀하의 직장에서 받는 임금 수준에 대해 만족하십니까?

① ㉠, ㉡
② ㉡, ㉢
③ ㉢, ㉣
④ ㉠, ㉣

해설 ㉠ 정장을 파는 상점과 캐주얼을 파는 상점들 간 경쟁이 치열한지, 정장과 캐주얼을 모두 파는 상점들 간의 경쟁이 치열한지 불분명하다.
㉡ 답변을 둘 중에 하나로만 선택하도록 제한하여 유도하고 있으므로 좋은 질문이라고 할 수 없다.

023
다음 기업조사 설문의 응답항목이 가지고 있는 문제점은?

2020년 3회

> 귀사는 기업이윤의 몇 퍼센트를 재투자하십니까?
> ㉮ 0%   ㉯ 1~10%
> ㉰ 11~40%   ㉱ 41~50%
> ㉲ 100% 이상

① 간결성
② 명확성
③ 포괄성
④ 상호배제성

해설 응답항목에 기업이윤에 대한 51~99%가 포함되어 있지 않다. 따라서 응답범주의 포괄성을 만족하지 않는다.

024
다음 질문항목의 문제점은?

2021년 1회

> 환경오염에 대한 1차적 책임은 개인, 기업, 정부 중 어디에 있다고 생각하십니까?
> ㉮ 개인   ㉯ 기업   ㉰ 정부

① 응답항목 간의 내용이 중복되어 있다.
② 대답 가능한 응답을 모두 제시해주지 않았다.
③ 의미가 명확하게 구분되는 단어를 사용하지 않았다.
④ 조사가 임의로 응답자들에 대한 가정을 하고 있다.

해설 질문에 대한 응답항목으로 시민단체나 언론기관 등 대답 가능한 다른 응답이 존재하지만 제시하지 않았다. 따라서 응답범주의 포괄성을 만족하지 않는다.

025
다음 질문의 응답항목으로 가장 적합한 것은?

2017년 1회

> 당신의 연령은 만으로 몇 세입니까?

① ㉮ 30 미만   ㉯ 30~40
   ㉰ 40~50   ㉱ 50 이상
② ㉮ 30 이하   ㉯ 30~40
   ㉰ 40~50   ㉱ 50 이상
③ ㉮ 30 미만   ㉯ 30~39
   ㉰ 40~49   ㉱ 50 이상
④ ㉮ 30 이하   ㉯ 30~39
   ㉰ 40~49   ㉱ 50 이상

해설 응답항목은 포괄성을 만족하면서 상호배타적이어야 한다. 따라서 연령을 '30 미만, 30~39, 40~49, 50 이상'으로 분류하는 것이 가장 적합하다.

| 정답 | 022 ③ 023 ③ 024 ② 025 ③

026

다음 질문항목의 문제점을 지적한 것으로 가장 적합한 것은?

2017년 3회

> 귀하께서는 현금서비스 받으신 돈을 주로 어떤 용도로 사용하십니까? ( )
> ㉮ 생활비　　　　㉯ 교육비
> ㉰ 의료비　　　　㉱ 신용카드 대금
> ㉲ 부채청산　　　㉳ 기타

① 가능한 응답을 모두 제시해주어야 한다.
② 응답항목들 간의 내용이 중복되어서는 안 된다.
③ 하나의 항목으로 2가지 내용의 질문을 해서는 안 된다.
④ 대답을 유도하는 질문을 해서는 안 된다.

해설 신용카드 대금은 부채에 해당하므로 신용카드 대금과 부채청산은 내용이 중복된 것으로 볼 수 있다. 따라서 응답범주의 상호배타성에 어긋난다.

027

설문지의 질문으로 가장 적합한 것은?

2022년 1회

① 당신의 국적은 어디입니까?
② 당신 아버지의 수입은 얼마입니까?
③ 미친 사람에 대한 당신의 반응은 어떻습니까?
④ 어묵과 붕어빵을 파는 노점상들 간에는 경쟁이 치열합니까?

해설　② 수입 기준(연 수입, 월 수입 등)에 대한 명확한 설명이 없기 때문에 명확성이 떨어진다.
③ 미친 사람에 대한 정의는 사람마다 다르기 때문에 명확성이 떨어진다.
④ 어묵과 붕어빵을 모두 파는 노점상 간의 경쟁이 치열한지, 어묵을 파는 노점상과 붕어빵을 파는 노점상 간의 경쟁이 치열한지 불분명하다.

028

다음 질문항목의 문제점으로 가장 적합한 것은?

2022년 1회

귀하의 고향은 어디입니까?			
서울특별시	( )	부산광역시	( )
대구광역시	( )	인천광역시	( )
광주광역시	( )	대전광역시	( )
울산광역시	( )	세종특별자치시	( )
경기도	( )	강원도	( )
충청북도	( )	충청남도	( )
전라북도	( )	전라남도	( )
경상북도	( )	경상남도	( )
제주특별자치도	( )	외국	( )

① 간결성 결여
② 포괄성 결여
③ 상호배제성 결여
④ 명확성 결여

해설　'고향'은 사람마다 기준이나 의미가 다를 수 있기 때문에 명확성이 떨어진다고 볼 수 있다. 질문항목은 가능한 한 쉽고 의미가 명확하게 구분되는 단어를 사용해야 한다.

029

"최근 텔레비전 프로그램에 등장하고 있는 폭력적 장면과 선정적 장면에 대해서 어떻게 생각하십니까?"라는 질문은 주로 어떤 오류를 범하고 있는가?

2017년 2회

① 부적절한 언어의 사용
② 비윤리적 질문
③ 전문용어의 사용
④ 이중적 질문

해설　폭력적 장면과 선정적 장면 두 가지에 대한 생각을 묻고 있으므로 이중적 질문을 사용하고 있다. 하나의 질문에 2가지 이상의 요소가 포함되는 이중적 질문을 사용하는 것은 바람직하지 않다.

| 정답 | 026 ② 027 ① 028 ④ 029 ④

030
다음 질문문항의 주된 문제점에 해당하는 것은? 2018년 1회

> 여러 백화점 중에서 귀하가 특정 백화점만을 고집하여 간다고 한다면 그 주된 이유는 무엇입니까?

① 단어들의 뜻이 명확하지 않다.
② 하나의 항목에 두 가지 질문 내용이 포함되어 있다.
③ 지나치게 자세한 응답을 요구하고 있다.
④ 임의로 응답자들에 대한 가정을 두고 있다.

해설 응답자가 특정 백화점만을 고집하여 간다고 가정하고 있다. 질문 내용에 임의로 응답자들에 대해 가정해서는 안 된다.

031
성(Sex) 전환에 대한 일반 국민의 의식을 조사하는 설문지를 작성할 때 가장 주의해야 할 사항은? 2017년 1회

① 규범적 응답의 억제 ② 복잡한 질문의 회피
③ 평이한 언어의 사용 ④ 즉시적 응답 유도

해설 질문 내용에 도덕적 규범이나 사회적 규범이 내재되어 있다면, 응답자로 하여금 이러한 규범에 맞는 응답을 요구하게 되므로 솔직한 응답을 얻기 어렵다. '도덕적 규범'이나 '사회적 규범'에 맞는 응답을 요구하는 질문이나 응답항목을 작성하지 않도록 주의해야 한다.

032
다음의 질문문항의 문제점은? 2019년 3회

> 지난 3년 동안 귀댁의 가계지출 중 식생활비와 문화생활비는 각각 얼마였습니까?
> 〈식생활비〉
> 주식비   (   )원
> 부식비   (   )원
> 외식비   (   )원
> 기타   (   )원
> 〈문화생활비〉
> 신문·잡지 구독비(   )원
> 전문 서적비   (   )원
> 영화·연극비   (   )원
> 기타   (   )원

① 대답을 유도하는 질문을 하였다.
② 연구자가 임의로 응답자에 대한 가정을 하였다.
③ 응답자에게 지나치게 자세한 응답을 요구했다.
④ 응답자가 정확한 대답을 모르는 경우에는 중간값을 선택하는 경향을 간과했다.

해설 식생활비를 주식비, 부식비, 외식비로 나누고, 문화생활비 또한 지나치게 세부적으로 나누어 응답자에게 자세하게 요구하고 있다. 질문문항은 응답자에게 지나치게 자세한 응답을 요구하지 않아야 한다.

033
질문지 문항배열에 대한 고려사항으로 적합하지 않은 것은? 2020년 4회

① 시작하는 질문은 쉽게 응답할 수 있고 흥미를 유발할 수 있어야 한다.
② 앞의 질문이 다음 질문에 연상작용을 일으켜 응답에 영향을 미칠 수 있다면 질문들 사이의 간격을 멀리 떨어뜨린다.
③ 응답자의 인적사항에 대한 질문은 가능한 한 나중에 한다.
④ 질문이 담고 있는 내용의 범위가 좁은 것에서부터 점차 넓어지도록 배열한다.

해설 일반적으로 질문지 문항은 담고 있는 내용의 범위가 넓은 것에서부터 점차 좁아지도록 배열한다.

| 정답 | 030 ④ 031 ① 032 ③ 033 ④

034
다음 중 질문문항의 배열에 관한 설명으로 틀린 것은?
2018년 2회

① 시작하는 질문은 응답자의 흥미를 유발하고 쉽게 대답할 수 있는 것으로 한다.
② 개인의 사생활과 같이 민감한 질문은 가급적 뒤로 돌린다.
③ 특수한 것을 먼저 묻고, 일반적인 것을 그 다음에 질문한다.
④ 논리적인 순서에 따라 배열함으로써 응답자 자신도 조사의 의미를 찾을 수 있도록 한다.

해설 질문지 문항은 일반적인 내용을 먼저 묻고 다음에 특수한 것을 묻는 것이 좋다.

035
다음 중 질문지법에서 질문항목의 배열순서에 대한 설명으로 틀린 것은?
2019년 1회

① 간단한 내용의 질문이라도 응답자들이 응답하기를 주저하는 내용의 질문은 가급적 마지막에 배치해야 한다.
② 부담감 없이 쉽게 응답할 수 있는 단순한 내용의 질문은 복잡한 내용의 질문보다 먼저 제시되어야 한다.
③ 응답자들의 관심을 끌 수 있는 일반적인 내용의 질문은 앞부분에 제시되어야 한다.
④ 비록 응답자들이 응답을 회피하는 항목이라도 개인의 사생활에 관련된 기본 항목은 가능한 한 질문지의 시작으로 다루어지는 것이 효과적이다.

해설 개인의 인적사항이나 사생활과 같은 민감한 내용에 대한 질문은 가능한 한 후반부에 배치하는 것이 좋다.

036
어떤 질문을 하고 나면 다음 질문이 필요한지의 여부를 판별할 수 있도록 일련의 관련 질문들을 배열하는 질문 방식은?
2021년 2회

① 유도질문 ② 탐사질문
③ 여과질문 ④ 열린질문

해설 ① 은연중에 대답을 이끌어내기 위해 던지는 질문이다.
② 알려지지 않은 사물이나 사실을 조사하기 위한 질문이다.
④ 내담자 자신의 생각과 감정, 의미 등을 자신의 방식대로 자유롭게 말할 수 있도록 도와주는 질문이다.

037
설문지를 작성하여 사전조사를 하는 경우에 대한 설명으로 옳은 것은?

① 응답자의 대표성을 고려할 필요가 없다.
② 면접방법으로 조사하지 않는 것이 좋다.
③ 사전조사는 최소 1회 이상 실시하는 것이 좋다.
④ 본조사의 응답자 크기와 비슷하게 실시하는 것이 좋다.

해설 사전조사는 질문지의 문항 구성, 용어의 이해 가능성, 논리적 흐름, 응답 시간 등을 검토하기 위해 반드시 최소 1회 이상은 수행하는 것이 바람직하다.

038
설문지의 지시문에 들어갈 내용과 가장 거리가 먼 것은?
2017년 3회

① 연구목적 ② 연구자 신분
③ 응답자 특성 ④ 표집방법

해설 질문지 표지에는 '연구제목, 인사말, 조사기관 및 조사자 신분, 조사대상(표집방법), 조사목적, 응답이유, 응답자 비밀보장과 익명성 보장, 협조요청, 마무리 인사말, 조사자 및 조사관 신상과 연락처' 등을 포함한 지시문을 작성한다.

039
질문지 초안 완성 후 실시하는 사전검사에 관한 설명으로 맞는 것은?
2022년 2회

① 사전검사 표본수는 본조사와 비슷해야 한다.
② 사전검사는 본조사의 조사방법과 같아야 한다.
③ 사전검사는 가설을 보다 명확히 하기 위한 조사이다.
④ 사전검사 결과는 본조사에 포함시켜 분석하여야 한다.

해설 사전검사는 본조사에 앞서 설문지와 현지조사방법에 관한 제반 문제를 연구하고 수정, 보완하기 위해 작은 표본을 대상으로 실험적으로 행해지는 조사로, 본조사의 조사방법과 같아야 한다. 따라서 본조사의 축소판이라 할 수 있다.

| 정답 | 034 ③ 035 ④ 036 ③ 037 ③ 038 ③ 039 ②

040
다음 중 설문지 사전검사(Pretest)의 주된 목적은?
2018년 1회

① 응답자들의 분포를 확인한다.
② 질문들이 갖고 있는 문제들을 파악한다.
③ 본조사의 결과와 비교할 수 있는 자료를 얻는다.
④ 조사원들을 훈련한다.

해설 사전검사는 설문지 초안의 예상치 못했던 오류를 찾아 수정하여 설문지를 완성함으로써 설문지의 타당성과 신뢰성을 높이게 된다. 또한 본조사에 걸리는 시간, 현지조사에서 필요한 협조사항, 설문지 검사에 적절한 장소, 조사상의 어려움 및 해결방법 등의 자료를 수집한다.

041
자료수집을 위한 사전검사에서 검토할 사항이 아닌 것은?
2022년 1회

① 응답에 일관성이 있는지의 여부를 검토한다.
② 보다 나은 결과를 얻기 위하여 대규모 표본조사를 실시한다.
③ 응답거부나 '모른다'라는 항목에 표시한 경우가 많은지 여부를 검토한다.
④ 한쪽으로 치우치는 응답이 나오거나 질문순서의 변화에 따른 반응의 변화를 검토한다.

해설 사전검사는 본조사에서 사용하는 절차와 방법을 그대로 적용하며 소규모 표본을 대상으로 질문지를 시험해보는 검사로, 본조사의 축소판이라고 할 수 있다.

042
설문지 작성과정 중 사전검사(Pretest)를 실시하는 이유와 가장 거리가 먼 것은?
2019년 1회

① 연구하려는 문제의 핵심적인 요소가 무엇인지 확인한다.
② 응답이 한쪽으로 치우치지 않는지 확인한다.
③ 질문순서가 바뀌었을 때 응답에 실질적 변화가 일어나는지 확인한다.
④ 무응답, 기타응답이 많은 경우를 확인한다.

해설 연구하려는 문제의 핵심적인 요소가 무엇인지 확인하는 검사는 예비검사이다.

043
다음 중 특정 연구에 대한 사전지식이 부족할 때 예비조사(Pilot Test)에서 사용하기 가장 적합한 질문유형은?
2020년 1·2회

① 개방형 질문
② 폐쇄형 질문
③ 가치중립적 질문
④ 유도성 질문

해설 예비조사에서 사용하기에 가장 적합한 질문유형은 개방형 질문이다. 즉, 비지시적 방식으로 면접하거나 관찰함으로써 연구에 포함될 요점과 요소가 무엇인지 수집할 수 있다.

044
사전검사(Pretest)의 목적으로 옳지 않은 것은?

① 설문지의 확정
② 조사업무량의 조정
③ 사후조사결과와 비교
④ 실제조사관리의 사전점검

해설 사전조사는 본조사 전에 이루어지며, 본조사를 위한 준비를 목적으로 한다.

045
다음에서 설문조사 결과를 해석할 때 유의해야 할 사항을 모두 고른 것은?

ㄱ. 표집방법이 확률표집인가 비확률표집인가?
ㄴ. 표본의 크기는 모집단을 대표하기에 적절한가?
ㄷ. 설문조사는 언제 이루어졌는가?
ㄹ. 측정도구가 신뢰할 만한 것인가?

① ㄱ, ㄴ
② ㄷ, ㄹ
③ ㄱ, ㄴ, ㄷ
④ ㄱ, ㄴ, ㄷ, ㄹ

해설 설문조사 결과를 해석할 때 모두 유의해야 하는 사항들이다.

| 정답 | 040 ② 041 ② 042 ① 043 ① 044 ③ 045 ④

CHAPTER 04

정성조사

핵심이론(1권) p.58

001
초점집단면접의 예시로 볼 수 없는 것은?

① 냉장고 신제품 개발 시 주부들을 대상으로 인터뷰 진행
② 서비스 개선을 목적으로 충성고객들을 대상으로 인터뷰 진행
③ 청소년 스마트폰 이용행태 조사를 위해 하루에 스마트폰을 5시간 이상 사용하는 10대들을 대상으로 인터뷰 진행
④ 물질 의존에 문제가 있는 한부모 가족의 14세 남학생을 대상으로 인터뷰 진행

해설 물질 의존에 문제가 있는 한부모 가족의 14세 남학생을 대상으로 인터뷰를 진행한다면 FGI보다 심층인터뷰(In-depth Interview)가 적절하다.

PLUS 초점집단면접(FGI)
소수의 응답자를 한 장소에 모이게 한 후 특정 주제에 대하여 대화와 토론을 통해 필요한 정보를 수집하는 방법으로, 응답자의 동기, 신념, 태도, 가치 및 욕구 등을 심층적으로 탐색하고 이해하는 데 목적이 있다.

002
표적집단면접법(Focus Group Interview)에 대한 설명으로 틀린 것은? 2022년 1회

① 표본이 특정 집단이기 때문에 조사결과의 일반화가 어려운 단점이 있다.
② 조사자의 개입이 미비하므로 조사자의 주관이나 편견이 개입되지 않는다.
③ 응답자는 응답을 강요당하지 않기 때문에 솔직하고 정확히 자신의 의견을 표명할 수 있다.
④ 심층면접법을 응용한 방법으로 조사자가 소수의 응답자를 한 장소에 모이게 한 후 관련된 주제에 대하여 대화와 토론을 통해 정보를 수집하는 방법이다.

해설 표적집단면접(초점집단면접)은 진행자의 주도하에 특정 경험을 공유한 소수 응답자 집단이 특정 주제에 대하여 자유롭게 토론하도록 하여 필요한 정보를 추출하는 면접방법으로, 자료수집과정에서 면접원의 주관이나 편견이 개입될 수 있다.

003
표적집단면접법(Focus Group Interview)에 관한 설명으로 가장 적합한 것은? 2019년 2회

① 전문적인 지식을 가진 집단으로 하여금 특정한 주제에 대하여 자유롭게 토론하도록 한 다음, 이 과정에서 필요한 정보를 추출하는 방법이다.
② 응답자가 조사의 목적을 모르는 상태에서 다양한 심리적 의사소통법을 이용하여 자료를 수집하는 방법이다.
③ 조사자가 한 단어를 제시하고 응답자가 그 단어로부터 연상되는 단어들을 순서대로 나열하도록 하여 조사하는 방법이다.
④ 응답자에게 이해하기 난해한 그림을 제시한 다음, 그 그림이 무엇을 묘사하는지 물어 응답자의 심리 상태를 파악하는 방법이다.

해설 ②④ 투사법에 대한 설명이다.
③ 단어연상법에 대한 설명이다.

004
다음 (   ) 안에 알맞은 것은? 2020년 1·2회

> (   )는 집단구성원 간의 활발한 토의와 상호작용을 강조하며 그 과정에서 어떤 논의가 드러나고 진전되는지 파악하는 것이 중요한 자료가 된다. 조사자가 제공한 주제에 근거하여 참가자 간 의사표현 활동이 수행되고 연구자는 대부분의 과정에서 질문자라기보다는 조정자 또는 관찰자에 가깝다.
> (   )는 일반적으로 자료수집시간을 단축시키고 현장에서 수행하기 용이하나, 참여자 수가 제한적인 것으로 인한 일반화의 제한성 또는 집단소집의 어려움 등이 단점으로 지적되기도 한다.

① 델파이조사
② 초점집단조사
③ 사례연구조사
④ 집단실험설계

해설 초점집단조사(표적집단면접, Focus Group Interview)에 대한 설명이다.

| 정답 | 001 ④ 002 ② 003 ① 004 ②

005

초점집단(Focus Group)조사에 관한 설명으로 맞는 것은?

2022년 2회

① 조사결과가 체계적이기 때문에 결과의 분석과 해석이 용이하다.
② 초점집단조사는 내용타당도를 높이는 목적으로 사용될 수 있다.
③ 초점집단조사의 자료수집과정에서는 연구자의 주관적 개입이 불가능하다.
④ 초점집단조사에서는 익명 집단의 상호작용을 통해 도출된 자료를 분석한다.

해설 ① 집단구성원의 자유로운 토론으로부터 다양한 조사결과가 도출되기 때문에 결과의 분석과 해석이 쉽지 않다.
③ 진행자가 면접과정을 조절·심화하면서 전문적인 정보를 얻을 수 있도록 면접을 진행하므로 주관적 개입이 가능하다.
④ 익명 집단의 상호작용을 통해 도출된 자료를 분석하는 방법은 델파이조사이다.

006

초점집단(Focus Group)조사와 델파이조사에 관한 설명으로 옳은 것은?

2020년 4회

① 초점집단조사에서는 익명 집단의 상호작용을 통해 도출된 자료를 분석한다.
② 초점집단조사는 내용타당도를 높이는 목적으로 사용될 수 있다.
③ 델파이조사는 비구조화 방식으로 정보의 흐름을 제어한다.
④ 델파이조사는 대면(Face to Face) 집단의 상호작용을 통해 도출된 자료를 분석한다.

해설 ① 델파이조사에 대한 설명이다.
③ 델파이조사는 전문가들로부터 우편으로 의견이나 정보를 수집한 것을 분석한 다음 다시 응답자에게 보내어 만족할 때까지 반복하므로, 조사내용이 구조화(표준화)된 방식이다.
④ 초점집단조사에 대한 설명이다.

007

질적현장연구 중 초점집단연구의 특성과 가장 거리가 먼 것은?

2018년 3회

① 빠른 결과를 보여준다.
② 높은 타당도를 가진다.
③ 개인면접에 비해 연구대상을 통제하기 수월하다.
④ 사회환경에서 일어나는 실제의 생활을 포착하는 사회지향적 연구방법이다.

해설 초점집단연구(Focus Group Interview)는 특정한 경험을 공유한 소수의 응답자 집단이 특정 주제에 대하여 자유로운 대화와 토론을 통해 필요한 정보를 수집하는 방법으로, 개인면접에 비해 연구대상을 통제하기가 수월하지 않다.

008

다음 중 FGI 정성조사의 장점이 아닌 것은?

① 일반적으로 비용이 적게 든다.
② 즉각적인 추가질문이 가능하다.
③ 조사과정이 온전히 모더레이터의 능력에 좌우될 수 있다.
④ 문제의 핵심을 심층적 혹은 탐색적으로 접근하고 유연성 있게 풀어갈 수 있다.

해설 FGI에서 조사과정이 온전히 모더레이터(Moderator)의 능력에 좌우될 수 있다는 것은 FGI 정성조사의 단점이다. 모더레이터는 조사진행자 혹은 중재자를 일컫는 용어로, 조사대상자들로부터 조사주제에 대한 의견을 수렴하도록 면접과정을 조절하고 심화하면서 전문적인 정보를 얻을 수 있도록 면접을 진행하는 전문가이다.

| 정답 | 005 ② 006 ② 007 ③ 008 ③

009
표적집단면접 정성조사의 단점을 모두 고른 것은?

> ㉠ 조사결과를 전체 모집단으로 일반화하기 어렵다.
> ㉡ 조사결과를 해석하고 결론을 내리기가 어려울 수 있다.
> ㉢ 통계적 방법으로 신뢰성 검증 절차를 적용할 수 없다.
> ㉣ 조사진행자의 역량 부족 등에 의해 신뢰성 문제가 발생할 수 있다.
> ㉤ 각 개인의 특성에 맞는 질문을 하기가 어렵다.

① ㉠, ㉢, ㉣
② ㉠, ㉡, ㉤
③ ㉡, ㉢, ㉣, ㉤
④ ㉠, ㉡, ㉢, ㉣, ㉤

해설 모두 표적집단면접(FGI) 정성조사의 단점에 해당한다.

010
온라인 FGI(표적집단면접) 정성조사에 관한 설명으로 틀린 것은?

① 컴퓨터 이용자만 참여가 가능하다는 단점이 있다.
② 장소의 제한이 없고, 비용이 절감되는 장점이 있다.
③ 표정이나 신체 언어 등을 집중적으로 관찰할 수 있다.
④ 제품을 직접 체험해보거나 하는 등의 경험이 불가능하다.

해설 온라인 FGI는 대화방(Chat Room)처럼 별도로 마련된 인터넷 공간에서 사회자의 진행하에 소수의 참가자가 특정 주제를 토론하면서 자료를 수집하는 방법이다. 따라서 컴퓨터 이용자만 참여가 가능하며, 참여자의 표정이나 신체 언어 등을 집중적으로 관찰할 수 없다는 단점이 있다.

011
FGI 정성조사와 양적조사에 대한 비교 설명으로 옳지 않은 것은?

① FGI는 무작위 추출에 구애받지 않지만 양적조사는 가능한 무작위 추출이어야 한다.
② FGI는 구조화된 설문지를 이용하지만 양적조사는 비구조화된 가이드라인을 이용한다.
③ FGI는 가설설정을 위한 정보 탐색이 목적이지만 양적조사는 가설을 검증하는 것이 목적이다.
④ FGI의 조사결과는 전체 소비자를 대표하지 못하지만 양적조사의 결과는 전체 소비자를 대표할 수 있다.

해설 FGI 정성조사는 비구조화된 토의 가이드라인을 이용하여 탄력적인 정보를 얻기 위해 새로운 질문도 추가할 수 있지만 일반적인 양적조사는 구조화된 설문지를 이용하므로 설문지에 포함된 내용만을 결과로 얻게 된다.

012
다음에 제시된 표적집단면접 단계를 진행 순서에 맞게 바르게 나열한 것은?

> ㉠ 조사 과제 설정   ㉡ 시나리오 작성
> ㉢ 참석자 리쿠르트   ㉣ FGI 조사 실시
> ㉤ 가이드라인 작성   ㉥ 보고서 작성

① ㉠ → ㉢ → ㉤ → ㉣ → ㉡ → ㉥
② ㉠ → ㉤ → ㉢ → ㉣ → ㉡ → ㉥
③ ㉠ → ㉡ → ㉢ → ㉤ → ㉣ → ㉥
④ ㉠ → ㉤ → ㉡ → ㉢ → ㉣ → ㉥

해설 표적집단면접(FGI) 진행 순서는 '조사 과제 설정(㉠) → 가이드라인 작성(㉤) → 참석자 리쿠르트(㉢) → FGI 조사 실시(㉣) → 시나리오 작성(㉡) → 보고서 작성(㉥)'에 따른다.

| 정답 | 009 ④　010 ③　011 ②　012 ②

013
FGI 가이드라인 설계 시 고려사항이 아닌 것은?

① 조사분석방법
② 조사목적 및 배경
③ 조사대상자의 속성과 그룹의 수
④ 조사문제의 가설 및 핵심 요점

해설 FGI 가이드라인은 FGI 진행을 위한 질문을 정리한 것으로 조사 목적을 알기 위해 필요한 질문들을 적절하게 배열해 놓은 것이다. 조사분석방법은 고려사항과 거리가 멀다.

014
FGI 정성조사를 위한 가이드라인 설계에서 고려해야 할 사항으로 옳지 않은 것은?

① 최대한의 정보를 얻어낼 수 있도록 충분한 주제를 포함한다.
② 토의주제의 우선순위를 정해 주요주제를 앞에 배치한다.
③ 모더레이터가 자유롭게 진행하도록 가이드라인을 최대한 간결하게 작성한다.
④ 모더레이터와 조사의뢰자 측이 공동으로 조사에서 다루어야 할 주제, 자세한 토의 내용 등을 결정한다.

해설 FGI 가이드라인은 진행자(Moderator)가 진행하기 편하도록 구체적으로 작성해야 한다.

015
FGI 정성조사를 위한 가이드라인 설계의 목적으로 옳지 않은 것은?

① 효율·효과적으로 빠짐없이 사회를 진행하기 위해
② 조사실행 전에 조사의뢰자 측과 모더레이터의 의견에 대한 합의를 얻어내기 위해
③ 얻고자 하는 정보를 어떻게 청취하여 결론으로 이끌어 낼 것인지에 대한 전반적인 계획을 작성하기 위해
④ 참여자 개개인의 동기, 희망, 니즈를 확인하고 구체적으로 적용하기 위해

해설 FGI 가이드라인(Guide Line)이란 FGI 진행을 위한 질문을 정리한 것으로 조사목적을 알기 위해 필요한 질문들을 적절하게 배열해 놓은 것이다. 즉, 모더레이디(Moderator)가 조시목적에 맞게 사회를 진행하기 위한 것으로, 모더레이터와 조사의뢰자측이 공동으로 조사에서 다루어야 할 주제나 문제의 양, 자세한 토의 내용을 결정하여 설계한다.

016
FGI를 진행하는 모더레이터(Moderator)에 대한 설명으로 틀린 것은?

① 정성조사 진행자라고 부르기도 한다.
② 중재자 혹은 토론 프로그램의 사회자를 일컫는다.
③ 응답자와 개인적인 만남을 지속할 수 있어야 한다.
④ 커뮤니케이션 능력, 청취 능력, 탐사 질문 능력 등을 갖추고 있어야 한다.

해설 FGI 모더레이터(Moderator)는 소수의 응답자 집단이 특정 주제에 대하여 자유롭게 토론하는 가운데 조사목적과 관련된 필요한 정보를 수집하거나 공식적인 설문조사에서 기대하지 못한 결과를 발견도록 FGI를 진행할 수 있어야 한다. 이때, 응답자와 개인적으로 만나거나 연락을 취하는 행동은 절대로 삼가한다.

| 정답 | 013 ① 014 ③ 015 ④ 016 ③

017
FGI 모더레이터가 갖추어야 할 적성과 능력을 모두 고른 것은?

> ㉠ 커뮤니케이션 능력과 청취 능력
> ㉡ 주제와 관련된 배경지식
> ㉢ 친화적, 열정적, 정중한 태도
> ㉣ 적합한 주제를 발견하고 전문영역으로 구축하는 경험
> ㉤ 조사방법 및 통계분석에 관한 기본 지식

① ㉠, ㉢, ㉣
② ㉠, ㉡, ㉤
③ ㉡, ㉢, ㉣, ㉤
④ ㉠, ㉡, ㉢, ㉣, ㉤

해설 모두 FGI 모더레이터가 갖추어야 할 적성 및 능력에 해당한다.

018
FGI 정성조사를 진행하는 과정에서 가장 먼저 해야 하는 것은?

① 진행자는 주의사항에 관해 간략하게 설명한다.
② 조사대상자를 편안하게 대해 주며 라포를 형성한다.
③ 조사대상자 모두에게 말할 기회를 동일하게 제공한다.
④ 상반되는 의견이 있다면 각자의 입장을 확실히 밝힐 기회를 추가로 부여한다.

해설 FGI를 실행할 때 진행자는 제일 먼저 조사대상자를 편안하게 대해 주고 라포(Rapport) 형성, 즉 친밀감을 형성하도록 분위기를 수정하면서 조사대상자 개개인의 심리적 상태를 확인한다.

019
표적집단면접을 실시할 때 고려사항이 아닌 것은?

① 조사대상자들이 존중받는다는 느낌을 갖도록 한다.
② 면접문제는 다소 추상적이고 생각을 요하는 것부터 시작한다.
③ 면접 초반에 본조사에 관해 규정짓는 발언이나 전문적이거나 위협적인 질문은 피한다.
④ 마무리 단계에서 인터뷰 내용들을 요약하면서 조사대상자들의 반응과 태도를 확인한다.

해설 표적집단면접(FGI)에서 본 주제와 관련하여 집중적으로 토의할 때에는 매우 구체적이고 서술적인 문제를 시작으로 다소 추상적이고 생각을 요하는 문제의 순서로 토의가 진행되도록 유도한다.

020
FGI 정성조사 시 모더레이터의 역할로 옳지 않은 것은?

① 인터뷰 가이드라인에 있는 모든 질문에 응답하도록 유도한다.
② 다양한 응답자의 의견을 조율하고, 조화로운 합의를 이루도록 진행한다.
③ 응답자의 응답이 완전하지 않거나 불명확할 때에는 지시적으로 질문하여 정확한 답을 얻는다.
④ 응답자가 모호하게 답을 했다면 자세한 설명을 요구하거나 다른 각도로 질문함으로써 내용을 정확하게 파악한다.

해설 FGI 정성조사를 진행하는 동안 모더레이터는 다양한 응답자의 의견을 조율하고, 조화로운 합의를 이루도록 FGI를 진행한다. 응답자의 응답이 완전하지 않거나 불명확할 때 모더레이터는 비지시적으로 응답자들의 체면을 손상시키지 않는 범위 안에서 다시 한 번 질문하여 정확한 답을 얻어야 한다.

021
FGI 진행 시 모더레이터의 역할과 거리가 먼 것은?

① '잘 모르겠다' 등과 같이 다소 소극적인 대답을 하는 응답자는 무시한다.
② 응답자가 모호하게 답을 했다면 다른 각도로 질문하여 내용을 정확하게 파악한다.
③ 응답자들의 반응에 대해 왜 그런 반응을 보이는지 그 원인이 무엇인지를 찾도록 한다.
④ 응답자의 말뿐 아니라 표정, 반응 강도, 주제에 빗나가는 대화 내용도 주의 깊게 관찰한다.

해설 FGI를 진행하는 도중에 응답자가 '잘 모르겠다' 등과 같이 다소 소극적인 대답을 했을 때, 또는 많이 응답하거나 길게 응답할 때에도 인터뷰 시간을 확인하고 다시 분배하는 등의 적절한 대처를 통해 인터뷰를 유연하게 진행해야 한다.

| 정답 | 017 ④ 018 ② 019 ② 020 ③ 021 ①

022

FGI 정성조사를 위한 모더레이터의 인터뷰 기술로 적절한 것을 모두 고른 것은?

㉠ 라포 형성하기	㉡ 맞장구치기
㉢ 눈 마주치기	㉣ 다시 확인하기

① ㉠, ㉡
② ㉠, ㉢
③ ㉠, ㉢, ㉣
④ ㉠, ㉡, ㉢, ㉣

해설 모두 FGI 정성조사 시 모더레이터의 인터뷰 기술로 적절하다.

023

FGI에서 조사대상자들의 잠재된 동기나 무의식 반응을 탐색하는 방법에 대한 설명으로 옳지 않은 것은?

① 거꾸로 브레인스토밍(Reverse Brainstorming)에서는 특정 아이디어에 대해 최대한 많이 비판한다.
② 보통은 직접적으로 질문하여 정확한 정보를 얻어낸다.
③ 투사법은 그림, 미완성된 문장, 미완성된 줄거리 등을 제시하여 이에 대한 반응을 탐색한다.
④ 브레인스토밍(Brainstorming)은 최대한 많은 양의 아이디어를 제출하게 한다.

해설 FGI 정성조사는 조사대상자들의 잠재된 동기나 무의식적인 반응에 대해 투사법 등을 사용하여 간접적으로 정보를 얻어낼 수 있다.

024

FGI 자료분석에 대한 설명으로 틀린 것은?

① 자료의 분석은 인터뷰가 끝난 직후에 바로 진행하는 것이 좋다.
② FGI 자료를 분석하기 위해 먼저 인터뷰 내용을 의미 있는 정보단위로 구조화한다.
③ 소수의 극단적인 의견이라도 무시하지 않고 존중하는 자세를 갖고 인터뷰의 결과를 분석한다.
④ 응답자의 인구통계적 특성이나 기타 배경(Background)은 가장 마지막에 분석한다.

해설 FGI를 통해 도출된 자료를 분석할 때에는 응답자의 인구통계적 특성이나 기타 배경을 먼저 이해하고 분석해야 한다.

025

FGI의 과정이 모두 종료된 후 자료를 분석할 때의 유의사항으로 옳지 않은 것은?

① 조사결과를 조사자가 주관적으로 해석하지 않도록 사전 검증이 이루어져야 한다.
② 조사결과를 양적으로 판단하지 않도록 유의하며 전체 모집단으로 일반화해서는 안 된다.
③ 분석결과로부터 적절한 시사점을 포착하여 전략적인 방안으로 통합하기 위하여 기술통계적 분석방법을 활용한다.
④ FGI 설문 답변지, 녹취물, 녹화물 등과 같은 결과물이 망실되거나 훼손되지 않도록 FGI 실시 중이나 실시 이후에도 세심한 주의를 기울여야 한다.

해설 조사결과를 조사자의 주관적 판단이나 입장 또는 형편에 맞추어 임의로 해석하거나, 응답 내용 및 의도를 왜곡하거나, 논리적 비약이 발생하지 않도록 철저한 사후검증이 이루어져야 한다. 이를 위해 복수의 조사자가 독립적으로 FGI 자료분석을 진행하고 교차하여 확인하는 절차를 거칠 수 있다.

026

심층인터뷰(In-depth Interview)에 대한 설명으로 옳지 않은 것은?

① 정량조사의 결과에 관한 심층 분석이 필요한 경우에 실시한다.
② 대상자의 인식, 의견, 믿음, 태도 등을 집중적으로 파악할 수 있다.
③ 유연한 대화형식을 빌려 조사대상자의 구두진술을 수집하고 분석한다.
④ 특정한 경험을 공유한 대상자들이 자신들의 경험을 심층적으로 토론한다.

해설 심층인터뷰(In-depth Interview)는 연구대상의 인식, 의견, 믿음, 태도 등을 파악하기 위하여 유연한 대화형식을 빌려 대상자의 구두진술을 수집하고 분석하는 정성조사이다. 특정한 경험을 공유한 사람들이 자신들의 경험을 비체계적이고 자연스럽게 토론함으로써 자료를 수집하는 것은 FGI(Focus Group Interview)이다.

| 정답 | 022 ④   023 ②   024 ④   025 ①   026 ④

027

심층면접법(In-depth Interview)에 대한 설명으로 틀린 것은? 2021년 1회

① 대체로 대규모 조사연구에 적합하다.
② 같은 표본규모의 전화조사에 비해 대체로 비용이 많이 든다.
③ 면접자는 응답자와 친숙한 분위기를 형성하도록 해야 한다.
④ 면접자 개인별 차이에서 오는 영향이나 오류를 통제하기 어렵다.

해설 심층면접은 한 명의 응답자와 일대일 면접을 진행하여 응답자의 생각, 느낌, 욕구, 태도 등을 심도 있게 조사하는 면접방법이므로 대체로 개인 또는 소규모 조사연구에 적합하다.

028

심층면접법(Depth Interview)에 관한 설명으로 틀린 것은? 2019년 1회

① 질문의 순서와 내용은 조사자가 조정할 수 있어 좀 더 자유롭고 심도깊은 질문을 할 수 있다.
② 조사자의 면접 능력과 분석 능력에 따라 조사결과의 신뢰도가 달라진다.
③ 초점집단면접과 비교하여 자유롭게 개인적인 의견을 교환할 수 없다.
④ 조사자가 필요하다고 생각되면 반복질문을 통해 타당도가 높은 자료를 수집한다.

해설 심층면접은 한 명의 응답자와 일대일 면접을 진행하여 응답자의 생각, 느낌, 욕구, 태도 등을 심도 있게 조사하므로 응답자 집단이 토론을 통해 특정 주제에 대해 필요한 정보를 수집하는 초점집단면접과 비교하면 더 자유롭게 개인적인 의견을 교환할 수 있다.

029

반칸에 들어갈 정성조사로 적절한 것은?

( )는 조사 시점이 조사대상자가 바쁜 일정 중에서 틈을 내어 이루어지기 때문에 실사에만 2~3주가 걸리는 경우가 대부분이다. 조사대상자의 선정과 접촉, 협조를 받기가 매우 힘들고 조사 기간도 표적집단면접(FGI)에 비해 오래 걸린다.

① 표적집단심층좌담(FGD)
② 심층인터뷰(In-depth Interview)
③ 투사법(Projective Technique)
④ 델파이법(Delphi method)

해설 심층인터뷰는 한 명의 응답자와 일대일 면접을 진행하여 응답자의 생각, 느낌, 욕구나 태도 등을 심도 있게 조사하는 면접방법이다. 일반적으로 특정 시간에 한자리에 모이기 힘들거나 사회 신분 때문에 여러 사람과 함께 모여 대화하기를 꺼리는 사회저명인사, 특별한 전문 지식을 가진 특수층, 각계각층의 지도급 인사, 기업의 경영층, 여론 선도층, 전문가 혹은 전문사용자그룹 내에서 선별하여 소수를 선발한다.

030

심층면접 시 고려사항이 아닌 것은? 2020년 4회

① 피면접자와 친밀한 관계(Rapport)를 형성해야 한다.
② 비밀보장, 안전성 등 피면접자가 편안한 분위기를 느낄 수 있도록 해야 한다.
③ 피면접자의 대답을 주의 깊게 경청하여야 하며 이전의 응답과 연결시켜 생각하는 습관을 가져야 한다.
④ 피면접자가 대답을 하는 도중에 응답 내용에 대한 평가적인 코멘트를 자주 해주는 것이 좋다.

해설 심층면접에서 응답자(피면접자)가 대답을 하는 도중에 면접원이 응답 내용에 대해 평가적인 코멘트를 하는 것은 면접원의 의도가 응답에 영향을 줄 수 있기 때문에 적절하지 않다.

| 정답 | 027 ① 028 ③ 029 ② 030 ④

031

면접원을 활용하는 조사 중 상이한 특성의 면접원에 의해 발생하는 편향(Bias)이 가장 클 것으로 추정되는 조사는?

2020년 1 · 2회

① 전화인터뷰조사
② 심층인터뷰조사
③ 구조화된 질문지를 사용하는 인터뷰조사
④ 집단면접조사

해설 심층인터뷰조사는 면접지침서에 따라 면접을 진행하기도 하지만 면접원이 질문의 순서와 내용을 조정할 수 있어 좀 더 자유롭고 심도 깊은 질문이 가능하다. 하지만 면접원의 면접 능력과 분석 능력에 따라 조사결과의 신뢰성이 달라지며, 면접자 개인별 차이에서 오는 영향이나 편향(Bias)을 통제하기 어렵다.

032

다음의 특징을 가진 정성조사는?

> 면접원이 피면접자의 의견에 관해 반응하고 피면접자의 특성에 맞도록 질문을 변형하여 추가 질문을 하는 과정에서 면접원의 개인 의견이 영향을 미칠 가능성이 있다.

① 표적집단면접(FGI)
② 델파이법(Delphi Method)
③ 투사법(Projective Technique)
④ 심층인터뷰(In-depth Interview)

해설 심층인터뷰는 연구대상의 인식, 의견, 믿음, 태도 등을 파악하기 위해 유연한 대화형식을 빌려 연구대상자의 구두진술을 수집하고 분석하는 정성조사이다. 면접진행자의 질문은 정형화되어 있지 않으며, 면접자의 응답에 따라 이후의 질문이 변하고 정해진다. 조사대상자 개개인의 의견을 다양하고 풍부하게 수집할 수 있고, 다른 조사방법으로 얻기 어려운 심층적인 의견과 전문 식견을 청취하는 것이 가능하다. 하지만, 조사자의 편견이 개입되어 자료의 객관성이 문제될 수 있다.

033

심층인터뷰의 특징과 거리가 먼 것은?

① 다수를 동시에 한 장소에 불러 모아 면접을 한다.
② 인터뷰 내용을 녹음하고 해독하는 과정을 거쳐 자료를 수집한다.
③ 조사전문가가 질문 가이드라인을 참고해 자유롭게 질문을 하면서 심층적인 의견을 끌어낸다.
④ 고도로 훈련된 면접원이 조사대상자 한 사람으로부터 특정 주제에 관해 깊이 있는 의견을 청취한다.

해설 심층인터뷰 정성조사는 주로 1:1 방식으로 이루어진다.

034

심층인터뷰를 설계할 때 고려해야 하는 사항에 대한 설명으로 옳지 않은 것은?

① 가이드라인: 일부 전문가를 사전 인터뷰한 결과를 반영하여 추가로 보완하여 작성한다.
② 대상자: 표적집단면접(FGI)으로 모집이 어려운 특수계층의 사람을 인터뷰 대상자로 선정한다.
③ 면접원: 전문 식견을 상당 수준 갖추어 답변에 관한 적절한 반응과 추가질문을 할 수 있어야 한다.
④ 면접 내용: 조사주제, 조사목적, 조사개요, 조사대상자(개인), 조사시간, 조사가이드라인, 질문지의 구성 방법 및 내용 등을 모더레이터가 결정한다.

해설 심층인터뷰 설계 시 조사주제, 조사목적, 조사개요, 조사대상자(개인), 조사시간, 조사가이드라인, 질문지의 구성 방법 및 내용 등은 내부적으로 협의하여 결정한다.

| 정답 | 031 ② 032 ④ 033 ① 034 ④

035
심층인터뷰를 진행하는 모더레이터(Moderator)에 대한 설명으로 옳지 않은 것은?

① 인터뷰 대상자보다 나이가 어리고 모더레이터 교육을 정확히 받은 사회초년생이 좋다.
② 조사주제에 관한 전문적인 식견을 가지고 인터뷰 대상자로부터 전문적인 의견을 도출한다.
③ 조사주제와 관련한 어떤 내용도 이해하고 함께 대화를 나눌 수 있도록 사전조사를 충분히 한다.
④ 심층인터뷰 상황을 다양하게 예측하여 계획할 수 있고 인터뷰 대상자의 적극적인 참여를 유도할 수 있다.

해설 심층인터뷰를 진행하는 모더레이터(Moderator)는 조사대상자의 사회적 신분이나 연령대에 어울리는 나이와 배경을 갖춘 사람이 맡는 것이 바람직하다. 예를 들어, 50~60대 기업 최고경영자를 면접하는데 20대 후반이나 30대 초반의 조사자가 면접하는 것은 대화 내용을 나누기에 적절하지 않다.

036
심층인터뷰 정성조사 시 유의사항으로 옳지 않은 것은?

① 인터뷰 대상자의 응답 내용에 따라 후속질문이나 추가질문 등을 할 수 있다.
② 응답자로부터 깊이 있는 정보를 얻기 위해 주제와 관련 없는 질문도 해야 한다.
③ 인터뷰 대상자에게 사전에 기본적인 참석 안내사항을 통보하거나 공고하여 주지시킨다.
④ 인터뷰 시작 전에 대상자로부터 심층인터뷰 동의를 받고, 개인정보 수집·이용 동의서와 보안각서를 작성하도록 한다.

해설 심층인터뷰에서 응답자로부터 깊이 있는 정보를 얻기 위해 주제와 관련하여 자유롭고 다양한 질문을 던질 수 있다. 그러나 주제와 관련 없는 질문은 피해야 한다.

037
심층인터뷰를 진행하는 면접원의 자세로 볼 수 없는 것은?

① 면접이 끝나면 감사의 말과 함께 선물 또는 면접 수당을 전달한다.
② 정보청취(Debriefing) 시 혹은 참관 시 메모하는 습관을 가진다.
③ 응답자의 이야기가 주제와 너무 동떨어지면 인터뷰를 중단하고 브레이크 타임을 갖는다.
④ 모호한 응답에 관해 더욱 구체적인 설명을 요구하거나 다른 각도로 질문함으로써 내용을 정확하게 파악한다.

해설 응답자의 이야기 흐름을 가급적 중단하지 않고 자유롭게 이야기하도록 하며, 이야기가 주제와 너무 동떨어지면 다른 질문으로 유도하는 등 자연스럽게 진행하는 요령이 필요하다.

038
심층인터뷰 자료분석에 대한 설명으로 틀린 것은?

① 조사대상자가 전문가라면 그의 의견을 일반화할 수 있다.
② 면접 응답지, 녹음 파일 혹은 동영상 녹화록을 워크시트에 정리한다.
③ 인터뷰가 끝난 직후에 인터뷰 대상자별로 녹음·사진 파일을 정리한다.
④ 조사결과에 관한 신뢰성 및 타당성을 확보하기 위하여 다른 조사자와의 교차 비교, 전문가 검토 등을 추가적으로 수행한다.

해설 심층인터뷰는 편의로 조사대상자를 선정하기 때문에 전문가의 의견이라 하더라도 전체 모집단으로 일반화할 수 없다. 특히 표준화된 설문지를 사용하지 않아 조사결과의 정확한 분석이 어렵다.

| 정답 | 035 ① 036 ② 037 ③ 038 ①

CHAPTER 05

실험설계

핵심이론(1권) p.70

001
실험설계에 대한 설명으로 틀린 것은? 2021년 3회

① 실험의 내적타당도를 확보하기 위한 노력이다.
② 실험의 검증력을 극대화시키고자 하는 시도이다.
③ 연구가설의 진위 여부를 확인하는 구조화된 절차이다.
④ 조작적 상황을 최대한 배제하고 자연적 상황을 유지해야 하는 표준화된 절차이다.

해설 실험설계는 연구가설을 평가하기 위한 구조, 계획 및 전략이며, 독립변수와 종속변수를 설정하여 엄격히 통제된 상황에서 두 변수 사이의 인과관계를 규명하므로 조작적(Manipulative) 상황을 최대한 활용한다.

002
여러 개의 독립변수가 동시 종속변수에 영향을 미칠 때, 하나의 독립변수만의 효과를 가지고 이를 일반화시킨다면 인과관계의 외적타당성에 문제가 있게 된다. 이러한 문제를 제거하기 위한 조사설계방법은?

① 블록실험설계
② 요인실험설계
③ 플래시보 통제집단설계
④ 솔로몬 4집단 실험설계

해설 요인실험설계는 두 개 이상의 독립변수를 동시에 조작하여, 각 독립변수가 종속변수에 미치는 주효과와 독립변수 간의 상호작용 효과를 분석하는 설계이다.

003
다음 중 실험설계의 전제조건을 모두 고른 것은? 2019년 1회

┌─────────────────────────────────┐
│ ㉠ 독립변수의 조작이 가능해야 한다. │
│ ㉡ 외생변수를 통제하거나 제거해야 한다. │
│ ㉢ 실험대상을 무작위로 추출해야 한다. │
└─────────────────────────────────┘

① ㉠, ㉡
② ㉡, ㉢
③ ㉠, ㉢
④ ㉠, ㉡, ㉢

해설 실험설계의 전제조건은 실험대상의 무작위화, 독립변수의 조작, 외생변수의 통제이다.

004
실험연구설계의 원리에 해당하지 않는 것은? 2022년 1회

① 측정과정에서 발생하는 오차를 최소화해야 한다.
② 실험설계는 조사 질문에 대한 해답을 구할 수 있도록 설계되어야 한다.
③ 실험설계의 중요한 목적 중 하나인 분석결과의 타당성 확보를 위해서 통제과정이 중요하다.
④ 변수 간 인과관계를 도출한 실험결과가 일반화되기 위해서 실험대상들이 무작위 또는 작위적으로 추출되어야 한다.

해설 실험연구 설계의 전제조건 중 실험대상의 무작위화는 변수 간 인과관계를 도출한 실험결과가 일반화되기 위해 실험대상을 무작위로 추출해야 한다.

| 정답 | 001 ④　002 ②　003 ④　004 ④

005
실험설계를 위한 필수요건과 가장 거리가 먼 것은?

2022년 1회

① 통제집단과 비교집단을 함께 갖추어야 한다.
② 실험대상자들을 실험집단과 통제집단으로 무작위 배분하여야 한다.
③ 독립변수는 실험집단에만 투입하고 통제집단에서는 통제되어야 한다.
④ 독립변수의 효과를 추정하기 위해 두 집단의 종속변수 값이 비교되어야 한다.

해설 실험설계를 위해 반드시 통제집단과 비교집단을 함께 갖추어야 하는 것은 아니다. 실험설계를 위한 필수요건은 실험대상의 무작위화, 독립변수의 조작, 외생변수의 통제이다.
② 실험대상의 무작위화에 대한 설명이다.
③④ 독립변수의 조작에 대한 설명이다.

006
다음에 해당하는 외생변수의 통제방법은?

2020년 4회

> 하나의 실험집단에 두 개 이상의 실험변수가 가해질 때 사용하는 방법이다. 예를 들어 두 가지 정책대안의 제시 순서나 조사지역에 따라 선호도의 차이가 발생한다고 판단된다면, 제시 순서를 달리하거나 지역을 바꿔 재실험하는 경우가 해당한다.

① 제거　　　　　② 상쇄
③ 균형화　　　　④ 무작위화

해설 외생변수를 통제하는 방법 중 상쇄는 하나의 실험집단에 두 개 이상의 실험변수(외생변수)가 영향을 줄 경우 사용하는 방법이다. 이는 두 개 이상의 외생변수 작용 강도가 상황마다 달라 외생변수의 순서가 연구결과에 영향을 미칠 수 있는 경우 외생변수의 적용 순서를 바꾸는 등 외생변수 간 상반되는 영향을 주어 효과나 효력이 없어지도록 한다.

007
다음 설명은 외생변수를 통제하는 방법 중 무엇에 해당하는가?

2022년 2회

> 하나의 실험집단에 2개 이상의 실험변수가 가해지는 경우 사용하는 방법이다. 예를 들면, 두 가지 광고 A와 B에 대한 사람들의 선호도를 알아보고자 할 때, 광고의 제시 순서가 그 광고에 대한 사람들의 선호도에 영향을 미칠 수 있다. 이때 실험집단 참여자의 반에게는 A → B의 순으로 제시하고, 나머지 반에게는 B → A의 순으로 제시하여, 각 광고에 대한 그들의 선호도를 측정한다.

① 매칭(Matching)
② 제거(Elimination)
③ 상쇄(Counter Balancing)
④ 무작위화(Randomization)

해설 ① 예상되는 외생변수의 영향을 동일하게 받을 수 있도록 실험집단과 통제집단을 설계한다.
② 외생변수가 될 가능성이 있는 변수를 제거하여 실험상황에 개입하지 못하도록 한다.
④ 조사대상을 모집단에서 무작위로 추출함으로써 연구자가 조작하는 독립변수 이외의 모든 변수들에 대한 영향력을 동일하게 만들어준다.

008
외생변수를 사전에 아는 경우, 외생변수가 실험대상이 되는 각 집단에 균등하게 영향을 미칠 수 있도록 실험집단과 통제집단을 선정하여 외생변수의 효과를 통제하는 방법은?

2020년 4회

① 상쇄(Counter Balancing)
② 균형화(Matching)
③ 제거(Elimination)
④ 무작위화(Randomization)

해설 외생변수를 통제하는 방법 중 균형화는 예상되는 외생변수의 영향을 동일하게 받을 수 있도록 실험집단과 통제집단의 분포가 똑같이 나타나도록 하는 것이다.

| 정답 | 005 ① 　006 ② 　007 ③ 　008 ②

009

두 변수들 사이에 인과관계가 존재하기 위해 필요한 조건과 가장 거리가 먼 것은? 　　　　　2022년 1회

① 원인은 시간적으로 결과를 선행한다.
② 두 변수는 경험적으로 서로 상호 관련되어 있다.
③ 두 변수의 값은 각각 다른 변수의 값에 의하여 결정된다.
④ 두 변수의 상관관계는 제3의 변수에 의해 만들어진 것이 아니다.

해설 가설에서 설정한 변수들 사이에서 인과관계의 일반적인 성립조건은 공변관계, 시간적 선행성, 비허위적 관계(외생변수 통제)이다.
① 시간적 선행성에 대한 설명이다.
② 공변관계에 대한 설명이다.
④ 비허위적 관계에 대한 설명이다.

010

인과관계에 대한 설명으로 틀린 것은? 　　　　　2017년 3회

① 원인으로 추정되는 변수와 결과로 추정되는 변수가 동시에 존재하며, 상호연관성을 가지고 변화해야 한다.
② 원인과 결과를 추정하기 위해서는 원인이 결과보다 시간적으로 우선하여야 한다.
③ 사회과학에 있어서 인과관계는 미시 매개체 수준을 전제로 하고 있다.
④ 사회현상을 연구하는 것은 개방시스템을 선제하므로 인과관계에 대하여 결과를 발생시키는 원인이 여러 가지 있을 수 있다.

해설 사회과학에 있어서 인과관계는 미시 매개체 수준(Micro-mediational Level)을 전제로 하지 않는다.

011

다음 상황에서 제대로 된 인과관계 추리를 위해 특히 고려되어야 할 인과관계 요소는? 　　　　　2019년 3회

> 60대 이상의 노인 가운데 무릎이 쑤신다고 하는 분들의 비율이 상승할수록 비가 올 확률이 높아진다.

① 공변성
② 시간적 우선성
③ 외생변수의 통제
④ 외부사건의 통제

해설 '60대 이상의 노인 가운데 무릎이 쑤신다는 노인의 비율'이라는 변수와 '비가 올 확률'이라는 변수 간의 관계를 확인하기 위해 두 변수에 영향을 미치는 외부의 영향력을 통제한 상태에서 순수하게 두 변수만의 관계를 확인해보는 외생변수의 통제가 고려되어야 한다.

012

인과관계의 성립조건에 관한 설명으로 옳은 것을 모두 고른 것은? 　　　　　2018년 3회

> ㉠ 원인변수와 결과변수는 함께 변화해야 한다.
> ㉡ 원인변수와 결과변수는 순차적으로 발생되어야 한다.
> ㉢ 가설이 검증되어야 한다.
> ㉣ 표본조사를 이용할 수 있어야 한다.
> ㉤ 외생변수의 영향을 통제하여야 한다.

① ㉠, ㉡, ㉤
② ㉠, ㉢, ㉣
③ ㉡, ㉢, ㉣
④ ㉢, ㉣, ㉤

해설 가설에서 설정한 변수들 사이에서 인과관계의 일반적인 성립조건은 공변관계(㉠), 시간적 선행성(㉡), 외생변수 통제(㉤) 3가지이다.

| 정답 | 009 ③　010 ③　011 ③　012 ①

013

다음 중 조사대상의 두 변수들 사이에 인과관계가 성립되기 위한 조건이 아닌 것은?　　　　　　　　　　2018년 2회

① 원인의 변수가 결과의 변수에 선행하여야 한다.
② 두 변수 간의 상호관계는 제3의 변수에 의해 설명되면 안 된다.
③ 때로는 원인변수를 제거해도 결과변수도 존재할 수 있다.
④ 두 변수는 상호연관성을 가져야 한다.

해설 원인변수와 결과변수는 함께 변화해야 하며, 두 변수는 경험적으로 서로 상호 관련되어야 한다. 따라서 원인변수와 결과변수 사이에서 원인변수를 제거하면 결과변수도 존재할 수 없다.

014

사회과학연구에서 인과관계를 규명하는 내용에 관한 설명으로 틀린 것은?　　　　　　　　　　2017년 3회

① 두 변수 사이에 시간적 순서가 존재해야 한다.
② 두 변수 간에는 정(+) 혹은 부(-)적 관계가 존재할 수 있다.
③ 두 변수 간에는 상관관계가 존재해야 한다.
④ 두 변수 간에 상관이 발견되면 인과관계도 성립된다.

해설 두 변수 간의 공변성은 상관관계를 나타내주는 상관계수를 통해 확인할 수 있다. 상관계수는 두 변수 사이의 상관관계(A가 변하면 B도 변하는 관계)만 의미할 뿐 인과관계(A의 변화 때문에 B가 변하는 관계)를 의미하는 것은 아니다. 따라서 두 변수 간에 상관관계가 발견되었다고 해서 인과관계가 성립하는 것은 아니다.

015

변수 간의 인과성 검증에 대한 설명으로 옳은 것은?　　　　　　　　　　2020년 1·2회

① 인과성은 두 변수의 공변성 여부에 따라 확정된다.
② '가난한 사람들은 무계획한 소비를 한다.'라는 설명은 시간적 우선성 원칙에 부합한다.
③ 독립변수와 종속변수 사이의 인과관계는 제3의 변수가 통제되지 않으면 허위적일 수 있다.
④ 실험설계는 인과성 규명을 목적으로 하지 않는다.

해설 ① 인과성은 두 변수의 공변성뿐만 아니라 시간적 선행성과 비허위적 관계를 모두 만족해야 한다.
② '무계획한 소비를 하면 가난해진다.'라고 하는 것이 시간적 우선성에 부합하다.
④ 실험설계는 독립변수가 종속변수에 영향을 미치는 인과관계에 대한 가설검증이 목적이다.

016

어떤 연구자가 한 도시의 성인 500명을 무작위로 추출하여 인터넷 이용이 흡연에 미치는 영향을 조사한 결과, 인터넷 이용량이 많은 사람일수록 흡연량도 유의미하게 많은 것으로 나타났다. 이를 토대로 인터넷 이용이 흡연을 야기시킨다는 인과적인 설명을 하는 경우 가장 문제가 되는 인과성의 요건은?　　　　　　　　　　2017년 2회

① 경험적 상관
② 허위적 상관
③ 통계적 통제
④ 시간적 순서

해설 허위적 상관이란 독립변수와 종속변수 사이의 상관관계 또는 인과관계가 제3의 변수에 의해 만들어진 것일 수 있다는 것이다. '인터넷 이용'과 '흡연량' 간의 관계에 대한 연구와 같이 사회현상을 연구하는 것은 개방시스템을 전제하므로 인과관계에 대해 결과를 발생시키는 원인이 여러 가지 있을 수 있다. 조사자는 두 변수 사이의 공변관계가 허위관계가 아님을 증명할 수 있어야 한다.

| 정답 | 013 ③　014 ④　015 ③　016 ②

017

실험연구의 내적타당도를 저해하는 원인 가운데 실험기간 중 독립변수의 변화가 아닌 피실험자의 심리적·연구통계적 특성의 변화가 종속변수에 영향을 미치는 경우에 해당하는 것은?

2020년 1·2회

① 우발적 사건
② 성숙효과
③ 표본의 편중
④ 통계적 회귀

해설 ① 연구기간 동안 천재지변이나 예상치 않았던 사건이 일어나는 경우로, 연구가 진행되는 중에 환경이 바뀜에 따라 연구결과가 다르게 나타나는 것이다.
③ 실험의 대상이 되는 집단 간의 차이가 결과변수에 영향을 미치는 경우이다.
④ 최초의 측정에서 양 극단적인 측정값을 보인 사례들을 이후에 재측정하면 평균값으로 회귀하여 처음과 같은 극단적 측정값을 나타낼 확률이 줄어드는 경우이다.

018

다음 사례에서 영향을 미칠 수 있는 대표적인 타당도 저해요인은 무엇인가?

2022년 2회

체육활동을 진행한 후에 대상 청소년들의 키가 부쩍 자랐다. 이 결과를 통해 체육활동이 청소년의 키 성장에 크게 효과가 있다고 추론하였다.

① 외부사건(History)
② 검사효과(Testing Effect)
③ 성숙효과(Maturation Effect)
④ 도구효과(Instrumentation Effect)

해설 청소년들이 체육활동을 진행하는 동안 자연적으로 성장한 결과로 키가 자랄 수 있다. 즉, 시간의 경과에 따라 실험집단의 육체적·심리적 특성이 자연적으로 변화하는 경우인 성숙효과가 영향을 미칠 수 있다.
① 연구기간 동안 천재지변이나 예상치 않았던 사건과 같은 우연적 사건이 일어나는 경우로, 연구가 진행되는 중에 환경이 바뀜에 따라 연구결과가 다르게 나타나는 것이다.
② 측정이 반복되면서 얻어지는 학습효과로 인해 실험대상자의 반응에 영향을 미치는 경우이다.
④ 측정자의 측정도구(수단)가 달라짐으로 인해 결과에 영향을 미치는 경우이다.

019

다음 설명에 포함되어 있는 타당도 저해요인은?

2018년 2회

학생 50명에 대한 학습능력검사(사전검사) 결과를 근거로 학습능력이 최하위권인 학생 10명을 선정하여 학습능력 향상 프로그램을 시행한 후 사후검사를 했더니 10점 만점에 평균 3점이 향상되었다.

① 역사적 요인
② 실험대상의 변동
③ 통계적 회귀
④ 선정요인

해설 통계적 회귀는 최초의 측정에서 양 극단적인 측정값을 보인 사례들을 이후에 재측정하면 평균값으로 회귀하여 처음과 같은 극단적 측정값을 나타낼 확률이 줄어드는 경우이다. 따라서 통계적 회귀로 인해 프로그램의 효과가 없더라도 최하위권 학생들의 성적이 높아질 수 있다.
① 연구기간 동안 천재지변이나 예상치 않았던 사건과 같은 '우연적 사건'이 일어나는 경우로, 연구가 진행되는 중에 환경이 바뀜에 따라 연구결과가 다르게 나타나는 것이다.
② 조사기간 중 특정 실험대상이 이탈함 등으로 인해 결과에 영향을 미치는 경우이다.
④ 연구자가 실험집단과 통제집단을 선발할 때 편견을 가지고 선발(선정)하여 결과에 영향을 미치는 경우이다.

020

다음 사례에서 가장 문제될 수 있는 타당도 저해요인은?

2020년 1·2회

2008년 경제위기로 인해 범죄율이 급격히 증가하였고, 이에 경찰은 2009년 순찰활동을 크게 강화하였다. 2010년 범죄율은 급속히 떨어졌고, 경찰은 순찰활동이 범죄율의 하락에 크게 영향을 미쳤다고 발표하였다.

① 성숙효과(Maturation Effect)
② 통계적 회귀(Statistical Regression)
③ 검사효과(Testing Effect)
④ 도구효과(Instrumentation Effect)

해설 통계적 회귀는 최초의 측정에서 양 극단적인 측정값을 보인 사례들을 이후에 재측정하면 평균값으로 회귀하여 처음과 같은 극단적 측정값을 나타낼 확률이 줄어드는 경우이다. 범죄율이 급격히 증가하고, 급속히 떨어진 극단치를 조사하였으므로 통계적 회귀가 문제될 수 있다.

| 정답 | 017 ② 018 ③ 019 ③ 020 ②

021

측정이 반복됨으로써 얻어지는 학습효과로 인해 실험대상자의 반응에 영향을 미치는 것은?

2021년 1회

① 성숙효과
② 통계적 회귀
③ 시험효과
④ 실험대상의 소멸

해설 시험효과는 측정이 반복되면서 얻어지는 학습효과로 인해 실험대상자의 반응에 영향을 미치는 것으로, 주시험효과, 검사효과라고도 한다.

022

다음 사례에 내재된 연구설계의 타당성 저해요인이 아닌 것은?

2021년 3회

> 한 집단에 대하여 자아존중감 검사를 하였다. 그 결과 정상치보다 지나치게 낮은 점수가 나온 사람들이 발견되었고, 이들을 대상으로 자아존중감 향상 프로그램을 실시하였다. 프로그램 종료 후에 다시 같은 검사를 실시하여 자아존중감을 측정한 결과 사람들의 점수 평균이 이전보다 높아진 것으로 나타났다.

① 시험효과(Testing Effect)
② 도구효과(Instrumentation Effect)
③ 성숙효과(Maturation Effect)
④ 통계적 회귀(Statistical Regression)

해설 정상치보다 지나치게 낮은 사람을 대상으로 검사하였으므로 통계적 회귀가 문제될 수 있다. 또한 같은 검사를 다시 실시하였으므로 시험효과가 영향을 미칠 수 있으며, 자아존중감 향상 프로그램을 실시하는 동안 실험대상자의 심리적·연구통계적 특성의 변화가 일어났을 수 있으므로 성숙효과 또한 타당성의 저해요인이 될 수 있다.

023

다음 연구의 진행에 있어 내적타당성을 위협하는 요인이 아닌 것은?

2019년 2회

> 대학생들의 성(性) 윤리의식을 파악하기 위해 실험연구방법을 적용하여 각각 30명의 대학생을 실험집단과 통제집단으로 선정하여 1개월간의 현지실험조사를 실시하려 한다.

① 우연적 사건(History)
② 표본의 편중(Selection Bias)
③ 측정수단의 변화(Instrumentation)
④ 실험변수의 확산 또는 모방(Diffusion or Imitation of Treatments)

해설 현지실험조사가 1개월간 진행되는 중에 환경이 바뀌어 연구결과가 다르게 나타날 수 있으며(우연적 사건), 실험연구방법을 적용하여 측정수단이 변할 수 있고(측정수단의 변화), 실험집단과 통제집단 간에 성(性) 윤리의식에 대한 모방심리가 결과에 영향을 미칠 수 있다(실험변수의 확산 또는 모방). 그러나 실험집단과 통제집단 모두 대학생으로 동질적이므로 표본의 편중은 확인되지 않는다.

024

외적타당도를 저해하는 요소에 관한 설명이 아닌 것은?

2020년 3회

① 측정도구나 관찰자에 따라 측정이 달라질 수 있다.
② 측정 자체가 실험대상자들의 행동을 변화시킬 수 있다.
③ 실험대상자 선정에서 오는 편향과 독립변수 간에 상호작용이 있을 수 있다.
④ 연구의 결과가 일반화될 수 있는가의 여부는 표집뿐만 아니라 생태학적 상황에 의해서도 결정될 수 있다.

해설 측정도구나 관찰자에 따라 측정이 달라질 수 있는 것은 내적타당도를 저해하는 요소 중 하나인 도구효과에 대한 설명이다. 외적타당도를 저해하는 요소에는 표본의 대표성, 생태적 대표성, 실험에 대한 반응성, 플라시보효과, 실험적 처리의 일반성 등이 있다.
② 실험에 대한 반응성에 대한 설명이다.
③ 표본의 대표성에 대한 설명이다.
④ 생태적 대표성에 대한 설명이다.

| 정답 | 021 ③ 022 ② 023 ② 024 ①

025

다음 사례에 대한 타당도 저해요인에 기초한 비판 중 그 성격이 나머지와 다른 하나는? 2017년 3회

> 경찰은 2011년 12월 대전지역에서 일제 음주운전단속을 실시하였고, 그 결과 2012년 초 음주운전은 크게 감소하였다고 주장하였다.

① 가장 음주운전이 많은 시기는 연말이므로, 자연스럽게 예전의 상태로 돌아온 것뿐이다.
② 경찰이 2012년부터 새 음주측정기로 교체하였으므로, 이 감소는 음주측정기의 교체에 의한 것이다.
③ 결과는 대전지역에서나 가능한 이야기이지, 다른 지역에서는 감소시키기 어려웠을 것이다.
④ 2012년부터 주류세가 대폭 인상되었으므로, 음주가 줄어든 것은 음주운전 감소가 원인이다.

해설 대전지역에서 얻은 결과를 다른 지역으로 일반화하여 주장한다는 것은 외적타당성에 대한 비판이다.
① 내적타당성의 저해요인 중 통계적 회귀에 입각하여 비판한 것이다.
② 내적타당성의 저해요인 중 도구요인에 입각하여 비판한 것이다.
④ 내적타당성의 저해요인 중 외부사건에 입각하여 비판한 것이다.

026

실험설계에 대한 설명으로 틀린 것은? 2018년 3회

① 통제집단 사후검사설계는 무작위할당으로 통제집단과 실험집단을 나누고 실험집단에만 개입을 한다.
② 정태적(Static) 집단 비교설계는 실험집단과 개입이 주어지지 않은 집단을 사후에 구분해서 종속변수의 값을 비교한다.
③ 비동일 통제집단설계는 임의적으로 나눈 실험집단과 통제집단 간의 교류를 통제한다.
④ 복수시계열설계는 실험집단과 통제집단에 대해 개입 전과 개입 후 여러 차례 종속변수를 측정한다.

해설 비동일 통제집단설계는 연구자가 임의로 선정한 실험집단과 통제집단을 대상으로 사전-사후검사를 실시하여 종속변수의 변화를 비교한다. 실험집단과 통제집단이 무작위로 배치되지 않기 때문에 두 집단의 초기상태가 동일하지 않을 가능성이 크다. 또한 두 집단 간의 교류 등을 통제하지 못해 실험집단의 결과가 통제집단으로 모방되거나 확산되는 효과 역시 통제하지 못하는 어려움이 있다.

027

순수실험설계(True Experimental Design)의 특징이 아닌 것은? 2021년 1회

① 독립변수의 조작
② 외생변수의 통제
③ 비동일 통제집단의 설정
④ 실험집단과 통제집단에 대한 무작위할당

해설 실험설계는 실험집단과 통제집단에 대한 무작위할당, 독립변수 조작, 외생변수의 통제 등이 어느 정도 충족되느냐에 따라 순수실험설계, 유사실험설계, 사전실험설계, 사후실험설계로 분류된다. 순수실험설계는 이 조건들이 충실하게 갖추어진 설계유형이다.

028

다음 중 외생변수의 통제가 가장 용이한 실험설계는? 2020년 3회

① 비동일 통제집단 사전-사후측정설계
② 단일집단 사전-사후측정설계
③ 집단 비교설계
④ 통제집단 사전-사후측정설계

해설 실험설계는 실험집단과 통제집단에 대한 무작위할당, 독립변수 조작, 외생변수의 통제 등이 어느 정도 충족되느냐에 따라 순수실험설계, 유사실험설계, 사전실험설계, 사후실험설계로 분류되며, 순수실험설계는 이 조건들이 충실하게 갖추어진 설계유형이다. 따라서 외생변수의 통제가 가장 용이한 실험설계는 순수실험설계인 통제집단 사전-사후측정설계이다.
① 유사실험설계에 해당한다.
②③ 사전실험설계에 해당한다.

| 정답 | **025** ③ **026** ③ **027** ③ **028** ④

029

다음에서 설명하고 있는 실험설계는? 2019년 3회

> 수학과외의 효과를 측정하기 위하여 유사한 특징을 가진 두 집단을 구성하고 각각 수학시험을 보게 하였다. 이후 한 집단에는 과외를 시키고, 다른 집단을 그대로 둔 다음 다시 각각 수학시험을 보게 하였다.

① 집단 비교설계
② 솔로몬 4집단설계
③ 통제집단 사후측정설계
④ 통제집단 사전-사후측정설계

해설 유사한 특징을 가진 두 집단을 구성하고 각각 수학시험을 보게 하였으므로 무작위할당을 하였다. 실험집단과 통제집단으로 나누고 사전측정을 실시한 것이며, 한 집단에만 과외를 시킨 후 두 집단 모두 수학시험을 보았으므로 사후측정을 실시한 것이다. 따라서 통제집단 사전-사후측정설계에 따른 것이다.

030

실험설계와 비교한 비실험설계(Non-Experimental design)에 대한 설명으로 옳지 않은 것은?

① 기본적인 논리는 실험설계(Experimental Design)와 동일하다.
② 비실험조사에서도 반드시 가설을 설정하여 이를 검증하는 절차를 거쳐야 한다.
③ 종속변수를 먼저 관찰하고 독립변수는 종속변수와 동시에 관찰하는 경우가 많다.
④ 독립변수를 직접 조작할 수 없기 때문에 인과관계의 가설에 대한 확신의 정도가 크게 낮다.

해설 비실험조사에서 반드시 가설을 설정해야 하는 것은 아니다.

031

다음의 사례에서 사용한 조사설계방법은? 2021년 2회

> 저소득층의 중학생들을 대상으로 무작위로 실험집단과 통제집단에 각각 50명씩 할당하여 실험집단에는 한 달간 48시간의 학습프로그램 개입을 실시하였고, 통제집단은 아무런 개입 없이 사후조사만 실시하였다.

① 정태집단 비교설계(Static Group Comparison Design)
② 단일집단 사전-사후검사설계(One-group Pretest-posttest Design)
③ 통제집단 사후검사설계(Posttest-only Control Group Design)
④ 통제집단 사전-사후검사설계(Pretest-posttest Control Group Design)

해설 저소득층 중학생들을 대상으로 무작위로 실험집단과 통제집단을 나누고 실험집단에만 개입을 실시한 뒤 두 집단 모두 사후조사를 실시하였으므로 통제집단 사후검사설계에 따른 것이다.

032

사전-사후측정에서 나타나는 사전측정의 영향을 제거하기 위해 사전측정을 한 집단과 그렇지 않은 집단으로 나누어 동일한 처치를 가하여 모든 외생변수의 통제가 가능한 실험설계방법은? 2020년 1·2회

① 요인설계
② 솔로몬 4집단설계
③ 통제집단 사후측정설계
④ 통제집단 사전-사후측정설계

해설 솔로몬 4집단설계는 무작위할당으로 4개의 집단을 구성하여 2개의 집단은 사전검사를 실시하고, 2개의 집단은 사전검사를 실시하지 않는다. 사전검사를 실시한 집단 중 하나와 사전검사를 실시하지 않은 집단 중 하나에 처치를 하고, 모두 사후측정을 한 뒤 사후측정에서의 차이점이 독립변수에 의한 것인지 사전측정에 의한 것인지를 비교한다. 따라서 사전-사후검사에서 나타나는 사전검사의 영향을 제거하기 위해 사전검사를 한 집단과 그렇지 않은 집단으로 나누고 동일한 처치를 가하여 모든 외생변수를 통제할 수 있다.

| 정답 | 029 ④ 030 ② 031 ③ 032 ②

033
다음 솔로몬 연구설계에 관한 설명으로 맞는 것을 모두 고른 것은?
2021년 3회

> ㉠ 4개의 집단으로 구성한다.
> ㉡ 사전측정을 하지 않는 집단은 2개이다.
> ㉢ 사후측정에서의 차이점이 독립변수에 의한 것인지 사전측정에 의한 것인지 알 수 있다.
> ㉣ 통제집단 사전-사후검사설계와 비동일 비교집단설계를 합한 형태이다.

① ㉠
② ㉠, ㉡, ㉢
③ ㉡, ㉣
④ ㉠, ㉡, ㉢, ㉣

해설 솔로몬 연구설계는 통제집단 사전-사후검사설계와 통제집단 사후검사설계를 결합한 형태로 가장 이상적인 설계유형이다.
㉠㉡㉢ 솔로몬 연구설계는 무작위할당으로 4개의 집단을 구성하여 2개의 집단은 사전검사를 실시하고, 2개의 집단은 사전검사를 실시하지 않는다. 사전검사를 실시한 두 집단 중 하나와 사전검사를 실시하지 않은 집단 중 하나에 처치를 하고, 모두 사후측정을 하여 사후측정에서의 차이점이 독립변수에 의한 것인지 사전측정에 의한 것인지를 비교한다.

034
순수실험설계와 유사실험설계를 구분하는 기준으로 가장 적합한 것은?
2021년 2회

① 독립변수의 설정
② 비교집단의 설정
③ 종속변수의 설정
④ 실험대상 선정의 무작위화

해설 순수실험설계는 유사실험설계와 달리 실험대상을 선정할 때 무작위화를 거친다. 순수실험설계는 실험집단과 통제집단에 대한 무작위할당, 독립변수의 조작, 외생변수의 통제 등 실험적 조건을 갖춘 설계유형이다.

035
실험설계방법 중 유사실험설계에 해당하지 않는 것은?
2021년 1회

① 동류집단설계
② 비동일 통제집단설계
③ 단일집단 반복실험설계
④ 통제집단 사후측정설계

해설 통제집단 사후측정설계는 순수실험설계 유형에 해당한다.
①②③ 유사실험설계의 유형으로는 비동일 통제집단설계, 단순시계열설계(단일집단 반복실험설계), 복수시계열설계, 동류집단설계 등이 있다.

036
실험설계를 사전실험설계, 순수실험설계, 유사실험설계, 사후실험설계로 구분할 때 유사실험설계에 해당하는 것은?
2017년 2회

① 단일집단 사후측정설계(One Group Posttest-only Design)
② 집단 비교설계(Static-group Comparison)
③ 솔로몬 4집단설계(Solomon Four Group Design)
④ 비동일 통제집단설계(Nonequivalent Control Group Design)

해설 유사실험설계의 유형으로는 비동일 통제집단설계, 단순시계열설계(단일집단 반복실험설계), 복수시계열설계, 동류집단설계 등이 있다.
①② 사전실험설계에 해당한다.
③ 순수실험설계에 해당한다.

| 정답 | 033 ② 034 ④ 035 ④ 036 ④

037

학교에서 실시하는 금연교육이 학생들의 호흡에 미치는 효과를 알아보기 위하여 중학교 두 곳을 선정하였다. 이때 실험집단은 해당 지역의 교육청에서 금연교육 대상으로 추천해 준 중학교이며 통제집단은 실험집단 학교와 인접해 있으면서 인구학적으로 유사한 특성을 가진 학교이다. 두 학교 모두 금연 관련 설문조사 및 호흡 관련 검사를 허락해주었다. 연구자가 취한 실험설계는?
2021년 2회

① 솔로몬 설계
② 비동일 통제집단설계
③ 플라시보 통제집단설계
④ 통제집단 사전-사후검사설계

해설 연구자가 임의로 중학교 두 곳을 선정하였으므로 순수실험설계의 유형인 솔로몬 설계, 플라시보 통제집단설계, 통제집단 사전-사후검사설계는 해당하지 않는다. 유사실험설계의 유형 중 하나인 비동일 통제집단설계를 취한 것으로 볼 수 있다.

038

다음은 무엇에 관한 설명인가?
2017년 3회

- 실험집단에 대하여 사전조사를 실시한다.
- 실험집단에 대하여 실험자극을 부여한 다음 종속변수를 측정한다.
- 통제집단은 구성하지 않는다.

① 단일집단 사후측정설계(One Group Posttest-only Design)
② 집단 비교설계(Static-group Comparison Design)
③ 솔로몬 4집단설계(Solomon Four-group Design)
④ 단일집단 사전-사후측정설계(One-group Pretest-posttest Design)

해설 단일집단 사전-사후측정설계는 연구자가 임의로 선정한 단일집단을 대상으로 사전조사를 실시하고 실험처치를 부여한 후 사후조사를 실시하여 처치 전후의 인과관계를 추정한다.
① 사전조사를 실시하지 않는다.
② 통제집단을 구성하며, 사전조사를 실시하지 않는다.
③ 통제집단을 구성한다.

039

단일집단 사후측정설계에 관한 설명으로 옳은 것은?
2020년 3회

① 외적타당도가 높다.
② 실험적 처치를 필요로 하지 않는다.
③ 인과관계를 규명하는 데 취약한 설계이다.
④ 외생변수를 쉽게 통제할 수 있다.

해설 단일집단 사후측정설계는 연구자가 임의로 선정한 단일집단을 대상으로 실험처치를 한 후 종속변수의 특성을 검사하여 결과를 평가하므로 인과관계를 규명하는 데 취약한 설계이며, 외적타당도가 낮고 외생변수의 통제가 어렵다.

040

다음에 나타난 실험설계방법은?
2022년 2회

- 비교를 위한 두 개의 집단이 있다.
- 외부요인 효과의 발생 가능성을 배제하기 어렵다.
- 상관관계 연구와 유사한 성격을 지닌다.
- 집단 간 동질성 보장이 어렵다.

① 다중시계열(Multiple Time-series)설계
② 플라시보 통제집단(Placebo Control Group)설계
③ 통제집단 사후검사(Posttest Control Group)설계
④ 정태집단 비교(Static Group Comparison)설계

해설 정태집단 비교설계는 통제집단 사후검사설계에서 무작위할당을 제외한 사전실험설계로, 비교를 위한 두 개의 집단이 있으며, 상관관계 연구와 유사한 성격을 지닌다. 연구자가 임의로 실험집단과 통제집단을 선정한 후 처치를 가한 실험집단과 그렇지 않은 통제집단의 결과를 비교하므로 외부요인 효과의 발생 가능성을 배제하기 어렵고, 집단 간 동질성을 보장하기 어렵다.

| 정답 | 037 ② 038 ④ 039 ③ 040 ④

041
사후실험설계(Ex-post Facto Research Design)의 특징에 관한 설명으로 틀린 것은? 2020년 1·2회

① 가설의 실제적 가치 및 현실성을 높일 수 있다.
② 분석 및 해석에 있어 편파적이거나 근시안적 관점에서 벗어날 수 있다.
③ 순수실험설계에 비하여 변수 간의 인과관계를 명확히 밝힐 수 있다.
④ 조사의 과정 및 결과가 객관적이며 조사를 위해 투입되는 시간 및 비용을 줄일 수 있다.

해설 사후실험설계는 독립변수를 조작할 수 없는 상태 또는 이미 노출된 상태에서 변수 간의 관계를 검증하기 위한 설계유형으로, 순수실험설계에 비해 변수 간의 인과관계를 명확히 밝힐 수 없다는 단점이 있다. 그러나 가설의 실제적 가치 및 현실성을 높일 수 있고, 분석 및 해석에 있어 편파적이거나 근시안적 관점에서 벗어날 수 있으며, 조사의 과정 및 결과가 객관적이고, 조사를 위해 투입되는 시간 및 비용을 줄일 수 있다는 장점이 있다.

042
다음 사례에 해당하는 조사설계 방법으로 가장 적절한 것은?

> 슈퍼마켓에 상이한 색상으로 포장된 동일한 제품을 진열해 놓고 1주일간 판매를 하고 포장의 색상이 다른 판매에 미치는 영향을 분석하는 조사를 실시하였다.

① 원시실험설계
② 순수실험설계
③ 유사실험설계
④ 사후실험설계

해설 무작위할당에 의해 실험집단과 통제집단을 동등하게 할 수 없는 경우 실험집단과 유사한 비교집단으로 실험한다.

043
다음 설계에 대한 설명으로 옳은 것은?

> Q_1　X　Q_2
> Q_1: 사전조사, X: 개입프로그램, Q_2: 사후검사

① 내적 타당도가 강한 설계이다.
② 검사효과를 통제하는 설계이다.
③ 순수실험설계에 속하는 설계이다.
④ 통제집단을 확보하기 어려울 때 사용할 수 있는 설계이다.

해설 단순시계열설계(단일집단 반복실험설계)에 대한 설명이다.
① 통제집단을 별도로 두지 않기 때문에 내적타당성의 문제점을 보일 수 있다.
② 사전검사를 하기 때문에 검사효과를 통제하지 못한다.
③ 유사실험설계에 해당한다.
　예 비동일통제집단설계, 단순시계열설계, 복수시계열설계

044
다음 중 통제집단 사전사후측정설계의 내적타당도를 저해하는 것은?

① 역사요인 효과
② 성숙요인 효과
③ 회귀요인 효과
④ 측정과 처리의 상호작용 효과

해설 측정과 처리의 상호작용 효과는 사전검사가 실험처리와 상호작용하여 결과에 영향을 주므로 통제집단이 있어도 통제되지 않아 내적 타당도를 저해한다.

| 정답 | 041 ③　042 ③　043 ④　044 ④

에듀윌이
너를
지지할게
ENERGY

걸음마를 시작하기 전에
규칙을 먼저 공부하는 사람은 없다.
직접 걸어 보고 계속 넘어지면서
배우는 것이다.

– 리처드 브랜슨(Richard Branson)

제2과목

조사관리와 자료처리

2026 CBT 출제 예상 키워드

CHAPTER 01 자료수집방법 p.88

- 2차 자료의 종류
- 퓨필로미터
- 표적집단면접
- 간접질문의 종류
- 투사법
- 면접실시
- 개방형 질문
- 면접법의 장단점
- 최근정보효과

CHAPTER 02 실사관리 p.111

- 조사원의 자세교육
- 설문지상의 문제 발생 시 대응 방안

CHAPTER 03 2차 자료 분석 p.121

- 2차 자료의 종류
- 2차 자료의 유형

CHAPTER 04 측정의 타당성과 신뢰성 p.130

- 변수의 종류
- 조작적 정의
- 순위법
- 측정오차의 종류
- 개념의 의미
- 가설의 의미
- 의미분화척도
- 타당성의 종류
- 재정의(재개념화)
- 측정의 의미
- 측정오차의 개념
- 내적일관성법

CHAPTER 05 자료처리 p.179

- 자료처리의 의미
- 문항별 범위 설정
- 재조사 실시 및 대상
- 입력된 자료의 적합성 판단 및 오류 값 수정
- 결측값과 무응답
- 자료값의 범위 설정
- 무응답의 유형 및 처리 방법
- 개방형 응답내용의 부호화
- 응답자 ID값의 범위 설정

CHAPTER 01

자료수집방법

핵심이론(1권) p.86

001
2차 자료 분석의 특징과 가장 거리가 먼 것은? 2021년 3회
① 자료의 결측값을 추적할 수 있다.
② 자료를 직접 수집하지 않아도 된다.
③ 기존 데이터를 수정·편집해 분석할 수 있다.
④ 비교적 적은 비용으로 대규모 사례 분석이 가능하다.

해설 1차 자료는 연구자가 직접 수집했으므로 자료의 결측값, 이상값 등을 추적할 수 있으나, 2차 자료는 연구목적을 위해 사용될 수 있는 연구된 기존 자료이므로 자료의 결측값이나 이상값을 추적할 수 없다.

002
2차 자료의 이용에 관한 설명으로 틀린 것은? 2018년 2회
① 2차 자료의 이점은 시간과 비용을 절약할 수 있다는 것이다.
② 2차 자료는 조사목적의 적합성, 자료의 정확성, 일치성 등을 기준으로 평가될 수 있다.
③ 조사목적을 달성하기 위해서는 2차 자료가 반드시 필요하다.
④ 2차 자료는 경우에 따라 당면한 조사문제를 평가할 수도 있다.

해설 조사목적을 달성하기 위해 1차 자료를 충분히 얻었다면 2차 자료를 반드시 확인하지 않아도 된다.

003
2차 자료(Secondary Date) 사용에 관한 설명으로 틀린 것은? 2021년 1회
① 자료수집에 걸리는 시간과 노력을 줄일 수 있다.
② 2차 자료는 가설의 검증을 위해서는 사용할 수 없다.
③ 다른 방법에 의해 수집된 자료를 보충하고 타당성을 검토하기 위해 사용한다.
④ 연구자가 원하는 개념을 마음대로 측정할 수 없으므로 척도의 타당도가 문제될 수 있다.

해설 경우에 따라 2차 자료만으로 당면한 조사문제를 평가할 수 있고, 가설의 검증을 위해 사용할 수 있다.

004
다음 중 2차 자료가 아닌 것은? 2020년 4회
① 각종 통계자료
② 연구자가 직접 응답자에게 질문해서 얻은 자료
③ 조사기관의 정기, 비정기 간행물
④ 기업에서 수집한 자료

해설 연구자가 직접 응답자에게 질문해서 얻은 자료는 1차 자료이다. 2차 자료는 연구목적을 위해 사용될 수 있는 기존 자료로 개인, 집단, 조직, 기관 등에 의해 만들어진 각종 통계자료, 조사기관의 정기·비정기 간행물, 기업에서 수집한 자료, 상업용 자료 등이 해당한다.

| 정답 | 001 ① 002 ③ 003 ② 004 ②

005
다음 중 2차 자료를 이용하는 조사방법은? 2019년 3회

① 현지조사 ② 패널조사
③ 문헌조사 ④ 대인면접법

해설 2차 자료는 연구목적을 위해 사용될 수 있는 이미 연구된 기존 자료이다. 2차 자료를 이용한 대표적인 조사방법으로는 문헌조사가 있다.

006
2차 문헌자료를 활용할 때 주의해야 할 사항이 아닌 것은? 2018년 3회

① 샘플링의 편향성(Bias)
② 반응성(Reactivity) 문제
③ 자료 간 일관성 부재
④ 불완전한 정보의 한계

해설 반응성(Reactivity)이란 실험대상자가 스스로 실험의 대상이 되고 있음을 인식할 때 나타나는 의식적 반응이 연구의 결과에 영향을 미치는 것이다. 2차 자료는 과거에 만들어진 자료이므로 반응성의 문제가 발생하지 않는다.

007
자료수집방법에 관한 설명으로 틀린 것은? 2022년 1회

① 비반응성 자료수집: 연구대상의 반응성 오류를 피할 수 있다.
② 대인면접설문: 방문조사원에 의해 보충적인 자료가 수집될 수 있다.
③ 우편설문: 원래 표본으로 추출된 응답자가 응답하지 않을 수 있다.
④ 실험자료수집: 개입을 제공하기 전에는 종속변수의 측정이 사실상 불가능하다.

해설 실험자료수집(실험법)은 가설을 세우고 실험집단과 통제집단으로 구분하여 개입 전후를 비교한다. 개입을 제공하기 전 사전검사를 통해 종속변수를 측정할 수도 있다.

008
조사자와 응답자의 친숙한 분위기 형성이 상대적으로 중요하지 않은 자료수집방법은?

① 면접조사 ② 심층면접조사
③ 집단면접조사 ④ 집단조사

해설 집단조사는 보통 학교나 단체 등에서 설문지를 일괄 배부하여 작성하게 하는 방식이므로 친숙한 분위기 형성이 중요하지 않다.

009
우편조사, 전화조사, 대면면접조사에 관한 비교 설명으로 옳은 것은? 2019년 2회

① 우편조사의 응답률이 가장 높다.
② 대면면접조사에서는 추가 질문하기가 가장 어렵다.
③ 우편조사와 전화조사는 자기기입식 자료수집방법이다.
④ 어린이나 노인에게는 대면면접조사가 가장 적절하다.

해설 ① 조사자와 응답자가 직접 대면하는 대면면접조사가 가장 응답률이 높다.
② 대면면접조사는 추가 질문하기가 쉽고, 우편조사는 추가 질문하기가 가장 어렵다.
③ 전화조사는 전화상으로 답변한 내용을 조사자가 기록하기 때문에 자기기입식 자료수집방법이 아니다.

010
일반적으로 가장 높은 응답률을 확보할 수 있는 조사방법은? 2022년 1회

① 우편설문법 ② 전화설문법
③ 직접면접법 ④ 전자서베이

해설 일반적으로 가장 높은 응답률을 확보할 수 있는 조사방법은 면접법이다. 면접법은 어린이나 노인에게 적절하고, 추가 질문을 통해 보충적인 자료를 수집할 수 있으며, 복잡한 질문을 다루는 데 가장 적합하다.

| 정답 | 005 ③ 006 ② 007 ④ 008 ④ 009 ④ 010 ③

011

질문지법에서 자유응답형 질문 문항의 장점이 아닌 것은?

① 탐색조사에 유리하다.
② 조사비용이 낮아진다.
③ 질적연구에 유리하다.
④ 응답범주가 넓은 경우 유리하다.

해설 자유응답형 문항은 응답 내용의 분류와 해석 과정이 필요하므로 비용과 시간이 더 많이 든다.

012

자료수집방법에 대한 설명으로 틀린 것은?

① 민감한 질문은 우편조사가 유리하다.
② 복합적인 질문은 면접조사가 유리하다.
③ 개방형 질문은 전화조사가 유리하다.
④ 익명성이 요구되는 질문은 우편조사가 유리하다.

해설 개방형 질문은 면접조사가 유리하다.

013

질문지의 형식 중 간접질문의 종류가 아닌 것은? 2020년 1 · 2회

① 투사법(Projective Method)
② 오류선택법(Error-choice Method)
③ 컨틴전시법(Contingency Method)
④ 토의완성법(Argument Completion)

해설 컨틴전시법은 이전 문항의 응답에 따라 이후 질문을 달리 제시하는 조건부 직접질문법이다. 간접질문은 응답자가 조사자의 직접적인 의도를 파악하지 못하도록 응답자에게 의견을 간접적으로 묻는 것으로, 투사법, 정보검사법, 단어연상법, 오류선택법, 토의완성법 등이 있다.

014

다음 중 개방형 질문(Open-ended Questions)을 이용하기에 적합하지 못한 경우는? 2017년 2회

① 응답자들의 지식수준이 높아 면접자의 도움 없이 독자적으로 응답할 수 있는 경우
② 응답자에 대한 사전지식의 부족으로 응답을 예측할 수 없는 경우
③ 특정 행동에 대한 동기조성과 같은 깊이 있는 내용을 다루고자 하는 경우
④ 숙련된 전문면접자보다 자원봉사자에 의존하여 면접을 실시하는 경우

해설 개방형 질문은 특정 견해에 대해 탐색할 수 있는 숙련된 전문면접자에 의해 진행되어야 한다.

015

개방형 질문의 특징에 관한 설명으로 틀린 것은? 2018년 1회

① 응답자들의 모든 가능한 의견을 얻어낼 수 있다.
② 탐색조사를 하려는 경우 특히 유용하게 이용될 수 있다.
③ 응답내용의 분류가 어려워 자료의 많은 부분이 분석에서 제외되기도 한다.
④ 질문에 대해 중립적인 입장을 가진 사람만을 대상으로 조사하더라도 극단적인 결론이 얻어진다.

해설 개방형 질문은 응답자들이 질문에 대해 자유롭게 응답하는 방법이기 때문에 자세하고 풍부한 응답내용이나 예기치 않은 응답과 의견을 얻을 수 있다.

016

다음 중 개방형 질문의 특징이 아닌 것은? 2020년 3회

① 자료처리를 위한 코딩이 쉬운 장점을 갖는다.
② 예기치 않은 응답을 발견할 수 있다.
③ 자세하고 풍부한 응답내용을 얻을 수 있다.
④ 탐색조사에서 특히 유용한 질문의 형태이다.

해설 개방형 질문은 응답자가 할 수 있는 응답의 형태에 제약을 가하지 않고 자유롭게 표현하는 방법으로, 응답이 끝난 후 자료처리를 위한 코딩이나 편집 등 번거로운 절차를 거쳐야 한다.

| 정답 | 011 ② 012 ③ 013 ③ 014 ④ 015 ④ 016 ①

017

설문지에서 폐쇄형 질문과 비교한 개방형 질문에 관한 설명으로 틀린 것은?
2017년 2회

① 개방형 질문은 자료처리가 더 용이하다.
② 개방형 질문은 예비조사 시에 더 유용하다.
③ 개방형 질문을 통해 생각하지 못한 의견을 더 얻을 수 있다.
④ 개방형 질문은 무응답과 불성실한 응답이 나올 가능성이 더 많다.

해설 폐쇄형 질문은 사전에 응답에 대한 선택항목을 연구자가 제시하고 그중 어느 하나를 선택하는 방법으로, 응답이 끝난 후 코딩이나 편집 등이 간편하고 수량적 분석이 용이하다. 반면, 개방형 질문은 응답자가 할 수 있는 응답의 형태에 제약을 가하지 않고 자유롭게 표현하는 방법으로, 응답이 끝난 후 자료처리를 위한 코딩이나 편집 등 번거로운 절차를 거쳐야 하기 때문에 많은 시간과 노력이 필요하다.

018

개방형 질문의 장점을 잘 설명한 것은?

① 질문에 대한 대답이 표준화되어 있고 비교가 용이하다.
② 부호화와 분석이 용이하여 시간과 경비가 절약된다.
③ 응답범주의 수적 제한을 받지 않는다.
④ 민감한 주제에 보다 적합하다.

해설 ①②④ 폐쇄형 질문의 장점이다.

019

폐쇄형 질문과 비교한 개방형 질문에 대한 설명으로 틀린 것은?
2017년 1회

① 자료처리에 많은 시간과 노력이 든다.
② 개인 사생활과 관련되거나 민감한 질문일수록 적합하다.
③ 연구자가 알지 못했던 정보나 문제점을 발견하는 데 유용하다.
④ 응답자에게 자기표현의 기회를 줌으로써 응답자의 의견을 존중하는 느낌을 준다.

해설 사생활과 관련되거나 민감한 질문일수록 개방형 질문보다 폐쇄형 질문이 적합하다.

020

다음에 제시된 설문지 질문 유형의 특징이 아닌 것은?
2018년 2회

> 귀하가 이번 대통령 선거에서 특정 후보를 선택하는 이유를 자유롭게 작성해주시기 바랍니다.
> (   )

① 탐색적인 연구에 적합하다.
② 질문내용에 대한 연구자의 사전지식을 많이 필요로 하지 않는다.
③ 응답자에게 창의적인 자기표현의 기회를 줄 수 있다.
④ 응답자의 어문능력에 관계없이 이용이 가능하다.

해설 응답의 형태에 제약을 가하지 않고 자유롭게 표현하는 질문이므로 개방형 질문이다. 개방형 질문은 자유롭게 응답해야 하므로 응답자의 어문능력에 따라 이용에 제약이 따른다.

021

여러 질문문항들이 동일한 응답범주를 갖고 있을 경우 사용하는 질문기법은?

① 여과질문(Filter Question)
② 행렬식 질문(Matrix Question)
③ 겹치기 질문(Double-Barreled question)
④ 깔때기식 질문(Funnel Technique)

해설 행렬식 질문은 질문지의 지면을 경제적으로 활용할 수 있고, 상이한 질문 문항들에 대한 응답의 비교가 용이하다.

| 정답 | 017 ① 018 ③ 019 ② 020 ④ 021 ②

022
질문지를 설계할 때 폐쇄형 질문으로 할 때의 장점은?
2022년 2회

① 심층적인 정보를 얻기가 용이하다.
② 수집된 자료의 수량적 분석이 용이하다.
③ 응답자로부터 포괄적인 응답을 얻을 수 있다.
④ 연구를 시작할 때 기초정보 수집에 적절하다.

해설 폐쇄형 질문은 사전에 응답 선택 항목을 연구자가 제시하고 그중 어느 하나를 선택하는 방법으로, 응답이 끝난 후 코딩이나 편집 등이 간편하고 수량적 분석이 용이하다는 장점이 있다.
①③④ 개방형 질문의 장점이다.

023
다음 중 폐쇄형 질문의 단점과 가장 거리가 먼 것은?
2018년 3회

① 응답이 끝난 후 코딩이나 편집 등의 번거로운 절차를 거쳐야 한다.
② 응답자들이 말하고자 하는 내용을 보다 구체적으로 도출해 낼 수가 없다.
③ 개별 응답자들의 특색 있는 응답내용을 보다 생생하게 기록해 낼 수가 없다.
④ 각각 다른 내용의 응답이라도 미리 제시된 응답항목이 한 가지로 제한되어 있는 경우 동일한 응답으로 잘못 처리될 위험성이 있다.

해설 응답이 끝난 후 자료처리를 위한 코딩이나 편집 등의 번거로운 절차를 거치는 것은 개방형 질문의 단점에 해당한다.

024
폐쇄형 질문 방식의 장점에 해당하지 않는 것은?

① 기입부담을 경감시킨다.
② 자료처리가 빠르다.
③ 응답에 편중이 생기지 않는다.
④ 응답률이 높다.

해설 폐쇄형 질문은 연구자가 미리 정한 선택지 내에서만 응답하게 하므로 응답 편중(Bias)이 생길 수 있다.

025
폐쇄형 질문의 응답범주 작성 원칙으로 맞는 것은? 2022년 2회

① 범주의 수는 많을수록 좋다.
② 관련된 현상 중 가장 중요한 것만 범주로 제시된다.
③ 제시된 범주들 사이에 약간의 중복은 있어도 무방하다.
④ 제시된 응답범주는 가능한 응답내용을 모두 포함해야 한다.

해설 폐쇄형 질문의 응답범주는 가능한 모든 응답내용을 다 포함해야 한다는 응답범주의 포괄성을 만족해야 한다.

PLUS 폐쇄형 질문의 응답범주 작성 원칙
- 응답범주가 서로 배타적이어야 한다(응답범주 간의 상호배타성).
- 제시된 범주가 가능한 한 모든 응답범주를 다 포함하여야 한다(응답범주의 포괄성).
- 응답범주가 명료하고 간결해야 한다.
- 같은 종류의 다른 조사결과를 비교할 수 있도록 동일한 단위를 사용해야 한다.

026
다음과 같은 질문의 형태는?
2021년 1회

| 당신의 학력은 다음 중 어디에 해당합니까? (　　) |
| ㉮ 무학　㉯ 초졸　㉰ 중졸　㉱ 고졸　㉲ 대졸　㉳ 대학원 이상 |

① 개방형　　　　　　② 양자택일형
③ 다지선다형　　　　④ 자유답변형

해설 다지선다형 질문은 여러 개(3개 이상)의 응답범주를 나열해 놓고 그중에서 선택하는 방법이다. 응답범주는 보통 3~5개 정도로 상호배타적이고 중복되지 않아야 하고, 모든 내용을 포괄해야 한다. 또한 표현은 구체적이고 논리적이어야 하고, 하나의 기준에 맞추어져야 한다.

| 정답 | 022 ②　023 ①　024 ③　025 ④　026 ③

027
설문지 회수율을 높이는 방안과 가장 거리가 먼 것은?

2021년 1회

① 폐쇄형 질문의 수를 가능한 줄인다.
② 독촉 편지를 보내거나 독촉 전화를 한다.
③ 개인신상에 민감한 질문들을 가능한 줄인다.
④ 겉표지에 설문내용의 중요성을 부각시켜 응답자가 인식하게 한다.

해설 폐쇄형 질문의 수를 늘려야 회수율이 높아진다.

028
다음 중 특정 연구에 대한 사전지식이 부족할 때 예비조사(Pilot Test)에서 사용하기 가장 적합한 질문 유형은?

2020년 1·2회

① 개방형 질문   ② 폐쇄형 질문
③ 가치중립적 질문 ④ 유도성 질문

해설 예비조사에서 사용하기에 가장 적합한 질문 유형은 개방형 질문이다. 비지시적 방식으로 면접하고 관찰해 봄으로써 연구에 포함될 요점과 요소가 무엇인지 수집한다.

029
특정 지점에서 다른 특성을 지닌 집단들 사이의 차이를 측정하는 조사방법은?

2022년 2회

① 코호트(Cohort)조사
② 패널(Panel)조사
③ 서베이(Survey)조사
④ 추세(Trend)조사

해설 서베이조사는 일정 시점을 기준으로 관련 변수에 대한 자료를 수집하는 연구이다.
①②④ 표본을 일정한 시간차를 두고 반복하여 측정하는 연구이다.

030
정당 공천 시 공천에 앞서 누가 국회의원 당선 가능성이 높은지를 알아보려고 하면 어떤 조사방법을 활용하는 것이 가장 적절한가?

① 단일사례조사   ② 실험조사
③ 설문조사(서베이) ④ 비계량적조사

해설 후보자의 당선 가능성을 알아보기 위한 방법으로는 통계적·계량적 방법인 설문조사(서베이)가 가장 적절하다.

031
서베이조사의 일반적인 특성에 관한 설명으로 틀린 것은?

2020년 4회

① 모집단으로부터 추출된 표본을 대상으로 조사하는 방법이다.
② 센서스(Census)는 대표적인 서베이 방법 중 하나이다.
③ 인과관계 분석보다는 예측과 기술을 주목적으로 한다.
④ 대인조사, 전화조사, 우편조사, 온라인조사 등이 있다.

해설 센서스(Census, 인구조사)는 국가 등에서 일정 간격을 두고 전체인구 또는 전체가구 수를 전수조사하는 방법으로, 특정 시점에 다른 특성을 지닌 집단들 사이의 차이를 측정하는 서베이조사와 거리가 멀다.

032
자기기입식 조사방법이 아닌 것은?

2021년 2회

① 전화조사   ② 집단조사
③ 우편조사   ④ 온라인조사

해설 자기기입식 설문조사는 응답자가 전달한 설문지를 열고 제시된 설문에 스스로 응답하는 설문조사방식이다. 전화조사는 조사자가 응답자의 질문내용을 직접 기록하는 방식이다.

| 정답 | 027 ① 028 ① 029 ③ 030 ③ 031 ② 032 ①

033

자기기입식 설문조사에 비해 면접설문조사가 갖는 장점이 아닌 것은? 2020년 4회

① 답변의 맥락을 이해할 수 있다.
② 무응답 항목을 최소화한다.
③ 조사대상 1인당 비용이 저렴하다.
④ 개방형 질문에 유리하다.

해설 일반적으로 면접설문조사는 자기기입식 설문조사보다 조사대상 1인당 비용이 많이 들고 시간이 더 걸린다는 단점이 있다.
①②④ 면접설문조사는 직접 조사하기 때문에 답변의 맥락을 이해할 수 있고, 응답률이 높아 응답의 결측치를 최소화할 수 있다. 자기기입식 설문조사에 비해 폐쇄형 질문보다는 개방형 질문에 유리하다.

034

자기기입식 설문조사와 비교한 면접설문조사의 장점으로 옳은 것은? 2019년 1회

① 자료입력이 편리하다.
② 응답의 결측치를 최소화한다.
③ 조사대상 1인당 비용이 저렴하다.
④ 폐쇄형 질문에 유리하다.

해설 면접설문조사는 자료입력이 불편하고, 조사대상 1인당 비용이 많이 들며, 폐쇄형 질문에 불리하고 면접자의 주관이 개입될 수 있다.

035

설문조사에 관한 설명으로 옳지 않은 것은? 2020년 1·2회

① 일반적으로 자기기입식 설문조사는 면접설문조사보다 비용이 적게 들고 시간이 덜 걸린다.
② 자기기입식 설문조사는 익명성이 보장되기 때문에 면접설문조사보다 민감한 쟁점을 다루는 데 유리하다.
③ 자기기입식 설문조사는 면접설문조사보다 복잡한 쟁점을 다루는 데 더 효과적이다.
④ 면접설문조사에서는 면접원이 질문에 대한 대답 외에도 중요한 관찰을 할 수 있다.

해설 면접설문조사는 조사자가 질문을 말로 하고 응답자의 반응을 기록하므로 자기기입식 설문조사보다 더 복잡한 쟁점을 다루는 데 효과적이다. 반면, 자기기입식 설문조사는 익명성이 보장되기 때문에 면접설문조사보다 민감한 쟁점을 다루는 데 유리하다.

036

서베이(Survey)에서 우편설문법과 비교한 대인면접법의 특성으로 틀린 것은? 2018년 3회

① 비언어적 행위의 관찰이 가능하다.
② 대리응답의 가능성이 낮다.
③ 설문과정에서의 유연성이 높다.
④ 응답환경을 구조화하기 어렵다.

해설 대인면접법은 조사자가 질문을 말로 하고 응답자의 반응을 기록하므로 조사자가 응답자를 직접 대면하면서 응답환경을 구조화할 수 있다. 반면, 우편설문법은 무자격자의 응답에 대한 통제와 주위환경·응답시기에 대한 통제가 어렵다.

037

우편조사에 관한 설명으로 틀린 것은? 2021년 1회

① 응답자의 익명성을 보장하기 어렵다.
② 접근하기 편리하고 광범위한 지역에 걸쳐 조사가 가능하다.
③ 응답대상자 자신이 직접 응답했는지에 대한 통제가 어렵다.
④ 회수율이 낮으므로 서면 또는 전화로 협조를 구하는 것이 좋다.

해설 우편조사는 설문지를 조사대상자에게 우편으로 보내 스스로 응답하게 한 후 동봉한 반송용 봉투를 회수하는 조사방법이므로, 응답자의 익명성이 보장될 수 있다.

038

다음 중 우편조사의 특징과 가장 거리가 먼 것은? 2017년 2회

① 최소의 경비와 노력으로 광범위한 지역과 대상을 표본으로 삼을 수 있다.
② 다른 조사에 비해 응답률이 높다.
③ 면접조사에 비해 응답자에게 익명성에 대한 확신을 부여할 수 있다.
④ 조사자의 개인차에서 오는 영향을 배제시킬 수 있다.

해설 우편조사의 문제점은 응답률과 회수율이 낮다는 것이다.

| 정답 | 033 ③ 034 ② 035 ③ 036 ④ 037 ① 038 ②

039
우편조사를 실시하는 이유와 가장 거리가 먼 것은?

2021년 2회

① 지리적으로 멀리 떨어져 있을 경우 조사비용을 줄일 수 있다.
② 쉽게 접근할 수 없는 대상을 조사할 수 있다.
③ 응답자에게 익명성에 대한 확신을 줄 수 있다.
④ 조사를 신속하게 완료할 수 있다.

해설 우편조사는 질문지를 발송한 후에 회수하기까지 시간 및 노력이 요구되므로 조사를 신속하게 완료하기 어렵다는 단점이 있다.

040
다음 중 정치지도자나 대기업경영자 등 조사대상자의 명단은 구할 수 있으나 그들을 직접 만나기는 매우 어려운 경우 가장 적합한 자료수집방법은?

2018년 2회

① 면접조사
② 집단조사
③ 전화조사
④ 우편조사

해설 우편조사는 주소만 알면 어느 지역이든 조사할 수 있으므로 직접 만나기 어려운 대상을 조사할 수 있다.

041
우편조사 시 취지문이나 질문지 표지에 반드시 포함되지 않아도 되는 사항은?

2020년 1·2회

① 조사기관
② 조사목적
③ 자료분석방법
④ 비밀유지 보장

해설 우편조사 시 질문지 표지에 포함시켜야 하는 사항으로는 조사자의 연락처, 조사기관, 지원기관, 조사목적, 조사의 중요성(필요성), 비밀유지 보장 등이 있다.

042
우편조사의 응답률에 영향을 미치는 주요 요인과 가장 거리가 먼 것은?

2019년 3회

① 응답에 대한 동기부여
② 응답자의 지역적 범위
③ 질문지의 양식이나 우송방법
④ 연구주관기관과 지원단체의 성격

해설 우편조사는 조사대상자의 주소만 알면 어느 지역이든 조사할 수 있어 조사대상 지역이 제한적이지 않으므로 응답자의 지역적 범위가 응답률에 영향을 미치는 주요 요인이라고 할 수 없다.

043
우편조사의 응답률에 영향을 미치는 요인에 대한 설명 중 틀린 것은?

① 대상자의 범위가 극히 제한된 동질집단의 경우 회수율이 높다.
② 질문지의 양식이나 우송방법에 따라 다를 수 있다.
③ 응답에 대한 동기부여가 중요하다.
④ 연구주관기관과 지원단체의 성격이 중요하다.

해설 대상자의 범위가 극히 제한된 동질 집단이라고 해서 회수율이 높다고 단정지을 수 없다.

| 정답 | 039 ④ 040 ④ 041 ③ 042 ② 043 ①

044
우편조사의 응답률에 영향을 미치는 요인과 가장 거리가 먼 것은? 2019년 1회

① 응답집단의 동질성
② 응답자의 지역적 범위
③ 질문지의 양식 및 우송방법
④ 연구주관기관 및 지원단체의 성격

해설 우편조사는 조사대상자의 주소만 알면 어느 지역이든 조사할 수 있어 조사대상 지역이 제한적이지 않으므로 응답자의 지역적 범위가 응답률에 영향을 미치는 주요 요인이라고 할 수 없다.

PLUS 우편조사 시 응답률 및 회수율을 높이는 방법
- 조사에 대해 사전예고를 한다.
- 연구목적과 응답의 중요성을 인식하도록 강조한다.
- 이타적 동기에 호소하는 등 응답에 대한 동기부여를 제공한다.
- 응답자의 익명성과 비밀보장을 강조한다.
- 질문지를 가급적 간단명료화한다.
- 질문지 종이의 질과 문항의 간격, 종이의 색, 표지 설명의 길이와 유형 등 질문지의 양식을 매력적으로 완성한다.
- 질문지를 반송하는 방법을 간단히 한다.
- 질문지를 보낸 후 서면, 전화 등을 통해 협조를 구한다.
- 상품권 등의 인센티브를 제공한다.
- 연구주관기관과 지원단체의 성격을 밝힌다.

045
질문지를 이용한 자료수집방법의 결정 시 조사속도가 빠르고 일반적으로 비용이 적게 드는 장점이 있으나 질문의 내용이 어렵고 시간이 길어질수록 응답률이 떨어지는 단점을 가진 자료수집방법은? 2019년 3회

① 전화조사 ② 면접조사
③ 집합조사 ④ 우편조사

해설 전화조사는 빠른 시간 안에 신속한 정보를 확인하는 데 가장 적합한 조사방법이지만, 질문의 내용이 어렵고 길어질수록 응답률이 떨어질 수 있으므로 질문은 복잡하지 않고 가급적 '예/아니요' 식으로 간단히 대답할 수 있어야 한다.

046
피조사자와 개인별 차이를 무시함으로써 조사의 타당도가 낮아질 가능성이 있는 조사는?

① 면접조사 ② 우편조사
③ 집단조사 ④ 전화조사

해설 집단조사는 동일한 공간에서 여러 명의 응답자에게 동시에 설문을 실시하므로 개개인의 특성과 반응을 세밀하게 관찰하기 어렵다.

047
전화조사가 가장 적합한 경우는? 2021년 3회

① 자세하고 심층적인 정보를 얻기 위한 조사
② 어떤 시점에서 순간적으로 무엇을 하며, 무슨 생각을 하는가를 알아내기 위한 조사
③ 저렴한 가격으로 면접자 편의(Bias)를 줄일 수 있으며 대답하는 요령도 동시에 자세히 알려줄 수 있는 조사
④ 넓은 범위의 지리적인 영역을 조사대상 지역으로 하여 비교적 복잡한 정보를 얻으면서 경비를 절약할 수 있는 조사

해설 전화조사는 조사자가 추출된 대상자에게 전화를 걸어 질문문항을 읽어준 후 응답자가 전화상으로 답변한 것을 조사자가 기록하여 자료를 수집하는 조사방법이다. 빠른 시간 안에 개략적인 여론과 신속한 정보를 확인하는 데 가장 적합하다.
① 면접조사가 적합하다.
④ 우편조사가 적합하다.

048
전화조사의 장점과 가장 거리가 먼 것은? 2021년 2회

① 신속한 조사가 가능하다.
② 표본의 대표성을 확보하기 쉽다.
③ 면접자에 대한 감독이 용이하다.
④ 광범한 지역에 대한 조사가 용이하다.

해설 전화조사는 응답자가 선정된 표본인지를 확인하기 어려워 표본의 대표성을 확보하기가 쉽지 않다.

| 정답 | 044 ② 045 ① 046 ③ 047 ② 048 ②

049
전화조사의 장점과 가장 거리가 먼 것은? 2020년 4회

① 비용을 줄일 수 있다.
② 높은 응답률을 보장할 수 있다.
③ 응답자 추출, 질문, 응답 등이 자동 처리될 수 있다.
④ 복잡한 문제들에 대한 의견을 파악하기 용이하다.

해설 전화조사는 복잡한 문제들에 대한 의견을 파악하기에 적합하지 않으므로, 질문은 복잡하지 않고 가급적 '예/아니요' 식으로 간단히 대답할 수 있어야 한다.

050
다음 중 투표와 관련된 정치여론조사를 신속하게 실시해야 할 경우 가장 적합한 자료수집방법은? 2017년 1회

① 면접조사   ② 전화조사
③ 우편조사   ④ 집단조사

해설 전화조사는 대상자의 전화번호만 확보하면 정보를 신속하게 얻을 수 있어 여론조사에서 많이 쓰인다.

051
다음에 열거한 속성을 모두 충족하는 자료수집방법은? 2020년 1·2회

- 비용이 저렴하다.
- 조사기간이 짧다.
- 그림, 음성, 동영상 등을 이용할 수 있어 응답자의 이해도를 높일 수 있다.
- 모집단이 편향되어 있다.

① 면접조사   ② 우편조사
③ 전화조사   ④ 온라인조사

해설 온라인조사는 온라인 통신망을 통해 이루어지는 여러 형태의 조사방법으로 단기간에 많은 응답자를 조사할 수 있다. 오프라인 조사에 비해 비교적 저렴하고 멀티미디어 활용 등 다양한 형태의 조사가 가능하지만, 컴퓨터 사용가능자, 특정 웹사이트를 우연히 찾은 사람 등에 한해서만 조사되므로 모집단이 편향되어 있다.

052
온라인조사방법에 해당하지 않는 것은? 2019년 2회

① 전자우편조사(E-mail Survey)
② 웹조사(HTML Form Survey)
③ 데이터베이스조사(Database Survey)
④ 다운로드조사(Downloadable Survey)

해설 온라인조사방법에는 전자우편조사(E-mail Survey), 웹조사(HTML Form Survey), 다운로드조사(Downloadable Survey) 등이 포함된다.

053
온라인조사의 특징과 관계가 없는 내용은? 2020년 3회

① 응답자에 대한 접근이 용이하다.
② 응답자의 익명성이 보장되기 어렵다.
③ 현장조사에 비해서 경비를 절감할 수 있다.
④ 표본의 대표성 확보가 용이하다.

해설 온라인조사방법에 참여하는 응답자는 컴퓨터나 인터넷 사용가능자, 특정 웹사이트를 우연히 찾은 사람, 온라인상에 가입한 응답자 등이므로 표본의 대표성을 확보하기가 용이하다고 할 수 없다.

054
인터넷 설문조사의 특징으로 잘못 설명하고 있는 것은?

① 설문응답이 편리하다.
② 표본수가 많아지면 추가비용이 많이 든다.
③ 설문에 대한 응답을 빨리 회수할 수 있다.
④ 인터뷰 비용없이 사용자와 상호작용을 할 수 있다.

해설 인터넷 설문은 표본 수가 많아져도 인쇄, 우편, 조사원 인건비 등 물리적 비용이 거의 들지 않기 때문에 추가 비용이 많이 들지 않는다.

| 정답 | 049 ④　050 ②　051 ④　052 ③　053 ④　054 ②

055
온라인조사에 대한 설명과 가장 거리가 먼 것은? 2017년 3회

① 방문조사나 특정 웹사이트를 우연히 찾은 사람을 대상으로 한 조사의 경우 표본의 대표성을 확보하기 용이하다.
② 전통적인 현장조사에 비해 짧은 기간에 적은 비용으로 조사를 실시할 수 있다.
③ 표본의 대표성을 확보하기 어렵고, 특정 연령층이나 성별에 따른 편중된 응답이 도출될 위험성이 있다.
④ 한 사람이 여러 차례 응답할 가능성을 차단해야 한다.

해설 방문조사란 온라인상에 특정 사이트를 개설하고 설문지를 게시하여 광고를 통해 방문자를 모집하여 자발적으로 설문 사이트를 방문한 사람을 대상으로 조사하는 방법이다. 따라서 웹사이트를 우연히 찾은 사람, 온라인상에 가입한 응답자가 대상이므로 표본의 대표성을 확보하기가 용이하다고 할 수 없다.

056
온라인 사회조사에 대한 설명으로 틀린 것은? 2017년 1회

① 응답여부를 확인할 수 있고 늦어질 경우 독촉 메일과 같은 후속조치를 할 수 있다.
② 응답자의 신분을 확인할 방법이 제한되어 있어 응답자 적격성 문제가 발생할 수 있다.
③ 온라인 사회조사에는 전자우편조사, 전자설문조사 등이 포함된다.
④ 표본편중의 문제를 쉽게 해결할 수 있다.

해설 온라인조사방법에 참여하는 응답자는 컴퓨터나 인터넷 사용가능자, 특정 웹사이트를 우연히 찾은 사람, 온라인상에 가입한 응답자 등이므로 표본이 편중될 수 있다.

057
이메일을 활용한 온라인조사의 장점과 가장 거리가 먼 것은? 2019년 3회

① 신속성
② 저렴한 비용
③ 면접원 편향 통제
④ 조사 모집단 규정의 명확성

해설 온라인조사방법에 참여하는 응답자는 컴퓨터나 인터넷 사용가능자, 특정 웹사이트를 우연히 찾은 사람, 온라인상에 가입한 응답자 등이므로 응답자의 목록을 확보하거나 조사 모집단을 명확하게 규정하는 것이 어렵다.

058
인터넷 서베이조사에 관한 설명으로 틀린 것은? 2018년 1회

① 실시간 리포팅이 가능하다.
② 개인화된 질문과 자료제공이 용이하다.
③ 설문응답과 동시에 코딩이 가능하다.
④ 응답자의 지리적 위치에 따라 비용이 발생한다.

해설 인터넷 서베이조사는 공간상의 제약이 상대적으로 적고 응답자에 대한 접근이 용이하기 때문에 지리적 위치에 따라 비용이 발생하지 않는다.

059
어떤 대학의 학생생활지도연구소에서는 해마다 신입생에 대한 인성검사를 실시하고 있다. 이 경우 시간과 비용 면에서 효율적으로 조사를 하는 데 가장 적합하다고 생각되는 조사 양식은? 2021년 3회

① 우편조사
② 대면적인 면접조사
③ 자기기입식 집단설문조사
④ 개별적으로 접근하는 질문지 조사

해설 집단조사(Group Questionnaire Survey)는 연구대상자를 집단적으로 모아놓고 질문지를 교부해서 응답자가 직접 기재하는 방식으로, 학교나 기업체, 군대 등의 조직체 구성원을 조사할 때 유용하다.

| 정답 | 055 ① 056 ④ 057 ④ 058 ④ 059 ③

060
집단조사(Group Questionnaire Survey)의 특징과 거리가 가장 먼 것은? 2022년 2회

① 집단조사는 집단이 속한 조직을 연구하는 데에만 사용할 수 있다.
② 집단으로 조사되므로 주변 사람이 응답자에 영향을 미칠 가능성이 높다.
③ 일반적으로 집단조사를 승인한 조직체나 단체에 유리한 쪽으로 응답할 가능성이 높다.
④ 집단이 속한 조직으로부터 적절한 협조가 있으면 비용과 시간을 절약할 수 있는 조사기법이다.

해설 집단조사는 연구대상자를 집단적으로 한 곳에 모아 조사하는 것으로, 집단이 속한 조직을 연구하는 데에만 사용하는 것은 아니다.

061
집단면접 형태의 설문조사에 대한 설명과 가장 거리가 먼 것은? 2019년 3회

① 조사가 간편하여 시간과 비용을 절약할 수 있다.
② 조사조건을 표본화하여 응답조건이 동등해진다.
③ 응답자의 통제가 용이하여 타인의 영향을 배제할 수 있다.
④ 응답자들과 동시에 직접 대화할 기회가 있어 질문에 대한 오해를 줄일 수 있다.

해설 집단조사는 연구대상자를 집단적으로 모아놓고 질문지를 교부해서 응답자가 직접 기재하는 것으로, 응답자를 한 곳에 모으기 어려우며 응답자 통제가 어렵다. 또한 집단으로 조사되므로 주변 사람이 응답자에 영향을 미칠 가능성이 높고 주위의 응답자들과 의논할 수 있어 왜곡된 응답을 할 가능성이 있다.

062
참여관찰(Participant Observation)에 대한 설명으로 틀린 것은? 2021년 1회

① 연구자는 상황에 대한 통제를 할 수 없다.
② 양적자료이기 때문에 대규모 모집단에 대한 기술이 쉽다.
③ 연구자가 관심을 가지고 있는 변수들 간의 관계를 현실 상황에서 체계적으로 관찰하는 연구조사방법이다.
④ 독립변수를 조작하는 현장실험과는 다르며, 자연 상태에서 연구대상을 관찰해 그들의 관계를 규명하는 것이다.

해설 참여관찰은 관찰자가 연구대상 집단 내부에 직접 참여하여 그들과 함께 생활하거나 활동하면서 연구대상자들을 관찰하므로 대규모 모집단을 기술하기가 어렵다.

063
어느 제조업 공장에 근무하는 현장사원들과 관리자들 간에 유지되고 있는 사회적 관계의 특성을 규명하기 위해 참여관찰인 현장조사를 실시할 경우의 장점이 아닌 것은? 2022년 2회

① 조사과정의 유연성
② 가설도출이 가능한 인과적 연구
③ 조사결과의 높은 일반화 가능성
④ 현장상황에 따라 조사내용 변경 가능

해설 참여관찰은 관찰자가 연구대상 집단 내부에 직접 참여하여 구성원의 하나가 되어 그들과 함께 생활하면서 연구대상자들을 관찰한다. 따라서 동조현상으로 인해 주관적인 가치가 개입됨으로써 객관적인 판단을 그르치거나 관찰결과를 변질시킬 수 있어 조사결과를 일반화하기 어렵다.

| 정답 | 060 ① 061 ③ 062 ② 063 ③

064
관찰을 통한 자료수집 시 지각과정에서 나타나는 오류를 감소하기 위한 방안과 가장 거리가 먼 것은? 2019년 1회
① 보다 큰 단위의 관찰을 한다.
② 객관적인 관찰도구를 사용한다.
③ 관찰기간을 될 수 있는 한 길게 잡는다.
④ 가능한 한 관찰단위를 명세화해야 한다.

해설 관찰 상황을 지각하는 데 차이가 있어 오류가 발생하는 지각과정상의 오류를 최소화하기 위해 관찰기간을 될 수 있는 한 짧게 잡는다.

065
자료수집방법 중 관찰에 관한 설명으로 틀린 것은? 2018년 2회
① 복잡한 사회적 맥락이나 상호작용을 연구하는 데 적절한 방법이다.
② 피조사자가 느끼지 못하는 행위까지 조사할 수 있다.
③ 양적연구와 질적연구에 모두 활용될 수 있다.
④ 의사소통 능력이 없는 대상자에게는 활용될 수 없다.

해설 관찰법은 의사소통 능력이 없는 연구대상자에게도 활용할 수 있다.

066
관찰방법의 특징이 아닌 것은? 2017년 1회
① 연구대상의 행위에서 발생하는 사회적 맥락까지 포착할 수 있다.
② 사회적 관계에 영향을 미치는 사건을 이해하도록 해준다.
③ 객관적 사실에 치중하여 피관찰자의 철학, 세계관은 배제한다.
④ 다른 연구와의 비교를 통해 규칙성을 확인할 수 있다.

해설 관찰방법은 연구대상자의 철학이나 세계관 등이 반영될 수 있다.

067
관찰법의 장점과 가장 거리가 먼 것은? 2021년 3회
① 조사자가 현장에서 즉시 포착할 수 있다.
② 관찰결과의 해석에 대한 객관성이 확보된다.
③ 조사에 비협조적이거나 면접을 거부할 경우에 효과적이다.
④ 행위나 감정을 언어로 표현하지 못하는 유아나 동물이 조사대상인 경우 유용하다.

해설 관찰법은 관찰결과의 해석에 대한 객관성이 확보되지 않는다.

068
관찰조사방법의 장점으로 옳지 않은 것은? 2020년 3회
① 비언어적 자료를 수집하는 데 효과적이다.
② 장기적인 연구조사를 할 수 있다.
③ 환경변수를 완벽하게 통제할 수 있다.
④ 자연스러운 연구환경의 확보가 용이하다.

해설 관찰조사방법은 연구대상을 조작하거나 통제하지 않고 연구대상의 특성, 상태, 행위, 기능 등을 그대로 관찰하기 때문에 환경변수를 완벽하게 통제할 수 없다.

069
관찰자료수집의 장점에 해당하지 않는 것은? 2018년 3회
① 관찰자의 주관성 개입 방지
② 즉각적 자료수집 가능
③ 비언어적 자료수집 가능
④ 종단분석 가능

해설 관찰을 통해 직접 자료를 수집하기 때문에 관찰자의 주관성이 개입될 가능성이 크다.
④ 종단분석은 일정 기간에 여러 번 관찰하는 것이다. 따라서 관찰자료수집은 종단분석이 가능하다.

| 정답 | 064 ③ 065 ④ 066 ③ 067 ② 068 ③ 069 ①

070
다음 중 관찰의 단점과 가장 거리가 먼 것은? 2018년 3회

① 피관찰자가 관찰사실을 아는 경우 조사반응성으로 인한 왜곡이 있을 수 있다.
② 표현능력이 부족한 대상에게 적용이 어렵다.
③ 연구대상의 특성상 관찰할 수 없는 문제가 있다.
④ 자료처리가 어렵다.

해설 관찰은 행위나 감정을 언어로 표현하지 못하는 유아나 동물, 또는 표현능력이 부족한 대상자가 관찰대상인 경우에 유용하다.

071
직접 관찰과 간접 관찰을 분류하는 기준으로 맞는 것은? 2022년 1회

① 상황이 인공적인지 여부
② 의사결정 문제의 확정 여부
③ 관찰시기와 행동발생의 일치 여부
④ 응답자가 관찰사실을 아는지 여부

해설 관찰시기가 행동발생과 일치하는지 여부에 따라 직접(Direct)·간접(Indirect) 관찰로 나누어진다.

072
관찰대상자가 관찰사실을 아는지에 대한 여부를 기준으로 관찰기법을 분류한 것은? 2021년 1회

① 직접/간접 관찰
② 자연적/인위적 관찰
③ 공개적/비공개적 관찰
④ 체계적/비체계적 관찰

해설 ① 관찰시기가 행동발생과 일치하는지 여부에 따라 나누어진다.
② 관찰이 일어나는 상황이 인공적인지 여부에 따라 나누어진다.
④ 표준관찰기록양식이 사전에 결정되었는지 등의 체계화 정도에 따라 나누어진다.

073
관찰시기와 행동발생시기의 일치여부를 기준으로 관찰기법을 분류한 것은? 2021년 2회

① 직접/간접 관찰
② 체계적/비체계적 관찰
③ 공개적/비공개적 관찰
④ 자연적/인위적 관찰

해설 ② 표준관찰기록양식이 사전에 결정되었는지 등의 체계화 정도에 따라 나누어진다.
③ 관찰대상자가 관찰사실을 알고 있는지 여부에 따라 나누어진다.
④ 관찰이 일어나는 상황이 인공적인지 여부에 따라 나누어진다.

074
관찰기법 분류에 관한 설명으로 틀린 것은? 2022년 1회

① 응답자에게 자신이 관찰된다는 사실을 알려주고 관찰하는 것은 공개된 관찰이다.
② 관찰할 내용이 미리 명확히 결정되어, 준비된 표준양식에 관찰사실을 기록하는 것은 체계적 관찰이다.
③ 청소년의 인터넷 이용실태를 조사하기 위해 PC방을 방문하여 이용 상황을 옆에서 직접 지켜본다면 직접 관찰이다.
④ 컴퓨터 브랜드 선호도조사를 위해 판매매장과 비슷한 상황을 만들어 표본으로 선발된 소비자로 하여금 제품을 선택하게 하여 행동을 관찰한다면 자연적 관찰이다.

해설 판매매장과 비슷한 상황을 만들어 관찰하는 것은 인위적 관찰이다. 관찰이 일어나는 상황이 인공적인지 여부에 따라 자연적/인위적 관찰로 나누어진다.

| 정답 | 070 ② 071 ③ 072 ③ 073 ① 074 ④

075
관찰조사의 장점이 아닌 것은?

① 현재 상태를 가장 생생하게 기록할 수 있다.
② 자기보고(Self-Reporting)를 하기 어려운 경우에 이용이 가능하다.
③ 피조사자의 태도에 관계없이 조사가 가능하다.
④ 조사자가 직접 관찰하게 되므로 관찰의 신뢰성과 타당성이 높다.

해설 관찰조사는 직접 관찰함으로 인해 주관성이 개입될 수 있으므로 신뢰성이 높다고 할 수 없다.

076
관찰의 세부 유형에 관한 설명으로 틀린 것은? 2020년 4회

① 관찰이 일어나는 상황이 실제 상황인지 연구자가 만들어 놓은 인위적인 상황인지를 기준으로 자연적 관찰과 인위적 관찰로 구분한다.
② 피관찰자가 자신의 행동이 관찰된다는 사실을 알고 있는지 모르고 있는지를 기준으로 공개적 관찰과 비공개적 관찰로 구분한다.
③ 표준관찰기록양식의 사전결정 등 체계화의 정도에 따라 체계적 관찰과 비체계적 관찰로 구분한다.
④ 관찰에 사용하는 도구에 따라 직접 관찰과 간접 관찰로 구분한다.

해설 관찰은 관찰주체, 또는 도구가 무엇인지에 따라 인간의 직접적·기계적 관찰로 나누어지며, 관찰시기가 행동발생과 일치하는지의 여부에 따라 직접(Direct)·간접(Indirect) 관찰로 나누어진다.

077
다음 설명에 해당하는 기계를 통한 관찰도구는? 2020년 1·2회

> 어떠한 자극을 보여주고 피관찰자의 눈동자 크기를 측정하는 것으로, 동공의 크기변화를 통해 응답자의 반응을 측정한다.

① 오디미터(Audimeter)
② 사이코갈바노미터(Psychogalvanometer)
③ 퓨필로미터(Pupilometer)
④ 모션픽처카메라(Motion Picture Camera)

해설 퓨필로미터는 어떠한 자극을 보여주고 관찰대상자의 동공(Pupil)의 크기변화에 따라 응답자의 반응을 측정하는 방법으로, 적외선 동공 검사기라고도 한다.
① 오디미터: TV시청률을 조사하기 위한 자동장치이며, 조사대상가구를 선정하고 기계식 장치를 설치하여 자동으로 특정 TV채널의 시청 여부를 측정한다.
② 사이코갈바노미터: 심리적 변화에 의해 관찰대상자의 땀 분비 증가나 피부의 전기적 반응 정도 등 생체적 변화를 측정한다.
④ 모션픽처카메라: 영상촬영을 통한 태도 관찰도구이다.

078
다음 중 관찰자에게 필요한 사항으로 거리가 먼 것은? 2020년 4회

① 관찰자는 인내심이 있어야 한다.
② 관찰자는 연구하는 집단에 참여해서는 안 된다.
③ 주관성을 배제하고 객관성을 유지해야 한다.
④ 관찰자는 집단에 동화되지 않아야 한다.

해설 관찰자는 연구하는 집단에 참여할 수 있다. 자신의 신분을 밝히지 않은 채 자연스럽게 사회적 과정에 참여하면 완전참여자, 연구자의 신분을 밝히고 대상자들의 활동 공간에 들어가 심층적으로 관찰하면 참여자적 관찰자, 연구자의 신분을 밝히고 대상자들의 활동 공간에 들어가 자연스럽게 참여하면 관찰자적 참여자 등으로 구분할 수 있다.

| 정답 | 075 ④ 076 ④ 077 ③ 078 ②

079

관찰자의 유형에 관한 설명으로 틀린 것은? 2020년 1·2회

① 완전참여자는 연구과정에서 윤리적 문제를 발생시킬 수 있다.
② 연구자가 완전참여자일 때는 연구대상에 영향을 미치지 않는다.
③ 완전관찰자의 관찰은 피상적이고 일시적이 될 수 있다.
④ 완전관찰자는 완전참여자보다 연구대상을 충분히 이해할 수 있는 가능성이 낮다.

해설 연구자가 완전참여자일 때에는 관찰자의 신분을 밝히지 않은 채 집단의 구성원이 되어 자연스럽게 사회적 과정에 참여한다.

080

참여관찰에서 윤리적인 문제를 겪을 가능성이 가장 높은 관찰자 유형은? 2021년 2회

① 완전관찰자(Complete Observer)
② 완전참여자(Complete Participant)
③ 관찰자로서의 참여자(Participant as Observer)
④ 참여자로서의 관찰자(Observer as Participant)

해설 연구자가 완전참여자일 때에는 관찰자의 신분을 밝히지 않은 채 집단의 구성원이 되어 자연스럽게 사회적 과정에 참여한다. 이때 동조현상으로 인해 객관적인 판단을 그르칠 수 있고, 주관적인 가치가 개입되어 관찰결과를 변질시킬 수도 있는 등 참여관찰 중에서 가장 객관성을 유지하기 어렵고 윤리적 문제를 겪을 가능성이 높다.

081

다음 중 연구대상에 영향을 미칠 가능성이 가장 적은 것은? 2020년 3회

① 완전관찰자
② 관찰자로서의 참여자
③ 참여자로서의 관찰자
④ 완전참여자

해설 완전관찰자는 관찰자의 신분을 공개하지 않으며 연구대상자들의 활동에는 전혀 참여하지 않고 관찰만 하므로 여러 관찰자의 유형 중에서 연구대상자에게 영향을 미칠 가능성이 가장 적다.

082

시간과 비용이 많이 들며, 조사원과 응답자의 상호이해부족으로 오류가 개입될 가능성이 높고, 질문과정에서 조사원이 응답자의 응답에 영향을 미칠 수 있는 자료수집방법은? 2021년 1회

① 대인면접법
② 전화조사법
③ 우편조사법
④ 인터넷조사법

해설 대인면접법은 조사원이 응답자와 얼굴을 맞대고 상호작용하면서 필요한 자료를 얻어내는 방법으로, 조사원이 연구문제에 대한 적절한 해답을 구하기 위해 마련한 질문을 응답자와 직접 대면한 상태에서 질문하여 자료를 얻는다. 따라서 다른 자료수집방법보다 조사원의 주관이 개입될 가능성이 높으며, 조사원과 응답자의 상호이해가 부족한 경우 오류가 개입될 수 있다.

083

다음과 같은 특징을 가진 자료수집방법은?

- 응답률이 비교적 높다.
- 질문의 내용에 대한 면접자와 응답자의 상호작용이 가능하여 보다 신뢰성 있는 대답을 얻을 수 있다.
- 면접자와 응답자와 그 주변 상황을 관찰할 수 있는 이점이 있다.

① 면접조사
② 전화조사
③ 우편조사
④ 집단조사

해설 면접조사는 시간과 비용이 많이 들고 면접원의 주관이 개입될 수 있다는 단점이 있다.

084

조사자의 주관이 개입될 가능성이 가장 높은 자료수집방법은? 2020년 3회

① 면접조사
② 온라인조사
③ 우편조사
④ 전화조사

해설 면접조사는 조사자가 응답자와 얼굴을 맞대고 상호작용하면서 필요한 자료를 얻어내는 방법으로, 다른 자료수집방법보다 조사자의 주관이 개입될 가능성이 가장 높다.

| 정답 | 079 ② 080 ② 081 ① 082 ① 083 ① 084 ①

085
면접조사에 관한 설명과 가장 거리가 먼 것은? 2018년 1회

① 면접 시 조사자는 질문뿐 아니라 관찰도 할 수 있다.
② 같은 조건하에서 우편설문에 비하여 높은 응답률을 얻을 수 있다.
③ 여러 명의 면접원을 고용하여 조사할 때는 이들을 조정하고 통제하는 것이 요구된다.
④ 가구소득, 가정폭력, 성적경향 등 민감한 사안의 조사 시 유용하다.

해설 면접조사는 조사자가 응답자와 직접 대면한 상태에서 질문하여 자료를 얻기 때문에 익명성이 보장되지 않으며, 민감한 사안의 조사 시 적절하지 않다.

086
면접법의 장점으로 틀린 것은? 2022년 2회

① 관찰을 병행할 수 있다.
② 신축성 있게 자료를 얻을 수 있다.
③ 질문순서, 정보의 흐름을 통제할 수 있다.
④ 익명성이 높아 솔직한 의견을 들을 수 있다.

해설 면접조사는 조사자가 응답자와 직접 대면한 상태에서 질문하여 자료를 얻기 때문에 익명성이 보장되지 않아 솔직한 의견을 듣지 못할 수 있다.

087
우편조사와 비교했을 때 면접조사가 가지는 장점이 아닌 것은? 2022년 1회

① 응답률이 높다.
② 응답자에게 익명성에 대한 확신을 부여할 수 있다.
③ 응답자와 그 주변의 상황들을 직접 관찰할 수 있다.
④ 민감하지 않은 질문은 보다 신뢰성 있는 대답을 얻을 수 있다.

해설 ① 면접조사는 같은 조건에서 다른 자료수집방법(우편설문, 전화설문 등)에 비하여 높은 응답률을 얻을 수 있다.
③ 면접조사는 응답자의 비언어적 행동과 주변의 상황들을 직접 관찰할 수 있다.
④ 면접조사는 다른 자료수집방법(우편설문, 전화설문 등)과 비교해 민감하지 않은 질문에 대해 보다 신뢰성 있는 대답을 얻을 수 있다.

088
대인면접조사의 특성으로 옳은 것은? 2018년 2회

① 연구문제에 대한 사전지식이 부족할수록 구조화된 대인면접조사방법을 사용하는 것이 좋다.
② 대인면접조사는 우편설문조사에 비해 질문과정의 유연성이 상대적으로 높다.
③ 대인면접조사는 우편설문조사에 비해 환경 차이에 의한 설문응답의 무작위적 오류를 증가시킨다.
④ 대인면접조사는 우편설문조사에 비해 응답률이 낮다.

해설 ① 연구문제에 대한 사전지식이 부족하다면 면접상황에 따라 자유롭게 응답자와 상호작용을 하면서 자료를 수집할 수 있는 비구조화된 면접조사방법이 적합하다.
③ 면접조사는 조사자와 응답자가 직접 대면한 상태에서 질문하고 이에 답을 하므로, 환경 차이에 의한 설문응답의 무작위적 오류를 감소시킬 수 있다.
④ 면접조사는 우편설문조사에 비해 높은 응답률을 얻을 수 있다.

089
다음 중 표준화면접의 사용이 가장 적합한 경우는? 2019년 1회

① 새로운 사실을 발견하고자 할 때
② 정확하고 체계적인 자료를 얻고자 할 때
③ 피면접자로 하여금 자유연상을 하게 할 때
④ 보다 융통성 있는 면접 분위기를 유도하고자 할 때

해설 표준화면접은 표준화된 질문(조사표)을 만들어 면접의 상황에 구애 없이 모든 응답자에게 동일한 질문과 순서 등에 따라 수행하는 방법으로, 정확하고 체계적인 자료를 얻고자 할 때 적합하다.
①③④ 비표준화면접에 적합하다.

| 정답 | 085 ④　086 ④　087 ②　088 ②　089 ②

090
비표준화면접에 비해, 표준화면접의 장점이 아닌 것은?

2019년 1회

① 새로운 사실, 아이디어의 발견 가능성이 높다.
② 면접결과의 계량화가 용이하다.
③ 반복적 연구가 가능하다.
④ 신뢰도가 높다.

해설 표준화면접은 표준화된 질문(조사표)을 만들어서 면접의 상황에 구애 없이 모든 응답자에게 동일한 질문과 순서 등에 따라 수행하는 방법으로 반복적 연구가 가능하고 신뢰도가 높으며 면접결과의 계량화가 용이하다. 반면, 비표준화 면접은 질문의 내용과 순서가 미리 정해져 있지 않으며 면접상황에 따라 질문이 적절히 변경될 수 있는 비교적 자유로운 면접방법이므로 새로운 사실, 아이디어의 발견 가능성이 높다.

091
다음 중 표준화면접의 장점과 가장 거리가 먼 것은?

2017년 2회

① 신뢰도가 높다.
② 타당도가 높다.
③ 면접결과의 수치화가 용이하다.
④ 정보의 비교가 용이하다.

해설 표준화면접은 비표준화면접에 비해 응답결과에 있어 상대적으로 신뢰성이 높지만 타당성이 낮다.

092
다음 중 면접원의 자율성이 가장 적은 면접 유형은?

2018년 3회

① 초점집단면접 ② 심층면접
③ 구조화면접   ④ 임상면접

해설 구조화면접(표준화면접)은 면접의 상황에 구애 없이 모든 응답자에게 동일한 질문과 순서 등에 따라 수행하는 방법으로, 다른 면접보다 면접원의 자율성이 가장 낮다.

093
표준화된 면접조사를 시행함에 있어 유의해야 할 사항과 가장 거리가 먼 것은?

2018년 3회

① 응답자로 하여금 면접자와의 상호작용이 유쾌하며 만족스러운 것이 될 것이라고 느끼도록 해야 한다.
② 응답자로 하여금 그 조사를 가치 있는 것으로 생각하도록 해야 한다.
③ 응답자에게 연구자의 가치와 생각을 알려준다.
④ 조사표에 담긴 질문내용에서 벗어나는 질문을 해서는 안 된다.

해설 표준화된 면접조사는 조사표를 벗어나는 질문을 해서는 안 되며, 면접원의 가치와 생각 등이 전달되어서는 안 된다.

094
비구조화(비표준화)면접에 관한 옳은 설명을 모두 고른 것은?

2017년 1회

> ㉠ 부호화가 어렵다.
> ㉡ 심층적인 질문이 가능하다.
> ㉢ 미개척 분야의 개발에 적합하다.
> ㉣ 면접자의 편의(Bias)가 개입될 가능성이 적다.

① ㉠, ㉡
② ㉢, ㉣
③ ㉠, ㉡, ㉢
④ ㉡, ㉢, ㉣

해설 ㉣ 면접자의 편의가 개입될 가능성이 적은 것은 구조화(표준화)면접이다.

| 정답 | 090 ① 091 ② 092 ③ 093 ③ 094 ③

095
비표준화(비구조화)면접의 장점으로 짝지어진 것은?

2022년 2회

⊙ 융통성이 있다.
⊙ 면접결과의 신뢰도가 높다.
⊙ 면접결과자료의 수량화 및 통계처리가 용이하다.
⊙ 표준화면접에서 필요한 변수를 찾아내는 데 유용한 자료를 제공한다.

① ㉠, ㉡   ② ㉠, ㉣
③ ㉡, ㉢   ④ ㉢, ㉣

해설 비표준화(비구조화)면접은 질문의 내용 및 순서가 미리 정해져 있지 않으며, 면접상황에 따라 질문이 적절히 변경될 수 있는 비교적 자유로운 면접방법이다. 따라서 융통성 있는 분위기가 가능하고, 표준화면접에서 필요한 변수를 찾아내는 데 유용한 자료를 제공할 수 있다. 그러나 면접결과의 신뢰도가 낮고 면접결과자료의 수량화 및 통계처리가 어렵다.

096
광범위한 개인의 감정이나 생활경험을 알아보고자 할 경우 많이 활용하는 조사방법은?

2020년 4회

① 집중면접(Focused Interview)
② 임상면접(Clinical Interview)
③ 비지시적 면접(Nondirective Interview)
④ 구조식 면접(Structured Interview)

해설 임상면접은 면접원이 응답자의 감정이나 생활사 전반에 대해 광범위하게 면담함으로써 응답자 스스로가 자기 행동에 영향을 미친 요인이나 결과 등을 발견할 수 있도록 하는 면접방법이다. 예를 들어 정신건강 전문가가 면접을 통해 응답자의 심리적 상태를 체계적으로 평가하기 위해 정신상태 검사를 시행할 수 있다.

097
집중면접(Focused Interview)에 관한 설명으로 가장 적합한 것은?

2021년 2회

① 면접자의 통제하에 제한된 주제에 대해 토론한다.
② 사전에 준비한 구조화된 질문지를 이용하여 면접한다.
③ 개인의 의견보다는 주로 집단적 경험을 이야기 한다.
④ 특정한 가설을 개발하기 위해 효율적으로 이용할 수 있다.

해설 집중면접은 특정한 경험이 어떤 결과를 초래했는지에 대해 관심을 갖고 면접자 주도하에 그 경험에 대해 집중적으로 질문함으로써 응답자의 내면적인 상황과 행위성향을 파악한다. 이는 특정한 경험이 어떤 태도변화를 일으키는지에 대한 가설을 개발하기 위해 효율적으로 이용할 수 있다.

098
면접조사에서 면접과정의 관리에 대한 설명으로 맞는 것은?

2021년 1회

① 면접지침을 작성하여 응답자들에게 배포한다.
② 면접기간 동안에도 면접원에 대한 철저한 통제가 이루어져야 한다.
③ 면접원 교육과정에서 예외적인 상황은 언급하지 않도록 주의한다.
④ 면접원에 대한 사전교육은 면접원에 의한 편향(Bias)을 크게 할 수 있다.

해설
① 면접지침을 작성하여 면접원에게 배포하고 면접원이 이를 숙지하도록 해야 한다.
③ 면접원 교육과정에서 예외적인 상황을 언급하여 이상상황 발생 시 대처방법 또는 응답자가 면접내용을 이탈할 때 신속히 방향을 전환시키는 기술 등을 익히도록 해야 한다.
④ 면접원에 대한 사전교육을 통해 면접원에 의한 편향(Bias)을 줄이고, 응답자와 라포(Rapport)를 형성하고 유지하는 기술을 익히도록 해야 한다.

| 정답 | 095 ② 096 ② 097 ④ 098 ②

099
면접조사 시 질문의 일반적인 원칙과 가장 거리가 먼 것은?
2021년 3회

① 문항은 하나도 빠짐없이 물어야 한다.
② 질문지에 있는 말 그대로 질문해야 한다.
③ 조사대상자가 대답을 잘하지 못할 경우 필요한 대답을 유도할 수 있다.
④ 조사대상자가 가능한 한 비공식적인 분위기에서 편안한 자세로 대답할 수 있어야 한다.

해설 조사내용이 왜곡될 수 있으므로 응답자가 대답을 잘하지 못하더라도 필요한 대답을 유도하는 행동은 바람직하지 않다.

100
면접조사에서 조사자가 준수해야 할 일반적인 원칙으로 틀린 것은?
2022년 1회

① 질문지를 숙지하고 있어야 한다.
② 응답자와 친숙한 분위기를 형성하여야 한다.
③ 개방형 질문의 경우에는 응답내용을 해석하고 요약하여 기록하여야 한다.
④ 면접자는 응답자가 이질감을 느끼지 않도록 복장이나 언어사용에 유의하여야 한다.

해설 면접원은 가능한 한 자신의 주관을 배제하고 응답자의 응답내용을 그대로 기록해야 한다. 특히, 개방형 질문의 경우라도 면접원이 응답내용을 해석하고 요약하여 기록하는 것은 바람직하지 않다.

101
면접을 시행하는 면접원의 평가기준과 가장 거리가 먼 것은?
2018년 3회

① 응답 성공률
② 면접 소요시간
③ 라포(Rapport) 형성능력
④ 무응답 문항의 편집능력

해설 무응답 문항의 편집능력은 면접시행 이후에 면접으로부터 얻은 응답을 처리하는 단계에서 확인해야 하는 평가기준이다.

102
면접조사에서 면접자에게 일반적으로 허용되는 사항은?
2021년 2회

① 피면접자가 아닌 다른 사람의 조언을 받아 면접내용을 수정한다.
② 선정된 피면접자가 부재중일 때 다른 사람으로 대체해 면접한다.
③ 피면접자가 질문내용을 이해하지 못할 때 간단한 부연설명을 추가한다.
④ 2회 이상 방문하여 대상자를 만나지 못할 경우, 전화조사로 대체하여 조사한다.

해설 면접자는 응답자(피면접자)가 질문을 이해하지 못하였다면 부연 설명을 추가하여 이해를 도와야 한다. 응답자가 대답을 잘하지 못한다고 하여 필요한 대답을 유도하는 행동은 하지 않는다.

103
다음 중 면접원의 준수사항과 거리가 먼 것은?

① 단정한 용모와 행동을 취한다.
② 질문을 문자 그대로 전달한다.
③ 응답내용을 정확하게 기록한다.
④ 응답이 불충분하더라도 부가질문은 자제한다.

해설 응답이 불충분하거나 모호할 경우에는 필요한 범위 내에서 부가질문(Probing)을 하여 응답을 명확하게 해야 한다.

104
면접원이 자유응답식 질문에 대한 응답을 기록할 때 지켜야 할 원칙과 가장 거리가 먼 것은?
2018년 2회

① 면접조사를 진행한 이후 최종응답을 기록한다.
② 응답자가 사용한 어휘를 원래 그대로 기록한다.
③ 질문과 관련된 모든 것을 기록에 포함시킨다.
④ 같은 응답이 반복되더라도 가감 없이 있는 그대로 기록한다.

해설 면접원은 면접조사를 진행하는 과정에서 보인 응답자의 반응과 최종응답 모두 기록해야 하며, 면접의 내용을 정확하게 기록하기 위해 면접하는 도중에 바로 기입하는 것이 바람직하다.

| 정답 | 099 ③ 100 ③ 101 ④ 102 ③ 103 ④ 104 ①

105
응답자에게 면접조사에 참여하고자 하는 동기를 부여하는 요인과 가장 거리가 먼 것은? 2019년 2회

① 면접자를 돕고 싶은 이타적 충동
② 물질적 보상과 같은 혜택에 대한 기대
③ 사생활 침해에 대한 오인과 자기방어 욕구
④ 자신의 의견이나 식견을 표현하고 싶은 욕망

해설 응답자가 면접조사에 참여하고 싶지 않게 하는 요인으로는 면접에 대한 두려움, 면접원에 대한 적대감과 의심, 사생활 침해에 대한 오인과 자기방어 욕구, 긴 면접시간, 응답내용에서 느끼는 곤혹감 등이 있다.

106
면접조사에서 조사의 질을 높이기 위한 방법이 아닌 것은? 2021년 2회

① 지도원의 면접지도
② 지도원의 완성된 질문지 심사
③ 조사항목별 부호화 작업 및 검토
④ 조사원의 질문지 내 응답의 일관성 검정

해설 부호화 작업은 면접조사 이후에 조사 결과로부터 얻어진 데이터를 코딩하거나 처리하기 위한 방법이다.

107
면접조사의 원활한 자료수집을 위해 조사자가 응답자와 인간적인 친밀관계를 형성하는 것은? 2019년 3회

① 라포(Rapport)
② 사회화(Socialization)
③ 조작화(Operationalization)
④ 개념화(Conceptualization)

해설 라포(Rapport)는 면접조사의 원활한 자료수집을 위해 조사자가 응답자와 인간적인 친밀관계를 형성하는 것이다. 라포 형성은 상호협조를 위한 직접적인 원인이 되며 이를 위해서는 타인의 감정, 사고, 경험을 이해할 수 있는 공감대 형성이 중요하다.

108
응답자의 대답이 불충분하거나 모호할 때 추가 질문을 통해 정확한 대답을 이끌어 내는 면접조사상의 기술은? 2017년 2회

① 심층면접(In-depth Interview)
② 라포(Rapport)
③ 투사법(Projective Method)
④ 프로빙(Probing)

해설 프로빙(Probing)은 정확한 응답을 유도하거나 응답이 지엽적으로 흐르는 것을 막기 위해 추가 질문을 행하는 면접조사기술로 심층규명, 캐어묻기라고도 한다. 간단한 찬성적 응답, 무언의 암시에 의한 자극(물끄러미 응시하기), 반복(응답자의 대답을 되풀이하기), 비지시적 질문 등이 있다.

109
프로빙(Probing)에 대한 설명으로 틀린 것은? 2021년 3회

① 정확한 답을 얻기 위해 방향을 지시하는 기법이다.
② 답변의 정확도를 판단하는 방법으로 활용되기도 한다.
③ 개방형 질문에 대한 답을 비교하는 절차로서 활용된다.
④ 일종의 폐쇄식 질문에 답을 하고 이에 관련된 의문을 탐색하는 보조방법이다.

해설 프로빙(Probing)은 응답자의 대답이 불충분하거나 모호할 때 추가 질문을 통해 정확한 대답을 이끌어내는 면접조사기술이다.

110
면접 중에 피면접자가 너무 짧은 응답만을 하였다. 이 상황에서 면접자가 이용할 수 있는 프로빙(Probing)의 기법이 아닌 것은? 2022년 1회

① 간단한 찬성적 응답을 한다.
② 물끄러미 상대방을 응시한다.
③ 응답자의 대답을 되풀이 한다.
④ 다른 대답은 어떻겠냐고 예를 들어 물어본다.

해설 프로빙(Probing) 기법에는 간단한 찬성적 응답, 무언의 암시에 의한 자극, 반복, 비지시적 질문 등이 있다. 이때 응답을 원하는 태도·표정을 드러내거나 '다른 대답은 어떻겠냐'며 예를 들어 물어보는 등의 필요 이상으로 지나친 질문을 해서는 안 된다.

| 정답 | 105 ③ 106 ③ 107 ① 108 ④ 109 ③ 110 ④

111
면접조사 시 어려운 질문 항목에 부딪치게 되면 가능한 응답에서 비롯되는 심리적 부담감을 덜기 위해서 어떤 질문 항목이든 여러 개의 응답이 제시되어 있다면 무조건 제일 첫 번째 응답을 주로 올바른 응답으로 기재하는 것은 어떤 효과 때문인가?

① 후광효과(Halo Effect)
② 1차정보효과(Primacy Effect)
③ 동조효과(Acquiescence Effect)
④ 최근정보효과(Recency Effect)

해설 ① 후광효과: 어떤대상이나 사람에 대한 특정 견해가 너무 두드러져 다른 특성을 평가하는데 영향을 주는 것이다.
③ 동조효과: 자신의 생각이 아니라 다른 사람들이 일반적으로 어떻게 생각하는지에 따라 응답하는 것이다.
④ 최근정보효과: 처음듣거나 제공받은 정보에 더 비중을 두고 응답하는 것이다.

112
다음 중 심층규명(Probing)을 하고자 할 때 가장 적합한 조사방법은? 2018년 3회

① 우편 설문조사
② 온라인 설문조사
③ 간접 관찰조사
④ 비구조화 면접조사

해설 심층규명(Probing)은 정확한 답을 얻기 위해 추가 질문을 하여 정확한 대답을 이끌어내는 면접조사기술이므로, 비구조화 면접조사에 적합하다.

113
어떤 대상이나 사람에 대한 일반적인 견해가 그 대상이나 사람의 구체적인 특성을 평가하는 데 영향을 미치는 현상이 발생하는 이유는 어떤 효과에 기인한 것인가? 2021년 1회

① 후광효과(Halo Effect)
② 동조효과(Conformity Effect)
③ 위신향상효과(Self-lifting Effect)
④ 체면치레효과(Ego-threat Effect)

해설 후광효과는 어떤 대상이나 사람에 대한 특정 견해나 성질이 너무나 두드러져 다른 특성을 평가하는 데 영향을 미치는 경우이다. 대기업에 입사했던 경력이나 명문대를 졸업한 응답자를 보면서 '일처리를 잘 하는 사람일 것'이라고 생각하는 것이 그 예이다.
② 동조효과: 자신의 생각이 아니라 다른 사람들이 일반적으로 어떻게 생각하는지에 따라 응답하게 되는 경우이다.
③ 위신향상효과: 응답자가 자신의 사회적 지위나 위신을 한층 더 높이기 위해 현재 수준에서 말하는 것이 아닌 그 이상으로 수준을 높여 사실과는 다른 내용을 응답하는 경우이다.
④ 체면치레효과: 유행이나 시대에 뒤떨어진다는 소리를 듣지 않기 위해 잘못된 답변을 하게 되는 경우이다.

114
면접조사 시 비교적 인지수준이 낮은 응답자들이 면접자의 생각이나 지시를 비판 없이 수용하여 응답하게 될 가능성이 높은 것은 어떤 효과 때문인가? 2017년 3회

① 1차정보효과
② 응답순서효과
③ 동조효과
④ 최근정보효과

해설 동조효과는 자신의 생각이 아니라 다른 사람들이 일반적으로 어떻게 생각하는지에 따라 응답하게 되는 경우이다. 비교적 인지수준이 낮은 응답자들이 면접 직전에 면접자로부터 접하게 된 면접자의 생각이나 조언을 거의 무비판적으로 따라 응답한다.

| 정답 | 111 ② 112 ④ 113 ① 114 ③

115
다음 설명에 해당하는 자료수집방법은? 2019년 2회

> 응답자가 직접 말할 수 없거나 말하고 싶지 않은 대상이나 행동을 보다 잘 이해하기 위해, 직접적인 질문을 하는 대신 가상의 상황으로 응답자를 자극하여 진실한 응답을 이끌어 내는 방법이다.

① 투사법(Projective Method)
② 정보검사법(Information Test)
③ 오진선택법(Error-choice Method)
④ 표적집단면접법(Focus Group Interview)

해설 투사법은 인간의 무의식 속에 내재되어 있는 동기, 가치, 태도 등을 알아내기 위하여 모호한 자극을 응답자에게 제시하여 반응을 알아보는 방법으로, 주제통각검사(TAT), 로르샤흐잉크반점검사(RIBT), 역할행동검사, 만화완성검사, 단어연상검사, 문장완성검사 등이 있다.

116
다음 자료수집방법 중 조사자가 미완성의 문장을 제시하면 응답자가 이 문장을 완성시키는 방법은? 2019년 1회

① 투사법
② 면접법
③ 관찰법
④ 내용분석법

해설 조사자가 미완성의 문장을 제시하고 응답자가 이 문장을 완성시키는 방법은 문장완성검사로, 이는 투사법에 해당한다.

117
의사소통을 통한 자료수집방법에서 비체계적–비공개적 의사소통방법에 해당하는 것은? 2020년 4회

① 우편조사
② 표적집단면접법
③ 대인면접법
④ 역할행동법

해설 투사법은 비체계적–비공개적 면접법으로, 역할행동법이 이에 해당한다.
①②③ 우편조사와 면접법은 체계적–공개적인 의사소통방법에 해당한다.

PLUS 역할행동(Role Playing)검사
응답자에게 어떤 상황을 제시하고 만약 사람들이 이런 상황에 직면했을 때 어떤 느낌을 받을 것인지, 어떤 행동을 취할 것인지를 표현하게 함으로써 응답자 개인의 생각과 느낌을 투사하게 하는 방법이다.

118
실제로 전혀 투표할 의사가 없는 응답자들이 특정후보가 선두를 달리고 있어 이 후보를 지지하겠다고 응답하는 경우 발생되는 효과는?

① 악대마차효과
② 관습성 효과
③ 후광효과
④ 체면치레효과

해설 악대마차효과는 '선전편승효과'라고도 하며, 실제로 응답할 의사가 없더라도 다수가 생각하고 행동하는 어떤 방향으로 따르게 되는 경우이다.

| 정답 | 115 ① 116 ① 117 ④ 118 ①

CHAPTER 02

실사관리

핵심이론(1권) p.109

001
조사현장에서 응답자와 면담, 전화, 인터넷, 우편 등을 통해 조사를 담당하고 조사표 내용검토와 자료를 입력하는 일을 수행하는 사람은?

① 조사원　　　　② 모더레이터
③ 조사관리자　　④ 연구자

해설 조사원이란 실제 조사현장에서 응답자와 면담, 전화, 인터넷, 우편 등을 통해 조사를 담당하고 조사표 내용검토와 자료를 입력하는 일을 수행하는 사람이다.
② 모더레이터(Moderator)는 조사대상자들로부터 조사주제에 대한 의견이 수렴하도록 면접과정을 조절하고 심화하면서 전문적인 정보를 얻을 수 있도록 면접을 진행하는 전문가이다.

002
민간기관의 조사인력에 대한 내용이 아닌 것은?

① 면접조사원과 전화조사원으로 구성되어 있다.
② 정규사원이 아닌 임시직이 대부분이고 인터넷, 생활정보지 등을 통해 수시로 모집 운영된다.
③ 조사 회사들은 면접 관리용 데이터베이스를 구축하여 활용하기도 한다.
④ 각종 현장조사, 조사내용 검토 및 자료입력 등을 상시적으로 수행하기 위하여 정해진 기간 동안 근로계약을 체결한 기간제 근로자이다.

해설 조사원은 공공기관 인력과 민간기관 인력으로 구분된다. 그중 공공기관의 조사원은 현장조사 직원과 통계조사원으로 구분된다. 현장조사 직원은 현장조사를 수행하는 통계청 소속 공무원 및 현장조사를 위하여 통계청에서 채용한 무기계약 근로자, 기간제 근로자, 도급조사원 등을 말한다. 통계조사원은 각종 현장조사, 조사내용 검토 및 자료입력 등을 상시적으로 수행하기 위하여 채용된 사람으로, 정해진 기간 동안 근로계약을 체결한 기간제 근로자를 말한다.

003
조사원의 역할과 가장 거리가 먼 것은?

① 조사 전에 현장경험을 바탕으로 조사지역 내에서 명부를 작성한다.
② 조사대상자와 접촉하여 조사참여를 유도한다.
③ 조사 후 응답에 대해 검수한다.
④ 응답자에게 질문을 읽어줄 수는 있지만, 질문을 명백하게 하거나 설명을 해주지는 않는다.

해설 조사원은 기본적인 표본 틀의 구성, 응답자와의 접촉, 질의응답과정, 응답의 기록까지 전 과정에 걸쳐 단계별로 중요한 역할을 담당한다. 조사원은 조사 수행 단계에서 응답자에게 질문을 읽어주고 필요에 따라서는 질문을 명백하게 하거나 설명을 해주기도 한다.

004
조사원의 역할에 관한 설명으로 틀린 것은?

① 현장경험이 많은 조사원은 표본추출 틀을 갱신할 수 있는 정보를 제공한다.
② 조사자가 응답하기 곤란해하면 즉시 설문지의 문항을 수정한다.
③ 조사 후 응답자, 응답자의 가구, 지역 등을 관찰한 결과를 기록한다.
④ 조사대상이 되는 표본에 접촉하여 조사에 참여하도록 협조를 이끌어내는 작업을 수행한다.

해설 조사원은 조사 수행 단계에서 응답이 애매하거나 명확하지 않을 경우에는 추가적인 질문을 통해 자세히 캐어묻기(Probing)를 해야 하며, 설문지의 문항을 수정해서는 안 된다.

| 정답 | 001 ① 　002 ④ 　003 ④ 　004 ②

005
조사원의 역할과 가장 거리가 먼 것은?

① 조사 전에 조사대상 가구에서 응답표본을 선정하는 작업을 한다.
② 조사 중에 응답자가 조사에 성실히 응하도록 동기를 부여한다.
③ 조사 중에 응답자가 응답하기 곤란해하면 라포(Rapport)를 추가로 형성한다.
④ 조사 후 응답에 참여한 개인, 가구, 지역 등을 관찰한 결과를 성실히 기록한다.

해설 조사원은 조사 중에 응답자가 응답하기 곤란해하는 경우 추가적인 라포 형성보다는 자세히 캐어묻기(프로빙)를 해야 하며, 솔직한 답변을 이끌어낼 수 있도록 응답지를 설득히기도 한다.

006
조사방법별 조사원 선발에 관한 설명으로 옳지 않은 것은?

① 면접조사원 - 응답자가 조사표에 응답하는 데 방해되지 않을 정도의 모습과 성격이어야 한다.
② 전화조사원 - 조사지역 인근 거주자를 우선적으로 고려한다.
③ 인터넷조사원 - 인터넷을 잘 활용할 수 있어야 한다.
④ 우편조사원 - 우수한 업무수행 결과와 보안사항 및 지침을 잘 준수한다.

해설 조사방법별 조사원 선발에서 조사지역 인근 거주자를 우선적으로 고려해야 하는 것은 면접조사원에 대한 설명이다.

007
다음의 특징을 가진 조사원은?

- 외형적인 신체조건의 제약이 다른 조사원에 비해 적다.
- 응답자의 응답을 받아 기입하는 데 특별한 어려움이 없어야 한다.
- 명확한 발음, 상냥한 언어, 의사전달 능력을 보유한 사람이어야 한다.

① 면접조사원　　② 전화조사원
③ 인터넷조사원　　④ 우편조사원

해설 전화조사원은 면접조사원보다 신체조건의 제약이 적으며, 전화를 받고 응답을 기입하는 데 특별한 어려움이 없으면 된다. 또한 전화조사 시 필요한 명확한 발음과 상냥한 언어, 의사전달 능력을 보유한 사람이어야 한다.

008
면접조사원, 전화조사원, 우편조사원을 비교한 설명으로 옳지 않은 것은?

① 면접조사원은 두발, 의복, 표정, 냄새 등이 너무 튀거나 거부감을 주는 요소가 없어야 한다.
② 전화조사원은 면접조사원보다 외형적인 신체조건의 제약이 적다.
③ 전화조사원은 응답자들의 응답을 정확히 듣고 기입할 수 있어야 한다.
④ 우편조사원은 전화조사원보다 명확한 발음과 상냥한 언어, 의사전달 능력이 필요하다.

해설 명확한 발음과 상냥한 언어, 의사전달 능력은 우편조사원보다 전화조사원에게 필요하다.

| 정답 | 005 ③　006 ②　007 ②　008 ④

009
조사원이 갖추어야 하는 공통자격이 아닌 것은?

① 인터넷을 잘 활용할 수 있다.
② 조사방법 등 조사절차를 정확하고 바르게 이해하여 이를 충실히 실행한다.
③ 시간적으로 여유가 있고, 신뢰감과 자신감, 친근감을 얻을 수 있는 사람이다.
④ 우수한 업무수행 결과와 보안사항 및 지침을 잘 준수한다.

해설 인터넷을 잘 활용할 수 있는 사람이어야 하는 조건은 인터넷(전자)조사원의 선발기준이다.

PLUS 조사원의 공통자격
- 조사업무에 대한 협력의 열의가 있다.
- 조사원으로서 업무의 중요성을 인식하여 바르게 업무를 수행한다.
- 조사방법 등 조사절차를 정확하고 바르게 이해하여 이를 충실히 실행한다.
- 시간적으로 여유가 있고, 신뢰감과 친근감을 얻을 수 있는 사람이다.
- 우수한 업무수행 결과와 보안사항 및 지침을 잘 준수한다.

010
조사원 관리에 관한 설명으로 가장 거리가 먼 것은?

① 조사원은 하루 일과를 마치면 보고하는 체제를 유지한다.
② 조사원의 이름, 성별, 연령, 휴대전화번호, 자택전화번호, 이메일, 주소, 통장번호 등을 받아둔다.
③ 조사기간 동안 조사원은 긴급한 상황이 아닌 한 연락이 가능하지 않아도 된다.
④ 조사원으로부터 목표조사량과 실제조사량, 조사현장의 문제점 및 애로사항, 출퇴근 상황 등을 보고받는다.

해설 조사기간 동안 조사원은 언제 어디서든 항상 연락이 가능해야 한다.

011
조사원 교육에 관한 설명으로 틀린 것은?

① 조사원으로 선발된 이후, 조사를 수행하는 데 필요한 교육을 거쳐야 한다.
② 조사원 교육을 통해 조사원 업무의 전문적인 성격을 잘 이해시키고 이를 더욱 발전시키게 된다.
③ 조사원이 수행해야 할 조사에서 요구하는 목표를 달성할 능력과 자세를 갖추도록 교육한다.
④ 조사원의 업무 전문성 향상과 달리 윤리적 자질 향상에 대해서는 교육하지 않는다.

해설 조사원을 선발한 이후 이들이 조사를 수행하는 데 필요한 교육을 거쳐야 하는데, 조사원 교육은 업무 전문성 향상, 커뮤니케이션 능력 향상뿐만 아니라 통계조사의 품질관리를 위한 윤리적 자질 향상 등을 위해 필요하다.

012
조사원 교육의 필요성에 관한 설명으로 틀린 것은?

① 조사원으로서의 역할과 중요성을 깊이 인식하여 정체성을 확립하기 위해
② 조사원의 현장조사에 대한 이해력을 높이고 커뮤니케이션 능력을 향상시키기 위해
③ 응답대상자의 응답거부에 부담스러워하지 않고 가볍게 인지하도록 돕기 위해
④ 조사위조에 대한 통계조사의 품질저하를 막기 위해

해설 조사원 교육은 조사원이 수행해야 할 조사에서 요구하는 목표를 달성할 능력과 자세를 갖추도록 교육시키는 것이다. 조사원은 응답대상자의 응답거부를 절대 가볍게 받아들여서는 안 되며, 이런 자세의 필요성을 인지하도록 돕기 위해 조사원 교육이 필요하다.

| 정답 | 009 ① 010 ③ 011 ④ 012 ③

013
조사원 교육의 내용과 거리가 먼 것은?

① 조사관리자의 업무 및 관리자가 되기 위한 절차
② 응답자를 만나서 응하겠다는 협조와 동의를 얻는 일
③ 대답이 불분명하고 취지에 맞지 않을 때에는 캐어물어서 적절한 답을 얻는 일
④ 조사표 및 기타 용지를 제대로 기록하는 일

해설 조사원 교육은 조사원이 수행해야 할 조사에서 요구하는 목표를 달성할 능력과 자세를 갖추도록 교육시키는 것이다. 따라서 조사관리자와 긴밀하게 연락하는 절차나 방법에 대해서는 반드시 교육이 필요하지만, 조사관리자가 되기 위한 절차 등은 교육의 내용과 거리가 멀다.

PLUS 조사원을 대상으로 실시되는 교육의 종류
- 조사의 개요 및 배경지식에 대한 일반교육
- 응답자를 만나 응하겠다는 협조와 동의를 얻는 일
- 조사원칙에 따라 정확하고 타당한 응답을 얻는 일
- 대답이 불분명하고 취지에 맞지 않을 때는 캐어물어서 적절한 답을 얻는 일
- 조사표 및 기타 용지를 제대로 기록하는 일
- 조사관리자와 긴밀하게 연락하는 일

014
조사원 일반교육 중에서 조사와 조사과정에 대한 교육 내용은?

① 조사품질에 대한 조사원의 책임
② 개인정보의 비밀보장
③ 조사의 중요성과 가치
④ 조사원의 전문가다운(Professional) 모습

해설 조사와 조사과정에 대한 교육 내용으로는 조사의 중요성과 가치 인식, 조사의 목적 확인, 대상자에 대한 신뢰와 협조 구하기, 부정적 요인 확인하기 등이 있다.
①② 조사원의 역할 및 책임에 대한 교육 내용이다.
④ 조사원의 자세에 대한 교육 내용이다.

015
조사원의 역할이나 책임에 대한 교육 내용이 아닌 것은?

① 현장조사를 하지 않고 기존 조사표 등 기타 자료를 이용하여 탁상조사를 해서는 안 된다.
② 조사원 스스로 조사내용에 흥미를 가지고 헌신해야 한다.
③ 조사 진행상황을 조사관리자에게 매일 보고하고, 완성된 조사표는 매일 조사관리자에게 내용을 확인받는다.
④ 조사 시 수집된 개인, 법인 또는 단체의 정보를 보호해야 한다.

해설 조사원 스스로 조사내용에 흥미를 가지고 헌신해야 하는 것은 조사원의 역할이나 책임으로 볼 수 없다.

PLUS 조사원의 역할 및 책임에 대한 교육 내용
- 소사품실에 대한 조사원의 책임
- 조사관리자의 지시에 따르는 자세
- 불량응답, 거짓응답 등에 대한 처리과정 인식
- 개인정보의 비밀보장
- 지침 등 서약서 항목 숙지

016
조사원의 역할 및 책임에 대한 교육 내용 중 다음에 해당하는 영역은?

> 조사원이 충분히 캐어묻지 않았거나, 질문에 대한 타당한 응답이 아니거나, 의도적으로 응답을 조작하여 기록한 것이 드러난 조사원에게 열의가 부족한 것으로 보고 경고를 하거나 해고한다.

① 지침 등 서약서의 항목 기억
② 개인정보의 비밀보장
③ 불량응답, 거짓응답 등에 대한 처리과정 인식
④ 조사품질에 대한 조사원의 책임

해설 조사원의 역할 및 책임에 대한 교육 내용에는 조사자의 불량응답, 거짓응답 등에 대한 처리과정 인식이 반드시 포함된다.

| 정답 | **013** ① **014** ③ **015** ② **016** ③

017

조사원이 갖추어야 하는 자세에 대한 설명으로 옳지 않은 것은?

① 자신의 신분을 밝히는 조사원 명찰을 항상 착용하고 개인적인 업무를 보는 모습
② 조사 자체에 관한 설명, 통계법에 대한 안내 등 응답자가 궁금해할 만한 정보를 막힘없이 조리 있게 전달하는 모습
③ 조사를 마치고 인사하기 전에 빠진 항목이 없는지 처음부터 차분하게 검토하는 모습
④ 질문할 때 각 질문에 대한 충분한 설명으로 응답자가 응답하는 데 어려움이 없도록 배려하는 모습

해설 조사원은 조사원 명찰을 착용한 상태로 개인적인 업무를 보거나 업무외 전화를 하지 않는다.

018

조사표를 효과적으로 다루기 위한 조사원 교육에 대한 설명으로 옳지 않은 것은?

① 조사표의 모양, 짜임, 구성 등을 비롯해서 각 항목에 대해 교육한다.
② 표준화 조사, 반표준화 조사 또는 비표준화 조사 각각의 경우에 따른 조사표 활용에 대해 교육한다.
③ 조사관리자의 전반적인 교육 이후에 조사원은 개별적으로 조사표를 숙지할 수 있는 시간을 갖는다.
④ 조사원이 조사표를 숙지했다면, 서로 잘 아는 조사원과 짝을 지어 역할놀이를 한다.

해설 조사원이 조사표를 숙지했다면, 다른 조사원과 짝을 지어 역할놀이를 하는 시간이 필요하다. 이때 역할놀이는 가능하면 서로 잘 모르는 조사원끼리 하는 것이 좋다. 서로 잘 아는 조사원끼리 역할놀이를 하면 제대로 연습을 못하거나 대충 넘어가는 경우가 발생하기 때문이다.

019

응답자의 협조를 끌어내기 위한 조사원의 자세로 옳지 않은 것은?

① 응답자에게 면접을 처음 청할 때에는 자신의 신분, 조사의 목적, 응답자의 선출방식 등의 기본적 사실을 소개해야 한다.
② 조사원에 대한 응답자의 의심을 풀어주기 위해 조사원이 어느 기관에서 나온 누구라는 것을 공손히 말해야 한다.
③ 조사 시행의 이유와 왜 응답자의 의견이 필요한지 그리고 그 결과가 어떻게 활용되는지를 친절하게 설명해야 한다.
④ 응답자로 선출된 바를 납득시키기 위해 '절대로 책임을 지지 않습니다.' 등의 말을 되풀이하면서 강조해야 한다.

해설 응답자가 어떻게 선출되었는지를 궁금해하면 쉬운 말로 설명해주고, 응답자로 선출된 바를 납득시키기 위해 '어떠한 말씀을 하셔도' 또는 '절대로 책임을 지지 않습니다.' 등의 말을 되풀이해서 강조하면 오히려 더욱 경계하고 부담감을 느낄 수 있다.

020

응답자가 조사를 거절하거나 조사에 대해 심리적 장애를 갖고 있을 때 조사원의 자세에 관한 설명으로 틀린 것은?

① 응답자가 조사를 거절할 때에는 조사를 2~3번 정도 참여할 것을 요구하는 것이 좋다.
② 질문이 쉽고 재미있다는 것, 조사질문에 대한 답은 좋고 나쁜 것이 없다는 것, 비밀이 보장된다는 것 등을 전달하여 응답자의 자유로운 반응을 얻도록 한다.
③ 조사대상자가 편안하게 조사에 임할 수 있도록 동기를 부여한다.
④ 조사원은 절대로 불쾌한 태도를 보여서는 안 되며 침착하고 친절한 태도로 조사의 목적, 방법, 결과처리 등에 대해 추가로 설명을 하는 것이 좋다.

해설 응답자가 조사를 거절할 때, 또는 조사에 대해 심리적 장애를 갖고 있을 때 조사원은 불쾌한 태도를 보여서는 안 되며 침착하고 친절한 태도로 다시 한 번 조사의 목적, 방법, 결과처리 등에 대해 설명을 하는 것이 좋다. 그래도 거절할 때에는 조사를 강요하지 않는 것이 좋다.

| 정답 | 017 ① 018 ④ 019 ④ 020 ①

021

응답자가 바쁘다고 할 때 조사원이 취할 수 있는 자세는?

① 응답자가 바쁘다고 해도 잠깐이면 조사에 참여할 수 있다고 설득한다.
② 정말 응답자가 바쁜지 아니면 조사를 피하기 위해서인지 파악해야 한다.
③ 실제로 바쁘다고 판단되면 조사를 포기하는 것이 좋다.
④ 바쁠 때 조사를 해도 조사결과에 나쁜 영향을 미치지는 않는다고 인식한다.

해설 조사를 피하기 위한 구실인지를 파악하고, 실제로 바쁘다고 판단되면 조사 가능한 시간을 약속해 놓는 것이 좋다.

022

응답자 부재 시 재접촉을 시도할 수 있는 방법으로 적절하지 않은 것은?

① 전화 연락을 시도하기
② 다른 가족이나 이웃에게 좋은 인상 남기기
③ 방문사실을 편지나 쪽지로 적어 남기기
④ 응답자에게 연락하도록 조사자의 연락처 남기기

해설 응답자가 조사자에게 연락하도록 조사자의 연락처를 남기는 것은 적절한 방법이라고 할 수 없다. 접촉될 때까지 재접촉을 시도하거나, 접촉이 불가한 경우 해당 응답자 포기, 전화 연락, 다른 시간대 방문, 방문사실 남기기, 다른 가족이나 이웃에게 좋은 인상 남기기 등으로 대체할 수 있다.

023

응답기입 시 조사자가 확인해야 하는 사항이 아닌 것은?

① 응답자의 반응에 대한 녹음은 조사자가 선택적으로 할 수 있다.
② 조사지침서에 첨부된 단위 환산표를 참고하여 환산하고 단위에 맞게 표기한다.
③ 응답자의 표현을 최대한 살리되, 질문에 대한 타당한 응답을 기입한다.
④ 항목기입 누락과 착오 사례가 없는지를 확인한다.

해설 응답자의 반응을 녹음해야 한다면 반드시 응답자에게 사전에 양해를 구해야 한다.

024

조사 수행 단계에서 조사원의 직무로 가장 거리가 먼 것은?

① 응답이 애매하거나 불명확한 경우 추가적인 질문으로 자세히 묻는다.
② 응답자를 대신해서 응답내용을 설문지에 기입할 수 있다.
③ 응답하기 곤란한 질문은 응답하지 않아도 된다고 안내한다.
④ 응답자가 조사에 성실히 응하도록 동기부여한다.

해설 응답이 곤란한 질문이라도 솔직한 답변을 위해 응답자를 설득한다.

| 정답 | 021 ② 022 ④ 023 ① 024 ③

025
조사진행 시 각 담당자의 역할에 관한 설명으로 틀린 것은?

① 프로젝트 연구원: 조사를 전체적으로 기획·설계하고 조사목적에 적합한 자료가 수집될 수 있도록 모든 인력들을 연계하여 통제하고 관리한다.
② 조사지도원: 실질적 현장조사의 조사원 및 자료를 책임지고 관리한다.
③ 검증원: 자료수집과정에서 조사원들이 표준적인 진행절차에 따라 정확히 자료를 수집하였는지를 검증한다.
④ 입력원: 서술형 설문에 대한 응답을 적절한 범주에 따라 분류하고 부호화한다.

해설 부호기입원은 서술형 설문에 대한 응답을 조사목적에 맞게 적절히 범주화하고 이를 숫자나 부호로 변환하는 작업을 담당한다. 입력원은 수집된 조사표의 내용을 전산처리가 가능하도록 숫자나 부호의 형태로 컴퓨터에 입력시키는 작업을 담당한다.

026
실사진행 시 조사원이 수행하는 설문지 점검에 관한 내용으로 옳은 것을 모두 고른 것은?

> ㉠ 지침서와 교육내용을 제대로 지키고 있는지 확인한다.
> ㉡ 조사 초기에 집중적으로 점검을 실시한다.
> ㉢ 누락 항목이나 글씨를 알아볼 수 없는 항목을 확인한다.
> ㉣ 조사원별로 응답패턴이 발생하는지 확인한다.
> ㉤ 현장에서 느끼는 조사원 고충을 수합하여 재교육한다.

① ㉠, ㉢, ㉣
② ㉠, ㉡, ㉤
③ ㉡, ㉢, ㉣, ㉤
④ ㉠, ㉡, ㉢, ㉣, ㉤

해설 실사진행 시 설문지 점검에 관한 내용으로 모두 옳다.

027
설문이 끝난 후 누락된 항목이나 글씨를 알아볼 수 없는 항목을 확인했을 때 취할 수 있는 조치는?

① 되도록 빠르게 당일 혹은 다음날 바로 보충하도록 한다.
② 조사원을 해고하고 미리 확보해 놓은 다른 조사원을 투입한다.
③ 조사지침서를 구체적으로 작성한다.
④ 조사원을 재교육시킨다.

해설 설문이 끝난 후 설문지가 들어오는 즉시 설문지를 점검하여 조사원이 누락한 항목이나 글씨를 알아볼 수 없는 항목이 없는지 확인하고 확인된 실수들은 당일 혹은 다음날 바로 보충하도록 한다. 특히, 시간이 지날수록 설문지는 쌓이고 특정 응답자에 대한 조사원의 기억이 희미해지기 때문에 빨리 처리해야 한다.

028
실사진행과정에서 조사원 때문에 문제가 발생한 경우와 가장 거리가 먼 것은?

① 조사원이 조사진행방법을 준수하지 않았다.
② 다른 조사원에 비해 조사진행률이 더디다.
③ 조사대상자에게 접근이 안 되어 조사에 차질이 생겼다.
④ 조사대상자와 커뮤니케이션을 하는 게 어렵다.

해설 조사대상자에게 접근이 안 되어 조사에 차질이 생기는 것은 조사 일정상 발생한 문제이다. 특히, 조사대상자에게 접근이 안 되면 조사계획에 차질이 생길 수 있으며, 추가 조사원을 투입하는 등의 적절한 조치를 취해야 한다.

| 정답 | 025 ④ 026 ④ 027 ① 028 ③

029

실사진행 시 발생할 수 있는 문제를 모두 고른 것은?

┌─────────────────────────────┐
│ ㉠ 조사용품 관련 문제 발생   │
│ ㉡ 조사원 관련 문제 발생   │
│ ㉢ 현장검증 결과 오류 발견   │
│ ㉣ 조사일정상의 문제 발생   │
│ ㉤ 조사 관련 컴플레인 발생   │
└─────────────────────────────┘

① ㉠, ㉢, ㉣
② ㉠, ㉡, ㉤
③ ㉡, ㉢, ㉣, ㉤
④ ㉠, ㉡, ㉢, ㉣, ㉤

해설 모두 실사진행과정에서 발생할 수 있는 문제이다.

030

실사진행 시 발생할 수 있는 문제가 아닌 것은?

① 조사용품이 훼손, 분실, 재조사 실시 등에 의해 부족해진 경우
② 조사원이 조사진행방법을 준수하지 않는 경우
③ 현장검증 시 설문지상에서 오류가 발견된 경우
④ 실사진행이 계획 일정에 비해 빠른 경우

해설 실사진행이 계획 일정에 비해 더딘 경우에는 추가 조사원을 투입하여 조사일정에 차질이 없도록 조치한다.

031

설문결과를 확인하는 중에 발생한 문제에 대한 대응 방안으로 적합한 것은?

① 조사원별로 응답패턴이 확인되면 응답패턴에 대한 신뢰성 검증을 실시한다.
② 설문지상에 기입오류 및 응답내용의 논리적 오류가 발생한 경우에는 해당 설문을 폐기한다.
③ 응답자가 부적격 조사대상자로 확인되면 설문을 폐기하고 표본 특성과 다른 조건의 조사대상자를 선정하여 재조사한다.
④ 논리적 오류가 많이 발생한 경우에는 오류가 있는 부분을 일괄적으로 '무응답' 처리를 실시한다.

해설 ② 설문지상에 기입오류 및 응답내용의 논리적 오류가 발생한 경우, 조사원 및 응답자 재확인을 통해 해당 오류내용에 대한 확인을 실시하며 무조건 폐기하지는 않는다.
③ 응답자가 부적격 조사대상자로 확인되면 해당 설문을 폐기하고, 폐기된 설문의 표본 특성과 동일한 조건의 조사대상자를 선정하여 재조사를 진행한다.
④ 논리적 오류가 많이 발생한 경우에는 해당 설문을 폐기하고 재조사를 실시한다. 오류내용의 재확인이 불가능한 경우에는 무응답과 같이 단순기입오류는 무응답 처리한다.

032

수집된 자료의 적합성을 점검하는 실사품질 관리 단계는?

① 현장검증 → 에디팅 → 전화검증
② 현장검증 → 전화검증 → 에디팅
③ 에디팅 → 전화검증 → 현장검증
④ 전화검증 → 현장검증 → 에디팅

해설 실제 실사과정에서 수집된 정보의 논리적 모순이 없는지, 적합한 방법으로 실사가 진행되었는지 등을 확인하는 실사품질 관리는 정확한 조사결과 도출에 있어서 중요한 과정이다. 실사품질 관리는 '현장검증 → 에디팅 → 전화검증' 3단계를 따른다.

| 정답 | **029** ④ **030** ④ **031** ① **032** ①

033
실사품질 관리 단계를 순서대로 나열한 것은?

> 설문조사, 전화검증, 에디팅, 현장검증, 부호화, 재조사

① 설문조사 → 현장검증 → 전화검증 → 에디팅 → 부호화 → 재조사
② 설문조사 → 재조사 → 전화검증 → 현장검증 → 에디팅 → 부호화
③ 설문조사 → 현장검증 → 에디팅 → 재조사 → 전화검증 → 부호화
④ 설문조사 → 현장검증 → 에디팅 → 전화검증 → 재조사 → 부호화

해설 실사품질 관리는 '설문조사 → 현장검증(1차 검증) → 에디팅(2차 검증) → 전화검증(3차 검증) → 재조사 → 부호화(자료처리)'의 단계를 따라 이루어진다. 재조사가 필요한 경우가 발생하면 '현장검증 → 에디팅 → 전화검증'이 다시 반복되고, 최종적으로 자료처리 단계에서 부호화(Coding)와 자료입력(Punching)이 진행된다.

034
실사품질 관리 단계에 관한 설명으로 틀린 것은?

① 1차 검증 – 실사 관리자가 조사원으로부터 회수된 설문지를 현장검증을 실시한다.
② 2차 검증 – 회수된 설문지에 대해 응답 충실성, 부적합 응답 여부, 논리적 오류 체크 등을 확인하는 에디팅(Editing) 작업을 실시한다.
③ 3차 검증 – 실사 담당자는 응답자의 진위 확인 및 적격대상자 확인, 주요 문항의 진위 여부 확인, 오류내용에 대한 재확인 등을 위해 전화검증을 실시한다.
④ 1차 검증 – 설문결과를 육안으로 확인하여 응답의 누락이 없는지, 조사원에게 할당된 설문 대상자의 쿼터(Quota)가 맞는지 등을 확인한다.

해설 설문조사 완료 후 회수된 설문지는 1차적으로 조사를 직접 진행한 조사원이 현장검증을 실시한다.

PLUS 실사품질 관리의 단계
- 1차 검증: 설문결과의 육안 체크, 응답 누락 및 쿼터(Quota) 체크
- 2차 검증: 응답 충실성 확인, 부적합 응답 여부 확인, 논리적 오류 확인
- 3차 검증: 응답자 진위 및 적격 여부 확인, 주요 문항 진위 확인, 오류내용 재확인

035
실사품질 관리방법에서 정합성 점검에 대한 설명으로 틀린 것은?

① 설문응답내용의 논리적 오류를 점검한다.
② 실사가 적합한 방법으로 진행되었는지를 점검한다.
③ 조사원이 현장에서 1차적으로 확인하며, 2차적으로 실사 관리자가 내부에서 확인한다.
④ 실사품질 관리 단계 중 1차 검증 및 2차 검증에 해당한다.

해설 실사품질 관리는 설문응답내용의 논리적 오류를 점검하는 정합성 점검과 실사가 적합한 방법으로 진행되었는지를 점검하는 신뢰성 점검으로 구분된다.

036
실사품질 관리에서 에디팅(Editing)에 관한 설명으로 가장 옳지 않은 것은?

① 에디팅은 조사원이 현장에서 확인한 설문지를 실사 관리자가 내부에서 확인하는 점검이다.
② 설문응답내용에 기입오류가 있는지 또는 논리적 모순이 있는지 등을 확인한다.
③ 실사품질 관리 단계 중 1차 검증에 해당된다.
④ 에디팅을 실시하기 전에 다른 설문지와 구분할 수 있도록 순차적으로 ID를 부여한다.

해설 에디팅(Editing)은 실사품질 관리 단계 중 2차 검증에 해당한다.

| 정답 | 033 ④ 034 ① 035 ② 036 ③

037
다음 응답 기입오류에 대한 설명으로 옳은 것은?

> 다음 중 귀하께서 가장 선호하시는 통신사를 하나만 선택해 주십시오.
> ㉮ A통신사   ㉯ B통신사 ✓㉰ C통신사   ㉱ 기타(   )

① 응답내용이 누락된 경우이다.
② 정확한 응답내용 확인이 불가능한 경우이다.
③ 응답방법을 준수하여 응답하지 않은 경우이다.
④ 응답내용이 불성실한 경우이다.

해설 ㉯와 ㉰ 사이에 기재하여 정확한 응답내용 확인이 불가능한 경우로 추후 재확인을 위해 별도로 표기를 해두어야 한다.

038
응답내용의 크로스 체크(Cross Check)에 대한 설명으로 틀린 것은?

① 유사 설문문항 간에 논리적인 응답인지 확인한다.
② 유사 설문문항 간에 형식적인 응답인지 확인한다.
③ 유사 설문문항 간에 상식적인 응답인지 확인한다.
④ 유사 설문문항 간에 일관성이 있는 응답인지 확인한다.

해설 실사품질 관리를 위한 정합성 점검방법으로 응답내용의 크로스 체크(Cross Check)를 이용한다. 유사 설문문항 간에 일반적이거나 상식적인 응답인지 확인하거나, 유사 설문문항 간의 응답 확인을 통한 논리성 및 일관성을 확인한다.

039
실사품질 관리방법에서 신뢰성 점검에 대한 설명으로 틀린 것은?

① 실사품질 관리 단계 중 3차 검증에 해당한다.
② 실사가 적합한 방법으로 진행되었는지를 점검한다.
③ 설문응답내용의 논리적 오류를 점검한다.
④ 실사 관리자가 설문을 작성한 응답자에게 연락하여 응답자의 진위 여부 및 적격한 대상자 여부를 확인한다.

해설 설문응답내용의 논리적 오류를 점검하는 것은 정합성 점검이다. 신뢰성 점검은 실사가 적합한 방법으로 진행되었는지를 점검한다.

040
다음 설문문항의 응답에 대한 설명으로 옳은 것은?

> 귀하의 직업은 어떻게 되시나요?
> ✓㉮ 고등학생   ㉯ 대학생
> ㉰ 직장인   ㉱ 기타(   )
>
> 귀하께서는 휴대폰을 어떤 용도로 가장 많이 사용하시나요?
> ✓㉮ 업무적 연락   ㉯ 가족 간의 연락
> ㉰ 친구/지인 간의 연락 ㉱ 기타(   )

① 불분명하거나 확인이 불가능한 응답이 있다.
② 불성실한 응답이 있다.
③ 상식적이지 않은 응답이 있다.
④ 응답방법을 준수하지 않은 응답이 있다.

해설 직업이 고등학생이기 때문에 휴대폰의 사용 용도가 업무적인 연락인 경우는 일반적이거나 상식적인 응답이 아니라고 판단할 수 있다.
② 불성실한 응답은 '기타'를 선택하고 세부내용을 기재하지 않은 경우 등을 예로 들 수 있다.

041
실사품질 관리방법에서 신뢰성 점검을 위해 확인해야 하는 것으로 틀린 것은?

① 응답자의 진위 여부
② 조사원의 적격 대상자 여부
③ 적합한 방법으로 실사가 진행되었는지 여부
④ 응답내용의 진위 여부

해설 신뢰성 점검은 실사 관리자가 설문을 작성한 응답자에게 연락을 하여 응답자의 진위 여부 및 적격한 대상자 여부, 조사원이 적합한 방법으로 조사를 진행하였는지 여부, 응답내용의 진위 여부 등을 확인하며, 대부분은 3차 검증(전화검증)으로 진행된다.

| 정답 | 037 ② 038 ② 039 ③ 040 ③ 041 ②

CHAPTER 03

2차 자료 분석

핵심이론(1권) p.122

001
연구자 자신이 자료를 수집하는 대신에 다른 연구기관이나 개인 연구자가 수집한 2차 자료를 사용하는 경우에 대한 설명으로 옳지 않은 것은?

① 시간과 비용을 절약할 수 있다.
② 국제 비교나 종단적 비교가 가능하다.
③ 자신의 연구 목적에 맞게 변수를 선정 및 조작을 할 수 있다.
④ 공신력 있는 기관에서 수집한 자료는 신뢰성과 타당성이 높다.

> **해설** 2차 자료는 연구 목적에 맞게 변수 선정 및 조작을 할 수 없다.

002
2차 자료를 내부 자료와 외부 자료로 분류할 때 내부 자료에 대한 설명이 아닌 것은?

① 기관이나 기업 또는 단체의 활동 과정에서 정리된 자료이다.
② 수집하는 데 비용이 거의 소요되지 않으며 상대적으로 쉽게 구할 수 있다.
③ 공공기관의 각종 보고서, 전문기관의 연구 결과물 등이다.
④ 기업 혹은 단체의 과거 경험에 따른 학습내용의 축적 결과물이다.

> **해설** 공공기관의 각종 보고서, 전문기관의 연구 결과물 등은 기관, 기업, 해당 조직의 외부에서 작성되거나 보유하고 있는 외부 자료에 해당한다. 내부 자료는 기업, 기관 등에서 내부적으로 활용할 목적으로 작성한 자료이다.

003
2차 자료에 대한 설명으로 옳은 것은?

① 연구문제에 적합한 자료를 직접 수집한 것이다.
② 자료의 정확성을 평가하기 용이하다.
③ 최근 정보만을 대상으로 하기에 연구문제와 관련성이 높다.
④ 자료수집의 경제성이 높다.

> **해설** ①②③ 1차 자료에 대한 설명이다.

004
다음 중 2차 자료의 장점과 거리가 먼 것은?

① 적은 비용
② 신속성
③ 작은 노력
④ 시의적절성

> **해설** 2차 자료는 과거에 수집된 정보가 많기 때문에 항상 최신자료라고 할 수 없고, 시의적절성이 떨어지는 것이 단점이다.

| 정답 | 001 ③　002 ③　003 ④　004 ④

005

다음 중 외부 자료에 해당하는 것은?

> ㉠ 정부기관이나 일반기관에서 일정한 시점의 간격을 두고 지속해서 출판되거나 발행되는 자료
> ㉡ 수집된 데이터와 자료를 통계적인 분석방법을 이용하여 도출한 자료
> ㉢ 관련 분야의 전문적인 지식이나 정보를 체계적으로 작성하여 만든 자료
> ㉣ 관련 상황이나 현황 등의 정보를 알리거나 공유하려는 자료
> ㉤ 경영전문기관, 기술전문기관, 마케팅전문 조사기관, 학회나 협회 등에서 발행하는 자료

① ㉠, ㉢, ㉣
② ㉠, ㉡, ㉤
③ ㉡, ㉢, ㉣, ㉤
④ ㉠, ㉡, ㉢, ㉣, ㉤

해설 모두 외부 자료에 해당한다. 외부 자료는 2차 자료의 유형으로, 일반적으로 정부기관의 간행물, 정부기관이나 기업 등의 통계자료, 전문서적, 보도자료, 전문기관 보고서, 상업적 목적의 자료 등이 있다.

006

외부 자료의 특징으로 옳은 것은?

① 인터넷에 많은 자료가 있으나 정확하게 찾는 것이 중요하다.
② 자료의 수집을 위해 설문조사, 관찰, 실험 등의 방법이 사용된다.
③ 조사자가 연구의 목적을 달성하기 위해 적절한 조사설계를 한다.
④ 비용이 저렴하고 자료를 수집하기가 쉽다.

해설 외부 자료는 기관이나 기업 또는 해당 조직의 외부에서 작성되거나 보유하고 있는 자료로 공공기관의 각종 보고서, 전문기관의 연구 결과물 등이며, 인터넷에 공유되고 있는 자료가 많으므로 정확하게 찾는 것이 중요하다.
②③ 1차 자료의 특징이다.
④ 내부 자료의 특징이다.

007

다음 중 2차 자료의 장점에 해당하는 것은?

① 당면조사에 적합한 자료
② 자료의 정확성 평가
③ 자료의 시효
④ 자료수집의 경제성

해설 2차 자료는 기존자료를 활용하기 때문에 1차 자료보다 경제적이다.

008

2차 자료 분석의 특징으로 옳지 않은 것은?

① 비교적 적은 비용으로 대규모 사례 분석이 가능하다.
② 자료의 결측값을 추적할 수 있다.
③ 자료를 직접 수집하지 않아도 된다.
④ 기존 데이터를 수정·편집해 분석할 수 있다.

해설 결측값은 측정해야 할 값을 얻지 못한 경우를 의미한다. 2차 자료는 새로운 자료를 수집하는 것이 아니라 기존 자료를 활용하기 때문에 자료의 결측값을 추적할 수 없다.

009

다음 중 2차 자료를 활용한 분석 또는 조사과정이 아닌 것은?

① 정부기관에서 발생한 통계연보를 통해 도시별 정보화 수준을 조사했다.
② 연구소에서 수집한 패널자료를 통해 청소년의 성장과정을 분석했다.
③ 인터넷을 통해 설문조사를 실시하여 정당선호도를 분석했다.
④ 조사기관에서 조사한 자료를 통해 소비자구매조사를 했다.

해설 인터넷을 통해 설문조사를 실시하여 정당선호도를 분석한 것은 1차 자료에 해당한다.

| 정답 | 005 ④ 006 ① 007 ④ 008 ② 009 ③

010
문헌조사의 목적과 가장 거리가 먼 것은?

① 해당 분야의 연구현황을 파악한다.
② 문제해결을 위한 방법을 탐색한다.
③ 연구의 이론적 기초를 제시한다.
④ 구체적 연구가설을 제시한다.

해설 구체적 연구가설을 제시하는 것은 연구자가 문헌조사 이후 연구문제를 분석하고, 이론과 경험적 근거를 바탕으로 직접 설정하는 단계이다.

011
문헌연구에 관한 설명으로 틀린 것은?

① 논문, 신문기사, 일기, 서신 등 문자로 기록된 것만이 문헌에 포함된다.
② 양적자료와 질적자료수집에 모두 활용될 수 있다.
③ 다른 형태의 연구에서 선행연구의 경향성을 파악하는 보조적인 방법으로 사용되기도 한다.
④ 문헌연구는 이미 발표된 연구의 결과나 역사적 문서를 수집하여 연구자가 연구하려고 하는 문제를 분석하는 것이다.

해설 문헌연구는 기존 연구의 결과물인 문헌을 통해 자료를 수집하는 방법이다. 이때 문헌이란 논문, 신문기사, 인터넷 문서, 일기, 서신 등 문자로 기록된 것뿐만 아니라 그림, 녹취록, 영상 녹화물 등도 포함된다.

012
문헌연구의 특징과 가장 거리가 먼 것은?

① 1차 자료를 직접 수집하기 어려운 경우에 많이 활용된다.
② 2차 자료 수집용으로 활용되는 경우가 많다.
③ 연구문제에 대한 기존의 연구동향을 알 수 있다.
④ 문헌해석 시 연구자의 편견을 제거할 수 있다.

해설 문헌연구는 문헌의 정확성과 신뢰성을 확보하기 어렵고, 문헌해석 시 연구자의 편견이 개입될 수 있다는 단점이 있다.

013
다음 중 문헌연구의 중요성에 해당하는 것을 모두 고르면?

㉠ 해당 학문 분야의 최근 동향에 대해 파악할 수 있다.
㉡ 연구 가능한 주제를 선택할 수 있다.
㉢ 연구문제를 구체화할 수 있다.
㉣ 새로운 접근방법을 모색할 수 있다.
㉤ 연구를 시행하는 과정에서 발생할 수 있는 시행착오를 피할 수 있다.

① ㉠, ㉢, ㉣
② ㉠, ㉡, ㉤
③ ㉡, ㉢, ㉣, ㉤
④ ㉠, ㉡, ㉢, ㉣, ㉤

해설 모두 문헌연구의 중요성에 해당한다.

014
다음과 같은 특징을 갖는 연구는?

- 시간·비용을 절약할 수 있고, 정보수집이 용이하다.
- 연구문제에 대한 기존의 연구동향을 알 수 있다.
- 선행연구의 신뢰도가 현행연구의 신뢰도에 영향을 줄 수 있다.

① 질문지법
② 문헌연구
③ 실험법
④ 참여관찰법

해설 문헌연구는 기존 연구의 결과물인 문헌을 통해 자료를 수집하는 방법으로, 시간과 비용을 절약하고 정보수집이 용이하며, 연구문제에 대한 기존의 연구동향을 알 수 있다. 하지만 문헌의 정확성과 신뢰성을 확보하기 어렵고, 문헌해석 시 연구자의 편견이 개입될 수 있으며, 선행연구의 신뢰도가 현행연구의 신뢰도에 영향을 줄 수 있다.

| 정답 | 010 ④ 011 ① 012 ④ 013 ④ 014 ②

015
다음에 해당하는 문헌연구의 목적은?

> 문헌연구를 통해 선행연구의 제한점 또는 제언 부분에서 해당 연구의 한계를 미리 파악함으로써, 연구과정에서 발생할 수 있는 문제를 사전에 방지할 수 있다.

① 연구문제의 해결을 위한 새로운 접근방법을 모색하기 위해
② 잘못된 조사설계를 피하기 위해
③ 연구를 시행하는 과정에서 발생할 수 있는 시행착오를 피하기 위해
④ 연구방법에 대한 통찰력을 얻기 위해

해설 문헌연구의 목적 중 연구를 시행하는 과정에서 발생할 수 있는 시행착오를 피하기 위한 내용이다.

PLUS 문헌연구의 중요성(목적)
- 해당 학문 분야의 최근 동향을 파악하기 위해
- 연구 가능한 주제를 탐색하기 위해
- 연구문제를 구체화하기 위해
- 새로운 접근방법을 모색하기 위해
- 연구방법에 대한 통찰력을 얻기 위해
- 연구를 시행하는 과정에서 발생할 수 있는 시행착오를 피하기 위해

016
문헌연구 시 연구자의 자세로 틀린 것은?

① 기존 연구에 대해 비판적 자세를 갖는다.
② 조사하고자 하는 주제와 밀접하게 관련이 있는 문헌만 찾는다.
③ 자신의 연구와 연계성이 있는 최근 문헌을 활용한다.
④ 문헌연구의 결과는 현재형으로 서술한다.

해설 본 연구는 현재형으로 서술하고, 문헌연구의 결과는 과거형으로 서술해야 한다.

017
문헌연구 시 연구자가 고려해야 할 사항으로 가장 거리가 먼 것은?

① 자신이 설정한 연구문제와 동일하거나 비슷한 기존 연구를 찾는다.
② 자신의 연구문제와 상반된 주장을 하는 연구를 피한다.
③ 문헌 중 해당 연구자가 직접 연구에 참가하여 관찰한 결과들을 기록한 1차 자료를 확인한다.
④ 탐색한 문헌의 저자, 제목, 저널명 혹은 출판사명, 자료원 등을 기록하는 요약카드를 작성한다.

해설 문헌연구를 진행하는 연구자는 자신이 설정한 연구문제와 상반된 주장을 하는 기존 연구를 확인했다면 간과하지 말고 주의 깊게 분석해야 한다.

018
문헌연구 절차의 각 단계를 순서대로 바르게 나열한 것은?

> ㉠ 관심주제를 명확하게 구체적인 범위로 좁히기
> ㉡ 연구주제와 관련된 중심단어를 찾아 핵심어 목록 작성하기
> ㉢ 자료의 탐색 및 수집하기
> ㉣ 자료 핵심내용 읽기
> ㉤ 자료 핵심내용 요약하기
> ㉥ 자료를 종합하고 정리하기

① ㉠ → ㉡ → ㉢ → ㉣ → ㉤ → ㉥
② ㉠ → ㉢ → ㉡ → ㉣ → ㉤ → ㉥
③ ㉠ → ㉢ → ㉡ → ㉤ → ㉣ → ㉥
④ ㉠ → ㉢ → ㉣ → ㉤ → ㉡ → ㉥

해설 문헌연구의 절차는 '관심주제를 명확하게 구체적인 범위로 좁히기(㉠) → 연구주제와 관련된 중심단어를 찾아 핵심어 목록 작성하기(㉡) → 자료의 탐색 및 수집하기(㉢) → 자료 핵심내용 읽기(㉣) → 자료 핵심내용 요약하기(㉤) → 자료를 종합하고 정리하기(㉥)' 순에 따른다.

| 정답 | 015 ③ 016 ④ 017 ② 018 ①

019

문헌연구 시 자료탐색 및 수집 단계에 관한 설명으로 가장 옳지 않은 것은?

① 연구의 주요 요소들을 중심으로 요약하면서 자료요약카드를 작성한다.
② 최근의 자료에서 인용된 문헌들은 그 문헌의 초록과 요약을 먼저 읽는다.
③ 최근의 연구논문이나 연구문제와 관련된 학회에서 발간하는 학술지를 먼저 조사하는 것이 좋다.
④ 연구문제와 관련된 서적과 연구논문을 가능한 한 모두 찾는다.

해설 연구의 주요 요소들을 중심으로 요약하면서 자료요약카드를 작성하는 것은 자료 핵심내용 요약 단계이다.

020

내용분석에 관한 설명으로 틀린 것은? 2021년 3회

① 비개입적 연구이다.
② 표본 추출은 하지 않는다.
③ 코딩을 위해서는 개념화 및 조작화가 이루어져야 한다.
④ 서적을 내용분석할 때 분석단위는 페이지, 단락, 줄 등이 가능하다.

해설 내용분석법(Content Analysis)은 의사소통의 내용이 적혀 있는 기록물을 연구대상으로 하는 비개입적 조사로, 자료가 방대한 경우 모집단 내에서 표본을 추출하여 분석할 수 있으며 연구 효율성을 높이기 위해 연구범위를 설정하여 표본을 선정한다.

021

내용분석에 관한 설명으로 틀린 것은? 2020년 3회

① 조사대상에 영향을 미친다.
② 시간과 비용 측면에서 경제성이 있다.
③ 일정 기간 진행되는 과정에 대한 분석이 용이하다.
④ 연구 진행 중에 연구계획의 부분적인 수정이 가능하다.

해설 내용분석법은 기록물에 포함된 메시지를 객관적이고 체계적으로 분석하여 그 동기나 원인, 결과나 파급효과 등을 파악하는 조사이므로, 조사대상자가 반작용을 일으키지 않으며 조사대상에 영향을 미치지 않는다.

022

내용분석에 관한 설명과 가장 거리가 먼 것은? 2018년 3회

① 분석대상에 영향을 미치지 않는다.
② 필요한 경우 재분석이 가능하다.
③ 양적내용을 질적자료로 전환한다.
④ 다양한 기록자료 유형을 분석할 수 있다.

해설 내용분석법은 기록물에 포함된 메시지를 객관적이고 체계적으로 분석하여 그 동기나 원인, 결과나 파급효과 등을 파악하는 조사이므로 양적인 정보와 질적인 정보 모두 분석의 대상이 되며, 특히 질적인 정보를 양적인 정보로 바꾸어 분석한다.

023

내용분석법의 장점이 아닌 것은?

① 조사자가 조사대상에 영향을 미치지 않는다.
② 기록되어 있는 것만을 분석할 수 있다.
③ 사례조사와 개방형 질문지 분석의 특성을 동시에 보인다.
④ 조사의 일부나 전부를 재분석하는 것이 다른 조사방법보다 수월하다.

해설 내용분석이 가능하려면 어떤 양식으로든 기록이 되어 있어야 하고 기록에 남아 있지 않은 것은 분석이 불가능하다. 이는 내용분석법의 장점이라고 볼 수 없다.

024

내용분석의 장점으로 타당하지 않은 것은?

① 연구대상의 반응성 문제를 해결하는 데 도움이 된다.
② 주로 단기적 과정에 국한된 자료를 대상으로 한다.
③ 면접설문조사에 비하여 시간과 돈이 적게 든다.
④ 설문조사나 현지조사 등에 비해 재조사를 쉽게 할 수 있다.

해설 내용분석은 장기적 사회 변화나 시간에 따른 경향을 분석할 수 있으므로 단기적 과정에 국한되지 않는다.

| 정답 | 019 ① 020 ② 021 ① 022 ③ 023 ② 024 ②

025
사회조사에서 내용분석을 실시하기에 적합한 경우를 모두 고른 것은?   2019년 1회

> ㉠ 자료 원천에 대한 접근이 어렵고, 자료가 문헌인 경우
> ㉡ 실증적 자료에 대한 보완적 연구가 필요할 경우, 무엇을 자료로 삼을 것인가 검토하는 경우
> ㉢ 연구대상자의 언어, 문체 등을 분석할 경우
> ㉣ 분석자료가 방대할 때 실제 분석자료를 일일이 수집하기 어려운 경우
> ㉤ 정책, 매스미디어 내용의 경향이나 변천 등이 필요한 경우

① ㉠, ㉢, ㉣
② ㉠, ㉡, ㉤
③ ㉡, ㉢, ㉣, ㉤
④ ㉠, ㉡, ㉢, ㉣, ㉤

해설 모두 내용분석을 실시하기에 적합한 경우이다.

026
다음 중 연구대상에 비교적 영향을 미치지 않으며, 연구를 잘못 수행했더라도 다시 연구를 반복할 수 있어 비교적 안전한 연구방법은?

① 참여관찰
② 비참여관찰
③ 내용분석
④ 면접조사

해설 내용분석은 연구대상과 직접 접촉하지 않으므로 영향이 거의 없고 문서나 기록이 남아 있어 잘못 되어도 다시 분석이 가능하다.

027
다음 중 내용분석에 적합한 주제가 아닌 것은?

① 알코올이 운전행동에 미치는 영향 분석
② 한국 전래 동화에서 다루었던 주제 분석
③ 유명작가의 문체분석
④ 1960년대 영국과 독일의 사회풍자 대중가요 가사 분석

해설 알코올이 운전행동에 미치는 영향 분석은 실험이나 관찰에 적합한 주제이다(인과관계).

028
내용분석에 관한 설명으로 틀린 것은?

① 카테고리의 빈도 여부는 중요하지 않다.
② 내용분석에서 분석결과의 객관성은 매우 중요하다.
③ 내용분석도 양적분석이나 모집단 파악이 어렵다는 단점이 있다.
④ 2002년 월드컵이 한국 국가 이미지에 미친 영향을 언론에 보도된 자료를 이용하여 내용분석할 수 있다.

해설 빈도 분석은 내용분석의 핵심적 절차 중 하나로, 빈도는 자료의 의미나 중요성, 경향성 파악에 필수적이다.

| 정답 | 025 ④ 026 ③ 027 ① 028 ①

029
다음의 사례에서 활용한 연구방법은? 2020년 4회

> 웰스(Ida B. Wells)는 1891년에 미국 남부지방의 흑인들이 집단폭행을 당한 이유가 백인 여성을 겁탈한 것 때문이라는 당시 사람들의 믿음이 사실인지를 확인할 목적으로 이전 10년간 보도된 728건의 집단폭행 관련 기사들을 검토하였다. 그 결과, 보도 사례들 가운데 단지 1/3의 경우에만 강간으로 정식기소가 이루어졌으며 나머지 대부분의 사례들은 흑인들이 분수를 모르고 건방지게 행동한 것이 죄라면 죄였던 것으로 확인되었다.

① 투사법 ② 내용분석법
③ 질적연구법 ④ 사회성 측정법

해설 내용분석법은 여러 가지 문서화된 매체를 중심으로 연구대상에 필요한 자료를 수집하여 분석하는 연구로, 신문, 서적, 잡지, 메시지, TV, 라디오, 영화, 일기, 연설, 편지, 상담기록서 등을 체계적으로 분석한다.

030
다음 중 내용분석의 주요 특징과 거리가 먼 것은?

① 내용분석은 메시지를 분석 대상으로 한다.
② 내용분석은 문헌연구의 일종이다.
③ 내용분석은 양적분석만 사용한다.
④ 내용분석은 메시지의 현재적 내용뿐만 아니라 잠재적 내용도 분석대상으로 한다.

해설 내용분석은 양적분석·질적분석 모두 사용한다.

031
내용분석법의 특징으로 바르게 짝지어진 것은?

> ㉠ 장기간에 걸쳐 일어난 과정에 대한 연구가 불가능하다.
> ㉡ 연구가 실패했을 때 재시행이 용이하다.
> ㉢ 기록되지 않은 자료에 대해서도 연구가 가능하다.
> ㉣ 연구대상에게 반응성의 문제를 일으키지 않는다.

① ㉠, ㉢ ② ㉠, ㉣
③ ㉡, ㉢ ④ ㉡, ㉣

해설 ㉠ 내용분석법은 장기간의 연구가 가능하다.
㉢ 내용분석법은 문서, 기사, 영상 등 기록된 자료를 대상으로 한다.

032
내용분석에 관한 설명으로 틀린 것은?

① 반응성의 문제가 발생할 수 있다.
② 종단적 분석이 가능하다.
③ 양적분석과 질적분석이 모두 가능하다.
④ 다양한 의사전달 기록 자료를 대상으로 한다.

해설 내용분석은 반응성을 일으키지 않는다(비반응성).

033
2차 자료의 유용성 중에서 다음 설명과 가장 관련이 있는 것은?

> 2차 자료는 탐색조사 성격을 지니고 있으므로 구체적 조사를 위한 사전조사적 성격으로 활용될 경우 조사문제에 대한 가설을 제공하고 가설의 개념을 명확히 해준다는 유용성을 가지고 있다.

① 조사문제에 대한 가설 제공
② 조사문제에 대한 접근방법 고찰
③ 적절한 조사설계 제시
④ 조사문제의 명확한 규명

해설 2차 자료가 조사문제에 대하여 가설을 제공할 수 있다는 설명에 해당한다. 2차 자료는 조사문제를 명확하게 규명하기, 조사문제에 대한 접근방법 고찰하기, 적절한 조사설계 제시하기, 조사문제에 대한 가설 제공하기 등에 유용하다.

| 정답 | 029 ② 030 ③ 031 ④ 032 ① 033 ①

034

2차 자료의 장점과 가장 거리가 먼 것은?

① 1차 자료 수집에 드는 비용, 시간, 노력을 절약할 수 있다.
② 정부나 공공기관에서 공개하는 2차 자료는 양질의 자료이다.
③ 국제 비교연구가 가능하다.
④ 조사대상자의 반응에 적절하게 대응할 수 있다.

해설 2차 자료는 조사대상자와 직접적인 상호작용이 없는 상태에서 수집되기 때문에 자료수집과정에서 조사자가 조사대상자에게 미치는 영향과 조사대상자의 반응성, 자료수집과정에서 발생할 수 있는 조사대상자의 권익을 해칠 가능성(사생활 및 익명성 침해)에 대한 염려를 하지 않아도 된다.

035

2차 자료의 장점을 모두 고른 것은?

ㄱ. 종단자료를 확보할 수 있다.
ㄴ. 전체 표본 중 하위집단의 표본을 선택하여 분석하는 것이 가능하다.
ㄷ. 조사대상자의 권익을 해칠 가능성에 대해 염려하지 않아도 된다.
ㄹ. 자료의 소재를 찾고 자료에 접근하는 데 드는 비용, 시간 노력을 절약할 수 있다.

① ㄱ, ㄷ, ㄹ
② ㄱ, ㄴ, ㄷ
③ ㄴ, ㄷ, ㄹ
④ ㄱ, ㄴ, ㄷ, ㄹ

해설 2차 자료는 연구에 필요하며 적합한 2차 자료의 소재를 찾기가 어렵고 자료에 접근하기 어려운 경우가 많다. 예를 들어, 자료를 수집한 기관이 자료를 공개하지 않을 경우 또는 최근의 자료를 아직 DB에 등재하지 아니한 경우 그 자료의 소재를 찾기 어렵다.

036

2차 자료의 한계가 아닌 것은?

① 연구자가 자료의 규모나 구조에 익숙하지 않을 수 있다.
② 비교연구를 수행할 때 개념의 정의 및 계산방법이 불일치할 수 있다.
③ 조사대상자와 직접적으로 상호작용을 할 수 없다.
④ 조사에 필요한 가장 최근의 자료를 구할 수 없는 경우가 있다.

해설 2차 자료는 조사대상자와 직접적으로 상호작용을 하지 않은 상태에서 자료를 수집하기 때문에 자료수집과정에서 조사자가 조사대상자에게 미치는 영향과 조사대상자의 반응성, 조사대상자의 사생활 및 익명성 침해 등에 대하여 고려할 필요가 없다는 장점이 있다.

037

다음에 해당하는 2차 자료의 한계는?

> 사회복지기관이나 공공기관에서는 자료를 생산하는 데 보통 6개월에서 1년 정도가 소요되며 연구자가 이 자료를 2차 자료로 이용하려면 1년 이후 또는 그 이상의 시간이 지난 후에 가능하다.

① 조사에 필요한 가장 최근의 자료를 구할 수 없는 경우가 있다.
② 연구자가 원하는 변수에 대한 자료가 없을 수 있다.
③ 신뢰성 및 타당성에 문제가 있는 자료가 포함될 수 있다.
④ 연구자가 자료의 규모나 구조에 익숙하지 않을 수 있다.

해설 2차 자료는 조사에 필요한 가장 최근의 자료를 구할 수 없다는 한계가 있다.

| 정답 | 034 ④ 035 ② 036 ③ 037 ①

038

2차 자료의 적절성을 판단할 때 다음의 평가기준은?

> 동일한 자료를 수집하기 위하여 가능하면 두 개 이상의 자료원을 이용하는 것이 바람직하다. 이때 두 개 이상의 자료원에서 제시된 자료가 거의 유사하다면 자료의 내용을 보다 신뢰할 수 있다.

① 자료의 일치성
② 자료의 정확성
③ 조사목적의 적합성
④ 조사방법의 적절성

해설 2차 자료의 적절성 판단 평가기준 중 '자료의 일치성'이란 동일한 자료수집을 위하여 가능하면 두 개 이상의 자료원을 이용하는 것이 바람직하며, 두 개 이상의 자료원에서 제시된 자료가 거의 일치한다면 보다 신뢰할 수 있다는 것이다.

039

2차 자료의 적절성 판단 평가기준 중 '시간의 문제'에 대한 설명으로 옳은 것은?

① 어떤 조사기관에서 특정 목적으로 자료를 편견적으로 공표하였는지 확인한다.
② 동일한 주제에 대해 두 개 이상의 자료원으로부터 수집된 자료가 거의 일치하는지 확인한다.
③ 법률 등과 같이 시간에 따라 변할 수 있는 자료의 경우에 최신의 자료인지 확인한다.
④ 자료가 얼마나 정확한가를 확인한다.

해설 시간의 문제는 시간의 최신성을 확인해야 한다는 기준으로, 법률 등과 같이 시간에 따라 변할 수 있는 자료의 경우에 최신의 자료인지 확인해야 한다는 것이다.

| 정답 | 038 ① 039 ③

CHAPTER 04
측정의 타당성과 신뢰성

핵심이론(1권) p.129

001
여성근로자를 대상으로 하는 사회조사에서 변수가 될 수 없는 것은? 2021년 3회

① 성별
② 직업종류
③ 연령
④ 근무시간

해설 변수(Variable)란 측정할 관측 대상의 속성이나 특성이 변하는 자료로, 연구대상의 경험적 속성을 나타낸다. 여성근로자를 대상으로 사회조사를 실시할 경우 선택할 수 있는 변수는 여성근로자의 연령, 직업의 종류, 근무시간, 월 급여, 연봉, 생활비 등이다. 성별은 이미 여성으로 정해져 있으므로 변수로 선택할 필요가 없다.

002
변수에 관한 설명 중 옳지 않은 것은?

① 직접 관찰할 수 있는 것들만 측정한 것이다.
② 조작적 정의의 결과물이다.
③ 두 개 이상의 속성을 가져야만 한다.
④ 연속형 또는 비연속형으로 측정할 수 있다.

해설 변수는 직접 관찰할 수 있는 것뿐만 아니라 간접 관찰할 수 있는 것도 가능하다.

003
변수에 대한 설명으로 틀린 것은? 2020년 1·2회

① 경험적으로 측정 가능한 연구대상의 속성을 나타낸다.
② 독립변수는 결과변수를, 종속변수는 원인변수를 말한다.
③ 변수의 속성은 경험적 현실의 전제, 계량화, 속성의 연속성 등이 있다.
④ 변수의 기능에 따른 분류에 따라 독립변수, 종속변수, 매개변수로 나눈다.

해설 독립변수는 종속변수에 영향을 미치는 원인이므로 원인변수이고, 종속변수는 독립변수로부터 영향을 받는 결과이므로 결과변수이다.

004
실험에서 인과관계를 추론하기 위해서 서로 다른 값을 갖도록 처치를 하는 변수는? 2020년 3회

① 외적변수
② 종속변수
③ 매개변수
④ 독립변수

해설 인과관계에서 독립변수는 다른 변수에 영향을 주는 변수로서 원인(Cause)을 나타내며, 종속변수는 다른 변수로부터 영향을 받는 변수로서 결과(Effect)를 나타낸다. 따라서 실험에서 인과관계를 추론하기 위해 서로 다른 값을 갖도록 원인이 되는 처치를 하는 변수는 독립변수이다.

005
다음의 가설을 검증하기 위해 국가별 통계자료를 수집한다고 할 때, '출생률'은 어떤 변수인가? 2021년 1회

> 1인당 국민소득(GNP)이 올라가면 출생률, 즉 인구 1,000명당 신생아의 수는 감소한다.

① 매개변수
② 독립변수
③ 외적변수
④ 종속변수

해설 가설은 둘 또는 그 이상의 변수들 간의 예상되는 관계를 진술한 것으로 원인이 되는 독립변수와 결과가 되는 종속변수로 구분된다. '1인당 국민소득'이 올라감에 따라 '출생률'이 감소하는지를 검증하게 되므로 '1인당 국민소득'이 독립변수이고, '출생률'이 종속변수이다.

| 정답 | 001 ① 002 ① 003 ② 004 ④ 005 ④

006
다음 사례에서 성적은 어떤 변수에 해당되는가? 2019년 1회

> 대학교 3학년 학생인 A, B, C군은 학기말 시험에서 모두 A⁺을 받았다. 3명의 학생은 수업시간에 맨 앞자리에 앉는 공통점이 있다. 따라서 학생들의 성적은 수업시간 중 좌석위치와 중요한 관련성을 가지고 있다고 생각하게 되었다. 이것이 사실인가 확인하기 위해 더 많은 학생들을 관찰하기로 하였다.

① 독립변수 ② 통제변수
③ 매개변수 ④ 종속변수

해설 좌석위치에 따라 학생들의 성적에 차이가 있는지 확인하기 위해 실험을 계획하고 있다. 따라서 '좌석위치'는 독립변수이고 '성적'은 종속변수이다.

007
매개변수(Intervening Variable)에 관한 설명으로 옳은 것은? 2018년 1회

① 원인변수 혹은 가설변수라고 하는 것으로 사전에 조작되지 않은 변수를 의미한다.
② 결과변수라고 하며, 독립변수의 원인을 받아 일정하게 변화된 결과를 나타내는 기능을 하는 변수를 의미한다.
③ 결과변수에 영향을 미치면서도 그 이유를 제대로 설명하지 못하는 변수를 의미한다.
④ 개입변수라고도 불리며, 종속변수에 일정한 영향을 주는 변수로 독립변수에 의하여 설명되지 못하는 부분을 설명해주는 변수를 말한다.

해설 매개변수는 독립변수와 종속변수 사이의 매개자 역할을 하는 변수로, 독립변수의 결과인 동시에 종속변수의 원인이 되는 변수이다. 매개변수는 종속변수에 일정한 영향을 주며 독립변수에 의하여 설명되지 못하는 부분을 설명해준다.
① 원인변수는 독립변수의 다른 명칭으로 사전에 조작된 변수이다.
② 종속변수에 대한 설명이다.
③ 외생변수에 대한 설명이다.

008
3가지의 변수가 다음과 같은 순서로 영향을 미칠 때 사회적 통합은 무슨 변수에 해당하는가? 2019년 1회

> 종교 → 사회적 통합 → 자살률

① 외적변수 ② 매개변수
③ 구성변수 ④ 선행변수

해설 '사회적 통합' 변수는 '종교' 변수로부터 영향을 받는 결과이면서 '자살률' 변수에 대하여 영향을 주는 원인이 된다. 이처럼 독립변수와 종속변수 사이의 매개자 역할을 하면서 두 변수 간에 간접적인 관계를 맺도록 하는 제3의 변수를 매개변수라고 한다. 즉, 매개변수는 독립변수의 결과인 동시에 종속변수의 원인이 되는 변수이다.

009
'노인의 사회참여가 높을수록 자아존중감이 향상되고, 자아존중감의 향상으로 생활만족도가 높아진다.'에서 자아존중감은 어떤 변수에 해당하는가? 2017년 3회

① 종속변수 ② 매개변수
③ 외생변수 ④ 통제변수

해설 '노인의 사회참여 → 자아존중감 → 생활만족도' 순서로 영향을 미칠 때 자아존중감은 노인의 사회참여 변수의 결과인 동시에 생활만족도 변수의 원인이 되고 있다. 이처럼 독립변수와 종속변수 사이의 매개자 역할을 하는 변수를 매개변수라고 한다.

010
종업원이 친절할수록 패밀리레스토랑의 매출액이 증가한다는 가설을 검증하고자 할 경우, 레스토랑의 음식의 맛 역시 매출에 영향을 미친다면 음식의 맛은 어떤 변수인가? 2021년 2회

① 종속변수 ② 매개변수
③ 외생변수 ④ 조절변수

해설 '종업원의 친절'은 독립변수이고 '매출액'이 종속변수이다. 그러나 레스토랑의 음식의 맛 또한 종속변수인 매출액에 영향을 미치는 것으로 확인된다면, 조사자의 의도에 상관없이 종속변수에 직접적인 영향을 미치는 독립변수 이외의 변수이므로 외생변수이다. 연구자가 이를 통제하지 않으면 연구 결과의 내적타당성에 문제가 되므로 최대한으로 제거하거나 상쇄할 수 있도록 해야 한다.

| 정답 | 006 ④ 007 ④ 008 ② 009 ② 010 ③

011
다음 ( )에 알맞은 변수를 순서대로 나열한 것은?
2017년 3회

( )는 독립변수의 결과인 동시에 종속변수의 원인이 되는 변수로 두 변수의 관계를 중간에서 설명해주는 것이고, ( )는 독립변수가 종속변수에 미치는 영향을 강화시키거나 약화시키는 변수를 의미한다.

① 조절변수 - 억제변수
② 매개변수 - 구성변수
③ 매개변수 - 조절변수
④ 조절변수 - 매개변수

해설 독립변수와 종속변수의 관계를 중간에서 설명해주는 변수는 매개변수이고, 독립변수가 종속변수에 미치는 영향을 강화시키거나 약화시키는 변수는 조절변수이다.

012
다음 ( )에 공통으로 들어갈 변수는?
2019년 2회

- ( )는 인과관계에서 독립변수에 앞서면서 독립변수에 대해 유효한 영향력을 행사하는 변수를 의미한다.
- ( )는 매개변수와는 달리 독립변수와 종속변수 간의 관계를 설명하는 것이 아니라 그 관계에 미치는 영향을 명확히 하고자 할 때 도입한다.

① 선행변수
② 구성변수
③ 조절변수
④ 외생변수

해설 선행변수는 독립변수에 대한 보조적 역할을 수행하는 변수이며, 이 변수가 통제된다고 해도 독립변수와 종속변수 간의 관계가 사라지지는 않는다.

013
다음은 어떤 변수에 대한 설명인가?
2021년 3회

어떤 변수가 검정요인으로 통제되면 원래 관계가 없는 것으로 나타났던 두 변수가 유관하게 나타난다.

① 예측변수
② 억제변수
③ 왜곡변수
④ 종속변수

해설 억제변수는 독립변수와 종속변수가 서로 관계가 있는데도 관계가 없는 것으로 나타나게 하는 제3의 변수이며, 억제변수가 통제되면 원래 관계가 없는 것으로 나타났던 두 변수가 서로 관계가 있는 것으로 나타난다.

014
교육수준은 소득수준에 영향을 미치지 않지만, 연령을 통제하면 두 변수 사이의 상관관계가 매우 유의미하게 나타난다. 이때 연령과 같은 검정요인을 무엇이라 부르는가?
2020년 1·2회

① 억제변수(Suppressor Validity)
② 왜곡변수(Distorter Validity)
③ 구성변수(Component Validity)
④ 외재적변수(Extraneous Validity)

해설 '교육수준' 변수가 '소득수준' 변수에 영향을 미치는 관계인데도 불구하고 '연령' 변수 때문에 두 변수 사이에 관계가 없는 것으로 나타났다면, '연령' 변수는 '교육수준' 변수와 '소득수준' 변수 간에 서로 관계가 없는 것으로 나타나게 하는 억제변수이다. 따라서 연구자는 '연령' 변수를 통제하여 두 변수가 서로 관계가 있음을 밝혀야 한다.

| 정답 | 011 ③ 012 ① 013 ② 014 ①

015
두 변수 간의 관계를 보다 정확하고 명료하게 이해할 수 있도록 밝혀주는 역할을 하는 검정요인으로만 짝지어진 것은?

2021년 2회

① 매개변수, 왜곡변수
② 선행변수, 억제변수
③ 구성변수, 매개변수
④ 외적변수, 구성변수

해설 연구자는 검정변수(제3의 변수)를 통해 두 변수 간의 인과적 관계를 밝혀야 한다. 그중 두 변수 간의 관계를 보다 정확하고 명확하게 밝혀주는 검정요인에는 매개변수, 선행변수, 구성변수 등이 있다.

016
두 변수 간의 관계를 보다 정확하고 명료하게 이해할 수 있도록 밝혀주는 역할을 하는 검정변수가 아닌 것은?

2022년 1회

① 예측변수
② 구성변수
③ 선행변수
④ 매개변수

해설 연구자는 검정변수(검정요인, 제3의 변수)를 통해 두 변수 간의 인과적 관계를 밝혀야 한다. 그중 두 변수 간의 관계를 보다 정확하고 명확하게 밝혀주는 검정변수에는 구성변수, 선행변수, 매개변수 등이 있다.

017
인과적 관계의 검정요인에 속하지 않는 것은?

2022년 1회

① 외적변수
② 매개변수
③ 선행변수
④ 잠재변수

해설 잠재변수(Latent Variable)는 구성개념이 직접 관찰 및 측정이 불가능한 것, 예를 들면 지능, 태도, 직무만족도 등 사회과학적으로 측정하기에 불가능한 변수를 말한다. 연구자는 검정요인(검정변수, 제3의 변수)을 통해 두 변수 간의 인과관계를 밝힐 수 있다. 검정요인에는 매개변수, 선행변수, 외재적변수, 억제변수, 왜곡변수, 조절변수, 구성변수 등이 있다.

018
변수 사이의 관계에 대한 설명으로 옳은 것은?

2019년 2회

① X가 Y보다 논리적으로 선행하고 두 변수가 높은 상관을 보이면, 두 변수 X와 Y가 인과관계가 있다고 결론짓는다.
② X와 Y의 상관계수(피어슨의 상관계수)가 0이면, 두 변수 간에는 아무런 관계가 존재하지 않는다고 결론짓는다.
③ X와 Y가 실제로는 정(Positive)의 관계를 가지지만, 상관계수는 부(Negative)의 관계로 나타날 수 있다.
④ X와 Y 사이에 매개변수가 있을 경우, X와 Y 사이에는 인과관계가 존재하지 않는다.

해설 X와 Y가 실제로 정(Positive)의 관계를 가지면 X가 늘어날 때(줄어들 때) Y도 늘어나는(줄어드는) 양상을 보인다. 그러나 몇몇의 이상값에 의해 상관계수가 (−)값을 가질 수 있어 부(Negative)의 관계로 나타날 수도 있다.
① X가 Y보다 논리적으로 선행하고 두 변수가 높은 상관을 보인다고 해서 두 변수 X와 Y가 인과관계가 있다고 결론짓는 것은 옳지 않다.
② X와 Y가 포물선의 관계를 이루면 상관계수(피어슨의 상관계수)가 0이 될 수 있다. 따라서 두 변수의 상관계수가 0이라고 해서 두 변수 간에는 아무런 관계가 존재하지 않는다고 결론짓는 것은 옳지 않다.
④ 매개변수는 독립변수와 종속변수 사이의 매개자 역할을 하면서 두 변수 간에 간접적인 관계를 맺도록 하는 변수로, 두 변수의 인과관계가 존재하지 않는 것처럼 보이게 하는 변수가 아니다. X와 Y 사이에 억제변수가 있을 경우 두 변수 간에 아무런 관계가 없는 것처럼 보인다.

| 정답 | 015 ③ 016 ① 017 ④ 018 ③

019

변수의 종류에 관한 설명으로 옳은 것을 모두 고른 것은?

2020년 4회

> ㉠ 매개변수는 독립변수와 종속변수 사이에서 독립변수의 결과인 동시에 종속변수의 원인이 되는 변수이다.
> ㉡ 억제변수는 두 변수 X, Y의 사실상의 관계를 정반대의 관계로 나타나게 하는 제3의 변수이다.
> ㉢ 왜곡변수는 두 변수 X, Y가 서로 관계가 있는 데도 관계가 없는 것으로 나타나게 하는 제3의 변수이다.
> ㉣ 통제변수는 외재적변수의 일종으로 그 영향을 검토하지 않기로 한 변수이다.

① ㉠, ㉡
② ㉡, ㉢
③ ㉢, ㉣
④ ㉠, ㉣

해설 ㉡ 억제변수는 두 변수 X, Y가 서로 관계가 있는 데도 불구하고 관계가 없는 것으로 나타나게 하는 제3의 변수이다.
㉢ 왜곡변수는 두 변수 X, Y의 실제관계를 정반대의 관계로 나타나게 하는 제3의 변수이다.

020

연구자들의 가설에 포함된 변수들에 관한 옳은 설명을 다음에서 모두 고른 것은?

2017년 2회

> 연구자들은 학생들의 학업부진이 비행친구와 사귀도록 만들고 이것이 비행으로 이어진다고 본다. 그러나 학업이 부진한 학생이라도 학교 선생님의 관심을 받으면 비행가능성이 줄어들 수 있다고 본다. 그런데 학생들의 어릴 적 가정환경이 비행을 설명하는 가장 중요한 원인일 것이라는 또 다른 연구자들의 가설이 있다.

> ㉠ 학업부진은 독립변수이고 비행은 종속변수이다.
> ㉡ 비행친구와의 사귐은 매개변수이다.
> ㉢ 선생님의 관심은 조절변수이다.
> ㉣ 어릴 적 가정환경은 외생변수이다.

① ㉡, ㉣
② ㉠, ㉡, ㉣
③ ㉠, ㉢, ㉣
④ ㉠, ㉡, ㉢, ㉣

해설 '학생들의 학업부진(독립변수)'이 '비행친구와의 사귐(매개변수)'을 매개로 하여 '비행(종속변수)'으로 이어질 것이다. 또한 학생의 '어릴 적 가정환경(외생변수)'이 비행으로 이어진다고도 본다. 단, '학교 선생님의 관심(조절변수)'으로 학업이 부진한 학생이라도 비행가능성이 줄어들 수 있다.

021

다음 중 범주형 변수(Categorical Variable)인 것은?

2021년 1회

① 자녀수
② 지능지수(IQ)
③ 원화로 나타낸 연간소득
④ 3단계(상/중/하)로 나눈 계층적 지위

해설 범주형 변수는 변수가 갖는 성격의 종류에 따라 별개의 범주로 구별되는 변수로, 측정해야 하는 대상이 구별된 몇 개의 범주 중 하나에 속하게 된다. 예를 들어 성별 변수는 남/여, 계층적 지위 변수는 상/중/하 등으로 구별된다.

022

질적변수와 양적변수에 관한 설명으로 틀린 것은?

2018년 2회

① 질적변수는 속성의 값을 나타내는 수치의 크기가 의미 없는 변수이다.
② 양적변수는 측정한 속성값을 연산이 가능한 의미 있는 수치로 나타낼 수 있다.
③ 양적변수는 이산변수와 연속변수로 구분된다.
④ 몸무게가 80kg 이상인 사람을 1로, 이하인 사람을 0으로 표시하는 것은 질적변수를 양적변수로 변화시킨 것이다.

해설 양적변수는 크기, 길이, 무게, 개수 등과 같은 양을 나타내기 위해 수치로 나타낼 수 있는 변수이고, 질적변수는 속성의 값을 나타내는 수치의 크기가 의미 없는 변수이다. 몸무게는 양적변수이고 몸무게를 범주에 따라 0과 1로 표시하는 것은 양적변수를 질적변수로 변환시킨 것이다.

| 정답 | **019** ④ **020** ④ **021** ④ **022** ④

023
질적변수(Qualitative Variable)와 양적변수(Quantitative Variable)에 관한 설명으로 틀린 것은?

2020년 3회

① 성별, 종교, 직업, 학력 등을 나타내는 변수는 질적변수이다.
② 질적변수에서 양적변수로의 변환은 거의 불가능하다.
③ 계량적 변수 혹은 메트릭(Metric) 변수라고 불리는 것은 양적변수이다.
④ 양적변수는 몸무게나 키와 같은 이산변수(Discrete Variable)와 자동차의 판매대수와 같은 연속변수(Continuous Variable)로 나누어진다.

해설 양적변수는 자동차의 판매대수(1대/2대/3대 등)와 같은 이산변수와 몸무게(55~56kg 등)나 키(165~166cm 등)와 같은 연속변수로 나누어진다.
② 양적변수는 질적변수로 변환이 가능하지만(예 수입을 상-300만 원 이상, 중-100만 원 이상 300만 원 미만, 하-100만 원 미만으로 변환), 질적변수는 양적변수로 변환할 수 없다.

024
연속변수(Continuous Variable)로 구성하기 어려운 것은?

2019년 2회

① 인종   ② 소득
③ 범죄율   ④ 거주기간

해설 연속변수는 어떤 구간 내에서 취할 수 있는 값이 무한히 많은 양적변수로, 실수값으로 구성된다. 예를 들어, 신장, 체중, 소득, 범죄율, 거주기간 등은 연속변수이다.
반면, 질적변수는 측정해야 하는 대상이 구별된 몇 개의 범주 중 하나에 속하도록 변수가 갖는 성격의 종류에 따라 별개의 범주로 구별되는 변수이다. 성별(남/여), 인종(황인종/백인종/흑인종 등)은 질적변수이다.

025
개념(Concepts)의 정의와 가장 거리가 먼 것은?

2022년 2회

① 일정한 관계 사실에 대한 추상적인 표현
② 사실과 사실 간의 관계에 논리의 연관성을 부여하는 것
③ 특정한 여러 현상들을 일반화함으로써 나타내는 추상적인 용어
④ 현상을 예측 설명하고자 하는 명제, 이론의 전개에서 그 바탕을 이루는 역할

해설 사실과 사실 간의 관계에 논리의 연관성을 부여하는 것은 이론(Theory)이다.

026
개념의 구성요소가 아닌 것은?

2020년 1·2회

① 일반적 합의   ② 정확한 정의
③ 가치중립성   ④ 경험적 준거틀

해설 개념은 가치중립적이기보다 주관적이다. 예를 들면, 가족을 소재로 한 영화마다 주제나 시나리오에 따라 가족이라는 의미가 다르게 보여지는데, 이는 개념이 경험과 관계가 있기 때문이다.

027
개념이 사회과학 및 기타 조사방법에 기여하는 역할과 가장 거리가 먼 것은?

2019년 2회

① 개념은 연역적 결과를 가져다준다.
② 조사연구에 있어 주요개념은 연구의 출발점을 가르쳐 준다.
③ 개념은 언어나 기호로 나타내어 지식의 축적과 확장을 가능하게 해준다.
④ 인간의 감각에 의해 감지될 수 있는 현상에 대해서만 이해할 수 있는 방법을 제시해준다.

해설 개념은 일정하게 관찰된 대상의 속성을 추상화하여 의미를 부여한 것이므로 감각에 의해 감지될 수 있는 것은 물론, 직접 감지될 수 없는 정부, 주권, 국민 등 추상적인 현상에 대해서도 이해할 수 있는 방법을 제시해준다.

| 정답 | 023 ④   024 ①   025 ②   026 ③   027 ④

028
개념적 정의에 대한 설명으로 틀린 것은? 2020년 3회

① 순환적인 정의를 해야 한다.
② 적극적 혹은 긍정적인 표현을 써야 한다.
③ 정의하려는 대상이 무엇이든 그것만의 특유한 요소나 성질을 적시해야 한다.
④ 뜻이 분명해서 누구나 알아들을 수 있는 의미를 공유하는 용어를 써야 한다.

해설 개념적 정의(Conceptual Definition)란 일정하게 관찰된 특정 대상의 속성을 추상화하여 의미를 부여한 것으로, 'A는 B이다. 그리고 B는 A이다.' 식의 순환적인 정의는 지양해야 한다.

029
개념적 정의에 대한 설명으로 옳은 것은? 2018년 3회

① 측정 가능성과 직결된 정의이다.
② 조작적 정의를 현실세계의 현상과 연결시켜주는 역할을 수행한다.
③ 거짓과 진실을 밝히기 위해 정의하는 것이다.
④ 어떤 개념을 보다 명확하고 정확하게 표현하기 위하여 다른 개념을 사용하여 정의하는 것이다.

해설 개념적 정의(Conceptual Definition)란 연구대상이 되는 사람, 사물의 형태, 속성, 다양한 사회현상 등을 보편적 언어를 사용하여 이론적이고 추상적으로 정의한 것이다. 따라서 보다 명확하고 정확하게 표현하기 위해 다른 개념을 사용하여 주어진 단어가 이미 정립된 의미를 가진 다른 표현과 동의적일 수 있다.
①③ 조작적 정의에 대한 설명이다.
② 개념적 정의는 조작적 정의를 이론적이고 추상적인 현상과 연결시켜주는 역할을 수행한다.

030
개념적 정의의 예로 적합하지 않은 것은? 2019년 3회

① 무게 - 물체의 중량
② 불안 - 주관화된 공포
③ 지능 - 추상적 사고능력 또는 문제해결 능력
④ 결혼만족 - 배우자에게 아침을 차려준 횟수

해설 '결혼만족'에 대한 개념적 정의는 '결혼생활 전반에 대한 개인의 목표나 기대가 충족될 때 경험하는 주관적 태도와 감정 상태'이다. '결혼만족'의 개념적 정의를 측정하기 위해 '배우자에게 아침을 차려준 횟수'라는 조작적 정의로 재정의될 수 있다.

031
사회조사에서 개념의 재정의(Reconceptualization)가 필요한 이유로 가장 거리가 먼 것은? 2021년 2회

① 개념과 개념 간의 상관관계가 아닌 인과관계를 밝혀야 하기 때문이다.
② 동일한 개념이라도 사회가 변함에 따라 원래의 뜻이 변할 수 있기 때문이다.
③ 사회조사에서 사용되는 개념은 일상생활에서 통상적으로 사용되는 상투어와는 그 의미가 다를 수 있기 때문이다.
④ 한 가지 개념이라도 두 가지 또는 그 이상의 다양한 의미를 가지고 있을 가능성이 많으므로 이들 각기 다른 의미 중에서 어떤 특성의 의미를 조사연구 대상으로 삼을 것인가를 밝혀야 하기 때문이다.

해설 ②③④ 외에 사회조사에서 개념의 재정의는 개념의 한정성을 높여 관찰 및 측정을 가능하게 하고, 주된 개념적 요소를 분명히 파악할 수 있기 때문에 필요하다.

| 정답 | 028 ① 029 ④ 030 ④ 031 ①

032
이론적 개념을 측정가능한 수준의 변수로 전환시키는 작업 과정은?
2021년 1회

① 서열화
② 수량화
③ 척도화
④ 조작화

해설 조작화(Operationalization)를 통해 사회과학에서 측정의 대상이 되는 개념이나 구성(Construct)을 계량 가능한 형태로 가공한다.

033
개념의 조작화에 관한 설명으로 거리가 가장 먼 것은?
2022년 1회

① 실증주의 패러다임에서 강조된다.
② 개념을 수량화하여 측정 가능하도록 해준다.
③ 사회현상을 보편적 언어로 정의하는 과정이다.
④ 추상적 세계와 경험적 세계를 연결하는 역할을 한다.

해설 사회현상을 보편적 언어로 정의하는 과정은 개념화이다.

034
조작화와 관련하여 다음은 무엇에 대한 예에 해당하는가?
2020년 4회

신앙심을 측정하기 위해 사용된 일주일간 성경책 읽은 횟수

① 개념적 정의
② 지표
③ 개념
④ 지수

해설 지표(Indicator)란 다차원성을 갖는 어떤 변인으로부터 분해되어 나열된 다양한 속성들이다. 즉, 경험적 자료에 입각하여 대상을 측정하기 위해 그 측정대상을 가능한 한 분석적으로 검토하여 그것을 구성하고 있는 여러 특수성 또는 속성 및 차원을 정확히 파악한 결과이다. 조작화를 통해 사회과학에서 측정의 대상이 되는 개념이나 구성을 계량 가능한 형태로 가공하는데, 조작화의 결과로 그 개념이나 구성은 하나 또는 여러 지표들로 구성될 수 있다.

035
다음에서 설명하고 있는 것은?
2018년 1회

추상적 구성개념이나 잠재변수의 값을 측정하기 위해, 측정할 내용이나 측정방법을 구체적으로 정확하게 표현하고 의미를 부여하는 것으로, 추상적 개념을 관찰 가능한 형태로 표현해 놓은 것이다.

① 조작적 정의(Operational Definition)
② 구성적 정의(Constitutive Definition)
③ 기술적 정의(Descriptive Definition)
④ 가설 설정(Hypothesis Definition)

해설 조작적 정의에 대한 설명이다.

036
개념적 정의와 조작적 정의에 관한 설명으로 틀린 것은?
2018년 2회

① 개념적 정의는 추상적 수준의 정의이다.
② 조작적 정의는 인위적이기 때문에 가급적 피해야 한다.
③ 개념적 정의와 조작적 정의가 반드시 일치하는 것은 아니다.
④ 조작적 정의는 측정을 위하여 불가피하다.

해설 조작적 정의는 연구에서 선택된 추상적인 개념적 정의를 실제 현상에서 측정이 가능하도록 관찰 가능한 형태로 표현한 것이므로 측정을 위해 불가피하다. 이때 조작적 정의가 개념적 정의와 반드시 일치해야 하는 것은 아니지만, 개념적 정의에 최대한 일치하도록 정의해야 한다.

| 정답 | 032 ④ 033 ③ 034 ② 035 ① 036 ②

037
다음 조합된 단어들과 동일한 논리적 구성을 갖는 것은?

> 개념화 : 개념 : 명제

① 이론화 : 개념 : 가설
② 이론화 : 가설 : 개념
③ 조작화 : 변수 : 가설
④ 조작화 : 가설 : 변수

해설 개념화는 추상적이고 모호한 개념을 구체적으로 정확하게 설명하는 것이다. 개념은 일정하게 관찰된 현상의 공통적인 현상과 속성을 추상적인 용어로 표현하는 것이며, 명제는 두 가지 이상의 개념이 연결된 진술이다.

038
조작적 정의에 관한 설명으로 옳은 것은? 2017년 3회

① 현실세계에서 검증할 수 없다.
② 개념적 정의에 앞서 사전에 이루어진다.
③ 경험적 지표를 추상적으로 개념화하는 것이다.
④ 개념적 정의에 최대한으로 일치하도록 정의해야 한다.

해설 조작적 정의가 개념적 정의와 반드시 일치해야 하는 것은 아니지만 개념적 정의에 최대한 일치하도록 정의해야 한다.
①②③ 조작적 정의는 연구에서 선택된 추상적인 개념적 정의를 실제 현상에서 측정이 가능하도록 관찰 가능한 형태로 변환한 것이다. 따라서 개념적 정의 이후에 측정가능한 수준의 변수로 전환시키는 조작화(Operationalization)가 이루어진다.

039
조작적 정의(Operational Definition)에 관한 설명으로 옳은 것은? 2017년 1회

① 연구자마다 특정 구성개념에 대한 조작적 정의는 동일해야 한다.
② 구성개념에 대한 이론적이고 추상적인 정의를 일컫는다.
③ 구성개념의 조작적 정의가 구체적일수록 후속연구에서 재현하기가 어렵다.
④ 구성개념에 대한 조작적 정의가 연구마다 다를 경우 연구결과가 달라질 수 있다.

해설 하나의 개념이 연구(연구자)마다 여러 가지의 조작적 정의를 가질 수 있으며, 그 결과 연구결과도 달라질 수 있다.
② 조작적 정의는 연구에서 선택된 이론적이고 추상적인 개념적 정의를 실제 현상에서 측정이 가능하도록 관찰 가능한 형태로 변환한 것이다.
③ 구성개념의 조작적 정의가 구체적일수록 후속연구에서 재현하기가 쉽다.

040
조작적 정의에 관한 설명으로 틀린 것은? 2020년 4회

① 추상적인 개념을 구체적인 경험세계와 연결시키는 과정이다.
② 특정 개념은 반드시 한 가지의 조작적 정의만을 갖는다.
③ 조사목적과 관련하여 실용주의적인 측면을 포함한다.
④ 실행가능성, 관찰가능성이 중요하다.

해설 특정 개념이 연구(자)마다 여러 가지의 조작적 정의를 가질 수 있으며, 그 결과 연구결과도 달라질 수 있다.
①③④ 조작적 정의는 연구에서 선택된 이론적이고 추상적인 개념을 실제 현상에서 측정이 가능하도록 관찰 가능한 형태로 변환시켜 구체적인 경험세계와 연결시키는 과정이다. 이는 감각 경험과 실증적 검증에 기반을 둔 것만이 확실한 지식이라고 보는 실증주의 패러다임에서 강조하므로 조사목적과 관련하여 실용주의적인 측면을 포함한다고 할 수 있다.

| 정답 | 037 ③ 038 ④ 039 ④ 040 ②

041
조작적 정의에 관한 설명으로 틀린 것은? 2018년 3회

① 주어진 단어가 이미 정립된 의미를 가진 다른 표현과 동의적일 때에 사용된다.
② 용어의 지시물을 식별하는 데 사용되는 관찰 가능한 개념의 구체화이다.
③ 변수는 관찰과 측정의 단계가 분명히 밝혀져 있을 때 조작적으로 정의될 수 있다.
④ 추상적 개념을 측정 가능한 수치로 변환하는 과정을 의미한다.

해설 개념적 정의는 어떤 개념을 보다 명확하고 정확하게 표현하기 위해 다른 개념을 사용하여 정의한 것이므로 주어진 단어가 이미 정립된 의미를 가진 다른 표현과 동의적이기도 하다.

042
조작적 정의(Operational Definition)에 관한 설명과 가장 거리가 먼 것은? 2019년 1회

① 측정의 타당성(Validity)과 관련이 있다.
② 적절한 조작적 정의는 정확한 측정의 전제조건이다.
③ 조작적 정의는 무작위로 기계적으로 이루어지기 때문에 논란의 여지가 없다.
④ 측정을 위해 추상적인 개념을 보다 구체화하는 과정이라고 할 수 있다.

해설 조작적 정의는 연구에서 선택된 이론적이고 추상적인 개념을 실제 현상에서 측정하기 위해 구체화하는 과정이므로 측정의 타당성과 관련이 있으며, 정확한 측정을 위한 전제조건이기도 하다. 조사자가 측정을 위한 조작적 정의를 세울 때, 변수의 측정방법을 제시하고 실험변수의 조작방법을 규정하는 등 그 과정이 체계적으로 이루어져야 한다.

043
개념을 경험적 수준으로 구체화하는 과정을 바르게 나열한 것은? 2022년 1회

| ㉠ 조작적 정의 | ㉡ 개념적 정의 |
| ㉢ 변수의 측정 | |

① ㉠ → ㉡ → ㉢
② ㉢ → ㉠ → ㉡
③ ㉡ → ㉠ → ㉢
④ ㉢ → ㉡ → ㉠

해설 개념의 구체화 과정은 '개념 선정 → 개념적 정의(개념화, Conceptualization)(㉡) → 조작적 정의(조작화, Operationalization)(㉠) → 변수의 측정(㉢)'의 단계를 거친다.

044
조작적 정의의 예시로 적절하지 않은 것은? 2020년 1·2회

① 빈곤 - 물질적인 결핍 상태
② 소득 - 월 (   )만 원
③ 서비스만족도 - 재이용 의사 유무
④ 신앙심 - 종교행사 참여횟수

해설 '물질적인 결핍 상태'는 빈곤의 개념적 정의이다. 조작적 정의(Operational Definition)는 연구에서 선택된 추상적인 개념을 실제 현상에서 측정이 가능하도록 관찰 가능한 형태로 표현한 것이다.

045
청소년의 비행에 관하여 연구할 때 조작적 정의(Operational Definition) 단계에 해당하는 것은? 2020년 4회

① 사전(Dictionary)을 참고하여 비행을 명확히 정의한다.
② 청소년의 비행에 대한 기존 연구결과를 정리한다.
③ 비행 관련 척도를 탐색한 후 선정한다.
④ 비행청소년의 현황을 파악한다.

해설 조사자가 청소년의 비행에 관하여 연구를 한다면, 사전(Dictionary)을 참고하여 비행을 개념적으로 명확히 정의한 이후 비행 관련 척도를 탐색하여 비행에 대한 조작적 정의를 할 수 있다.

| 정답 | 041 ① 042 ③ 043 ③ 044 ① 045 ③

046

조작적 정의가 필요한 이유로 가장 적합한 것은? 2021년 3회

① 연구결과를 조작하기 위해
② 이론의 구체성을 줄이기 위해
③ 개념의 의미를 풍부하게 하기 위해
④ 개념을 가시적이고 경험적으로 표현하기 위해

해설 조작적 정의(Operational Definition)를 통해 '종교에 대한 믿음'이라는 신앙심을 측정이나 관찰이 가능하도록 '종교행사 참여횟수'로 정의할 수 있다. 이처럼 개념을 가시적이고 경험적으로 표현하기 위해 조작적 정의가 필요하다.

047

다음 중 이론에 대한 함축적 의미가 아닌 것은? 2020년 4회

① 과학적인 지식을 증진시키는 가장 효과적인 수단을 말한다.
② 명확하게 정의된 구성개념이 상호 관련된 상태에서 형성된 일련의 명제를 말한다.
③ 구성개념을 실제로 나타내는 구체적인 변수들 간의 관계에 대한 체계적 견해를 제시한다.
④ 개념들 간의 연관성에 대한 현상을 설명한다.

해설 과학적인 지식을 증진시키는 가장 효과적인 수단은 가설이다. 이론은 사실과 사실 간의 관계에 논리의 연관성을 부여하는 것으로, 사물의 이치나 지식 따위를 해명하기 위해 논리적으로 일반화한 명제의 체계이다.

048

과학적 연구에서 이론의 역할을 모두 고른 것은? 2018년 1회

㉠ 연구의 주요방향을 결정하는 토대가 된다.
㉡ 현상을 개념화하고 분류하도록 한다.
㉢ 사실을 예측하고 설명해준다.
㉣ 지식을 확장시킨다.
㉤ 지식의 결함을 지적해준다.

① ㉠, ㉡, ㉣
② ㉡, ㉢, ㉤
③ ㉠, ㉢, ㉣, ㉤
④ ㉠, ㉡, ㉢, ㉣, ㉤

해설 모두 이론의 역할이다.

PLUS 이론의 역할(기능)
- 연구의 주요방향을 결정하는 토대가 되며, 연구 전반에 대한 지침을 제공한다.
- 현상을 개념화하고 분류하도록 한다.
- 사실을 예측하고 설명해주므로 새로운 이론 개발 시 도움을 준다.
- 지식을 확장시키고 이해를 넓혀주므로 연구주제 선정 시 아이디어를 제공하고 가설 설정에 도움을 준다.
- 지식의 결함을 지적해준다.
- 사실이나 연구대상에 대한 기존 지식을 요약한다.

049

다음에서 설명하고 있는 것은? 2022년 1회

하나의 사실과 다른 사실과의 관계를 잠정적으로 나타내는 것으로 이것에 대한 검증을 통해 연구자가 제기한 문제의 해답을 내리게 되는 것이다.

① 가설
② 연구문제
③ 관찰
④ 인과관계

해설 가설은 서로 다른 두 변수 이상의 구성개념이나 변수 간의 관련성 및 영향 관계에 관해 진술한 문장으로, 연구자가 세운 연구문제에 관한 구체적이고 검증 가능한 기대이다.

| 정답 | 046 ④ 047 ① 048 ④ 049 ①

050
가설에 관한 설명으로 틀린 것은? 2018년 2회

① 가설은 과학적 검증방법을 통하여 가설의 옳고 그름을 판단할 수 있어야 한다.
② 가설은 동일 연구분야의 다른 가설이나 이론과 연관이 없어야 한다.
③ 가설은 두 개 이상의 구성개념이나 변수 간의 관계에 대한 진술이다.
④ 가설은 반드시 검증 가능한 형태로 진술되어야 한다.

해설 가설은 서로 다른 두 변수 이상의 구성개념이나 변수 간의 관련성 및 영향 관계에 관해 진술한 문장으로, 동일 연구분야의 다른 가설이나 이론과 연관이 있어야 한다.

051
가설에 관한 설명으로 틀린 것은? 2021년 3회

① '모든 사람은 죽는다'는 좋은 가설의 예라고 할 수 있다.
② 가설은 방향성을 가질 수도 있고 그렇지 않을 수도 있다.
③ 가설은 서로 다른 두 개념이나 변수의 관계를 표시한다.
④ 가설은 아직까지 진실 여부가 확인되지 않은 사실에 대한 진술문이라고 할 수 있다.

해설 가설은 진실된 값이 참일 수도 있고 거짓일 수도 있는 문장이다. 따라서 항상 참이거나 항상 거짓인 문장은 가설이 될 수 없다.

052
가설의 특성에 관한 설명으로 틀린 것은? 2021년 2회

① 가설은 검증될 수 있어야 한다.
② 가설검정은 연구자가 제기한 문제의 해결과 관련이 있어야 한다.
③ 가설은 변수로 구성되며, 그들 간의 관계를 나타내고 있어야 한다.
④ 가설이 기각되었다면 반대되는 가설이 참임을 의미하는 것이다.

해설 가설이 기각되었다고 해서 반대되는 가설이 참임을 의미하는 것은 아니다.

053
좋은 가설이 되기 위한 요건과 가장 거리가 먼 것은? 2021년 1회

① 검증 가능해야 한다.
② 입증된 결과는 일반화가 가능해야 한다.
③ 사용된 변수는 계량화가 가능해야 한다.
④ 추상적이며 되도록 긴 문장으로 표현을 해야 한다.

해설 가설은 표현이 간단명료하고, 논리적으로 간결해야 한다.

054
가설의 구비요건 중 올바르게 서술된 것은? 2020년 4회

① 검증이 용이하도록 표현되어야 한다.
② 동일 연구분야의 다른 가설이나 이론과 무관해야 한다.
③ 이론적 근거가 없더라도 탐색적 목적을 위해 가설을 구성할 수 있다.
④ 내용과 방향이 모호하더라도 이는 검증 절차를 통해 보완될 수 있다.

해설 ② 동일 연구분야의 다른 가설이나 이론과 연관이 있어야 한다.
③ 가설은 경험적·이론적으로 검증할 수 있어야 한다.
④ 내용과 방향이 명확하고 검증 절차에 따라 실행되어야 한다.

055
경험적으로 검증할 수 있는 가설의 예로 옳은 것은? 2020년 1·2회

① 불평등은 모든 사회에서 나타날 것이다.
② 다양성이 존중되는 사회가 그렇지 않은 사회보다 더 바람직하다.
③ 모든 행위는 비용과 보상에 의해 결정된다.
④ 여성의 노동참여율이 높을수록 출산율은 낮을 것이다.

해설 가설은 두 변수 A와 B에 대해 'A이면 B이다', '만약 A라면 B이다', 'A와 B는 관련이 있다', 'A가 ~할수록 B도 ~하다' 등의 형식이어야 한다. 따라서 '여성의 노동참여율이 높을수록 출산율은 낮을 것이다.'는 검증할 수 있는 가설의 예이다.

| 정답 | 050 ② 051 ① 052 ④ 053 ④ 054 ① 055 ④

056
다음 중 좋은 가설이 아닌 것은? 2022년 1회

① 자녀학업을 위한 가족분리는 바람직하지 않다.
② 부모의 학력이 높을수록 자녀의 학력도 높아진다.
③ 리더십 형태에 따라 직원의 직무만족도가 달라진다.
④ 고객만족도가 높을수록 기업의 재무적 성과가 더 높아진다.

해설 가설은 두 변수 A와 B에 대해 'A이면 B이다', '만약 A라면 B이다', 'A와 B는 관련이 있다', 'A가 ~할수록 B도 ~하다' 등의 형식이어야 한다. 따라서 '자녀학업을 위한 가족분리는 바람직하지 않다.'는 가설로 적합하지 않다.

057
다음 중 가설로 적합하지 않은 것은? 2021년 2회

① 부모 간의 불화가 소년범죄를 유발한다.
② 기업 경영은 근본적으로 인간이 결정한다.
③ 지연(地緣) 때문에 행정의 발전이 저해된다.
④ 도시 거주자들이 농어촌에 거주하는 사람들보다 더 야당 성향을 띤다.

해설 가설은 두 변수 A와 B에 대해 'A이면 B이다', '만약 A라면 B이다', 'A와 B는 관련이 있다', 'A가 ~할수록 B도 ~하다' 등의 형식이어야 한다. 따라서 '기업 경영은 근본적으로 인간이 결정한다.'는 가설로 적합하지 않다.

058
다음 중 가설로서 가장 적합한 형태의 진술은? 2021년 3회

① 철수는 지금 서울에 있다.
② 철수는 지금 서울에 있으면서 부산에 있다.
③ 철수는 지금 서울에 있으면서 동시에 서울에 있지 않다.
④ 철수는 지금 서울에 있거나 그렇지 않으면 서울에 있지 않다.

해설 가설은 진실된 값이 참일 수도 있고 거짓일 수도 있는 문장이며, 항상 참이거나 항상 거짓인 문장은 가설이 될 수 없다. '철수는 지금 서울에 있다.'는 참일 수도 있고 거짓일 수도 있으므로 가장 적합한 가설의 진술이다.
②③ 항상 거짓이므로 가설로 부적절하다.
④ 항상 진실이므로 가설로 부적절하다.

059
가설의 적정성을 평가하기 위한 기준과 가장 거리가 먼 것은? 2021년 2회

① 매개변수가 있어야 한다.
② 동의어가 반복적이지 않아야 한다.
③ 경험적으로 검증될 수 있어야 한다.
④ 동일 분야의 다른 이론과 연관이 있어야 한다.

해설 가설의 평가기준으로는 경험적 검증가능성, 논리적 간결성, 계량화 가능성, 타가설이나 이론과의 높은 관련성, 명백한 입증(명료성), 개연성, 가치중립성, 일반화 가능성 등이 있다. 매개변수가 있어야 하는 것은 아니다.

060
좋은 가설의 평가기준으로 옳지 않은 것은? 2020년 3회

① 가설의 표현은 간단명료해야 한다.
② 가설은 경험적으로 검증할 수 있어야 한다.
③ 계량화 가능성은 가설의 평가기준이 될 수 없다.
④ 가설은 동의반복이어서는 안 된다.

해설 가설은 계량화할 수 있어야 한다.

061
가설의 평가기준으로 옳지 않은 것은? 2019년 3회

① 계량화할 수 있어야 한다.
② 동의반복적(Tautological)이어야 한다.
③ 동일 연구분야의 다른 가설이나 이론과 연관이 있어야 한다.
④ 가설검증결과는 가능한 한 광범위하게 적용할 수 있어야 한다.

해설 가설은 동의어가 반복적이지 않아야 한다.

| 정답 | 056 ① 057 ② 058 ① 059 ① 060 ③ 061 ②

062

다음에서 설명하는 가설의 종류는? 2022년 2회

- 대립가설과 논리적으로 반대의 입장을 취하는 가설이다.
- 수집된 자료에서 나타난 차이나 관계가 우연의 법칙으로 생긴 것이라는 진술로 '차이나 관계가 없다'는 형식을 취한다.

① 귀무가설 ② 통계적 가설
③ 대안가설 ④ 설명적 가설

해설 귀무가설에 대한 설명으로, 귀무가설은 'A와 B는 차이가 없다' 또는 'A는 B와 관계가 없다'는 형식을 취한다.

063

연구가설(Research Hypothesis)에 대한 설명으로 틀린 것은? 2020년 1·2회

① 모든 연구에는 명백히 연구가설을 설정해야 한다.
② 연구가설은 일반적으로 독립변수와 종속변수로 구성된다.
③ 연구가설은 예상된 해답으로, 경험적으로 검증되지 않은 이론이라 할 수 있다.
④ 가치중립적이어야 한다.

해설 모든 연구가 연구가설을 필요로 하는 것은 아니다. 질적연구는 가설이 없고 그 대신 참여자의 관점을 알기 위해 열린 형태의 연구질문을 가지고 연구를 시작한다.

064

연구가설의 기능과 거리가 가장 먼 것은? 2022년 2회

① 경험적 검증의 절차를 시사해 준다.
② 현상들의 잠재적 의미를 찾아내고 현상에 질서를 부여할 수 있다.
③ 문제해결에 필요한 관찰 및 실험의 적절성을 판단하게 한다.
④ 다양한 연구문제를 동시에 해결하기 위해 많은 종류의 변수들을 채택하게 되므로, 복잡한 변수들의 관계를 표시한다.

해설 연구가설은 일반적으로 독립변수와 종속변수로 구성된다. 연구가설은 두 가설의 표현이 간단명료하고 논리적으로 간결해야 한다.

065

경험적 연구를 위한 작업가설의 요건으로 옳지 않은 것은? 2019년 3회

① 명료해야 한다.
② 특정화되어 있어야 한다.
③ 검정 가능한 것이어야 한다.
④ 연구자의 주관이 분명해야 한다.

해설 작업가설(Working Hypothesis, 연구가설, 대립가설)은 경험적으로 검증할 수 있는 가설로, 가치중립적이어야 한다.

066

다음 중 작업가설로 가장 적합한 것은? 2019년 2회

① 한국사회는 양극화되고 있다.
② 대학생들은 독서를 많이 해야 한다.
③ 경제성장은 사회혼란을 심화시킬 수 있다.
④ 소득수준이 높아질수록 생활에 대한 만족도는 높아진다.

해설 작업가설(Working Hypothesis, 연구가설, 대립가설)은 경험적으로 검증할 수 있는 가설로, 실험이나 관찰 따위로 검증하기 위해 세운 가설이다. 이는 'A와 B는 차이가 있다' 또는 'A는 B와 관계가 있다', 'A가 ~할수록 B가 ~한다'는 형식을 취한다. 따라서 '소득수준이 높아질수록 생활에 대한 만족도는 높아진다.'가 가장 적합하다.

067

다음 중 작업가설(Working Hypothesis)로 적합하지 않은 것은? 2018년 2회

① 교육수준이 높을수록 소득이 높을 것이다.
② 21세기 후반에 이르면 서구문명은 몰락하게 될 것이다.
③ 계층 간 소득격차가 클수록 사회갈등이 심화될 것이다.
④ 출산율은 도시보다 농촌이 더 높을 것이다.

해설 ①③④ 작업가설(Working Hypothesis, 연구가설, 대립가설)은 경험적으로 검증할 수 있는 가설로, 실험이나 관찰 따위로 검증하기 위해 세운 가설이다. 이는 'A와 B는 차이가 있다' 또는 'A는 B와 관계가 있다', 'A가 ~할수록 B가 ~한다'는 형식을 취한다.

| 정답 | 062 ① 063 ① 064 ④ 065 ④ 066 ④ 067 ②

068

연구문제가 학문적으로 의미 있는 것이라고 할 때, 학문적 기준과 가장 거리가 먼 것은? 2020년 3회

① 독창성을 가져야 한다.
② 이론적인 의의를 지녀야 한다.
③ 경험적 검증가능성이 있어야 한다.
④ 광범위하고 질문형식으로 쓴 상태여야 한다.

해설 연구문제의 가치를 판단하는 선정기준은 학문적 기준, 실천적 기준, 도의적 기준이 있으며, 특히 학문적 기준으로 독창성, 이론적 의의, 경험적 검증가능성 등을 확인해야 한다.

069

관찰된 현상의 경험적인 속성에 대해 일정한 규칙에 따라 수치를 부여하는 것은? 2019년 1회

① 척도(Scale)
② 지표(Indicator)
③ 변수(Variable)
④ 측정(Measurement)

해설 측정이란 사람, 사건, 상태, 대상 등 어떤 사건이나 대상이 지닌 경험적 속성에 대해 미리 정해 놓은 일정한 규칙에 따라 수량화하는 것으로, 측도라고도 한다.

070

측정의 개념에 대한 맞는 설명을 모두 고른 것은? 2021년 3회

> ㉠ 추상적·이론적 세계와 경험적 세계를 연결시키는 수단이라고 할 수 있다.
> ㉡ 개념 또는 변수를 현실세계에서 관찰가능한 자료와 연결시키는 과정이다.
> ㉢ 질적속성을 양적속성으로 전환하는 작업이다.
> ㉣ 측정대상이 지닌 속성에 수치를 부여하는 것이다.

① ㉠, ㉡, ㉢
② ㉢, ㉣
③ ㉠, ㉡, ㉣
④ ㉠, ㉡, ㉢, ㉣

해설 모두 측정의 개념에 대한 설명이다.

071

측정에 대한 설명으로 틀린 것은? 2021년 1회

① 질적속성을 양적속성으로 전환하는 작업이다.
② 경험의 세계와 개념적·추상적 세계를 연결하는 수단이다.
③ 조사대상의 속성을 추상적 개념으로 전환시키는 과정이다.
④ 이론을 구성하는 개념들을 현실세계에서 관찰이 가능한 자료와 연결해주는 과정이다.

해설 측정은 이론을 구성하는 개념들을 현실세계에서 관찰이 가능한 자료와 연결해주고 개념적·추상적 세계와 경험의 세계를 연결해줌으로써 조사대상의 속성을 조작적 개념으로 전환시킨다.

072

측정(Measurenent)에 대한 설명과 가장 거리가 먼 것은? 2020년 1·2회

① 변수에 대한 조작적 정의에 입각해 이루어진다.
② 하나의 변수에 대한 관찰값은 동시에 두 가지 속성을 지닐 수 없다.
③ 이론과 현실을 연결시켜주는 매개체이다.
④ 경험적으로 관찰 가능한 것을 추상적 개념으로 바꾸어 놓는 과정이다.

해설 측정은 추상적 개념을 경험적으로 관찰 가능한 것으로 바꾸어 놓는 과정이다.

| 정답 | 068 ④ 069 ④ 070 ④ 071 ③ 072 ④

073
다음 중 측정에 관한 설명으로 틀린 것은? 2018년 3회

① 측정이란 사물이나 사건의 속성에 수치를 부여하는 작업이다.
② 측정에서는 연구자의 주관적인 판단이 중요한 기능을 한다.
③ 경험의 세계와 추상적인 관념의 세계를 연결하는 기능을 가진다.
④ 측정은 과학적 연구에서 필수적이다.

해설 측정이란 어떤 사물이나 사건이 지닌 경험적 속성에 대해 미리 정해 놓은 일정한 규칙에 따라 수치를 부여하는 작업이다. 경험의 세계와 추상적인 관념의 세계를 연결하는 교량의 역할을 하므로 과학적 연구에서 필수적이라고 할 수 있다. 이때 조사자의 주관적인 판단에서 야기되는 오류를 극복할 수 있도록 해야 한다.

074
측정에 관한 설명으로 틀린 것은? 2018년 1회

① 관념적 세계와 경험적 세계 간의 교량역할을 한다.
② 통계분석에 활용할 수 있는 정보를 제공해준다.
③ 측정수준에 관계없이 통계기법의 적용은 동일하다.
④ 측정대상이 지닌 속성에 수치나 기호를 부여한다.

해설 측정으로부터 얻은 정보를 통계적으로 분석할 때 측정의 수준(명목수준, 서열수준, 등간수준, 비율수준)에 따라 통계기법을 선택하여 적용한다.

075
다음에서 설명하고 있는 측정의 종류는? 2021년 2회

> 어떤 사물이나 사건의 속성을 측정하기 위해 관련된 다른 사물이나 사건의 속성을 측정하는 것이다. 대표적인 예로 밀도(Density)는 어떤 사물의 부피와 질량의 비율로 정의하며, 이 경우 밀도는 부피와 질량 사이의 비율을 통해 간접적으로 측정하게 된다.

① 임의측정(Measurement by Fiat)
② 추론측정(Derived Measurement)
③ 본질측정(Fundamental Measurement)
④ A급측정(Measurement of A Magnitude)

해설 측정은 본질측정(A급측정), 추론측정(B급측정), 임의측정으로 구분되며, 추론측정은 어떤 사물이나 사건의 속성을 측정하기 위해 관련된 다른 사물이나 사건의 속성을 측정하는 것이다. 일반적으로 법칙에 따라 속성들 간의 관계가 결정된 후 이를 바탕으로 측정한다.

076
다음 ( )에 알맞은 것은? 2017년 2회

> 연속적 변수든 불연속적 변수든 간에 이 변수들을 측정하기 위해서는 반드시 다음 두 가지를 고려해야 한다. 첫째는 (㉠)인데, 이는 각 관찰치가 변수의 단 하나의 범주에만 해당되도록 해야 하는 것을 말한다. 둘째는 (㉡)인데, 이는 모든 관찰치가 빠짐없이 변수의 어느 한 범주에 속하도록 범주를 만들어야 한다는 뜻이다.

① ㉠ 포괄성, ㉡ 상호배타성
② ㉠ 독립성, ㉡ 상호배타성
③ ㉠ 상호배타성, ㉡ 포괄성
④ ㉠ 상호배타성, ㉡ 독립성

해설 변수들을 측정하기 위해 범주를 만들 때 반드시 '상호배타성'과 '포괄성'을 고려해야 한다. 예를 들어, 나이를 '30세 미만, 30세 이상 50세 미만, 50세 이상'으로 범주화하면, 어느 나이든 단 하나의 범주에만 해당하므로 상호배타성을 만족하며, 모든 나이가 빠짐없이 어느 한 범주에 속하므로 포괄성도 만족한다.

| 정답 | 073 ② 074 ③ 075 ② 076 ③

077
설문에 응한 응답자들을 가구당 소득에 따라 100만 원 이하, 100만~200만 원, 200만~300만 원, 300만 원 이상 등 네 개의 집단으로 구분하였다면 어떤 문제가 발생하는가?

2019년 2회

① 순환성
② 포괄성
③ 신뢰성
④ 상호배타성

해설 가구당 소득에 따라 '100만 원 이하, 100~200만 원, 200~300만 원, 300만 원 이상' 등 네 개의 집단으로 구분하면, 100만 원, 200만 원, 300만 원이 겹치는 상호배타성 문제가 발생한다. 상호배타성이란 각 관찰값이 변수의 단 하나의 범주에만 해당되도록 해야 한다는 것이다.

078
측정수준과 예가 잘못 짝지어진 것은?

2021년 3회

① 명목측정 – 성별, 인종
② 비율측정 – 소득, 직업
③ 등간측정 – 온도, IQ지수
④ 서열측정 – 후보자 선호, 사회계층

해설 소득은 비율측정이지만, 직업은 명목측정이다.

079
변수와 측정수준의 연결이 옳은 것은?

2017년 3회

① 빈곤율 – 명목변수
② 직업분류 – 서열변수
③ 청년실업자수 – 비율변수
④ 야구선수의 등번호 – 등간변수

해설 ① 빈곤율 – 비율변수
② 직업분류 – 명목변수
④ 야구선수의 등번호 – 명목변수

080
다음 사례에서 측정의 수준은?

2017년 1회

> ㉠ 부부에게 현재 자녀수에 대해 '1) 적음, 2) 적당함, 3) 많음'이라는 세 가지 응답범주로 답하도록 하였다.
> ㉡ 부부에게 그들의 실제 자녀수를 적도록 하였다. 자녀가 없는 부부의 경우 자녀수를 0으로 처리한다.

① ㉠ 명목측정, ㉡ 서열측정
② ㉠ 서열측정, ㉡ 비율측정
③ ㉠ 등간측정, ㉡ 비율측정
④ ㉠ 서열측정, ㉡ 등간측정

해설 ㉠ 자녀의 수를 '1) 적음, 2) 적당함, 3) 많음'이라는 세 가지 응답범주로 분류한 것은 서열수준의 측정에 의한 것이다.
㉡ 자녀가 없으면 0으로 처리하는 절대영점을 두고 자녀수를 직접 적도록 한 것은 비율수준의 측정에 의한 것이다.

081
측정의 수준이 바르게 짝지어진 것은?

2019년 2회

> ㉠ 교육수준 – 중졸 이하, 고졸, 대졸 이상
> ㉡ 교육연구 – 정규교육을 받은 기간(년)
> ㉢ 출신 고등학교 지역

① ㉠ 명목측정, ㉡ 서열측정, ㉢ 등간측정
② ㉠ 등간측정, ㉡ 서열측정, ㉢ 비율측정
③ ㉠ 서열측정, ㉡ 등간측정, ㉢ 명목측정
④ ㉠ 서열측정, ㉡ 비율측정, ㉢ 명목측정

해설 ㉠ 교육수준을 세 범주로 분류하고 가장 낮은 수준을 중졸 이하, 가장 높은 수준을 대졸 이상으로 상대적인 서열상의 관계를 부여하고 있으므로 서열수준의 측정이다.
㉡ 정규교육을 받은 기간(년)은 시간(Year)이므로 등간측정이거나 비율측정으로 볼 수 있으며, 정규교육을 받은 기간이 없음을 절대영점으로 둔다고 가정할 수 있으므로 비율수준의 측정이다.
㉢ 출신 고등학교 지역은 지역별 분류가 가능하므로 명목수준의 측정이다.

| 정답 | 077 ④ 078 ② 079 ③ 080 ② 081 ④

082
명목척도 구성을 위한 측정범주들에 대한 기본 원칙과 가장 거리가 먼 것은? 2018년 3회

① 배타성
② 포괄성
③ 논리적 연관성
④ 선택성

해설 명목척도는 측정대상을 유사성과 상이성에 따라 분류하고, 구분된 각 집단 또는 카테고리에 숫자나 부호 또는 명칭을 부여한 것으로, 관찰대상의 속성에 따라 상호배타적이고 포괄적인 범주로 구분하여 수치를 부여한다. 명목수준의 측정범주들의 기본 원칙은 배타성, 포괄성, 논리적 연관성 등이다.

083
주민등록번호, 도서분류번호, 자동차번호 등과 같은 수치는 어떤 수준의 척도를 의미하는가? 2017년 3회

① 명목척도
② 서열척도
③ 등간척도
④ 비율척도

해설 명목척도는 각 범주에 부여되는 수치가 계량적 의미를 갖고 있지 않으며, 일정한 특성을 대표하는 값을 임의로 부여한 것이다.

084
대상자들의 종교를 불교, 기독교, 가톨릭교, 기타의 범주로 나누어 조사한 경우 측정수준은? 2021년 1회

① 서열척도
② 명목척도
③ 등간척도
④ 비율척도

해설 명목척도는 측정대상을 유사성과 상이성에 따라 분류하고, 구분된 각 집단 또는 카테고리에 숫자나 부호 또는 명칭을 부여한 것이다. 대상자들의 종교를 '불교, 기독교, 가톨릭, 기타'로 구분한 범주에 맞추어 조사하게 되므로 명목척도라고 할 수 있다.

085
'상경계열에 다니는 대학생이 이공계열에 다니는 대학생보다 물가변동에 대한 관심이 더 높을 것이다.'라는 가설에서 '상경계열학생 유무'라는 변수를 척도로 나타낼 때 이 척도의 성격은? 2018년 2회

① 순위척도
② 명목척도
③ 서열척도
④ 비율척도

해설 명목척도는 측정대상을 유사성과 상이성에 따라 분류하고, 구분된 각 집단 또는 카테고리에 숫자나 부호 또는 명칭을 부여하는 것이다. '상경계열학생 유무'라는 변수를 정해 가설을 검정하는 것은 명목척도이다.

086
다음은 어떤 척도에 관한 설명인가? 2020년 3회

- 관찰대상의 속성에 따라 관찰대상을 상호배타적이고 포괄적인 범주로 구분하여 수치를 부여하는 도구
- 변수 간의 사칙연산은 의미가 없음
- 운동선수의 등번호, 학번 등이 있음

① 명목척도
② 서열척도
③ 등간척도
④ 비율척도

해설 ② 서열척도: 측정대상을 분류할 뿐만 아니라 대상의 특수성이나 속성에 따라 각 측정대상에 상대적인 순서나 서열을 부여하는 것이다.
③ 등간척도: 측정대상을 분류하고 각 측정대상에 순서나 서열을 결정할 뿐만 아니라 서열 간의 간격이 일정하도록 크기의 정도를 제시한다. 가감(덧셈과 뺄셈) 연산이 가능하다.
④ 비율척도: 측정대상을 분류하고 각 측정대상에 순서나 서열을 결정하고 서열 간에 일정한 간격을 제시할 뿐만 아니라 절대영점을 가짐으로써 비율을 결정할 수 있다. 수치상 가감승제와 같은 모든 산술적인 사칙연산이 가능하다.

| 정답 | 082 ④ 083 ① 084 ② 085 ② 086 ①

087
명목척도(Nominal Scale)에 관한 설명으로 옳지 않은 것은? 2020년 1·2회

① 측정의 각 응답범주들이 상호배타적이어야 한다.
② 측정대상의 특성을 분류하거나 확인할 목적으로 숫자를 부여하는 것이다.
③ 하나의 측정대상이 두 개의 값을 가질 수는 없다.
④ 절대영점이 존재한다.

해설 절대영점은 비율수준의 측정인 비율척도에 존재한다.

088
다음과 같은 질문지의 성별(Sex) 변수에 대한 설명으로 틀린 것은? 2017년 1회

| 당신의 성별은? |
| ㉮ 남성　　　　㉯ 여성 |

① 성별은 명목척도(Nominal Scale)이다.
② 여성만을 대상으로 한 조사에서 성별 변수는 포함시킬 필요가 없다.
③ 성별 변수는 다른 변수(예 교육수준)와 종합하여 하나의 새로운 변수로 만들 수 있다.
④ 남성에게 1점, 여성에게 2점을 부여한 다음 그 평균을 계산하여 남성비를 구할 수 있다.

해설 측정대상을 남성과 여성 두 집단으로 분류하고 있으므로 명목수준의 측정, 즉 명목척도이다. 명목척도는 측정대상에 수치가 부여되어 있어도 계량적 의미를 갖고 있지 않으므로 수학적 계산을 할 수 없다. 남성에게 1점, 여성에게 2점을 부여해도 평균을 계산하여 남성비를 구하거나 표준편차를 구하여 분포를 확인하는 것은 불가능하다. 명목척도에 따른 측정대상에 수치가 부여된 경우, 조사자가 자료를 수집하고 분석하는 데 편리하도록 하기 위한 명칭이나 부호로서의 의미만을 지닐 뿐 크기를 나타내거나 계산에 사용될 수 없기 때문이다.
③ 성별 변수에 교육수준(중졸 이하, 고졸, 대졸, 대학원졸 이상)을 종합하여 남성-중졸 이하, 여성-중졸 이하 등으로 새로운 변수를 만들 수 있다.

089
어떤 제품의 선호도를 조사하기 위하여 '아주 좋아한다, 좋아한다, 싫어한다, 아주 싫어한다'와 같은 선택지를 사용하였다. 이는 어떤 척도로 측정된 것인가? 2021년 2회

① 서열척도　　　　② 명목척도
③ 등간척도　　　　④ 비율척도

해설 서열척도(Ordinal Scale)는 측정대상을 분류할 뿐만 아니라 대상의 특수성이나 속성에 따라 각 측정대상에 상대적인 순서나 서열을 부여한다. 선호도(아주 좋아한다, 좋아한다, 싫어한다, 아주 싫어한다), 사회계층(상, 중, 하), 학급석차(1등, 2등, …, 30등), 교육수준(중졸 이하, 고졸, 대졸 이상), 복지지출의 국가 간 순위 등은 모두 서열척도이다.

090
서열측정의 특징을 모두 고른 것은? 2018년 2회

| ㉠ 응답자들을 순서대로 구분할 수 있다. |
| ㉡ 절대영점(Absolute Zero Score)을 지니고 있다. |
| ㉢ 어떤 응답자의 특성이 다른 응답자의 특성보다 몇 배가 높은지 알 수 있다. |

① ㉠
② ㉠, ㉡
③ ㉡, ㉢
④ ㉠, ㉡, ㉢

해설 서열수준의 측정은 측정대상을 분류할 뿐만 아니라 대상의 특수성이나 속성에 따라 각 측정대상에 상대적인 순서나 서열을 부여하게 되므로, 응답자들을 순서대로 구분할 수 있다.
㉡㉢ 비율수준 측정의 특징이다.

| 정답 | 087 ④　088 ④　089 ①　090 ①

091
온도계의 눈금을 나타내는 수치의 측정수준은? 2018년 3회

① 명목측정 ② 서열측정
③ 비율측정 ④ 등간측정

해설 등간수준의 측정은 측정대상을 분류하고 각 측정대상에 순서나 서열을 결정할 뿐만 아니라 서열 간의 간격이 일정하도록 크기의 정도를 제시하는 것으로, 온도, 지능지수 등이 대표적이다. 온도계의 눈금을 나타내는 수치는 일정한 간격의 온도가 순서적으로 나열되므로 등간수준의 측정이다.

092
다음 설명에 해당되는 척도는? 2021년 1회

> 현직 대통령의 인기도를 측정하기 위해 0부터 100까지의 값 가운데 하나를 제시하도록 하였다. 가장 싫은 경우는 0, 가장 만족한 경우는 100으로 정하였다.

① 명목척도 ② 등간척도
③ 서열척도 ④ 비율척도

해설 인기도를 0(가장 싫은 경우)부터 100(가장 만족하는 경우)까지의 값으로 분류하여 간격이 일정하도록 서열을 정한 것으로 볼 수 있으므로, 등간수준의 측정이다.

093
속성이 전혀 존재하지 않는 상태인 영점(0)이 존재하는 척도는? 2021년 2회

① 서열척도 ② 명목척도
③ 비율척도 ④ 등간척도

해설 비율척도(Ratio Scale)는 측정대상을 분류하고 각 측정대상에 순서나 서열을 결정하고 서열 간에 일정한 간격을 제시할 뿐만 아니라 절대영점을 가짐으로써 비율을 결정할 수 있다.

094
다음 중 비율척도가 아닌 것은? 2021년 1회

① 온도 ② 투표율
③ 소득금액 ④ 몸무게

해설 0°C는 온도가 없는 것을 의미하는 것이 아니므로 절대영점을 갖지 않는다. 따라서 온도는 비율척도가 아니다.

095
우리나라 100대 기업의 연간 순수익을 '원(₩)' 단위로 조사하고자 할 때 측정의 수준은? 2021년 3회

① 비율측정 ② 명목측정
③ 서열측정 ④ 등간측정

해설 연간 순수익이 전혀 존재하지 않는 0원인 절대영점이 존재하므로 비율수준의 측정이다.

096
다음 중 비율척도로 측정하기 어려운 것은? 2019년 3회

① 각 나라의 국방 예산
② 각 나라의 평균 기온
③ 각 나라의 일인당 평균 소득
④ 각 나라의 일인당 교육연수

해설 비율척도는 절대적인 기준을 가지고 속성의 상대적 크기 비교 및 절대적 크기까지 측정할 수 있도록 비율의 개념이 추가된 척도이며 아무것도 없음을 나타내는 절대적인 0(절대영점)을 갖는다. 각 나라의 국방 예산, 일인당 평균 소득, 일인당 교육연수 등은 모두 비율척도이나, 기온은 절대영점을 갖지 않으므로 비율척도로 측정할 수 없다.

| 정답 | 091 ④ 092 ② 093 ③ 094 ① 095 ① 096 ②

097
비율척도로서 의미를 가진다고 보기 어려운 것은?

2022년 1회

① A드라마의 시청률이 20%이고, B드라마의 시청률이 10%라면, A드라마의 시청률이 B드라마보다 2배 높다.
② A자동차가 시속 100km로 달리고, B자동차가 시속 150km로 달리고 있다면, B자동차가 A자동차보다 1.5배 빠르다.
③ A학생이 받은 용돈이 20만 원이고 B학생이 받은 용돈이 10만 원이라면, A학생의 용돈이 B학생보다 2배 많다.
④ A주전자의 온도가 섭씨 100℃이고 B주전자의 온도가 섭씨 50℃라면, A주전자는 B주전자보다 2배 더 뜨겁다.

해설 온도는 일정한 간격에 따라 순서적으로 나열되므로 등간척도이지만, 2배 더 뜨겁다거나 0℃는 온도가 없다는 의미가 아니므로 비율척도가 될 수 없다.

098
척도의 종류 중 비율척도에 관한 설명으로 틀린 것은?

2020년 1·2회

① 절대적인 기준을 가지고 속성의 상대적 크기 비교 및 절대적 크기까지 측정할 수 있도록 비율의 개념이 추가된 척도이다.
② 수치상 가감승제와 같은 모든 산술적인 사칙연산이 가능하다.
③ 비율척도로 측정된 값들이 가장 많은 정보를 포함하고 있다고 볼 수 있다.
④ 월드컵 축구 순위 등이 대표적인 예이다.

해설 월드컵 축구 순위는 서열만을 갖고 있으므로 서열척도의 예이다.

099
다음의 사항을 측정할 때 측정수준이 다른 것은?

2020년 1·2회

① 교통사고 횟수   ② 몸무게
③ 온도   ④ 저축금액

해설 온도는 등간수준의 측정이며, 교통사고 횟수, 몸무게, 저축금액은 모두 절대영점을 갖는 비율수준의 측정이다.

100
자료에 대한 통계분석방법 결정 시 가장 중요하게 고려해야 할 측정의 요소는?

2020년 3회

① 신뢰도   ② 타당도
③ 측정방법   ④ 측정수준

해설 자료에 대한 통계분석방법 결정 시 가장 중요하게 고려해야 할 측정의 요소는 측정수준이다. 측정의 4가지의 수준(명목수준, 서열수준, 등간수준, 비율수준)에 따라 사용할 수 있는 통계기법이 달라진다.

101
측정수준에 따른 척도에 대한 설명으로 틀린 것은?

2017년 3회

① 명목척도는 성별과 종교처럼 분류적인 개념만을 내포한다.
② 서열척도는 특정한 성격을 갖는 정도에 따라 범주를 서열화한다.
③ 등간척도는 IQ처럼 대상 자체가 갖는 속성의 실제값을 나타낸다.
④ 비율척도는 소득과 성비처럼 0이라는 절대적 의미를 갖는 값이 존재한다.

해설 지능지수 IQ가 0이라고 해서 지능이 없다는 의미는 아니다. 대상 자체가 갖는 속성의 실제값을 나타내는 것은 비율척도이다.

| 정답 | 097 ④ 098 ④ 099 ③ 100 ④ 101 ③

102

측정수준에 대한 설명으로 틀린 것은? 2018년 1회

① 서열척도는 각 범주 간에 크고 작음의 관계를 판단할 수 있다.
② 비율척도에서 0의 값은 자의적으로 부여되었으므로 절대적 의미를 가질 수 없다.
③ 명목척도에서는 각 범주에 부여되는 수치가 계량적 의미를 가지지 못한다.
④ 등간척도에서는 각 대상 간의 거리나 크기를 표준화된 척도로 표시할 수 있다.

해설 등간척도에서 '0'의 값은 자의적으로 부여된 임의적인 '0'이며 아무것도 없음을 나타내는 절대적인 '0'의 의미가 아니다. 비율척도는 속성이 전혀 존재하지 않는 상태인 '0', 즉 절대영점(Absolute Zero Score) 또는 자연적인 영점(Natural Zero Score)이 존재한다.

103

측정의 수준에 따라 사용할 수 있는 통계기법이 달라지는데 다음 중 측정의 수준과 사용 가능한 기술통계(Descriptive Statistics)를 잘못 짝지은 것은? 2019년 3회

① 명목수준 – 중간값(Median)
② 서열수준 – 범위(Range)
③ 등간수준 – 최빈값(Mode)
④ 비율수준 – 표준편차(Standard Deviation)

해설 측정의 수준에 따라 사용할 수 있는 통계기법이 달라진다. 중간값은 서열수준의 측정부터 사용이 가능한 기술통계이다.

PLUS 4가지 수준별 통계기법

구분	통계기법
명목	최빈값, 백분율 등
서열	최빈값, 백분율, 중앙값 등
등간	최빈값, 백분율, 중앙값, 산술평균 등
비율	최빈값, 백분율, 중앙값, 산술·기하·조화평균, 변동계수 등

104

중앙값, 순위상관관계, 비모수통계검증 등의 통계방법에 주로 활용되는 척도유형은? 2020년 1·2회

① 명목측정
② 서열측정
③ 등간측정
④ 비율측정

해설 사용가능한 통계기법은 최빈값, 백분율(%), 중앙값 등이고, 비모수통계검증, 순위상관관계 등이 주로 활용된다면 서열수준의 측정이다.

PLUS 4가지 수준별 통계기법 및 통계분석기법

구분	통계기법	통계분석기법
명목	최빈값, 백분율 등	빈도분석, 교차분석, 비모수통계 등
서열	최빈값, 백분율, 중앙값 등	순위상관관계, 비모수통계 등
등간	최빈값, 백분율, 중앙값, 산술평균 등	t-검증, 분산분석, 상관관계분석 등
비율	최빈값, 백분율, 중앙값, 산술·기하·조화평균, 변동계수 등	t-검증, 분산분석, 상관관계분석 등을 포함한 모든 모수통계기법 등

105

다음 중 가장 다양한 통계기법을 적용할 수 있는 측정수준은? 2019년 1회

① 명목측정
② 서열측정
③ 비율측정
④ 등간측정

해설 비율측정은 수치상 가감승제와 같은 모든 산술적인 사칙연산이 가능하고 모든 통계값의 산출이 가능하여 가장 다양한 통계기법을 적용할 수 있으며, 그 결과 가장 많은 정보를 얻을 수 있다.

| 정답 | 102 ② 103 ① 104 ② 105 ③

106
측정수준의 특성상 지역별로 측정된 실업률의 사칙연산 가능 범위는?　　　　2020년 4회

① 사칙연산이 불가능
② 덧셈과 뺄셈만 가능
③ 곱셈과 나눗셈만 가능
④ 사칙연산이 모두 가능

해설 지역별로 측정된 실업률은 비율수준의 측정이다. 비율측정은 수치상 가감승제와 같은 모든 산술적인 사칙연산이 가능하다.

107
다음 (　　)에 알맞은 것은?　　　　2018년 3회

> (　　) 순으로 얻어진 자료가 담고 있는 정보의 양이 많으며, 보다 정밀한 분석방법이 적용될 수 있다.

① 서열측정 > 명목측정 > 비율측정 > 등간측정
② 명목측정 > 서열측정 > 등간측정 > 비율측정
③ 등간측정 > 비율측정 > 서열측정 > 명목측정
④ 비율측정 > 등간측정 > 서열측정 > 명목측정

해설 '비율측정 > 등간측정 > 서열측정 > 명목측정' 순으로 제공되는 정보의 양이 많으며 정밀한 분석방법이 적용될 수 있다.

108
척도에 관한 설명으로 틀린 것은?　　　　2021년 2회

① 척도는 계량화를 위한 도구이다.
② 불연속은 척도의 중요한 속성이다.
③ 척도의 구성 항목은 단일한 차원을 반영해야 한다.
④ 척도를 구성하는 방법은 측정하려는 변수의 구조적 성격에 따라 결정된다.

해설 ②③ 척도(Scale)의 구성 항목은 '아주 만족, 만족, 보통, 불만족, 아주 불만족'과 같이 단일한 차원을 반영하면서 연속적이어야 한다.
① 척도는 일정한 규칙에 따라 질적인 측정대상에 표시하는 기호나 숫자의 배열이다. 따라서 척도는 일종의 측정도구이며 계량화를 위한 도구이다.
④ 측정하려는 변수의 구조적 성격에 따라 척도를 어떻게 구성할 것인지가 결정된다.

109
사회과학에서 척도를 구성하는 이유와 가장 거리가 먼 것은?　　　　2018년 2회

① 측정의 신뢰성을 높여준다.
② 변수에 대한 질적인 측정치를 제공한다.
③ 하나의 지표로 측정하기 어려운 복합적인 개념들을 측정한다.
④ 여러 개의 지표를 하나의 점수로 나타내어 자료의 복잡성을 덜어준다.

해설 척도는 일정한 규칙에 따라 질적인 측정대상에 표시하는 기호나 숫자의 배열로, 측정대상의 속성과 1대1 대응의 관계를 맺으면서 대상의 속성을 양적표현으로 전환한다.

110
어떤 개념을 측정하기 위해 여러 개의 문항으로 이루어진 척도(Scale)를 사용하는 이유를 모두 고른 것은?　　　　2019년 1회

> ㉠ 하나의 지표로서는 제대로 측정하기 어려운 복합적인 개념들을 측정하는 데 유용하다.
> ㉡ 측정 신뢰도를 높여주기도 한다.
> ㉢ 여러 개의 지표를 하나의 점수로 나타내주어 자료의 복잡성을 덜어주기도 한다.
> ㉣ 척도에 의한 양적인 측정치는 통계적인 활용을 쉽게 한다.

① ㉠, ㉡
② ㉠, ㉢, ㉣
③ ㉡, ㉢, ㉣
④ ㉠, ㉡, ㉢, ㉣

해설 모두 척도의 필요성에 해당한다.

| 정답 | 106 ④　107 ④　108 ②　109 ②　110 ④

111
척도와 지수에 관한 설명으로 옳지 않은 것은? 2020년 3회

① 지수는 개별적인 속성들에 할당된 점수들을 합산하여 구한다.
② 척도는 속성들 간에 존재하고 있는 강도(Intensity) 구조를 이용한다.
③ 지수는 척도보다 더 많은 정보를 제공해준다.
④ 척도와 지수 모두 변수에 대한 서열측정이다.

해설 척도는 동일한 변수의 속성들 가운데서 그 강도의 차이를 이용하여 구별되는 응답유형을 밝혀낼 수 있다. 따라서 척도점수는 지수점수보다 더 많은 정보를 전달한다. 예를 들어 육아만족도를 척도로 측정할 경우, 단순히 만족한다는 정도를 넘어서 어느 정도로 만족하는지에 대한 정보를 얻을 수 있다.

112
지수(Index)와 척도(Scale)에 관한 설명으로 틀린 것은? 2018년 3회

① 지수와 척도 모두 변수에 대한 서열측정이다.
② 척도점수는 지수점수보다 더 많은 정보를 전달한다.
③ 지수와 척도 모두 둘 이상의 자료문항에 기초한 변수의 합성측정이다.
④ 지수는 동일한 변수의 속성들 가운데서 그 강도의 차이를 이용하여 구별되는 응답유형을 밝혀낸다.

해설 지수는 다수의 자료를 연산하여 일정한 수치를 도출할 수 있으며, 척도는 그에 더하여 강도 구조(Intensity Structure)를 탐지할 수 있다. 따라서 연구목적에서 응답 강도가 중요한 정보가 되는 경우 지수가 아니라 척도를 통해 자료를 수집한다.

113
지수나 척도와 같이 합성측정(Composite Measures)을 이용하는 이유로 가장 타당한 것은? 2021년 3회

① 측정오차를 줄일 수 있기 때문이다.
② 타당도 계수를 높일 수 있기 때문이다.
③ 외적 타당도를 높일 수 있기 때문이다.
④ 하나의 개념이 갖는 다양한 의미에 대하여 포괄적인 측정을 할 수 있기 때문이다.

해설 지수나 척도는 단일 문항이 아니라 복수의 문항들로 구성되어 있는 합성측정(Composite Measures)의 형태이다. 합성측정 활용 시 하나의 개념이 갖는 다양한 의미에 대해 포괄적인 측정이 가능하며, 신뢰성 분석이나 차원성 분석 등의 통계적 검토가 훨씬 쉽다.

114
등간척도를 이용한 측정방법을 모두 고른 것은? 2020년 4회

> ㉠ 등급법(Rating Method)
> ㉡ 순위법(Ranking Method)
> ㉢ 어의차이척도법(Sematic Differential Scale)
> ㉣ 스타펠척도(Stapel Scale)

① ㉠, ㉡
② ㉡, ㉣
③ ㉠, ㉢, ㉣
④ ㉡, ㉢, ㉣

해설 등급법, 고정총합척도법, 어의차이척도법, 스타펠척도법은 모두 등간척도를 이용한 측정방법이다.
㉡ 순위법은 서열척도를 이용한 측정방법이다.

| 정답 | 111 ③ 112 ④ 113 ④ 114 ③

115

다음의 예와 같이 응답자에게 한 속성의 보유 정도를 기준으로 다른 속성의 보유 정도를 판단하도록 하는 척도법은?

2022년 1회

> 자동차 선택 시 고려하는 요인 중 자동차 가격의 중요성을 100점이라고 한다면, 다음의 요인은 몇 점에 해당한다고 생각하십니까?
> • 가격 　　　100점
> • 디자인 　　(　)점
> • 성능 　　　(　)점

① 항목평정법(Itemized Rating)
② 연속평정법(Continuous Rating)
③ 비율분할법(Fractionation Method)
④ 고정총합척도법(Constant Sum Method)

해설 비율분할법은 응답자에게 한 속성의 보유 정도를 기준으로 다른 속성의 보유 정도를 판단하도록 하는 척도구성방법으로, 주로 응답자들이 자극에 대해 명확한 판단을 할 수 있는 경우에 사용한다.

116

서열척도를 이용한 측정방법은?

2021년 1회

① 등급법
② 고정총합척도법
③ 순위법
④ 어의차이척도법

해설 순위법은 응답자가 특정한 태도나 가치에 관해 여러 대상들을 값으로 정하고 상대적 순위를 정하도록 하는 척도구성방법으로, 서열척도를 이용한 측정방법이다.
①②④ 등간척도를 이용한 측정방법이다.

117

태도척도에서 부정적인 극단에는 1점을, 긍정적인 극단에는 5점을 부여한 후, 전체 문항의 총점 또는 평균을 가지고 태도를 측정하는 척도는?

2017년 3회

① 서스톤척도
② 리커트척도
③ 거트만척도
④ 의미분화척도

해설 리커트척도(Likert Scale)는 각 문항별 응답점수의 총합이 측정하고자 하는 개념을 대표한다는 가정에 근거하며, 전체 문항의 총점 또는 평균을 계산하는 척도이다. 태도척도를 1점에서 5점으로 부여한 후 전체 문항의 총점 또는 평균을 계산하여 태도를 측정한다면 이는 리커트척도를 이용한 것이다.

118

평정척도(Rating Scale)의 구성에 관한 옳은 설명을 모두 고른 것은?

2017년 2회

> ㉠ 응답범주들이 상호배타적이어야 한다.
> ㉡ 찬반의 응답범주 수가 균형을 이루어야 한다.
> ㉢ 응답범주들이 논리적 연관성을 가지고 있어야 한다.
> ㉣ 응답범주의 수를 가능한 한 많도록 한다.

① ㉠, ㉡
② ㉢, ㉣
③ ㉠, ㉡, ㉢
④ ㉠, ㉢, ㉣

해설 평정척도는 학생들의 성적 'A, B, C, D, F' 등과 같은 연속성이 있는 어떤 행동의 차원 또는 영역에 대해 일정한 등급방식에 의해 평가하는 척도로, 응답범주의 수를 가능한 한 많이 하는 것은 좋지 않다.

PLUS 평정척도 구성 시 고려사항
• 응답범주들이 상호배타적이어야 한다.
• 응답범주들이 응답 가능한 상황을 모두 포함하고 있어야 한다.
• 찬반의 응답범주 수가 균형을 이루어야 한다.
• 응답범주들이 논리적 연관성을 가지고 있어야 한다.
• 평정될 각 요인의 정도나 수준이 명백해야 하며, 모든 평정자에게 동일한 의미로 전달되어야 한다.
• 모든 관찰자가 쉽게 관찰할 수 있는 특성으로 구성되어야 한다.

119

리커트(Likert)척도와 같은 의미로 사용되는 것은?

2022년 1회

① 누적척도
② 단일차원척도
③ 비율척도
④ 총화평정척도

해설 리커트척도는 총화평정척도(Summated Rating Scale)라고도 한다.

| 정답 | 115 ③　116 ③　117 ②　118 ③　119 ④

120
리커트(Likert)척도법에 대한 설명으로 적절하지 않은 것은? 　　　　　　　　　　　　　　　2021년 3회

① 각 문항에 대한 가중치를 다르게 부여할 수 없다는 단점이 있다.
② 척도검수에 대한 신뢰성을 검토하기 위해 반분법을 이용할 수 있다.
③ 사용하기 쉽고, 직관적인 이해가 가능하기 때문에 사회조사에서 널리 사용된다.
④ 척도가 단일차원을 측정하고 있는가를 검토하기 위하여 인자분석(Factor Analysis)을 사용하기도 한다.

해설 리커트척도(Likert Scale)는 각 문항별 응답점수의 총합이 측정하고자 하는 개념을 대표한다는 가정에 근거하여 전체 문항의 총점 또는 평균을 계산하는 척도로, 각 문항에 대한 가중치를 다르게 부여할 수 있다는 장점이 있다.

121
리커트(Likert)척도의 장점이 아닌 것은? 　　　　　　　　　　　　　　　2021년 1회

① 적은 문항으로도 높은 타당도를 얻을 수 있어서 매우 경제적이다.
② 한 항목에 대한 응답의 범위에 따라 측정의 정밀성을 확보할 수 있다.
③ 응답 카테고리가 명백하게 서열화되어 응답자에게 혼란을 주지 않는다.
④ 항목의 우호성 또는 비우호성을 평가하기 위해 평가자를 활용하므로 객관적이다.

해설 리커트척도는 항목의 우호성 또는 비우호성을 평가하기 위해 평가자를 활용하므로 주관적이라는 단점이 있다.

122
리커트척도의 단점에 해당되지 않는 것은? 　　　　　　　　　　　　　　　2017년 2회

① 엄격한 의미에서의 등간척도가 될 수 없다.
② 각 문항의 점수를 더한 총점으로는 각 문항에 대한 응답의 강도를 정확히 알 수 없다.
③ 척도가 측정하고자 하는 개념을 제대로 측정하고 있는지의 문제가 여전히 남는다.
④ 문항 간의 내적일관성을 확인할 수 없다.

해설 리커트척도는 문항 간의 내적일관성을 확인할 수 있다. 또한 문항 간 상관계수를 구하는 방법과 문항분석을 통해 내적일관성을 검증할 수 있다.

123
각 문항이 척도상 어디에 위치할 것인가를 평가자들이 판단한 다음 조사자가 이를 바탕으로 대표적인 문항들을 선정하여 척도를 구성하는 방법은? 　　　　　　　　　　　　　　　2019년 2회

① 서스톤척도　　　② 리커트척도
③ 거트만척도　　　④ 의미분화척도

해설 서스톤척도는 등간척도의 일종이며, 유사등간척도라고도 한다. 어떤 사실에 대하여 가장 비우호적인 태도와 가장 우호적인 태도를 나타내는 양극단을 구분하여 등간적으로 수치를 부여하는 척도이다. 각 문항에 대한 전문 평가자들의 의견 일치도가 높은 항목들을 골라서 척도를 구성한다.

124
다음 설명에 해당하는 척도구성기법은? 　　　　　　　　　　　　　　　2019년 1회

> 특정 개념을 측정하기 위해 연구자가 수집한 여러 가지의 관련 진술에 대하여 평가자들이 판단을 내리도록 한 후 이를 토대로 각 진술에 점수를 부여한다. 이렇게 얻어진 진술을 실제 측정하고자 하는 척도의 구성항목으로 포함시킨다.

① 서스톤척도(Thurstone Scale)
② 리커트척도(Likert Scale)
③ 거트만척도(Guttman Scale)
④ 의미분화척도(Semantic Differential Scale)

해설 서스톤척도는 각 문항이 척도상 어디에 위치할 것인지를 평가자로 하여금 판단하게 한 다음 조사자가 이를 바탕으로 대표적인 문항들을 선정하여 척도를 구성한다. 즉, 각 문항에 대한 전문 평가자들의 의견 일치도가 높은 항목들을 골라 척도를 구성한다.

| 정답 | 120 ① 　121 ④ 　122 ④ 　123 ① 　124 ①

125

다음은 어떤 척도의 특징인가?   2018년 3회

- 대체적으로 11점 척도로 구성되어 있다.
- 개발하기 위하여 시간과 노력이 많이 든다.
- 최종적으로 구성된 척도는 동일한 간격을 지닐 수 있다.

① 리커트척도(Likert Scale)
② 서스톤척도(Thurstone Scale)
③ 보가더스척도(Bogardus Scale)
④ 오스굿(Osgood)척도

해설 서스톤척도는 평가자들에 의해 문항이 분류되는데, 5개, 7개, 11개 등으로 등간격을 나누고 양극단에 대립되는 단어들을 배치한 후 평가자가 자신들이 생각하는 위치를 표시하여 문항을 분류한다. 많은 문항들 중에서 측정변수와 관련된 문항이 선정되므로 문항의 선정이 정확하지만, 평가를 위한 문항 수와 평가자가 많아야 하기 때문에 척도 개발을 위하여 시간과 노력이 많이 든다. 이러한 절차와 기준에 의해 선택된 질문문항들에 대해 평가자들이 배정한 중앙값이나 평균을 척도값으로 삼아 조사자가 나눈 등간격 범주의 양극단에 골고루 분포시켜 최종문항을 선정한다.

126

일상적인 삶에서 야기되는 스트레스를 측정하기 위하여 여러 개의 문항들을 바탕으로 하나의 척도를 만들려고 한다. 이 문항들은 모두 등간척도로 구성되었으며, 전문가들로 하여금 각 문항들의 등급을 지워서 11개의 문항을 선택하여 점수의 범위를 나타내게 하였다. 이 절차를 거쳐서 만들어진 척도는?   2021년 2회

① 거트만척도
② 리커트척도
③ 서스톤척도
④ 보가더스의 사회적 거리척도

해설 서스톤척도는 리커트척도를 구성하는 문항들의 간격이 동일하지 않다는 문제점을 보완하기 위해 주요한 항목들에 가중치를 부여한 것으로, 등간척도의 일종이다. 5개, 7개, 11개 등으로 등간격을 나누어 양극단에 대립되는 단어들을 배치해주고, 평가자가 자신들이 생각하는 위치를 표시하여 문항을 분류한다.

127

서스톤척도(Thurstone Scale)에 대한 설명으로 틀린 것은?   2020년 4회

① 리커트척도법이나 거트만척도법에 비해 서스톤척도법은 상당한 비용과 시간이 걸린다는 단점을 가지고 있다.
② 리커트척도법이나 거트만척도법은 구간 수준(Interval Level)의 측정이 가능하지만, 서스톤척도법은 서열수준(Ordinal Level)의 측정만이 가능하다.
③ 평가자의 편견이 개입될 가능성이 있으며, 이 문제를 완화하기 위해서는 가능하면 많은 수의 평가자를 선정하는 것이 좋다.
④ 문항의 선정과정에서 평가자 간에 이견이 큰 문항은 제외한다.

해설 서스톤척도는 리커트척도를 구성하는 문항들의 간격이 동일하지 않다는 문제점을 보완하기 위해 주요한 항목들에 가중치를 부여한 것으로, 등간척도의 일종이다.

128

서스톤(Thurstone)척도는 척도의 수준으로 볼 때 어느 척도에 해당하는가?   2018년 1회

① 등간척도   ② 서열척도
③ 명목척도   ④ 비율척도

해설 서스톤척도는 리커트척도를 구성하는 문항들의 간격이 동일하지 않다는 문제점을 보완하기 위해 주요한 항목들에 가중치를 부여한 것으로, 등간척도의 일종이다.

| 정답 | 125 ②   126 ③   127 ②   128 ①

129
척도구성방법 중 인종, 사회계급과 같은 여러 가지 형태의 사회집단에 대한 사회적 거리를 측정하기 위한 척도는?

2018년 1회

① 서스톤척도(Thurstone Scale)
② 보가더스척도(Bogardus Scale)
③ 거트만척도(Guttman Scale)
④ 리커트척도(Likert Scale)

해설 보가더스척도는 사회적 거리척도(Bogardus Social Distance Scale)라고도 한다. 사회적 거리(Social Distance)란 어떠한 집단 간의 친밀 정도를 의미한다.

130
보가더스(Bogardus)의 사회적 거리척도의 특징으로 틀린 것은?

2021년 3회

① 적용 범위가 넓고 예비조사에 적합한 면이 있다.
② 집단 상호 간의 거리를 측정하는 데 유용하다.
③ 신뢰성 측정에는 양분법이나 복수양식법이 매우 효과적이다.
④ 집단뿐 아니라 개인 또는 추상적인 가치에 관해서도 적용할 수 있다.

해설 보가더스척도는 인종, 사회계급과 같은 여러 가지 형태의 사회집단에 대한 사회적 거리를 측정하기 위한 척도이다. 각 척도를 하나의 사회적 거리라는 연속적인 순서에 따라 배열하며, 각 점수 간에 등간성을 가정하므로 서열척도의 일종이다. 적용범위가 넓고 예비조사에 적합한 면이 있으며, 집단 상호 간의 거리를 측정하는 데 유용하다. 집단뿐만 아니라 개인 또는 추상적인 가치에 관해서도 적용할 수 있다는 특징이 있다.

131
거트만척도(Guttman Scale)에 대한 설명으로 틀린 것은?

2018년 3회

① 누적척도(Cumulative Scale)라고도 한다.
② 단일차원의 서로 이질적인 문항으로 구성되며 여러 개의 변수를 측정한다.
③ 재생가능성을 통해 척도의 질을 판단한다.
④ 일단 자료가 수집된 이후에 구성될 수 있다.

해설 단일차원의 서로 이질적인 문항으로 구성되며 여러 개의 변수를 측정하는 것은 보가더스척도이다. 거트만척도는 누적적인 형성으로 하나의 변수를 측정하게 됨으로써 단일차원성을 지닌다.

132
다음 설명에 해당하는 척도는?

2018년 2회

- 합성측정(Composite Measurements)의 유형 중 하나이다.
- 누적 스케일링(Cumulative Scaling)의 대표적인 형태이다.
- 측정에 동원된 특정 문항이 다른 지표보다 더 극단적인 지표가 될 수 있다는 점에 근거한다.
- 측정에 동원된 개별항목 자체에 서열성을 미리 부여한다.

① 크루스칼(Kruskal)척도
② 서스톤(Thurstone)척도
③ 보가더스(Borgadus)척도
④ 거트만(Guttman)척도

해설 거트만척도(누적척도)는 합성측정 유형중 하나로, '척도도식법'이라고도 한다. 이는 태도의 강도에 대한 연속적 증가유형을 측정하고자 하는 척도로, 누적척도화(Cumulative Scaling)의 대표적인 형태이며, 측정에 동원된 특정 문항이 다른 지표보다 더 극단적인 지표가 될 수 있다는 점에 근거한다. 각 항목은 난이도에 의해 서열이 정해지며 어려운 항목에 찬성한 응답자는 쉬운 항목에 대해 자동적으로 찬성한다고 가정하므로 응답자의 응답내용을 역으로 유추할 수 있다.

| 정답 | 129 ② 130 ③ 131 ② 132 ④

133

척도를 구성하는 과정에서 질문문항들이 단일차원을 이루는지를 검증할 수 있는 척도는?　　2020년 4회

① 의미분화척도(Semantic Differential Scale)
② 서스톤척도(Thurstone Scale)
③ 리커트척도(Likert Scale)
④ 거트만척도(Guttman Scale)

해설 거트만척도는 서열척도의 한 종류로, 강도가 다양한 어떤 태도유형에 대해 가장 약한 표현으로부터 가장 강한 표현에 이르기까지 서열적 순서를 부여한다. 중요한 전제조건으로 측정의 대상이 되는 척도가 하나의 요소이어야 한다.

134

척도에 관한 설명으로 옳은 것은?　　2019년 3회

① 리커트척도는 등간-비율수준의 척도이다.
② 서스톤척도는 모든 문항에 대해 동일한 척도 값을 부여한다.
③ 소시오메트리(Sociometry)는 집단 간의 심리적 거리를 측정한다.
④ 거트만척도에서는 일반적으로 재생계수가 0.9 이상이면 적절한 척도로 판단한다.

해설 거트만척도에서는 척도의 유용성을 검증하기 위해 재생계수(Coefficient of Reproducibility, CR)를 구하여 척도의 질을 판단한다. 재생계수는 응답자의 응답이 이상적인 패턴에 얼마나 가까운지를 측정한 계수로, 일반적으로 0.9 이상이면 적절한 척도, 1이면 완벽한 척도로 판단한다.
① 리커트척도는 서열척도에 해당한다.
② 서스톤척도는 등간척도의 일종으로 어떤 사실에 대해 가장 긍정적인 태도와 가장 부정적인 태도를 나타내는 태도의 양 극단을 등간적으로 구분하여 수치를 부여함으로써 척도를 구성한다.
③ 소시오메트리는 소집단 내의 구성원들 사이에서 집단 내의 선택, 상호작용의 패턴에 관한 자료를 수집하여 집단 자체의 역동적 구조, 상호관계를 분석하는 일련의 방법이다.

135

다음 설명에 해당하는 척도는?　　2018년 2회

- 대립적인 형용사의 쌍을 이용
- 의미적 공간에 어떤 대상을 위치시킬 수 있다는 이론적 가정에 기초
- 조사대상에 대한 프로파일 분석에 유용하게 사용

① 의미분화척도(Semantic Differential Scale)
② 서스톤척도(Thrustone Scale)
③ 스타펠척도(Stapel Scale)
④ 거트만척도(Guttman Scale)

해설 의미분화척도는 일직선으로 도표화된 척도의 양극단에 서로 상반되는 형용사를 배열하여 양극단 사이에서 해당 속성을 평가하는 척도로, 일련의 대립되는 양극의 형용사나 표현으로 구성된 척도를 이용하여 응답자의 감정 혹은 태도를 측정한다.

136

다음 설문문항에서 사용한 척도는?　　2019년 1회

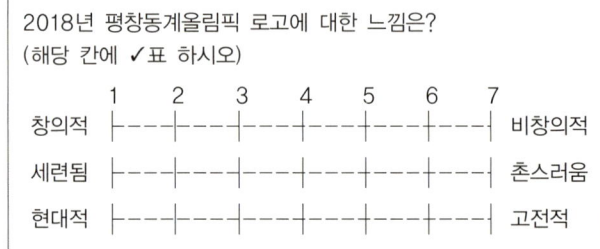

① 리커트척도(Likert Scale)
② 거트만척도(Guttman Scale)
③ 서스톤척도(Thurston Scale)
④ 의미분화척도(Semantic Differential Scale)

해설 일직선으로 도표화된 척도의 양극단에 서로 상반되는 형용사를 배열하여 양극단 사이에서 해당 속성을 평가하는 척도는 의미분화척도이다.

| 정답 | 133 ④　134 ④　135 ①　136 ④

137
다음은 어떤 척도에 관한 설명인가? 2019년 3회

> 우리나라의 특정 정치지도자에 대한 국민의 생각을 측정하기 위한 방법으로 '정직－부정직, 긍정적－부정적, 약하다－강하다, 능동적－수동적' 등과 같은 대칭적 형용사를 제시한 후 응답자들로 하여금 이들 각각의 문항에 대해 1부터 7까지의 연속선상에서 평가하도록 하였다.

① 서스톤척도
② 거트만척도
③ 리커트척도
④ 의미분화척도

해설 의미분화척도는 일직선으로 도표화된 척도의 양극단에 서로 상반되는 형용사를 배열하여 양극단 사이에서 해당 속성을 평가하는 척도이다.

138
A후보와 B후보의 이미지 비교 프로파일을 보여주는 아래의 그림에서 사용된 척도는? 2021년 2회

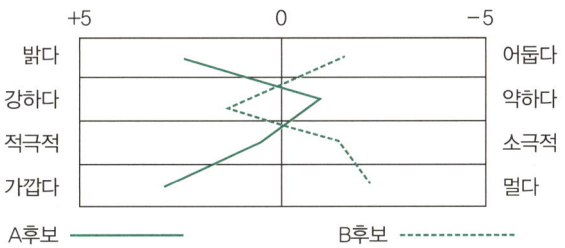

① 리커트(Likert)척도
② 거트만(Guttman)척도
③ 서스톤(Thurstone)척도
④ 의미분화(Semantic Differential)척도

해설 ① 리커트척도: 각 문항별 응답점수의 총합이 측정하고자 하는 개념을 대표한다는 가정에 근거하며, 전체 문항의 총점 또는 평균을 계산하는 척도로, 총화평정척도(Summated Rating Scale)라고도 한다.
② 거트만척도: 서열척도의 한 종류로, 강도가 다양한 어떤 태도유형에 대해 가장 약한 표현으로부터 가장 강한 표현에 이르기까지 서열적 순서를 부여한다.
③ 서스톤척도: 등간척도의 한 종류로, 강한 태도를 나타내는 문항에 긍정적인 견해를 표현한 응답자는 약한 태도를 나타내는 문항에 대해서도 긍정적일 것이라는 논리를 적용하여 문항을 배열한 것이다.

139
의미분화척도(Semantic Differential Scale)의 특성으로 옳지 않은 것은? 2020년 3회

① 언어의 의미를 측정하기 위한 것으로, 응답자의 태도를 측정하는 데 적당하지 않다.
② 양적판단법으로 다변량분석에 적용이 용이하도록 자료를 얻을 수 있게 해주는 방법이다.
③ 척도의 양극단에 서로 상반되는 형용사나 표현을 이용해서 측정한다.
④ 의미적 공간에 어떤 대상을 위치시킬 수 있다는 이론적 가정을 사용한다.

해설 의미분화척도는 다양한 연구문제에 적용할 수 있고, 신속성·경제성이 있으며, 가치와 태도의 측정에 적합하다.

140
의미분화척도(Semantic Differential Scale)에 관한 설명과 가장 거리가 먼 것은? 2020년 1·2회

① 어떠한 개념에 함축되어 있는 의미를 평가하기 위한 방법으로 고안되었다.
② 하나의 개념을 주고 응답자들로 하여금 여러 가지 의미의 차원에서 그 개념을 평가하도록 한다.
③ 일반적인 형태는 척도의 양극단에 서로 상반되는 형용사를 배치하여 그 문항들을 응답자에게 제시한다.
④ 자료의 분석과정에서 다변량분석과 같은 통계적 처리과정에 적용하는 것이 용이하지 않다.

해설 측정된 자료는 분석과정에서 평균치분석방법, 거리집락분석방법, 요인평점분석법 등의 다변량분석과 같은 통계적 처리과정에 적용하는 것이 용이하다.

| 정답 | 137 ④ 138 ④ 139 ① 140 ④

141
어의차이척도(Semantic Differential Scale)에 관한 설명으로 옳지 않은 것은? 2019년 2회

① 측정된 자료는 요인분석 등과 같은 다변량분석의 적용이 가능하다.
② 측정대상들을 직접 비교하는 형태인 비교척도(Comparative Scale)에 해당한다.
③ 마케팅조사에서 기업이나 브랜드, 광고에 대한 이미지, 태도 등의 방향과 정도를 알기 위해 널리 이용된다.
④ 일련의 대립되는 양극의 형용사로 구성된 척도를 이용하여 응답자의 감정 혹은 태도를 측정하는 데 이용된다.

해설 어의차이척도는 일직선으로 도표화된 척도의 양극단에 서로 상반되는 형용사를 배열하여 양극단 사이에서 해당 속성을 평가하는 척도로, 측정대상을 직접 비교하는 형태가 아니다.

142
오스굿(Charles Osgood)에 의하여 개발되기 시작한 의미분화척도(Semantic Differential Scale)의 작성 시 고려해야 하는 사항이 아닌 것은? 2021년 3회

① 응답자의 평가
② 평가도구의 작성
③ 매개변수의 도입
④ 차원과 대극점(對極點)의 용어 선정

해설 의미분화척도 작성 시 고려해야 할 사항은 다음과 같다.
• 응답자의 의견이나 태도에 대한 차원을 선정한다.
• 대립되는 양극의 형용사나 표현을 위한 용어를 선정한다.
• 평가도구를 작성한다.
• 응답자를 평가한다.

143
다음과 같이 양극단의 상반된 수식어 대신 하나의 수식어(Unipolar Adjective)만을 평가기준으로 제시하는 척도는? 2022년 1회

AA백화점은		
5 ⋮ 2 1	5 ⋮ 2 1	5 ⋮ 2 1
고급이다.	서비스가 부족하다.	상품이 다양하다.
−1 ⋮ −4 −5	−1 ⋮ −4 −5	−1 ⋮ −4 −5

① 리커트척도(Likert Scale)
② 스타펠척도(Stapel Scale)
③ 거트만척도(Guttman Scale)
④ 서스톤척도(Thurstone Scale)

해설 스타펠척도(Stapel Scale)는 어의차이척도의 변형으로 특정 주제에 관련된 표현들에 양수값과 음수값으로 이루어진 값의 범위를 정하고 긍정적인 태도는 양수, 부정적인 태도는 음수로 응답하는 척도이다.

144
소시오메트리에 관한 설명으로 맞는 것은? 2021년 2회

① 사회적 거리척도로서 집단 간 거리를 측정하는 척도이다.
② 리더십 연구와 집단 내의 갈등, 응집에 관한 연구에서 사용된다.
③ 모레노(Moreno)를 중심으로 발전한 인간과 친환경 관계의 측정에 관한 방법이다.
④ 소시오메트리의 분석방법에는 소시오메트릭 행렬, 지니지수, 집단확장지수가 있다.

해설 소시오메트리는 사회성 측정법이라고도 하며, 집단구성원 간의 친화와 반발을 조사하여 그 빈도와 강도에 따라 집단구조를 이해하는 척도이다.

| 정답 | 141 ② 142 ③ 143 ② 144 ②

145
소시오메트리(Sociometry)에 관한 설명으로 틀린 것은?

2021년 3회

① 델파이 조사방법을 준용한다.
② 네트워크 분석과 관련이 있다.
③ 사람들의 대인관계에 관한 조사연구방법이다.
④ 주관적 경험을 통한 현상학적 접근으로 집단의 구조를 이해하려 한다.

해설 델파이 조사방법은 집단들의 의견들을 조정·통합하거나 개선하기 위한 방법으로, 전문가들로부터 우편으로 의견이나 정보를 수집하여 결과분석 후 이를 다시 응답자들에게 보내어 의견을 얻어 만족스러운 결과를 얻을 때까지 계속하는 방법이다.
②③④ 소시오메트리는 집단구성원 간의 친화와 반발을 조사하여 그 빈도와 강도에 따라 집단구조를 이해하는 척도이다. 집단 내의 구성원 사이에 맺어지는 사회성 또는 동료관계를 측정할 때, 즉 주관적 경험을 통한 현상학적 접근으로 집단의 구조를 이해하고자 할 때 이용될 수 있다.

146
다음 중 집단구성원들 간의 인간관계를 분석하고 그 강도나 빈도를 측정하여 집단 자체의 구조를 파악하고자 할 때 적합한 방법은?

2018년 1회

① 투사법(Projective Technique)
② 사회성 측정법(Sociometry)
③ 내용분석법(Content Analysis)
④ 표적집단면접법(Focus Group Interview)

해설 소시오메트리는 사회성 측정법이라고도 하며, 소집단 내의 구성원들 사이에서 집단 내의 선택, 커뮤니케이션 및 상호작용의 패턴에 관한 자료를 수집하여 집단 자체의 역동적 구조나 상태를 알아보는 방법이다.

147
척도 제작 시 요인분석(Factor Analysis)의 활용과 가장 거리가 먼 것은?

2018년 1회

① 문항들 간의 관련성 분석
② 척도의 구성요인 확인
③ 척도의 신뢰성 계수 산출
④ 척도의 단일차원성에 대한 검증

해설 척도분석방법에는 스캘로그램분석, 문항분석, 요인분석이 있다. 요인분석은 항목들 간의 상관관계를 산출해서 상관관계가 높은 것끼리 하나의 요인으로 묶고, 요인별로 상호독립성을 유지하도록 하는 것이다. 요인분석의 활용과 척도의 신뢰성 계수 산출은 관련이 없다.

148
측정오차에 관한 설명으로 틀린 것은?

2017년 1회

① 체계적 오차는 신뢰도와 관련된다.
② 측정오차는 일관되지 않게 나타날 수 있다.
③ 체계적 오차는 자료수집방법이나 수집과정에 개입될 수 있다.
④ 측정이 이루어지는 환경적 요인의 변화에 따라 측정오차가 발생할 수 있다.

해설 측정오차는 체계적 오차와 비체계적 오차(무작위적 오차) 두 종류가 있다. 체계적 오차는 측정의 타당성과 관련이 있고, 비체계적 오차는 측정의 신뢰성과 관련이 있다.

149
측정 시 발생하는 오차에 대한 설명으로 틀린 것은?

2020년 1·2회

① 신뢰도는 체계적 오차(Systematic Error)와 관련된 개념이다.
② 비체계적 오차(Random Error)는 오차의 값이 다양하게 분산되며, 상호상쇄되는 경향도 있다.
③ 체계적 오차는 오차가 일정하거나 또는 치우쳐 있다.
④ 비체계적 오차는 측정대상, 측정과정, 측정수단, 측정자 등에 일시적으로 영향을 미쳐 발생하는 오차이다.

해설 체계적 오차는 측정하고자 하는 변수 또는 측정대상에 어떤 요소가 일정하게 체계적으로 영향을 미침으로써 측정결과가 모두 높아지거나 낮아지는 등 항상 일정한 방향으로 작용하는 편향(Bias)을 보이는 오차로, 측정의 타당성과 관련이 있다.

150
측정오차(Measurement Error)의 종류 중 측정상황, 측정과정, 측정대상 등에서 우연적이며 가변적인 일시적 형편에 의해 측정결과에 대한 영향을 미치는 오차는?

2019년 2회

① 계량적 오차
② 작위적 오차
③ 체계적 오차
④ 무작위적 오차

해설 비체계적 오차(무작위적 오차)는 측정대상(응답자), 측정과정, 측정수단, 측정자(조사자) 등에서 우연적이며 가변적인 일시적 형편에 의해 측정결과에 대한 영향을 미치는 오차이다.

| 정답 | 145 ① 146 ② 147 ③ 148 ① 149 ① 150 ④

151
다음 중 측정과정에서 발생할 수 있는 오류는? 2017년 3회

① 비체계적 오류
② 생태학적 오류
③ 환원주의 오류
④ 결정주의 오류

해설 측정과정에서 발생할 수 있는 오류는 비체계적 오류로, 이는 측정대상(응답자), 측정과정, 측정수단, 측정자(조사자) 등에서 우연적이며 가변적인 일시적 형편에 의해 측정결과에 영향을 미친다.

152
측정오차(Error of Measurement)에 관한 설명으로 옳은 것은? 2019년 1회

① 체계적 오차(Systematic Error)의 값은 상호상쇄되는 경향이 있다.
② 신뢰성은 체계적 오차(Systematic Error)와 관련된 개념이다.
③ 타당성은 비체계적 오차(Random Error)와 관련된 개념이다.
④ 비체계적 오차(Random Error)는 인위적이지 않아 오차의 값이 다양하게 분산되어 있다.

해설 측정오차는 체계적 오차와 비체계적 오차(무작위적 오차) 두 가지로 구분되며, 체계적 오차는 오차가 항상 일정한 방향으로 편향(Bias)되어 있으며, 비체계적 오차는 인위적이지 않아 오차의 값이 다양하게 분산되어 있다.
① 비체계적 오차는 방향이 일정하지 않아 상호상쇄되는 경향이 있다.
② 타당성은 체계적 오차와 관련된 개념이다.
③ 신뢰성은 비체계적 오차와 관련된 개념이다.

153
측정의 오류에 관한 설명으로 옳은 것은? 2018년 2회

① 편향에 의해 체계적 오류가 발생한다.
② 무작위오류는 측정의 타당도를 저해한다.
③ 표준화된 측정도구를 사용하더라도 체계적 오류를 줄일 수 없다.
④ 측정자, 측정대상자 등에 일관성이 없어 생기는 오류를 체계적 오류라 한다.

해설 ② 무작위오류는 측정의 신뢰도를 저해한다.
③ 표준화된 측정도구를 사용하면 체계적 오류를 줄일 수 있다.
④ 측정자, 측정대상자 등에 일관성이 없어 생기는 오류를 비체계적 오류라 한다.

154
측정오차(Error of Measurement)에 관한 설명으로 틀린 것은? 2022년 1회

① 체계적 오차는 항상 일정한 방향으로 작용하는 편향(Bias)이다.
② 비체계적 오차는 상호상쇄(Self-compensation)되는 경향도 있다.
③ 비체계적 오차는 측정대상, 측정과정, 측정수단 등에 따라 일관성 없이 영향을 미침으로써 발생한다.
④ 측정의 오차를 신뢰성 및 타당성과 관련지었을 때 신뢰성과 타당성은 정도의 개념이 아닌 존재의 개념이다.

해설 측정오차는 본질적으로 신뢰성과 타당성의 문제와 관련되는데, 신뢰성과 타당성은 존재의 개념(있다/없다)이 아닌 정도의 개념(높다/낮다)으로 해석해야 한다.

| 정답 | 151 ① 152 ④ 153 ① 154 ④

155
측정오차가 체계적인 패턴을 띠게 된다면, 측정도구에 어떠한 문제가 있을 것으로 예상할 수 있는가? 2022년 1회

① 신뢰도 ② 타당도
③ 검증도 ④ 일반화

해설 측정하고자 하는 변수 또는 측정대상에 어떤 요소가 일정하게 체계적으로 영향을 미침으로써 측정결과가 모두 높아지거나 낮아지는 등 항상 일정한 방향으로 편향(Bias)을 보이는 체계적 오차는 측정의 타당도와 관련이 있다. 측정오차가 체계적인 패턴을 띠게 된다면, 측정도구의 타당도에 문제가 있을 것으로 예상할 수 있다.

156
측정오차의 발생 원인과 가장 거리가 먼 것은? 2021년 1회

① 통계분석기법
② 측정시점의 환경요인
③ 측정방법 자체의 문제
④ 측정시점에 따른 측정대상자의 변화

해설 비체계적 오차의 발생 원인으로는 측정시점의 환경요인, 측정방법 자체의 문제, 측정시점에 따른 측정대상자의 변화 등이 있다. 통계분석기법은 측정오차의 발생 원인으로 볼 수 없다.

157
사회조사에서 발생하는 측정오차의 원인과 가장 거리가 먼 것은? 2020년 3회

① 조사의 목적
② 측정대상자의 상태 변화
③ 환경적 요인의 변화
④ 측정도구와 측정대상자의 상호작용

해설 비체계적 오차의 발생 원인은 측정대상자의 상태 변화, 환경적 요인의 변화, 측정도구와 측정대상자의 상호작용 등이 있으며, 체계적 오차의 발생 원인은 사회경제적 특성, 개인적 성향, 편견 등이다. 조사의 목적은 측정오차의 발생 원인으로 볼 수 없다.

158
측정대상들의 편견에 의해서 발생하는 측정오류와 가장 거리가 먼 것은? 2017년 3회

① 고정반응 편견 ② 사회적 적절성 편견
③ 문화적 차이 편견 ④ 무작위적 오류

해설 측정오류에는 체계적 오류와 비체계적 오류가 있으며, 사회경제적 특성, 개인적 성향, 편견 등에 의해 체계적 오류가 발생한다. 무작위적 오류는 표본추출과 관계없이 발생하는 비표본추출오류이다.

159
측정오차 중 체계적 오차(Systematic Error)와 관련된 것은? 2019년 1회

① 통계적 회귀 ② 생태학적 오류
③ 환원주의적 오류 ④ 사회적 바람직성 편향

해설 체계적 오차는 측정하고자 하는 변수 또는 측정대상에 어떤 요소가 일정하게 체계적으로 영향을 미침으로써 측정결과가 모두 높아지거나 낮아지는 등 항상 일정한 방향으로 작용하는 편향(Bias)을 보이는 오차로, 사회경제적 특성, 개인적 성향, 편견 등에 의해 발생한다.

160
성인에 대한 우울증 검사도구를 청소년들에게 그대로 적용할 때 가장 우려되는 측정오류는? 2021년 3회

① 고정반응 ② 무작위오류
③ 문화적 차이 ④ 사회적 바람직성

해설 성인을 대상으로 하는 검사도구를 청소년들에게 그대로 적용할 때 가장 우려되는 측정오류는 문화적 차이에 의한 편견이다. 이는 응답자가 답하는 문항에 드러난 문화와 자신의 문화에 괴리감이 드러날 때, 즉 타문화를 이해하지 못해 답하기 어려워 범하는 측정오류이다.

| 정답 | 155 ② 156 ① 157 ① 158 ④ 159 ④ 160 ③

161
타당도에 관한 설명으로 틀린 것은?   2020년 4회

① 측정도구가 측정하고자 하는 현상을 일관성 있게 측정하였는가를 말해준다.
② 측정도구가 실제로 측정하고자 하는 개념을 측정하였는가를 말해준다.
③ 타당도는 그 개념이 정확히 측정되었는가를 말해준다.
④ 문항구성이 측정하고자 하는 개념을 얼마나 잘 반영하고 있는가를 말해준다.

해설 타당도는 측정도구가 실제로 측정하고자 하는 바를 얼마나 정확하게 측정하고 있는지 정도를 의미한다.

162
타당도에 대한 설명으로 옳지 않은 것은?   2020년 3회

① 조사자가 측정하고자 하는 것을 어느 정도 측정하였는가의 문제이다.
② 같은 대상의 속성을 반복적으로 측정할 때 같은 측정결과를 가져올 수 있는 정도를 말한다.
③ 여러 가지 조작적 정의를 이용해 측정을 하고, 각 측정값 사이의 상관관계를 조사하여 타당도를 평가한다.
④ 외적타당도란 연구결과를 일반화시킬 수 있는 정도를 의미한다.

해설 측정도구가 측정하고자 하는 현상을 일관성 있게 측정하고 있는 정도를 나타내는 개념은 신뢰도이다.

163
측정의 타당성(Validity)에 대한 설명으로 옳지 않은 것은?   2019년 3회

① 동일한 대상의 속성을 반복적으로 측정할 때 동일한 측정결과를 가져올 수 있는 정도를 말한다.
② 측정의 타당성을 평가하는 방법으로는 내용타당성(Content Validity), 기준관련타당성(Criterion-related Validity), 개념타당성(Construct Validity) 등이 있다.
③ 일반적으로 측정의 타당성을 경험적으로 검증하는 일은 측정의 신뢰성(Reliability)을 검증하는 것보다 어렵다.
④ 측정의 타당성을 높이기 위해서는 측정하고자 하는 개념에 대하여 적절한 조작적 정의(Operational Definition)를 갖는 것이 중요하다.

해설 측정의 신뢰성은 반복측정결과의 일관성에 대한 개념으로, 어떤 측정도구를 사용하여 동일한 대상을 반복해서 측정하였을 때 동일한 결과가 나오면 신뢰성이 높다고 한다.

164
다음에 나타나는 측정상의 문제점은?   2019년 3회

> 아동 100명의 몸무게를 실제 몸무게보다 항상 3kg이 더 나오는 불량체중계를 사용하여 측정한다.

① 타당성이 없다.   ② 대표성이 없다.
③ 안정성이 없다.   ④ 일관성이 없다.

해설 이 체중계는 실제로 측정하고자 하는 몸무게를 정확하게 측정하고 있다고 볼 수 없으므로 타당성이 없다.

| 정답 | 161 ①   162 ②   163 ①   164 ①

165
토익점수와 실제 영어회화와의 관련성을 분석한 결과, 토익점수가 높다고 해서 영어회화를 잘한다는 가설에 대한 통계적 유의성은 없었다고 가정하면 토익점수라는 측정도구에는 어떤 문제가 있는가?

2019년 2회

① 신뢰도　　② 타당도
③ 유의도　　④ 내적일관성

해설 토익점수가 높으면 실제 영어회화를 잘 할 것이라고 예측하는 것은 예측타당도의 예이다. 단, 토익점수가 높다면 영어회화를 잘한다는 가설에 대하여 통계적 유의성이 없었다면 토익점수라는 측정도구는 예측타당도가 낮다고 보아야 한다. 따라서 토익점수라는 측정도구가 실제 영어회화를 정확하게 측정하고 있다고 볼 수 없으므로 타당도에 문제가 있다고 할 수 있다.

166
다음 사례에서 발생하는 측정상의 문제는?

2017년 2회

> 경제발전을 평가하기 위해 식생활 개선에 주목하였다. 이를 위해 미국, 일본, 인도, 한국 등 4개국을 대상으로, 소고기 소비량을 측정하여 경제개발 정도를 비교하였다.

① 안정성　　② 타당성
③ 신뢰성　　④ 일관성

해설 경제발전을 정확히 평가하려면 식생활 개선뿐만 아니라 여러 가지 경제발전 지표를 확인해야 한다. 그리고 식생활 개선에 대해 미국, 일본, 인도, 한국 등 4개국만을 대상으로 소고기 소비량만을 비교한 것 또한 식생활 개선을 정확하게 평가하였다고 볼 수 없다. 따라서 타당성에 문제가 있다.

167
측정을 위해 개발한 도구가 측정하고자 하는 대상의 정확한 속성값을 얼마나 포괄적으로 포함하고 있는가를 나타내는 타당도는?

2019년 1회

① 내용타당성(Content Validity)
② 기준관련타당성(Criterion-related Validity)
③ 집중타당성(Convergent Validity)
④ 예측타당성(Predictive Validity)

해설 내용타당성은 조사자가 설계한 측정도구가 측정하려는 속성이나 개념을 제대로 대표하고 있는지의 여부를 확인하는 것이다. 관련 분야 전문가들의 자문이나 패널토의, 워크숍 등을 통해 타당성에 관한 의견을 수렴할 수 있다.

168
측정도구의 타당도 평가방법에 대한 설명으로 틀린 것은?

2020년 4회

① 한 측정치를 기준으로 다른 측정치와의 상관관계를 추정한다.
② 크론바하 알파값을 산출하여 문항 상호 간의 일관성을 측정한다.
③ 내용타당도는 점수 또는 척도가 일반화하려고 하는 개념을 어느 정도 잘 반영해주는가를 의미한다.
④ 개념타당도는 측정하고자 하는 개념이 실제로 적절하게 측정되었는가를 의미한다.

해설 크론바하 알파값은 신뢰도 측정값으로, 측정도구를 구성하는 항목들이 서로 상관관계가 있다는 논리에 근거하여 이들 간에 나타난 상관관계 값을 평균처리하여 문항 상호 간의 일관성인 신뢰성을 측정한다.

169
다음 (　　)에 공통적으로 알맞은 것은?

2022년 1회

> (　　)은 측정도구 자체가 측정하고자 하는 속성이나 개념을 얼마나 대표할 수 있는지를 평가하는 것으로 측정도구가 측정대상이 가진 많은 속성 중 일부를 대표성 있게 포함한다면 그 측정도구는 (　　)이 높다고 할 수 있다.

① 내용타당성(Content Validity)
② 개념타당성(Construct Validity)
③ 집중타당성(Convergent Validity)
④ 이해타당성(Nomological Validity)

해설 ② 측정도구를 구성하는 개념이 이론적인 개념들에 부합하는가를 확인함으로써 이론적 틀 내에서 측정도구의 타당성을 경험적으로 평가한다.
③ 동일한 개념을 서로 다른 측정도구를 사용해서 측정한 결과값 간의 상관관계를 확인한다.
④ 측정도구가 서로 유사한 여러 개념들을 모두 측정할 수 있는지를 확인한다.

| 정답 | 165 ② 　166 ② 　167 ① 　168 ② 　169 ①

170
내용타당도(Content Validity)의 의미로 맞는 것은?
2021년 2회

① 측정하고자 하는 현상을 일관되게 측정하는 능력
② 측정목적에 기초하여 측정항목들의 적합성을 결정
③ 두 명 이상의 관찰자들이 관찰 후 얼마나 일관성이 있는지를 확인
④ 같은 측정도구를 사용하여 측정을 두 번 하여 그 상관관계를 확인

해설 내용타당도는 조사자가 설계한 측정도구가 측정하려는 개념이나 속성을 제대로 대표하고 있는지의 여부를 확인하는 것으로, 측정목적에 기초하여 측정항목들의 적합성을 결정하게 된다.
① 신뢰도에 대한 설명이다.
③ 신뢰도 측정 기법 중 관찰자 신뢰성에 대한 설명이다.
④ 신뢰도 측정 기법 중 재검사법에 대한 설명이다.

171
대학수능시험 출제를 위해 대학교수들이 출제를 하고 현직 고등학교 교사들이 검토하여 부적절한 문제를 제외하는 절차를 거친다면 이러한 과정은 무엇을 높이기 위한 것인가?
2022년 1회

① 집중타당성   ② 내용타당성
③ 동등형 신뢰도   ④ 검사 – 재검사 신뢰도

해설 내용타당성을 높이기 위한 과정이다. 내용타당성은 조사자가 설계한 측정도구가 측정하려는 속성이나 개념을 제대로 대표하고 있는지의 여부를 확인하는 것으로, 관련분야 전문가들의 자문이나 패널토의, 워크숍 등을 통해 타당성에 관한 의견을 수렴할 수 있다.

172
내용타당도(Content Validity)에 관한 설명으로 옳은 것은?
2018년 1회

① 통계적 검증이 가능하다.
② 특정대상의 모든 속성들을 파악할 수 있다.
③ 조사자의 주관적 해석과 판단에 의해 결정되기 쉽다.
④ 다른 측정결과와 비교하여 관련성 정도를 파악한다.

해설 내용타당도는 조사자가 설계한 측정도구가 조사자가 의도한 내용대로 실제로 측정하고 있는지의 여부를 확인하는 것이므로, 조사자의 주관적 해석과 판단에 크게 의존하게 된다.

173
측정도구의 내용타당도를 평가하는 방법과 가장 거리가 먼 것은?
2018년 3회

① 관련 분야 전문가들의 자문을 구한다.
② 측정대상과 관련된 이론들을 판단기준으로 사용한다.
③ 패널토의나 워크숍 등을 통하여 타당도에 관한 의견을 수렴한다.
④ 측정도구를 반복하여 측정하고 그 관계를 알아본다.

해설 측정도구를 반복측정하여 그 관계를 알아보는 것은 신뢰도를 검증하는 재검사법에 대한 설명이다. 재검사법은 동일한 상황에서 동일한 측정도구를 사용하여 동일한 대상을 일정한 시간 간격을 두고 두 번 이상 반복적으로 측정한 후 그 결과값들을 비교하는 것이다.

174
통계적인 유의성을 평가하는 것으로, 속성을 측정해줄 것으로 알려진 기준과 측정도구의 측정결과인 점수 간의 관계를 비교하는 타당도는?
2020년 1·2회

① 표면타당도(Face Validity)
② 기준관련타당도(Criterion-related Validity)
③ 구성체타당도(Construct Validity)
④ 내용타당도(Content Validity)

해설 기준관련타당도는 이미 전문가가 만들어놓은 신뢰도와 타당도가 검증된 측정도구의 측정값과 연구자에 의해 개발된 측정도구의 측정값 간의 상관관계를 확인하여 타당도의 통계적 유의성을 평가하는 것이다.

| 정답 | 170 ② 171 ② 172 ③ 173 ④ 174 ②

175
기준관련타당도(Criterion-related Validity)에 관한 설명으로 틀린 것은? 　　　　　　　　2017년 1회

① 통계적 유의성을 평가한다.
② 심리학적 특성의 측정과 관련된 개념이다.
③ 특정 기준에 대한 측정도구의 예측이 얼마나 정확한지 평가한다.
④ 입사성적이 우수한 신입사원이 업무능력이 뛰어나다면 기준관련타당도가 높다고 할 수 있다.

해설 인간의 심리적 특성이나 성질 등과 같은 심리적 개념에 대해 제대로 측정되었는지를 확인하는 타당도는 개념타당도이다.

176
기준관련타당도(Criterion-related Validity)와 가장 거리가 먼 것은? 　　　　　　　　2021년 1회

① 경험적 타당도　　② 이론적 타당도
③ 예측적 타당도　　④ 동시적 타당도

해설 기준관련타당도는 실용적 타당도 또는 경험적 타당도라고도 하며, 동시적 타당도와 예측적 타당도로 구분된다. 동시적 타당도는 기존에 타당도를 보장받은 검사와의 유사성 혹은 연관성을 확인하며, 예측적 타당도는 특정 기준에 대한 측정도구의 예측이 얼마나 정확한지를 평가한다.

177
다음 사례에 해당하는 타당성은? 　　　　　　　　2018년 2회

> 새로 개발된 주관적인 피로감 측정도구를 사용하여 측정한 결과와 이미 검증되고 통용 중인 주관적인 피로감 측정도구의 결과를 비교하여 타당도를 확인하였다.

① 내용타당성(Content Validity)
② 동시타당성(Concurrent Validity)
③ 예측타당성(Predictive Validity)
④ 판별타당성(Discriminant Validity)

해설 동시타당성은 기존에 타당도를 보장받은 검사와의 유사성 혹은 연관성을 확인하는 것으로, 새로운 측정도구를 이미 타당성이 확인된 신뢰할만한 측정도구와 비교한다.

178
입사성적이 높은 사람이 회사에 대한 공헌도가 매우 높고 근무성적 또한 우수하다면 입사시험이라는 측정도구는 어떤 타당성이 높다고 할 수 있는가? 　　　　　　　　2022년 1회

① 안면타당성(Face Validity)
② 내용타당성(Content Validity)
③ 예측타당성(Predictive Validity)
④ 집중타당성(Convergent Validity)

해설 예측타당성은 특정 기준에 대한 측정도구의 예측이 얼마나 정확한지를 평가한다. 입사성적이 높은 사람이 회사에 대한 공헌도가 매우 높고 근무성적 또한 우수하였으므로 입사시험이라는 측정도구는 예측타당성이 높다고 할 수 있다.

179
대학수학능력시험의 타당도를 평가하기 위해 대학수학능력시험 점수와 대학진학 후 학업성적과의 상관관계를 조사하는 방법은? 　　　　　　　　2021년 1회

① 내용타당도　　② 논리적타당도
③ 내적타당도　　④ 기준관련타당도

해설 기준관련타당도는 크게 동시타당도와 예측타당도로 구분되는데, 예측타당도는 특정 기준에 대한 측정도구의 예측이 얼마나 정확한지를 평가한다. 대학수학능력시험 점수와 대학진학 후 학업성적과의 상관관계를 조사하여 대학수학능력시험의 타당도를 평가하는 것은 예측타당도이다.

180
개념타당성(Construct Validity)에 관한 옳은 설명을 모두 고른 것은? 　　　　　　　　2019년 2회

> ㉠ 측정에 의해 얻는 측정값 자체보다는 측정하고자 하는 속성에 초점을 맞춘 타당성이다.
> ㉡ 이론과 관련하여 측정도구의 타당성을 검증한다.
> ㉢ 개념타당성 측정방법으로 요인분석 등이 있다.
> ㉣ 통계적 검증을 할 수 있다.

① ㉠, ㉣
② ㉡, ㉢, ㉣
③ ㉠, ㉡, ㉢
④ ㉠, ㉡, ㉢, ㉣

해설 모두 개념타당성에 관한 옳은 설명이다.

| 정답 | 175 ② 　176 ② 　177 ② 　178 ③ 　179 ④ 　180 ④

181
개념타당성(Construct Validity)에 해당하지 않는 것은?
2021년 2회

① 내용타당성(Content Validity)
② 집중타당성(Convergent Validity)
③ 이해타당성(Nomological Validity)
④ 판별타당성(Discriminant Validity)

해설 개념타당성은 집중타당성, 이해타당성, 판별타당성으로 구분된다.

182
개념타당성(Construct Validity)와 관련된 개념이 아닌 것은?
2017년 3회

① 다중속성 – 다중측정방법
② 요인분석
③ 이론적 구성개념
④ 예측적타당성

해설 예측적타당성은 기준관련 타당성에 해당한다.
①②③ 개념타당성을 통계적으로 검증할 수 있는 과학적이고 객관적인 방법이다.

183
구성타당도(Construct Validity)에 대한 설명으로 틀린 것은?
2021년 3회

① 이론과 관련하여 측정도구의 타당도를 검증한다.
② 구성타당도를 측정할 수 있는 방법으로 요인분석 등이 있다.
③ 측정값 자체보다 측정하고자 하는 속성에 초점을 맞춘 타당성이다.
④ 측정도구의 측정치와 기준이 되는 측정도구의 측정치와의 상관관계를 나타낸다.

해설 측정도구의 측정치와 기준이 되는 측정도구의 측정치와의 상관관계를 나타내는 것은 기준관련타당도에 대한 설명이다.
①②③ 구성타당도는 개념타당도의 다른 명칭으로 측정값 자체보다 측정의 기초를 이루는 이론적 구조나 측정하고자 하는 개념의 속성에 초점을 맞춘다. 구성타당도(개념타당도)를 통계적으로 검증할 수 있는 과학적 방법으로 요인분석, 다중속성-다중측정방법, 이론적 구성개념 등이 있다.

184
창의성을 측정하기 위해 새롭게 개발된 측정도구의 수렴타당도(Convergent Validity)가 높은 경우는?
2017년 1회

① 새로운 창의성 측정도구와 기존의 창의성 측정도구로 측정된 점수들 간의 상관이 높은 경우
② 새로운 창의성 측정도구와 지능검사로 측정된 점수들 간의 상관이 높은 경우
③ 새로운 창의성 측정도구와 예술성 측정도구로 측정된 점수들 간의 상관이 높은 경우
④ 새로운 창의성 측정도구와 신체적 능력 측정도구로 측정된 점수들 간의 상관이 높은 경우

해설 수렴타당도(집중타당도)는 동일한 개념을 서로 다른 측정도구를 사용해서 측정한 결과값들 간의 상관관계를 확인하는 방법이다. 창의성을 측정하기 위해 새롭게 개발된 측정도구와 기존의 창의성 측정도구로 측정된 점수들 간의 상관이 높다면, 수렴타당도가 높다고 할 수 있다.

185
다음에서 설명하고 있는 타당도의 원리는?
2020년 4회

> 타당도를 평가하는 데 있어, 동일한 속성에 대한 두 측정은 서로 다른 방법을 사용하더라도 각각 높은 상관관계를 가져야 한다.

① 수렴원리   ② 차별원리
③ 독단주의   ④ 요인분석

해설 수렴타당도(집중타당도)는 동일한 개념을 서로 다른 측정도구를 사용해서 측정한 결과값 간의 상관관계를 확인하는 방법이다.

| 정답 | 181 ① 182 ④ 183 ④ 184 ① 185 ①

186

암기력을 측정하기 위해 암기한 것을 모두 종이 위에 쓰도록 하는 방법과 암기한 것을 모두 말하도록 하는 방법을 사용하는 경우처럼 서로 다른 두 가지의 측정방법으로 측정한 결과값들 간에 상관관계의 정도를 나타내는 타당성은? 2017년 2회

① 내용타당성(Content Validity)
② 기준에 의한 타당성(Criterion-related Validity)
③ 예측타당성(Predictive Validity)
④ 집중타당성(Convergent Validity)

해설 집중타당성(수렴타당성)은 동일한 개념을 서로 다른 측정도구를 사용해서 측정한 결과값들 간의 상관관계를 확인하는 방법이다. 암기력을 측정하기 위해 암기한 것을 모두 종이 위에 쓰도록 하는 방법과 암기한 것을 모두 말하도록 하는 방법으로 측정한 결과값들 간에 상관이 높다면, 집중타당성이 높다고 할 수 있다.

187

서로 다른 개념을 측정했을 때 얻어진 측정치들 간의 상관관계가 낮게 형성되어야 하는 타당성의 유형은? 2019년 1회

① 집중타당성(Convergent Validity)
② 판별타당성(Discriminant Validity)
③ 표면타당성(Face Validity)
④ 이해타당성(Nomological Validity)

해설 판별타당성은 서로 상이한 개념을 동일한 측정도구를 사용해서 측정한 결과값들 간의 상관관계를 확인하는 것이다. 창의성을 측정하기 위해 새롭게 개발된 측정도구와 창의성과 상이한 우울증 측정도구로 측정된 점수들 간의 상관이 낮다면, 판별타당성이 높다고 할 수 있다.

188

다음 ( )에 알맞은 것은? 2018년 1회

> 서로 다른 개념을 측정했을 때 얻은 측정값들 간에는 상관관계가 낮아야만 한다는 것이다. 즉, 서로 다른 두 개의 개념을 측정한 측정값의 상관계수가 낮게 나왔다면 그 측정방법은 ( )타당성이 높다고 할 수 있다.

① 예측(Predictive)
② 동시(Concurrent)
③ 판별(Discriminant)
④ 수렴(Convergent)

해설 ① 어떤 행위가 일어날 것이라고 예측한 것과 실제 대상자 또는 집단이 나타낸 행위 간의 관계를 확인한다.
② 기존에 타당성을 보장받은 검사와의 유사성 혹은 연관성을 확인한다.
④ 동일한 개념을 서로 다른 측정도구를 사용해서 측정한 결과값 간의 상관관계를 확인한다.

189

측정도구의 타당도에 관한 설명으로 틀린 것은? 2021년 3회

① 내용타당도(Content Validity)는 전문가의 판단에 기초한다.
② 구성타당도(Construct Validity)는 예측타당도(Predictive Validity)라고도 한다.
③ 동시타당도(Concurrent Validity)는 신뢰할 수 있는 다른 측정도구와 비교하는 것이다.
④ 기준관련타당도(Criterion-related Validity)는 내용타당도보다 경험적 검증이 용이하다.

해설 구성(구성체)타당도는 개념타당도라고도 하며, 이해타당성, 집중타당성, 판별타당성으로 구분된다. 예측타당도는 기준관련타당도에 해당한다.

| 정답 | 186 ④ 187 ② 188 ③ 189 ②

190
측정의 타당도에 관한 설명으로 틀린 것은? 2021년 3회

① 내용타당도는 전문가의 견해를 통해 판단할 수 있다.
② 기준타당도는 수렴타당도, 판별타당도로 구분된다.
③ 개념구성타당도는 이론적 틀 내에서 측정도구의 타당성을 경험적으로 검증한다.
④ 동시타당도는 작성한 측정도구를 이미 존재하고 있는 신뢰할 만한 측정도구와 비교하여 검증한다.

해설 수렴타당도, 판별타당도는 개념타당도이다. 기준타당도는 동시타당도와 예측타당도로 구분된다.

191
신뢰성에 대한 설명으로 옳지 않은 것은? 2019년 2회

① 측정하고자 하는 개념을 정확히 측정했는지를 의미한다.
② 측정된 결과치의 일관성, 정확성, 예측가능성과 관련된 개념이다.
③ 신뢰성 측정법에는 재검사법, 복수양식법, 반분법 등이 있다.
④ 측정값들 간에 비체계적 오차가 적으면 신뢰성이 높은 측정결과이다.

해설 측정도구가 실제로 측정하고자 하는 바를 얼마나 정확하게 측정하고 있는지를 나타내는 개념은 타당성이다.

192
경제민주화에 대한 신문사설의 입장을 평가하기 위해 다수의 인원이 각 신문사설의 내용을 분류한다고 가정할 때, 같은 입장의 사설을 다르게 분류할 경우 나타날 수 있는 문제는? 2021년 2회

① 타당도　　② 신뢰도
③ 유의도　　④ 후광효과

해설 경제민주화에 대하여 같은 입장의 신문사설이 다르게 분류된다는 것은 측정수단을 가지고 측정한 결과가 동일하지 않고 일관성 있게 측정되지 않았음을 의미한다. 따라서 경제민주화에 대한 신문사설의 신뢰도에 문제가 있다고 판단할 수 있다.

193
일주일의 시간 간격을 두고 동일한 문제지를 이용해 같은 반 학생들을 대상으로 EQ 검사를 두 차례 실시하였더니 그 결과가 매우 상이하게 나타났다. 이 문제지의 문제점은? 2018년 3회

① 타당성　　② 예측성
③ 대표성　　④ 신뢰성

해설 동일한 상황에서 동일한 측정도구를 사용하여 동일한 대상을 일정한 시간 간격을 두고 두 번 이상 반복적으로 측정하고 그 결과값들을 비교하여 신뢰성을 검증하는 재검사법을 사용한 것이다. 그 결과가 매우 상이하게 나왔다면 신뢰성에 문제가 있다고 판단할 수 있다.

194
측정의 신뢰성(Reliability)과 가장 거리가 먼 개념은? 2018년 2회

① 유연성(Flexibility)
② 안정성(Stability)
③ 일관성(Consistency)
④ 예측가능성(Predictability)

해설 측정의 신뢰성은 반복측정결과의 일관성에 대한 개념으로, 신빙성, 안정성, 일관성, 정확성, 예측가능성 등의 의미가 내포되어 있다.

195
신뢰도는 과학적 연구의 요건 중 어느 것과 가장 관련이 깊은가? 2017년 1회

① 논리성　　② 검증가능성
③ 반복가능성　　④ 일반성

해설 측정의 신뢰성은 반복측정결과의 일관성에 대한 개념이다.

| 정답 | 190 ② 191 ① 192 ② 193 ④ 194 ① 195 ③

196
신뢰도에 관한 기술 중 옳은 것은?   2020년 4회

① 오차분산이 작으면 작을수록 그 측정의 신뢰도는 낮아진다.
② 신뢰도 계수는 -1과 1 사이를 움직인다.
③ 신뢰도에 관한 오차는 체계적 오차를 말한다.
④ 신뢰도 계수는 실제값의 분산에 대한 참값의 분산의 비율로 나타낸다.

해설 ① 오차분산이 작으면 작을수록 그 측정의 신뢰도는 높아진다.
② 신뢰도 계수는 0과 1 사이이다.
③ 신뢰도에 관한 오차는 비체계적 오차와 관련이 있다.

197
어느 검사의 신뢰도가 1로 나왔다면 측정의 표준오차는?   2022년 1회

① 0이다.
② 1이다.
③ 표준편차의 제곱근과 같다.
④ 검사점수의 표준편차와 같다.

해설 신뢰도가 1이라면 측정의 표준오차 SEM은 $S_X\sqrt{1-r_{XX}}$ $=S_X\sqrt{1-1}=0$으로 계산된다(단, S_X: 관찰점수 분포의 표준편차, r_{XX}: 검사의 신뢰도).

198
신뢰도 측정방법의 유형으로 틀린 것은?   2021년 1회

① 복수양식법   ② 재검사법
③ 내적일관성법   ④ 다속성다측정방법

해설 신뢰도를 측정하는 방법에는 재검사법, 복수양식법, 반분법, 내적일관성법 등이 있다.

199
신뢰도 추정방법 중 동일 측정도구를 동일 상황에서 동일 대상에게 서로 다른 시간에 측정한 측정결과를 비교하는 것은?   2018년 1회

① 재검사법   ② 복수양식법
③ 반분법   ④ 내적일관성 분석

해설 동일 측정도구를 동일 상황에서 동일 대상에게 서로 다른 시간에 측정한 측정결과를 비교하는 것은 재검사법이다. 재검사한 결과값들에 대한 상관관계를 계산하여 상관계수가 높다면 신뢰성이 높다는 의미로 해석한다.

200
신뢰성 측정방법 중 재검사법(Rest-retest Method)에 관한 설명으로 틀린 것은?   2019년 1회

① 동일한 측정대상에 대하여 동일한 측정도구를 통해 일정 시간 간격을 두고 반복적으로 측정하여 그 결과값을 비교, 분석하는 방법이다.
② 측정도구 자체를 직접 비교할 수 있고 실제 현상에 적용시키는 데 매우 용이하다.
③ 측정시간의 간격이 크면 클수록 신뢰성은 높아진다.
④ 외생변수의 영향을 파악하기 어렵다.

해설 재검사법은 검사간격이 너무 짧으면 기억효과 때문에 신뢰성이 실제보다 높게 추정될 가능성이 있다. 성장, 우연한 사건 등 외생변수에 영향을 받을 수 있으며, 시간이 지남에 따라 실제값이 변화하는 것을 통제할 수 없다.

| 정답 | 196 ④   197 ①   198 ④   199 ①   200 ③

201

다음에서 설명하는 신뢰성 측정방법은?   2019년 3회

> 대등한 두 가지 형태의 측정도구를 이용하여 동일한 측정대상을 동시에 측정한 뒤, 두 측정값의 상관관계를 분석하여 신뢰성을 측정하는 방법이다.

① 반분법(Split-half Method)
② 재검사법(Test-retest Method)
③ 맥니마기법(McNemar Test)
④ 복수양식법(Parallel-forms Technique)

해설 복수양식법에 대한 설명이다. 복수양식법은 재검사법에서 나타나는 외생변수의 영향을 극복할 수 있는 신뢰성 측정방법이다.

202

신뢰도 측정방법 중 설문지 혹은 시험지의 문항들을 두 부분으로 나누어서 각 부분에서 얻은 측정값들을 두 번의 조사에서 얻어진 것처럼 간주하여 그 사이의 상관계수를 구하여 검사하는 방법은?   2021년 1회

① 반분법
② 재검사법
③ 동형방법
④ 상관분석법

해설 반분법에 대한 설명이다. 반분법은 하나의 측정도구를 문항 수와 내용이 비슷하도록 나누고 각각을 독립된 두 개의 측정도구로 사용하여 동일한 대상을 측정하고 그 결과값을 비교하는 방법이다.

203

스피어만-브라운(Spearman-Brown) 공식은 주로 어떤 경우에 사용되는가?   2018년 3회

① 동형검사 신뢰도 추정
② 쿠더-리처드슨(Kuder-Richardson) 신뢰도 추정
③ 반분신뢰도로 전체 신뢰도 추정
④ 범위의 축소로 인한 예언타당도에 대한 교정

해설 반분한 두 개의 측정도구로부터 얻은 결과값들의 상관계수로 전체 신뢰도를 추정하기 위해

스피어만-브라운 공식 = $\dfrac{2 \times (\text{반분된 검사점수의 상관계수})}{1 + (\text{반분된 검사점수의 상관계수})}$ 를 적용한다.

204

측정항목이 가질 수 있는 모든 조합의 상관관계의 평균값을 산출해 신뢰도를 측정하는 방법은?   2020년 1·2회

① 재검사법(Test-retest Method)
② 복수양식법(Parallel form Method)
③ 반분법(Split-half Method)
④ 내적일관성법(Internal Consistency Method)

해설
① 재검사법: 동일한 상황에서 동일한 측정도구를 사용하여 동일한 대상을 일정한 시간 간격을 두고 두 번 이상 반복적으로 측정하고 그 결과값을 비교하는 방법이다.
② 복수양식법: 재검사법의 변형으로, 대등한 두 가지 형태의 측정도구를 이용하여 동일한 측정대상을 동시에 측정한 뒤 두 측정값의 상관관계를 비교하는 방법이다.
③ 반분법: 복수양식법의 변형으로, 하나의 측정도구를 문항 수와 내용이 비슷하도록 나누고 각각을 독립된 두 개의 측정도구로 사용하여 동일한 대상을 측정하고 그 결과값을 비교하는 방법이다.

205

크론바하의 알파(Cronbach's Alpha)계수는 다음 중 어떤 것을 나타내는 값인가?   2017년 3회

① 동등형 신뢰도
② 내적일관성 신뢰도
③ 검사-재검사 신뢰도
④ 평가자 간 신뢰도

해설 내적일관성 신뢰도를 나타내기 위해 크론바하의 알파(Cronbach's Alpha)계수를 구한다.

206

크론바하 알파(Cronbach's Alpha)에 관한 설명으로 틀린 것은?   2020년 1·2회

① 표준화된 알파라고도 한다.
② 값의 범위는 -1에서 +1까지이다.
③ 문항 간 평균 상관관계가 증가할수록 값이 커진다.
④ 문항의 수가 증가할수록 값이 커진다.

해설 크론바하 알파는 내적일관성 신뢰도를 나타내는 값으로 0에서 +1까지이며, 0.8~0.9 정도면 신뢰도가 높은 것으로 보고, 0.6 이상이면 만족할 만한 수준이라고 한다.

| 정답 | 201 ④ 202 ① 203 ③ 204 ④ 205 ② 206 ②

207
크론바하 알파(Cronbach's α)값에 대한 설명으로 틀린 것은?
2021년 2회

① 문항의 수가 적을수록 크론바하의 알파값은 커진다.
② 크론바하의 알파값이 클수록 신뢰도가 높다고 인정된다.
③ 표준화된 크론바하 알파값은 0에서 1에 이르는 값으로 존재한다.
④ 문항 간의 평균 상관계수가 높을수록 크론바하 알파값도 커진다.

해설 문항의 수가 많을수록 크론바하 알파값은 커진다.

208
신뢰성을 높일 수 있는 방법으로 거리가 가장 먼 것은?
2022년 1회

① 측정항목의 수를 줄인다.
② 측정항목의 모호성을 제거한다.
③ 중요한 질문의 경우 동일하거나 유사한 질문을 2회 이상 한다.
④ 조사대상자가 잘 모르거나 관심이 없는 내용은 측정하지 않는다.

해설 측정에 있어 신뢰성을 높이기 위해 측정항목의 수를 늘려 실제 측정값이 진실된 값에 보다 근접할 가능성을 높인다.

PLUS 신뢰성을 높일 수 있는 방법
- 측정항목의 수를 늘린다.
- 측정도구를 구성하는 문항의 개념을 명확히 작성한다.
- 하나의 개념을 측정하기 위한 측정도구에 다수의 문항을 포함시킨다.
- 중요한 질문인 경우 동일하거나 유사한 질문을 2회 이상 한다.
- 이전의 조사에서 신뢰성이 있다고 인정된 측정도구를 이용한다.
- 사전검사 또는 예비검사를 실시한다.
- 응답자가 잘 모르거나 관심이 없는 내용은 측정하지 않는다.
- 누구나 동일하게 이해할 수 있는 측정항목으로 구성하며, 측정항목이 모호하다면 제거하는 것이 좋다.
- 표준화된 지시사항과 설명을 사용한다.
- 조사자의 면접방식 및 태도와 자료수집과정이 일관적이어야 한다.

209
측정의 신뢰도 평가방법에 관한 설명으로 옳은 것은?
2017년 1회

① 내적일관성 분석에서 크론바하 알파값은 낮을수록 신뢰도가 높다.
② 반분법은 측정도구의 동질성이 확보되어야 한다.
③ 재검사법은 성장, 우연한 사건 등 외생변수의 영향을 쉽게 통제할 수 있다.
④ 복수양식법은 동일한 측정도구를 서로 다른 대상의 속성에 대해 측정한다.

해설 반분법은 하나의 측정도구를 문항 수와 내용이 비슷하도록 나누고 각각을 독립된 두 개의 측정도구로 사용하여 동일한 대상을 측정하고 그 결과값을 비교하는 방법이므로 측정도구의 동질성이 확보되어야 한다.
① 내적일관성 분석에서 크론바하 알파값은 높을수록 신뢰도가 높다.
③ 재검사법은 성장, 우연한 사건 등 외생변수의 영향을 통제하기 어렵다.
④ 복수양식법은 대등한 두 가지 형태의 측정도구를 이용하여 동일한 측정대상을 동시에 측정한 뒤 두 측정값의 상관관계를 비교하는 방법이다.

210
크론바하 알파(Cronbach's Alpha)계수에 관한 설명으로 틀린 것은?
2018년 2회

① 척도를 구성하는 항목들 간에 나타난 상관관계 값을 평균처리한 것이다.
② 크론바하 알파계수는 −1에서 +1의 값을 취한다.
③ 척도를 구성하는 항목 중 신뢰도를 저해하는 항목을 발견해낼 수 있다.
④ 척도를 구성하는 항목 간의 내적일관성을 측정한다.

해설 크론바하 알파(Cronbach's Alpha)계수는 척도를 구성하는 항목 간의 내적일관성을 측정한 값으로, 0에서 +1의 값을 취한다.

| 정답 | 207 ① 208 ① 209 ② 210 ②

211
측정의 신뢰성을 높이는 방법과 가장 거리가 먼 것은?
　　　　　　　　　　　　　　　　　　　　　2019년 1회

① 측정항목의 수를 줄인다.
② 측정항목의 모호성을 제거한다.
③ 조사자의 면접방식과 태도에 일관성을 확보한다.
④ 이전의 조사에서 신뢰성이 있다고 인정된 측정도구를 이용한다.

해설　측정에 있어 신뢰성을 높이기 위해 측정항목의 수를 늘려야 한다.

212
측정의 신뢰도 제고방안에 관한 설명으로 틀린 것은?
　　　　　　　　　　　　　　　　　　　　　2017년 2회

① 측정도구를 구성하는 문항의 개념을 명확히 작성한다.
② 문항 간 상관관계가 유사할 경우에 측정항목수를 줄인다.
③ 자료수집과정에서 측정의 일관성을 보장할 수 있도록 한다.
④ 측정지표에 대하여 사전검사 또는 예비조사를 실시한다.

해설　측정의 신뢰도를 높이기 위해 측정항목의 수를 늘려 실제 측정값이 진실된 값에 보다 근접할 가능성을 높여야 한다.

213
측정의 신뢰도를 높이는 방법으로 틀린 것은?
　　　　　　　　　　　　　　　　　　　　　2017년 3회

① 측정도구의 내용을 명확하게 한다.
② 측정자에게 측정도구에 대한 사전교육을 충분히 한다.
③ 조사대상자가 잘 모르는 내용이라도 측정을 한다.
④ 동일개념이나 속성을 측정하기 위해 가능한 측정항목수를 늘린다.

해설　측정의 신뢰도를 높이기 위해 응답자가 잘 모르거나 관심이 없는 내용은 측정하지 않도록 한다.

214
측정과정에서 신뢰성을 높이기 위한 방법에 관한 설명으로 틀린 것은?
　　　　　　　　　　　　　　　　　　　　　2018년 2회

① 응답자에 따라 다양한 면접방식을 적용한다.
② 측정항목의 모호성을 제거한다.
③ 측정항목의 수를 늘린다.
④ 응답자가 모르는 내용은 측정하지 않는다.

해설　측정과정에서 신뢰성을 높이기 위해 조사자는 표준화된 지시사항과 설명을 사용하고, 면접방식과 태도를 일관적으로 유지해야 한다.

215
신뢰도를 향상시키는 방법에 관한 설명으로 옳지 않은 것은?
　　　　　　　　　　　　　　　　　　　　　2020년 1·2회

① 중요한 질문의 경우 동일하거나 유사한 질문을 2회 이상 한다.
② 측정항목의 모호성을 제거하기 위해 내용을 명확히 한다.
③ 이전의 조사에서 이미 신뢰성이 있다고 인정된 측정도구를 이용한다.
④ 조사대상자가 잘 모르거나 전혀 관심이 없는 내용일수록 더 많이 질문한다.

해설　측정의 신뢰도를 향상시키기 위해 응답자가 잘 모르거나 관심이 없는 내용은 측정하지 않도록 한다.

216
사회조사에서 신뢰도가 높은 자료를 얻기 위한 방안과 가장 거리가 먼 것은?
　　　　　　　　　　　　　　　　　　　　　2019년 3회

① 면접자들의 면접방식과 태도에 일관성을 유지한다.
② 동일한 개념이나 속성을 측정하기 위한 항목이 없어야 한다.
③ 연구자가 임의로 응답자에 대한 가정을 해서는 안 된다.
④ 누구나 동일하게 이해하도록 측정항목을 구성한다.

해설　하나의 개념을 측정하기 위해 측정도구에 다수의 문항을 포함시키고 중요한 질문인 경우 동일하거나 유사한 질문을 2회 이상 함으로써 신뢰도가 높은 자료를 얻을 수 있다.

| 정답 | 211 ① 　212 ② 　213 ③ 　214 ① 　215 ④ 　216 ②

217
측정의 신뢰도를 높이는 방법으로 틀린 것은? 2021년 1회

① 측정도구의 모호성을 제거한다.
② 면접자들은 일관된 태도로 면접을 한다.
③ 가능하면 단일항목을 이용하여 개념이나 속성을 측정한다.
④ 조사대상자가 관심 없거나 너무 어려워하는 내용은 제외한다.

해설 측정의 신뢰도를 높이기 위해 가능하면 단일항목보다 여러 개의 항목을 이용하여 개념이나 속성을 측정한다.

218
사회조사에서 어떤 태도를 측정하기 위해 단일지표보다 여러 개의 지표를 사용하는 이유가 아닌 것은? 2022년 1회

① 신뢰도를 높이기 위해
② 타당도를 높이기 위해
③ 내적일관성을 높이기 위해
④ 측정도구의 안정성을 높이기 위해

해설 지표는 경험적 자료에 입각하여 대상을 측정하기 위해 그 측정대상을 가능한 한 분석적으로 검토해서 그것을 구성하고 있는 여러 특수성 또는 속성 및 차원을 정확히 파악한 결과이다. 사회조사에서 어떤 태도를 측정할 때, 측정도구의 안정성인 신뢰성을 높이기 위해 단일지표보다 여러 개의 지표를 사용해야 한다. 신뢰성(Reliability)이란 유사한 측정도구 혹은 동일한 측정도구를 사용해 동일한 개념을 반복측정했을 때 일관성 있는 결과를 얻는 것을 말하며, 안정성, 일관성, 예측가능성, 정확성 등으로 표현될 수 있다. 측정도구의 안정성을 신뢰성이라고 하며, 문항들 간의 내적일관성을 점검하여 확인한다.

219
측정에 있어서 신뢰성을 높이는 방법과 가장 거리가 먼 것은? 2017년 1회

① 측정항목의 수를 늘린다.
② 측정항목의 모호성을 제거한다.
③ 전문가의 의견을 듣고 문항을 만든다.
④ 중요한 질문의 경우 유사한 문항을 반복하여 물어본다.

해설 측정에 있어 전문가의 의견을 듣고 문항을 만드는 것은 타당성을 높이기 위한 방법이다.

220
다음 ( ) 안에 들어갈 단어로 알맞은 것은? 2018년 1회

> 사회조사에서 측정을 할 때 두 가지의 문제를 고려해야 한다. 첫째, 측정하고자 하는 내용을 제대로 측정하고 있는가에 관한 (㉠)의 문제이고, 둘째, 반복적으로 측정했을 때 같은 결과를 얻을 수 있는가에 관한 (㉡)의 문제이다.

① ㉠ 타당성, ㉡ 신뢰성
② ㉠ 신뢰성, ㉡ 타당성
③ ㉠ 신뢰성, ㉡ 동일성
④ ㉠ 동일성, ㉡ 타당성

해설 사회조사에서 측정을 할 때 두 가지의 문제를 고려해야 한다. 첫째, 측정하고자 하는 내용을 제대로 측정하고 있는지에 관한 타당성의 문제이고, 둘째, 반복적으로 측정했을 때 같은 결과를 얻을 수 있는지에 관한 신뢰성의 문제이다.

| 정답 | 217 ③ 218 ② 219 ③ 220 ①

221

용수철이 고장 난 체중계가 있어서 체중을 잴 때마다 항상 실제와 다르게 체중이 일정하게 나타난다면, 이 체중계의 타당도와 신뢰도는? 2021년 3회

① 신뢰도와 타당도 모두 높다.
② 신뢰도와 타당도 모두 낮다.
③ 신뢰도는 높고 타당도는 낮다.
④ 신뢰도는 낮고 타당도는 높다.

해설 실제 몸무게보다 항상 1kg이 더 나오는 불량체중계를 사용하여 몸무게를 측정한다면 신뢰도는 높다고 할 수 있다. 그러나 측정하고자 하는 것을 정확히 측정하지 못하므로 타당도는 낮다.

222

다음 사례의 측정에 대한 설명으로 옳은 것은? 2018년 2회

> 초등학교 어린이들의 발달상태를 조사하기 위해 체중계를 이용하여 몸무게를 측정했는데, 항상 2.5kg이 더 무겁게 측정되었다.

① 타당도는 높지만 신뢰도는 낮다.
② 신뢰도는 높지만 타당도는 낮다.
③ 신뢰도도 높고 타당도도 높다.
④ 신뢰도도 낮고 타당도도 낮다.

해설 실제 몸무게보다 항상 2.5kg이 더 무겁게 측정되는 불량체중계를 사용하면 신뢰도가 높다고 할 수 있다. 그러나 측정하고자 하는 것을 정확히 측정하지 못하므로 타당도는 낮다.

223

어떤 선생님이 학생들의 지능지수(IQ)를 측정하기 위해 정확하기로 소문난 전자저울(체중계)을 사용했을 때, 측정의 신뢰도와 타당도에 관한 설명으로 옳은 것은? 2018년 3회

① 신뢰도와 타당도 모두 낮다.
② 신뢰도와 타당도 모두 높다.
③ 신뢰도는 낮지만 타당도는 높다.
④ 신뢰도는 높지만 타당도는 낮다.

해설 정확한 전자저울은 측정의 정밀성이 높으므로 신뢰도가 높다고 볼 수 있다. 하지만 전자저울은 지능지수를 측정하는 도구가 아니므로 전자저울로 지능지수를 정확하게 측정할 수 없어 타당도는 낮다.

224

어느 교사가 50문항으로 구성된 독해력을 측정하기 위한 질문지를 만들었다. 자료수집 후 확인해 본 결과 10개의 문항은 독해력이 아닌 어휘력을 측정하는 것으로 나타났다. 따라서 이 10개의 문항을 제외하고 40문항으로 질문지를 재구성하였다. 이 교사는 어떤 결과를 기대할 수 있겠는가? 2021년 2회

① 신뢰도와 타당도 모두를 증가시킬 것이다.
② 신뢰도와 타당도 모두를 저하시킬 것이다.
③ 신뢰도를 저하시키고 타당도를 증가시킬 것이다.
④ 신뢰도를 증가시키고 타당도를 저하시킬 것이다.

해설 독해력을 측정하기 위한 질문지가 처음에 50문항이었으나 이후 40문항으로 그 수가 줄었으므로 신뢰도가 저하되었다고 볼 수 있다. 그러나 질문지를 확인하면서 독해력이 아닌 어휘력을 측정하는 문항 10개를 제외하고 독해력만을 측정하도록 40문항으로 질문지를 재구성하였으므로 타당도를 증가시킬 것으로 볼 수 있다.

| 정답 | 221 ③ 222 ② 223 ④ 224 ③

225
신뢰도와 타당도 간의 관계에 관한 설명으로 가장 거리가 먼 것은?
2020년 3회

① 신뢰도가 높은 측정은 항상 타당도가 높다.
② 타당도가 높은 측정은 항상 신뢰도가 높다.
③ 신뢰도가 낮은 측정은 항상 타당도가 낮다.
④ 타당도가 낮다고 해서 반드시 신뢰도가 낮은 것은 아니다.

해설 측정에서 타당도는 정확성 혹은 측정하고자 하는 개념의 본질에 관한 것이고, 신뢰도는 일관성 혹은 안정성에 관한 것이다. 측정의 신뢰도는 타당도의 필요조건이고, 타당도는 신뢰도의 충분조건이므로, 측정도구의 신뢰도가 높다고 해서 타당도가 항상 높은 것은 아니다.

226
신뢰도와 타당도에 관한 설명 중 옳지 않은 것은?
2020년 1·2회

① 신뢰도가 높다고 해서 반드시 타당도가 높다는 것을 의미하지는 않는다.
② 타당도가 신뢰도에 비해 확보하기가 용이하다.
③ 신뢰도가 낮으면 타당도를 말할 수가 없다.
④ 신뢰도가 있는 측정은 타당도가 있을 수도 있고 없을 수도 있다.

해설 측정도구의 타당도는 신뢰도에 비해 확보하기가 어렵다.

227
측정의 신뢰도와 타당도에 관한 설명으로 옳은 것은?
2019년 2회

① 동일인이 한 체중계로 여러 번 몸무게를 측정하는 것은 체중계의 타당도와 관련되어 있다.
② 측정도구의 높은 신뢰도가 측정의 타당도를 보증하지 않는다.
③ 측정도구의 타당도를 검사하기 위해 반분법을 활용한다.
④ 기준관련타당도는 측정도구의 대표성에 관한 것이다.

해설 신뢰도가 높은 측정도구라고 해서 반드시 타당도가 높은 것은 아니다.
① 동일인이 한 체중계로 여러 번 몸무게를 측정하는 것은 체중계의 신뢰도와 관련 있다.
③ 반분법은 측정도구의 신뢰도를 검사하기 위한 방법이다.
④ 내용타당도는 측정도구의 대표성에 관한 개념이다.

228
측정의 신뢰도와 타당도에 관한 설명으로 옳지 않은 것은?
2020년 4회

① 반분법은 신뢰도 측정방법이다.
② 내적타당도는 측정의 정확성이다.
③ 신뢰도가 높지만 타당도는 낮을 수 있다.
④ 측정오류는 신뢰도 및 타당도와 관련이 있다.

해설 내적타당도는 종속변수의 변화가 독립변수의 조작으로 인한 결과인지를 판단하는 인과관계의 충족 정도를 의미한다. 정확성의 의미가 내포되어 있는 것은 측정의 신뢰도이다.

| 정답 | 225 ① 226 ② 227 ② 228 ②

229
측정도구의 타당도와 신뢰도에 대한 설명으로 맞는 것은?

2021년 1회

① 측정값은 참값, 확률오차, 체계오차의 합과 같다.
② 측정오차는 체계오차의 부분도 포함하는데 이는 신뢰도와 관계가 있다.
③ 확률오차=0, 체계오차≠0인 경우, 측정도구는 타당하지만 신뢰할 수 없다.
④ 체계오차=0, 확률오차≠0인 경우, 측정도구는 신뢰할 수 있지만 타당하지 않다.

해설 측정오차에는 체계적 오차와 비체계적 오차(확률오차)가 동시에 확인되며 측정값은 참값, 확률오차, 체계오차의 합과 같다.
② 체계적 오차는 타당도와 관련되며 비체계적 오차(확률오차)는 신뢰도와 관련된다.
③ 확률오차=0, 체계오차≠0인 경우, 측정도구는 신뢰할 수 있으나 타당성은 낮을 수 있다.
④ 체계오차=0, 확률오차≠0인 경우, 측정도구는 타당할 수 있으나 신뢰도는 낮을 수 있다.

230
다음 그림에 대한 설명으로 옳은 것은?

2019년 1회

① 신뢰성은 높으나 타당성이 낮은 경우
② 신뢰성은 낮으나 타당성이 높은 경우
③ 신뢰성과 타당성이 모두 낮은 경우
④ 신뢰성과 타당성이 모두 높은 경우

해설 과녁의 가운데를 조준하고 쏜 탄착이 모두 제일 가장자리의 동일한 위치에 집중되었으므로, 탄착이 표적 가운데를 빗나가긴 했으나 일정한 부분에 몰려 있다. 즉 측정하고자 하는 것을 측정하지 못했지만 항상 같은 결과가 나온 것이므로 신뢰성은 높으나 타당성이 낮은 경우이다.

231
신뢰도와 타당도에 영향을 미치는 요인과 가장 거리가 먼 것은?

2020년 4회

① 조사도구
② 조사환경
③ 조사목적
④ 조사대상자

해설 신뢰도와 타당도에 영향을 미치는 요인은 조사도구, 조사환경, 조사대상자 등이다.

CHAPTER 05

자료처리

핵심이론(1권) p.163

001
자료처리에 대한 설명으로 틀린 것은?

① 자료처리란 수집과정에서 얻은 조사결과를 도표와 자료분석에 적합한 형태로 변환하는 과정이다.
② 개방형 응답내용을 부호화하는 코딩(Coding) 작업이 포함된다.
③ 설문응답 자료를 텍스트(Text) 또는 엑셀과 같은 스프레드시트를 이용하여 입력하는 펀칭(Punching) 작업은 관련이 없다.
④ 입력된 자료의 정합성 및 오류값을 점검하는 클리닝(Cleaning) 작업을 통해 최종 원시자료를 생성하게 된다.

해설 자료처리는 수집과정에서 얻은 조사결과를 도표와 자료분석에 적합한 형태로 변환하는 과정이다. 개방형 응답내용을 부호화하는 코딩(Coding) 작업, 설문응답 자료를 텍스트(Text) 또는 엑셀과 같은 스프레드시트를 이용하여 입력하는 펀칭(Punching) 작업, 입력된 자료의 정합성 및 오류값을 점검하는 클리닝(Cleaning) 작업 등을 통해 최종 원시자료를 생성하게 된다.

002
다음 중 자료처리에 대한 설명과 가장 거리가 먼 것은?

① 코딩(Coding) 작업은 개방형 응답내용을 부호화하는 것이다.
② 펀칭(Punching) 작업은 설문응답 자료를 텍스트(Text)로 옮기는 것이다.
③ 클리닝(Cleaning) 작업은 입력된 자료의 정합성 및 오류값을 점검하는 것이다.
④ 에디팅(Editing) 작업은 코딩과정을 통해 수치화 또는 부호화된 자료를 컴퓨터 파일에 입력하는 것이다.

해설 코딩과정을 통해 수치화 또는 부호화된 자료를 컴퓨터 파일에 입력하는 것은 펀칭(Punching) 작업이다. 에디팅(Editing) 작업은 수집된 데이터에 존재하는 오류를 식별해내고, 식별된 오류를 적절히 수정 또는 정제하는 작업이다.

003
온라인조사방식의 자료처리에서 수행되는 것만을 모은 것은?

① 코딩 작업, 클리닝 작업
② 코딩 작업, 펀칭 작업
③ 펀칭 작업, 클리닝 작업
④ 코딩 작업

해설 온라인조사방식의 경우에는 응답내용이 자동으로 전산화되기 때문에 펀칭 작업을 생략한 코딩, 클리닝 작업만을 수행한다.

004
다음에 제시된 자료처리 단계를 바르게 나열한 것은?

> ㉠ 부호화
> ㉡ 자료입력
> ㉢ 정합성 점검
> ㉣ 원시자료 생성

① ㉠ → ㉡ → ㉢ → ㉣
② ㉠ → ㉢ → ㉡ → ㉣
③ ㉡ → ㉠ → ㉢ → ㉣
④ ㉢ → ㉡ → ㉠ → ㉣

해설 자료처리의 구체적인 수행 단계는 조사방법 및 설문의 구성 유형에 따라 다소 차이가 있으나, 일반적으로 품질관리가 완료된 설문지에 대해 '부호화 단계(㉠) → 자료입력 단계(㉡) → 정합성 점검 단계(㉢) → 원시자료 생성 단계(㉣)'를 따른다.

| 정답 | 001 ③ 002 ④ 003 ① 004 ①

005
자료처리의 수행 단계에 대한 설명으로 틀린 것은?
① 부호화 단계에서는 개방형 응답내용을 부호화한다.
② 자료입력 단계에서 펀칭 작업이 이루어진다.
③ 정합성 점검 단계에서는 입력된 자료의 논리적 오류값을 점검하고 자료를 수정한다.
④ 정합성이란 데이터가 정확하게 수치화되어야 한다는 것이다.

해설 정합성이란 데이터가 서로 모순 없이 일관되게 일치해야 한다는 것이다.

006
다음 설명에 대한 자료처리의 단계는?

- 자료값 범위(칼럼) 설정
- 개방형 응답내용의 부호화

① 자료입력 단계
② 정합성 점검 단계
③ 원시자료 생성 단계
④ 부호화 단계

해설 ① 설문응답 자료를 텍스트나 스프레드시트에 입력하여 전산화한다.
② 입력된 자료의 정합성 및 논리적 오류값을 점검하고 자료를 수정한다.
③ 빈도표를 작성하고 설문항목별 자료의 특성을 분석한다.

007
자료처리 각 단계에서 이루어지는 작업을 바르게 짝지은 것은?
① 정합성 점검 단계 – 에디팅(Edition)
② 자료입력 단계 – 펀칭(Punching)
③ 부호화 단계 – 클리닝(Cleaning)
④ 원시자료 생성 단계 – 코딩(Coding)

해설 자료처리란 수집과정에서 얻은 조사결과를 도표와 자료분석에 적합한 형태로 변환하는 과정으로, 부호화 단계(코딩), 자료입력 단계(펀칭), 정합성 점검 단계(클리닝)를 따른다.

008
자료처리과정에서 자료값의 범위 설정에 관한 설명으로 틀린 것은?
① 칼럼(Column) 작업이라고 한다.
② 칼럼이란 설문항목별로 부호화된 자료값이 가질 수 있는 자리 수를 의미한다.
③ 칼럼 작업은 부호화 작업이 이루어진 이후에 진행되어야 보다 정확한 자료값의 범위를 지정할 수 있다.
④ 문항별 자료값이 가질 수 있는 최대 자리 수를 칼럼 수라고 한다.

해설 설문응답의 부호화(Coding)에서 설문항목별로 자료값의 범위를 설정하는 것을 칼럼(Column) 작업이라고 하며, 부호화 작업과 함께 진행되어야 보다 정확한 자료값의 범위를 지정할 수 있다.

009
자료처리 과정에서 결측값(Missing Data)이 발생하였을 경우, 가장 바람직한 자료처리 방법은?
① 전체 자료를 삭제한다.
② 임의의 숫자를 삽입하여 분석을 수행한다.
③ 결측값을 무시하고 분석한다.
④ 평균값 등 통계적 기준에 따라 값을 대체한다.

해설 통계적 기준에 의한 대체는 가장 널리 쓰이는 방법이다.

010
칼럼 작업에서 확인할 수 있는 용어에 대한 설명으로 틀린 것은?
① 칼럼 수 – 문항별 자료값이 가질 수 있는 최소 자리 수
② 칼럼 – 설문항목별로 부호화된 자료값이 가질 수 있는 자리 수
③ 칼럼 가이드 – 각 문항별 칼럼 번호를 지정한 지침서
④ 칼럼 번호 – 문항별로 칼럼 수를 순차적으로 부여한 것

해설 칼럼 수는 문항별 자료값이 가질 수 있는 최대 자리 수이다.

| 정답 | 005 ④ 006 ④ 007 ② 008 ③ 009 ④ 010 ①

011
자료처리과정에서 칼럼 작업과 가장 거리가 먼 것은?

① 폐쇄형 질문은 사전에 자료값의 범위를 미리 부호화하여 설정해 놓는다.
② 질문의 자료값이 가질 수 있는 범위를 설정한다.
③ 폐쇄형 질문은 응답의 부호화 수준을 어디까지 설정하느냐에 따라 그 범위가 달라질 수 있다.
④ 해당 문항이 가질 수 있는 최대 자릿수를 확인하여, 그에 맞는 칼럼 수와 칼럼 번호를 부여한다.

해설 설문응답의 부호화(Coding)에서 설문항목별로 자료값의 범위를 설정하는 것을 칼럼(Column)작업이라고 한다. 문항별 범위 설정 시에 해당 문항이 가질 수 있는 최대 자리 수를 확인하여 이에 맞는 칼럼 수와 칼럼 번호를 부여하며, 주로 개방형 응답의 부호화 수준을 어디까지 설정하느냐에 따라 그 범위가 달라질 수 있다.

012
개방형 질문의 자료값 범위 설정에 관한 설명으로 틀린 것은?

① 개방형 질문이란 각 설문에 대해 응답자가 자유롭게 자신의 의견을 제시하는 형태를 의미한다.
② 개방형 응답은 부호화의 범위가 응답내용의 범위와 관련 없이 고정적이다.
③ 개방형 질문의 칼럼 작업은 응답의 부호화 작업과 함께 이루어질 때 더 효율적이다.
④ 개방형 응답의 부호화 이전에 자릿수를 지정한다면 개방형 응답이 가질 수 있는 최대 응답을 기준으로 지정한다.

해설 개방형 응답은 부호화의 범위가 응답내용의 범위에 따라 달라질 수 있기 때문에 칼럼 작업을 응답의 부호화 작업과 함께하면 보다 효율적으로 진행할 수 있다.

013
다음 개방형 질문에 대한 칼럼 작업의 내용으로 빈 곳에 들어갈 문장은?

> 개방형 응답의 부호화 이전에 자리 수를 지정한다면 _____.

① 개방형 응답이 가질 수 있는 최대 응답을 기준으로 지정한다.
② 개방형 응답이 가질 수 있는 최소 응답을 기준으로 지정한다.
③ 개방형 응답내용의 범위와 관계 없이 고정 자리 수를 지정한다.
④ 유사한 폐쇄형 질문의 칼럼 수와 동일하게 지정한다.

해설 개방형 응답은 부호화의 범위가 응답내용의 범위에 따라 달라질 수 있으므로 개방형 응답의 부호화 이전에 자리 수를 지정해야 할 경우에는 개방형 응답이 가질 수 있는 최대 응답을 기준으로 지정한다.

014
다음 설명의 A와 B에 들어갈 숫자는?

> 표본 수가 300명인 조사의 개방형 질문은 최대 A가지의 응답이 나올 수 있기 때문에 최대 칼럼 수는 B가 된다.

① A: 300, B: 3
② A: 30, B: 30
③ A: 300, B: 300
④ A: 3, B: 3

해설 개방형 응답의 부호화 이전에 자릿수를 지정해야 할 경우에는 개방형 응답이 가질 수 있는 최대 응답을 기준으로 지정한다. 예를 들어 표본 수가 300명인 조사의 개방형 질문은 최대 300가지의 응답이 나올 수 있기 때문에 최대 칼럼 수는 3(3자리)이 된다.

| 정답 | 011 ③ 012 ② 013 ① 014 ①

015
폐쇄형 질문의 자료값 범위 설정에 관한 설명으로 옳은 것은?

① 폐쇄형 질문은 개방형 질문에 비해 명확한 범위의 설정이 가능하다.
② 질문의 자료값이 가질 수 있는 범위가 1부터 8까지이면 자료값 범위는 명확하게 8로 설정할 수 있다.
③ '기타(   )'와 같이 개방형 질문이 함께 포함되어 있으면 기타 값이 가질 수 있는 최소 응답을 기준으로 자료값의 범위를 설정한다.
④ 부호화의 범위가 응답내용의 범위에 따라 달라질 수 있다.

해설 ② 질문의 자료값이 가질 수 있는 범위가 1부터 8까지이면 자료값 범위는 명확하게 1로 설정할 수 있다.
③ '기타(   )'와 같이 개방형 질문이 함께 포함되어 있으면 기타 값이 가질 수 있는 최대 응답을 기준으로 자료값의 범위를 설정한다.
④ 부호화의 범위가 응답내용의 범위에 따라 달라질 수 있는 것은 개방형 질문이다.

016
다음 질문에 대한 자료값 범위는?

스마트폰을 통해 SNS(소셜 네트워크 서비스)를 이용하는 목적은 무엇입니까?
❶ 친교/교제를 위해서
❷ 일상생활에 대한 기록을 위해서
❸ 취미/여가활동을 위해서
❹ 개인적 관심사 공유를 위해서
❺ 전문 정보나 지식 공유를 위해서

① 1 ② 2
③ 5 ④ 6

해설 폐쇄형 질문은 '기타'와 같은 개방형 보기가 포함되어 있지 않기 때문에 해당 질문의 자료값이 가질 수 있는 범위는 1부터 5까지이므로 칼럼 수는 명확하게 1로 설정할 수 있다.

017
다음 두 질문에 관한 설명으로 틀린 것은?

(가)	귀댁의 지난해 월평균 총 가구소득은 얼마입니까? (만 원)
(나)	귀댁의 지난해 월평균 총 가구소득은 얼마입니까? ❶ 100만 원 미만 ❷ 100~200만 원 미만 ❸ 200~300만 원 미만 ❹ 300~400만 원 미만 ❺ 400~500만 원 미만 ❻ 500~600만 원 미만 ❼ 600~700만 원 미만 ❽ 700만 원 이상

① (가)는 개방형 질문이고 (나)는 폐쇄형 질문이다.
② (가)에서 가장 큰 금액의 응답이 '1,000만 원'이라면, 해당 응답의 칼럼 수는 4로 설정할 수 있다.
③ (나)의 자료값이 가질 수 있는 범위가 1부터 8까지이므로 칼럼 수는 명확하게 1로 설정할 수 있다.
④ (나)에서 '❾ 기타(   )'가 포함된다면 칼럼 수는 명백하게 1이다.

해설 폐쇄형 질문에 '기타(   )'와 같이 개방형 질문이 함께 포함되어 있는 경우에는 기타 값이 가질 수 있는 최대 응답을 함께 고려하여 자료값의 범위를 설정한다.

018
응답자 ID 값의 칼럼 수 설정에 대한 설명으로 바르지 못한 것은?

① 일반적으로 응답자의 ID는 연속되는 번호로 지정한다.
② 표본 규모가 150명인 조사의 응답자 ID 칼럼 수는 150이 된다.
③ 칼럼 수는 응답자 ID에서 나올 수 있는 코드의 최대 자리 수로 설정한다.
④ 만일 ID를 1~100, 1001~1100으로 구분하여 부호화한다면 ID의 칼럼 수는 4이다.

해설 표본 규모가 150명인 조사의 응답자 ID 칼럼 수는 3이 되며, 칼럼 번호는 1~3까지가 된다. 즉, 150명의 조사이기 때문에 ID에서 나올 수 있는 코드의 최대 자릿수는 3자리가 되기 때문이다.

| 정답 | 015 ① 016 ① 017 ④ 018 ②

019

표본이 300명인 다음 설문지(일부)의 자료값의 범위 설정 방법에 대한 설명으로 틀린 것은?

> ID □□□
> SQ1. 스마트폰을 이용하고 있습니까?
> ❶ 이용하고 있음
> ❷ 이용하지 않음(⋯ 설문 중단)
> SQ2. 스마트폰 제조사는 어떻게 되십니까?
> ❶ A사   ❷ B사   ❸ C사
> ❹ D사   ❺ 기타(   )
> (이하 생략)

① 표본 규모가 300명인 조사의 응답자 ID 칼럼 수는 3이 된다.
② 응답자 ID 값의 칼럼 번호는 1~3까지가 된다.
③ SQ1번 문항의 자료값이 가질 수 있는 범위가 ❶~❷이므로 칼럼 수는 반드시 1이다.
④ SQ2번 문항의 칼럼 수는 반드시 1이므로 칼럼 번호는 5로 설정할 수 있다.

해설 SQ2는 폐쇄형 질문이면서 '기타(   )'인 개방형 보기가 포함되어 있으므로 기타 값이 가질 수 있는 최대 응답을 기준으로 자료값의 범위를 설정해야 한다. 따라서 칼럼 수가 반드시 1이라고 할 수 없다.

020

다음 설문지(일부)의 칼럼 수(또는 번호) 설정에 대한 설명으로 틀린 것은?

> 문5. 스마트폰을 처음 이용한 것은 언제입니까?
>   (____년)
> 문6. 하루 평균 스마트폰 이용시간은 얼마나 되십니까?
>   (하루 평균 ____시간 ____분)
> (이하 생략)

① 문5의 칼럼 수는 4이다.
② 문5 앞 번호의 칼럼 번호가 10이었다면 이 번호에 이어 11~14로 설정한다.
③ 문6은 시간에 대한 칼럼 번호와 분에 대한 칼럼 번호로 구분할 수 있다.
④ 문6에서 시간에 대한 칼럼 수는 1, 분에 대한 칼럼 수는 2이다.

해설 문6에서 하루 평균 스마트폰 이용시간을 ○○시간, ○○분으로 기록하므로 각각의 칼럼 수는 2이다.

| 정답 | 019 ④ 020 ④

021

다음 설문지 문항의 칼럼 수(또는 번호) 설정에 대한 설명으로 옳은 것은?

> 문3. 현재 이용 중인 스마트폰 선택 시 고려한 사항을 3순위까지 선택해주십시오.
> (1순위 ___, 2순위 ___, 3순위 ___)
> ❶ 단말기 외형   ❷ 조작 방식 및 편리성
> ❸ 운영체제(OS)   ❹ 단말기 제조사
> ❺ 이동통신사   ❻ 단말기 가격
> ❼ 주변인 권유 또는 입소문
> ❽ 기타(적어 주십시오:)

① 응답별로 각각 칼럼 수 및 번호를 지정한다.
② 자료값이 가질 수 있는 범위가 ❶~❽이므로 칼럼 수는 1이다.
③ 반드시 부호화 작업을 먼저 실시한 후 칼럼 번호를 부여할 수 있도록 한다.
④ '기타(적어 주십시오:)'는 부호화 작업 여부와 관계없이 칼럼 번호를 부여할 수 있다.

해설 1순위, 2순위, 3순위와 같이 복수의 응답을 가진 문항은 응답별로 각각 칼럼 수 및 번호를 지정해야 한다. 폐쇄형 질문은 사전에 자료값의 범위를 미리 부호화하여 설정해 놓았기 때문에 반드시 부호화 작업을 먼저 실시한 후 칼럼 번호를 부여할 필요는 없다. '기타(   )'와 같이 개방형 응답은 응답내용의 부호화 범위에 따라 칼럼 수가 달라질 수 있으므로 부호화 작업을 먼저 실시한 후 칼럼 번호를 부여할 수 있도록 한다.

022

자료처리에서 무응답에 대한 설명으로 틀린 것은?

① 무응답(Non-response)이란 자료를 수집하는 과정에서 일부 문항에 대한 응답이 누락되었다는 것이다.
② 응답이 측정되지 않고 빠져있다는 의미로 결측값(Missing Value)이라고 부르기도 한다.
③ 무응답이 많이 발생할 경우 추정량의 평균을 증가시키는 원인이 된다.
④ 실사진행 시 무응답의 발생을 최대한 줄일 수 있도록 한다.

해설 무응답(Non-response)이란 자료를 수집하는 과정에서 일부 문항에 대한 응답이 누락되었다는 것을 말한다. 조사결과에 무응답이 많이 발생할 경우 설정한 표본크기보다 그 결과가 작아지게 되어 분석 시 추정량의 분산을 증가시키는 원인이 된다.

023

무응답 자료에 관한 설명으로 틀린 것은?

① 무응답이 발생한 설문지는 모두 제거하는 것이 좋다.
② 자료를 수집하는 과정에서 일부 문항에 대한 응답이 빠진 경우이다.
③ 문항에 응답할 수 있는 적합한 보기가 없으면 무응답이 발생할 수 있다.
④ 무응답 사유를 확인할 수 없는 경우도 있다.

해설 자료처리에서 무응답이 발생했을 때 응답 확인이 가능한 경우에는 응답내용을 재확인하여 설문결과에 반영하는 것이 좋다.

024

자료처리에서 무응답의 유형이 아닌 것은?

① 응답내용을 잘 모르는 경우
② 설문에 참여하지 않은 경우
③ 문항에 응답할 수 있는 적합한 보기가 없는 경우
④ 문항에 응답할 내용이 없는 경우

해설 무응답의 유형으로는 실수로 응답을 누락한 경우, 문항에 응답할 수 있는 적합한 보기가 없거나 응답할 내용이 없어 응답을 누락한 경우, 응답을 거부하거나 응답내용을 잘 몰라 응답을 누락한 경우 등이 있다.

025

무응답 처리 방법으로 틀린 것은?

① 실수로 응답이 누락된 경우, 추후 전화검증을 통한 응답 확인이 가능한지 확인한다.
② 추후 응답 확인이 가능한 경우, 응답내용을 재확인하여 설문결과에 반영한다.
③ 문항에 응답할 수 있는 적합한 보기가 없어 누락된 경우, '모름/무응답'으로 표기하여 관리한다.
④ 응답을 거부한 경우, '모름/무응답'으로 표기하여 관리한다.

해설 문항에 응답할 수 있는 적합한 보기가 없거나 응답할 내용이 없어서 누락한 경우에는 일반적인 무응답과 구분하여 '없음'으로 별도 표기하여 관리한다.

| 정답 | 021 ① 022 ③ 023 ① 024 ② 025 ③

026
응답이 완료된 설문지의 점검에 대한 설명으로 틀린 것은?

① 1차적으로 조사원이 응답에 오류가 있는지를 점검한다.
② 2차적으로 실사 관리자가 오류 점검을 실시한다.
③ 점검결과 오류가 발견되었을 경우에는 오류의 유형별로 조치를 취한다.
④ 불분명하거나 확인이 불가능한 응답은 모두 '모름/무응답' 처리한다.

해설 불분명하거나 확인이 불가능한 응답이 있는 경우에는 조사를 진행한 조사원 및 응답자에게 해당 문항에 대한 정확한 응답내용을 확인하고, 오류내용이 재확인된 경우 재확인된 응답을 설문결과에 반영한다. 확인이 불가능한 경우에는 해당 문항을 '모름/무응답' 처리한다.

027
누락된 응답으로 발생한 무응답에 대한 처리로 볼 수 없는 것은?

① 무응답 처리 시 별도의 코드를 부여하여 표기한다.
② 단순 기입 누락으로 확인된 경우에는 응답을 재확인하여 설문결과에 반영한다.
③ 조사를 진행한 조사원 및 응답자에게 확인이 불가능한 경우에는 해당 문항을 '없음' 처리한다.
④ 적합한 보기가 없어 선택을 하지 않았다고 확인된 경우에는 해당 문항을 '없음' 처리한다.

해설 조사를 진행한 조사원 및 응답자에게 확인이 불가능한 경우에는 해당 문항을 '모름/무응답' 처리하며, 별도의 코드를 부여하여 표기한다. 예를 들어, 한 자리 수 보기는 '9. 모름/무응답', 두 자리 수 보기는 '99. 모름/무응답'으로 표기한다.

028
자료처리에서 재조사가 필요한 경우가 아닌 것은?

① 응답자가 설문에 참여하지 않은 경우
② 응답자가 부적합한 조사대상자로 확인된 경우
③ 응답내용의 일관성/신뢰성이 심각하게 훼손된 경우
④ 응답방법을 준수하여 설문을 진행하지 않은 문항이 많은 경우

해설 자료처리에서 재조사가 필요한 경우는 다음과 같다.
- 응답자가 부적합한 조사대상자로 확인된 경우
- 응답내용의 일관성/신뢰성이 심각하게 훼손된 경우
- 응답방법을 준수하여 설문을 진행하지 않은 문항이 많은 경우

029
코딩 시 고려해야 할 주요 사항과 가장 거리가 먼 것은?

① 질문순서
② 분석단위
③ 응답범주에 따른 코딩 종류
④ 통계분석방법

해설 연구주제에 대한 기존연구를 검토한 후 그 다음으로 분석단위를 결정한다.

| 정답 | 026 ④ 027 ③ 028 ① 029 ②

030
응답내용의 부호화에 관한 설명으로 틀린 것은?

① 개방형 질문항목의 경우에는 응답내용을 몇 개의 유형으로 재분류하여 코드화하는 작업이 필요하다.
② 폐쇄형 질문항목의 경우에는 응답내용의 범위를 사전에 부호화하여 설정하였기 때문에 별도의 부호화 작업이 필요하지 않다.
③ 폐쇄형 질문항목 안에 '기타(   )'와 같이 개방형 응답보기가 포함되어 있는 경우에는 개방형 응답내용의 부호화 방식을 참고하여 별도의 부호화 작업을 실시해야 한다.
④ 여러 사람이 부호화할 때와 달리 한 사람이 부호화할 때에는 핵심어 목록이 반드시 필요하지는 않다.

해설 여러 사람이 부호화할 때뿐만 아니라, 한 사람이 부호화하는 경우에도 핵심어 목록 또는 참조자료가 확보되어야 한다.

031
개방형 응답내용의 부호화에 대한 설명으로 틀린 것은?

① 부호화 지침에 따라 개방형 응답내용을 분류하여 등간기호로 바꾼다.
② 응답내용을 몇 개의 유형으로 재분류하여 코드화한다.
③ 코드를 입력하는 사람은 응답을 읽고 해석하여 손수 숫자 코드로 변환해야 한다.
④ 개방형 질문에 부여된 숫자 코드는 설문지에 기입되거나 또는 컴퓨터에 입력된다.

해설 개방형 질문에서 단어나 문장으로 표현된 응답내용을 부호화 할 때 부호화 지침에 따라 개방형 응답내용을 몇 개의 유형으로 분류하여 명목기호(숫자)로 바꾼다.

032
개방형 응답내용에 대한 코딩요원의 모습으로 옳지 못한 것은?

① 반드시 개방형 질문에 대한 응답을 읽고, 해석하고, 손수 숫자 코드로 변환해야 한다.
② 데이터의 품질을 관리하기 위해 충분하게 훈련해야 한다.
③ 핵심어 목록 또는 참조자료를 반드시 참고해야 한다.
④ 응답내용이 특정한 항목에 대한 핵심어나 참조자료를 포함하고 있는지 유념할 필요까지는 없다.

해설 코드를 입력하는 사람을 코딩요원이라고 한다. 코딩요원은 개방형 질문에 대한 응답을 읽고, 해석하고, 손수 숫자 코드로 변환한 후에 설문지에 기입하거나 컴퓨터에 입력한다. 이때 간단하게나마 답이 특정한 항목에 대한 핵심이나 참조자료를 포함하고 있는지를 유념할 필요가 있으며, 핵심어 목록이나 참조자료를 반드시 참고해야 한다.

033
다음 개방형 응답내용의 부호화 절차를 옳게 나열한 것은?

> ㉠ 응답의 초기 에디팅
> ㉡ 핵심어 목록 및 참조자료 확보
> ㉢ 코딩요원의 훈련
> ㉣ 초기 코딩내용 점검

① ㉠ → ㉡ → ㉢ → ㉣
② ㉠ → ㉢ → ㉡ → ㉣
③ ㉢ → ㉠ → ㉡ → ㉣
④ ㉢ → ㉡ → ㉠ → ㉣

해설 개방형 응답내용의 부호화 절차는 '응답의 초기 에디팅(㉠) → 핵심어 목록 및 참조자료 확보(㉡) → 코딩요원의 훈련(㉢) → 초기 코딩내용 점검(㉣)' 순이다.

| 정답 | 030 ④　031 ①　032 ④　033 ①

034
다음은 자료처리를 위한 부호책(Code Book)에 대한 설명이다. 이에 대한 설명으로 적절하지 않은 것은?

① 부호책(Code Book)은 질문지를 통해 수집된 자료들을 부호화하여 전산자료로 입력한 것이다.
② 자료를 분석하기 위해 자료를 유형화하거나 수량화하는 자료처리과정을 부호화(Coding)라고 한다.
③ 부호화를 위해서는 각각의 정보단위들에 대해 변수이름을 지정하고, 각 변수값 들에 대해 숫자나 기호등 특정 부호를 할당한다.
④ 부호책을 바탕으로 부호의 실제 의미를 파악한다.

해설 전산자료 입력은 별도의 과정(자료입력 단계)이다.

035
개방형 응답내용을 분류할 때 확인해야 할 사항이 아닌 것은?

① 응답내용을 내용별로 분류하여 한 가지 내용 범주에 하나의 부호를 부여하였는지 확인한다.
② 단어나 단순한 문장과 같이 응답내용이 한 가지인 경우에 하나의 코딩부호가 부여되었는지 확인한다.
③ 복합문장이나 몇 개의 낱말로 응답되는 내용인 경우에 의미적으로 구분하여 하나씩 나누어 부호화되었는지 확인한다.
④ 코딩 번호 몇 개를 합치거나 다른 번호를 새로 부여하였는지 확인한다.

해설 코딩 번호 몇 개를 합치거나 다른 번호를 새로 부여하는 작업을 리코딩이라고 한다. 리코딩은 코딩 번호를 모두 부여한 이후에 실시된다.

036
다음 중 일반적으로 코드북에 포함되는 항목과 가장 거리가 먼 것은?

① 변수명
② 변수값
③ 모집단
④ 자료파일 내의 변수위치

해설 모집단은 코드북이 아닌 연구보고서나 조사설계서에 포함될 항목이다.

037
자료처리를 위한 코딩 번호 부여에 관한 설명으로 틀린 것은?

① 코딩 부호는 옮겨 적은 코딩용지 번호 그대로 해당 응답내용의 부호를 사용한다.
② 응답비율이 낮은 응답내용에 초기 번호를 주는 것이 좋다.
③ 부정적인 내용과 긍정적인 내용은 부호화 범위를 구분해서 부호화하는 것이 좋다.
④ 무응답에 대한 번호는 일반적으로 마지막 숫자로 부여한다.

해설 코딩용지에 응답내용을 옮길 때, 응답비율이 높은 응답내용에 1, 2, 3과 같은 초기 번호를 주는 것이 좋다.

038
부호화 지침서의 작성에 관한 설명으로 틀린 것은?

① 부호화의 일관성이 유지될 수 있도록 부호화 지침서(Code Book)를 만들 필요가 있다.
② 부호화는 수집된 자료를 통계적으로 분석할 수 있도록 일정한 원칙에 따라 각 응답에 숫자를 부여하는 과정이다.
③ 응답이 숫자인 경우 그 자체가 숫자로 응답하도록 되어 있기 때문에 이런 경우에는 응답을 부호화할 필요가 없다.
④ 개방형 질문은 모든 조사가 시작되기 이전에 설문지를 미리 검토하여 같은 부류의 응답을 정리한 다음에 부호화 작업을 해야 한다.

해설 개방형 질문은 응답의 형태가 여러 가지로 나타나기 때문에 조사자는 모든 조사가 종료된 후 같은 부류의 응답을 정리한 다음에 부호화 작업을 해야 한다.

| 정답 | 034 ① 035 ④ 036 ③ 037 ② 038 ④

039
부호화 지침서의 작성 시 유의사항으로 볼 수 없는 것은?

① 응답의 내용에 따라 하나 이상의 값으로 부호화될 수 있다.
② 일관된 부호체계를 사용한다.
③ 범주가 포괄적이고 상호배제적이어야 한다.
④ 가능한 변수의 실제 가치를 부호화한다.

해설 어떤 응답이든 하나의 값으로 부호화될 수 있어야 한다.

040
다음 중 변수의 코딩에서 유의할 점이 아닌 것은?

① 가능한 한 변수의 실제값을 부호화한다.
② 각 변수의 실질적인 의미를 잃지 않는 한도 내에서 가능한 큰 숫자를 부여한다.
③ 빈칸을 실질적인 부호로 사용하지 않는다.
④ 각 변수의 응답범위를 자세히 한다.

해설 가능한 한 작고 단순한 숫자를 사용하는 것이 원칙이다.

041
부호화 지침서에서 결측값에 대한 고려사항으로 옳은 것은?

① 결측값은 연구결과에 부정적인 영향을 주므로 모두 제거되어야 한다.
② 일반적으로 결측값 처리 시 변수의 값이 가질 수 있는 마지막 끝값 다음 값을 부여한다.
③ 응답 대안이 01~15이면 99를 부여하는 것이 보통이다.
④ 부호화 지침서에 결측값에 대한 고려사항은 따로 넣지 않는다.

해설 일반적으로 부호화 지침서에는 결측값 처리 시 변수의 값이 가질 수 있는 대안 이외의 값을 부여하도록 한다. 예를 들어, 응답대안이 1~5이면 9를, 01~15이면 99를 부여한다.

042
다음 부호화 지침서(일부)의 빈칸에 들어갈 숫자는?

변수명	칼럼 번호	칼럼 수	질문 번호	항목내용	비고
ID	1~3	㉠		응답자 ID	표본 규모 300명
SQ1	4	1	SQ1	스마트폰 이용 경험	㉡ 응답자 설문 중단
SQ2	5	1	SQ2	스마트폰 제조사	무응답 ㉢
SQ3	㉡	2	SQ4	만 연령	무응답 ㉣

(이하 생략)

① ㉠ 2, ㉡ 6, ㉢ 9, ㉣ 99
② ㉠ 3, ㉡ 6, ㉢ 99, ㉣ 9
③ ㉠ 2, ㉡ 6~7, ㉢ 99, ㉣ 9
④ ㉠ 3, ㉡ 6~7, ㉢ 9, ㉣ 99

해설 ㉠ ID의 칼럼 번호가 1~3이므로 칼럼 수는 3이다.
㉡ SQ2까지 칼럼 번호가 5이고 SQ3의 칼럼 수가 2이므로 SQ3의 칼럼 번호는 6~7이다.
㉢ SQ2의 칼럼 수가 1이므로 무응답9로 부호화한다.
㉣ SQ3의 칼럼 수가 2이므로 무응답99로 부호화한다.

043
자료처리를 위해 설문응답 자료를 입력하는 방법이 아닌 것은?

① C/S(Client/Server)기반의 PC 입력
② ICR(지능형문자인식기) 입력
③ PDA(휴대형정보단말기) 입력
④ OCR(광학문자판독기) 입력

해설 광학문자판독기(OCR; Optical Character Reader)는 손으로 쓴 글씨나 인쇄된 문자를 광학적으로 판독하여 입력하는 것으로, 주로 지로용지나 공공요금 청구서 등에 사용된다. 설문응답 자료의 입력방법으로는 C/S(Client/Server)기반의 PC 입력, 노트북 PC 또는 PDA 입력, ICR 입력, OMR 입력, 인터넷 입력방법 등이 있다.

| 정답 | 039 ① 040 ② 041 ③ 042 ④ 043 ④

044
다음 중 코드책(Code Book)의 용도와 관련이 없는 것은?

① 조사결과의 해석에 활용
② 조사결과의 분석에 활용
③ 조사결과의 컴퓨터 입력에 활용
④ 조사결과의 양적자료화에 활용

해설 해석은 코드북이 아닌 통계표를 이용한다.

045
개방형 질문응답을 수작업으로 입력할 때 발생할 수 있는 오류를 모두 모은 것은?

㉠ 다른 숫자를 입력하는 오류
㉡ 같은 숫자를 여러 번 입력하는 오류
㉢ 변수를 건너뛰는 오류
㉣ 자릿수를 잘못 알고 입력하는 오류

① ㉠, ㉢, ㉣　　② ㉠, ㉡
③ ㉡, ㉢, ㉣　　④ ㉠, ㉡, ㉢, ㉣

해설 개방형 질문 응답을 수작업으로 입력할 때 발생할 수 있는 오류에는 다른 숫자 입력하기, 동시에 2개 숫자 누르기, 같은 숫자 여러 번 입력하기, 변수 건너뛰기, 자릿수 잘못 알고 입력하기 등이 있다. 이러한 오류는 입력 초기에 점검해야 한다.

046
설문응답 자료를 입력한 이후에 추가로 발생했을 오류를 확인해야 한다. 범위오류와 논리오류에 대한 설명으로 틀린 것은?

① 범위오류를 탐색하기 위해 각 문항별로 빈도표를 출력하여 해당 질문의 응답범위를 벗어난 숫자(코드)가 있는지 확인한다.
② 논리오류는 집계나 추정에서 편향을 발생시키기 때문에 통계결과에 심각한 영향을 준다.
③ 지출과 같은 음수를 가질 수 있는 변수에 대하여 음수 기호를 생략하고 응답하는 경우는 범위오류이다.
④ 잘못된 단위로 측정된 값을 보고하는 경우는 논리오류이다.

해설 범위오류는 범위를 벗어난 오류이며, 논리오류는 특정 항목에서 응답이 일관되게 확인되는 오류이다. 논리오류의 하나인 부호오류는 지출과 같은 음수를 가질 수 있는 변수에 음수 기호를 생략하고 응답하는 경우 등을 의미한다.

047
논리오류의 예로 볼 수 없는 것은?

① 코딩과정에서 응답을 오역하여 잘못 입력한 경우
② 설문지에서 여과 질문과 관련한 통과규칙을 잘못 이해하여 응답한 경우
③ 질문의 응답범위를 벗어난 숫자를 입력한 경우
④ 데이터입력과정에서 시스템에 의한 오류

해설 질문의 응답범위를 벗어난 숫자를 입력한 경우는 범위오류이다.

048
무응답 처리 방법으로 잘못 짝지어진 것은?

① 핫덱대체 – 결측값을 기존에 실시된 표본조사의 유사항목 응답값으로 대체하는 방법
② 평균대체 – 전체 표본을 몇 개의 대체 층으로 분류한 뒤 각 층에서의 응답자 평균값을 그 층에 속한 모든 결측값에 대체하는 방법
③ 이웃값대체 – 각 대체 층 내에서 결측값에 대응하는 변수값이 가장 가까운 응답자의 자료로 결측값을 대체하는 방법
④ 회귀대체 – 응답자료를 토대로 변수 y와 관련된 보조변수 $x_1, x_2, \cdots, x_k$에 대한 회귀모형을 적합시킨 후 적합된 회귀모형의 예측값을 이용해 결측된 y값을 대체하는 방법

해설 핫덱대체(Hot-deck Imputation)는 현행연구에서 비슷한 성향을 가진 응답자의 값으로 결측값을 대체하는 방법이다. 결측값을 기존에 실시된 표본조사의 유사항목 응답값으로 대체하는 방법은 콜드덱대체(Cold-deck Imputation)이다.

| 정답 | 044 ① 045 ④ 046 ③ 047 ③ 048 ①

049
다음과 같이 결측값 또는 무응답을 처리하는 방법은?

- 현행연구에서 비슷한 성향을 가진 응답자의 값으로 결측값을 대체하는 방법
- 다른 변수(나이, 성별, 소득 등)가 유사한 응답자의 값을 임의로 추출해 결측치를 대체하는 방법

① 무응답 가중치 조정
② 핫덱대체
③ 랜덤대체
④ 콜드덱대체

해설 ① 무응답 가중치 조정: 전체 표본을 몇 개의 대체 층으로 분류한 뒤 각 층에서 무응답으로 인한 효과를 고려하여 가중치를 조정해주는 방법이다.
③ 랜덤대체: 대체 층 내에서 임의로 한 응답값을 선택하여 결측값을 대체하는 방법이다.
④ 콜드덱대체: 기존에 실시된 표본조사의 유사항목 응답값으로 결측값을 대체하는 방법이다.

050
이상치 처리에 대한 설명으로 가장 거리가 먼 것은?

① 이상치는 통계추정에 큰 영향을 미치지 않는다.
② 이상치의 확인은 의심스러운 레코드를 확인하는 에디팅의 한 형태이다.
③ 일변량 자료에서는 분포의 양 끝에서 극단적으로 멀리 떨어져 있는 값을 이상치로 간주한다.
④ 이상치 판별은 자료 중심과의 상대적인 거리로 판단한다.

해설 이상치는 통계추정에 매우 큰 영향을 미치므로 이상치를 식별하여 문제가 있는 관측치인지 판별하여야 한다.

051
자료의 코딩이 끝난 후, 조사자료의 품질관리(Quality Control)의 한 방편으로 행해지는 작업으로서 가장 중요시되는 것은?

① 자료의 사례별 Sorting
② 자료의 재입력
③ 자료의 Cleaning
④ 자료의 분야별 Sorting

해설 조사자료의 품질관리(Quality Control)과정에서 가장 중요시되는 작업은 자료의 Cleaning 이다. 이는 코딩 이후 자료에 존재할 수 있는 오류, 누락, 이상치, 불일치 등의 문제를 점검하고 수정하는 과정을 말한다.

052
자료처리를 위한 코딩(Coding)이 어려운 응답형태는?

① 다지선택형
② 양자택일형
③ 자유응답형
④ 등급평가형

해설 구조적인 응답형태가 코딩이 쉽고, 비구조적인 자유응답형의 코딩이 어렵다.

053
다음 중 결측자료(Missing Data)의 처리방법으로 가장 적절한 것은?

① 유사사례를 추출하여 그 사례에 기재된 내용을 대처하여 사용한다.
② 결측된 변수의 평균값을 대체하여 사용한다.
③ 난수표에서 번호를 추출하여 그 점수를 대체하여 사용한다.
④ 결측자료가 50% 이상이 된다 하더라도 원래 수집된 사례수는 유지해야 하기 때문에 그대로 사용된다.

해설 ① 주관적 판단이 개입되기 쉽고, 신뢰성이 낮다.
③ 근거 없는 무작위 수치로 신뢰성이 낮다.
④ 결측률이 50% 이상으로 높으면 분석결과가 왜곡될 수 있다.

| 정답 | 049 ② 050 ① 051 ③ 052 ③ 053 ②

054

시장조사 연구에서 설문에 응답한 내용을 분석하기 위해 코딩을 해야 한다. 하지만 코딩 과정에서 자료입력자가 실수로 잘못된 정보를 입력할 수 있다. 예를 들어, 어떤 질문에 대한 가능한 응답은 1에서 7까지인데 가끔 입력할 때 실수를 범하여 1에서 7까지의 숫자가 아닌 다른 값(예, 9)을 입력할 수 있다. 이러한 오류를 찾아 원래의 올바른 값으로 고치는 과정에서 사용하는 분석방법이 아닌 것은?

① 해당 질문에 대한 응답의 빈도분석
② 해당 질문에 대한 응답의 회귀분석
③ 해당 질문에 대한 응답의 최댓값과 최솟값 분석
④ 해당 질문에 대하여 잘못 입력된 응답이 포함된 설문지의 고유번호(ID)를 알아내는 분석

해설 회귀분석은 독립변수와 종속변수 간의 선형적 함수관계를 분석하는 통계분석 방법이다.

055

자료처리과정에서 입력된 자료의 오류값을 검사하는 방법 중에서 다음이 설명하는 것은?

- 주민등록번호, 사업자등록번호, 계좌번호 등의 검증번호를 사용한다.
- 입력하고자 하는 데이터 숫자의 마지막 자리에 숫자를 추가하여 데이터와 이 숫자를 상호비교한다.

① OFF CODE 검사
② 범위 검사
③ 검사숫자에 의한 검사
④ 순서 검사

해설 ① OFF CODE 검사: 입력되어야 할 부호 이외의 것이 입력되어 있는 오류를 찾아내는 방법이다. 예를 들면, 성별 란에 '1. 남자', '2. 여자'라고 할 때 1과 2를 제외한다.
② 범위 검사: 각 항목이 적합한 상한과 하한의 범위를 넘어서는지 확인하는 방법이다. 예를 들면, '월'과 '일'의 항목에서 '월' 항목에 1과 12 사이에 속하지 않는 숫자가 포함되거나, '일'의 경우 해당 월에 따라 1~ 28, 29, 30, 31 이외의 숫자가 나오는지 확인한다.
④ 순서 검사: 조사대상의 중복 및 누락을 확인할 때 사용하는 방법이다. 고유의 일련번호를 순서대로 할당한 경우 적용한다.

| 정답 | 054 ② 055 ③

제3과목
통계분석과 활용

2026 CBT 출제 예상 키워드

CHAPTER 01 기초통계량　　p.194

- 중심위치의 측도
- 산포의 측도
- 비대칭도

CHAPTER 02 확률분포　　p.206

- 조합
- 분산의 성질
- 표준정규분포로 표준화
- 표본비율의 분포
- 조건부 확률
- 이항분포(정규분포 근사)
- 카이제곱분포
- 연속확률변수
- 정규분포
- 표본평균의 분포

CHAPTER 03 추정·가설검정　　p.242

- 신뢰구간
- 검정력
- 귀무가설과 대립가설
- 단일모집단의 가설검정
- 가설검정의 오류
- 두 모집단의 가설검정

CHAPTER 04 통계분석 I (분산분석, 교차분석)　　p.282

- 분산분석표
- 교차분석

CHAPTER 05 통계분석 II (상관분석, 회귀분석)　　p.300

- 상관분석과 상관계수
- 회귀계수 구하기
- 분산분석표
- 상관계수의 특징
- 결정계수
- 상관계수의 유의성 검정
- 다중회귀모형 행렬

CHAPTER 01

기초통계량

핵심이론(1권) p.214

001
다음 중 중심위치의 측도와 가장 거리가 먼 것은? 2018년 3회

① 중앙값 ② 표준편차
③ 평균   ④ 최빈수

해설 중심위치의 측도(대푯값)에는 산술평균, 기하평균, 조화평균, 중앙값, 최빈값 등이 있다. 표준편차는 산포의 측도로 분산, 변동계수 등이 있다.

002
자료의 산술평균에 대한 설명으로 틀린 것은? 2020년 1·2회

① 이상점의 영향을 받지 않는다.
② 편차들의 합은 0이다.
③ 분포가 좌우대칭이면 산술평균과 중앙값은 같다.
④ 자료의 중심위치에 대한 측도이다.

해설 산술평균은 이상점의 영향을 많이 받기 때문에 이상점이 포함되어 있을 경우 자료들의 대푯값으로 적합하지 않다. 이상점이 포함되어 있는 자료인 경우 이상점에 의한 영향을 줄이기 위한 측도로 산술평균보다 중앙값이 적합하다.

003
극단값이 포함되어 있는 자료의 대푯값을 구하고자 한다. 극단값에 의한 영향을 줄이기 위한 측도로 적합하지 않은 것은?
2017년 2회

① 중앙값   ② 제50백분위수
③ 절사평균 ④ 평균

해설 ①② 극단값이 포함되어 있는 자료인 경우 극단값에 의한 영향을 줄이기 위한 측도로 중앙값(제50백분위수)이 적합하다.
③ 절사평균이란 자료의 총개수에서 일정 비율만큼 가장 큰 부분과 작은 부분을 제거한 후 평균을 산출하는 측도로, 극단값이 존재할 경우 평균(산술평균)보다 대푯값으로 적합하다.

004
서울지역 고등학생 500명의 키를 측정한 자료에서 중앙값과 평균값이 같을 경우, 이에 대한 설명으로 가장 적절한 것은?

① 자료는 정규분포에 따른다.
② 자료의 분포는 좌우 대칭이다.
③ 자료에는 극단적인 이상값이 많지 않다.
④ 자료의 대푯값으로 중앙값이 더 바람직하다.

해설 평균과 중앙값이 같다는 것은 자료가 대체로 대칭적이며, 자료에 극단적인 이상값이 거의 없음을 시사한다.
① 정규분포는 평균과 중앙값이 일치하지만, 평균과 중앙값이 일치한다고 해서 반드시 정규분포를 따른다고 할 수 없다.
② 평균과 중앙값이 같다고 해서 반드시 분포가 좌우 대칭이라고 단정할 수 없으며, 다른 형태의 분포에서도 평균과 중앙값이 일치할 수 있다.
④ 평균과 중앙값이 같다면, 평균도 적절한 대푯값이 될 수 있으므로 중앙값이 더 바람직하다고 단정할 수 없다.

005
갑작스런 홍수로 인해 어느 지방이 많은 피해를 입어 제방을 건설하고자 할 경우에 그 높이를 어떻게 결정하는 것이 타당한지를 통계적으로 추정할 때 필요한 통계량은?

① 평균   ② 최빈값
③ 중위수 ④ 최댓값

해설 통계적으로 극단적인 수위, 즉 가장 높은 홍수 수위를 기준으로 제방 높이를 정해야 할 경우 평균, 최빈값, 중위수는 모두 일반적인 경향성만 보여주므로 극한 상황에 대비하는 데에는 부적절하다.

| 정답 | 001 ② 002 ① 003 ④ 004 ③ 005 ④

006

다음 중 평균에 관한 설명으로 틀린 것은? 2019년 2회

① 중심 경향을 측정하기 위한 측도이다.
② 이상치에 크게 영향을 받는 단점이 있다.
③ 이상치가 존재할 경우를 고려하여 절사평균(Trimmed Mean)을 사용하기도 한다.
④ 표본의 몇몇 관측값이 모평균으로부터 한쪽 방향으로 멀리 떨어지는 현상이 발생하는 자료에서도 좋은 추정량이다.

해설 평균(산술평균)은 자료들이 비대칭이거나 이상치가 포함되어 있는 자료들의 대푯값으로는 적합하지 않다.

007

어느 대학에서 2014학년도 1학기에 개설된 통계학 강좌에 A반 20명, B반 30명이 수강하고 있다. 중간고사에서 A반, B반의 평균은 각각 70점, 80점이었다. 이번 학기에 통계학을 수강하고 있는 학생 50명의 중간고사 평균은? 2022년 2회

① 70점
② 74점
③ 75점
④ 76점

해설 A반 20명의 평균은 70점이고 B반 30명의 평균은 80점이므로, 50명의 총점은 $(20 \times 70) + (30 \times 80) = 3,800$점이다.
따라서 이번 학기에 통계학을 수강하고 있는 학생 50명의 중간고사 평균은 $\frac{(20 \times 70) + (30 \times 80)}{20 + 30} = \frac{3,800}{50} = 76$점이다.

008

어느 회사에서는 직원들의 승진심사에서 평가 항목별 성적의 가중평균을 승진평가 성적으로 적용하기로 하였다. 직원 A씨의 항목별 성적이 다음과 같을 때, 승진평가 성적(점)은? 2017년 3회

구분	성적(100점 만점)	가중치
근무평가	80	30%
성과평가	70	30%
승진시험	90	40%

① 80
② 81
③ 82
④ 83

해설 가중평균 $\frac{w_1 x_1 + w_2 x_2 + \cdots + w_n x_n}{w_1 + w_2 + \cdots + w_n}$ (단, w_i는 x_i의 가중치)을 이용한다.
따라서 $\frac{(80 \times 0.3) + (70 \times 0.3) + (90 \times 0.4)}{0.3 + 0.3 + 0.4} = 81$점이다.

009

A, B 두 도시에서 각각 100명씩의 근로자 표본을 추출하여 남녀별로 하루 평균 수입을 조사한 결과 다음 표로 정리되었다. 두 도시 근로자의 하루 평균 수입은 얼마인가?

구분	남성 근로자 하루 평균 수입	표본수
A	82,000원	40명
B	85,000원	80명

구분	여성 근로자 하루 평균 수입	표본수
A	84,000원	60명
B	80,000원	20명

① 82,000원
② 83,600원
③ 85,000원
④ 87,000원

해설 전체 하루 평균 수입은 다음과 같이 가중평균으로 계산한다.
전체 하루 평균 수입
$= \sum \frac{\text{각 그룹 인원} \times \text{그룹 하루 평균 수입}}{\text{전체 인원 수}}$
$= \frac{(40 \times 82,000) + (60 \times 84,000) + (80 \times 85,000) + (20 \times 80,000)}{200}$
$= \frac{16,720,000}{200} = 83,600(원)$

010
어느 투자자의 연도별 수익률이 $x_1, x_2, \cdots, x_n$일 때, 연평균 수익률을 구하는 방법으로 가장 적절한 것은?
2021년 3회

① 기하평균
② 산술평균
③ 절사평균
④ 조화평균

해설 기하평균은 인구변동률, 물가변동률, 경제성장률, 수익률과 같은 비율의 대푯값으로 쓰인다. 따라서 투자자의 연도별 수익률에 대한 연평균 수익률을 구하는 방법으로는 기하평균이 가장 적절하다.

011
관광버스가 목적지에 도착할 때까지 시속 80km로 운행하였으나 돌아올 때는 시속 100km로 돌아왔다. 이 관광버스의 평균운행속도(km/h)는?
2017년 3회

① 90.42
② 89.44
③ 88.89
④ 86.67

해설 시간적으로 계속하여 변하는 변량, 상품시세, 속도 등의 대푯값으로 조화평균을 이용한다. 조화평균은 관측된 n개의 자료 $x_1, x_2, \cdots, x_n$의 역수의 산술평균에 대한 역수로

$$\frac{1}{\frac{1}{n}\left(\frac{1}{x_1}+\frac{1}{x_2}+\cdots+\frac{1}{x_n}\right)}$$이다.

$n=2$, $x_1=80$, $x_2=100$이므로 관광버스의 평균운행속도는
$$\frac{1}{\frac{1}{2}\left(\frac{1}{80}+\frac{1}{100}\right)}=\frac{800}{9}≒88.89(km/h)이다.$$

012
표본자료가 다음과 같을 때 대푯값으로 가장 적합한 것은?
2018년 1회

10 20 30 40 100

① 최빈수
② 중위수
③ 산술평균
④ 가중평균

해설 표본자료에 극단적인 값 100이 포함되어 있으므로 제시된 표본자료의 대푯값으로는 중위수(중앙값)가 가장 적합하다.

013
5개의 자료값 10, 20, 30, 40, 50의 특성으로 옳은 것은?
2020년 1·2회

① 평균 30, 중앙값 30
② 평균 35, 중앙값 40
③ 평균 30, 최빈값 50
④ 평균 25, 최빈값 10

해설 이 자료에 대한 평균, 중앙값, 최빈값을 구하면 다음과 같다.
- 평균은 $\frac{10+20+30+40+50}{5}=\frac{150}{5}=30$이다.
- 자료를 오름차순으로 정리한 뒤(10, 20, 30, 40, 50) 가장 가운데 있는 값 30이 중앙값이다. 또는 자료의 개수 $n=5$가 홀수이므로 $\frac{n+1}{2}=\frac{5+1}{2}=3$번째의 값 30이 중앙값이다.
- 모든 자료의 빈도가 1로 동일하므로 최빈값은 없다.

014
자료의 위치를 나타내는 측도가 아닌 것은?
2022년 2회

① 표준편차
② 중앙값
③ 백분위수
④ 사분위수

해설 자료의 위치를 나타내는 측도에는 중앙값, 백분위수, 사분위수 등이 있다. 표준편차는 산포도이다.

015
어느 집단의 개인별 신장을 기록한 것이다. 중위수는 얼마인가?
2018년 1회

164 166 167 167 168 170 170 172 173 175

① 167
② 168
③ 169
④ 170

해설 자료의 개수 n이 짝수 개이면, 중위수는 $\frac{n}{2}$번째와 $\frac{n}{2}+1$번째 값의 평균이다. 따라서 10개의 자료에서 가장 중앙의 위치에 있는 값은 $\frac{10}{2}=5$번째 값 168과 $\frac{10}{2}+1=6$번째 값 170의 평균이다.

즉, 중위수는 $\frac{168+170}{2}=169$이다.

| 정답 | 010 ① 011 ③ 012 ② 013 ① 014 ① 015 ③

016

통계학 과목의 기말고사 성적은 평균(Mean)이 40점, 중앙값(Median)이 38점이었다. 점수가 너무 낮아서 담당교수는 12점의 기본점수를 더해 주었다. 새로 산정한 점수의 중앙값은?
2021년 2회

① 40점　　　　　　② 42점
③ 50점　　　　　　④ 52점

해설 성적에 12점의 기본점수를 더해 주면, 성적의 각 자료가 모두 12점씩 평행이동하게 되므로 평균과 중앙값 모두 12점씩 평행이동한다. 따라서 새로 산정한 점수의 평균은 40+12=52점이고, 중앙값은 38+12=50점이다.

017

다음의 자료로 줄기-잎 그림을 그리고 중앙값을 찾아보려 한다. 빈칸에 들어갈 잎과 중앙값을 순서대로 바르게 나열한 것은?
2019년 2회

25	45	54
44	42	34
81	73	66
78	61	46
86	50	43
53	38	

줄기	잎
2	5
3	4 8
4	2 3 4 5 6
5	
6	1 6
7	3 8
8	1 6

① 0 3, 중앙값=46　　② 0 3 4, 중앙값=50
③ 0 0 3, 중앙값=50　　④ 3 4 4, 중앙값=53

해설 줄기-잎 그림에서 줄기는 자료의 십의 자리 수이고, 잎은 일의 자리 수이다. 주어진 자료에서 십의 자리 수가 5인 자료는 50, 53, 54이므로, 빈칸에 들어갈 잎은 0, 3, 4이다.
자료의 개수 n이 17로 홀수이므로 중앙값은 $\frac{n+1}{2} = \frac{17+1}{2} = 9$번째 값이다.
따라서 중앙값은 크기 순으로 정리된 줄기-잎 그림에서 9번째의 값인 50이다.

018

변량 $x_1, x_2, \ldots, x_n$에 대하여 $|x_1-\alpha|+|x_2-\alpha|+\cdots+|x_n-\alpha|$를 최소로 하는 중심경향값 α는?
2023년 1회

① 산술평균　　　　② 중위수(중앙값)
③ 최빈수　　　　　④ 기하평균

해설 중위수에 대한 편차의 절댓값의 합은 다른 어떤 수에 대한 편차의 절댓값의 합보다 작다. 따라서 변량 $x_1, x_2, \ldots, x_n$에 대하여 $|x_1-\alpha|+|x_2-\alpha|+\cdots+|x_n-\alpha|$를 최소로 하는 중심경향값 α는 중위수(중앙값)이다.

019

어떤 철물점에서 10가지 길이의 못을 팔고 있으며, 못의 길이는 각각 2.5, 3.0, 3.5, 4.0, 5.0, 5.5, 6.0, 6.5, 7.0cm이다. 만약 현재 남아 있는 못 가운데 10%는 4.0cm인 못이고, 15%는 5.0cm인 못이며, 53%는 5.5cm인 못이라면 현재 이 철물점에 있는 못 길이의 최빈수는?
2018년 2회

① 4.5cm　　　　　② 5.0cm
③ 5.5cm　　　　　④ 6.0cm

해설 최빈수는 주어진 값 중에서 가장 자주 나오는 값, 즉 빈도가 높은 값이다. 이 철물점에 5.5cm 못이 53%로 가장 많이 남아 있으므로 최빈수는 5.5cm이다.

020

어느 대학교에서 학생들을 대상으로 4개의 변수(키, 몸무게, 혈액형, 월평균 용돈)에 대한 관측값을 얻었다. 4개의 변수 중에서 최빈값을 대푯값으로 사용할 때 가장 적절한 변수는?
2018년 3회

① 키　　　　　　　② 혈액형
③ 몸무게　　　　　④ 월평균 용돈

해설 최빈값은 질적(범주형)변수의 대푯값으로 적절하다. 주어진 변수 중 질적변수는 혈액형이므로 최빈값을 대푯값으로 사용할 때 가장 적절한 변수는 혈액형이다.

| 정답 | 016 ③　017 ②　018 ②　019 ③　020 ②

021

다음 중 변수의 측정 수준에 따른 집중경향치(중심방향)와 산포도에 대한 설명으로 틀린 것은?

① 명목척도는 집중경향치인 최빈값만 존재하고 그 밖의 기술통계치는 정의되지 않는다.
② 서열척도는 집중경향치 가운데 최빈값과 중앙값이 존재하지만, 산포도는 범위만 존재한다.
③ 등간척도는 최빈값과 중앙값, 평균이 모두 존재하며, 산포도 역시 범위, 사분편차, 분산, 표준편차가 존재한다.
④ 비율척도는 최빈값과 중앙값, 평균이 모두 존재하며, 산포도 역시 범위, 사분편차, 분산, 표준편차가 존재한다.

해설 서열척도는 범위뿐만 아니라 사분위수 범위(IQR) 또는 사분편차(사분위수 범위의 절반)도 사용이 가능하다.

022

어느 회사에 출퇴근하는 직원들 500명을 대상으로 이용하는 교통수단을 지하철, 자가용, 버스, 택시, 지하철과 택시, 지하철과 버스, 기타의 분야로 나누어 조사하였다. 이 자료의 정리 방법으로 적합하지 않은 것은? 2020년 3회

① 도수분포표　② 막대그래프
③ 원형그래프　④ 히스토그램

해설 출퇴근하는 교통수단은 모두 질적(범주형)자료이다. 그러나 히스토그램(Histogram)은 연속적인 수치형 자료의 분포로 나타내는 데 사용하는 그래프이므로, 출퇴근 교통수단과 같은 범주형 자료를 표현하는 데는 부적합하다.

023

이상점 자료에 대한 설명으로 틀린 것은? 2022년 1회

① 이상점 자료는 반드시 제외하고 분석하는 것이 바람직하다.
② 상자그림 요약에서 안쪽 울타리를 벗어나는 자료는 이상점 자료이다.
③ 이상점 자료에 의한 산술평균의 변화는 중위수의 경우보다 훨씬 더 심하다.
④ 자료의 수가 적을 경우에 이상점 자료는 산술평균에 민감하게 영향을 미친다.

해설 통계분석 시 이상점 자료란 관측된 자료의 범위에서 많이 벗어난 아주 작은 값이나 큰 값이다. 이러한 이상점 자료는 의사결정에 큰 영향을 미칠 수 있기 때문에 적절한 처리가 필수적이다.

024

이상치(Outlier)를 탐지하는 기능을 가지고 있고 최솟값, 제1사분위수, 중앙값, 제3사분위수, 최댓값의 정보를 이용하여 자료를 도표로 나타내는 방법은? 2021년 2회

① 도수다각형　② 리그레쏘그램
③ 히스토그램　④ 상자수염그림

해설 상자수염그림(상자그림)은 최솟값, 제1사분위수(Q_1), 중앙값, 제3사분위수(Q_3), 최댓값을 이용하여 자료를 개략적으로 알아보기 위해 사용하는 그래프이다.
리그레쏘그램(Regressogram)은 산점도와 비슷하게 연속인 두 특성의 표본자료를 그래프로 나타내는 방법이다. 산점도는 각 이차원 자료값에 대해 좌표평면 위에 점을 찍는 그래프이고, 리그레쏘그램은 산점도 위에 표본자료를 각 계급구간으로 나눈 뒤(수평축에 놓음) 이 구간의 평균을 구하여 표시해 주는 그래프이다.

| 정답 | 021 ②　022 ④　023 ①　024 ④

025
상자그림에 대한 설명으로 틀린 것은? 2019년 1회

① 상자그림을 보면 자료의 분포를 개략적으로 파악할 수 있다.
② 두 집단의 분포 모양에 대한 비교가 가능하다.
③ 이상값에 대한 정보를 알 수 있다.
④ 상자그림의 상자 길이와 분산과는 아무런 관련이 없다.

해설 상자그림의 상자 길이($Q_3 - Q_1$)와 분산은 모두 자료의 산포도에 해당하므로 서로 아무런 관련이 없다고 할 수 없다.

026
자료의 산포(Dispersion)의 정도를 나타내는 측도가 아닌 것은? 2021년 2회

① 범위(Range)
② 왜도(Skewness)
③ 변동계수(Coefficient of Variation)
④ 사분편차(Quartile Deviation)

해설 왜도(Skewness)는 비대칭도라고도 하며, 자료 분포의 모양이 어느 쪽으로 얼만큼 기울어져 있는지를 나타내는 측도이다.

PLUS ③ 변동계수는 표준편차를 평균으로 나눈 값으로 단위가 없는 상대적 산포를 나타내는 측도이다.

027
다음 자료에 대한 설명으로 틀린 것은? 2019년 1회

| 58 | 54 | 54 | 81 | 56 | 81 | 75 | 55 | 41 | 40 | 20 |

① 중앙값은 55이다.
② 표본평균은 중앙값보다 작다.
③ 최빈값은 54와 81이다.
④ 자료의 범위는 61이다.

해설 이 자료에 대한 중앙값, (표본)평균, 최빈값, 범위를 구하면 다음과 같다.
• 자료를 오름차순으로 정리한 뒤 (20, 40, 41, 54, 54, 55, 56, 58, 75, 81, 81) 가장 가운데 있는 값 55가 중앙값이다. 또는 자료의 개수 $n = 11$이 홀수이므로 $\frac{n+1}{2} = \frac{11+1}{2} = 6$번째 값 55가 중앙값이다.
• (표본)평균은 $\frac{58+54+\cdots+20}{11} = \frac{615}{11} ≒ 56$이다.
• 54와 81이 두 번씩 확인되므로 최빈값은 54와 81이다.
• 범위는 최댓값과 최솟값의 차이이므로 $81 - 20 = 61$이다.

028
측도의 단위가 관측치의 단위와 다른 것은? 2020년 4회

① 평균
② 중앙값
③ 표준편차
④ 분산

해설 평균, 중앙값, 표준편차의 단위는 관측치의 단위와 같으나, 분산의 단위는 관측치 단위의 제곱이 된다. 예를 들어 20명의 키(센티미터)에 대한 분산의 단위는 제곱센티미터이다.

029
산포도에 관한 설명으로 틀린 것은? 2020년 4회

① 관측값들이 평균으로부터 멀리 떨어져 나타날수록 분산은 커진다.
② 범위는 변수값으로 측정된 관측값들 중에서 가장 큰 값과 가장 작은 값의 절대적인 차이를 말한다.
③ 분산은 편차의 절댓값들의 평균이다.
④ 표준편차는 분산의 음이 아닌 제곱근이다.

해설 분산은 편차의 제곱의 평균이며, 편차의 절댓값들의 평균은 평균편차(Mean Deviation)라고 한다.

030
분산과 표준편차에 관한 설명으로 틀린 것은? 2020년 1·2회

① 분산이 크다는 것은 각 측정치가 평균으로부터 멀리 떨어져 있다는 것을 의미한다.
② 분산도를 구하기 위해 분산과 표준편차는 각각의 편차를 제곱하는 방법을 사용한다.
③ 분산은 관찰값에서 관찰값들의 평균값을 뺀 값의 제곱의 합계를 관찰 개수로 나눈 값이다.
④ 표준편차는 분산의 값을 제곱한 것과 같다.

해설 표준편차는 분산의 음이 아닌 제곱근이다.

PLUS ③ '관찰 개수'로 나눈 값이라는 설명은 모분산에 대한 것이며, 표본분산은 '관찰 개수 −1'로 나눈다.

| 정답 | 025 ④ 026 ② 027 ② 028 ④ 029 ③ 030 ④

031

분산에 관한 설명으로 틀린 것은? 2019년 3회

① 편차 제곱의 평균이다.
② 분산은 양수 또는 음수를 취한다.
③ 자료가 모두 동일한 값이면 분산은 0이다.
④ 자료가 평균에 밀집할수록 분산의 값은 작아진다.

해설 (모)분산은 편차의 제곱의 합을 자료의 수로 나눈 값이므로 음수가 될 수 없으며, 0 또는 양수를 취한다.

032

어느 학교에서 A반과 B반의 영어점수는 평균과 범위가 모두 동일하고, 표준편차는 A반이 15점, B반이 5점이었다. 이 자료를 기초로 내릴 수 있는 결론으로 맞는 것은? 2022년 1회

① A반 학생의 점수가 B반 학생보다 평균점수 근처에 더 많이 몰려 있다.
② B반 학생의 점수가 A반 학생보다 평균점수 근처에 더 많이 몰려 있다.
③ (평균점수±1×표준편차)의 범위 안에 들어 있는 학생들의 수는 A반이 B반보다 3배가 더 많다.
④ (평균점수±1×표준편차)의 범위 안에 들어 있는 학생들의 수는 A반이 B반에 비해 1/3밖에 되지 않는다.

해설 분산이 크다는 것은 각 측정치가 평균으로부터 멀리 떨어져 있어 흩어짐이 크다는 의미이다. A반이 B반보다 표준편차가 크므로 A반 학생의 점수가 평균점수로부터 멀리 흩어져 있으며, B반 학생의 점수가 평균점수 근처에 더 많이 몰려 있을 것으로 결론을 내릴 수 있다.

033

다음은 A병원과 B병원에서 각각 6명의 환자를 상대로 환자가 병원에 도착하여 진료서비스를 받기까지의 대기시간(단위: 분)을 조사한 것이다. 두 병원의 진료서비스 대기시간에 대한 비교로 옳은 것은? 2020년 3회

| A병원 | 17 | 32 | 5 | 19 | 20 | 9 |
| B병원 | 10 | 15 | 17 | 17 | 23 | 20 |

① A병원의 평균＝B병원의 평균, A병원의 분산 < B병원의 분산
② A병원의 평균＝B병원의 평균, A병원의 분산 > B병원의 분산
③ A병원의 평균 > B병원의 평균, A병원의 분산 < B병원의 분산
④ A병원의 평균 < B병원의 평균, A병원의 분산 > B병원의 분산

해설 두 병원의 (표본)평균을 구하면 다음과 같다.
- A병원의 평균 $\frac{17+32+5+19+20+9}{6} = 17$(분)
- B병원의 평균 $\frac{10+15+17+17+23+20}{6} = 17$(분)

두 병원의 (표본)분산을 구하면 다음과 같다.
- A병원의 분산 $\frac{(17-17)^2+(32-17)^2+\cdots+(9-17)^2}{6-1} = 89.2$
- B병원의 분산 $\frac{(10-17)^2+(15-17)^2+\cdots+(20-17)^2}{6-1} = 19.6$

따라서 평균은 두 병원이 같고, 분산은 B병원이 더 작다.

TIP 수직선상에 관측값을 표시하면 A병원의 관측값(▲)이 B병원의 관측값(●)보다 평균으로부터 멀리 떨어져 나타남을 바로 확인할 수 있다.

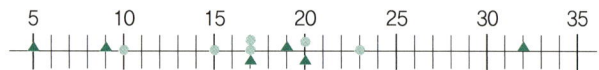

| 정답 | 031 ② 032 ② 033 ②

034

다음 중 표준편차가 가장 큰 자료는? 2022년 2회

① 3 4 5 6 7
② 3 3 5 7 7
③ 3 5 5 5 7
④ 5 6 7 8 9

해설 표준편차를 비교하기 위해 평균과 분산을 구해야 한다.

- 3, 4, 5, 6, 7의 평균 $\frac{3+4+5+6+7}{5}=5$,

  분산 $\frac{(3-5)^2+\cdots+(7-5)^2}{5}=\frac{10}{5}$

- 3, 3, 5, 7, 7의 평균 $\frac{3+3+5+7+7}{5}=5$,

  분산 $\frac{(3-5)^2+\cdots+(7-5)^2}{5}=\frac{16}{5}$

- 3, 5, 5, 5, 7의 평균 $\frac{3+5+5+5+7}{5}=5$,

  분산 $\frac{(3-5)^2+\cdots+(7-5)^2}{5}=\frac{8}{5}$

- 5, 6, 7, 8, 9의 평균 $\frac{5+6+7+8+9}{5}=7$,

  분산 $\frac{(5-7)^2+\cdots+(9-7)^2}{5}=\frac{10}{5}$

따라서 표준편차가 가장 큰 자료는 분산이 가장 큰 3, 3, 5, 7, 7 자료이다.

035

평균이 50이고, 표준편차가 10인 어떤 자료에 값이 모두 동일하게 10인 6개의 자료를 더 추가하였다. 표준편차의 변화는? 2024년 2회

① 당초의 표준편차보다 더 커진다.
② 당초의 표준편차보다 더 작아진다.
③ 변하지 않는다.
④ 판단할 수 없다.

해설 표준편차가 클수록 자료가 평균에서 멀리 떨어져 있음을 의미한다. 표준편차가 10인 자료에 편차가 −40인 10을 값으로 갖는 6개의 자료를 추가하면 당초의 표준편차보다 더 커진 표준편차를 갖게 된다.

036

20개로 이루어진 자료를 순서대로 나열하면 다음과 같을 때, 중위수와 사분위 범위(Interquartile Range)의 값을 순서대로 나열한 것은? 2021년 1회

| 29 32 33 34 37 39 39 39 40 40 |
| 42 43 44 44 45 45 46 47 49 55 |

① 40, 7
② 40, 8
③ 41, 7
④ 41, 8

해설 사분위수는 크기 순서에 따라 늘어놓은 자료를 사등분할 때, 25%, 50%, 75% 위치의 값이다. 이때 50% 위치의 값이 중위수이고, 75% 위치의 값(제3사분위수)과 25% 위치의 값(제1사분위수)의 차가 사분위 범위(IQR)이다.

- 자료의 개수 $n=20$으로 짝수 개이므로 중위수는 $\frac{n}{2}=\frac{20}{2}=10$번째 값 40과 $\frac{n}{2}+1=\frac{20}{2}+1=11$번째 값 42의 평균이다. 따라서 중위수는 $\frac{40+42}{2}=41$이다.

- 25% 위치의 값(제1사분위수)은 첫 번째 자료부터 열 번째 자료까지의 중위수와 같다. 이때 $n=10$이므로 $\frac{n}{2}=\frac{10}{2}=5$번째 값 37과 $\frac{n}{2}+1=\frac{10}{2}+1=6$번째 값 39의 평균 $\frac{37+39}{2}=38$이 중위수가 되며, 전체 자료의 25% 위치의 값이 된다.

75% 위치의 값(제3사분위수)은 열한 번째 자료부터 스무 번째 자료까지의 중위수와 같다. 같은 방법으로 5번째 값 45와 6번째 값 45의 평균 $\frac{45+45}{2}=45$가 중위수가 되며, 전체 자료의 75% 위치의 값이 된다. 따라서 사분위수 범위는 $45-38=7$이다.

037

어느 한 집단에 대해서 신체검사를 하였다. 신체검사 결과 키와 발의 산포 크기를 비교하고자 할 때 가장 적합한 것은? 2017년 1회

① 변동계수
② 분산
③ 표준편차
④ 결정계수

해설 키(cm)와 발(mm)은 측정 단위가 다르다. 이와 같이 측정 단위가 다른 두 자료의 산포 크기를 비교하고자 할 때에는 변동계수가 적합하다.

| 정답 | 034 ② 035 ① 036 ③ 037 ①

038

변동계수(Coefficient of Variation)에 대한 설명으로 틀린 것은? 2021년 3회

① 변동계수는 0 이상, 1 이하의 값을 갖는다.
② 변동계수는 단위에 의존하지 않는 통계량이다.
③ 상대적인 산포의 측도로서 표준편차를 평균으로 나눈 값으로 정의된다.
④ 단위가 서로 다르거나 집단 간에 평균의 차이가 큰 산포를 비교하는 데 유용하게 사용된다.

해설 변동계수는 표준편차를 평균으로 나눈 값이다. 이때 표준편차는 항상 양수이므로 평균의 값에 따라 변동계수가 0 이하의 값을 가질 수 있다.

039

평균이 40, 중앙값이 38, 표준편차가 4일 때 변이계수(Coefficient of Variation)는? 2021년 1회

① 4%
② 10%
③ 10.5%
④ 40%

해설 변이계수(변동계수)는 표준편차를 평균으로 나눈 값이므로 $\frac{4}{40}=0.1$, 즉 10%이다.

040

어떤 PC방을 이용하는 고객 중 무작위로 추출된 100명의 고객들을 대상으로 나이를 조사하여 다음 결과를 얻었다. 변동계수(Coefficient of Variation)는? 2023년 3회

> 평균=24, 중앙값=22, 범위=20, 분산=36

① 36%
② 25%
③ 10%
④ 1.5%

해설 변동계수는 표준편차를 평균으로 나눈 값이므로 $\frac{\sqrt{분산}}{평균} = \frac{\sqrt{36}}{24} = \frac{6}{24} = \frac{1}{4}$이다. 백분율로 나타내면 $\frac{1}{4} \times 100 = 25\%$이다.

041

크기가 5인 확률표본에 대해 $\sum_{i=1}^{5} x_i = 10$과 $\sum_{i=1}^{5} x_i^2 = 30$을 얻었다면, 표본변이계수(Coefficient of Variation)는? 2022년 3회

① 0.5
② 0.79
③ 1.0
④ 1.26

해설 (표본)변이계수는 (표본)표준편차를 (표본)평균으로 나눈 값이다.

표본의 평균은 $\frac{\sum_{i=1}^{5} x_i}{5} = \frac{10}{5} = 2$이고 표본의 분산은 $S^2 = \frac{\sum_{i=1}^{5} x_i^2 - n\bar{x}^2}{n-1}$

$= \frac{30 - 5 \times 2^2}{5-1} = 2.5$로 표준편차는 $\sqrt{2.5}$이다.

따라서 표본변이계수는 $\frac{\sqrt{2.5}}{2} \approx 0.79$이다.

042

남자직원과 여자직원의 임금을 조사하여 다음과 같은 결과를 얻었다. 변동(변이)계수에 근거한 남녀 직원 임금의 산포에 관한 설명으로 맞는 것은? 2021년 2회

성별	임금평균 (단위: 천 원)	표준편차 (단위: 천 원)
남자	2,000	40
여자	1,500	30

① 남자직원 임금의 산포가 더 크다.
② 여자직원 임금의 산포가 더 크다.
③ 이 정보로는 산포를 설명할 수 없다.
④ 남자직원과 여자직원의 임금의 산포가 같다.

해설 변동(변이)계수는 표준편차를 평균으로 나눈 값이므로, 남자직원 임금의 변동계수는 $\frac{40}{2,000} = 0.02$, 여자직원 임금의 변동계수는 $\frac{30}{1,500} = 0.02$이다. 남녀직원 임금의 변동계수가 0.02로 동일하므로 남자직원과 여자직원의 임금의 산포는 같다.

|정답| 038 ① 039 ② 040 ② 041 ② 042 ④

043

초등학생과 대학생의 용돈의 평균과 표준편차가 다음과 같을 때 변동계수를 비교한 결과로 옳은 것은?   2020년 1·2회

구분	평균	표준편차
초등학생	130,000	2,000
대학생	200,000	3,000

① 초등학생 용돈이 대학생 용돈보다 상대적으로 더 평균에 밀집되어 있다.
② 대학생 용돈이 초등학생 용돈보다 상대적으로 더 평균에 밀집되어 있다.
③ 초등학생 용돈과 대학생 용돈의 변동계수는 같다.
④ 평균이 다르므로 비교할 수 없다.

해설 초등학생의 용돈에 대한 변동계수는 $\frac{2{,}000}{130{,}000} \fallingdotseq 0.0154$, 대학생 용돈에 대한 변동계수는 $\frac{3{,}000}{200{,}000} = 0.0150$이므로 대학생 용돈에 대한 변동계수가 더 작다. 따라서 대학생 용돈이 초등학생 용돈보다 상대적으로 더 평균에 밀집되어 있다고 할 수 있다.

044

어떤 기업체의 인문사회계열 출신 종업원 평균급여는 140만 원, 표준편차는 42만 원이고, 공학계열 출신 종업원 평균급여는 160만 원, 표준편차는 44만 원일 때의 설명으로 틀린 것은?   2020년 3회

① 공학계열 종업원의 평균급여 수준이 인문사회계열 종업원의 평균급여 수준보다 높다.
② 인문사회계열 종업원 중 공학계열 종업원보다 급여가 더 높은 사람도 있을 수 있다.
③ 공학계열 종업원들 급여에 대한 중앙값이 인문사회 계열 종업원들 급여에 대한 중앙값보다 크다고 할 수는 없다.
④ 인문사회계열 종업원들의 급여가 공학계열 종업원들의 급여에 비해 상대적으로 산포도를 나타내는 변동계수가 더 작다.

해설 인문사회계열 출신 종업원 평균급여에 대한 변동계수는 $\frac{42}{140} = 0.3$, 공학계열 출신 종업원 평균급여에 대한 변동계수는 $\frac{44}{160} = 0.275$이다. 따라서 인문사회계열 종업원들의 급여가 공학계열 종업원들의 급여에 비해 상대적으로 산포도를 나타내는 변동계수가 더 크다.

045

A고등학교의 시험 결과가 아래 표와 같다. 자료에 대한 설명으로 가장 적합한 것은?   2024년 1회

구분	평균	표준편차
1반	73.5	8.3
2반	73.5	20.4

① 1반과 2반의 성적은 평균값이 같으므로 같다.
② 1반은 2반에 비해 성적 차이가 크지 않다.
③ 2반은 1반에 비해 성적이 좋다.
④ 2반의 표준편차가 더 크므로 최고점의 학생은 항상 2반에 있다.

해설 변동계수를 구하여 두 반의 성적 차이를 확인해 볼 수 있다.
- 1반의 변동계수: $\frac{8.3}{73.5} \fallingdotseq 0.113$
- 2반의 변동계수: $\frac{20.4}{73.5} \fallingdotseq 0.278$

즉, 1반의 변동계수 0.113이 2반의 변동계수 0.278보다 작으므로 1반이 2반에 비해 성적 차이가 크지 않다고 할 수 있다.

046

비대칭도(Skewness)에 관한 설명으로 틀린 것은?   2022년 1회

① 비대칭도의 값이 1이면 좌우대칭형인 분포를 나타낸다.
② 비대칭도는 대칭성 혹은 비대칭성을 나타내는 측도이다.
③ 비대칭도의 부호는 관측값 분포의 긴 쪽 꼬리방향을 나타낸다.
④ 비대칭도의 값이 음수이면 자료의 분포형태가 왼쪽으로 꼬리를 길게 늘어뜨린 모양을 나타낸다.

해설 비대칭도(왜도)는 자료분포의 모양이 어느 쪽으로 얼마만큼 기울어져 있는지, 즉 대칭성 혹은 비대칭성을 나타내는 측도이다. 비대칭도의 값이 0이면 정규분포와 같이 좌우대칭형인 모양, 음수이면 왼쪽으로 꼬리를 길게 늘어뜨린 모양, 양수이면 오른쪽으로 꼬리를 길게 늘어뜨린 모양이다.

| 정답 | 043 ② 044 ④ 045 ② 046 ①

047

어느 중학교 1학년의 신장을 조사한 결과, 평균이 136.5 cm, 중앙값은 130.0 cm, 표준편차가 2.0 cm이었다. 학생들의 신장의 분포에 대한 설명으로 옳은 것은? 2020년 1·2회

① 오른쪽으로 긴 꼬리를 갖는 비대칭분포이다.
② 왼쪽으로 긴 꼬리를 갖는 비대칭분포이다.
③ 좌우 대칭분포이다.
④ 대칭분포인지 비대칭분포인지 알 수 없다.

해설 자료의 분포가 '평균=중앙값=최빈값'이면 좌우대칭이며, '평균 > 중앙값 > 최빈값'이면 오른쪽으로 꼬리가 긴 분포이고, '평균 < 중앙값 < 최빈값'이면 왼쪽으로 꼬리가 긴 분포이다. 평균(136.5 cm) > 중앙값(130.0 cm)이므로 오른쪽으로 긴 꼬리를 갖는 비대칭분포이다.

048

서울 지역 300개 고등학교에서 각각 100명씩 추출하여 평균 키를 측정하였다. 측정된 자료의 중앙값, 평균, 최빈값에 대한 표현으로 적합한 것은? (단, a는 중앙값, b는 평균값, c는 최빈값이다) 2022년 1회

① $a > b > c$ ② $a = b > c$
③ $a < b < c$ ④ $a = b = c$

해설 서울 지역 300개 고등학교에서 100명씩 추출한 자료는 그 개수($300 \times 100 = 30{,}000$)가 충분히 크기 때문에 측정된 자료는 중앙값, 평균, 최빈값이 모두 같은 좌우대칭형일 가능성이 크다. 따라서 $a = b = c$로 표현하는 것이 적합하다.

049

자료들의 분포형태와 대푯값에 관한 설명으로 옳은 것은? 2018년 2회

① 오른쪽 꼬리가 긴 분포에서는 중앙값이 평균보다 크다.
② 왼쪽 꼬리가 긴 분포에서는 '최빈값 < 평균 < 중앙값' 순이다.
③ 중앙값은 분포와 무관하게 최빈값보다 작다.
④ 비대칭의 정도가 강한 경우에는 대푯값으로 평균보다 중앙값을 사용하는 것이 더 바람직하다고 할 수 있다.

해설 ① 오른쪽으로 꼬리를 길게 늘어뜨린 분포(왼쪽으로 치우친 모양)는 '평균 > 중앙값 > 최빈값'의 관계가 성립한다. 따라서 중앙값이 평균보다 작다.
② 왼쪽으로 꼬리를 길게 늘어뜨린 분포(오른쪽으로 치우친 모양)는 '평균 < 중앙값 < 최빈값'의 관계가 성립한다.
③ 분포에 따라 중앙값은 최빈값보다 작을 수도 있고, 클 수도 있다.

050

피어슨의 비대칭도를 대표치들 간의 관계식으로 바르게 나타낸 것은? (단, $\overline{X}$: 산술평균, Me: 중위수, Mo: 최빈수이다) 2022년 2회

① $\overline{X} - Mo \fallingdotseq 3(Me - \overline{X})$
② $Mo - \overline{X} \fallingdotseq 3(Mo - Me)$
③ $\overline{X} - Mo \fallingdotseq 3(\overline{X} - Me)$
④ $Mo - \overline{X} \fallingdotseq 3(Me - Mo)$

해설 피어슨의 비대칭도는 $\dfrac{\overline{X} - Mo}{S} \cong \dfrac{3(\overline{X} - Me)}{S}$(단, S는 표준편차)이므로 대푯값들 간에 $\overline{X} - Mo \fallingdotseq 3(\overline{X} - Me)$라는 관계식이 성립한다.

| 정답 | 047 ① 048 ④ 049 ④ 050 ③

051

표본으로 추출된 6명의 학생이 지원했던 여름방학 아르바이트의 수가 다음과 같이 정리되었다.   2020년 4회

| 10 3 3 6 4 7 |

피어슨의 비대칭계수(p)에 근거한 자료의 분포에 관한 설명으로 옳은 것은?

① 비대칭계수의 값이 0에 근사하여 좌우대칭형 분포를 나타낸다.
② 비대칭계수의 값이 양의 값을 나타내어 왼쪽으로 꼬리를 늘어뜨린 비대칭분포를 나타낸다.
③ 비대칭계수의 값이 음의 값을 나타내어 왼쪽으로 꼬리를 늘어뜨린 비대칭분포를 나타낸다.
④ 비대칭계수의 값이 양의 값을 나타내어 오른쪽으로 꼬리를 늘어뜨린 비대칭분포를 나타낸다.

해설 표본평균 $\overline{X}$, 최빈값 Mo, 중앙값 Me 사이에 피어슨의 비대칭계수 관계식 $p \cong \dfrac{\overline{X}-Mo}{S} \cong \dfrac{3(\overline{X}-Me)}{S}$ 이 성립한다. 이때 $\overline{X}=Mo$이면 $p=0$, $\overline{X}>Mo$이면 $p>0$, $\overline{X}<Mo$이면 $p<0$이다. 자료의 평균 $\overline{X}=5$, 최빈값 $Mo=3$에서 $\overline{X}>Mo$이므로 $p>0$이며, 평균이 최빈값보다 크므로 오른쪽으로 꼬리를 늘어뜨린 비대칭분포를 나타낸다.

052

다음 중 첨도가 가장 큰 분포는?   2019년 2회

① 표준정규분포
② 자유도가 1인 t-분포
③ 평균 = 0, 표준편차 = 0.1인 정규분포
④ 평균 = 0, 표준편차 = 5인 정규분포

해설 첨도는 분포도가 얼마나 중심에 집중되어 있는지, 즉 분포의 중심이 얼마나 뾰족한지를 나타내는 측도이다. 정규분포의 첨도는 3이며, 정규분포와 비슷한 t-분포는 정규분포보다 중심이 뾰족하고 꼬리가 두꺼워 첨도가 3보다 크다. 그러나 자유도($n-1$)가 무한대로 접근할수록 정규분포로 접근하므로 첨도도 3으로 가까워진다.

053

다음 6개 자료의 통계량에 대한 설명으로 틀린 것은?   2021년 2회

| 2 2 2 3 4 5 |

① 평균은 3이다.
② 최빈값은 2이다.
③ 중앙값은 2.5이다.
④ 왜도는 0보다 작다.

해설 이 자료에 대한 평균, 최빈값, 중앙값, 왜도를 구하면 다음과 같다.

- 평균은 $\dfrac{2+2+2+3+4+5}{6} = \dfrac{18}{6} = 3$이다.
- 2가 세 번 확인되므로 최빈값은 2이다.
- 자료를 오름차순으로 정리한 뒤(2, 2, 2, 3, 4, 5), 자료의 개수 $n=6$이 짝수이므로 $\dfrac{n}{2}=\dfrac{6}{2}=3$번째 값 2와 $\dfrac{n}{2}+1=\dfrac{6}{2}+1=4$번째 값 3의 평균 $\dfrac{2+3}{2}=2.5$가 중앙값이다.
- 최빈값(2) < 중앙값(2.5) < 평균(3)이므로 왜도는 0보다 크다.

054

다음은 가전제품 서비스센터에서 어느 특정한 날 하루 동안 신청받은 애프터서비스 건수이다. 자료에 대한 설명으로 틀린 것은?   2017년 2회

| 9 10 4 16 6 13 12 |

① 평균과 중앙값은 10으로 동일하다.
② 범위는 12이다.
③ 왜도는 0이다.
④ 편차들의 총합은 0이다.

해설 이 자료에 대한 평균, 중앙값, 범위, 왜도를 구하면 다음과 같다.

- 평균은 $\dfrac{9+10+4+16+6+13+12}{7} = \dfrac{70}{7} = 10$이다.
- 자료를 오름차순으로 정리한 뒤(4, 6, 9, 10, 12, 13, 16) 가장 가운데 있는 값 10이 중앙값이다. 또는 자료의 개수 $n=7$이 홀수이므로 $\dfrac{n+1}{2}=\dfrac{7+1}{2}=4$번째 값 10이 중앙값이다.
- 범위는 최댓값과 최솟값의 차이이므로 $16-4=12$이다.
- 왜도가 0이라면 좌우대칭인 분포이다. 평균과 중앙값이 10으로 동일하지만 자료들이 10을 기준으로 좌우대칭을 이루지 않으므로 왜도가 0이라고 할 수 없다.
- 모든 편차들의 총합은 항상 0이다.

| 정답 | 051 ④　052 ②　053 ④　054 ③

CHAPTER 02

확률분포

핵심이론(1권) p.223

001

5명의 남자와 7명의 여자로 구성된 그룹으로부터 2명의 남자와 3명의 여자로 구성되는 위원회를 조직하고자 한다. 위원회를 구성하는 방법은 몇 가지인가?　　2017년 3회

① 300　　　　　　② 350
③ 400　　　　　　④ 450

해설 5명의 남자 중에서 2명을 선택하고, 7명의 여자 중에서 3명을 선택하는 방법은 서로 다른 n개에서 순서를 생각하지 않고 $r(0 \le r \le n)$개를 택하는 경우이므로 조합으로 그 수를 구하면 $_5C_2$와 $_7C_3$이다. 그리고 두 사건이 동시에 일어나므로 곱의 법칙을 이용하면 $_5C_2 \times _7C_3 = \frac{5 \times 4}{2 \times 1} \times \frac{7 \times 6 \times 5}{3 \times 2 \times 1} = 350$ 가지이다.

002

구분되지 않는 n개의 공을 서로 다른 r개의 항아리에 넣는 방법의 수는? (단, $r \le n$이고, 모든 항아리에는 최소한 1개 이상의 공이 들어가야 한다)　　2021년 2회

① $\binom{n-1}{r-1}$　　　　② r^n
③ $\binom{n-1}{r}$　　　　④ $\binom{n}{r}$

해설 구분되지 않는 n개의 공을 서로 다른 r개의 항아리에 넣는데, 모든 항아리에 최소한 1개 이상의 공이 들어가야 하므로 각 항아리에 우선 1개의 공을 넣고 $(n-r)$개의 공을 서로 다른 r개의 항아리에 넣는 방법의 수를 구하면 된다. 즉, 서로 다른 r개의 항아리 중에서 중복을 허락하여 $(n-r)$개를 택하는 것과 같으므로 중복조합으로 그 수를 구한다.

따라서 $_rH_{n-r} = _{r+n-r-1}C_{n-r} = _{n-1}C_{n-r} = _{n-1}C_{n-1-(n-r)}$
$= _{n-1}C_{r-1}$, 즉 $\binom{n-1}{r-1}$이다.

003

항아리 속에 흰 구슬 2개, 붉은 구슬 3개, 검은 구슬 5개가 들어 있다. 이 항아리에서 임의로 구슬 3개를 꺼낼 때, 흰 구슬 2개와 검은 구슬 1개가 나올 확률은?　　2019년 3회

① 1/24　　　　　　② 9/40
③ 3/10　　　　　　④ 1/5

해설 항아리에서 임의로 구슬 3개를 꺼내는 경우의 수는 서로 다른 10개의 구슬에서 순서를 생각하지 않고 3개를 택하는 경우이므로 $_{10}C_3 = \frac{10 \times 9 \times 8}{3 \times 2 \times 1} = 120$이다. 흰 구슬 2개가 나오는 경우의 수는 $_2C_2 = 1$, 검은 구슬 1개가 나올 경우의 수는 $_5C_1 = 5$이고, 두 사건이 동시에 일어나는 경우의 수는 곱의 법칙에 의해 $_2C_2 \times _5C_1 = 5$이다. 따라서 이 항아리에서 임의로 구슬 3개를 꺼낼 때 흰 구슬 2개와 검은 구슬 1개가 나올 확률은 $\frac{5}{120} = \frac{1}{24}$이다.

004

10개의 전구가 들어 있는 상자가 있다. 그중 불량품이 2개가 포함되어 있다. 이 상자에서 전구 4개를 비복원으로 추출하여 검사할 때 불량품이 1개 포함될 확률은?　　2018년 1회

① 0.076　　　　　② 0.25
③ 0.53　　　　　　④ 0.8

해설 10개의 전구 중 4개를 뽑는 경우의 수는 $_{10}C_4$이다. 정품이 3개, 불량품이 1개가 포함될 경우는 정품 8개 중에서 3개를 뽑고 불량품 2개 중에서 1개를 뽑는 것과 같으므로 정품 8개 중 3개를 뽑는 경우의 수는 $_8C_3$, 불량품 2개 중 1개를 뽑는 경우의 수는 $_2C_1$이고, 두 사건이 동시에 일어나는 경우의 수는 곱의 법칙에 의해 $_8C_3 \times _2C_1$이다. 따라서 확률은 $\frac{_8C_3 \times _2C_1}{_{10}C_4} = \frac{\frac{8 \times 7 \times 6}{3 \times 2 \times 1} \times 2}{\frac{10 \times 9 \times 8 \times 7}{4 \times 3 \times 2 \times 1}} \approx 0.53$이다.

| 정답 | 001 ② 　002 ① 　003 ① 　004 ③

005

지수의 필통에는 형광펜 4자루와 볼펜 3자루가 들어 있고, 동환이의 필통에는 볼펜 4자루와 형광펜 3자루가 들어 있다. 임의로 선택된 한 필통에서 펜을 한 자루 꺼낼 때 그 펜이 형광펜일 확률은?

2021년 3회

① 1/5
② 1/4
③ 1/3
④ 1/2

해설 지수의 필통에서 형광펜 한 자루를 꺼낼 사건을 A, 동환이의 필통에서 형광펜 한 자루를 꺼낼 사건을 B라 할 때, 임의로 한 필통을 선택할 확률은 $\frac{1}{2}$이므로 $P(A) = \frac{1}{2} \times \frac{4}{7} = \frac{2}{7}$, $P(B) = \frac{1}{2} \times \frac{3}{7} = \frac{3}{14}$ 이다. 두 사건 A와 B는 배반사건이므로 $P(A \cup B) = P(A) + P(B)$ 이다. 따라서 임의로 선택된 한 필통에서 펜을 한 자루 꺼낼 때 그 펜이 형광펜일 확률은 $\frac{2}{7} + \frac{3}{14} = \frac{1}{2}$ 이다.

006

3개의 공정한 동전을 던질 때 적어도 앞면이 하나 이상 나올 확률은?

2018년 3회

① 7/8
② 6/8
③ 5/8
④ 4/8

해설 세 개의 공정한 동전을 던질 때 적어도 앞면이 하나 이상 나올 확률은 전체 확률 1에서 세 개의 동전 모두 뒷면이 나올 확률을 뺀 값이다. 한 개의 동전을 던질 때 뒷면이 나올 확률은 $\frac{1}{2}$ 이고, 각 사건은 독립이므로 모두 뒷면이 나올 확률은 $\left(\frac{1}{2}\right)^3$ 이다.

따라서 세 개의 공정한 동전을 던질 때 적어도 앞면이 하나 이상 나올 확률은 $1 - \left(\frac{1}{2}\right)^3 = \frac{7}{8}$ 이다.

TIP 세 개의 공정한 동전을 던지면 (H, H, H), (H, H, T), (H, T, H), (T, H, H), (H, T, T), (T, H, T), (T, T, H), (T, T, T) 총 8가지가 나오고, 적어도 앞면이 하나 이상 나올 확률은 총 7가지이므로 $\frac{7}{8}$ 이다.

007

8개의 붉은 구슬과 2개의 푸른 구슬이 들어 있는 주머니가 있다. 10명이 차례로 주머니에서 구슬을 하나씩 꺼내 가질 때, 2번째 사람이 푸른 구슬을 꺼내 가지게 될 확률은 얼마인가?

① 1/4
② 1/5
③ 2/5
④ 3/5

해설 총 10개(붉은색 8, 푸른색 2)의 구슬을 중복 없이 10명이 순서대로 하나씩 꺼낼 때, 2번째 사람이 푸른 구슬을 가지게 되는 경우는 두 가지이다.

1) 첫 번째 붉은 구슬, 두 번째 푸른 구슬을 뽑을 확률은
$\frac{8}{10} \times \frac{2}{9} = \frac{16}{90}$

2) 첫 번째 푸른 구슬, 두 번째 푸른 구슬을 뽑을 확률은
$\frac{2}{10} \times \frac{1}{9} = \frac{2}{90}$

따라서 전체 확률은 $\frac{16}{90} + \frac{2}{90} = \frac{18}{90} = \frac{1}{5}$ 이다.

008

어떤 공장에서 생산된 전자제품 중 5개의 표본에서 1개 이상의 부적합품이 발견되면, 그날의 생산된 전제품을 불합격으로 처리하고 그렇지 않으면 합격으로 처리한다. 이 공장의 생산 공정의 모부적합품률이 0.1일 때, 어느 날 생산된 전제품이 불합격 처리될 확률은? (단, $9^5 = 59049$)

2021년 1회

① 0.10745
② 0.28672
③ 0.40951
④ 0.42114

해설 하루 생산된 전제품이 불합격 처리되려면 5개 표본 중 적어도 한 개 이상의 부적합품이 있어야 한다. 이는 전체 확률 1에서 5개 표본 모두가 적합품일 확률을 제외하여 구할 수 있다.

모집단의 부적합품률이 0.1이므로 모적합품률은 0.9이고, 5개 표본 모두가 적합품일 확률은 $(0.9)^5 = \frac{9^5}{10^5} = \frac{59,049}{100,000} = 0.59049$ 이다.

따라서 구하는 확률은 $1 - 0.59049 = 0.40951$ 이다.

| 정답 | 005 ④ 006 ① 007 ② 008 ③

009

혈액검사의 결과 Rh-형일 확률은 0.05라고 한다. 임의로 두 사람의 혈액을 검사했을 때 확률값이 0.1에 가까운 것은?

① 두 사람 모두 Rh-일 확률
② 두 사람 모두 Rh+일 확률
③ 두 사람 중 적어도 한 사람은 Rh-일 확률
④ 한 사람은 Rh- 그리고 나머지 한 사람은 Rh+일 확률

해설 주어진 확률 P(Rh-)=0.05, 즉 개인이 Rh-형일 확률이 5%일 때 서로 독립인 두 사람에 대해 특정 사건이 일어날 확률을 비교해야 한다.
① 두 사람 모두 Rh-일 확률은 P(Rh- and Rh-)=0.05×0.05=0.0025
② 두 사람 모두 Rh+일 확률은 P(Rh+ and Rh+)=0.95×0.95=0.9025
③ 두 사람 중 적어도 한 사람은 Rh-일 확률은 1-P(둘 다 Rh+)
 =1-0.9025=0.0975
④ 한 사람은 Rh-, 나머지 한 사람은 Rh+일 확률은 다음 두 가지 상황을 포함한다.
 • 첫 번째 Rh-, 두 번째 Rh+ → 0.05×0.95
 • 첫 번째 Rh+, 두 번째 Rh- → 0.95×0.05
 • 두 확률을 합치면 0.05×0.95+0.95×0.05=2×0.0475=0.095
따라서 0.1에 가장 가까운 값은 '두 사람 중 적어도 한 사람은 Rh-일 확률'이다.

010

$P(A)=0.4$, $P(B)=0.2$, $P(B|A)=0.4$일 때 $P(A|B)$는?

2018년 2회

① 0.4
② 0.5
③ 0.6
④ 0.8

해설 조건부 확률 $P(B|A)=\dfrac{P(A\cap B)}{P(A)}$를 이용하면
$P(A\cap B)=P(B|A)P(A)=0.4\times0.4=0.16$이다.
따라서 $P(A|B)=\dfrac{P(A\cap B)}{P(B)}=\dfrac{0.16}{0.2}=0.8$이다.

011

어느 대학의 학생 중 40%가 여성이고 그중 10%는 아르바이트를 한다. 그 대학교에서 임의로 한 학생을 뽑았을 때 아르바이트를 하는 여성일 확률은?

① 0.01
② 0.04
③ 0.25
④ 0.4

해설 전체 학생 중 여성의 비율이 40%, 즉 $P(여성)=0.40$, 여성 중 아르바이트를 하는 비율이 10%, 즉 $P(아르바이트|여성)=0.10$이고, '임의로 한 학생을 뽑았을 때 아르바이트를 하는 여성'의 확률은 $P(아르바이트|여성)=P(여성)\times P(아르바이트|여성)=0.40\times0.10=0.04$이다.

012

어떤 상품에 대한 시장조사 결과 다음과 같은 자료를 얻었다. 한 사람을 임의로 선택했을 때 그 사람이 유튜브 광고를 시청한 경우, 상품을 구입했을 조건부 확률은 얼마인가?

	유튜브 광고 시청했음(S)	유튜브 광고 시청 안 했음(T)
상품 구입함(W)	40	60
상품 구입하지 않음(Q)	60	40

① 0.4
② 0.5
③ 0.6
④ 0.7

해설 유튜브 광고를 시청한 사람(S) 중 상품을 구입(W)한 사람의 조건부 확률 $P(W|S)$은
$P(W|S)=\dfrac{P(W\cap S)}{P(S)}=\dfrac{40}{100}=0.4$, 즉 0.4 또는 40%이다.

| 정답 | 009 ③ 010 ④ 011 ② 012 ①

013

한 학생이 경영학 과목에서 합격점수를 받을 확률은 $\frac{2}{3}$이고, 경영학과와 통계학 두 과목에서 모두 합격점수를 받을 확률은 $\frac{1}{2}$이다. 만일 이 학생이 경영학 과목에 합격했음을 알고 있다면, 통계학 과목에서 합격점수를 받았을 확률은? 2021년 3회

① 20% ② 25%
③ 50% ④ 75%

해설 한 학생이 경영학 과목에서 합격점수를 받을 사건을 A, 통계학 과목에서 합격점수를 받을 사건을 B라 하면, $P(A) = \frac{2}{3}$, $P(A \cap B) = \frac{1}{2}$이다. 이 학생이 경영학 과목에 합격했음을 알고 있을 때 통계학 과목에서 합격점수를 받았을 확률은 $P(B|A) = \frac{P(A \cap B)}{P(A)}$이므로 구하는 확률은 $\frac{1/2}{2/3} = \frac{3}{4} = 0.75$, 즉 75%이다.

014

시험을 친 학생 중 국어합격자는 50%, 영어합격자는 60%이며, 두 과목 모두 합격한 학생은 15%라고 한다. 이때 임의로 한 학생을 뽑았을 때, 이 학생이 국어에 합격한 학생이라면 영어에도 합격했을 확률은? 2020년 3회

① 10% ② 20%
③ 30% ④ 40%

해설 시험을 친 학생이 국어에 합격할 사건을 A, 영어에 합격할 사건을 B라 하면 $P(A) = 0.5$, $P(B) = 0.6$, 두 과목 모두 합격할 확률은 $P(A \cap B) = 0.15$이다. 이 학생이 국어에 합격한 학생이라면 영어에도 합격했을 확률은 $P(B|A) = \frac{P(A \cap B)}{P(A)}$이다.

따라서 구하는 확률은 $\frac{0.15}{0.5} = 0.3$, 즉 30%이다.

015

어느 경제신문사의 조사에 따르면 모든 성인의 30%가 주식투자를 하고 있고, 그중 대학졸업자는 70%라고 한다. 우리나라 성인의 40%가 대학졸업자라고 가정하고 무작위로 성인 한 사람을 뽑았을 때, 그 사람이 대학은 졸업하였으나 주식투자를 하지 않을 확률은? 2019년 3회

① 12% ② 19%
③ 21% ④ 49%

해설 성인 중 대학졸업자일 사건을 A라고 하면 $P(A) = 0.4$, 주식투자자일 사건을 B라고 하면 $P(B) = 0.3$, 주식투자를 하는 성인 중 대학졸업자일 확률은 $P(A|B) = 0.7$이다.
대학을 졸업하였고 주식투자를 할 확률은
$P(A \cap B) = P(B)P(A|B) = 0.3 \times 0.7 = 0.21$이다.
따라서 대학은 졸업하였지만 주식투자를 하지 않을 확률은
$P(A \cap B^C) = P(A - B) = P(A) - P(A \cap B) = 0.4 - 0.21 = 0.19$,
즉 19%이다.

016

기계 A에서 제품의 40%를, 기계 B에서 제품의 60%를 생산한다. 기계 A에서 생산된 제품의 부적합품률이 1%이고, 기계 B에서 생산된 제품의 부적합품률이 2%라면, 전체 부적합품률은? 2022년 1회

① 1.5% ② 1.6%
③ 1.7% ④ 1.8%

해설 제품 중 1개를 선택할 때 기계 A에서 생산된 제품일 사건을 A, 기계 B에서 생산된 제품일 사건을 B, 생산된 제품이 부적합품인 사건을 X라 하면, $P(A) = 0.4$, $P(B) = 0.6$, $P(X|A) = 0.01$, $P(X|B) = 0.02$이다. 두 사건 A와 B가 서로 배반이므로 합의 법칙을 이용한다. 따라서 부적합품률 $P(X)$는
$P(X) = P(A \cap X) + P(B \cap X) = P(A)P(X|A) + P(B)P(X|B)$
$= (0.4 \times 0.01) + (0.6 \times 0.02) = 0.004 + 0.012 = 0.016$
즉, 1.6%이다.

| 정답 | 013 ④ 014 ③ 015 ② 016 ②

017

비가 오는 날은 임의의 한 여객기가 연착할 확률이 1/10이고, 비가 안 오는 날은 여객기가 연착할 확률이 1/50이다. 내일 비가 올 확률이 2/5일 때, 비행기가 연착할 확률은?

2020년 3회

① 0.06
② 0.056
③ 0.052
④ 0.048

해설 내일 비가 오는 사건을 A, 비가 오지 않는 사건을 A^C, 비행기가 연착하는 사건을 X라고 하면, $P(A)=2/5$, $P(A^C)=3/5$, $P(X|A)=1/10$, $P(X|A^C)=1/50$이다. 두 사건 A와 A^C가 서로 배반이므로 합의 법칙을 이용한다. 따라서 비행기가 연착할 확률은
$P(X) = P(A \cap X) + P(A^C \cap X) = P(A)P(X|A) + P(A^C)P(X|A^C)$
$= (2/5 \times 1/10) + (3/5 \times 1/50) = 13/250 = 0.052$이다.

018

어느 학생은 버스 또는 지하철을 이용하여 등교하는데 버스를 이용하는 경우가 40%, 지하철을 이용하는 경우가 60%라고 한다. 또한 버스로 등교하면 교통체증으로 인하여 지각하는 경우가 10%이고, 지하철로 등교하면 지각하는 경우가 4%라고 한다. 이 학생이 어느 날 지각하였을 때 버스로 등교하였을 확률은?

2021년 2회

① 4%
② 40%
③ 62.5%
④ 64.5%

해설 이 학생이 버스로 등교하는 사건을 A, 지하철로 등교하는 사건을 B, 지각하는 사건을 X라 하면 $P(A)=0.4$, $P(B)=0.6$, $P(X|A)=0.1$, $P(X|B)=0.04$이다.
두 사건 A와 B가 서로 배반이므로 합의 법칙을 이용하면, 이 학생이 어느 날 지각할 확률 $P(X)$는
$P(X) = P(A \cap X) + P(B \cap X)$
$= P(A)P(X|A) + P(B)P(X|B) = (0.4 \times 0.1) + (0.6 \times 0.04)$
$= 0.04 + 0.024 = 0.064$이다.
따라서 이 학생이 어느 날 지각하였을 때 버스로 등교하였을 확률 $P(A|X)$는 $\frac{P(A \cap X)}{P(X)} = \frac{0.04}{0.064} = 0.625$, 즉 62.5%이다.

019

전체 인구의 2%가 어느 질병을 앓고 있다고 한다. 이 질병을 검진하기 위해 사용되고 있는 어느 진단시약은 질병에 걸린 사람 중 80%, 질병에 걸리지 않은 사람 중 10%에 대해 양성반응을 보인다. 어떤 사람의 진단테스트 결과가 양성반응일 때, 이 사람이 질병에 걸렸을 확률은?

2022년 2회

① $\frac{7}{57}$
② $\frac{8}{57}$
③ $\frac{10}{57}$
④ $\frac{11}{57}$

해설 이 질병에 걸릴 사건을 A, 걸리지 않을 사건을 A^C, 진단시약 결과 양성반응을 보일 사건을 X라고 하면,
$P(A)=0.02$, $P(A^C)=0.98$, $P(X|A)=0.8$, $P(X|A^C)=0.1$이다.
두 사건 A와 A^C가 서로 배반이므로 합의 법칙을 이용하면, 양성반응을 보일 확률 $P(X)$는
$P(X) = P(A \cap X) + P(A^C \cap X)$
$= P(A)P(X|A) + P(A^C)P(X|A^C)$
$= (0.02 \times 0.8) + (0.98 \times 0.1) = 0.016 + 0.098 = 0.114$이다.
따라서 어떤 사람의 진단테스트 결과가 양성반응일 때, 이 사람이 질병에 걸렸을 확률 $P(A|X)$는 $\frac{P(A \cap X)}{P(X)} = \frac{0.016}{0.114} = \frac{8}{57}$이다.

020

우리나라 사람들 중 왼손잡이 비율은 남자가 2%, 여자가 1%라 한다. 남학생 비율이 60%인 어느 학교에서 왼손잡이 학생을 선택했을 때 이 학생이 남자일 확률은?

2019년 1회

① 0.75
② 0.012
③ 0.25
④ 0.05

해설 어느 학교에서 남학생일 사건을 A, 여학생일 사건을 B, 왼손잡이일 사건을 X라고 하면 $P(A)=0.6$, $P(B)=0.4$, $P(X|A)=0.02$, $P(X|B)=0.01$이다.
두 사건 A와 B가 서로 배반이므로 합의 법칙을 이용하면, 왼손잡이 사건의 확률 $P(X)$는
$P(X) = P(A \cap X) + P(B \cap X) = P(A)P(X|A) + P(B)P(X|B)$
$= (0.6 \times 0.02) + (0.4 \times 0.01) = 0.012 + 0.004 = 0.016$이다.
따라서 남학생 비율이 60%인 어느 학교에서 왼손잡이 학생을 선택했을 때, 이 학생이 남자일 확률 $P(A|X)$는 $\frac{P(A \cap X)}{P(X)} = \frac{0.012}{0.016} = 0.75$이다.

| 정답 | 017 ③ 018 ③ 019 ② 020 ①

021

골동품 시장에서 거래되는 그림의 20%가 위조품이라고 가정한다. 오래된 그림의 진위를 감정하는 감정사들이 진품 그림을 진품으로 평가할 확률은 85%이고, 위조 그림을 진품으로 감정할 확률은 15%이다. 한 고객이 감정사가 진품이라고 감정한 그림을 샀을 때, 구입한 그림이 진품일 확률은? 2022년 2회

① 0.85　　② 0.90
③ 0.95　　④ 0.96

해설 골동품 시장에서 거래되는 그림 중 1개를 선택할 때, 진품 그림일 사건을 A, 위조품 그림일 사건을 B, 진품이라고 감정한 그림일 사건을 X라고 하면, $P(A)=0.8$, $P(B)=0.2$, $P(X|A)=0.85$, $P(X|B)=0.15$이다.
두 사건 A와 B가 서로 배반이므로 합의 법칙을 이용하면, 진품이라고 감정한 그림일 확률 $P(X)$는
$P(X) = P(A \cap X) + P(B \cap X) = P(A)P(X|A) + P(B)P(X|B)$
$= (0.8 \times 0.85) + (0.2 \times 0.15) = 0.68 + 0.03 = 0.71$이다.
따라서 한 고객이 감정사가 진품이라고 감정한 그림을 샀을 때, 구입한 그림이 진품일 확률 $P(A|X)$는 $\frac{P(A \cap X)}{P(X)} = \frac{0.68}{0.71} \fallingdotseq 0.96$이다.

022

어떤 공장에 같은 길이의 스프링을 만드는 3대의 기계 A, B, C가 있다. 기계 A, B, C에서 각각 전체 생산량의 50%, 30%, 20%를 생산하고, 기계의 불량률이 각각 5%, 3%, 2%라고 한다. 이 공장에서 생산된 스프링 하나가 불량품일 때, 기계 A에서 생산되었을 확률은? 2019년 1회

① 0.5　　② 0.66
③ 0.87　　④ 0.33

해설 공장에서 생산된 스프링이 기계 A에서 생산된 사건을 A, 기계 B에서 생산된 사건을 B, 기계 C에서 생산된 사건을 C, 불량품일 사건을 X라 하면
$P(A \cap X) = P(A)P(X|A) = 0.5 \times 0.05 = 0.025$,
$P(B \cap X) = P(B)P(X|B) = 0.3 \times 0.03 = 0.009$,
$P(C \cap X) = P(C)P(X|C) = 0.2 \times 0.02 = 0.004$이다.
세 사건 A, B, C가 서로 배반이므로 합의 법칙을 이용하면, 불량품일 확률 $P(X)$는 $P(X) = P(A \cap X) + P(B \cap X) + P(C \cap X) = 0.038$이다.
따라서 이 공장에서 생산된 스프링 하나가 불량품일 때, 기계 A에서 생산되었을 확률 $P(A|X)$는 $\frac{P(A \cap X)}{P(X)} = \frac{0.025}{0.038} \fallingdotseq 0.66$이다.

023

상자 3개에 공이 들어 있다. A상자에는 빨간 공 2개, 노란 공 1개, 파란 공 3개가 들어 있고, B상자에는 빨간 공 1개, 노란 공 3개, 파란 공 2개, C상자에는 빨간 공 3개, 노란 공 2개, 파란 공 1개가 들어 있다. 임의로 1개의 상자를 택하여 공 한 개를 꺼냈을 때 노란 공이 나왔다면, 그 공이 B상자에서 나왔을 확률은? 2022년 1회

① $\frac{1}{2}$　　② $\frac{1}{3}$
③ $\frac{1}{4}$　　④ $\frac{1}{5}$

해설 임의로 선택한 상자가 A일 사건을 A, 임의로 선택한 상자가 B일 사건을 B, 임의로 선택한 상자가 C일 사건을 C, 임의로 1개의 상자를 택하여 공 한 개를 꺼냈을 때 노란 공이 나올 사건을 X라 하면,
$P(A \cap X) = P(A)P(X|A) = \frac{1}{3} \times \frac{1}{6} = \frac{1}{18}$,
$P(B \cap X) = P(B)P(X|B) = \frac{1}{3} \times \frac{3}{6} = \frac{3}{18}$,
$P(C \cap X) = P(C)P(X|C) = \frac{1}{3} \times \frac{2}{6} = \frac{2}{18}$이다.
세 사건 A, B, C가 서로 배반이므로 합의 법칙을 이용하면, 노란 공이 나올 확률 $P(X)$는
$P(X) = P(A \cap X) + P(B \cap X) + P(C \cap X) = \frac{1}{18} + \frac{3}{18} + \frac{2}{18} = \frac{1}{3}$이다.
따라서 임의로 1개의 상자를 택하여 공 한 개를 꺼냈을 때 노란 공이 나왔다면, 그 공이 B상자에서 나왔을 확률 $P(B|X)$는
$\frac{P(B \cap X)}{P(X)} = \frac{3/18}{1/3} = \frac{1}{2}$이다.

024

어떤 비행기가 추락되었고 추락된 지역은 3개의 가능지역이 있다. 만약 $1-\alpha_i (i=1, 2, 3)$를 비행기가 사실상 i 지역이 있을 때 i 지역에서 발견할 확률이라고 가정한다면, 지역 1에서 찾지 못했다는 조건에서 비행기가 1번째 지역에 있었을 확률은?

① $\dfrac{1}{\alpha_1 + 2}$ ② $\dfrac{\alpha_1}{\alpha_1 + 2}$

③ $\dfrac{2}{\alpha_1 + 2}$ ④ $\dfrac{1}{6}$

해설 이 문제는 조건부 확률을 이용해 풀 수 있는 베이즈 정리(Bayes' Theorem) 유형으로, 지역 1에서 찾지 못했다는 정보(=조건)가 주어졌을 때, 실제로 그 지역에 있었을 확률을 구해야 한다. 비행기가 세 지역 중 하나에 있을 확률이 동일하다(1/3)고 가정한다. $1-\alpha_i$는 i지역에 실제로 있을 때 그 지역에서 발견할 확률이므로 α_i는 i지역에 실제로 있었는데도 못 찾을 확률이다. 1번 지역에서 수색했지만 못 찾았을 때, 실제로 1번 지역에 있었을 확률을 묻고 있으므로 P(비행기가 1지역에 있음 | 1지역에서 못 찾음)을 계산해야 한다.

베이즈 정리에 따르면
P(비행기가 1지역에 있음 | 1지역에서 못 찾음)

$= \dfrac{P(1\text{지역에서 못 찾음} | 1\text{지역에 있음}) \times P(1\text{지역에 있음})}{\sum_{i=1}^{3} P(1\text{지역에서 못 찾음} | i\text{지역에 있음}) \times P(i\text{지역에 있음})}$ 이며

$P(1\text{지역에서 못 찾음} | 1\text{지역에 있음}) = \alpha_1$
$P(1\text{지역에서 못 찾음} | 2\text{지역에 있음}) = 1$ (2지역에 있었다면 1지역에서 당연히 못 찾음)
$P(1\text{지역에서 못 찾음} | 3\text{지역에 있음}) = 1$ (3지역에 있었다면 1지역에서 당연히 못 찾음)
모든 지역에 있을 확률 $P(1\text{지역}) = P(2\text{지역}) = P(3\text{지역}) = 1/3$이므로
P(비행기가 1지역에 있음 | 1지역에서 못 찾음)

$= \dfrac{\alpha_1 \times \frac{1}{3}}{\alpha_1 \times \frac{1}{3} + 1 \times \frac{1}{3} + 1 \times \frac{1}{3}} = \dfrac{\alpha_1}{\alpha_1 + 2}$ 이다.

025

어느 지역에서 남성의 14%가 폐암에 걸린다고 한다. 폐암에 걸린 남성 중 70%는 흡연자이며, 폐암에 걸리지 않은 남성 중 30%는 흡연자라고 한다. A라는 어떤 흡연 남성이 폐암에 걸릴 확률은 대략적으로 얼마인가?

① 약 20% ② 약 25%
③ 약 28% ④ 약 35%

해설 폐암에 걸리는 사건을 C, 흡연자인 사건을 S라 하면,
$P(C) = 0.14$: 폐암에 걸릴 확률 (전체 남성 중 10%)
$P(S|C) = 0.70$: 폐암인 사람 중 흡연자일 확률
$P(S|C^C) = 0.30$: 폐암이 아닌 사람 중 흡연자일 확률
$P(S) = P(S|C) \cdot P(C) + P(S|C^C) \cdot P(C^C)$: 전체 흡연자 확률(폐암인 흡연자+폐암이 아닌 흡연자)로부터 베이즈 정리 공식 $P(C|S) = P(S|C) \cdot P(C)/P(S)$을 이용하여 $P(C|S) =$ 흡연자가 폐암일 확률을 구하면
$P(C|S) = P(S|C) \cdot P(C)/P(S)$
$= 0.70 \cdot 0.14/0.70 \cdot 0.14 + 0.30 \cdot 0.86$
$= 0.098/(0.098 + 0.258) = 0.098/0.356 ≒ 0.2753 ≒ 28\%$
약 28%이다.

| 정답 | 024 ② 025 ③

026

어느 지역 주민의 3%가 특정 풍토병에 걸려 있다고 한다. 이 병에 대한 검진방법에 의하면 감염자의 95%가 (+)반응을, 나머지 5%가 (-)반응을 나타내며, 비감염자의 경우는 10%가 (+)반응을, 90%가 (-)반응을 나타낸다고 한다. 현재 주민 중 한 명을 검진한 결과 (+)반응을 보였다면 이 사람이 병에 감염되어 있을 확률에 가장 가까운 값은?

① 0.105
② 0.227
③ 0.855
④ 0.950

해설 감염자의 비율 $P(A) = 0.03$
감염자가 (+) 반응을 보일 확률 $P(B|A) = 0.95$
비감염자의 비율 $P(A^C) = 1 - 0.03 = 0.97$
비감염자가 (+) 반응을 보일 확률 $P(B|A^C) = 0.10$
어떤 사람이 (+) 반응을 보였을 때 그가 실제로 감염되었을 확률 $P(A|B)$를 계산하는 공식은 $P(A|B) = P(B|A) \times P(A)/P(B)$이다.
$P(B)$는 전체 주민 중에서 (+) 반응을 보이는 확률이다.
$P(B) = P(B|A)P(A) + P(B|A^C)$
$= (0.95 \times 0.03) + (0.10 \times 0.97)$
$= 0.0285 + 0.097 = 0.1255$
따라서 $P(A|B) = (0.95 \times 0.03)/0.1255 = 0.0285/0.1255 ≒ 0.227$이다.

027

다음 설명 중 틀린 것은? 2019년 2회

① 사건 A와 B가 배반사건이면 $P(A \cup B) = P(A) + P(B)$이다.
② 사건 A와 B가 독립사건이면 $P(A \cap B) = P(A) \times P(B)$이다.
③ 5개의 서로 다른 종류의 물건에서 3개를 복원추출하는 경우의 가짓수는 60가지이다.
④ 붉은색구슬이 2개, 흰색구슬이 3개, 모두 5개의 구슬이 들어 있는 항아리에서 임의로 2개의 구슬을 동시에 꺼낼 때, 꺼낸 구슬이 모두 붉은색일 확률은 1/10이다.

해설 5개의 서로 다른 종류의 물건에서 3개를 복원추출하는 경우 첫 번째, 두 번째, 세 번째 시행 모두 다섯 개 중 하나를 선택하게 된다. 따라서 경우의 가짓수는 $5^3 = 125$가지이다. 만약 비복원추출하는 경우에는 $5 \times 4 \times 3 = 60$가지이다.

028

사상 A와 B는 서로 배반사상이다. $P(A) > 0$이고 $P(B) > 0$일 때, 사상 A와 B에 대한 설명으로 옳은 것은?

① A와 B는 독립이다.
② A와 B는 종속이다.
③ A와 B는 독립일 수도 종속일 수도 있다.
④ A와 B는 독립도 종속도 아니다.

해설 사상 A와 B가 서로 배반사상이라는 것은 $A \cap B = \phi$, 즉 두 사건이 동시에 일어날 수 없다는 뜻이고, 두 사상 A와 B가 독립이라면 $P(A \cap B) = P(A) \cdot P(B)$이다. 두 사상 A와 B가 배반사상이므로 $P(A \cap B) = 0$이다. 그리고 $P(A) > 0$, $P(B) > 0$이므로 $P(A) \cdot P(B) > 0$이다. 따라서 $P(A \cap B) \neq P(A) \cdot P(B)$이다. 즉, A와 B는 독립이 아니라 종속(Dependent)이다. 한 사건이 일어나면 다른 사건은 일어날 수 없으므로 서로 영향을 주는 관계이기 때문이다.

| 정답 | 026 ② 027 ③ 028 ②

029

양의 확률을 갖는 사건 A, B, C의 독립성에 대한 설명으로 틀린 것은?   2018년 3회

① A와 B가 독립이면, A와 B^C 또한 독립이다.
② A와 B가 독립이면, A^C와 B^C 또한 독립이다.
③ A와 B가 배반사건이면 A와 B는 독립이 아니다.
④ A와 B가 독립이고 A와 C가 독립이면, A와 $B \cap C$ 또한 독립이다.

해설 'A와 B가 독립이고 A와 C가 독립이면, A와 $B \cap C$ 또한 독립이다.'는 항상 성립하는 것은 아니다. 예를 들어 동전을 두 번 던졌을 때 모두 앞면 혹은 뒷면이 나오는 사건을 A, 첫 번째에서 앞면이 나올 사건을 B, 두 번째에서 앞면이 나올 사건을 C라고 하면, $P(A) = P(B) = P(C) = \frac{1}{2}$, $P(A \cap B) = \frac{1}{4} = P(A)P(B)$, $P(A \cap C) = \frac{1}{4} = P(A)P(C)$이지만, $P(B \cap C) = \frac{1}{4}$이고 $P(A \cap (B \cap C)) = \frac{1}{4} \neq \frac{1}{8} = P(A)P(B \cap C)$이므로 A와 $B \cap C$는 독립이 아니다. 그러나 세 사건 A, B, C가 상호독립이면, A와 $B \cap C$뿐만 아니라 어떤 사건도 독립이다.

①② 두 사건 A와 B가 독립이면 A와 B^C, B와 A^C, A^C과 B^C 등 어떤 사건도 독립이다.
③ 양의 확률을 갖는 사건 A와 B가 배반사건이면 $P(A \cap B) = 0$이므로 $P(A \cap B) \neq P(A)P(B)$, 즉 A와 B는 독립이 아니다.

PLUS 세 사건 A, B, C가 상호독립이려면 다음의 네 조건을 모두 만족해야 한다.
- $P(A \cap B) = P(A)P(B)$
- $P(A \cap C) = P(A)P(C)$
- $P(B \cap C) = P(B)P(C)$
- $P(A \cap B \cap C) = P(A)P(B)P(C)$

030

다음 중 이산확률변수에 해당하는 것은?   2020년 3회

① 어느 중학교 학생들의 몸무게
② 습도 80%의 대기 중에서 빛의 속도
③ 장마기간 동안 A 도시의 강우량
④ 어느 프로야구 선수가 한 시즌 동안 친 홈런의 수

해설 이산확률변수는 확률변수 X가 취할 수 있는 값이 유한 개이거나 셀 수 있는 무한 개(Countably Infinite)인 경우이다. 어느 프로야구 선수가 한 시즌 동안 친 홈런의 수는 이산확률변수이고, 그 외는 모두 연속확률변수이다.

031

주사위 두 개를 던져 두 주사위 중 작지 않은 수를 확률변수 X라 할 때 다음 설명 중 옳지 않은 것은?

① 확률변수 X는 이산형 확률변수로 1, 2, 3, 4, 5, 6의 값을 갖는다.
② $X = 2$일 확률은 $P(X=2) = 2/36$이다.
③ 표본공간은 $S = \{(1, 1), (1, 2), (1, 3), \cdots, (6, 6)\}$로 총 36개의 쌍으로 이루어져 있다.
④ $X < 6$일 확률은 $P(X < 6) = 25/36$이다.

해설 $X = 2$가 되려면 가능한 경우가 $(1, 2)$, $(2, 1)$, $(2, 2)$이므로 $P(X = 2) = 3/36$이다.
① $\max(1, 1) = 1$, $\max(1, 2) = 2$, $\cdots$, $\max(6, 6) = 6$이므로 X는 이산형이며 값은 1 ~ 6이다.
③ 주사위 두 개를 던지면 표본공간은 $S = \{(1, 1), (1, 2), (1, 3), \cdots, (6, 6)\}$로, 총 36개 쌍이다.
④ $P(X < 6) = 1 - P(X = 6)$이며, $X = 6$인 경우는 $(1, 6)$, $(2, 6)$, $(3, 6)$, $(4, 6)$, $(5, 6)$, $(6, 1)$, $\cdots$, $(6, 5)$, $(6, 6)$으로 총 11개이므로 $P(X = 6) = 11/36$이고 따라서 $P(X < 6) = 1 - 11/36 = 25/36$이다.

032

다음은 어느 한 야구선수가 임의의 한 시합에서 치는 안타수의 확률분포이다. 이 야구선수가 내일 시합에서 2개 이상의 안타를 칠 확률은?   2020년 3회

안타수(X)	0	1	2	3	4	5
$P(X=x)$	0.30	0.15	0.25	0.20	0.08	0.02

① 0.2
② 0.25
③ 0.45
④ 0.55

해설 이산확률변수 X의 확률질량함수 $P(X = x_i)$에 대해
$$P(x_i \leq X \leq x_j) = \sum_{k=i}^{j} P(X = x_k)$$이다.
내일 시합에서 2개 이상의 안타를 칠 확률은
$P(X \geq 2) = P(X=2) + P(X=3) + P(X=4) + P(X=5)$
$= 0.25 + 0.20 + 0.08 + 0.02 = 0.55$이다.

| 정답 | 029 ④   030 ④   031 ②   032 ④

033

두 확률변수 X와 Y의 결합확률분포가 다음과 같을 때, $P(X-Y=1)$은?

2022년 1회

X \ Y	1	3	5
2	0.25	0.15	0.05
4	0.15	0.30	0.10

① 0.25 ② 0.40
③ 0.55 ④ 0.65

해설 두 확률변수 X와 Y가 $X-Y=1$인 경우는 $(X=2, Y=1)$과 $(X=4, Y=3)$이다. 따라서 $P(X-Y=1)=P(X=2, Y=1)+P(X=4, Y=3)=0.25+0.30=0.55$이다.

PLUS 새로운 확률변수 $X-Y$에 대한 확률분포는 다음과 같다.

$X-Y$	-3	-1	1	3	합계
$P(X-Y)$	0.05	0.15+0.40	0.25+0.30	0.15	1

034

5점 척도의 만족도 설문조사를 한 결과가 다음과 같을 때, 만족도 평균은? (단, 1점은 매우 불만족, 5점은 매우 만족)

2023년 2회

5점 척도	1	2	3	4	5
백분율(%)	10.0	15.0	20.0	30.0	25.0

① 2.45 ② 2.85
③ 3.45 ④ 3.85

해설 각 척도(1, 2, 3, 4, 5)의 점수(1점~5점)를 이용하여 평균을 구해야 하므로 가중산술평균을 이용한다.

$$\frac{\sum f_i x_i}{\sum f_i} = \frac{(1\times 10)+(2\times 15)+(3\times 20)+(4\times 30)+(5\times 25)}{10+15+20+30+25} = 3.45$$

이므로 만족도 평균은 3.45이다.

035

500원짜리 동전 3개와 100원짜리 동전 2개를 동시에 던져 앞면이 나오는 동전을 받기로 할 때, 받는 금액의 기댓값은?

2021년 2회

① 550 ② 650
③ 750 ④ 850

해설 500원짜리 동전 3개와 100원짜리 동전 2개를 동시에 던져 받을 수 있는 금액을 확률변수 X라 하면, 이 확률변수 X의 확률분포는 다음과 같다.

X	0	100	200	500	600	700
$P(X=x)$	$\frac{1}{32}$	$\frac{2}{32}$	$\frac{1}{32}$	$\frac{3}{32}$	$\frac{6}{32}$	$\frac{3}{32}$
X	1,000	1,100	1,200	1,500	1,600	1,700
$P(X=x)$	$\frac{3}{32}$	$\frac{6}{32}$	$\frac{3}{32}$	$\frac{1}{32}$	$\frac{2}{32}$	$\frac{1}{32}$

확률변수 X의 기댓값 $E(X)$는 $\sum_{i=1}^{n} x_i \times P(X=x_i)$ 이므로

$$E(X) = \left(0\times\frac{1}{32}\right)+\left(100\times\frac{2}{32}\right)+\cdots+\left(1,700\times\frac{1}{32}\right) = 850(원)이다.$$

036

퀴즈게임에서 우승한 철수는 주사위를 던져서 나온 숫자에 100,000원을 곱한 상금을 받게 되었다. 그런데 그 주사위에 홀수는 없고 짝수만 있다. 즉, 2가 2면, 4가 2면, 6이 2면인 것이다. 그 주사위를 던졌을 때 받게 될 상금의 기댓값은?

2018년 3회

① 300,000원 ② 400,000원
③ 350,000원 ④ 450,000원

해설 주사위를 던져 나온 숫자에 100,000원을 곱한 상금을 X라고 하면, 이 확률변수 X의 확률분포는 다음과 같다.

상금	200,000원	400,000원	600,000원
$P(X=x)$	$\frac{1}{3}$	$\frac{1}{3}$	$\frac{1}{3}$

확률변수 X의 기댓값 $E(X)$는 $\sum_{i=1}^{n} x_i \times P(x_i)$ 이므로

$$E(X) = \frac{1}{3}\times(200,000원+400,000원+600,000원) = 400,000원이다.$$

| 정답 | 033 ③ 034 ③ 035 ④ 036 ②

037

동전을 3회 던지는 실험에서 앞면이 나오는 횟수를 X라고 할 때, 확률변수 $Y=(X-1)^2$의 기댓값은?   2019년 3회

① 1/2   ② 1
③ 3/2   ④ 2

해설 동전을 3회 던지는 실험에서 앞면이 나오는 횟수를 X라 하면, 이 확률변수 X의 확률분포는 다음과 같다.

X	0	1	2	3
$P(X=x)$	$\frac{1}{8}$	$\frac{3}{8}$	$\frac{3}{8}$	$\frac{1}{8}$

기댓값의 성질을 이용하면,
$E(Y)=E[(X-1)(X-1)]=E(X^2-2X+1)=E(X^2)-2E(X)+1$
이다.
$E(X)=\left(0\times\frac{1}{8}\right)+\left(1\times\frac{3}{8}\right)+\left(2\times\frac{3}{8}\right)+\left(3\times\frac{1}{8}\right)=\frac{3}{2}$,
$E(X^2)=\left(0^2\times\frac{1}{8}\right)+\left(1^2\times\frac{3}{8}\right)+\left(2^2\times\frac{3}{8}\right)+\left(3^2\times\frac{1}{8}\right)=3$이므로,
구하려는 기댓값은 $E(Y)=3-2\times\frac{3}{2}+1=1$이다.

038

5와 6의 눈이 없는 대신 4의 눈이 세 개인 공정한 주사위가 있다. 이 주사위를 던져서 나오는 눈의 수를 X라 하면, X의 분산은?   2017년 1회

① 1   ② 4/3
③ 8/5   ④ 3

해설 5와 6의 눈이 없는 대신 4의 눈이 세 개인 공정한 주사위를 던져 나오는 눈의 수를 X라고 하면, 이 확률변수 X의 확률분포는 다음과 같다.

X	1	2	3	4
$P(X=x)$	1/6	1/6	1/6	1/2

이산확률변수 X와 확률질량함수 $P(X=x_i)$에 대해 평균 $E(X)$와 분산 $V(X)$는 $E(X)=\sum_{i=1}^{n}x_i\times P(X=x_i)$, $Var(X)=E(X^2)-[E(X)]^2$ 이다. 확률변수 X에 대하여
$E(X)=\left(1\times\frac{1}{6}\right)+\left(2\times\frac{1}{6}\right)+\left(3\times\frac{1}{6}\right)+\left(4\times\frac{1}{2}\right)=3$,
$E(X^2)=\left(1^2\times\frac{1}{6}\right)+\left(2^2\times\frac{1}{6}\right)+\left(3^2\times\frac{1}{6}\right)+\left(4^2\times\frac{1}{2}\right)=\frac{31}{3}$이므로,
구하려는 분산은 $V(X)=\frac{31}{3}-3^2=\frac{4}{3}$이다.

039

확률변수 X는 평균이 2이고, 표준편차가 2인 분포를 따를 때, $Y=-2X+10$의 평균과 표준편차는?   2021년 1회

① 평균: 6, 표준편차: 4
② 평균: 6, 표준편차: 6
③ 평균: 14, 표준편차: 4
④ 평균: 14, 표준편차: 6

해설 새로운 변수 $Y=-2X+10$의 평균 $E(Y)$와 분산 $V(Y)$는 $E(aX\pm b)=aE(X)\pm b$, $V(aX\pm b)=a^2V(X)$를 이용하여 구한다.
확률변수 X의 평균 $E(X)=2$, 분산 $V(X)=2^2$이므로,
$E(-2X+10)=-2E(X)+10=(-2)\times 2+10=6$,
$V(-2X+10)=(-2)^2V(X)=4\times 4=16$이고,
표준편차는 $\sqrt{V(-2X+10)}=\sqrt{16}=4$이다.

040

A 아파트에 설치된 승강기는 적재중량 한계가 1,120kg, 승차정원은 성인 16명이라고 되어 있다. 우리나라 성인의 몸무게는 평균 69kg, 표준편차가 4kg인 정규분포를 따른다고 한다. 이때 무작위로 승강기에 탄 성인 16명의 몸무게가 적재중량 한계를 초과할 확률은 얼마인가? (단, $P(Z>0.5)=0.309$, $P(Z>1.0)=0.159$, $P(Z>2.0)=0.023$, $P(Z>4.0)=0.000$)

① 0.309   ② 0.159
③ 0.023   ④ 0.000

해설 성인 1인의 몸무게 $N(69, 4^2)$에 대해 16명 각 몸무게 $X_1, X_2, \cdots, X_{16}$의 합 $S=X_1+X_2+\cdots+X_{16}$의 분포는
$E(S)=E(X_1)+E(X_2)+\cdots+E(X_{16})=16E(X)=16\times 69$
$Var(S)=Var(X_1)+Var(X_2)+\cdots+Var(X_{16})=16Var(X)=16\times 16$
이므로 $S \sim N(16\times 69, 16\times 16)$이다. 16명의 몸무게 총합이 1,120kg을 초과할 확률은 $P(S>1,120)=P\left(Z>\frac{1,120-1,104}{16}\right)=P(Z>1)$
이다. 따라서 무작위로 승강기에 탄 성인 16명의 몸무게가 적재중량 한계를 초과할 확률은 0.159이다.

| 정답 | 037 ②   038 ②   039 ①   040 ②

041

다음 설명 중 틀린 것은? (단, S_X, S_Y는 각각 X와 Y의 표준편차) 2021년 1회

① $Y = -2X + 3$일 때 $S_Y = 4S_X$이다.
② 상자그림(Box Plot)은 여러 집단의 분포를 비교하는 데 많이 사용한다.
③ 상관계수가 0이라 하더라도 두 변수의 관련성이 있는 경우도 있다.
④ 변이계수(Coefficient of Variation)는 여러 집단의 분산을 상대적으로 비교할 때 사용된다.

해설 확률변수 X에 대한 새로운 변수 $Y = aX \pm b$의 표준편차 $\sigma(Y)$는 $\sigma(Y) = \sigma(aX \pm b) = |a|\sigma(X)$이다.
따라서 $S_Y = \sigma(Y) = \sigma(-2X + 3) = |-2|\sigma(X) = 2S_X$이다.

042

자료 $X_1, X_2, \cdots, X_n$을 $Z_i = aX_i + b$, $i = 1, 2, \cdots, n$ (a, b는 상수)으로 변환할 때, 평균과 분산에 있어서 변환한 자료와 원자료 사이에 성립하는 관계식은? (단, 원자료의 평균과 분산은 각각 $\overline{X}$, S_X^2이고 변환한 자료의 평균과 분산은 각각 $\overline{Z}$와 S_Z^2이다) 2022년 2회

① $\overline{Z} = a\overline{X}$, $S_Z^2 = a^2 S_X^2$
② $\overline{Z} = a\overline{X} + b$, $S_Z^2 = a^2 S_X^2$
③ $\overline{Z} = a\overline{X} + b$, $S_Z^2 = a^2 S_X^2 + b$
④ $\overline{Z} = a\overline{X} + b$, $S_Z^2 = a^2 S_X + b$

해설 $\overline{X} = \dfrac{X_1 + X_2 + \ldots + X_n}{n}$으로부터

$\overline{Z} = \dfrac{aX_1 + b + \ldots + aX_n + b}{n} = a\left(\dfrac{X_1 + \ldots + X_n}{n}\right) + b = a\overline{X} + b$이다.

또한, $S_X^2 = \dfrac{(X_1 - \overline{X})^2 + \ldots + (X_n - \overline{X})^2}{n-1}$으로부터

$S_Z^2 = \dfrac{(aX_1 + b - (a\overline{X} + b))^2 + \ldots + (aX_n + b - (a\overline{X} + b))^2}{n-1}$

$= \dfrac{(aX_1 - a\overline{X})^2 + \ldots + (aX_n - a\overline{X})^2}{n-1}$

$= a^2 \left(\dfrac{(X_1 - \overline{X})^2 + \cdots + (X_n - \overline{X})^2}{n-1}\right) = a^2 S_X^2$이다.

TIP $E(X) = \overline{X}$, $E(Z) = \overline{Z}$, $V(X) = S_X^2$, $V(Z) = S_Z^2$에 대해
$\overline{Z} = E(Z) = E(aX + b) = aE(X) + b = a\overline{X} + b$
$S_Z^2 = V(Z) = V(aX + b) = a^2 V(X) = a^2 S_X^2$
이므로 $\overline{Z} = a\overline{X} + b$, $S_Z^2 = a^2 S_X^2$이다.

043

주머니 안에 6개의 공이 들어 있다. 그 중 1개에는 1, 2개에는 2, 3개에는 3이라고 쓰여 있다. 주머니에서 공 하나를 무작위로 꺼내 나타난 숫자를 확률변수 X라 하고, 다른 확률변수 $Y = 3X + 5$라 할 때, 다음 중 틀린 것은? 2018년 3회

① $E(X) = 7/3$
② $Var(X) = 5/9$
③ $E(Y) = 12$
④ $Var(Y) = 15/9$

해설 주머니에서 공 하나를 무작위로 꺼내 나타난 숫자를 확률변수 X라고 하면, 이 확률변수 X의 확률분포는 다음과 같다.

X	1	2	3
$P(X = x)$	1/6	2/6	3/6

이산확률변수 X와 확률질량함수 $P(X = x_i)$에 대해 기댓값 $E(X)$와 분산 $Var(X)$는

$E(X) = \sum_{i=1}^{n} x_i \times P(X = x_i)$, $Var(X) = E(X^2) - [E(X)]^2$이다.

확률변수 X에 대하여 $E(X) = \left(1 \times \dfrac{1}{6}\right) + \left(2 \times \dfrac{2}{6}\right) + \left(3 \times \dfrac{3}{6}\right) = \dfrac{7}{3}$,

$E(X^2) = \left(1^2 \times \dfrac{1}{6}\right) + \left(2^2 \times \dfrac{2}{6}\right) + \left(3^2 \times \dfrac{3}{6}\right) = 6$이므로

분산은 $Var(X) = 6 - \left(\dfrac{7}{3}\right)^2 = \dfrac{5}{9}$이다.

따라서 새로운 변수 $Y = 3X + 5$의 기댓값 $E(Y)$와 분산 $Var(Y)$는
$E(aX \pm b) = aE(X) \pm b$, $Var(aX \pm b) = a^2 Var(X)$를 이용하여 구하면,
$E(3X + 5) = 3E(X) + 5 = 3 \times \dfrac{7}{3} + 5 = 12$,

$Var(3X + 5) = (3)^2 Var(X) = 9 \times \dfrac{5}{9} = 5$이다.

| 정답 | 041 ① 042 ② 043 ④

044

연속형 확률변수 X의 확률밀도함수가 다음과 같을 때 상수 k 값과 $P(|X|>1)$을 순서대로 구하면? 2021년 3회

$$f(x)=\begin{cases}-\dfrac{1}{4}|x|+k, & |x|\leq 2\text{인 경우}\\ 0, & \text{그 외}\end{cases}$$

① $\dfrac{1}{4}$, $\dfrac{1}{4}$ ② $\dfrac{1}{2}$, $\dfrac{1}{4}$

③ $\dfrac{1}{2}$, $\dfrac{1}{2}$ ④ $\dfrac{1}{4}$, $\dfrac{1}{2}$

해설 연속확률변수 X에 대한 확률은 적분을 이용하여 구하고, 전체 확률이 1임을 이용하여 상수 k값을 구한다.
$x\geq 0$일 때, $|x|=x$이고 $x<0$일 때, $|x|=-x$이므로 주어진 범위에서 전체 확률은

$$1=\int_{-2}^{0}\left(\dfrac{1}{4}x+k\right)dx+\int_{0}^{2}\left(-\dfrac{1}{4}x+k\right)dx$$

$$=\left[\dfrac{1}{8}x^2+kx\right]_{-2}^{0}+\left[-\dfrac{1}{8}x^2+kx\right]_{0}^{2}=4k-1\text{이고,}$$

$4k-1=1$이므로 $k=\dfrac{1}{2}$이다.

따라서 $f(x)=-\dfrac{1}{4}|x|+\dfrac{1}{2}$에 대해 $P(|X|>1)$는

$$P(|X|>1)=\int_{-2}^{-1}\left(\dfrac{1}{4}x+\dfrac{1}{2}\right)dx+\int_{1}^{2}\left(-\dfrac{1}{4}x+\dfrac{1}{2}\right)dx$$

$$=\left[\dfrac{1}{8}x^2+\dfrac{1}{2}x\right]_{-2}^{-1}+\left[-\dfrac{1}{8}x^2+\dfrac{1}{2}x\right]_{1}^{2}=\dfrac{1}{4}\text{이다.}$$

045

연속확률변수 X의 확률밀도함수가 다음과 같을 때 X의 기댓값은? 2021년 3회

$$f(x)=\begin{cases}kx(1-x), & 0\leq x\leq 1\\ 0, & x<0 \text{ 또는 } x>1\end{cases}$$

① 0.25 ② 0.5
③ 0.75 ④ 1

해설 연속확률변수 X에 대한 확률은 적분을 이용하여 구하고, 전체 확률이 1임을 이용하여 상수 k값을 구한다. 주어진 범위에서 전체 확률은 $1=\int_{0}^{1}(kx-kx^2)dx=\left[\dfrac{kx^2}{2}-\dfrac{kx^3}{3}\right]_{0}^{1}=\dfrac{k}{6}$이고,

$\dfrac{k}{6}=1$이므로 $k=6$이다.

연속확률변수 X의 기댓값은 $E(X)=\int_{-\infty}^{\infty}x\times f(x)dx$이므로

$$E(X)=\int_{0}^{1}x\times 6x(1-x)dx=\int_{0}^{1}(6x^2-6x^3)dx$$

$$=\left[\dfrac{6x^3}{3}-\dfrac{6x^4}{4}\right]_{0}^{1}=\dfrac{1}{2}\text{이다.}$$

TIP $f(x)$는 x축과 0, 1에서 만나는 포물선이므로 $x=\dfrac{1}{2}$에서 좌우대칭이다. 따라서 기댓값은 $\dfrac{1}{2}$이다.

| 정답 | 044 ② 045 ②

046
확률분포에 대한 설명으로 틀린 것은? 2020년 3회

① X가 연속형 균일분포를 따르는 확률변수일 때, $P(X=x)$는 모든 x에서 영(0)이다.
② 포아송분포의 평균과 분산은 동일하다.
③ 연속확률분포의 확률밀도함수 $f(x)$와 x축으로 둘러싸인 부분의 면적은 항상 1이다.
④ 정규분포의 표준편차 σ는 음의 값을 가질 수 있다.

해설 정규분포 $N(\mu, \sigma^2)$의 표준편차 σ는 분산 σ^2의 음이 아닌 제곱근 $\sqrt{\sigma^2}$이므로, 음의 값을 가질 수 없다.
① 연속확률변수 X에 대한 확률은 적분을 이용하여 구한다. 확률밀도함수 $f(x)$에 대하여 한 점 $X=a$에서의 확률은 항상 $P(X=a)=\int_a^a f(x)dx=0$이다.
② 이산확률변수 X가 포아송분포 $Pois(\lambda)$를 따를 때, 평균 $E(X)=\lambda$, 분산 $V(X)=\lambda$로 그 값이 동일하다.
③ 연속확률분포의 곡선과 x축 사이의 넓이는 1이다.

047
초기하분포와 이항분포에 대한 설명으로 틀린 것은? 2020년 1·2회

① 초기하분포는 유한모집단으로부터의 복원추출을 전제로 한다.
② 이항분포는 베르누이 시행을 전제로 한다.
③ 초기하분포는 모집단의 크기가 충분히 큰 경우 이항분포로 근사될 수 있다.
④ 이항분포는 적절한 조건하에서 정규분포로 근사될 수 있다.

해설 같은 조건하에서 유한모집단으로부터의 복원추출은 이항분포를 따르고 비복원추출은 초기하분포를 따른다.
② 이항분포뿐만 아니라 기하분포, 초기하분포, 음이항분포 등은 모두 베르누이 시행을 전제로 한다.
③ 이항분포는 시행횟수가 충분히 크고, 성공확률 p가 0.5에 가까우면서, $np \geq 5$ 그리고 $n(1-p) \geq 5$인 경우에 정규분포 $N(np, np(1-p))$에 근사한다.

048
어느 학급 30명의 학생 중 개인 노트필기 앱을 자주 사용하는 학생이 10명, 사용하지 않는 학생이 20명이라고 한다. 전체 학생 중 5명을 비복원 랜덤추출하여 노트필기 앱을 사용하는 학생의 수를 확률변수 X라고 정의할 때, 확률변수 X의 분포는 무엇인가?

① 이항분포 ② 초기하분포
③ 포아송분포 ④ 정규분포

해설 학급 학생 총 30명 중 노트필기 앱 사용자 10명과 비사용자 20명 중에서 비복원으로 5명을 랜덤하게 추출하면 추출된 학생 중 노트필기 앱 사용자 수는 초기하분포를 따른다.

049
모평균이 μ이고 모분산이 σ^2이며 크기 N인 모집단에서 n개의 표본을 비복원으로 추출할 때, 표본평균 $\overline{X}$의 분산은? 2023년 2회

① $\dfrac{N-1}{N-n} \times \sigma^2$ ② $\dfrac{N-n}{N-1} \times \sigma^2$
③ $\dfrac{N-1}{N-n} \times \dfrac{\sigma^2}{n}$ ④ $\dfrac{N-n}{N-1} \times \dfrac{\sigma^2}{n}$

해설 유한모집단에서 비복원추출에 의한 표본평균의 분포는 $E(\overline{X})=\mu$이고, 분산은 $Var(\overline{X})=\dfrac{N-n}{N-1} \times \dfrac{\sigma^2}{n}$이다.

050
10m당 평균 1개의 흠집이 나타나는 전선이 있다. 이 전선 10m를 구입하였을 때, 발견되는 흠집수의 확률분포는? 2021년 1회

① 이항분포 ② 초기하분포
③ 기하분포 ④ 포아송분포

해설 포아송분포는 일정한 단위 내에서 발생하는 사건의 수에 대응한 확률변수 X에 대한 분포이므로 10m당 평균 1개의 흠집이 나타나는 전선에서 발생하는 흠집수의 확률분포는 $\lambda=1$인 포아송분포이다.

| 정답 | 046 ④ 047 ① 048 ② 049 ④ 050 ④

051

특정 제품의 단위 면적당 결점의 수 또는 단위 시간당 사건 발생수에 대한 확률분포로 적합한 분포는? 　　2019년 3회

① 이항분포　　② 포아송분포
③ 초기하분포　　④ 지수분포

해설 포아송분포는 일정한 단위 내에서 발생하는 사건의 수에 대응한 확률변수 X에 대한 분포이다. 따라서 특정 제품의 단위 면적당 결점의 수 또는 단위 시간당 사건 발생수에 대한 확률분포로 적합한 분포는 포아송분포이다.

052

A 도시에 새벽 1시부터 3시 사이에 일어나는 범죄 건수는 시간당 평균 0.2건이다. 범죄발생 건수의 분포가 포아송분포를 따른다면, 오늘 새벽 1시와 2시 사이에 범죄발생이 전혀 없을 확률은? 　　2024년 3회

① 약 62%　　② 약 72%
③ 약 82%　　④ 약 92%

해설 단위시간, 단위면적 또는 단위공간 내에서 발생하는 어떤 사건의 횟수를 확률변수 X라 하면, 확률변수 X는 λ를 모수로 갖는 포아송분포를 따르며, 확률밀도함수는 $f(x) = \dfrac{e^{-\lambda}\lambda^x}{x!}$ 이다. 이때 λ는 단위시간, 단위면적 또는 단위공간 내에서 발생하는 사건의 평균값이다. 따라서 시간당 평균 0.2건은 $\lambda = 0.2$이고, 범죄발생이 전혀 없을 확률을 구하는 것이므로 $f(0) = \dfrac{e^{-0.2}0.2^0}{0!} = e^{-0.2} \fallingdotseq 0.82$, 즉 82%이다.

053

홈쇼핑 콜센터에서 30분마다 전화를 통해 주문이 성사되는 건수는 $\lambda = 6.7$인 포아송분포를 따른다고 할 때의 설명으로 틀린 것은? 　　2018년 1회

① 확률변수 X는 주문이 성사되는 주문 건수를 말한다.
② X의 확률함수는 $\dfrac{e^{-6.7}(6.7)^x}{x!}$ 이다.
③ 1시간 동안의 주문 건수 평균은 13.4이다.
④ 분산은 6.7^2이다.

해설 포아송분포는 평균과 분산이 $E(X) = V(X) = \lambda$로 동일하다. 따라서 $\lambda = 6.7$이면 분산도 $V(X) = 6.7$이다.
③ 30분 동안의 주문 건수 평균이 6.7이므로 1시간(30분+30분) 동안의 주문 건수 평균은 13.4이다.

054

다음 중 X의 확률분포가 대칭이 아닌 것은? 　　2019년 2회

① 공정한 주사위 2개를 차례로 굴릴 때, 두 주사위에 나타난 눈의 합 X의 분포
② 공정한 동전 1개를 10회 던질 때, 앞면이 나타난 횟수 X의 분포
③ 불량품이 5개 포함된 20개의 제품 중 임의로 3개의 제품을 구매하였을 때, 구매한 제품 중에 포함되어 있는 불량품의 개수 X의 분포
④ 완치율이 50%인 약품으로 20명의 환자를 치료하였을 때 완치된 환자 수 X의 분포

해설 불량품이 5개 포함된 20개의 제품 중에서 3개의 제품을 구매했을 때, 구매한 3개의 제품 중에 포함되어 있는 불량품의 개수 X에 대한 분포는 다음과 같다.

X	0	1	2	3
$P(X=x_i)$	$\dfrac{{}_5C_0 \times {}_{15}C_3}{{}_{20}C_3}$ $= \dfrac{91}{228}$	$\dfrac{{}_5C_1 \times {}_{15}C_2}{{}_{20}C_3}$ $= \dfrac{105}{228}$	$\dfrac{{}_5C_2 \times {}_{15}C_1}{{}_{20}C_3}$ $= \dfrac{30}{228}$	$\dfrac{{}_5C_3 \times {}_{15}C_0}{{}_{20}C_3}$ $= \dfrac{2}{228}$

따라서 X의 확률분포는 왼쪽으로 치우친 비대칭이다.

055

4지 택일형 문제가 10개 있다. 각 문제에 임의로 답을 써 넣을 때 정답을 맞힌 개수 X의 분포는? 　　2021년 2회

① 이항분포　　② t-분포
③ 정규분포　　④ F-분포

해설 결과가 정답과 오답 두 가지뿐인 베르누이 시행에서 10개의 문제 중 정답을 맞힌 개수를 확률변수 X라 하면, 이 확률변수 X는 $n = 10$이고 확률이 $p = 0.25$인 이항분포 $B(10, 0.25)$를 따른다.

| 정답 | 051 ② 052 ③ 053 ④ 054 ③ 055 ①

056

y는 있으면 1, 그렇지 않으면 0의 값을 갖는 확률변수이다. 20세 이상의 한국국적을 갖는 성인 집단에서 크기가 20인 확률표본 $y_1, y_2, \cdots, y_{20}$을 추출하여 얻은 통계량 $Z = \sum_{i=1}^{20} y_i$ 의 분포는?

2023년 1회

① 정규분포 ② 포아송분포
③ 이항분포 ④ 초기하분포

해설 시행의 결과가 오직 '있다, 없다'와 같이 상호 배타적인 두 가지뿐인 베르누이 시행을 20번 독립적으로 시행할 때 사건 A가 일어나는 횟수가 이루는 분포는 이항분포이다.

057

다음 중 이항분포에 관한 설명으로 틀린 것은? 2020년 1·2회

① $p = \frac{1}{2}$이면 좌우대칭의 형태가 된다.

② $p = \frac{3}{4}$이면 왜도가 음수(-)인 분포이다.

③ $p = \frac{1}{4}$이면 왜도가 0이 아니다.

④ $p = \frac{1}{2}$이면 왜도는 양수(+)인 분포이다.

해설 자료의 치우친 정도를 왜도 또는 비대칭도라고 하며, 왜도가 0이면 좌우대칭의 형태이다. 이항분포의 왜도는 $\frac{1-2p}{\sqrt{np(1-p)}}$ 이다.

① $p = \frac{1}{2}$이면 $\frac{1 - 2 \times \frac{1}{2}}{\sqrt{n \times \frac{1}{2} \times \left(1 - \frac{1}{2}\right)}} = 0$이고 좌우대칭인 분포이다.

② $p = \frac{3}{4}$이면 $\frac{1 - 2 \times \frac{3}{4}}{\sqrt{n \times \frac{3}{4} \times \left(1 - \frac{3}{4}\right)}} < 0$이므로 왜도는 음수(-)인 분포이다.

③ $p = \frac{1}{4}$이면 $\frac{1 - 2 \times \frac{1}{4}}{\sqrt{n \times \frac{1}{4} \times \left(1 - \frac{1}{4}\right)}} > 0$이므로 왜도는 양수(+)인 분포이다.

058

4개 중 하나를 선택하는 선다형 문제가 20문항이 있고 각 문항별 배점은 5점이다. 시험 결과 60점 미만은 불합격 처리된다고 한다. 이 시험에서 랜덤하게 답을 써넣은 경우에 합격할 확률을 나타내는 식은?

① $\sum_{x=12}^{20} \binom{20}{x} (0.75)^x (0.25)^{20-x}$

② $\sum_{x=11}^{20} \binom{20}{x} (0.25)^x (0.75)^{20-x}$

③ $1 - \sum_{x=0}^{11} \binom{20}{x} (0.25)^x (0.75)^{20-x}$

④ $1 - \sum_{x=1}^{11} \binom{20}{x} (0.25)^x (0.75)^{20-x}$

해설 주어진 상황은 문항 수: 20문항, 선택지: 4개(정답 확률 $p = \frac{1}{4}$, 오답 확률 $q = \frac{3}{4}$), 각 문항 배점: 5점에 대하여 합격 기준이 60점 이상, 즉 12문항 이상 맞아야 합격이므로 $12 \times 5 = 60$, 12문항 이상 정답이어야 한다.

맞은 문항 수를 확률변수 X라 하면, $X \sim B\left(n=20, p=\frac{1}{4}\right)$를 따르며 12문항 이상 맞을 확률은

$P(합격) = P(X \geq 12) = 1 - P(X \leq 11) = 1 - \sum_{x=0}^{11} \binom{20}{x} \left(\frac{1}{4}\right)^x \left(\frac{3}{4}\right)^{20-x}$

이다.

059

성공확률이 0.5인 베르누이 시행을 독립적으로 10회 반복할 때, 성공이 1회 발생할 확률 A와 성공이 9회 발생할 확률 B 사이의 관계는? 2020년 3회

① $A < B$ ② $A = B$
③ $A > B$ ④ $A + B = 1$

해설 결과가 성공과 실패 두 가지뿐인 베르누이 시행에서 10회 중 성공의 횟수를 확률변수 X라 하면, 확률변수 X는 $n=10$, $p=0.5$인 이항분포 $B(10, 0.5)$를 따르며, $B(10, 0.5)$에 대한 확률질량함수는
$P(X=x) = {}_{10}C_x (0.5)^x(1-0.5)^{10-x}$ $(x=0, 1, \cdots, 10)$이다.
따라서 성공이 1회 발생할 확률 A와 성공이 9회 발생할 확률 B는
$A = P(X=1) = {}_{10}C_1 (0.5)^1(1-0.5)^{10-1} = 10 \times (0.5)^1 \times (0.5)^9$,
$B = P(X=9) = {}_{10}C_9 (0.5)^9(1-0.5)^{10-9} = 10 \times (0.5)^9 \times (0.5)^1$이므로
$A = B$이다.

060

어느 공정에서 생산되는 제품의 약 40%가 불량품이라고 한다. 이 공정의 제품 4개를 임의로 추출했을 때, 4개가 불량품일 확률은? 2020년 4회

① 16/125   ② 64/625
③ 62/625   ④ 16/625

해설 결과가 정품과 불량품 두 가지뿐인 베르누이 시행에서 4개의 제품 중 불량품 수를 확률변수 X라 하면, 확률변수 X는 $n=4$, $p=0.4$인 이항분포 $B(4, 0.4)$를 따르며, $B(4, 0.4)$에 대한 확률질량함수는 $P(X=x) = {}_4C_x (0.4)^x(1-0.4)^{4-x}$ $(x=0, 1, 2, 3, 4)$이다.
따라서 4개가 불량품일 확률은
$P(X=4) = {}_4C_4 (0.4)^4(1-0.4)^{4-4} = 1 \times (0.4)^4 \times (0.6)^0 = \dfrac{16}{625}$이다.

061

어느 회사원이 승용차로 출근하는 길에 신호등이 5개 있다고 한다. 각 신호등에서 빨간 등에 의해 신호대기할 확률은 0.2이고, 각 신호등에서 신호대기 여부는 서로 독립적이라고 가정한다. 어느 날 이 회사원이 5개의 신호등 중 1개의 신호등에서만 빨간 등에 의해 신호대기에 걸리고 출근할 확률을 구하는 식은? 2023년 3회

① $(0.2)^1$ ② $1-(0.8)^5$
③ $(0.2)^1(0.8)^4$ ④ $5(0.2)^1(0.8)^4$

해설 빨간 등에 의해 신호대기하는 신호등 개수를 확률변수 X라 할 때, 빨간 등에 의해 대기할 확률은 0.2, 각 신호등은 독립이므로 x번만 신호대기에 걸릴 확률은 ${}_5C_x (0.2)^x(1-0.2)^{5-x}$이다. 따라서 1개의 신호등에서만 빨간 등에 의해 신호대기에 걸릴 확률은
${}_5C_1 (0.2)^1(1-0.2)^{5-1} = 5(0.2)^1(0.8)^4$이다.

062

특정 질문에 대해 응답자가 답해줄 확률은 0.5이며, 매 질문 시 답변 여부는 상호독립적으로 결정된다. 5명에게 질문하였을 경우, 3명이 답해줄 확률과 가장 가까운 값은? 2019년 2회

① 0.50   ② 0.31
③ 0.60   ④ 0.81

해설 결과가 '답해준다'와 '답해주지 않는다' 두 가지뿐인 베르누이 시행에서 5명 중 답해주는 응답자의 수를 확률변수 X라 하면, 확률변수 X는 $n=5$, $p=0.5$인 이항분포 $B(5, 0.5)$를 따르며, $B(5, 0.5)$에 대한 확률질량함수는
$P(X=x) = {}_5C_x (0.5)^x(1-0.5)^{5-x}$ $(x=0, 1, 2, 3, 4, 5)$이다.
따라서 3명이 답해줄 확률은
$P(X=3) = {}_5C_3 (0.5)^3(1-0.5)^{5-3} = 10 \times (0.5)^3 \times (0.5)^2 = 0.3125$, 약 0.31 정도이다.

| 정답 | 059 ② 060 ④ 061 ④ 062 ②

063

명중률이 75%인 사수가 있다. 1개의 주사위를 던져서 1 또는 2의 눈이 나오면 두 번 쏘고, 그 이외의 눈이 나오면 세 번 쏘기로 한다. 1개의 주사위를 한 번 던져서 이에 따라 목표물을 쏠 때, 오직 한 번만 명중할 확률은?

2020년 1·2회

① 3/32
② 5/32
③ 7/32
④ 9/32

해설 결과가 '명중한다'와 '명중하지 않는다' 두 가지뿐인 베르누이 시행에서, n번의 시도 중 명중한 수를 확률변수 X라 하면, 확률변수 X는 n, $p=\frac{3}{4}$인 이항분포 $B\left(n, \frac{3}{4}\right)$을 따르며, $B\left(n, \frac{3}{4}\right)$에 대한 확률질량함수는 $P(X=x) = {}_nC_x \left(\frac{3}{4}\right)^x \left(1-\frac{3}{4}\right)^{n-x}$ $(x=0, 1, \cdots, n)$이다. 이 사수가 1개의 주사위를 던져 1 또는 2의 눈이 나와 목표물을 두 번 쏜 결과 한 번만 명중할 확률은 $n=2$인 $B\left(2, \frac{3}{4}\right)$에 따라 $\frac{1}{3} \times {}_2C_1 \left(\frac{3}{4}\right)^1 \left(\frac{1}{4}\right)^{2-1} = \frac{1}{8}$ 이다.

이외의 눈이 나와 목표물을 세 번 쏜 결과 한 번만 명중할 확률은 $n=3$인 $B\left(3, \frac{3}{4}\right)$에 따라 $\frac{2}{3} \times {}_3C_1 \left(\frac{3}{4}\right)^1 \left(\frac{1}{4}\right)^{3-1} = \frac{3}{32}$ 이다.

따라서 1개의 주사위를 한 번 던져서 이에 따라 목표물을 쏠 때, 오직 한 번만 명중할 확률은 $\frac{1}{8} + \frac{3}{32} = \frac{7}{32}$ 이다.

064

어느 대형마트 고객관리팀에서는 다음과 같은 기준에 따라 매일 고객을 분류하여 관리한다. 어느 특정한 날 마트를 방문한 고객들의 자료를 분류한 결과 A그룹이 30%, B그룹이 50%, C그룹이 20%인 것으로 나타났다. 이날 마트를 방문한 고객 중 임의로 4명을 택할 때, 이들 중 3명만이 B 그룹에 속할 확률은?

2021년 1회

구분	구매 금액
A그룹	20만 원 이상
B그룹	10만 원 이상~20만 원 미만
C그룹	10만 원 미만

① 0.25
② 0.27
③ 0.37
④ 0.39

해설 결과가 B그룹과 그 외 그룹 두 가지뿐인 베르누이 시행에서 4명의 고객 중 B그룹에 속하는 고객의 수를 확률변수 X라 하면, 확률변수 X는 $n=4$, $p=0.5$인 이항분포 $B(4, 0.5)$를 따르며, $B(4, 0.5)$에 대한 확률질량함수는 $P(X=x) = {}_4C_x (0.5)^x (1-0.5)^{4-x}$ $(x=0, 1, \cdots, 4)$이다.

따라서 3명만이 B그룹에 속할 확률은
$P(X=3) = {}_4C_3 (0.5)^3 (1-0.5)^{4-3} = 4 \times (0.5)^3 \times (0.5)^1 = 0.25$ 이다.

065

어떤 시스템은 각각 독립적으로 작동하는 n개의 성분으로 구성되어 있다. 이 시스템은 그 성분 중 반 이상 작동하면 효과적으로 작동한다. 각 성분의 작동확률을 p라고 하면 5개의 성분으로 구성된 시스템이 3개의 성분으로 구성된 시스템보다 더 효과적으로 작동을 하기 위한 p값의 조건은?

2021년 2회

① $p > 1/2$
② $p > 1/3$
③ $p > 1/4$
④ $p > 1/5$

해설 5개의 성분으로 구성된 시스템에서 확률변수 X는 이항분포 $B(5, p)$를 따르므로 이 시스템이 효과적으로 작동하기 위해서는 성분 3개 이상이 작동하면 된다.

즉, $P(X \geq 3) = P(X=3) + P(X=4) + P(X=5)$
$= {}_5C_3 p^3 (1-p)^{5-3} + {}_5C_4 p^4 (1-p)^{5-4} + {}_5C_5 p^5 (1-p)^{5-5}$ 이다.

3개의 성분으로 구성된 시스템에서 확률변수 X는 이항분포 $B(3, p)$를 따르므로 이 시스템이 효과적으로 작동하기 위해서는 성분 2개 이상이 작동하면 된다.

즉, $P(X \geq 2) = P(X=2) + P(X=3)$
$= {}_3C_2 p^2 (1-p)^{3-2} + {}_3C_3 p^3 (1-p)^{3-3}$ 이다.

따라서 5개의 성분으로 구성된 시스템이 3개의 성분으로 구성된 시스템보다 더 효과적으로 작동하기 위해
${}_5C_3 p^3 (1-p)^2 + {}_5C_4 p^4 (1-p)^1 + {}_5C_5 p^5 > {}_3C_2 p^2 (1-p)^1 + {}_3C_3 p^3$ 을 만족해야 하며, 부등식을 간단히 정리하면,
$3p^2 (p-1)^2 (2p-1) > 0$, 즉 $2p-1 > 0$, $p > \frac{1}{2}$ 이다.

| 정답 | 063 ③ 064 ① 065 ①

066
이항분포를 따르는 확률변수 X에 관한 설명으로 틀린 것은?

2018년 1회

① 반복시행 횟수가 n이면, X가 취할 수 있는 가능한 값은 0부터 n까지이다.
② 반복시행 횟수가 n이고, 성공률이 p이면 X의 평균은 np이다.
③ 반복시행 횟수가 n이고, 성공률이 p이면 X의 분산은 $np(1-p)$이다.
④ 확률변수 X는 0 또는 1만을 취한다.

해설 이항분포는 반복시행 횟수가 n인 베르누이 시행에서, 성공의 개수 X의 분포이므로 X가 취할 수 있는 가능한 값은 0부터 n까지이다.

067
확률변수 X는 시행횟수가 n이고, 성공할 확률이 p인 이항분포를 따를 때, 옳은 것은?

2018년 2회

① $E(X)=np(1-p)$
② $V(X)=\dfrac{p(1-p)}{n}$
③ $E\left(\dfrac{X}{n}\right)=p$
④ $V\left(\dfrac{X}{n}\right)=\dfrac{p(1-p)}{n^2}$

해설 확률변수 X가 이항분포 $B(n, p)$를 따를 때, 기댓값 $E(X)$와 분산 $V(X)$는 각각 $E(X)=np$, $V(X)=np(1-p)$이다. $E\left(\dfrac{X}{n}\right)$와 $V\left(\dfrac{X}{n}\right)$는 기댓값과 분산의 성질 $E(aX\pm b)=aE(X)\pm b$, $V(aX\pm b)=a^2V(X)$에 의해 $E\left(\dfrac{X}{n}\right)=\dfrac{1}{n}E(X)=\dfrac{1}{n}\times n\times p=p$, $V\left(\dfrac{X}{n}\right)=\dfrac{1}{n^2}V(X)=\dfrac{1}{n^2}\times n\times p\times(1-p)=\dfrac{p(1-p)}{n}$이다.

068
어느 농구선수의 자유투 성공률이 70%라고 알려져 있다. 이 선수가 자유투를 20회 던진다면 몇 회 정도 성공할 것으로 기대되는가?

2022년 1회

① 7
② 8
③ 16
④ 14

해설 결과가 성공과 실패 두 가지뿐인 베르누이 시행에서 20번의 시도 중 성공 횟수를 확률변수 X라 하면, 확률변수 X는 $n=20$, $p=0.7$인 이항분포 $B(20, 0.7)$을 따른다. 따라서 확률변수 X의 기댓값은 $E(X)=np=20\times 0.7=14$이다.

069
A, B, C 세 지역에서 금맥이 발견될 확률은 각각 20%라고 한다. 이들 세 지역에 대하여 금맥이 발견될 수 있는 지역의 수에 대한 기댓값은?

2019년 1회

① 0.60
② 0.66
③ 0.72
④ 0.75

해설 결과가 '금맥이 발견된다.'와 '발견되지 않는다.' 두 가지뿐인 베르누이 시행에서 세 지역 중 금맥이 발견될 수 있는 지역의 수를 확률변수 X라 하면, 확률변수 X는 $n=3$, $p=0.2$인 이항분포 $B(3, 0.2)$를 따른다. 따라서 확률변수 X의 기댓값은 $E(X)=np=3\times 0.2=0.6$이다.

070
창수는 공정한 동전 1개를 3회 던져 나타나는 앞면의 횟수당 10만 원의 상금을 받는 게임을 하기로 하였다. 게임을 한 번 할 때마다 10만 원을 내고 한다면, 이 게임을 한 번 할 때마다 얼마의 금액을 벌 것으로 기대되는가?

2024년 1회

① 3만 원
② 4만 원
③ 5만 원
④ 6만 원

해설 결과가 동전을 던져 '앞면이 나옴'과 '뒷면이 나옴' 두 가지뿐인 베르누이 시행에서 3회 던져 나오는 앞면의 개수를 확률변수 X라 하면, 확률변수 X는 $n=3$, $p=0.5$인 이항분포 $B(3, 0.5)$를 따르고 평균은 $E(X)=np=3\times 0.5=1.5$이다. 따라서 10만 원$\times 1.5=15$만 원의 상금을 받을 것으로 기대되며 게임비가 10만 원이므로 $15-10=5$만 원의 금액을 벌 것으로 기대된다.

| 정답 | 066 ④ 067 ③ 068 ④ 069 ① 070 ③

071

어느 조사에서 응답자가 조사에 응답할 확률이 0.4라고 알려져 있다. 1,000명을 조사할 때, 응답자 수의 기댓값과 분산은?

2022년 2회

① 기댓값 = 400, 분산 = 120
② 기댓값 = 400, 분산 = 240
③ 기댓값 = 600, 분산 = 120
④ 기댓값 = 600, 분산 = 240

해설 결과가 응답하거나 응답하지 않는 두 가지뿐인 베르누이 시행에서 1,000명 중 응답자의 수를 확률변수 X라 하면, 확률변수 X는 $n=1,000$, $p=0.4$인 이항분포 $B(1,000, 0.4)$를 따른다. 따라서 확률변수 X의 기댓값과 분산은 각각 $E(X)=np=1,000\times 0.4=400$, $V(X)=np(1-p)=1,000\times 0.4\times(1-0.4)=240$이다.

072

어느 공장에서 생산되는 나사못의 10%가 불량품이라고 한다. 이 공장에서 만든 나사못 중 400개를 임의로 뽑았을 때 불량품 개수 X의 평균과 표준편차는?

2020년 4회

① 평균: 30, 표준편차: 3
② 평균: 40, 표준편차: 36
③ 평균: 30, 표준편차: 36
④ 평균: 40, 표준편차: 6

해설 결과가 정품과 불량품 두 가지뿐인 베르누이 시행에서 400개의 나사못 중 불량품의 개수를 확률변수 X라 하면, 확률변수 X는 $n=400$, $p=0.1$인 이항분포 $B(400, 0.1)$을 따른다. 따라서 확률변수 X의 평균과 분산은 각각 $E(X)=np=400\times 0.1=40$, $V(X)=np(1-p)=400\times 0.1\times 0.9=36$이고, 표준편차는 $\sqrt{V(X)}=\sqrt{36}=6$이다.

073

자동차 보험의 가입자가 보험금 지급을 청구할 확률은 0.2라 한다. 200명의 가입자 중 보험금 지급을 청구하는 사람의 수를 X라 할 때, X의 평균과 분산은?

2024년 2회

① 40, 16   ② 40, 32
③ 16, 40   ④ 16, 32

해설 결과가 보험 가입자가 보험금 지급을 '청구한다.'와 '청구하지 않는다' 두 가지뿐인 베르누이 시행에서 200명의 가입자 중 보험금 지급을 청구하는 사람의 수를 확률변수 X라 하면, 확률변수 X는 $n=200$, 확률 $p=0.2$인 이항분포 $B(200, 0.2)$를 따른다. 이때 확률변수 X의 평균은 $E(X)=np=200\times 0.2=40$이고, 분산은 $V(X)=np(1-p)=200\times 0.2\times(1-0.2)=32$이다.

074

자동차부품을 생산하는 회사에서 품질을 관리하기 위하여 생산된 제품 가운데 100개를 추출하여 조사하였다. 그중 부적합품 수를 X라 할 때, X의 기댓값이 5이면 X의 분산은?

2021년 1회

① 0.05   ② 0.475
③ 4.75   ④ 9.5

해설 결과가 적합품과 부적합품 두 가지뿐인 베르누이 시행에서 100개의 제품 중 부적합품 수를 확률변수 X라 하면, 확률변수 X는 $n=100$, 확률 p인 이항분포 $B(100, p)$를 따른다. 이때 확률변수 X의 기댓값은 $E(X)=np=100p=5$이므로 $p=0.05$이다. 따라서 확률변수 X의 분산은 $V(X)=np(1-p)=100\times 0.05\times(1-0.05)=4.75$이다.

| 정답 | 071 ② 072 ④ 073 ② 074 ③

075

확률변수 X가 이항분포 $B\left(36, \dfrac{1}{6}\right)$을 따를 때, 확률변수 $Y = \sqrt{5}\,X + 2$의 표준편차는?

2020년 3회

① $\sqrt{5}$ ② $5\sqrt{5}$
③ 5 ④ 6

해설 확률변수 X가 이항분포 $B\left(36, \dfrac{1}{6}\right)$을 따르므로 확률변수 X의 표준편차는 $\sigma(X) = \sqrt{V(X)} = \sqrt{36 \times \dfrac{1}{6} \times \dfrac{5}{6}} = \sqrt{5}$ 이다.

따라서 표준편차의 성질 $\sigma(aX+b) = |a|\sigma(X)$를 이용하여 확률변수 $Y = \sqrt{5}\,X + 2$의 표준편차를 구하면
$\sigma(Y) = \sigma(\sqrt{5}\,X + 2) = |\sqrt{5}|\,\sigma(X) = \sqrt{5} \times \sqrt{5} = 5$이다.

076

어떤 산업제약의 제품 중 10%는 유통과정에서 변질되어 부적합품이 발생한다고 한다. 이를 확인하기 위하여 해당 제품 100개를 추출하여 실험하였다. 이때 10개 이상이 부적합품일 확률은?

2022년 2회

① 0.1 ② 0.3
③ 0.5 ④ 0.7

해설 결과가 정품과 부적합품 두 가지뿐인 베르누이 시행에서 100개의 제품 중 부적합품의 개수를 확률변수 X라 하면, 확률변수 X는 $n=100$, $p=0.1$인 이항분포 $B(100, 0.1)$을 따른다. X의 기댓값과 분산이 각각 $E(X) = np = 100 \times 0.1 = 10$, $V(X) = np(1-p) = 100 \times 0.1 \times (1-0.1) = 9$이고, $n=100$으로 충분히 크므로 확률변수 X는 근사적으로 정규분포 $N(10, 3^2)$을 따른다.

따라서 10개 이상이 부적합품일 확률 $P(X \geq 10)$은
$P(X \geq 10) \fallingdotseq P\left(\dfrac{X-10}{3} \geq \dfrac{10-10}{3}\right) = P(Z \geq 0) = 0.5$이다.

077

공정한 주사위 1개를 20번 던지는 실험에서 1의 눈을 관찰한 횟수를 확률변수 X라 하고, 정규근사를 이용하여 $P(X \geq 4)$의 근사값을 구하려 할 때, 연속성 수정을 고려한 근사식으로 맞는 것은? (단, Z는 표준정규분포를 따르는 확률변수)

2021년 1회

① $P(Z \geq 0.1)$ ② $P(Z \geq 0.4)$
③ $P(Z \geq 0.7)$ ④ $P(Z \geq 1)$

해설 공정한 주사위를 던져 결과가 1의 눈이 나오거나 그 외가 나오는 경우 두 가지뿐인 베르누이 시행에서 1의 눈을 관찰한 횟수를 확률변수 X라 하면, 확률변수 X는 $n=20$, $p=\dfrac{1}{6}$인 이항분포 $B\left(20, \dfrac{1}{6}\right)$을 따른다. X의 기댓값과 분산이 각각 $E(X) = np = 20 \times \dfrac{1}{6} = \dfrac{10}{3}$, $V(X) = np(1-p) = 20 \times \dfrac{1}{6} \times \left(1-\dfrac{1}{6}\right) = \left(\dfrac{5}{3}\right)^2$이므로 확률변수 X는 근사적으로 정규분포 $N\left(\dfrac{10}{3}, \left(\dfrac{5}{3}\right)^2\right)$을 따른다.

따라서 $P(X \geq 4)$의 근삿값을 구하기 위해 연속성 수정을 고려한 근사식은
$P(X \geq 4) \fallingdotseq P(X \geq 4 - 0.5) = P\left(\dfrac{X - 10/3}{5/3} \geq \dfrac{(4-0.5) - 10/3}{5/3}\right)$
$= P(Z \geq 0.1)$이다.

| 정답 | 075 ③ 076 ③ 077 ①

078

국내 어느 항공회사에서는 A노선의 항공편을 예약한 사람 중 20%가 예정시간에 공항에 도착하지 못하여 탑승하지 못하거나 사전에 예약을 취소 또는 변경한다는 사실을 알았다. 따라서 여석 발생으로 인한 손실을 줄이기 위해 300석의 좌석이 마련되어 있는 이 노선의 특정 항공편에 360건의 예약을 접수받았다. 이 항공편을 예약하고 예정시간에 공항에 나온 사람들 모두가 탑승하여 좌석에 앉을 수 있는 확률을 아래 확률분포표를 이용하여 구한 값은? (단, 연속성 수정을 이용하고, 소수의 계산은 소수점 이하 셋째 자리에서 반올림한다)

2017년 1회

〈표준정규분포표〉
$P(Z \leq z)$, $Z \sim N(0, 1)$

z	⋯	0.05	0.06	0.07	0.08
⋮		⋮	⋮	⋮	⋮
1.4	⋯	0.9279	0.9292	0.9306	0.9319
1.5	⋯	0.9406	0.9418	0.9429	0.9441
1.6	⋯	0.9515	0.9525	0.9535	0.9545
⋮	⋮	⋮	⋮	⋮	⋮

① 0.9515
② 0.9406
③ 0.9418
④ 0.9429

해설 결과가 '탑승한다.'와 '탑승하지 않는다.' 두 가지뿐인 베르누이 시행에서 360건의 예약 중 예정시간에 공항에 도착해 탑승하는 사람들의 수를 확률변수 X라 하면, 확률변수 X는 $n=360$, $p=0.8$인 이항분포 $B(360, 0.8)$을 따른다.
X의 기댓값과 분산이 각각 $E(X) = np = 360 \times 0.8 = 288$, $V(X) = np(1-p) = 360 \times 0.8 \times (1-0.8) = 57.6$이므로 확률변수 X는 근사적으로 정규분포 $N(288, 57.6)$을 따른다.
따라서 이 항공편을 예약하고 예정시간에 공항에 나온 사람들 모두가 탑승하여 좌석에 앉을 수 있을 확률 $P(X \leq 300)$의 근삿값을 구하기 위해 연속성 수정을 고려한 근사식은
$P(X \leq 300) \fallingdotseq P(X \leq 300+0.5)$
$= P\left(\dfrac{X-288}{\sqrt{57.6}} \leq \dfrac{(300+0.5)-288}{\sqrt{57.6}}\right)$
$\fallingdotseq P(Z \leq 1.65) = 0.9515$이다.

079

어느 버스 정류장에서 매시 0분, 20분에 각 1회씩 버스가 출발한다. 한 사람이 우연히 이 정거장에 와서 버스가 출발할 때까지 기다릴 시간의 기댓값은?

① 15분 20초
② 16분 40초
③ 18분 00초
④ 19분 20초

해설 매시 0분에서 20분 사이에 도착하면 대기 시간도 0분~20분이므로 기댓값은 10분이고, 20분에서 60분 사이에 도착하면 대기 시간은 0분~40분이므로 기댓값은 20분이다. 전체 평균 대기 시간(혼합 평균)은 두 구간의 평균을 가중합으로 계산하므로 $E[$대기 시간$] = \dfrac{20}{60} \times 10 + \dfrac{40}{60} \times 20 = \dfrac{50}{3}$, 약 16분 40초이다.

080

다음 중 정규분포의 정규곡선에 대한 설명으로 옳은 것은 모두 몇 개인가?

- 정규곡선은 중앙값을 중심으로 좌우대칭을 이룬다.
- 정규곡선의 형태와 위치는 평균과 표준편차에 의해 결정된다.
- 정규곡선 아래의 면적은 1이다.
- 정규곡선이 그려지는 확률변수의 범위는 $-\infty$에서 $+\infty$까지이다.

① 1개
② 2개
③ 3개
④ 4개

해설 모두 정규분포의 곡선에 대한 설명이다.

| 정답 | 078 ① | 079 ② | 080 ④ |

081

평균이 μ이고 표준편차가 $\sigma(>0)$인 정규분포 $N(\mu, \sigma^2)$에 대한 설명으로 틀린 것은? *2019년 2회*

① 정규분포 $N(\mu, \sigma^2)$은 평균 μ에 대하여 좌우대칭인 종 모양의 분포이다.
② 평균 μ의 변화는 단지 분포의 중심위치만 이동시킬 뿐 분포의 형태에는 변화를 주지 않는다.
③ 표준편차 σ의 변화는 σ값이 커질수록 μ 근처의 확률은 커지고 꼬리부분의 확률은 작아지는 모양으로 분포의 형태에 영향을 미친다.
④ 확률변수 X가 정규분포 $N(\mu, \sigma^2)$을 따르면, 표준화된 확률변수 $Z=\left(\dfrac{X-\mu}{\sigma}\right)$는 $N(0, 1)$을 따른다.

해설 표준편차 σ의 값이 커질수록, 평균 μ 근처의 확률은 작아지고 꼬리부분의 확률이 커져 꼬리부분이 두껍고 양 옆으로 퍼지는 형태를 보인다.

082

A시가 전국 도시에 비해 주택보급율과 도로율 중 어떤 것이 더 열악한지를 파악하려고 한다. 무엇을 이용하는 것이 가장 바람직한가?

① 표준편차
② 변동계수
③ 평균
④ 표준점수(Z점수)

해설 A시의 위치를 각 분포 내에서 평가하는 문제이므로 표준점수(Z점수, Z-score)를 사용하는 것이 가장 적합하다. Z점수는 특정 도시(A시)의 수치를 전국 평균과 비교하여 상대적으로 얼마나 높은지 또는 낮은지를 나타낸다. 주택보급률과 도로율 각각의 Z점수를 계산하면, 전국 평균 대비 A시의 상태를 직접 비교할 수 있으므로 더 명확한 판단이 가능하다.

083

평균이 μ이고, 표준편차가 σ인 정규모집단으로부터 표본을 관측할 때, 관측값이 $\mu+2\sigma$와 $\mu-2\sigma$ 사이에 존재할 확률은 약 몇 %인가? *2019년 3회*

① 33%
② 68%
③ 95%
④ 99%

해설 정규분포는 평균을 중심으로 1σ, 2σ, 3σ 구간 내에 포함될 확률이 각각 0.6826, 0.9544, 0.9974이므로 2σ(표준편차) 구간 내에 포함될 확률은 약 95%이다.

084

IQ점수는 $N(100, 15^2)$를 따른다고 한다. IQ점수가 100 이하인 경우는 전체의 몇 %인가? *2019년 1회*

① 0
② 50
③ 75
④ 100

해설 정규분포는 평균을 중심으로 좌우대칭인 종모양의 곡선이다. IQ점수가 정규분포 $N(100, 15^2)$을 따를 때, 평균 100에 대하여 좌우대칭이므로 100 이하인 경우는 전체의 50%이다.

085

확률변수 X는 표준정규분포를 따른다. 이때, $2X$의 확률분포는? *2020년 4회*

① $N(0, 1)$
② $N(0, 2)$
③ $N(0, 4)$
④ $N(0, 16)$

해설 확률변수 X는 표준정규분포를 따르므로 $X \sim N(0, 1)$에서 $E(X)=0$, $V(X)=1$이다.
기댓값과 분산의 성질 $E(aX \pm b) = aE(X) \pm b$, $V(aX \pm b) = a^2 V(X)$에 의해 새로운 확률변수 $2X$의 분포는 $E(2X) = 2E(X) = 2 \times 0 = 0$, $V(2X) = 4V(X) = 4 \times 1 = 4$인 $N(0, 4)$이다.

| 정답 | 081 ③ 082 ④ 083 ③ 084 ② 085 ③

086

두 확률변수 X, Y는 서로 독립이며 표준정규분포를 갖는다. 이때 $U = X + Y$, $V = X - Y$로 정의하면 두 확률변수 U, V는 각각 어떤 분포를 따르게 되는가?

① U, V 두 변수 모두 $N(0, 2)$를 따른다.
② $U \sim N(0, 2)$를 $V \sim N(0, 1)$를 따른다.
③ $U \sim N(0, 1)$를 $V \sim N(0, 2)$를 따른다.
④ U, V 두 변수 모두 $N(0, 1)$를 따른다.

해설 표준정규분포를 따르는 독립확률변수 X, Y의 선형 결합에 대한 분포를 묻는 것이다.
두 확률변수 X, Y가 독립이고 각각 $N(0, 1)$일 때
$X + Y \sim N(0+0, 1+1) = N(0, 2)$
$X - Y \sim N(0-0, 1+1) = N(0, 2)$
따라서, U, V 두 변수 모두 $N(0, 2)$를 따른다.

087

확률변수 X가 정규분포 $N(\mu, \sigma^2)$을 따를 때, $Z = \dfrac{X - \mu}{\sigma}$는 어떤 분포를 따르는가?

2022년 1회

① $Z \sim N(0, 1)$ ② $Z \sim N(1, 1)$
③ $Z \sim N(\mu, 1)$ ④ $Z \sim N(\mu, \sigma^2)$

해설 $X \sim N(\mu, \sigma^2)$에서 $E(X) = \mu$, $V(X) = \sigma^2$이다. 기댓값과 분산의 성질 $E(aX \pm b) = aE(X) \pm b$, $V(aX \pm b) = a^2 V(X)$에 의해, 새로운 변수 $Z = \dfrac{X - \mu}{\sigma}$의 기댓값과 분산은 각각

$E\left(\dfrac{X - \mu}{\sigma}\right) = \dfrac{1}{\sigma} E(X - \mu) = \dfrac{1}{\sigma}(E(X) - \mu) = \dfrac{1}{\sigma}(\mu - \mu) = 0$,

$V\left(\dfrac{X - \mu}{\sigma}\right) = \dfrac{1}{\sigma^2} V(X - \mu) = \dfrac{1}{\sigma^2} V(X) = \dfrac{1}{\sigma^2} \sigma^2 = 1$이므로

$Z \sim N(0, 1)$이다.

088

한국도시연감에 따르면, 20XX년 1월 1일 기준 한국 도시들의 재정자립도 평균은 26.4%이고, 서울의 재정자립도는 76.39%로 나타났다. 한국 도시들의 재정자립도의 표준편차를 약 9.3%로 가정할 때, 서울 재정자립도의 표준점수(Z값)는 얼마인가?

① 4.5   ② 5.3
③ 6.2   ④ 7.1

해설 서울의 재정자립도에 대한 표준점수(Z값)를 계산하기 위해 표준점수(Z) 공식 $Z = \dfrac{X - \mu}{\sigma}$에 대입한다.

X: 서울의 재정자립도 76.39%
μ: 한국 도시들의 재정자립도 평균 26.4%
σ: 표준편차 9.3%

그 결과 $Z = \dfrac{76.39 - 26.4}{9.3} = \dfrac{49.99}{9.3}$ 약 5.38이다.

따라서, 서울 재정자립도의 표준점수(Z값)는 약 5.3이다.

089

사과 무게의 평균은 100g, 분산은 64g, 배 무게의 평균은 100g, 분산은 25g인 정규분포를 따른다고 한다. 지금 120g의 사과와 배가 각각 하나씩 있다고 할 때, 이 사과와 배의 상대적 무게 관계는?

① 배와 사과의 상대적인 무게는 같다.
② 사과가 배보다 상대적으로 무겁다.
③ 배가 사과보다 상대적으로 무겁다.
④ 비교할 수 없다.

해설 평균과 분산(혹은 표준편차)이 다른 두 정규분포에서의 값을 비교할 때에는 표준화된 값(Z-점수)을 통해 상대적 위치(무게)를 비교해야 한다.

구분	평균	분산	무게	Z점수
사과	100	64	120g	$\dfrac{120 - 100}{8} = 2.5$
배	100	25	120g	$\dfrac{120 - 100}{5} = 4$

사과는 평균보다 2.5 표준편차만큼 크고, 배는 평균보다 4 표준편차만큼 크다. 즉, 배가 평균보다 더 멀리 떨어져 있어 상대적으로 더 무겁다고 볼 수 있다.

090

세 개의 글로벌 기업 α사, β사, γ사는 각각 다른 국가에 본사를 두고 있으며, 각 사의 대졸 신입사원 월급은 평균 250만 원, 3,500달러, 25만 엔이고, 표준편차는 각각 50만 원, 350달러, 2만 7천 엔인 정규분포를 따른다고 한다. 각 회사에서 임의로 한 명씩 뽑힌 대졸 신입사원 A, B, C의 월급이 300만 원, 3,750달러, 27만 엔이라 할 때, 각 기업 내에서 상대적으로 월급을 많이 받는 사람의 순서대로 나열한 것은?

① A > B > C
② A > C > B
③ B > C > A
④ B > A > C

해설 표준점수(Z점수)를 이용해 각 개인의 월급이 기업 내에서 얼마나 높은지를 비교하는 문제이므로 각 신입사원의 Z점수를 계산한다.

구분	평균	표준편차	월급	Z값
A사원	250	50	300	$\frac{300-250}{50}=1.0$
B사원	3,500	350	3,750	$\frac{3,750-3,500}{350}$, 약 0.714
C사원	25	2.7	27	$\frac{27-25}{2.7}$, 약 0.741

Z값은 A사원 > C사원 > B사원 순으로 높으므로 상대적으로 월급을 많이 받는 순서는 A > C > B이다.

091

X는 정규분포를 따르는 확률변수이다. $P(X \geq 1) = 0.16$, $P(X \geq 0.5) = 0.31$, $P(X < 0) = 0.5$일 때, $P(0.5 < X < 1)$의 값은? 2021년 1회

① 0.15
② 0.19
③ 0.235
④ 0.335

해설 정규분포는 평균 μ에 대하여 대칭인데, $P(X<0)=0.5$이므로 평균이 0임을 알 수 있다. 따라서
$P(0.5 < X < 1) = P(0 < X < 1) - P(0 < X < 0.5)$
$= \{0.5 - P(X \geq 1)\} - \{0.5 - P(X \geq 0.5)\}$
$= (0.5 - 0.16) - (0.5 - 0.31) = 0.15$이다.

TIP $P(X<1)=0.84$, $P(X<0.5)=0.69$이므로
$P(0.5 < X < 1) = P(X<1) - P(X<0.5) = 0.84 - 0.69 = 0.15$이다.

092

어느 투자자가 구성한 포트폴리오의 기대수익률이 평균 15%, 표준편차 3%인 정규분포를 따른다고 한다. 이때 투자자의 수익률이 15% 이하일 확률은? 2020년 3회

① 0.25
② 0.375
③ 0.475
④ 0.5

해설 이 투자자가 구성한 포트폴리오의 기대수익률을 확률변수 X라 하면, $X \sim N(15, 3^2)$이다.
$P(X \leq 15)$를 표준정규분포 $N(0, 1)$로 표준화하면,
$P(X \leq 15) = P\left(\frac{X-15}{3} \leq \frac{15-15}{5}\right) = P(Z \leq 0) = 0.5$이다.

TIP 정규분포는 평균(기댓값)을 중심으로 좌우대칭인 종 모양의 곡선이므로 평균 이하일 확률은 0.5이다.

093

20대 성인여자의 키 분포가 정규분포를 따르고 평균값은 160cm이고 표준편차는 10cm라고 할 때, 임의의 여자의 키가 175cm보다 클 확률은 얼마인가? (단, 다음 표준정규분포의 누적확률분포표 참고) 2019년 2회

z	.00	.01	.02	.03	.04
1.0	0.8413	0.8438	0.8461	0.8485	0.8508
1.1	0.8643	0.8665	0.8686	0.8708	0.8729
1.2	0.8849	0.8869	0.8888	0.8907	0.8925
1.3	0.9032	0.9049	0.9666	0.9082	0.9099
1.4	0.9192	0.9207	0.9222	0.9236	0.9251
1.5	0.9332	0.9345	0.9357	0.9370	0.9382
1.6	0.9452	0.9463	0.9474	0.9484	0.9495
1.7	0.9554	0.9564	0.9573	0.9582	0.9591
1.8	0.9641	0.9649	0.9656	0.9664	0.9671
1.9	0.9713	0.9719	0.9726	0.9732	0.9738

① 0.0668
② 0.0655
③ 0.9332
④ 0.9345

해설 20대 성인여자의 키를 확률변수 X라 하면, $X \sim N(160, 10^2)$
$P(X \geq 175)$를 표준정규분포 $N(0, 1)$로 표준화하면,
$P(X \geq 175) = P\left(\frac{X-160}{10} \geq \frac{175-160}{10}\right)$
$= P(Z \geq 1.5) = 1 - P(Z < 1.5)$
$= 1 - 0.9332 = 0.0668$이다.

| 정답 | 090 ② 091 ① 092 ④ 093 ①

094

사회조사분석사 시험응시생 500명의 통계학 성적의 평균점수는 70점이고, 표준편차는 10점이라고 한다. 통계학 성적이 정규분포를 따른다고 할 때, 성적이 50점에서 90점 사이인 응시자는 약 몇 명인가? (단, $P(Z<2)=0.9772$)

2018년 2회

① 498명 ② 477명
③ 378명 ④ 250명

해설 사회조사분석사 시험응시생의 통계학 성적을 확률변수 X라 하면, $X \sim N(70,\ 10^2)$이다.
$P(50<X<90)$를 표준정규분포 $N(0,1)$로 표준화하면,
$$P(50<X<90) = P\left(\frac{50-70}{10} < Z < \frac{90-70}{10}\right)$$
$$= P(-2<Z<2) = 2 \times P(0<Z<2)$$
$$= 2 \times (0.9772 - 0.5) = 0.9544$$
따라서 성적이 50점에서 90점 사이인 응시자는 $500 \times 0.9544 = 477.2$, 약 477명이다.

095

어떤 시험에 응시한 응시자들이 시험문제를 모두 풀이하는 데 걸리는 시간은 평균 60분, 표준편차 10분인 정규분포를 따른다고 한다. 이 시험의 시험시간을 50분으로 정한다면 시험에 응시한 1,000명 중 시간 내에 문제를 모두 풀이하는 학생은 몇 명이 되겠는가? (단, $P(Z<1) = 0.8413$, $P(Z<2) = 0.9772$, $P(Z<3) = 0.9987$)

2017년 3회

① 156 ② 158
③ 160 ④ 162

해설 이 시험에 응시한 응시자들이 시험문제를 모두 풀이하는 데 걸리는 시간을 확률변수 X라 하면, $X \sim N(60,\ 10^2)$이다.
$P(X \le 50)$를 표준정규분포 $N(0,1)$로 표준화하면,
$P(X \le 50) = P\left(Z \le \frac{50-60}{10}\right) = P(Z \le -1)$이고, 표준정규분포는 평균 0을 기준으로 좌우대칭이므로
$P(Z \le -1) = P(Z \ge 1) = 1 - P(Z<1) = 1 - 0.8413 = 0.1587$이다.
따라서 응시자가 50분 이내에 문제를 모두 풀 확률은 0.1587이므로 응시생 1,000명 중 시간 내에 문제를 모두 풀이하는 학생은 $1,000 \times 0.1587 = 158.7$, 약 158명이다.

096

어느 제약회사에서 생산하고 있는 진통제는 복용 후 진통효과가 나타날 때까지 걸리는 시간이 평균 30분, 표준편차 8분인 정규분포를 따른다고 한다. 임의로 추출한 100명의 환자에게 진통제를 복용시킬 때, 복용 후 40분에서 44분 사이에 진통효과가 나타나는 환자의 수는? (단, 다음 표준정규분포표를 이용하시오)

2021년 2회

z	$P(0 \le Z \le z)$
0.75	0.27
1.00	0.34
1.25	0.39
1.50	0.43
1.75	0.46

① 4 ② 5
③ 7 ④ 10

해설 진통효과가 나타날 때까지 걸리는 시간을 확률변수 X라 하면, $X \sim N(30,\ 8^2)$이다. $P(40 \le X \le 44)$를 표준정규분포 $N(0,1)$로 표준화하면
$$P(40 \le X \le 44) = P\left(\frac{40-30}{8} \le Z \le \frac{44-30}{8}\right) = P(1.25 \le Z \le 1.75)$$
$$= P(0 \le Z \le 1.75) - P(0 \le Z \le 1.25) = 0.46 - 0.39$$
$$= 0.07$$이다.
따라서 임의로 추출한 100명의 환자에게 진통제를 복용시킬 때 복용 후 40분에서 44분 사이에 진통효과가 나타나는 환자의 수는 $100 \times 0.07 = 7$명이다.

097

어떤 자격시험의 성적은 평균 70, 표준편차 10인 정규분포를 따른다고 한다. 상위 5%까지를 1등급으로 분류한다면, 1등급이 되기 위해서는 최소한 몇 점을 받아야 하는가? (단, $P(Z \le 1.645) = 0.95$, $Z \sim N(0,1)$)

2020년 1·2회

① 86.45 ② 89.60
③ 90.60 ④ 95.0

해설 이 자격시험의 성적을 확률변수 X라 하면, $X \sim N(70,\ 10^2)$이고, 1등급이 되기 위한 확률은 $P(X>a) = 0.05$ 또는 $P(X \le a) = 0.95$이다.
$0.95 = P(X \le a) = P\left(\frac{X-70}{10} \le \frac{a-70}{10}\right) = P(Z \le 1.645)$이므로
$\frac{a-70}{10} = 1.645$, $a = 86.45$, 즉 최소 86.45점을 받아야 한다.

098

어떤 교수는 수업시간에 학급에서 상위 15% 이내가 되면 A학점을 주게 될 것이라고 선언했다. 최종적으로 확인된 평균 시험점수는 83점이었고, 표준편차는 6점이었다. 이 학급에서 학생들이 A학점을 받기 위해서는 최소한 몇 점 정도가 되어야 하는가? (단, 15%에 해당하는 Z점수는 약 1.03~1.04 정도이다)

① 86점 ② 90점
③ 94점 ④ 98점

해설 이 문제는 상위 15% 이내에 해당하는 점수를 구하는 문제로, 주어진 평균과 표준편차를 바탕으로 Z-점수를 활용하여 해당 점수를 계산한다. 상위 15%의 경우, 해당 Z-점수를 기준으로 85% 이상을 차지하는 점수를 찾는 것이다. 상위 15%에 해당하는 Z 점수를 기준으로, $Z=1.03$을 사용하여 해당 점수를 구하면 $Z=\frac{X-\mu}{\sigma}$를 변형하여 $X=Z\times\sigma-\mu$이므로 $X=89.18$이다. 따라서, A학점을 받기 위해 필요한 최소 점수는 약 89.18점이므로 최소한 90점 이상을 받아야 상위 15% 이내에 해당한다.

099

컴퓨터 제조회사에서 보증기간을 정하려고 한다. 컴퓨터 수명은 평균 3년, 표준편차 9개월인 정규분포를 따른다고 한다. 보증기간 이전에 고장이 나면 무상수리를 해주어야 한다. 이 회사는 출하제품 가운데 5% 이내에서만 무상수리가 되기를 원한다. 보증기간을 몇 개월로 정하면 되겠는가? (단, $P(Z>1.645)=0.05$)

2022년 1회

① 17 ② 19
③ 21 ④ 23

해설 이 컴퓨터 제조회사의 컴퓨터 수명을 확률변수 X라 하면, $X\sim N(36, 9^2)$이다. 무상수리가 되기를 원하는 확률은 $P(X<a)=0.05$이고, $P(Z<-1.645)=0.05$이므로, $0.05=P(X<a)=P\left(\frac{X-36}{9}<\frac{a-36}{9}\right)=P(Z<-1.645)$이다.

따라서 $\frac{a-36}{9}=-1.645$, $a=21.195$, 즉 보증기간을 21개월로 정하면 된다.

100

확률변수 X와 Y는 서로 독립이며, $X\sim N(1, 1^2)$이고, $Y\sim N(2, 2^2)$이다. $P(X+Y\geq 5)$를 표준정규분포의 누적분포함수 $\phi(x)$를 이용하여 나타내면?

2021년 3회

① $\phi\left(-\frac{2}{3}\right)$ ② $\phi\left(-\frac{2}{\sqrt{5}}\right)$
③ $\phi\left(\frac{2}{3}\right)$ ④ $\phi\left(\frac{3}{\sqrt{5}}\right)$

해설 정규분포의 성질에 의하여 두 확률변수 X와 Y가 서로 독립이고 $X\sim N(1, 1^2)$, $Y\sim N(2, 2^2)$이면, $X+Y\sim N(1+2, 1^2+2^2)=N(3, 5)$이다.
따라서 $P(X+Y\geq 5)$를 표준정규분포 $N(0, 1)$로 표준화하면,
$P(X+Y\geq 5)=P\left(\frac{X+Y-3}{\sqrt{5}}\geq\frac{5-3}{\sqrt{5}}\right)=P\left(Z\geq\frac{2}{\sqrt{5}}\right)$
$=P\left(Z\leq-\frac{2}{\sqrt{5}}\right)=\phi\left(-\frac{2}{\sqrt{5}}\right)$이다.

101

표준정규분포에서 오른쪽 꼬리부분의 면적이 α가 되는 점을 z_α라 하고, 자유도가 ν인 t-분포에서 오른쪽 꼬리부분의 면적이 α가 되는 점을 $t_\alpha(\nu)$라 하고, Z는 표준정규분포, T는 자유도가 ν인 t-분포를 따른다고 할 때, 다음 설명 중 틀린 것은? (단, $P(Z>z_\alpha)=\alpha$, $P(T>t_\alpha(\nu))=\alpha$)

2021년 2회

① $t_{0.05}(5)$값과 $-t_{0.05}(5)$값의 절댓값은 같다.
② $t_{0.05}(5)$값은 $t_{0.05}(10)$값보다 작다.
③ ν에 관계없이, $Z_{0.05}<t_{0.05}(\nu)$이다.
④ ν가 아주 커지면, $t_\alpha(\nu)$값은 z_α값과 거의 같아진다.

해설 t-분포는 표준정규분포처럼 0을 중심으로 좌우대칭인 종모양의 분포이지만 정규분포보다 두꺼운 꼬리를 갖고 있다. 그러나 자유도가 증가할수록 표준정규분포에 가까워져 자유도가 무한대이면 t값은 Z값과 일치한다. 따라서 $t_{0.05}(5)$값은 $t_{0.05}(10)$값보다 크고, 자유도 ν에 관계없이 $Z_{0.05}<t_{0.05}(\nu)$이다.

| 정답 | 098 ② 099 ③ 100 ② 101 ②

102

표준정규분포를 따르는 확률변수의 제곱은 어떤 분포를 따르는가?

① 정규분포
② t-분포
③ F-분포
④ 카이제곱분포

해설 표준정규분포를 따르는 확률변수 $Z_1, \cdots, Z_k$가 서로 독립이며 각각 표준정규분포를 따르는 확률변수일 때, $Z_1^2 + Z_2^2 + \cdots + Z_k^2$은 자유도가 k인 카이제곱분포를 따른다.

103

카이제곱분포에 대한 설명으로 틀린 것은? 2020년 4회

① 자유도가 k인 카이제곱분포의 평균은 k이고, 분산은 $2k$이다.
② 카이제곱분포의 확률밀도함수는 오른쪽으로 치우쳐 있고, 왼쪽으로 긴 꼬리를 갖는다.
③ V_1, V_2가 서로 독립이며 각각 자유도가 k_1, k_2인 카이제곱분포를 따를 때 $V_1 + V_2$는 자유도가 $k_1 + k_2$인 카이제곱분포를 따른다.
④ $Z_1, \cdots, Z_k$가 서로 독립이며 각각 표준정규분포를 따르는 확률변수일 때 $Z_1^2 + Z_2^2 + \cdots + Z_k^2$은 자유도가 k인 카이제곱분포를 따른다.

해설 카이제곱분포는 왼쪽으로 치우쳐 있고 오른쪽으로 꼬리가 긴 모양의 분포이다.

104

$X \sim N(0, 1)$이고 $U = \chi^2(r_1)$, $V = \chi^2(r_2)$, 일 때 t-분포와 F-분포를 옳게 표시한 것은?

① $T = \dfrac{X}{\sqrt{U/r_1}}$, $F = \dfrac{U/r_1}{V/r_2}$

② $T = \dfrac{X}{\sqrt{U/r_1}}$, $F = \dfrac{U/r_1}{V/r_2}$

③ $T = \dfrac{X}{\sqrt{U/r_1}}$, $F = \dfrac{\sqrt{U/r_1}}{\sqrt{V/r_2}}$

④ $T = \dfrac{X}{U/r_1}$, $F = \dfrac{U/r_1}{V/r_2}$

해설 표준정규분포 $X \sim N(0, 1)$와 카이제곱분포 $U = \chi^2(r_1)$, $V = \chi^2(r_2)$를 이용해 t-분포와 F-분포를 정의할 수 있다.

- t-분포 (Student's t-distribution): X와 U가 독립일 때,

$$T = \frac{X}{\sqrt{U/r_1}} \sim t(r_1)$$

즉, 표준정규분포와 카이제곱분포의 비율로 구성된 분포가 t-분포이다.

- F-분포 (Fisher-Snedecor distribution): U와 V는 서로 독립이라면,

$$F = \frac{U/r_1}{V/r_2} \sim F(r_1, r_2)$$

즉, 두 카이제곱 분포의 자유도로 나눈 비율이 F-분포를 이룬다.

105

확률변수 X의 분포의 자유도가 각각 a와 b인 $F(a, b)$를 따른다면 확률변수 $Y = \dfrac{1}{X}$의 분포는? 2021년 1회

① $F(a, b)$
② $F(b, a)$
③ $F\left(\dfrac{1}{a}, \dfrac{1}{b}\right)$
④ $F\left(\dfrac{1}{b}, \dfrac{1}{a}\right)$

해설 확률변수 X가 자유도 (a, b)인 $F(a, b)$를 따른다면 확률변수 $Y = \dfrac{1}{X}$는 $F(b, a)$를 따른다.

| 정답 | 102 ④ 103 ② 104 ① 105 ②

106

t-분포와 F-분포의 성질에 대한 설명으로 옳은 것은?

1급 기출문제

① 자유도가 k인 t-분포의 제곱은 $F(k, 1)$분포와 동일하다.
② $F_{1-\alpha}(k_1, k_2) = 1/F_\alpha(k_2, k_1)$이 성립한다.
③ t-분포와 F-분포는 통상적으로 오른쪽으로 꼬리가 긴 분포이다.
④ $Z \sim N(0, 1)$, $V \sim \chi^2(r)$이고, Z와 V가 독립일 때, $Z/\sqrt{V}$는 자유도가 r인 t-분포를 따른다.

해설 자유도 3, 2인 F-분포에서 확률 0.95에 대한 F값 $F_{0.95}(3, 2) = F_{1-0.5}(3, 2)$는 $1/F_{0.5}(2, 3)$과 같다.
① 자유도가 k인 t-분포의 제곱은 $\chi^2(k, 1)$분포와 동일하다.
③ t-분포는 좌우대칭형 분포이고 χ^2-분포와 F-분포는 통상적으로 오른쪽으로 꼬리가 긴 분포이다.
④ $Z \sim N(0, 1)$, $V \sim \chi^2(r)$이고, Z와 V가 독립일 때 $Z/\sqrt{V/r}$는 자유도가 r인 t-분포를 따른다.

107

정규모집단 $N(\mu, \sigma^2)$으로부터 추출한 크기 n의 임의표본 $X_1, X_2, \cdots, X_n$에 근거한 표본분포에 대한 설명으로 틀린 것은? (단, $\overline{X}$는 표본평균, S^2은 불편분산이다)

2021년 1회

① $\overline{X}$와 S^2은 확률적으로 독립이다.
② $\overline{X}$는 정규분포를 따르며 평균은 μ이고, 분산은 $\dfrac{\sigma^2}{n}$이다.
③ $(n-1)S^2$은 자유도가 $n-1$인 카이제곱분포를 따른다.
④ 스튜던트화된 확률변수 $\dfrac{\overline{X}-\mu}{S/\sqrt{n}}$는 자유도가 $n-1$인 t-분포를 따른다.

해설 정규모집단 $N(\mu, \sigma^2)$으로부터 추출한 크기 n의 임의표본에 근거한 $\dfrac{(n-1)S^2}{\sigma^2}$은 자유도가 $n-1$인 카이제곱분포를 따른다.

108

평균이 μ이고 분산이 σ^2인 임의의 모집단에서 확률표본 $X_1, X_2, \cdots, X_n$을 추출하였다. 표본평균 $\overline{X}$에 대한 설명으로 틀린 것은?

2020년 3회

① $E(\overline{X}) = \mu$이다.
② $V(\overline{X}) = \dfrac{\sigma^2}{n}$이다.
③ n이 충분히 클 때, $\overline{X}$의 근사분포는 $N(\mu, \sigma^2)$이다.
④ n이 충분히 클 때, $\dfrac{\overline{X}-\mu}{\sigma/\sqrt{n}}$의 근사분포는 $N(0, 1)$이다.

해설 표본평균 $\overline{X}$는 표본의 크기가 커짐에 따라 점근적으로 $E(\overline{X}) = \mu$, $V(\overline{X}) = \dfrac{\sigma^2}{n}$이다. n이 충분히 클 때 $\overline{X}$의 근사분포는 $N\left(\mu, \dfrac{\sigma^2}{n}\right)$이므로 $\dfrac{\overline{X}-\mu}{\sigma/\sqrt{n}}$의 근사분포는 $N(0, 1)$이다.

109

모평균과 모분산이 각각 μ, σ^2인 무한모집단으로부터 추출한 크기 n의 랜덤표본에 근거한 표본평균 $\overline{X}_n$의 확률분포에 대한 설명으로 틀린 것은?

2021년 2회

① 모집단의 확률분포가 정규분포이면 표본평균 $\overline{X}_n$ 역시 정규분포를 따른다.
② 모집단의 확률분포가 비대칭인 분포이면 표본평균 $\overline{X}_n$의 확률분포는 정규분포로 근사하지 않는다.
③ 모집단의 분포가 무엇이든 관계없이 표본평균 $\overline{X}_n$의 확률분포는 표본의 크기가 커짐에 따라 근사적으로 평균이 μ이고 분산이 σ^2/n인 정규분포를 따른다.
④ 표본평균 $\overline{X}_n$의 기댓값은 표본의 크기 n에 관계없이 항상 모평균 μ와 같으나 표본평균 $\overline{X}_n$의 표준편차는 표본의 크기 n이 커짐에 따라 점점 작아져 0으로 가까이 가게 된다.

해설 표본평균 $\overline{X}$의 정규근사는 모집단이 정규모집단이거나, 대표본을 만족할 때이다. 만약 모집단이 대표본이면 모집단의 분포와 관계없이 정규근사한다.

| 정답 | 106 ② 107 ③ 108 ③ 109 ②

110

확률표본 $X_1, X_2, \cdots, X_n$은 모평균을 $\overline{X} = \sum_{i=1}^{n} X_i/n$으로 추정량을 제시할 수 있다. $\overline{X}$의 표준오차($\overline{X}$의 표준편차)를 추정하고자 할 때 적절한 추정량은? 1급 기출문제

① $\sqrt{\sum_{i=1}^{n}(X_i - \overline{X})^2/n-1}$

② $\sqrt{\sum_{i=1}^{n}(X_i - \overline{X})^2/n}$

③ $\sqrt{\sum_{i=1}^{n}(X_i - \overline{X})^2/(n-1)^2}$

④ $\sqrt{\sum_{i=1}^{n}(X_i - \overline{X})^2/(n-1)n}$

해설 표본평균 $\overline{X}$의 표준오차(SE)는 $SE(\overline{X}) = \frac{\sigma}{\sqrt{n}}$ 이고,

$\sigma = \sqrt{\sum_{i=1}^{n}(X_i - \overline{X})^2/n-1}$ 이므로

$SE(\overline{X}) = \sqrt{\sum_{i=1}^{n}(X_i - \overline{X})^2/(n-1)n}$ 이다.

111

표본평균과 표준오차에 관한 설명으로 틀린 것은? (단, 모집단의 분산은 σ^2, 표본의 크기는 n이다) 2022년 1회

① 표준오차의 크기는 $\sqrt{n}$에 비례한다.
② n이 커질 때 표본평균의 분포는 정규분포에 가까워진다.
③ 표준오차는 모집단의 분산 및 표본의 크기에 영향을 받는다.
④ 표준오차는 모평균을 추정할 때, 표본평균의 오차에 대하여 설명한다.

해설 표본평균 $\overline{X}$의 표준오차(SE)는 $SE(\overline{X}) = \frac{\sigma}{\sqrt{n}}$이다. 따라서 $\sqrt{n}$에 반비례하고 모집단의 분산과 표본의 크기에 영향을 받는다.

112

모집단의 표준편차의 값이 상대적으로 작을 때에 표본평균 값의 대표성에 대한 해석으로 가장 적합한 것은? 2019년 3회

① 대표성이 크다.
② 대표성이 적다.
③ 표본의 크기에 따라 달라진다.
④ 대표성의 정도는 표준편차와 관계없다.

해설 표준편차의 값이 상대적으로 작다는 것은 모든 변량이 평균값에 집중되어 있다는 의미이다. 따라서 표본평균 값이 모집단을 대표하는 값으로 대표성이 크다고 할 수 있다.

113

한 대기업에서는 종업원들의 생활비 지원 정책을 검토하기 위해 직원들의 월 평균 용돈을 조사하였다. 설문 대상은 신입사원과 인턴 1,600명으로 구성되었으며, 조사 결과 월 평균 용돈이 300,000원, 표준편차가 100,000원으로 나타났다. 기업의 복지팀은 추가 분석을 위해 400명의 직원을 임의로 선발하여 표본을 구성하고, 표본평균의 표준편차를 계산하려 한다. 이 표본평균의 표준편차(SE)는 얼마인가?

① 5,000원   ② 10,000원
③ 15,000원   ④ 20,000원

해설 표본평균의 표준편차, 즉 표준오차(Standard Error, SE)를 계산하면 표준오차 $SE = \frac{\sigma}{\sqrt{n}}$에 모표준편차 $\sigma = 100,000$이다. 따라서 표본크기 $n = 400$을 대입하면, $SE = \frac{100,000}{\sqrt{400}} = \frac{100,000}{20} = 5,000$이다.

| 정답 | 110 ④   111 ①   112 ①   113 ①

114

표본의 크기가 $n=10$에서 $n=160$으로 증가한다면, 평균의 표준오차는 $n=10$에서 얻은 경우와 비교할 경우 값의 변화는?

2021년 3회

① 1/4배   ② 1/2배
③ 2배   ④ 4배

해설 표본평균 $\overline{X}$의 표준편차는 $SE(\overline{X})=\dfrac{\sigma}{\sqrt{n}}$이므로 $n=10$, $n=160$일 때 표준편차를 각각 구하면 $\dfrac{\sigma}{\sqrt{10}}$과 $\dfrac{\sigma}{\sqrt{160}}=\dfrac{\sigma}{4\sqrt{10}}$이다. 따라서 표본의 크기가 $n=10$에서 $n=160$으로 증가한다면 표준오차가 $\dfrac{1}{4}$배가 된다.

115

표본크기가 3인 자료 X_1, X_2, X_3의 평균 $\overline{X}=10$, 분산 $S^2=100$이다. 관측값 10이 추가되었을 때, 4개 자료의 분산 S^2은? (단, 표본분산 S^2은 불편분산이다) 2020년 1·2회

① 100/3   ② 50
③ 55   ④ 200/3

해설 표본크기가 3인 자료 X_1, X_2, X_3의 평균이 $\overline{X}=\dfrac{X_1+X_2+X_3}{3}=10$이므로 $X_1+X_2+X_3=30$이고, 관측값 10을 추가한 평균은 $\dfrac{X_1+X_2+X_3+10}{4}=\dfrac{30+10}{4}=10$이다.
X_1, X_2, X_3의 분산이
$S^2=\dfrac{(X_1-10)^2+(X_2-10)^2+(X_3-10)^2}{2}=100$이므로
$(X_1-10)^2+(X_2-10)^2+(X_3-10)^2=200$이고, 관측값 10을 추가한 분산은
$\dfrac{(X_1-10)^2+(X_2-10)^2+(X_3-10)^2+(10-10)^2}{3}=\dfrac{200}{3}$이다.

116

$N(\mu, \sigma^2)$인 모집단에서 표본을 임의추출할 때 표본평균이 모평균으로부터 0.5σ 이상 떨어져 있을 확률이 0.3174이다. 표본의 크기를 4배로 할 때, 표본평균이 모평균으로부터 0.5σ 이상 떨어져 있을 확률은? (단, Z가 표준정규분포를 따르는 확률변수일 때, 확률 $P(Z>z)$은 다음과 같다)

z	$P(Z>z)$
0.5	0.3085
1.0	0.1587
1.5	0.0668
2.0	0.0228

① 0.0456   ② 0.1336
③ 0.6170   ④ 0.6348

해설 $N(\mu, \sigma^2)$인 모집단에서 표본 n개를 임의추출할 때 표본평균이 모평균으로부터 0.5σ 이상 떨어져 있을 확률이 0.3174인 것은
$P(\overline{X}<\mu-0.5\sigma)+P(\overline{X}>\mu+0.5\sigma)=2\times P(\overline{X}>\mu+0.5\sigma)=0.3174$이다.

$2\times P(\overline{X}>\mu+0.5\sigma)=2\times P\left(\dfrac{\overline{X}-\mu}{\sigma/\sqrt{n}}>\dfrac{\mu+0.5\sigma-\mu}{\sigma/\sqrt{n}}\right)$
$=2\times P\left(Z>\dfrac{\sqrt{n}}{2}\right)=0.3174$

즉, $P\left(Z>\dfrac{\sqrt{n}}{2}\right)=\dfrac{0.3174}{2}=0.1587$이므로 $\dfrac{\sqrt{n}}{2}=1$, $n=4$이다.
따라서 표본의 크기를 4배로 하면 표본의 크기는 16이고, 이때 표본평균이 모평균으로부터 0.5σ 이상 떨어져 있을 확률은
$P\left(Z>\dfrac{0.5\sigma}{\sigma/\sqrt{16}}=2\right)=2\times 0.0228=0.0456$이다.

| 정답 | 114 ①   115 ④   116 ①

117

다음은 무엇에 관한 설명인가? 2021년 1회

> 평균이 μ이고, 분산이 σ^2인 임의의 모집단으로부터 추출한 크기 n인 랜덤표본의 표본평균 $\overline{X}$의 확률분포는 n이 충분히 크면 근사적으로 정규분포 $N\left(\mu, \dfrac{\sigma^2}{n}\right)$을 따른다.

① 이항분포
② 정규분포
③ 표본분포
④ 중심극한정리

해설 중심극한정리는 임의의 모집단으로부터 확률표본을 취할 때 표본평균의 확률분포는 표본의 크기가 충분히 크면 근사적으로 정규분포를 따른다는 사실의 근거가 된다.

118

일반적으로 사회조사분석가들은 대규모 모집단으로부터 1,000 정도의 표본을 무작위로 단 한 번 선정하여 구한 표본평균도 그 표본이 추출된 모집단의 평균을 정확히 추정해 줄 수 있다고 확신하고 있다. 이들은 어떤 원리에 근거하여 이러한 확신을 하고 있는 것인가?

① 추론(Inference)
② 신뢰구간(Confidence Interval)
③ 중심극한정리(Central Limit Theorem)
④ Chebycheff 부등식(Chebycheff's Inequality)

해설 중심극한정리(Central Limit Theorem, CLT)는 통계학의 핵심 이론으로 모집단의 분포가 어떤 모양이든 상관없이 표본의 크기가 충분히 크면 (보통 n이 30개 이상), 그 표본평균의 분포는 정규분포에 근사한다. 즉, 표본이 크기만 하면 정규분포를 따르므로 표본평균이 모집단 평균의 좋은 추정치가 된다는 확신을 줄 수 있다.

119

평균이 μ, 표준편차가 σ인 분포에서 짝수 크기 $n(=2m)$의 임의표본(확률표본)을 추출하였을 때, 처음 m개의 평균 $\overline{X}_m$은 대략 어떤 분포를 따르게 되는가?

① 평균이 μ이고 표준편차가 $\dfrac{\sigma}{\sqrt{m}}$인 정규분포
② 평균이 μ이고 표준편차가 $\dfrac{\sigma}{m}$인 정규분포
③ 평균이 μ이고 표준편차가 $\dfrac{\sigma}{\sqrt{n}}$인 정규분포
④ 평균이 μ이고 표준편차가 $\dfrac{\sigma}{n}$인 정규분포

해설 중심극한정리에 의해 크기 $n=2m$인 표본에서 처음 m개의 평균이 따르는 분포는 '평균이 μ이고 표준편차가 $\dfrac{\sigma}{\sqrt{m}}$인 정규분포'이다.

120

어느 기업의 신입직원 월급여는 평균이 200(만 원), 표준편차는 40(만 원)인 정규분포를 따른다고 한다. 신입직원들 중 100명의 표본을 추출할 때, 표본평균의 분포는? 2019년 1회

① $N(200, 16)$
② $N(200, 160)$
③ $N(200, 400)$
④ $N(200, 1600)$

해설 중심극한정리에 의해 모집단이 정규분포 $N(\mu, \sigma^2)$을 따르면 표본평균 $\overline{X}$는 정규분포 $N\left(\mu, \dfrac{\sigma^2}{n}\right)$을 따른다.
$\mu=200$, $\sigma^2=40^2$, $n=100$이므로 표본평균의 분포는 $N(200, 16)$이다.

| 정답 | 117 ④ 118 ③ 119 ① 120 ①

121

독립인 정규 모집단 $N(\mu_1, \sigma_1)$, $N(\mu_2, \sigma_2)$으로부터 추출한 크기, n_1, n_2인 표본의 평균을 $\overline{X}$, $\overline{Y}$라 할 때, $\overline{X} - 2\overline{Y}$의 평균은?

① $\mu_1 - 2\mu_2$
② $\dfrac{\mu_1}{n_1} - \dfrac{2\mu_2}{n_2}$
③ $\dfrac{\alpha_1}{n_1} - \dfrac{2\alpha_2}{n_2}$
④ $\dfrac{\alpha_1}{n_1} - \dfrac{4\alpha_2}{n_2}$

해설 첫 번째 표본 평균 $\overline{X}$의 기댓값 $E(\overline{X}) = \mu_1$
두 번째 표본 평균 $\overline{Y}$의 기댓값 $E(\overline{Y}) = \mu_2$
기댓값의 선형 변환의 성질 $E(aX + bY) = aE(X) + bE(Y)$을 적용하면 $E(X - 2Y) = E(X) - 2E(Y) = \mu_1 - 2\mu_2$이다.
따라서 $\overline{X} - 2\overline{Y}$의 평균은 $\mu_1 - 2\mu_2$이다.

122

평균이 μ, 분산이 σ^2인 모집단에서 크기 n의 임의표본을 반복추출하는 경우, n이 크면 중심극한정리에 의하여 표본합의 분포는 정규분포로 수렴한다. 이때 정규분포의 형태는?

2020년 1 · 2회

① $N\left(\mu, \dfrac{\sigma^2}{n}\right)$
② $N(\mu, n\sigma^2)$
③ $N(n\mu, n\sigma^2)$
④ $N\left(n\mu, \dfrac{\sigma^2}{n}\right)$

해설 평균 μ와 표준편차 σ인 그 분포를 알 수 없는 모집단에서 크기 n인 표본 X_i을 반복 추출한다고 가정하면 각 표본 X_i는 평균 μ, 분산 σ^2를 가지며 표본합 $S_n = \sum X_i$에 대하여 $E(\sum X_i) = E(X_1 + X_2 + \cdots + X_n) = n\mu$, $Var(\sum X_i) = Var(X_1 + X_2 + \cdots + X_n) = n\sigma^2$이다. 따라서 중심극한정리에 의해 n이 충분히 클 때 S_n은 $N(n\mu, n\sigma^2)$으로 수렴하므로 정규분포 $N(n\mu, n\sigma^2)$에 근사한다고 할 수 있다.

123

평균이 70이고, 표준편차가 5인 정규분포를 따르는 집단에서 추출된 1개의 관찰값이 80이었다고 하자. 이 개체의 상대적 위치를 나타내는 표준화점수는?

2021년 1회

① -2
② 0.02
③ 2
④ 2.5

해설 중심극한정리에 의해 모집단이 정규분포 $N(\mu, \sigma^2)$을 따르면 표본평균 $\overline{X}$는 정규분포 $N\left(\mu, \dfrac{\sigma^2}{n}\right)$을 따른다.
$\mu = 70$, $\sigma^2 = 5^2$, $n = 1$이므로 표본평균의 분포는 $N(70, 5^2)$이다.
따라서 관찰값 80에 대한 표준화점수는 $\dfrac{80 - 70}{5} = 2$이다.

124

모평균이 10이고 모분산이 4인 모집단으로부터 100개의 표본을 추출하였을 때 표본평균을 $\overline{X}$라면 $P(\overline{X} < 10.33)$는? (단, $Z \sim N(0, 1)$일 때, $P(Z > 1.96) = 0.025$, $P(Z > 1.65) = 0.05$, $P(Z > 8.25) = 0$, $P(Z > 0.825) = 0.205$)

2017년 3회

① 0.795
② 0.95
③ 0.975
④ 1

해설 중심극한정리에 의해 모평균이 μ이고 모분산에 σ^2인 모집단으로부터 n개의 표본을 추출하였을 때 표본평균 $\overline{X}$는 정규분포 $N\left(\mu, \dfrac{\sigma^2}{n}\right)$을 따른다.
$\mu = 10$, $\sigma^2 = 4$, $n = 100$이므로 표본평균의 분포는 $N(10, 0.2^2)$이다.
따라서 $P(\overline{X} < 10.33)$는 $P(\overline{X} < 10.33) = P\left(\dfrac{\overline{X} - 10}{0.2} < \dfrac{10.33 - 10}{0.2}\right) = P(Z < 1.65) = 1 - 0.05 = 0.95$이다.

| 정답 | 121 ① | 122 ③ | 123 ③ | 124 ② |

125

어느 포장기계를 이용하여 생산한 제품의 무게는 평균이 240g, 표준편차는 8g인 정규분포를 따른다고 한다. 이 기계에서 생산한 제품 25개의 평균무게가 242g 이하일 확률은? (단, Z는 표준정규분포를 따르는 확률변수)　2018년 3회

① $P(Z < 1)$
② $P\left(Z \leq \dfrac{5}{4}\right)$
③ $P\left(Z \leq \dfrac{3}{2}\right)$
④ $P(Z \leq 2)$

해설 중심극한정리에 의해 모집단이 정규분포 $N(\mu, \sigma^2)$을 따르면 표본평균 $\overline{X}$는 정규분포 $N\left(\mu, \dfrac{\sigma^2}{n}\right)$을 따른다. $\mu = 240$, $\sigma^2 = 8^2$, $n = 25$이므로 표본평균의 분포는 $N\left(240, \left(\dfrac{8}{5}\right)^2\right)$이다.

따라서 평균무게가 242g 이하일 확률은
$P(\overline{X} \leq 242) = P\left(\dfrac{\overline{X} - 240}{8/5} \leq \dfrac{242 - 240}{8/5}\right) = P\left(Z \leq \dfrac{5}{4}\right)$이다.

126

A회사에서 개발하여 판매하고 있는 신형 PC의 수명은 평균이 5년이고 표준편차가 0.6년인 정규분포를 따른다고 한다. A회사의 신형 PC 중 9대를 임의로 추출하여 수명을 측정하였다. 평균수명이 4.6년 이하일 확률은? (단, $P(|Z| > 2) = 0.046$, $P(|Z| > 1.96) = 0.05$, $P(|Z| > 2.58) = 0.01$)　2018년 1회

① 0.01
② 0.023
③ 0.025
④ 0.048

해설 중심극한정리에 의해 모집단이 정규분포 $N(\mu, \sigma^2)$을 따르면 표본평균 $\overline{X}$는 정규분포 $N\left(\mu, \dfrac{\sigma^2}{n}\right)$을 따른다.

$\mu = 5$, $\sigma^2 = 0.6^2$, $n = 9$이므로 표본평균의 분포는 $N(5, 0.2^2)$이다.
따라서 평균수명이 4.6년 이하일 확률은
$P(\overline{X} < 4.6) = P\left(Z < \dfrac{4.6 - 5}{0.2}\right) = P(Z < -2) = \dfrac{1}{2} P(|Z| > 2)$
$= \dfrac{0.046}{2} = 0.023$이다.

127

A회사에서 생산하고 있는 전구의 수명시간은 평균이 $\mu = 800$(시간)이고, 표준편차가 $\sigma = 40$(시간)이라고 한다. 무작위로 이 회사에서 생산한 전구 64개를 조사하였을 때 표본의 평균수명시간이 790.2시간 미만일 확률은? (단, $z_{0.005} = 2.58$, $z_{0.025} = 1.96$, $z_{0.05} = 1.645$)　2020년 1·2회

① 0.01
② 0.025
③ 0.5
④ 0.10

해설 중심극한정리에 의해 모평균이 μ이고 모분산이 σ^2인 모집단으로부터 n개의 표본을 추출하였을 때 표본평균 $\overline{X}$는 정규분포 $N\left(\mu, \dfrac{\sigma^2}{n}\right)$을 따른다. $\mu = 800$, $\sigma^2 = 40^2$, $n = 64$이므로 표본평균의 분포는 $N(800, 5^2)$이다.
따라서 표본의 평균수명시간이 790.2시간 미만일 확률은
$P(\overline{X} < 790.2) = P\left(\dfrac{\overline{X} - 800}{5} < \dfrac{790.2 - 800}{5}\right) = P(Z < -1.96)$
$= P(Z > 1.96)$이고, $z_{0.025} = 1.96$이므로 $P(Z > 1.96) = 0.025$이다.

128

어느 고등학교 1학년 학생의 신장은 평균이 168cm이고, 표준편차가 6cm인 정규분포를 따른다고 한다. 이 고등학교 1학년 학생 100명을 임의추출할 때, 표본평균이 167cm 이상 169cm 이하인 확률은? (단, $P(Z \leq 1.67) = 0.9525$)　2019년 3회

① 0.9050
② 0.0475
③ 0.8050
④ 0.7050

해설 중심극한정리에 의해 모집단이 정규분포 $N(\mu, \sigma^2)$을 따르면 표본평균 $\overline{X}$는 정규분포 $N\left(\mu, \dfrac{\sigma^2}{n}\right)$을 따른다. $\mu = 168$, $\sigma^2 = 6^2$, $n = 100$이므로 표본평균의 분포는 $N(168, 0.6^2)$이다.
표본평균이 167cm 이상 169cm 이하인 확률은
$P(167 \leq \overline{X} \leq 169) = P\left(\dfrac{167 - 168}{0.6} \leq \dfrac{\overline{X} - 168}{0.6} \leq \dfrac{169 - 168}{0.6}\right)$
$= P\left(-\dfrac{5}{3} \leq Z \leq \dfrac{5}{3}\right) = 2 \times P\left(0 \leq Z \leq \dfrac{5}{3}\right)$
$≒ 2 \times P(0 \leq Z \leq 1.67)$이다.
$P(Z \leq 1.67) = 0.5 + P(0 \leq Z \leq 1.67) = 0.9525$에서, $P(0 \leq Z \leq 1.67) = 0.4525$이므로 구하는 확률은
$P(167 \leq \overline{X} \leq 169) ≒ 2 \times P(0 \leq Z \leq 1.67) = 2 \times 0.4525 = 0.9050$이다.

| 정답 | 125 ② 126 ② 127 ② 128 ①

129

어느 시험을 본 응시자의 점수는 정규분포 $N(20, 4^2)$을 따른다고 한다. 두 집단 A와 B에서 이 시험을 본 사람 중 4명씩을 임의로 추출하여 구한 평균점수가 두 집단 모두 18 이상이고 26 이하가 될 확률은?   2022년 1회

z	$P(0 \leq Z \leq z)$
1	0.3413
2	0.4772
3	0.4987

① 0.6587 ② 0.7056
③ 0.7078 ④ 0.8185

해설 시험을 본 응시자의 점수가 정규분포 $N(20, 4^2)$을 따르므로 중심극한정리에 의해 $n=4$에 대한 표본평균은 정규분포 $N\left(20, \dfrac{4^2}{4}\right)$을 따른다.
두 집단 A와 B에서 평균점수가 18 이상이고 26 이하인 사건을 각각 X, Y라 하면 두 사건은 서로 독립이다.
따라서 두 집단 모두 평균점수가 18 이상이고 26 이하가 될 확률은
$P(X \cap Y) = P(X) \times P(Y)$
$= P(18 \leq \overline{X} \leq 26) \times P(18 \leq \overline{Y} \leq 26)$
$= P\left(\dfrac{18-20}{2} \leq Z \leq \dfrac{26-20}{2}\right) \times P\left(\dfrac{18-20}{2} \leq Z \leq \dfrac{26-20}{2}\right)$
$= \{P(-1 \leq Z \leq 3)\}^2$
$= \{P(0 \leq Z \leq 1) + P(0 \leq Z \leq 3)\}^2$
$= (0.3413 + 0.4987)^2 = 0.7056$이다.

130

어떤 공장에서 생산하고 있는 진공관은 10%가 불량품이라고 한다. 이 공장에서 생산되는 진공관 중에서 임의로 100개를 취할 때, 표본불량률의 분포는 근사적으로 어느 것을 따르는가? (단, N은 정규분포를 의미한다)   2020년 1·2회

① $N(0.1, 9 \times 10^{-4})$ ② $N(10, 9)$
③ $N(10, 3)$ ④ $N(0.1, 3 \times 10^{-4})$

해설 이 공장에서 생산되는 진공관 100개 중에서 불량품의 수를 X개라 하면 표본불량률 $\hat{p}$은 $\hat{p} = \dfrac{X}{100}$이고, 이 확률변수 X는 $n=100$, $p=0.1$인 이항분포 $B(100, 0.1)$을 따른다.
표본불량률의 기댓값 $E(\hat{p})$과 분산 $V(\hat{p})$은 각각 다음과 같다.
$E\left(\dfrac{X}{100}\right) = \dfrac{1}{100} E(X) = \dfrac{1}{100} \times 100 \times 0.1 = 0.1$
$V\left(\dfrac{X}{100}\right) = \dfrac{1}{100^2} V(X) = \dfrac{1}{100^2} \times 100 \times 0.1 \times (1-0.1) = \dfrac{9}{10^4}$
따라서 표본불량률 $\hat{p}$의 분포는 근사적으로 정규분포 $N(0.1, 9 \times 10^{-4})$을 따른다.

131

어느 신제품의 선호도를 알아보기 위하여 1,000명의 응답자들을 랜덤하게 추출하여 조사를 실시하였다. 그 결과 700명이 신제품을 선호하는 것으로 나타났다. 선호도에 대한 표준오차의 추정값은?   1급 기출문제

① $0.7 \times 0.3 / 1,000$
② $\dfrac{\sqrt{0.7 \times 0.3}}{1,000}$
③ $\sqrt{\dfrac{0.7 \times 0.3}{1,000}}$
④ $0.7 \times 0.3 / 700$

해설 신제품 선호도에 대한 추정을 계산하기 위해 확인해야 하는 표본비율 $\hat{p}$의 표준오차는 $SE(\hat{p}) = \sqrt{\dfrac{\hat{p}(1-\hat{p})}{n}}$이다. 따라서 $\hat{p} = \dfrac{700}{1,000} = 0.7$에 대한 표준오차는 $SE(\hat{p}) = \sqrt{\dfrac{0.7(1-0.7)}{1,000}}$이다.

| 정답 | 129 ② 130 ① 131 ③

132

어떤 연속확률변수 X의 평균이 0이고, 분산이 4이다. 체비셰프(Chebyshev) 부등식을 이용하여 $P(-4 \leq X \leq 4)$의 범위를 구하면? 2021년 3회

① $P(-4 \leq X \leq 4) \leq 0.5$
② $P(-4 \leq X \leq 4) \geq 0.75$
③ $P(-4 \leq X \leq 4) \geq 0.95$
④ $P(-4 \leq X \leq 4) \leq 0.99$

해설 확률변수 X에 대한 평균 $E(X) = \mu$, 분산 $V(X) = \sigma^2$과 임의의 양수 k에 대해 체비셰프 부등식 $P(|X-\mu| \leq k\sigma) \geq 1 - \frac{1}{k^2}$이 성립한다.
확률변수 X의 평균이 0이고, 분산이 4이므로
$P(|X-0| \leq 2k) = P(|X| \leq 2k) \geq 1 - \frac{1}{k^2}$이고, $P(-4 \leq X \leq 4)$의 범위를 구하기 위해 $k = 2$이다. 따라서 $P(-4 \leq X \leq 4)$의 범위는
$P(|X| \leq 4) = P(-4 \leq X \leq 4) \geq 1 - \frac{1}{2^2} = 0.75$이다.

133

표본크기가 25인 자료에서 표본평균과 표본분산이 각각 75와 100이었다. 평균을 중심으로 최소한 전체 자료의 75%를 포함하는 구간은?

① (55, 95) ② (30, 65)
③ (75, 98) ④ (50, 105)

해설 체비셰프(Chebyshev)의 부등식을 이용해 평균을 중심으로 전체 자료의 최소한 75%가 포함되는 구간을 구한다. 이때, 체비셰프 부등식은 모든 분포에 대해 적용 가능하며, $P(|X-\mu| \leq k\sigma) \geq 1 - \frac{1}{k^2}$이 성립한다. 표본평균 $\bar{X} = 75$, 표본분산 $S^2 = 100$, 표본표준편차 $S = 10$, 최소한 75%를 포함하는 구간에 대해 체비셰프 부등식을 적용하여 $1 - \frac{1}{k^2} \geq 0.75$를 만족하는 k를 찾으면,
$1 - \frac{1}{k^2} \geq 0.75$, $\frac{1}{k^2} \leq 0.25$, $k^2 \geq 4$이므로 $k \geq 2$이다.
즉, 평균으로부터 2표준편차 이내의 구간이면 75% 이상의 값이 포함된다.
따라서 구간= $\bar{X} \pm 2S = 75 \pm 2 \times 10 = 75 \pm 20 = (55, 95)$이다.

134

어느 고등학교 1학년생 280명에 대한 국어성적의 평균이 82점, 표준편차가 8점이었다. 66점부터 98점 사이에 포함된 학생들은 몇 명 이상인가? 2023년 1회

① 211명 ② 230명
③ 240명 ④ 220명

해설 평균이 82점, 표준편차가 8점인 조건 외에 확률분포에 대한 어떠한 정보도 주어지지 않았을 때, 체비셰프 부등식 $P(|X-\mu| \leq k\sigma) = P(-k\sigma \leq X-\mu \leq k\sigma) > 1 - \frac{1}{k^2}$을 이용한다.
66점부터 98점 사이에 포함된 학생의 수를 X라고 할 때 체비셰프 부등식에 $\mu = 82$, $\sigma = 8$을 대입하면
$P(66 \leq X \leq 98) = P(66-82 \leq X-82 \leq 98-82)$
$= P(-16 \leq X-82 \leq 16) = P(|X-82| \leq 16)$
$= P(|X-82| \leq 2 \times 8)$이므로
$k = 2$이다.
따라서 $P(|X-82| \leq 2 \times 8) > 1 - \frac{1}{2^2} = \frac{3}{4}$이므로 66점부터 98점 사이에 포함된 학생들은 전체 학생수의 $\frac{3}{4}$인 $280 \times \frac{3}{4} = 210$명 즉, 211명 이상이다.

135

어느 공장에서 일주일 동안 생산되는 제품의 수 X는 평균이 50, 분산이 15인 확률분포를 따른다. 이 공장의 일주일 동안의 생산량이 45개에서 55개 사이일 확률의 하한을 구하면? 2024년 2회

① 1/5 ② 2/5
③ 3/5 ④ 4/5

해설 체비셰프 부등식 $P(|X-\mu| \leq k\sigma) \geq 1 - \frac{1}{k^2}$은 하한을 제시해 준다. 따라서 $P(45 \leq X \leq 55) = P(50-5 \leq X \leq 60-5)$
$= P(|X-50| \leq 5) = P\left(|X-50| \leq \frac{\sqrt{15}}{5} \times 5\right) > 1 - \frac{1}{\left(\frac{5}{\sqrt{15}}\right)^2} = \frac{2}{5}$

이므로 45에서 55개 사이일 확률의 하한은 $\frac{2}{5}$이다.

| 정답 | 132 ② 133 ① 134 ① 135 ②

CHAPTER 03

추정 · 가설검정

핵심이론(1권) p.240

001

모집단 평균을 추정하기 위하여 단순임의추출법(Simple Random Sampling)으로 표본을 추출하고자 할 때 동일 조건하에서 복원(With-replacement)추출의 경우 표본의 수를 n_0, 비복원(Without-replacement)추출의 경우 표본의 수를 n이라 하면 이들의 관계는?

① $n_0 > n$
② $n_0 < n$
③ $n_0 = n$
④ 알 수 없다.

해설 복원추출과 비복원추출 간의 표본크기 관계는 같은 정확도(추정 오차)를 얻기 위해 필요한 표본 수의 차이와 관련 있다.
- 복원추출: 추출된 항목을 다시 모집단에 넣으므로 정보 중복이 가능하고 분산이 더 크다.
- 비복원추출: 표본을 추출한 후 다시 모집단에 넣지 않기 때문에 표본 간에 중복이 없고 정보가 더 많아 표본추정치의 분산이 작다.

따라서 같은 수준의 정확도를 확보하려면, 복원추출의 표본 수 n_0은 비복원추출의 표본 수 n보다 더 커야 한다. 즉, 복원추출은 비복원추출보다 더 많은 표본 수가 필요하다.

002

추정량의 성질에 대한 설명으로 틀린 것은? 1급 기출문제

① 불편성(Unbiasedness)은 추정량의 기댓값이 추정하려는 모수가 된다는 성질이다.
② 표본평균은 항상 모평균의 불편추정량이다.
③ 일치성(Consistency)은 추정량의 분산이 다른 추정량의 분산보다 작다는 성질이다.
④ 표본평균은 일치성을 갖고 있기 때문에 표본이 커질 때 모평균과의 오차가 작아질 확률이 높다.

해설 효율성(또는 유효성)은 여러 가지 불편추정량 중에서 자료의 흩어짐인 분산이 적은 추정량이 더 좋은 추정량이 된다는 성질이다.

003

점추정치(Point Estimate)에 관한 설명 중 틀린 것은? 2021년 2회

① 좋은 추정량의 성질 중 하나는 추정량의 기대값이 모수값이 되는 것인데, 이를 불편성(Unbiasedness)이라 한다.
② 표본의 크기가 커질수록, 표본으로부터 구한 추정치가 모수와 다를 확률이 0에 가깝다는 것을 일치성(Consistency)이 있다고 한다.
③ 표본에 의한 추정치 중에서 중위수는 평균보다 중앙에 위치하기 때문에 더욱 효율성이 있는 추정치가 될 수 있다.
④ 좋은 추정량의 성질 중 하나는 추정량의 값이 주어질 때 조건부 분포가 모수에 의존하지 않는다는 것이며 이를 충분성(Sufficiency)이라 한다.

해설 효율성(또는 유효성)은 여러 가지 불편추정량 중에서 자료의 흩어짐인 분산이 적은 추정량이 더 좋은 추정량이 된다는 성질로, 불편추정량 $\hat{\theta}_1$, $\hat{\theta}_2$에 대하여 $V(\hat{\theta}_1) < V(\hat{\theta}_2)$이면 $\hat{\theta}_1$이 $\hat{\theta}_2$보다 더 효율적이라고 할 수 있다. 따라서 중위수가 평균보다 중앙에 위치하기 때문에 더욱 효율성이 있다고 비교하지 않는다.

| 정답 | 001 ① 002 ③ 003 ③

004

모평균이 μ이고 모분산이 σ^2인 모집단에서 크기 n인 확률표본을 추출하였다. 모분산 σ^2의 추정량으로 아래 주어진 두 추정량에 대한 설명으로 옳은 것은?

$$S^2 = \frac{1}{n-1}\sum_{i=1}^{n}(X_i - \overline{X})^2, \quad T^2 = \frac{1}{n}\sum_{i=1}^{n}(X_i - \overline{X})^2$$

① S^2은 일치추정량이고, T^2은 불편추정량이다.
② S^2은 불편추정량이고, T^2은 편향추정량이다.
③ S^2은 불편추정량이고, T^2은 불편추정량이다.
④ S^2은 편향추정량이고, T^2은 일치추정량이다.

해설 표본분산 $S^2 = \frac{1}{n-1}\sum_{i=1}^{n}(X_i - \overline{X})^2$에 대해
$E(S^2) = E\left(\frac{1}{n-1}\sum_{i=1}^{n}(X_i - \overline{X})^2\right) = \sigma^2$이므로 S^2은 불편추정량이고, T^2은 편향추정량이다.

005

정규분포 $N(\mu, \sigma^2)$을 따르는 모집단에서 무작위로 표본 3개 X_1, X_2, X_3을 추출했다. 다음 추정량의 기댓값이 모평균이 아닌 것은?　　　　　　2022년 1회

① X_2
② $\dfrac{X_1 + X_3}{2}$
③ $\dfrac{X_1 + X_2 + X_3}{(3-1)}$
④ $\dfrac{X_1 + 2X_2 + X_3}{(3+1)}$

해설 모수에 대한 추정량 $\hat{\theta}$의 평균이 모수 θ가 되는 추정량이 좋은 추정량이 된다는 성질을 불편성이라고 하며, $E(\hat{\theta}) = \theta$(단, $\hat{\theta}$: 추정량, θ: 모수)이다.

① $E(X_2) = \mu$
② $E\left(\dfrac{X_1 + X_3}{2}\right) = \dfrac{1}{2}E(X_1 + X_3) = \dfrac{1}{2}\{E(X_1) + E(X_3)\}$
　　　　　　　　　$= \dfrac{1}{2}(\mu + \mu) = \dfrac{1}{2} \times 2\mu = \mu$
③ $E\left(\dfrac{X_1 + X_2 + X_3}{(3-1)}\right) = \dfrac{1}{2}E(X_1 + X_2 + X_3)$
　　　　　　　　　$= \dfrac{1}{2} \times \{E(X_1) + E(X_2) + E(X_3)\}$
　　　　　　　　　$= \dfrac{1}{2}(\mu + \mu + \mu) = \dfrac{1}{2} \times 3\mu = \dfrac{3}{2}\mu$
④ $E\left(\dfrac{X_1 + 2X_2 + X_3}{(3+1)}\right) = \dfrac{1}{4}E(X_1 + 2X_2 + X_3)$
　　　　　　　　　$= \dfrac{1}{4}\{E(X_1) + 2E(X_2) + E(X_3)\}$
　　　　　　　　　$= \dfrac{1}{4}(\mu + 2\mu + \mu) = \dfrac{1}{4} \times 4\mu = \mu$

따라서 추정량 $\dfrac{X_1 + X_2 + X_3}{(3-1)}$의 기댓값은 모평균이 아니다.

| 정답 | 004 ② 005 ③

006

모집단에서 무작위로 표본 3개 X_1, X_2, X_3를 추출했다. 모평균을 추정하기 위한 가장 바람직한 추정량은?

① X_2
② $\dfrac{X_1 + X_3}{2}$
③ $\max(X_1, X_2, X_3) - \min(X_1, X_2, X_3)$
④ $\dfrac{X_1 + 2X_2 + X_3}{4}$

해설 모평균을 추정하는 데 바람직한 추정량은 불편성, 효율성, 일치성 등의 특성을 고려해야 한다.
1) 불편성 만족: $X_2, \dfrac{X_1 + X_3}{2}, \dfrac{X_1 + 2X_2 + X_3}{4}$
2) 효율성 만족: 분산이 가장 작은 $\dfrac{X_1 + 2X_2 + X_3}{4}$ 가 가장 바람직한 추정량이다.

007

평균이 μ이고 분산은 σ^2인 정규모집단에서 모평균 μ를 추정하기 위해서 크기 3인 확률표본 X_1, X_2, X_3를 추출하였다. 두 추정량 $\hat{\theta}_1 = \dfrac{X_1 + X_2 + X_3}{3}$ 과 $\hat{\theta}_2 = \dfrac{2X_1 + 5X_2 + 3X_3}{10}$ 에 대한 설명으로 옳은 것은?

① $\hat{\theta}_1$은 불편추정량이고, $\hat{\theta}_2$는 편향추정량이다.
② $\hat{\theta}_1$은 일치추정량이고, $\hat{\theta}_2$는 유효추정량이다.
③ $\hat{\theta}_1$은 유효추정량이고, $\hat{\theta}_2$는 불편추정량이다.
④ $\hat{\theta}_2$는 유효추정량이고, $\hat{\theta}_1$은 편향추정량이다.

해설 모평균을 추정하는 데 바람직한 추정량은 불편성, 효율성, 일치성 등의 특성을 고려해야 한다.
1) $\hat{\theta}_1$과 $\hat{\theta}_2$ 모두 불편성 만족
2) $\hat{\theta}_1$만이 효율성 만족: $\hat{\theta}_1$과 $\hat{\theta}_2$ 중에서 분산이 작은 추정량은 $\hat{\theta}_1$이다.
   따라서 $\hat{\theta}_1$은 유효추정량이고, $\hat{\theta}_2$는 불편추정량이다.

008

모수의 추정에서 추정량의 분포에 대하여 요구되는 성질 중 표본오차와 관련이 있는 것은? 2018년 1회

① 불편성　② 정규성
③ 일치성　④ 유효성

해설 유효성(또는 효율성)은 여러 가지 불편추정량 중에서 자료의 흩어짐인 분산이 적은 추정량이 더 좋은 추정량이 된다는 성질로, 표본분포의 표준오차(표본오차)가 더 작은 추정량이 더 유효하다는 것이다.

009

평균이 μ이고 표준편차가 σ인 모집단에서 임의추출한 100개의 표본평균 $\overline{X}$와 1,000개의 표본평균 $\overline{Y}$를 이용하여 μ를 측정하고자 한다. 두 추정량 $\overline{X}$와 $\overline{Y}$ 중 어느 추정량이 더 좋은 추정량인지를 올바르게 설명한 것은? 2019년 3회

① $\overline{X}$의 표준오차가 더 크므로 $\overline{X}$가 더 좋은 추정량이다.
② $\overline{X}$의 표준오차가 더 작으므로 $\overline{X}$가 더 좋은 추정량이다.
③ $\overline{Y}$의 표준오차가 더 크므로 $\overline{Y}$가 더 좋은 추정량이다.
④ $\overline{Y}$의 표준오차가 더 작으므로 $\overline{Y}$가 더 좋은 추정량이다.

해설 유효성(또는 효율성)은 여러 가지 불편추정량 중에서 자료의 흩어짐인 분산이 적은 추정량이 더 좋은 추정량이 된다는 성질로, 표본분포의 표준오차가 더 작은 추정량이 더 유효하다는 것이다.
평균이 μ이고 표준편차가 σ인 모집단에서 임의추출한 100개의 표본평균 $\overline{X}$와 1,000개의 표본평균 $\overline{Y}$에 대하여,
추정량 $\overline{X}$의 표준오차는 $SE(\overline{X}) = \dfrac{\sigma}{\sqrt{100}} = \dfrac{\sigma}{10}$, $\overline{Y}$의 표준오차는 $SE(\overline{Y}) = \dfrac{\sigma}{\sqrt{1,000}} = \dfrac{\sigma}{10\sqrt{10}}$ 이다.
따라서 $\overline{Y}$의 표준오차가 더 작으므로 $\overline{Y}$가 더 좋은 추정량이다.

| 정답 | 006 ④　007 ③　008 ④　009 ④

010

정규모집단으로부터 뽑은 확률표본 X_1, X_2, X_3가 주어졌을 때, 모집단의 평균에 대한 추정량으로 다음을 고려할 때 옳은 설명은? (단, X_1, X_2, X_3의 관측값은 2, 3, 4이다)

2019년 2회

$$A = \frac{X_1 + X_2 + X_3}{3}, \quad B = \frac{X_1 + 2X_2 + X_3}{4}, \quad C = \frac{2X_1 + X_2 + 2X_3}{4}$$

① A, B, C 중에 유일한 불편추정량은 A이다.
② A, B, C 중에 분산이 가장 작은 추정량은 A이다.
③ B는 편향(bias)이 존재하는 추정량이다.
④ 불편성과 최소분산성의 관점에서 가장 선호되는 추정량은 B이다.

해설 정규모집단으로부터 뽑은 확률표본 X_1, X_2, X_3로부터 모집단의 평균에 대한 바람직한 추정량을 판단하면 다음과 같다.

- $E(A) = E\left(\frac{X_1 + X_2 + X_3}{3}\right) = \frac{1}{3} \times 3\mu = \mu$

  $E(B) = E\left(\frac{X_1 + 2X_2 + X_3}{4}\right) = \frac{1}{4} \times 4\mu = \mu$

  $E(C) = E\left(\frac{2X_1 + X_2 + 2X_3}{4}\right) = \frac{1}{4} \times 5\mu = \frac{5}{4}\mu \neq \mu$이므로 A와 B가 불편추정량이며, C는 편향(Bias)이 존재하는 편의추정량이다.

- $Var(A) = Var\left(\frac{X_1 + X_2 + X_3}{3}\right) = \frac{1}{3^2} Var(X_1 + X_2 + X_3)$

  $= \frac{1}{9}(\sigma^2 + \sigma^2 + \sigma^2) = \frac{1}{3}\sigma^2$

  $Var(B) = Var\left(\frac{X_1 + 2X_2 + X_3}{4}\right) = \frac{1}{4^2} \times Var(X_1 + 2X_2 + X_3)$

  $= \frac{1}{4^2}\{Var(X_1) + 2^2 Var(X_2) + Var(X_3)\}$

  $= \frac{1}{16}(\sigma^2 + 4\sigma^2 + \sigma^2) = \frac{6}{16}\sigma^2 = \frac{3}{8}\sigma^2$

  $Var(C) = Var\left(\frac{2X_1 + X_2 + 2X_3}{4}\right) = \frac{1}{4^2} \times Var(2X_1 + X_2 + 2X_3)$

  $= \frac{1}{4^2}\{2^2 Var(X_1) + Var(X_2) + 2^2 Var(X_3)\}$

  $= \frac{1}{16}(4\sigma^2 + \sigma^2 + 4\sigma^2) = \frac{9}{16}\sigma^2$

$Var(A) < Var(B) < Var(C)$이므로 A, B, C 중에 분산이 작은 추정량은 A이다.
따라서 불편성과 최소분산성의 관점에서 가장 선호되는 추정량은 A이다.

011

모집단의 모수 θ에 대한 추정량(Estimator)으로서 지녀야 할 성질 중 일치추정량에 대한 설명으로 가장 적합한 것은?

2021년 3회

① 추정량의 평균이 θ가 되는 추정량을 의미한다.
② 여러 가지 추정량 중 분산이 가장 작은 추정량을 의미한다.
③ 모집단으로부터 추출한 표본의 정보를 모두 사용한 추정량을 의미한다.
④ 표본의 크기가 커질수록 추정량이 모수에 가까워지는 성질을 의미한다.

해설 ① 불편성에 대한 설명이다.
② 유효성에 대한 설명이다.
③ 충분성에 대한 설명이다.

012

모집단의 평균을 추정하기 위해 1,000개의 표본을 취하여 정리한 결과 표본평균은 100, 표준편차는 5로 계산되었다. 모평균에 대한 점추정치는?

2022년 1회

① 5
② 10
③ 25
④ 100

해설 모평균 μ에 대한 점추정량은 표본평균 $\overline{X}$이므로 100이다.

013

A대학 학생들의 주당 TV 시청시간을 알아보고자 임의로 9명을 추출하여 조사한 결과는 다음과 같다. TV 시청시간은 모평균이 μ인 정규분포를 따른다고 가정하자. μ에 대한 추정량으로 표본평균 $\overline{X}$를 사용했을 때 추정치는?

2017년 2회

| 9 | 10 | 13 | 13 | 14 | 15 | 17 | 21 | 22 |

① 14.3
② 14.5
③ 14.7
④ 14.9

해설 모평균 μ에 대한 점추정량은 표본평균 $\overline{X} = \frac{1}{n}\sum_{i=1}^{n} X_i$이다.

따라서 $\overline{X} = \frac{1}{9}(9+10+13+13+14+15+17+21+22) \fallingdotseq 14.9$이다.

| 정답 | 010 ② 011 ④ 012 ④ 013 ④

014

어떤 사회정책에 대한 찬성률을 추정하고자 한다. 크기 n인 임의표본(확률표본)을 추출하여 자료를 $x_1, \cdots, x_n$으로 입력하였을 때 찬성률에 대한 점추정치로 옳은 것은? (단, 찬성이면 0, 반대면 1로 코딩한다)

2018년 2회

① $\frac{1}{\sqrt{n}} \sum_{i=1}^{n} x_i$
② $\frac{1}{n} \sum_{i=1}^{n} x_i$
③ $\frac{1}{\sqrt{n}} \sum_{i=1}^{n} (1-x_i)$
④ $\frac{1}{n} \sum_{i=1}^{n} (1-x_i)$

해설 모평균 μ에 대한 점추정량은 표본평균 $\frac{1}{n} \sum_{i=1}^{n} x_i$이다. 찬성을 0, 반대를 1로 코딩하므로 찬성에 대한 점추정량의 값을 구하기 위해 $1-x_i$에 대한 표본평균을 구하면 $\frac{1}{n} \sum_{i=1}^{n} (1-x_i)$이다.

015

어느 지역 고등학교 학생 중 안경을 착용한 학생들의 비율을 추정하기 위해 이 지역 고등학교 성별 구성비에 따라 남학생 600명, 여학생 400명을 각각 무작위로 추출하여 조사하였더니 남학생 중 240명, 여학생 중 60명이 안경을 착용한다는 조사결과를 얻었다. 이 지역 전체 고등학생 중 안경을 착용한 학생들의 비율에 대한 가장 적절한 추정값은?

2020년 4회

① 0.4
② 0.3
③ 0.275
④ 0.15

해설 모비율 p에 대한 점추정량은 표본비율 $\hat{p} = \frac{X}{n}$이다. 전체 고등학생 중에서 1,000명(남학생 600명, 여학생 400명)을 무작위로 추출하여 조사한 결과 안경을 착용한 학생이 300명(남학생 240명, 여학생 60명)이므로 $\hat{p} = \frac{X}{n} = \frac{300}{1,000} = 0.3$이다.

016

전체 재학생 수가 20,000명(남학생 14,000명, 여학생 6,000명)인 어느 대학교 학생들을 대상으로 새로운 졸업 자격제도 도입에 대한 찬반 의견을 수렴하고자 한다. 이 학교 남학생 중 600명, 여학생 중 400명을 각각 랜덤하게 추출하여 조사한 결과, 남학생과 여학생 찬성률은 각각 40%, 60%로 나타났다. 이 경우 전체 재학생의 찬성률에 대한 가장 적절한 추정값은?

1급 기출문제

① 46%
② 48%
③ 50%
④ 52%

해설 전체 고등학생 중에서 랜덤하게 추출한 남학생 600명, 여학생 400명으로부터 확인된 찬성률 40%, 60%는 전체 남학생 14,000명과 여학생 6,000명에 적용된다. 따라서 전체 고등학생 중 남학생은 $14,000 \times 0.4 = 5,600$명, 여학생은 $6,000 \times 0.6 = 3,600$명이 찬성하므로 찬성률은 $\frac{(5,600+3,600)}{20,000} \times 100 = 46\%$이다.

017

대규모의 동일한 모집단에서 무작위로 100명과 1,000명으로 된 표본을 각각 추출하였을 때, 모집단의 평균을 더 정확히 추정할 수 있는 표본은 어느 것이며 그 이유는 무엇인가?

2020년 4회

① $n = 100$인 경우이며, 표준오차가 $n = 1,000$인 경우보다 작기 때문이다.
② $n = 100$인 경우이며, 표준오차가 $n = 1,000$인 경우보다 크기 때문이다.
③ $n = 1,000$인 경우이며, 표준오차가 $n = 100$인 경우보다 작기 때문이다.
④ $n = 1,000$인 경우이며, 표준오차가 $n = 100$인 경우보다 크기 때문이다.

해설 미지의 모수에 대한 불편추정량 중 표준오차가 더 작은 추정량이 모수를 더 정확히 추정한다. 모평균 μ의 표준오차는 $\frac{\sigma}{\sqrt{n}}$ 또는 $\frac{S}{\sqrt{n}}$이며, $n = 100$보다 $n = 1,000$인 경우 표준오차가 더 작아 모평균 μ를 더 정확히 추정할 수 있다.

| 정답 | 014 ④ 015 ② 016 ① 017 ③

018

X가 이항분포 $B(n, p)$를 따를 때, p의 불편추정량인 $\hat{p} = \dfrac{X}{n}$의 분산은?

2021년 3회

① np
② $p(1-p)$
③ $\dfrac{p(1-p)}{n}$
④ $np(1-p)$

해설 확률변수 X가 이항분포 $B(n, p)$를 따를 때, 분산은 $V(X) = np(1-p)$이다. 분산의 성질 $V(aX) = a^2 V(X)$를 이용하면, 모비율 p의 불편추정량인 $\hat{p} = \dfrac{X}{n}$의 분산은 $V\left(\dfrac{X}{n}\right) = \left(\dfrac{1}{n}\right)^2 V(X) = \dfrac{1}{n^2} \times np(1-p) = \dfrac{p(1-p)}{n}$이다.

019

추정에 대한 설명으로 맞는 것은?

2021년 1회

① 검정력은 작을수록 바람직하다.
② 신뢰구간은 넓을수록 바람직하다.
③ 표본의 수는 통계적 추론에 영향을 미치지 않는 표본조사 시의 문제이다.
④ 모든 다른 조건이 동일하다면 표본의 수가 클수록 신뢰구간의 길이는 짧아진다.

해설 모든 다른 조건이 동일하다면 표본의 수가 클수록 신뢰구간의 길이는 짧아진다. 예를 들어 모분산 σ^2이 주어진 모평균 μ에 대한 유의수준 α하의 신뢰구간의 길이는 $2 \times z_{\alpha/2} \dfrac{\sigma}{\sqrt{n}}$이므로 표본의 수 n이 커지면 그 길이가 짧아진다.
① 모든 다른 조건이 동일하다면 검정력이 클수록 제2종 오류를 범할 확률이 작아지므로 검정력이 클수록 바람직하다.
② 모든 다른 조건이 동일하다면, 신뢰구간이 짧을수록 모수에 대한 추정의 정밀도가 높아지므로 신뢰구간이 짧을수록 바람직하다.
③ 표본의 수는 신뢰구간의 길이와 검정통계량의 값에 영향을 주므로 통계적 추론에 영향을 준다.

020

모평균 μ에 대한 구간추정에서 95% 신뢰수준(Confidence Level)을 갖는 신뢰구간이 100 ± 5라고 할 때, 신뢰수준 95%의 의미는?

2017년 3회

① 구간추정치가 맞을 확률이다.
② 모평균의 추정치가 100 ± 5 내에 있을 확률이다.
③ 모평균의 구간추정치가 95%로 같다.
④ 동일한 추정방법을 사용하여 신뢰구간을 100회 반복하여 추정한다면, 95회 정도는 추정신뢰구간이 모평균을 포함한다.

해설 신뢰수준 $100(1-\alpha)\%$란 모수가 추정한 구간 안에 들어갈 확신의 정도가 $100(1-\alpha)\%$라는 의미이다. '모평균의 95% 신뢰구간이 100 ± 5이다'의 의미는 동일한 추정방법으로 신뢰구간을 반복하여 추정할 경우 평균적으로 100회 중에서 95회는 실제 모수가 신뢰구간에 포함되어 있을 것으로 기대할 수 있으며, 그러한 추정신뢰구간 중 하나가 100 ± 5일 수 있다는 의미이다. 이때, 이미 수집하여 상수값으로 결정된 신뢰구간 (95, 105)와 상수값인 모평균에 대해 '모평균이 95에서 105 사이에 있을 확률이 95%이다'라는 의미로 해석하면 안 된다.

021

어느 도시의 금연운동단체에서는 청소년들의 흡연율 p를 조사하기 위해 이 도시에 거주하는 청소년들 중 1,200명을 임의로 추출하여 조사한 결과 96명이 흡연을 하고 있었다. 이 도시 청소년들의 흡연율 p의 추정값 $\hat{p}$과 $\hat{p}$의 95% 오차한계는? (단, $P(Z>1.645)=0.05$, $P(Z>1.96)=0.025$, $P(Z>2.58)=0.005$)

2021년 3회

① $\hat{p}=0.06$, 오차한계 $=0.013$
② $\hat{p}=0.08$, 오차한계 $=0.013$
③ $\hat{p}=0.08$, 오차한계 $=0.015$
④ $\hat{p}=0.08$, 오차한계 $=0.020$

해설 오차한계 d는 $z_{\alpha/2} \times$ 표준오차이다. 모비율에 대한 95% 신뢰수준에서 $\alpha=0.05$, $z_{\alpha/2}=z_{0.025}$이고, 모비율 p의 표준오차는 $SE(\hat{p})=\sqrt{\dfrac{\hat{p}(1-\hat{p})}{n}}$ 이므로 $d=z_{0.025}\sqrt{\dfrac{\hat{p}(1-\hat{p})}{n}}$ 이다.

비율 p에 대한 점추정량은 표본비율 $\hat{p}=\dfrac{X}{n}$ 이고, 이 도시에 거주하는 청소년들 중에서 1,200명을 임의로 추출하여 조사한 결과 96명이 흡연을 하므로 흡연율 p의 추정값 $\hat{p}$은 $\hat{p}=\dfrac{X}{n}=\dfrac{96}{1,200}=0.08$ 이다.

표본의 크기 $n=1,200$, 표본비율 $\hat{p}=0.08$, $z_{0.025}=1.96$이므로 $d=z_{0.025}\sqrt{\dfrac{\hat{p}(1-\hat{p})}{n}}=1.96\sqrt{\dfrac{0.08(1-0.08)}{1,200}}\fallingdotseq 0.015$ 이다.

따라서 $\hat{p}=0.08$, 오차한계 $=0.015$이다.

022

사업시행에 대한 찬반 여론을 수렴하기 위해 400명의 주민을 대상으로 표본조사를 실시하였다. 그러나 표본 수가 너무 적어 신뢰성에 문제가 있다는 지적이 있어 4배인 1,600명의 주민을 재조사하였다. 신뢰수준 95% 하에서 추정오차는 얼마나 감소하는가?

2018년 1회

① 1.23%
② 1.03%
③ 2.45%
④ 2.06%

해설 오차한계(추정오차) d는 $z_{\alpha/2} \times$ 표준오차이다. 모비율에 대한 95% 신뢰수준에서 $\alpha=0.05$, $z_{\alpha/2}=z_{0.025}$이고, 모비율 p의 표준오차는 $SE(\hat{p})=\sqrt{\dfrac{\hat{p}(1-\hat{p})}{n}}$ 이므로 $d=z_{0.025}\sqrt{\dfrac{\hat{p}(1-\hat{p})}{n}}$ 이다.

표본비율 $\hat{p}$이 알려지지 않은 경우에는 $\hat{p}$을 0.5로 정하여 계산하므로 오차한계 $d=z_{0.025}\sqrt{\dfrac{1}{2}\times\dfrac{1}{2}\times\dfrac{1}{n}}$ 을 이용한다.

- $n=400$일 때 오차한계는
$1.96\sqrt{\dfrac{1}{2}\times\dfrac{1}{2}\times\dfrac{1}{400}}=1.96\times\dfrac{1}{2}\times\dfrac{1}{20}=0.049$ 이다.

- $n=1,600$일 때 오차한계는
$1.96\sqrt{\dfrac{1}{2}\times\dfrac{1}{2}\times\dfrac{1}{1,600}}=1.96\times\dfrac{1}{2}\times\dfrac{1}{40}=0.0245$ 이다.

따라서 재조사 결과, 추정오차는 $0.049-0.0245=0.0245$로 2.45% 감소했다.

023

어느 회사에서 새롭게 만들어낸 제품의 수명에 대한 표준편차는 50이라고 한다. 제품 100개를 생산하여 실험한 결과 수명평균($\overline{X}$)이 280이었다. 모평균의 신뢰구간에 대한 설명으로 틀린 것은?

2020년 3회

① 표본평균 $\overline{X}$ 가 모평균 μ로부터 $1.96 \dfrac{\sigma}{\sqrt{n}} = 9.8$ 이내에 있을 확률은 약 0.95이다.

② 부등식 $\mu - 9.8 < \overline{X} < \mu + 9.8$은 $|\overline{X} - \mu| < 9.8$ 또는 $\mu \in (\overline{X} - 9.8, \overline{X} + 9.8)$로 표현가능하다.

③ 100개의 신제품에 대한 표본평균 $\overline{X}$를 구하는 작업을 무한히 반복하여 구해지는 구간들 $(\overline{X} - 9.8, \overline{X} + 9.8)$ 가운데 약 95%는 모평균 μ를 포함할 것이다.

④ 모평균 μ가 95% 신뢰구간 $(\overline{X} - 9.8, \overline{X} + 9.8)$에 포함될 확률이 0.95이다.

해설 모표준편차 σ가 알려져 있으므로 Z-분포에 따른 95% 신뢰구간을 구한다.
표본평균 $\overline{X} = 280$, 모표준편차 $\sigma = 50$, 표본의 크기 $n = 100$, $\alpha = 0.05$이므로 $z_{\alpha/2} = z_{0.025} = 1.96$에 대하여 모평균에 대한 95% 신뢰구간은
$\left(\overline{X} - z_{0.025} \dfrac{\sigma}{\sqrt{n}}, \overline{X} + z_{0.025} \dfrac{\sigma}{\sqrt{n}} \right)$
$= \left(280 - 1.96 \times \dfrac{50}{\sqrt{100}}, 280 + 1.96 \times \dfrac{50}{\sqrt{100}} \right) \fallingdotseq (270.2, 289.8)$ 이다.
즉, 100개의 신제품에 대한 표본평균 $\overline{X}$를 구하는 작업을 무한히 반복하여 구해지는 구간들 $(\overline{X} - 9.8, \overline{X} + 9.8)$ 가운데 약 95%는 모평균 μ를 포함할 것으로 추정할 수 있다. 이때 모평균 μ가 95% 신뢰구간 $(\overline{X} - 9.8, \overline{X} + 9.8)$에 포함될 확률은 $\overline{X}$의 값에 따라 0 혹은 1이 된다.

024

정규분포 $N(\mu, 2.25^2)$를 따르는 모집단으로부터 추출된 크기 100의 랜덤표본에서 구한 표본평균이 $\overline{X} = 12.45$인 경우 μ의 95% 신뢰구간의 길이는? (단, Z는 표준정규분포를 따르는 확률변수일 때 $P(Z \leq 1.96) = 0.975$이다.)

1급 기출문제

① $2 \times 1.96 \times \dfrac{\sqrt{2.25}}{100}$

② $2 \times 1.96 \times \sqrt{\dfrac{2.25^2}{100}}$

③ $2 \times 1.96 \times \sqrt{\dfrac{2.25}{10}}$

④ $2 \times 1.96 \times \dfrac{2.25}{100}$

해설 모표준편차 σ가 알려져 있으므로 Z-분포에 따른 95% 신뢰구간의 길이를 구한다.
모표준편차 $\sigma = 2.25$, 표본의 크기 $n = 100$, $\alpha = 0.05$이므로 $z_{\alpha/2} = z_{0.025} = 1.96$에 대하여 모평균에 대한 95% 신뢰구간의 길이는 $2 \times z_{0.025} \dfrac{\sigma}{\sqrt{n}} = 2 \times 1.96 \times \sqrt{\dfrac{2.25^2}{100}}$ 이다.

025

통계조사 시 한 가구를 조사하는 데 소요되는 시간을 측정하기 위하여 64가구를 임의추출하여 조사한 결과 평균 소요시간이 30분, 표준편차 5분이었다. 한 가구를 조사하는 데 소요되는 평균시간에 대한 95%의 신뢰구간 하한과 상한은 각각 얼마인가? (단, $Z_{0.025} = 1.96$, $Z_{0.05} = 1.645$)

2019년 2회

① 28.8, 31.2
② 28.4, 31.6
③ 29.0, 31.0
④ 28.5, 31.5

해설 모집단의 모표준편차 σ가 알려지지 않았지만 표본의 크기가 $n = 64 (\geq 30)$로 충분히 크므로, 표본표준편차 S를 이용한 Z-분포에 따른 95% 신뢰구간을 구한다.
표본평균 $\overline{X} = 30$, 표본표준편차 $S = 5$, 표본의 크기 $n = 64$, $\alpha = 0.05$이므로 $z_{\alpha/2} = z_{0.025} = 1.96$에 대하여 모평균에 대한 95% 신뢰구간은
$\left(\overline{X} - z_{0.025} \dfrac{S}{\sqrt{n}}, \overline{X} + z_{0.025} \dfrac{S}{\sqrt{n}} \right)$
$= \left(30 - 1.96 \times \dfrac{5}{\sqrt{64}}, 30 + 1.96 \times \dfrac{5}{\sqrt{64}} \right) \fallingdotseq (28.8, 31.2)$ 이다.
따라서 하한 28.8, 상한 31.2이다.

| 정답 | 023 ④ 024 ② 025 ①

026

곤충학자가 70마리의 모기에게 A 회사의 살충제를 뿌리고 생존시간을 관찰하여 $\overline{X} = 18.3$, $S = 5.2$를 얻었다. 생존시간의 모평균 μ에 대한 99% 신뢰구간은? (단, $P(Z > 2.58) = 0.005$, $P(Z > 1.96) = 0.025$, $P(Z > 1.645) = 0.05$)

2022년 2회

① $8.6 \leq \mu \leq 28.0$ ② $16.7 \leq \mu \leq 19.9$
③ $17.1 \leq \mu \leq 19.5$ ④ $18.1 \leq \mu \leq 18.5$

해설 모집단의 모표준편차 σ가 알려지지 않았지만 표본의 크기가 $n = 70 (\geq 30)$으로 충분히 크므로, 표본표준편차 S를 이용한 Z-분포에 따른 99% 신뢰구간을 구한다.
표본평균 $\overline{X} = 18.3$, 표본표준편차 $S = 5.2$, 표본의 크기 $n = 70$, $\alpha = 0.01$이므로 $z_{\alpha/2} = z_{0.005} = 2.58$에 대하여 모평균에 대한 99% 신뢰구간은
$$\left(\overline{X} - z_{0.005}\frac{S}{\sqrt{n}}, \ \overline{X} + z_{0.005}\frac{S}{\sqrt{n}}\right)$$
$$= \left(18.3 - 2.58 \times \frac{5.2}{\sqrt{70}}, \ 18.3 + 2.58 \times \frac{5.2}{\sqrt{70}}\right) \fallingdotseq (16.7, \ 19.9)$$ 이다.
따라서 $16.7 \leq \mu \leq 19.9$이다.

027

한 콜 택시회사는 고객이 전화를 한 뒤 요청한 곳에 택시가 도착하기까지의 소요시간을 알아보기 위해 100번의 전화요청에 대해 소요시간을 조사했다. 그 결과 표본평균은 13.3분이었고, 표준편차는 4.2분이었다. 소요시간이 정규분포를 따른다고 가정하고 모평균에 대한 95% 양측신뢰구간을 구하면? (단, $P(Z > 2.58) = 0.005$, $P(Z > 1.96) = 0.025$, $P(Z > 1.645) = 0.05$)

① 13.3 ± 0.08 ② 13.3 ± 0.42
③ 13.3 ± 0.69 ④ 13.3 ± 0.82

해설 소요시간이 정규분포를 따른다고 가정하였고 표본의 크기가 $100 (> 30)$으로 충분히 크므로, 모표준편차를 모르더라도 근사적으로 Z분포를 사용하여 모평균에 대한 95% 신뢰구간을 구할 수 있다.
표본평균 $\overline{X} = 13.3$분, 표본표준편차 $S = 4.2$분, 표본크기 $n = 100$, 신뢰수준 95%로 $Z = 1.96$이고 신뢰구간 $= \overline{X} \pm Z \times \frac{S}{\sqrt{n}}$,
즉 $13.3 \pm 1.96 \times \frac{4.2}{\sqrt{100}} = 13.3 \pm 1.96 \times 0.42 = 13.3 \pm 0.8232$이다.

028

대표본에서 변동계수(Coefficient Variation) c를 이용하여 모평균 μ에 대한 95% 신뢰구간을 구하고자 한다. 표본평균을 $\overline{Y}$, 표본크기를 n이라 할 때 신뢰구간으로 옳은 것은?

2017년 2회

① $\overline{Y} \pm \frac{1.96c}{\sqrt{n}}$ ② $\overline{Y}\left(1 \pm \frac{1.96c}{\sqrt{n}}\right)$
③ $\overline{Y} \pm 1.96c$ ④ $\left(\frac{\overline{Y}}{c}\right) \pm \frac{1.96S}{\sqrt{n}}$

해설 표본의 변동계수 c는 표본표준편차 S를 표본평균 $\overline{Y}$로 나눈 값 $c = \frac{S}{\overline{Y}}$이므로 표본표준편차는 $S = c \times \overline{Y}$이다.
모집단의 모표준편차 σ가 알려지지 않았지만 대표본이므로, 표본표준편차 S를 이용한 Z-분포에 따른 95% 신뢰구간을 구한다. 표본평균은 $\overline{Y}$, 표본표준편차는 $S = c \times \overline{Y}$, 표본의 크기는 n, $\alpha = 0.05$이므로 $z_{\alpha/2} = z_{0.025} = 1.96$에 대하여 모평균에 대한 95%의 신뢰구간은
$$\left(\overline{Y} - z_{0.025}\frac{S}{\sqrt{n}}, \ \overline{Y} + z_{0.025}\frac{S}{\sqrt{n}}\right)$$
$$= \left(\overline{Y} - 1.96\frac{c \times \overline{Y}}{\sqrt{n}}, \ \overline{Y} + 1.96\frac{c \times \overline{Y}}{\sqrt{n}}\right)$$ 이다.
따라서 $\overline{Y}\left(1 \pm \frac{1.96c}{\sqrt{n}}\right)$이다.

029

2010년 도소매업의 사업체당 종사자수는 평균 3.0명이고 변동계수는 0.4이다. 95% 신뢰구간으로 옳은 것은? (단, $z_{0.05} = 1.645$, $z_{0.025} = 1.96$)

2018년 3회

① 0.648명~5.352명 ② 2.216명~3.784명
③ 1.026명~4.974명 ④ 2.342명~3.658명

해설 표본의 변동계수 c는 표본표준편차 S를 표본평균 $\overline{X}$로 나눈 값 $c = \frac{S}{\overline{X}}$이므로 표본표준편차는 $S = c \times \overline{X}$이다. 표본평균이 $\overline{X} = 3$, 변동계수가 $c = 0.4$이므로 표본표준편차는 $S = 1.2$이고, 표본의 크기 1, $\alpha = 0.05$이므로 $z_{\alpha/2} = z_{0.025} = 1.96$에 대하여 모평균에 대한 95%의 신뢰구간은
$$\left(3 - z_{0.025}\frac{1.2}{\sqrt{1}}, \ 3 + z_{0.025}\frac{1.2}{\sqrt{1}}\right)$$
$= (3 - 1.96 \times 1.2, \ 3 + 1.96 \times 1.2) = (0.648, \ 5.352)$이다.
따라서 0.648명~5.352명이다.

| 정답 | 026 ② 027 ④ 028 ② 029 ①

030

정규분포를 따르는 모집단으로부터 10개의 표본을 임의추출한 모평균에 대한 95% 신뢰구간은 (74.76, 165.24)이다. 이때 모평균의 추정치와 추정량의 표준오차는? (단, t가 자유도가 9인 t-분포를 따르는 확률변수일 때, $P(t > 2.262) = 0.025$)

2018년 2회

① 90.48, 20
② 90.48, 40
③ 120, 20
④ 120, 40

해설 모평균의 추정치는 표본평균이며, 모집단의 모표준편차 σ가 알려지지 않았고 표본의 크기가 $n = 10$으로 30보다 작으므로, 자유도가 $(n-1)$인 t-분포에 따른 95% 신뢰구간을 구한다.
표본평균 $\overline{X}$, 표본표준편차 S, 표본의 크기 $n = 10$, $\alpha = 0.05$이므로 $t_{\alpha/2}(n-1) = t_{0.025}(9) = 2.262$에 대하여 모평균에 대한 95% 신뢰구간은

$$\left(\overline{X} - t_{0.025}(9)\frac{S}{\sqrt{n}},\ \overline{X} + t_{0.025}(9)\frac{S}{\sqrt{n}}\right)$$
$$= \left(\overline{X} - 2.262\frac{S}{\sqrt{10}},\ \overline{X} + 2.262\frac{S}{\sqrt{10}}\right) \fallingdotseq (74.76,\ 165.24)$$이다.

따라서 $\overline{X} - 2.262\frac{S}{\sqrt{10}} = 74.76$, $\overline{X} + 2.262\frac{S}{\sqrt{10}} = 165.24$이므로 표본평균 $\overline{X} = 120$이고, 표준오차는 $\frac{S}{\sqrt{10}} = 20$이다.

031

시계에 넣는 배터리 16개의 수명을 측정한 결과 평균이 2년이고 표준편차가 1년이었다. 이 배터리 수명의 95% 신뢰구간을 구하면? (단, $t_{0.025}(15) = 2.13$)

2018년 3회

① (1.47, 2.53)
② (1.73, 2.27)
③ (1.87, 2.13)
④ (1.97, 2.03)

해설 모집단의 모표준편차 σ가 알려지지 않았고 표본의 크기도 $n = 16$으로 30보다 작으므로, 자유도가 $(n-1)$인 t-분포에 따른 95% 신뢰구간을 구한다.
표본평균 $\overline{X} = 2$, 표본표준편차 $S = 1$, 표본의 크기 $n = 16$, $\alpha = 0.05$이므로 $t_{\alpha/2}(n-1) = t_{0.025}(15) = 2.13$에 대하여 모평균에 대한 95% 신뢰구간은

$$\left(\overline{X} - t_{0.025}(15)\frac{S}{\sqrt{n}},\ \overline{X} + t_{0.025}(15)\frac{S}{\sqrt{n}}\right)$$
$$= \left(2 - 2.13 \times \frac{1}{\sqrt{16}},\ 2 + 2.13 \times \frac{1}{\sqrt{16}}\right) \fallingdotseq (1.47,\ 2.53)$$이다.

032

모집단의 표준편차 σ를 알고있는 경우 μ에 대한 신뢰구간은 $\dfrac{\sqrt{n}(\overline{X} - \mu)}{\sigma}$가 정규분포를 따른다는 사실에 의해 구해진다.
또한 모집단의 표준편차 σ를 모르는 경우는 $\dfrac{\sqrt{n}(\overline{X} - \mu)}{s}$ (s : 표본표준편차)가 자유도가 $(n-1)$인 t 분포임을 이용한다. 이때 표본크기가 5인 경우 $E(s) = 0.94\sigma$가 된다면 σ를 모르는 경우, 아는 경우에 비해 95% 신뢰구간의 크기가 얼마나 증가하는가? (단, $z_{0.025} = 1.96$, $t_{0.025}(4) = 2.78$)

① 약 13%
② 약 33%
③ 약 25%
④ 약 11%

해설 모집단의 표준편차 σ를 알고 있는 경우와 모르고 표본표준편차 s를 사용하는 경우의 95% 신뢰구간의 길이 차이(증가율)를 비교해야 한다.

• 모집단의 표준편차 σ를 알고 있는 경우:

신뢰구간 길이 $= 2 \times z_{\alpha/2} \times \dfrac{\sigma}{\sqrt{n}}$ 로부터 $2 \times 1.96 \times \dfrac{\sigma}{\sqrt{5}}$

• 모집단의 표준편차를 모를 경우(σ 대신 s 사용):

신뢰구간 길이 $= 2 \times t_{\alpha/2}(n-1) \times \dfrac{s}{\sqrt{n}}$ 로부터 $2 \times 2.78 \times \dfrac{0.94\sigma}{\sqrt{5}}$

따라서 길이의 비율은 $\dfrac{2 \times 2.78 \times 0.94 \times \sigma / \sqrt{5}}{2 \times 1.96 \times \sigma / \sqrt{5}} = \dfrac{2.78 \times 0.94}{1.96} \approx 1.333$

이다. 신뢰구간 길이 증가율은 $(1.333 - 1) \times 100\% = 33\%$이므로 모집단의 표준편차를 모를 경우 신뢰구간의 크기가 약 33% 증가한다.

033

여론조사 기관에서 특정 프로그램의 시청률을 조사하기 위하여 100명의 시청자를 임의로 추출하여 시청여부를 물었더니 이 중 10명이 시청하였다. 이때 이 프로그램의 시청률에 대한 95% 신뢰구간은? (단, 표준정규분포를 따르는 확률변수 Z는 $P(Z>1.96)=0.025$를 만족) 〔2021년 3회〕

① $(0.0312, 0.1688)$ ② $(0.0412, 0.1588)$
③ $(0.0512, 0.1488)$ ④ $(0.0612, 0.1388)$

해설 이 프로그램의 시청률에 대한 95% 신뢰구간은 표본의 크기 $n=100$, 표본비율 $\hat{p}=\dfrac{X}{n}=\dfrac{10}{100}=0.1$, $\alpha=0.05$이므로 $z_{\alpha/2}=z_{0.025}=1.96$에 대하여
$\left(\hat{p}-z_{0.025}\sqrt{\dfrac{\hat{p}(1-\hat{p})}{n}},\ \hat{p}+z_{0.025}\sqrt{\dfrac{\hat{p}(1-\hat{p})}{n}}\right)$
$=\left(0.1-1.96\times\sqrt{\dfrac{0.1\times 0.9}{100}},\ 0.1+1.96\times\sqrt{\dfrac{0.1\times 0.9}{100}}\right)$이다.
따라서 $(0.0412, 0.1588)$이다.

034

어느 지역에서 A후보의 지지도를 알아보기 위하여 무작위로 추출한 100명 중 50명이 A후보를 지지한다고 응답하였다. A후보 지지율에 대한 95% 신뢰구간은? (단, $P(|Z|>1.64)=0.10$, $P(|Z|>1.96)=0.05$, $P(|Z|>2.58)=0.001$) 〔2021년 2회〕

① $0.39 \leq p \leq 0.61$ ② $0.40 \leq p \leq 0.60$
③ $0.42 \leq p \leq 0.58$ ④ $0.45 \leq p \leq 0.55$

해설 A후보 지지율에 대한 95% 신뢰구간은 표본의 크기 $n=100$, 표본비율 $\hat{p}=\dfrac{X}{n}=\dfrac{50}{100}=0.5$, $\alpha=0.05$이므로 $z_{\alpha/2}=z_{0.025}=1.96$에 대하여
$\left(\hat{p}-z_{0.025}\sqrt{\dfrac{\hat{p}(1-\hat{p})}{n}},\ \hat{p}+z_{0.025}\sqrt{\dfrac{\hat{p}(1-\hat{p})}{n}}\right)$
$=\left(0.5-1.96\times\sqrt{\dfrac{0.5\times 0.5}{100}},\ 0.5+1.96\times\sqrt{\dfrac{0.5\times 0.5}{100}}\right)$
$\fallingdotseq (0.40, 0.60)$ 따라서 $0.40 \leq p \leq 0.60$이다.

035

어느 지역의 청년취업률을 알아보기 위해 조사한 500명 중 400명이 취업을 한 것으로 나타났다. 이 지역의 청년취업률에 대한 95%의 신뢰구간은? (단, Z가 표준정규분포를 따르는 확률변수일 때, $P(Z>1.96)=0.025$이다.)

① $0.8 \pm 1.96 \times \dfrac{0.8}{\sqrt{500}}$ ② $0.8 \pm 1.96 \times \dfrac{0.16}{\sqrt{500}}$
③ $0.8 \pm 1.96 \times \sqrt{\dfrac{0.8}{500}}$ ④ $0.8 \pm 1.96 \times \sqrt{\dfrac{0.16}{500}}$

해설 청년취업률에 대한 95% 신뢰구간은 표본의 크기 $n=500$, 표본비율 $\hat{p}=\dfrac{X}{n}=\dfrac{400}{500}=0.8$, $\alpha=0.05$이므로 $z_{\alpha/2}=z_{0.025}=1.96$에 대하여 $\left(\hat{p}\pm z_{0.025}\sqrt{\dfrac{\hat{p}(1-\hat{p})}{n}}\right)=\left(0.8\pm1.96\times\sqrt{\dfrac{0.8\times 0.2}{500}}\right)$
$=\left(0.8\pm1.96\times\sqrt{\dfrac{0.16}{500}}\right)$이다.

036

대학생 흡연율이 40%라고 한다. 표본으로 조사된 600명의 학생 중 204명이 흡연을 한다고 대답하였다. 표본비율의 분포에서 관측된 표본비율보다 작을 확률은 얼마인가? (단, $P(Z<3)=0.9987$) 〔2023년 1회〕

① 0.0031 ③ 0.0019
② 0.0023 ④ 0.0013

해설 모비율 p에 대해 표본비율 $\hat{p}$의 분포는 근사적으로 정규분포 $N\left(p,\dfrac{p(1-p)}{n}\right)$을 이룬다. 따라서 표본비율의 분포는 대학생 흡연율 $p=0.4$와 표준오차 $\sqrt{\dfrac{p(1-p)}{n}}=\sqrt{\dfrac{0.4\times 0.6}{600}}=0.02$를 갖는 $N(0.4, 0.02^2)$이다. 따라서 표본으로부터 관측된 표본비율값 $\hat{p}=\dfrac{204}{600}=0.34$에 대하여 표본비율의 분포에서 관측된 표본비율보다 작을 확률은 $P(\hat{p}<0.34)=P\left(Z<\dfrac{0.34-0.4}{0.02}=-3\right)=1-0.9987=0.0013$이다.

| 정답 | 033 ② 034 ② 035 ④ 036 ④

037

두 모평균의 차이에 대한 신뢰구간을 구하는 과정에 대한 설명으로 틀린 것은? (단, 두 모집단의 분산은 미지이다.)

1급 기출문제

① 소표본의 경우 모집단에 대한 정규분포의 가정이 필요하다.
② 소표본의 경우 모집단에 대한 등분산의 가정이 요구된다.
③ 대표본의 경우 정규성의 가정 없이 $t-$분포를 이용하여 구할 수 있다.
④ 대표본의 경우 Behrens-Fisher의 문제가 발생하지 않는다.

해설 대표본의 경우 정규성의 가정 없이 $Z-$분포를 이용하여 구할 수 있다. 보통 두 모집단의 분산을 알면 대표본이거나 소표본 상관없이 정규분포를 이용하며, 두 모집단의 분산을 모르는 경우이면 대표본일 때 정규분포를 그리고 소표본일 때 $t-$분포를 이용하여 구할 수 있다.
④의 Behrens-Fisher 문제는 등분산이 충족되지 않을 때 모집단 평균간 차이를 검증하므로 대표본인 경우에는 발생하지 않는다.

038

다음은 경영학과와 컴퓨터정보학과에서 실시한 15점 만점인 중간고사 결과이다. 두 학과 평균의 차이에 대한 95% 신뢰구간은? (단, $P(Z \geq 1.96) = 0.025$)

2019년 3회

구분	경영학과	컴퓨터정보학과
표본크기	36	49
표본평균	9.26	9.41
표준편차	0.75	0.86

① $-0.15 \pm 1.96 \sqrt{\dfrac{0.75^2}{36} + \dfrac{0.86^2}{49}}$

② $-0.15 \pm 1.645 \sqrt{\dfrac{0.75^2}{36} + \dfrac{0.86^2}{49}}$

③ $-0.15 \pm 1.96 \sqrt{\dfrac{0.75^2}{35} + \dfrac{0.86^2}{48}}$

④ $-0.15 \pm 1.645 \sqrt{\dfrac{0.75^2}{35} + \dfrac{0.86^2}{48}}$

해설 두 모분산 σ_1^2, σ_2^2이 알려지지 않은 경우에 두 집단 X_1와 X_2의 모평균 차 $\mu_1 - \mu_2$에 대한 $100(1-\alpha)\%$ 신뢰구간은
$$\left((\overline{X}_1 - \overline{X}_2) - z_{\alpha/2} \sqrt{\dfrac{S_1^2}{n_1} + \dfrac{S_2^2}{n_2}}, \ (\overline{X}_1 - \overline{X}_2) + z_{\alpha/2} \sqrt{\dfrac{S_1^2}{n_1} + \dfrac{S_2^2}{n_2}} \right)$$
이다(단, $n_1, n_2 \geq 30$인 대표본).
경영학과 집단을 X_1, 컴퓨터정보학과 집단을 X_2라 하면, X_1과 X_2 각각의 표본평균 $\overline{X}_1 = 9.26$, $\overline{X}_2 = 9.41$, 표본표준편차 $S_1 = 0.75$, $S_2 = 0.86$, 표본의 크기 $n_1 = 36$, $n_2 = 49$이다.
$\alpha = 0.05$이므로 $z_{\alpha/2} = z_{0.025} = 1.96$에 대하여 95% 신뢰구간은
$$\left((9.26 - 9.41) - 1.96 \sqrt{\dfrac{0.75^2}{36} + \dfrac{0.86^2}{49}}, \ (9.26 - 9.41) + 1.96 \sqrt{\dfrac{0.75^2}{36} + \dfrac{0.86^2}{49}} \right)$$
이다.
따라서 $-0.15 \pm 1.96 \sqrt{\dfrac{0.75^2}{36} + \dfrac{0.86^2}{49}}$ 이다.

| 정답 | **037** ③ **038** ①

039

서로 다른 두 종류의 제품 A, B를 비교하여 아래와 같은 실험 결과를 얻었다. 제품 A, B에 대한 평균 차이에 대한 95% 신뢰구간의 설명으로 옳은 것은 어느 것인가?

1급 기출문제

구분	표본수	표본평균	표본분산
제품 A	50	2,800	450
제품 B	100	2,500	1,600

① $\bar{x}_A - \bar{x}_B$의 95% 신뢰구간은 $(300 - 1.96 \times 5, \ 300 + 1.96 \times 5)$이다.
② $\bar{x}_A - \bar{x}_B$의 95% 신뢰구간은 $(300 - 1.96 \times 7, \ 300 + 1.96 \times 7)$이다.
③ $\mu_A - \mu_B$의 95% 신뢰구간은 $(300 - 1.96 \times 5, \ 300 + 1.96 \times 5)$이다.
④ $\mu_A - \mu_B$의 95% 신뢰구간은 $(300 - 1.96 \times 7, \ 300 + 1.96 \times 7)$이다.

해설 두 모분산 σ_A^2, σ_B^2이 알려지지 않은 경우 두 집단 x_A와 x_B의 모평균 차 $\mu_A - \mu_B$에 대한 $100(1-\alpha)$% 신뢰구간은

$$\left((\bar{x}_A - \bar{x}_B) - z_{\alpha/2}\sqrt{\frac{S_A^2}{n_A} + \frac{S_B^2}{n_B}}, \ (\bar{x}_A - \bar{x}_B) + z_{\alpha/2}\sqrt{\frac{S_A^2}{n_A} + \frac{S_B^2}{n_B}}\right)$$

이다(단, $n_A, n_B \geq 30$인 대표본).
제품 A를 x_A, 제품 B를 x_B라 하면, x_A과 x_B 각각의 표본평균 $\bar{x}_A = 2,800$, $\bar{x}_B = 2,500$, 표본표준편차 $S_A = \sqrt{450}$, $S_B = \sqrt{1,600}$, 표본의 크기 $n_A = 50$, $n_B = 100$이다.
$\alpha = 0.05$이므로 $z_{\alpha/2} = z_{0.025} = 1.96$에 대해 $\mu_A - \mu_B$의 95% 신뢰구간은

$$\left((2,800 - 2,500) - 1.96\sqrt{\frac{450}{50} + \frac{1,600}{100}}, \ (2,800 - 2,500) + 1.96\sqrt{\frac{450}{50} + \frac{1,600}{100}}\right)$$

이다.
따라서 $(300 - 1.96 \times 5, \ 300 + 1.96 \times 5)$이다.

040

흡연자 200명과 비흡연자 600명을 대상으로 한 흡연장소에 관한 여론조사 결과가 다음과 같다. 비흡연자 중 흡연금지를 선택한 사람의 비율과 흡연자 중 흡연금지를 선택한 사람의 비율 간의 차이에 대한 95% 신뢰구간은? (단, $P(Z \geq 1.96) = 0.025$)

2020년 3회

구분	비흡연자	흡연자
흡연금지	44%	8%
흡연장소 지정	52%	80%
제재 없음	4%	12%

① 0.24 ± 0.08
② 0.36 ± 0.05
③ 0.24 ± 0.18
④ 0.36 ± 0.16

해설 두 모비율의 차 $p_1 - p_2$의 $100(1-\alpha)$% 신뢰구간은

$$\left((\hat{p}_1 - \hat{p}_2) - z_{\alpha/2}\sqrt{\frac{\hat{p}_1(1-\hat{p}_1)}{n_1} + \frac{\hat{p}_2(1-\hat{p}_2)}{n_2}}, \right.$$
$$\left. (\hat{p}_1 - \hat{p}_2) + z_{\alpha/2}\sqrt{\frac{\hat{p}_1(1-\hat{p}_1)}{n_1} + \frac{\hat{p}_2(1-\hat{p}_2)}{n_2}}\right)$$ 이다.

비흡연자 중 흡연금지를 선택한 집단을 X_1, 흡연자 중 흡연금지를 선택한 집단을 X_2라 하면, X_1과 X_2 각각의 표본비율 $\hat{p}_1 = 0.44$, $\hat{p}_2 = 0.08$, 표본의 크기 $n_1 = 600$, $n_2 = 200$이다.
$\alpha = 0.05$이므로 $z_{\alpha/2} = z_{0.025} = 1.96$에 대하여 95% 신뢰구간은

$$\left((0.44 - 0.08) - 1.96\sqrt{\frac{0.44 \times 0.56}{600} + \frac{0.08 \times 0.92}{200}}, \right.$$
$$\left. (0.44 - 0.08) + 1.96\sqrt{\frac{0.44 \times 0.56}{600} + \frac{0.08 \times 0.92}{200}}\right)$$

≒ $(0.36 - 0.05, \ 0.36 + 0.05)$이다.
따라서 0.36 ± 0.05이다.

정답 039 ③ 040 ②

041

성인 남자 20명을 랜덤 추출하여 소변 중 요산량(mg/dl)을 조사해보니 평균 $\overline{X} = 5.31$, 표준편차 $s = 0.7$이었다. 성인 남자의 요산량이 정규분포를 따른다고 할 때, 모분산 σ에 대한 95% 신뢰구간은? (단, $V \sim \chi^2(19)$일 때 $P(V \geq 32.85) = 0.025$, $P(V \geq 8.91) = 0.975$)

① $\dfrac{8.91}{19 \times 0.7^2} \leq \sigma^2 \leq \dfrac{32.85}{19 \times 0.7^2}$

② $\dfrac{19 \times 0.7^2}{32.85} \leq \sigma^2 \leq \dfrac{19 \times 0.7^2}{8.91}$

③ $\dfrac{8.91}{20 \times 0.7^2} \leq \sigma^2 \leq \dfrac{32.85}{20 \times 0.7^2}$

④ $\dfrac{20 \times 0.7^2}{32.85} \leq \sigma^2 \leq \dfrac{20 \times 0.7^2}{8.91}$

해설 모분산 σ에 대한 95% 신뢰구간은 $\left(\dfrac{(n-1)s^2}{\chi^2_{\alpha/2}}, \dfrac{(n-1)s^2}{\chi^2_{(1-\alpha)/2}}\right)$이고, 표본의 크기 $n = 20$, 표본표준편차 $s = 0.7$, 신뢰수준 95%에서 유의수준 $\alpha = 0.05$이므로 $\chi^2_{0.025} = 32.85$, $\chi^2_{0.975} = 8.91$이므로 신뢰구간은 $\dfrac{19 \times 0.7^2}{32.85} \leq \sigma^2 \leq \dfrac{19 \times 0.7^2}{8.91}$이다.

042

어느 은행의 관리자는 그 은행에서 대출을 받은 사람들의 평균나이를 양측 구간추정하려고 한다. 만약 모표준편차가 5.2살이고, 추정치의 허용오차가 6개월(0.5년)을 넘지 않게 추정하고 싶다면 신뢰수준 90%에서 표본크기를 얼마로 해야 할까? (단, $P(Z > 2.58) = 0.005$, $P(Z > 1.96) = 0.025$, $P(Z > 1.645) = 0.05$)

① 718　　② 416
③ 293　　④ 178

해설 모표준편차 $\sigma = 5.2$살
허용오차 $E = 0.5$년(6개월)
신뢰수준 = 90%
신뢰수준에 따른 z값 = 1.645(신뢰수준 90%에서 양측 5%일 때)
구간 추정 공식: $n = \left(\dfrac{z \times \sigma}{E}\right)^2$
즉, 표본 크기 $n = \left(\dfrac{1.645 \times 5.2}{0.5}\right)^2 = (17.108)^2 = 292.7$이다.
따라서 표본 크기는 약 293명이 필요하다. 이 값은 293이 가장 가까운 정수이므로 표본 크기는 293명이 되어야 한다.

043

A 공단 근로자의 월평균 임금을 추정하고자 한다. 95% 신뢰수준에서 추정오차가 10만 원 이내가 되도록 하자면 최소 표본크기를 얼마로 하여야 하는가? (단, 모표준편차는 500만원이고 비표본오차는 없다고 가정한다.)

① $n = 68$　　② $n = 79$
③ $n = 88$　　④ $n = 97$

해설 모평균의 추정을 위한 최소 표본크기(n)를 구한다. 신뢰수준 95%, 추정오차 $E = 10$(만 원), 모표준편차 $\sigma = 500$, 비표본오차는 없으므로 표본오차만 고려하여 다음 공식에 대입하면 $n = \left(\dfrac{z \times \sigma}{E}\right)^2$, 즉 $n = \left(\dfrac{1.96 \times 50}{10}\right)^2 = \left(\dfrac{98}{10}\right)^2 = 9.8^2 = 96.04$이므로 표본크기는 최소 97명이 필요하다.

044

설문을 이용한 여론조사에서, 95% 신뢰도에서 ±5% 이내의 정확도를 유지하려면 최소 몇 명 정도를 표집해야 하는가?

① 300　　② 400
③ 500　　④ 1,000

해설 비율추정에 대한 신뢰구간 오차한계를 기준으로 필요한 최소 표본크기(n)를 계산한다. 신뢰수준 95%에 대한 $Z = 1.96$, 허용오차(오차한계, 정밀도) $E = 0.05$, 비율에 대한 정보가 없으므로 $p = 0.5$(분산 $p(1-p)$가 최대로 가장 큰 표본 필요)와 표본크기 공식 $n = \left(\dfrac{Z \times \sqrt{p(1-p)}}{E}\right)^2$로부터 $n = \left(\dfrac{1.96 \times \sqrt{0.5 \times 0.5}}{0.05}\right)^2 = 19.6^2 = 384.16$이다. 따라서 최소 약 385명의 표본이 필요하므로 400명 정도가 가장 정답에 근접하다.

| 정답 | 041 ② 　042 ③ 　043 ④ 　044 ②

045

모비율의 추정에서 표본크기의 결정에 관한 설명으로 틀린 것은?
1급 기출문제

① 오차한계가 일정 크기 이상이 되도록 표본의 수를 정한다.
② 표본의 수는 신뢰수준 $(1-\alpha)$에 따라 달라진다.
③ 모비율(p)에 대한 정보가 없는 경우에는 p를 $1/2$로 가정하고 표본의 크기를 정한다.
④ 오차한계를 크게 정할수록 표본의 수는 줄어든다.

해설 모비율의 추정에서 표본 크기를 결정할 때는 오차한계가 일정 크기 '이하'가 되도록 표본의 수를 정한다. 따라서 신뢰수준 $(1-\alpha)$%에 따라 $z_{\alpha/2}$가 달라지며, 오차한계를 크게 정할수록 표본의 수는 줄어들고, 모비율에 대한 정보가 없는 경우에는 p를 $1/2$로 가정하고 표본의 크기를 정한다.

046

모비율을 추정할 때 오차가 0.2를 넘지 않을 확률이 최소한 95%가 되도록 하려면 표본의 크기가 최소한 얼마가 되어야 하는가? (단, $z_{0.025} = 1.96$)
1급 기출문제

① 30   ② 25
③ 45   ④ 35

해설 신뢰수준 95%에서 추정되는 표본비율의 오차한계 $z_{\alpha/2}\sqrt{\dfrac{\hat{p}(1-\hat{p})}{n}}$ 이 연구자가 원하는 오차한계 $d=0.2$를 넘지 않기 위해 필요한 표본의 크기 n을 구해야 한다. 표본비율 $\hat{p}=0.5$, $\alpha=0.05$이므로 $z_{\alpha/2} = z_{0.025} = 1.96$에 대하여
$1.96\sqrt{\dfrac{0.5(1-0.5)}{n}} \leq 0.2$, $n \geq 0.5 \times (1-0.5) \times \left(\dfrac{1.96}{0.2}\right)^2 = 24.01$이므로 표본의 최소 크기는 25개이다.

047

어느 이동통신 회사에서 20대를 대상으로 자사의 선호도에 대한 조사를 하려 한다. 전년도 조사에서 선호도가 40%였다. 금년도 조사에서 선호도에 대한 추정의 95%, 오차한계가 4% 이내로 되기 위한 표본의 최소 크기는? (단, $Z \sim N(0, 1)$일 때, $P(Z > 1.96) = 0.025$, $P(Z > 1.65) = 0.05$)
2019년 1회

① 409   ② 426
③ 577   ④ 601

해설 신뢰수준 95%에서 추정되는 표본비율의 오차한계 $z_{\alpha/2}\sqrt{\dfrac{\hat{p}(1-\hat{p})}{n}}$ 이 연구자가 원하는 오차한계 $d=0.04$보다 작기 위해 필요한 표본의 크기 n을 구해야 한다.
표본비율 $\hat{p}=0.4$, $\alpha=0.05$이므로 $z_{\alpha/2} = z_{0.025} = 1.96$에 대하여
$1.96\sqrt{\dfrac{0.4(1-0.4)}{n}} \leq 0.04$, $n \geq 0.4 \times (1-0.4) \times \left(\dfrac{1.96}{0.04}\right)^2 ≒ 576.24$
이므로 표본의 최소 크기는 577개이다.

048

어느 도시에 살고 있는 주민 중에서 지난 1년간 해외여행을 경험한 비율을 조사하려고 한다. 이 비율에 대한 추정량의 오차가 0.02 미만일 확률이 최소한 95%가 되기를 원할 때 필요한 최소 표본의 크기 n을 구하는 식은? (단, Z가 표준정규분포를 따르는 확률변수일 때, $P(Z > 1.96) = 0.025$)
2020년 4회

① $n \geq \dfrac{1}{4}\left(\dfrac{1.96}{0.02}\right)^2$ ② $n \geq \dfrac{1}{2}\left(\dfrac{1.96}{0.02}\right)^2$

③ $n \geq \dfrac{1}{4}\left(\dfrac{1.96}{0.02}\right)$ ④ $n \geq \dfrac{1}{2}\left(\dfrac{1.96}{0.02}\right)$

해설 신뢰수준 95%에서 추정되는 표본비율의 오차한계 $z_{\alpha/2}\sqrt{\dfrac{\hat{p}(1-\hat{p})}{n}}$ 가 연구자가 원하는 오차한계 $d=0.02$보다 작기 위해 필요한 표본의 크기 n을 구해야 한다. 단, 표본비율이 알려지지 않은 상황에서는 표본비율을 $\hat{p}=0.5$로 정한다.
표본비율 $\hat{p}=0.5$, $\alpha=0.05$이므로 $z_{\alpha/2} = z_{0.025} = 1.96$에 대하여
$1.96\sqrt{\dfrac{1}{2} \times \dfrac{1}{2} \times \dfrac{1}{n}} \leq 0.02$, $1.96\dfrac{1}{2\sqrt{n}} \leq 0.02$, $n \geq \dfrac{1}{4}\left(\dfrac{1.96}{0.02}\right)^2$이다.

| 정답 | 045 ① | 046 ② | 047 ③ | 048 ①

049

어느 선거구의 국회의원 선거여론조사에서 특정후보에 대한 지지율을 조사하고자 한다. 지난번의 조사에서 이 후보의 지지율이 45%이었으며 지지율의 95% 추정오차한계가 2.5% 이내가 되도록 하는 데 필요한 표본의 크기는? 1급 기출문제

① 1,520 ② 1,522
③ 1,620 ④ 1,622

해설 신뢰수준 95%에서 추정되는 표본비율의 오차한계 $z_{\alpha/2}\sqrt{\dfrac{\hat{p}(1-\hat{p})}{n}}$ 가 연구자가 원하는 오차한계 $d=0.025$보다 작기 위해 필요한 표본의 크기 n을 구해야 한다. 표본비율 $\hat{p}=0.45$, $\alpha=0.05$이므로 $z_{\alpha/2}=z_{0.025}=1.96$에 대하여
$1.96\sqrt{0.45\times0.55\times\dfrac{1}{n}}\le 0.025$, $n\ge 0.45\times0.55\times\left(\dfrac{1.96}{0.025}\right)^2 \fallingdotseq 1{,}521.3$
이므로 최소 1,522명의 표본을 조사해야 한다.

050

모평균에 대한 신뢰구간의 길이를 1/4로 줄이고자 한다. 표본 크기를 몇 배로 해야 하는가? 2020년 3회

① 1/4배 ② 1/2배
③ 2배   ④ 16배

해설 신뢰수준 $100(1-\alpha)$%에서 모평균에 대한 신뢰구간의 길이는 $2\times z_{\alpha/2}\times\dfrac{\sigma}{\sqrt{n}}$ 이다. 신뢰구간의 길이를 1/4로 줄이면
$\dfrac{1}{4}\times 2\times z_{\alpha/2}\times\dfrac{\sigma}{\sqrt{n}}=2\times z_{\alpha/2}\times\dfrac{\sigma}{\sqrt{16n}}$ 이므로 표본의 크기가 $16n$ 이다. 따라서 표본 크기를 16배로 해야 한다.

051

모표준편차가 σ인 모집단에서 크기가 10인 표본으로부터 표본평균을 구하여 모평균을 추정하였다. 표본평균의 표준오차를 반(1/2)으로 줄이려면 추가로 표본을 얼마나 더 추출해야 하는가? 2021년 3회

① 20 ② 30
③ 40 ④ 50

해설 모표준편차가 σ일 때 표본평균 $\overline{X}$의 표준오차는 $SE(\overline{X})=\dfrac{\sigma}{\sqrt{n}}$ 이다. $n=10$에서 표준오차는 $SE(\overline{X})=\dfrac{\sigma}{\sqrt{10}}$ 이고 표준오차를 반으로 줄이면, $SE(\overline{X})=\dfrac{\sigma}{2\sqrt{10}}=\dfrac{\sigma}{\sqrt{4\times 10}}=\dfrac{\sigma}{\sqrt{40}}$ 이므로 표본의 크기가 $n=40$이어야 한다. 따라서 추가로 표본을 $40-10=30$을 더 추출해야 한다.

052

표본크기를 선택할 때 고려해야 하는 2가지 상호 관련된 요인으로 신뢰수준과 신뢰구간이 있다. 만약 표본의 크기를 100에서 400으로 4배 증가시켰다면, 신뢰수준은 95%, 99%에 대한 각각의 길이를 어느 정도 좁힐 수 있는가?

① 각각 50%
② 각각 25%
③ 95%의 경우 50%, 99%의 경우 25%
④ 95%의 경우 25%, 99%의 경우 50%

해설 신뢰구간의 길이는 $\dfrac{z_{\alpha/2}\times\sigma}{\sqrt{n}}$, 즉 표본크기 n이 커질수록 신뢰구간의 길이는 짧아지며 $\sqrt{n}$에 반비례한다. 표본크기를 100에서 400으로 증가하면 $\sqrt{100}=10$, $\sqrt{400}=20$으로 신뢰구간의 길이는 절반으로 줄어든다. 그리고 신뢰수준 95%와 99%의 신뢰구간 길이의 절댓값은 다르지만, 표본크기의 영향은 동일하게 비율로 반영된다. 따라서 표본의 크기를 4배로 늘리면 (100 → 400), 신뢰구간 길이는 약 50%로 줄어들고, 신뢰수준이 95%든 99%든 같은 비율로 줄어든다.

| 정답 | 049 ② 050 ④ 051 ② 052 ①

053
제1종 오류를 범할 확률의 허용한계를 뜻하는 통계적 용어는?

2017년 1회

① 기각역
② 유의수준
③ 검정통계량
④ 대립가설

해설 ① 귀무가설을 기각하게 하는 검정통계량의 관측값의 영역이다.
③ 검정의 기준을 결정하는 데 사용되는 표본통계량이다.
④ 표본에 근거한 강력한 증거에 의하여 입증하고자 하는 가설로, 조사자가 지지하고 싶어 하는 가설이다.

054
유의수준에 대한 설명으로 옳은 것은?

2019년 1회

① 대립가설이 참일 때 귀무가설을 채택하는 오류를 범할 확률의 최대 허용한계이다.
② 유의수준 α 검정법이란 제2종 오류를 범할 확률이 α 이하인 검정방법을 말한다.
③ 귀무가설이 참임에도 불구하고 귀무가설을 기각하는 오류를 범할 확률의 최대 허용한계를 뜻한다.
④ 제1종 오류를 범할 확률과 제2종 오류를 범할 확률 중 큰 쪽의 확률을 의미한다.

해설 귀무가설이 참임에도 불구하고 귀무가설을 기각하는 오류(제1종 오류)를 범할 확률의 최대 허용한계를 유의수준이라 하며, α라 표기한다.
② 유의수준 α 검정법이란 제1종 오류를 범할 확률이 α 이하인 검정방법이다.

055
다음 중 유의확률의 정의로서 올바른 것은?

1급 기출문제

① 제1종 오류를 범할 수 있는 최대 확률로서 가설검정에서 중요한 확률이므로 미리 정한다.
② 제2종 오류를 범할 수 있는 최대 확률로서 가설검정에서 중요한 확률이므로 미리 정한다.
③ 관측치로 검정통계량을 추정할 때 귀무가설을 기각시킬 수 있는 최소의 유의수준이다.
④ 관측치로 검정통계량을 추정할 때 대립가설을 기각시킬 수 있는 최소의 유의수준이다.

해설 유의확률은 검정통계량의 값을 관측하였을 때, 이에 근거하여 귀무가설을 기각할 수 있는 최소의 유의수준으로, p-값(p-value)이라고도 하며, 귀무가설(H_0)이 거짓이고 기각되어야 한다는 강한 증거이다.

056
다음 중 유의확률(p-value)에 대한 설명으로 틀린 것은?

2020년 3회

① 주어진 자료와 직접적으로 관계가 있다.
② 검정통계량이 실제 관측된 값보다 대립가설을 지지하는 방향으로 더욱 치우칠 확률로서 귀무가설하에서 계산된 값이다.
③ 유의확률이 작을수록 귀무가설에 대한 반증이 강한 것을 의미한다.
④ 유의수준이 유의확률보다 작으면 귀무가설을 기각한다.

해설 통계적 가설검정을 위한 검정통계량의 값에 대한 유의확률(p-value)이 주어졌을 때, '유의확률(p-값) < 유의수준(α)'이면 귀무가설을 기각한다. 관측된 검정통계량의 값이 가정한 귀무가설에 주어진 값으로부터 멀리 떨어져 있으므로 귀무가설에 대한 반증이 강한 것을 의미하기 때문이다.

| 정답 | 053 ② 054 ③ 055 ③ 056 ④

057

가설검정 시 유의확률(p-값)과 유의수준(α)의 관계에 대한 설명으로 맞는 것은?
2021년 3회

① 유의확률 < 유의수준일 때 귀무가설을 기각한다.
② 유의확률 ≥ 유의수준일 때만 귀무가설을 기각한다.
③ 유의확률 ≠ 유의수준일 때 귀무가설을 기각한다.
④ 유의확률과 유의수준 중 어느 것이 큰가하는 문제와 가설검정과는 아무런 관계가 없다.

해설 '유의확률(p-value) < 유의수준(α)'이면 귀무가설을 기각한다.

058

어떤 가설검정에서 유의확률(p-값)이 0.044일 때, 검정결과로 맞는 것은?
2022년 2회

① 귀무가설을 유의수준 1%와 5%에서 모두 기각할 수 없다.
② 귀무가설을 유의수준 1%와 5%에서 모두 기각할 수 있다.
③ 귀무가설을 유의수준 1%에서 기각할 수 있으나 5%에서는 기각할 수 없다.
④ 귀무가설을 유의수준 1%에서 기각할 수 없으나 5%에서는 기각할 수 있다.

해설 '유의확률(p-값) < 유의수준(α)'이면 귀무가설을 기각한다. 유의확률(p-값)이 0.044이면, '0.01 < 0.044 < 0.05'이므로 귀무가설을 유의수준 1%에서 기각할 수 없으나 5%에서는 기각할 수 있다.

059

다음은 보험가입자 30명에 대한 보험가입액을 조사한 자료(단위: 천만 원)의 일부로, 보험 가입액의 모평균이 1억 원이라고 볼 수 있는지를 검정하고자 한다. 이에 대한 t-검정통계량이 1.201이고, 유의확률이 0.239이었다. 유의수준 5%에서 올바르게 검정한 결과는?

15.0	10.0	8.0	12.0	10.0
10.5	3.5	9.7	12.5	30.0
7.0	33.0	15.0	20.0	4.0
2.5	9.0	7.5	5.5	25.0
11.0	8.8	4.5	7.8	6.7
5.0	15.0	30.0	5.0	10.0

① 유의확률 > 유의수준이므로 모평균이 1억 원이라는 가설을 기각하지 못한다.
② 유의확률 > 유의수준이므로 모평균이 1억 원이라는 가설을 기각한다.
③ 검정통계량 1.201 > 유의수준이므로 모평균이 1억 원이라는 가설을 기각하지 못한다.
④ 검정통계량 1.201 > 유의수준이므로 모평균이 1억 원이라는 가설을 기각한다.

해설 검정통계량 $t = 1.201$와 유의확률 p-value = 0.239, 유의수준 $\alpha = 0.05$
귀무가설: 보험 가입액의 모평균 = 1억 원
대립가설: 보험 가입액의 모평균 ≠ 1억 원에 대하여
'p-value < α'이면 귀무가설을 기각하게 된다.
그런데 p-value = 0.239 > 0.05로 유의확률이 유의수준보다 크므로 귀무가설을 기각하지 못한다. 즉, 모평균이 1억 원이라는 주장을 통계적으로 반박할 수 없다.

| 정답 | 057 ① 058 ④ 059 ①

060

정규모집단에서 임의로 15개의 표본을 추출하여 표본평균 $\bar{x} = 72$, 표본표준편차 $s = 3.2$를 얻었다. $H_0: \mu = 70$, $H_1: \mu > 70$을 유의수준 $\alpha = 0.05$로 검정하고자 할 때 $p-$값(유의확률)의 범위로 옳은 것은? (단, $df = 14$일 때, $P(t > 1.761) = 0.05$, $P(t > 2.145) = 0.025$, $P(t > 2.624) = 0.01$이다.)

① $p-$값 > 0.25
② $0.05 < p-$값 < 0.10
③ $0.025 < p-$값 < 0.05
④ $0.01 < p-$값 < 0.025

해설 단일 표본 $t-$검정을 이용해 가설을 검정하고, 계산된 t값으로부터 $p-$값의 범위를 추정해야 한다. 주어진 정보 $n = 15$, $\bar{x} = 72$, $s = 3.2$, $\mu_0 = 70$, $\alpha = 0.05$, 자유도 $df = 14$와
가설 $H_0: \mu = 70$ $H_1: \mu > 70$
검정통계량 t값 계산
$t = \dfrac{\bar{x} - \mu_o}{s/\sqrt{n}} = \dfrac{72 - 70}{3.2/\sqrt{15}} = \dfrac{2}{3.2/3.873} = \dfrac{2}{0.826} \approx 2.42$ 으로부터
$p-$값을 추정하면
$[P(t > 2.145) = 0.025] > p-$값 $> [P(t > 2.624) = 0.01]$
따라서 $p-$값의 범위는 $0.01 < p < 0.025$이며, 실제 값은 약 0.015 수준이다.

061

귀무가설이 참임에도 불구하고 이를 기각하는 결정을 내리는 오류를 무엇이라고 하는가? 2020년 4회

① 제1종 오류
② 제2종 오류
③ 제3종 오류
④ 제4종 오류

해설 진리와 의사결정 사이의 관계는 다음과 같이 옳은 판단 두 가지와 오류 두 가지, 즉 네 가지로 구분된다.

		진리	
		H_0	H_1
의사결정	H_0	옳은 판단	제2종 오류 (β)
	H_1	제1종 오류 (유의수준 α)	옳은 판단 (검정력 $1-\beta$)

이 중에서 제1종 오류란 귀무가설(H_0)이 참임에도 불구하고 귀무가설(H_0)을 기각하는 결론을 내리는 오류이다.

062

다음 중 제1종 오류가 발생하는 경우는? 2020년 1·2회

① 참이 아닌 귀무가설(H_0)을 기각하지 않을 경우
② 참인 귀무가설(H_0)을 기각하지 않을 경우
③ 참이 아닌 귀무가설(H_0)을 기각할 경우
④ 참인 귀무가설(H_0)을 기각할 경우

해설 제1종 오류란 귀무가설(H_0)이 참임에도 불구하고 귀무가설(H_0)을 기각하는 오류이다.

063

제1종 오류와 제2종 오류를 범할 확률을 각각 α와 β라 할 때 다음 설명 중 옳은 것은? 2017년 3회

① $\alpha + \beta = 1$이면 귀무가설을 기각해야 한다.
② $\alpha = \beta$이면 귀무가설을 채택해야 한다.
③ 주어진 표본에서 α와 β를 동시에 줄일 수는 없다.
④ $\alpha \neq \beta$이면 항상 귀무가설을 채택해야 한다.

해설 주어진 표본에서 α와 β는 서로 반비례 관계로 동시에 줄일 수 없다.

064

검정력(Power)에 대한 설명으로 옳은 것은? 2019년 2회

① 참인 귀무가설을 채택할 확률이다.
② 거짓인 귀무가설을 채택할 확률이다.
③ 귀무가설이 참임에도 불구하고 이를 기각시킬 확률이다.
④ 대립가설이 참일 때 귀무가설을 기각시킬 확률이다.

해설 대립가설(H_1)이 참인 상황에서 귀무가설(H_0)을 기각시키는 옳은 판단을 내릴 확률을 검정력이라고 한다.

		진리	
		H_0	H_1
의사결정	H_0	옳은 판단	제2종 오류 (β)
	H_1	제1종 오류 (유의수준 α)	옳은 판단 (검정력 $1-\beta$)

| 정답 | 060 ④ 061 ① 062 ④ 063 ③ 064 ④

065

연구자들은 자신의 연구결과가 기존의 가설을 극복하기를 원하기 때문에 통계적 검정력(Statistical Power)을 높이고자 한다. 다음 중, 통계적 검정력을 높이는 방법이라 할 수 없는 것은 무엇인가?

① 표본의 수를 늘인다.
② 유의 수준을 높인다.
③ 연구조건을 통제하여 모집단의 분산이 작아지게 한다.
④ 충분한 사전 조사를 바탕으로 양측 검정보다는 단측 검정을 한다.

해설 통계적 검정력(Power)이란 실제로 효과가 있을 때 귀무가설을 기각함으로써 올바르게 감지할 수 있는 확률, 즉 제2종 오류(β)를 줄이는 것이며 'Power=1-β'라고도 한다.
유의수준(α)을 높이면 귀무가설을 더 쉽게 기각하게 되어 겉보기에는 검정력이 올라가지만, 이는 제1종 오류(α)를 더 많이 범하게 되는 선택이므로 검정력을 높이는 적절한 방법이 아니다.
① 표본 수가 많아지면 통계량의 정밀도가 증가하므로 검정력이 커진다.
③ 분산이 작아지면 표본평균의 변동이 줄어들어 검정통계량의 값이 커지므로 검정력이 커진다.
④ 단측검정은 효과 방향이 명확할 때 사용되며, 동일한 효과 크기에서 더 높은 검정력을 가진다.

066

가설검정과 관련한 용어에 대한 설명으로 틀린 것은?

2022년 1회

① 유의수준이란 제1종 오류를 범할 확률의 최대 허용한계를 말한다.
② 검정력 함수란 귀무가설을 채택할 확률을 모수의 함수로 나타낸 것이다.
③ 제2종 오류란 대립가설(H_1)이 참임에도 불구하고 귀무가설(H_0)을 기각하지 못하는 오류이다.
④ 유의확률이란 검정통계량의 관측값에 의해 귀무가설을 기각할 수 있는 최소의 유의수준을 뜻한다.

해설 검정력 함수란 귀무가설을 기각하는 확률을 모수의 함수로 나타낸 것이다.

067

통계적 가설검정에 대한 설명으로 틀린 것은?

2021년 2회

① 유의수준은 제1종 오류를 범할 확률의 최대 허용한계를 말한다.
② 기각역은 귀무가설을 기각하게 되는 검정통계량의 관측값의 영역이다.
③ 귀무가설은 표본에 근거한 강력한 증거에 의하여 입증하고자 하는 가설이다.
④ 제2종 오류는 대립가설이 참임에도 불구하고, 귀무가설을 기각하지 못하는 오류이다.

해설 대립가설(또는 연구가설)이 표본에 근거한 강력한 증거에 의해 입증하고자 하는 가설이다. 귀무가설은 대립가설이 타당한 것으로 볼 수 없을 때 저절로 원상이나 현재 믿어지는 가설로 돌아가는 가설로 기존의 주장을 대변하는 가설이다.

068

다음 중 가설검정에 관한 설명으로 옳지 않은 것은?

2018년 2회

① 일반적으로 표본자료에 의해 입증하고자 하는 가설을 대립가설로 세운다.
② 제1종 오류와 제2종 오류 중 더 심각한 오류는 제1종 오류이다.
③ p-값이 유의수준보다 크면 귀무가설을 기각한다.
④ 양측검정으로 유의하지 않은 자료라도 단측검정을 하면 유의할 수도 있다.

해설 검정통계량의 값에 대한 유의확률(p-value)이 주어졌을 때, '유의확률(p-값)<유의수준(α)'이면 귀무가설을 기각한다.

| 정답 | 065 ② 066 ② 067 ③ 068 ③

069

통계적 가설의 기각 여부를 판정하는 가설검정에 대한 설명으로 맞는 것은? 2022년 2회

① 표본으로부터 확실한 근거에 의하여 입증하고자 하는 가설을 귀무가설이라 한다.
② 유의수준은 제2종 오류를 범할 확률의 최대 허용한계이다.
③ 대립가설을 채택하게 하는 검정통계량의 영역을 채택역이라 한다.
④ 대립가설이 옳은 데도 귀무가설을 채택함으로써 범하게 되는 오류를 제2종 오류라 한다.

해설 ① 표본으로부터 확실한 근거에 의하여 입증하고자 하는 가설을 대립가설이라 한다.
② 유의수준은 제1종 오류를 범할 확률의 최대 허용한계이다.
③ 대립가설을 채택하게 하는 검정통계량의 영역을 기각역이라 한다.

070

기존의 취업교육 프로그램을 이수한 사람의 취업률 p는 0.7이다. 새로운 교육 프로그램이 취업률을 높인다는 주장이 있어 통계적으로 검정하기 위해 새로운 교육 프로그램을 이수한 사람을 임의로 추출하여 취업률을 조사하였다. 이때 적절한 귀무가설(H_0)과 대립가설(H_1)은? 2021년 3회

① H_0: $p > 0.7$, H_1: $p = 0.7$
② H_0: $p \neq 0.7$, H_1: $p = 0.7$
③ H_0: $p = 0.7$, H_1: $p > 0.7$
④ H_0: $p = 0.7$, H_1: $p \neq 0.7$

해설 기존의 취업교육 프로그램을 이수한 사람의 취업률이 $p = 0.7$이라는 의견에 대해 '새로운 교육 프로그램이 취업률을 높인다'고 주장하려고 한다. 따라서 귀무가설(H_0)과 대립가설(H_1)은 다음과 같다.
H_0: $p = 0.7$, H_1: $p > 0.7$
이때 일반적으로 귀무가설을 등호로 표시한다.

071

다음의 내용에 해당하는 가설로 가장 타당한 것은? 2021년 3회

> 기존의 진통제는 진통효과가 지속되는 시간이 평균 30분이고 표준편차는 5분이라고 한다. 새로운 진통제를 개발하였는데, 개발팀은 이 진통제의 진통효과가 30분 이상이라고 주장한다.

① H_0: $\mu = 30$, H_1: $\mu > 30$
② H_0: $\mu < 30$, H_1: $\mu = 30$
③ H_0: $\mu = 30$, H_1: $\mu \neq 30$
④ H_0: $\mu > 30$, H_1: $\mu = 30$

해설 기존 진통제의 진통효과가 평균(μ) 30분이라는 의견에 대해 '새로운 진통제의 진통효과가 평균(μ) 30분 이상이다.'를 주장하려고 한다. 따라서 귀무가설(H_0)과 대립가설(H_1)은 다음과 같다.
H_0: $\mu = 30$(진통효과가 평균 30분이다)
H_1: $\mu > 30$(진통효과가 평균 30분을 초과한다)
이때 일반적으로 귀무가설을 등호로 표시한다.

072

'남녀 간 월급여의 차이가 있다'라는 주장을 검정하기 위하여 사회조사를 실시하였다. 조사결과 남자집단의 월평균급여를 μ_1, 여자집단의 월평균급여를 μ_2라고 한다면, 귀무가설은? 2021년 3회

① $\mu_1 = \mu_2$
② $\mu_1 < \mu_2$
③ $\mu_1 \neq \mu_2$
④ $\mu_1 > \mu_2$

해설 기존에 '남녀 간 월급여의 차이가 없다.'라는 의견에 대해 '남녀 간 월급여의 차이가 있다.'를 주장하려고 한다. 따라서 귀무가설(H_0)과 대립가설(H_1)은 다음과 같다.
H_0: $\mu_1 = \mu_2$(남녀 간 월급여의 차이가 없다)
H_1: $\mu_1 \neq \mu_2$(남녀 간 월급여의 차이가 있다)
이때 일반적으로 귀무가설을 등호로 표시한다.

| 정답 | 069 ④ 070 ③ 071 ① 072 ①

073

국회의원 후보 A에 대한 청년층 지지율 p_1과 노년층 지지율 p_2의 차이 $p_1 - p_2$는 6.6%로 알려져 있다. 청년층과 노년층 각각 500명씩 랜덤추출하여 조사하였더니, 위 지지율 차이는 3.3%로 나타났다. 지지율 차이가 줄어들었다고 할 수 있는지를 검정하기 위한 귀무가설(H_0)과 대립가설(H_1)은?

2022년 2회

① H_0: $p_1 - p_2 = 0.033$, H_1: $p_1 - p_2 > 0.033$
② H_0: $p_1 - p_2 > 0.033$, H_1: $p_1 - p_2 \leq 0.033$
③ H_0: $p_1 - p_2 < 0.066$, H_1: $p_1 - p_2 \geq 0.066$
④ H_0: $p_1 - p_2 = 0.066$, H_1: $p_1 - p_2 < 0.066$

해설 국회의원 후보 A에 대한 청년층 지지율 p_1과 노년층 지지율 p_2의 차이 $p_1 - p_2 = 0.066$이라는 의견에 대해 '지지율 차이가 줄어들었다.'고 주장하려고 한다. 따라서 귀무가설(H_0)과 대립가설(H_1)은 다음과 같다.
H_0: $p_1 - p_2 = 0.066$
H_1: $p_1 - p_2 < 0.066$
이때 일반적으로 귀무가설을 등호로 표시한다.

074

정규모집단 $N(\mu, \sigma^2)$로부터 취한 n의 표본 $X_1, X_2, \cdots, X_n$에 근거한 표본평균과 표본분산을 각각 $\overline{X} = \frac{1}{n}\sum_{i=1}^{n}X_i$, $S^2 = \frac{1}{n-1}\sum_{i=1}^{n}(X_i - \overline{X})^2$이라 할 때, 통계량 $\frac{\overline{X} - \mu}{S/\sqrt{n}}$의 분포는?

2017년 3회

① $t(n)$: 자유도 n인 t-분포
② $t(n-1)$: 자유도 $n-1$인 t-분포
③ $\chi^2(n)$: 자유도 n인 χ^2-분포
④ $\chi^2(n-1)$: 자유도 $n-1$인 χ^2-분포

해설 검정통계량이 $\frac{\overline{X} - \mu}{S/\sqrt{n}}$인 가설검정은 모분산 σ^2이 알려지지 않은 경우이다. 대표본이면 Z-분포를 이용하고, 소표본이면 자유도가 $n-1$인 t-분포를 이용한다.

075

정규모집단의 모평균에 대한 검정에서 모분산을 모르고, 표본의 크기가 충분히 클 때 검정통계량의 분포는? 1급 기출문제

① 정규분포
② F-분포
③ 베타분포
④ 카이제곱분포

해설 단일모집단의 모평균 μ에 대한 가설검정에서 표본의 크기가 충분히 큰 대표본인 경우 검정통계량의 분포는 (표준)정규분포이다. 다음은 단일모집단의 모평균에 대한 가설검정을 분류한 것이다.

㉠ 모분산 σ^2이 알려진 정규모집단 또는 대표본인 경우 $Z = \frac{\overline{X} - \mu_0}{\sigma/\sqrt{n}} \sim N(0, 1)$

㉡ 모분산 σ^2이 알려지지 않은 경우(S: 표준편차)

PLUS
• $n \geq 30$인 대표본인 경우 $Z = \frac{\overline{X} - \mu_0}{S/\sqrt{n}} \sim N(0, 1)$
• $n < 30$인 소표본인 경우 $t = \frac{\overline{X} - \mu_0}{S/\sqrt{n}} \sim t(n-1)$

076

다음 사례에 알맞은 검정방법은? 2022년 2회

도시지역의 가족과 시골지역의 가족 간에 가족의 수에 있어서 평균적으로 차이가 있는지를 알아보고자 도시지역과 시골지역 중 각각 몇 개의 지역을 골라 가족의 수를 조사하였다.

① F-검정
② 더빈-왓슨 검정
③ χ^2-검정
④ 독립표본 t-검정

해설 도시지역의 가족과 시골지역의 가족은 두 독립표본이며, 두 지역의 가족의 수에 대한 평균의 차이에 대해 가설검정을 하므로 독립표본 t-검정을 이용한다.

| 정답 | 073 ④ 074 ② 075 ① 076 ④

077

다음의 상황에 알맞은 검정방법은?

> 휘발유를 제조하는 A정유회사에서는 새로운 휘발유를 생산하고, 1리터당 주행거리가 길어졌는지를 알아보기 위해 동일한 차와 동일한 운전자에게 동일한 거리를 휘발유만 서로 달리한 채 운영하게 하였다.

① 독립표본 $t-$검정
② 대응표본 $t-$검정
③ χ^2-검정
④ $F-$검정

해설 두 조건(휘발유 종류)에서의 주행거리 차이를 비교하는데, 같은 차와 운전자 등 조건이 통제된 상황에서 두 조건(기존 vs 새로운 휘발유)을 적용한 경우이다. 즉, 같은 실험 단위가 두 번 측정된 경우에는 두 조건 간 평균 차이를 비교하기 위해 대응표본 $t-$검정을 사용한다.

078

10명의 스포츠댄스 회원들이 한 달간 댄스 프로그램에 참가하여 프로그램 시작 전 체중과 한 달 후 체중의 차이를 알아보려고 할 때 적합한 검정방법은? 2017년 1회

① 대응표본 $t-$검정
② 독립표본 $t-$검정
③ $Z-$검정
④ $F-$검정

해설 스포츠댄스 회원들의 댄스 프로그램 시작 전 체중($\mu_{전}$)과 한 달 후 체중($\mu_{후}$)의 차이 $D=\mu_{전}-\mu_{후}$에 대한 가설검정이다. 동일한 표본의 사전, 사후 평균의 비교이므로 가장 적합한 검정방법은 대응표본 $t-$검정이다.

079

일정 기간 공사장 지대에서 방목한 가축 소변의 불소농도에 변화가 있는지를 조사하고자 한다. 랜덤하게 추출한 10마리의 가축 소변의 불소농도를 방목 초기에 조사하고 일정 기간 방목한 후 다시 소변의 불소농도를 조사하였다. 방목 전후의 불소농도에 차이가 있는가에 대한 분석방법으로 적합한 것은? 2021년 2회

① $F-$검정
② 쌍체비교(대응비교)
③ 단일 모평균에 대한 검정
④ 독립표본에 의한 두 모평균의 비교

해설 가축의 방목 전 소변의 불소농도와 일정 기간 방목한 후 소변의 불소농도 차이에 대한 가설검정이나. 동일한 표본의 사전, 사후 평균의 비교이므로 가장 적합한 검정방법은 쌍체비교(대응비교 또는 대응표본 $t-$검정)이다.

080

단일 모집단의 모분산의 검정에 사용되는 분포는? 2021년 2회

① 정규분포
② $F-$분포
③ 이항분포
④ χ^2-분포

해설 단일 모집단의 모분산 σ^2에 대한 가설검정은 표본분산 S^2에 대하여 검정통계량이 $\chi^2 = \dfrac{(n-1)S^2}{\sigma^2}$이고, 자유도 $n-1$인 카이제곱(χ^2)분포를 이용한다.

081

검정통계량의 분포가 정규분포가 아닌 검정은? 2019년 3회

① 대표본에서 모평균의 검정
② 대표본에서 두 모비율의 차에 관한 검정
③ 모집단이 정규분포인 대표본에서 모분산의 검정
④ 모집단이 정규분포인 소표본에서 모분산을 알 때 모평균의 검정

해설 모집단이 정규분포인 대표본에서 모분산 σ^2에 대한 가설검정은 표본분산 S^2에 대하여 검정통계량이 $\chi^2 = \dfrac{(n-1)S^2}{\sigma^2}$이고, 자유도 $n-1$인 카이제곱(χ^2)분포를 이용한다.

| 정답 | 077 ② 078 ① 079 ② 080 ④ 081 ③

082
두 집단의 분산에 대한 동일성 검정에 사용되는 검정통계량의 분포는?
2019년 3회

① $t-$분포 ② 기하분포
③ χ^2-분포 ④ $F-$분포

해설 두 개의 정규모집단으로부터 추출한 독립된 확률표본에 기초하여 두 모집단의 분산의 비율 $\frac{\sigma_1^2}{\sigma_2^2}$에 대한 가설검정은 두 표본분산 S_1^2, S_2^2에 대하여 검정통계량이 $F=\frac{S_1^2}{S_2^2}$인 $F-$분포를 이용한다.

083
두 개의 정규모집단으로부터 추출한 독립인 확률표본에 기초하여 모분산에 대한 가설 $H_0: \sigma_1^2 = \sigma_2^2$ vs $H_1: \sigma_1^2 > \sigma_2^2$을 검정하고자 한다. 검정방법으로 맞는 것은?
2021년 3회

① $F-$검정 ② $t-$검정
③ χ^2-검정 ④ $Z-$검정

해설 두 개의 정규모집단으로부터 추출한 독립된 확률표본에 기초하여 두 모집단의 분산의 비율 $\frac{\sigma_1^2}{\sigma_2^2}$에 대한 가설을 검정해야 할 때, 표본분산 S_1^2, S_2^2에 대하여 검정통계량이 $F=\frac{S_1^2}{S_2^2}$인 $F-$검정을 한다.

084
같은 종류의 강판을 제조하는 두 대의 기계가 있다. 각각의 기계가 만들어내는 강판의 두께는 정규분포를 따른다. 이 두 대의 기계가 제조하는 강판을 표본으로 하여 어느 기계가 강판의 두께를 일정하게 만드는지에 대해 가설검정 할 때 쓰이는 검정통계량 분포는?
1급 기출문제

① 정규분포 ② $t-$분포
③ 카이제곱분포 ④ $F-$분포

해설 '강판의 두께가 일정하다는 의미'는 강판의 분산과 관계되며, 두 대의 기계로부터 제조된 강판의 두께가 일정한지를 비교해야 하므로 두 분산의 비에 대한 가설검정이 진행되어야 한다. 따라서 두 분산의 비에 대한 검정통계량의 분포는 $F-$분포이다.

085
집단 A에서 크기 n_A의 임의표본(평균 m_A, 표준편차 S_A)을 추출하고, 집단 B에서는 크기 n_B의 임의표본(평균 m_B, 표준편차 S_B)을 추출하였다. 두 집단의 산포(散布)를 비교하는 데 가장 적합한 통계치는?
2022년 1회

① $m_A - m_B$ ② $\frac{m_A}{m_B}$
③ $S_A - S_B$ ④ $\frac{S_A}{S_B}$

해설 집단의 산포란 자료가 얼마나, 어떻게 퍼져있는지를 나타내는 측도로 표준편차가 대표적이다. 따라서 두 집단의 산포를 비교하기 위해 표준편차를 선택할 수 있으며, 집단의 크기가 같지 않으므로 표준편차의 차로 산포를 비교하기보다 나눗셈으로 비교하는 것이 적합하다.

086
분산이 4로 알려진 정규분포를 따르는 집단에서 크기가 25인 표본을 추출하였다. 이때 모평균 μ에 대한 가설 $H_0: \mu = 0$와 $H_1: \mu \neq 0$을 유의수준 $\alpha = 0.05$에서 검정한다면, H_0의 기각역은 어떻게 주어지는가? (단, $z_{0.025}$의 값은 2로 계산하시오.)
1급 기출문제

① $|\overline{X}| > 0.1$ ② $|\overline{X}| > 0.8$
③ $\overline{X} > 0.1$ ④ $\overline{X} > 0.8$

해설 모분산 σ^2이 알려진 경우의 가설검정에서 검정통계량은 $Z=\frac{\overline{X}-\mu_0}{\sigma/\sqrt{n}}$이다. 양측검정이므로 유의수준 5%에서 기각역은 $|Z|>z_{0.025}(=2)$이므로 $\left|\frac{\overline{X}-0}{2/\sqrt{25}}\right|>2$ 즉, $|\overline{X}|>2\times\frac{2}{5}=\frac{4}{5}=0.8$이다.

| 정답 | 082 ④ 083 ① 084 ④ 085 ④ 086 ②

087

모분산이 4인 정규분포를 따르는 표본의 크기 4인 자료를 이용하여 모평균 μ에 대한 다음 가설을 유의수준 $\alpha = 0.05$에서 검정하려 할 때, 기각역은? (단, $P(Z > 1.645) = 0.05$, $P(Z > 1.96) = 0.025$ 이다.)

1급 기출문제

$$H_0 : \mu = 3 \text{ vs } H_1 : \mu < 3$$

① $\overline{X} < 1.04$
② $\overline{X} < 1.355$
③ $|\overline{X}| > 4.645$
④ $|\overline{X}| > 4.96$

해설 모분산 σ^2이 알려진 경우의 가설검정에서 검정통계량은 $Z = \dfrac{\overline{X} - \mu_0}{\sigma/\sqrt{n}}$ 이다. 단측검정이므로 유의수준 $\alpha = 0.05$에서 기각역은 $Z < -z_{0.05}(= -1.645)$ 이다.

따라서 $\dfrac{\overline{X} - 3}{2/\sqrt{4}} < -1.645$, 즉 $\overline{X} < 1.355$ 이다.

088

평균이 μ이고 분산이 $\sigma^2 = 9$인 정규모집단에서 크기가 100인 확률표본에서 얻은 표본평균 $\overline{X}$를 이용하여 가설 $H_0 : M = 0$, $H_1 : \mu \geq 0$을 유의수준 0.05로 검정하는 경우 기각역은 $Z \geq 1.645$ 이다. 여기서 검정통계량 Z에 해당하는 것은?

① $\dfrac{100\overline{X}}{9}$
② $\dfrac{100\overline{X}}{3}$
③ $\dfrac{10\overline{X}}{9}$
④ $\dfrac{10\overline{X}}{3}$

해설 정규모집단에서 표본평균을 이용한 Z-검정으로 검정통계량 Z를 구한다. 정규분포에서 평균에 대한 Z-검정 통계량 공식은 $Z = \dfrac{\overline{X} - \mu_0}{\sigma/\sqrt{n}}$ 이다. 모표준편차 $\sigma = 3$, 표본 크기 $n = 100$, 임계값 $Z_{0.05} = 1.645$ 이므로 $X = \dfrac{\overline{X} - 0}{3/\sqrt{100}} = \dfrac{\overline{X}}{3/10} = \dfrac{10\overline{X}}{3}$ 이다.

089

정규분포를 따르는 어떤 집단의 모평균이 10인지를 검정하기 위하여 크기가 25인 표본을 추출하여 관측한 결과 표본평균은 9, 표본표준편차는 2.5이었다. t-검정을 할 경우 검정통계량의 값은?

2020년 4회

① 2
② 1
③ -1
④ -2

해설 모분산 σ^2이 알려지지 않은 소표본($n < 30$)인 경우의 가설검정에서 검정통계량은 $t = \dfrac{\overline{X} - \mu_0}{S/\sqrt{n}}$ 이다.

$\overline{X} = 9$, $\mu_0 = 10$, $S = 2.5$, $n = 25$이므로 검정통계량의 값은 $t_0 = \dfrac{9 - 10}{2.5/\sqrt{25}} = -2$ 이다.

090

다음에 적합한 가설검정법과 검정통계량은?

2019년 2회

중량이 50g으로 표기된 제품 10개를 랜덤추출하니 평균 $\overline{X} = 49g$, 표준편차 $S = 0.6g$이었다. 제품의 중량이 정규분포를 따를 때, 평균중량 μ에 대한 귀무가설 $H_0 : \mu = 50$ 대 대립가설 $H_1 : \mu < 50$을 검정하고자 한다.

① 정규검정법, $Z_0 = \dfrac{49 - 50}{\sqrt{0.6/10}}$
② 정규검정법, $Z_0 = \dfrac{49 - 50}{0.6/\sqrt{10}}$
③ t-검정법, $t_0 = \dfrac{49 - 50}{\sqrt{0.6/10}}$
④ t-검정법, $t_0 = \dfrac{49 - 50}{0.6/\sqrt{10}}$

해설 모분산 σ^2이 알려지지 않은 소표본($n < 30$)인 경우의 가설검정에서 검정통계량은 $t = \dfrac{\overline{X} - \mu_0}{S/\sqrt{n}}$ 이다.

$\overline{X} = 49$, $\mu_0 = 50$, $S = 0.6$, $n = 10$이므로 검정통계량의 값은 $t_0 = \dfrac{49 - 50}{0.6/\sqrt{10}}$ 이다.

| 정답 | 087 ② 088 ④ 089 ④ 090 ④

091

정규분포 $N(\mu, 10)$를 따르는 모집단으로부터 추출된 크기 100의 랜덤표본에서 구한 표본평균이 $\bar{x} = 1.35$이다. 유의수준 5%에서 귀무가설 $H_0 : \mu = 1.2$와 대립가설 $H_1 : \mu \neq 1.2$를 검정하기 위한 검정통계량의 값은? 1급 기출문제

① 0.05
② 0.1
③ 0.15
④ 0.2

해설 모분산 σ^2이 알려진 경우의 가설검정에서 검정통계량은 $Z = \dfrac{\bar{x} - \mu_0}{\sigma/\sqrt{n}}$ 이다. $\mu_0 = 1.2$, $\bar{x} = 1.35$, $\sigma = 10$, $n = 100$이므로 검정통계량의 값은 $Z_0 = \dfrac{1.35 - 1.2}{\dfrac{10}{\sqrt{100}}} = 0.15$이다.

092

어느 조사기관에서 대한민국에 거주하는 10세 아동의 평균 키는 112cm이고 표준편차가 6cm인 정규분포를 따르는 것으로 보고하였다. 이 결과를 확인하기 위하여 36명을 무작위로 추출하여 측정한 결과 표본평균이 109cm이었다. 가설 $H_0 : \mu = 112\text{cm}$ vs $H_1 : \mu \neq 112\text{cm}$에 대한 유의수준 5%의 검정결과로 옳은 것은? (단, $Z_{0.025} = 1.96$, $Z_{0.05} = 1.645$) 2021년 2회

① 검정통계량은 2이다.
② 귀무가설을 기각한다.
③ 귀무가설을 기각할 수 없다.
④ 위 사실로는 판단할 수 없다.

해설 모분산 σ^2이 알려진 경우의 가설검정에서 검정통계량은 $Z = \dfrac{\bar{X} - \mu_0}{\sigma/\sqrt{n}}$ 이다. $\mu_0 = 112$, $\bar{X} = 109$, $\sigma = 6$, $n = 36$이므로 검정통계량의 값은 $Z_0 = \dfrac{109 - 112}{6/\sqrt{36}} = -3$이다.
양측검정이므로 유의수준 5%에서 기각역은 $Z > z_{0.025}(=1.96)$이고, $-3 < -1.96$이므로 귀무가설을 기각한다.
즉, 유의수준 0.05하에서 대한민국에 거주하는 10세 아동의 평균 키는 112cm라고 할 수 없다.

093

우리나라 대학생들의 1주일 동안 독서시간은 평균 20시간, 표준편차가 3시간인 정규분포를 따른다고 알려져 있다. 이를 확인하기 위해 36명의 학생을 조사하였더니 평균 19시간으로 나타났다. 위 결과를 이용하여 우리나라 대학생들의 평균 독서시간이 20시간보다 작다고 말할 수 있는지를 검정한다고 할 때 다음 설명 중 옳은 것은? (단, $P(|Z| < 1.645) = 0.9$, $P(|Z| < 1.96) = 0.95$) 2020년 4회

① 검정통계량의 값은 -2이다.
② 가설검정에는 χ^2 분포가 이용된다.
③ 유의수준 0.05에서 검정할 때, 우리나라 대학생들의 평균 독서시간이 20시간보다 작다고 말할 수 없다.
④ 표본분산이 알려져 있지 않아 가설검정을 수행할 수 없다.

해설 모평균에 대한 가설검정 절차에 따라 먼저 가설을 세운다.
$H_0 : \mu = 20(\text{시간})$, $H_1 : \mu < 20(\text{시간})$이다.
모분산 σ^2이 알려진 경우의 가설검정에서 검정통계량은 $Z = \dfrac{\bar{X} - \mu_0}{\sigma/\sqrt{n}}$
이고, $\mu_0 = 20$, $\bar{X} = 19$, $\sigma = 3$, $n = 36$이므로 검정통계량의 값은 $Z_0 = \dfrac{19 - 20}{3/\sqrt{36}} = -2$이다.
단측검정이므로 유의수준 0.05에서 기각역은 $Z < -z_{0.05}$이고, $-2 < -1.645$이므로 귀무가설을 기각한다.
즉, 유의수준 0.05하에서 우리나라 대학생들의 평균 독서시간이 20시간보다 작다고 할 수 있다.

| 정답 | 091 ③ 092 ② 093 ①

094

어느 기업의 전년도 대졸신입사원 임금의 평균이 200만 원이라고 한다. 금년도 대졸신입사원 중 100명을 조사하였더니 평균이 209만 원이고 표준편차가 50만 원이었다. 금년도 대졸신입사원의 임금이 인상되었는지 유의수준 5%에서 검정한다면, 검정통계량의 값과 검정결과는? (단, $P(|Z|>1.64)=0.10$, $P(|Z|>1.96)=0.05$, $P(|Z|>2.58)=0.01$)

2019년 1회

① 검정통계량: 1.8, 검정결과: 금년도 대졸신입사원 임금이 전년도에 비하여 인상되었다고 할 수 있다.
② 검정통계량: 1.8, 검정결과: 금년도 대졸신입사원 임금이 전년도에 비하여 인상되었다고 할 수 없다.
③ 검정통계량: 2.0, 검정결과: 금년도 대졸신입사원 임금이 전년도에 비하여 인상되었다고 할 수 있다.
④ 검정통계량: 2.0, 검정결과: 금년도 대졸신입사원 임금이 전년도에 비하여 인상되었다고 할 수 없다.

해설 모평균에 대한 가설검정 절차에 따라 가설을 세운다.
$H_0: \mu=200$(만 원), $H_1: \mu>200$(만 원)
모분산이 알려지지 않은 대표본($n \geq 30$)인 경우의 가설검정에서 검정통계량은 $Z=\dfrac{\overline{X}-\mu_0}{S/\sqrt{n}}$ 이다. $\mu_0=200$, $\overline{X}=209$, $S=50$, $n=100$이므로 검정통계량의 값은 $Z_0=\dfrac{209-200}{50/\sqrt{100}}=1.8$이다.
단측검정이므로 유의수준 5%에서 기각역은 $Z>z_{0.005}=1.645$이고, $1.8>1.645$이므로 귀무가설을 기각한다.
즉, 유의수준 0.05하에서 금년도 대졸신입사원 임금이 전년도에 비해 인상되었다고 할 수 있다.

095

정규분포를 따르는 모집단의 모평균에 대한 가설 $H_0: \mu=50$ vs $H_1: \mu<50$을 검정하고자 한다. 크기 $n=100$의 임의표본을 취하여 표본평균을 구한 결과 $\overline{X}=49.02$를 얻었다. 모집단의 표준편차가 5라면 유의확률은 얼마인가? (단, $P(Z \leq -1.96)=0.025$)

2020년 1·2회

① 0.025 ② 0.05
③ 0.95   ④ 0.975

해설 알려지지 않은 대표본($n \geq 30$)인 경우의 가설검정에서 검정통계량은 $Z=\dfrac{\overline{X}-\mu_0}{S/\sqrt{n}}$ 이다. $\mu_0=50$, $\overline{X}=49.02$, $S=5$, $n=100$이므로 검정통계량의 값은 $Z_0=\dfrac{49.02-50}{5/\sqrt{100}}=-1.96$이다.
따라서 유의확률은 $P(Z \leq -1.96)=0.025$이다.

096

임의표본 $X_1, \cdots, X_n(n<30)$이 모평균 μ와 표준편차 σ가 알려져 있지 않는 정규모집단에서 추출되었을 때 모평균이 μ_0인지를 검정하고자 한다. 가설을 검정하기 위한 검정통계량과 분포로 옳은 것은? (단, Z는 표준정규확률변수이며, t_n은 자유도가 n인 t분포를 의미한다.)

1급 기출문제

① $\dfrac{\sqrt{n}(\overline{X}-\mu_0)}{S} \sim t_{n-1}$

② $\dfrac{\sqrt{n}(\overline{X}-\mu_0)}{\sigma} \sim t_{n-1}$

③ $\dfrac{\sqrt{n}(\overline{X}-\mu_0)}{S} \sim Z$

④ $\dfrac{\sqrt{n}(\overline{X}-\mu_0)}{\sigma} \sim Z$

해설 모분산 σ^2이 알려지지 않은 소표본($n<30$)인 경우의 가설검정에서 검정통계량은 $t=\dfrac{\overline{X}-\mu_0}{S/\sqrt{n}}$이고, 분포는 자유도가 $n-1$인 t_{n-1}이다.

| 정답 | 094 ① 095 ① 096 ① |

097

정규분포를 따르는 집단의 모평균의 값에 대하여 H_0: $\mu = 20$, H_1: $\mu \neq 20$을 세우고 표본 25개의 평균을 구한 결과 $\overline{x} = 18.04$를 얻었다. 모집단의 표준편차를 5라고 할 때 다음 확률값을 이용하여 구한 유의확률($p-$value)은? (단, Z는 표준화정규 확률변수를 나타낸다) 1급 기출문제

$$\Pr(Z \leq -1.96) = 0.025, \ \Pr(Z \geq 1.645) = 0.05$$

① 0.0125
② 0.025
③ 0.05
④ 0.975

해설 유의확률이란 검정통계량의 값을 관측하였을 때 이에 근거하여 귀무가설을 기각할 수 있는 최소의 유의수준이다. 모표준편차 $\sigma = 5$가 알려져 있으므로 검정통계량 $Z = \dfrac{\overline{X} - \mu_0}{5/\sqrt{n}}$을 이용하여 유의확률을 구하면 $P(\overline{x} \leq 18.04) = P\left(\dfrac{\overline{x} - 20}{5/\sqrt{25}} \leq \dfrac{18.04 - 20}{5/\sqrt{25}}\right) = P(Z \leq -1.96) = 0.025$이고, 양측검정이므로 귀무가설을 기각할 수 있는 최소의 유의수준은 0.05이다.

098

정규분포를 따르는 모집단으로부터 얻은 표본의 크기 n인 자료를 이용하여 모평균 μ에 대한 가설 H_0: $\mu = \mu_0$ 대 H_1: $\mu > \mu_0$을 검정하기 위한 검정통계량의 값이 $T = \dfrac{\sqrt{n}(\overline{x} - \mu_0)}{s} = 2$일 때, $p-$값은? (단, 모집단의 분산은 알지 못하며, T는 자유도가 $n-1$인 $t-$분포를 따르는 확률변수를 나타낸다.) 1급 기출문제

① $P(|T| < 2)$
② $P(|T| > 2)$
③ $P(T > 2)$
④ $P(T < 2)$

해설 유의확률($p-$값)이란 검정통계량의 값을 관측하였을 때 이에 근거하여 귀무가설을 기각할 수 있는 최소의 유의수준이다. 검정통계량의 값이 $T = \dfrac{\sqrt{n}(\overline{x} - \mu_0)}{s} = 2$이므로 유의확률을 구하면 $P(\overline{x} > x_0) = P(T > 2)$이다.

099

어느 회사는 노조와 협의하여 오후의 중간 휴식시간을 20분으로 정하였다. 그런데 총무과장은 대부분의 종업원이 규정된 휴식시간보다 더 많은 시간을 쉬고 있다고 생각하고 있다. 이를 확인하기 위하여 전체 종업원 1,000명 중에서 25명을 조사한 결과 표본으로 추출된 종업원의 평균 휴식시간은 22분이고 표준편차는 3분으로 계산되었다. 유의수준 5%에서 총무과장의 의견에 대한 가설검정결과로 맞는 것은? (단, $t_{0.05}(24) = 1.711$) 2022년 2회

① 검정통계량 $t < 1.711$이므로 귀무가설을 기각한다.
② 검정통계량 $t > 1.711$이므로 귀무가설을 채택한다.
③ 종업원의 실제 휴식시간은 규정시간 20분보다 더 짧다고 할 수 있다.
④ 종업원의 실제 휴식시간은 규정시간 20분보다 더 길다고 할 수 있다.

해설 모평균에 대한 가설검정 절차에 따라 먼저 가설을 세운다. H_0: $\mu = 20$(분), H_1: $\mu > 20$(분)이다.
모분산이 알려지지 않은 소표본($n < 30$)인 경우의 가설검정에서 검정통계량은 $t = \dfrac{\overline{X} - \mu_0}{S/\sqrt{n}}$이다. $\mu_0 = 20$, $\overline{X} = 22$, $\sigma = 3$, $n = 25$이므로 검정통계량의 값은 $t_0 = \dfrac{22 - 20}{3/\sqrt{25}} = 3.33$이다.
단측검정이므로 유의수준 5%에서 기각역은 $t > t_{0.05}(24)(= 1.711)$이고, $3.33 > 1.711$이므로 귀무가설을 기각한다.
즉, 유의수준 0.05하에서 종업원의 실제 휴식시간은 규정시간 20분보다 더 길다고 할 수 있다.

| 정답 | 097 ③ 098 ③ 099 ④

100

모평균 θ에 대한 95% 신뢰구간이 $(-0.042, 0.522)$일 때, 귀무가설 $H_0: \theta = 0$과 대립가설 $H_1: \theta \neq 0$을 유의수준 0.05에서 검정한 결과에 대한 설명으로 옳은 것은?

2019년 3회

① 신뢰구간이 0을 포함하고 있으므로 귀무가설을 기각할 수 없다.
② 신뢰구간과 가설검정은 무관하기 때문에 신뢰구간을 기초로 검증에 대한 어떠한 결론도 내릴 수 없다.
③ 신뢰구간을 계산할 때 표준정규분포의 임계값을 사용했는지 또는 t-분포의 임계값을 사용했는지에 따라 해석이 다르다.
④ 신뢰구간의 상한이 0.522로 0보다 크므로 귀무가설을 기각한다.

해설 신뢰구간과 가설검정은 서로 밀접한 관계가 있다. 신뢰구간 내에 0이 포함되면 귀무가설을 기각할 수 없고, 신뢰구간 외에 0이 포함되지 않으면 귀무가설을 기각한다. t-분포나 정규분포의 사용과는 관계가 있지만, 신뢰구간과 유의수준에 따른 해석 결과는 동일하다.

101

평균이 μ이고 분산이 16인 정규모집단으로부터 크기가 100인 확률분포의 평균을 $\overline{X}$라 하자. $H_0: \mu = 8$ vs $H_1: \mu = 6.416$의 검정을 위해 기각역을 $\overline{X} < 7.2$로 할 때, 제1종 오류와 제2종 오류를 범할 확률은? (단, $P(Z<2) = 0.977$, $P(Z<1.96) = 0.975$, $P(Z<1.645) = 0.95$, $P(Z<1) = 0.842$)

2018년 2회

① 제1종 오류를 범할 확률 0.05, 제2종 오류를 범할 확률 0.025
② 제1종 오류를 범할 확률 0.023, 제2종 오류를 범할 확률 0.025
③ 제1종 오류를 범할 확률 0.023, 제2종 오류를 범할 확률 0.05
④ 제1종 오류를 범할 확률 0.05, 제2종 오류를 범할 확률 0.023

해설 모표준편차 $\sigma = 4$가 알려져 있으므로 검정통계량 $Z = \dfrac{\overline{X} - \mu_0}{4/\sqrt{n}}$을 이용하여 제1종 오류와 제2종 오류를 범할 확률을 구할 수 있다.

- 제1종 오류는 귀무가설이 참인데 귀무가설을 기각하는 오류이다. 따라서 제1종 오류를 범할 확률은 귀무가설인 $\mu = 8$을 기준으로 검정통계량의 값이 $\overline{X} < 7.2$가 됨으로써 기각역에 포함될 확률을 구하면 된다.

$$P(\overline{X} \leq 7.2) = P\left(\dfrac{\overline{X} - 8}{4/\sqrt{100}} \leq \dfrac{7.2 - 8}{4/\sqrt{100}}\right) = P(Z \leq -2) = P(Z \geq 2)$$
$$= 1 - P(Z < 2) = 1 - 0.977 = 0.023$$

- 제2종 오류는 귀무가설이 거짓인데 귀무가설을 채택하는 오류이다. 따라서 제2종 오류를 범할 확률은 대립가설인 $\mu = 6.416$을 기준으로 $\overline{X} \geq 7.2$가 됨으로써 기각역에 속할 확률을 구하면 된다.

$$P(\overline{X} \geq 7.2) = P\left(\dfrac{\overline{X} - 6.416}{4/\sqrt{100}} \geq \dfrac{7.2 - 6.416}{4/\sqrt{100}}\right) = P(Z \geq 1.96)$$
$$= 1 - P(Z < 1.96) = 1 - 0.975 = 0.025$$

따라서 제1종 오류를 범할 확률은 0.023이고 제2종 오류를 범할 확률은 0.025이다.

102

정부정책에 대한 찬반을 알아보기 위한 여론조사에서 n명의 표본을 랜덤추출하여 조사한 결과, n명 중에서 X명이 찬성한 것으로 나타났다. 다음 설명 중 옳지 않은 것은? (단, p는 찬성하는 유권자의 모비율이다.)

1급 기출문제

① $X \sim B(n, p)$
② $\hat{p} = \dfrac{X}{n}$는 모비율 p에 대한 불편추정량(비편향추정량)이다.
③ $np < 5$, $n(1-p) < 5$이면 근사적으로 $\hat{p} \sim N\left(p, \dfrac{1-p}{p}\right)$이다.
④ $\dfrac{\hat{p} - p_0}{\sqrt{\dfrac{\hat{p}(1-\hat{p})}{n}}}$는 근사적으로 표준정규분포를 따른다.

해설 모비율 p의 불편추정량은 표본비율 $\hat{p}$이며, $np > 5$, $n(1-p) > 5$이면 근사적으로 $\hat{p} \sim N\left(p, \dfrac{p(1-p)}{n}\right)$이므로

검정통계량 $\dfrac{\hat{p} - p_0}{\sqrt{\dfrac{\hat{p}(1-\hat{p})}{n}}}$는 근사적으로 표준정규분포를 따른다.

| 정답 | 100 ① 101 ② 102 ③

103

모집단으로부터 크기가 100인 표본을 추출하였다. 이 표본으로부터 표본비율 $\hat{p}=0.42$를 추정하였다. 모비율에 대한 가설 $H_0: p=0.4$ vs $H_1: p>0.4$를 검정하기 위한 검정통계량은?

2022년 1회

① $\dfrac{0.42-0.4}{\sqrt{0.4(1-0.4)/100}}$

② $\dfrac{0.4}{\sqrt{0.4(1-0.4)/100}}$

③ $\dfrac{0.42+0.4}{\sqrt{0.4(1-0.4)/100}}$

④ $\dfrac{0.42}{\sqrt{0.4(1-0.4)/100}}$

해설 모비율에 대한 검정통계량은 $Z=\dfrac{\hat{p}-p_0}{\sqrt{\dfrac{p_0(1-p_0)}{n}}}$ 이다.

$\hat{p}=0.42$, $p_0=0.4$, $n=100$이므로 검정통계량의 값은

$Z_0=\dfrac{0.42-0.4}{\sqrt{\dfrac{0.4(1-0.4)}{100}}}$ 이다.

104

대통령선거에서 A후보자는 50%의 득표를 할 것으로 예상하고 있다. 이러한 예상을 확인하기 위해 유권자 200명을 무작위추출하여 조사하였더니 그중 81명이 A후보자를 지지한다고 하였다. 이때 검정통계량의 값은?

2022년 2회

① -2.69 ② -1.90
③ 0.045 ④ 1.645

해설 모비율에 대한 검정통계량은 $Z=\dfrac{\hat{p}-p_0}{\sqrt{\dfrac{p_0(1-p_0)}{n}}}$ 이다.

$\hat{p}=\dfrac{81}{200}=0.405$, $p_0=0.5$, $n=200$이므로 검정통계량의 값은

$Z_0=\dfrac{0.405-0.5}{\sqrt{\dfrac{0.5(1-0.5)}{200}}} ≒ -2.69$ 이다.

105

어느 화장품 회사에서 새로 개발한 상품에 대한 선호도를 조사하려고 한다. 400명의 조사대상자 중 새 상품을 선호한 사람은 220명이었다. 이때 다음 가설에 대한 유의확률은? (단, $Z \sim N(0, 1)$)

2021년 3회

$$H_0: p=0.5, \quad H_1: p>0.5$$

① $P(Z \geq 1)$ ② $P\left(Z \geq \dfrac{5}{4}\right)$
③ $P(Z \geq 2)$ ④ $P\left(Z \geq \dfrac{3}{2}\right)$

해설 모비율에 대한 검정통계량은 $Z=\dfrac{\hat{p}-p_0}{\sqrt{\dfrac{p_0(1-p_0)}{n}}}$ 이다.

$\hat{p}=\dfrac{220}{400}=0.55$, $p_0=0.5$, $n=400$이므로 검정통계량의 값은

$Z_0=\dfrac{0.55-0.5}{\sqrt{\dfrac{0.5(1-0.5)}{400}}}=2$ 이다.

따라서 유의확률은 $P(Z \geq 2)$ 이다.

| 정답 | 103 ① 104 ① 105 ③

106

이라크 파병에 대한 여론조사를 실시했다. 100명을 무작위로 추출하여 조사한 결과 56명이 파병에 대해 찬성했다. 이 자료로부터 파병을 찬성하는 사람이 전 국민의 과반수 이상이 되는지를 유의수준 5%에서 통계적 가설검정을 실시했다. 다음 중 옳은 것은?   2020년 3회

$$P(|Z|>1.64)=0.1,\ P(|Z|>1.96)=0.05,$$
$$P(|Z|>2.58)=0.01$$

① 찬성률이 전 국민의 과반수 이상이라고 할 수 있다.
② 찬성률이 전 국민의 과반수 이상이라고 할 수 없다.
③ 표본의 수가 부족해서 결론을 얻을 수 없다.
④ 표본의 과반수 이상이 찬성해서 찬성률이 전 국민의 과반수 이상이라고 할 수 있다.

해설 모비율에 대한 가설검정 절차에 따라 가설을 세운다.
$H_0: p=0.5,\ H_1: p>0.5$

모비율에 대한 검정이므로 검정통계량은 $Z=\dfrac{\hat{p}-p_0}{\sqrt{\dfrac{p_0(1-p_0)}{n}}}$ 이다.

$\hat{p}=0.56,\ p_0=0.5,\ n=100$이므로 검정통계량의 값은
$Z_0=\dfrac{0.56-0.5}{\sqrt{\dfrac{0.5(1-0.5)}{100}}}=1.2$이다.

단측검정이므로 유의수준 5%에서 기각역은 $Z>z_{0.05}(=1.64)$이고, $1.2<1.64$이므로 귀무가설을 기각할 수 없다.
즉, 찬성률이 전 국민의 과반수 이상이라고 할 수 없다.

107

기존의 금연교육을 받은 흡연자들 중 30%가 금연을 하는 것으로 알려져 있다. 어느 금연 운동단체에서는 새로 구성한 금연교육 프로그램이 기존의 금연교육보다 훨씬 효과가 높다고 주장한다. 이 주장을 검정하기 위해 임의로 택한 20명의 흡연자에게 새 프로그램으로 교육을 실시하였다. 검정해야 할 가설은 $H_0: p=0.3$ 대 $H_1: p>0.3$ (단, p는 새 금연교육을 받은 후 금연율)이며, X를 20명 중 금연한 사람의 수라 할 때 기각역을 '$X\geq 8$'로 정하였다. 이때, 유의수준은? (단, $P(X\geq c\,|\,금연교육\ 후\ 금연율=p)$)   2020년 3회

c \ p	0.2	0.3	0.4	0.5
⋮	⋮	⋮	⋮	⋮
5	0.370	0.762	0.949	0.994
6	0.196	0.584	0.874	0.979
7	0.087	0.392	0.750	0.942
8	0.032	0.228	0.584	0.868
⋮	⋮	⋮	⋮	⋮

① 0.032
② 0.228
③ 0.584
④ 0.868

해설 유의수준은 귀무가설이 참인데도 불구하고 귀무가설을 기각하는 확률이다. 따라서 $p=0.3$으로 참일 때 기각역인 $X\geq 8$에 속할 확률을 구하면, $P(X\geq 8\,|\,금연교육\ 후\ 금연율\ p=0.3)=0.228$이다.

| 정답 | 106 ② 107 ②

108

금연교육을 받은 흡연자들 중 많아야 30%가 금연을 하는 것으로 알려져 있다. 어느 금연운동단체에서는 새로 구성한 금연교육 프로그램이 기존의 금연교육보다 훨씬 효과가 높다고 주장한다. 이 주장을 검정하기 위해 임의로 택한 20명의 흡연자에게 새 프로그램으로 교육을 실시하였다. 검정해야 할 가설은 $H_0: p \leq 0.3$ 대 $H_1: p > 0.3$ (p: 새 금연교육을 받은 후 금연율)이다. 20명 중 금연에 성공한 사람이 많을수록 H_1에 대한 강한 증거로 볼 수 있으므로 X를 20명 중 금연한 사람의 수라 하면 기각역은 '$X \geq c$'의 형태이다. 유의수준 5%에서 귀무가설 H_0을 기각하기 위해서는 새 금연교육을 받은 20명 중 최소한 몇 명이 금연에 성공해야 하겠는가?

2024년 3회

$P(X \geq c \mid 금연교육\ 후\ 금연율 = p)$

c \ p	0.2	0.3	0.4	0.5
⋮	⋮	⋮	⋮	⋮
5	0.370	0.762	0.949	0.994
6	0.196	0.584	0.874	0.979
7	0.087	0.392	0.750	0.942
8	0.032	0.228	0.584	0.868
⋮	⋮	⋮	⋮	⋮

① 5명 ② 6명
③ 7명 ④ 8명

해설 귀무가설이 기각되려면 유의확률이 유의수준보다 작아야 하는데, 유의수준이 0.05이고 주어진 표에서 0.05보다 작은 경우는 $p = 0.2$, $c = 8$ 경우뿐이다. 따라서 금연교육 후 금연율이 $p = 0.2$일 때 적어도 8명 이상이 금연에 성공해야 해야 귀무가설을 기각할 수 있다고 본다.

109

두 회사에서 생산한 승용차의 급제동 거리를 비교하기 위하여 각 회사에서 64대의 승용차를 랜덤하게 추출하여 평균 80 km에서 급제동시켜서 정지한 곳까지의 거리를 측정한 결과 아래의 자료를 얻었다. 위 자료를 볼 때, 두 회사에서 생산한 승용차의 제동거리가 다른지를 알아보기 위한 t-검정 통계량의 대략적인 값은? (단, 두 회사에서 생산되는 승용차의 급제동 거리의 모분산은 동일하다고 가정한다)

1급 기출문제

| A회사 – 평균 118, 분산 102 |
| B회사 – 평균 109, 분산 87 |

① 2.2 ② 3.2
③ 4.2 ④ 5.2

해설 A회사의 제동거리를 X_A, 평균 제동거리를 μ_A이라 하고, B회사의 제동거리를 X_B, 평균 제동거리를 μ_B라 하고, 독립표본에 대한 가설검정 절차에 따라 가설을 세운다.
$H_0: \mu_A - \mu_B = 0$, $H_1: \mu_A - \mu_B \neq 0$
두 모분산이 알려지지 않았지만 동일하므로 합동분산 S_p^2을 구하면
$$S_p^2 = \frac{63 \times 102 + 63 \times 87}{63 + 63} = \frac{11907}{126} = 94.5$$이고
대표본(≥ 30)에 대한 가설검정이므로, 두 표본분산에 대하여 검정통계량은 $Z = \dfrac{(\overline{X}_A - \overline{X}_B) - (\mu_A - \mu_B)}{\sqrt{\dfrac{S_p^2}{n_A} + \dfrac{S_p^2}{n_B}}}$이다. 따라서 $\overline{X}_A = 118$, $\overline{X}_B = 109$, $\mu_A - \mu_B = 0$, $S_A^2 = 102$, $S_B^2 = 87$, $n_A = 64$, $n_B = 64$이므로, 검정통계량의 값은 $Z_0 = \dfrac{(118 - 109) - 0}{\sqrt{94.5\left(\dfrac{1}{64} + \dfrac{1}{64}\right)}} \fallingdotseq 5.24$이다.

정답 108 ④ 109 ④

110

다음은 두 종류 타이어의 평균수명에 차이가 있는지를 확인하기 위하여 각각 60개의 표본을 추출하여 조사한 결과이다. 두 타이어의 평균수명에 차이가 있는지를 유의수준 5%에서 검정한 결과는? (단, $P(Z>1.96)=0.025$, $P(Z>1.645)=0.05$)

2022년 1회

타이어	표본크기	평균수명(km)	표준편차(km)
A	60	48,500	3,600
B	60	52,000	4,200

① 주어진 정보만으로는 알 수 없다.
② 두 타이어의 평균수명이 완전히 일치한다.
③ 두 타이어의 평균수명에 통계적으로 유의한 차이가 있다.
④ 두 타이어의 평균수명에 통계적으로 유의한 차이가 없다.

해설 타이어 B의 수명을 X_1, 평균수명을 μ_1, 타이어 A의 수명을 X_2, 평균수명을 μ_2라 하고 독립표본에 대한 가설검정 절차에 따라 가설을 세운다.
$H_0 : \mu_1 = \mu_2$, $H_1 : \mu_1 \neq \mu_2$
두 모분산이 알려지지 않고 동일하지 않은 경우의 대표본($n \geq 30$)에 대한 가설검정이므로 두 표본분산에 대하여 검정통계량은
$Z = \dfrac{(\overline{X}_1 - \overline{X}_2) - (\mu_1 - \mu_2)}{\sqrt{\dfrac{S_1^2}{n_1} + \dfrac{S_2^2}{n_2}}}$ 이다.
$\overline{X}_1 = 52,000$, $\overline{X}_2 = 48,500$, $\mu_1 - \mu_2 = 0$, $S_1 = 4,200$, $S_2 = 3,600$, $n_1 = 60$, $n_2 = 60$이므로 검정통계량의 값은
$Z_0 = \dfrac{(52,000 - 48,500) - 0}{\sqrt{\dfrac{4,200^2}{60} + \dfrac{3,600^2}{60}}} \fallingdotseq 4.9$이다.
양측검정이므로 유의수준 5%에서 기각역은 $Z > z_{0.025} = 1.96$이고, $1.96 < 4.9$이므로 귀무가설을 기각한다.
즉, 두 타이어의 평균수명에 통계적으로 유의한 차이가 있다.

111

다음은 두 모집단 $N(\mu_1, \sigma_1^2)$, $N(\mu_2, \sigma_2^2)$으로부터 서로 독립된 표본을 추출하여 얻은 결과이다. 공통분산 S_p^2의 값은?

2020년 1 · 2회

$$n_1 = 11, \ \overline{X}_1 = 23, \ S_1^2 = 10$$
$$n_2 = 16, \ \overline{X}_2 = 25, \ S_2^2 = 15$$

① 11 ② 12
③ 13 ④ 14

해설 두 표본분산에 대한 공통분산은
$S_p^2 = \dfrac{(n_1-1)S_1^2 + (n_2-1)S_2^2}{n_1 + n_2 - 2}$ 이다.
두 독립된 표본 각각의 표본분산과 표본의 수가 $S_1^2 = 10$, $S_2^2 = 15$, $n_1 = 11$, $n_2 = 16$이므로
합동분산은 $S_p^2 = \dfrac{(11-1) \times 10 + (16-1) \times 15}{11 + 16 - 2} = 13$이다.

112

대학생이 졸업 후 취업했을 때 초임수준을 조사하였다. 인문사회계열 졸업자 10명과 공학계열 졸업자 20명을 조사한 결과 각각 평균초임은 210만 원과 250만 원이었으며 분산은 각각 300만 원과 370만 원이었다. 두 집단의 모분산이 같을 때, 모분산의 추정량인 합동분산(Pooled Variance)은? (단, 단위는 만 원)

2022년 1회

① 325.0 ② 324.3
③ 346.7 ④ 347.5

해설 두 표본분산에 대한 합동분산은
$S_p^2 = \dfrac{(n_1-1)S_1^2 + (n_2-1)S_2^2}{n_1 + n_2 - 2}$ 이다.
인문사회계열 졸업자와 공학계열 졸업자 각각의 표본분산과 표본의 수가 $S_1^2 = 300$, $S_2^2 = 370$, $n_1 = 10$, $n_2 = 20$이므로
합동분산은 $S_p^2 = \dfrac{(10-1) \times 300 + (20-1) \times 370}{10 + 20 - 2} = 347.5$이다.

| 정답 | 110 ③ 111 ③ 112 ④

113

환자군과 대조군의 혈압을 비교하고자 한다. 각 집단에서 혈압은 정규분포를 따른다. 환자군 12명, 대조군 12명을 추출하여 평균을 조사하였다. 두 표본 t-검정을 실시할 때 적절한 자유도는 얼마인가?

① 11
② 12
③ 22
④ 24

해설 두 독립표본 t-검정을 실시할 때 자유도= $n_1 + n_2 - 2$ 이다. 따라서 두 독립표본 t-검정에서의 자유도는 $12+12-2=22$ 이다.

114

통계분석을 통해 얻은 다음 자료로부터 얻을 수 있는 결론은?

> 어떤 약물의 효과를 검정하기 위해 서로 관련된 두 집단, A집단(통제집단)과 B집단(실험집단) 간에 t-검정을 했다. 자유도는 9였고 양방검정을 했으며 유의수준을 0.05로 했을 경우, 기각역에 해당하는 t-값은 2.262였으나 이 실험에서 관찰된 t-값은 2.560이었다.

① 그 약은 아무런 효과를 나타내지 않았다.
② 집단-B가 집단-A 보다 더 우수했다.
③ 두 집단간에는 유의한 차이가 있었다.
④ 두 집단간에는 차이가 있었으나 유의한 차이는 나타내지 않았다.

해설 주어진 값들을 바탕으로 귀무가설을 기각할 수 있는지 여부를 판단해야 한다. 양측(양방) t-검정, 자유도 9, 유의수준 $\alpha=0.05$, 기각역 기준값 $|t|>2.262$, 관찰된 t-값 2.560이고, $2.560>2.262$이므로 기각역에 해당한다. 즉, 귀무가설(H_0): '두 집단 간 평균 차이 없음'을 기각할 수 있다. 따라서 두 집단 간에 통계적으로 유의한 차이가 있다고 결론지을 수 있다.

115

어느 회사에서는 두 공장 A와 B에서 제품을 생산하고 있다. 각 공장에서 8개와 10개의 제품을 임의로 추출하여 수명을 조사한 결과 다음의 결과를 얻었다.

> • A 공장 제품의 수명: 표본평균 = 122, 표본표준편차 = 22
> • B 공장 제품의 수명: 표본평균 = 120, 표본표준편차 = 18

다음과 같은 t-검정통계량을 사용하여 두 공장 제품의 수명에 차이가 있는지를 검정하고자 할 때, 필요한 가정이 아닌 것은?

2020년 3회

$$\text{검정통계량: } t_0 = \frac{122-120}{\sqrt{\left(\frac{7\times 22^2 + 9\times 18^2}{16}\right)\times\left(\frac{1}{8}+\frac{1}{10}\right)}}$$

① 두 공장 A, B의 제품의 수명은 모두 정규분포를 따른다.
② 공장 A의 제품에서 임의추출한 표본과 공장 B의 제품에서 임의추출한 표본은 서로 독립이다.
③ 두 공장 A, B에서 생산하는 제품 수명의 분산은 동일하다.
④ 두 공장 A, B에서 생산하는 제품 수명의 중위수는 같다.

해설 사용한 t-검정통계량은 두 독립표본에 대한 모분산이 알려지지 않았지만 같다고 알려진 경우인 소표본의 가설검정을 위한 검정통계량 $t=\dfrac{\overline{X}_1-\overline{X}_2}{\sqrt{S_p^2\left(\dfrac{1}{n_1}+\dfrac{1}{n_2}\right)}}$ (단, S_p^2는 합동분산)이다.

따라서 두 공장 A, B의 제품의 수명은 모두 정규분포를 따르고, 제품 수명의 분산은 동일하며, 임의추출한 표본이 서로 독립임을 가정하고 있다.

| 정답 | 113 ③ 114 ③ 115 ④

116

두 집단의 평균의 차이에 관하여 신뢰구간을 구하거나 검정하기 위해서는 두 집단의 표본에서 구한 통계량의 차이, 즉 $\overline{X_1} - \overline{X_2}$의 표준편차를 구할 필요가 있다. 표본의 특성과 통계량이 다음과 같을 때, $\overline{X_1} - \overline{X_2}$의 표준편차는? (단, 두 집단의 모집단은 정규분포를 이루고 분산은 서로 같다)

> 집단1: $n = 10$, 평균 $= 115$, 분산 $= 24$
> 집단2: $n = 8$, 평균 $= 110$, 분산 $= 20$

① 2.21
② 2.37
③ 2.53
④ 2.85

해설 두 독립된 정규모집단의 평균 차이에 대한 표준편차를 계산한다. 단, 두 집단의 분산은 같다고 가정했으므로 공통분산을 사용한다.

공통분산 $S_p^2 = \dfrac{(n_1-1)s_1^2 + (n_2-1)s_2^2}{n_1 - n_2 - 2} = \dfrac{216 + 140}{16} = \dfrac{356}{16} = 22.25$

따라서 평균 차이의 표준편차(SE)는 $SE = \sqrt{S_p^2\left(\dfrac{1}{n_1} + \dfrac{1}{n_2}\right)}$
$= \sqrt{22.25\left(\dfrac{1}{10} + \dfrac{1}{8}\right)} ≒ 2.21$ 이다.

117

다음은 당뇨병 환자들이 복용하는 두 가지 약의 효과를 비교하기 위해 두 약의 복용 후 효과가 나타나는 시간을 측정한 자료이다. 다음 설명 중 옳은 것은?

> 약 X: 68, 82, 80, 88
> 약 Y: 60, 74, 84, 84
> 모분산은 각각 80, 100이라고 가정하고, 두 약의 효과에 차이가 있는지를 검정한 내용이다. (단, $P(Z \leq 1.645) = 0.95$, $P(Z \leq 1.96) = 0.975$)

① 약 X의 평균은 $\overline{X} = 79.5$이고, 약 Y의 평균은 $\overline{Y} = 75.5$이므로 약 Y의 효과가 더 우수하다.
② 두 모평균차의 95% 신뢰구간이 4.0 ± 13.15이므로 두 약 효과 간의 차이는 동일하다고 볼 수 있다.
③ 두 약의 효과가 동일하다는 귀무가설과 효과에 차이가 있다는 대립가설의 검정통계량의 값이 0.567이므로 대립가설을 채택해야 한다.
④ 두 모평균차의 95% 신뢰구간이 $(-9.15, 17.15)$이므로 음수값을 포함하므로 귀무가설을 기각해야 한다.

해설 95% 신뢰구간 4.0 ± 13.15, 즉 $(-9.15, 17.15)$에 0이 포함되므로 통계적으로 유의한 차이가 없다.
① $\overline{X} = 79.5$, $\overline{Y} = 75.5$로부터 X의 평균이 더 큼에도 불구하고 Y가 더 우수하다고 결론짓고 있으므로 옳지 않다.
③ 대립가설을 채택한다는 '귀무가설을 기각한다는 의미인데, $0.567 > 1.645$이므로 귀무가설을 기각할 근거가 부족하다.

| 정답 | 116 ① 117 ②

118

취업정보지에서 '은행 신입사원 중 석사학위 소지자의 연봉은 학사학위 소지자의 연봉에 비해 300만 원 이상 많다'라고 주장하고 있다. 이 주장을 통계적으로 검정하기 위해 은행 신입사원 중 석사학위 소지자 10명과 학사학위 소지자 11명을 각각 랜덤하게 뽑아 조사하여 다음 결과를 얻었다. 두 모집단이 정규분포를 따르고 분산이 같다고 가정할 때, 이 주장을 검정하기 위한 t-검정통계량의 값은?

1급 기출문제

(단위: 만 원)

구분	석사학위 신입사원	학사학위 신입사원
표본평균	2,300	2,010
표본분산	100	81

① $\dfrac{290}{\sqrt{\dfrac{100}{10}+\dfrac{81}{11}}}$ ② $\dfrac{-10}{\sqrt{\dfrac{100}{10}+\dfrac{81}{11}}}$

③ $\dfrac{290}{\sqrt{\dfrac{90}{10}+\dfrac{90}{11}}}$ ④ $\dfrac{-10}{\sqrt{\dfrac{90}{10}+\dfrac{90}{11}}}$

해설 석사학위 신입사원의 연봉을 X_1, 평균연봉을 μ_1, 학사학위 신입사원 연봉을 X_2, 평균연봉을 μ_2라 하고, 독립표본에 대한 가설검정 절차에 따라 가설을 세운다.
$H_0: \mu_1-\mu_2=300,\ H_1: \mu_1-\mu_2>300$
두 모분산이 알려지지 않았지만 동일한 경우의 소표본(≤ 30)에 대한 가설검정이므로 두 표본분산에 대하여 검정통계량은
$t=\dfrac{(\overline{X}_1-\overline{X}_2)-(\mu_1-\mu_2)}{\sqrt{S_p^2\left(\dfrac{1}{n_1}+\dfrac{1}{n_2}\right)}}$ (단, S_p^2는 합동분산)이다.

두 표본분산에 대한 합동분산 $S_p^2=\dfrac{(n_1-1)S_1^2+(n_2-1)S_2^2}{n_1+n_2-2}$을 구하면, 두 독립된 표본 각각의 표본분산과 표본의 수가 $S_1^2=100$, $S_2^2=81$, $n_1=10$, $n_2=11$이므로 합동분산은
$S_p^2=\dfrac{(10-1)\times 100+(11-1)\times 81}{10+11-2}=90$이다.
따라서 검정통계량의 값은
$t=\dfrac{(\overline{X}_1-\overline{X}_2)-(\mu_1-\mu_2)}{\sqrt{S_p^2\left(\dfrac{1}{n_1}+\dfrac{1}{n_2}\right)}}=\dfrac{(2,300-2,010)-300}{\sqrt{90\left(\dfrac{1}{10}+\dfrac{1}{11}\right)}}$
$=\dfrac{-10}{\sqrt{\dfrac{90}{10}+\dfrac{90}{11}}}$ 이다.

119

임의로 추출된 10명의 비만여성에 대하여 1개월간 체중조절법을 적용하기 이전에 측정한 몸무게와 적용한 후 측정한 몸무게의 차(조절 후 몸무게 − 조절전 몸무게)의 평균이 $\overline{d}=-1.81\,\text{kg}$이었으며 차의 분산은 $1.35\,\text{kg}$이었다. 체중조절법이 효과가 있는지를 검정하기 위한 검정통계량의 값은?

1급 기출문제

① -4.015 ② -4.233
③ -4.669 ④ -4.926

해설 대응표본($n<30$)에 대한 가설검정에서 검정통계량은 각 표본 요소의 값들의 차이 d, d의 평균 $\overline{d}$, d의 표준편차 S_d에 대하여
$t=\dfrac{\overline{d}-0}{S_d/\sqrt{n}}$ 이다.
따라서 $t=\dfrac{-1.81-0}{\sqrt{1.35}/\sqrt{10}} \fallingdotseq -4.926$이다.

120

5명의 흡연자를 무작위로 선정하여 체중을 측정하고, 금연을 시킨 뒤 4주 후에 다시 체중을 측정하였다. 금연 전후의 체중에 변화가 있는가에 대해 t-검정하고자 할 때, 검정통계량의 값은?

2020년 4회

번호	금연 전	금연 후
1	70	75
2	80	77
3	65	68
4	55	58
5	70	75

① -0.21
② -0.32
③ -0.48
④ -1.77

해설 대응표본($n<30$)에 대한 가설검정에서 검정통계량은 각 표본요소의 값들의 차이 D, D의 평균 $\overline{D}$, D의 표준편차 S_D에 대하여 $t = \dfrac{\overline{D}}{S_D/\sqrt{n}}$ 이다.

금연 전후의 체중차를 D라고 하면, 다음과 같이 정리할 수 있다.

번호	금연 전 X_1	금연 후 X_2	$D = X_1 - X_2$
1	70	75	$70-75=-5$
2	80	77	$80-77=3$
3	65	68	$65-68=-3$
4	55	58	$55-58=-3$
5	70	75	$70-75=-5$

따라서 $n=5$, $\overline{D} = \dfrac{(-5)+(3)+(-3)+(-3)+(-5)}{5} = -2.6$, $S_D = \sqrt{\dfrac{(-5+2.6)^2+(3+2.6)^2+(-3+2.6)^2+(-3+2.6)^2+(-5+2.6)^2}{5-1}} = \sqrt{10.8}$ 이다.

즉, 검정통계량의 값은 $t_0 = \dfrac{-2.6}{\sqrt{10.8}/\sqrt{5}} \fallingdotseq -1.77$이다.

121

다음은 왼손으로 글자를 쓰는 사람 8명에 대하여 왼손의 악력 X와 오른손의 악력 Y를 측정하여 정리한 결과이다. 왼손으로 글자를 쓰는 사람들의 왼손악력이 오른손악력보다 강하다고 할 수 있는지에 대해 유의수준 5%에서 검정하고자 한다. 검정통계량 T의 값과 기각역을 구하면?

2017년 1회

구분	관측값	평균	표준편차
X	90, ⋯, 110	107.25	18.13
Y	87, ⋯, 100	103.75	18.26
$D=X-Y$	3, ⋯, 10	3.5	4.93

	$P[T \leq t_{(n,\alpha)}]$, $T \sim t(n)$			
d.f		α		
	⋯	0.05	0.025	⋯
⋮	⋮	⋮	⋮	⋮
6	⋯	1.943	2.447	⋯
7	⋯	1.895	2.365	⋯
8	⋯	1.860	2.306	⋯
⋮	⋮	⋮	⋮	⋮

① $T_0 = 0.71$, $T \geq 1.860$
② $T_0 = 2.01$, $T \geq 1.895$
③ $T_0 = 0.71$, $|T| \geq 2.365$
④ $T_0 = 2.01$, $|T| \geq 2.365$

해설 두 대응표본에 대한 가설검정 절차에 따라 가설을 세운다.
H_0: 왼손악력과 오른손악력이 같다.
H_1: 왼손악력이 오른손악력보다 강하다.
대응표본($n<30$)에 대한 가설검정에서 검정통계량은 각 표본요소의 값들의 차이 D, D의 평균 $\overline{D}$, D의 표준편차 S_D에 대하여 $T = \dfrac{\overline{D}}{S_D/\sqrt{n}}$ 이고, 자유도 $n-1$인 t-분포를 따른다.

$\overline{D} = 3.5$, $S_D = 4.93$, $n=8$이므로 검정통계량의 값은 $T_0 = \dfrac{3.5}{4.93/\sqrt{8}} \fallingdotseq 2.01$이다.

자유도는 $8-1=7$이고, 단측검정이므로 유의수준 5%에서 기각역은 $T \geq 1.895$이다.

정답 120 ④ 121 ②

122

어느 자동차회사의 영업담당자는 영업전략의 효과를 검정하고자 한다. 영업사원 10명을 무작위로 추출하여 새로운 영업전략을 실시하기 전과 실시한 후의 영업성과(월 판매량)를 조사하였다. 영업사원의 자동차 판매량의 차이는 정규분포를 따른다고 할 때, 유의수준 5%에서 새로운 영업전략이 효과가 있는지 검정한 결과로 타당한 것은? (단, 유의수준 5%에 해당하는 자유도 9인 t분포값은 -1.833)

2021년 2회

| 실시 이전 | 5 | 8 | 7 | 6 | 9 | 7 | 10 | 10 | 12 | 5 |
| 실시 이후 | 8 | 10 | 7 | 11 | 9 | 12 | 14 | 9 | 10 | 6 |

① 주어진 정보만으로는 알 수 없다.
② 새로운 영업전략 실시 전후 판매량은 같다고 할 수 있다.
③ 새로운 영업전략의 판매량 증가 효과가 없다고 할 수 있다.
④ 새로운 영업전략의 판매량 증가 효과가 있다고 할 수 있다.

해설 두 대응표본에 대한 가설검정 절차에 따라 가설을 세운다.
H_0: 새로운 전략 실시 전후의 판매량에 차이는 없다.
H_1: 새로운 전략 실시 전후의 판매량이 증가하였다.
대응표본($n<30$)에 대한 가설검정에서 검정통계량은 각 표본요소의 값들의 차이 D, D의 평균 $\overline{D}$, D의 표준편차 S_D에 대하여
$t=\dfrac{\overline{D}}{S_D/\sqrt{n}}$ 이고, 자유도 $n-1$인 t-분포를 따른다.
실시 전후의 자동차 판매량의 차를 D라고 하면, 다음과 같이 정리할 수 있다.

실시 이전 X	5	8	7	6	9	7	10	10	12	5
실시 이후 Y	8	10	7	11	9	12	14	9	10	6
차이 D	-3	-2	0	-5	0	-5	-4	1	2	-1

따라서 $n=10$,
$\overline{D}=\dfrac{(-3)+(-2)+(-5)+(-5)+(-4)+1+2+(-1)}{10}=-1.7$,
$S_D=\sqrt{\dfrac{(-3+1.7)^2+\cdots+(-1+1.7)^2}{9}}≒2.498$이므로
검정통계량의 값은 $t_0=\dfrac{-1.7}{2.498/\sqrt{10}}≒-2.153$이다.
자유도는 $10-1=9$이고, 단측검정이므로 유의수준 5%에서 기각역은 $t\geq t_{0.05}(9)(=-1.833)$이다.
따라서 $-2.153<-1.833$이므로 귀무가설을 기각할 수 있다.
즉, 새로운 영업전략의 판매량 증가 효과가 있다고 할 수 있다.

123

다음 자료는 새로 개발한 학습방법에 의해 일정 기간 교육을 실시하기 전후에 시험을 통해 얻은 자료이다. 학습효과가 있는지에 대한 가설검정에 관한 설명으로 틀린 것은? (단, $\overline{D}=\sum_{i=1}^{5}\dfrac{D_i}{5}=18$, $S_D=\sqrt{\dfrac{\sum_{i=1}^{5}(D_i-\overline{D})^2}{4}}=17.899$)

2020년 4회

학생	학습 전	학습 후	차이(D)
1	50	90	40
2	40	40	0
3	50	50	0
4	70	100	30
5	30	50	20

① 가설의 형태는 $H_0: \mu_D=0$ vs $H_1: \mu_D>0$이다. 단, μ_D는 학습 전후 차이의 평균이다.
② 가설검정에는 자유도가 4인 t-분포가 이용된다.
③ 검정통계량 값은 2.25이다.
④ 조사한 학생의 수가 늘어날수록 귀무가설을 채택할 가능성이 많아진다.

해설 두 대응표본에 대한 가설검정 절차에 따라 가설을 세운다.
$H_0: \mu_D=0$, $H_1: \mu_D>0$ (단, μ_D는 학습 전후 차이의 평균)
대응표본($n<30$)에 대한 가설검정에서 검정통계량은 각 표본요소의 값들의 차이 D, D의 평균 $\overline{D}$, D의 표준편차 S_D에 대하여
$t=\dfrac{\overline{D}}{S_D/\sqrt{n}}$ 이고, 자유도 $n-1$인 t-분포를 따른다.
$\overline{D}=18$, $S_D=17.899$ $n=5$이므로, 검정통계량의 값은
$t=\dfrac{18}{17.899/\sqrt{5}}≒2.25$이다.
자유도는 $5-1=4$이고, 단측검정이므로 유의수준 5%에서 기각역은 $t\geq t_{0.05}(4)$이다.
따라서 $2.25>t_{0.05}(4)$이면 귀무가설을 기각할 수 있다.
만약 조사한 학생의 수가 늘어나면 검정통계량의 값이 커지므로 귀무가설을 기각할 가능성이 더 많아진다.

정답 122 ④ 123 ④

124

어느 다이어트 프로그램이 효과가 있는지를 연구하려고 9명을 대상으로 프로그램 시행 전과 시행 후의 체중의 차이 $d_i =$ (시행 후의 체중)$-$(시행 전의 체중), $i=1, 2, \cdots, 9$를 조사하여 $\bar{d} = -0.61\,\text{kg}$과 $s_d = 0.54\,\text{kg}$를 얻었다. 유의수준 5%에서 귀무가설 $H_0 : \mu_d = 0$에 대하여 대립가설 $H_1 : \mu_d < 0$을 검정하고자 한다. 다음 중에서 틀린 것은? (단, $t_\alpha(\nu)$은 자유도가 ν인 t-분포에서 오른쪽 꼬리 부분의 면적이 α가 되는 점이다.)

① t통계량은 $\dfrac{-0.61-0}{0.54/\sqrt{9}} = -3.389$이다.
② 자유도는 8이다.
③ $t < -t_{0.05}(8) = -1.86$이므로 귀무가설은 채택된다.
④ 표본의 크기가 커지면 정규분포를 이용할 수 있다.

해설 $t-$통계량은 -3.39이고 임계값은 -1.86이며, $-3.39 < -1.86$이므로 귀무가설을 기각할 수 있다.
① t 통계량은 $t = \dfrac{\bar{d} - \mu_0}{s_d/\sqrt{n}} = \dfrac{-0.61-0}{0.54/\sqrt{9}} ≒ -3.39$이다.
② 자유도 $df = n-1 = 8$이다.
④ 표본 수가 충분히 크면 중심극한정리에 따라 정규근사가 가능하다.

125

어느 정당에서는 새로운 정책에 대한 찬성과 반대를 남녀별로 조사하여 다음의 결과를 얻었다.

구분	남자	여자	합계
표본수	250	200	450
찬성자 수	110	104	214

남녀별 찬성률에 차이가 있다고 볼 수 있는가에 대하여 검정할 때 검정통계량의 값을 구하는 식은?   2020년 1·2회

① $Z_0 = \dfrac{\dfrac{110}{250} - \dfrac{104}{200}}{\sqrt{\dfrac{214}{450}\left(1 - \dfrac{214}{450}\right)\left(\dfrac{1}{250} - \dfrac{1}{200}\right)}}$

② $Z_0 = \dfrac{\dfrac{110}{250} - \dfrac{104}{200}}{\sqrt{\dfrac{214}{450}\left(1 - \dfrac{214}{450}\right)\left(\dfrac{1}{250} + \dfrac{1}{200}\right)}}$

③ $Z_0 = \dfrac{\dfrac{110}{250} + \dfrac{104}{200}}{\sqrt{\dfrac{214}{450}\left(1 - \dfrac{214}{450}\right)\left(\dfrac{1}{250} + \dfrac{1}{200}\right)}}$

④ $Z_0 = \dfrac{\dfrac{110}{250} + \dfrac{104}{200}}{\sqrt{\dfrac{214}{450}\left(1 - \dfrac{214}{450}\right)\left(\dfrac{1}{250} - \dfrac{1}{200}\right)}}$

해설 두 모비율 차에 대한 검정통계량은 두 표본비율 $\hat{p}_1$, $\hat{p}_2$과 합동표본비율 $\hat{p} = \dfrac{X_1 + X_2}{n_1 + n_2}$에 대하여 $Z = \dfrac{\hat{p}_1 - \hat{p}_2}{\sqrt{\hat{p}(1-\hat{p})\left(\dfrac{1}{n_1} + \dfrac{1}{n_2}\right)}}$이다.

남자의 찬성률 $\hat{p}_1 = \dfrac{110}{250}$, 여자의 찬성률 $\hat{p}_2 = \dfrac{104}{200}$, 합동표본비율 $\hat{p} = \dfrac{110+104}{250+200} = \dfrac{214}{450}$이므로

검정통계량의 값은 $Z_0 = \dfrac{\dfrac{110}{250} - \dfrac{104}{200}}{\sqrt{\dfrac{214}{450}\left(1 - \dfrac{214}{450}\right)\left(\dfrac{1}{250} + \dfrac{1}{200}\right)}}$이다.

정답 124 ③   125 ②

126

두 모집단의 분산이 같지 않다고 가정하여 평균차이를 검정했을 때 유의수준 5%하에서 통계적으로 평균차이가 유의하였다. 만약 두 모집단의 분산이 같은 경우 가설검정결과의 변화로 틀린 것은?
2019년 1회

① 유의확률이 작아진다.
② 평균차이가 존재한다.
③ 표준오차가 커진다.
④ 검정통계량 값이 커진다.

해설 분산이 동일하면 동일하지 않은 경우보다 표준오차가 작아지며, 검정통계량과 표준오차가 서로 반비례관계이므로 검정통계량 값은 커진다. 따라서 두 모집단의 분산이 같은 경우 귀무가설을 기각할 확률이 커지므로 평균차이가 존재한다.

127

검정통계량의 분포가 나머지 셋과 다른 것은?
2021년 1회

① 모분산이 미지인 정규모집단의 모평균에 대한 검정
② 독립인 두 정규모집단의 모분산의 비에 대한 검정
③ 모분산이 미지이고 동일한 두 정규모집단의 모평균의 차에 대한 검정
④ 단순회귀모형 $y = \beta_0 + \beta_1 x + \epsilon$ 에서 모회귀직선 $E(y) = \beta_0 + \beta_1 x$의 기울기 β_1에 관한 검정

해설 두 정규모집단으로부터 추출한 독립된 확률표본에 기초하여 두 모집단의 분산의 비율 $\frac{\sigma_1^2}{\sigma_2^2}$에 대한 가설 $H_0 : \frac{\sigma_1^2}{\sigma_2^2} = 1$과 $H_1 : \frac{\sigma_1^2}{\sigma_2^2} > 0$을 검정해야 할 때 F-분포를 이용한 F-검정을 활용한다.
①③④ t-분포를 이용한 t-검정을 활용한다.

128

관측치 X들이 정규분포를 따르고, 16개의 자료로부터 $\sum_{i=1}^{16} X = 1,600$, $\sum_{i=1}^{16} X^2 = 160,165$임을 얻었을 때, $H_0 : \sigma^2 = 15$, $H_1 : \sigma^2 > 15$을 유의수준 5%에서 검정하기 위한 검정통계량의 값과 비교할 기준값을 올바르게 나열한 것은?

① 11, $\chi_{0.025}^2(15)$
② 11, $\chi_{0.05}^2(15)$
③ 10, $\chi_{0.025}^2(16)$
④ 10, $\chi_{0.05}^2(16)$

해설 모분산 σ^2에 대한 단측(우측) 검정을 위해 χ^2(카이제곱) 검정을 이용한다.
표본평균은 $\overline{X} = \frac{1}{16} \sum_{i=1}^{16} X_i = 100$이고, 표본분산(불편분산)은 $S^2 = \frac{1}{n-1} \left(\sum X_i^2 - \frac{(\sum X)^2}{n} \right)$, $S^2 = \frac{1}{15}(160,165 - 160,000) = 11$이므로 검정통계량 $\chi^2 = \frac{(n-1)S^2}{\sigma_0^2}$은 $\chi^2 = \frac{15 \times 11}{15} = 11$이다.
자유도 $df = n - 1 = 15$, 유의수준 $\alpha = 0.05$, 우측검정이므로 상위 5%에 해당하는 χ^2 임계값을 구하면 $\chi_{0.05}^2(15)$이다. 따라서 검정통계량 = 11, 기준값 = 약 24.996에 대하여 '검정통계량 < 기준값'이므로 귀무가설을 기각하지 않는다.

정답 126 ③ 127 ② 128 ②

CHAPTER 04

통계분석 Ⅰ (분산분석, 교차분석)

핵심이론(1권) p.259

001
다음 각 빈칸에 들어갈 분석방법으로 옳은 것은? 2020년 3회

독립변수(X) 종속변수(Y)	범주형 변수	연속형 변수
범주형 변수	㉠	×
연속형 변수	㉡	㉢

① ㉠ 교차분석, ㉡ 분산분석, ㉢ 회귀분석
② ㉠ 교차분석, ㉡ 회귀분석, ㉢ 분산분석
③ ㉠ 분산분석, ㉡ 분산분석, ㉢ 회귀분석
④ ㉠ 회귀분석, ㉡ 회귀분석, ㉢ 분산분석

해설 독립변수(X)와 종속변수(Y)가 범주형 변수 또는 연속형 변수인지에 따라 다음과 같이 교차분석, 분산분석, 상관분석, 회귀분석으로 구분할 수 있다.

독립변수(X) 종속변수(Y)	범주형 변수	연속형 변수
범주형 변수	교차분석	×
연속형 변수	분산분석	상관분석, 회귀분석

002
두 가지 방법 A, B의 효과를 비교하기 위해 150명을 대상으로 조사하였다. 80명에게는 A 방법을, 나머지 70명은 B 방법을 적용하여 얼마의 시간이 흐른 후 A와 B 방법 각각에 대하여 효과를 상, 중, 하로 나누어 표본을 조사하였다. 다음 중 가장 타당성 있는 검정방법은? 1급 기출문제

① 카이제곱 검정
② 쌍 비교 혹은 대응비교 검정
③ 시계열 검정
④ 두 효과 A, B의 모평균 차이에 대한 검정

해설 독립변수인 두 가지 방법(A, B)과 종속변수인 효과(상, 중, 하)는 모두 범주형 변수이며, 제시된 상황을 다음과 같이 교차표로 정리할 수 있다.

구분	상	중	하	합
A	-	-	-	80
B	-	-	-	70

따라서 가장 타당성 있는 검정방법은 카이제곱 검정이다.

003
멘델의 법칙에 의하면 제2대 잡종의 형질분리는 9 : 3 : 3 : 1로 나타난다고 한다. 이 법칙의 적합성 여부를 확인하기 위한 합당한 검정방법은?

① F-검정
② t-검정
③ χ^2-검정
④ 부호검정

해설 멘델의 법칙 9 : 3 : 3 : 1 형질 분리 비율은 이론적 비율(기댓값)이며, 관찰된 빈도와 이론적 비율(기댓값)을 비교하여 그 차이가 통계적으로 유의한지를 판단하는 검정방법은 카이제곱 검정(χ^2-검정)이다.

004
교육수준에 따라 초졸 이하자, 중졸자, 고졸자, 전문대학 졸업자, 4년제 대학 졸업자 등 5개 집단으로 구분하였을 때, 집단들 간에 연 평균 소득의 차이가 통계적으로 유의한가의 여부를 판단하기 위해 사용되는 분석방법은? 1급 기출문제

① 상관분석
② 분산분석
③ 회귀분석
④ 군집분석

해설 분산분석은 세 집단 이상의 연속형 자료에 대한 평균을 비교하는 가설을 검정한다. 교육의 5개 수준을 독립변수로 하고, 각 수준의 연 평균소득(연속형 자료)을 종속변수로 하여 집단들 간의 연 평균 소득 차이가 통계적으로 유의한지를 검정하게 되므로 관련된 분석방법은 분산분석(ANOVA)이다.

④ 군집분석은 데이터를 유사한 혹은 동질의 군집으로 나누는 방법이다. 이는 모집단에 대한 사전정보가 없는 경우 사용되는 비지도학습(Unsupervised Learning)으로, 데이터들의 특성을 대표하는 몇 개의 변수들을 기준으로 몇 개의 그룹(군집)으로 세분화하는 방법이며, 데이터 간의 유사도를 정의하고 그 유사도에 가까운 것부터 순서대로 합쳐가는 방법이다.

| 정답 | 001 ① 002 ① 003 ③ 004 ②

005

직업별로 소비자행동에 어떤 차이가 있는지를 보기 위해 취업주부를 대상으로 전문직, 사무직, 생산직으로 나누어 소비성향을 측정하였다. 이때 소비행동은 여러 개의 문항을 이용하여 연속변수의 척도를 구성하였다. 직업별로 소비행동의 차이가 있는지를 알아보려면 어떤 통계적 분석을 실시하는 것이 가장 적합한가?

① 분할표 분석
② 회귀분석
③ 상관관계분석
④ 분산분석

해설 직업별로 소비행동에 차이가 있는지 알고자 하는 목적으로 직업별로 3개 집단(전문직, 사무직, 생산직)이 범주형 독립변수이고, 종속변수인 소비성향은 문항 여러 개로 구성된 연속형 변수이다. 따라서 분석 목적에 맞는 통계 방법은 세 개 이상의 독립 집단 간 평균의 차이를 비교하는 분산분석(ANOVA)이 가장 적합하다.

006

실험계획에서 자료의 산포에 영향을 미치는 것으로 실험환경이나 실험조건을 나타내는 변수는? 　　　　　2017년 2회

① 인자
② 실험단위
③ 수준
④ 실험자

해설 분산분석에서 설명변수(독립변수)를 인자(요인)라고 한다. 인자란 실험계획에서 자료의 산포에 영향을 미치는 것으로 실험환경이나 실험조건을 나타내는 변수이다. 인자가 가지는 값을 인자수준(요인수준, 처리)이라고 한다.

007

특성값의 산포를 총제곱합으로 나타내고, 이 총제곱합을 실험과 관련된 요인마다 제곱합으로 분해하여 오차에 비해 특히 큰 영향을 주는 요인이 무엇인지를 찾아내는 분석방법은?
　　　　　2021년 2회

① 분산분석
② 추정
③ 상관분석
④ 회귀분석

해설 분산분석(Analysis of Variance)은 분산값들을 이용해서 세 개 이상의 모집단의 모평균 차이를 검정하는 통계분석방법이다. 총제곱합을 처리제곱합과 오차제곱합으로 분해하며 $F-$분포 통계량을 이용하여 가설검정을 한다.

008

다음 중 분산분석(ANOVA)에 관한 설명으로 틀린 것은?
　　　　　2020년 4회

① 분산분석은 분산값들을 이용해서 두 개 이상의 집단 간 평균 차이를 검정할 때 사용된다.
② 각 집단에 해당되는 모집단의 분포가 정규분포이며 서로 동일한 분산을 가져야 한다.
③ 관측값에 영향을 주는 요인은 등간척도나 비율척도이다.
④ 분산분석의 가설검정에는 $F-$분포 통계량을 이용한다.

해설 분산분석에서 관측값에 영향을 주는 요인, 즉 설명변수(독립변수)는 범주형 자료인 명목척도나 서열척도이고, 반응변수(종속변수)는 연속형 자료인 등간척도나 비율척도이다.
① 분산분석은 세 개 이상의 집단 간 평균 차이를 검정할 때 사용되지만, 두 집단 간 평균 차이를 검정할 때에도 사용 가능하며 두 독립표본 $t-$검정과 결과가 같다.

009

분산분석에 대한 설명으로 맞는 것은? 　　　　　2022년 2회

① 분산분석이란 각 처리집단의 분산이 서로 같은지를 검정하기 위한 방법이다.
② 비교하려는 처리집단이 k개 있으면 처리에 의한 자유도는 $k-2$가 된다.
③ 일원배치 분산분석에서 일원배치의 의미는 반응변수에 영향을 주는 요인이 하나인 것을 의미한다.
④ 두 개의 요인이 있을 때 각 요인의 주효과를 알아보기 위해서는 요인 간 교호작용이 있어야 한다.

해설 ① 분산분석은 분산값들을 이용해서 세 개 이상의 모집단의 모평균 차이를 검정하는 통계분석방법이다.
② 비교하려는 처리집단이 k개 있으면 처리에 의한 자유도는 $k-1$이 된다.
④ 두 개의 요인이 있을 때 각 요인의 주효과를 알아보기 위해서는 요인 간 교호작용이 없어야 한다. 즉, 서로 다른 집단 간에 독립을 가정한다.

| 정답 | 005 ④　006 ①　007 ①　008 ③　009 ③

010

분산분석의 기본 가정이 아닌 것은? 2022년 1회

① 관측값들은 독립적이어야 한다.
② 각 모집단에서 독립변수는 $F-$분포를 따른다.
③ 각 모집단에서 반응변수는 정규분포를 따른다.
④ 반응변수의 분산은 모든 모집단에서 동일하다.

해설 분산분석을 위한 기본 가정은 정규성, 등분산성, 독립성이다.

PLUS 분산분석의 기본 가정
- 정규성: 각 모집단에서 반응변수는 정규분포를 따라야 한다.
- 등분산성: 반응변수의 분산은 모든 모집단에서 동일해야 한다.
- 독립성: 관측값들은 서로 독립적이어야 한다.

011

일원배치법에 대한 설명으로 맞는 것은? 2021년 2회

① 인자의 처리별 반복수는 동일하여야 한다.
② 일원배치법에 의해 여러 그룹의 분산의 차이를 해석할 수 있다.
③ 한 종류의 인자가 특성값에 미치는 영향을 조사하고자 할 때 사용하는 분석법이다.
④ 3명의 기술자가 3가지 재료를 이용해서 어떤 제품을 만들고자 할 때 가장 좋은 제품을 만들 수 있는 조건을 찾으려면 일원배치법이 적절한 방법이다.

해설 일원배치법은 반응변수에 영향을 주는 요인(인자)이 하나인 경우에 분산값들을 이용해서 세 개 이상의 모집단의 모평균 차이를 검정하는 통계분석방법이므로, 여러 집단의 평균의 차이를 해석할 수 있다. 따라서 한 종류의 인자가 특성값에 미치는 영향을 조사하고자 할 때 사용하며, 인자의 처리별 반복수는 동일하지 않아도 된다.

012

일원배치 분산분석법을 적용하기에 부적합한 경우는? 2018년 1회

① 어느 화학회사에서 3개의 제조업체에서 생산된 기계로 원료를 혼합하는 데 소요되는 평균시간이 동일한지를 검정하기 위하여 소요시간(분) 자료를 수집하였다.
② 소기업 경영연구에 실린 한 논문은 자영업자의 스트레스가 비자영업자보다 높다고 결론을 내렸다. 부동산중개업자, 건축가, 증권거래인들을 각각 15명씩 무작위로 추출하여 5점 척도로 된 15개 항목으로 직무스트레스를 조사하였다.
③ 어느 회사에 다니는 회사원은 입사 시 학점이 높은 사람일수록 급여를 많이 받는다고 알려져있다. 30명을 무작위로 추출하여 평균학점과 월급여를 조사하였다.
④ A구, B구, C구 등 3개 지역이 서울시에서 아파트 가격이 가장 높은 것으로 나타났다. 각 구마다 15개씩 아파트 매매가격을 조사하였다.

해설 분산분석은 세 개 이상의 모집단 간 모평균을 비교하는 통계분석방법이므로, 입사 시 평균학점과 월급여 사이의 관계를 알아보려면 상관관계 통계분석방법을 선택해야 한다.

013

k개 처리에서 n회씩 실험을 반복하는 일원배치 모형 $Y_{ij} = \mu + \alpha_i + \epsilon_{ij}$에 관한 설명으로 틀린 것은? (단, $i = 1, 2, \cdots, k, j = 1, 2, \cdots, n, \epsilon_{ij} \sim N(0, \sigma^2)$) 2020년 4회

① 오차항 ϵ_{ij}들의 분산은 같다.
② 총 실험횟수는 $k \times n$이다.
③ 총평균 μ와 i번째 처리효과 α_i는 서로 독립이다.
④ Y_{ij}는 i번째 처리의 j번째 관측값이다.

해설 일원분산분석에서 Y_{ij}는 관측값, μ는 총평균, μ_i는 i번째 수준의 평균, $\alpha_i = \mu_i - \mu$는 i번째 처리효과, $\epsilon_{ij} = y_{ij} - \mu_i$는 오차항이다. 따라서 총평균 μ와 i번째 처리효과 α_i는 서로 독립이 아니다.

| 정답 | 010 ② 011 ③ 012 ③ 013 ③

014

다음 중 일원배치법의 모집단 모형으로 적합한 것은? (단, Y_{ij}는 관측값이고 μ는 이들의 모평균, ϵ_i나 ϵ_{ij}는 실험의 오차로서 평균 0, 분산 σ^2인 정규분포 $N(0, \sigma^2)$을 따르고 서로 독립이다)   2019년 1회

① $Y_{ij} = \mu + \alpha_i + \epsilon_{ij}(i=1, \cdots, k, j=1, \cdots, n)$
② $Y_{ij} = \mu + \alpha_i + \beta_j + \epsilon_{ij}(i=1, \cdots, p, j=1, \cdots, q)$
③ $Y_i = \alpha + \beta x_i + \epsilon_i(i=1, \cdots, n)$
④ $Y_i = \alpha + \beta_1 x_1 + \beta_2 x_2 + \epsilon_i(i=1, \cdots, n)$

해설 일원분산분석의 모집단 모형은 $Y_{ij} = \mu + \alpha_i + \epsilon_{ij}(i=1, \cdots, k, j=1, \cdots, n)$이다.

015

다음은 k개의 처리효과를 비교하기 위한 일원배치법에서, i번째 처리에서 얻은 j번째 관측값 $y_{ij}(i=1, \cdots, k, j=1, \cdots, n)$에 대한 모형이다. 다음 중 오차항 ϵ_{ij}에 대한 가정이 아닌 것은?   2019년 2회

$Y_{ij} = \mu + \alpha_i + \epsilon_{ij}$ $(i=1, \cdots, k, j=1, \cdots, n)$
μ는 총평균, α_i는 i번째 처리효과이며, $\sum_{i=1}^{k} \alpha_i = 0$이고, ϵ_{ij}는 실험오차에 해당하는 확률변수이다.

① ϵ_{ij}는 정규분포를 따른다.
② ϵ_{ij} 사이에 자기상관이 존재한다.
③ 모든 i, j에 대하여 ϵ_{ij}의 분산은 동일하다.
④ 모든 i, j에 대하여 ϵ_{ij}는 서로 독립이다.

해설 일원분산분석 모형에서 오차항 $\epsilon_{ij} \sim N(0, \sigma^2)$의 가정은 다음과 같다.
- ϵ_{ij}의 분포는 정규분포를 따른다(정규성).
- ϵ_{ij}의 분산은 어떤 i, j에 대해서도 일정하다(등분산성).
- 임의의 ϵ_{ij}와 $\epsilon_{i'j'}(i \neq i'$ 또는 $j \neq j')$는 서로 독립이다(독립성).
따라서 오차항의 독립성에 의해 ϵ_{ij} 사이에 자기상관은 존재하지 않는다.

016

일원배치 모형을 $Y_{ij} = \mu + \alpha_i + \epsilon_{ij}(i=1, \cdots, k, j=1, \cdots, n)$로 나타낼 때, 분산분석표를 이용하여 검정하려는 귀무가설 H_0는? (단, i는 처리, j는 반복을 나타내는 첨자이며, 오차항 $\epsilon_{ij} \sim N(0, \sigma^2)$이고 서로 독립적이며 $\overline{y}_i = \sum_{j=1}^{n} y_{ij}/n$이다)   2018년 3회

① $H_0 : \overline{y}_1 = \overline{y}_2 = \cdots = \overline{y}_k$
② $H_0 : \alpha_1 = \alpha_2 = \cdots = \alpha_k = 0$
③ $H_0 :$ 적어도 한 α_i는 0이 아니다.
④ $H_0 :$ 오차항 ϵ_{ij}들은 서로 독립이다.

해설 일원분산분석에서 귀무가설은 '각 집단의 평균은 동일하다($\mu_1 = \mu_2 = \cdots = \mu_k$)'이며, 각 집단평균($\mu_i$)과 전체평균($\mu$)과의 차($\alpha_i = \mu_i - \mu$)를 이용해서 $\alpha_1 = \alpha_2 = \cdots = \alpha_k = 0$으로 나타낼 수 있다.

017

다음 중 분산분석표에 나타나지 않는 것은?   2020년 1·2회

① 제곱합
② 자유도
③ $F-$값
④ 표준편차

해설 분산분석표는 제곱합, 자유도, 평균제곱, $F-$값으로 구성된다.

요인	제곱합	자유도	평균제곱	$F-$값
처리(인자)				
잔차(오차)				
계				

| 정답 | 014 ① 015 ② 016 ② 017 ④

018

세 그룹의 평균을 비교하기 위해 각 수준에서 5번씩 반복실험한 일원분산분석 모형 $X_{ij} = \mu + \alpha_i + \epsilon_{ij}(i=1, 2, 3, j=1, 2, \cdots, 5)$에 대한 분산분석표가 아래와 같을 때, ㉠, ㉡에 들어갈 값은?
2017년 3회

요인	제곱합	자유도	F-통계량
처리	52.0	2	㉡
오차	60.0	㉠	

① ㉠ 12, ㉡ 4.8 ② ㉠ 12, ㉡ 5.2
③ ㉠ 13, ㉡ 4.8 ④ ㉠ 13, ㉡ 5.2

해설 세 그룹의 평균을 비교하기 위해 각 수준에서 5번씩 반복실험하므로 전체 자료의 개수는 $3 \times 5 = 15$이다. 따라서 총합의 자유도는 $15-1=14$이다. 분산분석표를 완성하면 다음과 같다.

요인	제곱합	자유도	평균제곱합	F-통계량
처리	52.0	2	52/2 = 26	26/5 = 5.2
오차	60.0	14 − 2 = 12	60/12 = 5	
총합	112.0	14		

019

4개 회사에서 판매하는 자동차의 매출액에 차이가 있는지를 알아보기 위하여 회사별로 5개의 대리점을 조사한 결과 총변동의 제곱합이 1,560이고, 처리에 의한 변동의 제곱합이 520일 때 평균오차제곱합은?
1급 기출문제

① 50.0 ② 55.0
③ 60.0 ④ 65.0

해설 4개 회사에서 각각 5개의 대리점을 조사한 결과를 분산분석표로 완성하면 다음과 같다.

요인	제곱합	자유도	평균제곱	F-값
처리(B)	520	3	520/3 ≒ 173.3	≒ 2.7
오차(W)	1,040	16	65	
계	1,560	19		

020

대기오염에 따른 신체발육 정도가 서로 다른지를 알아보기 위해 대기오염 상태가 서로 다른 4개 도시에서 각각 10명씩 어린이들의 키를 조사하였다. 분산분석의 결과가 다음과 같을 때 다음 중 틀린 것은?
2019년 3회

요인	제곱합 (SS)	자유도 (df)	평균제곱 (MS)	F-값
처리(B)	2,100	㉠	㉡	㉥
오차(W)	㉢	㉣	㉤	
계	4,900	㉦		

① ㉡ 700 ② ㉢ 2,800
③ ㉦ 39   ④ ㉥ 8.0

해설 4개 도시에서 각각 10명씩 조사하므로 전체 자료의 개수는 $4 \times 10 = 40$이고, 총합의 자유도는 $40-1=39$(㉦)이다. 4개 도시에서 조사하므로 처리의 자유도는 $4-1=3$(㉠), 오차의 자유도는 총합의 자유도에서 처리의 자유도를 뺀 값이므로 $39-3=36$(㉣)이다. 나머지 분산분석표를 완성하면 다음과 같다.

요인	제곱합	자유도	평균제곱	F-값
처리	2,100	3	2,100/3 = 700	700/77.8 ≒ 9
오차	4,900 − 2,100 = 2,800	36	2,800/36 ≒ 77.8	
계	4,900	39		

| 정답 | 018 ② 019 ④ 020 ④

021

다음은 특정한 4개의 처리수준에서 각각 6번의 반복을 통해 측정된 반응값을 이용하여 계산한 값들이다. 이를 이용하여 계산된 평균제곱오차(MS_E)는?
2020년 4회

총제곱합(SST) = 1200, 총자유도 = 23, 처리제곱합(SS_T) = 640

① 28.0　　　② 5.29
③ 31.1　　　④ 213.3

해설 처리수준 4, 측정값 24, 총제곱합 SST = 1,200, 총자유도 = 23, 처리제곱합 SS_T = 640으로부터 분산분석표를 완성하면 다음과 같다.

요인	제곱합	자유도	평균제곱	$F-$값
처리	SS_T = 640	3	MS_T = 640/3 ≒ 213.3	213.3/28.0 ≒ 7.6
오차	SS_E = 560	20	MS_E = 560/20 ≒ 28.0	
계	SST = 1,200	23		

따라서 평균제곱오차(MS_E)는 28.0이다.

022

서로 다른 4가지 교수방법 A, B, C, D의 학습효과를 알아보기 위하여 같은 수준에 있는 학생 중에서 99명을 임의추출하여 A교수방법에 19명, B교수방법에 31명, C교수방법에 27명, D교수방법에 22명을 할당하였다. 일정 기간 수업 후 성취도를 100점 만점으로 측정, 정리하여 다음의 평방합(제곱합)을 얻었다. 교수방법 A, B, C, D의 학습효과 사이에 차이가 있는가를 검정하기 위한 $F-$통계량 값은?
2018년 3회

그룹 간 평방합	63.21
그룹 내 평방합	350.55

① 0.175　　　② 0.180
③ 5.71　　　④ 8.11

해설 그룹 간 평방합 SSB = 63.21, 그룹 내 평방합 SSW = 350.55 로부터 분산분석표를 정리하면 다음과 같다.

변동	제곱합	자유도	평균제곱	$F-$값
그룹 간	63.21	3	63.21/3 = 21.07	21.07/3.69 ≒ 5.71
그룹 내	350.55	95	350.55/95 = 3.69	
총계	413.76	98		

따라서 $F-$통계량 값은 5.71이다.

023

어느 회사는 4개의 철강 공급업체로부터 철판을 공급받는다. 각 공급업체들이 납품하는 철판의 품질을 평가하기 위해 인장강도(kg/psi)를 각 3회씩 측정하여 다음의 중간결과를 얻었다. 4개의 공급업체들이 납품하는 철강의 품질에 차이가 없다는 가설을 검정하기 위한 $F-$값은? (단, $\overline{X}_{\cdot j} = \frac{1}{3}\sum_{i=1}^{3} X_{ij}$, $\overline{\overline{X}} = \frac{1}{4}\frac{1}{3}\sum_{j=1}^{4}\sum_{i=1}^{3} X_{ij}$ 이다)
2022년 1회

$\sum_{j=1}^{4}(\overline{X}_{\cdot j} - \overline{\overline{X}})^2 = 15.5$, $\sum_{j=1}^{4}\sum_{i=1}^{3}(X_{ij} - \overline{X}_{\cdot j})^2 = 19$

① 0.816　　　② 2.175
③ 4.895　　　④ 6.526

해설 요인의 수준이 4, 총 측정횟수 12, 처리의 제곱합 $\sum_{j=1}^{4}(\overline{X}_{\cdot j} - \overline{\overline{X}})^2 = 15.5$, 오차의 제곱합 $\sum_{j=1}^{4}\sum_{i=1}^{3}(X_{ij} - \overline{X}_{\cdot j})^2 = 19$로부터 분산분석표를 완성하면 다음과 같다.

요인	제곱합	자유도	평균제곱	$F-$값
공급업체	46.5	4 − 1 = 3	46.5/3 = 15.5	15.5/2.375 ≒ 6.526
오차	19	12 − 4 = 8	19/8 = 2.375	
총합	65.5	12 − 1 = 11		

| 정답 | 021 ①　022 ③　023 ④

024

A, B, C 세 공법에 대하여 다음의 자료를 얻었다.

```
A: 56, 60, 50, 65, 64
B: 48, 61, 48, 52, 46
C: 55, 60, 44, 46, 55
```

일원분산분석을 통하여 위의 세 가지 공법 사이에 유의한 차이가 있는지 검정하고자 할 때 처리제곱합의 자유도는?

2019년 3회

① 1　　　　　　② 2
③ 3　　　　　　④ 4

해설 세 가지 공법 사이의 차이를 검정하고자 하므로 처리수준이 3이다. 따라서 처리제곱합의 자유도는 3−1=2이다.

025

완전확률화계획법(Completely Randomized Design)에 의한 기본 모형 및 가정은 다음과 같다. 위 모형에서 i는 반복수, j는 처리수를 나타낸다. 효과 간에 차이가 있는지를 분산분석하고 싶다. 처리(집단 간 변동)와 오차(집단 내 변동)의 자유도를 각각 구하면?

1급 기출문제

〈모형〉: $X_{ij} = \mu + \beta_j + e_{ij}$, $e_{ij} \sim N(0, \sigma^2)$
　　　　$i = 1, 2, \cdots, n, \ j = 1, 2, \cdots, t$

① $t-1$, $t(n-1)$
② $t-1$, $n(t-1)$
③ $t-1$, $nt-1$
④ $t-1$, $(n-1)(t-1)$

해설 처리수 j로부터 총 t개 집단임을 알 수 있고 집단별 각각 n번 반복하므로 총 nt는 처리수이다. 따라서 분산분석에서 자유도를 완성하면 다음과 같다.

요인	자유도
처리	$t-1$
오차	$nt-t = t(n-1)$
합계	$nt-1$

026

A, B, C 세 가지 공법에 의해 생산된 철선의 인장강도에 차이가 있는지를 알아보기 위해, 공법 A에서 5회, 공법 B에서 6회, 공법 C에서 7회, 총 18회를 랜덤하게 실험하여 인장강도를 측정하였다. 측정한 자료를 정리한 결과 총제곱합 $SST = 100$이고 잔차제곱합 $SSE = 65$이었다. 처리제곱합 SS_T와 처리제곱합의 자유도 ν_T를 바르게 나열한 것은?

2021년 2회

① $SS_T = 35$, $\nu_T = 2$
② $SS_T = 165$, $\nu_T = 17$
③ $SS_T = 35$, $\nu_T = 3$
④ $SS_T = 165$, $\nu_T = 18$

해설 A, B, C 세 가지 공법을 알아보므로 처리수준은 3이다. 따라서 처리제곱합의 자유도는 $\nu_T = 3-1 = 2$, 측정값은 $5+6+7 = 18$이므로 총합의 자유도는 $18-1 = 17$이다. 또한, 총제곱합 $SST = 100$, 잔차제곱합 $SSE = 65$이므로 처리제곱합 $SS_T = SST - SSE = 100 - 65 = 35$이다.

027

3개의 처리(Treatment)를 각각 5번씩 반복하여 실험하였고, 이에 대해 분산분석을 실시하고자 할 때의 설명으로 틀린 것은?

2019년 3회

① 분산분석표에서 오차의 자유도는 12이다.
② 분산분석의 영가설(H_0)은 3개의 처리 간 분산이 모두 동일하다고 설정한다.
③ 유의수준 0.05 하에서 계산된 F−값은 $F(0.05, 2, 12)$ 분포값과 비교하여 영가설의 기각 여부를 결정한다.
④ 처리평균제곱은 처리제곱합을 처리자유도로 나눈 것을 말한다.

해설 분산분석에서 3개의 처리 사이의 평균 차를 동시에 검정하기 위한 귀무가설(H_0)과 대립가설(H_1)은 다음과 같다.
$H_0 : \mu_1 = \mu_2 = \mu_3$
$H_1 :$ 모든 μ_i가 같은 것은 아니다($i = 1, 2, 3$).
즉, 분산분석의 영가설(H_0)은 평균에 차이가 없다고 설정한다.
① 3개의 처리를 5번 반복하므로 전체 자료의 개수 $3 \times 5 = 15$에서 처리의 수 3을 뺀 값이 오차의 자유도이므로 오차의 자유도는 12이다.
③ 유의수준(α)을 0.05로 선택하면, 0.05 하에서 계산된 F−값을 $F(0.05, 2, 12)$ 분포값과 비교하여, 'F−값 $> F(0.05, 2, 12)$'이면 영가설을 기각할 수 있다.

| 정답 | 024 ② 025 ① 026 ① 027 ②

028

I개 그룹의 평균을 비교하고자 한다. 다음 일원분산분석 모형에 대한 귀무가설 $H_0: \alpha_1 = \alpha_2 = \cdots = \alpha_I = 0$을 유의수준 0.05에서 $F-$검정한 결과 $p-$값이 0.07이었을 때의 추론 결과로 옳은 것은?

2017년 3회

$$X_{ij} = \mu + \alpha_i + \epsilon_{ij} \ (i=1, 2, \cdots, I, \ j=1, 2, \cdots, J)$$

① I개 그룹의 평균은 모두 같다.
② I개 그룹의 평균은 모두 다르다.
③ I개 그룹의 평균 중 적어도 하나는 다르다.
④ I개 그룹의 평균은 증가하는 관계가 성립한다.

해설 일원분산분석 모형에 대한 귀무가설 H_0을 유의수준 0.05에서 $F-$검정한 결과 $p-$값<0.05이면 귀무가설을 기각할 수 있다. 0.07>0.05이므로 귀무가설을 기각할 수 없으며, 귀무가설에 따라 I개 그룹의 평균이 모두 같다고 결론을 내릴 수 있다.

029

다음은 일원분산분석을 실시한 결과이다. 결과에 대한 해석으로 틀린 것은?

2022년 2회

Source	df	SS	MS	F	p
Month	7	127049	18150	1.52	0.164
Error	135	1608204	11913		
Total	142	1735253			

① 총 관측자료수는 142개이다.
② 오차항의 분산 추정값은 11913이다.
③ 요인은 Month로서 수준 수는 8개이다.
④ 유의수준 0.05에서 요인의 효과는 유의하지 않다.

해설 ① 총 관측자료 N에 대해 $N-1=142$이므로 $N=143$이다.
② 오차항의 분산 추정값은 잔차의 평균제곱이므로 11913이다.
③ 요인은 Month로서 자유도가 7이므로 수준 수는 7+1=8이다.
④ '유의확률 $p-$값=0.164>유의수준 $\alpha=0.05$'이므로 귀무가설을 기각하지 못한다. 따라서 유의수준 0.05에서 요인의 효과가 유의하다고 할 수 없다.

030

어떤 대학의 취업정보센터에서 취업률(%)를 높이기 위한 실험을 실시하였다. 대학 내 취업교육을 이수한 횟수(열: 없음, 1회, 2회 이상)에 대해 각각 8명씩 무작위로 뽑아 검정을 실시한 결과이다. 분석에 대한 설명으로 바르지 않은 것은?

구분	제곱합	자유도	평균제곱	F값	유의확률
요인	2.4				0.14
잔차	10.5				
계	12.9				

① F값은 2.4이다.
② 일원분산분석을 실시한 결과이다.
③ 요인에 대한 평균제곱은 0.8이다.
④ 잔차 제곱합에 대한 자유도는 21이다.

해설 일원분산분석 결과표 일부를 바탕으로 각 항목을 채우면 다음과 같다.

구분	제곱합	자유도	평균제곱	F값	유의확률
요인	2.4	2	1.2	2.4	0.14
잔차	10.5	21	0.5		
계	12.9	23			

따라서 요인의 평균제곱은 1.2이다.

031

요인(A)의 3수준 간의 관찰값이 차이가 있는지를 검정하고자 하는 경우, 이에 대한 설명으로 틀린 것은? 1급 기출문제

	요인(A)의 수준별 관찰값		
	수준1	수준2	수준3
	6	4	9
	5	7	9
	4	4	3
합	18	15	21
제곱합	110	81	171

① 분산분석표에서 자유도는 요인(A)에 기인한 자유도가 2이고 오차에 기인한 자유도가 6이다.
② 분산분석모형은 다음과 같다. $X_{ij} = \mu + \alpha_i + \epsilon_{ij}$. 여기서 μ는 전체평균이고, α_i는 수준 i의 효과이고, ϵ_{ij}는 오차항이다.
③ 오차항의 분산의 추정값(MSE)은 5.33이다.
④ F통계량은 5.2이다.

해설 요인의 수준이 3, 총 측정횟수 9, 전체 평균 $\bar{\bar{x}}=6$, 수준 1의 평균 $\bar{x}_1=6$, 수준 2의 평균 $\bar{x}_2=5$, 수준 3의 평균 $\bar{x}_3=7$로부터 처리의 제곱합은 $\sum_{i=1}^{3}(\bar{x}_i - \bar{\bar{x}})^2 = 3\{(6-6)^2 + (5-6)^2 + (7-6)^2\} = 6$,
오차의 제곱합은 $\sum_{i=1}^{3}\sum_{j=1}^{3}(x_{ij} - \bar{x}_i)^2 = \{(6-6)^2 + (5-6)^2 + (7-6)^2\} + \{(4-5)^2 + (7-5)^2 + (4-5)^2\} + \{(9-7)^2 + (9-7)^2 + (3-7)^2\} = 32$이다. 분산분석표를 완성하면 다음과 같다.

요인	제곱합	자유도	평균제곱	F-값
처리	6	2	6/2 = 3	≒ 0.563
오차	32	6	32/6 ≒ 5.33	
총합	38	8		

따라서 F통계량의 값을 계산하면 0.56이다.

032

철선을 생산하는 어떤 철강회사에서는 A, B, C 세 공정에 의해 생산되는 철선의 인장강도(kg/psi)에 차이가 있는가를 알아보기 위해 일원배치법을 적용하였다. 각 공정에서 생산된 철선의 인장강도를 5회씩 반복 측정한 자료로부터 총제곱합 606, 처리제곱합 232를 얻었다. 귀무가설 'H_0: A, B, C 세 공정에 의한 철선의 인장강도에 차이가 없다'를 유의수준 5%에서 검정할 때 검정통계량과 검정결과로 옳은 것은? (단, $F(2, 12 : 0.05) = 3.89$, $F(3, 11 : 0.05) = 3.59$) 2020년 3회

① 3.72, H_0를 기각함
② 2.72, H_0를 기각함
③ 3.72, H_0를 기각하지 못함
④ 2.72, H_0를 기각하지 못함

해설 가설을 세우면 다음과 같다.
H_0: A, B, C 세 공정에 의한 철선의 인장강도에 차이가 없다($\mu_1 = \mu_2 = \mu_3$).
H_1: 적어도 한 쌍 이상의 인장강도가 다르다.
분산분석을 실시하여 분산분석표를 작성하면 다음과 같다.

변동	제곱합	자유도	평균제곱	F-값
처리	232	2	232/2 = 116	116/31.2 ≒ 3.72
오차	374	12	374/12 ≒ 31.2	
총계	606	14		

자유도 $df = (2, 12)$와 유의수준 $\alpha = 0.05$에 따른 F-분포에서 기각역은 F-값>$F(2, 12 : 0.05) = 3.89$이고, F-값 3.72<3.89이므로 귀무가설 H_0을 기각하지 못한다. 즉, 유의수준 0.05 하에서 A, B, C 세 공정에 의한 철선의 인장강도에 차이가 있다고 할 수 없다.

| 정답 | 031 ④ 032 ③

033

어느 공장에서는 세 종류의 기계를 사용하여 제품을 생산하고 있다. 생산량의 균일성을 검토하기 위해 기계별 하루 평균 생산량 데이터를 수집하여 일원분산분석(ANOVA)을 실시하였다. 실험 결과, 기계 간 생산량 차이를 검정한 F값은 1.5953이었고, 임계값 $F(2,7;0.05)=4.74$로 주어졌다. 이때, 적절한 검정 결론은 무엇인가?

① 귀무가설 채택
② 귀무가설 기각
③ 대립가설 채택
④ 판정보류

해설 일원분산분석(One-Way ANOVA)에서 기계 간 평균 생산량 차이가 통계적으로 유의한지를 검정한다.
F 검정통계량의 값= 1.5953, 임계값 $F(2,7;0.05)=4.74$, 유의수준 0.05 (5%)과
귀무가설 H_0 : 세 기계의 평균 생산량은 서로 같다.
대립가설 H_1 : 적어도 하나의 기계는 평균이 다르다.
에 대하여 'F 통계량의 값 > 임계값'이면 귀무가설을 기각한다. $F=$ 1.5953<4.74이므로 기각 기준을 넘지 못하므로 귀무가설을 기각하지 않는다. 따라서 세 기계 간 평균 생산량 차이는 통계적으로 유의미하지 않다.

034

결혼시기가 계절(봄, 여름, 가을, 겨울)별로 동일한 비율인지를 검정하려고 신혼부부 200쌍을 조사하였다. 가장 적합한 가설검정방법은?   2018년 3회

① 카이제곱 적합도 검정
② 카이제곱 독립성 검정
③ 카이제곱 동질성 검정
④ 피어슨 상관계수 검정

해설 질적자료(또는 범주형 자료)인 명목척도와 서열척도의 성격을 가진 변수를 분석하는 통계분석방법은 카이제곱 검정이며, 특정 표본의 관측도수가 예상한 확률분포와 같은지를 가설검정하는 방법은 카이제곱 적합도 검정이다. 계절(봄, 여름, 가을, 겨울)은 명목척도이고, 신혼부부 200쌍으로부터 조사한 관측도수가 예상한 분포인 계절별 50쌍과 같은지를 가설검정하는 방법은 카이제곱 적합도 검정이다.

035

두 변수에 대한 분할표(Contingency Table)에서 두 변수의 독립성 여부를 검정하기 위하여 카이제곱(Chi-square) 검정을 실시하고자 할 때 필요한 항목만으로 구성된 것은?

① 관측도수, 기대도수, 자유도, 평균
② 관측도수, 기대도수, 자유도, 분산
③ 관측도수, 기대도수, 자유도, 유의수준
④ 관측도수, 기대도수, 변동계수, 유의수준

해설 카이제곱(Chi-square) 검정을 통해 두 변수의 독립성을 검정하려면 다음과 같은 항목이 필요하다.
- 관측도수(Observed Frequency): 분할표에서 실제로 관측된 각 범주의 도수
- 기대도수(Expected Frequency): 두 변수가 독립적이라고 가정할 때 예상되는 각 범주의 도수
- 계산식: (해당 행의 총합)×(해당 열의 총합)/전체 합
- 검정통계량(Chi-square Statistic): $\sum \frac{(O-E)^2}{E}$
- 자유도(Degrees of Freedom): (행 개수−1)(열 개수−1)
- 유의수준(Significance Level, α): 일반적으로 0.05 또는 0.01이 사용
- 임계값(Critical Value): 카이제곱 분포표에서 자유도와 유의수준을 고려하여 얻음
- 귀무가설: 두 변수는 독립적이다.
- 대립가설: 두 변수는 독립적이지 않다.

이 항목들을 이용하여 검정을 수행하고, 계산된 검정통계량 χ^2 값이 임계값보다 크면 귀무가설을 기각하여 두 변수가 종속적이라고 결론을 내릴 수 있다.

036

행의 수가 2, 열의 수가 3인 이원교차표에 근거한 카이제곱 검정을 하려고 한다. 검정통계량의 자유도는 얼마인가?   2020년 1·2회

① 1
② 2
③ 3
④ 4

해설 교차분석을 위해 작성한 이원교차표에서 행변수의 범주가 M개, 열변수의 범주가 N인 M행 N열($M \times N$)이면 카이제곱 통계량의 자유도는 $(M-1)(N-1)$이다. 따라서 행의 수가 2, 열의 수가 3인 이원교차표에 근거한 카이제곱 통계량의 자유도는 $(2-1)\times(3-1)=2$이다.

| 정답 | 033 ① 034 ① 035 ③ 036 ②

037

다음은 어느 손해보험회사에서 운전자의 연령과 교통법규 위반횟수 사이의 관계를 알아보기 위하여 무작위로 추출한 18세 이상, 60세 이하인 500명의 운전자 중에서 지난 1년 동안 교통법규 위반횟수를 조사한 자료이다. 두 변수 사이의 독립성 검정을 하려고 할 때 검정통계량의 자유도는?

2020년 3회

위반횟수	연령			합계
	18~25	26~50	51~60	
없음	60	110	120	290
1회	60	50	40	150
2회 이상	30	20	10	60
합계	150	180	170	500

① 1 ② 3
③ 4 ④ 9

해설 교차분석을 위해 작성한 교차표에서 행변수의 범주가 M개, 열변수의 범주가 N개인 M행 N열($M \times N$)이면 카이제곱 통계량의 자유도는 $(M-1)(N-1)$이다. 따라서 행변수인 위반횟수의 범주가 3개(없음, 1회, 2회 이상), 열변수인 연령의 범주가 3개(18~25, 26~50, 51~60)이므로 두 변수 사이의 독립성 검정을 위한 검정통계량의 자유도는 $(3-1) \times (3-1) = 4$이다.

038

2차원 교차표에서 행변수의 범주 수는 5이고, 열변수의 범주 수는 4이다. 두 변수 간의 독립성 검정에 사용되는 검정통계량의 분포는?

2022년 1회

① 자유도 9인 t 분포
② 자유도 12인 t 분포
③ 자유도 9인 χ^2 분포
④ 자유도 12인 χ^2 분포

해설 두 변수에 대한 이차원 교차표를 작성하고 두 변수 간의 독립성을 검정할 때에는 카이제곱분포를 이용한다. 교차분석을 위해 작성한 교차표에서 행변수의 범주가 M개, 열변수의 범주가 N개인 M행 N열($M \times N$)이면 카이제곱 검정통계량의 자유도는 $(M-1)(N-1)$이다. 따라서 M이 5, N이 4인 5×4 교차표에 대하여 두 변수 간의 독립성 검정에 사용되는 검정통계량의 자유도는 $(5-1) \times (4-1) = 12$이다.

039

작년도 자료에 의하면 어느 대학교의 도서관에서 도서를 대출한 학부 학생들의 학년별 구성비는 1학년 12%, 2학년 20%, 3학년 33%, 4학년 35%였다. 올해 이 도서관에서 도서를 대출한 학부 학생들의 학년별 구성비가 작년도와 차이가 있는가를 분석하기 위해 학부생 도서대출자 400명을 랜덤하게 추출하여 학생들의 학년별 도수를 조사하였다. 이 자료를 갖고 통계적인 분석을 하는 경우 사용되는 검정통계량은?

2018년 3회

① 자유도가 4인 카이제곱 검정통계량
② 자유도가 (3, 396)인 $F-$ 검정통계량
③ 자유도가 (1, 398)인 $F-$ 검정통계량
④ 자유도가 3인 카이제곱 검정통계량

해설 질적자료(또는 범주형 자료)인 명목척도나 서열척도의 성격을 가진 변수를 분석하는 통계분석방법은 교차분석(카이제곱 검정)이다. 도서를 대출한 학부학년(1학년, 2학년, 3학년, 4학년)은 명목척도이고, 올해 도서를 대출한 학부 학생들의 학년별 구성비가 12%, 20%, 33%, 35%인지 분석하는 것은 카이제곱 적합도 검정이다. 카이제곱 적합도 검정에서 자유도는 N개의 범주에 대해 $N-1$이며, 학년이 4개의 범주이므로 자유도는 $(4-1) = 3$이다.

| 정답 | 037 ③ 038 ④ 039 ④

040

가정난방의 선호도와 방법에 대한 분할표가 다음과 같다. 난방과 선호도가 독립이라는 가정하에서 '가스난방'이 '아주 좋다'에 응답한 셀의 기대도수를 구하면?

2020년 3회

난방방법 선호도	기름	가스	기타
아주 좋다	20	30	20
적당하다	15	40	35
좋지 않다	50	20	10

① 26.25
② 28.25
③ 31.25
④ 32.45

해설 독립성 검정을 실시한다. 독립성 검정에서 기대도수는

$$\hat{E}_{ij} = \frac{(각\ 행의\ 주변\ 합) \times (각\ 열의\ 주변\ 합)}{총합}$$

으로 구한다.

다음은 선호도와 난방방법의 관측도수(O_{ij})와 기대도수($\hat{E}_{ij}$)를 정리한 이차원 분할표이다.

구분		기름	가스	기타	합계
아주 좋다	O_{ij}	20	30	20	70
	$\hat{E}_{ij}$	$\frac{70 \times 85}{240}$	$\frac{70 \times 90}{240}$ $= 26.25$	$\frac{70 \times 65}{240}$	
적당 하다	O_{ij}	15	40	35	90
	$\hat{E}_{ij}$	$\frac{90 \times 85}{240}$	$\frac{90 \times 90}{240}$	$\frac{90 \times 65}{240}$	
좋지 않다	O_{ij}	50	20	10	80
	$\hat{E}_{ij}$	$\frac{80 \times 85}{240}$	$\frac{80 \times 90}{240}$	$\frac{80 \times 65}{240}$	
전체 도수		85	90	65	240

따라서 난방과 선호도가 독립이라는 가정하에서 '가스난방'이 '아주 좋다'에 응답한 셀의 기대도수를 구하면 26.25이다.

041

다음 표는 빨강, 파랑, 노랑 3가지 색상에 대한 선호도가 성별에 따라 차이가 있는지를 알아보기 위해 초등학교 남학생 200명과 여학생 200명을 임의로 추출하여 선호도를 조사한 분할표이다. 성별에 따라 선호하는 색상에 차이가 없다면 파랑을 선호하는 여학생 수에 대한 기대도수의 추정값은?

2021년 1회

구분	빨강	파랑	노랑	표본크기
남학생	60	90	50	200
여학생	90	70	40	200
합계	150	160	90	400

① 70
② 75
③ 80
④ 85

해설 동질성 검정을 실시한다. 동질성 검정에서의 기대도수는

$$\hat{E}_{ij} = \frac{(각\ 행의\ 주변\ 합) \times (각\ 열의\ 주변\ 합)}{총합}$$

으로 구한다.

다음은 성별에 따른 선호하는 색상의 관측도수(O_{ij})와 기대도수($\hat{E}_{ij}$)를 정리한 이차원 분할표이다.

구분		빨강	파랑	노랑	합계
남학생	O_{ij}	60	90	50	200
	$\hat{E}_{ij}$	$\frac{200 \times 150}{400}$	$\frac{200 \times 160}{400}$	$\frac{200 \times 90}{400}$	
여학생	O_{ij}	90	70	40	200
	$\hat{E}_{ij}$	$\frac{200 \times 150}{400}$	$\frac{200 \times 160}{400}$ $= 80$	$\frac{200 \times 90}{400}$	
전체도수		150	160	90	400

따라서 성별에 따라 선호하는 색상에 차이가 없다면, 파랑을 선호하는 여학생 수에 대한 기대도수의 추정값은 80명이다.

042

행변수가 M개의 범주를 갖고 열변수가 N개의 범주를 갖는 분할표에서 행변수와 열변수가 서로 독립인지를 검정하고자 한다. (i, j)셀의 관측도수를 O_{ij}, 귀무가설하에서의 기대도수의 측정치를 $\hat{E}_{ij}$라 하고, 이때 사용되는 검정통계량은 $\sum_{i=1}^{M}\sum_{j=1}^{N}\frac{(O_{ij}-\hat{E}_{ij})^2}{\hat{E}_{ij}}$이다. 여기서 $\hat{E}_{ij}$는? (단, 전체 자료 수는 n, i번째 행의 합은 $T_i.$, j번째 열의 합은 $T._j$)

2022년 1회

① $\hat{E}_{ij} = \dfrac{T_i.}{n}$ ② $\hat{E}_{ij} = T_i. \times T._j$

③ $\hat{E}_{ij} = \dfrac{T._j}{n}$ ④ $\hat{E}_{ij} = \dfrac{T_i. \times T._j}{n}$

해설 독립성 검정에서의 기대도수는

$\hat{E}_{ij} = \dfrac{(각\ 행의\ 주변\ 합) \times (각\ 열의\ 주변\ 합)}{총합}$ 으로 구한다.

따라서 $\hat{E}_{ij} = \dfrac{T_i. \times T._j}{n}$ 이다.

043

행변수가 M개의 범주를 갖고 열변수가 N개의 범주를 갖는 분할표에서 행변수와 열변수가 서로 독립인지를 검정하고자 한다. (i, j)셀의 관측도수를 O_{ij} 귀무가설 하에서의 기대도수의 추정치를 $\hat{E}_{ij}$라 할 때 이 검정을 위한 검정통계량은?

2019년 2회

① $\sum_{i=1}^{M}\sum_{j=1}^{N}\dfrac{(O_{ij}-\hat{E}_{ij})^2}{O_{ij}}$

② $\sum_{i=1}^{M}\sum_{j=1}^{N}\dfrac{(O_{ij}-\hat{E}_{ij})^2}{\hat{E}_{ij}}$

③ $\sum_{i=1}^{M}\sum_{j=1}^{N}\dfrac{(O_{ij}-\hat{E}_{ij})}{\hat{E}_{ij}}$

④ $\sum_{i=1}^{M}\sum_{j=1}^{N}\dfrac{(O_{ij}-\hat{E}_{ij})}{\sqrt{n\hat{E}_{ij}O_{ij}}}$

해설 행변수가 M개의 범주를 갖고 열변수가 N개의 범주를 갖는 분할표에서 독립성 검정을 위한 검정통계량은 다음과 같다.

$\sum_{i=1}^{M}\sum_{j=1}^{N}\dfrac{(O_{ij}-\hat{E}_{ij})^2}{\hat{E}_{ij}}$

044

어떤 동전이 공정한가를 검정하고자 20회를 던져본 결과 앞면이 15번 나왔다. 이 검정에서 사용되는 카이제곱 통계량 $\sum_{i=1}^{2}\dfrac{(O_i-E_i)^2}{E_i}$의 값은?

2020년 4회

① 2.5 ② 5
③ 10 ④ 12.5

해설 동전이 공정한가를 검정하기 위해서는 적합도 검정을 실시한다. 총표본의 개수 n, 각 범주의 예상확률이 p_i일 때, 적합도 검정에서의 기대도수는 $E_i = n \times p_i = 20 \times \dfrac{1}{2} = 10$이다.

구분		동전		합계
		앞	뒤	
던진 횟수	O_i	15	5	20
	E_i	10	10	

따라서 검정통계량의 값은

$\chi^2 = \sum_{i=1}^{2}\dfrac{(O_i-E_i)^2}{E_i} = \dfrac{(15-10)^2}{10} + \dfrac{(5-10)^2}{10} = 5$이다.

| 정답 | 042 ④ 043 ② 044 ②

045

지각건수가 요일별로 동일한 비율인지 알아보기 위해 카이제곱(χ^2) 검정을 실시할 경우 이 자료에서 χ^2값은?

2020년 4회

요일	월	화	수	목	금	합계
지각 횟수	65	43	48	41	73	270

① 14.96
② 16.96
③ 18.96
④ 20.96

해설 요일(월~금)에 대해 270명의 지각건수가 같은지를 검정하기 위해서는 적합도 검정을 실시한다. 총표본의 개수 n, 각 범주의 예상 확률이 p_i일 때 적합도 검정에서의 기대도수는 $E_i = n \times p_i = 270 \times \frac{1}{5} = 54$이다.

구분		요일					합계
		월	화	수	목	금	
지각 횟수	O_i	65	43	48	41	73	270
	E_i	54	54	54	54	54	

따라서 검정통계량의 값은

$$\chi^2 = \sum_{i=1}^{5} \frac{(O_i - E_i)^2}{E_i} = \frac{(65-54)^2}{54} + \frac{(43-54)^2}{54} + \frac{(48-54)^2}{54} + \frac{(41-54)^2}{54} + \frac{(73-54)^2}{54} = \frac{808}{54} \fallingdotseq 14.96$$

이다.

046

10대 청소년 480명을 대상으로 인터넷 사용 시 가장 많은 시간을 할애하는 서비스가 무엇인지 조사한 결과, 이메일 90명, 뉴스 등 정보 검색 120명, 게임(또는 영상 포함) 270명으로 나타났다. 이 결과를 이용하여 세 서비스 간 시간 할애에 차이가 없다는 귀무가설을 검정할 때, 카이제곱 통계량과 자유도는 얼마인가?

① 카이제곱 통계량 = 136.1235, 자유도 = 2
② 카이제곱 통계량 = 136.1235, 자유도 = 3
③ 카이제곱 통계량 = 116.25, 자유도 = 2
④ 카이제곱 통계량 = 116.25, 자유도 = 3

해설 주어진 데이터에 대해 카이제곱 통계량을 계산한다.
귀무가설: 세 서비스 간에 시간 할애에 차이가 없다.
대립가설: 세 서비스 간에 시간 할애에 차이가 있다.
주어진 데이터는 이메일 사용 90명, 뉴스 등 정보 검색 120명, 게임(또는 영상 포함) 270명으로 총합계는 480명이다.

- 기대도수(E)를 계산하면 세 서비스에 대해 차이가 없다는 가정하에, 각 서비스는 전체 학생 수의 동일한 비율을 차지한다고 가정하므로 각 서비스에 대한 기대도수는 다음과 같다.

$$E = \frac{\text{전체 인원 수}}{\text{서비스 개수}} = \frac{480}{3} = 160$$

따라서 각 서비스의 기대도수는 모두 160명이다.

- 카이제곱 통계량을 계산하면

이메일: $\frac{(90-160)^2}{160} = 30.625$

뉴스 등 정보 검색: $\frac{(120-160)^2}{160} = 10$

게임(또는 영상 포함): $\frac{(270-160)^2}{160} = 75.625$

각 항목에 대한 값을 모두 합산하여 카이제곱 통계량을 구하면 $\chi^2 = 30.625 + 10 + 75.625 = 116.25$이고, 세 가지 서비스가 있으므로 자유도는 2이다.

| 정답 | 045 ① 046 ③

047

교차표를 만들어 두 변수 간의 독립성 여부를 유의수준 0.05에서 검정하고자 한다. 검정결과 유의확률이 0.55로 나왔을 때 해석이 옳은 것은?　　　　　　　　　　2017년 1회

① 두 변수 간에는 상호 연관관계가 있다.
② 두 변수는 서로 아무런 관계가 없다.
③ 이것만으로 상호 어떤 관계가 있는지 말할 수 없다.
④ 한 변수의 범주에 따라 다른 변수의 변화 패턴이 다르다.

해설 교차표를 만들어 두 변수 간의 독립성 여부를 유의수준 0.05에서 검정한 결과 '유의확률 $p-$값$(0.55)>$유의수준 $\alpha(0.05)$'이므로 귀무가설(H_0)을 기각할 수 없다. 즉, 유의수준 0.05하에서 두 변수는 서로 아무런 관계가 없다.

048

'성과 정당지지도 사이에 관계가 있는가?'를 살펴보기 위하여 설문조사를 실시, 분석한 결과 Pearson 카이제곱 값이 32.29, 자유도가 1, 유의확률이 0.000이었다. 이 분석에 근거할 때, 유의수준 0.05에서 '성과 정당지지도 사이의 관계'에 대한 결론은?　　　　　　　　　　2019년 2회

① 정당의 종류는 2가지이다.
② 성과 정당지지도 사이에 유의한 관계가 있다.
③ 성과 정당지지도 사이에 유의한 관계가 없다.
④ 위에 제시한 통계량으로는 성과 정당지지도 사이의 관계를 알 수 없다.

해설 H_0 : 성과 정당지지도 사이에 관계가 없다.
'유의확률 $p-$값$<$유의수준 0.05'이므로 귀무가설(H_0)을 기각한다.
즉, 유의수준 0.05하에서 성과 정당지지도 사이에 통계적으로 유의한 관계가 있다고 할 수 있다.

049

화장터 건립의 후보지로 거론되는 세 지역의 여론을 비교하기 위해 각 지역에서 500명, 450명, 400명을 임의추출하여 건립에 대한 찬성 여부를 조사하고 분할표를 작성하여 계산한 결과 검정통계량의 값이 7.55이었다. 유의수준 5%에서 임계값과 검정결과가 알맞게 짝지어진 것은? (단, $\chi^2_{0.025}(2)=7.38$, $\chi^2_{0.05}(2)=5.99$, $\chi^2_{0.025}(3)=9.35$, $\chi^2_{0.05}(3)=7.81$이다)　　　　　　　　　　2020년 1·2회

① 7.38, 지역에 따라 건립에 대한 찬성률에 차이가 있다.
② 5.99, 지역에 따라 건립에 대한 찬성률에 차이가 있다.
③ 9.35, 지역에 따라 건립에 대한 찬성률에 차이가 없다.
④ 7.81, 지역에 따라 건립에 대한 찬성률에 차이가 없다.

해설 H_0 : 지역에 따라 화장터 건립에 대한 찬성률에 차이가 없다.
카이제곱 동질성 검정결과 검정통계량의 값 $\chi^2=7.55$, 자유도 $df=(3-1)(2-1)=2$, 유의수준 0.05, 임계값 $\chi^2_{0.05}(2)=5.99$이고, 이 분석에 근거할 때 검정통계량의 값 $\chi^2=7.55>\chi^2_{0.05}(2)=5.99$이므로 귀무가설($H_0$)을 기각한다.
즉, 유의수준 0.05하에서 지역에 따라 건립에 대한 찬성률에 차이가 있다.

| 정답 | 047 ② 048 ② 049 ②

050

어느 지역의 유권자 중 940명을 임의로 추출하여 가장 선호하는 정당에 대해 조사한 결과를 연령대별로 정리하여 다음의 이차원 분할표를 얻었고, 분할표 분석결과는 다음과 같다. 유의수준 0.05에서 연령대와 선호하는 정당과의 관련성을 검정하기 위한 검정결과에 대한 해석으로 맞는 것은? 2021년 1회

〈연령별 정당의 선호도 분할표〉

연령 \ 정당	A정당	B정당	C정당	계
30 미만	158	53	62	273
30 ~ 49	172	128	83	383
50 이상	95	162	27	284
계	425	343	172	940

〈카이제곱 검정〉

구분	값	자유도	점근유의확률 (양쪽검정)
피어슨 카이제곱	91.3412	4	0.000
우도비	93.347	4	0.000
선형대 선형결합	3.056	1	0.080
유효케이스	940		

① 카이제곱 통계량이 유의수준보다 크므로 귀무가설을 기각한다.
② 우도비 통계량이 유의수준보다 크므로 귀무가설을 기각할 수 없다.
③ 우도비 통계량에 대한 유의확률이 유의수준보다 작으므로 귀무가설을 기각할 수 없다.
④ 카이제곱 통계량에 대한 유의확률이 유의수준보다 작으므로 귀무가설을 기각한다.

해설 분할표를 만들어 두 변수 간의 독립성 여부를 유의수준 0.05에서 검정한 결과, Pearson 카이제곱 값이 91.3412에 대한 유의확률이 0.000으로 '유의확률 0.000<유의수준 0.05'이므로 귀무가설(H_0)을 기각할 수 있다.
Pearson 카이제곱 검정통계량 값 91.3412는 임계값 $\chi^2_{0.05}(4)$를 표에서 확인하지 않고서는 알 수 없으므로 사용할 수 없다.
결론적으로 유의수준 0.05하에서 연령대와 선호하는 정당은 서로 아무런 관계가 없다고 볼 수 있다.

051

월요일부터 금요일까지 업무를 보는 어느 가전제품 서비스센터에서는 요일에 따라 애프터서비스 신청률이 다른지를 알아보기 위해 요일별 서비스 신청건수를 조사한 결과 다음과 같았다. 귀무가설 'H_0: 요일별 서비스 신청률은 모두 동일하다'를 유의수준 5%에서 검정할 때 검정통계량의 값과 검정결과로 옳은 것은? (단, $\chi^2(4, 0.05) = 9.49$) 2019년 1회

요일	월	화	수	목	금	계
서비스 신청건수	21	25	35	32	37	150

① 10.23, H_0를 기각함
② 10.23, H_0를 채택함
③ 6.13, H_0를 기각함
④ 6.13, H_0를 채택함

해설 요일별 서비스 신청률이 모두 $\frac{1}{5}$로 동일한지를 검정하기 위해서는 카이제곱 적합도 검정을 실시한다.
H_0: 요일별 서비스 신청률은 모두 $\frac{1}{5}$로 동일하다.
H_1: 적어도 어느 요일의 서비스 신청률은 $\frac{1}{5}$이 아니다.
기대도수는 $E_i = n \times p_i = 150 \times \frac{1}{5} = 30$이므로 교차표는 다음과 같다.

요일	월	화	수	목	금	합계
O_i	21	25	35	32	37	150
E_i	30	30	30	30	30	

따라서 검정통계량의 값을 구하면
$$\chi^2 = \sum_{i=1}^{5} \frac{(O_i - E_i)^2}{E_i} = \frac{(21-30)^2}{30} + \frac{(25-30)^2}{30} + \frac{(35-30)^2}{30} + \frac{(32-30)^2}{30} + \frac{(37-30)^2}{30} \approx 6.13$$
이다.
유의수준 $\alpha = 0.05$, 자유도 $5-1=4$에 대한 카이제곱 값은 $\chi^2_{0.05}(4) = 9.49$이고, 검정통계량의 값 $\chi^2 = 6.13 < \chi^2_{0.05}(4) = 9.49$이므로 귀무가설($H_0$)을 기각할 수 없다.
즉, 유의수준 0.05하에서 요일별 서비스 신청률은 모두 $\frac{1}{5}$로 동일하다.

| 정답 | 050 ④ 051 ④

052

유권자 전체를 대상으로 사형제도 폐지에 대한 여론조사를 한 결과 다음의 결과를 얻었다. 또한 인천지역의 경찰관들 중 100명을 임의로 추출하여 의견을 조사한 결과가 다음과 같다. 귀무가설 'H_0: 사형제도 폐지에 대한 인천지역 경찰관들의 의견은 유권자 전체의 의견과 다르지 않다'를 검정하고자 한다. 검정결과로 옳은 것은? (단, $\chi^2(2, 0.05) = 5.99$, $\chi^2(2, 0.025) = 7.38$)

2017년 2회

여론조사	찬성	의견 없음	반대
	35	25	40

경찰관 조사	찬성	의견 없음	반대
	23	29	48

① 유의수준 5%에서 귀무가설을 채택한다.
② 유의수준 5%에서 귀무가설을 기각한다.
③ 유의수준 1%에서 귀무가설을 기각한다.
④ 유의확률을 알 수 없어 판단할 수 없다.

해설 사형제도 폐지에 대한 인천지역 경찰관들의 의견은 유권자 전체의 의견과 다르지 않음을 검정하기 위해서는 카이제곱 적합도 검정을 실시한다.
H_0: 사형제도 폐지에 대한 인천지역 경찰관들의 의견은 유권자 전체의 의견과 다르지 않다.
H_1: 사형제도 폐지에 대한 인천지역 경찰관들의 의견은 유권자 전체의 의견과 다르다.
유권자 전체의 의견인 찬성 35%, 의견 없음 25%, 반대 40%를 기대도수로 하면 교차표는 다음과 같다.

의견	찬성	의견 없음	반대	합계
O_i	23	29	48	100
E_i	35	25	40	

따라서 검정통계량의 값을 구하면
$$\chi^2 = \sum_{i=1}^{3} \frac{(O_i - E_i)^2}{E_i} = \frac{(23-35)^2}{35} + \frac{(29-25)^2}{25} + \frac{(48-40)^2}{40} \fallingdotseq 6.35$$
유의수준 $\alpha = 0.05$, 자유도 $3-1=2$에 대한 카이제곱 값은 $\chi^2_{0.05}(2) = 5.99$이고, 검정통계량의 값 $\chi^2 = 6.35 > \chi^2_{0.05}(2) = 5.99$이므로 귀무가설($H_0$)을 기각한다. $\chi^2_{0.025}(2) = 7.38$에 대하여 $\chi^2 = 6.35 < 7.38$이므로 유의수준 1%에서 귀무가설을 기각할 수 없다.
따라서 유의수준 0.05하에서 사형제도 폐지에 대한 인천지역 경찰관들의 의견은 유권자 전체의 의견과 다르다.

053

새로운 복지정책에 대한 찬반 여부가 성별에 따라 차이가 있는지를 알아보기 위해 남녀 100명씩을 랜덤하게 추출하여 조사한 결과이다. 가설 'H_0: 새로운 복지정책에 대한 찬반 여부는 남녀 성별에 따라 차이가 없다'의 검정에 대한 설명으로 틀린 것은?

2022년 2회

구분	찬성	반대
남자	40	60
여자	60	40

① 가설검정에 이용되는 카이제곱 통계량의 값은 8이다.
② 가설검정에 이용되는 카이제곱 통계량의 자유도는 1이다.
③ 유의수준 0.05에서 기각역의 임계값이 3.84이면, 카이제곱 검징의 유의확률($p-$값)은 0.05보다 크다.
④ 남자와 여자의 찬성률에 대한 오즈비(Odds Ratio)는
$$\frac{P(\text{찬성}|\text{남자})/P(\text{반대}|\text{남자})}{P(\text{찬성}|\text{여자})/P(\text{반대}|\text{여자})} = \frac{(0.4/0.6)}{(0.6/0.4)} = 0.4444$$
로 구해진다.

해설 새로운 복지정책에 대하여 성별에 따라 찬반 여부에 차이가 있는지를 검정하기 위해서는 카이제곱 동질성 검정을 실시한다.
H_0: 새로운 복지정책에 대한 찬반 여부는 남녀성별에 따라 차이가 없다.
H_1: 새로운 복지정책에 대한 찬반 여부는 남녀성별에 따라 차이가 있다.
동질성 검정에서의 기대도수는
$$\hat{E}_{ij} = \frac{(\text{각 행의 주변 합}) \times (\text{각 열의 주변 합})}{\text{총합}}$$
이므로 교차표는 다음과 같다.

구분		찬성	반대	합계
남자	O_{ij}	40	60	100
	$\hat{E}_{ij}$	$\frac{100 \times 100}{200} = 50$	$\frac{100 \times 100}{200} = 50$	
여자	O_{ij}	60	40	100
	$\hat{E}_{ij}$	$\frac{100 \times 100}{200} = 50$	$\frac{100 \times 100}{200} = 50$	
합계		100	100	200

따라서 검정통계량의 값을 구하면
$$\chi^2 = \sum_{i=1}^{2}\sum_{j=1}^{2} \frac{(O_{ij} - \hat{E}_{ij})^2}{\hat{E}_{ij}}$$
$$= \frac{(40-50)^2}{50} + \frac{(60-50)^2}{50} + \frac{(60-50)^2}{50} + \frac{(40-50)^2}{50} = 8 \text{이다.}$$
유의수준 $\alpha = 0.05$와 자유도 $(2-1)(2-1) = 1$에 대한 카이제곱 값은 $\chi^2_{0.05}(1) = 3.84$이고, 검정통계량의 값 $\chi^2 = 8 > \chi^2_{0.05}(1) = 3.84$, 검정통계량의 값 $\chi^2 = 8$에 대한 유의확률<유의수준 0.05이므로 귀무가설(H_0)을 기각한다. 즉, 유의수준 0.05하에서 새로운 복지정책에 대한 찬반여부는 남녀성별에 따라 차이가 있다고 할 수 있다.

054

⟨표 A⟩와 ⟨표 B⟩에서 행과 열의 독립성 가설을 검증(검정)하고자 한다. ⟨표 A⟩에서의 카이제곱 통계량을 χ_A^2, $p-$값(유의확률)을 p_A 이라고 하고, ⟨표 B⟩에서의 카이제곱 통계량을 χ_B^2, $p-$값(유의확률)을 p_B 라고 하자. 다음 중 옳은 관계식은?

⟨표 A⟩

	열 1	열 2
행 1	12	32
행 2	24	62
행 3	6	12

⟨표 B⟩

	열 1	열 2
행 1	120	320
행 2	240	620
행 3	60	120

① $\chi_A^2 = \chi_B^2$, $p_A = p_B$
② $\chi_A^2 = \chi_B^2$, $p_A > p_B$
③ $\chi_A^2 < \chi_B^2$, $p_A = p_B$
④ $\chi_A^2 < \chi_B^2$, $p_A > p_B$

해설 ⟨표 A⟩와 ⟨표 B⟩는 동일한 구조(3행×2열)를 가지며, ⟨표 B⟩는 ⟨표 A⟩의 모든 셀의 값을 정확히 10배 확대한 형태이다. 이 경우 관측도수가 10배 증가하면 기대도수도 10배가 되며,

$$\chi_{new}^2 = \sum \frac{(관측도수 - 기대도수)^2}{기대도수}$$
$$= \sum \frac{(10O - 10E)^2}{10E} = 10 \sum \frac{(O-E)^2}{E} 10\chi_{origin}^2$$

즉, 관측도수와 기대도수가 모두 10배가 되면 χ^2 값도 10배가 되며, $p-$값은 더 작아진다. 따라서 $\chi_A^2 < \chi_B^2$이 유의확률은 $p_A > p_B$ 이다.

| 정답 | 054 ④

CHAPTER 05

통계분석 Ⅱ (상관분석, 회귀분석)

핵심이론(1권) p.272

001
공분산에 대한 설명으로 틀린 것은? 2022년 1회

① 공분산은 음수의 값을 가질 수 있다.
② 한 변수의 분산이 0이면 공분산도 0이다.
③ 두 변수의 선형관계의 밀접성 정도를 나타낸다.
④ 공분산이 양수이면 두 변수가 같은 방향으로 움직이는 것을 나타낸다.

해설 두 변수의 선형관계의 정도를 수치적으로 나타내는 통계량은 상관계수 표준화된 공분산이며 크기를 비교할 수 있다. 따라서 두 변수의 선형관계는 공분산과 상관계수 모두 나타내지만 선형관계의 밀접성 정도는 상관계수로 확인할 수 있다.
공분산 $Cov(X, Y)$는 한 확률변수에 대한 분산 개념을 확장하여 두 확률변수 X, Y의 흩어진 정도(산포의 정도) 및 선형관계를 나타내는 통계량이다. X의 증감에 따른 Y의 증감이 동일한 방향인 양의 방향인지 음의 방향인지를 나타내는 수치이므로 양수, 0, 음수의 값을 가질 수 있다.

002
다음 중 상관계수(r_{XY})에 대한 설명으로 틀린 것은? 2020년 4회

① 상관계수 r_{XY}는 두 변수 X와 Y의 선형관계의 정도를 나타낸다.
② 상관계수의 범위는 [-1, 1]이다.
③ $r_{XY}=\pm 1$이면 두 변수는 완전한 상관관계에 있다.
④ 상관계수 r_{XY}는 두 변수의 이차곡선관계를 나타내기도 한다.

해설 상관계수는 두 변수의 선형관계만을 나타내며, 이차곡선관계를 나타내지 않는다.

003
상관계수에 대한 설명으로 틀린 것은? 2022년 2회

① 두 변수의 직선관계를 나타내는 측도이다.
② 상관계수는 -1에서 1 사이의 값을 갖는다.
③ 상관계수가 0에 가깝다는 의미는 두 변수 간의 연관성이 없다는 의미이다.
④ 상관계수값이 1이나 -1에 가깝다는 의미는 두 변수간의 강한 연관성을 가지고 있다는 의미이기도 한다.

해설 상관계수가 0이면 두 변수 사이에 선형관계가 아니라는 의미이다. 한 변수의 값이 일정하거나 곡선관계 등의 경우에도 상관계수는 0이 될 수 있으므로 두 변수 사이에 어떠한 관계도 없다고 판단할 수 없다.

004
다음 중 두 변수 간의 상관계수가 1이 되는 경우에 해당하는 것은? 1급 기출문제

① 한 고등학교에서의 수험생들의 수학능력시험 점수와 내신성적
② 지난 한 달 동안 기온을 섭씨로 잰 온도 값과 화씨로 잰 온도 값
③ 학급 학생들의 키와 몸무게
④ 지난 달 매일의 주가지수와 환율

해설 섭씨 온도 $x(℃)$와 화씨 $y(℉)$ 사이에 $y=\dfrac{9}{5}x+32$인 직선의 관계가 성립하므로 상관계수는 1이 된다.

| 정답 | 001 ③ 002 ④ 003 ③ 004 ②

005
상관계수(피어슨 상관계수)에 대한 설명으로 가장 거리가 먼 것은?   2021년 1회

① 선형관계에 대한 설명에 사용된다.
② 상관계수의 값은 변수의 단위가 달라지면 영향을 받는다.
③ 상관계수의 부호는 회귀계수의 기울기(b)의 부호와 항상 같다.
④ 상관계수의 절대치가 클수록 두 변수의 선형관계가 강하다고 할 수 있다.

해설 두 변수에 대한 공분산은 변수들의 측정단위가 달라지면 값이 변할 수 있지만, 상관계수는 공분산을 두 확률변수의 표준편차로 나눈 값이므로 변수들의 측정단위가 달라져도 영향을 받지 않는다.

006
두 변수 간의 상관계수에 대한 설명 중 틀린 것은?   2020년 3회

① 한 변수의 값이 일정할 때 상관계수는 정의되지 않는다.
② 한 변수의 값이 다른 변수값보다 항상 100만큼 클 때 상관계수는 1이 된다.
③ 상관계수는 변수들의 측정단위에 따라 변할 수 있다.
④ 상관계수가 0일 때는 두 변수의 공분산도 0이 된다.

해설 상관계수는 공분산을 두 변수의 표준편차로 나누어 표준화시킨 값이므로 변수들의 측정단위에 따라 변하지 않는다.
① 한 변수의 값이 일정하면 표준편차가 0이 되어 분모가 0이 되므로, 상관계수는 정의되지 않는다.
② 한 변수의 값이 다른 변수값보다 항상 100만큼 큰 $Y=X+100$이면 두 변수 X, Y가 직선의 관계이므로 상관계수는 1이 된다.
④ 두 변수 X와 Y의 표준편차가 양수이므로 상관계수가 0이면 공분산도 0이 된다.

007
다른 변수들의 상관관계를 통제하고 순수하게 두 변수 간의 상관관계를 나타내는 것은?   2019년 3회

① 단순상관계수   ② 편상관계수
③ 다중상관계수   ④ 결정계수

해설 편상관계수는 다중상관분석에서 다른 변수들의 상관관계를 통제하고 순수하게 두 변수 간 상관관계를 나타내는 측도이다. 예를 들어 직장인의 나이, 연봉, 혈압 간의 다중상관분석에서 연봉과 혈압 사이의 순수한 상관관계를 파악하기 위해 나이 변수를 통제하고 상관분석을 시행하는 방법이다.

008
상관분석의 적용을 위해 산점도에서 관찰해야 하는 자료의 특징이 아닌 것은?   2022년 2회

① 자료의 층화 여부
② 이상점의 존재 여부
③ 원점(0, 0)의 통과 여부
④ 선형 또는 비선형관계의 여부

해설 상관분석 시 산점도를 그려 변수들 간의 상호연관성을 파악한다. 산점도에서는 선형 또는 비선형관계의 여부, 이상점의 존재 여부, 자료의 군집 형태 및 층화 여부 등을 대략적으로 관찰할 수 있다.

009
다음은 3개의 자료 A, B, C에 대한 산점도이다. 이 자료에 대한 상관계수가 −0.93, 0.20, 0.70 중 하나일 때, 산점도와 해당하는 상관계수의 값을 올바르게 짝지은 것은?
                                            2021년 1회

① 자료 A: −0.93, 자료 B: 0.20, 자료 C: 0.70
② 자료 A: −0.93, 자료 B: 0.70, 자료 C: 0.20
③ 자료 A: 0.20, 자료 B: −0.93, 자료 C: 0.70
④ 자료 A: 0.20, 자료 B: 0.70, 자료 C: −0.93

해설 산점도에서 자료 A는 강한 음의 상관관계가 확인되며, 자료 B는 양의 상관관계, 자료 C는 약한 양의 상관관계가 확인된다. 따라서 각 자료의 상관계수는 자료 A가 −0.93, 자료 B가 0.70, 자료 C가 0.20이다.

| 정답 | 005 ② 006 ③ 007 ② 008 ③ 009 ②

010

다음은 대응되는 두 변량 X와 Y를 관측하여 얻은 자료 $(x_1, y_1), \cdots, (x_n, y_n)$로 그린 산점도이다. X와 Y의 표본 상관계수의 절댓값이 가장 작은 것은?

2019년 3회

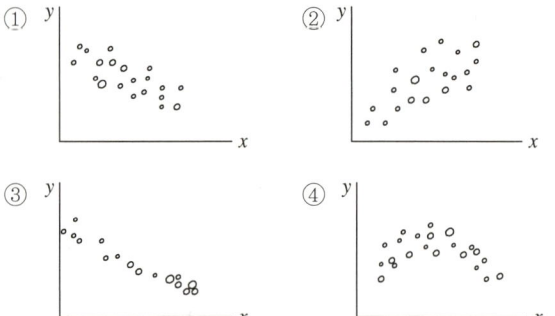

해설 상관계수의 범위는 −1에서 1이며, 상관계수의 절댓값이 1에 가까울수록 직선관계가 강하며, 0에 가까울수록 직선관계가 약함을 의미한다. 자료들이 포물선의 모양을 나타내면서 양의 상관관계와 음의 상관관계가 섞여 있는 경우 상관계수가 0에 가까울 것으로 예측할 수 있다.

011

교육수준과 정치적 성향의 관계를 알아보기 위하여 조사를 실시하였다. 조사한 자료를 분석한 결과 교육년수로 측정한 교육수준의 분산이 70, 정치적 성향의 분산이 50, 그리고 두 변수의 공분산으로 $\sqrt{560}$ 이 나타났다. 이때 두 변수 간의 적률상관계수의 값은 얼마인가?

① 0.1　　② 0.2
③ 0.3　　④ 0.4

해설 두 확률변수 X와 Y의 적률상관계수는 $\dfrac{Cov(X, Y)}{\sqrt{V(X)}\sqrt{V(Y)}}$ 이다. 따라서 X와 Y의 분산 $V(X) = 70$, $V(Y) = 50$와 공분산 $Cov(X, Y) = \sqrt{560}$에 대하여 상관계수는 $\dfrac{Cov(X, Y)}{\sqrt{V(X)}\sqrt{V(Y)}} = \dfrac{\sqrt{560}}{\sqrt{70}\sqrt{50}} = 0.4$ 이다.

012

확률변수 X의 분산이 16, 확률변수 Y의 분산이 25, 두 확률변수의 공분산이 −10일 때, X와 Y의 상관계수는?

2017년 2회

① −1　　② −0.5
③ 0.5　　④ 1

해설 두 확률변수 X와 Y의 상관계수는 $\dfrac{Cov(X, Y)}{\sqrt{V(X)}\sqrt{V(Y)}}$ 이다. 따라서 X와 Y의 분산 $V(X) = 16$, $V(Y) = 25$와 공분산 $Cov(X, Y) = -10$에 대하여 상관계수는 $\dfrac{Cov(X, Y)}{\sqrt{V(X)}\sqrt{V(Y)}} = \dfrac{-10}{\sqrt{16}\sqrt{25}} = -\dfrac{10}{4 \times 5} = -0.5$ 이다.

013

다음 표는 5명의 학생에 대한 국어와 수학 시험의 등수를 조사한 것이다. 이 자료를 보고 국어와 수학의 Spearman의 순위상관계수에 대한 설명으로 옳은 것은?

국어	1	2	3	4	5
수학	1	2	3	4	5

① 매우 높은 음(−)의 상관관계
② 매우 낮은 음(−)의 상관관계
③ 매우 높은 양(+)의 상관관계
④ 매우 낮은 양(+)의 상관관계

해설 제시된 데이터는 국어와 수학의 등수(Rank)가 완전히 일치하는 경우로 완벽한 정(+)의 관계이므로 상관계수를 계산하지 않아도 +1이다. Spearman의 순위상관계수(ρ, rho)는 두 변수 간의 순위(등수) 관계가 얼마나 일관되게 증가 또는 감소하는지를 측정하는 비모수적 상관계수로, 값의 범위는 −1에서 +1 사이이다.
- +1: 순위가 완전히 같은 경우(완전한 정적 상관)
- −1: 순위가 완전히 반대인 경우(완전한 부적 상관)
- 0: 순위 간 관계 없음

즉, 값이 클수록 두 변수의 순서 관계가 더 비슷하다는 의미이다. 국어 등수와 수학 등수가 모든 학생에 대해 동일하므로 순위 차이 $d_i = 0$ (for all i)이다. 따라서 $\rho = 1 - \dfrac{6 \sum d_i^2}{n(n^2-1)} = 1 - 0 = 1$이므로 Spearman의 순위상관계수는 +1이다.

| 정답 | 010 ④　011 ④　012 ②　013 ③

014

두 변수 간의 상관계수값으로 옳은 것은?   2020년 1·2회

x	2	4	6	8	10
y	5	4	3	2	1

① -1 ② -0.5
③ 0.5 ④ 1

해설 제시된 조건으로 $\sum X$, $\sum Y$, $\sum(X_i-\mu_X)(Y_i-\mu_Y)$, $\sum(X_i-\mu_X)^2$, $\sum(Y_i-\mu_Y)^2$을 구하면 다음과 같다.

						합
X_i	2	4	6	8	10	30
Y_i	5	4	3	2	1	15
$X_i-\mu_X$	-4	-2	0	2	4	0
$Y_i-\mu_Y$	2	1	0	-1	-2	0
$(X_i-\mu_X)\times(Y_i-\mu_Y)$	-8	-2	0	-2	-8	-20
$(X_i-\mu_X)^2$	16	4	0	4	16	40
$(Y_i-\mu_Y)^2$	4	1	0	1	4	10

공분산 $\sigma_{XY}=\dfrac{-20}{5}=-4$, X의 분산 $\sigma_X^2=\dfrac{40}{5}=8$, Y의 분산 $\sigma_Y^2=\dfrac{10}{5}=2$로부터 상관계수를 구하면,

$\rho_{XY}=\dfrac{\sigma_{XY}}{\sqrt{\sigma_X^2}\sqrt{\sigma_Y^2}}=\dfrac{-4}{\sqrt{8}\sqrt{2}}=\dfrac{-4}{\sqrt{16}}=\dfrac{-4}{4}=-1$이다.

TIP 두 변수에 대한 산점도를 그리면 기울기가 음수인 직선 위에 모든 자료가 놓인다는 것을 확인할 수 있다. 따라서 상관계수는 -1이 된다.

015

$Y=a+bX(b>0)$인 관계가 성립할 때 두 확률변수 X와 Y 간의 상관계수 ρ_{XY}는?   2018년 2회

① $\rho_{XY}=1.0$ ② $\rho_{XY}=0.8$
③ $\rho_{XY}=0.6$ ④ $\rho_{XY}=0.4$

해설 상관계수는 두 변수의 직선(선형)관계의 밀접성 정도를 나타내는 측도이다. 두 확률변수 X와 Y 간에 기울기가 양수($b>0$)인 일차직선 $Y=a+bX$의 관계가 성립하면 정확한 양의 상관관계를 의미한다. 따라서 상관계수 ρ_{XY}는 1.0이다.

016

확률변수 X와 Y의 결합확률질량함수가 다음과 같을 때, X와 Y의 상관계수는?   2022년 2회

Y \ X	-1	0	1
0	0	0.2	0
1	0.4	0	0.4

① -1 ② 0
③ 0.5 ④ 1

해설 확률변수 X와 Y의 결합확률질량함수는 다음과 같다.

X	-1	0	1
$P(X=x)$	$0+0.4$	$0.2+0$	$0+0.4$

Y	0	1
$P(Y=y)$	$0+0.2+0$	$0.4+0+0.4$

$E(X)$, $E(Y)$, $E(XY)$, $V(X)$, $V(Y)$를 구하면
$E(X)=[(-1)\times 0.4]+(0\times 0.2)+(1\times 0.4)=0$,
$E(Y)=(0\times 0.2)+(1\times 0.8)=0.8$,
$V(X)=[(-1-0)^2\times 0.4]+[(0-0)^2\times 0.2]+[(1-0)^2\times 0.4]=0.8$,
$V(Y)=[(0-0.8)^2\times 0.2]+[(1-0.8)^2\times 0.8]=0.016$,
$E(XY)=[(-1)\times 0.4]+(0\times 0.2)+(1\times 0.4)=0$이다.
공분산은 $Cov(X,Y)=E(XY)-E(X)E(Y)=0-0\times 0.8=0$이므로 상관계수는 $\rho_{XY}=\dfrac{Cov(X,Y)}{\sqrt{V(X)}\sqrt{V(Y)}}=0$이다.

TIP 두 변수에 대한 산점도를 그리면 음의 상관과 양의 상관이 동시에 확인되므로 상관계수가 거의 0에 가까울 것으로 예측할 수 있다.

|정답| 014 ①   015 ①   016 ②

017

이산형 확률변수 (X, Y)의 결합확률분포표가 다음과 같이 주어진 경우, X와 Y의 상관계수에 대한 설명으로 옳은 것은?

2017년 3회

Y \ X	1	2	3	4	5
1	0.15	0.10	0.00	0.00	0.00
2	0.00	0.15	0.05	0.00	0.00
3	0.00	0.05	0.10	0.10	0.00
4	0.00	0.00	0.00	0.15	0.05
5	0.00	0.00	0.00	0.00	0.10

① 상관계수는 양의 값을 갖는다.
② 상관계수는 음의 값을 갖는다.
③ 상관계수는 0이다.
④ 상관계수를 구할 수 없다.

해설 상관계수는 두 변수의 직선(선형)관계의 밀접성 정도를 나타내는 측도로, 두 변수의 상관계수를 직접 계산하거나 두 변수 사이의 관계를 확인하기 위해 먼저 산점도를 그려볼 수 있다. 산점도를 그려 보면 위 표의 (X, Y)가 $(1, 1), (2, 1), (2, 2), (2, 3), (3, 2), (3, 3), (4, 3), (4, 4), (5, 4), (5, 5)$에 분포되어 있으며, X와 Y가 함께 커지는 관계임이 확인된다.
따라서 두 변수 X와 Y는 양의 상관관계이므로 상관계수가 양의 값을 갖는다.

TIP 두 변수의 상관계수를 계산하기 어려운 문제는 계산에 앞서 산점도를 먼저 그려 두 변수 사이의 관계를 확인해보는 것이 좋다.

018

두 확률변수 X와 Y의 상관계수는 0.92이다. $U = \frac{1}{2}X + 5$, $V = \frac{3}{2}Y + 1$이라 할 때 두 확률변수 U와 V의 상관계수는?

2020년 4회

① 0.69 ② -0.69
③ 0.92 ④ -0.92

해설 두 확률변수 $aX+b$, $cY+d$에 대한 상관계수 $Corr(aX+b, cY+d)$는 $ac>0$이면 $Corr(aX+b, cY+d) = Corr(X, Y)$이다.
두 확률변수 $U = \frac{1}{2}X + 5$와 $V = \frac{3}{2}Y + 1$의 상관계수는 $\left(\frac{1}{2}\right) \times \left(\frac{3}{2}\right) > 0$이므로 X와 Y의 상관계수 0.92와 같다.

019

두 변수 X, Y의 상관계수가 0.5일 때 $(2X+3, -3Y-4)$와 $(-3X+4, -2Y-2)$의 상관계수는?

2022년 1회

① 0.5, 0.5 ② 0.5, -0.5
③ -0.5, 0.5 ④ -0.5, -0.5

해설 두 확률변수 $aX+b$, $cY+d$에 대한 상관계수 $Corr(aX+b, cY+d)$는 $ac>0$이면 $Corr(aX+b, cY+d) = Corr(X, Y)$, $ac<0$이면 $Corr(aX+b, cY+d) = -Corr(X, Y)$이다.
두 변수 X와 Y의 상관계수가 0.5일 때 $(2X+3, -3Y-4)$에서 $2 \times (-3) = -6 < 0$이므로 상관계수는 -0.5이고, $(-3X+4, -2Y-2)$에서 $(-3) \times (-2) = 6 > 0$이므로 상관계수는 0.5이다.

020

X와 Y의 평균과 분산은 각각 $E(X)=4$, $V(X)=8$, $E(Y)=10$, $V(Y)=32$이고, $E(XY)=28$이다. $2X+1$과 $-3Y+5$의 상관계수는?

2018년 3회

① 0.75 ② -0.75
③ 0.67 ④ -0.67

해설 두 확률변수 $2X+1$과 $-3Y+5$에서 $2 \times (-3) = -6 < 0$이므로 X와 Y 사이의 상관계수와 $2X+1$과 $-3Y+5$ 사이의 상관계수는 부호가 반대이며 절댓값이 같은 값이다.
공분산이 $Cov(X, Y) = E(XY) - E(X)E(Y) = 28 - 4 \times 10 = -12$이므로 상관계수는

$$\rho_{XY} = \frac{Cov(X, Y)}{\sqrt{V(X)}\sqrt{V(Y)}} = \frac{-12}{\sqrt{8}\sqrt{32}} = -0.75$$

이다.
따라서 $2X+1$과 $-3Y+5$의 상관계수는 0.75이다.

| 정답 | **017** ① **018** ③ **019** ③ **020** ①

021

$Corr(X, Y)$가 X와 Y의 상관계수일 때 성립하지 않는 내용을 모두 짝지은 것은?
2017년 2회

> ㉠ X와 Y가 서로 독립이면 $Corr(X, Y) = 0$이다.
> ㉡ $Corr(10X, Y) = 10\,Corr(X, Y)$
> ㉢ 두 변수 X와 Y 간의 상관계수가 1에 가까울수록 직선관계가 강하고, -1에 가까울수록 직선관계가 약하다.

① ㉠, ㉡
② ㉠, ㉢
③ ㉡, ㉢
④ ㉠, ㉡, ㉢

해설 ㉠ 두 확률변수 X와 Y가 서로 독립이면 상관계수가 0이다. 그러나 두 확률변수의 상관계수가 0이라고 해서 서로 독립인 것은 아니다.
㉡ 두 확률변수 $aX+b$, $cY+d$에 대한 상관계수 $Corr(aX+b, cY+d)$는 $ac > 0$이면 $Corr(aX+b, cY+d) = Corr(X, Y)$이다. 따라서 $10X$와 Y에서 $10 \times 1 = 10 > 0$이므로 $Corr(10X, Y) = Corr(X, Y)$이다.
㉢ 두 확률변수 X, Y 간의 상관계수가 1 또는 -1에 가까울수록 기울기가 양수 또는 음수인 직선관계가 강하고 0에 가까울수록 직선관계가 약하다는 의미이다.

022

두 변수 (X, Y)의 n개의 표본자료 $(x_1, y_1), \cdots, (x_n, y_n)$에 대하여 다음과 같이 정의된 표본상관계수 r에 관한 설명으로 틀린 것은?
2019년 1회

$$r = \frac{\sum_{i=1}^{n}(x_i - \bar{x})(y_i - \bar{y})}{\sqrt{\sum_{i=1}^{n}(x_i - \bar{x})^2}\sqrt{\sum_{i=1}^{n}(y_i - \bar{y})^2}}$$

① 상관계수는 항상 -1 이상, 1 이하의 값을 갖는다.
② X와 Y 사이의 상관계수의 값과 $(X+2)$와 $2Y$ 사이의 상관계수의 값은 같다.
③ X와 Y 사이의 상관계수의 값과 $-3X$와 $2Y$ 사이의 상관계수의 값은 같다.
④ 서로 연관성이 있는 경우에도 X와 Y 사이의 상관계수의 값은 0이 될 수도 있다.

해설 두 확률변수 $aX+b$, $cY+d$에 대한 상관계수 $Corr(aX+b, cY+d)$는 $ac > 0$이면 $Corr(aX+b, cY+d) = Corr(X, Y)$, $ac < 0$이면 $Corr(aX+b, cY+d) = -Corr(X, Y)$이다.
따라서 확률변수 X와 Y 사이의 상관계수의 값과 확률변수 $(X+2)$와 $2Y$ 사이의 상관계수의 값은 같으나 $-3X$와 $2Y$ 사이의 상관계수의 값은 부호가 반대이며 절댓값이 같다.

023

IQ와 수학 성적과의 관계를 검정하기 위하여 1000명의 학생을 무작위로 뽑아 적률상관계수를 구했더니 0.78이었다. 극단적인 값들의 영향력을 줄이기 위하여 IQ 변수의 1사분위값과 3사분위값 사이에 있는 표본들만으로 다시 IQ와 수학성적의 적률상관계수를 구한다면 어떤 결과가 예측되는가?

① 적률상관계수가 높아진다.
② 적률상관계수가 낮아진다.
③ 적률상관계수는 변화가 없다.
④ 적률상관계수가 1이 된다.

해설 적률상관계수(Pearson 상관계수)는 두 변수 간의 선형적인 관계를 측정하는 통계량으로, 각 변수의 분산과 공분산에 기반하므로 극단값(이상치)에 민감하다. 따라서 극단적인 값들의 영향을 줄이기 위해 IQ 변수의 사분위값(Q1과 Q3) 사이에 위치한 중간값들만 선택해 상관계수를 다시 계산하면, 전체 자료의 범위가 좁아지고 분산이 감소한다. 이로 인해 변수 간의 선형적 관계가 덜 뚜렷하게 나타날 수 있으므로, 적률상관계수는 일반적으로 낮아지는 경향을 보인다.

| 정답 | 021 ③ 022 ③ 023 ②

024

모상관계수가 ρ인 이변량 정규분포를 따르는 두 변수에 대한 자료 $(x_i, y_i)(i=1, 2, \cdots, n)$에 대하여 표본상관계수

$$r = \frac{\sum_{i=1}^{n}(x_i-\overline{x})(y_i-\overline{y})}{\sqrt{\sum_{i=1}^{n}(x_i-\overline{x})^2}\sqrt{\sum_{i=1}^{n}(y_i-\overline{y})^2}}$$

을 이용하여 귀무가설 $H_0: \rho=0$을 검정하고자 한다. 이때 사용되는 검정통계량과 그 자유도는? 2021년 3회

① $\sqrt{n-1}\dfrac{r}{\sqrt{1-r}}$, $n-1$

② $\sqrt{n-2}\dfrac{r}{\sqrt{1-r}}$, $n-2$

③ $\sqrt{n-1}\dfrac{r}{\sqrt{1-r^2}}$, $n-1$

④ $\sqrt{n-2}\dfrac{r}{\sqrt{1-r^2}}$, $n-2$

해설 표본상관계수 r를 이용하여 $H_0: \rho=0$을 검정하고자 할 때 사용되는 검정통계량은
$t = \dfrac{r-0}{SE(r)} = \dfrac{r-0}{\frac{\sqrt{1-r^2}}{\sqrt{n-2}}} = \sqrt{n-2}\dfrac{r}{\sqrt{1-r^2}}$ 이며, 자유도가 $n-2$인 t-분포를 따른다.

025

표본상관계수가 0.32일 때, 유의수준 10% 하에서 모집단 상관계수가 0이 아니라고 결론을 내리고자 한다. 다음 결과를 이용하여 표본의 수가 최소한 몇 개가 필요한지 구하면? (단, $t_{0.05}(23)=1.714$, $t_{0.05}(24)=1.711$, $t_{0.05}(25)=1.708$, $t_{0.05}(26)=1.706$)

$$t = \frac{r\sqrt{n-2}}{\sqrt{1-r^2}} = \frac{0.32\sqrt{n-2}}{\sqrt{1-(0.32)^2}} = 0.3378\sqrt{n-2}$$

① 25 ② 26
③ 27 ④ 28

해설 검정통계량이 주어진 유의수준에서의 임계값보다 커야 하므로 $t=0.3378\sqrt{n-2} > t_{0.05}(n-2)$이어야 한다.
$n=28$에서 자유도 26의 임계값 $t_{0.05}(26)=1.706$에 대해 $0.3378\sqrt{28-2} > t_{0.05}(28-2)=1.706$으로 표본의 수가 최소한 28개가 필요하다.

026

어떤 승용차의 가격이 출고연도가 지남에 따라 얼마나 떨어지는가를 알아보기 위하여 이 승용차에 대한 중고 판매가격에 대한 조사를 하였다. 사용연수와 중고차 가격과의 관계를 보기 위한 적합한 분석방법은? 2017년 1회

① 단순회귀분석 ② 중회귀분석
③ 분산분석 ④ 다변량분석

해설 회귀분석은 자료를 통해 독립변수와 종속변수 간의 함수관계를 통계적으로 규명하는 통계분석 방법으로 독립변수에 따라 종속변수의 변화를 예측하기 위해 사용된다. 따라서 어떤 승용차의 가격이 출고연도가 지남에 따라 얼마나 떨어지는지를 알아보기 위한 통계분석방법은 회귀분석이고, 독립변수가 출고 연도 하나이므로 단순회귀분석을 선택해야 한다.

027

회귀분석에 대한 설명 중 옳은 것은? 2019년 3회

① 회귀분석에서 분산분석표는 사용되지 않는다.
② 독립변수는 양적인 관찰값만 허용된다.
③ 회귀분석은 독립변수 간에 상관관계가 0인 경우만 분석 가능하다.
④ 회귀분석에서 t-검정과 F-검정이 모두 사용된다.

해설 회귀분석에서 회귀모형의 유의성 검정은 F-검정이 사용되고, 회귀계수의 유의성 검정은 t-검정이 사용된다.
② 독립변수가 범주형 범수이면 이를 가변수(Dummy Variable)로 변환하여 회귀분석을 한다.

| 정답 | 024 ④ 025 ④ 026 ① 027 ④

028
상관분석 및 회귀분석을 실시할 때의 설명으로 틀린 것은?

2019년 2회

① 연구자는 먼저 설명변수와 반응변수의 산점도를 그려서 관계를 파악해보아야 한다.
② 두 변수 간의 관계가 선형이 아니라면, 관련이 있어도 상관계수가 0이 될 수 있다.
③ 상관계수가 +1에 가까우면 높은 상관이 있는 것이고, -1에 가까우면 상관이 없는 것으로 해석할 수 있다.
④ 두 개의 설명변수가 있을 때 다중회귀분석을 실시한 경우의 회귀계수와 각각 단순회귀분석을 했을 때의 회귀계수는 달라진다.

해설 상관계수가 ±1에 가까우면 높은 상관이 있는 것으로, 0에 가까우면 상관이 없는 것으로 해석할 수 있다.

029
단순회귀분석의 모형에서 오차항의 기본 가정에 대한 설명으로 틀린 것은?

2017년 1회

① 오차항은 정규분포를 따른다.
② 오차항은 서로 독립이다.
③ 오차항의 기댓값은 0이다.
④ 오차항의 분산이 다르다.

해설 오차항 ϵ_i에 대한 기본 가정은 정규성, 등분산성, 독립성 3가지이다.

030
회귀분석에 있어 잔차분석은 모형의 적절성 여부에 중요한 역할을 담당한다. 잔차분석 방법 중 Q-Q 그림을 통해 검정할 수 있는 모형의 가정은 무엇인가?

① 선형성 ② 등분산
③ 정규성 ④ 독립성

해설 잔차분석 중 Q-Q 그림(Quantile-Quantile Plot)이 회귀모형의 어떤 가정을 검정하는 데 사용되는지를 묻고 있으며, Q-Q 그림은 잔차가 정규분포를 따르는지 시각적으로 검정하는 도구이다. Q-Q 그림에서 점들이 대각선에 가깝게 일렬로 늘어서 있으면 정규성 만족, 그렇지 않으면 정규성 위배로 본다.
① 선형성: 산점도나 잔차 vs 적합값 그래프로 검정
② 등분산(등분산성): 잔차 vs 적합값 그래프로 검정
④ 독립성: 자기상관 그래프나 Durbin-Watson 검정 사용

031
Y의 X에 대한 회귀직선식이 $\hat{Y} = 3 + X$라 한다. Y의 표준편차가 5, X의 표준편차가 3일 때 X와 Y의 상관계수는?

2018년 2회

① 0.6 ② 1
③ 0.8 ④ 0.5

해설 단순회귀분석에서 추정회귀직선식 $\hat{Y} = a + bX$의 기울기는 $b = r_{XY}\dfrac{S_Y}{S_X}$이다. $b=1$, X의 표준편차 $S_X = 3$, Y의 표준편차 $S_Y = 5$이므로 $1 = r_{XY} \times \dfrac{5}{3}$이다.
따라서 X와 Y의 상관계수는 $r_{XY} = \dfrac{3}{5} = 0.6$이다.

| 정답 | 028 ③ 029 ④ 030 ③ 031 ①

032

크기가 10인 표본으로부터 얻은 회귀방정식은 $y = 2 + 0.3x$ 이고, x의 표본평균이 2이고, 표본분산은 4, y의 표본평균은 2.6이고 표본분산은 9이다. 이 요약치로부터 x와 y의 상관계수는?

① 0.1   ② 0.2
③ 0.3   ④ 0.4

해설 단순회귀분석에서 회귀방정식 $y=2+0.3x$의 기울기는 $b = r_{xy}\frac{S_y}{S_x} = 0.3$이고, x의 표본표준편차 $S_x = \sqrt{4} = 2$, y의 표본표준편차 $S_y = \sqrt{9} = 3$이므로 $r_{xy} = 0.3 \times \frac{S_x}{S_y} = 0.3 \times \frac{2}{3} = 0.2$이다.

033

어떤 제품의 수명은 특정 부품의 수명과 밀접한 관계가 있다고 한다. 제품수명(Y)의 평균과 표준편차는 각각 13과 4이고, 부품수명(X)의 평균과 표준편차는 각각 12와 3이다. X와 Y의 상관계수가 0.6일 때, 추정회귀직선 $\hat{Y} = \hat{\alpha} + \hat{\beta}X$에서 기울기 $\hat{\beta}$의 값은?   2021년 3회

① 0.6   ② 0.7
③ 0.8   ④ 0.9

해설 단순회귀모형에 대한 추정회귀직선 $\hat{Y} = \hat{\alpha} + \hat{\beta}X$의 기울기는 $\hat{\beta} = r_{XY} \times \frac{S_Y}{S_X}$이다.

따라서 X의 표준편차 $S_X = 3$, Y의 표준편차 $S_Y = 4$, X와 Y의 상관계수 $r_{XY} = 0.6$에 대하여 기울기는 $\hat{\beta} = 0.6 \times \frac{4}{3} = 0.8$이다.

034

자료의 개수가 $n=12$인 자료에서 독립변수 X와 종속변수 Y의 표본평균은 각각 2와 3이고 표본분산(S^2)은 모두 1이고, X와 Y의 표본상관계수는 0.5라고 할 때 Y를 X에 단순회귀모형을 적합시킬 경우 최소제곱법으로 추정될 회귀직선은?   1급 기출문제

① $\hat{Y} = 3 + 2X$
② $\hat{Y} = 3 + 0.5X$
③ $\hat{Y} = 2 + 2X$
④ $\hat{Y} = 2 + 0.5X$

해설 단순회귀분석에서 추정회귀직선식 $\hat{Y} = a + bX$의 기울기 $b = r_{XY}\frac{S_Y}{S_X}$는 $b = 0.5 \times \frac{1}{1} = 0.5$이고, a의 추정값은 $a = \overline{Y} - b \times \overline{X} = 3 - 0.5 \times 2 = 2$이다.

따라서 추정회귀직선은 $\hat{Y} = 2 + 0.5X$이다.

035

n개의 관측치에 대하여 단순회귀모형 $Y_i = \beta_0 + \beta_1 x_i + \epsilon_i$을 이용하여 분석하려 한다. $\sum_{i=1}^{n}(x_i - \overline{x})^2 = 20$, $\sum_{i=1}^{n}(y_i - \overline{y})^2 = 30$, $\sum_{i=1}^{n}(x_i - \overline{x})(y_i - \overline{y}) = -10$일 때, 회귀계수의 추정치 $\hat{\beta}_1$의 값은?   2019년 3회

① $-\frac{1}{3}$ ② $-\frac{1}{2}$
③ $\frac{2}{3}$ ④ $\frac{3}{2}$

해설 단순회귀모형 $Y_i = \beta_0 + \beta_1 x_i + \epsilon_i$의 경우 β_1의 추정값은 $b_1 = \frac{S_{XY}}{S_{XX}} = \frac{\sum_{i=1}^{n}(x_i - \overline{x})(y_i - \overline{y})}{\sum_{i=1}^{n}(x_i - \overline{x})^2}$이다.

따라서 $\sum_{i=1}^{n}(x_i - \overline{x})(y_i - \overline{y}) = -10$, $\sum_{i=1}^{n}(x_i - \overline{x})^2 = 20$에 대하여 회귀계수 β_1의 추정값 b_1은 $b_1 = \frac{-10}{20} = -\frac{1}{2}$이다.

| 정답 | 032 ② 033 ③ 034 ④ 035 ②

036

x를 독립변수로 y를 종속변수로 하여 선형회귀분석을 하고자 한다. 다음의 요약자료를 이용하여 추정회귀직선의 기울기와 절편을 구하면? 2021년 1회

$$\overline{x}=4,\ \sum_{i=1}^{5}(x_i-\overline{x})^2=10,$$
$$\overline{y}=7,\ \sum_{i=1}^{5}(x_i-\overline{x})(y_i-\overline{y})=13$$

① 기울기=0.77, 절편=1.80
② 기울기=0.77, 절편=3.92
③ 기울기=1.30, 절편=1.80
④ 기울기=1.30, 절편=3.92

해설 추정회귀직선 $\hat{y}=b_0+b_1x$의 기울기 b_1과 절편 b_0를 구하면 다음과 같다.

β_1의 추정값은 $b_1=\dfrac{S_{XY}}{S_{XX}}=\dfrac{\sum_{i=1}^{5}(x_i-\overline{x})(y_i-\overline{y})}{\sum_{i=1}^{5}(x_i-\overline{x})^2}=\dfrac{13}{10}=1.3$이고,

β_0의 추정값은 $b_0=\overline{y}-b_1\times\overline{x}=1.8$이다.

따라서 추정회귀직선은 $\hat{y}=1.8+1.3x$이다.

037

두 변수 X와 Y에 대해서 9개의 관찰값으로부터 계산한 통계량들이 다음과 같을 때, 단순회귀모형의 가정하에 추정한 회귀직선은? 2022년 2회

$$\overline{x}=5.9,\ \overline{y}=15.1,\ S_{xx}=\sum_{i=1}^{9}(x_i-\overline{x})^2=40.9$$
$$S_{yy}=\sum_{i=1}^{9}(y_i-\overline{y})^2=370.9,\ S_{xy}=\sum_{i=1}^{9}(x_i-\overline{x})(y_i-\overline{y})=112.1$$

① $\hat{y}=-1.07-2.74x$
② $\hat{y}=-1.07+2.74x$
③ $\hat{y}=1.07-2.74x$
④ $\hat{y}=1.07+2.74x$

해설 추정회귀직선 $\hat{Y}=b_0+b_1X$의 기울기 b_1과 절편 b_0를 구하면 다음과 같다.

β_1의 추정값은 $b_1=\dfrac{S_{xy}}{S_{xx}}=\dfrac{\sum_{i=1}^{9}(x_i-\overline{x})(y_i-\overline{y})}{\sum_{i=1}^{9}(x_i-\overline{x})^2}=\dfrac{112.1}{40.9}≒2.74$이고,

β_0의 추정값은 $b_0=\overline{y}-b_1\times\overline{x}≒-1.07$이다.

따라서 추정회귀직선은 $\hat{y}=-1.07+2.74x$이다.

TIP 추정회귀직선은 반드시 두 변수 X와 Y의 평균 $(\overline{x},\ \overline{y})$을 지나므로 $\overline{x}$와 $\overline{y}$를 주어진 보기에 넣어 관계식이 성립하는 것을 선택할 수도 있다.

038

단순회귀분석을 적용하여 자료를 분석하기 위해서 10쌍의 독립변수와 종속변수의 값들을 측정하여 정리한 결과 다음과 같은 값을 얻었다. 회귀모형 $y_i=\alpha+\beta x_i+\epsilon_i(i=1,\ 2,\ \cdots,\ n)$의 β의 최소제곱추정량을 구하면? 2019년 2회

$$\sum_{i=1}^{10}x_i=39,\ \sum_{i=1}^{10}x_i^2=193,\ \sum_{i=1}^{10}y_i=35.1,$$
$$\sum_{i=1}^{10}y_i^2=130.05,\ \sum_{i=1}^{10}x_iy_i=152.7$$

① 0.287
② 0.357
③ 0.387
④ 0.487

해설 회귀모형 $y_i=\alpha+\beta x_i+\epsilon_i(i=1,\ 2,\ \cdots,\ n)$의 경우 β의 최소제곱추정량은 $b=\dfrac{\sum x_iy_i-n\overline{x}\,\overline{y}}{\sum x_i^2-n\overline{x}^2}$이다.

따라서 $\overline{x}=\dfrac{\sum_{i=1}^{10}x_i}{10}=3.9,\ \overline{y}=\dfrac{\sum_{i=1}^{10}y_i}{10}=3.51,\ \sum_{i=1}^{10}x_iy_i=152.7,$

$\sum_{i=1}^{10}x_i^2=193$에 대하여 회귀계수의 추정값 b는

$b=\dfrac{\sum_{i=1}^{10}x_iy_i-10\overline{x}\,\overline{y}}{\sum_{i=1}^{10}x_i^2-10\overline{x}^2}=\dfrac{152.7-10\times3.9\times3.51}{193-10\times(3.9)^2}≒0.387$이다.

| 정답 | 036 ③ 037 ② 038 ③

039

다음과 같은 자료가 주어져 있다. 최소제곱법에 의한 회귀직선은?

2019년 2회

x	3	4	5	3	5
y	12	22	32	22	32

① $\hat{y} = \dfrac{30}{4}x - 6$ ② $\hat{y} = \dfrac{30}{4}x + 6$

③ $\hat{y} = \dfrac{30}{2}x - 6$ ④ $\hat{y} = \dfrac{30}{2}x + 6$

해설 단순회귀모형에 대한 추정회귀직선 $\hat{y} = b_0 + b_1 x$의 기울기 b_1과 절편 b_0를 구하면 다음과 같다.

$$b_1 = \frac{S_{XY}}{S_{XX}} = \frac{\sum(x_i - \bar{x})(y_i - \bar{y})}{\sum(x_i - \bar{x})^2}, \quad b_0 = \bar{y} - b_1 \times \bar{x}$$

x_i	3	4	5	3	5
y_i	12	22	32	22	32
$x_i - \bar{x}$	-1	0	1	-1	1
$y_i - \bar{y}$	-12	-2	8	-2	8
$(x_i - \bar{x}) \times (y_i - \bar{y})$	12	0	8	2	8
$(x_i - \bar{x})^2$	1	0	1	1	1

$\bar{x}$, $\bar{y}$, $S_{XY} = \sum_{i=1}^{5}(x_i - \bar{x})(y_i - \bar{y})$, $S_{XX} = \sum_{i=1}^{5}(x_i - \bar{x})^2$을 구하면 각각 4, 24, 30, 4이고,

기울기 $b_1 = \dfrac{S_{XY}}{S_{XX}} = \dfrac{\sum_{i=1}^{5}(x_i - \bar{x})(y_i - \bar{y})}{\sum_{i=1}^{5}(x_i - \bar{x})^2} = \dfrac{30}{4}$,

절편 $b_0 = \bar{y} - b_1 \times \bar{x} = 24 - \left(\dfrac{30}{4}\right) \times 4 = -6$이다.

따라서 추정회귀직선은 $\hat{y} = \dfrac{30}{4}x - 6$이다.

TIP 추정회귀직선은 반드시 x의 평균과 y의 평균 $(\bar{x}, \bar{y})$를 지나므로 $\bar{x}$와 $\bar{y}$를 구한 뒤 주어진 보기에 넣어 관계식이 성립하는 것을 선택할 수도 있다.

040

어떤 화학반응에서 생성되는 반응량(Y)이 첨가제의 양(X)에 따라 어떻게 변화하는지를 실험하여 다음과 같은 자료를 얻었다. 변화의 관계를 직선으로 가정하고 최소제곱법에 의하여 회귀직선을 추정할 때 추정된 회귀직선의 절편과 기울기는?

2017년 2회

X	1	3	4	5	7
Y	2	4	3	6	9

① 절편 0.2, 기울기 1.15
② 절편 1.15, 기울기 0.2
③ 절편 0.4, 기울기 1.25
④ 절편 1.25, 기울기 0.4

해설 단순회귀모형에 대한 추정회귀직선 $\hat{y} = b_0 + b_1 x$의 기울기 b_1과 절편 b_0를 구하면 다음과 같다.

$$b_1 = \frac{\sum x_i y_i - n \bar{x} \bar{y}}{\sum x_i^2 - n \bar{x}^2}, \quad b_0 = \bar{y} - b_1 \times \bar{x}$$

x_i	1	3	4	5	7
y_i	2	4	3	6	9
$x_i \times y_i$	2	12	12	30	63
x_i^2	1	9	16	25	49

$\bar{x}$, $\bar{y}$, $S_{XY} = \sum_{i=1}^{5} x_i \times y_i$, $S_{XX} = \sum_{i=1}^{5} x_i^2$을 구하면 각각 4, 4.8, 119, 100이므로 기울기 $b_1 = \dfrac{\sum_{i=1}^{5} x_i y_i - 5 \bar{x} \bar{y}}{\sum_{i=1}^{5} x_i^2 - 5 \bar{x}^2} = \dfrac{119 - 5 \times 4 \times 4.8}{100 - 5 \times 4^2} = 1.15$,

절편 $b_0 = \bar{y} - b_1 \times \bar{x} = 4.8 - (1.15) \times 4 = 0.2$이다.

041

다음 자료에 대한 절편이 없는 단순회귀모형 $Y_i = \beta x_i + \epsilon_i$ ($i=1, 2, 3$)를 가정할 때 최소제곱법에 의한 β의 추정값을 구하면? 2021년 3회

x	1	2	3
y	1	2	2.5

① 0.75 ② 0.82
③ 0.89 ④ 0.96

해설 절편이 없는 단순회귀모형 $Y_i = \beta x_i + \epsilon_i$ ($i=1, 2, 3$)의 경우 최소제곱법에 의한 β의 추정값은 $b = \dfrac{\sum x_i y_i}{\sum x_i^2}$ 이다.

x_i	1	2	3
y_i	1	2	2.5
$x_i \times y_i$	1	4	7.5
x_i^2	1	4	9

$S_{XY} = \sum_{i=1}^{3} x_i y_i$ 와 $S_{XX} = \sum_{i=1}^{3} x_i^2$ 을 구하면 각각 12.5와 14이다.

따라서 $b = \dfrac{\sum_{i=1}^{3} x_i y_i}{\sum_{i=1}^{3} x_i^2} = \dfrac{12.5}{14} \fallingdotseq 0.89$ 이다.

042

다음은 독립변수가 k개인 경우의 중회귀모형이다. 최소제곱법에 의한 회귀계수 벡터 β의 추정식 b는? (단, X'은 X의 전치행렬이다) 2021년 1회

$$y = X\beta + \epsilon$$
$$y = \begin{bmatrix} y_1 \\ y_2 \\ \vdots \\ y_n \end{bmatrix}, X = \begin{bmatrix} 1 & x_{11} & x_{12} & \cdots & x_{1k} \\ 1 & x_{21} & x_{22} & \cdots & x_{2k} \\ \vdots & \vdots & \vdots & & \vdots \\ 1 & x_{n1} & x_{n2} & \cdots & x_{nk} \end{bmatrix}, \beta = \begin{bmatrix} \beta_0 \\ \beta_1 \\ \beta_2 \\ \vdots \\ \beta_k \end{bmatrix}, \epsilon = \begin{bmatrix} \epsilon_1 \\ \epsilon_2 \\ \vdots \\ \epsilon_n \end{bmatrix}$$

① $b = X'y$
② $b = (X'X)^{-1}y$
③ $b = X^{-1}y$
④ $b = (X'X)^{-1}X'y$

해설 제시된 모형에서 최소제곱법에 의한 회귀계수 벡터 β의 추정식 b는 $b = (X'X)^{-1}X'y$이다.

043

독립변수가 k개인 중회귀모형 $y = \beta X + \epsilon$에서 회귀계수벡터 β의 추정량 b의 분산-공분산 행렬 $Var(b)$는? (단, $Var(\epsilon) = \sigma^2 I$) 2020년 1·2회

① $Var(b) = (X'X)^{-1}\sigma^2$
② $Var(b) = X'X\sigma^2$
③ $Var(b) = k(X'X)^{-1}\sigma^2$
④ $Var(b) = k(X'X)\sigma^2$

해설 제시된 모형에서 추정량 b의 분산-공분산 행렬 $Var(b)$는 $Var(b) = (X'X)^{-1}\sigma^2$이다.

044

다음 그림은 모회귀선과 표본회귀선을 나타낸 것이다. 잔차에 해당하는 부분은? 2017년 3회

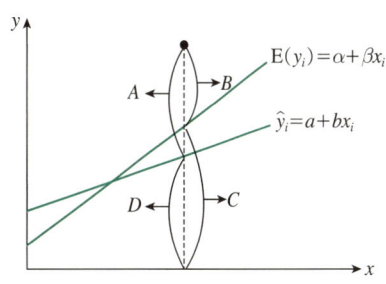

① A ② B
③ C ④ D

해설 잔차(Residual)는 표본(Sample)으로부터 추정한 회귀식 $\hat{y}_i = a + bx_i$로부터 얻은 예측값과 실제 관측값 y_i의 차 $e_i = y_i - \hat{y}_i$ 이다. 오차(Error)는 모집단(Population)으로부터 추정한 회귀식 $E(y_i) = \alpha + \beta x_i$로부터 얻은 예측값과 실제 관측값의 차이 $\epsilon_i = y_i - E(y_i)$이다.
따라서 잔차는 A이고, 오차는 B이다.

| 정답 | 041 ③ 042 ④ 043 ① 044 ①

045

회귀분석에서 관측값과 예측값의 차이는? 2021년 3회

① 잔차(Residual) ② 오차(Error)
③ 편차(Deviation) ④ 거리(Distance)

해설 회귀분석에서 잔차 e_i는 표본으로부터 추정한 회귀식 $\hat{y}_i = a + bx_i$으로부터 얻은 예측값 $\hat{y}_i$과 관측값 y_i과의 차, $e_i = y_i - \hat{y}_i$이다. 사실상 현상을 분석할 때 모집단의 모든 자료를 측정하기보다 일부의 자료(표본집단)에서 회귀식을 얻기 때문에 잔차를 기준으로 회귀식에서 최적의 회귀계수를 추정한다.

046

변수 x와 y에 대한 n개의 자료 $(x_1, y_1), \cdots, (x_n, y_n)$에 대하여 단순회귀모형 $y_i = \beta_0 + \beta_1 x_i + \epsilon_i$를 적합시키는 경우, 잔차 $e_i = y_i - \hat{y}_i (i = 1, 2, \cdots, n)$에 대한 성질이 아닌 것은? 2020년 3회

① $\sum_{i=1}^{n} e_i = 0$
② $\sum_{i=1}^{n} e_i x_i = 0$
③ $\sum_{i=1}^{n} y_i e_i = 0$
④ $\sum_{i=1}^{n} \hat{y}_i e_i = 0$

해설 단순회귀모형에서 잔차 $e_i = y_i - \hat{y}_i (i = 1, 2, \cdots, n)$는 다음 4가지 특성을 만족해야 한다.
- $E(e_i) = 0$: 잔차들의 평균은 0이다.
- $\sum_{i=1}^{n} e_i = 0$: 잔차들의 합은 0이다. 또한 잔차제곱의 합은 최소가 된다.
- $\sum_{i=1}^{n} x_i e_i = 0$: 잔차들의 독립변수에 대한 가중합은 0이다.
- $\sum_{i=1}^{n} \hat{y}_i e_i = 0$: 잔차들의 예측값에 대한 가중합은 0이다.

047

단순회귀모형 $y_i = \beta_0 + \beta_1 x_i + \epsilon_i (i = 1, 2, \cdots, n)$의 가정 하에 최소제곱법에 의해 회귀직선을 추정하는 경우 잔차 $e_i = y_i - \hat{y}_i$의 성질로 틀린 것은? 2018년 1회

① $\sum e_i = 0$
② $\sum e_i = \sum x_i e_i$
③ $\sum e_i^2 = \sum \hat{x}_i e_i$
④ $\sum x_i e_i = \sum \hat{y}_i e_i$

해설 단순회귀모형에서 잔차 $e_i = y_i - \hat{y}_i (i = 1, 2, \cdots, n)$는 다음 4가지 특성을 만족해야 한다.
- $E(e_i) = 0$: 잔차들의 평균은 0이다.
- $\sum_{i=1}^{n} e_i = 0$: 잔차들의 합은 0이다. 또한 잔차제곱의 합은 최소가 된다.
- $\sum_{i=1}^{n} x_i e_i = 0$: 잔차들의 독립변수에 대한 가중합은 0이나.
- $\sum_{i=1}^{n} \hat{y}_i e_i = 0$: 잔차들의 예측값에 대한 가중합은 0이다.

따라서 $\sum e_i = 0 = \sum x_i e_i = \sum \hat{y}_i e_i$ 이다.

| 정답 | 045 ① 046 ③ 047 ③

048

k개의 독립변수 $x_i(i=1, 2, \cdots, k)$와 종속변수 y에 대한 중회귀모형 $y=\beta_0+\beta_1 x_1+\cdots+\beta_k x_k+\epsilon$을 고려하여, n개의 자료에 대해 중회귀분석을 실시하고자 한다. 총편차 $y_i-\overline{y}$를 분해하여 얻을 수 있는 3개의 제곱합 $\sum_{i=1}^{n}(y_i-\overline{y})^2$, $\sum_{i=1}^{n}(y_i-\hat{y}_i)^2$, $\sum_{i=1}^{n}(\hat{y}_i-\overline{y})^2$의 자유도를 각각 구하여 순서대로 나열한 것은?

2021년 1회

① n, $n-k$, k
② n, $n-k-1$, $k-1$
③ $n-1$, $n-k-1$, k
④ $n-1$, $n-k-1$, $k-1$

해설 n개의 자료에 대해 k개의 독립변수 $x_i(i=1, 2, \cdots, k)$와 종속변수 y에 대한 중회귀모형 $y=\beta_0+\beta_1 x_1+\cdots+\beta_k x_k+\epsilon$을 고려하여 중회귀분석을 실시하고자 할 때, 자유도는 다음과 같다.

요인	제곱합	자유도
회귀	$SSR=\sum_{i=1}^{n}(\hat{y}_i-\overline{y})^2$	k
잔차 (오차)	$SSE=\sum_{i=1}^{n}(y_i-\hat{y}_i)^2$	$n-k-1$
계	$SST=\sum_{i=1}^{n}(y_i-\overline{y})^2$	$n-1$

049

표본의 수가 n이고 독립변수의 수가 k인 중회귀모형의 분산분석표에서 잔차제곱합 SSE의 자유도는?

2019년 2회

① k
② $k+1$
③ $n-1$
④ $n-k-1$

해설 n개의 자료에 대해 k개의 독립변수 $x_i(i=1, 2, \cdots, k)$와 종속변수 y에 대한 중회귀모형 $y=\beta_0+\beta_1 x_1+\cdots+\beta_k x_k+\epsilon$을 고려하여 중회귀분석을 실시하고자 할 때 잔차제곱합 SSE의 자유도는 $n-k-1$이다.

050

독립변수가 5개인 100개의 자료를 이용하여 절편이 있는 선형회귀모형을 추정할 때 잔차의 자유도는?

2021년 3회

① 4
② 5
③ 94
④ 95

해설 $n=100$개의 자료에 대해 $k=5$개의 독립변수 $x_i(i=1, 2, \cdots, 5)$와 종속변수 y에 대한 중회귀모형 $y=\beta_0+\beta_1 x_1+\cdots+\beta_5 x_5+\epsilon$을 고려하여 중회귀분석을 실시하고자 할 때 분산분석표의 자유도는 다음과 같다.

요인	자유도
회귀	$k=5$
잔차	$n-k-1=100-5-1$
계	$n-1=100-1$

따라서 잔차의 자유도는 $n-k-1=100-5-1=94$이다.

051

다음 분산분석표에 대응하는 통계적 모형으로 적절한 것은?

2021년 3회

요인	제곱합	자유도	제곱평균	F_0	$F(0.05)$
회귀	550.8	4	137.7	18.36	4.12
잔차	112.5	15	7.5		
계	663.3	19			

① 수준수가 4인 일원배치모형
② 독립변수가 4개인 중회귀모형
③ 종속변수가 3개인 중회귀모형
④ 종속변수가 1개인 단순회귀모형

해설 분산분석표의 요인에 '회귀'와 '잔차'가 확인되므로 회귀분석을 위한 분산분석표이며 회귀제곱합의 자유도 4는 중회귀모형에서 독립변수의 수를 의미한다.
따라서 제시된 분산분석표는 독립변수가 4개인 중회귀모형의 분산분석표이다.

| 정답 | 048 ③ 049 ④ 050 ③ 051 ②

052

관측값 12개를 갖고 수행한 단순회귀분석에서 회귀직선의 유의성 검정을 위해 작성된 분산분석표가 다음과 같다. ㉠~㉢에 해당하는 값은?

2021년 1회

요인	제곱합	자유도	평균제곱	$F-$값
회귀	66	1	66	㉢
잔차	220	㉠	㉡	

① ㉠ 10, ㉡ 22, ㉢ 3
② ㉠ 10, ㉡ 220, ㉢ 3.67
③ ㉠ 11, ㉡ 22, ㉢ 3.3
④ ㉠ 11, ㉡ 220, ㉢ 0.3

해설 분산분석표를 완성하면 다음과 같다.

요인	제곱합	자유도	평균제곱	$F-$값
회귀	66	1	66	$\frac{66}{22}=3$
잔차	220	$11-1=10$	$\frac{220}{10}=22$	

053

독립변수가 3개인 중회귀분석결과가 다음과 같을 때 오차분산의 추정값은?

2021년 1회

$$\sum_{i=1}^{n}(y_i-\hat{y}_i)^2=1{,}100,\ \sum_{i=1}^{n}(\hat{y}_i-\overline{y})^2=110,\ n=100$$

① 11.20 ② 11.32 ③ 11.46 ④ 11.58

해설 n개의 자료에 대해 3개의 독립변수 $x_i(i=1,\ 2,\ 3)$와 종속변수 y에 대한 중회귀모형을 고려하여 중회귀분석을 실시한 결과, 분산분석표는 다음과 같다.

요인	제곱합	자유도	평균제곱
회귀	$\sum_{i=1}^{n}(\hat{y}_i-\overline{y})^2=110$	$k=3$	$\frac{110}{3}$
잔차(오차)	$\sum_{i=1}^{n}(y_i-\hat{y}_i)^2=1{,}100$	$n-k-1=100-3-1$	$\frac{1{,}100}{100-3-1}$
계	$\sum_{i=1}^{n}(y_i-\overline{y})^2=1{,}210$	$n-1=100-1$	

따라서 오차분산의 추정값은 $\frac{1{,}100}{100-3-1}\fallingdotseq 11.46$이다.

054

단순선형회귀모형 $y_i=\beta_0+\beta_1 x_i+\epsilon_i$에서 오차항 ϵ_i의 분포가 평균이 0이고 분산이 σ^2인 정규분포를 따른다고 가정하였다. 22개의 자료들로부터 회귀식을 추정하고 나서 잔차제곱합(SSE)을 구하였더니 그 값이 4,000이었다. 이때 분산 σ^2의 불편추정값은?

2021년 3회

① 100 ② 150 ③ 200 ④ 250

해설 $n=22$개의 자료에 대해 1개의 독립변수 x와 종속변수 y에 대한 단순선형회귀모형을 고려하여 단순선형회귀분석을 실시한 결과, 잔차제곱합(SSE)이 4,000인 분산분석표를 완성하면 다음과 같다.

요인	제곱합	자유도	평균제곱	$F-$값
회귀	***	1	***	***
잔차	4,000	20	$\frac{4{,}000}{20}=200$	
전체	***	21	***	

따라서 분산 σ^2의 불편추정값은 $MSE=\frac{4{,}000}{20}=200$이다.

055

단순선형회귀모형 $y_i=\alpha+\beta x_i+\epsilon_i(i=1,\ 2,\ \cdots,\ n)$에서 최소제곱추정량 $\hat{\alpha},\ \hat{\beta}$을 이용한 최소제곱회귀추정량 $\hat{y}=\hat{\alpha}+\hat{\beta}x$로부터 잔차 $e_i=y_i-\hat{y}_i$가 서로 독립이고 등분산인 오차들의 분산 $Var(e_i)=\sigma^2(i=1,\ 2,\ \cdots,\ n)$의 불편추정량을 구하면?

2018년 3회

① $\widehat{\sigma^2}=\dfrac{\sum_{i=1}^{n}(y_i-\hat{y}_i)^2}{n-3}$
② $\widehat{\sigma^2}=\dfrac{\sum_{i=1}^{n}(y_i-\hat{y}_i)^2}{n-2}$
③ $\widehat{\sigma^2}=\dfrac{\sum_{i=1}^{n}(y_i-\hat{y}_i)^2}{n-1}$
④ $\widehat{\sigma^2}=\dfrac{\sum_{i=1}^{n}(y_i-\hat{y}_i)^2}{n}$

해설 단순회귀모형에서 오차분산 $Var(e_i)=\sigma^2(i=1,\ 2,\ \cdots,\ n)$의 불편추정량은 $\widehat{\sigma^2}=MSE=\dfrac{SSE}{n-2}=\dfrac{\sum_{i=1}^{n}(y_i-\hat{y}_i)^2}{n-2}$이다.

| 정답 | 052 ① 053 ③ 054 ③ 055 ②

056

중회귀모형 $y_i = \beta_0 + \beta_1 x_{1i} + \beta_2 x_{2i} + \epsilon_i (i = 1, 2, \cdots, n)$에서 오차분산 σ^2의 추정량은? (단, e_i는 잔차를 나타낸다)

2018년 3회

① $\dfrac{1}{n-1} \sum e_i^2$

② $\dfrac{1}{n-2} \sum (y_i - \hat{\beta}_0 - \hat{\beta}_1 x_{1i} - \hat{\beta}_2 x_{2i})^2$

③ $\dfrac{1}{n-3} \sum e_i^2$

④ $\dfrac{1}{n-4} \sum (y_i - \hat{\beta}_0 - \hat{\beta}_1 x_{1i} - \hat{\beta}_2 x_{2i})^2$

해설 n개의 자료에 대해 2개의 독립변수와 종속변수 y에 대한 중회귀모형 $y_i = \beta_0 + \beta_1 x_{1i} + \beta_2 x_{2i} + \epsilon_i (i=1, 2, \cdots, n)$에서 오차분산 $Var(e_i) = \sigma^2 (i=1, 2, \cdots, n)$의 불편추정량은
$\hat{\sigma}^2 = MSE = \dfrac{SSE}{n-3} = \dfrac{1}{n-3} \sum_{i=1}^{n} (y_i - \hat{y}_i)^2 = \dfrac{1}{n-3} \sum e_i^2$이다.

057

결정계수(Coefficient of Determination)에 대한 설명으로 틀린 것은?

2019년 1회

① 총변동 중에서 회귀식에 의하여 설명되어지는 변동의 비율을 뜻한다.
② 종속변수에 미치는 영향이 적은 독립변수가 추가되어도 결정계수는 변하지 않는다.
③ 모든 측정값들이 추정회귀직선 상에 있는 경우 결정계수는 1이다.
④ 단순회귀의 경우 독립변수와 종속변수 간의 표본상관계수의 제곱과 같다.

해설 회귀분석에서 결정계수 R^2은 회귀직선에 의해 종속변수가 설명되어지는 정도, 즉 설명변수를 통한 반응변수에 대한 설명력을 나타낸다. 따라서 R^2은 독립변수의 수가 늘어날수록 증가하는 경향이 있으며, 종속변수에 미치는 영향이 적은 독립변수가 추가되어도 결정계수는 증가한다.

058

회귀식에서 결정계수 R^2에 관한 설명으로 틀린 것은?

2018년 3회

① 단순회귀모형에서는 종속변수와 독립변수의 상관계수의 제곱과 같다.
② R^2은 독립변수의 수가 늘어날수록 증가하는 경향이 있다.
③ 모든 측정값이 한 직선상에 놓이면 R^2의 값은 0이다.
④ R^2값은 0에서 1까지 값을 가진다.

해설 회귀분석에서 결정계수 R^2은 독립변수를 통한 종속변수에 대한 설명력을 나타낸다. 모든 측정값 (x_i, y_i)이 추정회귀직선상에 놓이면 결정계수 R^2은 1이며, 회귀선이 완벽하게 자료를 설명하고 있음을 의미한다.

059

단순회귀분석의 적합도 추정에 대한 설명으로 틀린 것은?

2019년 3회

① 결정계수가 1이면 상관계수는 1 또는 -1이다.
② 결정계수는 오차의 변동 대비 회귀의 변동을 비율로 나타낸 값이다.
③ 추정의 표준오차는 잔차에 의한 식으로 계산된다.
④ 모형의 $F-$검정이 유의하면 기울기의 유의성 검정도 항상 유의하다.

해설 회귀분석에서 결정계수 R^2은 총제곱합 $SST = \sum_{i=1}^{n}(y_i - \bar{y})^2$ 중 추정회귀직선에 의해 설명되는 회귀제곱합 $SSR = \sum_{i=1}^{n}(\hat{y}_i - \bar{y})^2$의 비율로, $R^2 = \dfrac{SSR}{SST}$이다.
① 단순회귀분석의 경우 종속변수와 독립변수의 상관계수를 제곱한 값이 결정계수 R^2이므로 상관계수는 $\pm \sqrt{R^2}$이다. 따라서 결정계수 $R^2 = 1$에 대한 상관계수는 $\pm \sqrt{1} = \pm 1$이고 회귀식의 기울기에 맞추어 +1 또는 -1이 된다.

| 정답 | 056 ③　057 ②　058 ③　059 ②

060

단순회귀모형 $Y_i = \beta_0 + \beta_1 x_i + \epsilon_i (i=1, 2, \cdots, n)$에서 최소제곱법에 의한 추정회귀직선 $\hat{y} = b_0 + b_1 x$의 설명력을 나타내는 결정계수 R^2에 대한 설명으로 틀린 것은?

2020년 1 · 2회

① 결정계수 R^2은 총변동 $SST = \sum_{i=1}^{n}(y_i - \overline{y})^2$ 중 추정회귀직선에 의해 설명되는 변동 $SSR = \sum_{i=1}^{n}(\hat{y}_i - \overline{y})^2$의 비율, 즉 SSR/SST로 정의된다.

② x와 y 사이에 회귀관계가 전혀 존재하지 않아 추정회귀직선의 기울기 b_1이 0인 경우에는 결정계수 R^2은 0이 된다.

③ 단순회귀의 경우 결정계수 R^2은 x와 y의 상관계수 r_{xy}와는 직접적인 관계가 없다.

④ x와 y의 상관계수 r_{xy}는 추정회귀계수 b_1이 음수이면 결정계수의 음의 제곱근 $-\sqrt{R^2}$과 같다.

해설 단순회귀모형에서 결정계수 R^2은 종속변수와 독립변수의 상관계수 r의 제곱과 동일하다.
④ x와 y의 상관계수 r_{xy}와 추정회귀계수의 부호가 같으므로 b_1이 음수이면 상관계수는 결정계수의 음의 제곱근 $-\sqrt{R^2}$과 같다.

061

추정된 회귀선이 주어진 자료에 얼마나 잘 적합되는지 알아보는 데 사용하는 결정계수를 나타낸 식이 아닌 것은? (단, Y_i는 주어진 자료의 값이고, $\hat{Y}_i$은 추정값이며, $\overline{Y}$는 자료의 평균이다)

2020년 4회

① $\dfrac{회귀제곱합}{총제곱합}$
② $\dfrac{\sum(\hat{Y}_i - \overline{Y})^2}{\sum(Y_i - \overline{Y})^2}$
③ $1 - \dfrac{잔차제곱합}{회귀제곱합}$
④ $1 - \dfrac{\sum(Y_i - \hat{Y})^2}{\sum(Y_i - \overline{Y})^2}$

해설 회귀분석에서 결정계수 R^2은 총제곱합 $SST = \sum_{i=1}^{n}(y_i - \overline{y})^2$ 중 추정회귀직선에 의해 설명되는 회귀제곱합 $SSR = \sum_{i=1}^{n}(\hat{y}_i - \overline{y})^2$의 비율로, $R^2 = \dfrac{SSR}{SST}$이다. 즉, $\dfrac{회귀제곱합}{총제곱합} = \dfrac{\sum(\hat{Y}_i - \overline{Y})^2}{\sum(Y_i - \overline{Y})^2} = 1 - \dfrac{잔차제곱합}{총제곱합} = 1 - \dfrac{\sum(Y_i - \hat{Y})^2}{\sum(Y_i - \overline{Y})^2}$이다.

062

두 변수 가족 수와 생활비 간의 상관계수가 0.6이라면 생활비 변동의 몇 %가 가족 수로 설명되어진다고 할 수 있는가?

2021년 3회

① 0.36%
② 0.6%
③ 36%
④ 60%

해설 단순회귀분석에서 결정계수 R^2은 상관계수의 제곱과 같다. 두 변수 가족 수와 생활비 간의 상관계수가 0.6이라면, 결정계수는 $R^2 = (0.6)^2 = 0.36$이므로 생활비 변동의 36%가 가족 수로 설명되어진다고 할 수 있다.

063

두 변수 x와 y의 함수관계를 알아보기 위하여 크기가 10인 표본을 취하여 단순회귀분석을 실시한 결과 회귀식 $y = 20 - 0.1x$를 얻었고, 결정계수 R^2은 0.81이었다. x와 y의 상관계수는?

2019년 1회

① -0.1
② -0.81
③ -0.9
④ -1.1

해설 단순회귀분석에서 결정계수 R^2은 두 변수의 상관계수 r_{XY}를 제곱한 값과 같다. 즉, $r_{XY} = \pm\sqrt{R^2}$이고, 추정회귀직선의 기울기의 부호와 상관계수의 부호가 같다.
따라서 $r_{XY} = \pm\sqrt{R^2} = \pm\sqrt{0.81} = \pm 0.9$이고, 추정회귀직선의 기울기의 부호가 음수이므로 상관계수는 -0.9이다.

| 정답 | 060 ③ 061 ③ 062 ③ 063 ③

064

다음의 단순회귀분석에서의 분산분석결과로 결정계수를 구하면?

2022년 2회

구분	자유도	제곱합
회귀	1	1,575.76
잔차	8	349.14
계	9	1,924.90

① 0.15 ② 0.18
③ 0.82 ④ 0.94

해설 회귀분석에서 결정계수 R^2은 설명변수를 통한 반응변수에 대한 설명력을 나타내므로 총제곱합 $SST = \sum_{i=1}^{n}(y_i - \bar{y})^2$ 중 추정회귀직선에 의해 설명되는 회귀제곱합 $SSR = \sum_{i=1}^{n}(\hat{y}_i - \bar{y})^2$의 비율, 즉 SSR/SST로 정의된다. 따라서 회귀제곱합(SSR)이 1,575.76이고, 총제곱합(SST)이 1,924.90인 경우 결정계수는 $R^2 = \frac{SSR}{SST} = \frac{1,575.76}{1,924.90} \fallingdotseq 0.82$ 이다.

065

통계학 강의를 수강한 학생들을 대상으로 결석시간 x와 학기말성적 y의 관계를 회귀모형 $y_i = \beta_0 + \beta_1 x_i + \epsilon_i$, $\epsilon_i \sim N(0, \sigma^2)$이고 서로 독립이라는 가정하에 분석하기로 하고 수강생 10명을 임의로 추출하여 얻은 자료를 정리하여 다음의 결과를 얻었다. 결석시간 x와 학기말성적 y 간의 상관계수를 구하면?

2018년 1회

추정회귀직선 $\hat{y} = 85.93 - 10.62x$
$\sum_{i=1}^{10}(y_i - \bar{y})^2 = 2,514.50$, $\sum_{i=1}^{10}(y_i - \hat{y})^2 = 246.72$

① 0.95 ② -0.95
③ 0.90 ④ -0.90

해설 단순회귀분석에서 결정계수 R^2은 두 변수의 상관계수 r을 제곱한 값과 같으므로 결정계수의 제곱근 $\pm\sqrt{R^2}$은 반응변수와 설명변수의 상관계수와 같다. 이때, 추정회귀직선의 기울기의 부호와 상관계수의 부호가 같다. 따라서 결정계수를 구하고 상관계수를 구하면, $R^2 = 1 - \frac{SSE}{SST} = 1 - \frac{246.72}{2,514.50} \fallingdotseq 0.9019$이다. 결정계수 R^2의 제곱근은 $\pm\sqrt{0.9019} \fallingdotseq \pm 0.95$이고, 추정회귀직선의 기울기가 음수이므로 상관계수는 -0.95이다.

066

통계학 과목을 수강한 학생 가운데 학생 10명을 추출하여, 그들이 강의에 결석한 시간(X)과 통계학 점수(Y)를 조사하여 다음 표를 얻었다.

| X | 5 | 4 | 5 | 7 | 3 | 5 | 4 | 3 | 7 | 5 |
| Y | 9 | 4 | 5 | 11 | 5 | 8 | 9 | 7 | 7 | 6 |

단순선형회귀분석을 수행한 다음 결과의 ㉠~㉦에 들어갈 것으로 틀린 것은?

2020년 1·2회

요인	자유도	제곱합	평균제곱	F-값
회귀	㉠	9.9	㉡	㉢
오차	㉣	33.0	㉤	
전체	㉥	42.9		

$R^2 = \boxed{㉦}$

① ㉠: 1, ㉡: 9.9 ② ㉣: 8, ㉤: 4.125
③ ㉢: 2.4 ④ ㉦: 0.7

해설 10개의 자료에 대해 1개의 독립변수 x와 종속변수 y에 대한 단순회귀모형 $y_i = \beta_0 + \beta_1 x_i + \epsilon_i$을 고려하여 회귀분석을 실시하고자 할 때 분산분석표는 다음과 같다.

요인	자유도	제곱합	평균제곱	F-값
회귀	1	9.9	$\frac{9.9}{1} = 9.9$	$\frac{9.9}{4.125} = 2.4$
오차	8	33.0	$\frac{33}{8} = 4.125$	
전체	9	42.9		

$R^2 = \frac{9.9}{42.9} \fallingdotseq 0.23$

| 정답 | 064 ③ 065 ② 066 ④

067

설명변수(X)와 반응변수(Y) 사이에 단순회귀모형을 가정할 때 결정계수는?

2020년 4회

X	0	1	2	3	4	5
Y	4	3	2	0	-3	-6

① 0.205 ② 0.555
③ 0.745 ④ 0.946

해설 단순회귀모형에서 두 변수 X, Y에 대한 상관계수 r_{XY}의 제곱과 결정계수 R^2은 같다. 두 변수 간의 상관계수 $r_{XY} = \dfrac{Cov(X, Y)}{\sqrt{V(X)}\sqrt{V(Y)}}$를 구한 뒤 결정계수를 구한다.

X_i	0	1	2	3	4	5
Y_i	4	3	2	0	-3	-6
$X_i - \overline{X}$	-2.5	-1.5	-0.5	0.5	1.5	2.5
$Y_i - \overline{Y}$	4	3	2	0	-3	-6
$(X_i-\overline{X}) \times (Y_i-\overline{Y})$	-10	-4.5	-1	0	-4.5	-15
$(X_i-\overline{X})^2$	6.25	2.25	0.25	0.25	2.25	6.25
$(Y_i-\overline{Y})^2$	16	9	4	0	9	36

$\overline{X}=2.5$, $\overline{Y}=0$, $V(X)=\dfrac{17.5}{5}$, $V(Y)=\dfrac{74}{5}$ 이므로 $Cov(X, Y) = -\dfrac{35}{5}$ 이고, 상관계수는 $r_{XY} = \dfrac{Cov(X, Y)}{\sqrt{V(X)}\sqrt{V(Y)}} = \dfrac{-35}{\sqrt{17.5 \times 74}}$ 이므로, 결정계수는 $R^2 = (r_{XY})^2 = \left(\dfrac{-35}{\sqrt{17.5 \times 74}}\right)^2 ≒ 0.946$ 이다.

068

R^2가 0.4일때, 독립변수의 수가 2이고 표본의 수가 40이라면 수정결정계수는?

① 0.392 ② 0.384
③ 0.376 ④ 0.368

해설 수정결정계수(Adjusted R^2)는 다중회귀에서 설명력(R^2)을 조정하여 독립변수의 수가 많아질수록 보정되는 지표로, 다음 공식을 사용하여 계산한다.

수정결정계수 $= 1 - \left(\dfrac{1-R^2}{n-k-1}\right)(n-1)$

$R^2 = 0.4$, $n = 40$(표본 수), $k = 2$(독립변수 수)이므로 약 0.368이다.

069

세 개의 독립변수 X_1, X_2, X_3와 종속변수 Y에 대한 15개의 데이터가 있다. 이때, 회귀제곱합이 $SSR = 157.9$, 잔차제곱합이 $SSE = 70.5$라 가정하고 이 다중회귀모형의 유의성을 검정하기 위한 $F-$통계량의 값과 $F-$분포의 자유도를 바르게 나타낸 것은?

1급 기출문제

① $F-$통계량의 값 : 2.23, $F-$분포의 자유도 : (3, 12)
② $F-$통계량의 값 : 2.23, $F-$분포의 자유도 : (3, 11)
③ $F-$통계량의 값 : 8.21, $F-$분포의 자유도 : (3, 11)
④ $F-$통계량의 값 : 8.96, $F-$분포의 자유도 : (3, 12)

해설 제시된 조건에 맞추어 분산분석표를 완성하면 다음과 같다.

요인	제곱합	자유도	제곱평균	F_0
회귀	$SSR = 157.9$	3	157.9/3	≒ 8.212
잔차	$SSE = 70.5$	11	70.5/11	
계	228.4	14		

따라서 $F-$통계량의 값은 8.21이고, $F-$분포의 자유도는 (3, 11)이다.

070

다음 분산분석표에 대응하는 통계적 모형으로 옳은 것은?

1급 기출문제

요인	제곱합	자유도	제곱평균	F_0	$F(0.05)$
회귀	2.04647	3	0.68216	23.05	4.75
잔차	0.17753	6	0.02959		
계	2.22400	9			

① $y_{ij} = \mu + a_i + b_j + \epsilon_{ij}$
② $y_{ij} = \mu + a_i + b_j + (ab)_{ij} + \epsilon_{ij}$
③ $y_i = \beta_0 + \beta_1 x_{1i} + \beta_2 x_{2i} + \epsilon_i$
④ $y_i = \beta_0 + \beta_1 x_{1i} + \beta_2 x_{2i} + \beta_3 x_{3i} + \epsilon_i$

해설 회귀자유도가 3이므로 종속변수가 3개인 회귀모형 $y_i = \beta_0 + \beta_1 x_{1i} + \beta_2 x_{2i} + \beta_3 x_{3i} + \epsilon_i$이다.

| 정답 | 067 ④ 068 ④ 069 ③ 070 ④

071

네 개의 독립변수로 이루어진 회귀분석모델의 적합성을 검증한 결과 '적합하다'는 판단이 내려졌다고 할 때, 다음 설명 중 옳은 것은?

① 최소한 한 개의 회귀계수는 통계적으로 유의하다.
② 최소한 두 개의 회귀계수가 통계적으로 유의하다.
③ 최소한 세 개의 회귀계수가 통계적으로 유의하다.
④ 네 개의 회귀계수 모두 통계적으로 유의하다.

해설 회귀모형의 적합성을 검정하는 $F-$검정은
귀무가설 $H_0: \beta_1 = \beta_2 = \cdots = \beta_k = 0$ (즉, 독립변수가 종속변수에 영향을 미치지 않는다)
대립가설 $H_1:$ 적어도 하나의 $\beta_i \neq 0$을 검정한다.
'모델이 적합하다'는 것은 $F-$검정에서 귀무가설을 기각했다는 의미로, 최소한 하나의 독립변수가 종속변수에 유의한 영향을 준다는 것을 의미한다. 단, 이로부터 몇 개의 회귀계수가 유의하다고 확정할 수는 없다.

072

중회귀모형 $y_i = \beta_0 + \beta_1 x_{1i} + \beta_2 x_{2i} + \epsilon_i$에 대한 분산분석표가 다음과 같다.

요인	제곱합	자유도	평균제곱	F	유의확률
회귀	66.12	2	33.06	33.96	0.000258
잔차	6.87	7	0.98		

위의 분산분석표를 이용하여 유의수준 0.05에서 모형에 대한 유의성 검정을 할 때, 추론결과로 가장 적합한 것은?

2018년 3회

① 두 설명변수 x_1과 x_2 모두 반응변수에 영향을 주지 않는다.
② 두 설명변수 x_1과 x_2 모두 반응변수에 영향을 준다.
③ 두 설명변수 x_1과 x_2 중 적어도 하나는 반응변수에 영향을 준다.
④ 두 설명변수 x_1과 x_2 중 하나는 반응변수에 영향을 준다.

해설 독립변수가 2개인 중회귀모형 $y_i = \beta_0 + \beta_1 x_{1i} + \beta_2 x_{2i} + \epsilon_i$의 유의성 검정에서 귀무가설과 대립가설은 다음과 같다.
$H_0: \beta_1 = \beta_2 = 0$,
$H_1:$ 회귀계수 β_1, β_2 중 적어도 하나는 0이 아니다.
유의확률 p가 0.000258로 유의수준 $\alpha=0.05$보다 작으므로 귀무가설(H_0)을 기각한다.
따라서 추론결과로 회귀계수가 적어도 하나는 0이 아니므로 두 설명변수 x_1과 x_2 중 적어도 하나는 반응변수에 영향을 준다고 할 수 있다.

073

독립변수가 $2(=k)$개인 중회귀모형 $y_i = \beta_0 + \beta_1 x_{1i} + \beta_2 x_{2i} + \epsilon_i (i=1, \cdots, n)$의 유의성 검정에 대한 내용으로 틀린 것은?

2019년 3회

① $H_0: \beta_1 = \beta_2 = 0$
② $H_1:$ 회귀계수 β_1, β_2 중 적어도 하나는 0이 아니다.
③ $\dfrac{MSE}{MSR} > F(k, n-k-1, \alpha)$이면 H_0를 기각한다.
④ 유의확률 p가 유의수준 α보다 작으면 H_0를 기각한다.

해설 독립변수가 2개인 중회귀모형의 유의성 검정에 대한 $F-$검정 결과가 $F = \dfrac{MSR}{MSE} > F(k, n-k-1, \alpha)$이면 귀무가설($H_0$)을 기각할 수 있다. 또는 $F-$검정결과 '유의확률(p-value)<유의수준(α)'이면 귀무가설(H_0)을 기각할 수 있다.

074

다음은 PC에 대한 월간 유지비용(원)을 종속변수로 하고 주간 사용기간(시간)을 독립변수로 하여 회귀분석을 한 결과이다.

구분	계수	표준오차	$t-$통계량
Y절편	6.1092	0.9361	
사용시간	0.8951	0.149	

월간 유지비용이 사용시간과 관련이 있는지 여부를 검정하기 위한 $t-$통계량의 값은?

2020년 4회

① 4.513
② 5.513
③ 6.007
④ 6.526

해설 회귀계수의 유의성 검정에서 '$H_0:$ 회귀계수 β는 유의하지 않다($\beta=0$).'를 검정하기 위한 검정통계량은 $t = \dfrac{b-\beta}{\sqrt{Var(b)}} \sim t(n-2)$이다.
$b=0.8951, \beta=0, \sqrt{Var(b)}=0.149$이므로 검정통계량의 t값은
$t = \dfrac{b-\beta}{\sqrt{Var(b)}} = \dfrac{0.8951-0}{0.149} ≒ 6.007$이다.

| 정답 | 071 ① 072 ③ 073 ③ 074 ③

075

다음은 중회귀식 $\hat{Y}=39.689+3.372X_1+0.532X_2$의 회귀계수표이다. ㉠~㉢에 알맞은 값은?

2020년 4회

⟨Coefficients⟩

Model	Unstandardized Coefficients		Standardized Coefficients	t	Sig
	B	Std. Error	Beta		
(Constants)	39.689	32.74		㉠	0.265
평수(X_1)	3.372	0.94	0.85	㉡	0.009
가족 수(X_2)	0.532	6.9	0.02	㉢	0.941

① ㉠ 1.21, ㉡ 3.59, ㉢ 0.08
② ㉠ 2.65, ㉡ 0.09, ㉢ 9.41
③ ㉠ 10.21, ㉡ 36, ㉢ 0.8
④ ㉠ 39.69, ㉡ 3.96, ㉢ 26.5

해설 회귀계수의 유의성 검정에서 'H_0: 회귀계수 β_i는 유의하지 않다($\beta_i=0$, $i=1, 2, \cdots, k$).'를 검정하기 위한 검정통계량은 $t=\dfrac{b_i-\beta_i}{\sqrt{Var(b_i)}} \sim t(n-k-1)$이다.

따라서 ㉠, ㉡, ㉢ 각각에 들어갈 검정통계량의 t값은

㉠ $t=\dfrac{39.689-0}{32.74} ≒ 1.21$, ㉡ $t=\dfrac{3.372-0}{0.94} ≒ 3.59$,

㉢ $t=\dfrac{0.532-0}{6.9} ≒ 0.08$이다.

076

자신의 교육년수(x_1)와 아버지의 교육년수(x_2), 나이(x_3)가 소득에 얼마나 영향을 미치는지 알아보기 위해 회귀분석을 하였다. 회귀모형은 $\hat{y}=8.14+3.48x_1+12.77x_2+5.49x_3$로 구해졌다. 회귀계수를 표준화시켜 구한 회귀모형은 $\hat{y}=2.88x_1+1.69x_2+1.89x_3$이었다. 세 변수 중 소득에 가장 많은 영향을 미치는 변수는?

① 자신의 교육년수　② 아버지의 교육년수
③ 나이　　　　　　④ 비교할 수 없다

해설 비표준화된 회귀모형에 대해 회귀계수를 표준화시킨 회귀모형을 사용하여 소득에 가장 큰 영향을 미치는 변수를 파악해야 한다. 표준화된 회귀계수는 단위에 관계없이 변수들 간의 상대적인 영향을 비교할 수 있으며, 표준화 회귀계수가 큰 변수일수록 종속변수에 미치는 영향력이 더 크다고 해석할 수 있다. 따라서 표준화된 회귀모형에서 각 변수의 표준화 회귀계수 자녀의 교육년수 x_1: 2.88, 아버지의 교육년수 x_2: 1.69, 나이 x_3: 1.89 중에서 가장 큰 표준화 회귀계수는 2.88으로, 소득에 가장 많은 영향을 미치는 변수는 자신의 교육년수라 할 수 있다.

077

중회귀분석에서 비표준화 회귀계수는 독립변수의 단위에 영향을 받기 때문에 각 독립변수의 상대적 영향력을 비교할 수 없다. 이를 위하여, 단위를 통일시킨 표준화 회귀계수를 사용한다. 다음 중 표준화 회귀계수의 설명으로 옳지 않은 것은?

① 표준화 회귀계수는 -1 과 1 사이에 있다.
② 단순회귀분석에서는 표준화 회귀계수 두 변수의 적률상관계수가 같다.
③ 비표준화 회귀계수 $\times \dfrac{S_x}{S_y}$ 의 식으로 구한다.
④ 표준화 회귀계수와 비표준화 회귀계수의 부호는 항상 같다.

해설 표준화 회귀계수(베타 계수)는 보통 두 변수 간 상관을 반영하지만, 다중회귀분석에서는 반드시 -1과 1 사이에 있지 않다. 단순회귀의 경우에는 상관계수와 일치하여 -1과 1 사이에 있지만, 다중회귀에서는 다수의 설명변수가 개입되어 범위 제한이 없다.

② 단순회귀분석에서는 표준화 회귀계수가 두 변수의 적률상관계수 (피어슨 상관계수) r과 같다.

③ 표준화 회귀계수 계산 공식은 $\beta = b \times \dfrac{S_X}{S_Y}$ (단, b: 비표준화 회귀계수, S_X, S_Y: 각 변수의 표준편차)이다.

④ 비표준화 회귀계수와 표준화 회귀계수는 방향(부호)는 같고, 크기만 단위 변환에 따라 달라진다. 따라서 표준화 회귀계수가 -1과 1 사이에 반드시 있는 것이 아니며, 다중회귀에서는 그 범위를 벗어날 수 있다.

078

단순회귀모형 $y_i = \beta_0 + \beta_1 x_i + \epsilon_i$에 대한 분산분석표가 다음과 같다. 설명변수와 반응변수가 양의 상관관계를 가질 때, $H_0: \beta_1 = 0$ 대 $H_1: \beta_1 \neq 0$을 검정하기 위한 t-검정통계량의 값은?

2021년 1회

요인	제곱합	자유도	평균제곱	F-통계량
회귀	24.0	1	24.0	4.0
오차	60.0	10	6.9	

① -2
② -1
③ 1
④ 2

해설 단순회귀계수의 유의성 검정통계량 t의 제곱 t^2은 단순회귀모형이 유의성 검정통계량 F와 동일하다. $t = \pm\sqrt{F} = \pm\sqrt{4} = \pm 2$이고, 설명변수와 반응변수가 양의 상관관계를 가지므로 검정통계량의 값은 $t = 2$이다.

079

단순회귀모형 $y_i = \beta_0 + \beta_1 x_i + \epsilon_i$, $\epsilon_i \sim N(0, \sigma^2)(i = 1, 2, \cdots, n)$에서 최소제곱법에 의해 추정된 회귀직선을 $\hat{y} = b_0 + b_1 x$라 할 때, 다음 설명 중 옳지 않은 것은? (단, $S_{xx} = \sum_{i=1}^{2}(x_i - \overline{x})^2$, $MSE = \sum_{i=1}^{n}\frac{(y_i - \hat{y}_i)^2}{n-2}$이다)

2020년 1·2회

① 추정량 b_1은 평균이 β_1이고, 분산이 σ^2/S_{xx}인 정규분포를 따른다.
② 추정량 b_0는 회귀직선의 절편 β_0의 불편추정량이다.
③ MSE는 오차항 ϵ_i의 분산 σ^2에 대한 불편추정량이다.
④ $\dfrac{b_1 - \beta_1}{\sqrt{MSE/S_{xx}}}$는 자유도 각각 1, $n-2$인 F-분포 $F(1, n-2)$를 따른다.

해설 단순회귀계수의 유의성 검정에서 검정통계량 $t = \dfrac{b_1 - \beta_1}{\sqrt{MSE/S_{xx}}}$는 자유도가 $n-2$인 t-분포를 따른다.

080

단순회귀분석을 수행한 결과 다음과 같은 결과를 얻었다. 결정계수 R^2값과 기울기에 대한 가설 $H_0: \beta_1 = 0$에 대한 유의수준 5%에 대한 검정결과로 옳은 것은? (단, $\alpha = 0.05$, $t_{(0.025)}(3) = 3.182$, $\sum_{i=1}^{5}(x_i - \overline{x})^2 = 329.2$)

2018년 2회

$$\hat{y} = 5.766 + 0.722x, \quad \overline{x} = \frac{118}{5} = 23.6$$
총제곱합$(SST) = 192.8$, 잔차제곱합$(SSE) = 21.312$

① $R^2 = 0.889$, 기울기를 0이라 할 수 없다.
② $R^2 = 0.551$, 기울기를 0이라 할 수 없다.
③ $R^2 = 0.889$, 기울기를 0이라 할 수 있다.
④ $R^2 = 0.551$, 기울기를 0이라 할 수 있다.

해설 결정계수 R^2은 $\dfrac{SSR}{SST}$이므로 $R^2 = \dfrac{192.8 - 21.312}{192.8} \fallingdotseq 0.889$이다.

단순회귀계수의 유의성 검정에서 검정통계량은 $t = \dfrac{b_1 - \beta_1}{\sqrt{MSE/S_{XX}}} \sim t(n-2)$이고, $b_1 = 0.722$, $\beta_1 = 0$, $n = 5$, $SSE = 21.312$, $S_{XX} = \sum_{i=1}^{5}(x_i - \overline{x})^2 = 329.2$이므로 검정통계량은

$$t = \frac{b_1 - \beta_1}{\sqrt{MSE/S_{XX}}} = \frac{b_1 - \beta_1}{\sqrt{\frac{SSE}{n-2} \times \frac{1}{S_{XX}}}} = \frac{0.722 - 0}{\sqrt{\frac{21.312}{5-2} \times \frac{1}{329.2}}} \fallingdotseq 4.91$$

이다.
유의수준 5%에서 임계값 $t_{(0.025)}(3) = 3.182 < 4.91$이므로 귀무가설을 기각한다. 따라서 유의수준 0.05하에서 기울기를 0이라 할 수 없다.

| 정답 | 078 ④ 079 ④ 080 ①

081

크기가 10인 표본으로부터 얻은 자료 $(x_1, y_1), (x_2, y_2),$ $\cdots, (x_{10}, y_{10})$에서 얻은 단순선형회귀식의 기울기가 0인지 아닌지를 검정할 때, 사용되는 t-분포의 자유도는?

2019년 1회

① 19 ② 18
③ 9   ④ 8

해설 단순회귀계수의 유의성 검정에서 검정통계량 $t = \dfrac{b_1 - \beta_1}{\sqrt{MSE/S_{XX}}}$은 자유도가 $n-2$인 t-분포를 따른다. 따라서 표본의 크기 $n = 10$에 대하여 자유도는 $n-2 = 10-2 = 8$이다.

082

다음 단순회귀모형에 대한 설명으로 틀린 것은?   2020년 4회

$Y_i = \beta_0 + \beta_1 X_i + \epsilon_i, \ i = 1, 2, \cdots, n$
(단, 오차항 ϵ_i는 서로 독립이며 동일한 분포 $N(0, \sigma^2)$을 따른다)

① 각 Y_i의 기댓값은 $\beta_0 + \beta_1 X_i$로 주어진다.
② 오차항 ϵ_i와 Y_i는 동일한 분산을 갖는다.
③ β_0는 X_i가 $\overline{X}$일 경우 Y의 반응량을 나타낸다.
④ 모든 Y_i들은 상호 독립적으로 측정된다.

해설 단순회귀모형 $y_i = \beta_0 + \beta_1 x_i + \epsilon_i (i = 1, 2, \cdots, n)$에서 β_0는 X_i가 0일 경우 반응변수 Y의 반응량을 나타낸다.

083

단순회귀모형 $Y_i = \alpha + \beta X_i + \epsilon_i (i = 1, 2, \cdots, n)$에 대한 설명으로 틀린 것은?   2018년 1회

① 결정계수는 X와 Y의 상관계수와는 관계없는 값이다.
② $\beta = 0$인 가설을 검정하기 위하여 자유도가 $n-2$인 t-분포를 사용할 수 있다.
③ 오차 ϵ_i의 분산 추정량은 평균제곱오차이며 보통 MSE로 나타낸다.
④ 잔차의 그래프를 통해 회귀모형의 가정에 대한 타당성을 검토할 수 있다.

해설 단순회귀모형에서 결정계수는 두 변수 X와 Y의 상관계수를 제곱한 값과 같다. 예를 들어 두 변수 X와 Y의 상관계수가 0.9이면 결정계수는 0.81이다.

084

단순회귀모형 $Y = \beta_0 + \beta_1 x + \epsilon, \ \epsilon \sim N(0, \sigma^2)$을 이용한 적합된 회귀식 $\hat{y} = 30 + 0.44x$에 대한 설명으로 맞는 것은?   2022년 2회

① 종속변수가 0일 때, 독립변수 값은 0.44이다.
② 독립변수가 0일 때, 종속변수 값은 0.44이다.
③ 종속변수가 한 단위 증가할 때, 독립변수의 값은 평균 0.44 증가한다.
④ 독립변수가 한 단위 증가할 때, 종속변수의 값은 평균 0.44 증가한다.

해설 설명변수 x와 반응변수 y 사이의 회귀직선의 추정식 $\hat{y} = 30 + 0.44x$에서 30은 $x = 0$일 때의 y절편이며, 설명변수가 $x = 0$일 때 반응변수 y는 기본적으로 30을 갖는다고 본다. 또한 기울기가 0.44이므로 설명변수가 한 단위 증가할 때 반응변수는 평균적으로 0.44단위 증가한다고 본다.

085

단순회귀분석에서 회귀직선의 추정식이 $\hat{y} = 0.5 - 2x$와 같이 주어졌을 때 다음 설명 중 틀린 것은?   2019년 2회

① 반응변수는 y이고 설명변수는 x이다.
② 반응변수와 설명변수의 상관계수는 0.5이다.
③ 설명변수가 0일 때 반응변수가 기본적으로 갖는 값은 0.5이다.
④ 설명변수가 한 단위 증가할 때 반응변수는 평균적으로 2단위 감소한다.

해설 반응변수와 설명변수의 상관계수는 그 두 변수의 공분산을 두 변수의 표준편차의 곱으로 나눈 값이다. 위 정보만으로 상관계수의 값은 알 수 없으나 상관계수의 부호가 음인 것은 알 수 있다. 따라서 상관계수는 0.5와 같은 양의 값이 될 수 없다.

| 정답 | 081 ④ 082 ③ 083 ① 084 ④ 085 ②

086

두 설명변수 x_1과 x_2를 사용한 회귀 추정식이 $\hat{y} = 3.2 + 1.7x_1 + 2.5x_2$일 때, 가장 적절한 설명은? 　　　　1급 기출문제

① 회귀계수의 값 1.7의 의미는 설명변수 x_2의 값을 1단위 증가시킬 때 반응변수 y의 값은 1.7단위 증가할 것임을 나타낸다.
② 회귀계수의 값 2.5의 의미는 설명변수 x_1을 고정시킨 상태에서 x_2의 값을 1단위 증가시키면 반응변수 y의 값은 2.5단위 증가할 것임을 나타낸다.
③ 설명변수 x_1만을 이용하여 회귀모형을 적합하였을 때 회귀추정식의 기울기는 1.7일 것이다.
④ 설명변수 x_2만을 이용하여 회귀모형을 적합하였을 때 회귀추정식은 $\hat{y} = 3.2 + 1.7x_1 + 2.5x_2$일 것이다.

해설 ① 회귀계수의 값 1.7의 의미는 설명변수 x_2를 고정시킨 상태에서 x_1의 값을 1단위 증가시킬 때 반응변수 y의 값은 1.7단위 증가할 것임을 나타낸다.

087

인구수가 생산량에 미치는 영향을 분석하기 위하여 인구수(단위: 100명)를 독립변수, 생산량(단위: 1만 원)을 종속변수로 설정하여 회귀분석을 실시하였다. 분석결과 다음과 같은 회귀방정식을 구하였을 때, 회귀방정식에 대한 정확한 설명은?

> 회귀방정식 $Y = 273.50 + 1.47X$, $R^2 = 0.25$

① 인구수가 0이면, 평균생산량도 0이다.
② 회귀선은 곡선형이다.
③ 인구수가 100명 증가할 경우, 평균생산량은 약 1만 4천 7백 원 증가한다.
④ 회귀방정식에 의하여 인구수가 생산량을 설명하는 정도는 75%이다.

해설 X가 1 증가할 때, Y는 1.47 증가하며, X는 100명 단위이고 Y는 만 원 단위이므로 100명 증가할 때 14,700원 증가하게 된다.
① $X = 0$일 때 $Y = 273.50$이므로 평균 생산량은 0이 아니다.
② 회귀방정식은 $Y = a + bX$ 형태의 직선(1차식)이므로 직선형회귀이다.
④ 결정계수가 0.25이므로 회귀방정식에 의하여 인구수가 생산량을 설명하는 정도는 25%이다.

088

단순회귀모형 $Y_i = \alpha + \beta X_i + \epsilon_i$에서 회귀계수 β를 최소자승법(Least Squares Method)으로 추정하는 경우와 ϵ_i가 평균이 0, 분산이 σ^2인 정규분포를 따른다는 가정 하에 최대우도법(Maximum Likelihood Method)으로 추정하는 경우의 설명으로 옳은 것은? 　　2018년 3회

① 최소자승법으로 구한 β가 최대우도법으로 구한 β보다 크다.
② 최소자승법으로 구한 β가 최대우도법으로 구한 β보다 작다.
③ 최소자승법으로 구한 β와 최대우도법으로 구한 β는 같다.
④ 최소자승법으로 구한 β와 최대우도법으로 구한 β는 크기를 비교할 수 없다.

해설 단순회귀모형의 회귀계수 β를 추정할 때 회귀식에 의해 추정되는 $\hat{Y}$과 실제 관측된 Y의 오차를 최소화할 수 있는 회귀식을 추정하는 방법을 최소제곱법이라 한다. 최대우도법은 우도함수가 최댓값을 갖도록 회귀계수 β를 추정하는 방법으로, 이미 뽑은 표본이 발생할 확률을 최대로 만드는 값을 모수의 추정값으로 사용한다. 이때 회귀계수 β를 최소제곱법으로 추정하는 경우와 최대우도법으로 추정하는 경우 그 값은 같다.

089

다중회귀분석의 변수선택법에 대한 설명으로 옳은 것은?

1급 기출문제

① 전진선택법은 완전모형부터 시작한다.
② 후진제거법은 완전모형에서 시작한다.
③ 단계적선택법은 후진제거법을 기준으로 실행한다.
④ 단계적선택법은 완전모형에서 출발한다.

해설 다중선형회귀분석에서 독립변수의 선택방법은 크게 3가지로 구분된다.
- 전진선택법(Forward Selection): 변수가 존재하지 않는 영(Null) 모형에서 설명력이 가장 큰 독립변수(p-값이 가장 작은 변수)부터 차례로 추가한다.
- 후진제거법(Backward Elimination): 독립변수가 모두 포함된 모형에서 설명력이 가장 작은 독립변수(p-값이 큰 변수)부터 차례로 제거한다.
- 단계선택법(Stepwise Selection): 전진선택법에서 후진제거법을 추가한 방법으로, 전진선택법에 의해 변수를 추가하면서 새롭게 추가된 변수에 기인해 기존 변수의 중요도가 약화되면 해당 변수를 제거하는 등 단계별로 추가 또는 제거한다.

따라서 후진제거법은 완전모형에서 시작한다.

090

다중회귀분석에 관한 설명으로 틀린 것은?

2022년 2회

① 표준화잔차의 절대값이 2 이상인 값은 이상값이다.
② DW(Durbin-Watson) 통계량이 0에 가까우면 독립이다.
③ 표준화잔차와 예측값의 산점도를 통해 등분산성을 검토해야 한다.
④ 분산팽창계수(VIF)가 10 이상이면 다중공선성을 의심해야 한다.

해설 다중회귀분석에서 오차항의 자기상관을 검정하기 위해 더빈-왓슨(Durbin-Watson) 통계량을 이용한다. 이때 더빈-왓슨 통계량이 2에 가까우면 오차항은 독립성을 만족하며 자기상관을 무시할 수 있다고 본다. 0에 가까우면 양의 자기상관이 가능하며, 4에 가까우면 음의 자기상관이 가능하다고 본다.

091

회귀분석에서 다중공선성에 대한 설명으로 옳지 않은 것은?

1급 기출문제

① 다중공선성(multicollinearity)이란 잔차항들이 서로 상관되어 있는 것을 의미한다.
② 다중공선성이 존재하면 독립변수에 대해 추정된 회귀계수의 분산과 표준오차가 증가하여 결과적으로 t 값을 떨어트린다.
③ 다중공선성이 존재하는가를 알아보기 위해서는 독립변수들간의 상관관계를 조사한다.
④ 분산팽창지수(VIF: Variance Inflation Factor) 검사하여 10 이상이면 다중공선성이 있다고 판단한다.

해설 다중회귀분석에서 다중공선성(Multicollinearity)이란 하나의 독립변수가 다른 독립변수와 상관의 정도가 높아 회귀분석의 기본 가정인 독립성(독립변수 간에는 상관관계가 없이 독립이다)에 위배되어 모델의 정확성에 나쁜 영향을 미치는 현상이다. 다중공선성이 존재하는 경우 회귀계수(β_i)가 무의미해지고 회귀분석의 결과를 신뢰하기 어렵다고 판단한다. 다중공선성을 확인하는 방법으로 분산팽창지수(Variance Inflation Factor: VIF), 공차한계(Tolerance), 조건지수, 클라인의 약식검정 등이 있으며, 분산팽창계수(VIF $= \dfrac{1}{1-R_i^2}$)가 10 이상이면 다중공선성을 의심해야 한다.

| 정답 | **089** ② **090** ② **091** ①

092

소득은 보통 교육과 비례한다고 한다. 하지만, 우리 사회와 같이 남녀의 직업불평등이 있는 사회에서는 소득은 성별에 따라 크게 차이가 난다. 이것을 검정하기 위해 "소득$=\alpha+\beta_1$교육$+\beta_2$성별$+\beta_3$(교육×성별)$+\epsilon$"의 회귀식을 설정하고 분석한 결과 도출된 통계량은 모두 유의하고, 그 값은 $a=6.0$, $b_1=2.5$, $b_2=1.5$, $b_3=0.5$이었다. 남자의 회귀식을 구하면? (단, 소득의 단위는 100만 원, 교육의 단위는 1년, 성별은 여자$=0$, 남자$=1$)

① 소득 $=7.5+3.0$교육
② 소득 $=6.0+3.0$교육
③ 소득 $=7.5+2.5$교육
④ 소득 $=6.0+2.5$교육

해설 남성에 대한 소득 회귀식을 구하면 주어진 회귀식 '소득$=\alpha+\beta_1$교육$+\beta_2$성별$+\beta_3$(교육×성별)$+\epsilon$'과 성별 변수 남자$=1$, 그리고 추정된 회귀계수 $\alpha=6.0$, $\beta_1=2.5$, $\beta_2=1.5$, $\beta_3=0.5$로부터 소득$=6.0+2.5$교육$+1.5\times1+0.5$(교육$\times1$)이고 정리하면 남자의 회귀식은 '소득$_남=7.5+3.0$교육'이다. 추가로, 여성일 때 (성별$=0$) 여자의 회귀식은 '소득$_여=6.0+2.5$교육'이다.

093

다음과 같이 4가지의 회귀분석의 모델이 있다고 할 때, 이에 대한 설명으로 옳은 것은?

> 모델 1: 소득 $=$성, 연령, 교육($R^2=0.6$)
> 모델 2: 소득 $=$성, 성장 지역, 교육, 직업($R^2=0.73$)
> 모델 3: 소득 $=$성, 연령, 직업, 근속연수($R^2=0.75$)
> 모델 4: 소득 $=$성, 성장 지역, 직업($R^2=0.5$)

① 모델 3의 R^2가 가장 높으므로 네 모델 중 가장 좋은 모델이다.
② 네 모델 중 서로 비교할 수 있는 모델은 모델 2와 모델 4뿐이다.
③ 모델 3은 모델 4보다 R^2가 높으므로 더 좋은 모델이라고 할 수 있다.
④ 모델 2를 모델 3과 비교하여 어느 모델이 더 좋은지 판별할 수 있다.

해설 회귀분석 모델의 비교와 해석, 특히 결정계수(R^2)와 모형 비교의 타당성에 대한 이해를 묻는 문제로, 회귀모델 비교는 동일한 종속변수와 동일한 표본 그리고 포함 관계가 있는 모델들 간에만 유효하다. 따라서 모델 4는 모델 2의 일부(Nested Model)이므로 모델 2와 모델 4는 독립변수 구성이 유사하며 비교 가능하다. R^2값이 높다고 반드시 더 좋은 모델은 아니다. 더 많은 변수를 넣으면 R^2는 무조건 증가하므로 비교 시 주의해야 하기 때문이다.

094

아파트의 평수 및 가족 수가 난방비에 미치는 영향을 알아보기 위해 중회귀분석을 실시하여 다음의 결과를 얻었다. 분석 결과에 대한 설명으로 틀린 것은? (단, Y는 아파트 난방비 (단위: 천 원)) 2021년 3회

모형	비표준화계수		표준화계수	t	$p-$값
	B	표준오차	Beta		
상수	39.69	32.74		1.21	0.265
평수(X_1)	3.37	0.94	0.85	3.59	0.009
가족 수(X_2)	0.53	0.25	0.42	1.72	0.090

① 추정된 회귀식은 $\hat{Y}=39.69+3.37X_1+0.53X_2$이다.
② 가족 수가 주어지면, 아파트가 1평 커질 때 난방비가 평균 3.37(천 원) 증가한다.
③ 유의수준 5%에서 종속변수 난방비에 유의한 영향을 주는 독립변수는 평수이다.
④ 아파트 평수가 30평이고, 가족이 5명인 가구의 난방비는 122.44(천 원)으로 예측된다.

해설 추정된 회귀식 $\hat{Y}=39.69+3.37X_1+0.53X_2$에서 평수가 30평, 가족이 5명일 때, $X_1=30$, $X_2=5$를 대입하면 가구의 난방비는 $\hat{Y}=39.69+3.37\times30+0.53\times5=143.44$(천 원)로 예측된다. 유의수준 5%에서 '0.009($p-$값)<0.05'이므로 평수가 난방비에 유의한 영향을 준다고 볼 수 있다.

095

중회귀분석에서 회귀계수에 대한 검정결과가 아래와 같을 때의 설명으로 틀린 것은? (단, 결정계수는 0.891)

2020년 1·2회

요인 (Predictor)	회귀계수 (Coef)	표준오차 (StDev)	통계량 (T)	p-값 (p)
절편	−275.26	24.38	−11.29	0.000
Head	4.458	3.167	1.41	0.161
Neck	19.112	1.200	15.92	0.000

① 설명변수는 Head와 Neck이다.
② 회귀변수 중 통계적 유의성이 없는 변수는 절편과 Neck이다.
③ 위 중회귀모형은 자료 전체의 산포 중에서 약 89.1%를 설명하고 있다.
④ 회귀방정식에서 다른 요인을 고정시키고 Neck이 한 단위 증가하면 반응값은 19.112가 증가한다.

해설 회귀계수의 유의성 검정에 대한 검정결과, 절편과 Neck의 p-값이 모두 0.000으로 유의수준 0.01보다 작다. 따라서 통계적으로 유의하며, Head의 p-값은 0.161로 0.05보다 크므로 통계적 유의성이 없다고 판단된다. 따라서 회귀변수 중 통계적으로 유의성이 없는 변수는 Head이다.
④ 회귀방정식은 $\hat{y} = -275.26 + 4.458 X_{Head} + 19.112 X_{Neck}$이며, 다른 요인을 고정시키고 Neck을 한 단위 증가시키면, $\hat{y}$이 19.112 증가한다고 할 수 있다.

096

교육수준에 따른 생활만족도의 차이를 다양한 배경변수를 통제한 상태에서 비교하기 위해서 다중회귀분석을 실시하고자 한다. 교육수준을 5개의 범주로(무학, 초졸, 중졸, 고졸, 대졸 이상) 측정하였다. 이때, 대졸 이상을 기준으로 할 때, 교육수준별 차이를 나타내는 가변수(Dummy Variable)를 몇 개 만들어야 하는가?

2022년 2회

① 1개   ② 2개
③ 3개   ④ 4개

해설 다중회귀모형 설정 시 범주형 자료인 독립변수를 가변수로 변환하여 다중회귀분석을 시행한다. 이때, 범주가 k개인 변수에 대해 $k-1$개의 가변수를 사용한다. 교육수준은 무학, 초졸, 중졸, 고졸, 대졸 이상으로 범주가 5개이고, 5−1=4개의 가변수를 선택하므로 교육수준별 차이를 나타내는 가변수를 4개 만들어야 한다.

097

봉급생활자의 근속연수, 학력, 성별이 연봉에 미치는 관계를 알아보고자 연봉을 반응변수로 하여 다중회귀분석을 실시하기로 하였다. 연봉과 근속연수는 양적변수이며, 학력(고졸 이하, 대졸, 대학원 이상)과 성별(남, 여)은 질적변수일 때, 중회귀모형에 포함되어야 할 가변수(Dummy Variable)의 수는?

2019년 2회

① 1   ② 2
③ 3   ④ 4

해설 다중회귀모형 설정 시 범주형 자료인 독립변수를 가변수로 변환하여 다중회귀분석을 시행한다. 이때, 수준(범주)이 k개인 변수에 대해 $k-1$개의 가변수를 사용한다. 연봉에 미치는 질적변수인 학력(고졸 이하, 대졸, 대학원 이상)과 성별(남, 여)에 대한 가변수는 각각 3−1=2, 2−1=1, 총 3개이다.

098

봉급생활자의 연봉과 근속연수, 학력 간의 관계를 알아보기 위하여 연봉을 반응변수로 하여 회귀분석을 실시하기로 하였다. 그런데 근속연수는 양적변수이지만 학력은 중졸, 고졸, 대졸로 수준 수가 3개인 지시변수(또는 가변수)이다. 다중회귀모형 설정 시 필요한 설명변수는 모두 몇 개인가?

2019년 1회

① 1   ② 2
③ 3   ④ 4

해설 다중회귀모형 설정 시 범주형 자료인 독립변수를 가변수로 변환하여 다중회귀분석을 시행한다. 이때, 범주가 k개인 변수에 대해 $k-1$개의 가변수를 사용한다. 범주형 학력을 중졸, 고졸, 대졸로 범주가 3개이므로 3−1=2개의 가변수를 선택한다. 따라서 연봉을 반응변수로 한 다중회귀모형 설정 시 근속연수 1개와 학력의 가변수 2개, 총 3개의 설명변수가 필요하다.

| 정답 | 095 ②   096 ④   097 ③   098 ③

에듀윌이
너를
지지할게
ENERGY

내가 꿈을 이루면
나는 누군가의 꿈이 된다.

– 이도준

여러분의 작은 소리
에듀윌은 크게 듣겠습니다.

본 교재에 대한 여러분의 목소리를 들려주세요.
공부하시면서 어려웠던 점, 궁금한 점,
칭찬하고 싶은 점, 개선할 점, 어떤 것이라도 좋습니다.

에듀윌은 여러분께서 나누어 주신 의견을
통해 끊임없이 발전하고 있습니다.

에듀윌 도서몰 book.eduwill.net
- 부가학습자료 및 정오표: 에듀윌 도서몰 → 도서자료실
- 교재 문의: 에듀윌 도서몰 → 문의하기 → 교재(내용, 출간) / 주문 및 배송

2026 에듀윌 사회조사분석사 2급 필기 한권끝장+무료특강

발 행 일	2025년 8월 29일 초판
편 저 자	김형표, 박경은
펴 낸 이	양형남
개 발	정상욱, 김은재, 최하영
펴 낸 곳	(주)에듀윌
등록번호	제25100-2002-000052호
주 소	08378 서울특별시 구로구 디지털로34길 55 코오롱싸이언스밸리 2차 3층
I S B N	979-11-360-3868-5(13330)

* 이 책의 무단 인용 · 전재 · 복제를 금합니다.

www.eduwill.net
대표전화 1600-6700

업계 최초 대통령상 3관왕, 정부기관상 19관왕 달성!

2010 대통령상   2019 대통령상   2019 대통령상

대한민국 브랜드대상 국무총리상   국무총리상   문화체육관광부 장관상   농림축산식품부 장관상   과학기술정보통신부 장관상   여성가족부장관상

서울특별시장상   과학기술부장관상   정보통신부장관상   산업자원부장관상   고용노동부장관상   미래창조과학부장관상   법무부장관상

- **2004**
  서울특별시장상 우수벤처기업 대상

- **2006**
  부총리 겸 과학기술부장관 표창 국가 과학 기술 발전 유공

- **2007**
  정보통신부장관상 디지털콘텐츠 대상
  산업자원부장관 표창 대한민국 e비즈니스대상

- **2010**
  대통령 표창 대한민국 IT 이노베이션 대상

- **2013**
  고용노동부장관 표창 일자리 창출 공로

- **2014**
  미래창조과학부장관 표창 ICT Innovation 대상

- **2015**
  법무부장관 표창 사회공헌 유공

- **2017**
  여성가족부장관상 사회공헌 유공
  2016 합격자 수 최고 기록 KRI 한국기록원 공식 인증

- **2018**
  2017 합격자 수 최고 기록 KRI 한국기록원 공식 인증

- **2019**
  대통령 표창 범죄예방대상
  대통령 표창 일자리 창출 유공
  과학기술정보통신부장관상 대한민국 ICT 대상

- **2020**
  국무총리상 대한민국 브랜드대상
  2019 합격자 수 최고 기록 KRI 한국기록원 공식 인증

- **2021**
  고용노동부장관상 일·생활 균형 우수 기업 공모전 대상
  문화체육관광부장관 표창 근로자휴가지원사업 우수 참여 기업
  농림축산식품부장관상 대한민국 사회공헌 대상
  문화체육관광부장관 표창 여가친화기업 인증 우수 기업

- **2022**
  국무총리 표창 일자리 창출 유공
  농림축산식품부장관상 대한민국 ESG 대상

YES24 수험서 자격증 국가자격/전문사무 사회조사분석사 베스트셀러 1위
(2022년 11월 3주, 2023년 10월 1주, 4주~5주, 11월 1주~3주, 2024년 11월 1주 주별 베스트)
2023 대한민국 브랜드만족도 사회조사분석사 교육 1위 (한경비즈니스)

2026 에듀윌 사회조사분석사 2급 필기 한권끝장 2025~2023년 기출복원 5회분 포함
+무료특강

1 2025~2023년 기출복원문제 5회분+기출 CBT 모의고사 11회분(총 16회분)
- 이용경로
  - 2025~2023년 기출복원문제 5회분: 교재 내 수록
  - 기출 CBT 모의고사 11회분: 교재 내 QR코드 스캔

2 과목별 핵심요약노트(PDF)+3과목 무료특강(24강)
- 이용경로
  - 핵심요약노트: 에듀윌 도서몰(book.eduwill.net) ▶ 도서자료실 ▶부가학습자료 ▶ '사회조사분석사' 검색
  - 무료특강: PDF 내 QR코드 스캔

3 비전공자를 위한 기본 개념을 담은 통계기초특강(20강)
- 수강경로 교재 내 QR코드 스캔 또는 에듀윌 도서몰 ▶ 동영상강의실 ▶ '사회조사분석사' 검색

4 약점을 빠르게 보완하는 핵심키워드 OX문제(PDF)
- 이용경로 에듀윌 도서몰 ▶ 도서자료실 ▶부가학습자료 ▶ '사회조사분석사' 검색

고객의 꿈, 직원의 꿈, 지역사회의 꿈을 실현한다

에듀윌 도서몰
book.eduwill.net
- 부가학습자료 및 정오표: 에듀윌 도서몰 > 도서자료실
- 교재 문의: 에듀윌 도서몰 > 문의하기 > 교재(내용, 출간) / 주문 및 배송